復刻本說明

* 本期刊依《自由中國》合訂本全套復刻，為使閱讀方便，原刊每兩集為一冊，復刻本則每集獨立成冊；復刻本的尺寸亦由原書的18.5*25.0公分，擴大至21.0*29.7公分。

* 《自由中國》合訂本第一集之原書發生頁面錯置的現象，本次復刻依薛化元《《自由中國》全23卷總目錄暨索引》，將內文調整為正確次序。

* 本期刊第二十二集書末加附每期篇目。

* 本期刊為復刻本，內文頁面或有少數污損、模糊、畫線，為原書原始狀況，不另註；唯範圍較大者，則另加「原書原樣」圖示 **原書原樣**，以作說明。

* 本期刊僅供學術研究參考使用。

自由中國

FREE CHINA

合訂本 第一集

（第一卷第二卷合訂）

中華民國三十九年七月一日出版
社址：臺北市和平東路二段十八巷一號

自由中國合訂本第一集要目

第二卷　第五朝

第二卷　第六期

第二卷　第七朝

第二卷　第八期

第二卷　第九期

第二卷　第十期

第二卷　第十一期

第二卷　第十二期

自由中國

香港航空版

第一卷第一期

發行人胡適

創刊號

要目

中華民國三十八年十一月二十日出版
社址：台北市金山街一巷二號

「自由中國」的宗旨

胡適

我們在今天，眼看見共產黨的武力踏到的地方，立刻就罩下了一層十分嚴密的鐵幕。在那鐵幕底下，報紙完全沒有新聞，言論完全失去自由，其他的人民基本自由更無法存在。這是古代專制帝王不敢行的最澈底的愚民政治，這正是國際共產主義有計畫的鐵幕恐怖。我們實在不能坐視這種可怕的鐵幕普遍到全中國。因此，我們發起這個結合，作為「自由中國」運動的一個起點。

我們的宗旨，就是我們想要做的工作，有這些：

第一、我們要向全國國民宣傳自由與民主的真實價值，並且要督促政府（各級的政府），切實改革政治經濟，努力建立自由民主的社會。

第二、我們要支持並督促政府用種種力量抵抗共產黨鐵幕之下剝奪一切自由的極權政治，不讓他擴張他的勢力範圍。

第三、我們要盡我們的努力，援助淪陷區域的同胞，幫助他們早日恢復自由。

第四、我們的最後目標是要使整個中華民國成為自由的中國。

發刊詞

在這個時候，我們用「自由中國」這個名字出版一種刊物，讀者顧名思義，當可油然而生同情心。但爲鄭重起見，我們謹把我們的宗趣，簡單的述於卷首。

「自由中國」，是我們現在中華民國的同胞無論在理論上或在實際上所應當以爲政治生活的目的的。一個民族生活在現在世界上，如果沒有較合理的政治生活，便不能有其他的好生活；如果沒有一個自由的國家能夠保證他們的自由和安全，他們必不能有一個合理的政治生活，他們必不能在人類進步上有什麼貢獻。

一個自由的國家，和無政府的社會不同；無政府的社會，只能由混亂而趨於毀敗，必難給予人民以一個好生活。一個自由的國家，和極權的國家不同；一個極權的國家，非特不能給人民以自由，並且也不能給人民以安全。一個自由的國家，更不能做任何其他國家的附庸。

而我們現在的中華民國，一大半土地現爲共產黨軍隊所佔領，一大半同胞已喘息於共產黨的恐怖中。他們非特沒有自由和安全可言，他們簡直沒有國家可言。

共產主義的政府，和法西斯主義的政府，是現代極權政治兩種不同的形式。在這種政治下人民不能有眞正的自由和安全，這是極權政治的理論和事實所必使然的。最壞的是，這種政府的主持者，爲領袖慾所驅使，完全拘牽於這種政治的形式，更沒有機會想到人民實際的利益。他們看人民和器機一般；無論什麼無人性的殘忍事情，他們都做的出來。結果，人民所受的痛苦，便不是常識所可臆度的了。

共產黨兵力所到的地方，卽蘇俄勢力所到的地方。在中共諸人，固然以爲大功將成，不久便可以向莫斯科獻捷了。而自中華民國人民的立場言，則萬一中共竟席捲中國，則從此以後，中華民國的同胞，將都淪爲蘇俄的奴隸；非特成爲沒有自由的人民，並且成爲沒有國家的人民。

我們並不反對世界各民族在自由和平等的原則下，成爲一家的主張，但我們反對帝國主義，反對陰謀，反對極權，反對殘暴。蘇俄帝國主義者的統治中國，我們同胞所受的痛苦，必不是過去在任何暴君壓制下的痛苦所可比擬，在任何外族管轄下的痛苦所可彷彿。三百年前，幾個無賴的斯拉夫人開始越過烏拉山，遂啓沙皇東侵的野心。從此以後，俄人便沒有一天不想染指於中華國土。現在蘇俄的統治者，完全承襲沙皇的傳統，而又加強奸詐詭譎的技術。百年以前，林則徐說過：「爲中國患者，其俄羅斯乎！」在現在講起來，俄羅斯不只是中國的「患」；實在，在現在世界上，爲永久和平的障礙的，只有一個俄羅斯！蘇俄如不改變他的政治方式，不改變他的政治手段，世界將永遠沒有和平的一天；蘇俄如併吞世界，世界便變成黑暗時代，全世界上的人民，除却蘇俄統治階級以外，亦必沒有快樂的一天。

這是我們反共抗俄的極明顯而不可易的理由。我們若不認識這一點道理，不是大愚，便是大惑。我們如認識這一點道理而不去想法阻止蘇俄的侵略和中共的暴行，不是頑夫便是懦夫

「自由中國」這個刊物，正是要闡明蘇俄對於世界——尤其是對於中國——的禍害，和中共對於國家和人民的罪惡。我們並要討論如何阻止這個禍害，如何洗滌這些罪惡。這個刊物所發表的文字，本着思想自由的原則，意見不必盡同，但棄黑暗而趨光明，斥極權而信民主，求國家民族的自由，求世界的和平，則是大家共同的主張。我們說話的態度，可在下列少數誡條中看出：

一、不作無聊的悲觀。　歷史的路程，雖然有迂迴曲折，而大流所歸，都是表明人類是趨向開明的。現在蘇俄的行爲，不過歷史人類進程的逆流之一；當然，他的範圍和力量比任何過去人類進程的逆流都要大。但我們相信，人類行爲的總結總是趨向於善的。我國二千年前儒家的大師荀況有言：「狂生者，不須時而落。」當代英國大哲學家羅素亦以爲「狂妄者定必失敗」。在一方面講，這種逆流的範圍和力量愈大，我們要挽正他當然更要費勁；在另一方面講，我們在這個時代，我們爲善的機會亦最多而最大。況且「歷史是在我們這邊的」！我們並且相信，中華民國的人民，受了數千年善良文化的陶冶，善的力量，比惡的力量多。一旦明瞭中共主張的錯誤，中共宣傳的虛僞，定必毅然決然，衝破中共的蒙蔽。所以現在的時局，雖是陰霾，但我們總有見到光明的一天，不必作無聊的悲觀。

二、不作下流的漫駡。　「政者，正也」。我們在國家和民族生死存亡的關頭，出版這個刊物，我們最大的目的，是要把我們平易而正確的見解，仔仔細細的告訴我們的同胞。我們居心當然要「出於正」，我們在說話上邊亦不可不「出於正」。所以我們屏除一切下流的漫駡。我們說話的對像，當然包括被中共宣傳所麻醉的同胞。但是這些人裏面，我們也相信儘有許多可與爲善的人，這班可與爲善的人我們只要好好提醒他們，便可恍然大悟，棄邪歸正，用不着駡；至於不可與爲善的人，終身不靈，駡有什麼用處？

三、不歪曲事實。　我們如果述說事實以作例證時，無論是歷史上的事實或現在的事實，我們都求十分的正確。我們決不爲一時說話的便利而歪曲事實。我們相信：正確的判斷，須基於正確的事實。我們所要向世人傳達的，決不是花言巧語，而是正確的判斷；所以我們萬不可歪曲事實。我們述說自由中國地域中的情形，我們固然絲毫不加粉飾；我們講到中共區內的狀況，我們亦必儘量求其實在。眞實是我們生活的一種目的，亦是我們這個刊物的一種目的。

四、不顧小己的利害。　我們以最誠摯的心腸向世人說話；我們說話的目的，決不是爲一黨一派的利益。我們所要申明的是人道和正義；我們爲世界的永久和平而說話，爲同胞的自由和安全而說話。在這個時候，我們有應當說的話，如果因爲有所顧忌而不說，或隱約模稜的說，都犯着『見義不爲』的過失。我們所要仔細辨別的，是我們說話對社會的影響，而不是對一己的利害。我們的話如果有幾分好處，如果可以導人爲善，則無論對我們自身有什麼危險，都是值得我們去說的。

最後，我們可以說：我們的態度是積極的而不是消極的；我們主張一切合理的改革，以求對於人民生活有實際的利益和進步。我們非特要堅守現在仍是自由的國土，我們也要竭力抵抗蘇俄侵略中國的暴力，不讓共產黨的極權政治，仍在中華國土立足。我們希望用這種態度和主張博得全國同胞的贊助！

民主與極權的衝突

胡適

民主主義醒覺了

在第二次世界大戰的後幾年，有幾位民主國家的偉大領袖，就開始對極權主義國家的有組織的進攻，加以抵禦。而這些領袖們之所以能够明瞭反民主運動的嚴重性，可以說是這次空前的大戰與十幾個自由民主國家的迅速被征服所賜予。在歐洲所上演的大悲劇，和英美各國所遭受的大威脅，已開始使一般民主國家感覺到，民主與極權的衝突的眞正嚴重性——這種衝突，是一種計劃周密指導有方的極權主義，向民主制度和民主文化的基礎進攻。

在這幾位澈底明瞭反民主運動危險的領袖中，最顯著的要算是羅斯福總統了。一九四〇年十月十二日他在德吞Dayton演講時說：

「我們決心要用我們的人力和財力，去抵抗並擊退這種外國的陰謀和宣傳，以及地下戰爭的詭計，這種陰謀詭計和宣傳，發端於歐洲，而現在却明顯的企圖進攻太平洋這邊的各民主國家。」

「那種宣傳，反覆宣稱民主主義乃是沒落的政治制度。他們告訴我們，說我們的民主理想，和我們民主自由的傳統，都是過去的事物了。」

「我們絕不承認這種說法。我們認為我們是有前途的，而他們所走的方向，却是退向古埃及國王的束縛的方向，是退向中古黑暗時代的奴役的方向。」

在羅斯福總統一九四一年一月二十日所發表的就職宣言裏，他會喊過同樣的口號：

「有許多人認為民主主義的政府，和民主主義的生活方式，已遭受到一種命運的限制。同時，由於種種原因，專制和奴役已成為未來的澎湃波濤，而自由則僅是漸退的潮水而已。但是我們美國人知道這絕非事實……。」

「我們最近八年來實行民主主義的經驗，對於我們的現在和將來，其關係至大且鉅。我們的民主主義在國內克服了多少危機；消滅了多少禍害；建設了嶄新而持久的機構。並且由於這種經驗，得以維持民主主義的一切。」

「因為我們已按照美國憲法上的三條途徑，採取行動。政府各機構，繼續運用自如，執行職務。基本人權依舊保持如故，毫無損傷。選舉自由依然完整無恙。宣稱美國民主主義卽將瓦解的預言家們，已承認他們的預言全為捕風捉影之談了。」

「不，民主主義決非瀕於死亡。」

「對此，我們確有把握，因為我們眼見它依然存在，眼見它繼續生長。」

「我們知道它決不會死亡，因為它的基礎是，人民為了共同事業的努力，能享受到自由的直接立法權；所謂事業，就是指大多數自由人民所發表的自由意見，所完成的事業而言。」

「我們對此有信心，因為在一切政治制度中，只有民主政治能得到人民的開明意志的共同力量。」

「我們對此有信心，因為只有民主政治建設了一種無限制的文化——這種文化在改善人類生活上，具有無止境的進步能力。」

在這幾段話裏，衝突二字，有了定義；極權主義的挑戰，碰到反擊；參加戰鬥，已是義不容辭了。這是民主政治與極權政治的衝突，是自由與奴役的衝突，是由憲法組成的政府與專制獨裁的淫威的衝突，是人民自由開明的意志的表達，與對政黨及「領袖」無條件盲目服從的衝突。

在一九四一年五月十一日的紐約時報上，刊出伊司曼（Max Eastman）寫的一篇引人注意的通訊（伊司曼因過份激烈反對美國參加第一次大戰，曾兩度受審，倖免徒刑處分。）他說，僅用經濟力量支援英國，讓英國人獨立去作戰，那是一種「替身作戰」，是根本不够的。他主張美國應當及早準備，必要時，和英國並肩作戰。這次戰爭，不僅是為了國家的權力，而是民主與極權的鬥爭。這次的戰爭是有史以來兩種生活方式之間的戰爭。古代的戰爭，如巴比崙和猶太，埃及和亞述，雅典和斯巴達，希臘和波斯的戰爭，沒有一個可以和這近代的民主主義與極權專制的戰爭相比擬，因為前此的戰爭，根本談不到文化上的衝突。

極權主義的特徵

伊司曼為了證實他對這巨大鬥爭所下的判語確極重要，他列舉極權主義的二十個重要特點，「其中每一點在共產主義的蘇俄和法西斯主義的德義都可找到，而在英美則找不到」。他所開列的二十點，具體說出這兩種相反的生活方式，而這相反的生活方式之所以發生，都是由於主義的衝突。我在這裏把他的二十點，加以縮短，抄錄在下面。極權主義的二十個重要的特徵是：

一、狹義的國家主義情緒，提高至宗教狂的程度。

二、由一個軍隊般嚴格約束的政黨，來執掌國家的政權。

三、嚴厲取締一切反對政府的意見。

四、把超然的宗教信仰，降低到國家主義的宗教之下。

五、「領袖」是一般信仰的中心，實際上，他也就等於一個神。

六、提倡反理智反知識，諂媚無知的民衆。嚴懲誠實的思想。

七、毀滅書籍，曲解歷史及科學上的眞理。
八、廢除純粹尋求眞理的科學與學問。
九、以武斷代替辯論，由政黨控制新聞。
十、使人民陷於文化的孤立，對外界眞實情況，無從知曉。
十一、由政黨統制一切藝術。
十二、破壞政治上的信義，使用虛妄僞善的手段。
十三、政府計劃的罪惡。
十四、鼓勵人民陷害及虐待所謂「公共敵人」。
十五、恢復野蠻的家族連坐辦法，對待這種「公共敵人」。
十六、準備永久的戰爭，把人民軍事化。
十七、不擇手段的鼓勵人口增加。
十八、把『勞工階級對資本主義革命』的口號，到處濫用。
十九、禁止工人罷工及抗議。摧毀一切勞工運動。
二十、工業，農業，商業，皆受執政黨及領袖的統制。

羅斯福總統指明，民主政治具有生活及滋長的力量，駁斥那種認爲民主政治已沒落的毀謗。伊司曼列舉極權主義所有而民主主義所無的各種野蠻特點，顯示出這種基本鬥爭的尖銳化。種樣清楚的列舉出這些特點，是一種可貴的方法，以應付反民主主義的挑戰和攻擊。

在本文的後半部，我將把民主主義和反民主主義的衝突，歸納爲幾種更深刻更基本的哲學上的衝突。

使民主政治的生活方式，與反民主政治的生活方式互不相容的基本觀念，究竟是什麼？

我們暫且把已成濫調的口號和理想（如『自由，平等，博愛。』及『天賦的權利』等）撇開不談，我認爲民主政治與反民主政治的生活方式之間眞正的衝突，基於兩種基本的矛盾：（一）急進和過激的革命方式，不同於進步和逐漸改革的方式，（二）控制劃一的原則，不同於互與的個人發展的原則。

急進的革命與漸進的改革

極權政治的第一個基本特徵，是全體擁護急進而驟變的革命，他們嘲笑漸進的改革，認爲這種辦法是膚淺而無效的。由於強暴的革命，他們不但獲得了絕對的政治力量，而且還要拚命推行這種殘暴的革命，想要使這種革命普遍化，使整個世界發生同樣激變的革命。他們自稱爲『集體革命』的信徒，同時他們也是『世界革命』，『永久革命』，『永久戰爭』的信徒。

一八四八年的『共產黨宣言』就呼籲全世界共產黨革命，它說：『共產黨員並不隱藏他們的見解和目標。他們公開宣佈，他們達到目的的唯一方法，就是用武力摧毀整個現存的社會制度。

自一九一七年以來，所有新興的極權政治制度，都採取急進而過激的革命方式；他們一切行爲，似乎都本着一句話：『把現存世界摧毀，另建一個新的世界。』他們的領袖都中了一種觀念的毒，就是認爲如果想要推翻一個國家整個現存的社會制度，就非同時把所有與該國毗連的各國的社會制度一齊推翻不可。所以才有世界革命的必要，才有『全體』革命的必要。並且革命的手段更須殘暴而激烈，爲的是摧毀舊制度下一切的一切。饒士寧（H'Raushning）在他的『虛無主義革命』一本書裏說：『破壞應當十分澈底，要使任何事物，無一倖免。舊制度下的任何東西，不論是軍隊或教堂，不論是資產的制度或文化的傳統，一律不准拿到新的制度下，使之生存或殘留。』

爲了特別着重急進的革命，不管在內政或外交上，都認爲它是絕對必需的手段。這個基本觀念是極權政治與近代民主政治根本的不同點。我們說『近代』二字，因爲我們知道在一百五十年前，有許多主張共和主義者。像羅伯斯比爾，聖鞠斯特，巴伯甫等，也都會相信並實行急進革命的方法。甚至倍因也認爲，歐洲各國政治制度終久會遭遇一次普遍的革命，並曾以此自慰，他在一七九二年二月致拉法夷脫的信裏說：『等到法國四周圍都起了革命，法國就得到和平與安寧了』。

民主政治對進步的看法

但是，近代的民主主義已拋棄了急進革命的念頭，而對社會，經濟，及政治上的逐漸改革，感到滿意。近代民主政治程序的基本哲學，是認爲殘暴的破壞行爲決不會產生進步，進步是許多具體的改革積々起來的結果。美國的哲學家們曾設法想使這種不知不覺的趨勢，成爲明白清楚的哲學。威廉詹母斯使用『社會改善論』一名詞，標明一種倫理的哲學，勸告世人謂目前的世界，雖不是完美的世界，但人類却可以使之改善。杜威曾發表過一個關於進步的理論說，『進步並不是一種批發的買賣，而是零售的生意，應當一部一部的定約，一批一批的成交。』這種進步觀念，既不致引起急進的革命，也不發生宿命論的放任主義，但是它需要個人的努力和專心，智慧和忍耐。羅斯福說：『民主主義已獨自創立一種無限制的文明，它在改善人類生活方面，具有無限進步的能力。』由近幾世紀的歷史看來，這種改善人類生活的進步，大半是按照杜威所謂『零售的生意』方式成功的。

我認爲急進革命與逐漸改革二者的區別，正是民主的生活方式與極權的生活方式最基本的不同。這種根本的差別，幾乎可以解釋這兩個互相衝突的制度中的任何問題。我們舉一個例子，它可以解釋反民主的國家爲何一定要採取獨裁的手段。一切急進主義必然走上極權政治的道路，因爲只有絕對的力量能够完成急進革命的工作，只有用凶暴的手段，與令人極端恐怖的專制政治，才能把現存的社會制度整個推翻，阻止它恢復或再生。列寧說：

「無疑的，革命是世界上最有權威的東西。革命就是一部份人民，利用步槍刺刀以及其他有威力的工具，迫使另一部份人民，依照他們的意志去行動。」

對於這類的革命，獨裁是絕對不可少的，因爲列寧給「獨裁」二字下的定義是：「一種直接使用武力，不受法律約束的權威。」馬克斯曾說過，在由資本主義社會過渡到共產主義社會的期間內，無產階級的革命獨裁是必要的。但是這急進的革命永遠也沒有完成的一天，那些被打倒被放逐的敵黨，永遠會有捲土重來的危險。這種世界革命的到來，似乎是非常的緩慢。甚至在已革命的國家中，仍時常發生反革命的運動。因此獨裁政治必須無盡無休一直繼續下去！

獨裁的力量並非必需的

從另一方面看，習慣於逐漸改革的民主主義國家，並不感覺需要絕對的獨裁力量。在戰爭期間或在國家內部發生嚴重危機時，他們時常可以將某種特權，交付與行政首腦。但在和平時期，他們願意逐漸的改革，也就是說，國家有某種需要，便予以某種措施。也許需要二十年的工夫，才能使美國聯邦所得稅通行無阻。也要需要十年的工夫，才能取銷全國的酒禁。以一個國家的壽命之悠遠長久，如果把幾天的光陰，用在辯論上，甚至把幾年的時間，用在討論上，根本也算不了什麼浪費，至少比較處於極權統治之下，失去了基本自由强得多。

這同樣的基本差別，也把反民主的制度爲什麼那樣羨慕理想主義的精神一個問題，解釋淸楚。民主主義的逐漸改革，時常是遲緩的，甚至是不得體不適當的，以致沒有耐性的人們，自然會受到所謂「革命的」制度的吸引，因爲在革命的制度下，獨裁者的力量，似乎能使他們的理想主義的迷夢，更澈底更迅速的實現。但是經過了長時期的艱苦經驗，和一再的幻想消滅之後，這些理想主義的迷夢者，才會明白：走向進步，並無捷徑，而逐步改革的程序，畢竟還是眞正民主的生活的方式。

劃一與互異

極權主義的第二個特徵，是根本不容許差異的存在或個人的自由發展。它永遠在設法使全體人民，適合於一個劃一的軌範之內。對於政治信仰，宗敎信仰，學術生活，以及經濟組織等無一不是如此。政治活動一律受一小組人員的統制指導，這小組的編制，類似軍事機構，對於領袖絕對的服從和信仰。一切反對的行爲與反對的論調，都遭受查禁和淸除。在宗敎方面，極權主義國家的領袖們，聲稱已由傳統的超自然的宗敎束縛下，解放出來了。同時更儘量對全體人民宣傳反宗敎的學說，並竭力壓制一切自由獨立的宗敎團體。在學術方面，不准許有思想言論自由存在。科學和教育只佔次等地位，黨國的權利高於一切，而且思想不得擅離「黨的路綫」。在經濟方面，政府將一個劃一的制度，强加在整個社會上，以期適應其所規定的經濟政策。不論是共產主義，或國家社會主義，或農業集體主義，都是政府不容分說，不擇手段，强迫推行一個劃一的制度。在極權國家內，勞工運動已經不存在了，因爲實業與生產都是由政府通盤籌劃的。在這種國家裏，不許罷工，不許勞工抗議，唯一可能的消極抗議，只有怠工，但怠工是被認爲罪大惡極的。

在上述三方面的生活中，規定人民應行接受的「路綫」永遠是由黨，國，或領袖來決定。而這三方面又制定爲三位一體，名異實同。任何人不准違反黨綱或政策。極權主義者說：「個人是沒有自由的，只有國家，民族才談得到自由。」極權主義者爲黨的絕對正確性而辯護，不允許一切與黨義不合的事物存在。他們說：「因爲我們深信，我們的一切行爲都是正當的，我們决不能坐視我們的鄰人也宣稱，他們的行爲也是正當的。」

正因爲這種在生活各方面過份企圖劃一與排除異己，才把反民主的政治與民主政治的生活方式標出根本的差別出來。

民主主義的生活方式，根本上是個人主義的。由歷史觀點看來，它肇始於「不從國敎」，這初步的宗敎個人主義，引起了最初的自由觀念。保衛宗敎自由的人們，甯願犧牲自己的生命財產，而反抗壓迫干涉的鬥爭。個人按照自己的意思敬奉上帝，乃是近代民主精神與制度在歷史上的發端。這種不從國敎的精神，也和其他各種自由，有密切的關係，如思想，言論，出版，集會等自由是。根本的問題是，個人企圖獲得機會，自由發展與表達其自己的感覺，思想，與信仰。於是成了一種爲爭取我行我素的權利的爭鬥。所謂我行我素的權利，是指一種不必墨守成規，不必遵守命令式的軌範而行動的權利。

民主制度，乃是在宗敎信仰，知識醒覺，政治言論，以及等等一切生活方面，這種「不從國敎」精神的產物。民主文明，也就是由一般愛好自由的個人主義者所手創的。這些人重視自由，勝過他們的日用飮食，酷愛眞理，甯願犧牲他們的性命。我們稱之爲「民主」的政治制度，也不過就是這般具有「不從國敎」的自由精神的人們，爲了保衛自由，所建立的一種政治的防禦物而已。

就是連民主文明的經濟情況，也並不是像一般人心目中所想像的一律都是資本主義的。私人的產權與自由的企業之所以能夠長久維持，由歷史看來，都是因爲這兩種制度，具有充分的力量，幫助個人的發展；都是因爲這兩種制度已使一種極高的經濟福利標準，有實現的可能。

經濟發展的千頭萬緒

在經濟發展的千頭萬緒中，我們可以明顯的看出近代民主文明中經濟情勢的特點。一位現代的經濟學家認爲近代美國的經濟情形，至少可以分成五種互相懸殊的組織，而這五種組織，是並駕齊驅，不分軒輕的。第一，是傳統的資本主義組織，如個人所有的商店，農場，洗衣店，茶店等。第二，是大公司的經濟組織。第三，是公共事業的經濟組織。第四，如郵政局及「田納西開發區域管理局」等公共團體的經濟組織。第五，是各種的「私人的集體組織」如大學，教會，以及消費生產合作社等。這一切組織，以及其他可能的各種不同的「組織」，同時都在發生作用，以滿足人民經濟的需要。至於其他民主國家的情形，多半也是如此。最值得注意的一點是，在這些不同的組織中，並沒有人企圖按照一個格式，把它們一律劃一。

因此，我們可以說，這區分民主制度與極權制度的第二個基本觀念，就是前者採取生硬的劃一，而後者主張變化及個別發展。這種差異，在任何生活方面，都很顯著。企圖劃一，則必須走上壓制個人發展的路道，則必將阻礙人格與創造力，必將發生偏私，壓迫，與奴役等情事，甚至於構成知識上的欺騙，與道德上的僞善。由另一方面看，對於自由發展的重視與鼓勵，可以增進人格修養，加强團體生活，可使公正而富於創造性的學術思想，自由的開花結果，可以養成容忍與愛好自由眞理的良好精神。

結論

最後，我認爲眞正的民主與極權的衝突，可以歸納爲兩種基本觀念的衝突：第一，這是急進革命的方法，與漸進改善的方法之衝突，第二，這是企圖强迫劃一，與重視自由發展的衝突。爲民主的生活方式和民主的制度而辯護，須對於健全的個人主義的價值，具有淸楚的了解，必須對於民主主義的遲緩漸進的改善的重要性，具有淸刻的認識。進步總是日積月累的，如果個人不能自由發展，便談不到文明。

誰是斯大林的繼承人

海星

在獨裁政治的制度中，最難處理的問題是政權的轉移。所謂「政權的轉移」，它有兩種不同的性質：一種是轉移到反對獨裁者的政黨或個人的手裏；另一種是轉移給他的繼承人。前者可以說是橫的轉移，而後者則是縱的轉移。但獨裁政治的本身根本上就是建築在一個火山上，在不發生類乎政權轉移這類嚴重問題的時候，或者可能過一段風平浪靜的日子。否則的話，往往是山雨欲來風滿獨裁者治下的「王宮」。比如前面所說的兩種不同性質政權的轉移：前者固然非流血不可；而後者到現在爲止，還沒有個完整的例子。僅列甯到斯大林，中間經過托洛茨基的一段揷曲。希特勒和墨索里尼根本沒有遇到這個問題。照目前的情形看，假定第三次世界大戰再晚幾年爆發，一個完整的獨裁政治中縱的政權轉移的例子，或將出現在蘇聯。屆時逐鹿者，當不只一個，究竟鹿死誰手，現在且加以預測。

自從日丹諾夫「暴卒」後，今天在蘇聯的政治圈子中能夠得上爭奪政權條件的，嚴格的說祇有三個人：他們是莫洛托夫，馬倫可夫和貝利亞。三個互有長短，各有千秋。論資歷和聲望，莫洛托夫手屈一指，在二月革命到十月革命的期間，他還是莫斯科大學的學生，而今年已經快到花甲。由於他長期的担任政治局的委員，人民委員會的主席等要職，他在蘇聯人心目中，很有威望。由於他的曾經繼李維諾夫担任外交人民委員會的主席，「莫洛托夫」這幾個音節在國際間也頗熟悉。他曾經被稱爲檔案專家，他也担任過「組織局」的重要委員。在斯大林看來，他是一個幹練而沒有野心的人。所以獨裁者一直重用他，他的實力表現在蘇維埃的政府機構中，這是他在未來政權的爭奪戰中最大的本錢。馬倫可夫有很多地方和他剛剛相反。馬氏今年只四十六歲。年青力壯，富有朝氣，這一點非莫洛托夫可比。馬氏從沒有涉足過政府機構。他十多年一直是蘇聯共黨中央委員會的要角。他除了是政治局的委員外，還是中央委員會的祕書長。他工作的性質有很多地方像中共的任弼時，但也有很多地方像劉少奇，因爲他是斯大林的喬治亞小同鄉，這一點關係在獨裁政治中至爲重要。馬倫可夫的條件是他操縱了黨的機構，自日丹諾夫死後，他又操縱了共產國際，和所謂「九國情報局」。由於他是斯大林的小同鄉之故，在未來的數年中他的勢力將會急驟的繼長增高。他將是莫洛托夫的唯一勁敵。

至於貝利亞，他僅是「藍別屋」的領導人。他的重要並不是他會成爲蘇聯政權的逐鹿者，而是他挾有數百萬只短劍和利刃，在未來「莫」「馬」爭奪政權的會戰中，他將是楚漢相爭時的「淮陰侯」，有舉足輕重之勢。因此，鹿死誰手，實決於貝利亞的向背。而這一點，現在還看不到端倪。

自由與平等

傅斯年

「自由」與「平等」是法蘭西革命喊出來的口號，一直沿用到現在。在十九世紀中間，對於「自由」二字起了很多爭論，因而以後也就起了許多歷史的變化，但對於「平等」二字則爭論甚少，似乎含義像很明白的。經過一百幾十年的考驗，「自由」固然有很多不同的形態，也有很多假的，但「平等」二字到現在更覺得他比「自由」還費解釋。我以為看看現在的事實，「自由」固然有假的，「平等」還有更假的。法國革命後的「自由」口號。固然有許多經不起考驗，而「平等」二字到今天更像一種幻想，尤其是蘇聯的制度，表面說是經濟平等，事實上恢復了中古的階級政權形的不平等。

在十九世紀中葉，以及下半，一切社會主義者，除去馬克斯一派以外，都是用「自由」這個呼聲的，包括無政府主義在內。自有馬克斯主義這一派提出了無產階級專政的口號，才把「自由」抹煞。到現在，蘇聯之對外號召，就是說對外國人的欺騙，自然並不在「自由」而在「平等」，因為他的決無自由，是瞞不了任何人的，而「平等」還可作一個假形態，也就是用「平等」這個假形態，才可以用「民族平等」來欺騙亞洲民族，用「經濟平等」欺騙美國人。但隊克斯派共產主義者，從馬克斯到斯太林，包括他的別派墨索里尼在內，（墨索里尼本是列甯的同志，他背叛共產黨的時候，列甯是極端惋惜的，想盡各種方法使他回來），真的相信「平等」嗎？真的實現若干「平等」嗎？馬克斯派提倡以無產階級專政，先是一個根本不平等。個人專政，是一個人有特殊的權能，寡頭專政，是少數幾個人有特殊權能。一個階級的專政更不得了，乃是這一個整個階級有特殊權能。一個人專政已竟吃不消，但一個人同他所用的人，終究力量有限，人民還保有若干「自由」，等到一個階級專家，那麼，到處都是專政者，人民的「自由」固然絕對沒有了，而「平等」又何在？當然馬克斯的說法，是比這個巧妙的，他說經過無產階級專政，然後達到造成了沒有階級的社會！這真是胡說！一個專政的朝代或階級，不受壓力，是不會改變的，在無產階級建論他的專政程序中，一定用盡各種的方法，（包括一切極壞的方法），達到他的專政，那末，這些方法已竟培養成施政的習慣了，已竟成為政治作風的訓典了，如何會到了專政完成，忽然一下變成無階級社會？這真荒誕不經之至了。馬克斯向來批評別派的社會主義是烏托邦主義者，其實他這個說法乃真是烏托邦之至。

再說，在共產主義者這樣虛偽的號召「平等」之下，他是只相信組織力的，他那種組織，組織到極度，一切組織都成了特務組織，一切作風都成了特務作風，過分的組織固然妨礙「自由」，過分的組織又曷嘗不妨礙「平等」？在俄國，一個共產黨員，同一個非共產黨黨員，「平等」在那裏？一個政治局的委員，同一個普通共產黨員，平等又在那裏？他要你的命，你只有把命送給他，你請他糾正一個錯誤，他就可能要你的命，這樣「平等」還在那裏？誠然，資本主義國家的法律是形式平等，或者可說假平等，但在共產主義的社會裏，連這個形式的平等都沒有。請看蘇聯的憲法，前面說的天花亂墜，這個自由，那個自由，但後面忽然來了一條，大義是說：因為工農是無產階級的醒覺者，而蘇維埃共產主義的共產黨又是這個意識的有組織表現，所以蘇維埃聯邦人民共和國由共產黨領導。（原文不在手中，僅述大義。原文比這個更複雜，更曲折，而其結果是更概括）。這不是乾脆把人民的全部主權交給共產黨一個階級嗎？這本憲法裏有這麼一條，那麼別的都是廢話了。蘇聯法律觀念上平等是如此。

再說，近來一般贊成共產黨因而看輕「自由」者，他們的說法是「自由」是假的，沒有經濟平等，便沒有真的「自由」，這個說法初看像有道理。仔細看看，事實並不然，為什麼經濟不平等便沒有真的「自由」呢？因為在經濟不平等的然態中，有錢的人可以用錢的力量影響沒有錢的人，這誠然不是完全的「自由」，但錢本身並不是一件買人的東西，其所以有力量，是因為錢代表一種權力，這種權力能買賣人。在資產社會中，錢固然相當的代表這種權力，但也還不是絕對的，而且這權力還能夠不經過錢而發生作用。照我國的那套辦法，政治上有特權者，可以支配人民大衆的生命，完全漠視人民的利益和意志。在資產社會中，錢是代表權力的，而他並不能代表無限的權力，在我國制度中有特殊政治地位的，不需經過錢便可發揮他的權力，而且這權力是無限的。舉實例來說，美國的資本家，可以運動可以宣傳不要選杜魯門，却並不能用國家的力量非要選杜魯門不可，人民選了杜魯門，資本家也把人民無可奈何。在俄國這一個「前進」的制度下，便不同了，假如說，他要你選華萊士，你就得選華萊士，你如不選華萊士，他便把你全家送到北冰洋上作苦工。財富之分配不平均，固然影響「平等」，影響「自由」；政權之如比集中，決不給私人留點「自由」的餘地，豈不更是影響「自由」？影響「平等」？在資產社會中，深切感覺到財富不平均之不能「平等」，因而不能真的充分「自由」，然而若果一看蘇維埃社會中這個極權的政治階級制度，應該看出政權的集中之為害，比錢集中為害更大，更影響「平等」。（這一節文中含義甚多，將另作一篇專文）。

再看蘇聯現在的「平等」在那兒？少數民族幾十萬人口可以整個搬走，（

例如在波羅的海上的，在黑海東北岸的土耳其人），猶太人得到僅次於希特勒待遇的待遇，科學家經多少代的發明，例如「遺傳定律」，政治局員可用一篇演說把他一筆勾消。須知平等本是一個法律的觀念，沒有平等的法律，那裏來的平等？

蘇聯在列寧時代，還多少有人道主義，儘管殘酷的禍根已經種在那個時候。到了斯太林手裏，同墨索里尼希特勒互相學習，弄成現在這個奇形怪狀的人類公敵，然而他還有騙人的能力者，就是因爲斯太林黨，國內和國外的，總是以一個「平等」觀念來打動人，而且他們所謂「平等」者，就是經濟平等，這個話語，誠然可以打動別人的心坎，但他們自已却決不是那麼一回事。我們所以恨經濟不平等，因爲從淺處說，有錢的人享受太闊綽，無錢的人太苦，但俄國怎麼樣呢？有政權的人享受太闊綽，無政權的人太苦，這是鐵幕所不能掩，有許多專書敍述的，再從深處上說，錢財可以換取權力，俄國的統治階級，不需錢財便有這個權力，而且有的更多更大。美國資本家要買人死是不容易辦到的，俄國的統治者要叫人死，那跟我們殺一隻雞一樣，那又何須乎錢財這一個過程？

俄國到現在，已經完全不是社會主義了，乃是一個三種形態的國家：（一）獨佔式的國家資本主義。沒有資本家而國家是個資本家，國家控制一切資本，一切人民的生命都成了國家的資本。國家是誰？是斯太林，和他的政治局。（二）選拔式的封建主義。封建主義，是遺傳制度，俄國共產黨現在雖然不是遺傳的（將來却不敢保），却是一個特殊階級在廣大民衆上統治，其無限制的統治，跟中古的封建制度一樣，其必使廣大民衆服從他的統治，並且向他們的同道叫好吶喊，也和中世紀的封建制度一樣。（三）唯物論的東正教會。東正教會雖然不是唯物論，尤其不是馬克斯的唯物論，但他在政治的作用上，就是實行愚民政策上，却和現在的共產主義的玄學一樣。綜合三項來說，蘇聯實在是自有史以來最反動的一個政治組織，因爲他包含中世到近代一切政治制度中一切最反動的部分，而混爲一體。

這篇文章的結論是：沒有經濟平等，固然不能達到眞面的政治自由，但是沒有政治自由，也決不能達到社會平等。現在世界上一派人批評「自由」，說他是假的，其中也不無道理之處，當然也不是全有道理，然而他們犯了一個最大的錯誤，就是他們忘了，或者有心不說，「平等」二字，其難解，其在近代史上之失敗，其在俄國當代宣傳中之虛僞，比起「自由」二字來，有過之而無不及。在「自由」「平等」不能理想的達到之前，與其要求絕對的「平等」而受了騙，毋寧保持着相當大量的「自由」，而暫時放棄一部分的經濟平等。這樣，將來還有奮鬥的餘地。

時事述評

評蘇俄副總理馬倫柯夫演詞

「蘇聯的統治階級於慶祝共產十月革命三十二週年紀念日時，對美國展開了新攻擊。演說者是副總理馬倫柯夫，此人爲蘇聯的新貴，他消滅了所有的異已，爬登到今天繼承史達林的地位。

這是他關於國際大局的第一篇重要演說，因此值得加以重視。他指責美國陰謀從事新戰爭，爲此不惜强使歐洲軍國化，以建一個美利堅世界帝國，遠駕希特勒，戈林及日本帝國主義之上。他同時以警告的口吻說，蘇聯已有原子彈，因此，如果發生戰爭，蘇聯不僅要擊潰美洲，且將摧毀全世界的資本主義。

馬倫柯夫這番話，是在克里姆林宮那個希奇的世界裏說的，這個世界四週上下全是鏡子，密密包圍，每一個共產黨人只能看見自已的尊容，自以爲了解鏡子外面的世界，把自已和同僚的自標誇稱爲他人的目標，凡反對他們的陰謀的，一律名之爲「戰爭販子。」

他們的陰謀爲何，他們的走狗們到處在亂嚷，例如捷克共黨主筆，便把共黨帝國與羅馬帝國相比，並大吹法螺，說將維持千年而不墜。

如果從馬倫柯夫的說說中能夠得到什麼安慰，那便是他把史達林所堅稱的戰爭將無可避免的意見，稍稍修改了一下，馬氏說，蘇聯希望和平甚至願與世界其餘部分進行和平時期的「競賽。」假如他的話眞有幾分表面價值，倒也是我們所歡迎的，可惜他所希望的和平，竟是「冷戰」的和平。而他們建議的「競賽」，竟是政治的滲透，地下活動，與懷敵意的整軍。

從他誇耀蘇聯對其外圍傀儡國家的征服看起來，從他背誦蘇聯的生產數字而又沒有消費數字的估計看起來，馬氏全篇演說的意旨無非在宣揚戰爭工業的擴張而已。尤其重要的是，馬氏主張在蘇，英，法，中，美，五國中間成立一個狀如希特勒的「互不侵犯條約」的「和平和約」，無非想使蘇聯在所有其他地區，能更橫行無忌。馬氏的主張禁止原子武器，而不加以有效的監督，不過是想解除美國的武裝，而蘇聯則能在鐵幕以後製造其原子彈而已。」（十一月八日紐約時報）

獨裁，殘暴，反人性的共產黨

「……任何獨裁都和殘暴，蒙蔽，欺騙，貪污，腐化的官僚政治是不能分離的。」

雷震

最近時局的急轉直下，中國共產黨的軍事勝利已佔領全國大部份的地方了。過去存着幻想的許多人們，尤其青年學子，以為社會主義的樂園馬上就可以如期實現了。所以「解放」了，「光明到來了」的口號，隨着共黨的宣傳而到處亂喊，「革命要澈底」，「出錢出力，支援前綫」的聲浪，更隨着共黨軍事勝利而欺騙着人們隨處附和。其中固有一部份是由於逼不得已或糊塗自私而出此，但也有一部分人士尤其青年，確實相信共軍之勝利是可以實現他們所渴望的目標——社會主義的樂園。其中含義如何，現實如何，應值得吾人深長思慮的！現在且將理論與事實比較一下，以見中共以及全世界共產黨都是人類思想之逆流，完全循着錯誤的道路而前進，其終極陷於人類萬刧不復之境地。如因此文而能多少促醒存着幻想的人們或青年之猛省，則幸甚也。

二

法蘭西革命提出三個口號，即「自由」，「年等」與「博愛」是。蓋當時政治專制，社會黑暗，輿論廣被箝制，人民備受壓迫，而法國革命之目的，正是針對這種逆流，要革除當時人所共惡的虐政——政治上的壓制與社會上的束縛，使人類生活達到自由，平等與博愛的境地。革命在求前進，如此方可謂之前進。試問今日之共產黨則如何？孰又以自由平等博愛為革命之目標而相推崇相號召以求實踐乎？可云今日舉世之共產黨，其所作所為，就是不要自由，不尚平等，更鄙視博愛。謂之為「倒行逆施」，孰曰不可。試分別比較論之。

先就博愛言之：吾人盡知「仁愛」為中國思想之命脈，亦人類社會結合之根基。人類必羣居而後始能生活，而合羣則係基於互愛，「鳥獸不可以同羣，吾非斯人之徒與而誰與」？此「四海之內皆兄弟也」的思想，不但深入中國之人心，而且為全世界立教者之所本。舍仁愛而論社會，其社會必渙散，舍仁愛而談人生，其人生必支離。此為千古不易之真理，決不為強辭奪理者所隱蔽。但馬列主義則鼓吹「鬥爭」論理，激動人類殘殺之本能，鼓勵仇恨敵人之情緒，乃將人類分為兩大羣，一方是我而他方是敵，以證實其矛盾統一之理論，究其極則「率獸食人，人將相食」而已。竊謂既為人類，何必結合此一集團而以他一集團為鬥爭之對象乎？難道人生在世，都無所事，只為鬥爭而鬥爭乎？一般已被麻醉之青年，竟反以宗教家之博愛為使人麻木，而誤信共產黨之惡劣宣傳，謂宗教為人類精神上的鴉片煙；日惟沉浸於馬列教條之中，開口鬥爭，閉口鬥爭，以殘殺同羣的人類為職志，而自信為前進，其實此僅使人類文化倒退而復返於野蠻時代矣、就生物學言，動物憑競爭以求生存，而肉食類之競爭，則殘殺他種動物以充自已之食料，故其鬥爭為猶烈，然猶以他類為對象，同類之爭，尚屬少見。獨野蠻民族確有殺敵以充食料者，而同一部落之人民，則必禁其自相殘殺。今馬列主義乃以階級鬥爭之理論，使同一地方，同一民族，都要發生內部鬥爭，甚至主張家庭革命，使父子兄弟乃至夫婦之間，都有極激烈的鬥爭，甚矣，人之不仁也！吾恐自有歷史記載以還，從來沒有如此「違反人性」「違反自然」之教義，這不是邪說誣民是甚麼？

三

次論「自由」之意義。西方近代之自由主義，實以經濟上之自由競爭開其端，至十九世紀末因資本主義之發達乃為衆人所詬病。輓近之總制經濟，計劃經濟，無不以限制或剝奪經濟上之自由為其主眼，而以蘇聯所行者為尤甚。最近中共之宣言，雖仍許財產之私有，而土地改革，工業改革，皆針對自由競爭，而思傾覆資本主義之制度，故限制經濟上之自由，時至今日，已屬不成問題，也很少有人去要求經濟上之自由矣。

「信仰自由」為中國歷朝君生所尊重，漢武帝雖罷黜百家，獨尊孔氏，而楊、墨、老、莊之說亦任人信奉，從未加以政治上之壓迫。佛教傳入以後，儒、釋、道三教之爭論，雖不免有劍拔弩張之勢，其間會施以政治力量之壓迫者，亦僅少數帝王在短期內偶一為之而已。西方加特力教會之迫害，演成宗教戰爭，率致教王威信失墜，而信仰自由一事，乃逐漸為各國當局所重視，所信奉，更進一步而採入各國之憲法，成為重要民權之一。馬克斯信徒則以其主義為宗教而信奉之，其他宗教皆在禁止之列，模仿全盛時代之加特力教會，對其教義，不許懷疑，不許批評，而對於「異端」則加以殘酷的迫害，使其不能存在而後已，其破壞信仰之自由，可謂不遺餘力。倘若蘇聯世界革命之[illegible]談能如願以償，則世界之大，只留存一馬克斯教矣！吾中國信仰自由之歷史，必將掃地以盡則無疑。

至於所謂「思想自由」「言論自由」，在昔時只是出版之自由，不論中西皆如此。聞近日之蘇聯，則一切印刷機器不許私有，出版自由之禁止，已做到無與倫比的地步。人民裝設收音機，必須向當地政府呈請登記獲准後始能裝置，其收音機當為蘇聯之製成品，其波長則只能收到蘇聯政府所供給之廣播，自不能隨意收聽外國之播音。而且平日用着大批祕密警察，盤查訪問，追詢究詰，凡所以禁錮思想者無微不至，甚至逼人學習，逼人作自白書，即連不發表的自由都被剝奪而無遺。胡適之先生說：「在共產主義的世界裏，人們連不說話的自由都沒有了」，這眞是一語道破共產黨禁錮思想的虐政了。試問古來暴君的虐政還有比共產黨更甚的麼？其對付「異端」的手段還比共黨更毒辣的麼？試讀最近「蕭軍案之判決書」，令人不寒而慄，滿朝的文字獄雖然慘毒，還是對付不服從的漢人，而共黨則對待他自己的黨員尙且如此，較之遜淸之專制實遠過之。況「偶語棄市」，已見諸事實，朋友談論，馬上要受警告，其箝制言論之手段，尤甚於暴虐殘忍之秦始皇。這不是一二人之私言，乃是有目共覩的實事，陳獨秀先生於一九四〇年四月二四日寫給西流等的信上，有下面一段慘痛的話：

「現在德俄兩國的國社主義（納粹主義）及格柏烏（祕密政治警察）政治，意大利和日本是附從地位，是現代的宗教法庭，此時人類若要前進，必須首先打倒這個比中世紀的宗教法庭還要黑暗的國社主義與格柏烏政治，因此，一切鬥爭（反帝鬥爭也包含在內）比起這個鬥爭都屬於次要又次要地位，若是有害於這個鬥爭的鬥爭，更是反動的。……」

「此次若是德俄勝利了，人類將更加黑暗至少半個世紀……」

「獨裁制如一把利刃，今天用之殺別人，明天便會用之殺自己，…………這種荒謬的觀點，隨着十月革命的權威，征服了全世界，第一個採用這個觀點的便是墨索里尼，第二個便是希特勒，首倡獨裁制本土——蘇聯，更是變本加厲，無惡不爲，從此崇拜獨裁的子孫普遍了全世界，特別是歐洲，五大强國就有三個是獨裁。第一個是莫斯科，第二個是柏林，第三個是羅馬，這三個反動堡壘，把現代變成了中的新世紀，他們企圖把有思想的人類變成無思想的機器牛馬，隨着獨裁者的鞭子轉動，人類若無力推翻這三大反動堡壘，只有變成機器牛馬的命運。……」（一九四〇年九月給西流的信）

『任何獨裁都和殘暴，蒙蔽，欺騙，貪污，腐化的官僚政治是不能分離的。』（一九四〇年十一月二十八日我的根本意見）

（以上均見陳獨秀遺著『陳獨秀的最後見解』，自由中國社叢書之二）。

這是陳獨秀先生的最後思想，特別是他對於民主自由見解，也是他『沉思熟慮了六七年』的結論。渴望自由的人們到此還不覺悟嗎？還不一致起來打倒這專制魔王的共產黨嗎？

最後，法律內之行動自由，爲近代民主政治之精髓，此則在專制獨裁之下是未能夢見的。共產黨標榜民主，新民主，口頭上事事爲着人民利益，一切辦法喬裝民主作風，然其實所有行動全以恐怖手段壓制人民，以「反動」之名義，可以任意捕人，任意殺人，人民只是敢怒而不敢言，一切法律等於具文，所有人權毫無保障，以發揮其極權政治，倘何人民自主之有哉？他們少數統治者固擁有極端的行動自由，而人民則動輒得咎，乃至無所措其手足。竊謂必得人人共同遵守之法律，而後可以談民主，必有上下共同守法之精神，而後可以論自由。舉世之共產黨不知法律爲何物，毫無守法之精神，『法律尊嚴』在共黨不知是甚麼一回事，法律之前人人平等則更不用說了，故其蹂躪人民之自由，實比歷代暴君苛刑爲尤甚。人民之生命旣已毫無保障，則所謂民主也者不外竊取好聽的招牌，以爲掩飾其毒辣伎倆的假面具耳。在共黨暴力脅迫之下，不但沒有行動的自由，而且連不行動的自由也沒有，以此臨民，猶且曉曉然自認爲大衆謀福利，豈不是自欺欺人嗎？共黨對外宣傳只講民主，或甚麼新民主，而絕口不提自由者，因爲自由一辭比較不易曲解耳。

總之，蘇聯境內之無自由，我們已經聽了三十餘年，人人都已耳熟，中共佔領區內之不自由，更屬罄竹難書。現在有數億人們正親嘗此苦啊！故共黨一日不倒，則自由必一日不能獲致，我們要獲得自由，必與共黨勢不兩立。

四

衆生平等，爲佛教之眞義，其同情心及於一切動物，思想之博大當無出其右者。然其行動只止於戒殺，並無積極的措施。耶穌說教，則謂上帝之前人人平等，故復活之日無階級貧富之分，無賢愚貴賤之別。可是佛耶二教，皆以出世爲宗，憧憬天堂而忽視現實，以此世爲罪惡之淵藪，乃欲拋棄現實的生活，而求其理想於一另世界耳。故其所謂平等，只有一種觀念，一種理想，對於現實上之不平等，毫無改革的方案。印度之四民階級截然分開，人一出世便已決定，欲變更之殊非易事，西方貴族與農奴之別，亦爲其祖宗所決定，不能以個人之努力而有所變更，惟其間尙有中間階級較爲不定而已。惟因現實之不平等殊難改變之故，而人們追求平等之心亦愈切，不得已乃寄其理想於天堂，以成立其觀念上的平等，由此亦可見人類之根本傾向：即欲打破不平等而追求眞平等。我們中國則因封建制度早已崩潰，無貴族與奴隸之分，絕不因出生而異其階級，且自科舉施行以後，只要考試中格，便可參加統治階層而立於朝堂之上，並無其他限制。所以朝爲田舍郎，暮則可登天子堂，將相本無種——階級，男兒當自强，故社會上之不平等，除智愚賢不肖以外，唯有貧富之差耳。

近代英美的民主政治，對「法律之前人人平等」一原則，業經實現至相當高度。將耶教的平等「觀念」實現爲一種事實，不獨貴族與農奴因出生而異其階級一事，完全打破無餘，即統治上的貴賤之別，上下級之分，亦一律劃除淨盡，使人人同受法律之保護，而亦同受法律之制裁，此一原則普遍施行，絕無例外。事實上之實現平等，當以此爲最上。我國過去法治未立，因統治階級每欲逃避法律制裁，故施行法律尙未能做到貴賤如一的地步，國民黨執政二十年亦不能例外，蓋每多重人情而忽視法律也。至法律之前一律平等之精神，在我國傳統上正復相同，諺語「王子犯法，庶民同罪」，正是這個精神的表現。今共產黨則如何？他們只知祕密警察的政治，根本不懂得甚麼法治，他們動輒藉人民法庭來裁判人民用以執行他的政策，根本不了解「司法獨立」的意義。所謂人民法庭者，亦不是出於人民之公意，僅爲少數秉政者私意之操縱指使，自不能如鑑之空如衡之平。法立則衡懸，以比評量一切，自無畸重畸輕之處，此法律平等之眞義，也就是民主政治之精華。這一點成就正是十三世紀以來大衆以鮮血鬥爭七百餘年而獲得的結果（陳獨秀語），吾人應至爲寶貴。彼共黨之妄作妄爲，不獨是無法無天，簡直是人類空前的太災難，陳獨秀先生比之爲「比中世紀的宗教法庭還要黑暗」，此時人類若要前進，如不能首先將這個惡魔打倒，人類將更加黑暗至少半個世紀，這眞是沉思熟慮了六七年的慘痛語。

十九世紀以後，資本主義之生產使貧富懸殊，而發生經濟上之階級，於是僅僅法律上之平等則無補於社會之公平，故各種各色的社會主義，乃爲有心人士所主張，特欲實現經濟上之平等以補偏而救弊。蓋勞工和資本家雖同有契約上之自由，同受一種法律之拘束，惟因經濟上之不平經，乃使兩方之利害背道而馳。勞工之去就雖屬自由，而一旦去職則生活頓成問題，至資本家則不因解雇而受重大的損失，故僅僅法律上的平等只有利於資方，對勞工則正異其利害，故社會主義之提倡，其實現的途徑雖有形形色色之不同，而其目標之所指，惟求經濟上之平等耳。

馬克斯自命爲科學的社會主義，而斥普魯東諸人之所倡導者爲空想的。其實雙方之不同仍在實現的途徑，所欲達到的目標原無二致。然卽此途徑亦未免犧牲太大代價太高，這便是『無產階級專政』之過渡辦法。蓋一言專政，則統治者可不受法律之拘束，而法律平等之意義乃消滅於無形，專政既着重在無產階級，有產階級必擯於門外，而法律平等之事實，乃破壞而無遺。馬克斯之眞意如何，兹不具論，其無產階級專政之說，理論上已成爲消滅法律平等以換取經濟平等之具矣。今日在各國執政的共黨，其統治的要術，更利用這個專政爲口號，抓住這個專政爲工具，以取消法律的平等而演爲獨裁政治，變成專制魔王，使馬克斯的理論與其所行的事實——罪惡——互相吻合，也可說他們是披上馬克斯的外衣以行掛羊頭賣狗肉的勾當了。法律的平等誠因獨裁而取消矣，然則經濟的平等是否已經實現耶？且看蘇聯及其附庸國之現狀吧！這個國度的人民，窮苦大衆的生活誠有多少的改善，但也不是完全基於公平的分配，只不過是當局者的恩惠吧！而且所有生產工具收歸國有，人民離開政府就不能生存，人民縱不滿意於政府，但也無法而且不敢反抗政府。政府爲着要發動世界革命，猶天天準備戰爭，窮兵黷武，靡有已時，使不平等與窮困之現象與日俱增，而流離失所倒斃溝壑者所在皆是。故法律的平等既已完全犧牲，而經濟平等之代價又復杳不可得，只有發揮統治者個人之獨裁耳。惟無法律的平等，決不會有經濟平等，在不需法律平等下之經濟平等云云，亦不過獨裁者個人或其一義之恩惠耳。大衆之利益云乎哉，直自欺欺人之語也。其在中國，則只是破壞，不事生產，使富者變窮，窮者愈窮，全中國皆爲窮人，平等則平等矣，其如馬克斯主義何？說者謂馬克斯主義在世界各國之實驗，已遭慘痛的失敗，吾謂在中國之失敗爲尤烈，其貽害於將來，正不知伊於胡底。

總之，法律平等得來不易，人類歷史已進步至此，不論有任何理由，切不可以此爲犧牲，馬克斯主義之必然失敗，卽此亦可見其一端。竊謂廢除法律上的平等而妄冀經濟平等之成功，直緣木而求魚耳。且平等必以博愛爲基礎，人已不愛，何須平等，天下豈有以平等待其敵人歟？彼鬥爭哲學天天敎人們尋找敵人，天天講究鬥爭清算，則平等之觀念早已棄如糞土而抛到九霄雲外去了。平等之要求爲人類之根本傾向，彼馬克斯信徒乃欲以暴力摧毀之，馬列主義之必然失敗，其命運早經註定，又何須俟吾人費辭以釋明哉！

經濟平等在蘇聯（？）

譯自大西洋月刊

在蘇聯，不同的職業有不同的薪金，而且比率相差極遠。下邊的薪金表完全是根據蘇聯官方的刊物編成的。

蘇聯人民每月薪金的比較：

科學院歷史博士……八〇〇〇盧布
莫斯科馬戲班丑角……六〇〇〇盧布
礦場主任工程師……四〇〇〇盧布
普通煤礦工人……二〇〇〇盧布
敎師……一二〇〇盧布
紡織突擊隊工人……一二〇〇盧布
熟練燒爐工人……九〇〇盧布
會計員……八〇〇盧布
不熟練鋸木女工……五〇〇盧布
不熟練燒火工人……二六〇盧布
不熟練鋸木學徒……二〇〇盧布

這些數字若和商店的物價一比，便可得到眞面目。一雙不好材料的鞋賣三百盧布，橡皮鞋賣六十盧布，做成的男子衣服一套賣六七百盧布，女子衣服賣四百盧布一身。在「自由市場」上，一磅牛肉賣一百盧布，二個盧布一枝香烟，二十盧布一盒火柴。

思想自由與自由思想

殷海光

依照這裏的用法，『思想自由』和『自由思想』兩個名詞底意謂各不相同，前者所指的是『外在的（External）』東西；後者所指的是『內在的（Internal）』東西。據此，所謂『思想自由』，就是當作一種行爲看的思想在外界環境中的自由；所謂『自由思想』，就是不受種種制約，而獨立思想的能力。這一分別，對於我們現在所進行的討論甚關重要。

大體說來，在民主自由運動中，一般人所要求的思想自由，就是當作一種行爲看的思想在外界環境中所應得的自由。外在的思想自由，與表達不能分離。我們所思所想的東西，常常希望藉着語言文字表達出來，在表達的時候，我們希望不受他人底限制，不受政治環境底干涉，尤其不受陰謀暴力底摧殘和威脅。一般所謂思想自由，就是這個意思，這樣的思想自由，既然與表達方式不能分離，所以，爭取思想自由，也就積極地表現而爲爭取言論自由，出版自由，以及研究自由。

思想自由，對於人生的價值是很崇高的，對於人類文明或文化底進步尤爲必須條件，我們簡直可以說人而無思想自由，個人底意見隨便爲權威或暴力所抹煞，人的尊嚴便完全喪失，人也就不復爲人，與一般沒頭沒腦的低等動物相差無幾，至多也不過是一工具而已。沒有思想自由，人類文明或文化必將由窒息而枯萎而死滅。演變所及，人類殆將回返原始野蠻狀態。

假若『人爲萬物之靈』這一句話因能提高人類底境界而發生實察良好的效用，那末這一句話是應可被接受的。在接受這一句話之後，我們不免要問：所謂『人爲萬物之靈』究竟『靈』在什麼地方？在體力嗎？人類底體力不如牛馬，所謂『爲萬物之靈』，其『靈』就在能够思想。假若將人類底這一點能思想的『靈氣』消滅，將與禽獸何異？人生有何特殊意義與價值？人既有了思想，常常不安於隱密在自己腦海之中，而是要將所思所想的，發表出來公諸大家，發表出來的思想結果，常常可能產生廣大的心理動力效應（Psycho—motor Effect），因而影響大衆底實際行爲，有時甚至於能藉此把反應方向相同的各個個體組成一個運動。盧騷底人權學說之影響後世的民主運動，馬克思底學說之影響自十九世紀中葉以來的社會主義運動，都是顯著的實例。

人類文明或文化底進步與思想自由更有必須的關聯。假定其他條件不變，我們可以說，文明與文化興盛的時代，多是思想自由的時代。思想不自由而文明或文化能够興盛，恐怕是沒有的事。中國在先秦時代，諸子百家，異說爭鳴，知識份子互以智略見長，思想很是自由。因而在這個時代，中國學術思想開放瑰麗之花，而爲中國後世學術思想開闢一豐富的端緒。强秦併吞六國，一統天下，焚書坑儒，思想自由爲之窒息。秦朝底統一，是爲後世統一底開端。緊接着秦代統一之後，漢代收拾民亂，繼承並鞏固了這個統一。漢代統一中國以後，採用董仲舒底原則，『罷黜百家，一尊孔孟』。自此孔仲尼底說教，就成爲『國教（State religion）』，也就是成爲正教（Orthodox）。於是，其他的學說，都被當作異教（Paganism），一概在被排斥之列。此後，中國底學術思想，除魏晋放一異彩以外，大體上陷入既不前進又不後退的不生不死狀態之中，近百年來，遭遇到以『人定勝天，人類征服自然』爲基本前題的海岸文化和工業文明，中國便破綻百出，反對『機變之巧』的孔子門徒，弄得人民幾乎失去自衛能力，生存困難，以致天下大亂。

在西方，未步入中古宗教統制時期以前，希臘人享受充分的思想自由。泰理士（Thales）望洋而興歎，說『水是萬物之母』，勃洛太哥拉斯（Protagoras）自信地說『人是萬物之權衡』。辨士們競立異說，互相質難，到處遊行演說，或以知識敎人。這種自由言論，自由講學的風氣，蔚然形成燦爛輝煌的希臘古代文化，而且深遠地影響西方後世的文明。但是，自第四世紀君斯坦丁大帝（Constantine The Great）定基督敎爲國敎以後，基督敎義逐步成爲西方世界是非眞理底準繩。凡屬不合基督敎義的思想學說，一概在被禁止之列。『審訊（Inquisition）』是淸除反敎思想的有力制度。因而，中古時代的千餘年長久時期，西方人底智慧活動爲之窒息。學術思想很少進步。這種情形，到近代啓幕以後，經遊宗敎改革，文藝復興，人文主義之出現，才被打破。

從上述東西歷史發展底長期過程中看來，可見思想自由，與文明文化底進步，有何等密切的關聯！

但是，獨裁極權的統制與思想自由是根本不能相容或同時並存的。這二者之不能並存，正猶之乎黑暗與光明之不能並存。要想實行獨裁極權的統制，必須消滅思想自由。因爲思想自由存在一天，人智一天發展，知識一天進步，必至燭照獨裁極權統制之下的醜惡，必至揭露獨裁極權統制之下的黑暗，必至反抗獨裁統制對於人性理性與自由之桎梏。發展所及，必使獨裁極權統治由動搖而瓦解而顚覆。所以，自來實行獨裁極權統制者，必先用盡種種方法來統制思想。

統制思想底方法有兩種，第一種方法是大家所熟悉的，即是具體地以政治權威或陰謀暴力限制言論自由，出版自由，研究自由；或者藉祕密警察日夜偵伺。這也就是取消千千萬萬人民說話的自由，使子家變成有舌頭啞吧，只有獨裁極權統制者享受說話的自由。他一個人要怎麼說就怎麼說。遠的例子且不必列論，第二次世界大戰以前的希特勒統制，現在一黨專政的蘇俄，陷入鐵幕之中的東歐諸小國，以及中國共產黨，等等，都是如此。

這一種方法，大多數的人都容易知道是不應爲的，因此也很容易激起多數人底反感，由此反感可能產生反抗的行動。但是，第二種方式則不然。第二種方式是藉限制甚或消滅自由思想來限制甚或消滅思想自由。這種辦法成功以後，你就根本不知有思想自由底需要。或者你底思想早已因受制約（Condition）而失去自由，你自已還以爲你底思想是自由的。這種方式比第一種方式澈底得多，受其愚者常懵然不能自覺，同時，這種方式是將一組極其複雜的措施編組得使其發生一共同的作用，因而比較隱晦且不易在短時內察覺它底效應，所以也就不像第一種方式那樣易於激起多數人底反感。這種方式，自古卽自覺地或不自覺地爲專制或極權者所採用，但是，沒有引起大多數人底注意。本身意義很善的宗敎，就常常作了限制甚或消滅自由思想的工具。前面所述基督敎自第四世紀至十五世紀千餘年間之支配思想，便是一例。

現代的蘇俄，替統制思想提供了最典型的範例。蘇俄統治人民精神生活之嚴密，亦若其統治人民經濟生活之嚴密。中國共產黨則一步一趨地步其後塵。蘇俄共黨政府之統治人民思想，是限制甚或消滅思想自由與自由思想雙管齊下，互相爲用；而其消滅自由思想則尤爲澈底。

如上所述，蘇俄共黨政權爲要限制甚或消滅人人底思想自由，從限制甚或消滅言論自由，出版自由，研研自由入手，這是盡人皆知的事實。同時，他們又控制交通，封鎖電訊，對外形成一鐵幕，對內形成一眞空，使內外知識交通阻絕。因此，蘇俄人民底思想自由大受限制，甚至於被消滅。這應是很顯而易見的事實。但是，這只是蘇俄統治思想底有形方面。有形的鐵幕是一望而知的。然而除此以外，在積極方面，蘇俄共產政權更替人民建立精神的鐵幕，這一精神的鐵幕是不易察覺的，蘇俄人民自已則更難察覺。而且蘇俄共黨政權正在以武力或各色第五縱隊將這種精神鐵幕向全世界擴張。常常，在蘇俄共黨政權底軍事鐵幕擴張之前，被侵略的國家預先陷入這一精神的鐵幕之中，以致心理癱瘓而不自知！

自一九一七年，十月革命後布爾希維克政權建立以來，三十二年之中，蘇俄共黨政權建立這一精神的鐵幕不遺餘力。俄國人民本有深厚的宗敎情緒，他們對於希臘正敎的信仰自第十世紀基輔王朝以來深植其根基。『自然向着抗力最小的地方走去』。思想與信仰是易於走它底舊跡的。共黨政權成立以後，共產黨人就將神格化了的馬列主義，以政治，宣傳和敎育方法向人民灌輸。於是，俄國人民底宗敎情緒便被吸收到馬列主義的新拜物敎中去，馬列主義的新拜物敎遂取希臘正敎底國敎地位而代之了。

這一措施，對於蘇俄人民底思想之影響，是非常重大的。

我們通常總以爲，卽使你不讓我自由說話，不讓我自由發表意見，但是，我自已悶在肚皮裏想，總是自由的。因而，我固然沒有發表的自由，但總有不說話的自由，總有沉默的自由。

假若你在共黨統制之下懷抱這種想法，那末你就是太天眞了！蘇俄與世界共黨連不說話的自由都不許你保有，連沉默的自由都不許你享受。因爲，你卽使不說話，他們會以爲你是悶在肚皮裏作怪，也許是想着反對他們。這樣一來，難免一有機會，表現而爲行動，那末他們底極權統治就不能穩固了。所以，他們要千方百計，連你肚皮裏悶着想的東西都消滅得乾乾淨淨。這眞是亘古所無，中外未有的澈底思想統制！

他們用什麼方法呢？

我們底一意一念，都是被所與（Givens）決定了的；或者說，都是有其原因的。如果你善於內省分析，你一定不難檢察出你底一意一念底來源。在兒童時代，你底想法是藉着語言或表態由你爸媽或小朋友或周遭給你的。在青年時代，你底一意一念，除了上述的來源以外，又加上了敎師或書報或擴大了的經驗範圍以內的事事物物。一直這樣下去。總而言之，你底稟賦，和所在的自然環境，社會環境，以及文化傳統，主要地決定了你底一意一念。

蘇聯共黨底政治心理工程師們（Psycho—political engineers）是深深明白這一層道理的。他們根據這種道理來作蘇俄獨裁者所需要的心理工程。自十月革命成功之後，他們除了毀棄一切舊有文化形式，並且藉着政治强力封鎖對外交通以後，他們就關起門來製造所謂紅色文化：所謂製造紅色文化，就是以適合政治要求爲目標，利用人類心理上諸般弱點，拿馬列主義爲外表，本乎詭辯的辯證唯物論製造一大套有系統的並得隨實際需要而隨時修改的謊話而已。他們要拿這一大套謊話來套住每一個治下的俄人，並且想進至套住全世界的人類。因爲，不套住全世界的人類，總有人在外面拆穿其西洋鏡。這正類乎中國專制時代統治者之拿八股文章套住學人士子之腦袋一樣。不過辦法周密得多罷了。因此，蘇俄共黨底『學者』們，在共黨獨裁者底政治要求之下，英勇地根據馬列主義及辯證唯物論編寫哲學，政治學，經濟學，改寫歷史，甚至於自然科學（就這一點者論，希特勒底國社黨人應該自愧弗如。）呂申科（Lysenko）居然更英勇地竄改遺傳定律。因爲不如此竄改則其謊話總是有漏洞的。可惜他們尚無法把『自然之神』拉到史大林底政治寶座之下！

在蘇俄，一切『眞理』都得在政治權力前低頭！否則共黨不承認它是眞理

俄國共黨底這種辦法，就是從根本上將人民思想所從出的『所與』政治地規定了，也就是從根本上底思想底資據（Data）預先政始地安排好了。蘇聯人民底物質口糧不獨由共黨政府配給，而且精神上的思想資料都是由共黨政府配給。誰還能說蘇俄共黨不愛護人民呢？精神上的思想口糧配給好了，你再也看不到聽不着外界的東西。好吧，你要自由思想，讓你去自由思想吧！你想來

想去，無論如何總離不開共黨政府規定的那份口糧的資料：你不是拿馬列主義來衡量一切，便是依辨證唯物論來看世界。這就是共黨口中的自由思想！所以，三十歲以下的蘇俄青年，想來想去，萬變不離馬列主義之宗；看來看去，世界總是充滿了『矛盾鬥爭』，非打非殺就活不下去似的。我們親愛的毛澤東正在將蘇俄這一套妙法介紹到中國來哩！

蘇俄共黨底這一套統治思想底內在妙法，比前一種外在强制法，是高明多了。這種辦法是不易察覺的。可是，它底政治勢力却神不知鬼不覺地鑽到你底神經細胞裏來了。中國就受這種毒害不淺。許多『學者』不知這是一計。以為這是一種『學術思想』，羣起接受，廣為介紹。一旦這種思想與政治實力或陰謀暴力結合，那末為禍之烈，眞不可勝言。中國共產黨是中毒的一羣，所以他們不愛中國，要愛俄國，我們瘋狂地破壞祖國，殘忍地蹂狗人民。更嚴格地統制思想，可是，受害的不止共黨而已。

這簡直是一種新的黑死病！這一種新的黑死病，正順着西伯利亞的寒流，藉着陰謀暴力，蔓延於中國大陸，擴散於西太平洋沿岸。這一新的黑死病來了，無論怎樣健康的人都會由窒息而死亡。愈是有知識有頭腦的人，愈是受不了，所以，我們必須奮起抵抗必須加緊防疫。

怎樣抵抗，怎樣防疫呢？自然，射擊戰爭是必要的。但是，僅僅從事射擊戰爭是不够的。醫治這一黑死病之最根本的藥石是實行民主自由，只有民主自由裏所發生出來的新精神，新力量，新觀念，和新辦法，打能根除這一世界規模的黑死病，而實行民主自由必要條件，就是要實現思想自由。

但是，要實現思想自由，必須首先能够自由思想，這也就是說，要實現思想自由，我們自身首先不可沒有自由思想的能力。這種自由思想的能力。是獨立不倚的，不受任何權威或暴力之影響的。這種自由思想能力之養成，固需外界不給任何限制在思想者自身除了具備至大至剛之氣和必須的思想技術以外，還須有重經驗的（ Empiricsl ）分析的（ Analytical ），懷疑的（ Sceptical ），試行的（Tentative ），和少談籠統主義多談問題的重事件的（ Piecemeal ），（雖然這是許多有求『全體』的習慣的人所不喜的。）態度，具有這樣的氣魄，技能和態度的人，才可能養成自由思想的能力。

如果我們深進一層考慮，那末便可知道，只有具備月由思想能力的人，才是眞正迫切要求思想自由的人，因為，只有這種人才能發現問題，才有打破成見或推翻權威的要求。貝其（ Thonas Paine ）因着發現能經和基督教底『救世計劃』大有問題，於是雖被囚巴黎，仍寫理性時代一書，攻擊基督教，批評聖經，不稍寬假。五四時代便是有新問題而且反權威的燦爛時代。自由思想是要求思想自由之眞正內在的動力。如其不然，一個人或一羣人根本沒有自由思想的能力，一切安於故常，宥於成見，溺於傳統，懾於權威，他或他們根本不能發現新問題，從何而知道思想自由之重要呢？所以，只有具備自由思想能力的人，才痛切而深刻地感覺到思想自由之重要。具備自由思想能力的人之感到思想自由重要之痛切與深刻之程度，往往不亞於飢渴者之需要飲食之程度。

所以，我們要實現思想自由，必須能够自由思想。祇有能够自由思想的人才能實現貨眞價實的思想自由，因而，爭取思想自而的艱難事業，必須具有自由思想能力者自己去完成。

自由與解放

海鷗

在拉丁文或共他西歐文字上，自由與解放是一個字，不像在我們中國文字上截然分開，好像是有根本上的不同。自由與解放本來是一物之二面，沒有自由，就需要解放；解構之後，必然要有自由。因此，解放的眞僞，我們可以從它的有沒有自由加以識別。換句話說，若够獲得自由，才算是眞正的解放，否則不過是騙人的鬼話而已。

若干年來，共產黨高唱「解放」；它所統治的地區，叫作「解放區」。但中國人向來就有職業的自由，解放區的人民却沒有還種權利。中國人向來有居住的自由，經共產黨解放後的人民，這份權利也沒有了。中國人向來有行動的自由，但是「解放區」裏出門走十里路，就需要「請假」。中國人過去除了不准批評「皇帝」外，大體上說來，還有相當成度的言論自由，但經共產黨解放了以後，連不思想的自由也都沒有了。人類的要求解放，為的是要爭取自由。加里松和林肯們解放了黑奴後，黑人便不再過奴隸的生活，後而也得到了居住，行動，職業……和言論的自由。而今天自命為人類解放的救星者們，先要把人民已有的自由搾取了去，而還厚着臉皮，侈言「解放」。眞是令人想到可恨而又可笑。

今天文明人類的自由，原不是容易得來的。自由的花木的成長，往往需要人類血汗的灌溉，既長成的樹苗和花朵，絕對不能任意破壞。不然的話，美麗的花朵永遠也長不成。

我們已經有的自由。絕對不能放棄，需要而現在還沒有的自由。必然要盡量的爭取。任何理由都不能讓人民放棄了已有的自由。人民是需要解放，但是絕對不歡迎先搾取人民已有的自由的那種反動的「解放」。

本刊開闢『青年號角』的前言

報告給熱愛自由中國和預備給自由中國做戰士的青年們一個喜訊，『自由中國』出刊了，這應該是在你沉重的心情上一件值得喜悅的事情吧！古往今來，多少次偉大的運動，都是由青年第一個先點燃了那自由和正義的火把，現在，要想掀起一個如火如荼的中國自由運動，怎麼能少了少壯的活力和青春的笑語？所以在本刊的創刊伊始，就特闢了『青年號角』這一欄，以便讓我們的青年戰士們以中古騎士追求自由和正義的勇氣和毅力來做自由中國的前鋒，讓自由中國的天空上，不斷的響起了戰鬥的號角。

我們的戰士們，自由中國正在等待着你們的領導！

本刊自籌備一直到出刊，其間曾經過數月之久，在這數月的時間中，我們深感有一種現象是值得我們痛心的，就是我們察覺很多有熱情，有魄力，酷愛國家民族，民主自由的青年，當他來到了臺灣之後，由於環境和生活的影響，他們都沉悶了，都漸漸的失去了青年的熱情和活力，都在默默中把歲月消磨，天呀！這是多麼可怕的現象啊！一個國家如果找不到了青年的活力和青年的笑語，這是多可怕的陰沉呀！

我們的戰士們，你們遠離了家鄉，遠離了白髮蒼蒼的父母，為踏上一個新戰鬥的崗位，才輾轉的來到台灣，難道就因為大環境的不能稱心決意，你們就消沉了，你們就不願有所言語了嗎？要知道如果一切都合於理想，還何必要我們的開拓和努力，現在我們因為一點兒環境的惡劣與不合理想，就消沉了，就灰心了，試問，以後中國的前途，由誰去奮鬥？民主、自由由誰去爭取？

今天，我們的國家民族已遭遇了有史以來的空前災難，民主和極權的取捨，獨立和附庸的抉擇，人性和非人性的存亡，已經瀕臨決定的邊緣了。自由中國的戰士們，拿出你們無比的熱情和力量來吧！你們的努力，不單是在挽救中國，也是在拯救世界，因為中國正在執行着世界反赤色法西斯先鋒的任務，我們不能讓自由和正義在歷史中埋沒。

『青年號角』就是為報導青年消息和廣播青年的呼聲的。我們的戰士們，這裏就是你們發言的所在，只要你們有意見，你們就盡情的說吧！因為自由中國是你們的，沒有了你們就沒有了自由中國。只要你和我們的大前提不違背，不管你是反共的作品，或善意的批評政府措施的言論，或青年本身的問題，或……我們都很樂於給你發表，並且為使你精神有所寄託，我們將送給你一點兒買書籍，雜誌的費用。怎樣使『青年號角』生動而活潑，那就要我們的戰士的吹奏了。

本欄編者

美國的教育週

全美國教育協會是一個擁有八十二萬五千名教師會員之職業組織，一八五七年成立，宗旨在增進學生與教師的福利，推進教育的理論與實際，并在學校與社會間建立密切的關係。教育週是由該協會與全國家長與教師大會，美國榮譽軍團，聯邦教育局等團體，聯合主辦的。

杜魯門致詞說；

今年美國教育週的主題為「使民主政治有效的推進」，因此對於我們大家都具有特別的重要性。我們於慶祝教育週時，應該決心致力於美國立國所持的人類生而平等的原則。

人類固有的尊嚴，只有在大家機會均等的情形下，才可獲得保證。在達到這個目標的工作上，美國的學校實為一個標準的原動力，在民主制度的建立與發展過程中，能夠發揮他們最大的力量，並使他們能各得其所。然而這樣還不夠，我們的學校還要把民主的原則啟導青年，使他們在日常生活中能夠身體力行。

美國教育週是我們向誨人不倦的教師們致敬的時候，他們所負啟導青年的責任太重大了，同是在這一星期的時間內，我們尚應虛心自問，並且檢查一下社會的情形，我們是否對得起在學的孩子們，教師在訓練未來的公民工作上，我們給了他應有的便利嗎？

最後在美國教育週我們應以「幼吾幼以及人之幼」的精神，使其他國家的兒童也能受到教育的熏陶，在新式交通工具已使世界的距離接近的今天，我們孩子們是必須與其他國家的孩子們密切相處的。此外，我們還應該決定繼續教育週的精神，把我們的學校造成進步的工具，以便能適合每一新時代的需要。

（美新社十一月七日電）

從赤色家庭解放出來

周恩來的弟媳，馬順儀女士悲慘命運的記實

沈晦

一 赤色家庭的賢妻良母

中國共產黨裏的赤色要人，大都是出生於湖南與四川。江蘇籍的赤色人物，最顯赫的，祗有一個，那就是「中國的莫洛托夫」——周恩來。江蘇淮安的周家，本來是一個書香世家。周恩來的祖父和父親，都做過不小的官，也有不少的田地和房產。假如依照蘇北土共清算三代的辦法：一個人的父親祖父和曾祖是做過官的，或做過地主的，從他的根性上說，都帶有官僚和地主的劣根性；在所謂「革命陣營」裏，都是靠不住的人物；應該在被殺之列。那麼，周恩來是十足地帶有「官僚階級」和「地主階級」的劣根性的人，早就應該被清算，被鬥爭，而送了命，然而，周恩來雖說受了家庭的庇蔭，受了官僚與地主的培植，在南開中學讀書，在外國留學，造就成了典型的「知識份子」。他却能不受家庭的拖累，土共也不敢清算他，因為他是中共的要人啊！他的太太鄧穎超，也是中共組織裏最顯赫的婦女。他的胞弟周恩住，又叫周德明，在中央大學畢業後，也到外國留學。回國後，便又成為中共的要人了。常共黨的勢力在蘇北積極擴展的時候，他在所謂「蘇皖邊區人民政府」裏佔着重要的一席。在我們的想像裏，這由周恩來，鄧穎超，周德明等赤色要人所組織的家庭，自然是標準的赤色家庭。誰知道這標準的赤色家庭裏，却發生了「矛盾」，而無法「統一」！

馬九小姐是高郵耆紳馬雋卿的女兒。馬雋卿在民初曾做過江蘇民政長及運河水利工程局局長，和江蘇耆紳韓紫石，王叔相等是老朋友，和周恩來的父親也是通家之好。因此，便由於王叔相等的介紹，結成了兒女親家。九小姐和周德明也便由相識而結成了一對恩愛的夫妻。九小姐是在所謂「大家」裏教養出來的，她知書識禮，她懂得怎樣孝敬她的公婆，她懂得怎樣幫助她的丈夫，她也懂得怎樣教養她的子女。據說，在周恩來的父親逝世以後，周恩來是很孝順她的母親的。但是，他和鄧穎超夫婦倆因為獻身於所謂「共產革命」，無法在家待候他的老母。他的老母，在共產黨徒東奔西竄的時候，實在也不能跟着流浪。周德明也是一個做祕密工作的共產黨徒，行蹤飄忽不定，不能常在家裏。於是待奉這位周老太太的責任，便全部落到九小姐身上。九小姐為幫助她的丈夫和她的夫兄，完成他們的事業，也就勇敢地負起了道責任。雖然國民黨和國民政府對共產黨人是那樣的寬大，從來沒有勤過「罪及家屬」的念頭。九小姐總恐怕她的婆婆受到麻煩，受到委屈，於是她將婆婆接到她的娘家去，一住便是十幾年。她們婆媳，以及她的子女便在馬雋老的掩護之下，過着安靜而愉快的生活。

在這十幾年中，九小姐上則待奉婆婆，下則敎養子女，克勤克儉，甘願守着活寡，而毫無怨言。然而，周德明每次的祕密歸家，所帶來的並不是慰藉，而祇是痛苦。有一次，周德明回來了，才住一天，便有一個年輕貌美的女子走上門來，自稱是他的太太。這對於九小姐不啻是一個晴天霹靂。但是，賢慧的九小姐，終於壓抑了她的憤怒與悲哀，好好地款待這位女士。周德明說：「在北平，為着掩護工作的需要，才和這位女士結婚。」他請求九小姐寬恕他，並允許她同住。九小姐為着丈夫，不惜犧牲一切，終於答應了。一個月後，這位女士在九小姐的殷勤愛護下，終於受到良心的責備，噙着眼淚走了。她不恨九小姐。她只恨「為目的不擇手段」的共產黨徒，將她欺騙得太苦了！至於九小姐呢，並沒有因此而疏忽了對於婆婆的待奉，對於子女的教養。她覺得對於一個「革命者」和他的家庭，是不應該放棄她的責任的！

九小姐便是這樣的在赤色家庭中，努力地做一個賢妻良母！

二 飽嘗了鬥爭清算的痛苦

在政治協商會議舉行的時候，高郵被共軍「解放」了。

周恩來在南京向他的弟弟說：「不知馬姻伯一家怎樣？」因為他的老母還住在馬家，所以特別表示關切

「沒有問題！他家是有錢的人，必定早就跑到上海，或香港去了。」周德明漠不關心地說。

其實，馬家是有六十餘口的大家庭，那裏走得動呢！也仗着馬雋老在國民政府統治之下，從來沒有做過事，在地方上又是一個向不管閒事的，於人又無仇無怨。何況還是中共要人周恩來的老姻伯，周德明的老岳父，怕什麼呢！何況周老太太——周恩來的老母——已受他家的供養十多年，現在還住在他家，共產黨能夠不顧念這種關係嗎？

一切的相像都是錯誤的。鬥爭清算，在土共的發動下，首先光臨到馬府。作為一個地主的馬雋老，是被鬥爭清算了！

八十餘歲的馬雋老，銀髯飄飄，風神高雅而秀逸。現在臉上卻蒙着一層灰暗的氣色。他們開始受到八十餘年來所沒有受過的侮辱和痛苦。鑼鼓一響，鬥爭的羣眾到了。他們不容馬老講話，你講話的聲音愈高，他們鑼鼓敲打得愈響，總把你講話的聲音壓下去。很明顯地，土共幹部們惟恐這個高貴而慈祥的老人會說服和感動那批鬥爭的羣眾。因為那批羣眾對這個老人實現並無惡感，若讓馬老講話，這鬥爭清算的戲便唱得不起勁了。

一陣一陣的鑼鼓響來，一次一次的鬥爭過去，馬雋老的全部財產算是清算完了。然而土共們還不肯罷手。侮辱和恐嚇，還繼續不斷地加到這位老人的身上。他想不到他的姻侄周恩來和他的乘龍佳婿周德明所領導的共產黨徒是這樣的作風，他想不到他掩護共產黨徒的親屬所得到的是這樣的報酬。他煩燥，他苦惱，他氣憤，終於他病倒了。他命令他的兒女們趕緊逃走。他願意拚他一個人的老命來拯救全家。在恐怖的陰影下，全家都逃亡了。賸下來的就只有九小姐和周老太太。她們在良心的責備下，不能離開，在感情的激動下，不忍離開。她們願意留下，監護這個老人，一直到了最後。

土共們的鬥爭清算，侮辱，威脅，並沒有因為這個老人的病倒而中止。於是九小姐挺身而出了。「他是我的父親，我是他的女兒，他現在病倒，不能支持了。我願代替他，受他所應受的一切。」得到了土共幹部的允許，她開始受到了種種的侮辱和凌折。

她被送到民眾鬥爭大會上，聽流氓們調笑。她被罰站在酷熱的太陽下受烤炙的苦刑。她被迫受「望中央」的處分登上搖搖欲墜的高台，時時有粉身碎骨的危險。她又被送到陰森的牢獄，讓黑暗，潮溼，汚穢包圍她，使她受活罪。她又被套上麻布背心，戴上蒲包帽子，插上「地主馬雋卿女兒」的帽鐵，四出遊街。她又被送到刑場的旁邊，陪看着所謂「犯人」的執行刑罰。她親眼看到，陳相榮的媳婦，被人用蛇塞進褲子裏，將褲管絜起來，讓蛇在身上尋穴亂鑽。只見這女人由驚怖，痛哭，而呻吟；由臉色上紅一陣，白一陣，而完全變青；由痛苦的掙扎，而完全斷了氣。陪刑的人，誰都想到自已也會受到這種刑罰，恐怖籠罩了整個的刑場。……總之她是飽嘗了鬥爭清算的痛苦。

正在這時，共黨的高郵縣長楊天華卻接到了「蘇皖邊區人民政府」來的一通電報：「馬雋卿是大地主，須嚴予清算。馬順儀思想頑固，並希嚴辦。」下面署名是周德明。然而，不知為什麼緣故，一兩天後，馬九小姐卻被寬赦釋放了。

「幹共產黨的，害得老百姓太苦了！我這回受的罪，真叫着『即以其人之道，加諸其人之身。』這是德明做共產黨的報應。報應在我這個做妻子的身上！誰叫我做共產黨徒的妻子呢？」九小姐向婆婆訴說經過後，痛心的說出她的感想。

「周家不知道那一代造了孽，生出這兩個敗家子，強盜，還連累了媳婦。我聽到那種殘酷的刑罰，看到那種胡鬧的鬥爭清算。我真不知道那些做共產黨的渾蛋，幹的是一些什麼事。阿彌陀佛！阿彌陀佛！真造孽！真造孽！」吃齋念佛的周老太太也感慨地說。

三　矛盾的感情

使她困惑

馬雋老終於給氣死了。臨終的一剎那，祗有他的一個女兒——九小姐——在身邊，其餘的親人沒有一個能送終的。環顧四壁，都是空空的。所有的傢具都被搬光了。家裏已是一無所有。吃飯都成了問題，那裏還能求醫買藥！

馬雋老抬起了無力的眼光，四周看了一看，微弱地歎了一口氣。他揑緊了他女兒的手，他沈着地用力地說！「順儀！你是一個女子，我不指望你替我報仇。但是，你必須答應我！你必須永遠地不再同共產黨徒在一起！他們總是恩將仇報的！他們……」

「爸！我決定聽從你的話！……」馬雋老沒有答話，他已是咽了最後的一口氣。九小姐不禁放聲大哭起來。然而，儘哭是沒有用的。這喪事要怎樣辦呢？身邊沒有一個人，家裏沒有一個錢。九小姐躊躇起來了。最後她向一個親戚家商量，借了一口棺材。自己動手，將她的爸爸抬到棺材裏去。也沒有錢買布替爸爸做壽衣，也找不到人來替爸爸做壽衣，就讓爸爸穿着他隨身的衣服進棺材去罷！她想，爸爸一世沒有做過壞事，為什麼死得這樣悲慘淒涼呢！我必須記住爸爸臨終的遺言！共產黨徒和我有殺父之仇，我和他們勢不兩立！我決不再和周德那個共產黨徒見面！

政治協商會議還在繼續進行。高郵是被國軍光復了。周恩來是政協會議席上的紅人，在上海有了很闊的住宅，他把周老太太接去了。馬家的人也陸續地由外面回來，他們將馬雋老做的喪事重新辦起。九小姐等到她的父親入葬，她便悵惘地離開了她的娘家，到上海去。因為她的兩個兒子，她辛苦教育起來的兒子，——一個在聖約翰大學，一個在光華大學附屬中學，——都在上海讀書。她不放心他們。她就攜帶了那一個十歲的女孩子到上海去看望他們。她租賃了一間房子住着，自力更生的維持着自己的生活和兒女們的學費。周恩來幾次送錢來，她都拒絕了！周恩來夫婦沒有生兒，也沒有生女。他們頂喜歡小孩子。周老太太對於孫兒孫女是尤其喜愛的。她怎能拒絕他們和小孩子見面呢？她是異常地苦惱！、

「順儀！你是一個女子，我不指望你替我報仇。但是，你必須答應我，你必須永遠地不再同共產黨徒在一起！他們總是恩將仇報的！」父親臨終時的囑咐，驚醒了她！她想：我要怎樣應付他們呢？

「因爲你們住在上海，不是永久的。政治的局勢是變化多端的。假如姪兒們和你們來往，恐怕將來局面變化時，要影響到他們的學業。請你們原諒我，不讓他們拜見大伯和大伯母的苦衷。」這入情入理的說法，使得周恩來和鄧穎超對他諒解了。但是，他們覺得和小女孩子的接觸是沒有關係的，何況這個孫女兒又是老太太所最喜愛的呢？她無法再拒絕這個要求，祇好讓小女孩子過去住幾天。周恩來夫妻對這小女孩子真是愛得如自己的掌上明珠。

朋友們帶來了信，周德明要回家看看。九小姐想起了夫婦的恩情，她不能拒絕這個要求嗎？她想到孩子們，不能祇有母親。而沒有父親。她能拒絕周德明來看他的兒女嗎？

「順儀，你是一個女子，我不指望你報仇。但是你必須答應我！你必須永遠地不再同共產黨徒在一起！他們，總是恩將仇報的！」死去的父親聲音又在耳邊響了。她又想起那丈夫薄倖的行爲，又想起那鬥爭清算的一幕。她想：你們共產黨人也愛自己的家庭，爲什麼你們儘在毀壞人家的家庭，你們也愛自己的父母，爲什麼不讓人家也愛他們的父母！你們也愛自己的子女，爲什麼不讓人家也愛他們的子女！我不能忘掉對於亡父的諾言，我不能再和共產黨徒住在一起。九小姐終於毅然地託朋友帶信：「我要和德明離婚，我再也不要見他。他如果進了我的門，我就隨時將他的行縱報告警備司令部。」

周德明在朋友的勸導下終於寫了離婚書。但他說：「這是爲了順儀等在蔣區裏的安全所作的權宜之計。我們共產黨人根本就不承認你們這套法律的！」她接到了周德明的離婚書，她哭了！

矛盾的感情，在使她困惑。

四　他終於成爲赤色家庭的叛逆

共產黨的勢力，一天一天地壯大起來。眼看着京滬又要不保。在上海的共產黨人又活躍起來了。成千成萬的蘇北難民，在江南亂逃。局勢顯得異常的嚴重。九小姐必須考慮到她的行止了。

「馬上我們就要佔領上海了。你們必須留住九小姐，不讓她走。否則，我要你們的命！」九小姐在上海的哥哥弟弟都接到了周德明的恐嚇信。祕密監視的人員已在九小姐住宅內外佈滿了。看來周德明是不願意九小姐離開上海還願意和她重圓的。

「順儀！你是一個女子，我不指望你替我報仇。但是你必須答應我！你必須永遠地不再同共產黨徒在一起！他們總是恩將仇報的！」九小姐沒有忘記父親的遺言。她決不向共產黨屈服，她不羨慕共產黨所得到的勝利，她不指望和揚揚得意的共產黨新貴分享那勝利的果實。她總認爲憑着共產黨那種殘暴冷酷絕滅人性的作風，最後還是要失敗的。她決定不同共產黨徒在一起，一直堅持到她生存的最後一刹那。她決定逃亡了！

但是，她沒有錢，又被人暗中監視着。怎樣才能走得脫？兒子，女兒，不帶走罷，自己如何捨得？他們都是自己一生的心血培植起來的。帶着走罷，經濟力量不容許，又怕驚動了監視人。殺父的仇恨，逼她要走，愛子的感情又使她留戀。正義的光輝，催着她走；私情的絆索；又令她徘徊。內心的矛盾，經過一番苦苦的鬥爭，她終於決定了，拋下歲數大的兩個男孩子，他們快成人了，讓他們自己奮鬥去！他們如果跟着共產黨走，就讓他們永遠做一個沒有母親的孩子罷！上天如果見憐，共產黨的禍亂平息了，讓我們母子還有重見之日。至於女孩子呢，她還年幼，需要母親的撫養，又是周家全家都喜愛的人，必須帶着她走。「你們共產黨徒不知拆散了多少人家的家庭，使人家嘗受到莫大的痛苦。我也拆散你們的家庭，也讓你們嘗受嘗受這痛苦的滋味！」

她終於逃出了監視者耳目，帶着一個小女兒，向天涯去流浪！流浪！

她！終於成爲一個赤色家庭的「叛逆」！

中共中央政治局第十六號指令

一九四九年美國共產黨替中共政治局出版了一本英文小冊子，名「中央政治局第一六號指令」，其中宣稱，國際革命委員會的遠東局，已批准政治局第七次會議所通過的工作綱領：（一）利用「民主」爲手段，來吸引各黨派的及無黨派的份子，藉以加强反國民黨的戰綫。（二）引誘國民黨內的「進步」份子，使國民黨解體。（三）擴大反cc反特務的宣傳，使一般大衆對這些人起反感，好分散國民黨的力量。（四）擴大宣傳國民黨的政府腐敗與經濟無能，使國民黨的力量集中在政治經濟的改革，而忽略了軍事。

一個俄國空軍上校初到美國

威廉懷特(William White)原著
本刊資料室特譯

高托夫是俄國的一個空軍上校。本文是他口述初到美國後的心理反應及感想，由威廉懷特氏筆敘，發表在全世界銷行最廣的「讀者文摘」上，本刊特譯出，用饗讀者——編者

一九四五年秋，一個俄國空軍上校捨棄了他的祖國，獨自乘機飛到歐洲，希望到美國，成為美國公民。他年三十一歲，完全是共產黨統治下的一代青年。他不知共黨革命前的俄國情形，他也不知鐵幕外的情形。以下是他初到美國的感覺，顯示出美俄二國的絕對不同，與蘇俄的極權專制。

高托夫是蘇俄空軍的轟炸機飛行員，他穿着蘇俄空軍上校的制服，立在一隻荷蘭船的甲板上，遠望見美國南部海岸。這是一九四五年的秋天，戰爭已結束。他胸前佩着好幾個勳章，表示出他在與德軍作戰時曾二次受傷。眼看船快進口岸，但他心內却害怕起來。

要明白高托夫為什麼害怕，須知道他是俄國共產黨革命後的青年，完全生活在共產制度中，他不知既往，亦不知外界情形。共黨三十年的統治，造成一代新人，他們和舊俄國人不同，亦和現在西方國家的人不向。在這一代俄國人眼中，一切西方生活情形與制度，都是新奇的。

船進了口岸之後，高托夫看見兩岸全是華麗的房子，他心中認為，這些房子一定是美國高級官吏或大資本家的消夏別墅。一隻渡輪從這船旁經過，他看見上邊有不少汽車，其中有些輛在開車的坐位上，是坐着很美麗的女子。

高托夫現在到美國已三年，對於穿漂亮衣服的美國女子自己開汽車，已是司空見慣，不覺新奇。但高托夫說，這種事情在蘇聯共產制度之下，永遠不可能。在蘇聯，只有政府的委員們，或工廠的指導委員們，才能坐汽車，像這樣高位置的人，如果沒有汽車夫而讓他的太太開汽車，他一定覺得這種窮酸是恥辱，當然別的委員的太太們也要恥笑。

高托夫初見到華麗的美國女子開汽車，以為從她的衣着看來，顯然她們的丈夫一定是要人，足可僱用車夫，為什麼她們要自己開車呢？他忽然想起，以前他隨紅軍到匈牙利時，就聽歐洲人說過，美國女子的獨立性，所以她們自己開車。他又聽說，在美國家庭中是女子支配一切，這與俄國不同，在俄國是男子支配一切。

高托夫因為在歐洲聽到這些關於美國女子的傳聞，他到了美國，看見許多漂亮女子注視他所穿的紅軍制服，他不敢向她們回笑一笑，怕萬一其中有一個有勢力的女子惱怒了，也許會叫警察。

船靠岸後，高托夫下來，進了海關。他看見海關的一切佈置是那樣整齊，不像俄國海關那麼破爛。檢查他的護照和行李的人員，穿着上等材料作的制服，面色紅潤，表示出他們的吃食好，可以看出他們是天天刮臉。他同想到在蘇聯，海關人員都是穿着破舊的制服，而上顯出營養不良的顏色。最好的是美國海關人員十分客氣，不像俄國海關人員的作威作福，大聲呼喝，表示他們的權威。

他坐飛機往紐約，這飛機對他並不新奇，因為俄國亦有道格拉斯式飛機。但在機場上他正買票的時候，一個脚夫藉口拿他的行李去過磅，一會便不見了，只給了他一張小小的紙票，說明到紐約時提取。高托夫真不放心，因為現在在蘇俄，客人必須小心看着自己的行李。普通在火車上，假如你睡着了，你的行李立刻就不見了。火車停在車站上的時候，假如你忘了關窗子，扒手就用帶鈎的長杆子，把你的行李鈎了去，等你下車去追，早已不見。扒手把偷你的衣服賣了，就可過幾個月的日子。

高托夫坐在去紐約的飛機上，看看同行的客人多半是男子，都穿着沒有縫補過的講究衣服，戴着呢帽。高托夫心裏說，看樣子這些人一定是高級官吏或發了財的資本家。他見他們也都沒有隨身拿着行李，他才放心，他猜想他們大概也只拿着行李票。給他印像最深的是那個身長玉立服侍客人的漂亮女郎。她的身段很美，穿天藍色的漂亮制服，料子極好，連一點縐文也沒有。要是在蘇俄，這樣的女子一定是克里木林宮要人的祕書，絕不會在飛機上服侍客人，向每位客人說「你吃口香糖嗎？」高托夫又心裏想，美國這樣的女子僅作這種小工作，眞正在華盛頓美國克里木林宮要人們所用的女祕書，不知要多麼漂亮多麼能幹！到了紐約，高托夫取回了行李，一看，不但原舊鎖着未動，而且他的兩套衣服仍在裏邊，甚至他的兩隻精美的刮鬍刀也沒丟。雖然如此，他仍覺得美國是個缺乏組織的國家，為什麼把這許多值錢的行李交給一個人，就相信他不會偷？

現在高托夫回想起他初到美國時的許多新奇感覺，眞是可笑。起初他奇怪為什麼美國的地下鐵路進口處，沒有人把守着收票？人們很容易進去乘車不付錢，這要是在俄國，不會有一個人付錢。俄國的車站每個門口至少有兩人看守着。他又奇怪美國的大堆報攤，不但沒有人看守，凡買報的人總是把錢丟在匣子裏。美國水菓攤擺得滿滿的，過路人伸手便可取走。最使人不明白的是，清晨家家門口放着幾瓶剛送到的牛奶，也沒人偷。高托夫的結論是，美國人較俄國人誠實，但也因為美國的制度允許私有財產，所以人人尊重別人的東西。在俄國，雖然政府告訴人民說，所有俄國的工廠和土地都是俄國人民的，但沒有一個人覺到真正是他們的。

在高托夫到紐約的第一天，他覺得美國人在許多事上，組織不佳，或者可說是完全沒有組織。因為，當他到了美國一家館旅要一間屋子，他按照在俄國時的規章，在帳房的櫃台上取出了他的七份旅行證明和護照，每一證件上都印鑑齊全，而且上面多半有他的照片，不料旅館的司帳員一個也不看，就都推回給了他。

他想到蘇俄確是個有組織的國家，所有旅客到了旅館，必須把證件交給旅館，由旅館交給特務機關，由特務機關仔細查核，每個旅客是否得到旅行許可，是否許可住這個旅館，是否他的旅行日期已滿。假如一切都合手續，第二天早晨便把這些證件給回。

因為旅館沒有查看高托夫的護照，他立刻懷疑到這個旅館也許是土匪窩，或者是法西斯份子或其他罪犯的藏身之所。但是在客廳裏坐着的客人，看來又絕不像歹人，都穿得很整齊，和他在飛機上所看到的高級官吏與資本家一樣。他小心的在店簿上簽了名，將七份證件放入夜袋內。隨侍役領到他的房間。這房間十分清潔，面巾浴巾隨便用，絕不次於他有生以來在匈牙利第一次見到的最講究的大使旅館。

他想，也許美國的特務比俄國的程度高，他們不像在俄國那樣，客人一到帳房櫃台，便將證件拿去，美國的特務一定是先給客人一些時間，到房間裏洗洗臉，刮刮鬍子，然後他們才來敲門，很客氣的檢查客人的證件，檢查完畢，笑臉奉還。

他在疲之中忽然又想到，也許帳房旁另有一個窗口，美國的特務在那裏檢查旅客的證件，只是他進來時，司帳員忘記告訴他去那裏檢查。假如是這樣，他已惹下麻煩，因為他覺得，不久警察就會發現，在這房中住着一個名叫高托夫的外國人，沒有把證件交來檢查。

但假如現在他下樓去交驗，又怕在他下去時，正巧警察上來敲門，沒有人答應，他們用鑰匙開門一看，沒有人。要是這樣，他解釋給警察聽，警察相信嗎？當然警察一定要把他這件可疑的事記錄下來。他想來想去還是在房裏等候妥當。

到了午夜，走廊中有許多腳步聲音，但並沒有人來敲門。高托夫覺得事情一定是壞了。到兩點，全旅館都安靜下來，他恍然大悟，他自已真傻，怎麼會認為美國人無組織。美國特務一定仍在樓下，知道他在想這些事，也知道他在為此發愁，故意使他多愁一會，到清晨三四點鐘，在他最疲倦與思想遲鈍時，才會來敲門，拿着手電筒進來，問他許多問題，使他弄不清。俄國的特務不都是半夜敲門嗎？

所以他就等候着，一會他的表三點了，一會四點了，全城市都靜靜的。五點時天色灰白，再過一會太陽就將出來了。他為了不要弄得等美國特務來時自已太緊張，他合眼休息一下。他一覺醒來已過正午，這神經病的美國特務怎麼仍沒來檢查他的證件！直等到一個星期之後，他才眞正相信，在這個顯然組織不健全的國家，人民聰明之至，他們可以說是完全無組織！

他急忙穿好衣服，出了旅館，在紐約的街上散步，看見人們都穿着那麼好的衣服，尤其是商店的窗子內陳列的物品都那麼好，他從未看見過。一家商店整個佔了一段街，裏面不但賣男女衣服，也賣珍珠寶石。在另一部份賣廚房用具，其中有許多新奇東西，他完全不知是作什麼用的，不過他看得懂，這些東西裏面都是使用小的電力發動機。

在莫斯科好東西也有，不過只是在特殊商店中才有，只有特權階級才能購買，價錢並不貴，如果許可自由購買，一定有許多人願花錢去買。在美國每個商店對一切人都是公開的，即使是一個窮人，如果照付價欵，一樣許可他購買。高托夫認為這是一個良好而且公平的制度，他希望他不會發見更好的商店，專為高級官吏而設，不許普通人進去。

轉天早晨他和一家美國人一同吃早餐，這家美國人的住址，是他在巴黎時一位俄國友人介紹給他的。這家的夫婦二人是出生在俄國，他們的兩個剛從大學畢業的女兒，都是在美國生的。高托夫告訴她們，他怎樣離開了俄國，以及美國在歐洲佔領軍中的友人怎樣幫助他來到美國。他希望美國將是他的新的祖國。

在飯前，這家的太太帶他到浴室洗手，並仔細告訴他怎樣開關冷熱水。這都是不必需的，因為他在俄國和歐洲都會用過白磁洗澡盆。但他並未表示他會用，因為他知道這位太太是好意。

他洗完手，大家一齊坐下吃早餐。這是他第一次吃美國早餐，主婦先拿到桌上來的，不是鷄蛋，不是煎猪肉，不是土豆，只是一杯西紅柿汁，而且是冷的，喝了眞不好受。然後他又端上咖啡，和一種草似的東西，壓乾成一片一片的，放在一個碗內，上面再倒上牛奶。他看見別人也是吃這樣的東西，他也只得吃下去，再等着端來吃的東西。不料大家都離開了桌子，他看出這就算是吃完了。他心想，我的老天，鬧了半天這是個窮家庭！但是他又覺得不對，因為房子裏的家俱都是很精緻的。因之他問那壓成片的東西是什麼，主人便告訴他，那是特為早餐用的食物，不是農場上作的，而是大公司用機器製造的。

高托夫開始不放心了，因為他在紐約的街上散步時，會看見大堆的水菓，和食品店內的臘腸和火鷄，他預備飽飽吃牠幾頓。或許這些食品都是木頭作的，油漆得好像眞的，一如在蘇俄商店玻璃窗內的木頭食品，不然，如果是眞，為什麼人們不每天吃三頓火雞，而偏要吃壓成片的草？在俄國，如果能有這麼多火鷄，人們一定會每餐都吃火鷄，吃他個够。

在吃完早餐之後，主人的兩位在美國生長的女兒，開始問他歐洲的情形，尤其是俄國：她倆都極感興趣。他知道她們的父親在歐洲時，是個忠實的社會主義黨人，反對一切獨裁政治，當然也反對史達林的獨裁。他告訴她們蘇俄國內的慘痛情形，一會，其中之一人插口便說，「這樣年青的人，誰知道這樣反動，」然後問他，「你的家庭是白俄皇族嗎？」

因爲高托夫完全是共產革命一代的青年，這種指責使他很憤怒，於是他便與她兩人辯駁起來。他是一個俄國人，他離開了他所愛的祖國與人民，是因爲他痛恨蘇俄的獨裁，認爲牠是錯誤的。他未料到，這兩個傻女孩子，自由自在的生長在美國，反而愛這種獨裁，並堅决替他辯護，認爲她們對蘇俄的認識，比任何俄國人都淸楚！他臨走時，她們的父親低聲安慰他說，「她倆是例外。」他出門來走在街上，一來腹中仍飢餓，二來爲了好奇，便一直走進一家飲食店。他看見窗內擺着火鷄，他作手勢帶說了幾個英文字，表示他要買。好家伙，不但是眞火鷄，而且賣給他整個一條鷄腿。他嗜着味道鮮美，還要吃，居然又賣給他。並且也沒向他要食品配給票。他當然沒有食品配給證，他只帶着錢。

他眞覺得好極了，有錢就可以買東西。此後兩個多月，他每天要進飲食店，吃兩份火鷄麵包，只爲得是試試美國政府有沒有忽然下令改了這種好制度。

初到美國他覺得一切都無組織。其他初到美國的蘇俄人也都有這種感覺。他認爲，美國有的地方也有好的組織，例如對於製造汽車製造好衣料等等方面。但譬如美國的警察制度，就太鬆了。又如美國的食物，不是在食品店裏放着落塵土，便是放在冰箱裏凍冷了。美國人在家中吃飯，桌上只放着不多一點。他想，要是在俄國，如果食品店中堆着那麼多的食物，而且不用配給票就可以買到，立刻就會被人買光，拿來放在飯桌上。食物本來應該放在桌子上的，在這上面人們可以看，可以嗜味，最後吃掉。食品店的架子上應該是空的，在俄國食品店的架子常是光光的。

這天晚上，一個新從柏林回來的美國人去看望他。這人先說了許多美國在歐洲佔領軍的壞事。他知道這人所說是眞的，因爲他自已親眼看見過，以後這個人又說，俄國人在歐洲是積極工作，廢除封建制度，使東歐有了民主制度，雖然這種民主也許與美國的民主不一樣，但正是歐洲所需要的，也許最後證明比美國的民主好。

夜間，他把這些事想來想去，忽然他明白了那兩個女學生和這個剛後歐洲回來的美國人，都和他自已一樣，都是在尋求一個更好的更高的生活目標。所不同的只是他們都是盲目的未會看到蘇聯的眞實情形，所以不知道他們的目標是錯了。而他正在離開這個錯誤的制度，來到美國，希望在這個新的祖國，能享有自由！

（完）

【鐵幕後面的故事】

自由

匈牙利京城的稽殊先生很得到共產黨領袖們信任，因此派他到外國給匈牙利採辦工業原料，這當然是一個好差使，非心腹人是沒有這種好機會的。

幾天後，稽殊先生到了羅馬尼亞京城，他便拍電報回國說：「東西買下許多了。自由的羅馬尼亞萬歲！」

再隔了幾天，他到了保加利亞京城蘇非亞，他又拍電報回國：「貨物已經商洽妥當。自由的保加利亞萬歲！」

此後，匈牙利京城布達佩斯特不再接到稽殊先生的消息有好幾個星期，最後他的電報到了，電文是：「我們了紐約了。自由的稽殊先生萬歲！」

救命

蘇聯的共黨領袖開了一個博覽會，招待各省的代表參觀，史太林本人也親自招待了他的故鄉高加索兩個忠實的黨員代表。在克姆林宮某一室中，史太林指着一個麥克風對他的鄉人說：「你瞧，這個小東西你不要小視它呀。它可以把聲音傳達到整個世界的任何一角落呢。我們把宣傳文字向它灌進去，凡是活着的人都能聽見的。」

「整個世界都能聽到嗎？」那高加索代表不勝奇異地問。「我可要試一試呢！」

「當然可以的，」史太林說：「你只要說一句話便够力量了。」

那高加索人一手把麥克風抓得死緊，深深地吸了一口氣，然後死命喊！「救命呀！」

本刊已呈臺灣省府新聞處備案。並申請內政部登記中

給讀者的報告

本刊

「自由中國」已籌備有五六個月了，本打算出日報，但因種種困難，未能實現，後來改變計劃，一方面刊行自由中國叢書，一方面在各地報紙同時刊登時論專論。已出刊的叢書有五種：（一）胡適先生的「我們應選擇我們的方向」，（二）陳獨秀先生的遺著「陳獨秀的最後見解」，（三）崔書琴先生的「民生主義與共產主義」，（四）王靜遠先生的「共產黨如何治理平津」，（五）章丙炎先生的「南奔記」。以後當續有出版，以饗讀者。

在各地報紙所刊出的專論亦已有「失望與鼓勵——評美國務院白皮書」，「美國如何準備擊敗蘇聯」，「蘇聯怎樣統治鐵幕後的國家」等若干篇。

最近的計劃是出版一種定期刊物——「自由中國」，現在已與讀者相見了。我們希望大家愛護這個刊物，使它長大起來，成爲一個恢復自由中國的輿論力量。我們並盼大家盡量給與批評與指正，藉以使本刊改善進步。

本期的「自由中國」的宗旨，是胡適先生遠自海外寄來的，十分珍貴，它代表眞正愛好自由民主的人士們的聲與願望。胡先生的「民主與極權的衝突」一文原是用英文寫成的，是胡先生應美國政治學會特約發表的，內容極爲豐富，明白的指出民主與極權的分別，使冒牌的民主無隱身的餘地。

傅斯年先生的「自由與平等」一文，題目雖極普通，但內容有傅先生獨到的卓見，極爲寶貴，願讀者注意。傅先生校務繁忙，因之傅先生的文章得來不易，但傅先生爲本刊的主要撰稿人之一，以後當常有文章與讀者相見。

沈晦先生的「從赤色家屬解放出來」，內容全是敍述事實，較之本文主角在臺北電臺所廣播者，豐富得多，生動得多，眞是一篇不可多得的史料。

本刊特闢「青年號角」一欄，內容注意青年的呼聲，青年對國事對政治對經濟的意見，以及先進人士對青年的指導與意見。本刊希望青年朋友們，對青年熱心的人士們，使本欄內容豐富活躍起來。

本刊因爲篇幅所限，尚有幾篇寶貴的文章，未能刊出，本刊特對撰稿諸先生及讀者特致歉意，留到下期刊出。

徵稿簡則

一、凡能給人以早日恢復自由中國的希望，和鼓勵人以反共的勇氣的文章，都爲本刊所熱烈歡迎。

二、介紹鐵幕後各國和中國鐵幕區極權專制的殘暴事實的通訊和特寫

三、介紹世界各國反共的言論，書籍與事實的文字。

四、研究打擊極權主義有效對策的文章。

五、提出擊敗共黨後，建立政治民主，經濟平等的理想社會輪廓的文章。

六、其他反極權的論文，談話，小說，木刻，照片等。

七、翻譯稿請附原文或註明其出處。

八、凡附足郵票的稿件，不刊載卽退回。

九、稿件發表後，每千字致稿費新台幣十元至廿元。「特稿」則不受此限制。

十、來稿本刊有刪改權，若不願受此限制，請先說明。

十一、來稿請寄台北市金山街一巷二號本社。

自由中國 第一卷 第一期

中華民國三十八年十一月二十日

發行人 胡適

主編 「自由中國」編輯委員會

出版者 自由中國社

地址 台北市金山街一巷二號

電話 六八八五

經售處

台灣 中國書報發行（台北市館前街八五號）

香港 香港時報社（高士打道六四號）

重慶 成都 漢口 西昌 康定 昆明

桂林 南甯 海口 各大書局

印刷者 上海印刷廠（台北市長安西路一四五號）

本刊售價：每冊新臺幣一元，銀元券四角，港幣一元。

歡迎直接訂閱：三個月八折計算

自由中國

香港航空版

發行人 胡適

第一卷 第二期

要目

中華民國三十八年十二月五日出版
社址：台北市金山街一巷二號

社論

論團結對於反共抗俄的必要

現在站在反共抗俄陣線上的人，有團結的必要，似乎任何人都知道。共產黨軍隊挾了蘇俄所給予的勢力，自東北而關內，而江南，而閩粵，今且踰黔入蜀。這種惡勢力所以進展得這樣快，當然有許多種原因，而國軍方面的缺少團結，實在是最大原因之一。我們試觀國軍在徐州會戰中，許多將士都可以說是忠壯貞亮的了，但是講到團結上面，則不無遺憾。甲軍主張「以逸待勞」，因之坐視乙軍的被圍而不救；丙軍希圖「獨成大功」，寧願丁軍收退以後再行猛進。結果，中原淪陷，而共軍遂得以輕易渡江。往事歷歷，實可痛心。現在國軍中的將士，都是深明大義的人，當必能鑒前車的覆轍，補已往的過失，上下協力，同心同德，以救國家民族於滅亡。

軍事上這樣，外交上亦然。一個文明的國家，有應有的體統。凡一個國家裏邊的各黨各派，除却叛徒而外，政見上儘可有不同，對外則應團結一致，方不失文明國家的身份。中共的向外宣傳，凡足以污蔑政府的話，無所不說。「桀犬吠堯」，外人中稍高明的，都不相信。但據道路傳聞，則同為政府中人，因派系的意見，對外辭令，或至互相攻訐。這就失體統到極點了。結果，所說的話，非特沒有什麼效力，且成為國際間的笑柄。春秋時代鄭國大夫富子說過：「夫〈待〉大國之人，不可不慎也。幾為之笑而不陵我？」我們替國家辦外交，一個最好的辦法，就是使人家對我們有相當的尊敬心。我們自已如果有互相攻訐的情勢，人家決不會看起我們的。

政府裏面的人，多多少少是「人民觀瞻所繫」。要是政府中人彼此齟齬，那還能夠使人民一心一意的擁護政府麼？美國這次中美關係白皮書中對中央政府中人的不能互相容忍，頗多非議。雖然有許多話是出於街談巷議，未必盡可信，但「他山之石，可以攻錯。」現在當着「一髮千鈞」的時候，任何意見的參差，權利的衝突，都應該一筆勾銷。必須這樣，才可以使全國人民對政府有信賴心，而同來聚集於反共抗俄的旗幟下。

要根治這些「不團結」的毛病，我們以為有下列幾種良藥：

一、認淸局勢　國家當太平無事的時候，政治家要表演手段，玩弄花樣，在人們歷史上增加些茶餘酒後笑談的資料，原無不可。但現在在反共抗俄這個大節目中，無論何人，都不應當鈎心鬥角，以圖私已的權利了。蘇俄的共產帝國主義，打算以鐵幕籠罩全世界，以施行那種沒有前例的獨裁政治。這個黑暗的勢力，比任何過去黑暗的勢力都要大。我們可以預推，若使全世界被蘇俄鐵幕所籠罩，則世界歷史定必進入一極長的黑暗時代，如果中華國土全為共產黨所佔據，則全世界被蘇俄所統制的可能性極大。我們能夠認淸這種情形，便可知道我們反共抗俄的行動，意義極為重大。對於同在這個陣綫上的人，不管他過去是怎樣的，我們都應當篤修同袍的義氣，以收和衷共濟的效用。一個人能夠以「反共抗俄」做高於一切的目標，便不會注視到私已的權利上邊了。

二、「毋固毋我」　這種態度，就是俗語所謂「謙虛」。平常人所以陷於「太自是」，陷於執拗，甚至陷於自私自利，純是不能謙虛所致。凡不能與人和衷共濟的人，都是不知道修養「毋固毋我」德操的人。當然，對於一個成事的人，「主張」最要緊；沒有固定的主張，便成不了什麼事。但如果只知道固執自已的主張，而不知道虛心納容同事人的意見，則往往造成「離心離德」的現象。世間有許多事情，小自家常日用，大至治平方略，儘可以用各種不同的方法做通的。「道並行而不悖」；「相忍為國」的道理便在這裏。當權的人如果懂着這個道理，有許多地方儘可「舍已從人，樂取於人以為善」。事情一樣的成功，而人家心裏要舒服得多。利用這個心裏的舒服，非特能夠取得團結，並且能夠得着人家的死力。

三、誠實公平　誠實和公平，當然是兩件事，但是能誠實才有公平，能公平才可誠實，所以我們把這兩件事合為一談。這兩樣品性是凡百事功的基礎，不只是對團結有用處。兩樣中如果缺少一樣，便得不到永遠鞏固的團結。我們就拿東歐共產主義國家集團內的事情來說吧。狄托所以反叛史達林，完全是因為史達林對於他的衛星國的不誠實和不公平。史達林那樣的人，你當然不能希望他有誠實和公平的品性；蘇聯別的衛星國所以沒有反叛，和這些衛星國的地理以及這些衛星國首領的才性都有關係。蘇俄的勢力一衰落，這些衛星國的脫離蘇俄是意中事；也是因為這個緣故，蘇俄不得不嚴厲的監視這些衛星國（中共在內）。我們並不相信蘇俄和他的衛星國有眞正的團結，因為蘇俄不具備團結所必需的品性——誠實和公平。

以上所說各點，雖屬老生常談，但在現階段中我們更要特別強調，讓我們同在反共抗俄陣綫上的人自勉互勉。

時事評述

一從華德事件看出極權國家的作風

美國註瀋陽總領事華德氏與其館員眷屬等，自去年十一月瀋陽淪陷以後，即被蘇俄直接控制下的中共當局加以軟禁，使其不能外出，並不得與外間互通消息，即他們與本國政府間的信息來往，亦完全受着中共地方當局的嚴格控制。今年十月二十四日，華德及其館員四人又以「莫須有」的罪名復被拘捕與監禁，交由中共所謂的「人民法庭」來審訊，既不准瀋陽美國領事館人員對此案之事實提出報告，亦不准領館人員在審訊之中設法為其辯護，甚至連華德及其館員究竟監禁在何處亦無從獲悉，人民法庭之審訊在何日舉行更無法知道。在這個整整一年的悠長歲月中，美國政府對於這種「直接違反若干世紀來國際關係的基本原則」的行為，忍辱含垢，僅以「因循姑息的抗議及媚惑的姿態」，經由非正式的外交途徑與中共當局一再交涉，營救釋放，迄無絲毫的效果。直至上月（十一月）二十一日美國國務卿艾奇遜氏因受國內輿論之壓迫及參衆兩院議員之指摘，始採取攻勢的外交手段，毅然照會有外交代表駐華之三十個國家，連蘇俄在內，請其一致對美國駐瀋陽領事及館員被非法剝奪自由達一年之久一事，經由各種可能之途徑向北平中共高級當局表示確切關懷之意。經過這樣嚴重的照會步驟，華德領事等五人始得在照會提出後的第三天（二十三日），經所謂人民法庭的「宣判」，「緩刑」而「驅逐出境」，事實上也就是釋放。這個照會的後面，有輿論界，在鄉軍人和國會議員周以德，諾蘭等的憤慨來支持他，就是有熱烈的國民力量作他的外交後盾，蘇俄及中共當局當然會感覺到事態已日趨嚴重，如再玩火，則火會燒到自己身上來的。

華德事件只不過是一連串事件裏的一件耳。在這一年當中，中共當局不知摑了美國多少耳光！最先有共軍侵入南京司徒大使的住宅，爾後有上海美領事館官員的被捕和美僑的橫被拘禁，接上又有拒絕發給美武官薩耶將軍的出境證，現在華德事件尚未全了，復有瀋陽美副領事史杜克斯以間諜的罪被拘，……一件復一件，中共層出不窮的侮辱，除非遇到迎頭痛擊，決無止境之一日。美國政府愈會節節退讓，而中共愈益咄咄逼人，美國政府愈希望中共有一天會翻然改悔，愈希望毛澤東是中國的狄托，而中共當局愈會得寸進尺，其所加諸美國的侮辱則愈益擴大。蓋共產黨人從不了解禮貌之謂何，更不悉國際慣例之為何物，所謂國際公法也者，在共產黨國家的辭典裏是沒有的。他們的一進一退，或一張一弛，只是「唯力是視」。

「力」之一字，本為極權國家內政外交上最高的指導原則，原不足異，何況中共又是完全聽命於蘇俄呢！所以中共的一言一行，均是仰承蘇俄的鼻息，中共之利害，一以蘇俄之利害為依歸，這與當日汪精衛政府與日本的關係，是毫無二致的。蘇俄今日決不會要中共與美國人交往，儘管美國人願意唾面自乾，又儘管中共政權之成長或需美國人的友情，但蘇俄決不欲袖手旁觀，更不容美國人鼾息臥榻之旁。故過去中共侮辱美國人的一連串事件，正是克林姆宮的主人處心積慮以驅逐山姆大叔於中華國土之外，美國政府縱思千方百計的企求瓦全，結果均是徒勞無功，結果不外自取其辱。蘇俄是要壟斷中國的一切利益，蘇俄是要把中國緊緊關在他的鐵幕之內，他決不會讓任何國家來均霑利益，何況對手方正是他眼中釘的美國呢！英國寤寐以求與中共通商而打算承認中共政權，其結果當與美國所得差不多——煩惱與侮辱。因此我們可以想得到的，即中共對於華德事件所表演的這一幕「捉放華」，完全是蘇俄在後面慫恿提調！昔日之捉，為的是使美國知難而退，今日之放，為的是要使美國知不可留，捉與放的目的，無非逼使美國人遠遠站開，不達目的，決不休止。今日克林姆宮的主人熟悉目前艾奇遜的姑息政策，正如當年的希特勒熟知那時張伯倫的綏靖政策一樣。張伯倫的綏靖政策，固然犧牲了捷克與波蘭，但最後自食其果者厥為英國人，今日艾奇遜之姑息因循，正如養虎適足以自傷其身耳。

華德及其館員們是釋放了。美國的國家尊嚴怎樣呢？總不能說沒有橫遭損害吧！蘇俄這接二連三的導演，第一是要驅逐美國人於中華國土之外，已如上文所述，第二是要打擊美國人的聲望，使今日尚在徬徨岐途中的國家知所向背。美衆院外交委員會吉普非等五議員聯署聲明以譴責國務院，認為華德事件的處理，為美國外交史上最可恥的一頁。他們說：「美國這種丟臉，是想不到的。一年來國務院僅以因循姑息的抗議，及媚惑的姿態來向中共交涉，以期獲得華德的自由。這樣，使美國人之聲望與尊榮，在世界其他人士的眼中，日趨低落」，這正是非常正確的評語。

進兩步，退一步，是克林姆宮在國際舞台上所慣演的拿手好戲。我們可以斷言，蘇俄非至自身毀滅或毀滅了他的世界敵人——一切民主國家，他是永遠不會停演這手好戲的。我們且看看蘇俄下一次的出場在那裏？我們再看看對手方的民主國家警覺的程度和應付的方法是如何啊！

二 中共不能例外

蘇俄當局一張口，便指責西方自由國家，爲「帝國主義」與「戰爭販子」。

我們眼見美國允許了菲律賓獨立，眼見英國退出了印度；但是，我們也眼見蘇俄正加緊控制它的各附庸國。

在波蘭，蘇俄的元帥洛可索維斯基，當了波蘭的國防部長，此外波蘭的參謀總長及各部隊的首長，也都換了蘇俄人——這正和印度未獨立之前，英國在印度的行徑一樣。

此後，波蘭人民是士兵，蘇俄人是指揮者，波蘭人的惟一「自由」，是隨蘇俄人的意志去作炮灰。

洛可索維斯基就任後不久，波蘭共產黨的頭目葛麥卡，便被開除黨籍。葛麥卡曾任波蘭副總理，與波共的書記長，現在他連共產黨員的資格都沒有了。波蘭當局聲稱尚要審判他以及其他許多人，罪名是「過份的民族主義」！換句話說，就是蘇俄要澈底預爲消滅波蘭的狄托主義。

羅馬尼亞是蘇俄附庸國中，第一個失去民族主義的國家，實際上差不多已成爲蘇俄領土的一部份。最近的消息，蘇軍元帥馬爾諸夫斯基，即將出任羅馬尼亞的國防部長。上星期羅馬尼亞法庭，審問官吏二十二人，分別判處死刑，勞役，或監禁，罪名是「替外國當奸細」。

匈牙利的前外長拉依克，被判死刑，拉依克，是匈共的前輩，他是最初組織的人，他之被處死刑，表明出言語稍與莫斯科的指示不合，便會立遭清算。

保加利亞的情形也是一樣，保共首領狄米托夫，不久以前，「病死」在莫斯科，承繼他的是保共代理總理加斯托夫。但現在加斯托夫也被捕入獄，一同被捕的尚有不少閣員及保共領袖。這顯然是個大規模的清黨運動。目的在使保共絕對服從俄共的指揮。

在捷克，目前正進行打擊教會，及大批逮捕「有敵意的份子」。捷克在戰前是東歐各小國中，工業化較高的，比較最民主的一個國家，前總統班尼什，舉行葬禮時，有數十萬人民參加，這表示人民對民主的懷念。這樣一個民主制度根深蒂固的國家，一旦由少數共產黨控制了，捷共受俄共支使，大規模的逮捕中等階級，人民手無寸鐵，一時也不易發生狄托主義。

至於中共，就更不用說了，從中共在北平宣佈成立「政府」那天起，蘇俄立即派來二百多個「專家」，來「指導」中共。有人仍在希望中共走狄托路綫，希望中共行溫和社會主義，恐怕蘇俄不會使中共例外吧！

蘇俄加緊控制它的附庸國，一方面在防止民族主義的狄托運動，另一方面是在加速備戰。總之是現實它的紅牌帝國主義。

但蘇俄却口口聲聲「愛好和平」「反對帝國主義侵略。」並且在亞洲，蘇俄正在鼓動利用各小國的民族主義。

多行不義必自斃，強盜是不會長久不受制裁的！

三 駐外俄軍中的地下反共活動

前些天（十一月六日）柏林路透電訊，蘇俄駐德的軍隊中，有一種祕密反史達林的組織，名「鋤暴團」（N.T.S），這種運動主要是在蘇俄的戰鬥部隊中，目的在散佈懷疑，反對俄國的殘暴政權。他們祕密發行小冊子，據法新社七日柏林電，這種地下工作者在東德俄駐軍中散佈兩種小冊子，在第一種小冊子內說：「我們害怕返俄，我們常被認爲是曾打過敗仗的德國俘虜，我們在國內的家裏人都受着飢餓，因爲俄國的政治局，只知製造飛機與坦克，而非牛油麵包，」在第二種小冊子裏說：「擺在我們前面的只有新戰爭與新犧牲，我們需要一個爭取自由的革命，打倒極權共產主張。」

蘇俄政權的殘暴，對於它的軍隊也不例外。在第二次大戰期間，有許多蘇俄軍隊被德軍俘虜，到戰爭結束後，在英美佔領區內的俄軍俘虜，俄政府要求遣回俄國。依照國際慣例，西方當局自然允爲幫助，將這些俄俘送回。不料這些回到祖國的俄國兵士，不是被處死，或監禁，便是被罰作奴隸勞工，沒有一個例外。

這種史無前例的殘暴政策，是因爲這些兵士到過歐洲，知道了俄國以外的生活情形，克里米林宮的統治者，無法再欺騙他們了，更怕他們回到他們的家鄉，散佈鐵幕外的情形，引起更多不滿；更因爲俄國的統治者，誇稱紅軍不投降，所以把這些投降者判罪或罰作奴隸勞工，關在大鐵幕內的小鐵幕裏去。

據聯合國調查，在美佔領區中的俄俘，都抵死拒絕返國，在俄國要求之下，不得不強制執行，結果無機會逃走的俄兵，便集體自殺。英軍起初大惑不解，等到明白了內情，便不再強制執行了。

在第二次大戰時美國在菲律賓的守軍，盡了最大的努力後，終於被俘，戰後這些兵士返國，受到了空前熱烈的歡迎，因爲他們爲國家盡了最大的努力，受了最大的痛苦。

假如，俄國沒有鐵幕，許可人民自由出入，恐怕除了極少數的共產黨員和特務以外，大多數的俄國人民都會逃出俄國來！

反共鬥爭中之臺灣

王世杰

在一年以前的今日，剿共的國軍在東北及長江以北均遭受嚴重的挫敗。許多人當時都期望這種挫敗，可以逼使政府在距當時戰地較遠的若干地區，加强其努力，於半年至一年的時間內，造成有力的反共陣容。不幸這種期望未能成爲事實。軍事的挫敗只造成了政府方面思想的混亂。思想混亂的結果，不是行動的錯誤，就是行動的痲痺。

這種普遍混亂的情形，對於台灣也不是沒有影響。台灣的反共措施，無論爲軍事的或政治的，都延遲到今年四月南京和談決裂以後纔開始。換句話說，在這過去一年的時間中，台灣也只爭取了半年的時間。

台灣的反共措施，雖然爲時尚暫，但是幾個月以前國內國外人士對於台灣所抱的次列四種憂慮，却已大體消除。

第一種憂慮，是共產黨勢力的滲透。幾個月以前，許多人都認爲共產黨的勢力，必將迅速的滲入台灣的教育界及其他各界。他們看到香港九龍的學校、報館、勞工團體、乃至許多工商事業，也不免受中共份子的操縱擾亂。因此，他們對於台灣也十分憂慮。但是近幾月來，共產黨在台灣的力量，並沒有能夠發展，據治安機關查察所得的結論，共產黨的活動并且確已減弱。我們可以肯定的說，在今日台灣各階層的民衆中，共產黨並沒有力量。

自上海戰事失敗以後，若干國軍曾自上海福建等地撤至台灣。於是許多人都以爲共產黨份子很可能在這些軍隊中發生作用。台灣當局對於這種憂慮，也特別重視。數月以來，改編、檢查、重新訓練以及提高待遇等等工作，已經逐漸使這些撤至台灣的軍隊，成爲守紀律的軍隊，他們的幹部亦已日見健全。我們可以信賴他們的忠實了。軍事當局不復有軍隊不穩的顧慮。

國外人士對於台灣的行政，往往有很嚴厲的批評。他們的批評，有的也很正確。但是他們似乎都忽略了一個事實：自第二次世界大戰結束以來，盟國從日本手中收復的一切失地，即在今日，仍無一處沒有共產黨的擾亂，無一處沒有武裝作亂的共產黨。越南固顯然如此，馬來亞、暹邏、菲律賓亦復如是。在這許多收復區中，只有台灣，沒有共產黨的擾亂，沒有武裝作亂的共產黨。

第二種憂慮，是台灣也許要鬧獨立。不久以前，許多人以爲中共的作亂，也許要促使台灣同胞要求脫離祖國而獨立。我不敢說台灣的民衆對於政府過去措施的一切不滿，均已消失。但是我可以說，在台灣境內，現時決無任何爲台灣同胞所信任敬重的團體或個人主張台灣獨立。台灣地方人士所要求的，是政府應該努力爲台灣的民衆謀福利——三七五減租政策的實施，使他們感覺到政府已在向這個方向做。他們所希望的，是政府能給予更多的台灣地方人士以重要的責任與職務。但是現時的台灣並無獨立運動。這不僅僅由於種族與歷史的種種原因。台灣的獨立，不能解救台灣所面臨的危險——中共的侵奪。這是一切有政治意識的台灣同胞所共同認識的。這種認識也是一個重要原因。

第三種憂慮，是台灣經濟的崩潰。這是今年六月以前一般人的恐慌。在當時，台灣貨幣的惡性膨脹，和一年以前京滬的情形完全一樣。如果那種情形不能矯正，人心必日益浮動，社會必日趨紊亂，一切政治經濟的改革，均將無法實施，一切反共抗共的號召，均將喪失效力。台灣省政府，一面斷行新貨幣制度，極力限制貨幣的發行，一面努力增加生產，於是社會經濟復趨於安定。

第四種憂慮，是對於在台灣軍的作戰能力發生疑問。數月前許多人對於孫立人將軍新練的軍隊有這種疑慮。他們對於由大陸調至台灣的軍隊，也有這種疑慮。但馬尾、金門、登步的三次戰事，說明了孫立人的新軍能戰。金門、登步兩島的戰事，并且說明了其他國軍於經過適當整訓之後，與在適當指揮之下，可以打敗共黨軍隊。

從以上事實觀察，我們可以說，反共的鬥爭已在台灣奠定了新的基礎。這種基礎所以能在短期內奠定，其主要原因是在台灣軍政負責諸人有鬥志，有抗共到底的決心。

台灣抗共鬥爭的前途，自然還有許多需待克服的重大危難。今後的主要難題有兩個。一是如何能一面付出一切必要的軍費，一面仍保持社會的經濟的安定。一是兵員如何補充。如何解決這些難題，本文不擬詳細討論。但是社會的輿論，與政府的策劃，對於這些難題的解決，似乎已有了一個共同的認識。他們認爲欲克服未來的種種困難，政府當局必須更加努力，採取諸種有效步驟，爭取台灣民衆的熱烈擁護。這是一個最基本的認識；因爲惟有政府民衆打成一片，戰爭期內的人力物力問題，才能得到解決，我們作戰能力才能强大持久。

說到這裏，有人也許要追問，我們是否必須準備長期的獨自鬥爭。我們對於外援應當採取什麼態度？對於這個問題，我認爲我們的看法應該是很簡單。友邦對華的合作與援助，其關鍵實際上操在我們手裏。我們自己如果能加倍苦幹，顯示我們的抗共能力，我們的友邦不會——並且也不能——逃避他們對於我們反共鬥爭應盡的責任。惟有我們自己的這種努力，可以迅速改變友邦對我們的觀望政策。簡括的說，我們應該以自已的努力，創造有利於我們的國際環境。

三十八、十一、三十。

我們不能放棄歷史的任務！

姬之尹

從俄羅斯標榜共產主義成立蘇聯以來，世界日卽於混亂。這並不是共產主義本身能使世界混亂，乃是俄國人假借共產主義的名字以引起世界的混亂。

俄國人爲什麼要引起世界的混亂？說得好聽一點，這是實行階級鬥爭所不可避免的現象；說得乾脆一點，俄國人繼承沙皇的帝國主義，要併呑世界，在文化，科學和工業各方面，都遠趕不上西歐各國和美國，所以利用人類的弱點，假借共產主義的名字，到處施用陰謀詭計以造成一個極度混亂的世界，以便他們的私圖。

就歷史來講，十九世紀中葉的共產主義，本來只是一種社會主義。現代工業發達的國家，要行一種社會主義，非特是應該，並且是必要。但是，無論行什麼主義，都應當出以審愼。要用什麼步驟來行，用什麼態度來行，都需要預先仔細考慮。不然，鹵莽滅裂，非特沒有益處，並且有大害處。就是對於主義本身，亦是有弊無利。共產主義在蘇俄以內，並沒有把蘇俄人民弄得快樂一點，而勞工奴隸的制度，是人類歷史上極黑暗極慘酷的事情。在西方較進步的國家裏面，共產黨的惡劣作風，徒然引起許多人激烈的反動，而把政治迫進別的不正常的道路上去；納粹主義在德國所以興得那麼快，共產黨那種惡劣作風的確有推波助瀾的功勞。

蘇俄的政治當局，何以要用這種惡劣的手段？理由很簡單。他們的倡導共產主義，目的在併呑世界，而不在福利人羣。若是眞正爲福利人羣而行一種社會主義，那是萬萬用不到那種手段的。他們的居心已不正，他們的行爲自然一天一天的爲明眼的人所厭惡。欺罔的說話只能騙哄老百姓於一時，而不能長久的蒙蔽他們。因此，他們不得不取兇惡卑劣的手段以穩固他們的政權。人們怕死，他們就肆行殘殺以造成恐怖的世界。人民知道別的國家和社會的進步勝於本國，便會看不起自已的政府，他們就用「教育」政策以愚民。這愚民的「教育」政策從人類文化史的觀點來講，實在比殘殺還要虐毒。在蘇俄執政者心目中，凡可以穩固他們政權的，不管任何傷天害理的事情，他們都有權利去做。

一個清明的世界，一個由若干自由國家所組成的世界，當然不能容許這種情形長久存在。所以蘇俄和民主自由的國家「勢不兩立」。蘇俄想達到他共產帝國主義的目的，當然要以造成世界的極度混亂爲第一急務。

蘇俄對內用暴行來施恐怖政策，對外則用花言巧語以售他的欺騙的伎倆。他利用「社會主義」的名字以誘惑全世界大多數政治知識不健全的民衆，應用現代心理學的成績而作種種的宣傳。幾個較進步的國家，方忙於阻止戰爭和豫備戰爭，而世界上大多數的人民，則因受過去戰爭的災害，正顚連困苦於飢餓的道路上。這樣一來，世界那得不日趨於混亂。

而這個混亂的局面，不是歷史上任何混亂的局面所可比擬。因爲工業的進步，現代人類一切力量，都遠勝往古。就做好事講，是這樣；就做惡事講，更是這樣。三千年以來，尤其是近三百年以來，尤其是最近三十年來，科學的進步，的確足以使人驚駭；而人類的性情和行爲，似乎沒有多大顯著的長進。當然，從孔子、格梭拉底以後，每代都有不少的聖哲，引導人類向光明的路途上邁進；他們對於人類道德的進步，都有很大的貢獻。但人類智慧和道德的進步，比之科學和工業的進步，快慢的相差很大。所以一個野心家，如果利用現代工業的成就以創造人類歷史上罪惡的記錄，當然不是從前任何壞人所可仿佛的。

生在這樣一個世界上，有點思想能力的人，心中都會發生出一個問題來：「這個年頭我們應當怎樣自處呢？」

這當然是一個極重要的問題；這個問題解決得好不好，便是聖賢和庸衆的分別。

就我們中國而講，共產黨挾蘇俄的幫助，自北而南，大陸上的國土，十之七八已經爲共產黨軍隊所佔據。「在這個年頭上策是加入共黨以希圖勢位；中策是投降共黨政府以保全身家；下策是在共黨暴行沒有輪到自已以前，不問世事，儘情享樂，以了殘生」這三策似乎都「有行之者」。但我以爲這都不是「做人」正當的道理。不講做人，更何事不可爲！要講到做人，則非特上策是卑鄙的行爲，中策是怯懦的行爲，便是下策，亦是墮落的行爲。

很明顯的，共產黨的管治中國，卽是蘇俄的管治中國。以愛好和平的人民，爲世界上最殘忍的強權所宰制，不至於「靡有孑遺」不止。我們愛中國，我們更愛同胞。我們若效一班卑鄙的人，助紂爲虐，那我們良心何在！我們如「氾氾若水中之鳧，與波上下」以全生，亦未免不成器。至於一味消極，只是糊塗蟲罷了。

我以爲我們不講「做人」便罷！要講「做人」，則在這個年頭，是我們做人最好的機會。

在一個清明的世界裏，差不多一切事物都在軌道中走；世界上做壞事的機會少，所以世界上壞人也少。這固然是好現象，但正因爲這個緣故，好人也難顯出是好人。這在好人自已固無所謂，並且也希望世界永遠是這樣；但從人生的趣味上講起來，那樣的一個世界，就不免平凡一點。這好像河清海晏，永遠顯不出駕舟人的本領；有本領的舟子，固然不一定希望在驚濤駭浪中顯一顯身手，但在看熱鬧的人的心目中，則以爲這個驚濤駭浪，也是造物安排着以試驗那個舟子的本領的。孔子曰，「歲寒，然後知松柏之後凋也！」沒有歲寒，松柏也和平常的草木一樣，那能顯出「勁節」呢！孔子這話，有讚美的意思，也有感歎的意思，更有勸勉的意思。

現在這個年頭，可以說是「歲寒」了。這不是一個普通的歲寒，乃是歷史上頭一次大歲寒。我們固然希望世上的善類，都勉勵「松柏」的操守；我們更希望有做人志氣的人，積極的造成溫暖的氣象，使將來萬象回春的時節，世上得以保存許多善類。這是歷史所給予我們的神聖的任務！我們能夠盡我們的力量完成這個任務，我們便可以無愧於人類的歷史，便可以做到平常時候所不可輕易做到的事情。在一方面講，我們生活在這個年頭，固然是很不幸的；在另一方面講，我們能夠逢上這個年頭，亦是人生極不尋常的幸遇。只看我們對於爲善爲惡的決擇如何。

怎樣造成溫暖的氣象呢？我們凡是能夠阻止蘇俄和共產黨的暴行的，都是現在我們中華民國人民所應做的事情。能夠阻止得一件，便救活了一些同胞；阻止得愈多，救活同胞愈多。在政治上，我們應當盡我們的力量以打破蘇俄帝國主義籠罩在中華國土上的鐵幕；在文化上，我們應當辨正共產黨所散播的歪曲事實的宣傳。世界上有許多有志氣的青年，不幸中了共產黨宣傳的流毒，沒有得到光明的引導，遂至誤入迷途，終身不得復出。這是多麼可憐的事！我們固然需要驅逐蘇俄帝國主義者出了中華國土以外，我們更需要駁斥共產黨欺人的邪說，以收拔本塞源的功效。我們能做多少，便須做多少。「勿以善小而不爲；勿以惡小而爲之！」我們現正在做大善大惡的岐路口；我們應當看得十分清楚，方不至走進惡道。

我們當然要認清我們的題目。我們不是反對政治上的改革，我們也不是無條件的反對社會主義。但我們反對國際情報局所指揮的共產黨，反對以蘇俄爲主人翁的共產黨，反對奉行極權主義的共產黨。我們需要一個國家，我們要一個民主自由的中國；我們要一個能夠給予各個國家以應有的自由發展的世界政府，而不要一個受克里姆林宮所統治的世界。

反共戰爭的本質

傅斯年先生的談片

本刊專訪

傅先生說：「中國民族若干世紀來皆在苦難中。近百餘年來，歷史的正流是民族意識的醒覺與奮鬥。雖然在二次世界大戰結束時，很多帝國主義已經衰敗或退却，惟獨蘇聯的帝國主義，以極大的速度邁進。蘇聯革命本有他重大的意義，不幸這些年來克里姆宮的統治者，把支配慾放在一切道理之上，全盤的接受了沙皇的擴張主義，並且想到些極巧妙的方法，擴大人類的破壞與貧乏，以便利用人類的不滿現狀心理，達到他們統治世界的迷夢。世界各國的共產黨，除蘇聯以外，都被他這魔術騙到，包括中國的共產黨在內，所以都宣佈要爲蘇聯參加世界戰爭。看看帝俄及蘇聯對中國的歷史，把中國的疆土割去一大塊，把中國的東北强擄姦淫，鼓動中國共產黨叛變，並給他武器和資本。這樣情形，難道我們要把四萬萬多的人民賣給這一個最侵略我們的毒手嗎？中國共產黨所到之地，即是蘇聯勢力要到之地，亦即是中國人寫了賣身契約之地，所以我們不能不抵抗這個引狼入室的中國共產黨。」

有人說：「中國共產黨的產生，乃是由於一班崇信社會主義的人不滿現狀而求改革。現在雖然好像受蘇俄的指揮，將來定可脫去蘇俄的羈軛。」這眞所謂癡人說夢！俄國人有侵略中國的野心，差不多有三百年了。現在幸而有千載難逢的好機會可乘，豈肯輕易放過。況且狄托事件以後，蘇俄的監視衛星國日以嚴密。現在不是成千成萬的蘇俄的密探已散布在中共區麼？就是中共不作效忠於蘇俄的聲明，就是蘇俄沒有爪牙來監視中共，我們亦不能相信中共能夠脫去蘇俄的羈軛。不久遠東國際情報局成立的日子，即是蘇俄統治權直接達到中華國土的日子。

我們相信，在共產黨中，有少數同胞是眞正爲社會主義而加入共產黨的。可惜，他們的數目已太少，而做人又太好，決不能在共產黨中得志。此外有少數是政治見解未成熟的青年，他們是誤信共產黨的宣傳而加入的，他們雖不至積極爲惡，但決沒有法子積極爲善。其餘中共政府中大部分的人，都是爲領袖慾所驅使，決不能在人民實際生活上作從容的思慮的。至於近來一班投機主義的人，或爲積年的軍閥，或爲無賴的政客，或爲聲名狼藉的貪官汚吏——這些人那能做得出好事情呢！所以共產黨統治中國一天，中國人民便一天「暗無天日」！

因爲這個緣故，我們無論爲一已，爲社會，爲生活，爲文化，都不應該對於這個人類歷史所給予我們的神聖任務稍有懈怠。

當然，我們也知道要盡任何有點價值的責任都是不容易的。蘇俄的黑暗勢力，已籠罩着大半個世界；幾個有點力量的民主國家，只知貪圖一時的便利，不思防患於未然。我們這個一向愛好和平的民族，恐怕未必能夠獨立的打倒蘇俄的共產帝國主義。燎原的大火，豈一杯水所能熄滅！但我們在這個關頭，對於一件事情，只應問該做不該做，不應問做後的效果怎樣。漢朝大儒董仲舒有言：「正其誼不謀其利，明其道不計其功。」這兩句話，是我們所應當奉爲立身和做事的圭臬的。

× × × ×

自由人的難題

—兼論國民黨的改造—

圖照

中共從一九二七年秋天，便開始了暴力革命。中共「從無到有，從小到大，從發生到發展，從沒有政權到奪取政權，從沒有紅軍到創造紅軍，從沒有蘇區到創造蘇區」，從「長征」到「解放區」的建立，從對日勝利後的劣勢到徐蚌會戰後的壓倒優勢，竟發揮出雷霆萬鈞的力量，排山倒海般地從北而南，眼看要將整個中國吞入鐵幕，它究竟是從那裏來的這股銳不可當的邪勁，有甚麼稀奇法寶呢？據我的看法，中共最主要的法寶，就是沒收人民的土地，再拿來分配給貧民和無賴！所以遠在一九三六年秋，毛澤東便會做過這樣的分析：

「第……個特點是共產黨領導與土地革命。……由於這個特點，一方面，就使得中國革命戰爭雖處在中國與世界的反動時期，然而紅軍是能夠勝利的，因為他有共產黨的領導與農民的援助。就是使得蘇區（按當時共黨稱他們的地區為蘇維埃區，稱政府轄區為白區。）雖小，卻有很大的政治上的威力，屹然與龐大的國民黨政權相對立，軍事上給了國民黨的進攻以很大的困難。因為有了農民的援助，就使得紅軍雖小卻有強大的戰鬥力，因為紅軍人員是從土地革命產生為着自已利益而戰鬥的，而且指揮員與戰鬥員之間在政治上是一致的。」

中共的分地辦法是早就施行了的。但在民國三十六年共黨在軍事上失敗最慘的時候，它更假藉「全國土地會議」的名義在九月十三日通過所謂「中國土地法大綱」。這個大綱僅僅有十六條。但卻發揮出無比的暴力。其中有四條是最為重要，容我引證在這裏：

「第二條：廢除一切地主的所有權。

第三條：廢除一切祠堂，廟宇，寺院，學校，機關及團體的土地所有權。

第四條：廢除一切鄉村中在土地制度改革以前的債務。

第五條：鄉村農民大會及其選出的委員會，鄉村無地少地的農民所組織的貧農團大會及其選出的委員會，區，縣，省等級農民代表大會及其選出的委員會為改革土地制度的合法執行機關。」

這個「大綱」付諸實施後，三十七年一月（這時我們正進行着那一團糟的行憲選舉）便有一個共黨領袖在某一會議席上講話時說道：「……各解放區的土地改革運動，都獲得很大的成績，在廣大解放區內掀起了熱烈的羣衆運動，已經或正在澈底消滅中國存在幾千年的封建半封建剝削制度，使千千萬萬的中國農民翻了身，這是中國歷史上最偉大的人民運動，也是我們今天戰爭能夠勝利發展的基礎……」

由於上面的徵引，我們可以看出共黨的法寶是什麼了。它以分地的方法蠱惑了無數的善良的貧農，同時更發動了各地的流氓，地痞，强盜，小偷，「白麵客」，潑辣婦女，兒童，以及所有的亡命徒，一齊起來幫它執行分地及「擴軍」運動，幫它來以暴力奪取政權。這樣便產生了無數的陳涉、吳廣，張獻忠，李自成聚在一起，來奪天下！這也就是共軍所以能用「人海」戰術，能以「數量」取勝（筆者在三十八年夏遇到傅作義，他說共軍的「數量」是怕人的），能發揮出預料不到的暴力和「成功」了（前引某共黨領袖在三十七年一月的講話裏還只說「……解放區內已有一萬萬六千萬人口，還在繼續發展，三五年內，革命就要在全國勝利了。」未料到當年的秋天的東北及徐蚌兩個會戰之後，局勢就大變了。）

共黨這個「分地」的法寶，就是利誘，空前大規模的利誘。

除了這個最重要的第一個法寶，中共還有第二個法寶，就是威脅。這是盡人皆知的。多少身受或眼見過共黨毒刑的人都有過報告了。共黨施用毒刑是有作用的。用毒刑來消滅它的「敵對」階級，同時更為恫嚇它的友人，以及它的同志。使所有的人都不寒而慄，終日在戰戰兢兢中過活，不敢稍作反抗之想。我們可以想像共黨如一天不用恐怖，它的政策便當時就無法推動。譬如它的「土改」運動就完全仗着恐怖政策來完成的。前引「土地法大綱」第十三條便載着：「為貫澈土地改革的實施，對於一切違抗，或破壞本法的罪犯，應組織人民法庭予以審判及處分。人民法庭由農民大會或農民代表會所選舉或由政府所委派的人員組成之。」第十四條十五條有類似的規定。毛澤東在七月一日所發表的「論人民民主專政」裏面，甚至把「國內外反動派」即「帝國主義者及其走狗們」比作吊睛白額的大虫。他說：「對於這些人，並不發生刺激與否的問題，刺激也是那樣，不刺激也是那樣。……在野獸面前，不可以表示絲毫懦怯。我們要愛景陽岡上的武松。在武松看來，景陽岡上的老虎……總是要吃人的。或者把老虎打死，或者被老虎吃掉，二者必居其一。」

共黨本身也是仗着恐怖來維持的。它有「整風」運動，它不斷地有「黨內鬥爭。」

共黨與秦始皇，可怕的伊凡，和希墨二魔不同之處，就是它的恐怖手段更澈底，更有系統，規模更大。

共黨還有一個法寶，也就是第三個法寶，就是他們所謂的馬，恩，列，斯主義。這個主義，實在就等於咒語符籙。中國的「普羅」還不比俄國的「布爾什維克」，多半都是「土包子」，滿頭黃土泥，要了命也不會懂得什麽「馬列」主義。正如佛學到了中土，幾千年來，也不見得有多少人眞了解。但雖不了解，却未始不可迷信。反之愈不了解，則愈覺神祕。因之便生出魔力來。義和團紅燈罩全憑念咒，請神附體相助。中共奉馬列主義爲教條，也就正是這個道理。有此方足蠱惑與我們的愚民。

中共之所以有今日，原因自然還很多。不過我以爲最主要的利器，須推上面所指出的三個法寶：一、分田，二、恐怖，三、蠱惑。

中共巧妙運用這三個法寶，發動起空前未有的力量來，橫衝直撞，幾乎成了所向無敵。

這就正是我們自由人的難題！迎面撲來的是一個強力，抵不住它，便被它撲倒！這是個力碰力的問題，而不祇是善惡是非的問題。

面對着中共，面對着這樣強暴的中共，我們發現過去許多救國救民的學說與運動，都未免落空了。甚麽平民教育，鄉村實驗，都市自治，善後救濟，等等運動與工作都是不對題的文章。甚至長期抗戰，戰後行憲，等等措施，全成了爲淵驅魚，徒供了對力的利用。同時很明顯的，就是我們徵兵制度，訓練的方法，以及政黨的組織，財力的發掘與使用，政權支配的方式……全不足以對付迎面撲來的暴力。

而我們今天的問題，便是如何抵住這一股野蠻的力量。但是我們用甚麽方法，能用什麽方法呢？這是個難題。

譬如說政黨的改造與政治改革而論，我們立即碰到難題。英美式的政治與政黨是民主的。最近幾年來，陳獨秀，胡適之，還有許多學者，都會指出民主的政黨本身應是民主的，還應有勢均力敵的反對黨互相競賽。但在今天，這類的方案，很明顯的，是不適用的了。因爲時間已不允許。在二年前，這類的方案，未始不可一試。但在今天，這個方案實不足以濟燃眉之急。

近來我們得讀到「國民黨改造案」。它已經是苦心孤詣之作。但是我們仍看不出改造後的國民黨是否會成功爲胡適之先生所說的「乙式」政黨，是否要用「以毒攻毒」的方法，是否要「以其人之道，還治其人之身」。我覺得我們當前的問題，不是善惡問題，因爲時至今日，客觀的情勢已不允許我們專從道德的立場去思考。對方不但是「不」道德的，它根本是「非」道德的。我們所要顧慮的是「以毒攻毒，以辟止辟」的方法在我們能行不能行，能貫徹不能貫徹，能生效不能生效的問題。這就是說，我們不論共黨對不對，但當我們要學它的時候，那一點是我們能學的呢？學否活剝的「土改」能學嗎？超想像的恐怖政策能學嗎？有計劃的欺哄能學嗎？這三件法術如學不到，祇採它的組織形式能生效果嗎？東施效顰，畫虎類犬，惹人譏笑事小，再一次失敗的代價，却更是我們支付不起了。

或曰，依君之言，英美我們無暇學，共黨我們不能學，即學亦不能徹底，目前這種危局豈不是等於不可救藥了嗎？

我答曰：不是不可救藥。但這正是我們自由人的難題，不可掉以輕心。我們首先須認識我們的敵人是如何兇狠勇猛。我們更須承認過去以及現在所用的方法都不是足以抵擋它的暴力。我們大家還要苦苦的用心思，發明新方法，將我們所蘊藏的力量發動起來，而這發動必是全部的，一齊的，直接的，立刻的。這就是我們須以我們的生命以及一切來解答的難題！

自由中國的宗旨

第一、我們要向全國國民宣傳自由與民主的真實價值，並且要督促政府（各級的政府），切實改革政治經濟，努力建立自由民主的社會。

第二、我們要支持並督促政府用種種力量抵抗共產黨鐵幕之下剝奪一切自由的極權政治，不讓他擴張他的勢力範圍。

第三、我們要盡我們的努力，援助淪陷區域的同胞，幫助他們早日恢復自由。

第四、我們的最後目標是要使整個中華民國成為自由的中國。

說給英國人聽

夏道平

「不可與言而與之言，失言；可與言而不與之言，失人。」這是我們中國人與別人打交道時所常常想到的一句古訓。國家與國家間的關係建立，友誼維持，雖不像個人與個人間的那麼單簡，但有些基本原則，却是一致的。所以我們對於若干國際問題所想說所應說的話，必須要找一個「可與之言」的國家和它說。

英國、無疑地是現代國際社會中第一流的文明國家之一。幾世紀來國際正常關係所賴以維持的國際公法、國際條約、和外交慣例，有若干部份是淵源於英國法學家的學說和外交家的作風。所以我們可以相信：英國人對於國際正常關係的維持和國際正義的維護，應該是有相當自負心的。因此，我們談到當前的國際問題時，，不能忘掉英國是我們交談的對象。

誰都知道，目前有許多破壞國際正常關係以及摧毀人類自由幸福的嚴重問題，都是蘇俄這個極權主義的國家搞出來的。如何打擊蘇俄極權主義的擴展，如何使國際正常關係得以持續，如何使人類自由幸福得以維護或重獲，這是一個嚴重的時代課題。西方民主國家了解這個問題的嚴重性，已經有了北大西洋公約的締結。英國是該約的主角之一。從這方面說，英國在國際政治上的歷史榮譽尚在力圖保持中。可是我們大惑不解的，，爲什麼在我們國土內經蘇俄導演的中共政權，英國不僅要與之維持商業關係，，不惜一再地破壞我們政府的對滬封鎖，而且還要考慮甚麼「承認」的問題！

中共政權百分之百是蘇俄極權主義國家的傀儡。這句話的充分證據，已經我們在聯合國的代表蔣廷黻氏一件一件地和盤托出，誰也無法狡辯，誰也無法佯做不知。這個政權，名之曰「中國」政府，實際上是出賣中國；名之曰「人民」政府，實際上是強姦民意。這個政權只有在暴力控制下的一塊土地，沒有一個心悅誠服的人民，在現代政治常識中，已不能視爲一個政府，奈何以一個在國際公法國際條約和外交慣例的發展史中佔有相當光榮地位的英國，對於這樣一個政權，還會考慮到「承認」的問題！承認這樣一個政權，即是承認甚至是鼓勵蘇俄極權主義在中國的擴展。英國在大西洋方面是那樣做，在太平洋方面却這樣想。這是一種自私的而且短視的「以隣爲壑」的打算。自私以損人，是不道德的；短視以助惡，將會自食苦果。

一世紀以來，中英關係大體上頗爲友好。其間有若干不愉快的史實，坦率地講，是英國有負於我，而我則無負於英。儘管如此，我們中國人却有個「以直報怨」而不以怨報怨的道德傳統。遠事不必講，就以第二次世界大戰來說吧：第二次世界大戰，正確地說，是開始於一九三七年中國的對日抗戰。因爲當時軸心國的侵略是具有世界性的，而中國却提早兩年單獨地做了反侵略的先鋒。在中國單獨打先鋒的艱苦時期，同爲軸心國侵略對象的英國，照理應該站在我們一塊來打擊我們共同的敵人，至少也應該加強精神和物質的援助。可是相反地，英國却在我們艱苦到了萬分的階段（一九三九年秋季），「落井下石」，來一次滇緬路封鎖！封鎖雖只三月，老實講，我們中國人是不無怨懟的。怨、儘管是怨，但我們仍珍惜我們的道德傳統，決不乘人之危，以怨報怨。所以在英國參加了對日作戰以後，我們的人民曾英勇地幫助過英軍在香港的撤退，我們的軍隊曾英勇地打到印緬戰場。我們略略提到這件往事，毫無驕矜之意，不過說明我們中國人的道德準繩適用於個人與個人間者，也可擴而充之適用於國家與國家之間。英國的文化，一般地說是我們所欽佩的，英國人自已也當有所自負，爲着促進國際關係更高度的和諧，我們更希望英國的大政治家在提高國際道德水準方面，也有所自負，有所自勉！國家的自私與個人的自私，自我們看來，都是不道德的。自私如果不侵犯到別人的權益，則不是法律而只是道德問題。但中國人對人的評價，卻是特別着重於道德觀點。至於說到某人有違法或犯罪的行爲，則更爲清議所不齒。國家的自私，在某種限度內也可不觸及國際公法的範圍，可是作爲一個文明國家，其對外行爲，應該不僅以國際公法爲軌範，同時也應有一個較高的國際道德標準。幾世紀以來，英國之所以受國際的尊重，確也得力於這一方面的表現。在過去若干次國際戰爭中，英國都是站在正義方面來幫助被壓迫被侵略國家的反抗。拿破侖戰爭尤爲顯著事例。所可惜者英國在國際方面所累積的道德權威，在第二次世界大戰前夕被一紙慕尼黑協定貶損無餘。我們再看二十世紀以來美國的國際地位之所以蒸蒸日上，決不僅是一個經濟的因素使然，第一次大戰結束前威爾遜總統對和約所提的十四條，九一八事件發生後史汀生國務卿的不承認主義，以及中國抗日初期羅斯佛總統在芝加哥的「防疫」演說，都是美國正義感的表現，也即是美國的國際道德的表現。因此，二十世紀的國際道德權威，不再是倫敦而是華盛頓了。現在國際道德已臨到一個更嚴厲的考驗時期。文明國家如何通過這一次考驗，這正是我們所特爲關切的。

我們再撇開國際道德，甚至連國際友誼也不談，英國從其本身較遠大的利害着想，也不應該考慮到中共政權的承認。我們可以知道，英國之所以考慮這個「承認」的問題，主要的理由，也許是唯一的理由，就是爲着目前的商業利益。英國是一個以工商業立國的國家，在第一次世界大戰以前，她能夠執世界經濟的牛耳，靠的是對外貿易。因此，在英國政治家的頭腦中，一考慮到國際問題時，自然而然地會把本國的商業利益看作最重要的決定因素。這種考慮，當然不能非議。促進國民經濟繁榮，提高國民生活水準，正是每一個政府的天職。可是我們也該知道，今天的國際情勢，與過去的時代大不相同。以前國家與國家間的貿易關係，儘管從來沒有一個絕對的自由的局面，但也從來沒有一個絕對性全面性的「鐵幕」存在於國家與國家之間。以前的和現在鐵幕以外的國際貿易，總是互利的行爲。互利雖未必絕對平等，但決不是某一方面的絕對犧牲。今天要想和鐵幕國家談國際貿易，如果尙有所謂國際貿易的話，總是鐵幕外的國家吃大虧、吃遠虧的。鐵幕國家的極權統制，是無微不至的。你想和它談貿易，你所想買的，不一定是它所要賣的；你所想賣的，也未必是它所要買的。其次，鐵幕國家的終極目的在於摧毀全世界的民主國，在於奴役全世界的人類，你想和它談貿易，好吧！你今天賣給它鋼鐵，它明天會製成砲彈來殺害你；你今天賣給它汽油，它後天會灌上飛機來轟炸你。中共所控制的區域，也即是極權國家鐵幕的伸延。英國要想和中共談貿易，是不是在這幾方面都經過深長考慮呢？誰也知道，在史達林眼中，英國和美國是沒有甚麼區別的，唯史達林之命是聽的中共政權，一年來對於美國一連串的打擊，還不够英國覺醒嗎？如果爲着自我幻想的商業利益，而竟想到中共政權的承認。這不是短視是什麼？

我們如此講，也許英國人認爲我們只站在我們自已的立場講話，不免過甚其辭或危言聳聽。現在我們且引美國參議員諾蘭的話吧。諾蘭於上月二十六日在重慶記者招待會上說過：「據聞英國近已有考慮承認中共政權的趨勢。我認爲此一消息不可靠。因爲英國也是自由民主國家。英國若承認中共政權，則對於人類自由之威脅，將較摧毀捷克的慕尼黑協定尤有過之。」諾蘭這段話，該可視爲第三者客觀的公平看法吧！諾蘭提到慕尼黑協定，但未特別指出這個協定對於英國本身的後果。關於這一點，我們可從當時英國國會辯論慕尼黑政策的記錄上，找到邱吉爾所加的批判。邱吉爾說：「……他們（指英國人民）應該知道，我們業已未經戰爭而受一次失敗，其後果將使我們在走向戰爭的路上，移近了一大步。」後來的事實證明了邱吉爾的話完全正確。「協定」，「承認」，這一類的外交行爲，在納粹、法西斯、或共產主義的極權國家看來，只是一時利用的工具，决不會受其拘束而盡其應盡的義務的。慕尼黑協定摧毀了捷克，而英國自己還是在走向戰爭的路上移近了一大步，幷沒有得到像張伯倫首相當時在唐甯街十號的窗戶中告訴英國民衆的所謂「我們時代中的和平。」今天，英國如想承認中共政權，其過錯更大於慕尼黑的綏靖政策。其後果如何，英國已有了尙未陳舊的史實做鏡子。英國縱不考慮國際道德或國際友誼，難道連本身的利害關係都不能從比較遠大一點的地方來權衡嗎？

諾蘭先生說到英國正考慮承認中共政權這件事時，用了「據聞」這種字樣，並且說：「我認爲這一消息不可靠。」這種態度，是表示瞧得起英國。我們今天之所以不嫌辭費，也是抱着這種態度。我們希望今後的事實發展，會證明諾蘭先生所說的「這個消息不可靠」這一句話是對的。

三十八年十一月一日

慧眼看中共

美國參義員說他們是「匪盜集團」

（美新華盛頓十一月十六日電）美國馬里蘭州民主黨參議員敖廉納（Herbert O,Connor）今天發表了一個聲明，堅決反對美國承認中共。他認爲「基於道義思想和安全等理由，正式承認中共政權一事，根本不容攷慮。」

他提到國務卿艾契遜今天在記者招待會上的聲明，艾氏認爲中共的囚禁美領事華德，已使目前無攷慮承認問題的可能。但敖氏表示：希望能「永遠」消滅這種可能。他認爲承認中共直等於明白承認其他「由莫斯科製造的革命」，給予「世界各地共黨的滲透運動和革命一大鼓舞。」

他指出中共對美國在華官員及僑民所表現的「故意非禮」，同時問道：新政權今天便已拒不遵守國民政府信守的國際條約義務，如何能希望它來日遵守國際條約？他提到中共發言人對美國的多般譴責，並要求大家記住：中國共產黨是世界共黨的一個分支，是以莫斯科爲中心從事世界性陰謀的幫手。

他在結束時說：「美國的主義是承認人性尊嚴的主義。我們若要和世界匪盜集團的代表維持友善，而又想維持我們的主義，是決無可能的。因爲這是一個奴役千千萬萬人類的匪盜集團，它要毀棄天賦給全世界自由人民的神聖權利。」

（完）

剩餘價值與國民生產力

蔣匀田

馬克斯所倡導的「階級鬥爭」學說，已毀滅了不少的人性，繼今以往，其遺毒將更加深厲。所以今日仍有加以辟闢的價值。

階級鬥爭學說的根據在「剩餘價值」。馬氏認爲剩餘價值爲勞工所創造。資本家利用生產關係，剝奪工人所創造之價值而爲己有，故勞資實爲利害對立的兩階級，工人應起而打倒資本家。照馬氏立說的原意，生產資本之構成，可分爲二：一爲不變資來，僅能移轉價值與產品，不能生產價值。如機器，廠房，原料都是此類不變資本。一爲可變資本，不但可移轉價值與產品，且可產生價值。如購買勞動力之資本，即支付勞工之工資。照馬氏之說法，創造價値者，僅有勞工一項生產要素。與吾人所謂生產三要素：土地，資本，勞工之說，迥異其科。

假使馬氏二分資本之前題無誤，則剩餘價值之說，自無問題；今之所以成爲問題者，即在馬氏所謂可變資本與不變資本之分，未能合於眞際。故其結論，亦爲不可知之數。何以可斷定可變資本與不變資本之分，未合於眞際，可從數方而考覈之：

一、不變資本之所移轉於價值者，究係在量上移轉；抑係從質上移轉？馬氏從未明言。在量上移轉尙有計算之法，如新購機器之價値若干，在某種生產組織之下，可產若干件貨物，則每件貨物之折舊費若干，可以計算得之。若從質上移轉價值，則無方法計算。質乃指貨物之性能而言。以穀製糖，產品多寡，是爲其量。糖之甜味，是爲其質。機器每次之折舊，移轉於糖之甜味者若干，無法知之。所付工資之高低，移轉於糖之甜味者若干，更無法知之。吾以爲糖之甜味，必求之於所用之原料中，而糖之甜味，乃糖之性能，有此性能，而後糖始有價值。故價值之起緣，乃在質而不在量。按馬氏之計算法，大約着眼於量。換詞言之，即從貨物之產量與貨物之價格着眼。此實乃生產費說之別名。而未觸及產品之性能與產品之效用。僅從物量及價格着眼，其結論祇能目爲剩餘價格，不得謂爲剩餘價值。

假使吾人之分析，變馬氏之剩餘價值說爲剩餘價格說，則馬氏之學說又遭遇第二困難，而使其爲不可通。因吾人習知市場價格之昇跌，因素甚多。譬如金融界可以膨脹貨幣，一朝而使物價陡漲數倍。則要求剩餘價格之分償權者，準馬氏之說，不但不是勞工，而係要被打倒的金融資本家。

吾人謂生產之要義，在於改變原料物之性能或形態，而增加其效用，以合於人生之需要。貨物之適用與否重在質，貨物之足用與否重在量。出產量之多寡與生產三要素之配合皆有關係。產品質之精粗與生產三要素之配合及企業家與工程師之技術，更有關係。不可重其一而輕其二。故資本可變與不變之分，誠爲不可通之戲論。

二、馬氏之剩餘價值說，不能從生產費範圍內以證明之，已如上述。倘馬氏之門徒曰：價格既係以貨幣計算價值而得之名詞，則由剩餘價格即可以還元於剩餘價值。須知此議亦不可證明剩餘價值獨爲工資所轉化。價值與價格既係一物而二名，則必與貨幣發生函變關係。且馬氏既不能跳出生產費說之範圍，以證明其學說，則其所遇之困難，尙不止此。生產費與其出品數量之對比有漸減，漸增及永衡之分。在生產費漸減之生產機構下，最利於大量生產，愈大量生產，生產成本愈減，而愈創造剩餘價格，是剩餘價格之產生，由於機器之利於大量生產，非由於馬氏之所謂可變資本。在生產費漸增之生產機構下，剩餘價格之產生，即視邊際生產費定於何點。果越此點，仍繼續增產，雖多增可變質本，亦無法提高邊際生產之效能，而多創剩餘價格。故馬氏一越李嘉圖所謂資本爲勞力儲積之說，以明價值爲勞力所創造，更進而承認資本獨立存在之事實，而以可變與不變之分，以成其剩餘價值之說，爲主張階級鬥爭之根據，實爲不可能之事。

三、依馬氏之說法，剩餘價值爲可變資本所產生，則凡多用可變資本之生產機構，即爲最佔優勢之企業。然手工業何以爲大企業所壓倒，由行會生產制度，變爲家庭工廠生產制度，又變而爲資本化之大工廠生產制度？是馬氏可變資本爲創造剩餘價值之說法，與事實相去固遠，與社會經濟發展之過程，亦背道而馳。

四、貨品之價值，起因於其性能，前已言之。準此更進一步分析之，尤見馬氏之非是。水結爲冰，可用以保持鮮物，可用以治熱症。是冰之價值，緣於性冷。使水結冰，必賴氣溫上之條件具備而後可。然冬季遍地皆冰，則冰不值一文。夏季需冰，而冰之價值以顯。夏季冰之來源，或爲人造或爲窖藏。都固須使用勞力，然冰之性冷，勞力無與有力。蓋人造之冰，若無機器及造冰廠室，勞力無法於日光炎炎之下，使水凍冰，而創造效用。科學進步，變無用之物爲有價值之物者，不知凡幾。特舉人所習知之一端，以明可變資本獨能創造價值爲說之謬誤。

上舉四點，已證明剩餘價值學說之前題不可靠，則其結論，自爲不可知之數。吾人之爲此論，旨在推求眞理，不因此而貶勞工對於生產之貢獻。價值論所以在經濟學上佔重要地位者，以其爲分配之標準。馬氏志在提倡階級鬥爭，以鼓動無產階級革命，故舉創造價值之功，獨歸於勞工。因有此主觀偏執，雖悖於眞理，亦所不顧。馬氏爲提倡社會主義者，其論價值，不知從全社會之需要與生產力之關係立說，而從個別的生產要素，以推斷價值之來源，而否定機器與土地等之生產力，可謂不智之甚。處今日資本主義社會中，在生產階段內，資本實居主要地位，故從生產過程以定價值分配之標準，勞工終無法居優越地位。若從全社會需要對生產關係，以窺分配不均，阻遏再生產力之發展，加重社會富力之損失，則遠勝於剩餘價值之說。

所謂價值，必待用而後顯現。茲引英國經濟學家洛賓斯（Fionel Robbins）之言以證之曰：凡物與人脫離關係，其中就沒有一個性質，能使之成爲經濟貨物。凡服務於某目的脫離關係，其中就沒有一個性質，能使之成爲經濟貨物。不論某物或某服務，其成爲經濟貨物，完全取決其與估價的關係。又曰：「所以我們按經濟意義，而想到生產力時，我們並非指「絕對」的東西，而加以實質的計算。我們所指的是用以滿足既定需要的力量。假使這既定需要改變了，那照這意義的生產力，也必改變的。」從洛氏之言觀之，價值之存在，生產力之計算，繫乎既定之需要。假使需要變更，爲此需要所產生之價值，將盡化爲烏有。更何計乎不變資本僅能移轉價值於產物，可變資本獨可創造剩餘價值乎？洛氏爲證明其說復舉例曰：「一九一八年十一月十一日午前十一時正是歐戰休戰簽約時，邱吉爾陳述軍需部的困境說：英國經過多年的爭扎，才得到能製造空前未有的軍需數量的機械。各種軍需的生產大計，都在完成之中。忽然大勢變了，軍需大縮，已到末路。…………這是浪費。」在那天午前十時五十五分是財富，是生產力的東西，到十一時半變爲非財富，妨礙物，社會的浪費了。但是實質沒有變動，鎗仍是原來的鎗，從技師觀點說起來，一切仍如原狀。但是從經濟家看起來，一切都變了。」

上面的引證，說明了社會的貧富，應定於生產與消費平衡發展之速率與秩序上。在這個平衡基礎上，觀察經濟發展現象，勞資的利害，生產者與消費者的利害，應當可以得到同意合理的安排，只有在勞資協調的努力下，始能繼續生產力的發展，只有在生產者與消費者共同利益上，始能擴大社會的財富價值。馬氏的階級鬥爭主張，只有降低生產力和破壞社會價值，固有害於資本家，也無益於勞工。

推論至此，可以一究生產與消費平衡發展之關係。生產與消費乃一體而二用，非生產不能消費，無消費不需生產。大量生產，固可提高消費；大量消費亦可促進生產。古典學派謂「供給可以創造需求」，今之經濟學者，多議其非是。因今日各國之經濟現象，一方爲過量生產之資本家，一方爲消費不足之平民，，顯係供求失調。余謂供給可以創造需求之理論，對者半不對者亦半。換言之，供給增加，參加此過程的各份子所得之分配亦增，需求亦多少隨之而增。如此立言，斯無所蔽。假使說供給即常等於需求，則殊背於事實。何則，供給增加，就業者必先增，貨幣工資必隨之而增。於是而國民所得亦增，於是而國民消費並亦隨所得之增而增。復因投資當數（Investment mulipler ）之作用，各生產部門乃亦分別擴增，生產過程中之原料需要愈夥。申言之，即大部生產品，多爲他部生產所需之原料而吸收。於是使供求常等於一。此一非數目之一，乃代表社會經濟發展某階段之全體。此即某階段總價值之最高點，亦即斯時一國富力之測量尺。惟此供求常等於一之繁榮時期，不易達到。其阻力在於經濟界無政府的狀態，生產界無全盤生產計劃。此種缺點，絕非階級鬥爭方法所可補救，而有賴於國家施行計劃經濟。此處旨在證明階級鬥爭無益於勞工，不擬詳細論述計劃經濟。

迨一般慾望漸趨滿足，則消費習性亦漸趨萎縮，於是競相儲蓄其所得之一部，以爲將來投資之用。此時總供給量猶方興未艾，而總需求量則不能與之有同比例之增加。於是專供享受消費之用品，必先一部滯消。倘國家能乘時發動公共工程，或適應擴充生產部門，以吸收剩餘之物品，使總供給等於總需求，則工廠不至停工，工人亦不至失業。社會財富更有累集。國民生產力更有增高。不然，當產消初生失調現象時，能增加一般勞動大衆之所得，使之提高生活水準，而加大享受消費部份，亦可使總供給等於總需求。所以從整全社會經濟觀察，勞動者與資本家之間，不應有階級對立之觀念，乃一總行動中利害完全一致之各份子。且所謂供求平衡云者，非係靜止之狀態，乃漸進發展之一相成趨勢。故一方擴充生產機構，一方亦應提高消費生產習性。擴充生產與提高消費之比例如何規定，則視其社會經濟發展所達之階段爲富爲貧而分。一平衡階段既過，又利用新生之產力，更爲擴大之平衡，凡爲此擴大功能之一員者，無不應比例的享受此擴大之惠賜。而不使有剩餘不用之物。有一不足其享者，則擴大平衡之趨勢必受阻。一方過量生產，一方消費不足之弊即因之而生。所謂商業循環之風險，亦因之而爲禍於產業界。結果，則總價值降低，國家之富力減少，經濟之發展亦失其序。所以產業家牟利之目的，不應限制工人所應享者而影響國民生產力之發展。此種自覺，已爲今日大產業界所同有。只待國家執行全般生產計劃之任務。此種任務，在此次大戰中，英美兩國皆執行一部份。蘇俄經濟學家瓦爾加氏近著亦承認資本主義國家可以實行計劃經濟。

吾人從生產與消費之關係，以定價值分配之秩序，較之馬氏創爲剩餘價值之說，以爲財富雖享之標準者，當較合於經濟發展之事實。

×　×　×　×

論寬容精神與政治的出路

李中直

南特敕令的故事

自從喀爾文（Carvin）教義的種子播散到法蘭西的土壤後，住在那裏的反叛性格強烈的天主教徒們，多半一變而爲聖瑪利亞的「反抗者」（Protestant），和他們舊日所皈依的神位分道揚鑣。但在另一方面，數目相當的，性格上較爲保守的天主教徒依然信奉着聖瑪利亞。在這種情形之下，「反抗者」——新教教徒——自然要掙脫天主教會傳統上所給於他們的枷鎖，而保守者——舊教教徒對於「異端」的「橫行」，也覺得不能容忍。於是，一場劇烈的宗教鬥爭就在法蘭西的土地上開始了。這種鬥爭，愈演愈烈，到了十六世紀的後半期發生了一個駭人聽聞的事件，那便是有名的聖巴梭羅妙（St' Bartholomew）之夜的大「屠殺令」。一五七二年八月二十四日的深夜裏，荒唐的加賽林王后（Catharine de Medici）下了一道聖令，對新教徒（法國人稱爲Huguenots）大開殺誡。在一夜還不到的工夫，便有兩萬多人身首脫離。於是長期而悲慘的法蘭西內戰之火，就從此燃起來了。這一場用法蘭西人民的脂肪作燃料的戰火，直燒了二十多年。

歷史上本來沒有純粹的宗教戰爭，這次法國的所謂「宗教戰爭」也者，在本質上更是與一般歷史的讀者心目中那個「宗教戰爭」的概念風馬牛不相及。戰端一開，新教徒便迅速的佔領了若干城市，而另一方面更鞏固了他們原有的村落。他們從分散到聯合，幾年的工夫，便長成了一支強大的隊伍。不久，他們中間又產生了一位出類拔萃的人物，此人就是後來有名的法國國王——挪伐爾的亨利（Henry of Navarre）。做了國王後，稱爲亨利第四。據史家描繪說：這個人雄才大略，但對宗教並沒有深厚的情操。自始至終，他心目中唯一的獵物是法國國王的寶座。不久，若干天主教徒便表示贊成亨利繼承法國的王位，但有一個先決條件：就是他必須放棄了新教的信仰，而改皈聖瑪利亞。結果，這個「先決條件」被他嚴詞拒絕了。此中的原委當時或者很少人能看得出來，但讀歷史的人，稍一玩味就不難知道其中的奧妙了。

這時候的亨利雖然不肯改教，但他同時却答應對天主教的教義加以研究（其實這都是鬼話）。於是，一條輕便的橋樑，就在阻隔新舊教徒的深淵上舖起來了。不過，搭起來了輕便的橋樑，固然有走上解決問題的路子的希望，但是十多年殘酷的內戰，究其原因，絕不單是對聖經的解釋，或教堂裏的少許財物的作祟，說穿了，人類要求「存在」和「發展」的本能倒是引起戰端的主要動力。因此，要根本上解決問題，雙方的安全保障却是解決戰爭必須先處理的問題。

當時法國全部的人口，也不過五百多萬，但二十多年的內戰，已經打掉了六分之一。據後來統計當時被焚毀的計有：九十幾個城市，兩千五百多個村莊，和十二萬八千棟左右的房屋。二十多年來，天天打仗，但事實上打仗解決不了問題，不打又不成。當時法國有一些沒有被「教條主義」（Dogmatism）麻醉的學者，稱作Politiques，看到這種戰爭的毫無義意，所謂教義，不過是愚弄羣衆的幌子，裏與表之間不知相差若干里。誠如羅素所說：「思想是一種病態的產物」於是那些政治思想家們的「寬容」（Tolerance）及「主權」（Sovereignty）之說就應運而生了。有名的「主權說」鼻祖布丹氏便是這個時候的人。他的著作恆以「主權統一」和「容忍息爭」爲嚆矢。有野心而聰明的亨利氏，就被這種思潮的激盪和長期在慘痛的經驗中體會後，毅然改弦更張了。一五九五年春天，他第一步宣佈放棄新教的信仰，而改皈他以往反抗的對像——聖瑪利亞。接着他又頒佈了有名的「南特敕令」（Edict of Nantes），呼籲新舊雙方容忍息爭，不要再走永遠走不通的路子。經過長期撕殺後的新舊教徒，雖然已經仇深似海，但是等到看了亨利的這種措施後，雙方又都覺得安全有了保障，以往內心的若干恐懼似乎可以消除了。於是雙方都大膽的放下了屠刀，決定尋覓別的途徑去解決問題，從此所謂法蘭西的「宗教戰爭」告一段落。「寬容」及「主權」說產生了「南特敕令」，前者擴充了近代民主政治的內容，後者激發了民主政治的精神，但這是八十多萬人的頭顱的代價換來的！

寬容精神在政治上的重要性

歷來政治學者給政治學下的定義，都說是研究國家的科學。因此他們所意味着的「政治」一詞的含義，也就是處理直接有關國家的事情。可也有些人說管理衆人之事的行爲叫作政治。若是我們拿着這些定義和實際的事物作一個對照，似乎：前者——正統派的說法——把政治活動的範圍祗限於一個偏窄的國家；而後者沒有把握着重點，把傳統政治的概念廣義化了。換句話說：前者的外延不够大；而後者的內涵沒有深度。筆者在這裏並無意給政治下一個自認爲恰當而完美的定義，不過想把它的重要性加重一下罷了。總之，政治是一個重大，複雜而嚴肅的問題——人類需要共同處理的最重大，最複雜和最嚴肅的問題。

「寬容」（Tolerance）這個字原來的含義是「宗教容忍」的意思。但是因爲在近代以前的歷史上，政教是很難分開的，所以宗教的容忍，也就是政治的容忍。因爲它的含義逐漸變化和擴展，現在譯作「寬容」當比較的恰當。概括的說來，寬容有兩個意思：「寬恕」和「容忍」。具體的說：是容忍異已的力量，或反對者公開的存在；容忍相反的，或反對的思想，言論，意見和主張的發表或表達；寬恕異已者一切非暴力和無強迫他人性質的行為。若是單單的做一個人而缺乏這種精神，其影響所及似乎並沒有甚麼不得了，但是在政治上若是沒有了這種精神，問題就不像做一個人那樣簡單了。缺乏寬容精神的政治，絕不能容許相反的思想和意見存在，也就是不容許有思想的自由，於是就產生了教條主義；它絕不能容許反對的言論和主張存在，也就是沒有言論的自由，於是染上了正統宗教（Orthodoxy）的色彩；因為它不能容許異已或反對者存在，所以產生了政治的獨佔。一個人類中「最重大，最複雜和最嚴肅」的行為之載重車，是否能夠在一條集教條主義，正統宗教和獨佔政治而築成的崎嶇的政治之路上走得通，實在成了一個很大的疑問。對於這個成為疑問的問題，讓我們現在開始加以討論：

一、知識與教條主義及正統宗教

人類的所以異於禽獸，異於一般動物，主要的是因了它有超感性的知識。否則的話，蛟龍可以被淘汰，很多巨大而行動迅速的動物可以被淘汰，七八尺長的人豈能不被淘汰？文明人類知識的構成，是經過感性和理性的兩個階段。野蠻時代人類的知識，可以說完全是感性的知識，和一般動物的知識差不了多少。因為他們沒有文字，人類的一切活動都沒有記錄。他們只知道運用個人從自然現象中尋找出來的個別事理，而沒有綜合的能力。他們只知道自己直覺到的事理，而沒有分析，推論和判斷的能力。可是人類因了它的有手有腦，能夠使用工具，因此它也能改進和製造工具，這就是人類能夠進步的基本條件。人類愈進步，純粹感性的知識在整個知識擴張的領域中就愈減少。就數字來說，它——純粹的感性知識——雖然不會減少到等於零的程度，但從分量上來說，卻可能減少到無足輕重的地步。但不問是感性的知識，或理性的知識，其所以為知識，則不外乎人類運用它主觀的條件（主觀的條件也是隨着個人知識的擴張而增加的）對客觀事物的理解和反應。這種理解和反應，愈合乎客觀事物的理則，其為知識的程度就愈大，而其合於客觀事物理則的程度大小，則決定人類主觀上所具備的條件或工具。人類愈進步，工具愈充份，對客觀事物理則的理解與反應也就愈接近正確，或有更多的發現。不登高，絕難望遠。牛頓時代，因為他所得到的工具不夠充份，所以他的學說也就不夠正確。兩百年後的愛因斯坦因為獲得了更多的工具，所以就起來把牛頓的學說修正了。「愛因斯坦的學說真實，正確……。」這一類的話，我們祇能現在說，焉知再一個兩百年後，沒有另一個「牛頓」起來把它修正了？

人類探求知識所需要的工具，其所以有不斷增加的可能，是由於人類知識的積累性。而這種「積累」又是由於每一個時代中知較高識，和具有較多工具者的分析和綜合。康德綜合了理性論（Reasonalism）和經驗論（Empiricalism），才造成了他哲學上的顯赫地位，馬克斯綜合了日爾曼觀念論（German idealism），法國社會主義的思想，英國正統派的經濟學及勞工運動，才構成了他的學說。「政治是人類的社會上最重大，最複雜和最嚴肅的」事情，而也是人類命運休戚相關的事情。一個時代理想的政治，必定是那個時代最高知識綜合的結晶。但人類的知識是不斷進步的，一種政治制度，在前一個時代合於理想，為當時的人們所推崇，但在後一個時代，往往會變成世人取笑的話柄，而為時代所摒棄。美國民主政治的建立者，合衆國第三任的總統哲斐遜氏在討論到憲法問題的時候有一句名言說：「絕不能讓活着人去服從死人的規定，因此任何憲法都必須在五年內修改一次。」就是深深地體會到了人類知識的積累性和進步性。

由於前面所述的種種，我們可以歸納出來一個道理：天下無一成不變的真理，前人知識的遺產祇能留作後人的參攷，決不能企圖肯定或規範後人的行動。因此，就永遠不能有一個行之萬世皆準的政治理論和政治制度。若是這個道理不錯的話，那麼，任何教條主義都變成虛妄和荒謬的東西了。

所謂教條主義，它往往是建築在個人的情感和向往的動力上，而遠離開了正確知識的基礎。每一個教條主義的創立者，都是依據着個人僅有的知識，夾雜着個人高度的情感和無限的嚮往力構成的。在這種情形下，他既然肯定了自己的見地完全「是」，永遠的「是」，於是就否定了，永遠的否定了，所有別人和他不同的「是」。假定祇是這種單純的教條主義還不太要緊，若是這種教條主義再染上了濃厚的正統宗教的色彩，那就為害無窮了。馬克斯的錯誤，不在他所做知識綜合的工作，而在他和他的信徒們把他所綜合的知識教條主義化了，而同時又塗抹上了濃厚的正統宗教的色彩，於是他就為害無窮了。馬克斯所做的人類知識綜合的工作，就着當時的情形在比較上來說，不能算差。但知識是隨着時代繼續進步的。在馬克斯一百年後的今天，人類的知識擴展了，時代進步了，而思想上教條化了的馬克思主義者們，還是拿着一個世紀前的馬克斯的學說作為皈依的教條。並且帶着正統宗教的面孔，用武力強迫人家服從和信仰，天下寧有這個道理？

二、人類的本能：

幸福與境界　存在與發展

追求幸福與境界是人類的兩個基本的衝動（Impulses）。一般地說來，幸福比境界更為重要，追求幸福者比追求境界者更於普遍。歷史上祇有極少數人是捨掉了幸福而單獨的去追求境界，絕大多數的人都只追求幸福。前者如墨翟，耶穌，林肯，釋迦牟尼，南丁格爾，孫中山，甘地……等，而後者如一般的愚夫愚婦們。但我們若說一般愚夫愚婦不追求境界，或沒有追求境界則可，說他們（或她們）根本上缺乏追求境界的衝動則不可。他們之所以不去追求境界或沒有追求境界者，主要的是後天的社會上沒有給他們以追求境界的條件。同樣的，如林肯，如孫中山，如甘地，他們也並不是根本上沒有追求幸福衝動的本能，祇是時代和社會對他們太苛刻了，所以使他們必須忘掉了幸福的追求而祇去追求人生的境界。因此，能使任何一個身心健全的人都同時具有兩種衝動行爲的社會，才是理想的社會。

幸福和境界比較起來：前者是具體的，後者是抽象的；前者是現實的，後者是理想的；前者是自身享受的，而後者是留給世人或後世憑吊的（雖然他不一定自覺）；前者是可以集體設計的，而後者祇要他不使用暴力去强迫別人，是不能也不應該限制的。人生對境界的追求，因了它是一種基本的本能之衝動和願望，而這種衝動的行爲又是不能預先設計和强迫的，因此，教條主義和正統宗教一旦結合，就變成了人類本能的敵人。從這裏我們可以很清楚的看出來：沒有寬容的政治，或者可能給人以幸福，但絕不能給人以境界。可是，幸福與境界是相互關連的，沒有境界的幸福，往往會變成機械的人生，這種人生絕對不是人類所追求的。

此外，人類還有要求存在的本能，和爭取發展的本能。要有幸福，必須先得到生命的存在。要追求境界，必須得到意見的存在和發展。但在沒有寬容的政治裏，是絕對不容許相反的意見存在和發展的。若是人類的思想和意見永遠是一致或可能一致的，「沒有寬容的政治」之爲害或者還少一點，可是人類的思想和意見是永遠不可能一致的，於是問題就又來了。燒了二十多年的法蘭西「宗教戰爭」之火，所以不能息滅的主要原因，是新舊教徒彼此害怕自方的不能存在。這是血的教訓，理性動物的人類爲甚麼會把它輕易的忘掉了呢！

三、分歧與與折中

決定人類思想和意見的因素，主要的不外下列的幾點：生理狀態，自然環境，社會環境，歷史背境和後天的教育。現在我們可以推想一種境界：整個的地球上，立在任何一點所感受到的自然現象，和社會現象都絕對沒有絲毫的兩樣；而人類的由來，從物質到物種，各個個體之間又都完全相同；每一個人後天所接受的教育又都沒有絲毫的差別，在這種情形之下，根據遺傳和生理學說的解釋，我們似乎可以想像到：人類的思想和意見或者不會有甚麼差別的。可是問題就在：自然環境——地球上的表面現象：氣候，山水……等等，是絕對沒有法子改變到完全一致的；而社會環境又受着自然條件的絕對影響；更重要的，是人類的歷史文化和生理的遺傳，又不能用倒車開回去，再從頭來。很顯然的，單靠教育機會的均等是絕對沒有法子來解決人類思想和意見的分歧的。更透澈的說：人類思想和意見的分歧是一連串事物的表面化，根本上是社會現象的分歧；歷史傳統的分歧，生理遺傳的分歧，最重要而根本上無法解決的，是自然環境的分歧。由於接受這種種綜錯複雜因素的影響而形成的人類的思想和意見，若要談統一，那是太違背自然的事情。不過人類究竟是羣居的動物，在羣的生長和延續中，個人的發展，難免不受到若干的限制。人類固愛自由，但個人的自由一定要有一個限度。人類之所以會有今天獨步地球的機會，多一半是靠着羣的力量。因此，爲着個人的幸福，不絕的自由……，他必然的要交出一部份權利來，作爲個人對羣的供獻。但供獻要有一個限度，這就是所謂「組織」和「意見折中」的由來。我們可以說：在民主政治的國家裏，政治上一個問題的獲得解決，往往不是參與者意見的根本一致，而爲了要解決問題，到最後無可奈何的時候，個人或團體，恆自動的犧牲一部份自已的意見，使問題獲得一個折中的解決辦法。

結論

人類文化的遺產，是全部人類歷史的紀功碑。就着效用和經濟的觀點來說，它不應該被浪費，而其所以浪費，往往是由於社會的動亂，或暴力革命遭受摧殘的結果。醫生之所以對病人實施開刀的手術，是因被開刀者的身體內有了嚴重的病症。革命原出於不得已，在歷史上每一次的暴力革命中，雖然或多或少的都含有野心家興風作浪的成份，但究其原因，還是社會的本身有了問題。開刀固然可以醫好病，但雖有好「刀傷藥」總不如不生病。唯有永遠能夠賡續前進的社會，才能夠使人類的文化不被浪費。因此，一個理想的政治制度，它本身應當是一種有機體，對它所承受的歷史文化及所負荷的現實社會發生一種有機綜合的作用。在一個有機體裏面，一切無用的殘渣自然會輕鬆的被隨時排泄出去，用不着大動干戈，作一次翻江攪海的改造。

一個政治制度，要想使本身具有一種有機的作用，那麼它首先必須具有下列的幾種基本精神：第一、它必須能夠接受一切反對者的批評；第二、它永遠不能拒絕改造；而更重要的，第三、它必須能夠容納異已。這幾種基本精神就是寬容的精神。惟有具有寬容的精神，它才能容納異已，才能不拒絕改造，才能接受反對者的批評。沒有寬容的政治，在本質上它違背了生理和自然的本性；扼殺人類的知識，逆轉歷史的潮流。因此我們可以肯定的說：這種政治——沒有寬容精神的政治——是絕對沒有出路的。

組織東亞青年反共軍

朱開來

現在,時局已到了千鈞一髮的時候,眼看大陸幾乎全部沉淪在赤魔的鐵蹄之下!事情雖然已經如此急迫,可是我們仍舊看不見政府當局拿出有效的措施;而對於反共「新生力量」的忽視,尤其使人痛心,這如何能應付當前危急的局面呢!自由中國的前途,眞有點不堪設想。

大陸如果全部沉淪,只靠台灣一島的力量來反攻,那是非常吃力的,目前我們空喊「反攻」,「反攻」,近於高調,我們首先要能夠「保衛台灣」,使共產黨不敢侵犯,我們要有充分的「保衛」力量,以粉碎他的侵犯企圖,因爲能夠保衛台灣,才能向大陸反攻。保衛台灣是多方面的,應該是軍事、政治、經濟、文化全面的保衛!可是我們看到多數人的消沉,一部份人的漠視,眞是感到萬分的痛心!我們對於「精神動員」,「心理作戰」似乎做的太少;戰火即將燃燒到大門,但,我們還是像過去一樣的拖拖拉拉,馬馬虎虎,有些人甚至醉生夢死的仍在過着自己的生活,這眞是太可怕了。

中國萬一爲赤色的法西斯所統治,那麼南韓、菲律賓、日本也一定不保,其時,韓共日共菲共必將聯合中共顚覆他們的國家,使他們的祖國也蹈入和中國同樣的命運。因爲共產黨是沒有國界的,它不單要亡中國,滅日韓菲,赤化亞洲、而且它要赤化全世界,史太林正在夢想做統一世界的大皇帝。

在反共的戰線上,中、日、韓菲四國是脣亡齒寒的,我們應團結起各國反共青年的力量,去打擊共產黨!爲保衛自己的祖國,爲保衛自由的遠東,我們應進一步的向大陸反攻,向共黨的腹心進軍。

近兩個月來,我常常將這個問題和流亡台灣的反共青年們探討研究,我也曾將這個意思寫信給日本的反共青年朋友們討論,大家的結論都認爲中、日、韓、菲的反共青年們,應該趕快堅強的組織起來,燃起遠東反共的火炬,貢獻出自己的力量,保衛遠東,保衛自已的祖國。中、日、韓、菲四國的反共青年們,應該馬上成立志願軍,英勇的向共區的後方挺進!

現在共區的後方是異常空虛的,是近於「眞空」狀態的。同時,在共區的後方尚有我們不少的游擊武裝部隊,只要我們能夠向共區的後方挺進,活躍在共區後方的游擊武裝部隊,一定紛紛起來響應,可以匯結成一股偉大的反共巨流,摧毀了赤色帝國主義的統治。因爲陷在共匪的同胞,沒有不痛恨共黨的,只要我們這一枝爲自由和正義而戰的青年隊伍開到,沒有一個不揭竿而起的!但如果再遲兩三年,那麼存在共區後方的游擊武裝部隊,將爲共黨各個殲滅。所以目前是向共區後方進軍最適當的時機!

只要我們的動機是純正的,態度是熱誠的,我們登高一呼,我相信要組織五十萬中、日、韓、菲四國反共的青年同志,並不是太困難的事情。因爲現在該有多少的青年在苦悶中,得不到報國的機會,他們決不願接受共產黨的統治,他們跟共產黨勢不兩立,可是他們飲恨度日,沒有人領導他們,也更沒有機會給他們發揮力量!

中、日、韓、菲四國的反共青年們應該迅速堅強的組織起來,保衛自由的祖國,保衛自由的遠東和世界,粉碎暴俄的侵略與共黨的蹂躪,不勝利不止,不成功不休!

請用具體的方法搶救青年

——一個青年的呼聲

惦琴

在「自由中國」開闢「青年號角」的前言裏編者有這麼一段話「……在這數月的時間中,我們深感有一種現象是值得我們痛心的,就是我們察覺很多有熱情,有魄力,酷愛國家民族,民主自由的青年,當他來到了台灣之後,由於環境和生活的影響,他們都沉悶了,都漸漸的失去了青年的熱情和活力,都在默默中把歲月消磨,天呀!這是如何可怕的現象啊!一個國家如果找不到了青年的活力和青年的笑語,這是多可怕的陰沉呀」!讀完了這一段語重心長的話,身爲自由中國青年的我們,能不且感且愧?

是的,「古往今來,多少次偉大的運動,都是由青年第一個先點燃了那自由和正義的火把」!由孫中山先生倡導革命到推翻滿清,由蔣介石先生領導全中國,全世界抗日反法西斯的勝利,那一件不是青年們流熱血,拚生命所得到的勝利果實,即或是這次的反共戰爭,也正由自由中國的青年,在那裏爲民族生存而戰鬥。

由於最近的時局急轉直下,自由中國的大好河山大部被出賣國家民族的共產黨徒所侵佔了,因此許多酷愛祖國的有爲青年都被關進鐵幕而喪失了自由,但是很多的青年們,千方百計的掙脫了苦難的枷鎖,堅強勇敢的擋出了鐵幕而千辛萬苦的奔來自由的祖國,他們的擋出鐵幕並不是盲目的,他們是想來到祖國的陣地能夠與救國家,與民族的青年伙伴團結在一起成爲一股強大的洪流,去冲破鐵幕,把鐵幕裏生活着敢怒而不敢言的父老兄弟姊妹們搶救出來，使他們得到眞正的解放，和使這擁有四億五千萬愛自由平等的人民，四千餘年悠久歷史的國家，不致被赤色的法西斯所毀滅。

事實呢？政府對滿腔熱血奔來的青年只是消極的設法收容和救濟，（有的連收容和救濟的資格也沒有。）並沒有積極的把有熱情，有活力堅强反抗赤色法西斯的青年組織起來，讓他們去作一個爲祖國獨立生存人民自由而戰的戰士；收容和救濟是暫時的救了青年，可是對國家民族並沒有什麼好處。青年是不甘寂寞而雌伏的，這樣能不使「他們都沉悶了，都漸漸的失去了青年的熱情和活力，都在默默中把歲月消磨」？眞正的說起來這將是國家民族整個前途的一個很大的危機！

反轉來我們看看共產黨吧，他們每到一處，搶刼青年簡直像搶刼米糧一樣，我是由武漢逃出來的，就拿武漢來說吧，他們到武漢不到半個月，就成立了所謂湖北革命大學，中原大學和華中軍政大學，所吸收的青年幾達三萬，不但失學失業的青年進了他們所謂大學，連在學的青年也有不少被其吸收，雖然有好多不是出自心願，可是日子久了誰又敢担保？我們爲什麼不喊：「天呀！這是如何可怕的現象呀！」

「誰有青年，誰便有前途。」我們也可以這樣說：「誰擁有更多的青年戰士，誰就能夠得到最後勝利。」所以我在這裏大聲疾呼，請當局趕快用具體的方法搶救青年，積極的把他們組織起來，讓他們到反共的戰場上去戰鬥！

這不是一個很現實的事實嗎？許多青年都在請求當局趕快組成十萬智識青年的反共抗蘇的青年軍，而且很多青年都在羣起響應，這應該不是一個不值得注意的問題。

青年是有熱情有活力的，他們的每個細胞都是活躍的，每滴血液都是沸騰的，，不要使他們得了半身不遂病；青年是聰明天眞的，時刻都想國家不應爲赤色法西斯所毀滅，看吧！鉄森後的許多青年還正傾向着祖國，賢明的當局啊！請趕快用具體的方法搶救青年吧！請趕快把他們組織起來啊！讓他們到反赤色法西斯的戰場上去大顯身手，何況將來反攻大陸時，收復的地方更需要爲自由而戰的青年們去消滅那些共產主義的毒素。

一個剛到美國的中國青年的來信

——他們有很多都是戰時從軍的青年，常以：「我曾到過中國，」的話語來向我表示親近，美國的青年們很喜歡並且很關切的時常向我打聽着中國問題——

××吾友：

我上月十六日離開香港，十九日到日本。路過台灣海峽的時候，我站立船頭，曾經很淸楚的看到台灣高峻的山峯，頓時使我懷念起在台灣的知友，和即將離別的多難的祖國。當時心情的痛苦，想你是會想見的，我在船頭上倍虔誠默祝，願我再回祖國時，我們的國家已是獨立的，富强的，民主的，自由的。

船在神戶，橫濱二地各停留數小時後，往東行，一路上風平浪靜，廿一日到檀香山，用了一天的功夫，參觀當地風光，然後再東行（這段路中過了兩個二十五日，稱爲對徑日（Antipode day），本月一日到達舊金山，停留三日後，搭車來伊利Erie城，六日到學校，到今天整是十天了。……廿南學院Gannon College很好，是一個天主教設立的學校，爲當地的最高學府，校內完全是近代化的設備，教授陣容也相當堅强，講授亦令人滿意，圖書館很好，藏書足够同學們的參攷，這裏的美國學生們也都很好很活潑，對人非常和氣，使我這異國人都沒有陌生的感覺，他們有很多都是戰時從過軍的青年，常以：「我曾到過中國」的話語來向我表示親近，美國的青年們很喜歡並且很關切的時常向我打聽着中國問題，這倒是一個絕好的機會讓我來發表自己的意見，以糾正他們許多錯誤的看法。他們很想讓我對中國問題作一個公開講演，但因我的英文尙差，目前不能勝任，所以只好謝絕了（他們的習慣是在講演後由聽衆提出問題，由主講者一一作答）。……

據我這十幾天來觀察的情形是這樣——一般的美國青年們很少過問政治，他們喜歡的是運動，玩，校內每週至少有一次跳舞會，都是由學生自己主辦的，其他像聯歡會，同樂會，慶祝會也常常舉行，有的係由學校主辦，他們的生活是相當舒服而快活的，我在這裏，因係完全獎學金，待遇很優厚，吃，住，書籍，甚至床，被，被單，毛毯，毛巾，肥皂等等都發給，照料係由修女們服務，十分周到，總之，生活在這裏，令人感到有餘的滿意。我現在每天忙的就是査字典，我共有五門功課；美國政府，歐洲史，社會學，宗教和英文，每週共計十四小時的課程，鐘點雖不多，但已够忙碌。

我住在的伊利城，是一個小城，緊靠着伊利湖畔，人口只十六萬餘，百分之七十是天主教徒。城市雖小，但既淸潔又美麗，市內街道，商店都不錯，這裏的汽車很普遍，就等於我們的自行車一樣，我現在手中的存款（百餘美元）就可買一輛舊的轎車，這裏的工人差不多都有汽車，有的還有兩輛，所以到了美國以後，使我深深的感覺到近代文明的產品確是給人類帶來了許多的幸福，減少了許多痛苦；現在的美國，可稱是近代文明社會的模範，人民是這樣愉快，勤奮，自由，享受；國家是這樣富裕，繁榮。人惟有活到這樣的社會裏，你才會想到，人活到世上有「幸福」的追求。再一回視我們的國家，勝利後，本可漸漸的走上建設富强的途徑，但是由於共產黨的叛亂，使得一切美境都歸於泡影，不禁令人黯然。……

自從離台後，始終沒有得到你的信，我很希望你的信和好的消息一塊兒早點兒到來。祝你

快樂

弟少光上，十一月十七日、

美國的收入是怎樣分配的

威廉哈德原著
本刊資料室譯

（一）在美國，牧師和敎師對人的影響甚大，他們知道他們的社會責任，因之很關心「經濟平等」這個問題。他們之中一大部份認爲現在美國收入的分配是不公平的。在敎堂中在課室內在文章裏，他們都表示出他們這種看法。他們的誠懇是無可懷疑的。

但是我們要問一個問題：他們所知道的關於美國收入的分配情形，究竟正確不正確呢？

美國經濟研究基金會爲解答這個問題，曾請羅賓孫博士所主持的意見研究所，調查了許多具有代表性的牧師與敎師。所調查的牧師們，各種敎會的都有，所調查的敎師們，是敎社會科學的。

羅賓孫博士派出素有訓練的調查員，去訪問這些選擇出的牧師敎師們。在向他們所問的問題中，有三項與全國收入的分配有關，即：（一）工資與薪金，（二）紅利與利息，（三）租金。

訪員對每一人都要問：你認爲以上三項的每年全國收入，有百分之幾是到了每年收入五千元以下的人手中？有百分之幾是到了每年收入五千元以上的人手中？

調查的結果顯示出，牧師敎師們都估計錯了。他們把年入五千元以上的人們的收入，估計得佔全國收入的百分數太高，把年入五千元以下的人們的收入，估計得佔全國收入的百分數太低。讓我們假設美國現在的收入分配，有許多不對處，那麼美國的精神領導者與知識領導者，應當知道牠的實際情形。

關於工資與薪金一項，調查的結果，把答案平均起來，他們認爲：全國工資與薪金的總收入中，只有百分之六十六入於每年收入五千元以下的人們手中。

這個答案與事實相差很遠。去年美國諾突丹莫大學的經濟研究所主任開樂博士，出版了一冊小書，名「全國（美國）的收入與分配」。這本書的材料是根據美國工商部與財政部所發表的數字，開樂博士研究這些數字、然後製成許多圖表，顯示出一切主要收入的實際分配情形。

這些圖表說明，每年收入在五千元以上的人們的總收入內，佔有全國工資與薪金總收入的百分之十點二。每年收入在五千元以下的人們的總收入內，佔有百分之八十九點八，而不是像牧師和敎師們所想像的百分之六十六。

並且，收入五千元以上的人們，如除去付聯邦（中央）政府的所得稅，他們收入中的工資與薪金部分，便只佔這項收入全國的百分之五點五。

（二）關於紅利與利息，每年收入在五千元以上的人們，固然持有大量公債與大公司的股票，但收入在五千元以下的人們，也在銀行有存款，在保險公司有保險金，並且握有建築公司等等的股票，這些也都是有利息的。所以二者的比例究竟如何？

羅賓孫博士訪問牧師敎師們的結果，平均起來他們認爲，每年收入在五千元以下的人們的總收入中，所得的紅利與利息，僅佔全國的百分之二十九。但事實上，他們的此項所得，實在是佔全國的六十九點四。收入在五千元以上的人們的這項所得，只佔全國的三十六點六。並且如果減去聯邦所得稅，便只剩下百分之十七點三。

紅利與利息是眞正資本主義式的收入，牠代表投資後收回的利得，是以錢賺來的利錢。利錢常被人認爲是「不名譽的錢」，但我們要知道，就是這種「不名譽的錢」每年有絕對一大部分是分配到收入在五千元以下的大衆。這就是美國資本主義的實際情形。

（三）譬如說，對於受人指責的地主。美國聯邦政府立下限制地租的法律，意在保護農人對付地主。可是，究竟美國的地主是些什麼人？羅賓孫調查牧師敎師們的答案，平均認爲，每年收入在五千元以下的人們，得有全國地租的百分之三十。而事實上他們得到百分之八十三點一。收入在五千元以上的人們，只得到百分之十六點九，如果減去聯邦所得稅，他們只得到百分之九點六。

在許多國家，地主只是少數人，在美國有土地的是多數人，投資買土地成了千百萬人的習慣。

（四）事實上，由於美國的自然傾向，由於美國的特殊租稅制度，美國的大衆們每年的所得，在全國各種項目的總收入上，越來佔的百分比例越大。至於少數每年收入在二萬五千元以上的人們，所謂資本家們，現在怎麼樣了呢？請看開樂博士的統計，說明從一九一七年到一九四四年的情形。

在一九一七年的時候，除去付聯邦所得稅，他們的所得佔全國個人所得總數百分之六點七。到一九三二年，降到只佔全國收入的三點四。到羅斯福總統時代，仍是繼續下降。在一九三八年降到只佔百分之三。在一九四一年是百分之二點五。到了一九四四年，除了付出極重的累進所得稅外，他們拿到口袋裏的，僅佔全國收入的一點三。

據開樂博士的研究，從一九四四年以來，美國分配的情形沒多少變更，趨勢仍是收入低的階層，收入的比例增加。

常常有人指責，尤其是共產黨方面，說美國的經濟生活是操縱在「少數獨佔資本家」手中。也就是說，在每年收入二萬五千元以上的人中，有人操縱着美國的經濟生活。假如眞是這少數人操縱着美國經濟生活的大權，他們也眞太慷慨了！他們竟出於本心，自動願意從一九一七年以來，把他們的收入，在全國收入的比例上，減去五分之四。

事實上美國的經濟情形，遠非少數「獨佔資本家」所能控制。當然是另外有其他經濟力量，來形成美國收入的分配情形。有些方面是日漸改好，也有些方面在變壞。我們不要再責闘任何階層，應當努力使大家共同認識事實。（原文刊載於「讀者文摘」十二月號）

共產國際的七種戰略

馬丁依本原著
本刊資料室譯

馬丁．依本是一位有名的作家，戰後他曾遍遊西歐及鐵幕後諸國。他是當今美國少數對共產黨有透澈研究的權威之一，遊歐歸國後，曾著「世界共產黨現狀」一書，於一九四八年問世，風行一時。本文是馬氏名著中的第二章，本刊特譯出與讀者見面……編者

（一）立刻世界革命（一九一八—一九二〇）

俄國共產黨在一九一七年推翻了俄皇的統治。奧匈帝國亦因戰敗而瓦解，德國亦有革命發生。這時共產黨的氣焰甚高，好像世界革命就在眼前。共產國際的第一任執行委員會主席會諾維夫（Zinoviev），在一九一九年六月十二日打電報給匈牙利內共黨領袖白拉孔（Bela kun）說，「不久整個的文明世界便將全變爲共產主義。」共產國際認爲在一年之內，便可完成世界革命，所以共產國際的執行委員會在彼得格拉宣稱，「國際共產黨降生於一九一九年，國際蘇維埃共和國便將於一九二〇年降生。」

這時共產國際的確聲勢很大，芬蘭，瑞七，瑞典，挪威，保加利亞，義大利，斯拉瓦克亞，法國的共產黨都加入了這共產國際。並且這時美國亦成立了共產黨。會諾維夫慶祝美國共產黨的成立說，「無產階級的革命不但把握了歐洲，並且伸到最富足的資本主義的美國，」「美國共產黨的成立與發展，表示世界共產革命將要到來。」爲了促進世界革命，一九一九年三月在莫斯科集召的第一次共產國際代表大會，通過一綱領，命各國共黨「直接公開與政府鬥爭，」「爲達此目的，可採用一切手段，例如利用西方的議會制度，達成革命目的。」

但僅僅一年時間，在一九二〇年七月二次共產國際代表大會時，已發現世界革命尚未成熟，（例如波蘭將紅軍逐出），不能不改變戰略。

（二）以煽動代替武裝革命（一九二一—一九二七）

一九二一年在莫斯科開第三次共產國際代表大會時，情勢已全改變，匈牙利的白拉孔已失敗，德國的共產黨也未能成功。在義大利就要把握政權的是法西斯黨，而不是共產黨。其他各國新成立的共產黨，遠不足以革命的手段推翻本國的政府。連俄國的共產黨也正遭遇到很大的困難，由於嚴格執行馬克斯的理論，弄得俄國的經濟生活整個脫節，於是列寧不得不實行緩和的新經濟政策。爲了國內的建設，不得不與資本主義國家合作，借用他們的技術人才。

但俄共認爲這「只是另一種方式的鬥爭」，目的在「鞏固共產主義」。

列寧認爲，世界的現狀尚不允許「急燥的前進」，共產運動「尚未到實現最後目的，奪取世界政權，完成世界革命的階段。」共產與非共產的世界尚有一個時期須共同存在。於是拉狄克（Karl Radek）便依列寧的意見制定方案，即以革命性的煽動替代未成熟的行動。拉狄克說：「煽動革命是鬥爭，宣傳革命是鬥爭，以及地下組織，武裝無產階級，控制學校，遊行示威，暴動等等，都是革命鬥爭。」共產黨認識到，只有以宣傳煽動的方式完成充分的準備，才可走向世界革命。

（三）保衛蘇聯（一九二八—一九三四）

列寧死後，史達林與托落次基爭權。史達林主張，先建設蘇聯，蘇聯的安全與力量，是策動世界共產活動的基礎。托落次基主張「不斷的革命」，以此爲手段，從民主政治到社會主義，到共產主義。事實上他二人的主張並無多大差別，只不過是權力之爭而已。自從史達林當權，托派的路綫便成了叛逆大罪。

一九二八年七月國際共產黨開第六次代表大會，當然通過了史達林的意見。同情托落次基的會諾維夫等已失蹤。贊同史達林的巴哈林（Bukharin）成了大會中心人物，他與史達林制定了共產國際的綱領，在大會中通過。這個文件中會指出：「帝國主義對蘇聯的威脅日增，吾人應集中精力保衛蘇聯，必須使各國共產黨協助，使反蘇的戰爭變成對各國政府的戰爭，也就是保衛蘇聯的戰爭。」這樣俄國共產黨便不再是共產國際的一份子，反而共產國際成爲俄共的一個有力的武器，而且是一個攻守兩用的武器。共產國際的綱領承認蘇聯高於一切，世界各處的共產黨，是蘇聯在國外的前哨。

由於這種策略，各國共產黨便與較溫和的左派分離。共產黨指責社會主義者與自由主義的工會團體等一切非共產黨的份子爲叛逆。這時巴哈林與史達林意見不同，被撤去共產國際主席的職位，由人民委員會主席莫落托夫兼管共產國際的事務。

（四）聯合戰線（一九三四年—一九三八）

由於希特勒納粹德國的威脅，一九三四年一月共產國際便突然改變第三戰略，不得不聯合一切反納粹的份子。在幾星期以前共產黨尚責駡社會主義者爲「社會法西斯」「中產階級的刀子」，這時便突然停止責駡，而且主張聯合戰綫。前此，共產黨是不與任何人合作的，這時共黨亦加入別人的陣綫。法國的「人民陣線」便是這時成立的。中國的共產黨這時亦講什麼「國民陣線」。共產國際的主席亦改爲曾在德國下議院縱火的狄米托夫（Geougi Dimitrov）担任。

在一九三六年到三七年，俄國又在清黨，被清算的有會諾維夫，巴哈林，拉狄克等有名的人物，這些人的罪名是與托派與納粹德國同謀。最使世人驚異的是，這些被告都坦白承認。

史達林仍大權在握，共產國際的戰略與蘇聯的外交是配合的。這時李維諾夫爲外長，蘇俄加入國際聯盟，與法國捷克訂立聯盟，在西班牙內戰中亦盡量表示是站在民主方面，實際上蘇聯是懼怕如果被希特勒攻擊，以免陷於孤立。

（五）「帝國主義間的戰爭」（一九三九——一九四〇）

一九三九年八月蘇聯突然與誓不兩立的納粹德國訂立條約，共產國際立即指令各國共產黨，追隨蘇聯外交的路綫。這樣的突變，對各國共產黨的宣傳立場很不利，但共產黨必須絕對盲目服從共產國際的指揮。前此激烈責駡納粹，現在大轉變須幫助納粹，以宣傳和怠工的方式減少西方國家對德國的作戰力量。因此法國的共產黨受到極大的挫折。從此有一年多的時期，各國共產黨的報紙都充滿責駡英美兩國領袖的言論。這種黨的堅強控制與虛偽，到一九四一年六月二十二日德軍攻蘇聯時又突然停止。

（六）聯合作戰（一九四一——一九四五）

從此時起，共產國際的政策是，暫停鼓動階級鬥爭，取消責駡英美帝國主義，不主張工人罷工，因爲蘇聯與各國的共產黨，也與英美一樣，希望早日擊敗軸心國。

於是共產黨的宣傳也着重在聯合國間的合作，軍事第一，以對付軸心國。在法義希南等國，都有共產黨作反軸心的地下活動。但一切都是爲蘇聯。當一九四五年，西方國家認爲在歐洲登陸作戰的時機尚未成熟時，蘇聯堅主開闢第二戰線，並發動各國共產黨，製造輿論，爲此呼籲。

在整個戰爭期間，蘇聯大事宣傳，蘇軍對於戰勝的功績，並替中國共產黨的軍隊，南斯拉夫的共軍及希臘的共軍作宣傳，說他們對於擊敗敵人有功。

（七）在各國鼓動革命（一九四六年以後）

在戰後，蘇聯的政策是鼓動國家革命，民族解放革命。其方法，是武裝鬥爭，或利用原有的議會制度，到把握政權後再把這個制度毀壞。但蘇聯的政策和利益都仍是高於一切。例如，波蘭的共黨並不反對蘇聯割去波蘭的土地，德國的共黨也不反對波蘭割去德國的土地。

但是各國共產黨彼此之間，並非完全利害一致。例如，南斯拉夫要割義大利的海港，義共即反對，法共主張萊茵河流域和魯爾區國際化，但德共就反對。爲加強各國共產黨的合作，與莫斯科的統一指揮，一九四七年九月，在蘇聯共產黨領導之下，東歐九國共產黨的代表在波蘭開會，成立了共產黨國際情報局，目的仍是一方面鼓動國家革命，各國共產黨以民族英雄自任，一方面保衛蘇聯，各國的共黨都曾先後聲明，將爲保衛蘇聯作戰。

在此雙重目標之下，共產黨一方面自命爲「解放軍」，一力面極力責駡美「帝國主義」。所以在戰後共產黨的發言人主張，美國的軍隊應早日自中國自歐洲撤退，英國在近東的軍隊應減少。共產黨各處的報紙故意渲染美國內部的不安，藉以減低美國在世界的聲望。責駡美國爲「帝國主義」，宣傳蘇聯和共產主義是一切被壓迫民族的「解放者」。

（完）

「無失論」與賣國賊

山空

歷史上的專制君主和現代化的大獨裁者都信仰一種學說，它就是「無失論」（Infallibility）。他們堅決的相信他們自已永遠是沒有過失的 。他們的任何做法，縱然前後是極端矛盾的，但基於無失論的道理：前面的固然是絕對的對，而後面的也絕對不算錯。獨裁者因爲相信這個「學說」，於是對於他們行動就大爲方便了。他可以做一切違背人性的事情，但他並不以爲這是錯誤，同樣的，他盡可以出賣國家的利益，他認這是當然。

一個自由人的最後一剎那

Karl Godwin原著
本刊資料室譯

彼可夫是保加利亞民主黨派中一位重要的領袖。所以在狄米托夫發動政變攫取了政權後。他首先遭殃。本文是描述他參加最後一次保國會議的情景，十分動人，彼氏從會議廳走出後，就被逮捕入獄，三個月後，這一位保加利亞自由民主的巨人，就在「陰謀叛國」罪名下被鎗斃了。

當我到了國會的議廳時，一切顯然有點異樣，會場的周圍戒備森嚴，空氣十分緊張

我們大家圍繞着彼可夫（Petkov），他和我們同樣感到迷惘。將近三點鐘時，鈴聲響了，我們各自就位。

共產黨的議員已不約而同的都到了，顯然的，他們如此一致準時的出席，是受了事先的指示。除了狄米托夫（Dimitrov）外，大家都坐着。大會主席柯拉洛夫（Kolarcv）起立說：「在進行我們今天的議事之前，我有一個重要的報告。」

議場內是一片寂靜。

「今天我接着了一封索菲亞（Sofia）法庭檢察官的來信，要我請求你們投權拘捕彼可夫。」

共產黨議員是國會中的多數，他們立刻全體起立，大聲狂呼：「好！贊成！」他們已事先接受了指示。這是一個突擊戰術，使我們驚呆了，坐在那裏，戰慄、茫然。

大家全望着彼可夫，他面色蒼白。「好，這是已經預料到的事。」他轉過臉來說。坐在靠近他的人們都和他握手。

當共黨議員震耳欲聾的叫囂聲漸漸低沉時，主席便宣佈這件事必須在當時就議決，並稱將休會二十分鐘，在這期間，國會司法委員會依據憲法可處理這案件。

彼可夫站起來了說：「這是不合憲法的！」但是他的喊聲消滅在更大的叫嚷中，「滾出去！」「叛徒！」「該死的！」

休會期間，我們這些反對黨議員聚集在一塊商討次一行動。我們決定必須有五六個人去彼可夫家中移開黨內的文件，另外幾個人去為他取來羊毛內衣、大衣、牙刷、肥皂等日用品和兩床氈子，這些是他在法西斯時代常用的「監獄用品」，還得有幾個人去將這消息傳達給一些有力的朋友們。

然而，要出去的這些人都同時回來了——因為任何人都不能離開會場。所有的門都戒備着，每一個窗外佇立着無數的武裝民兵，電話綫已切斷。我們完全與外界隔絕了。

除了把握這最後的一剎那與彼可夫聚首外，我們已不能有任何作為。他囑咐我們關於他的家事以及準備為他辯護的兩個律師的姓名。不一會，鈴聲又響了，我們重進會議場。主席宣告：「國會司法委員會建議你們撤消彼可夫所享有的國會議員的權利。」

這一次，可是反對黨先起反聲，我們一致站起來喊道：「恥辱，這是一黨獨裁的恐佈陰謀！」

但是，共黨的議員幾乎多過我們三倍，我們的呼聲被他們的狂叫所掩沒。

接着，有四五個共黨議員發言贊成逮捕彼可夫。我們大聲喝叱「法西斯！」「獨裁者！」「獪子手！」，打斷了他們的言語。當內政部長起立發言時，我們高聲嚷道：「打倒獨裁者！」「你們都是獪子手！」

最後，應該是彼可夫發言的時候了。在眞正表決之前，他是最後的一個發言人。我們緊張而激動，全副神經幾乎緊張得要爆裂了。

我們給他以熱烈的歡呼。我們決定立着聆聽他的話。

當然，他在事先並沒有任何準備，發音不定，有點戰抖，他說得很慢，而且必須大聲吶喊，因為當他剛開始說話時，擴音器立刻失去了效用，而共黨議員們的機上的擴音器却仍無恙。僅僅只有彼可夫失去了擴音的工具，他必須聲嘶力竭和三百個共黨議員的響徹雲霄的叫囂聲掙扎。速記員也受了指示停止記錄。終於他們宣稱「聽不見」他所說的一切。

彼可夫首先指責這種森嚴的戒備，他說，為了逮捕一個手無寸鐵的人，居然派遣一團裝備有機關槍的共產黨軍隊，未免令他感到受寵若驚，威嚇與恐怖的手段似乎是共產黨智力的唯一產物，他繼續吶喊道：

「你們僅依賴暴力掌握政權，你們所要爭論的只是槍桿與斷頭台。但是，我却贊成另一個爭論——言論自由，而這一爭論是你們共產黨最懼怕的。

「你們錯挑選了人。我曾多次告訴過你們，我是不怕死的，我從未帶過衛兵，時常獨自散步在民衆之間。你們說你們自己是人民的代表，卻惶惶恐恐不敢輕離你們那防禦周密的家。當我父親任內閣總理時，他也不怕人民，時常拒絕帶衛兵，後來在此附近被人暗殺。因為他的敵人——民主與自由的敵人——正如你們一樣，懼怕言論自由，甯願訴諸武力。二十年前，我的哥哥是我今天所領導的黨的首領，也在索非亞的街上被人刺殺，成為愛好殘殺懼怕言論自由的人們的犧牲品。

「假若我的家庭有任何政治傳統，我將依循我父兄的遺跡來承受這傳統。假若我遭遇到與他們同樣的命運，我認為那也是我們家庭傳統的一部份。對於愛好自由的人們，因維護自由而死是一種至高無上的光榮。」

彼可夫動人的言辭和他面部嚴肅的殉教精神的表情，感動了整個會場，從共黨議員們的坐位上所發出的喧嚀聲，幾乎整個兒沉寂了。

我回過頭去看那些不安的共黨議員，他們好像很羞愧。彼可夫所說的話不盡是蔑視，也不盡是他平素的勇敢與大膽，其中有一種東西超過了這一切。

「我並不是為自己辯護，雖然你們最終目的是要消滅我個人；但你們攻擊的目標不是我，而是議會制的政府，是民主與自由，是人類的尊嚴。」

他的聲音變得深沉而高朗，他加強了語調說：

「你們控訴我曾參與謀叛，我可以公開宣佈，我從未參與任何謀叛政府的行為。我的黨同我僮認識一條路徑，就是實行我們反對黨的任務——用合法的民主的方式，用自由言論與自由選舉的方式。我們一直尊重合法的原則，合乎憲法手段的政治改革。我們是民主主義者，我們反對謀叛，我們相信自由，縱令恐怖籠罩着我們，我們仍然是民主主義者，而且仍將繼續相信自由。」

共黨議員們已不耐再靜聽下去了，他們豎起了最後的一道防堤，狂喊着「該死的叛徒」來壓倒彼可夫的聲音。立刻，誰也聽不見他所極力迸出的一切言語，他停止了，望着我們，臉上掛着晶瑩的汗珠和淚水。他撐着講壇上對我們高呼：「自由萬歲！」

一次又一次，他一個字一個字的高呼着。我們完全明白他的意思。國會的共產黨經常放開[illegible]子喊着「狄米托夫萬歲！」「史達林，狄托，狄米托夫！」以煽動會場空氣。我們知道彼可夫也要我們照樣的高呼「自由萬歲！」

我們立刻開始了，一次，兩次，十次，二十次，我們完全失去了克制力，我感到所有一百個反對黨議員的靈魂與個體已熔合為一。共黨議員們呈現着狂怒的神色。我們的仿傚已告成功，除了「自由萬歲」「自由萬歲」外，什麼也聽不見了。

於是共黨議員舉起了他們的手，這便是表決。可笑的是後來政府公報竟形容是多數黨一致的通過。大約有二十個左右的暴徒奔向講壇。我們離開了坐位，跳過了欖子，穿過了橫飛的紙片，越過了摔倒的代表們，圍繞住講壇。我們之中有人開始領銜高歌「他為自由而戰」，我們也相繼而唱。沒有什麼比這更使共產黨惱怒，因為這是一支反抗歌曲，曾流行於地下反抗德國的時期，而為共產黨和非共產黨共同愛好的。

共黨議員傾力要衝破圍繞着彼可夫的人，却失敗了。但是他們拔出了手鎗，武裝援兵亦湧到，我們的抵抗被擊破了。

尼古拉被拖出去，我們隨着他走過議場走廊到達門口。當他被扔進警車時，我們明晰地高聲呼着：「自由萬歲！」警車高速度駛去，同其他的軍車一起在遠方消失了。

三個多月以後，經過了一場玩笑似的形式上的審問，彼可夫被判處死刑。但我們永也不能忘記他的宗旨——他那對自由與真理所具的崇高熱烈的信心。在一塊自由空氣稀薄的土地上，彼可夫為自由而犧牲了他的生命。對於我們這些享有自由的人們，彼可夫的英勇是一種強有力的感召。

新書介紹

「躍向自由」

——蘇俄嘉森金納夫人著

(美新華盛頓十一月十五日電)嘉森金納夫人所著「躍向自由」(Leap To Freedom)一書問世後，美國書評家都認是一本描寫蘇聯暴政摧殘人性的好書。

美國雜誌「探路者」(Pathfinder)的書評中說：「當一位叫做嘉森金納的中年蘇聯俄教師，寧願從紐約蘇大使館三樓躍身自殺，而不願送回祖國時，」美國人已「更真切的」認識蘇俄了。

書評又說：「在一片謠諑之中，這是一件驚人而無可置疑的事實，蘇俄的魔掌連在美的俄僑也不放鬆，僅僅因她渴慕自由，便把她關了起來。」

文中並略述嘉森金納夫人的生平——父親是個開火車的工人，蘇俄大革命前，她的童年生活染滿了幸福。但革命後，丈夫被捕了，送到西伯利亞，一去不返。當她被迫參加慶祝史大林成就的大會時，她的女兒也因營養不良死去。

「她的愛子，因為不是共產黨員，毫無訓練，要把他送上前綫，不給制服，不發裝備，結果在列寗格勒一役中失蹤」。

嘉森金納夫人在一九四六年來美，在紐約的一所學校裏，担任蘇聯官員的子女的教師。

史東在華盛頓郵報上寫着：

「當嘉森金納夫人親見了美國自由的現實後，她的內心益加衝突。更壞的是：那些在領事館裏和學校裏當權的人們，似乎毫無道德。他們自己中間說慌：偷竊、偵查，並且訓練她們的孩子做同樣的事。這些人所受到的「教育」，可能是機械式的，而且很能幹(也就是說他們祗知道統治者所講的一套)。這種事實，更增加了他們對民主的威脅性。

雖然她是在這樣的氣氛之下教書，嘉森金納夫人企圖儘力拯救這班孩子們。她用她自己的一切技巧來反對這個集團的意志。

這位批評家引錄嘉森金納夫人所寫的：

「『冒着可能被報告為一個反革命者的危險，我決心時常暗示在美國所存在的那種詢問自由和良心自由，對於真正的了解是如此重要的一件事。』」

嘉森金納夫人因為跳樓而受的幾乎致命的傷勢，現在已經痊癒。她已獲准避難美國，現住在紐約。(完)

宏興鷓鴣菜
兒科聖藥
主治：疳積蟲積．傷風咳嗽．四時感冒．肚痛頭痛．下痢腹瀉．急慢驚風等症．凡小孩百病均適用之
港行莊士敦道一九一號
電話弍八五七零

本刊已呈台灣省府新聞處備案・並申請內政部登記中

給讀者的報告

本刊自創刊號出版後，兩三天以內即接到許多讀者來信，熱烈表示對「自由中國」的愛護，並提出若干很好的改進意見。本刊同人自當特別珍視這種熱情和意見以資自勉。我們除在這裏敬致謝意外，恕未各別給以答覆。但有一點，必須告慰於某君的，即：贈送前綫將士閱讀的這一個建議，我們在創刊號出刊的那一天，即已做到。除直接寄到海口，定海，托人分贈外，還送了二百本請台北中央日報社設法轉贈金門及其他前綫將士，以後自當長期贈送。

創刊號出版後銷路之廣，出乎我們意外。起先，我們鑒於內陸交通困難，銷場日窄，只印了四千本。但不到一週，即感不敷需求。於是再版一次。今後爲使每個愛護自由中國的人都有閱讀的機會，從本期起除在台北印行外，另製紙版航寄香港時報社在港重印，並托其向南洋一帶發行。這裏還要提及的，從本期起有了各方面的廣告。這也是說明本刊的銷路之廣和本刊經濟方面的獨立性。我們想，這都是讀者所樂聞的。

本期的作者，除一兩位用筆名的，讀者或有不熟知道而本刊亦不便介紹以外，皆是當代知名之士，這裏用不着一一介紹。但是我們在這裏要說到的，本期因排印的時間關係，有些佳作送來稍遲，未能編入付印，例如陳啓天、張其昀、陳紀瀅諸先生的大作，只能在下期與讀者相見。我們在這裏一方面向他們表示歉意，一方面向讀者預爲報告。

—本刊原擬先出半月刊，俟人力財力充實後再出週刊，因此在第一期付印之時，未註明出刊期間，致勞讀者紛紛來函垂問，特此致歉。

徵稿簡則

一、凡能給人以早日恢復自由中國的希望，和鼓勵人以反共的勇氣的文章，都爲本刊所熱烈歡迎。

二、介紹鐵幕後各國和中國鐵幕區極權專制的殘暴事實的通訊和特寫。

三、介紹世界各國反共的言論，書籍與事實的文字。

四、研究打擊極權主義有效對策的文章。

五、提出擊敗共黨後，建立政治民主，經濟平等的理想社會輪廓的文章。

六、其他反極權的論文，談話，小說，木刻，照片等。

七、翻譯稿請附原文或註明其出處。

八、凡附足郵票的稿件，不刊載即退回。

九、稿件發表後，每千字致稿費新台幣十元至廿元。「特稿」則不受此限制。

十、來稿本刊有刪改權，若不願受此限制，請先說明。

十一、來稿請寄台北市金山街一巷二號本社。

廣告刊例

一・封面裏面全幅每期新臺幣四百元，半幅二百元。

二・底封面全幅每期新台幣四百元，半幅二百元。

三・底封裏面全幅每期新台幣叁百陸拾元，半幅壹百捌拾元。

四・普通全幅每期新臺幣叁百元，半幅一百伍拾元。

五・刊登文內廣告半幅每期新台幣貳百元，四分之一幅一百元，全幅不登。

六・登一期者，按期一次付清；連登三月而一次付清款項者，九折計算；登半年以上者，八折計算。

七・式樣及鋅版自備，如欲委託本社代辦，則照值計算。

自由中國半月刊 第一卷第二期

中華民國三十八年十二月五日

（每月五日二十日出刊）

發行人 胡適

主編 「自由中國」編輯委員會

出版者 自由中國社

社址 台北市金山街一巷二號

電話 六八八五

經售處

台灣 中國書報發行所（台北市館前街八五號）

香港 香港時報社（高士打道六四號）

成都 漢中 西昌 康定 昆明 南寧

海口 定海各大書局

印刷者 上海印刷廠（台北市長安西路一四五號）

售價：每冊新台幣一元・銀元券四角・港幣一元・

歡迎直接訂閱：平寄郵費免收

自由中國

香港航空版

發行人　胡適

第一卷　第三期

要目

中華民國三十八年十二月廿日出版

社址：台北市金山街一巷二號

社論

我們不能放棄大陸上據點！

戰局至於今日，悲觀者以爲政府軍將一蹶不振，今後的中國將是共產黨的天下了。就是比較有自信力的人們，也只想能固守臺灣海南兩島，徐待時機轉變，然後再大舉反攻，以擊破共黨。我們以爲這兩種都不是正確的意見。

現在先來討論第一種意見：共產黨能不能成功？國民政府乃至中國反共力量會不會最後歸於失敗？中共以及全世界共黨之難於成功，即在他們自己也很明白地知道。列寧以爲社會主義的國家與資本主義的國家絕對不能並存而不悖；這個意見，全世界共產黨徒無不奉爲圭臬，隨時提出來作自我警戒。信如所說，則非至全世界各國皆受共產黨的支配，則他們的鬥爭還不能算達到最後的勝利。又從狄托脫離莫斯科並進而演至互相惡鬬之點看起來，同爲共產主義的國家，儘可傾全力以相鬬爭，正如他們和其他民主國家鬬爭一樣。故非至全世界各國皆受克里姆林宮主人的支配，其鬬爭是永遠不會停止的。何況共產黨本以鬬爭爲出發點，除非遇到具有偉大力量的迎頭痛擊，他們實也無法自己停止的。再從反面來說，今日中國大多數的人民，都是酷愛自由和平方式的生活，且很多是相信民主的。儘管他們未能團結組織，進而發揮力量，以與共黨鬬爭，但他們是絕對反對共產主義，尤其反對共產黨及共產黨的作風——鐵幕生活。即令共中有少數人們，因受共黨一時的欺騙而走上了錯誤的道路，然不久他們是會覺醒過來而厭惡共黨的。何況政府的軍隊仍保持有相當的力量呢！國民政府過去的失敗，乃是一時的策略錯誤及官吏的貪污無能；只要領導得宜，矯正其錯誤，改變其作風，則反敗爲勝，左券可操。愛好自由的人士雖然散漫鬆懈；但一旦團結起來，其力量的偉大，亦殊難估計。故悲觀失敗的心理，應澈底廓清，然後始可擊破殘暴兇橫的敵人，以救中國，救世界。我們只要固守正道，最後的勝利必歸於我們！

第二種意見雖稍具理由，但仍未妥當。除非蘇俄忽然一天大澈大悟，放下屠刀，則今後世界大戰的發生，乃是不能避免的事情。惟何時發生，則殊難預測。共黨是信奉鬬爭思想的，當然要和西方國家作最後的一拼，以遂其征服世界宰制人類的大欲。但他們的戰略必然盡其能力之所及以爭取時間；在三次世界大戰未發生以前，他必打算先行消滅了我們兩島的抵抗力量，以鞏固其統治中國的基礎，進而擴展至於亞洲全部。然後挾共歐亞雄厚的勢力和西方國家拼個你死我活。在這個時候，倘若我們只知道固守兩島以待機，豈不是給共黨以消化中國大陸的機會？他們將大陸的人力物力組織起來，不說別的，即對兩島的守衛也是非常不利。故我們以爲反共抗俄的鬬爭，絕不可放棄大陸，不但現在的大陸的部隊不應撤退，而且應該隨時派兵登陸，伺其弱點進攻。

據確實的報導，在西南各省可用的政府軍，不下於四十萬。如果團結一致，善爲運用，則四十萬部隊斷不會於短時間內被消滅淨盡。能攻則攻，不能攻則守。萬一到不能守的時候，則移兵他向，避實擊虛，蹈瑕抵隙，儘可愈戰愈强，反劣勢爲優勢。我們現在絕無放棄大陸，不戰而屈的理由。在共黨的戰略必欲集中優勢的兵力把國軍精銳消滅，乃可高枕無憂。我們現在要固守一個地區，雖則沒有絕對把握，然而偏師轉戰，巧藏善避，使共軍無法窺伺主力，亦是牽制敵方的一善法。其次，大別山，太湖區及其他各地的游擊隊還有數十萬人，自應設法聯絡，多方接濟，使他們從事擾亂與破壞的工作。共黨因爲佔領地方太廣，兵力分散，游擊隊可以伺隙進攻，以收牽制之效。同時可破壞其經濟秩序，使其趨於崩潰之途。現在廣東方面雷州半島和欽廉二屬尙在國軍手中，這批部隊不應全部撤到海南島去，要留足够的兵力固守這些地方，以爲反攻據點。此外東南沿海有綿延的海岸綫，我們還有金門定海兩島，不獨應該固守這兩島而弗失，而且還要隨時派兵登陸進攻。或由金門去收復廈門，可進取漳泉以及福州；或由象山灣登陸以攻佔溫臺；或由杭州灣登陸以擊破寧波杭州等地的敵軍。如果進行順利，能够建立穩固的灘頭陣地，則可漸次擴展，繼續前進；縱使碰到强大敵軍，不能抵抗，也可以全師撤回島上，以作相機再進之計。現在要大舉進攻，澈底粉碎敵人，固然還要相當時期的準備，不能一蹴而幾。可是突擊的進攻決不可停止；出其不意，攻其無備，是兵家的妙法，也就是積小勝爲大勝的戰略。這一着是緊要關頭，運用得法，收效必然是很大的。積極方面可壯我們的聲威，使反共的志士不會灰心，繼續鬬爭下去；消極方面可使敵軍疲於奔命，無法建立其治安秩序，而從事於建設工作。現在大多數的人民雖悍懾於共軍的淫威，不能不作表面的服從，但衷心擁護者顯然是極少數。强者已經武裝起來，和共黨對抗，善良者也多方窺避，表示其不合作的態度。共黨雖用盡其威迫利誘的法寶，也還不能使他們就範，故中共自己也說要二年之內才能建立其「革命秩序」。如果我們在大陸上還有多量的部隊與之周旋，反共者得到鼓舞，必可繼長而增高。否則大家以爲大勢已去，無可奈何，反抗的志氣慢慢銷沉下去，則他們可以暢所欲爲，而我們將來反攻的艱難必倍蓰於現在。而且大陸上戰事一日不停止，則其「革命秩序」一日不能建立，經濟上的建設事業不能成就，欲增產無從，軍費不能裁減，通貨日趨膨脹，其人民券在最短期間必趨於總崩潰無疑。這樣，他們內部已經腐爛，待我們準備完成，大舉進攻，便可如摧枯拉朽。是故反共抗俄，無論在任何艱難的情況下，我們是不能放棄大陸上的據點的。

蘇聯究竟是一個什麼國家？

傅斯年講
許冠三記

——十二月五日在基隆市擴大紀念週講——

我今天所要講的題目是「蘇聯究竟是一個什麼國家？」知道了蘇聯，我們對於所謂「中國的內戰」，也就會有一個明確的認識，因爲蘇聯與這次所謂「內戰」有絕對不可分離的關係。

我們欲知蘇俄，不可不先知帝俄。在中國歷史上，我們的邊患多來自北方，北方常有一些野蠻的民族在威脅我們的生存。舊俄羅斯的帝國主義，蘇聯的新野蠻主義，正是橫在我們眼前最大的危機，也是我民族生存最大的威脅。秦漢時代的匈奴；隋唐時代的突厥；兩宋的遼、金、蒙古；這些北方蠻族曾先後縱橫於歐亞之間，威脅過我們的生存，蒙古甚至還統治過中國約百年之久。不過，他們終於被我們的祖先一一擊敗，剩下的也和我們同化了。可是，今天我們面臨的敵人，其來自北方，其爲野蠻主義是一樣，但又具有近代文明的武器（包括軍事的及政治的），她正利用近代文明一切的成就，在實行其殘酷無比要奴役全世界的擴張政策，向人類挑戰。

俄羅斯人向東方的擴張，遠在三百年前，她與我們第一次的正式交涉，是康熙廿八（一六八九）年中俄兩國所訂的尼布楚條約。俄羅斯人本是一個開化極晚的民族，公元九世紀前，歷史上還找不到俄羅斯這個名字。俄羅斯在文明世界上出現不久，即遭蒙古欽察汗國兩百多年的野蠻統治。這一段黑暗的歷史，不僅是俄羅斯人的悲哀，更是人類的不幸。俄羅斯人學習了又承襲了蒙古的殘忍，暴虐，爲禍今日的世界，以致人類的文明搖搖欲墜。俄羅斯帝國的前身，本是莫斯科公國。在蒙古人統治時代，這個公國的元首一味以「俄好」的姿態巴結蒙古人，打擊欽察汗所統治的其他幾個斯拉夫人的國家 暗中充實自己的武力，在十五世紀推翻了蒙古人的統治，並不斷向外擴張領土 終於在東部西北利亞與我們發生了衝突。尼布楚條約的原文，本規定北氷洋與太平洋的分水嶺做中俄兩國的疆界。換句話說，凡是河水流入太平洋的地區都應屬於中國，流入北氷洋的才屬於俄羅斯。據此，自令海峽，堪察加半島等地都應該是我們的。至於海參威等地 那就更不用說了。即以外興安嶺爲界，也是東至於海，北至於山。海參威本是山東人打漁的地方，俄國人佔去之後，改名叫Vlado-vstov，俄國話的意思是「征服東方」。諸位想想這個名字可惡不可惡？從這裏我們就可以看出俄國人的居心了。現在蘇俄的東海濱區，阿穆爾區的城市，大多數原都有中國名字，因爲原住的是中國人。十月革命前，尚多中國人居住，可是現在統統不知何處去了。淸初，愛琿將軍設在現在的俄境，可是這些地方都是我們的。總計在東北一區，俄國人奪去我們土地的面積，就比現在的東北九省還大。

除此而外，俄國人在滿清時代還拿去了我們的布里亞蒙古和新疆北邊，伊犂河下流一大塊肥沃的土地。這些都是中國本國的國境，至于藩屬在中亞的更不必說。一百年來，我們橫遭帝國主義的壓迫，領土主權不知喪失多少。英國人拿去了緬甸等，法國人拿去了安南等，日本人拿去了朝鮮等，這些都不過是中國的藩屬，並不是本土；唯有俄國人拿去的大都是本土（日本人拿去的臺灣也是本土）。而且俄國一國所得比其他各國所得的總和還多得多。俄國人拿走中國的土地還不算，在那裏居住的中國人，還得遭受屠殺。比如，江東六十四屯的中國居民，本有十幾萬人，現在一個也看不見了。按中俄愛琿條約，中俄北京條約，淸庭雖承認割黑龍江以北，烏蘇里江以東地區給俄國，但江東六十四屯因全是中國居民，並不在內。後來俄國政府爲着滅跡佔土起見，所有的中國人都被殺害了。俄國政府從此就根本不承認有江東六十四屯的存在。俄國人這種野蠻殘酷的手段不僅用在東方，在西亞與東歐亦復如此。如早年黑海北岸操土耳其語的回教徒，操德意志語的伏爾加河下流小邦，現在也都「搬走」了。這是最近幾年，二次大戰後的事。這種野蠻主義的現代化，不管是從亞洲人的立場，還是從歐洲人的立場看，都不能不承認是近代文明和人類的威脅。

僅僅如此，俄羅斯已足爲世界的大患了。十月革命以後，布爾雪維克黨人又發明了一套近代思想的騙術。在侵略主義的浮面，罩上了一層漂亮的外衣。他們這套手法，遠比帝國時代高明多了。若干國家，明明做了俄國的附庸，還不自知。蘇維埃政府一建立，立刻宣佈廢棄帝國時代與小國所訂的不平等條約，並一再强調援助殖民地或半殖民地的國家，反抗帝國主義，這就是莫斯科新騙局出現的前奏。史太林執政後，狐狸尾巴就現出了。俄羅斯歷史上所有的暴君統統成了民族英雄。帝俄時代曾因征討羅馬尼亞建立戰功的將軍，西窩涅夫銅像，自敖德薩倉庫中走上了羅馬尼亞河外的廣場（按此將軍銅像幾十年前已塑成，因怕世界輿論，不敢拿出來，到二次大戰後方立起在外國土地上）。

蘇俄的思想騙術，其所謂理論方面，自稱出于馬克斯。馬克斯本是一個德國籍的猶太人，早年是黑格爾主義者，想謀一大學教授而不可得。也許因此，便有了階級鬪爭之辯證法。他既有猶太人排他的傳統，又有「天使」的抱負。所以，他的思想是畸形的，一切基於憎恨 與馬克斯同時倡社會主義的巴古寧，雖是一個好人，但總不免遭他的毒攻，馬克斯用盡了方法誣衊他，以奪取第一國際的領導權。十月革命前，俄國的社會主義者分爲兩派，一是孟雪維克（Menshevik），一是布爾雪維克（Bolshevik），按俄文的意思，前者是少數派，後者爲多數派，後一派的領袖就是列寧。其實據俄國史專家的考證，孟雪維克才是眞正的多數，不過孟雪維克黨人多傾向民主，意見常不一致，力量也不集中。布爾雪維克的人數雖少，但能言行一致，接受領袖的指揮，所以能很順利的壓倒了眞正佔多數的孟雪維克。布爾雪維克黨人的「長處」，尙不止於此。他們更有效的法寶是「只問目的不擇手段」。他們在與黨外人鬪爭時，只顧黨的勝利，不惜採取任何手段，不論是暴虐，殘忍，陰險，毒辣，還是卑鄙齷齪。這種作風不知害死了多少人，這叫做馬嘉維利主義。手段與目的本來是不容易截然分開的，大多數人往往會不知不覺中把手段變成了目的。現在桌上有一隻花瓶，即用它作比。做花瓶的工人最先是以謀生爲目的的，日久因對此發生興趣，即終身從事花瓶製造的研究工作，爲做花瓶而做花瓶了。這類情形，我們是常見的。我們中國有兩句俗話：「其父殺人報仇，其子操刀行刼。」這就是他父親不擇手段種下的惡果。如果就父親的目的說，在專制黑暗的舊社會裏本不應苛責，可是他絕不會想到兒子竟去拿刀行刼。長期不擇手段的影響，其後患是不可想像的。蘇聯是古今中外一個最不擇手段的國家。所以現在的蘇聯人對於撒謊、盜竊、窺探他人秘密，已不自知是一種不道德的行爲了，政府在鼓勵人民和孩子這樣做。馬克斯主義本身就是一個唯心唯物雜交的「矛盾統一」的畸形產物，他硬把唯物論的名詞，塡進黑格爾唯心辯證法的架子裏。列寧主義又是覇術大師馬嘉維利與馬克斯主義的混合物。史太林的神通更大，他竟能把馬克斯：列寧，馬嘉維利，沙皇的傳統，來一個「矛盾的統一」。這個理論的統一，雖開始於列寧，但史太林確能更「進步」，更能實踐。同時，史太林又向墨索里尼，希特勒學習了不少手法。原來法西斯主義，本是布爾雪維克共產主義的別派，墨索里尼也原是共產黨員，列寧的好同志。不過，墨氏的新法又給史太林很多補助。

蘇俄既然是這樣的可怕，既要搶別國的土地，又要奴役別國的人民，何以還有許多國家的共產黨上當呢？這個不能不歸於他們宣傳方法的高明。從馬克斯、列寧，到史太林，這一脈相承的「矛盾統一」的理論，不知騙了多少人。階級鬪爭說，是他們挑動各國內部衝突，製造世界禍亂的基本法寶。我們從歷史上看，階級鬪爭自然是永遠存在的，不過，階級鬪爭到最後你死我活的結果，必是兩敗俱傷，希臘便是如此滅亡的，法蘭西的民主也是如此失敗的。凡是階級鬪爭能隨時得到妥協，便得到進步。古代史上羅馬靠內部妥協而進展，近代史上英國靠內部妥協而進展，美國一百五十年的强大康樂也是如此。

如階級鬥爭而無妥協之道，每每引出外人來征服，希臘，羅馬帝國晚年，大唐、大明都是如此。這樣更會引起文明的退化。這種現象在歷史上是屢見不鮮的。馬克斯主義所挑起的這一次禍亂，是人類歷史上空前未有的一次：規模最大，情況也最慘。列寧、史太林就拿這種學說製造世界的混亂，以達到他們無限制擴張的陰謀。表面上說莫斯科是爲了協助殖民地或半殖民地的國家自資本主義國家壓迫下求得「解放」；協助各國無產階級，美國的黑人自資本家壓迫下求得「解放」。其實，誰解放了，誰就成了克里姆宮的附庸，那個國家的人民也就全變成了奴隸。在那些國家未「解放」前，莫斯科極力鼓動所在地人民的民族主義，可是「解放」以後，不僅不許再講民族主義；而且拼命壓迫民族主義。史太林常不斷訓示全世界各國的共產黨人，要他們僅僅記牢共產主義與非共產主義是不能同時並存的，要消滅世界上的非共產主義勢力，必須要建立一個强大的蘇聯。所以，任何一國的共產黨徒在民族利益與蘇聯利益發生衝突時，他們必須遵從莫斯科的命令，無條件的支持蘇聯，犧牲祖國，世界各國的共產黨員，包括中國在內，一樣是良莠不齊，有些原來也是好人，想爲解除社會矛盾，增進人類幸福而參加共黨的。不過這些人，一經上了套，悔悟後也無法自拔，而且這樣人也會越來越少，終久被完全清除的。因爲共產黨是個打家刼舍萬倍於梁山泊的騙人的暴力集團。他們不如此做，就不能滿足莫斯科的慾望，就必遭清算。人究竟是有良心的動物，對於克里姆宮一切的指示，未必人人願意接受，所以鐵幕國家一定要常常清算，故意造成恐怖，使得人人自危，不得不唯莫斯科之命是聽。同時，莫斯科則不斷調訓各國共黨的中上級幹部，作思想訓練，把那些腦子弄得除克里姆的意識以外沒有意識；史太林的思想以外沒有思想。儘管如此，莫斯科還未必完全相信他們，暗中還有特務的監視。在清算時，黨的高級人員總是這樣想：假定我們對黨外人寬恕，我們怎麼對得起同志？假定我們對同志寬恕，怎樣對得起主義？共產黨清算是常事，好像我們洗澡一樣，隔些日子不洗，就感覺不舒服了。

有一些人，誤認共產主義國家有平等，這是大錯特錯的，所謂平等只是騙人的話。就如共產黨所說，在非共產主義國家中，富人與窮人是不平等的。可是富人必有了大批的錢，然後才能用錢去壓榨別人，欺侮別人。而蘇聯則不然，共產黨員與非共產黨員所享的權利就截然不平。吃的麵包，住的房子，穿的衣料都大不相同。一個漂亮的女人，如不嫁給共產黨員是很難善終的，其罪名總是「外國偵探」。共產黨員中高級官員與低級官員的差別更大。我有一個朋友某教授，他很早就去延安了，卅一年，我在重慶碰到他，隨便閑談，他告訴我他唯一的兒子已死去了。他的兒子得的是破傷風，同時得這個病的還有一個中共元老吳玉章的兒子。但是，延安當時只有一份藥，結果吳玉章的兒子救活了，他的兒子就眼睜睜的看着死去了。說者未留意，聽者却心驚，當時我想，這能算是平等嗎？起碼也得抽抽籤。政治民主與經濟平等誠有不可分離的關係，經濟不平等固然影響到政治民主的份量，而政治上的不平等更是可怕。這種中古時代貴族享有的特權，人類不知花了多少代價才打倒的，現在居然在自命前進的共產主義國家復活了，眞是人類的大不幸。所以我說，蘇聯這個國家有兩大特質，第一便是中古的封建主義，加上東正教的御用思想統制。一國之內，有一部份人享有特權，全國人民只許有一種信仰，馬、列、史主義。這種政治不平等，思想不自由的現象，本是十六世紀以來，人類要打倒的目標。蘇聯的第二個特質是獨佔資本帝國主義。蘇聯現在只有一個資本家，這個資本家就是「國家」，「國家」就是史太林。史太林不僅是全國政治的主宰，亦如專制時「朕即國家」的君主。同時，他還是唯一的資本家，從生產到分配，他可以爲所欲爲。史太林可以要工人「自動」減薪；「自動」延長工作時間；「自動」增强工作效率；舉凡非共產主義國家中，資本家所不敢用不能用的方法，他都用盡了。總而言之，共產黨本是近代文明中變態心理的產物，蘇聯乃是一個集人類文明中罪惡之大成的國家。

聯合國的憲章和「和平要義」

毛子水

美國新聞處成功湖十一月十四日電：英美兩國本日向聯大政治委員會提出建議案一件，題爲「和平要義」。全文如下：

聯合國大會茲宣佈：聯合國憲章爲歷史上最神聖的和平公約，立下了維持永久和平必需的基本原則，凡違反此等原則的，應負國際局面緊張不已的主要責任。凡我會員國，應本奠立聯合國的合作精神，以依循此等原則而行動爲當務之急。

本大會特要求各國：（一）凡侵害他國自由獨立與完整的威脅與行動，不問直接間接，均應避免；不得煽動他國內鬨，亦不得搖惑其人民的意志；應一本善意，實行國際協議。（二）聯合國各機構執行憲章指派之工作時，應給予充分之協助，並許其自由出入。（三）承認維護人性尊嚴與個人價値的重要性，促進政治異見和平表達的完全自由，給予宗教信仰自由的充分機會，尊重一般人權宣言中所述其他各種基本權利。（四）盡一國之力，並經由國際合作的力量，提高並維持全民更高的生活水準。（五）凡防阻各國人民間新聞自由流通和國際諒解與和平重要觀念自由交換的障礙，一律應予廢除。（六）要求全體會員國，均應全力參加聯合國的工作。（七）要求安全理事會五常任理事國，日益加强彼此間合作；爲使該會能成維持和平有效的工具，否決權的使用應加限制。（八）要求各國以和平手段解決國際糾紛，合力支持聯合國解決國際重大問題。（九）各國協力共謀一般軍備有效的國際管制。（十）各國同意，一國主權之行使，應以能與他國共同達到國際共管原子能爲限度，俾原子武器得以禁用，原子能專供和平用途得以確保。

美國新聞處成功湖十一月二十五日電：聯大政委會已通過一個十二點建議案，案名「和平要義」，其開始四段係無異議通過。蘇聯集團僅棄權而未反對。第一段稱聯合國憲章爲「歷史上最尊嚴的和平公約」，並謂對憲章原則的忽視，正是造成國際緊張局面的原因。第二段籲請各國勿違背憲章使用武力，或以武力相威脅。第三段要求各國勿採取行動以破壞他國的自由獨立與完整，或以採取此項行動相威脅。同時並籲請各國勿在他國煽動內亂或危害他國人民的意志。第四段籲請各國與聯合國合作。第五段要求各國尊重人權，發表政治意見的自由，宗教自由，以及世界人權宣言中所列舉的他種權利。此段東歐五國皆反對。第六段要求國際合作以獲得並維持較高的生活水準。此段付表決時，蘇聯集團五國棄權，其他國家一致贊成。另一爲五國所反對的條文，係籲請消除障礙，自由交換足以促進國際諒解與和平的情報與理論。（當本條辯論時，蘇外長維辛斯基反對說：「我們決不打開窗戶；不，甚至連一片玻璃都不打開。」）

美國新聞處佛拉辛草地十二月一日電：在聯合國五十九個會員國中，已有五十三國爲重新聲明其立場，支持「歷史上最莊嚴的和平公約」——即聯合國憲章——而禁止採取威脅，或直接間接的侵略行動。此項肯定的表示，見於今日聯大全體會議以絕對多數通過英美聯合所提的十二點「和平要義」建議案。經過全體會議數日的辯論，最後終以五十三票對五票通過。原案反對者爲蘇聯集團，唯一棄權者爲南斯拉夫；但當逐段表決時，南國會連同多數國家贊成其中一部份條款。建議案稱忽視聯合國憲章的原則是國際緊張局勢繼續存在的主要原因；此一憲章是所有會員國於四年前一致擁護者。建議案以爲維護和平的首要條件爲各國「不得爲了損害其他國家的自由獨立與完整而採取直接間接的威脅或行動，亦不得爲了煽惑內戰及破壞其他國家人民的意志而採取威脅或行動」。建議案籲請各國「允許彼等的國民享有和平表示政治上的反對意見之充分自由以及行使宗教自由權之充分機會，並完全尊重國際人權宣言中所列舉的其他基本權利」。建議案要求各會員國與聯合國各團體合作，同時要求五强「限制使用否決權以使安理會成爲維護和平的一個更有效之工具」。

這次經英美兩國所提出而最後經聯合國大會所通過的「和平要義」，目的在申明聯合國組織的宗旨和原則。就事論事，立意不可謂不好。我們明知這件事情不見得有什麼效力，而「苦口婆心，實堪欽佩」。我們以爲，凡有可以勸戒野心國家的機會，對世界和平倘或有些微的益處，便應當儘量利用。這個建議案雖然不免被蘇聯集團的國家看做廢話，但總是人類和平的福音。所以我們不怕麻煩不避重複將所得的消息詳細的記載下來。

照理講，一個具人性的國家決沒有理由反對這個建議案。蘇聯的反對這個建議案，在蘇聯自己固然是一種明目張膽爲非作歹的表示，在我們看起來，則蘇聯還不失坦白的態度，

本文的寫者在前年十二月十日所發表的「我們對於聯合國組織所應取的態度」一文中說：

「一九四五年六月二十六日聯合國各會員國在美國金山市所簽訂的聯合國憲章，是從有人類以來最有價值的文件。我們應絕對遵守這個憲章上所載明的聯合國組織的宗旨和原則，應竭力奉行這個憲章所指派於我們的義務。一個國家如果有遵守這個宗旨和原則的誠心，非特可以不要强爭安全理事會會議的否決權，亦可以不必打聽人家原子彈的秘密！」

這裏所謂「最有價值的文件」，自然是就人類政治史的文件而言。我以爲我們中國係一個貧弱的國家，所以特別需要集體安全的政策。我相信國際間的和平，和國內的和平一樣，只有大家嚴格遵守法律才可以維護得住，所以說「我們應絕對遵守這個憲章上所載明聯合國組織的宗旨和原則，應竭力奉行這個憲章所指派於我們的義務。」而我當時所顧慮的，就是在重要而强大的會員國中，只有蘇俄是另有野心，決不願意有一個和平而安樂的世界的，所以說「一個國家如果有遵守這個宗旨和原則的誠心！非特可以不要强爭理事會會議的否決權，亦可以不必打聽人家原子彈的秘密！」這句話意不在諷刺蘇俄，而在提起愛好和平的國家對於蘇俄的警戒心；並且也是一句老實話。

那知二年以來，我這個顧慮竟不幸而中！蘇俄的野心，一天顯露一天。他可以沒有限制的濫用否決權，以避去聯合國所可以加於他的制裁，而使聯合國的憲章等於具文。他利用聯合國不干預會員國內政的主張，一方面在他自己國內肆行慘無人道的虐政，一方面又在世界上政治較爲腐敗人民較爲愚闇的國家內毫無忌憚的鼓吹他的共產主義，以冀達到并吞全世界的目的。

英美這次在聯合國政治委員會提出「和平要義」的建議時，他們心目中最重要的對象很明顯的是蘇俄。我想英美亦明知這可能成爲空言而無補於事實，但他們所以爲此，大約亦是「盡人事」的意思。而蘇聯集團的國家來個一致的反對，我們眞應當感謝他們的坦率！

「感謝？」當然。因爲從此以後 我們對於蘇俄的態度，已「洞若觀火」，用不着揣測了。我們可以毫不猶豫的斷定蘇俄和尊重自由和人權的民主國家勢不兩立了。我們知道世界上任何一個和平組織，有現在蘇俄那樣企圖和行爲的國家在內，都可等於虛設。聯合國的憲章，不容說有第二十七條第三項（否決權的規定）的毛病；就是刪去這一項，在蘇俄看起來，亦是一張廢紙。

最重要的原因，就是蘇俄決不願意現在世界各國用和平方法而取得永久的和平，決不願意現在人類用合作方法而得享受安樂。他相信他的「階級鬭爭」可以毀滅現在世界上一切舊制度，他相信他的力量可以并吞全世界，宰制全世界。一個意圖盜竊的人，決不願意社會裏面有良好的警察制度，一個有野心的國家，決不願意世界上有良好的和平機構。

當聯合國的全體會議表決「和平要義」以前，蘇俄外長維辛斯基對大會說：「西方國家建議蘇聯改變其外交政策，實在是錯誤的。蘇聯的主義已在世界六分之一的地區贏得勝利；只有這一地區內發出的力量才可以保障世界的和平。然而西方却要我們放棄其政策，豈不是想入非非！」我想，這幾句話，乃是維辛斯基向聯合國各會員國「自由交換足以促進國際諒解與和平的情報與理論」的。如果我們相信維辛斯基的話，我們再不應當要求蘇俄尊重「歷史上最嚴的和平公約」了。維辛斯基說蘇俄不能改變他的外交政策：這個外交政策，當然就是「採取行動以破壞他國的獨立自由與完整」和「在他國煽動內亂或危害他國人民的意志」。這非特蘇俄向來的行動足以證明，就是維辛斯基那天說話的關鍵亦可以證明。

總之，世界和平組織，只能由尊重自由和人權的國家來維護，決不能希望獨裁政治的國家來維護。維辛基說只有蘇聯主義的地區內發出的力量才可以保障世界的和平；這就是說：要世界都屈服於蘇聯主義，世界才可以得到和平。懷着這樣抱負的國家，你還能够希望他大公無私的維護世界和平組織麼！你還能够希望他不忽視聯合國憲章麼！你還可以向他談「和平要義」麼！

「自由中國」的宗旨

第一、我們要向全國國民宣傳自由與民主的眞實價值，並且要督促政府（各級的政府），切實改革政治經濟，努力建立自由民主的社會。

第二、我們要支持並督促政府用種種力量抵抗共產黨鐵幕之下剝奪一切自由的極權政治，不讓他擴張他的勢力範圍。

第三、我們要盡我們的努力，援助淪陷區域的同胞，幫助他們早日恢復自由。

第四、我們的最後目標是要使整個中華民國成爲自由的中國。

民主與反民主的鬥爭

陳啓天

一部近代西洋史，是民主與反民主的鬪爭史；同時一部近百年中國史，也是民主與反民主的鬪爭史。

先從近代西洋史說：文藝復興是在思想上爭取民主，爭取自由，卽是思想上民主與反民主的鬪爭。宗教改革是在信仰上爭取民主，爭取自由，卽是信仰上民主與反民主的鬪爭。英國立憲，美國獨立，以及法國大革命這一類的各國政治運動，都是在政治上爭取民主，爭取自由，卽是政治上民主與反民主的鬪爭。各國的工業革命及社會運動 都是在經濟上爭取民主，爭取自由，卽是經濟上民主與反民主的鬪爭。各國家及各民族的獨立運動，都是在國際間或民族間爭取民主，爭取自由，卽是國際間或民族間民主與反民主的鬪爭。第一次世界大戰，可以說是民主與反民主的鬪爭。第二次世界大戰，也可以說是民主與反民主的鬪爭。所有近代西洋史上民主與反民主的鬪爭，縱或一時有頓挫，有波折，然最後結果總是民主戰勝反民主，比較民主，戰勝比較不民主，可見民主深合西洋一般人的要求。

再從近百年中國史說：鴉片戰役以後的自强運動，是在國際間爭取民主。甲午戰役以後的維新運動及革命運動，是在政治上爭取民主。淸末的立憲運動及辛亥革命，是在政治上繼續向滿淸爭取民主。癸丑之役，護國之役，護法之役，都是在政治上向北洋軍閥爭取民主。民國八年以後的新文化運動，是在思想上爭取民主。十五年以後北伐之役，是在政治上繼續向北洋軍閥爭取民主。九一八以後的抗日運動及七七事變以後的八年抗戰，是在國際間爭取民主。抗戰末期及勝利以後的民主憲政運動，是在政治上爭取民主。所有近百年中國史上民主與反民主的鬪爭，也是縱或一時有頓挫，有波折，然最後結果仍爲民主戰勝反民主，比較民主戰勝比較不民主，可見民主也深合中國一般人的要求。

今後世界以及中國，又同時開始了一種民主與反民主之最新的最大的鬪爭，那便是今後世界以及中國反共抗俄的鬪爭。反共抗俄的鬪爭，何以又是一種民主與反民主的鬪爭呢？我們要解答這個問題，首須說明民主與反民主的眞正分別在那裡。

簡單點說，民主是一種主義，是一種由人民作主的主義。旣由人民作主，自然少不了自由。無自由，便無民主。所以民主主義，又必合於自由主義。民主理想，根於理性，訴於理性，尊重理性。反理性，卽非民主。所以民主主義又必合於理性主義。民主的社會關係，需要互相尊重，需要和平相處。不互尊不和平，便非民主。所以民主主義又必合於和平主義。民主的國際關係，需要各國共存共榮，彼比尊重國家的獨立與平等。不尊重國家的獨立與平等，便無民主。所以民主主義又必合於國家主義。與自由主義正相反的是專制主義。與理性主義正相反的是暴力主義，恐怖主義。與和平主義正相反的，是侵略主義。與國家主義正相反的，是帝國主義。我們旣知自由主義，理性主義，和平主義，與國家主義，爲民主的必要涵義，自然也可知專制主義，暴力主義，侵略主義與帝國主義，爲反民主的主要特徵。民主與反民主的眞正分別，就在這些地方。

我們已明瞭民主與反民主的眞正分別以後，可再進而說明共產主義是一種澈底反民主的主義。蘇俄是一個澈底反民主的帝國主義國家。共產黨是一個澈底反民主的蘇俄帝國主義侵略中國的工具。

列寗曾說過：「馬克斯共產主義的精粹，在無產階級專政」。「要專政幹什麼？爲的要威嚇反動者，爲的要使無產階級能够利用暴力去鎭壓牠的敵人」。什麼叫專政？「專政是直接依賴於暴力，不受任何法律限制的政權」。「不打破資產階級底反抗，不用暴力壓倒自己的敵人 無產階級就不能勝利。凡有暴力的鎭壓的地方，就沒有自由，當然就沒有民主。」（以上引語，統見列寗選集第十二册）由列寗的話看來，可證共產主義的本質，是澈底的暴力主義與澈底的專制主義，旣不講理性，也不許自由，那裡有什麼民主可言。但是共產黨爲淆亂視聽起見，有時稱專政爲民主，有時製造自相矛盾的名詞，如「民主專政」，更有時稱爲「新民主主義。」其實他們所謂民主或新民主，都是假的，只有專政才是眞的。用假民主，來掩飾眞專政，只能騙人一時，決不能騙人永久。共產主義是澈底反民主的，——澈底反理性的，澈底反自由的，決不能再冒充民主。

共產主義雖在理論上反對帝國主義，反對侵略主義，但在蘇俄實行的結果，却已變成了帝國主義，侵略主義。蘇俄以共產主義做他實行帝國主義的理論武器，以「共產國際」做他實行帝國主義的控制工具。蘇俄到處煽動所謂「世界革命」。凡非共產主義的國家，尤其是資本主義國家，皆在牠要打倒之列。縱令是共產主義國家，如果不受蘇俄的控制，也在牠要打倒之列。例如現在蘇俄多方威脅南斯拉夫與狄托。蘇俄要求世界各國都變成共產主義國家，而且都要完全聽命於蘇俄。古今中外，除蘇俄外，再沒有像這樣澈底獨占的，澈底反民主的帝國主義。列寧說：「帝國主義是資本主義底最高階段」。（見列寧選集第八册）我們從蘇俄的對外政策與實際活動看來，也可以仿照列寧的話頭說：「共產主義是帝國主義的最高階段」，「蘇俄所謂共產主義已變成帝國主義的最高階段」。資本帝國主義固可惡，共產帝國主義更可惡。資本帝國主義是小巫。共產帝國主義是大巫。大巫要吃盡一切小巫與非巫，簡直是一種「超帝國主義」。

蘇俄實行超帝國主義的事實，莫顯於侵略土地，製造傀儡。自第二次大戰以來，蘇俄侵略的領土，計有立陶苑，拉脫維亞，愛沙尼亞，東部波蘭，摩爾達維亞，比薩拉比亞，羅基尼亞，東普魯士，卡羅利阿芬蘭，貝柴摩，南庫頁島，千島群島等地；又蘇俄製造的傀儡，計有波蘭，捷克，匈牙利，羅馬尼亞，保加利亞，阿爾巴尼亞，東德，北韓以及現已反目的南斯拉夫等傀儡國。此外對於中國的侵略，則三十年來日益猖獗：民國八年侵略外蒙。十五年利用外蒙侵略新疆。十八年侵略三江口、同江、滿洲里。三十年與侵略中國的日本訂約，互認僞滿與僞蒙。三十四年强迫英美及中國簽訂雅爾達密約，如共管中東路，租借旅大，以及承認外蒙脫離中國的宗主國關係。同年又乘日本業經準備投降的前夕，假借參戰的名義，出兵東北，掠走物資，計值美金二十億元之鉅。日本既經投降以後，蘇俄又一面阻擾中國政府接收東北，一面掩護共黨、武裝共黨、指揮共黨，使其破壞中國的和平統一。今年又唆使共黨在北平組織傀儡政權，企圖控制全中國於其鐵幕以內。以上所舉的各種事實，已足够證明蘇俄是澈底的超帝國主義，不必再多說了。

至於說到共產黨是一個澈底反民主的蘇俄帝國主義侵略中國的工具，也可簡略予以證明。中國原無所謂共產黨，他的產生，是由蘇俄派人到中國來組織的。他的眞正名稱，不是「中共」，而是「第三國際中國支部」。在第二次大戰期間，蘇俄雖爲爭取美援起見，暫時解散第三國際，但勝利後又已另組「共產國際情報局」，以代替第三國際的組織。這是共產黨在組織上隸屬於蘇俄的證據。共產黨的主張，都是抄襲列甯主義，遵守史太林命令，並無特別的獨立見解。最近毛澤東所發表的一篇「人民民主專政」演說，除特別强調「倒在蘇俄一邊」，並特別感謝列甯，史太林外，都是抄襲列甯史太林的話，凡是曾經看過列甯及史太林文集的人，都知道毛澤東所謂「人民民主專政」，不是毛澤東自己的話，只是替列甯、史太林當中文留聲機，以求取悅於蘇俄與史太林。這是共產黨在主張上隸屬於蘇俄的證據。又共產黨在重要行動上，也是聽命於蘇俄的。例如十三年共產黨原不贊成加入國民黨，但蘇俄命令共產黨加入國民黨，以利用國民黨，共產黨便不能不參加。又例如十六年以後，蘇聯命令共黨實行暴動政策及土地革命，當時共黨首領陳獨秀不贊成這種做法，蘇俄便命令共黨將陳獨秀打倒了。又例如三十五年，蘇俄不贊成整軍方案，共產黨雖已簽了字，也不敢實行。又例如最近有些腦筋不大清楚的人們，幻想毛澤東變成狄托，使得在蘇俄控制之下的毛澤東，不得不趕快宣稱「倒在蘇俄一邊」。從前陳獨秀不肯完全倒在蘇俄一邊，便被蘇俄打倒，這是毛澤東所深切了解的。他要保持他在共產黨的首領地位，而不做「陳獨秀第二」，縱然他的內心未必十分贊成，倒在蘇聯一邊，而嘴裏却不得不强調倒在蘇俄一邊。將來毛澤東也許可能變成中國的狄托，但這種可能，只能發生在再來一次世界大戰，將蘇俄完全解決以後，決不是在目前用妥協、綏靖、承認、通商等方法所能奏效的。共產黨的組織主張與行動，既均隸屬於蘇俄，所以共黨勢力所到之地，即是蘇俄勢力所到之地，而排斥蘇俄及共黨以外的一切勢力；所以共黨成爲蘇俄帝國主義侵略中國的工具。

由上說來，可知現在世界已截然分成兩個世界：一個是民主世界，又一個是反民主世界。民主世界，包括美英中法及一切民主國家在內，相信民主，相信自由，尤其相信羅斯福所謂四大自由，（言論自由，信仰自由，免於恐怖的自由，不虞貧困的自由）相信理性，相信和平，（例如最近美英等國在聯大所建議的和平要義十條）以求各國保持國家的獨立與自由。反民主世界，包括蘇俄及共附庸國家在內，相信共產，相信專政，相信暴力，相信侵略，以求實現蘇俄獨尊的超帝國主義。蘇俄超帝國主義的反民主世界，利用第一次世界大戰而產生，利用第二次世界大戰而擴大，現在正一面積極準備第三次世界大戰，一面極力控制東歐及東亞，尤其極力控制地大人衆的中國，以求不戰而勝民主國家，而更進一步的實現其超帝國主義。民主國家對於蘇俄的超帝國主義，雖然已經有一點警覺，例如杜魯門反對共產主義的總統就職宣言，援歐的馬歇爾計劃，以及北大西洋公約等，但對於中國業經進行三年的反共抗俄戰爭，反不免一時躊躇觀望，恐怕牽入戰爭。我們要知民主世界與反民主世界，是絕對不能和平相處的，也是絕對不能長期並存的。不是民主世界打倒反民主世界，便是反民主世界打倒民主世界。不是美英等民主國家打倒蘇俄，便是蘇俄打倒美英等民主國家。這次民主與反民主的鬬爭，必然要發展成功一次世界大戰來決定勝負。民主國家要求制勝蘇俄，只有從速先發制人，不惜發動第三次世界大戰，以求在蘇俄備戰尚未完全就緒以前，先行解決蘇俄。如果等待蘇俄備戰完全就緒，並直接挑戰以後，再才還手，那民主國家所受的犧牲太大，而未必有戰勝的確切把握。因爲蘇俄這個敵人，與第二次世界大戰時的德意日三國，大大不同。他有反民主的主義做征服世界的理論武裝。他有政治的原子彈—各國共產黨員—做征服世界的內間工具。他有地大物博人衆的本國及其附庸國家，做征服世界的基地。他有幾個五年計劃的國防建設和澈底控制、澈底鬬爭的社會組織，做征服世界的後盾。他有嚴密的鐵幕，使民主國家不易知其內情。他也有原子彈，可以隨時向民主國家投擲。他有時緊時鬆，忽冷忽熱，似眞似假，而百變不離其宗—打倒民主國家，征服全世界—的態度與策略，使民主國家和戰兩難，猶移不定。由此種種示知蘇俄比德意日要狡猾、兇頑、毒狠十二萬倍。我們要對付這個民主自由的敵人—蘇俄，不宜用妥協、綏靖、和合作的方法，以免自己再上大當。只有一種有效的方法，可以制勝蘇俄。那便是要我們採取堅決的態度，團結的步驟和迅速的行動，與之鬬爭到底，雖發動一次對俄的世界大戰，亦所不惜。因此我們要向各民主國家政府及人民呼籲，尤其要向美英兩國的政府和人民呼籲：

我們相信的民主自由，已因蘇俄及共產黨的侵略活動，而陷於危機之中了。我們要挽救民主，保衛自由，必得反共抗俄。我們要反共抗俄，必須立即採取堅決的態度，團結的步驟，和迅速的行動，以建立世界民主自由聯合陣線，又須立即採取堅決的態度，團結的步驟和迅速的行動，以準備戰爭，而便早日發動戰爭，解決民主自由的最大敵人—蘇俄及共產黨。第三次世界大戰，無論人們願意與否，遲早總是要爆發的。民主國家欲求在第三次世界大戰中獲得勝利，減少犧牲，只有先發制人，早日動作之一法。至於中國正在進行之反共抗俄的反侵略戰爭，爲挽救民主，保衛自由計，無論如何困難，必須堅持到底。民主國家對於中國的援助迅速大量到來，當可使中國反共抗俄的反侵略戰爭，更能堅持下去。如果中國反共抗俄的反侵略戰爭，因爲缺乏援助致一時發生頓挫，則不惟中國全國有陷於鐵幕的危險，即全亞洲以及全世界的民主自由，必要大受威脅了。大家趕快搶救民主自由！

中國憲法之重要涵義

張其昀

憲法爲一國政治的理想，亦卽建國的規模。憲法的生命，不僅在具體的條文，而尤在隱藏於條文後面的思想。故思想寔爲憲法之母。憲法的效力，不僅賴於條文字句的解釋，而尤賴於憲法思想之能深入人心。故教育又爲民治之基本。中華民國憲法於三十五年十二月二十五日國民大會通過，三十六年元旦公佈，全文共十四章，一百七十五條，其所蘊蓄之思想，極爲宏富。現在試加以分析與評論，明其條理，著其旨要，藉供一般國民讀憲時的考鏡。

自由平等兩種觀念，在中國思想史上似乎並不居於顯要的地位。西洋歷史以自由爲中心觀念，蓋西洋人民苦於不自由，故無時不爲自由而奮鬪。中國在二千年前早已爲一自由的民族，歷史上中國人民享受自由的程度，比較言之，爲世界各國所不及。故思想家的主要問題，非爲爭自由，而爲講明度量分際，以防過分自由的流弊。適度之自由名之曰禮。（按在中國與自由之義相近者爲無爲而治之無爲）。又中國在二千年前早已成爲一平等之社會，平等之義，人所共喻。思想家的責任在更進一步，防止假平等之名以行不平等之寔。眞正之平等其名曰義。（按在中國與平等之義相近者爲莊子齊物論之齊）。分而言之曰禮義，合而言之曰綱紀。中國歷史上之主張綱紀，猶如西洋史上之爭自由與平等。按自由與平等均爲眞理的一面，而不能與綱紀相並論。自由的反面爲組織，禮之涵義則兼包自由與組織，卽爲組織之自由。義之宗旨亦兼指平等與秩序而言。二十世紀與十九世紀思想上最大的區別，卽由個人本位而趨於社會本位。自由與組織，平等與秩序，偏擧一端，均有流弊，必須調和而折衷之，得其平衡，而達於中道，方爲眞理之所在。中道與平衡的觀念就是中國古來歷史哲學所謂綱紀。憲法之生命，植基於一國固有的思想，綱紀或禮義爲中國傳統的精神，而亦合於世界最新的思潮。這一百七十五條的憲法條文，可以說是綱紀二字的具體註解。故就形式言，似爲嶄新之作品，而就思想言，寔有極深厚之淵源 外國的政治思想固可供他山之助，然新中國之建設與新憲法之寔行，其最大的動力，仍爲我數千年來巍然獨立之民族精神。茲將憲法中之綱紀觀念，分爲社會經濟政治三端略述如左。

（一）社會上的綱紀

十九世紀的自由主義，可以穆勒約翰之自由論（原書一八三五年刊行，嚴復譯本名羣己權界論）爲其代表。其理論之根據，一曰個人主義；一曰功利主義。由前者來說，自由是一種天賦權利，不能割讓，亦不容侵犯。個人爲其自己身心的主權者。由後者來說，個人自由發展，對於社會爲有利的，個性如果不能發展，社會便無進步可言。這種學說固然言之成理，但到了二十世紀，思想重心顯然已經轉移，自由主義漸趨消沉。由於現代社會學的研究，發揮了社會聯帶的學說，知道羣己關係是異常密切，獨往獨來，決不可能，社會幸福應置於個人權利之上。由於現代心理學之研究，又知道人格的養成實際爲社會的產物，個人修養的最高境界在於擴大自我，以羣爲我。個人自由與社會需要似相反而實相成，二者不難得其調節。王船山曰「禮者過不及之準也。」（讀通鑑論卷十三）欲得自由，須受限制。個人願犧牲一部份的自由，期達社會互助之目的，這是扶植自由所必需的，亦卽社會綱紀之精義所在。中國古時常稱修身齊家治國平天下，說者以爲中國思想缺乏社會觀念，實則適爲皮相之見。仁字之義起於二人，中國古來皆視個人爲社會的一分子，故無極端個人主義的思想，其不言社會反爲注重羣治之證。禮治爲我國立國的大本。曾國藩曰「先王之道所謂修己治人，經緯萬彙者何歸乎，亦曰禮而已矣。」（聖哲畫像記）禮之對象大部分皆爲社會。

我國憲法中所保障之自由，有人民身體之自由（第八條）居住及遷徙之自由（第十條），言論講學著作及出版之自由（第十一條），秘密通訊之自由（第十二條），信仰宗教之自由（第十三條），集會及結社之自由（第十四條），生存權工作權及財產權之保障（第十五條）。第二十三條復加以說明曰「以上各條列擧之自由權利，除爲防止妨礙他人自由，避免緊急危難，維持社會秩序，或增進公共利益所必要者外，不得以法律限制之」。此條似乎是消極的規定，而實含有積極的意義。二十世紀之立法，與十九世紀個人主義，功利主義已有相當的距離，其主旨所在，以集體安全勝於個人的自由，國利民福重於個人的權利，我國憲法卽以此爲精神。

國民黨第一次全國代表大會宣言云「國民黨之民權主義，與所謂天賦人權者殊科，而求所以適合於中國革命之需要。蓋民國之民權惟民國之國民乃能享之，必不輕授反對民國之人，使得以破壞民國」。凡屬國民均有應盡的基本義務，國家之目的不僅在消極的保障個人自由，而尤在積極的發展社會組織。個人對於社會負有盡量貢獻其知識道德與能力之義務，民治之發揚必賴有此種貢獻之精神。憲法規定人民有依法律納稅之義務，（十九條）有依法律服兵役之義務（第二十條），有受國民教育之權利與義務（第二十一條）。現代社會因爲物質文明的進步，益以增加其有機性，自更需要高度之組織，以期適合建設現代國家之條件。權利義務，權衡至當，相持而長，是卽社會之綱紀。

(二) 經濟上的綱紀

個人主義與功利主義其應用於經濟方面者，稱爲放任主義。放任主義之基本原則有二、一曰個人資本，一曰自由競爭。倡此說者，以爲私人財產乃經濟發達的最大動機，人之趨利，如水赴壑，果能聽其自由競爭，其結果必能造成優越的經濟生活。此種學說其最大缺點在於忽視自由與平等之不可分性。經濟上若純任自然，社會上就會發生貧富懸殊的現象。資產階級假自由的美名，不勞而獲，貧苦之人生活毫無保障，淪爲富人之奴隸。因經濟上的不平等，縱有自由，亦無意義之可言。

十九世紀的經濟自由主義，現已不復爲人民所信仰。人民所要求者爲生活的安定與生活標準的提高。舊式的資本主義旣於民生疾苦無所補救，契約自由亦必歸於淘汰。政府對於國民經濟不能不棄放任主義而取干涉政策，且其干涉的範圍有日益擴大之勢。現代世界經濟制度之趨勢，可分爲兩大派，一曰統制經濟，卽絕對的集產主義，一曰節制經濟，卽相對的集產主義。欲於兩者抉擇其一、應當何去何從？ 國父所倡之民生主義，其大綱，曰平均地權，曰節制資本。中國經濟之前途，爲節制而非統制。

自第一次世界大戰以後，共產主義或法西斯主義之國家都實行統制經濟的制度。統制經濟與自由主義適爲兩極端，後者因自由而犧牲平等，前者則不惜因平等而犧牲自由，均有顧此失彼之弊。在實行統制經濟的國家，言論自由不復存在，國民輿論悉受箝制，以政治之獨裁，易經濟之繁榮，其代價不可謂不重。人類天賦萬有不同，創造能力亦至不一律，人民生活因不能完全由政府嚴格規定。强不齊以爲齊，實屬違反人性，過猶不及，勢難持久。荀子所謂「維齊非齊」，此語實有至理。歷史的演進，誠如維素所云，由思想人才與生產方法三個因素之相互作用，故宜作綜合的解釋，始成爲正確的理論。馬克思學說，蔽於經濟，馴至抹煞其他因素，統制經濟亦患此蔽，同屬偏激之論。

何謂節制經濟，此可以 國父遺敎說明之。 國父謂中國實業之開發，應分兩路進行，一曰個人企業，二曰國家經營。凡事業之可以委諸個人，或其較國家經營爲適宜者，應任個人爲之，由國家獎勵，而以法律保護之。若夫交通機關，基本工業，與原動力之供給，大規模之生產，以及一切壟斷性質之事業，則應由國家經營之，令其設計有系統，用物有準度，以免浪費。建國方略實業計劃一書，卽專論國家經營的事業。節制經濟的要義，在以政府力量矯正自由主義的資本制度的種種惡果，物質享受務求普及，使成爲眞正民有民治民享的國家。個人社會双方兼顧，富豪赤貧兩俱絕迹，調劑平衡，適於中道，未來中國之社會乃爲一合理之中庸社會。在相對的集產主義之下，人民仍有自由活動之餘地。我國古來抑制豪强，防止兼併的政策，實與節制經濟的思想深相契合。

國父於經濟問題有卓越之見解，自應著之憲典，以垂久遠。憲法根據遺敎，並參酌現代經濟思想，於第十三章基本國策第三節規定今後經濟政策共十條。其於平均地權者，見於第一百四十三條，「中華民國領土內之土地屬於國民全體。人民依法取得之土地所有權，應受法律之保障與限制。私有土地應照價納稅，政府並得照價收買。附着於土地之礦、及經濟上可供公衆利用之天然力，屬於國家所有，不因人民取得土地所有權而受影響。土地價値非因施以勞力資本而增加者，應由國家徵收土地增値稅，歸人民共享之。國家對於土地之分配與整理，應以扶植自耕農及自行使用土地人爲原則，並規定其適當經營之面積」。我國之土地政策乃於資本主義與共產主義之外，另闢蹊徑，注重理想，而兼顧現實，依據社會正義與個人自由的原則，謀和平解決之道，務期農民多獲利益，而地主少受損害。凡土地因社會進步所增益之價値，應完全歸於社會，庶無不勞而獲之人，這是平均地權的要義。

其次關於節制資本之重要條文，如「公用事業及其他有獨占性之企業，以公營爲原則，其經法律許可者，得由國民經營之」(第一百四十四條)。國家對於私人財富及私營事業，認爲有妨害國計民生之平衡發展者，應以法律限制之。合作事業應受國家之獎勵與扶助。國民生產事業及對外貿易，應受國家之獎勵指導與保護」(第一百四十五條)。「國家爲改良勞工及農民之生活，增進其生產技能，應制定保護勞工及農民之法律，實施保護勞工及農民之政策。婦女兒童從事勞動者，應按其年齡及身體狀態，予以特別之保護」（第一百五十三條）。「勞資双方應本協同合作原則，發展生產事業。勞資糾紛之調解與仲裁，以法律制定之（第一百五十四條）。要而言之，「國民經濟應以民生主義爲基本原則，實施平均地權，節制資本，以謀國計民生之均足」（第一百四十二條）。其大方針大政策卽由國家管理資本，發展實業，旣無生產不足之患，復無分配不均之弊。爲民所享，是建立民國的眞正目的。古人所說，「使老有所終，壯有所用，鰥寡孤獨廢疾，皆有所養」。這是中國古代的大同理想，在憲法中亦會特別規定。「國家爲謀社會福利，應實施社會保險制度。人民之老弱殘廢，無力生活，及受非常災害者，國家應予以適當之扶助與救濟。（第一百五十五條）。社會保險制度果能如目前英國工黨政府把它具體實行，那就實現了社會主義，達到了集體安全，免除了貧窮和恐懼。

（三）政治上的綱紀

吾國古代的政治思想有法家與道家之各趨極端，一重權威，一尊自由。道家主張人民有絕對自由，以爲順其自然之性，幸福可得而致。法家則主張政府有絕對權威，君主以外無自由。但我國思想界的主流則爲折衷於兩者之間的儒家。自由與權威、紀律、負責、服從諸義，相反相成，互保平衡，方得爲政治上的綱紀。孔子曰，「安上治民，莫善於禮」。司馬溫公著資治通鑑，於卷首解釋禮卽綱紀之大義，有曰「上之使下，猶心腹之運手足，根本之制枝葉。下之事上，猶手足之衛心腹，枝葉之庇本根」。綱紀者卽在使政府與人民，上下相維，確保平衡。西洋十九世紀的政治思想，重視個人之價値，最近之獨裁制，起一反動，偏重秩序。自由太過則成爲無政府，秩序太過又流於專制。現代民治之理想，在於如何使自由與秩序，均平和調，不偏不倚，故二十世紀思想界的重心，與中國古來之儒家思想最爲接近。

國父提倡民族主義，乃欲完成國家自由，其期望於國民者，在人人限制其自由，而以效忠民族爲職志。蓋惟求得全國的自由平等，始能確保個人的自由平等。故民族主義爲民權主義必不可少的條件。民權主義的精義，在使人民有自由，政府有權威，而各有相當的限制。政府若握有無限的權力，適足以害執政者的自身。倘使一國的統治者，不能由人民執以問罪，就不能稱之爲民國。政府理論中最困難之問題，卽爲自由與權威之間求一均衡， 國父分別政權與治權，卽所以解決此難題，實爲政治學上偉大的貢獻。政權屬於人民，治權屬於政府，人民應有權力控制政府，政府應有權力治理國家，權在人民，能在政府，人民雖受政府之統治，但政府之權（治權）則在人民之權（政權）之下。

政權分爲四種，憲法第十七條「人民有選舉、罷免、創制及複決之權」。又第二十七條言國民大會之職權，列舉選舉總統，罷免總統，創制法律，複決法律諸項。選舉罷免權屬於對人之權，爲人民節制政府之工具。創制權複決權屬於對事之權，爲人民節制法律之工具。人民行使四權，爲全國政治之基礎，在此基礎之上建設五種治權之中央政府，是爲國父所創五權憲法之宏旨。

五權憲法中之中央政制特點有二，其一、立法權爲一治權，與行政司法相對立，而超然於國民大會行使政權以外。其二、採取我國固有之考試及彈劾二權，以補外國三權之不足。考試權之行使在於用人之前，彈劾權之行使在於用人之後，兩者互爲表裏。其他治事之行政立法司法則相與平行，從而形成五權之分立。總統對於院與院之爭執，得召集有關各院院長會商解決之。（第四十四條）俾於分立之中，仍有密切之聯繫。而尤爲重要者，在於政權治權務求保障平衡，各得其所，各盡其責，然後國事之治理乃能發揮最大的效能

五權憲法中考試權之適用範圍異常廣大，「公務人員之選拔，應實行公開競爭之考試制度，並按省區分別規定名額，分區舉行考試，非經考試及格者不得任用」。（第八十五條）現代民治之理想，凡選民均需有教育之程度，當選者更需爲有智識有道德之優秀人才，此與我國禮運篇「選賢與能」之明訓相符合。十九世紀政治運動之目的，在於盡力擴充選舉權，至於二十世紀，反由擴充而趨於限制，而注重於提高公務人員的選拔標準，其標準爲何，卽教育程度是已。夫人治法治爲歷史上的二大潮流，實則二者相輔而行，不能偏廢。現代民主政治，一方盡力保障法治，一方又盡力提倡人治，考試權之特加重視，卽其明證。政治制度固須求其可久，更須求其可行。惟其可行，然後可久。荀子解蔽篇云，「夫道者，體常而盡變」。法治善於體常，人治善於盡變。兩者果能折衷至當，使國家法制體常盡變，兼有其妙，這是建國的要道，也是綱紀的眞諦。

直接向史達林報告

上月七日。上海新生報上登載着．「旅順大連的工人們，將最近的生產數量，直接向史達林和毛澤東去電報告」。一個國家的工人直接向另一個國家的元首報告生產狀況，眞是自有現代國家以來的一件新鮮事。這充分說明中共統治下的中國，是屬於蘇俄的一部分領土，史達林是毛澤東的太上皇。

（本月一日「美國之音」）

維辛斯基在享受自由文化的舒適

前天，維辛斯基自紐約乘美輪美利堅號返國，美利堅號輪船是一條豪華的美國船，設備最全最現代化。維辛斯基坐的是頭等艙位，上船時帶的行李極多，顯然是買了多種在俄國買不到的東西，用數輛汽車來回運了好幾次才運完。維辛斯基償了脚夫四十元美金，脚夫說，這是他們所得的小費中最多的。維辛斯基上船後，便帶着他的隨員，吃了一頓精美的西餐，聽着美國的音樂，看着美國的電影，然後又帶了隨員到游泳池中游泳，表現出維辛斯基在盡情的享受一下自由文化的成就。

（本月十日晨紐約美國之音廣播）

不屈服的海峽

許冠三

編者按：（聯合社舊金山十四日電）魏德邁中將星期二說：「中國政府能够把握住臺灣的基地，如果他們能够公正的治理……。如果中國人民要是能明白他們爲甚麼而作戰。」

（一）

不屈服的海峽，本是英國人對英倫海峽榮譽的稱謂，我現在拿她來代表臺灣海峽，目的是在說明臺灣海峽今後所擔當的任務。

英國人常愛這樣的自豪，說大不列顛帝國在最近一百五十年內曾三次挽回人類的刼運。拿破崙，威廉第二，希特勒所製造的征服世界運動，曾先後被阻止在海峽的那邊。因此，反侵略爭自由的力量得以從容集結，展開反攻，終於擊敗了那些魔王。

毫無疑問的，近代史上第四次的征服世界運動，已在莫斯科策劃下展開了。今天，我們正面臨着人類有史以來空前的刼運。正像過去三次一樣，史太林的征服世界運動，初步進行得非常順利。由於世界革命理想的誘惑，莫斯科未發一槍一彈，不少國家已不知不覺的做了俄羅斯人的附庸。由於克里姆宮主人法術高明，世界上愛自由愛民主愛和平的國家，大都被蒙在鼓中。一九四九年前，世界上很少人會注意到這一個已迫在眉睫的刼運，共產黨正在征服世界，民主文明已瀕臨絕滅的邊緣。最近，全世界非共產主義的國家都已覺悟了，反侵略反極權的力量正在慢慢集結。我們相信，不久的將來，史太林必會步拿破崙威廉第二，希特勒的後塵，走進坟墓，人類的公敵是絕對不容存在的。儘管目前共產主義的勢力正如日昇中天。須知，盛之極，也就是衰之始。不過，這一次挽救人類刼運的已不再是英倫海峽，而是臺灣海峽了。因爲我們是武裝反抗史太林征服世界的第一個大國。由於我們艱苦的抵抗，慘痛的犧牲，才驚醒了世界上睡在鼓中的民主自由國家。由於我們的抵抗，亞洲才不致完全陷入鐵幕，亞洲以外的國家才不致即時感受威脅。由於臺灣海峽的屏障，我們才能繼續作不屈服的抵抗，從容等待民主國家的覺醒與反擊。

（二）

無可否認的，過去中國大陸上的抵抗，我們是失敗了，而且敗得非常之慘，我們必須老老實實的承認。唯有承認過去的失敗，將來才不致再遭失敗。失敗不要緊，只要我們在失敗中不屈服，就不是眞的失敗，就有反敗爲勝的希望。我們都知道希臘、羅馬是古代史上兩個歷史輝煌文化燦爛的國家。近代民主文明的光輝，差不多都是受賜於希臘羅馬的遺產。她們在未有成爲歷史舞台上的主角以前，都曾有過一段艱苦的奮鬪，都曾通過一次長期苦痛的反侵略戰爭。波斯戰爭(B. C. 490—479)後，希臘史上才出現最光輝的伯里克利斯(Pericles)時代，爲民主政治奠下不拔的基石。羅馬人反抗迦太基將軍漢尼巴(Hannibal)的蹂躪達十五年之久(B. C. 218—203)。此後，才有盛極一時的共和之治。曾隨希臘沉淪去的民主之花，竟得在意大利半島上復活。即以抗日戰爭而論，在初期我們敗的不能說不慘，戰的不能說不苦。儘管我們在苦戰中常常慘敗，我們並沒有屈服，在慘敗中我們仍然要苦戰，我們終於獲得了勝利。也許有人說，今天的局面不知比抗戰時壞了多少倍，抗戰時，我們還有安全的西南與西北以及廣大的農村，現在呢？這話不錯，我也承認。可是我們要比起當年希臘人抵抗波斯，羅馬人抵抗迦太基的情勢，我們還好得多。當公元前四八〇年波希兩軍在薩拉密(Salamis)大戰時，波斯的海陸軍實力，超過希臘數十倍。其時希臘的陸軍已被打垮，所以不得不放棄大陸，放棄雅典城，只有少數的海軍，退據在薩拉密海上，其處境之危，實力之弱，正和我們今日的局面類似。他們唯一致勝的法寶，就是不屈服。羅馬人擊敗迦太基的故事，亦復如此。公元前二一六年，康納(Cannae)之役，羅馬軍參戰者八萬，其中有五萬人被擊斃，二萬人被俘，舉國精銳喪失殆盡。其後，意大利半島的城市大都落入漢尼拔手中。羅馬人是失敗了，但並沒有屈服，終於把迦太基人逐出國境。

也許有人說，那時候是一個國家抗一個國家，我們現在是一個國家抗所有共產主義的國家。以前我們在大陸上有那麼多的兵，那麼大的土地，還抵不住共產黨，現在我們如何能抵得住？不錯，正因爲我們是一個國家抵抗所有的共產黨國家，我們才有勝利的希望。我們不能忘記這是一個世界性的戰爭，是共產黨與非共產黨之爭。我們的背後還有許多民主國家做後援。我們現時雖是一個國家在獨自苦戰，不久一定會有很多人來與我們並肩作戰。因爲共產黨是全世界人的公敵，並不是我們一個國家的私敵。過去他們所以不肯積極的帮我們，一則是他們未覺悟，一則是我們的表現不够。同時，正因爲我們的地方小，困難也少，又有大海做屏障，所以才好守。大陸上所有的困難，大多數已隨大陸的沉淪而喪失了。我們已不必再考慮能不能打，就看我們打不打。只要不屈服，我就可以轉敗爲勝，反守爲攻。

（三）

話說回來，這些推論都是相對的，不是絕對的。我們要不屈服，要能打到底，就必須有不屈服的條件，這不是說說就成的。首先，我們希望當局能澈底的覺悟，檢討過去的錯誤，坦白的承認失敗。大家都知道，大陸上的失敗由於政治者多，由於軍事者少。抗戰勝利時，共軍與政府軍的數額是一與五之比，政府軍的裝備比共軍好，政府控制的地區也比共軍大，這些事實都可以證明，過去失敗的重心不在軍事。當然，軍事的因素不能說沒有。因爲政治上的失敗，大多數人不願打，甚至反對打。有些人是想打的不能打；能打的不敢打，該打的不肯打，不該打的硬要打。這是爲什麼呢？據我看是大多數人不知到打的是什麼人？爲什麼要打？爲什麼人打？什麼人才能打？前去兩年政府發表文告一味說是勦匪；知識份子多認爲是國民黨打共產黨；老百姓多認爲是城裏人打鄉下人，有錢有勢的打沒錢沒勢的。政府說是爲建國而打；知識份子多認爲是爲維持國民黨的統治而打，爲少數特權階級而打；老百姓想是爲地主還鄉官吏敲榨而打。既是戡亂，當然只有政府軍才能打，人民自己是不能亂打的，所以若干收復區很多有希望的自衛實力，竟無用武之地。當時，我們不知道政府爲什麼不號召所有非共產黨的力量，一齊打擊共產黨。三年來，可以說只是國民黨一黨在打，甚至只是黨內一部份力量在打。這顯然是由於非共產主義者警覺性不够，大多數人不了解共產黨是如何的可怕可惡，是如何的該打，甚至還有少數人把共產黨當做「天使」。

（四）

可是現在的情形不同了。共產黨的魔術已被大家看穿了，沒有一個非共產黨人在暗中祈禱共產黨勝利了，大家都知道共產黨非抗不可了，對政府不滿的情緒也大爲低落了。這誠然是好現象，但這僅僅是消極的，對於反侵略反極權爭自由爭民主的戰爭並無多大幫助，保障臺灣海峽不屈服的條件還不充份。今後，政府要想動員全臺灣的物力人力一致對共，除去軍事上應有的措施外，我們認爲政府必須明明白白的告訴人民政府絕不是爲恢復「舊江山」而戰，絕不是爲保障既得利益階級而戰，而是眞眞實實，誠心誠意的爲爭取國家獨立，政治民主，經濟平等，生活自由而戰，是爲全國的人民而戰。說了不够，必須拿事實做保證。關於這一點，一年來政府確實做了不少，如改革幣制，三七五減租，農作物增產，準備地方自治等。我們希望當局今後能做得更多，做得更澈底。共產黨只講假平等，政府一定要求眞平等；共產黨不給人民自由，政府一定要給人民自由。比如，近幾個月來，臺北言論界會發生過反共與言論自由能否並存的爭執。有一派人認爲在反共戰爭期中，絕對不容許有言論自由，甚至說過去的失敗全歸咎於言論自由，如果再有言論自由就要亡國滅種了。這是多麼危險的論調啊；幸好這一派人是少數，沒佔着上風。這話猛一聽不無道理，仔細想想，毛病可大了。共產黨確會利用過言論自由，從事宣傳。但是今日的臺灣，能有這個可能嗎？我相信，臺灣今天如果有人替共產黨帮腔，政府不去制裁他，人民也會去收拾他。再則，英美都是有言論自由的國家，共產黨並且可以公開的宣傳，可是英美的共產黨並作不起亂來。由此可見，僅言論自由一事，並不能帮共產黨造亂。更要緊的，我們必須認清，反共抗俄戰爭只是手段，爭取自由才是目的。天下絕無爲了手段，放棄目的的道理。我們中國人有一句俗話叫「投鼠忌器」。意思是說，當耗子在偷吃器物中的東西時，你爲了要保存器物中的東西，需要趕走耗子。但是你絕不能拿起石子就擲；那樣耗子雖然趕走了，器物也必定打壞了，東西一定也糟塌了。這就是只顧手段，忘却目的的後果。只問目的，不擇手段，固屬是要不得。只講手段，忘了目的，更是危險。言論自由本是反極權反侵略戰爭所爭取的目的之一。同時，也是保證反極權反侵略戰爭勝利的重要因素。人民有了言論自由，在消極方面可以表達自己的意見，供政府施政的參考。積極方面，就可以督促政府官吏，不至於做了違反人民利益的事。這樣人民才會相信自己是眞在爲自由而戰爲民主而戰；是爲本身的幸福而戰，不是爲既得利益階級而戰。如此，人民才會死心踏地的爲這個戰爭犧牲一切。必須這樣，這個戰爭才不致是政府的戰爭，這個戰爭的負擔才不致是國民黨一黨的負擔，而是全體人民的負擔。

總之，政府必須用種種進步的行爲告訴人民，告訴世界，我們是在爲何而戰爲誰而戰。唯有如此，世界上所有的民主自由國家才承認，中國目前的反共戰爭不是內戰，不是黨爭，乃是在爲自由中國的新生而戰。在臺灣的國民黨領袖才不致被他們誤會爲恢復舊統治權而戰。唯有如此，我們才會獲得他們的支持，他們才會來與我們合作，共同阻止史太林的征服世界運動，挽回近代史上人類的第四次刼運。那麼，我們的不屈服才有意義，才有效果，不屈服的海峽一名才能當之無愧。（完）

徵稿簡則

一、本刊歡迎：
(1)凡能給人以早日恢復自由中國的希望，和鼓勵人以反共的勇氣的文章。
(2)介紹鐵幕後各國和中國鐵幕區極權專制的殘暴事實的通訊和特寫。
(3)介紹世界各國反共的言論，書籍與事實的文字。
(4)研究打擊極權主義有效對策的文章。
(5)提出擊敗共黨後，建立政治民主，經濟平等的理想社會輪廓的文章。
(6)其他反極權的論文、談話、小說、木刻、照片等。
二、翻譯稿件請附原文或註明其出處。
三、凡附足郵票的稿件，不刊載即退回。
四、稿件發表後，每千字致稿費新臺幣十元至廿元。
五、來稿本刊有删改權，若不願受此限制，請先說明。
六、來稿請寄臺北市金山街一巷二號本社。

甚麼比共產黨更可怕？

金承藝

西北潰敗，廣州撤守；可怕嗎？不可怕。

川貴丟失，重慶淪陷；可怕嗎？不可怕。

共產黨以排山倒海的姿態在節節勝利；可怕嗎？不可怕。

共產黨即將統治了大陸；可怕嗎？不可怕。

共產黨即或得到了臺灣而整個的掌握了中國，那也還是不可怕。因爲局勢惡劣，我們可以想辦法來扭轉；國家一時，被赤色的法西斯所掌握，我們可以推翻它而再重獲獨立，民主和自由。

共產黨都不可怕，難道還有比共產黨更可怕的事嗎？

有的。而且這可怕的事情已經發生了——

自由中國的青年好像都死了，「心」都死了，這是比共產黨更可怕的事；因爲以後將沒有不斷的新生力量供獻出來以扭轉危局；以後將沒有人挑起自由正義的旗幟反抗暴力，推翻暴力，拯救國家民族和民主自由。國家危亡不可怕，國家危亡的時候而丟失了復興的希望才可怕！擺在我們面前的這個戰爭，是個思想的戰爭；是個生活方式的戰爭；是個理智和瘋狂的戰爭。這個戰爭將要延展到甚麼時候？我們現在尙不能預知。幾年、十幾年，甚至幾十年都也未可知，在這個長期的戰爭中，我們的上一代（現在的老年人），已經是不足恃了，因爲他們對於這史無前例的新戰爭的應付差不多是智拙技窮了，所以自由中國的青年們，我們絕不應該再把希望完全寄託在上一輩人的身上。即或他們的智力與決心多高多大，可是以他們的高齡，是否能終竟這熾烈的戰鬪，已經很成問題，在未來，誰能付出不斷的新戰鬪力量，誰能握有新戰鬪的泉源，誰就能取得這個戰爭的最後勝利！

所以，如果讓中國再重恢復理智與道德，讓中國的國家，民族再重得民主與自由，只有自由中國的青年們，把這些重擔攬爲己任，以青春的火焰，少壯的活力，向赤色法西斯，向暴力、向一切不合理的勢力戰鬪！即或一時倒下去，爬起來再戰鬪！戰鬪！不斷的戰鬪！這樣，惡劣的局勢終可扭轉，一時的危亡，終可復興。

但是，現在大多數的青年都消沉了，都萎靡了，都一聲不響的在過着苟且偷安的日子，都像行尸走肉一樣的靜等着命運的宰割，青年的戰士們，你們怎麼啦？你們對於惡勢力都俯首就降了嗎?!可恥啊——我們這一輩青年人，比上一輩人還可恥！

你詛咒命運不好嗎？你憤恨上一代人太對不住我們嗎？你諉怨時代，環境太惡劣嗎？

其實，對我們青年自已來說，這個時代可說是最好的時代，在以前，有幾個時代能像這個時代一樣給我們這樣多的經驗、教訓、知識、啓示呢？多得些學問，難道我們還不願意嗎？這是鍛鍊我們磨練我們成人的基礎。

記得亞歷山大在小的時候，每當聽到他父王打了勝仗，他就異常憤怒，他說：「假如父王要是把全世界征服了，我將無用武之地了」。現在，我們的上一代給我們留下了一個破碎的山河，一個萬般待整的國家，數不淸的工作，努力、奮鬪的機會，在我們面前擺着，我們不是正可以大展夙志嗎？這是值得喜悅的事情，爲甚麼要憤恨上一代人對不住我們呢？

我相信任何一個人生下來也沒有願意沒沒一生的，都願意自己能夠開拓一點兒事業，假如一個富翁要優裕的供養一個青年一生而不許他工作，只要是個有爲的青年，他就不會接受的。因爲人生除了衣食住行之外，還有更具意義的生活，如今正在需要我們的努力奮鬪，可是我們卻反而消沉了，萎靡了，這不是個全然的矛盾嗎？問題的困難，環境的惡劣，這不應該是退縮不前的理由，因爲凡是要努力，要奮鬪解決的問題，就是困難的，如果不困難，又何成其爲「問題」呢？

每個在臺灣的青年人，我們都應當時常想到自己身上擔負的期望是如何重大的，那淪陷於赤魔手中的父母，兄弟和好友，他們都在以計日的般般期望着我們的回去，早日帶着自由和解放的回去；現在，我們就因爲一點兒生活環境的不能稱心快意，就把多少個有意義的努力擱置了，何以對那些般般的期待?!而且更痛心的，中國以後還有甚麼前途可言。所以在「本刊開闢青年號角的前言」裡，我沉痛的寫出：『如果我們因爲一點兒環境的惡劣與不合理想，就消沉了，就灰心了，試問以後中國的前途由誰去奮鬪？民主、自由由誰去爭取？』

環境是要由自己來創造的，要想開拓事業的青年，要想有所作爲的青年，我們應該覺得今日生長在中國是幸福的；是可喜的；是値得驕傲的。

爲迎接已經來臨的戰鬪時代，我們都應該以身自許要做爲民主、自由、爲眞理而戰的戰士。我們不能先共產黨的到來而一聲不響了，而自認失敗了，我們不能讓比共產黨更可怕的事情發生。在不到危急存亡的時候，何必要我們的堅貞苦鬪；當前，祖國的危亡，民族的災難，都在向着我們呼喚，不願作奴隸的人們，起來吧！我們爲眞理而戰，我們必定勝利！能夠邁渡過困苦艱難的階段，才能奪得光明勝利的錦旗！

三八、十二、八。

本欄編者的話

一、我們竭誠希望青年的來稿。

二、我們不願刊登空喊口號的文字。

三、我們不刊登無病呻吟的文字。

四、我們願意刊登敢說話，敢批評的文字。

五、我們願意刊登有獨特見地的文字。

六、我們願意刊登生氣潑潑給人以鼓勵的文字。

七、我們這塊園地，靜等着自由中國的青年來開拓。

反共戰爭的精神條件

彭定公

事實擺在這裡—反赤色法西斯的戰爭在現階段，我們是絕談不到有甚麽決定性的勝利的；如果眞的能在最近或短期內取得勝利，我們相信，這對於中國國家和人民來說也並不是可喜的事，相反的，一個史無前例的復員悲劇，很可能隨着這個勝利而在中國再一次的扮演。

也許要有人奇怪我的說法，其實，這是不足爲奇的，我們即以眼前的事實來看：臺灣，這是現在復與中國的基地，反共戰爭的堡壘，以今天中國的局勢而言，不可謂爲不危急，按照道理，在這『基地』，在這『堡壘』中的人，是應該如何的抖擻精神，勵精圖治，手刄指虜，枕戈以待。但是相反的臺灣這裡驕侈之習漸興，淫佚之風日長，尤其是都市之中，歌舞昇平，白光的淫曲充塞街頭，小姐太太們，坐着汽車開着無線電漫遊市中，而尙恬不知恥的引以爲榮，他如奇裝異服，豐席華宴則更比比皆是，這簡直是給『復興中國的基地』，『反共戰爭的堡壘』，一個諷刺，試問假如一個在爲捍衛自由中國而浴血奮戰的將士自前方歸來，當他看到後方如此的紙醉金迷，再一回顧自己菲薄的待遇，豈不痛哭失聲。

多少個在內地有錢有勢的人，現在挾着巨金來到了臺灣，竟而悠閑的過起『寓公』的生活，他們遠離開反赤色法西斯戰鬪的行列，但是他們却做着一個美夢，他們企圖戰爭如果勝利，他們就再一度做揚眉吐氣的勝利者，再一度做接收的大員；而現在他們對於當前的危急，國家的災難，却全然不顧。

我們遍翻歷史，從沒有看到一個要復興，要富强的國家出現這樣不協調而反常的現象。

如果現在眞的勝利了，請想這能是喜劇嗎？是不是驕侈淫佚之風更要增長，是不是小姐太太們更要驕傲的狂笑，是不是反共戰士用頭顱所換來的勝利，要被頑固、反動、安逸、享樂的人們所得去，被『復興基地』中的寄生虫，『反共堡壘』中的敗類所佔有，其時，勝利的光榮，將更加甚他們的頑固、反動、安逸、享樂和傷風敗俗。中國到那時，就又會重蹈勝利後的復員悲劇。

現在，我們決不希望反赤色法西斯的戰爭在短期內能够勝利，而且事實上也是不可能的。因爲我們還沒有具備勝利的理由勝利的條件；當沒有具備勝利的理由和勝利的條件的時候而倖獲勝利，那就會必然的出現悲劇。

當前，所有要爲民主、自由，爲眞理而戰的戰士，所有反共的同志都應該澈底的覺悟，在這次戰爭中，我們不應該存有一點兒僥倖的心理，當我們聽到共產黨腐敗和內鬨的消息，我們不必喜悅，因爲共產黨儘管腐敗，儘管內鬨與我們也是沒有關係的，倘如我們希望共產黨的政治比我們還腐敗，而敗在我們的手下，但我們自己却一點兒也沒有長進，我們即或勝利了，也等於沒有勝利一樣；這種勝利是卑鄙的，可恥的勝利，而且也就稱不上是『勝利』。

我們現在應該臥薪嘗胆，勵精圖治，當我們估計以我們的孜孜努力，就已經比共產黨好，就應該戰勝共產黨的時候，那時我們的勝利，才能算是勝利，因爲我們不單在武力上能擊敗了共產黨，而且能給全國家、全民族帶來更大的幸福和更好的生活，這種勝利，才能稱得上是勝利。

目前國家危亡已在千鈞一髮，在反共堡壘中要復興祖國的人們，應澈底的覺悟、放棄以前陳腐的生活，從事一個新生命的奮鬪，如果我們不覺悟，我們就永遠不能勝利，我們也不配勝利，即或我們勝利，那也毫無意義。

文藝

孤鳳孤雛

陳紀瀅

我們一邊爬着樓梯，一邊說着：「今天晚上我們冒險爭取這幾個鐘頭的自由，試試運氣吧！剛才要不是毛子兵保護我們，恐怕在這夜晚很難通得過這幾處毛子崗。徐！假使我們看不見你的女同學，豈不掃興萬分？」

這是勝利後，我們去哈爾濱接收了市政府約摸已經有一個月的時候，有一批在九一八事變前久住哈爾濱的朋友們，對於過去一個月的接收工作所遇到種種困難，感到十分煩悶的一天，由我提議，去尋找一個俄國家庭來消解我們這寂寞苦悶的心情。恰好，這一天是白俄舊教的復活節，所有旅居哈市的居民都置買了許多喫食糖菓慶祝佳節，和我們中國人過舊曆年西洋人過聖誕節一樣盛大隆重。徐是我們中間唯一讀過俄國學校的，他有不少俄國男女同學，並且知道他在學校的時候，因為他長的漂亮，功課好，有不少俄國女孩子追求他。由於我這一提議，其餘的朋友們馬上把這件事的責任落在徐的身上。徐慨然答應作嚮導，領我們去拜訪他的外國好友。

為了這偶然提議的拜訪，要在平時，我們可以拿起腿來就走，毫無顧忌，祇是這時候的哈爾濱已籠罩在一種神秘而恐怖的氣氛中，市內外治安完全被蘇軍控制着，中央政府祇派了一批手無寸鐵的行政人員，白天警察還可以站崗維持交通，下午四五時以後，警察則撤崗，完全讓給蘇軍代替。每天街上有人被槍擊斃。黃昏以後，稀疏的槍聲，隨時可以聽見。膽大的行人，往往被剝了皮外衣以後，瑟縮的跑回家去，自認倒霉，無處申訴。

殺傷、搶劫、恐怖、仇恨……一種混亂不安的情緒籠罩了全市和填滿每個人的心懷。

在過去一個月的長時間裏，我們這批人——所謂接收大員除了有兩三次參加蘇軍在東鐵俱樂部的晚會外，其餘時間都是蟄伏在榮屋旅館內，誰也不敢在夜晚去拜訪親友，怕一旦會被路劫或是失掉了性命。所以我們這天所希望的一夜自由是非常需要斟酌的。我們大家興緻既很高，誰也不肯錯過這個機會，商議了半晌，遂決議請經常負責保護我們的蘇軍跟我們一道去。讓他持槍實彈，特別警戒，以防不測。

冬天在哈爾濱街市，在以前是有特殊情調的，中國大街會有着華貴皮服的男女，在寒風冷冽，燈光明耀的行人道上挽肩散步。地窖飯店裡的爵士音樂，從地下窗格裏透送到街心。偶而在街角有一個滿面長鬚的白俄彈動着動人的手風琴，鏗鏘鏗鏘地希望這班高貴的紳士小姐們施捨一點零錢。賣鮮花的裹頭俄國女人向遊客露着笑靨。高大肥驃的馬拉着爬犂馳騁在街心，馬蹄得得的聲音雄壯的催動行人的注視。小汽車更是往來如織，隨路招人搭乘。可是現在不同了，燈光微弱得很，螢光如豆。店舖的門都緊閉着。街上好像連個鬼也看不見，不用說再有什麼音樂了。到處是漆黑一團，沒有車，沒有人，沒有聲音，簡直是死寂一片；只有那窮兇極惡的毛子兵穿着粗厚的皮大衣，持槍開鏜，故意發出橫暴的呼哨，警戒着，蹤來，蹤去。幸而這夜，天空中飄着羽毛似的雪片，增添了一點美麗的夜景。我們由道裡往南崗的汽車經過了五道崗位，都經過問訊，由保護我們的毛子兵給對付過去了。

我們先去過一家，這家的兒子是徐的同學。多年不見，他的父母還能夠記起徐的俄文名字，一間潔淨的客室，牆角上燃着油燈供奉着聖瑪琍的像。男女主人以最高度的溫情拿酒和冷菜讓我們喫喝，他們給我們訴說在日本壓榨下十四年生活的苦況。對於中國政府來接收，他們存着莫大希望，他們還是幻想着十四年前的日子，男的可以在路局每月賺五六百金盧布，女的可以教書，住官房，燒官家廉價的燃料。他們問長問短，從內心裏看出他們的願望是：我們接收順利，能恢復他們的生活，至低能保障他們現在的生活。在這裏，我們享受了一小時愉快，但我們離開時則感覺茫然，因為我們沒把握滿足他們的希望呵。

雪越下越大，所有建築物都被雪遮覆，點綴夜景格外寂寞。

我們打定主意消磨這永夜的去處，是在南崗秋林洋行拐角處，一座三層石砌樓房，下面是一家俄國藥店，從旁門一進去，便是樓梯，樓是相當高，爬完了三層樓梯，累得我們都喘吁吁的。

女主人是淑拉小姐。當初和徐同學時是校花，和徐有濃厚的感情，據說要不因為彼此非同族的關係，他倆便結婚了。我們抵達女主人門首時，我還故意逗徐說：「碰碰你的運氣吧！淑拉小姐是否還沒有結婚？」

淑拉小姐對於徐和我們的突然來訪，表示極端熱誠的歡迎，但並沒顯得驚異。後來才知道她已經接到剛才去過的那家男同學的電話。她把我們引進了一間大客廳裡，在壁角下沙發上坐着一對青年男女也跟着站起來，由徐先把我們介紹給淑拉，然後淑拉又把徐和我們介紹和那一對青年男女。

久別重逢的徐和淑拉一邊談着離別後的情景，我們則在一邊找這一對青年男女攀談，以打破客多主少的沉寂。男青年自我介紹是捷克人，在老巴奪烟草公司充職員，他自認他的姓名太長，比「捷克斯洛瓦克亞」還要長，他要求我們也照朋友們的習慣稱呼他「密斯忘捷克」。女青年名叫莉莉，她自已說：「我的身世太麻煩，等一會，請淑拉小姐介紹吧。」我們聽了，很覺有趣。再看這位密斯忒捷克，滿臉滑稽，混身笑料，很像外國舞台上的小丑。莉莉則是一個溫柔大方，美麗嫻淑，有修養，知識水準相當好的小姐。我心裏不住的詫異爲什麼她和一個小丑型的傢伙是朋友。

半晌以後，淑拉小姐趨前來招呼我們，問長問短，十分殷懃，拿出來了許多糖菓點心，端給每個人一杯濃濃的咖啡。

「莉莉！你不是老早要我介紹一位中國新來的大員嗎？嚇！這幾位都是新從重慶來的市政府負責人哪！你要談什麼，你就談吧。反正是徐的同事，都是我的好朋友。」淑拉以主人的身份這樣介紹莉莉和我們。

莉莉聽了，嫣然一笑，然後臉泛起一層紅暈。室內水門汀的溫度和客人加多，似乎使他感到有點燥熱，於是她把頭上那頂蝴蝶花結的黑紗帽和披在肩上的外衣取了下來，淑拉好像故意似的，又扭開了她背後的壁燈，使我們更看清莉莉的面容，一副圓圓的臉並沒有脂粉點飾，兩隻明亮的大眼睛，鼻子並不高，兩排白潔整齊的牙齒。頭髮也不似淑拉的黃，好像黑色多於黃色，辮成兩絡髮盤在頭頂，她穿一件咖啡色裙形短內衣，一雙黑色長統皮靴。身體細長，西洋兼有東方美。約摸有二十二三歲。這一付打扮，很難以使我們測度她究是一個什麼人，是哪一國人，雖然她說着流利的俄語。

我爲了多知道莉莉的身世，於是我向淑拉請求，可不可把莉莉的詳情介紹給我們，因爲莉莉會允諾我們這件事。莉莉聽了，馬上站起來，似乎很羞慚的，說：

「對不起，還是讓我自己介紹我自己吧。」她一轉身，向捷克先生說：「我要用英語介紹我自己了，因爲你不懂，他們一定都懂，請你原諒我。」捷克馬上作了一個鬼臉對她，然後她用極流利的英語說：

「我是世界上最可憐的女子……」她說完，喉嚨忽然哽咽起來。她這突然改變語言，自然使我們感到非常驚奇，而她這第一句介紹就是這麼一句令人詫異的話，越法使我們捉不到頭腦。

淑拉看她過於被感情激動，於是止住她：

「莉莉！介紹的事還是讓我吧。咱們現在先不談這個。今天是大節日，今晚又有嘉賓，讓我們快快樂樂的玩一夜吧。我們來跳舞。諸位！我得先介紹給你們：莉莉小姐是哈爾濱溜冰歷屆冠軍，那麼也是舞蹈專家呀。」

於是淑拉把留聲機開了起來。莉莉也收斂了她那由感情激動起來的悲苦面容，她立刻顯得既活潑又交際，她和來客逐一跳舞，她的步伐眞是純熟大方，每個男客都感到輕鬆愉快。

她和我們特別表示好感，甚至使我們覺得她的男友捷克先生會不會嫉妬。不過我們看清楚，莉莉對於捷克先生並不怎樣喜歡，捷克先生似乎在單戀着她。

舞一會，說笑一會，淑拉又拿來一瓶葡萄酒請大家暢飲，酒使大家的興緻更高了起來。

莉莉乘着酒興又給我們表演了一回卡爾司登舞，唱了一隻俄國歌。

快到夜半了，莉莉和捷克請求先走去，據說她住的地方距離淑拉家很近。莉莉很熱情的和我們握別，並且誠懇的說改天一定要來拜訪。

隨後淑拉便把莉莉的家世告訴給我們：「她的父親是日本人，母親是愛沙尼亞人，她生在德國，因爲她的父親曾任日本駐德和駐蘇大使館的武官，她入過德蘇學校。因此她會說德俄日和英文。她的父親於卸任後，一度回到日本，又來哈爾濱經商。不久她的父親逝世，於是她跟母親便在哈爾濱久居，在滿洲國時代，莉莉在家裡自修英國文學，很有心得。她擅長滑冰，每年滑冰比賽都得冠軍，在哈爾濱社會，無論中外人士，莉莉，或者是清水坂子的芳名沒有不知道的。」

「這一次蘇軍進佔了哈爾濱，她的家首先遭到搜刼，把她最心愛的鋼琴，窗帘、地氈都給搶去了。她的老母親還遭到毒打。蘇軍政治部曾派人到家多次訊問她，認爲她的父親既已死去，母親已是蘇聯國籍人民，莉莉就應該給蘇聯國家效忠，然而莉莉誓不願做蘇聯國的公民，她拒絕領受蘇軍所要發給她的臨時身份證。可是，蘇軍政工人員天天來麻煩她，她渴望着誰能挽救她和母親要遭受的厄運。」

淑拉講完後，便發出希望的眼神向着我們，她並且補充地說：「我們是有中國公民身份的，因爲在十四年以前我的父母都爲我們取得了。我盼望你們能替莉莉想想辦法，免得她再受糾纏。

當我們離開淑拉的家已是次日一時，每個人拖着疲乏的身體回到旅社，一種聲音縈廻在我的腦際：

「我是世界上最可憐的女子……」

莉莉居然於第三天的上午到市府公事房來拜訪我們。

她劈頭就說：「我的處境是十分困難了。從我的內心裏，從我的思想上，我實在不樂意當一名蘇聯籍的公民，不用說他們似强盜一樣地把我們心愛的東西都搶去了。我的母親，一個受過高深教育的婦人，她絕不容許她的孩子成爲一個布爾塞維克治下的人民。現在我只有一個辦法；可以逃脫，就是我先取得中國公民證。」

她接着又說：「請相信我，我對於世界上的主義早就有深刻的認識，要不是有信心，我最好答應了他們的逼迫。」她顯然怕我們疑心她因爲完全爲了應付蘇軍才要入中國籍的。

「莉莉！你想，入了中國籍就可以避免他們的糾纏嗎？」我問。

「我想是可以的，至少我將有所屬，我會用方法來對付他們。」

「請問什麼方法？」然後我解釋給她，我們中央政府在哈爾濱的力量是如何微弱，我們還不能切實保障中國人民的安全時，別說她這有問題的女子。

但是我的解釋並沒有影響她一心要入中國籍的決心。她立刻表白，說：

「陳先生！我對於中央政府在東北的力量和處境不是不知道。請你允許我說，我要入中國籍，並非單純因爲目前的遭遇。再說明白點，我的母親和我的親友，特別是因爲要久居在哈爾濱的緣故，我能夠入中國籍是他們一致認爲必要的。萬一有什麼困難或對於我和母親不明瞭時，我願意請出多少有地位的人來作保證。」

這一次短短談話給我們的印象是這樣；莉莉是多才多藝，蘇聯政工人員很想拉攏她，她因母親和她的思想的緣故，不樂意當蘇聯公民，又因爲想在哈爾濱住下去，最好取得中國政府的保護免被貪婪的蘇聯擾了去。甚於生活上的理由比思想更現實些。

後來我們從多方偵訊，知道她的父親過去的行爲還不是那麼可怕可厭的，她的父親雖然是一個黷武主義國家培養出來的軍官，但思想還很開明，也正因此才棄官就商。她的母親當初和她父親的結合完全爲喜愛哈爾濱這塊地方，並且在婚約上說明以哈爾濱爲她們永遠的家。

當我們更進一步瞭解了她的一切後，我們代她向市長請准讓她到市府來做，雇員。我們把人事室的令文交給她時，她被感動得兩眼充滿了晶瑩的淚珠。

「莉莉！你要知道這是我們大家的一種同情表示，也是一種大膽推荐的！我們希望你不要辜負了我們的好意。」徐半解釋，半警告她。

莉莉感激的眼淚一直流在雙頰上，拭了再拭。她說：

「我不知我應該怎樣表示，這不但挽救了我的厄運並且解決了我的職業問題，實在我們自遭受搶刼之後，我和母親的生活早已陷入絕境，可是我還不敢爲這件事請求你們。」莉莉隨着滿面笑容，精神驟然煥發起來，內心的喜悅，可以看得出的。

次晨，她就來上班，她被派到外事室工作，因爲她有語言天才，既能說，又能寫，而且各種語言都有相當高的水準。所有外事室的職員都欣羨她的天才。徐就是她的主管。

莉莉自從在市府任職以後，永遠是早到遲退，努力工作，整天忙碌，一會叫她去和日本人接洽，一會叫她去和蘇軍接洽，翻譯，擬稿，她一個人裏裏外外，跑來跑去，她不祗有語文天才，而且也有外交天才。說話很得體，處事有條理。外事室自從她來工作後，對外解決不少大小問題，因爲她的原故，提高了許多職員的工作情緒。她的忠實和勤奮招致全體市府職員的欽敬。

天長日久，莉莉無論從工作和爲人的考驗上都可以使我們相信她對於中國政府和中國政治體制有信心有熱愛，她從來沒絲毫事啓我們疑竇。

有時，市府有什麼宴會也請她任招待或陪客，她一舉一動都不失身份。市長和各局局長，都誇獎她。

果然，蘇軍於她任職市府以後就不再來找她的麻煩，她和母親的生活好像遇到新生。沒好久，她約請我們和淑拉到她家去晚餐，這分明是酬謝我們，但却之不恭，於是囑咐他千萬不可破費太多。她答應了。

這次宴會，我們認識了她的母親。母親被蘇軍痛打的傷痕還沒褪去。我們問她爲什麼遭打，她說：「那些強盜來搶刼東西時，我曾加阻止，我雖然用俄國話說話，那些穿制服的強盜一點也不理會，我不得不問他們是不是有命令？他們舉起拳頭來答：命令？這就是命令，於是把我推倒毒打一陣。幸虧莉莉應付得好，不然要被他們打死呢。」我問：「你們爲什麼不說你們也是蘇聯國人民哪？」他說：「那有什麼用？以先蘇聯人民會在哈爾濱住嗎？他們把我們看成白俄，任說什麼好聽的也無用處，除非從今後作了他的臣民，可是我寧死也不能啊！」

淑拉也乘機會發表她的觀感，她認蘇軍這次在東北的行動使她非常失望，她並且指出蘇聯內部的危機。我們故意試驗她說，「畢竟你們是同種同文哪！蘇聯強盛不是你們的光榮嗎？」淑拉立刻提出異議：「我不否認人類應該有種族語言甚至於血統的感情，可是蘇聯國內被殺死的都是同文同種的人民哪！除非蘇聯改變國體，我們是不會再恢復國籍了。」淑拉說完向着莉莉：

「莉莉！你這混血鬼以爲怎樣？」

「OK！」莉莉頑皮似的。

之後，哈市各界要舉行一次盛大的滑冰會，點名要莉莉參加，她實在不便推却，但用什麼名字，她非常躊躇。日本名字她不能用，俄國名字更不肯用，中國名字她還沒有取得國籍，於是她乾脆用英文名字Miss Lily，這次比賽她又得了冠軍。但知道的人，知道她是代表市政府，而不是代表的蘇聯。

莉莉始終因爲得不到一紙中國國民身份證感到失望，雖然她已取得中國政府裏的一個小職員地位。

有幾次，她私下對我說：

「陳先生，我工作了這麼許久，還不能得到一張身份證嗎？我明知道我已是政府裏的職員，但我若被承認爲中國公民以後，我該是多麼更榮幸呵。我永遠要作一個中國公民，雖然死了也樂意作中國鬼。我若是不受過洗禮就是表示我的不忠誠。」

後來我們經過長期考驗，莉莉除了因爲以前所說的幾種原因以外，她仍舊有她的政治思想，在她的理解與認識，只有中國才是世界上最有希望的國家。日本是完了，蘇聯給她的印象太壞。

莉莉因爲我們的宣傳，對中國越法興起了一種希望。總之，她後來想做爲中國國民的企求，幾乎成了她時刻不忘的一件大事，多少近於一點呆癡。

市政府不是不肯發給她一紙臨時公民證，但照規定須要呈准內政部許可才能照發，而況這又是一件通案，在這時際，辦理這件事情，因爲蘇聯處處搗亂也不是沒有顧忌的。

從那時起，莉莉喜歡對人說：「我已是一個中國國民」。」她似乎以作中國人有無窮的驕傲。

容我回憶這段接收工作所遺留給我們的刺激和感情負担，一面是同胞們給我們的熱愛，希望；一面是蘇聯給我們阻撓，壓迫。歡欣與失望常常同時襲來，每天應付一些意想不到的瑣事。大家的精神總在緊張中度過。

有一天，我正在榮屋旅館二樓臥室內（這是我們所有接收人員的宿舍），企圖得片刻的休息，以恢復多日的疲倦。剛要朦朧入睡，忽然聽見一種女人尖銳的喊人聲，不一會，徐也吵叫起來，我不得不打開門去看發生了什麼事情。

原來是莉莉領着一個小紅軍，這個小紅軍正在咆哮地用骯髒的俄國土話罵徐，一面拉着莉莉的手，急着要跑下樓去。徐氣得滿面漲紅，大聲地用俄話教訓這小紅軍，莉莉則用言語一再安撫他。這小紅軍看起來也不過七八歲，穿一件黃呢紅邊皮領的外套，衣領上邊嵌着鐮刀斧頭的誌號，一雙小長統黑皮靴，冬季的紅軍帽。因爲是冬季的關係，穿的衣服十分厚，顯得身軀十分臃腫，他的小臉被皮帽子遮掩着，露在外面的不多，但看得出的是紅紅的雙頰與怒氣沖沖的厥向天的小嘴。莉莉用手撫摸着小紅軍的小手，一面勸徐不要生氣，好像是無論如何總得想個辦法似的。

我忙問徐：「怎麼回事？這是來的一個小紅軍？」

「陳兄！你看，讓人生氣不生氣？這麼一個小毛孖子就忘了本啦，再大一點還該怎樣？」徐怒氣不息的樣子。

「究竟是怎麼一回事？哪來的小毛子兵？」我問。

徐見我仍不懂，他用力把那小紅軍的皮帽猛然一摘，說：

「你看，她是毛子兵嗎？」小紅軍又掙扎起來。

我一看，這毛子兵梳得一頭長髮，額前一綹流海，旁還還打着一條小辮結，一雙烏黑的眼珠，這分明是一個中國女孩子，爲什麼穿紅軍服？爲什麼滿口俄國話？使我一時感到茫然。

故事的經過是這樣——

三十四年八一五日本軍隊在東北宣佈投降以前，蘇軍進到哈爾濱的時候，市內起了大混亂，市民們爭着避難。蘇軍在松花江的鐵橋邊，忽然發現一個女孩偃臥在地上，一個少尉軍官忽然動了好奇心，摸摸這個女孩還有呼吸，只是全身戰抖，於是他就把這個女孩子拖上了軍車，一直把她拉進營房。少尉軍官叫繙譯問她姓什麼叫什麼？家住在那裡？爲什麼獨自一人偃臥在那裡？她答說姓葛叫小華，山東人，爹爹是做賣油條小生意的，住道外江沿，那天是聽見蘇聯的飛機來了，她跟爹爹趕快往橋下跑，不料一顆炸彈落下，她的爹就不見了，是炸死？是落水？她不知道。可是嚇得她就仰臥在地上了。

少尉爲什麼不把她送給中國人和爲什麼這樣好奇？是一個難以解答的問題，總之，自此以後，他便把她撫養在營裡，並且給她命名叫葛娜。從八月到次年三月，有五個月光景，葛娜每天穿着特爲她縫製的全套紅軍裝，喫牛油麵包，喝紅茶，學俄國話，學俄國一切習慣，面色紅潤，體重增加，嚴然是一個小紅軍了。

三月初，這一批蘇軍據說要撤退了，少尉於是領葛娜到市政府來辦交割。據少尉對社會局主管說：「這是你們中國的一個孤兒。我替你們撫養了五個月，現在我要回國了，我不能帶她走，請你們收下。」隨後拿出來了一張寫好的收據，記載着葛娜的年齡，特徵，家世和被救的日期等等詳情讓社會局負責人簽收。少尉辦完了手續以後，和葛娜握握手，說聲再見，便揚長而去。

社會局自然沒理由拒絕接收這個中國女孩，但困難的是還沒有成立救濟機關和類似的組織可以收留她，更沒有料到這個女孩已經不會說中國話，並且見了中國人就似有無限的仇恨。

少尉走了，社會局負責人當然要問她，可是她一句話也不講，再多問，她就用很粗俗的俄國話罵人，還要舉着小拳頭怒目向着你。職員們，用俄國話問她，她也不理，有幾次她想闖門逃脫，被人給截回來。社會局主管對於她正在無計可施時，忽然想起了莉莉，於是從外事室把莉莉請來，先請她問問這小紅軍。說也奇怪，莉莉用俄話一問她，她對答如流，並且馬上顯得非常和靄的樣子，於是社會局就把這件事，拜託莉莉暫時代他們照管一下，莉莉也樂意答應，莉莉把她領到外事室來，她倆玩的很好。但奇怪的是她不理任何一個中國人，除了莉莉以外，任何中國人給她講話，會遭到她臭罵，並且時刻表現她那般倔强不馴的勁兒。莉莉雖然用好話百般安撫她告誡她，結果是徒然。莉莉帶了她一上午，社會局想不出好辦法來，送給任何職員或親友誰也不樂收留她。社會局又不能馬上爲她成立一個救濟院。

莉莉於那天下午把她領到榮屋旅館來，希望和外事室主任徐先生商量一個辦法，哪知道她對徐仍是這樣沒禮貌，雖然莉莉不止的告誡她，不許這樣無禮。

我知道那件事經過以後，我也非常氣忿。

徐氣得什麼似的，對我說：

「陳兄！眞是可怕，五個月的敎育，就忘了祖國了！」

我悄悄地對莉莉說：「請你好好問問她是哪國人？她的父親是哪國人？爲什麼這樣仇恨中國人？」

莉莉向我擠擠眼，表示不必問了。然後她用英文告訴我，她已問過她，她承認以前是中國人，現在是蘇聯人了。她的父親以前也中是國人，可是被中國人給害死了。

我聽後，恍然悟到她是中了蘇軍少尉的宣傳了。我請莉莉解釋給她聽，她旣是蘇聯人了，爲什麼少尉不把她帶回蘇聯去？她的父親，據蘇軍官的記載是在戰事進行中失蹤了，她也曾承認她的父親是在蘇機炸彈落下時不見了，顯然是被炸死，她不記蘇軍的仇，爲什麼錯把這筆帳賴在中國人身上？

莉莉一一照我的話說給她，等候她的答覆，但她的答覆祗是搖頭，表示她的不信任。

這是一件極費躊躇的事，最好市府藉莉莉的照管使她再受敎育，事實上，莉莉的環境和生活都不適宜擔負這件工作，還是由莉莉提議把她送給她的一位韓國朋友那裏去，因爲那位朋友家缺少這麼一個小孩，而且她相信這種暫時的安排是很妥當的。那韓國朋友的太太是俄國人，她相信葛娜會聽她的話。

這個提議終於被贊同。

幾天以後，我爲了探訊葛娜的生活，一種責任感和好奇心驅使我作了一次訪問。

我以前在哈爾濱住過十幾年，差不多有名的韓國人我都知道，很遺憾那時我所知道的韓國人都不曾給我什麼好印像，因爲日本人所傳授的職業只是賣啡嗎，賣鴉片和許多下流社會勾當。我奇怪莉莉竟會有可靠的朋友。

當我走進道外太古街一個很寬敞的大院門口時，一位銀鬚老人迎接出來，他問我是不是陳先生，我把名片遞上，這位老人就滿面笑容地請我先進入內室。

是一間很潤綽古雅的書齋，滿架中國線裝書，牆上掛着名人字畫，老人看模樣有七十歲了，很流利的東北口音，着着一身韓國人常穿的合襟的棉外衣，他從衣內拿出一張名片給我，印着「哈爾濱韓國文化會主席崔永朴」。他說，「剛才莉莉小姐通過電話說你要來了。」

我和他攀談以後，才知道他是以前韓國人民在東北作復國運動的領袖，原先的名字叫金日培，爲復國秘密了三十多年，被日本捕過兩次，住過五年監獄，日本投降以後，他才從監獄裡出來，並且恢復了眞姓名。

我恭賀他，說：

「崔老先生，你幾十年的革命運動，總算達到目的，你眼看着你的祖國又新生起來，該是多麼高興啊！」

「是啊！陳先生！一個人的痛苦

莫過於失掉了祖國，今天我們韓國總算脫離了日本帝國主義的統治了。可是前途怎樣，還不敢說。」

我們被此喝了口茶。當我表示要看看葛娜時，他止住我說：

「先生，你請歇息一會，她剛才讀了半天書，累了，我讓她睡了。」

我問葛娜到他家以後的情景和他將如何教育他老人說，「起初也很不聽話，這兩天慢慢好了。我的內人天天給她講動人的故事，她也很感興趣，她已經開始講中國話了。」跟着他又很興奮地提醒我：

「先生！當一個人失掉了祖國而且把祖國恢復了的時候，他會深切體味到自由是怎樣可貴，一個人與祖國是多麼不可分離。他會辨清什麼是奴役，什麼是主人。請你放心，我是受過幾十年無祖國痛苦的人，也不會灌輸一個有祖國的孩子去愛另一國家！我不會教一個受了欺侮的孩子去愛她的敵人！」

他領我悄悄地隔窗窺看在睡着的娜葛，一件中國式的花棉袍正在覆蓋着她，頭上的流海，小辮，和蘋果似的臉蛋露在外面，笑迷迷的，睡得很安祥。已經瞧不見小紅軍的裝束和神氣了。

我鄭重地向崔先生道謝並祝福他，他也很激動地祝中韓兩國人民爲爭取獨立自由合作勝利。

回到旅館後，莉莉在候着我，她問我；「怎麼樣？」我答，「很好」。

她好像釋去了重擔一樣，笑嘻嘻地走了。

她走後，我坐在沙發上，呆呆地望着天花板，茫茫然，葛娜那付舉拳怒目倔張的影子和一種悲喜交織的聲音同時襲擊我：

「我是世界上最可憐的女子……」

「我已是一個中國人了………」

（完）

承認中國赤色政權

我們能有甚麼收穫？

美國星期六晚報社論

本刊資料室 譯

有人正在煽動承認中共政權，英國人想用承認作餌，換取中共的不侵佔香港。美國同情共產黨的尾巴們以及國務院中的「現實主義者」早在世界大戰方殷之際就活動承認中共，現在仍舊在做這種工作。他們有一種不成事實的論據，說中共「事實上」已經控制了中國。他們引出傑弗遜總統承認法國革命政權時的談話說：『我們不能否認任何國家都有與我們一樣依照自己意志建立或改變自己的政府的權利』。因此他們說，道義上的贊可與否不足以影響美國的決定。

但是我們必須正告這些空想的人，這些煽動份子，以及一些僅僅是莫明其妙的人；美國承認中共與否全然是美國自己的事體。歷史上的事例在此既無法律上的拘束力，亦無道義上的拘束力。美國承認一個政權的目的無非是要促進與美國有利的商業貿易及他種有益的邦交關係。若說美國應該承認某一政權是因爲傑弗遜總統在前承認了法國的革命政府，或說不應該承認某一政權是因爲威爾遜總統曾經拒絕承認政變後的墨西哥政府，那都是完全荒謬的。黑格瓦斯氏（前任國務院法律顧問現任國際法庭法官）在其權威著作國際法摘錄中會說：「是否承認或何時承認一個新政權純然是承認國裁量權以內的事項」。因此現在的問題，端在杜魯門總統對中共要求承認一事應該如何考量了。

首先我們覺得他不可盲從英國的舉動。中共想自香港購貨，英國想在共區賺錢，因而有這種承認中共以保障香港地位的觀念。這對英國言是很壞的政策，對美國則風馬牛不相干。美國正可鄙的偷越國民政府封鎖綫與中共交往以求討好。其實縱令英國改政策變，用禁運物資赴共區來要挾中共尊重其在港權益，他仍舊是沒有站在堅實的立場上的。無論如何，這種類似慕尼黑會議的綏靖政策，總不是美國亞洲政策的好榜樣。不少人在爲這種政策在作頗爲動聽的鼓吹，但我們決難相信美國將採取此一步驟。

我們從美國對蘇聯的經驗中頗能得到一些教益。美國拒絕承認蘇聯達十六年之久，國務卿休斯的意見是：「國家與個人一樣，彼此不能互信時就無交往可言」。因此當蘇聯拒絕保障美僑在俄生命財產及清償帝俄對美債務之時，休斯及他的前任後任都以爲美蘇之間互不信賴，所以良好的邦交無法建立。這說明美國不承認蘇聯不僅表示道義上的憤慨，亦是拒絕建立事實上無法維持的邦交。羅斯福總統有不同的樂觀態度。當他與蘇聯外長李維諾夫數次交換意見之後，蘇聯表示即將清理債務，並且同意：（一）蘇聯不以任何方式干與美國內政，（二）蘇聯不作任何企圖以暴力變更美國政治及社會秩序的宣傳和煽動。

事實上美國不承認蘇聯對布爾雪維克政權並無多大不便，但承認後俄國的債務迄今分文未償，蘇聯更且不斷的干與美國內政。蘇聯在美國已建立了諜報網，傾瀉出煽動的洪流；在美國政府中設立。革命的「工具」，而且操縱美共陰謀推翻美國的政治及社會秩序。

或許美國尚有許多人相信中共是「自由主義的農村改革者」，相信他們不至於走蘇聯的路綫。但至今我們不會看見中共表示出絲毫這種跡象。我們在歐洲耗費了億萬金錢企圖阻擋一種暴力，如果在亞洲反而承認了它，試問美國能盼望什麼好處？除了幫助史太林把他的衞星國擴充到太平洋岸和印度邊境以外，我們是想不到其他的收穫了。

（十二月三日社論）

美國與世界

杜魯門原著
本刊資料室譯

在上月廿一日出版的時代(Time)週刊上(第十三頁)報導說：美國國務院本打算承認中共，艾契遜未料到碰了杜魯門一個大釘子。杜魯門說：「我不喜歡中共」，他不相信中共能控制中國，能得到中國人民的支持。

下面是杜魯門今年就職時宣佈，他的大政方針的全文。內中明白而堅定的指出共產黨是人類自由與幸福的敵人，並聲明美國要加強自由國家的反共力量，要以科學與技術援助落後地區。這篇聲明是杜魯門政府的現行基本政策，觀此可知杜魯門的強烈反共信念。

我在此要向世界說明，美國人民的主要信念，並且要向各國人民說明我們的目標。

美國人對於美國的建國原則有堅强的信心。我們相信，一切人都有權利享受法律上的平等，都有同樣的機會分享共同的幸福。我們相信，一切人都有權利享有思想自由和言論自由。我們相信，一切人生來平等。

我們對這些信念，堅持不變。

美國人希望，(並且決心爲此而努力)，世界上所有的國家和所有的人民，可以有自由依他們自己的意志實行自治，並且能實現一個高尙的滿意的生活。但美國人更希望和平，一個公平永久的和平，以各國用平等身份與自由意志所得到的眞正協議爲基礎。

在追求這些目標中，美國與其他同樣想法的國家遭遇到一種政權的反對，這種政權的目標和牠對生活的看法完全與我們兩樣。

這種政權利用一種虛僞的哲學，假裝標榜着牠可以給人類以自由，安全，和更大的機會。許多人被這種說法引入岐途，犧牲了他們的自由，結果悲慘的發現，他們所得到的只是欺騙和愚弄，貧困和暴政。

這種虛僞的哲學就是共產主義。

共產主義認爲人是輭弱的有缺陷的，他不能够自治，因之需要强有力的主人來統治他。

民主政治想信，人都有他的道義上的和知識上的能力，他有不可剝奪的自治權利，以理智與正義來實行自治。

在共產主義之下，可以沒有法律上的理由而捕人，可以不經審問而判決。强迫人民服奴隸般的勞役，是國家的特權。牠可以下令，什麼消息是人民應知道的，什麼藝術是人民應創造的，什麼領袖是人民應服從的，什麼思想是人民應思想的。

民主政治相信，政府之設立是爲謀個人的利益，政府負有責任，保護個人享有權力和自由，去發揮他的才能。

共產主義認爲，社會的錯誤只有用暴力來改正。

民主政治已證明，以和平的改進，可以達到公平的社會。

共產主義認爲，這個世界是深深的分爲對立的階級，所以戰爭是不可避免的。

民主政治認爲，自由國家間可用公平方式解決牠們的爭端，藉以維持永久和平。

以上所說民主政治與共產主義之不同，不僅關乎美國一國，世界各處人民都漸認識，共產主義已威脅到物質生活，人類的尊嚴，和信仰上帝的權利。

我述說這些不同點，因爲這不僅是信仰上的不同了，共產哲學已成了行動，威脅到自由國家對於恢復世界繁榮與維持和平的努力。

從二次戰爭結束以後，美國正以物質與精神，努力從事偉大的復興工作，使世界得到和平，安全，與自由。

我們絕不追求領土，我們亦絕不把我們的意志强加於任何人。凡我們不能給與他人的特權，我們亦絕不向他人要求。

我們一直在極積的支持聯合國以及與牠有關的機構，認爲這是把民主原則引用到國際關係上的途徑。我們一直在主張並信賴國際糾紛應和平解決。

我們會盡一切力量，想把我們最有力的武器，得到一個有效的國際管制協定。我們也會爲管制所有一切軍備而努力。

我們會以理論與實例，鼓勵世界貿易在建全而公平的基礎上發展。約一年以前，我們與歐洲十六個國家，共同協力，開始了有史以來最偉大的經濟合作計劃。這種空前努力的目的，在鼓勵與加强歐洲的民主政治，藉以使大陸上的自由人民，能恢復他們在人類文明上的前進地位，再度對世界的安全與幸福有所供獻。

我們的努力給與整個人類以新的希望。我們打倒了失望與失敗主義。我們營救了若干國家，使他們不致失去自由。世界上億萬的人民都同意我們的看法，即，我們不需要戰爭，我們能保有和平。

但我們應採取主動。

我們正與其他國家共同建立更堅強的國際秩序與公道。我們以及若干已成為我們同伴的國家，都認為不應再只為本國謀生存，大家正共同努力，改進他們所有人民的生活。我們已準備開始新計劃，使自由世界要健全起來。

在以後數年，我們對於和平與自由的政策，將着重在四個重要的行動計劃。

第一、我們繼續堅決支持聯合國，我們繼續尋求方法，加強牠的權力與效能。若干新的國家正在依民主原則向自治的政府邁進，我們相信，聯合國必將因此而加強。

第二、我們將繼續我們對於復興世界的經濟計劃。其中最重要的是，我們必須盡全力支持歐洲復興計劃。我們對此復興世界的主要計劃，具有成功的信心。我們相信，在這計劃中和我們共同努力的國家，在經濟上不久將能自己站立起來，不再求助於人。

此外，我們必須實行我們的計劃，減低世界貿易的障礙，增加世界貿易的數量。經濟復興與世界和平，都在於世界貿易的增加。

第三、我們將加強愛好自由的國家，反抗侵略者的威脅。

我們和若干國家，擬訂一個聯防協定，目的在加強北大西洋區域的安全。這個協定將是在不違背聯合國憲章之下，一個集體防禦的條約。

我們已有一個這種防禦協定，為西半球而訂的熱內盧條約便是這樣。

這些協定的主要目的，就是要具體表明，自由國家決心聯合抗拒任何方面來的武裝攻擊。每個參加這種協定的國家，必須對於共同防衛拿出最大的力量來。

假如我們能事前充分表明，任何武裝攻擊，以致影響到我們國家的安全，我們即將以壓倒的力量還擊，也許武裝攻擊便不會發生。

此外，對於願與我們合作，共同維持和平與安全的自由國家，我們將給他們以軍事建議與配備。

第四、我們必須從事一個勇敢的新計劃，用我們在科學上和工業上的進步幫助落後地區的開發。

全世界有一半以上的人口，生活在窮困中。他們食物不足，疾病無醫藥，他們的經濟生活是原始式的，不進步的。這些人的窮困對他們自己以及對較繁榮的區域，都是一種障礙和威脅。

有史以來，到現在人類才具有知識和技能，來解除這些人民的痛苦。

在工業技術與科學技術上的發展，美國較其他任何國都佔先。雖然我們可用來幫助他人的物質資源是有限的，但我們的技術知識是無限的，而且在增長中。

我以為，我們應將美國的技術知識供其他愛好和平的國家利用，幫助他們實現更好的生活。我們應與其他國家合作，投資於尚待開發的地域。

我們的目的，是幫助世界上的自由人民，經他們自己的努力，生產更多的食物，更多的衣服，更多的建築材料，更多的機械力，減輕人力的工作。為達此目的，我們約請其他國家，把他們的技術知識集合在一起。他們的貢獻一定會受到熱烈的歡迎。這是一種合作事業，在透過聯合國及其專門機構，一切國家在可能範圍內都共同合作。這必須是一個世界性的努力，目的在達到和平，豐富，與自由。如果美國的工商業，私人資本，農業，與勞工；幫助推行這個計劃，就可以大大增加他國的工業能力，並提高他們的生活水準。這種經濟開發，在計劃上和控制上，必須是為當地人民謀利益的。對投資者的保障，絕不能超過對於當地人民的保障，因為他們出了資源與勞力。舊式的帝國主義是以榨取國外利益為目的，但在這計劃中，絕不能容有絲毫存在。我們所要的開發計劃，是根據了民主的公平原則。

這個建設性的計劃，是要把世界上的人力與資源，得到更好的用途。所有的國家，連美國在內，都將深受其益。經驗告訴我們，與美國通商的國家，都在工業上和經濟上能有發展，美國對這些國家的商業亦將發展。

增多生產是走向繁榮與和平的唯一途徑，而增多生產的唯一途徑，是努力更廣泛的引用現代的科學知識與技能。

只有幫助最不幸的人們的自助努力，人類才可達到一個高尚的滿意的生活。所有人類都應享有這樣的生活。

只有民主政治能使世界人民鼓舞起來，作勝利的行動，不僅去反抗極權主義的壓迫者，而且去反抗人類自古以來的敵人——飢餓，困苦，與失望。

以這四大行動綱領為基礎，我們希望造成更好的情況，最後得以完成全人類的個人自由與幸福。

我們為使這些政策實行成功，顯然我們自己的經濟必須繼續繁榮，而且我們必須維持強大的力量。我們慢慢的但有把握的，使世界得到國際安全與繁榮增長。

凡要生活於無恐懼的自由的人們，都是我們的同志，甚至今天生活在恐怖統治之下的人們，也在幫助我們。

凡要避免虛假的宣傳壓迫的人們，都是我們的同志，這些人喜歡眞理與誠意。

凡要自治政府的人們，都是我們的同志，這些人是要使政治取決於人民的意見。

凡要經濟安全的人們，都是我們的同志，這些人是要求在自由社會中所能享到的安全與繁榮。

凡要言論自由，宗教自由，追求自己生活理想的自由的人們，都是我們的同志。

千百萬追求正義的人們，都是我們的聯盟。

等到我們的經濟安全更趨明顯，等到更多的國家明白民主政治的好處，並來參加這正在增長中的繁榮，我相信，現在反對我們的那些國家，將放棄了他們的幻想，而來參加自由國家，公平的解決國際歧見。

時勢已使美國的民主政治有了新的力量與新的責任。這對於我們的勇氣，我們的責任心，我們的自由觀念，都是一種試驗。

我願對一切人說，過去我們曾創造自由，將來我們要創造更大的自由。

為達到我們的目的，我們將供獻出我們的力量，我們的資源，和我們的決心。人類的前途必定是一個享有正義，協和，與和平的世界。

本刊已呈台灣省政府新聞處備案・並申請內政部登記中・

給讀者的報告

自從本刊一卷二期問世後，半個月的時光很快的又過去了。今天「自由中國」第三期出刊，我們隨定期出刊而作的定期報告，也再度的送達讀者諸君之前。現在話分兩頭，從編輯和發行兩方面開始報告：

（一）編輯方面的報告：在這一期的本刊上，諸位首先看到的專論，將是傅斯年先生「蘇聯究竟是一個甚麼國家？」的大文。自從十月革命到現在三十多年來，蘇聯的共產黨們一向稱他們的國家是「無產階級的祖國」，而各國的共產黨徒也都或眞或假的隨聲附和，但觀乎過去一個世代中她在國際舞臺上的種種表演，却令人對那「無產階級祖國」的自稱不敢相信；而她的外貌又罩上了一層鐵幕。她「究竟是一個甚麼國家」遂成了世人想知而不能知的問題。現在傅先生以犀利的談鋒和他淵博而精湛的學識把這個迷惑世人的怪物解剖出來，諒讀者諸先生一定樂於飽飽眼福。一種優美的和平景象，往往使世人響往。任何侵略者都不敢公開的反對和平。第一次大戰後世人多把追求和平的希望寄託在「國聯」，而現在又寄託在「聯合國」。而在這次的聯大會議中又通過了所謂「和平要義」方案，現在毛子水先生把『聯合國的憲章和「和平要義」』一文寫出來，可謂適時適切。前兩次大戰人們都說是「爭奪殖民地」，或「殖民地的再分割」的戰爭，而現在所進行的冷戰，和不久可能轉熱的戰爭，在本質上和前兩次大異其趣已經爲世人所公認，陳啓天先生以「民主與反民主的爭鬥」爲題發爲長文，極快炙人口。民主與法治對於「現代國家」，似乎是車之兩輪，鳥之兩翼，不可缺一，在今天爲了保衛民主，建立自由中國的反共戰爭聲中，張其昀先生所作檢討「中國憲法之重要涵義」的工作，實在是很必要的。建立日由中國當不能完全靠着臺灣現有的力量，但保衛臺灣有助於自由中國的建立，則是誰也不能否認的事實。一百五十年來，英人曾經憑三十英哩寬的英吉利海峽，三拒歐洲大陸的侵略者，鄭成功父子據臺灣海峽也會抗抵清軍三十多年之久。許冠三先生「不屈服的海峽」一文，可謂應運而生。凡看過大公報的人，多半都讀過陳紀瀅先生的文章，「孤鳳孤雛」一文是陳先生的精心傑作。

無疑的，北美合衆國是今天全世界反極權鬥爭陣營中的中流砥柱，她的一舉一動都直接間接的影響着民主陣營的態度和行動。本期最後的兩篇繙譯文字，是介紹美國政策的文獻；前者是「星期六晚報」——美國權威政論刊物之一——的社論；後者出於杜魯門總統自己之口，一個民主國家政府的最高首長，當他宣佈他的大政方針的時候，絕不能濫開支票，信口雌黃。

今年是中國多難的一年，也可能是自由中國轉機的一年。今天已經是十二月廿號，再有十天它將隨着歲尾之神離去了。爲此，本刊屆時將出「新年特大號」用作紀念。以後本刊並將改爲每月一號十六號出刊。

（二）發行方面的報告：本刊自發行香港航空版後，銷路因而倍增。海口、澳門、星洲及南洋各地自第二期起統由香港發售。以後本刊並將設法打入鐵幕，給窒息於布爾雪維克統治下的同胞，送進自由的空氣。

自由中國 半月刊 第一卷 第三期

中華民國三十八年十二月二十日
（以後每月一日十六日出刊）

發行人　胡適

主編　『自由中國』編輯委員會

出版者　自由中國社
社址：臺北市金山街一巷二號
電話：六八八五號

經售處
臺灣　中國書報發行所（臺北市館前街八五號）
香港　香港時報社（高士打道六四號）
成都　漢中　西昌　康定　海口　定海各大書局

印刷者　國防部印製廠
廠址：臺北市民族路六四三號
電話：三三一六號

售價：每冊新台幣一元・銀元券四角・港幣五角・

歡迎直接訂閱：平寄郵費免收

自由中國

香港航空版

第二卷 第一期

發行人 胡適

新年特大號

要目

中華民國三十九年元月一日出版

社址：臺北市金山街一巷二號

社論

二十世紀後半期開始時我們應有的決定

我們如果把一九〇〇年的元旦當作二十世紀的開始，那麼，今天——一九五〇年的元旦——已是二十世紀後半期的頭一天了。平常逢到這樣日子，我們還不免有許多感懷；何況我們現在正臨着國家和民族危急的關頭，那能不思往想來，以決定我們在這二十世紀後半期裏面進行的方針呢！

在過去五十年的歷史裏面，有兩種情形最能引起我們的注意：一是自然科學空前的進步，一是世界永久和平的希望愈來愈渺茫。

講到科學的進步，我們且把物理科學和生物科學做例來說。德國物理學大師樸朗克的奠定量子論的基礎，適在一九〇〇年；一九〇五年，愛因斯坦發表相對論。五十年以來，大至廣漠的宇宙，小至電子和正子，都有極可喜悅極可驚奇的學說出現。從希臘時代以來一直到十九世紀末年的科學家所以爲不可破裂的原子，我們現在非特能够破裂他，並且能够知道他內部的結構。古來鍊丹方士的點金術，現在已可在實驗室中眞正的表演出來。管轄宇宙二百多年的牛頓萬有引力的定律，現在已有修改的必要了。

至於生物科學方面，則九十年前達爾文所發表的物種溯源，固爲十九世紀的第一部大書。但於種類的傳播和變化的方式，在十九世紀後半期中生物學家還沒有得到要領。亦適在一九〇〇年，英國生物學家培特生從故紙堆中發見奧國一修士院長門德爾於三十多年以前配種大小青豆實驗的結果的記錄。從此以後，經歐美生物學家不斷的努力，而遺傳學理論遂大放光明。（近來俄國呂生珂的「新發生學」，乃是根據政治風尚立論的「科學」，不是用現代方法研究的結果，不值一駁）。

這都是就純粹科學的立場講的。至於工業和技術上的發明，如雷達，原子彈和配尼西林等等，則人人都知道，用不着一一列舉了。如果一個眞正有眼光的歷史家要寫一部最近五十年歷史，則這段歷史的中心人物，應當爲樸朗克，愛因斯坦，洛弗浮特、波耳等等，不應當爲威廉第二，列寧，希特勒或莫索里尼等等。

五十年來科學的進步，雖然可以使我們樂觀，但在世界政治方面，則最近五十年的往事，實在不能不使我們悲觀。我們中國最不幸！這個世紀的開頭，便逢着八國聯軍打進北京；這個世紀過了一半，蘇俄的勢力遂控制大陸中國的政權。就世界大事講：一九一四年第一次世界大戰發生。這個戰爭過後，遂有國際聯盟的設立。這可以說是世界和平的曙光。但後來日本軍閥的侵略中國和意大利的侵略阿比西尼亞，國聯都沒有方法制止。到了一九三九年第二次世界大戰發生時，國聯就無形的解散了。這個第二次世界，戰的製造者是希特勒，而日本軍閥和莫索里尼是助手。但是點火人則爲史達林，因爲設使沒有德蘇協定，希特勒是不敢貿然進兵波蘭的。現在的聯合國，是成立於這個戰爭期中的。這是世界永久和平第二次的曙光。

但是第二次世界大戰的終止已經四年多了；雖然有個聯合國，而世界似比二次大戰開始以前還要混亂。這個混亂，十之八九都是從蘇俄製造出來的。雄据克里姆林宮的史達林，天天在那裏謀畫煽惑別的國家內戰的策略，而却口口聲聲說人家是戰爭販子。我們可以說，世界上只要有蘇俄那樣的國家，則儘管有聯合國憲章的存在，儘管有人年年在聯合國大會中提出一個「和平要義」的建議案，世界決不能得到一天的太平。

二十世紀前半期的大事如此！我們如果稍一自省，則便可見我們在光明的方面差不多沒有什麼貢獻，而在黑暗的方面，我們還應該負相當的責任。這五十年來，我們國人在科學上的貢獻，西邊趕不上印度，東邊趕不上日本，不要提到歐美先進的國家了。雖然說政局的不穩定，經濟情形的落後，都是妨礙科學研究的條件，但我們大部分國人的「悅學」，以及我們學人（除開少數例外）的不努力，都是無可諱言的。我們這個民族，已虛度以科學而光輝燦爛的二十世紀的前一半了。「往者不可諫，來者猶可追」。我們希望從今天起，全國上下，對於科學的研究，特別尊崇，特別愛護！從今天起，全國從事科學研究的青年，一心一意的專務於科學；勿因折磨而喪志，勿因艱苦而灰心！我們以爲一個民族對於人類文明最大的貢獻，就在能够發明眞理以增進人類的幸福。

怎麼說「在黑暗的方面我們應該負相當的責任」呢？蘇俄固然是現在世界上的封豕長蛇。但俄人的圖謀侵佔中華，已將有三百年。遠的不必講：設使在過去二十年間，我們的政治不太腐敗，共產黨在中國豈能就這樣容易的得到優勢？現在呢，大陸上的中華國土，十之八九已爲聽命於蘇俄的共產黨所佔據！蘇俄本身和他在東歐的衛星，已是世界和平的威脅；現在又加上地大人衆的中共，將來澄淸世界的工作定必更爲困難。至於四萬多萬的同胞，呻吟於鐵幕內的悲慘，更不必講了。世界上不自振作的國家，非特有害於自己，甚且連累到別人。沒有這等國家，就是有「狡焉思啓其封疆」的帝國主義者，情形便可以不至於太壞。到了現在，我們自由國土內操政權的人，若再不革面洗心，力改前非，在政治和軍事上，都嚴格依着正大光明的道路而行，則非特進不能收復河山，退亦不能保持現狀。我們希望從今天起，全國上下，都認淸亡國的慘痛，合力協謀，爲本身的自由而發憤，爲世界的和平而拼命，以冀收到亡羊補牢的效果。不然，蘇俄和他的黨羽，固然是人類文明的蟊賊；便是我們自己，亦是世界和平的障礙！

民主與自由

王雲五

民主一語在最近十幾年來發生了很大差別——簡直是彼此相反——的解釋，本來在西方國家毫無疑義的解釋，却因蘇聯的崛起與其宣傳而產生一種歧義。蘇聯勢力圈內的國家自稱爲民主，而指摘西方國家爲不民主；反之，西方國家則主張其傳統式的民主，而指摘蘇聯方面所宣傳的民主爲獨裁。究竟孰爲民主，孰爲不民主，且讓我們從客觀方面硏究一下。

在法國大革命以後，所謂民主一語的反面，無疑地就是君主；因此，經過了許多年間，民主的定義幾乎全以形式爲根據，祇要一國的元首不是世襲的君主，而是民選的總統，同時還具有一個名義上的議會，便可稱爲民主國家。反之，一國的元首如果在名義上仍爲世襲的君主，縱然具有眞正民選的議會，與夫很廣大的民權，也祇好稱爲君主國家。最近數十年來，政治權威的解釋已有變更，對於民主的定義，以實質爲根據，不問形式如何，祇要事實上由人民直接的或間接的行使政權，則稱之爲民主政體；所以像英國這樣的國家，表面上雖仍有一個世襲的君主存在，但事實上確由人民行使政權，也被認爲民主。於是民主一語的反面，便從君主轉到獨裁。現在蘇聯方面解釋民主一語，對於國家元首之是否民選似乎不很重視，因爲他們對於許多西方形式的民主國家也指摘爲不民主，可見他們對於民主的定義也是重實質而不重形式的了。

既然蘇聯方面與西方國家均以實質爲民主的條件，我們便須硏究怎樣才具備眞正的民主實質。

近世西方學者對於民主所下一個含義頗完備的定義，就是民有民治和民享。民有是名稱，民治是方法，民享是目的。名稱屬於形式，無待贅說。目的當然是實質，方法是求這目的的手段，如果方法不當，目的便無從達到，也就屬於實質方面。因此，我們如就民治與民享兩點來硏究民主的實質，藉以斷定其是否符合民有的名稱，任何人恐不能發生異議。

首先說民享。民享就是人民的權利。人民的權利雖有種種，但是歸根到底實以身體自由爲最基本。沒有了身體的自由，則一切其他的自由，如言論自由，集會自由等都無存在的可能。英國憲政史中，民權的要求係以人身保障Habeas Corpus爲第一着，確有定理。人身保障的要義不外兩點，一是非經合法的手續不受逮捕拘禁，二是非經合法的審判不得處刑。第一點當然指惟有正式的法院手能簽發逮捕狀，凡非經此項合法手續而被逮捕者，當事人或其親屬與他人皆得請求法院限期提審，如確有犯罪嫌疑，即依法審判，否則立予開釋。第二點當然指由正式法院依正式法律及正式手續，公開審判，並予被告人以適當辯護及不受刑迫誣供的權利。

假使上開的論據獲得大家承認，我們便可進一步衡量怎樣才是民主，怎樣才是不民主。

西方國家的代表英美兩國是主張人身保障的先鋒，其獲得人身保障權以後，確能以司法獨立的精神，切實執行此項保障，事實具在，無可否認。由於人身保障的確立，於是言論自由，集會自由和其他種種的人民權利才能獲得保障。關於這一方面的民主性與程度，我們儘可暫時擱下，待把另一方面，即蘇聯方面的民主性與其程度檢討後，再作肯定的評斷。

蘇聯與其勢力圈內各國對於人身自由的保障，本來不必多所舉證，任一位公平的評斷者，都會直覺地認爲遠較英美等西方民主國家爲脆弱。蘇聯每一次的整肅，動輒殺人千百，除在納碎的德國或可覺得相似的例子外，甚至法西斯的意大利，在莫索里尼的魔掌下，還要比牠溫和些。遠的且不說，祇看蘇聯歷任駐華的外交代表，究有幾人於被調回國後幸能生存，自可見其一斑。至於報紙及專書所載，蘇聯政治人物之被整肅者，眞是不勝枚擧；而在歷次整肅案之犧牲者是否經過英美式的審判偵察，然後愼重處刑，那也是稍知國際情形者立可肯定。

至於蘇聯勢力圈內各國對於人身保障又怎樣呢？美國名記者根室氏於其新著『資鐵幕之後』第九章有如下一段敍述（據華國出版社新刊龍倦飛氏的譯本）：

「蘇維亞的審判程序與其勤取供詞的方法是爲世人所知的。下開一文件却爲我最近讀到關於此點之最富資料者。牠的眞確性是無可爭議的；因爲牠是在布加利亞國會一次會議中公開宣讀，而沒有受到反駁。我是從最近出版一個小冊子名爲『第米特洛夫不會耗費子彈』者摘錄下來，文件的主人翁爲柯以夫氏（Koev）。他是一位農民黨國會議員，曾任財政部次長。他是畢特可夫（Micola Petkov）（農民黨領袖，曾任第一次祖國陣綫副首相）的一個密友，又爲著名的左翼分子，多年來與共產黨關係密切，有如各指之與拇指。他之被逮是因與畢特可夫案牽涉。下面是他自己敍述被逮後的遭遇。後來因爲柯氏身體太弱，不能出席國會，委託畢特可夫氏在國會宣讀（其時畢氏尚未被逮）：

「最先我將說明在國民軍監獄中的審問情形，俾議員諸君對於「供詞」如何產生與共產黨控訴之如何構成略知梗概。他們使你達到體力與精神完全崩潰的程度。到了那種境地，你將對於生命與命運全不顧惜，你祇渴望一個結局，一個可以解除你的痛苦的任何結局。但是這種完全崩潰之來臨，正當你認識你是毫無抵抗者，沒有法律和權威可爲你保障，而你將永久陷入你的審問者的掌握。這正是他們自始便要你深信不疑的。審判的程序是與我們向所知者完全不同……他們最先說明你的罪行，然後勒取你的承認，以爲憑證。他們用以獲取供詞的方法大致分爲三項：(一)生理的，就是饑渴和缺乏睡眠；(二)物理的，就是痛楚；(三)心理的，就是暗示你的家人將被逮捕，你的身體還要受更酷的刑等等。

現在且讓我說明我的實際遭遇。我在被逮後的兩日，是被拘禁在一個黑暗的獄室，一點食物都沒有給與。第三日我被提到國家保安署署長的辦公室……他們說我被發覺犯了妨害經濟的罪，就是於一九四五年在布加士口岸焚燬蘇聯所存的棉花，並曾參與維爾塞夫及士丹塞夫將軍等企圖推翻現政府的政變陰謀……隨後他們又宣讀幾名軍官所書的供詞，詳述所犯的罪，並涉及我對此陰謀的參與。

經過此次審問後，我即被遣回獄室，在二十一天內不再作任何訊問。我被留在那裡，聽我自己「成熟」。企圖達此目的的第一方法便是饑餓—我每日祇獲得一點點的麵包和水。到了第二十二日—那是星期六—的早上八時，我又被提到五層樓，受第二次的審問。這次審問繼續不停，直至下星期四上午十一時爲止，審問在每二十四小時中，不分晝夜，不斷地進行；審問的人員却是每三小時換班一次。在這長期間的審問中，我是被迫站着，沒有睡眠，沒有麵包，尤其苦的，沒有半點水喝。我是加上手鐐，不許倚靠牆邊或桌旁。每三小時一個新的審問員，發出完全相同的問話，直至後來我對於每一問話都記得清清楚楚。經過第一個二十四小時後，我並沒有感覺饑餓，但是睡眠的缺乏會使你的頭腦感覺空空洞洞，那時候他們開始發動奇怪的嘈雜聲音。審問員堅持要你把同樣的日期，同樣的名字，同樣的鐘點等一一背誦出來。到了第五日我暈倒了，才被舁回獄室，立即睡倒，一睡竟達十二小時。

醒來後我以爲審問業已完了。可是同日的夜間，在十一時頃，又把我帶到樓上一個更大的房間。那位當值的警官對我說，由於我的固執，他不得不變更方法，採取眞正結實的手段。在他命令之下，我被推倒在地板上。我的兩手反搏背後，我的口也被東西塞住。隨着在約莫兩小時內我的兩脚給一條很粗的橡皮鞭不斷地鞭打。在鞭打時，那警官仍然問着與前次相同的問話。這種審問和鞭打接連舉行了四夜。在最後的一夜，除了許多警官和國民軍人員在場外，蘇菲亞國民軍的司令也親自出席。後來我仍被投入獄室，一直到十一月四日他們不再理會我。到了那日晚間十時半，我突被釋放出來。這樣的經過了九十日的拘禁，臨走時他們沒有再問什麼話，也沒有通知我犯了什麼罪。

柯以夫，彼德簽名

蘇菲亞一九四六年十一月廿九日在「國民議會」

讀了這一段千眞萬確的文字，眞使我國歷來的酷吏甘拜下風，更使歐美保護牲畜者爲之咋舌。此文的作者柯以夫氏大約是具有特殊堅忍力量和強毅性格的人，始終不肯誣服，才幸免一死。至於其他生息於鐵幕背後的人民，因爲熬不過苦，寧願獲得一個解除目前痛苦的任何結局者，其爲犧牲，眞是不可勝數。無怪乎蘇聯每次被整肅而犧牲生命的人會這樣多；而其勢力圈內的各國，也無不師承有自，此起彼繼。偶語棄市的歷史陳迹，不圖竟重見而屢見於二十世紀之所謂文明世界。

在人身自由不得保障的這樣情形下：於是言論方面，不僅沒有絲毫的自由，甚至有些人想消極的不發表捧場言論的自由也不可得；集會結社方面，則公開反對政府的組織固絕對不許存在，即與政府同一陣線的組織，如果擁護政府的表現不够積極，也在排斥之列；選舉方面，在政府已爲一黨所掌握者，其投票必須奉命，純然是一種形式；即表面仍以聯合政府爲號召者，由於共產黨人之善於控制，以小數而駕馭多數，有如鐵幕後各國的初期政權，錯綜微妙，藉多數黨爲暫時的過渡，而結果卒由少數的共產黨操縱一切者，無不彰彰在人耳目。

人民權利的眞相既如此，則民治之有無可能，不難一言而決。身體自由沒有獲得保障的人民，本來就沒有力量可以治理國家。況且言論既沒有自由，自無從發表人民的眞願望；集會沒有自由，也無從組織輿論；選舉沒有自由，更不能選舉人民所欲選的代表。在這種種束縛之下，所謂民治，實際上祗共黨治，而且由於共產黨的促狹態度，所謂黨治，也祗是極少數人的統治，如果不是寡頭的新貴族政治，便是一人的獨裁政治。

民主的基礎在自由，人民沒有自由，根本上便不是民主；而不民主便是獨裁。經過了上文的闡述，這個結論是不可否認的。

『自由中國』的宗旨

第一、我們要向全國國民宣傳自由與民主的真實價值，並且要督促政府（各級的政府），切實改革政治經濟，努力建立自由民主的社會。

第二、我們要支持並督促政府用種種力量抵抗共產黨鐵幕之下剝奪一切自由的極權政治，不讓他擴張他的勢力範圍。

第三、我們要盡我們的努力，援助淪陷區域的同胞，幫助他們早日恢復自由。

第四、我們的最後目標是要使整個中華民國成爲自由的中國。

一個自由經濟制度的成就

王聿修

人類的進步目標，是在追求一個更好的生活更好的社會。追達此目標的努力有二：一爲克服自然與利用自然，一是改進人與人的關係。一切偉大的發明家思想家的目標都不外此。

在征服自然方面，很少有爭論，但關於改進人的制度上，却成爲當前全世界爭論的焦點。例如，共產主義者說，自由經濟制度的民主政治就是帝國主義法西斯，因爲二者全是資本主義，全是資本家剝削勞工，資本主義發達到最後階段，必變成帝國主義法西斯。自由主義者說，共產制度就是帝國主義法西斯，二者全是極權獨裁，實行統治經濟，以特務警察壓迫人民服從，否認一切人權與自由，使人民變爲奴隸。

在這共產主義與自由制度互相指責的時候，我們願舉一實例，根據實際統計數字，看看自由經濟制度究竟有多少成就。

美國是標準的自由經濟制度，近一百來有驚人的成就，是歷史上所未會有的，也是其他制度所不易比擬的。美國的人口佔全世界人口的百分之六，但美國人享有全世界四分之三的汽車，二分之一的無綫電，二分之一的電冰箱。每年美國人消費全世界三分之一的羊毛，四分之一的棉花，二分之一的橡皮，三分之一的肥皂，以及其他類似的生活享受。

有人說這是因爲美國的天然資源豐富。不過世界上也有其他國家有豐富的資源，但生產追不上美國。美國的經濟能發達到這一步的原因，是由於美國經濟制度中的自由競爭，和生產技術的進步，當然這後者也是自由競爭所促成的。在美國，個人，發明家，工廠等，彼此間時時在競爭中。誰的產品好，價值廉，服務多，誰就能成功。例如，電車被進步的公共汽車替代了，航空與火車競爭，但火車也不示弱，立即增加速度，改良裝備，並給旅客與貨運以種種方便。又如汽油礦與煤礦競爭，結果煤礦竭力研究，成功了家庭用的無烟火爐和能燒煤末的火車頭。

生產技術特別進步是生活程度改善的基本因素。從一八五〇——一九四七年，工人每小時工作的生產量加了五倍，從每小時生產二角七分的貨品，增到一元四角一分的貨品，同時每週工人的工作時間，從七十小時減到四十小時左右。在一八五〇年美國的生產中，所用的人力佔百分之一五，牲畜力佔百分之七八，機器力佔百分之六。到一九四七年，人力佔百分之四，牲畜力佔百分之四，機器佔百分之九十二。所以美國的生活程度能有普遍的改進，是由於技術和設備日日改進，工資增加，工作時間減少，因之就業增加，購買力增加，經濟更發達。從一九一〇——一九四七年，普通家庭的收入，從每年二千四百元增到四千元，增加了三分之二。在一九一〇年時學齡兒童僅有百分之四四入學，到一九四〇年便有百分之六五入學。

美國增產的結果，其他國家也受益頗多。從一九四〇——四七年美國所剩餘的糧食，可供全世界的人口一年內每星期一頓飽餐。從一九四六年七月到四七年七月，美國輸出救濟物資中麪粉及麥一項，共一五、〇〇〇、〇〇〇噸。在二次大戰期間，運出幫助聯合國方面各國的食物，每年約爲美國農產品的百分之十，共值一〇、〇〇〇，〇〇〇，〇〇〇元，足供一億人生活一年。其中百分之五五給與英國，百分之三〇給與蘇聯，百分之一五給與其他國家。給與蘇聯的，足够蘇聯在整個二次大戰期間維持三百三十萬兵士的給養。

以上是美國在自由經濟制度下的生產情形。至於美國的分配情形，也更趨向公平。（註一）

每年個人收入在二萬五千元以上者算是富戶，這些人的收入總和，在一九一七年佔全國總收入的百分之七，在一九二八年佔百分之一一，約爲九〇億元，在一九四四年降爲只佔百分之一，約爲二〇億元。

另一方面，每年個人收入在五千元以下者爲普通薪水階級，這些人的收入總和，在一九一七年佔全國總收入的百分之八十七，在一九二九年降至百分之七七，到一九四四年升爲百分之九〇。雖然在百分數上較一九一七年的僅增加百分之三，但實際數字却是由一九一七年的四七〇億元增到一九四四年的一四〇〇億元。

每年個人收入在五千元到二萬五千元之間的，他們的總收入，在一九一七年佔全國總收入的百分之六，在一九二八年佔百分之一二，到一九四四年佔百分之九。實際數字在一九一七年爲三〇億元，到一九四四年增爲一三〇億元。

這些不帶感情的統計數字，證明在美國並非少數富戶的所得，佔全國收入的大部份。在一九四四年，全國的消費額共爲九百億元，而富戶的收入總和才一共有二十億元。這可說明美國的生活用品，不是少數富戶獨享了，常識也可證明，每年所生產的大量生活消費品，也不是少數富戶所能消費得了的。

而且所謂每年收入在二萬五千元以上的富戶，其中三分之二也是工人階級，因爲年在二萬五千元以上的總收入中，有百分之六十七也是工資收入。富戶們所得的利息，利紅，租金，僅佔全國此種收入的百分之三點五。

全國總收入從一九二九——一九四六年，增加了百分之九三，而在此期間工人的收入却增加了百分之一一〇。大公司的紅利不但未增加，反而減少了百分之一四。一九二九年在生產成本中工資佔百分之八十二，到一九四五年工資佔生產成本的百分之九〇。付與資本（工廠設備）的利潤僅佔百分之六，換句話說，以往二十年內美國國家總收入的增加，大部分爲工人所得，公司付與股東的紅利，僅爲營業額的百分之二。一九四六年是紅利最高的一年，股東的紅利也不過平均爲百分之四點七。

美國的資本設備，主要是由一九〇〇——一九三〇年積累而成的。尤其從一九二〇——三〇年是工業設備最擴張的時期，也就是增加新設備最多的時期。這些資本的來源，多半是由每年收入在五千元以上者，積蓄下來的。

美國的分配更趨向公平，原因很多，如反托拉斯法案禁止獨佔企業，及最低工資法案社會保險法案養老金法案等。但最主要的還是美國的稅制。例如中央政府所收的累進所得稅：一個四口之家，每年收入三千元者，須納稅一三一元，收入一萬元者須納稅一七〇〇元，收入五萬元者，須納稅二四，〇〇〇元。收入十萬元者須納稅六七，二〇〇元，收入十五萬元者，須納稅一一一，八二〇元。收入愈多稅率愈高，一方面財富藉此得以平均，一方面仍保有追求財富的推動力。

有人說，在美國，生活的需要造成市場，發明家製造了物品來滿足生活的需要，工廠創造了便宜的方法來大量製造，經理人管理工廠，使牠能維持存在。這就是美國自由經濟制度發展的經過。

現在美國的經濟界和經濟學者幾乎一致認爲（註二），自由企業的經濟制度，有幾個必要條件：（一）在不違犯公共利益下，自由競爭。（二）禁止獨佔企業。（三）必須繼續增加生產，但同時（甲）必須逐漸增高工資，（乙）爲達此目的，必須發展新技術，增加工人每小時的生產量，（丙）必須減少工作時間，增加就業人數，（丁）必須使人普遍認識，尊重人生的價值，是求更好生活的必要條件。

註一——參看 Notre Dame 大學經濟研究所所長 E. A. Keller 著「美國的收入與分配」，一九四八年出版。

註二——參看哈佛大學校長 J. B. Conant 等著「美國的奇蹟」，一九四八年出版。

鐵幕對抗自由

美國助理國務卿 索爾甫 作

戰後美國人開始了解蘇聯領袖的一些奇異行動和政策的原因。然而有一件事仍是我們極難了解的。爲什麼蘇聯的領袖如此狂烈地要封閉他們的廣大國土，不讓一切外方的理想和觀念進入？他們所抵制的不僅是政治或經濟的理想，還制止作任何一種智力的接觸。

這樣的自絕於外界，使美國人難以理解，因爲美國人有他們的歷史和文化，這種歷史和文化使美國人不能了解蘇聯領袖行動的動機。美國借重外來的理想，技能，設備和資金，同時從很多其他國家吸引移民。對於這樣的借重，美國並不感到慚愧。

美國自由利用任何國家的理想，在如此形成的一個國家中，認爲智力自由是理所當然，一如呼吸空氣的無須考慮。在美國各種理想可以公開地自由競爭。辯論，爭辯和自由討論，在美國習常是普遍的國民娛樂。

美國的科學家不僅力求獲知其他國家科學研究的情形，而且還極想讓別人分享他們自己的發現。在文化方面也是一樣，對於外國的藝術家，音樂家，作家和影片概表歡迎，就經濟方面說，我們所以能够獲得很多進步的技術成就，乃是由於我們在經濟上和思想上門戶開放。美國立國初年，我們的鐵路和運河，乃是由外國資本所協助。

戰後不久，國務院爲要表示友意，並由於美國人對於蘇聯音樂的普遍愛好，曾請蘇聯安排一下，使紅軍合唱隊和其他類似團體到美國來訪問。同時國務院建議表示如若可能，美國文化團體也可以去蘇聯作一種交換訪問。國務院建議交換歌舞團體，戲劇團體和樂隊，並建議交換藝術品，建築品和手工製造品舉行展覽，藉以增强蘇聯和美國人民的相互了解。

下一年左右，各個美國人團體和個人也向蘇聯提出類似的建議，然而，這些建議沒有一項被接受。

一九四六年下半年年中，美國公共衛生處的軍醫監邀請四位聞名的蘇聯醫師，包括巴林醫師在內，來美視察醫院和癌症研究所的設備。這一次，邀請被接受了，蘇聯的醫師來美後就被引導參觀一切最新的科學發展。後來知道蘇聯對接受甚至這樣的一種邀請都引爲憾事。因爲巴林醫師在回到莫斯科後就失踪了。其後不久，蘇聯的衛生部長也被免職。

一九四七年以還，蘇聯方面不滿意於對交換知識的建議加以消極的拒絕，轉而積極禁止和外界的思想和文化接觸。

一九四七年十二月，一道命令對鐵幕加以正式的承認，命令禁止蘇聯的文化，科學和教育組織直接與外國人來往，一九四七年六月，蘇聯當局規定讓外國人獲悉情報乃是犯罪。

蘇聯領袖除了確保情報和計劃不漏出蘇聯外，還竭力使西方的思想和文化不能進入蘇聯，這方面的拼命下工夫有時候顯得滑稽可笑，蘇聯高等教育部部長查達納夫一九四八年三月三日在莫斯科官方報紙眞理報上發出警告，要蘇聯不要想能和外國科學工作者作科學上的合作，因爲據查達納大說，科學是不能和政治分離的。

藝術和文學也不能逃避。一九四八年二月十日所頒佈的命令說蘇聯的音樂必須具有國家性，蘇聯的作曲家必須永遠斷絕和「布爾喬亞」音樂上的意識形態的一切聯繫。

蘇聯在爲她的建設師規定標準的努力上最爲滑稽，據宣佈說，蘇聯的建築師（他們還沒有建築過摩天樓）將建築完全不彎曲和不能移動的建築，以象徵社會主義經濟的力量和計劃的性質。他們將不建築那些「風來就危險地搖動，象徵資本主義世界的不穩定」的建築物，如同紐約城的帝國大厦。

蘇聯人士顯然不知道假如摩天樓要能抵得住强勁的風力，建築時就必須使它能够保有一些彈性，摩天樓如果「不彎曲不移動」，就有倒塌的危險。也許有一天蘇聯人士將領悟到同樣的原則也適用於社會組織。（今日美國）

從近代文化批判共產黨

——共產黨是反科學、不民主、非社會主義的——

雷震

一

自然科學，民主政治與社會主義是近代文化的三大特徵，而蘇俄以及全世界各國的共產黨，口口聲聲說他們是尊崇科學，信奉民主主義（或新民主主義），實行民主政治，而要造成一個社會主義的世界。聞者不察，以爲這些都是事實，决非口號，跟着共黨的宣傳而隨聲附和，尤以青年人爲甚，以致是非顚倒，黑白不分，淆亂聽聞，莫此爲甚。本文擬根據共產黨之所行所爲，從科學，民主及社會主義三方面來加以檢討，證明共產黨是反科學，不民主，更是離開社會主義的目標很遠很遠。

二

馬克斯生於十九世紀自然科學全盛的時代，故他對於自己的學說自命爲科學的社會主義，他的信徒們更是亦步亦趨，開口科學，閉口科學，故自表面觀之，共產黨是極度崇拜科學的。但若稍加分析，我們就可發現馬克斯及共產黨之於科學，只是貌合而神離，馬克斯的學說，全是一片武斷的教條，絕不像科學的定律，蘇俄以及各國的共產黨更是只要利用科學的技術，絲毫沒有科學的精神。

現在以蘇俄爲首的各國共產黨，表面上極其尊崇科學，一切均以科學爲號召，究其實只是着重於科學的成果——技術。他們要利用技術以製造殺人的利器，而實現其征服世界的野心，故對於工程師與技術人員的待遇則特別提高，研究設備亦盡量設置供給。且他們自己復想把整個國家造成爲一套鬥爭的機器，然後在鬥爭場中壓倒敵人爭取勝利，其聚精會神與匠心獨到之處，實與工程師之設計圖案由此製造機器，並無二致，故他們也確是懂得技術之巧妙與其功用。至於科學的精神，他們不但絲毫沒有，而且是要盡其力之所及以排除的。科學的精神是甚麼？大家知道自然科學的精神是懷疑的，批判的，謙遜的。科學家對自己的理論也只叫做假設（Hypotthesis）或臆說（Suposition），沒有實驗的證明，不敢說是確實的眞理，卽使已經實驗的證明，也還不敢認爲這是天經地義，無可變更的，只是比較其他更爲確實可靠。至於對他人的學說，絕不敢輕於置信，在理論上是否尚有可疑，固應審愼考慮，在證明上方法有無漏洞，尤須嚴密檢查。從一方面說，很多人相信的道理，縱或錯誤，必有一部分的眞理藏於其中，從另外一方面說，雖爲公認眞理的學說，一經仔細查考，往往不能全盤接受，因爲人類的產品，畢竟含有錯誤的危險在。今共產黨之宣傳，馬列主義是絕對正確，不許懷疑，不許批判，須要全盤接受，此外所有其他主義，其他思想，都是完全錯誤，你若相信他，不是反動，便是頑固，不肯改造，便須打倒。這不是與科學的精神背道而馳麼？依照他們所說，不但馬列主義絕對正確，而且他們的領袖如史太林、毛澤東輩之所作所爲，亦屬毫無錯誤。信如所言，則馬列主義並不是許多學說中之一種，乃是宗教的教義，經典中的信條。史太林、毛澤東輩並不是一個現世的活人，乃是一個不折不扣的上帝。故共產黨徒的態度正似宗教家的狂熱虔誠，和科學家的冷靜客觀恰立於對蹠的地位，共產黨徒的宣傳正是魔術家的催眠，和科學家的求眞相去正不可以道里計。其尊崇科學的口號，只不過是咒語符籙，使聽者容易受其催眠罷了。故他們最怕知識份子戳穿其黑幕，揭發其眞相，所以要箝制言論，統制思想。如果是科學家的話，藉賓他人的檢討批判，正可矯正自己的錯誤，乃歡迎之不暇，絕無使用暴力禁止的理由。中國人有一句俗話：「眞金不怕火來燒」，越是經得起紅火鍛鍊的東西，越可顯得出他的眞實價值，主義也好，學說也好，凡是怕人批評的，或者經不起指責的，不是本身有錯誤，一遇批評則原形畢露，便如花房中的花朶，經不起風霜雨露的磨折。共產黨常說知識分子靠不住，易生動搖之心，就因爲知識分子旣非隨便可以說服，亦非鐵幕可以罩住，故共產黨徒的態度與行動，不但是不合於科學，而且是反乎科學的。

其次，辯證法的唯物論也是不合科學的。黑格爾的辯證法本來是形而上學，他自命高出科學之上。照他的說法：「科學（包括數學在內）是悟性的，次一等的，而他的哲學方是理性的，最高無上的」。不過十九世紀之自然科學，正如旭日方昇，氣燄萬丈，自非黑格爾的唯心論所能壓倒，故他的學生之中便有好多位不相信其學說，而走到唯物論方面去的，斯特勞斯(Strauss)與費爾巴哈(Feuerbach)便是此派（左派）的首領。馬克斯受了費爾巴哈的影響甚深，篤信唯物論可與辯證法結合而成立合乎科學的理論，故他自命他的學說爲科學的社會主義，當然不願意說他是高出科學之上了。可是唯物論雖與唯心論相反，仍是形而上學之一支，自不能與科學强同，辯證法原爲解決形而上學的問題而剏立，更與科學無關。此二者既然都是形而上學，爲甚麼二者結合起來又可變爲合乎科學呢？馬克斯的信徒們知道以辯證法的唯物論强和科學相同，是有些說不過去，但又不肯自認其理論不及科學之正確，只好復返於黑格爾的態度，認定其理論爲高出於科學之上了。依照米定（Mitin）和拉里察維基(Ralchevitch)等合著的「辯證法的唯物論」(Dialectical Materialism)裡說：「法則（按指自然科學的定律）是現象的靜止的反映，因此，一切法則都是狹隘的，不完全的，近似的」。總之：「一切法則的規定，並不是絕對的，而只是相對的」。可是唯物辯證法的法則却不是如此。他說：「唯物辯證法的法則，連他的根本法則包含在內，是反映着物質運動的一般法則，物質的運動及發展既是絕對的，那麼唯物辯證法的範疇也是由實踐和幾千年來的科學發展所確證了的客觀眞理。因此，這些法則的絕對性決然不是形而上學的」。（米定等著辯證法的唯物論，艾思奇譯，譯名爲新哲學大綱三一八至三二〇頁）。自然科學的法則是相對的，而唯物辯證法的法則却是絕對的，這兩種法則之不同，豈不是他們自己已經明白承認麼？在科學的範圍內找不出絕對的法則來，如果唯物辯證法的法則確實是絕對的法則，則唯物辯證法必也高出於科學之上，高出科學之上就是形而上學，而他們又自認決然不是形而上學，豈不是自相矛盾麼？

最後，唯物史觀（史的唯物論）之說，他們更自詡爲唯一的科學的歷史觀，已由假設而證明爲客觀的眞理。大家知道唯物史觀是以階級鬥爭爲中心的，據說原始時代是無階級，無鬥爭的社會，因分工的結果，漸次有階級出現，階級之間遂互相仇視而生鬥爭，到最後則階級消滅，鬥爭於焉止息。歷史的考證今日無暇一一舉例辯駁，但他們那些假定很多牽强附會，所作結論多屬武斷之言，在整個歷史過程當中，階級的產生，及由階級的對立而發生的鬥爭都不是歷史的事實，人必群居而後能生存，人必合作而始能群居，如果只有鬥爭而無合作，則人羣早已渙散，社會早已解體了，所以合作是社會結合之最重要的因素，有此而人類始能戰勝自然的環境，而發展其高度的文化。故唯物史觀乃是歪曲事實以求適合其理論，絲毫沒有科學家忠於事實的態度。至於由此得出的結論，要挑撥階級間的仇視，煽動階級間的鬥爭，使社會裂痕日趨擴大，其與科學更是相距十萬八千里了。其鬥爭思想自認爲根據進化論，而進化論並沒有證明同種之間必需鬥爭，而唯物史觀的信徒們對於持進化論的史觀者，亦攻擊不遺餘力。進化論之爲科學，自不及化學物理學程度之高，然亦非唯物史觀所能比擬。故唯物史觀云云，是不合於科學的。

辯證法的唯物論與歷史的唯物論，乃是馬克斯的教義，照上面的分析，都不是科學的，所以其信徒們根本沒有科學的態度，絲毫不懂科學的精神。

三

民主政治與自然科學是近代文明的孿生兒，這不是偶然的並起現象，自有其深邃的理由。上面說過：科學的精神是謙遜的，懷疑的，批判的，對於人們的意見（連自己的在內），不肯輕於置信，亦不敢隨意抹撥，必須審愼的分別其中的是非眞僞而後可。民主政治之精髓，在服從多數的意見與寬容少數的意見，即是根據科學的精神而確立其理論的根基，不敢獨斷的認定自己的意見爲是，而排斥其他一切意見爲非，故民主政治的精神是與科學的精神同出一轍，就是謙遜的，懷疑的，批判的。以時間先後言之，也可以說是先有科學的精神，然後才能產生民主政治」。

民主政治的眞諦，在於服從多數的意見與寬容少數的意見，上面已經說過，因爲每一個人的意見都不一定是絕對正確的，也不一定是完全錯誤的，你固可以堅持你的，我也毋庸放棄我的。蓋政治上的行爲不若自然現象之可以由觀察經實驗而得到證明，爲要解決雙方僵持不下的局面，則唯有暫以少數服從多數的辦法來處理問題。多數的意見雖未必比少數的爲正確，但既已有多數人來主張，自必含有一種强固的理由，則毫無疑義。而且施行如此的政令，必能獲得多數人之樂於奉行，更可容易收到預期的效果。其反對者此時應有服從多數的雅量，雖則深信自己的意見更屬正確，在理論上仍可堅持成見，在言論上也可充分闡明已見，惟在行動上則應完全服從多數的意見，且須努力以奉行，决不作陰謀破壞的舉動。如果當時爲多數所贊同的意見實行以後，未能收到預期的效果，而相反的發生了許多弊病，或者時間隔了很久，到了另一個應該問明選民意見之時期，則少數者更可以其先見之明大加發揮，使全國民衆曉然於其意見之正確，將可由少數而變爲多數，便可以取得政權而實行其曩時曾爲少數之意見了。他方，多數者亦應有寬容少數的大度，切不可挾其多數之勢以壓倒對方，逼其改弦更張，改信自己的意見。一個時期大家認爲不正確的理論，經過相當時期而變爲眞理者，此在自然科學史上已屢屢見不鮮之事，在社會科學方面則更不待論。故少數意見有時反比多數意見更爲正確，更爲眞實，自沒有强其放棄而雷同附和多數的理由。只要少數者能够服從多數的意見，而無反對的直接行動，便應讓其堅持良心的主張，且應許其作言論的發表。這種度量（寬容少數的大度和服從多數的雅量）是民主政治之不可或缺的條件，每一個人都是應該具有的。如果沒有服從多數的雅量，而必須貫澈少數的主張，則意見之爭持將不能止於言論之商確，非至出於行動的鬥爭，則無法獲得實際的解決，最後必憑藉暴力以決勝負，社會國家必至擾攘而無寧日矣。如果沒有寬容少數的大度，一方則排斥異己，强人從同，使被壓迫者出於鋌而走險之一途，同時他方則陽奉陰違，你虞我詐，使人人不能互信，而成爲人與人爭此與彼鬥之世界。政治果循此道以行，雙方都必然走到獨裁的道路，再沒有實現民主自由之可能了。

現在全世界的共產黨徒都是沒有度量的，更說不上寬宏大度。當他們在野的時候，則藉口各種自由（如言論、出版、集會、結社等等自由）以爲宣傳煽動的工具，到處用最毒辣的手段，實行搗亂破壞，以求實現其奪取政權之目的，故居於少數者的時候，絕對沒有服從多數的意思。迨一旦他們取得政權之後，則剝奪他人的一切自由，不惜用極殘忍極暴虐的方法，以强迫對方服從他們的意見。而且極力排斥寬宏的意見，惟恐這種觀念的廣播，使人們的心中所蘊蓄的「幾希」的人性會擴而充之，馴致會懷疑其宣傳，痛恨其殘暴，鄙視其行爲，更進一步會破壞其政權。在共黨心目之中，天下唯一的正確者就是他們領袖的意見，其他一切都是完全錯誤，甚至大逆不道，故寬容多數尚且不可，更何論於少數。依照上面所說，服從多數與寬容少數是民主政治不可或缺的條件，共產黨徒不但不具備這兩項條件，而且極力以排斥之，故他們之於民主，儘管說得天花亂墜，實則南轅北轍，只有越走越遠的。因爲他們沒有科學上所應有的懷疑與批判的精神，就不會養成寬容的態度。原來少數者雖可堅持其意見之正確而仍樂於服從——衷心悅而誠服——多數的理由，完全因爲受到寬容，許其隨時自由發表意見，將來還有獲得多數贊同的希望，現在忽然遭到殘暴的壓迫，全無發表的自由，且進一步更强迫其改造思想，塡寫自白書，甚至悔過學習，故少數者處此情形之下除屈服之外，只有採取直接行動以顚覆政府了。在獨裁政權底下，政府的武力强大，足資鎭壓的時候，尚可維持一時的安寧，倘若武力削弱，必至叛變四起，又陷全社會於混亂之中，因人人僅一時屈服於武力之下，並非心悅而誠服。不僅此也，實在說起來，共產黨連多數少數並不理會，縱然遇到多數人民的反對，他們依然要憑借其暴力去鎭壓的，所以陳獨秀先生說：「反對黨的自由」，才是民主政治的最基本的內容，共黨天天自以爲是民主，是新民主，是更高級的民主，我們只憑此一條件便可擊破其虛僞的宣傳了。

根據共黨的鬥爭思想，把人類分爲兩大羣，一方是友而他方是敵，其間並無中立的餘地，故「革命不許中立」，「不革命等於反革命」的口號，喊得響徹雲霄。在他們心目中只有友敵之分，友是應該爭取的，敵是應該打倒的，數目之多少並無重大的關係。他方口口聲聲標榜人民，一切爲人民，大家要靠攏人民，其勢力所及的地方，都要建立「人民民主」的政制，究其實所謂人民也者，並不是指社會中每一個人而言，其所指者只是共產黨徒及其擁護者而已。此外都是敵人，都是反動份子，「只許他們規規矩矩，不許亂說亂動，如要隨意行動，立即取締，予以制裁」。這是馬克斯列寧以來一貫的主張，也就是毛澤東所謂對人民內部施行民主，對反動派則實行獨裁的眞諦。至於甚麼階級才是人民，都是一片鬼話（照毛澤東說有四個階級是人民），難道這些階級之中，竟沒有一個是反動派麼？只要被他們認爲反動派者，便在應被壓迫之列，再不能有和他們講民主的資格了。這種理論將一個社會中的人們分爲兩大群，一方是人民，是施行民主的對象，他方則不是人民，是施行獨裁加以壓迫的對象，不但在理論上說不過去，而且一經實行起來，則只有獨裁，毫無民主，乃是必至的結果。一個社會中既有反動派，既有應被壓迫的人羣，則誰爲人民，誰屬反動派，究竟由誰來認定？每一階級恐怕都有反動派在內。根據職業以劃分麼？那一種職業可保證反動派之不存？人民與反動派既已沒有淸楚的界線可以劃分，則除統治者認定之外更無他法。列寧或許誠心想在共產黨內行民主，對黨外行獨裁，這本是比較淸楚的界綫，可以截然分開，但是一到史太林手中便也無形消滅。許多人以爲史太林的個性特別陰險狠毒，所以非變成他一個人的獨裁，則不足以厭其欲望。其實既已對大多數的民衆可以獨裁，爲甚麼對少數黨員則必須施行民主，理論上已屬不通，祕密警察任意逮捕人民已成慣例，則此逮捕權之施於黨員，事實上也覺得順理成章，毫不足怪。嚴格而論，共黨所謂反動派者，概以馬列主義爲依歸，凡屬不信奉馬列主義的人們都可歸入反動派一類去，則共產黨員中有少數馬列主義的叛徒，也是事所常有，誰能保證其必無呢？有這些理論及事實爲依據，而史太林乃能發揮其威力，順我者昌，逆我者亡，造成其唯我獨尊，朕即國家的地位。因此，儘管同爲馬列主義的信徒，若不合於史太林的胃口，勢必至於終被淸除而後已！須知獨裁是獨裁，民主是民主，想做到二者之矛盾的統一是不可能的。故不但對人民內部施行民主是完全不通的胡說，即在共產黨內部施行民主也是理論上說得好聽的欺人之言，一經許可其對某一部分人得施行獨裁，則必至對全部人們均施行獨裁而后止，故獨裁政治之最後必爲一個人的獨裁，乃是勢所必至的結果。

四

此一人獨裁的政治，是否爲馬克斯所逆料，雖不得而知，但依馬氏的理論，似乎不應有此事的出現，而又是不能不出現的。馬氏主張以無產階級專政爲過渡，才可達到無階級的社會主義的社會。殊不知專政一經成立，則階級之對立必無法消滅，而社會主義必然被否定而無餘。無產階級專政也和人民民主專政及共產黨專政一樣，把一部分人當作施行獨裁或壓迫的對象，其結果必然走到極少數人獨裁乃至一個人獨裁的道路上去，照我們上面的分析，就可完全明白。在獨裁政治之上，統治階級與被治階級是截然分開的，一方握有絕大的權力，操有不受限制的自由，他方則毫無自由，完全變爲奴隸，又絕對不許反抗，試問這兩階級的對立，怎樣又能够逐漸消滅呢？權力慾植根於人類的心坎中至深且固，握着權力的人們，要他們自動拋棄權力决非易事。一方無力反抗，他方又不會自動拋棄，則兩階級之距離，豈不愈來愈遠，其對立情形豈不與日俱增麼？請看今日的蘇俄，統治者權力之巨大，眞是史無前例，不但有祕密警察可以任意捕人，不經審判可以處人以死刑，而且握有全部的物資，對於反動者儘可供給少數的食料，而强迫其作多量的工作，而使之慢慢消耗體力以至於死。如此的統治階級天天所苦心焦思者，唯恐其權力之不鞏固，就是唯恐其階級利益之被剝奪或被削弱（廣義的利益當然包括權力在內），爲有自願放棄其特權之理？這權力上的階級對立，其爲不平等，較之經濟上的階級對立，實有過之而無不及，要統治階級放棄權力也正和要資本家放棄財產一樣，這是絕對不可能的事體。

階級對立既是無法消滅，則社會主義亦無從實現了。十九世紀以來，社會主義派系繁多，不下數十種，各各有其獨自的主張，但是其大原則，則彼此完全相同，即在祛除經濟上之貧富懸殊，而謀社會財富之公平分配，使人人不虞貧困，各可發展其天賦之才能。一言以蔽之，經濟上的平等，乃是社會主義的共同目標。這目標能在獨裁政制下冀其實現麼？我們的答案是：「不可能」、「絕對不可能」。統治者已操着生殺予奪的大權，如果其內部的多數人員均趨向物質占有之途，則政治上的階級對立，必將轉變爲經濟上的貧富不均，就是統治者可以擁有大量的財富，而被治者則貧困不堪。有絕大權力的統治者極易腐化，而其腐化的結果必造成貧富懸殊，歷史上事例很多，毋須一一徵引而後明，克拉夫青科所著「我選擇自由」一書說明蘇俄統治階層生活之舒適豪華，及被治階級生活之窮困顚沛，更可證明我們所說之非誣，陳獨秀先生說任何獨裁都和貪汚腐化的官僚政治是不能分離的。退一步言之，即使統治階層中的多數人不會腐化，不求多量物質之占有，而經濟平等之目的，也還是不能實現的。因爲統治階層的利益在其政權的鞏固，故稍有反抗的行爲便認爲是反動派，便要減少其物資的分配，甚至使之饑餓以死亦不顧。若反抗的行爲眞正是想推翻政府，猶有可說，若其動機純粹出於經濟的利害也要受到重罰，又何能謂爲經濟平等？如蘇俄絕對不許罷工，以罷工爲犯罪，即怠工亦要受到嚴厲的處罰，則工人雖遭到極不公平的待遇，也只有緘口而忍受，就無法以爭取公平。中共佔領上海後要國營紗廠工人自動減低工資，工人們敢怒而不敢言者，更是最好的例子。權力過大者極易濫用其權力，往往憑其喜怒好惡以爲賞罰，而在共黨統治下的賞罰多與物資有關，故要求經濟上的公平實非易事。縱使某一英明的領袖能有公平的賞罰，也不能保證其後繼者永遠能够如此。總而言之，在共產黨統治下的經濟平等，最多亦不過獨裁者以及其一群之恩惠罷了。故建築在獨裁政治上的社會主義，乃是沙灘上的樓閣，沒有强固的基礎，即使能成功於一時，並無法保證其永固，何況一時的成功還不易獲得呢？

五

自然科學，民主政治與社會主義是近代文明的三大特徵，其能凌駕古代文化而上之者，亦正在此。自然科學已有輝煌的成績，並世各國仍力謀精進而不懈，民主政治，英、美、法諸國已有較深厚的基礎，雖不能盡爲人意，未能做到理想的境界，而其成就亦已不可磨滅，惟社會主義則正在建設的途中，尚多爭論之餘地。十月革命後的蘇俄，以及世界各國的共產黨，揭櫫社會主義的目標，也未嘗不以科學，民主相號台，可惜他們只要利用科學的成果——技術，而扼殺了科學的精神——懷疑與批判，在確實性較低的社會科學方面，堅持偏宕狹隘的成見，以階級鬥爭解釋一切歷史現象，不肯和世界各國從容討論，以從事和平建設的事業。最近則對自然科學的研究亦橫加干涉，竟欲根據馬列主義以駁斥門得爾（Mendel）的遺傳律，其反對科學的態度已昭然若揭。科學與民主，在歷史的事實上後先繼起，相得益彰，在理論上亦是一貫相承，同根並茂。今共產黨之所行所爲，是將科學的精神整個扼殺，民主的制度更是連根拔起，則理想的民主政治將何從到達？社會主義雖屬後起，然若不奠基於科學與民主之上，則必不能有顯著的成功與永續的進步，亦有其理論的必然。共產黨徒明知要建設社會主義不能脫離科學與民主，故其宣傳綱領亦以此相標榜。可是在我們嚴密的批判下，共產黨既反科學，又不民主了，則其社會主義的建設，怎能够有成功的希望呢？說者謂馬克斯主義的實驗已經慘敗，這是根據蘇俄過去三十年的事跡而云然；我們則瞻望將來，斷定在獨裁政治下來建立社會主義一事，必然必然是徒勞而無功的。豈僅如此，人類還不知要犧牲了多少生命以供他們的實驗啊！

民族戰爭呢？還是社會戰爭？

殷海光

這是一個大混亂時代！

思想的混亂，是行動混亂底基本原因之一。自十九世紀中葉中國大規模與西方文明接觸以後，思想界就開始混亂；最近幾年，可算到達了混亂的最高峯！

思想的混亂。只有用思想來解決。任何其他辦法，最多只能造成年青一代表面的平靜。

現在，大家面臨的重大問題，是反共抗俄底問題。這個問題，關係於整個民族底存亡榮辱，各個人底幸福苦樂，和歷史文化底絕續盛衰。關係若是之重大。然而，有人對于這種問題認眞作過冷靜的思考沒有？也許有。但是，大家所看到的，多是些口號。而這些口號之製定程序，顯然沒有經過嚴格的考慮。多少年來，功令代替討論。而布爾希維克主義者之反思想自由和言論自由更阻塞了智慧底發展，以致產生了目前的結果。我們如果要人不僅是口服而是心服，尤其是要年青一代底知識分子心服，而樂意自動參加反共抗俄陣線，必須將反共抗俄置於顚撲不破的理論基礎之上。因而，將這個問題弄淸楚，實在是當務之急。

對於抗日戰爭勝利結束以後數年來國內進行的戰爭之性質，有兩種截然不同的看法。許多人將這一戰爭看作是民族戰爭；另外有許多人則看作是社會戰爭。這是一個很根本的歧異。因爲這兩種看法之間的距離若是之遠，於是各人所注重的方面，所抱持的態度，所採取的行動，所發生的心理反應，也各不相同。這些歧異之存在，似乎對於反共抗俄只有害處。因而，我們必須將這個問題分析一番。

堅持這一戰爭是民族戰爭的人，是以民族主義爲中心。他們看到蘇俄要侵略中國，而中國共產黨受蘇俄利用，進行滅亡祖國的勾當，所以將對共黨進行的戰爭，看作是一民族戰爭，亦若抗日戰爭之爲一民族戰爭。這一部分人，至少在不久以前，似乎有意或無意拒絕承認這個戰爭之社會的性質。彷彿一說這個戰爭有社會性質，便鬆了勁，便分散了目標，甚至於涉及到本身底什麼。由這些觀念出發，於是，諱言「改革」，懷疑提倡革新者，甚至於仇視要求進步的人，而將他們歸入敵人之類。

將這個戰爭看作是民族戰爭是否正確呢？當然有相當的道理。不過，這個道理只是一方面底道理；未足以概括這一戰爭底全部特徵。

堅持這一戰事是社會戰爭的人，是以民主自由或社會主義爲中心的。他們認爲中國社會旣然弄得這樣糜爛腐毒，經濟崩潰，社會動亂，勢必引起嚴重的社會戰爭。中國自古卽是如此。因着他們注意這一方面，於是有意無意不强調這個戰爭之深刻的民族性。彷彿一强調它底民族性，就忽視了它底社會性似的。

這種看法是否正確呢？無可否認的，這種看法也有道理，祗可惜也是一偏之見；未足以概括這一戰爭底全部特徵。

怎樣的看法才能概括這一戰爭底全部特徵呢？

我們必須老老實實大大方方承認這個戰爭旣是民族戰爭又是社會戰爭。因爲，這樣承認才合乎事實。以建立於事實之上的正確認識作基礎，才能對問題作有效的解決。

毫無疑問，蘇俄是要侵略中國的。蘇俄之要侵略中國，亦若帝俄之要侵略中國，而且更是變本加厲，手段較之帝俄尤爲陰險複雜毒辣。沙皇彼得大帝，勵圖遠略，在西方謀開「西窗」；在東方則謀開「東窗」，想攫取不凍港口。一六八九年帝俄與中國訂立尼布楚條約以後，逐步遂行侵略中國：佔領西北利亞沿太平洋的流域，東海濱省、黑龍江以北和烏蘇里江以東地區，以及西北伊黎河下流地區；更進而染指東北，在東三省建築鐵路。蘇俄時代呢？除了籍第二次世界大戰末期出兵於遠東三十六小時之便而「恢復了帝俄時代的一切權益」以外，又嚴密地控制東北，置蒙古爲附庸，垂誕新疆。

當前的世界大勢，就是以後起的蘇俄向民主國家爭奪世界霸權爲基型的形勢。從思想信仰着眼，蘇俄之與西方民主國家之間的衝突，簡直是走着東方正教國集團(Orthodox Christendom)與西方基督教國集團(Catholic Chrtsiendom)之間爲了爭取教區而發展的衝突。就政治及地理形勢着眼，蘇俄之與世界，頗似戰國時强秦之與六國。第一，衞鞅治秦，嚴刑峻法，今日蘇俄之嚴刑峻法，確屬史無前例。第二，秦國嚴禁人民「私門」而鼓勵人民對外「公戰」。蘇俄則窮年製造「受資本主義國家包圍」的恐怖，將整個國家從思想到物質變成一個澈底的戰鬥體。第三，强秦居於荒凉的西北，地形險固。便於進戰退守。就世界地形大勢而言，蘇俄大部位於北寒帶，居於從北向南俯衝爭取太陽爭取暖水之勢。第四，秦國於六國之中比較落後，但却佔「後來居上」的便利。她底人民生活刻苦，整軍經武，富國强兵，卒滅六國。蘇俄開國也比較落後。在十六世紀以前還未與西方文明接觸。到第十七世，彼得大帝才領導俄國走上工業化的道路，列寧和史大林繼之。蘇俄也得「後來居上」之便。她底科學不行，可以請德國科學家指教。她不會製造原子彈，可以派間諜到美國去偷。第五，在對外手法上，秦國知道「遠交近攻」在當時老實的古人之中，可算得是狡猾的對外策略。現在因時勢不同，蘇俄底對外策略雖然不是墨守「遠交近攻」之法，但她時而遠交近攻，時而近交遠攻，不拘一格，極盡詭譎變幻之能事。第六，六國也知道强秦有吞滅六國的野心，大家想方法對付，但是時而「合縱」，時而「連橫」，步調不甚堅定一致。而秦國則上下一條心，步調堅定一致。終於，六國一一爲秦各個擊滅，一統天下，建立了極權統制。在蘇俄與民主國家的對應情勢上，和强秦與六國的對應情勢，竟是這樣類似。當然，類比(Analogy)不是推論(Inference)。我們不能根據類似之點而斷定民主國家在面對蘇俄威脅的情勢中，也會得到與六國相同的悲慘結局。但是，這一提示，却足够民主國家更加警惕了。

中國和她底人民，則是蘇俄向外侵略發展鋒鏑之前的犧牲品。躲過了德國機械化部隊毀滅的蘇俄，在經美國物資援助喂飽了以後，正像第一次世界大戰後企圖乘戰爭的動亂藉『世界革命』而向外膨脹樣，她又乘人疲憊而向外擴張。這一擴張，於見阻於西方之餘，又像第一次世界大戰以後之轉旆東征一樣，向中國擴張。她援助並擴大了中國共黨底變亂；鼓勵了毛澤東建立『政權』。誰都應能看得明白，史大林是通過毛澤東之手來統制中國，和控制中國四萬萬人底呼吸的。

在這一蘇俄侵略行動之前，我們打共產黨，當然就是打蘇俄。所以我們，將「反共」和「抗蘇」相提並論。既然如此，反共抗蘇戰爭，當然是民族戰爭了。

反共抗蘇戰爭，既然是民族戰爭，爲什麼還有些人作別的想作呢？這就是因爲，反共抗蘇俄戰爭，從以上所說的理由看來，固然是民族戰爭，但是，從另一方面看來，並沒有這樣簡單。我們還得作更進一層的討究。祇有作更進一層的探究，獲得眞實的結論，才足以服人心而振士氣。

不錯，共黨變亂之延長與擴大，是受蘇俄底指使與支援。但是，幾乎各國都有共產黨，美國共黨也成立于一九二〇年。照蘇俄之痛恨美國這股勁看起來，蘇俄未嘗不想在美國製造第五縱隊，從內部瓦解美國，佔領美國，這樣可以省下她多少氣力。然而，美國底蘇俄第五縱隊爲什麼總是搞不起來呢？中國底蘇俄第五縱隊卻越搞越猖獗呢？這是問題底癥結之一。這個癥結一日不解除，中國底變亂一日不會眞正中止。一切對國家有負責勇氣的人決不廻避這個問題。口號不能代替解答。

一定有許多人，眼看着他們底學生，他們底朋友，他們底同伴，一個一個地走上他們人生錯誤的道路。這些人，不見得眞正了解馬克斯主義，更不見得喜歡共黨之所作所爲。但是，他們眼看一片漆黑，而現實痛苦的鞭子，又一分一秒地鞭打着他。十餘年來，要求『改革』與『革新』的呼聲，遍及朝野，眞是脣爲之焦，舌爲之爛，筆爲之破，紙爲之穿。然而，終難得到當局的重視，甚至有時被認作圖謀不軌，視若讐仇。在這要求改革進步的要求不能滿足的時候，在這眼看着家園被一張一張的冥紙所吞沒的時候，在這走途無路沒有一片光明可尋的時候，大家軟弱極了，惶惑極了，悲憤極了。假如有人禁不住魔鬼的招誘，符咒的迷惑，而走錯了努力的方向，那末我們如果對國家負有更大的責任，是應該對此結果自慚自責呢？還是狼心地把無辜的良民更驅向撒旦底深淵？

誰都可以看得清楚，中國這樣的社會情境，以及曾經有過的『火上加油』的『良好』作風，正是民族國家底毀滅者最樂觀的鼓勵。對於這些實情，我底筆墨完全失去效用。除了天之驕子以外，在每一個善良守法的人民身上，都可以找到創傷的痕跡。每一個痕跡，都是最顯活，最眞實的字句。

自秦末陳涉吳廣揭竿而起以來，中國歷代都有這樣的一個問題。這個問題，有如一個人底宿疾，糾纏了二千多年，不得解決。每到春來，宿疾爆發，便是一場大亂，死人無數。這一次似乎發展到了最高潮——但願這是最後一次。

社會主義性質的運動，在西方是以產業工人爲主體；在古老封建落後的東方，則是以農民爲主體。因而，東方的社會主義性質的運動，必至蒙上了濃厚的農民暴動色彩。中國共產黨，在毛澤東得勢以前，盲目學習西方，到處進行『城市暴動』，結果一一失敗。熟讀資治通鑑的北大旁聽生毛澤東，抄襲了『農民暴動』這一個老辦法。於是洪水由農村而淹沒小城市，由小城市而淹沒大都市，由大都市而淹沒大陸；以至於建立起秧歌王朝。

這個秧歌王朝，在發展底過程上，與李自成王朝相似；在本質上，二者同爲腐毒社會腐毒至極而內在地衍產出來的一大反動。所以，目前中國的變亂，是有深刻意義的社會戰爭。因爲這是社會戰爭，所以比較富於感應能力。這一社會戰爭，與歷代重演過許多次數的社會戰爭同共性質。歷代繼規模巨大的社會戰爭而起的，也常是政治的形變。這一點，凡屬稍有歷史的責任感的人，都應該勇敢承認。祇有麻面小姐才怕照鏡子。

可是，如果我們把問題從更高一層次觀察，便可看出，這一戰爭是民族戰爭與社會戰爭底統一體。

毛澤東爲了建立秧歌王朝，對內不惜採取任何手段掀動殘酷無比的社會戰爭；對外則接受蘇俄底指使與援助。而蘇俄呢？如上所說，自帝俄時代卽思向東亞發展，蘇俄承繼沙皇一遺業並且予以『發揚光大』。她正好要在東亞圖謀領土擴張。在這一關聯上，毛澤東主觀的欲求和史太林主觀的欲求，剛好符合。因而，毛澤東欣然接受「史大林同」志底支援與指使，毛澤東既然接受了克姆林宮底指揮和援助，無可避免地，蘇俄底政治勢力甚至於軍事勢力以各種形態逐漸滲透進來，而把中國變質成蘇俄底殖民地，至少是附庸。這樣一來，毛澤東所發動的變亂，不是又含有很深刻而嚴重的外患性質嗎？顯然是有的。

所以，問題發展到了這個階段，我們可以說，當前戰爭，既是社會戰爭，又是民族戰爭。中國社會本身原來就潛伏着甚深的宿疾。蘇俄利用中國野心分子來掀起這一宿疾，許多主觀心理上反共而客觀行爲上助共者流又從而助長之，於是社會戰爭爆發。而這一既已爆發的社會戰爭，則又轉過來爲蘇俄所利用，以達到民族侵略的目的。因而，我們可以總括一句話說：

這個戰爭是爲民族侵略者所利用的社會戰爭。

既然如此，這個戰爭具有對外抗戰和內部動亂底雙重性質。既然有這種雙重性質，我們既要『攘外』，又要『安內』，於是肆應起來，特別困難，特別麻煩。我們所遭遇的困難，比抗日戰爭困難得多。在抗日戰爭過程中，日本至少不易大規模地從內部瓦解我們底陣營。而且民主國家一看就知道是日本侵略我們。現在呢？有一部分友邦人士還是只把中國共黨看成『土地改革者』。這就是因爲他們被共黨變亂之社會戰爭的形態所蒙蔽，而沒有清楚地看出這一戰爭背後所藏的民族侵略的成素。不獨若干友邦人士沒有看清楚，就是中國自己底若干知識分子也沒有看清楚。他們不警覺共黨變亂將會招致如何嚴重的外患。因而，共黨及其同路人高呼『反對內戰』，他們也隨着喊『反對內戰』。

共實，我們兩者都應該承認。堅持一端不合事實，不能解決問題，亦不足以服人之心。將這一戰爭完全看作社會戰爭，隨聲附和地高呼『反對內戰』，對於蘇俄假共黨之手而侵略中國或置而不論，或竟懵然無知，何以服愛國主義者之心？然而，在另一方面，大家明明眼睜睜見社會上一切的現象都是不好，與片面的宣傳若合符節，你一味只把眼睛向外，而不看看內部，對於社會病態及其形成之責任一字不提，又何足以服人之心？

依事理而論，我們必須承認這個戰爭既是民族戰爭，又是社會戰爭。承認了這一大前題，才能服人之心，也才能眞正解決問題。

我們承認了這是民族戰爭，才能掀起民族意識，而發揮出與抗日戰爭相同的敵愾心理。在這民族戰爭底前題之下，我們在觀念上根本不把共黨看作是中國人，而把他們認爲是蘇俄人底一部分。這樣一來，我們才可能在精神上與共黨完全絕緣。我們能够在精神上與共黨完全絕緣，那末才不致爲共黨異族底宣傳所煽惑。既然我們不爲共黨異族底宣傳所煽惑，那末對於共黨異族所發動的感應能力底感應也就沒有。既然我們對於共黨異族所發動的感應能力沒有感應，那末我們底陣營才不致被共黨所動搖或瓦解。我們必須先做到了這一步，然後才能談到企求最後的勝利。

可是，在這個同時，我們還得承認這又是一個社會戰爭。這個社會戰爭之形成，有歷史的積因，有蘇俄之助長，有共黨之暴亂，也有特權階層之剝削與種種作惡。歷史的積因，不能亦不應歸咎於何人何黨。蘇俄之助長，構成我們抗蘇的理由。共黨之暴亂，使得我們反共。然而，特權階層之剝削與種種作惡，應該可以老早用人謀來打滅的。但是已否打滅了呢？只有坦白而勇敢地承認這場戰爭同時也是社會戰爭，我們才能面對着這個問題，而予以合理的解決。我們只有走上合理解決之路，才能平服衆人，尤其是青年底不滿情緒，從而眞正凝集力量。

敵人並不可怕，共黨更不可怕，可怕的惟有自己底良心。良心常常是一面鏡子。眞正有大勇的人，決不迴避良心底照射，他必定時時拿起良心的鏡子，照照自己，照照人民。共黨在美國作不了禍，而在中國闖下這樣大的禍，顯然是中國底社會太不像樣了，使青年人煩悶，中年人難活下去，老年人歎息。今後要根本解決共黨問題，還得從根本上合理解決社會問題。在一個合理的社會裡，毛澤東底妖扇煽動不了誰的。

在毛澤東未建立秧歌王朝以前，許許多多人，尤其是青年，將建設一個合理社會的希望，寄託於共黨身上。因而，共黨勢力大增，政治影響浩大。可是，現在呢？共黨底狐狸尾巴露出來了。在秧歌王朝底統制之下，貧窮的更貧窮，痛苦的更痛苦；而且，連本來有的些許自由都失去了。這些會對共黨寄予希望的人漸漸開始希望的幻滅。共黨不獨不能建立一個合理的社會，而且把社會弄得更糟。問題發展到了這一階段，我們對於共黨，難道不應該發動社會戰爭來打垮他嗎？

所以，在從事反共抗俄的當前，除了標揭民族戰爭的大旗以外，我們對於社會戰爭，不僅不應忌諱，而且應該特別强調。惟有建立一個合理的光明社會，與共黨統制之下的黑暗社會，作一强烈的對照，才能從根本上拆穿共黨底連篇謊話；也唯有一建立一個合理的社會，才能內在地產生新的力量，以擊潰共黨。外援固然是必需的。對於一個有生機的人注射一點補藥誠然可以使他健壯起來，打退强盜。但是，葡萄糖針却救活不了一個生機日滅的肺病鬼。要肺病鬼得以救活，必須停止肺結核菌底活動。肺結核菌一天不停止活動，必然一天百藥罔效，生機斷喪殆盡！

依據前面的一番分析，我們就不難明瞭，社會戰爭是民族戰爭底內在條件；而民族侵略又是社會戰爭底外在條件。既然如此，民族戰爭與社會戰爭，二者互爲函數。時至今日，我們絕對不可稍存僥倖心理，以爲先解決了民族戰爭然後再談解決社會戰爭。既然民族戰爭與社會戰爭二者互爲函數，於是我們不內在地從事社會戰爭以消滅內在的敵人而使自身健全起來，那末我們在這一富於滲透性的民族戰爭中便不能獲得決定性的勝利。同時，我們如果强調民族戰爭，我們也就無法刺激社會走上合理的道路。

總而言之，我們不可捨民族戰爭而只談社會戰爭；更不可只强調民族戰爭而諱言社會戰爭。二者如人之左右兩脚：必須左脚前進，右脚才能向前一步；也必須右脚前進，左脚才能向前一步。建立一個合理的社會，不是孫中先生底建國理想嗎？如果自己沒有毛病，何必諱言社會戰爭呢？唯有英勇地向舊汚社會奮鬥，才能振奮人心，使大家親眼看見光明在我們這一面，才不會跑到共黨那兒去，而齊一心志，集中力量打共產黨了！

所以，進步與反共，二者並不相尅，而是相成的。要求進步的人不要輕視反共的人。反共的人不可動輒把要求進步的人誤認爲『匪諜』。談進步的人，不忘記努力反共。談反共的人，不忘記努力進步。這樣一來，若干年來的『矛盾』便『統一』了。惟有在這『矛盾底統一』之中，發生協和的新生力量才能希望反共制勝。

這個道理是顯然易見的。『旁觀者淸』。所以，因了若干人一直忽視合理解決社會問題這一面，所以民主友邦遲遲礙難，不願援助，而善意提醒我們，必須我們對內作合理的措施，才漸漸予以援助。最近，剩餘土地上面，積極反共的有力人士，也迭次作這類開明醒覺的表示。這眞是可喜的現象。全國人民，望斷秋水，希望有力人士將這些可喜的表示一一付諸實踐。

與毛澤東董必武談話的回憶

蔣勻田

自中共在軍事上贏得席捲的優勢後，我雖然在基本信心上不敢幸存中共可以解決中國問題的念頭，但我確很客觀的留心中共在實際政治上的措施。我深深的了解中國的問題在普遍的窮，在上下的亂，在因窮和亂而造成的人民愚昧。假使中共能在它所控制的區域用適當的方法，針對着病症下工夫，我們未始不可等待它的結果。可是我們從中共在北平所公布的「四大文獻」看，祇是一些共黨慣用的洋八股，找不出解決中國當前眞正問題的道理。我們又從受不了共區壓迫逃出來朋友的口述想，更悲傷中共在政治制度上毫無建樹，純以恐怖空氣籠罩一切。而在經濟措施上除以種種方式搜括人民以外，仍繼續其清算鬥爭的辦法，以造成社會普遍的亂。近來在皖北豫東一帶，更勒令人民大量種植鴉片，以爲籌餉之道。假使這些報道不虛，我可以很沉重的心情，下個判語，中共已走上崩潰滅亡的道路了。因此我便想起在一九四五年九月和毛澤東及一九四六年七月和董必武所談的兩段話；前者是關於如何建立中國的和平民主統一的制度。後者係關於清算鬥爭不能解決農村經濟問題的批評。我願意很忠實的將它寫出來，以對證今日中共的措施，是否如其領袖所作的諾言。

一九四五年九月二十四日下午孫寶毅先生到汪山我所住的地方，出示中共駐渝辦事處主任徐冰的請條說：毛先生擬於明日下午三時在桂園（張治中當時的住宅）候先生晤談等語。我便携帶兩件換洗衣服和寶毅先生一同下山。下榻於盧廣聲先生家裏，靜候明日之會。第二天我準時到了桂園。徐冰出來招待說毛先生剛有電話來五分鐘就到。我剛坐下，忽傳毛先生回來的聲音剛了，毛先生便入客室，和我殷勤寒喧一番，便告訴我說和國民黨的譚判已經失敗了。我問他失敗在什麼問題上？他說「與國民黨相約彼此保守秘密，不過蔣先生既代表一個有歷史的政黨，我不應當向你保守秘密，希望我們共同保守秘密」他便報告商談的內容：大約集中幾省幾市主席副主席市長副市長人選的分配，軍隊數量的比例，受降區域的劃分等問題，談來談去，都談不通，現在已成殭局。我便問他「談到如何建立民主制度沒有」他說「沒有。我說毛先生到渝下飛機時，不是有個書面談話說明要和當局商談建立民主制度的問題嗎？怎麼避此而不談，反來商談地盤分配與軍隊比例的問題呢？」他說我本來想從基本制度談起，不過當局要先從小處下手，現在談判失敗了。我「說毛先生你說談判失敗了，就是你說談判成功了，從我們人民的睛中看來，你們的成功，還是人民的失敗。」我繼着說「毛先生此次遠道來渝，疲於戰亂的人民，皆寄以莫大的希望，你們二十多天的秘密商談，外界已經有地盤分配的傳說了。在我們人民看來，如此祇重黨的利益商談，與當年曹、張、王、（按爲曹錕張作霖王占元）天津會議，沒有什麼不同。所以我說你們的成功，還是人民的失敗，人民已經對毛先生此來失望了，這眞是毛先生的失敗」他很鄭重的問我：「依蔣先生的意見如何才是呀？」我說：「應當從建立眞正的民主制度談起。祇有眞正的民主制度，才能安排並存的勢力。眞正的民主制度實現了，大家可以在共同信守的憲法下作政治上的競爭，軍隊自無所用了。照着你們現在所談的地盤分配，縱然談成了，過若干時日，中央調察哈爾主席至浙江任主席，你去不去到任呢？去則有等於無，不去則係違抗命令，中央可以出師有名。至於軍隊的比例，更無保障，縱使今日談妥了，明年中央增加一師，你增不增呢？不增則失去原有的比例，增則演爲國內軍備競爭。人民如何受得了！而且軍備競爭結果，必爲戰爭。不過把今天的戰爭移到明天打吧了。所以我說縱使你們談判成功了，還是人民的失敗，就是這個道理。」他很滑稽的說：「我們談判的路線失敗了，希望依照蔣先生的路綫能夠談成功。他又繼續告我說，美大使赫爾利回國去了，我送他到飛機場，他也告我說，實際問題既然談不通，可再回頭從制度談起。現在預備同國民黨再從建立制度談起」，因此我便問到他對民主政治的涵義，是否與我們有不同的地方。彼此都公認應有共守的憲法，應容許反對黨的存在。談到這個時候，他並站起來以行動表示說『國民黨的特務應當取消。不然，我們在前面走，』他回轉頭來表示說『他在後面跟，我們如何受得了』。我告他說『民主政治必然建立在幾種平衡的力量上。祇要制度建立了，這些毛病可以慚慚的除去』。我們談的問題尚多，凡無關我要得結論的話，此處不必記錄。

在上述的譚話中，使我當時以爲中共第一個目的在求一塊地盤，養大他們的力量。這一點後來在憲法審議會中充分的表現了。第二個目的是假如第一個目的達不到，可能全力支持民主政治的實現，以保存並立的勢力，而求將來的發展。我們站在人民的立場，當然不贊成其第一目的實現，而想勸導他們走第二條路。所以中間有一段與他們合作史，就是這個道理。後來我們總是勸他們應注重民主制度的建立，不要爭一地一師的得失，更不要爲這些問題反對美國。他們總是以生存受威脅拒絕我們的諍勸。所以交情也慚慚的疏遠了。到梁漱溟先生所主張的析中方案提出，遭周恩來當面執手痛罵之後，梁先生固從此消沉，而我們也識透了中共在違背他們的利益條件下，是不能接受人民的希望的，更是不能接受理由勸說的。

現在我們檢查中共在政治上的措施：一、不要全國共守的憲法也不要普通的法律。二、不容許反對黨的存在。三、特工人員在其所控制地區內，神出鬼沒，造成恐怖世界。鬧得人人不寧，家家不安。實在是特務政治。我不知道這樣作法，毛氏是否仍可謂爲眞正民主制度●毛氏自命在唐宗，宋祖，成吉思汗之上，何以言行相悖如此？以道德觀念，責論共產黨，本爲不當。然即從利害觀念說，不循成功之道，而走人家所以失敗的路綫，眞是不智之至！我從前對毛氏說的：「你們縱然成功，從人民眼光看來，還算失敗」，現在正可引用上了。人民是失望了？這眞是毛氏的失敗。

一九四六年，七月某日，我從離別九年的故鄉蚌埠返回南京，即到中共辦事處拜候董必武氏。我將在家鄉目觸耳聞共黨在鄉間所行的清算鬥爭辦法，及民不堪命的情形，告訴董氏。並問他：「究竟你們的中央首腦，是否知道？」他答覆說「若謂中共中央對清算鬥爭運動，未起領導作用是爲欺騙朋友之談。我們中共一半好臉，固然希望朋友看見，一半醜臉，也不怕朋友看見。希望你有什麼意見不客氣的批評。』我就批評他們說「中國農村病在窮。窮的原由，因爲農村人口過剩。生寡食衆，無法累集資本，改良生產，故耕種一本陳法，益使其窮。僅按農村人口而分其田地，其結果祗有破壞原有耕作單位，而絲毫不能促進農村經濟。現在美國農業已由小耕作變爲方面耕作。（Classification Agriculture） 此即等於俄國集體農場的作用。耕者有共田則可，因耕者有其田而破碎農作單位，是無法利用土質所宜，以推展商品農業經濟，而配合工業上大規模生產方式。此係落後辦法。況清算及於數代以上，尤欠公平。你們在江西的時候，任何人提起共產黨，大有洪水猛獸之感，經八年抗戰及政協以後，大家對於這個觀念，略形模糊。而你們又行此鬥爭清算辦法，令人譚虎色變。我們與你們共同要求民主，終使人不敢嘗試民主，他聽了我這段話便答覆說：「我們本以此法對付漢奸，下層行之未免過火，我們現在正在草擬土地法，不久，可送請指教」。一週後，我在上海，果然收到中共上海辦事處送來一本土地法草稿。我看後曾經轉送張君勱先生及張東蓀先生一閱。因其出發點與我們不同，大家閱後，皆無法下評。我後來親帶至南京送還他們，梁漱溟先生見而索閱，余曾以電話得董氏的同意而交梁先生。不知梁先生後閱如何」。

我記得他們的草案上，對於土地鬥爭清算辦法，在條文上是略有改善。大概是準標以之爲基礎與國民黨談判的。不意枉費心機，竟無致用之日。然今日中共已擁有大陸土地，乃仍舊執行其過去所行之鬥爭清算辦法，逼得農民無以爲生，揭竿而起，僞反鬥爭反清算運動。僞什麼又不用自家所草擬之辦法呢？蓋非清算鬥爭，不能造成恐怖，而逼得人民將米糧拿出來，以供軍用。這就是中共一貫作風，裏面一套，外面又一套。宣傳一套，行動又一套。

中國現在的問題是窮，是亂，是愚昧，而中共無法律無是非的作風，這只有使它更窮，更亂，更愚昧，絕無解救這些病症的希望。中共結果必敗，固不足惜，而更加深中國的病症，實在是極大的不幸。我不知道毛董兩氏尙能回憶我們當時談話的情形否？尙能記得「你們的成功，是人民的失敗」一語否？人民是不會永久失敗的，任何黨派祗要違反人民的願望，失敗的日子就要到來。

中國政治改革的癥結

蔣君章

(一)改革成敗的歷史觀

中國政治，到了現階段，沒有一個人不希望改革，也沒有一個人不主張改革。我們追溯近時政治改革的呼聲，實發軔於民國三十二年日寇深入黔南的時候，到現在已經整整六個年頭了。但是我們試問中國政治改革了多少？成效在那裡？這些問題的答案，恐怕任何人也提不出肯定性的材料來。近年來政治的趨勢，每況愈下，改革的呼聲，逐漸提高，但是改革的難於實行，也還是依然如故，迫得我們內心焦燥，不能不尋求所以難於實行的癥結所在。

我們試看中國的歷史，每當一個朝代的盛治之世以後，便伏下了禍亂的根源。先見明察的政治家，在禍根沒有發芽滋長的時候，已有所知，盡力提倡改革，這一類的改革運動，可以說是發之於機先，可以北宋王安石爲代表。有的朝代，等到禍根已經發芽滋長纔有所發覺，纔決心去改革，這一類的改革運動，我們可以明思宗崇禎帝爲代表。但是他們的改革運動怎樣呢？那是有歷史的事實，替我們做答案，用不着我們在這裡再向讀者縷述。我們可以概括地說，歷史上每一個政權，治世以後，必有亂源，亂源既明，必致動搖此政權，改革的呼聲，亦必隨之而起，而所有的改革運動，沒有一個成功的。如果我們要勉強找出一個成功的例子，那只有商鞅。但是商鞅的改革，在環境上說，有一個顯著的特點，就是他的改革是要使秦國富強，而並不是替秦國末運爭生存；他的變法，得秦孝公信任之專，連太子也不能反對。商鞅不但是有適宜的辦法，而且還有行法的大權，他可以毫無牽制地賞一個行法的任何平民，他也可以毫並牽制地罰一個違法的貴族，如加刑於太子的師傅之類。所以這個歷史上惟一變法成功的例子，實在也絕不是偶然的。

(二)改革成敗的關鍵

變法的成功，不是偶然，變法的失敗，實在也不是偶然的，我們研究歷史上改革的失敗，可以得到下列幾個結論：

第一、改革的對象是弊政，所謂改革，便是興利除弊。但是弊政是什麼呢？弊政，我們可以給它下一定義，那是有害於國家或大衆而有利於個人或私家人的政治。這就是說每一個弊政之成，必有以此起家的豪紳大族，弊政的時間愈久，這類的豪紳巨族愈多。改革運動，就是對這一類的豪紳巨族發動革命，所以這一類的豪紳巨族是明裏暗裡與改革運動爲敵的。歷史上有許多悲劇，就是改革方在發軔，或初奏成效，但是經受不起既得利益的明暗敵人所給予的打擊，主持改革運動的人，常先被打倒，甚至於亡身破家者，亦所在多有。我們試讀明史朱紈傳，便可以知道朱紈是要改革浙閩沿海居民與倭私自通商的惡習慣，而被沿海巨族的門生故舊所誣蔑而自殺的。這樣的悲劇，不過是歷史上無數的改革運動悲劇的一個例子罷了。

第二、積久的弊政，不是就在政治舞臺的一角發展，而是浸滲到政治各部門，社會各階層，而造成整個的風氣。這樣的整個風氣形成以後，就使整個的政府機構和社會澈底腐敗，這一代的政權就此發生劇烈的動搖。動搖初見的時候，也就是改革意見初發表的時候，這是一個大有可爲的機會，但是這時候的改革意見，很難引起注意的。歷史上大多數的改革運動，是發生在政權動搖已甚的時候。這個時候的改革運動，可能發生下列幾個現象：其一、開明的既得利益特權階級，願意犧牲一部份的權利，就現狀加以若干改革，這種改革，是緩慢的局部的；其二、死硬頑固的既得利益特權階級，理論上擁護改革，表面上贊成改革，而實際上則絲毫不肯犧牲特權，以行動粉碎改革；其三、也許有眼明手快的君王，決心實行改革，以激烈手段付諸實施。這三種情形，都是無補於危亡的，因爲局部的和緩的改革，經過若干曲折以後，等於不改革；而激烈的改革，往往來不及全面的實施，舊的力量，因改革而觀望懸懈，甚或畏罪免脫，鋌而走險；而新的力量還不能普遍接替舊的力量，中間發生一段青黃不接的眞空階段。

所以歷史上的革新運動，不外乎三種結局：其一、是革新勢力被舊勢力打倒；其二、是緩不濟急；其三、是急則生變。所以一個政權到了澈底腐敗的時候，不革新是亡，革新也是亡，革新措施愈激烈，其亡則愈速。中國歷史上南渡的皇朝，經過多少年掙扎，經過多少忠臣義士的奮發圖強，結果，誰也沒有挽救了這個皇朝的命運，其原因大率如此。

(三)創造歷史的機會

但是，歷史不會呆板地重演的，尤其是近代的中國歷史，除了我們自己的因素之外，還加上一個世界的因素，所以此後的中國歷史，將不斷的創造新頁。中國已經創造過一頁史無前例的新歷史，那就是抵抗日本侵略的獲得最後成功。依照中國的歷史，每當一個皇朝政權發生動搖時遇有外族入侵中國，第一階段是抵抗，第二階段是民族大遷移，第三階段便是滅亡，幾十年或幾百年後再起革命，光復河山，這樣的史實，循環了好幾次。但是日本軍閥的侵略我們中國，第一階段和第二階段是歷史的舊路，第三階段，却是歷史的新頁。

這頁新的歷史，是怎樣造成的呢？我們認爲有兩個要素。其中一個要素是我們自己的，而另一個要素則是世界的。我們自己的要素，是我們有一個英勇的領袖，堅持抗戰必勝的信念，抱定抗戰到底的决心，團結全國愛國人民的力量，與敵人作殊死的搏鬥，而世界反侵略反極權的力量，却於此時滙成巨大的潮流，衝倒侵略的力量，使我們得到了最後的勝利。我們可以說我們激起了這股巨大的潮流，而這股巨大的潮流，協助了我們抵抗的成功，創造了我們歷史的新頁。同樣的道理，中國的政治改革，在現階段，可以推翻歷史失敗的陳案，創造成功的新頁。我們是有這樣的環境、這樣的基礎和這樣的把握的。

怎樣說我們有創造改革成功的環境呢？我們知道所謂改革，就是要有新的合理的辦法來替代舊的不合理的辦法，新的合理的作風，替代舊的不合理的作風，所以第一要有辦法，第二要有瞭解這些辦法的精神所在而能够澈底執行的幹部，第三，要使一般人民明瞭這些辦法的優點，樂於接受這些辦法。所以在頒布新辦法，實施新辦法以前，需要一段準備的工作和期間。歷史上的改革運動，往往忽略了這一段準備工作，也許根本沒有什麼準備期間。我們以崇禎帝的改革運動爲例，他只做到第一步，就是剷除魏忠賢及其黨羽於朝廷的工作，他是做到了，但是如何以新辦法替代舊辦法，以新的好的幹部接替舊的壞的幹部，他都沒有什麼準備，因此他充分失敗了。以近事而論，閻院長的保衛四川方案，是一套合理的完整的改革辦法，他改革了對上因循敷衍的官僚作風，易以對下切實工作的作風，這是大改革，但是公布的時候，敵人已經進了四川，試問又怎樣能够施行有效呢？一切敵人，都講究不給對方以喘息機會的原則，所以歷史上有許多好的合理的改革方案，就是自己沒有什麼矛盾，也常常被敵人的緊緊壓迫所破壞，保衛四川方案之不得實施，不過一個例子罷了。但是用不着憂慮，我們還有最後的根據地，就是台灣，敵人沒有不讓我們喘息的可能，我們將有充分的機會，施行我們的改革方案。

怎樣說我們有實行的基礎呢？我們已經說過，積久的弊政，發展到政府的每一角落，也發展到社會的每一角落。試以當前的中國政治爲例，貪污無能官僚作風與派系傾軋，爲當前中國政治的大弊所在。這種弊端，由中央至地方乃至一般的社會，由黨到政到軍，是普遍存在着的。在這樣的環境要施行合理的新的方案，勢必引起習慣性的和特權階級的反對，克服這種反對，是需要格外冗長的時間，需要格外堅强的意志，總之，挫折一定很多的，但是臺灣的社會，已經養成了守法的習慣，臺灣人民淳樸的風氣，對於新的合理辦法的試行，是有着事半功倍的效果的。關於這一點，臺灣本身的歷史，已經替我們做了具體的證明。我們試看鄭成功以偏師起於東南，人數並不太多，但是這一支兵馬的領導者，沒有染着明代末年政治上的惡習慣，他們所開闢的臺灣，也是一個新天地。移到臺灣來的人，不是意志堅强，人格高尚的老少志士，便是質樸無華，年富力强的農民羣衆。成功更以信賞必罰的原則做他的施政方針，所以臺灣社會便成爲有秩序有組織的社會，而成功的部隊，也便成爲强有力的兵馬了。當時成功的士卒，遠不如永曆帝隨行的士卒來得多，但台灣的命運，却長於永曆帝二十多年，其關鍵便是在此。所以台灣良好的社會基礎，實在是中國政治改革前途的有利因素。

（四）自我痛改與成功

總之，中國反共抗俄戰爭的前途，好像抗日戰爭一樣，一方面靠着我們自己的因素，一方面靠着世界反俄的因素，在中國歷史上創造新頁。我們自己的因素，惟一可靠的出路，是政治的全面改革和澈底改革。歷史上改革的失敗，不足以使我們喪氣，因爲我們已經佔有優於歷代任何改革運動的條件；但是我們必須領受歷史的教訓，就是改革必須是澈底的、全面的，改革必須有準備，尤其是執行幹部的準備。

我們尤其應該注意到改革運動開展時阻力。任何習慣性的阻力，或是既得利益特權階級的阻力，不管其大小如何，對於改革運動的影響是必然會有的。所以我們要求特權階級務必要澈底覺悟，能够革面洗心，犧牲一切個人或派系的權益。如果這樣，則自己雖然不參與改革運動，而對於國家民族的功勳，必不低減於參加改革運動的人。

台灣是新中國政治的搖籃，所以我們對於未來台灣的政治地位特予重視。理想上，今後的台灣是中國政治方案的實驗區，是造就新中國政治人才的大洪爐，一切軍事政治經濟等新方案，都要在台灣澈底的實行。所有各種軍事政治經濟的人才，都應該在這個政治洪爐中加以鍛煉，藉供反攻大陸時各種軍政經濟新措施的新需要，今後的台灣，不僅是中華民國的一省而已，在某階段上，台灣簡直是整個中華民國的代表，台灣的一切，簡直就是中華民國的一切，我們在政治改革和中華民國的政治上，必須如此認識台灣，如此處理台灣的政治，纔算合理，纔算對新中國的歷史任務，盡了責任。

中國政治改革史的成功的新頁，正等待我們實際努力的成就，中國反侵略史成功的新頁，正等待我們政治改革的實際成就，我們每一個愛國人民在是這一頁新歷史的功臣，我們應該如何的努力，善盡我任的責任。

臺灣地方自治的技術問題

張初暘

第二次世界大戰後文化落後國家的民主運動，與第一次大戰後這些國家的民主運動，如出一轍，同歸於失敗了，差不多全是以民主運動始，而以極權政治終。中國近幾年來的憲政運動的失敗，就是一個最明顯的例證。悲觀的人認爲文化落後的國家，根本沒有行民治的可能。我則以爲這些國家民主運動的失敗，有一半要歸咎於方法的錯誤。

現在臺灣又要試行地方自治了。讓我在這裡提出實行民治的方法問題，請大家考慮。

可否我們先反問一下。譬如我們先問，像英美的民治何以行起來很不吃力？我個人以爲，主要地那是由於他們將選舉的方法弄得非常簡單：兩個大黨熱烈地競爭，選舉人到最後以絕對秘密投票的方式，對兩個大黨作一個挑選。這就是他們的民主方法！

我想英美等國若沒有發明這種簡單的方法，就以他們那樣的文化背景，政治的經驗、選舉也未必有如今日的順利。

試思選舉時沒有政黨的競爭，將是如何困難呢？美國有的小城市，也頗有提倡「無政黨的」選舉的。但這需要選民有更高的教育程度、與更成熟的經驗。因爲祇有有了政黨，方能有負責的提名。各黨內先經過一番熱烈的競爭，經過淘汰的程序，方推出候選人來。這樣推出的候選人數目不多，投票人對他們容易下判斷。我國前二年的行憲選舉，沒有政黨間的競爭，國民黨內提名方法的不民主，是失敗的主要原因。臺灣地方自治，如果沒有一個以上負責政治組織的活動，其成功是不能預期的。

秘密投票，特別像「澳洲式」的投票，也是重要民主方法之一。憲法條文中所用「無記名」一詞，簡直就是欠通！「無記名」的用意是否在密秘呢？如不在秘密，何必用「無記名」？如在秘密，何不即書作秘密！現行刑法第一四八條却載得明白：於無記名之投票，刺探票載之內容者，處三百元以下罰金。所謂刺探內容，當然係指正在投票時所書內容。國民代表選舉時，蔣主席去投票，竟有多少人圍觀，報上並刊出他寫票時的照相，通訊社甚至向全國報道他所書內容。這些人實在都該處以罰金！秘密投票方法是一定要提倡的。祇有秘密投票方能避免獨裁政黨的控制，以及其他重大弊端。

上面所舉政黨競選與投票秘密，是我們認爲民主方法中最重要的兩點。當然還有好些其他重要技術問題，都是應該注意的。平津「市民治促進會」在三十七年九月第二次年會時會提出「改進選舉技術的意見」，在適當的時候，我們希望在本刊將它再公佈出來，供大家參考。

根據行憲的失敗經驗，對於臺灣地方自治，我願先提出兩點具體建議：

（一）成立一個「臺灣地方自治技術設計委員會」。

這個委員會中的委員，要聘請眞正懂得民主政治的人來担任。甚至可以請客卿來作顧問。北平市在三十六年九月舉辦市參議會選舉之前，胡適之先生曾對當時的市長何思源提議成立一個「選舉技術設計委員會」。何思源那裡會有誠意接受。現在這裏所提的委員會，最好能請胡先生來主持。他對民主方法最注意，最有研究。他前後在美國看過五次大選。他甚至對新英格蘭的 Town Meeting 都去參觀考察過。國內沒有人能比他對民主政治有更正確的認識。請他回來設計選舉的技術，是對臺胞和對國際表示我們對此次選舉採取非常鄭重的態度。這不是小題大做。像我們這樣的國家，到底能否成功運用民主制度，尚有待證明；同時再一次失敗的代價，是我們支付不起的。

（二）選一個市先做一番試驗。

本省同胞的教育水準比較高，但可惜一樣缺乏自治經驗。爲愼重起見，我主張先挑台北或台中，做一番選舉技術的試驗。我們要試驗如何制定市憲章 (City Charter)，如何鼓勵地方政黨的形成，政黨提名用何步驟，選舉事務所如何組織，各競選人如何互相監督，秘密投票程序如何確立，文盲是否准許投票，如許投票，應用何種方式。類似這些實際問題，全不是憑空想便可以決定的。以一市做試驗有兩個優點：（甲）可以拋開過去一切有關自治和選舉的法規，不受它的限制；（乙）試驗即使失敗，亦不致在政治上發生大的動盪。

歷史的坦途只有一條

——論自由與平等相互涵蘊的關係——

黃中

（一）社會主義這個名詞自從爲共產主義者刼持以來，一般人觀念裏造成一種普遍的錯覺，以爲共產主義與社會主義幾乎是等周延的(Coextensive)。因而也就時常把共產主義視爲社會主義唯一的正宗。這種人極易不自覺地成爲極權政治的俘虜。相反的，愛好自由的人士，因爲反對共產主義，有時不免對社會主義也發生了主觀情感的憎惡。這兩種思想上的偏差，直接間接地都助長了共黨的力量。

自由與平等原是人類不斷追求的目的，整個歷史也可以說是一部追求自由與平等事蹟的記載。無疑地直到現在人類還沒有能够達到一個理想的自由平等的境界，歷史賦予我們的任務正是要在過去的基礎上繼續追求并實現這個境界。追求這一個境界的努力，在近代史上表現得最爲積極。

這裏我們不妨用民主政治的成果象徵自由的實踐；社會主義的倡導表示人類對於平等的追求。

雖然直到現在爲止，社會主義的派別還異常紛岐，但是社會主義的目標，則毫無疑義地是在追求經濟平等的社會，在那個社會裏，沒有經濟上的特權階級，沒有人剝削人的行爲，沒有貧富懸殊的對立，以及因此造成的種種不合理的現象。所以要鑑別社會主義的眞僞、考驗它的價值，最有效的辦法就看它是否能實現這一個目標，指示達到這一目標的合理的途徑；就這個意義來說，共產主義根本就不是社會主義，而且是反社會主義的。

認識共產主義當然得溯源至馬克斯的思想。無可否認的，馬克斯的思想在一方面是反映了當時時代的背景。單就攻擊資本主義的弱點而言，馬克斯是有着不可磨滅的功績的。但是他的理論是不是眞有普遍的效準呢？這是十分值得懷疑的。而且由於一種偏狹的情緒與仇恨的意識，使得共產主義在實踐過程中走到一個極端反動的路徑。馬克斯運用辯證唯物論與剩餘價值說的工具，從生產力與生產關係的發展，說明資本主義社會的必然崩潰。從經濟學的立場來看，這種推論方法顯然在開始時就有了問題，而剩餘價值說是根據勞動價值說的，勞動價值說本身又是一種不完整的經濟分析。馬克斯經濟學先天上有了這樣的缺陷，他的主張多注意於推翻一切現社會的經濟秩序，而對于社會主義制度下價格與資源分配的問題，則絲毫不會提及。自命爲科學的社會主義者，對於理想社會的實現步驟與運行方式，竟然不置一辭，豈能不貽人以「烏托邦」之譏？馬克思主義者只支離破碎的抓住了偏狹的社會階級與勞資關係，先天上又缺乏民主的素養。排斥歐洲近代最可寶貴的自由傳統。這樣，他的政治哲學便很自然地歸結於無產階級專政的結論。列寧把共產主義搬到俄羅斯的土地上，共產主義的傳統裏，從此更參雜了沙皇殘酷統制的成分，並徹頭徹尾的變成布爾雪維克了，馬克斯的無產階級專政至此便一變而爲蘇維埃獨裁制度。再傳而至史太林，更從蘇維埃獨裁再變而爲政治局的獨裁，最後乾脆就「朕」一個人獨裁起來。從這樣一個發展過程中，共產主義已經完全離開了社會主義，變成亙古未有的極權王朝。

共產主義者慣於使用一種魔術，他們以僞裝的平等，企圖騙取人類數千年來經歷無數奮鬥而換得的些許自由。他們硬說民主制度是資本主義的工具。這種陰謀用心異常惡毒，很多人陷入他的騙局，不能自拔。然而事實是怎樣呢？當我們雙手把自由奉獻出來的時候，平等也就變成住人施捨的賜予了。這是很平易的道理，對於一個狠心刼奪自由的强盜，我們是不可能企望他還有施捨平等的慈悲的。可見平等是自由外延的擴張，失去了自由，平等也就無所依據。任何一種型態的極權政府絕不可能實行社會主義，實現經濟平等。因爲他們擁有政治上絕對的權威，剝削，迫害、予奪、生殺都可以任所欲爲，久之也就很自然的變成了新的經濟上的特權。在這樣的社會裏那能得到眞正的平等？蘇聯十月革命以來，已經有了卅年的統治歷史，共產黨是翻身了，可是蘇俄人民得到的是什麼呢？鐵幕籠罩下的「天堂」，原來既無自由又無平等！中共假如統治了中國，必然也逃不出這條老路。歷史已經爲我們證明了；共產主義不是社會主義，它的存在相反地却防害了社會主義的實現，所以對於一個忠於理想的社會主義者，是應該堅決地反對共產主義的。

（二）儘管民主制度與資本主義有着歷史發展上的關係，儘管民主制度給予人類的自由不够充分，儘管資本主義社會存着許多不平等的事實；但絕不能因爲否定資本主義便同樣地否定了民主制度。失去了民主制度、社會主義也就無由實現。顯然，沒有平等的自由是不充分的自由；但是沒有自由的平等更是不可能的平等。現社會自由之所以不够堅實、不够充分，當然是由於沒有眞正的平等做基礎；但是眞正平等的社會實現，必然也只有一條路、那就是在自由的軌範上邁進。因此眞正的自由主義者，起碼不會拒絕社會主義的理想，而忠實的社會主義者必然也是堅定的民主主義者。

資本主義的流弊、早已成了衆所週知的事實，它的缺點表現在經濟上的是：均衡之不能達到，穩定之不能維持，商業惡性循環之不能避免，財富分配之不均。分配不均的結果造成嚴重的社會問題。商業惡性循環的發生更直接威脅到資本主義自身的生存。資本主義有兩個最重要的本質，一是自由放任(Laissez faire)一是私有利潤與私有財產；前者是控制的工具，後者是推動的力量。資本主義的流弊主要是由於自由放任的因素所造成。問題發生在自由放任并不能達到自由競爭(Free Competition)，自由競爭存在於幾個必要的前提，而這些前提事實上是不存在的；所以資本主義社會裡就沒有自由競爭，存在的只是獨占(Monopoly)與獨占競爭(Monopolistic Competition)，獨占與獨占競爭只是少數人在自由地「放任」，而不是多數人競爭的「自由」，無怪乎要造成不平等的結果，無疑地，資本主義已經是不合理的經濟制度，雖然它曾在歷史上對我們有過貢獻。因而連資本主義發達最早的英國的保守黨人也明白地承認了：「自由放任的資本主義不但已經死亡而且已經腐爛」。

社會主義是生產工具屬於公衆的經濟制度。然而社會主義是否必須澈底的廢除私有制度，絕對的集中統制呢？這個問題似乎不須從正面辨答。爲害於社會安全的罪首是獨占；當獨占已不可能發生的時候，當獨占企業轉移爲社會財產的時候，當私有財產不復能造成資本集中趨勢的時候，否定自由競爭與利潤制度，似乎已經失去了意義。相反地，在這樣的情形下，它的存在却能表現出個人自由的優點，防止過度集中統制的流弊，促成一個社會有機的進步。假如確乎是從民主的基礎上來建造社會主義的建築，根本也不會產生否定個人合理自由的惡果。

有一個時期資本主義的制度確乎是險象環生，危機四伏。馬克斯主義者曾經肯定的預言它末日的到來。可是人類的智慧不斷地進步，尤其晚近二三十年的發展，產生了一個使馬克斯主義者看了不會置信的奇蹟。這個奇蹟證明了漸進的成功，肯定了民主的價值。資本主義社會并沒有如他所預言的崩潰，它憑藉民主程序慢慢地克服了內在的危機，逐漸完成一個重大的質變，走向社會主義的理想樂園。超額累進的直接稅在防止資本的過度集中，私有財產在社會安全的嚴格限制下已經大爲改觀，自由放任更因逐步的計劃與管理而失去了它原來的意義，不均的現象已有顯著的改善，國民生活水準普遍提高。平等的世界不再是永不可及的海市蜃樓，而在人類進步的坦途上，呈現了美麗的遠景。另一方面，經濟科學在最近的二十年中已經從廣泛的基礎上發現了計劃經濟的理論，社會主義已經逐漸有了明確的內容，并可以用科學方法實現。我們不可忘記，這質變與進步的成果完全是民主制度的賜予。歷史只有一條正確的途徑，就是在民主的漸進的變革中，人類才能達到理想的自由與平等的境界！

（三）共產主義者常常標榜激進主義，事實上激進并不能產生眞正的進步，相反常因之而帶來一些負號的影響；只有漸進才能夠創造文明。但是漸進的意義，絕不包括靜止，漸進不是拱手不動的名詞，而是不停的、自發的、有效的向前動作。

事實證明，共產黨在安定的工業社會裏，無法成長它的力量，却相反地在貧弱動亂的國家找到了「革命」的溫床。（這是馬克思主義者所不能解釋的又一難題。）貧弱動亂，成就了共產黨，但是共產黨并不能解決貧弱與動亂。有些人用「不足」來說明這現象，并且用以推論到中國問題，說是病在「不足」而非「不均」，這種說法似只說中了問題的一半，尚未得見全牛。一切經濟問題的發生可以歸之於兩個原始的因素，一個是「足」，另一個是「均」。如果用這個標準來區別世界各國的經濟狀況，我們可以得到下述四種不同的分類；一是既足且均，二是足而不均，三是不足而均，四是不足不均。既足且均是最理想的經濟社會，世界上還沒有一個國家達到這個境界。美國在過去曾是世界上最富足的國家，兩次大戰以後經濟地位一落千丈，已經發生「不足」的現象，但是他能做到比較的均，故可以近接第三類。美國與英國相較，須得相當「不均」，(但如與鐵幕裏的蘇俄相較、却又小巫見大巫了。)但因它資源豐富工業發達，是世界上最「足」的國家，故可以歸之第二類。至於第四類爲數甚多，舉目可見，蘇聯其實就是其中之一。前三種情形，社會安定，共產黨無所施其技，第四種貧弱的國家最易遭共產主義毒素的感染。療治這一類不健康的社會，正像對於一個體質十分虛弱的病人，用藥須特別小心，藥要下得對份量要用得準，最忌亂降藥石。這一類病症雖有兩種病源，但因「不足」的結果，使「不均」的現象表現得分外明顯，對於平等的要求來得格外迫切。因此醫療的方法應該先從解決「不均」開始，再設法解決「不足」的現象。民主主義與社會主義便是療治這種病態社會最有效的方法。社會主義的經濟不但可以變「不均」爲「均」，而且能夠變「不足」爲「足」。經濟上的放任并不能給社會以最大幸福，合理而有效的計劃與管制，可以避免浪費防止剝削，更易達到最大多數最大幸福的理想。有很多人用反對官僚資本的理由反對社會主義，這顯是一種因噎廢食的斷判。在社會主義的國家，經濟計劃與管理的權力操之於民主的政府，而不操之於少數的官僚集團，因此能夠爲一般人民的經濟福利着想。從這裏我們又一次看到了民主與社會主義是如何的不可分離！

只有眞正了解自由的人，才更容易接受平等的概念，愈是民主的國家，愈明白「均」對於社會安全的重要。在英美縱然是最不仁慈的資本家，也深知一個「哲學」，這個「哲學」就是因爲他想吃鷄蛋，所以也得給鷄東西吃。可是在我們這裏，一些人（當然不是正牌資本家，而是另一種型態的資本家，因爲我們不夠稱爲資本主義社會。）竟然愚蠢到連這個道理都不能領悟，結果徒然造成了爲仇者所快、爲仇者所乘的局面。

社會主義是反共最有效的武器，爲什麼我們要置之用不呢？

（四）自由平等不是互相排斥，而是互爲涵數的，民主主義與社會主義是兩個相容而且相成的主義，這兩個主義的匯合，是人類文化的一大發現，也是這一時代思想的主流，循着這一主流的方向，才是人類歷史唯一的坦途。凡是進步的國家都在向這坦途邁進；在中國，五四運動開始在思想上迎接了它。今天，在民主與極權決鬪的前夕，在人類文化遭遇嚴重的考驗的時候，怎樣才解得開時代的結？話只有一條路：走向歷史唯一的坦途。反共戰爭不是權力的爭奪，而是兩種不同型態的文化鬥爭。如果能夠把握住民主主義與社會主義匯合的主流，我們自然就會明白的知道，爲何反共？如何反共？并保證我們在這一空前的鬪爭中獲致勝利。讓我們重複一句：沒有平等的自由是不充分的自由，沒有自由的平等是不可能的平等。

重行擬訂俘虜政策

劉侃武

問題的提出

俘獲了敵人並不是戰鬥的終了；相反地，却視為另一戰鬥的開始。——這是蘇俄衣鉢相傳的共產黨徒們底一套「俘虜政策」。

人類有史以來，打過無數次的仗，可是在俘虜身上「動腦筋」的倒不多見。共產黨的這一套也許算得是「創作」，別開生面，因此頗能收效一時。試看第二次世界大戰中，紅軍到處，立刻罩上了紅霧；蘇俄集中營裡的戰俘，也都成為各該國家紅色政權的新貴，甘心做蘇俄的走狗。中共在這些眼前事實的鼓勵下，接受莫斯科的導演，也就將這一套把戲搬演到對政府的叛亂戰爭上。一般都說中央的政治工作做得好，其實，這就是其中最厲害的一着。

然而，我們也有既定的俘虜政策嗎？這一質詢也許要使很多人冒出一身冷汗。老實講，近年來我們一直處在軍事劣勢之下，根本沒有打算去俘獲敵人，當然也就用不着什麼俘虜政策了。甚而至於很多人也許已經忘了還有什麼「俘虜政策」了吧？

或曰：『有』，為何？曰：『優待』，信哉斯言！

「優待俘虜政策」淵源於江西剿匪時代，沿用至抗戰，也沿用至戡亂，直到現在還未聞有修正的動議。這政策對江西剿匪貢獻殊大。當年中共盤據江西，眞正談得上有「政見」的人少得可憐。其餘都是走頭無路而落草的，或是當地被裹脅的老百姓。再加上當時中共已瀕於絕境：碉堡政策和食鹽封鎖直使中共鼯鼠技窮。因此，我們的「優待政策」大大的成功了！走頭無路的只要有路可走，被裹脅的更身受共害，巴不得及早逃出中共的魔掌，於是都相率放下了武器。這政策在抗戰期中就不大靈了，我們從沒有看見日寇由於我們的優待俘虜而向我投誠。戡亂迄今，中共似已贏得壓倒的勝利，其政治思想的訓練，特務的控制，更卓著成績。似此情形我們單純的「優待政策」已顯然感到不够了，「對敵人的寬大就是對自己的殘酷」。從前我們將共俘編成的幾個「青訓總隊」「青年愛國團」效果如何？可為殷鑑！

軍事的頓挫使我們不能不逼視政治的鬥爭了。「金門」「登步」兩次大捷都有大批的俘獲，這些共俘現在已入某地新生營受訓。受訓以後怎麼辦？當局未見宣佈，我們當然不必妄加揣測。但今後除非我們不準備反攻，若要反攻，俘虜應該是大大的增加，源源的增加，我們對於這一批批的共俘究應如何處置？也就是說，「優待」了以後怎麼辦？這自然需要一個整體的辦法。這就是筆者所以提出重行檢討俘虜政策這一問題的動機。

中共俘虜政策的解剖

單純的優待俘虜政策既已感到不够，那麼，我們對於共俘究應仿照中共的辦法，按所謂「民主的方式」改編呢？還是訓練幾個月再放他們回去？或者是無窮盡的「訓練」，變相的「集中管理」？在研訂我們的俘虜政策之前，把敵人的政策加以剖析，倒是絕對必需的。

中共所謂「民主的方式改編」，完全是一種殘酷的「借刀殺人」的政策。他們把俘虜的國軍士兵先來一個大混合，使得你不認識我，我也認不得你，然後編組。一班十二人就安置了兩三個「老解放軍」，監視嚴密，根本不用訓練就拉上前綫，反正是做他人海戰術的犧牲品。使你絕無考慮的時間，更談不上和不認識的伙伴熟悉起來，再商議什麼了。據身歷共境的朋友說，國軍被俘的士兵必須在人海戰術中「立功」，才能發給槍枝，正式參加「解放軍」。「立功」的方法是給你幾顆手榴彈，叫你打衝鋒，後面架起機關槍對準你的腦袋。後退必死無疑，不如衝衝看吧，打死了，犧牲的是俘虜，中共消耗國軍子彈的目的已達。微倖你眞個立了『功』，九死一生之餘，你更珍惜你的生命，中共則大大的誇獎你，誇獎得使你簡直有些「飄飄然」。於是你天眞地以為已是「入幕之賓」了，加入了「解放軍」，做了中共的工具，再去監視和迫害別人。這種慘無人道陰險狠毒的所謂「民主方式」，中共則可，在我們堂堂正正的政府自不忍出此。

對於被俘的國軍中下級幹部，中共多是施以三五個月訓練，放你回籍。由於鐵幕中消息封鎖的確實，你所見所聞都是光明的，前進的，較政府方面勝過多多。鐵幕區的報紙，雜誌，廣播和中共的政工人員，可以協同一致的扯個瀰天大謊，把你蒙在鼓里。他們有響亮的口號，給你一個遙遠的希望，儘管這希望永遠不能實現。中共「中央政治局」網羅了一批「專家」，專門編製一套正好攻擊政府現行策政的「理論」，這些理論儘管是不值識者的一笑，卻恰到好處的否定了我們中下級幹部所僅有的一點膚淺的政治認識，如同Ace之恰吃了「老K」一樣，於是你只有爲之折服。中毒深的，回籍做了中共的義務宣傳員，中毒淺的起碼也動搖了對政府的信念。至於認識淸楚的人，也就是中共所謂思想不能改造的「頑固份子」，便在遣送回籍的途中神不知鬼不覺地「失蹤」了。

這種政治配合特務殘忍的作法，在中共是萬無一失的；在我們實行起來便有許多困難：第一、我們是民主的政府，我們不能用特務恐怖來封鎖新聞和消息。我們不能扯謊，在自由中國區域里，報章雜誌應有相對的言論自由，有「謊」也無從「扯」起。第二、我們的口號仍然是「實行三民主義」！這口號似已變得陳舊；但在三民主義未能完全實現以前，我們能改變別的什麼口號呢？我們必須步步穩當，拿事實表現來說服人民，一個政府是不好對人民開空頭支票的。第三、我們對於文化宣傳工作確是做得太不够了。政論家們雖能從各種觀點上擊破共產黨的「理論」，但這只限於自由的學術的探討；簡直就沒有一個政府的或黨的機構，曾經注意到如何去領導和利用這些正確的言論，針對中共的惡意宣傳，去設計一種適合一般水準的嚴正的駁斥方法，在這方面我們無可諱言地是失敗了，較之在軍事方面失敗得更淒慘。誰敢說改造共俘的工作能有十成的把握呢？

對俘虜施以無窮盡的訓練，不僅是人力財力雙方面鉅大的損失；變相的集中營也絕非民主憲法所容許。中共對於國軍高級幹部是不放回籍的，始而利用你的名望來一個通電，發表一篇談話，或用手槍逼着你站在廣播臺前，宣讀一篇他代你寫好的講稿。以後也許就被監禁或强迫勞役，虐待折磨至死，對外總是沒有了下文。希特勒把俘虜當作人質，隨時拉出來槍斃，雖然殘忍卻來得乾脆。蘇俄和中共的集中營是師承納粹的玩意兒，而共手段則更毒辣萬倍。

胡平作

根據上面的剖析，蘇俄式的或納粹式的陰險狠毒的俘虜政策固然不能採用，英美式的寬大優容政策復不足以與中共相抗爭。値此絕處逢生的最後關頭，我們實迫切需要一個合於人道，合於民主原則，合於政府身份，切實有效，富有强大招撫力量的俘虜政策。

共俘的分類

先予共俘以短期訓練是必需的。訓練期間除了告訴他們民主自由的眞諦而外，對共俘的考核分類確是一件最緊要的工作。中共對國軍俘虜就是分別處置的，官與兵分開，大官與小官分開。不過我們對共俘的分類不能如此簡單，因爲中共常常把較高的名位作爲誘人之餌，使你甘心爲他利用。（「勞働英雄」吳滿有就是一個顯著的例子。）其實實權還是操在中共核心黨員手上的。

爲了配合我所將要提出的，關於新的俘虜政策的建議起見，我把共匪俘大概地分爲四類：（一）被脅迫或被欺騙『參軍』者。對於這班善良的同胞，我們應寄予深切的同情和信任，我們應儘早恢復他們的自由。（二）被俘的國軍和被長官脅迫叛變者。他們並無過失，他們之打自己人也許迫於無奈。然而反覆無常，「繳槍活命」者，其戰鬥意志的消沉，亦頗可慮，我們必須激發他們的忠貞氣節，提高他們的政治認識，然後允許他們歸隊，再爲國家效勞。（三）對於共產理論的精神嚮往者。這班多是純潔的青年和「書呆子」，情有可原。我們可以從理論上去克服他！這樣單靠「三民主義是救國主義」一類的敷淺的政治口頭禪便不够用了。我們必須挑選學識足够克服他們的人去担任說服工作。（四）頑劣的共黨幹部。這班傢伙對共產理論了解雖不充分，但他們却死心塌地的與人民爲敵。因爲他們自認爲是共黨的核心份子，他們的目的是隨着中共「打天下」。對於他們的罪愆必須予以公允的懲罰！冥頑不靈罪大惡極者殺無赦！否則何以張國法？何以儆效尤？何以平民憤？何以慰我無辜死難的軍民在天之靈？

新俘虜政策的精神

根據上面的分析，可知我們對於共俘一味盲目的優待實在太無意義了。「優待政策」不是萬應靈藥，在江西剿匪時代可以奏效，而現在事過境遷，我們就必須予以大大的修正！爲求適合當前的情況，新的俘虜政策必須具備下列三種精神：

第一：視其功罪予以等差的優待，從法律觀點講這是非常公允的，這樣可使被脅迫者不做危害國家人民的事，曾經做壞事的人及早覺悟痛改前非！獎勵自動的反正投誠，不咎既往，冀其戴罪圖功，仿效「周處除三害」的故事。「放下屠刀，立地成佛，」是教人應有自動自覺虔誠懺悔的宗教精神：無可奈何被人「奪」下屠刀的，當然不在此列。擒了一只金戒就該槍斃，而一個燒殺姦淫無所不爲的共黨幹部，一旦被俘（並非自願投誠）却和一般善良的被脅迫附共者享受同樣的優待，該是多不公平的事！何況寬大優容未必能改變虎狼殘忍的天性，相反地，野兎麋鹿之類也許還想學學虎狼的樣兒呢！

第二：保證充分就業和選擇職業自由。這條非常重要而且應該！我們是民主自由的政府，我們是爲國家人民的民主自由而戰！那麼，對於我們親手從水火中拯救出來的同胞，第一件事自然是歸還他們應有的自由。當此國步艱難之際，我們實不應聽任偌大的人力閑散浪費。我們仍保有西南臺灣海南等廣大的土地，衆多的生產事業（如工礦農墾等）需要着廣大的人力！我們可以擇其所長從其所欲導使他們參加生產！被俘的國軍官兵因爲是現役軍人，歸來後如經考察毒化不深略予開導卽可使之重返前線，不予歧視。而一般善良的非現役的同胞，既被中共脅迫『參軍』於前，我們並無理由，亦不忍心叫他們仍服兵役於後，『參軍』是中共無恥欺騙的勾當，土匪的行徑！我們唾棄它！我們是中國唯一合法民主憲政的政府，需要兵員時自可根據兵役法之規定徵集役男入伍。爲了表示政府的寬大和軫念無辜的德意，我們更可以破格給予共俘半年或一年的緩役優待，緩役期間志願從軍的或者過了緩役期，自應與自由區的同胞一視同仁，使爲國家服兵役。如此於兵源既無影響，（我們決不應忽視「兵源」問題在我們戡亂反攻上的嚴重性）！於生產仍有裨益；尤有甚者，可使國內同胞國際輿論洞燭中共所謂的「自由」，與政府區眞正的「自由」竟有如此懸殊的差別！設若跟中共是當兵拼命，投政府也要當兵拼命，那麼，他們爲什麼要投到軍事劣勢的一邊來呢？這是本能的選擇，生活是最現實不過的。

爲了避免中共再驅迫前來當砲灰計，我們決不能放任共俘回籍的，但我們可以相信被共黨脅迫參軍的同胞，於重新獲得生活職業的自由時，該是如何的感激零涕，誓死效忠！我們將這一決策擴大宣揚至鐵幕區和共軍營中，該有多少人心嚮往之望風歸順！敢望當政者共審思之！

第三：保證學術研究自由。這是治本的辦法，不僅是對於共俘，對於純潔青年和被共產理論麻醉的「書生」尤爲有效，治河之道，築堤不如疏導。共俘中無疑地有許多追求美麗幻想的青年，就是自由區中也不乏這種美麗幻想的嚮往者。這般人頗難說服，注入式的訓練是不易收效的。我們可以成立一個社會主義理論的研究機構，允許共俘和一切共產理論的精神嚮往者自由地充分地提出問題，由我們的專家負責解答。我們時時注意用民生主義和共產主義相比較，讓他們仔細看清這兩種社會主義究竟誰是誰非，誰個比較完善，比較合理。我們更可確切的指出現今的蘇聯和中共雖然打着共產主義的招牌，而實際上還絕對不是那麼回事！當這些「精神嚮往者」一旦發現他們的美麗幻想破滅了時，他們將變爲一個堅決的反共者。一般由幻想而行動的共俘心悅誠服之後，他們無疑地將對反共鬪爭輸誠至死！（他們確有一股傻勁！）而一般左傾幼稚病患者必不再以附庸共產爲時髦，更不作投共的傻事了。「諱疾忌醫」不是辦法！我們應勇於承認這些年來由於種種阻礙，三民主義並未完全實現。但三民主義的理論是絕對正確的！我們爲什麼不拿來和中共較量較量呢？我們要昭告世界：三民主義治下的精神生活是自由的！

技術問題和結論

當然，在擬訂這個新的俘虜政策時，有許多技術問題必須先加研討：譬如我們應如何鑑別共俘的身份和思想？政府應如何有計劃的幫助共俘充分就業？允許共俘自由選擇了職業（限於於生產性與建設性的）以後，應如何保證他們絕對忠於國家，不再爲共黨張目？允許學術自由，我們要如何羅致學者和專家，從理論上去克服匪黨荒謬的宣傳？但這些都是不難解決的問題，毋庸筆者贅述。

總之，新的俘虜政策應該保存原有政策的優點，所不同的是應具有更大的招撫力量！

事急矣！我們必須全面澈底的檢討，重行擬訂我們的俘虜政策！盲目的優待徒然浪費大筆的金錢，游移不定的政策，坐使我戰士血肉換來的戰果無端消失，鐵幕區有志之士也徬徨無所歸依，最後我們再鄭重呼籲：我們需要一個合適有效，具有絕大招撫力量的俘虜政策！

逢新年 算舊賬

傅宗懋

讓我們像回想自己的歷史一樣的回顧一下我們的國家吧！

朋友！您有過這樣的經驗嗎？閒坐談笑的時候，往往會回憶到個人過去的經驗和遭遇，對於鑄成今日性格、風度、喜惡的影響。

您曾經這樣的回想過我們的國家嗎？要是沒有的話，在這新年到來之時，我很盼望能跟您共作一個回憶。

如果我們翻開近代史，便很容易明瞭，今天的中華民國是孫中山先生和諸革命先烈在經過幾千年封建帝王統治的頹垣上建立起來的，封建勢力，因了歷代累積的原因仍是很沉重的潛伏在整個國家裏，因之在推翻滿清後有民國初年的軍閥割據互爲討伐的史實，萌生的革命幼芽就受到不少逆流的阻擋，此外，我們還不斷的受着外來的干涉，民國四年，日本便以廿一條件相要脅想使我們變成附庸，民國八年巴黎和會想把我們的山東省，拿去酬贈日本，日本在民國十六年又進犯山東，民國廿年奪去了我們的東北沃野之後，就像深恐稚子長成壯年後不易欺壓似的下手，發動了民國廿六年的大規模戰爭，這一連串阻止我們臻於統一強盛的內外阻礙，影響我們在今天還不能建立起一個統一民主的國家，和有充分行政效率的政府，可以說是理所當然的了。

在八年抗戰不太短的歲月裏，我們損失了多少人力物力，戰爭本與貧困是不可分的，何況緊接着抗戰的勝利，出賣國家民族的共黨，又一手破壞了我們建國良機，我們以八年的血肉犧牲換得了五強之一的國際地位，掙脫了近百年來不平等條約的束縛，正好藉以從事各師建設（如當時文府水利建設之蘊，凡其計劃，即政府從事復興建設的計劃之一）以期民康國泰，然共產黨徒偏要乘我同胞疲憊不堪而稱兵作亂，使我們八年犧牲盡付流水，而呈今日河山變色之勢。

試想，我們有着如此沉痛的史實，而却一心期望今日的國家是富强，今日的政府是健全，我們所生活的政治組織是世界上民主制度的模範，我們所過的生活要……這豈不是癡人說夢嗎？

革命本來差不多千篇一律要經過一個長期的混亂，法國人費了八十年才得完成他們的革命，美國革命後，連南北戰爭在內一直過了九十年才有頭緒，當[illegible]國成立共和的初期政府的腐敗與黨同伐異之盛，行政事勢之糟，以及軍隊紀律聲名之狼藉，甚至弄到紐莫格藍人民代表投票要脫離聯邦，因爲他們對於共和國的努力改進認爲是毫無希望熱血的青年朋友們！當我們明白了這些以後，應該驅走那心中無聊的悲觀了吧！

青年是有熱情有勇氣，所以青年可貴，可是青年應該瞭解現實決不能完全合於理想，否則人類便失去了進化，今日中國現實不合於理想的地方固然較多，但這除了主觀的人爲因素之外，確有着相當客觀外力的阻礙和破壞，我們絕不能爲了現實的難如人意就消沉，要知道青年的可貴就正在於青年的熱情勇氣，能使他們完成對不合理想的現實的改革，誠然一個國家找不出青年的活力和笑語是一種可悲的陰沉，而青年若是失去了國家，也就不會有自由的活力和笑語發出，在「解放區」裏的青年生活不正足以說明這一點嗎！

今日在臺灣的中國青年是自由中國的青年，自由中國的青年掌握着自由中國的命運，自由中國的青年不允許墮落，因墮落會更加重我們的苦難！自由中國青年戰士們；面對着新年的開始讓我們拉緊些！靠攏些！共同的自制自奮自強來創設自由中國吧！

自由鐘聲

非均

我們不信眞理，
　會在世間沉睡。
我們不信狄托，
　會在中國重演。
我們不信曙光，
　會困倒在黑暗的夜間。
當然。
我們更其不信，
　那慘無人道，
　　假冒僞善
　　　的匪徒。
會讓牠永遠的
　在祖國的繡地上，
　撒野，揚威。
　　聽！
自由的鐘聲響了。
……
我們是
大地上的一份子，
我們爲
　嗜好自由的人士。
……
「因爲我們是
　人類的一份，
不要疑問這鐘
　是爲誰而敲，
牠正是爲你而擊。」

半世紀來誰擁有世界上最偉大的陸海空軍？

燕　君

有優良的裝備算不上偉大，有龐大的軍隊數目算不上偉大，有能征慣戰的將士算不上偉大，在最惡劣的局勢下，甚至是絕望的時候，沒有一點精神的鼓勵和物質的支援，而仍舊不放棄目標及理想從事堅苦作戰的，才是偉大的軍隊—

假如現在有人發問：『半世紀以來，自從世界各國完全的建立了陸、海、空三軍後，誰擁有世界上最偉大的陸、海、空軍？』我將毫不猶豫的回答：『現在的自由中國才是世界上偉大的陸、海、空軍的擁有者』。

抗戰勝利後，自從中國從事反赤色法西斯侵略戰以來，到現在已經四年多了，在這四年之中，我們以八年戰後的疲憊之身，與一個新興的具有世界性的法西斯對抗，在國內，多少高官顯宦，震懾於對方的勢力，都媚敵投降了（甚至包括政府的高級官吏如程潛、張治中、邵力子等）多少沒有知識的「知識份子」昧了良心尋找種種理由在爲敵人宣傳，多少愚妄的人民（尤其是流氓和匪類）竟甘心願意受敵人的統治；在國外，沒有一個國家向我們說一句溫情的話，沒有一個國家給我們一點兒友誼和物質的支援，尤有進者，很多國家不但對我們不加支援，而且乘我們挫敗的時候，竟供給敵人物資，承認敵人非法的政權，在我們最艱巨的時候，給我精神上以無情的打擊。

我們是孤孤單單的執行着世界反赤色法西斯的任務。

內部和外部的情況是這樣惡劣，有多少理由可以解釋中國早已應該爲赤色法西斯毀滅了，但是爲甚麼到今天自由中國還不滅亡？

一個回答：自由中國擁有世界上最偉大的陸、海、空軍。

也許有很多人（尤其是外國人）對我的回答加以嘲笑，他們會說：『中國要是擁有這樣好的軍隊，爲甚麼還阻擊不住共產黨呢？』現在我要鄭重告訴這些嘲笑和說風涼話的人：『收住你們的嘲笑』！我敢斷言：當世界上的任何國家（包括英、法諸強，更不用說菲律賓、南韓、和善說大話的印度），如果發生了像中國這樣大規模對共產黨的戰爭，它們決不能像中國這樣四年如一日的支持着，而始終抵抗，恐怕早就要被共產黨解決了，但是我們中國現在却仍堅強的站立在赤色狂潮的邊緣，就像在歷史上自由的旗幟永遠不倒一樣。

日前魏德邁將軍會說：『中國的局勢，不是無法扭轉，只要他們知道是爲何而戰』。其實，我們可以答覆魏德邁說：『中國的軍隊，早已明瞭他們是爲何而戰，不然，自由中國，會存在到今天』。一年來，局勢已經壞到這樣的程度，但是事實告訴我們：多少被俘的空中勇士像傳奇故事一樣駕着飛機奔回自由中國的天空；多少海軍健兒雖他們的長官降敵，但仍千方百計的轉來自由的祖國；在中外的軍事家一致認爲我們的軍事已毫無希望的時候，陸軍將士却爭回來多少次大捷，此外，在敵人後方，四年中，數不清的陸、海、空軍造成的英勇悲壯故事和可歌可泣的事實，就像是古羅馬戰士的詩篇一樣繁多，目前，自由中國與共產黨徒形勢的暫時優劣，是很明顯的，如果中國的陸、海、空軍戰士們不知道爲何而戰、不是早就像那些投機份子投向據有優勢的一方了嗎？

不可諱言的，中國文武職員的待遇是世界最低的薪俸，可是他們仍舊堅守崗位的保衛自由中國，他們受苦，他們吃不飽，衣不暖，睡不好，在平時他們對自己微薄的待遇也會發出多少牢騷，不過，在他們和敵人戰鬥的時候，他們的眼中同樣的又放出怒火，把閃閃的刺刀指向敵人，這不就是他們知道爲何而戰的明證嗎！他們如道現在所從事的戰爭，不但是在救自己的國家民族，而且也是在救世界，因爲如果自由中國倒下去了，世界將有五分之一的人口落入赤色法西斯的手中，無法計算的資源將爲敵人掌握，其時，敵人就可以這些人力物力爲資本而整個的推翻了自由世界，所以雖然他們受苦，雖然眼看着世界上愚蠢人們的冷漠態度，但是他們仍舊任勞任怨的打、打、打下去。

中國的陸、海、空軍是世界上最偉大的軍隊，是廿世紀的十字軍，應該是當之無愧的，中古歐洲的十字軍是有多少國家的支援？現在我們的軍隊是有多少人支援？短視的世界辜負了我們，但是我們不因爲世界對不住我們，而我們就放棄了戰鬥，而甘看自由世界的毀滅。

偉大的陸、海、空軍戰士們，你們收住一肚子的委屈，爲着解救世界而戰，你們雖然一時的被人冷漠，但在不久的將來，你們的這一段戰鬥，必然會名垂世界的史冊！

現在雖然沒有一個國家援助我們，雖然沒有一個國家向我們說一句：『我們和你們是站在一條戰線上的』，但是我們有理由相信愚昧的世界早晚會猛醒過來，而我們比肩作戰，就如同抗戰的後半期世界各國爭着與我們結爲盟好一樣。爲自由和正義而戰的軍隊，是必定能取得最後勝利的；歷史告訴我們，任何膽敢與自由，正義爲敵者，雖一時得勢但終久必將毀敗。一個最明顯的例證：十年前的希特勒曾橫掃歐洲，所向披靡，到如今又將如何？

共產黨的陰險、狠毒、違人性、反自由、和過去的希特勒沒有分別，當前，它雖然叱吒風雲，但在整個爭取自由的大時代中，它不過是一股小小的逆流。

偉大的戰士們，我們在爲中國和世界的自由和正義而戰，自由和正義是人類歷史中不可磨滅的眞理，爲眞理而戰，最後勝利，必爲我們所有！

文藝

杜甫與佛

梁實秋

杜甫是一個生活經驗極豐富的人，讀萬卷書，行萬里路，所以歷來評杜總不外「篤於倫紀，有關君臣父子之經，發乎性情，能合興觀羣怨之旨」一類的話。但是一個人的生活和興趣常常是多方面的，「每飯不忘君」是杜甫的一面，他也還有其他的方面。佛在唐代是盛行的，杜甫雖然與王維賈島不同，與佛還是有相當多的關係的，本文的目的即是要略爲說明這一點。

從杜甫的作品裏我們可以看出他與佛發生關係是在他四十歲以後。他在四十歲那年（天寶十載）進三大禮賦，踏入官場，蹭蹬失意，隨後即遭天寶之亂，開始流浪，度隴客秦，入川遊楚，於慼慼風塵之際開始接受佛家思想的薰染。在四十歲以前，杜甫也是不得意，也往往有隱淪之志，其思想只是近於道家，與佛無涉。有一位「巳上人」是他的朋友，他到了他的茅齋裡去，只覺得泉林僻靜「可以賦新詩」，並不及談禪說法之事，並且很謙遜的說「空忝許詢輩，難酬支遁詞」。這大約是開元二十九年間的事，杜甫年三十，與佛尚無緣。天寶初，杜與李白遊，相從賦詩，全是一派道家口脗：「苦乏大藥資，山林跡如掃」（贈李白），「未就丹砂愧葛洪」（贈李白），「未因乘興去，空有鹿門期」（冬日有懷李白），「飄飲惟三徑，巖棲在百層」（贈特進汝陽王二十韻），「濁酒尋陶令，丹砂訪葛洪」（奉寄河南韋尹丈人）。這種求仙隱遯的情緒，杜甫一生都多少保持着，一直到臨死還有「葛洪尸定解」的譏語，但是我們要注意的是杜甫在四十以前於狂放高歌之際只有神化隱逸的思想流露於字裏行間，四十以後才有佛家思想。

房琯好佛，曾撰有「六葉圖序」，他可能給杜甫很大的影響。杜詩中屢屢提到僧贊公，也是房相之客，也可能給杜甫很大的影響。佛在當時是一種時尚，尤其是禪宗，正在全盛時期，杜甫在流離顛沛之中不能不接受其影響。飲中八仙之一的蘇晉便是「長齋繡佛前」「往往愛逃禪」的名士，王維也是他的朋友，並且他還結交了不少的方外的知交。所以杜甫四十以後的作品裏常有得道之語和佛門典故，是不希奇的。

杜甫所傾服的是南派禪宗，雖然在天寶間他居住的地方是屬於北泒的範圍。十四載杜在長安，「夜聽許十一誦詩愛而有作」很明白的說：「許生五台賓，業白出石壁，余亦師粲可，身猶縛禪寂」。此處所云，當然是泛指南禪，並非直接師事之謂。後來「秋日夔府詠懷一百韻」有句云：「身許雙峯寺，門求七祖禪」，是更明白的指出他的信仰是在曹溪。「七祖」二字，註家聚訟，或指天竺七祖總稱，或指北派神秀（大通）之弟子普寂（大照），或指天寶末在洛陽宏法而於貞元十二年勅立之七祖荷澤。案六祖惠能入滅於睿宗先天元年，即杜甫初生之年，六祖以後衣鉢不傳，七祖云云當然無據，錢箋所謂「聊以門求七祖示置衣之微旨歟」亦等於是闕疑，不過看杜甫出夔州泛荊楚求禪終老之志當然是南禪無疑。

杜甫與贊公往還以後，入佛漸深。至德二載杜甫在大雲寺邂逅贊公，留齋盤桓，贈物惜別，後在秦州又復相遇，西枝村尋置草堂地，時宿於贊公土室，意欲與之卜鄰而居，有「與子成二老，來往亦風流」之句。杜初到成都，寓浣花溪寺，「酬高使君相贈」詩云「古寺僧牢落，空房客寓居，……雙樹容聽法，三車肯載書」，雖然是羇旅潦倒，無處可以安身，究竟佛門清淨亦其性之所近，「和裴迪登新津寺寄王侍郎」便明白道出：「老夫貪佛日，隨意宿僧房」。是他喜歡住在廟宇裏，因爲他貪「佛日」，佛日即是佛法。「贈蜀僧閭丘師兄」云：「夜闌接軟語，落月如金盆。漠漠世界黑，驅驅爭奪繁，惟有摩尼珠，可照濁水源。」這描寫的是他宿僧房的情趣。「題玄武禪師屋壁」有句：「似得廬山路，眞隨惠遠遊」，是自喻陶潛之與惠遠。

杜甫對佛究竟有多少信仰呢？是行文方便偶然摭取釋典阿附風尚，還是眞正有所了悟虔心皈依呢？這一問題值得研討。寶應元年杜甫在梓州，「謁文公上方」有云：——

「甫也南北人，蕪蔓少耘鋤，久遭詩酒汚，何事忝簪裾？王侯與螻蟻，同盡隨丘墟，願聞第一義，迴向心地初，金篦刮眼膜，價重百車渠，無生有汲引，茲理儻吹噓。」

東坡評曰：「知子美詩外，別有事在也。」此所謂「別有事在」，亦即杜甫「望牛頭寺」所謂「休作狂歌老，迴看不住心」之意。大概杜甫老年確是有意於詩酒之外鑽攻禪理。「上兜率寺」所云「庾信哀雖久，周顒好不忘」，也是同一心事。這種趨向在儒家看來是不正確的。王嗣奭「杜臆」的批評是極好的代表——

「一王侯與螻蟻，同盡隨丘墟」，不過襲莊列語，「願聞第一義，回向心地初」亦禪門恒談，此窺公之淺者。東坡以此四句許公在道，此語未易屈指，而公亦不自知也，非以學佛得之。平生飢餓窮愁，無所不有，天若有意鍛鍊之而動心忍性，天機自露，如鐵以百鍊成鋼，所在者鐵之筋也，千古不磨矣。……」

這是不願承認杜甫入佛，而以儒家的道理解釋之，但所謂「天機自露」，不就是禪機嗎？關於此點，杜甫還有更坦率的自述，「望兜率寺」有這樣的句子：「不復知天大，空餘見佛尊」，這是極力讚嘆佛法之博大，超過了儒家。仇兆鰲註云：

「儒者敬天，佛氏信心。惟敬天，故時時戒懼慎獨，求無忝於所生；惟信心，故乍見圓覺妙明，視一切皆空幻，充其說，殆流於無忌憚而不自知也。此詩云：「不復知天大，空餘見佛尊」，非推尊釋道之大，正言其所見之小耳。」

仇氏之說如此，杜意恐未必然。杜詩於激憤處常有非孔語，而對佛則從無譏評。杜甫老年，萬念俱灰，身軀衰謝，「秋日夔府詠懷一百韻」出峽求禪之旨昭然若揭。「陪李梓州……四使君登惠義寺」且有「誰能解金印，瀟灑共安禪」之語，直是勸人解脫。，而且夔府百韻」詩中明言「本自依迦葉，何曾藉偓佺」，是說神仙之事縹渺不可求，惟禪方是歸宿。杜甫對於佛是有相當信仰的。

但是杜甫畢竟不會遁入空門。杜甫也許有意逃入禪門，但爲三事所累，詩、酒、妻子。所謂詩，即是情，即是愛，憎，即是對於人世的留戀。對於酒，杜甫本有嗜好，但因肺氣，亦已辭謝，痛飲。惟獨對於妻子，杜老却無法安排。杜甫携帶妻子浪迹江湖，室家之樂不會欠缺，乘小艇，晝棋局，曬藥，一一筆之於詩，鄜州望月，梓州失眠，寫得情緻纏綿。「妻子亦何人，丹砂負前諾」，是求仙不成爲「妻所累，求佛亦然。他率直的承認：「未能割妻子，卜宅近前峯」（謁眞諦寺禪師）。「別李秘書始興寺所居」有云：「妻兒待米且歸去，他日杖藜來細聽」。吃米事大，講經事小，正是此老率眞可愛處。所以杜甫的求禪大概是只限於觀經聽講。看他詩裡釋典運用之靈巧豐瞻，對於若干大乘經典必定精通。

大凡人生有三種境界：自然的，人性的，宗教的。在自然的境界裡，人與禽獸所異幾希，飲食男女是其主要，這是最低級也是最基本的生活。在人性的境界裏，情欲受理智的駕馭，是非善惡美醜有所區別。在宗教的境界裏，所經歷的是精神生活，可以說是超凡入聖。文學家和一般有教養的人大概是停留在第二種境界裏，間或有少數的根器較深或經驗較多的人可以進入到宗教的境界裏。杜甫本是熱心仕進的一個人，經過多次挫折，始無意用世，於坎壈漂泊之餘，隨緣感觸，接近禪門，達到了宗教的境界的邊緣。但是苦修却也未能，「思量入道苦，自哂同嬰孩」（山寺），所以他終於不得解脫。

念重慶

田驛

嘉陵江啊！靜靜地流
揚子江啊！波浪滾滾
濛濛的霧，霧裡的山城

曾有無數顆熱烈的心
曾有無數個雄偉的聲音
在大地的每一個角落
唱出妳響亮的名字啊
重慶！

這不是一樁被人遺忘的故事
這不是一首已經終曲的史詩啊
這聲音依舊振動着耳鼓
這歷史依舊在眼前鮮明
嘉陵江靜靜地流
揚子江波浪滾滾
是巨人的頭顱
海棠葉上的一隻鐵掌
濛濛的霧，霧裡的山城
那時候，妳一腳踢翻
百年屈辱的歷史
妳撼醒了民族的靈魂
掀起一個不平凡的歲月
點燃了積壓的怒火
撩動着全世界的震驚
那時候
妳睜開灼灼的巨眼
咆哮着，抖擻着精神
白霧蒸騰着妳的熱力
江流急湍着妳的悲憤
那時候，妳每天
吞吐着怒潮般的人群
千千萬萬的英雄兒女
熱情地接受着妳的送迎
從山丘，從河谷
向原野，向崗林

那時候
妳堅靱苦鬥，奮不顧身
然而，又一個敵人——
那更兇殘，更毒辣的魔鬼
却在暗中成長
偷吸着妳的血精

東方的巨盜
在妳的威儀下降服了
而西方的惡霸却溜進了門
轉眼之間
毒燄燃遍了山河大地
洪水淹沒了一座座的古城
這時候，妳啊！
民族精神的堡壘
自由人民的母親
再一次英勇豪邁地站起來
要扭轉這逆流中的乾坤
這時候，妳啊！
吼聲中帶着沙啞
目光中閃着疲困
八年啊！八年的長期搏鬥
妳已耗傷得精疲力盡

這時候
那惡魔却對妳毫不放鬆
用陰毒，卑鄙的縱火手段
十次，一百次
殘傷着妳的軀體
剝損着妳的神經
這時候，妳啊！
像困獸落入了陷阱
妳掙扎不起來
妳的喊聲無力
妳頹然地倒下了
讓罪惡汚濁的魔手
褻瀆了妳
褻瀆了妳的神聖
嘉陵江啊！靜靜地流
揚子江啊！波浪滾滾
濛濛的霧，霧裡的山城
千萬顆沉重的心
千萬個顫抖的聲音
在呼喚着妳的名字啊
重慶！

社會主義與專制

密色斯原著　資友人譯

密色斯（Ludwig Von Mises）教授是維也納經濟學派的領袖，有名的海也克（Hayek）教授便是他的學生。密氏早就指出，國家管制經濟，早晚會造成專制極權的警察國家。密氏曾在維也納大學任教廿五年，後爲希特勒所逐，逃到了美國。現密氏以半世紀的研究與經驗，寫成一千多頁的一冊書，駁斥社會主義共產主義，學者們公認這書可以打倒馬克思主義。

——譯者

（一）社會主義的經濟理論

六十年前韋伯（Silney webb）曾誇耀說，十九世紀的經濟發展史，整個是社會主議不斷進展的紀錄。數年之後，一位有名的英國政治家，哈考特（William Harcourt）爵士會說，「現在我們全是社會主義者了。」無疑的，一切國家都在實行計劃經濟的政策，這種政策必然最後變爲政府包辦一切計劃，也就是說，變爲社會主義或共產主義。

但是一直尚沒有人去分析研究社會主義制度之下的經濟問題。馬克斯罵這種研究是「空想的」，「不科學的」。他認爲，生產力決定歷史的途經，並能領導人數的行爲，雖然生產力與人數的意志無關。經過相當時間生產力使能把一切安排到最好的程度。如果我們這種肉眼凡胎的人，要去評判這些事，只是白費事。馬克斯不許人評判社會主義之下的問題，頗有人遵守。有不少半通不通的經濟學家在研究所謂自由經濟制度（資本主義）的缺點，讚揚政府控制一切人類活動的制度，是幸福的，很少有人對知識採忠實的態度，去推論社會主義之下的經濟問題。

爲了扭轉這種不可忍受的盲從，我發表了幾篇論文，後來又寫了一本書，名「社會主義」（德文版一九二二年，英文版一九三六年）我研究所得的主要結論是，證明在一個社會主義的世界，使不可能作經濟的估計。如果只有少幾個國家實行社會主義，社會主義者尚可以根據非社會主義國家的自由市場上的物價，來作經濟估計。如果一旦所有的國家都實行了社會主義，便沒有了生產因素（原料，設備，勞力，資本等）的任何市場，生產因素便沒有了買與賣，也沒有了價格。

這便是說，在這種情形之下，一個社會主義制度下的經理部，無論對於計劃未來或考核已往的成績時，都無法把各種生產因素，用一種共同的單位來作計算的標準。這樣一個社會主義的經理部簡直就不可能知道，如何計劃，如何執行，才是達到目標的最適當的方法。它只有在暗中摸索。它將浪費了珍貴的生產因素，無論是物資與勞力。計劃經濟的不可解的缺點是在，它消滅了若干條件，但沒了這些條件，它便無法合理的計算成本（放進去的）與結果（生產出來的）。有目的的經濟計劃消滅了有目的的行動。

社會主義者與共產主義者的作家們，不能不承認我的結論無法推翻。爲了保持臉面，他們改變了說法。我第一次發表我的論文是在一九二〇年，在此以前，一切社會主義者都宣稱，社會主義的要點，是在消滅市場與市場價格。他們所希望從現在社會主義能得到的幸福，便是廢除價格制度的結果。但後一九二〇年以來，他們又說在社會主義制度之下，市場與市場價格的制度仍可以保留。他們這種對於社會主義的說法，是自相矛盾的。他們認爲社會主義之下，市場與物價是假設的，但他們亦未能說明，究竟這「假設的」與真的市場與物價的制度有什麼分別。

（二）中間路線

許多政治家與作者都認爲，除了資本主義（自由經濟）與社會主義（共產主義，計劃經濟）之外，他們可以選擇第三條路，即中間路線。他們說這既不是資本主義，也不是社會主義。在德國的德皇時代，這種第三制度叫作「社會政治」；在美國這叫辦作「新政」。在法國它叫作「干涉主義」，經濟學者亦願用這名詞。這第三制度的主要意義是，生產工具私有制度不應完廢除；但政府應用禁令，課稅，津貼等方法，去干涉企業家的經營，使市場的情形改正「改進」。

我會指出，干涉主義不能成爲一個永久的經濟制度。從信仰干涉主義的人們和實行干涉政策的政府的立場看來，干涉主義施行的結果，必然會使所要干涉的經濟情形每況愈下。假如政府對這種情況不能默然，又不承認應停止干涉政策，必然會不得不便加干涉，結果一定是走上廢除生產工具私有的制度，而變成了社會主義。經濟行爲—即生產因素應爲何目標而用—最後是取決於消費者的購買與不購買，或是取決於政府的命令。在此沒有中間路線，控制干涉不可能只是局部的。

大家所咒罵的自由資本主義的惡點，其實正是干涉主義政策所引出來的。例如，以擴大通貨的方式來使利率減低，結果會弄成經濟衰落。又例如，增加工資超過了在自由市場中所應有的限度，結果會弄成增多失業。又例如「重課富人」的稅制，等於消費了資本。一切干涉政策的總結果！將造成一般人都貧窮。把干涉政策叫做「福利國家」，是錯誤的。干涉政策的結果不是提高而是降低了一般人的生活。美國經濟情形空前的發展，與美國人民的美滿生活程度，都是自由企業制度的成就。

（三）一切經濟現象都是彼此有關連的

經濟是不容許割裂的，經濟是研究一切經濟行爲的彼此關連現象的，一切的經濟事實都彼此互爲影響。每一個經濟問題，必須從整個經濟社會（入的需要與願望）來觀察，才能正確。一切論斷，假如不是站在整個社會的與經濟的關係外看，都是片斷的。

我所著的「人數的行爲—一個對經濟的研究」一書便是這樣一個對整個經濟社會的分析研究。這是我畢生研究調查的所得，是五十年經驗的結晶。我親眼看見社會主義的力量，毀壞了歐洲的繁榮與高度的文化。我寫這本書的目的，是要盡自己的一份力量，與當代的其他名家，共同努力，使美國不墜入深淵。（本文原載 Plain Talk 一九四九年九月號）

本刊資料室譯

美國記者眼中的——
赤色上海

Robert Doyle 原著

『歷史告訴我們凡是征服中國的終歸失敗，至於共產主義是否會在中國得勝，沒有一個人能夠回答…………。』

五月二十五日，在晨曦中，一支中共的軍隊踏進了上海市。草綠色的軍裝已黯然失色，一雙雙血紅的眼充滿了倦意。經過了三十五日的血戰，這個世界第四中國第一大都市便被捲入了赤色漩流，上海是中共統治下的最大城市。

在這些日子裏，成千萬的上海外僑首次領略到共產主義的統治。七月末，美船戈登號載着一千二百名受盡中共統治的外藉乘客輕快地駛出了黃浦江，直奔向大海。我們慶幸離開了上海，在那裏，我們渡過了戰後通貨膨脹的艱辛歲月和四個月的共黨統治。在甲板上，一位英國乘客敍述他對在上海所渡的一段艱辛生活的觀感說：「我做了一場惡夢。」

共黨進入上海後，令人觸目的是擁護他們領袖的標語，其次便是他們共產黨員的不腐化，也就是這種表現引起了上海市民對於這些紅星帽的征服者的好感。

數十年來，中國人有一句俗語：凡是飲過黃浦江水的人都會腐化。中共還未佔領上海以前，有一個外商油行的中國經理會經輕蔑的笑道：「好吧！讓他們來吧！誰對上海也沒辦法，共產黨就可以改變上海嗎？」

但是，共黨進入上海後立刻表現了一種新奇的作風。入市不到半天，便發行了人民票，一個樸實的鄉童對人解釋說，他們的士兵雖然待遇微薄，但他們是爲「人民」服務，不願享有更多的待遇。人們都感到驚奇。

上海會冷眼旁觀過國民黨取締黑市金鈔小販的失敗，處置了一批，另一批又來了，所以當這個新的「人民政府」計劃要向這些投機商人宣傳他們投機的罪惡時，人們不禁又投之以冷笑。但是不久，他們動員了無數學生，如潮湧般地在街上吶喊着反投機，梳小辮的小姑娘們扭着秧歌招攬觀衆。

他們向群衆演講宣傳，然後熱烈地高唱着一支小調：「銀元販是人民的公敵！」對於那些不服的銀元販，他們便施以長時間的「改造教育」。上海市民感到迷惑了，但他們不得不承認共產黨已獲得了最初的勝利。人們不再聽見對於通貨膨脹的咀咒，物價穩定了將近兩星期。

共黨的拿手好戲「坦白」開始了，懺悔和道歉幾乎成了每天的日程表。工人們受了廠中政治幹部的煽動都「坦白」自已腐化貪污的罪惡。報紙狂熱地的歌頌着工人們的「學習」精神，滿載着許多「眞實生活」的報導：江南造船廠的一個工人「懶臭蟲」變成了偉大的英雄。上海「解放」以前，「懶臭虫」是廠中成績最壞的一個工人，常常在工作時間內溜出去偷睡懶覺，「解放」以後，在廠中第一次的「學習會」上，工人們評擊他，他悔悟了。現在他被報紙歌頌爲「勤勉的蜜蜂」，成了一個標準工人。

到處都是狂亂的「坦白」，上海的外僑也沒能幸免。兩位外報編輯受不了共黨的威脅只得承認他們並未犯的罪行而公開地向「人民」道歉。還有一個外國人竟鄭重其事的在共黨官方報紙中登啓事，聲明他會濫用了三十一聽屬於「人民」的罐頭食物。共產黨不能容忍一點幽默感。有一次，一個較下級的英國外交人員開玩笑，他打了一個電話給他一個朋友，自稱是威風凜凜的上海軍管會的代表，要他立刻公開否認與「帝國主義」的英國新聞處有任何關連，這個朋友神經過度緊張，慌忙跑到軍管會去保證他一定遵照他們的要求立刻登報否認。次日，共黨官方報紙上出現了這個英國外交人員的悔過書，道歉並聲明不再開玩笑。

上海的妓院相繼關閉，共黨並計劃在一年之內要澈底廢除所有的妓院和舞廳。搓「麻將」牌的人要遊街示衆向「人民」道歉懺悔，於是「麻將」也成了一種避人的「罪惡」。

未能離開上海的國民黨的「小官」們也要「學習」。共產黨叫這些人們整天學習「新民主主義」，然後就要他們坦白，懺悔，宣誓對共黨政權絕對忠誠。這都是上海「市長」陳毅的得意傑作，他的名聲一天比一天惡劣。

有時共產黨也碰到一些啼笑皆非的情形。有一個年青的新聞記者，會在「反動的」英文報社中工作過，當他受訓「學習」期間，一個共黨政治幹部問他一個嚴重的問題：「什麼是人類歷史中最偉大的動力？」誰知這個新聞記者竟脫口而出：「金錢！」這共黨幹部急得大聲喊道：「不！不！不！是階級鬥爭！」

經。毛澤東的「新民主主義」無異就是共產黨的聖經。因爲共產黨急切需要工人的支援，所以對工人特別放縱，最初，不過只是搖旗吶喊「擁護毛主席」，後來竟進一步的威脅廠主，勒索工資，中外的廠主都受到同樣的逼迫。

報紙也配合着工人們的囂張，大聲疾呼推翻外人在中國的地位。昔日的社評慷慨激昂地評論「中國人受外人的剝削」。蔣介石和他的核心人物在他們的筆劍裏，被諷刺爲「帝國主義的走狗」。

中華書局事件足以表明上海中外資方所受勞工們的困窘。一九三一年，中華書局香港分局曾遣散了五百工人。想不到十八年後的今日，竟有四十個個自稱爲當日五百工人的代表，向中華書局叫囂，要求復職。

工人們無理地強制執行他們的要求，將廠方人員緊鎖室內，然後再進行「談判」，被他們糾纏得精疲力竭，最後只有屈服。一個美國編輯因此而得了嚴重的神經衰弱症。共黨當局起初將這些顧主們的呼籲置之不顧，並且說，「勞工問題必須根據勞資兩利的基礎來解決。」最後，他們也認爲對於勞工們的這一套戰術必須加以制止。然而美領事仍被前美海軍顧員們緊鎖在室內勒求工資，共黨報紙稱他爲「僞美領事」，表示還未與美國建立外交關係。

寂靜的外灘

使共產黨最感頭痛的是國民黨的海上封鎖，雖然這封鎖被英美宣稱爲不合法，但事實上，外國商船不斷地遭受到國民黨空軍的轟擊。上海人不禁對着它空虛的碼頭搖頭嘆息，寂靜的外灘也不再聽見苦力們的吆呵聲，原料來源斷絕，上海失去了動力。

現在共產黨也知道上海的密月已經過去了。爲了應付目前的困難，他們計劃着一面勵行節約一面大舉疏散。上海市民感到惶恐，半數以上的市民必須返鄉，遠離這個「帝國主義資本家的餘孽」的城市。勞工們也開始感到不安，此後勞工們的要求必須配合生產需要。

共產黨佔領北平後不久，便出現了列寧和史達林的宣傳標語，但在上海這種與蘇聯合作的表現還發現得較遲，佔領上海四個月以後，史達林的肖像方在報端出現，上海中蘇「友好」協會也在那時成立了。目前上海的蘇聯俱樂部便是在孔祥熙的住宅裏。

在上海的外人也因國籍的不同而有不同的安全感。七月四日爲美國獨立紀念日，哥倫比亞郊外俱樂部的慶祝晚會在十點半鐘便結束了，以便參加慶祝的人們在十一點鐘戒嚴以前趕回家去。七月十四日，法國人在他們的俱樂部裏慶祝自由解放日，熱烈的喝采聲充滿了興奮和愉快，那時正是晚上十一點鐘，但一刻鐘以後，一切立刻停止了，只剩下音樂的餘音繚繞。幾星期以後，蘇聯俱樂部有一個晚會，直到次晨五點鐘，輕快的音樂聲仍不絕於耳。

八月，上海已罩上了一層黯澹的陰影。昔日歌舞昇平的大飯店如今已是「門前冷落車馬稀」，呈現着一片淒涼景象。街上減少了無數流綫型的小汽車的馳騁，一萬七千輛汽車中已有九千多輛匿跡了，原因是很少人能担負得起每加侖三塊美金的汽油費。

上海人的生活澈底改變了方式。立刻受到窘迫的是那些舞女和歌女們，報紙上每天有關於她們改革的報導，例如：「作天，有一百零八個舞女放棄了她們的舞業，改營共他職業……其中有的返鄉，據說有一個正在街上做小販。」

上海的手藝工人對於上海的對外貿易曾有很大的供獻，他們現在也感到痛苦不堪。共黨政治幹部訪問每一家珠寶店，古玩店，勸他們改營「適當」的職業，製造化裝品工廠改爲肥皂廠，製造內衣的工人改製毛巾、刀片、床單等日用必需品。廟宇裏的和尚們都籌資買機器製造襪子，顏色爲流行的「延安綠」，是專爲紀念共黨的戰時首都延安而命名的。

何日蔣再來？

許多癡心妄想的謠言正如野火般地漫延在上海：共軍在華南軍事失利，蔣介石將重返京滬。從一些荒誕的小玩意和玩笑中，我們看見了反共情緒的高漲。有人將一張紙摺疊起來，用剪刀巧妙地剪開幾處，散開後便成了許多碎片，用這些碎紙片可以排成「毛澤東已死」幾個大字，同時也可排成「蔣將回北平」。有一個開電梯的工人每天早上必熱切地問那些外國乘客：「蔣什麼時候可以回上海？」一個郵差曾自信地說：「十個中國人中有十一個是反共的。」然後他又詼諧地加上一句：「這第十一個人雖沒有出生也反共。」

我們從報紙中也可以知道共他的變遷。譬如：「在過去的三個月中，有八百多餐館關閉了，其中有的是上海最著名的大餐館，較大的宴席已無人再問津。上海共有三十六家大旅館和三百多家小旅館，在解放以前，每家旅館整日客滿，現在所有的旅館都是空空的，雖然有百分之三十的折扣優待，也不能再招攬顧客了。飲茶室也漸漸地匿跡了，電影院也遭受着空前的困難。酒店，咖啡室以及其他公共場所都相繼關閉。上海在蛻變中，共產的上海將是另一種社會秩序。」

上海的一切改變了舊觀，但上海的外僑仍不顧一切的渡着他們的舊生活。雖然一瓶上等英國酒價值十二元美金，但他們仍喝着豐盛的美酒，照常舉行無數雞尾酒會，藉以丟掉一切憂慮和煩惱。在外人的俱樂部中唯一的變遷是會員大形減少。整個夏天，哥倫比亞俱樂部都有許多美國人在那裏打捧球作戲，每天晚上，法國俱樂部都有舞會，每日從早上九時到晚上戒嚴時止，英國郊外俱樂部有橋牌戲。由於會員的驟減，法國俱樂部打破慣例的允許較多的中國人參加。但是現在有錢的中國人都避免炫耀，甚至於有意乘坐二等火車以掩飾他們的富有。有一個商人說：「現在敢坐頭等火車的只有共產黨。」

八月末，上海的人民法庭才成立，但沒有什麼訴訟案件，唯一判决死刑的刑事案是一件謀殺案。三個月以後，共黨發現上海仍存留一種根深蒂國的反共情緒，他們認爲那是「國民黨特務」的煽動。於是各十字街頭的警備都換上了身穿草綠色軍服的解放軍，士兵不分晝夜的警備，尤其在深夜裏，哨兵們時時提防着突來的暴動。

共黨上海「市長」

主持「人民法庭」的成立典禮人是共黨上海「市長」陳毅，他的辦公地便是原市府大廈，也就是昔日外人的公共租界管理局舊址。陳毅也參加了他的部屬的行列實行節約，吃「大灶」飯，不用電梯電扇，甚至於不准浪費一點東西。

爭寵的報紙都生動地宣染着他瀟洒的舉止，他們報導陳毅參加任何公共集會時都穿戴整齊，但不到半點鐘，他已汗流滿面，於是扔開了他的軍帽，掀開了衣領，袖子也捲上了。

雖然陳毅在公共場合中表現得洒脫不羈，他的私生活却永遠是一個不可解的神祕，和他二十年前爲共黨作秘密工作被驅出上海時一樣的令人不可捉摸。他沒有一定的住處，住宅變動無常，因此引起一般人的猜測，但沒有一個人得到圓滿的解答，他的私生活成了人們閒談的資料。據說幾年以前，毛澤東曾答應他每佔領一個城市，可多吃一份可口的菜餚，現在他每餐飯桌上要堆上二三十盤菜，其豐盛可想而知。又謠傳說陳毅愛上了一個唱紹興戲的歌女（譯者按：這裡所指的是上海越劇坤伶袁雪芬），曾經爲她訂做了六套西服。還有人說他法租界的住宅便是他的金屋藏嬌處，至少有七個姨太太。陳毅本人在某次工業會議上也提到這些謠言，但他否認說：「決無此事，無聊！」

綠蔭道上的共黨官邸

上海國民黨官吏的住宅都被共黨的軍政要人接收了。舊法租界成了這批新統治者的住宅區，綠蔭道上點綴着無數威風凜凜背刺刀鎗的衛兵。這些征服者都是來自貧瘠的西北，因此來到上海後立刻沉溺在上海的物質享受中，不過，低級的共黨員和士兵都無分坐三輪車，和學生們工人們一樣趕乘優待票價的公共汽車。

所有教會學校都遵照這個新政權的規定取消了公民課程，加添「新民主主義」爲必修課，宗教課程已不是必修課。學校的校務由教職員學生工人各舉代表合組成的委員會來主持。因此，學校的教士們不再擔負行政責任，不必競競業業地來應付這新局面。

報紙每天嚷着要廢除英文爲聖約翰大學的必修課程，但在某次文教會上，陳毅竟公開表示「英文是現在世界上最重要的一種語言」，並稱中國的領袖們若想左右世界，必須熟知英文。從此，報紙也不再狂吠了。

英美教堂仍照常做禮拜，但上海美國學校却在學期終結時宣佈解散，主要是因爲負擔不了新土地稅的壓迫。以前這學校可免繳稅，現在除了繳納目前的土地稅外，還得補繳以前的稅，總共須繳七萬六千美元。雖然共黨當局答應只繳總數的十分之一，學校當局仍毅然決然的決定關閉。

七月裏，美國電影完全絕跡了。共黨報紙咒駡好萊塢電影是有毒的，以性慾和大腿來痲醉中國人。但電影院門前反更形擁擠，人們都爭看最後的一次美國電影。八月，美國在上海的通訊社都被禁止發佈新聞，現在凡是「無外交關係」的國家的通訊員都不能發新聞稿。只有最近成立的蘇聯塔斯社在北平發稿。

多數的外國人（包括一千二百美國人）仍希望有所作爲。中外朋友們仍照常交往，中國人也可以和外國人交談，在他們的談話中時常表示對共產黨的忿恨。共產黨自己因公務和外國人接觸時到是十分小心的。低級幹部不得與外人交往，違者以「破壞紀律」論罪，但高級人員和外國人的約會也得謹愼從事。通常他們和外人接觸還須經過非共產黨的媒介。有一次，一家餐館「修理內部」停業一天，其實裏面共產黨正和一個美國人交涉公務。

一切奢侈品禁止進口，進口以棉花、路軌、機器、燃油爲大宗。大約有三千中外貿易行已得到了中共對外貿易局的批准。據一般外國貿易商推測，中共將仿傚蘇聯發展政府專營的對外貿易，現在的對內貿易已漸爲中共所壟斷。僅在華東軍區四省的區域內，已成立了二十六個國有貿易公司。

雪人和太陽

當戈登號駛出上海時，上海的學校都已復課了。教科書都換成了共黨的新改編本，是在北平編纂後運往上海來的。三年級的課本中，講到一個雪人溶化在陽光中的故事，外國「帝國主義」被喻爲雪人，「人民解放軍」是火熱的太陽，雪人一見太陽便立刻冰消雪散化爲烏有。新課本中又有這樣幾句話：「我們的生活是集體的，唯有使集體生活豐富，一個人方能享到最眞實的樂趣。」中學有「青年訓練」課程，採用的政治教科書中高呼蘇聯爲「世界上反資本主義國家的先導……蘇聯爲中國人民不可少的朋友」，課文中又說：「中立是不可能的。中間路線決不存在。」

乘戈登號而去的人們的確深深體味到在共黨統治下無中間路線可循。他們離去時一切很順利，共黨海關檢查倒頗迅速和謹愼。旅客們帶着醉意和輕鬆的心情踏上了船。船將開時，一個興奮的乘客在甲板上愉快地高唱着國民黨的黨歌，被一個年青的共產黨聽見了，不快地向戈登號的船長抱怨道：「在『人民』的上海，這種表現是非常無禮的。」

目擊着中共得勢的每一個公平的旁觀者，都會預測到上海在最近將來，必遭受到最嚴重的困難：

（一）上海面臨嚴冬。共黨報紙成天空喊看「提高生產」，但鐵一般的事實是所有上海工廠出產量已減少一半，沒有原料便無法增加生產。共黨大胆地宣稱要將上海原料缺乏的工廠遷往內地，他們却忽視了許多事實，他們必須有新的發電廠和有技術的工人與經理人員，這些人員雖然目前受着失業的困窘，急求在共黨工廠中重獲工作，但他們不願離開上海去到那荒野的陌生地方。可以分得的幾畝田地、水牛和木犂不是他們所嚮往的。

（二）上海人口衆多又無生產，若要供養這許多人口，必須加重農民的負擔。在內戰幾年中，共黨軍隊已急速增加到四百萬，這龐大的軍隊全靠農村的苛捐雜稅來維持。上海的重擔可能輕易地使長江流域農村經濟破產而毀壞了一般農民目前對共產黨可能有的好感。

（三）上海共黨機構孜孜不倦地爲蘇聯宣傳，表示對蘇親善，但這種宣傳反激起了傳統的愛好自由的人們的反感，他們本能地反對蘇聯。

不要以爲共黨忽視了這些問題。他們也有他們的法寶來應付這些困難：（一）他們擁有紀律嚴明訓練有素的軍隊和政治幹部；（二）他們的領袖們對工作有熱誠而且狂熱地忠於他們的宗旨；（三）他們已「解放」了廣大的土地，沒有任何有力量有組織的反抗；（四）中國人民受盡十二年戰爭的摧殘，重享和平，共黨宣傳建設與復原可以收到很大的效果。

歷史告訴我們凡是征服中國的終歸失敗，至於共產主義是否會在中國得勝，沒有一個人能回答。上海充滿了罪惡，誘惑和活力，是東西文明的產兒，在我們這些熟悉上海的美國人眼中，至少有一件事是可以肯定的：上海的心臟中仍環流着西方的血液，共產黨要把這種血液整個抽出去，是不容易的。

（譯自十一月七號的生活雜誌）

一個正在被清算的國家

美國新聞及世界報告原載

本刊資料室譯

一個美國人安閒的坐在家中，談一些關於捷克所遭遇的報告，便可以感覺到在共產國家的生活究竟是怎樣的。

目前捷克的清算運動，目的乃在消滅中產階級。至於反對共產黨的大商人，公司經理，銀行家，政府高級官員早在二十個月以前，共產黨篡奪中央政府的時候，就解決了。

現在所輪到的是路旁小店的店主，小商販，俱樂部裏的職員，擁有新的穀倉和草秣的農民。

共產革命，在一般捷克人民看來，好像很遙遠。但是現在呢？爲人所熟悉的和敬仰的人們，一個個被捉去，送到勞動營去了。一個自由人民的國家現在已經入於共產化的最後階段。

一種悲慘的情緒籠罩了全捷克。在自由競選之中，共產黨祗得百分之三十八的選票，現在却握有整個的大權。主張個人自由和國家獨立的捷克人民，知道他們依據美國憲法而訂的憲法，已成過去。取而代之的，是共產黨的憲法，共產黨的法律，共產黨的警察。

報章上和廣播中，都沒有拘捕的消息。過去人們用文字或口述傳達一切消息，現在完全被共產黨控制了。但是人民知道共產黨在拘捕人及强佔他們的財產。一般人民所以知道這些，就是因爲在現階段的共產「革命」中被拘捕的是一般普通人民。

在路傍的店內，雜貨商和他的家人忽然失蹤了，他們是在晚上被警察靜悄悄的捉了去。現在商店已屬於政府，管理的人是附近人們所不認識的人。對新的店主，沒有人敢同他講話。他們怕他，因爲他是一個共產黨員。他們恐怕一時說話不愼，也像原來的店主一樣，被送到勞動營去。

上星期在一個飯館裏，警察將每星期三來吃飯的人的姓名和地址，都記了下來。一般人叫這個地方爲聚餐俱樂部，但是現在已被解散了。有一個汽車行裏的人，因爲他的字寫得不好，不願做俱樂部的秘書，這天晚上，沒有回家去吃晚飯。警察說他是國家的敵人，他現已被關在勞動營裏。

在一個工廠裡，來了一個新的工頭，這個工廠，因爲廠主克拉伯雇用了七十五人，所以在一年以前，已收歸國有。所有工商機構，雇員超過五十人的就要屬於國家。但是原來的工頭，當時仍准許繼續工作。他並不屬於任何政黨，現在却也被派到克拉伯所辦的煤礦中去工作。他們說他按時有東西吃，亦有薪水。新的工頭，是一個共產黨的黨員。

整個國內的情形，都是如此。小商人藥劑師以及諸如此類的人，譬如因爲他們沒有通知工會他們汽車間內存有大的油桶，就會遭逮捕，共產黨有一條法律，被拘捕和監禁的任何人，在二年以內，是不需要審問的。共產黨說，一個人的財產已被收爲國有的，可以得到補償。但是一般人無從曉得被沒收財產的人是否會得到補償，或者他在二年之中是否將被審問。人們一旦失蹤，從此就不知所終。

在共產主義下，人民生活所受的壓迫，比被拘捕還要可怕。被拘捕的人，他至少可以曉得他自己的情形是怎樣。以前自己有房子的人現在因爲恐懼，賣了他們的房屋而賃房子住。故現在房室非常便宜。

醫生與牙醫生照舊工作。他們沉默寡言，不像過去談笑風生了。

很多教師，均遭失業。新的教科書稱頌共產黨的英雄，而捷克人民原來崇拜的英雄都置之一旁，不被重視了。

凡是有一百二十五畝土地的農夫，早在一年多以前，已將他們的土地繳於共產政府。現在小農民遭受壓迫，他們必須與他們素昧平生的人，分住他們的家；他們必須種植共產黨命令他們種植的東西；他們必須依照命令生產夠了規定的產量；他們只能保有允許他們所留下的東西。

教士們此後的薪俸，將由政府支付。一條新的法律規定，他們的雇用和撤職，一如其他公務員一樣。教堂的房產，現在是政府所有，不再爲教堂所有了。

這一切的結果怎樣呢？所有中產階級，在民主政體時爲國家幹骨的人們，均在消滅中。過去財產足以自給的人，現在必須工作以謀生。在判入勞動營的人們的妻子當然必須找尋工作做。捷克的人民發現，國家在共產主義之下，澈底的使得每一個人都成爲警察國家的控制品。（譯自 U S News And World Report）

徵稿簡則

一、本刊歡迎：

(1)凡能給人以早日恢復自由中國的希望，和鼓勵人以反共的勇氣的文章。

(2)介紹鐵幕後各國和中國鐵幕區極權專制的殘暴事實的通訊和特寫

(3)介紹世界各國反共的言論，書籍與事實的文字。

(4)研究打擊極權主義有效對策的文章。

(5)提出擊敗共黨後，建立政治民主，經濟平等的理想社會輪廓的文章。

(6)其他反極權的論文、談話、小說、木刻、照片等。

二、翻譯稿件請附原文，或註明其出處。

三、凡附足郵票的稿件，不刊載即退回。

四、稿件發表後，每千字致稿酬新台幣十元至廿元。

五、來稿本刊有刪改權，若不願受此限制，請先說明。

六、來稿請寄台北市金山街一巷二號本社。

專載

(一)中國自由黨組織綱要草案

—月前蔣廷黻氏在美國招待記者，宣布組織中國自由黨。這個消息，已引起國人的特別注意。現在，本刊已承在美友人寄到該黨黨綱草案一份本想全文登出，但因篇幅關係，只好刊出其最重要的一部份——「前言」和「宗旨及目標」，以餉讀者。

——編　者

前　言

中國目前遭遇的危機是我們悠久歷史上所未有的。如果共產黨的統治不被遏止推翻，中國便將喪失了國家的獨立；中國人民便將受極權政治的統制，喪失了一切的自由，永遠度着非人的奴隸生活。共產主義的經濟思想及政策是幻想的，謬誤的。牠的實行必將使中國人民更貧窮，更飢餓。

我們因爲想要把我們的國家和人民從奴隸苦惱的生活裏挽救出來，所以我們提議組織中國自由黨，來號召全國同胞，團結一切愛國家愛自由的人士，大家努力，担負起國家解放與復興的大責任。

一　宗旨及目標

中國自由黨的基本宗旨及目標如下：

(一)保存中國國家的獨立——

(甲)我們主張集中意志力量於中國國家獨立的保持。

(乙)我們主張與各友邦維持和平友善的關係，並盡其所能貢獻於聯合國偉大目標的完成。

(丙)我們決不許中國成爲任何外國的衞星國，或殖民地或次殖民地。

(二)發展民主政府，保障個人自由——

(甲)自由人民的自由意志應爲中國政府一切權力的源泉。

(乙)政府應維護保障思想信仰的自由，和發表思想信仰的自由，並應承認個人或團體都有權用和平方式對政府表示異議或反對。

(丙)我們反對一黨專政。

(丁)政府應實行法治，在法律之下，一切國民，不論性別階級種族或宗教的區別，均應享同等權利，盡同等義務。

(三)努力提高一般人民的經濟生活——

(甲)我們主張實行土地改革，國家應協助佃農購置土地，成爲自耕農。

(乙)我們深信一切公營或私營的工業，鑛業及交通業，都應該把勞工的福利與安全保障列作業務的一個重要方針。

(丙)我們認爲各級政府在法律規定範圍以內，得舉辦企業，在此規定範圍之外，政府應鼓勵私營事業並予以保護。

(丁)在經濟建設方面我們認定全國資源的開發應該是爲全國人民的利益，而不是爲少數壟斷資本家的私利。

(戊)我們認爲提高中國人民經濟生活最有效的方法是在實行大規模的經濟建設發展工業農業與交通業。爲了達到這個目的，我們主張利用外國資本，外國技術及科學的經驗技能，但以尊重中國國家獨立及接受公平合作辦法的國家爲限。

(四)促成各級政府的現代化——

(甲)我們認爲省市及縣市，均應各有固定的自治的範圍，中央政府不得侵越，以啓發各地方的自動創造的力量。

(乙)我們認爲軍人不應干政，現役軍人不得兼任文職。

(丙)我們主張建立永久性的文官制度，選官及升級均以成績爲標準。

(丁)我們認爲一切文武官員包括公立學校教員均應有够維持生活的報酬。

(戊)我們主張法律應規定現任政府文武官員不得兼營商業，凡官員利用其地位或勢力爲私營事業謀致利益者應受嚴重的處分。

(己)貪汚應予制裁剷除。

(五)提倡教育文化事業——

(甲)我們認爲政府應努力實現全國普及的義務的初等教育。

(乙)我們認爲教育文化事業應有自由發展的充分機會，因此我們反對政府干涉教育文化事業或利用學校或公辦的新聞紙無綫電等作爲任何一個黨派宣傳主義，灌注教條的工具。

(丙)我們認爲教育家、科學家、藝術家、工程師、醫師、作家、新聞記者各種職業，對於中國的復興都能有極大的貢獻。政府應盡其所能給予他們以工作的自由及便利。

(下略)

(二) 中國的出路

獨立時論社

本文爲去年九月間北平各大學十六位教授聯名發表的，由北平「獨立時論社」發到各地報紙刊登，一時頗得國內人士的好評。本刊因此文內容與前面所載的中國自由黨黨綱草案內容有很多相似處，故一併刊出，以示我國真正自由人士對於反對極權共產與建立自由民主中國的看法——編者

在這個動亂的時代，整個世界都在不安中，人們有一種普遍的政治醒覺，就是，如果我們不參與政治，別人將要把與我們意志和良心相反的制度，強加到我們以及我們的子孫身上。

人類的基本要求是生活的安全與自由，凡與此潮流相反的政治力量，都絕不能長久存在。人類的進步理想，不僅是經濟生活的安全，更需要心靈的平安與精神的自由。

換句話說，人類經過數百年的奮鬪，爭得了政治民主，現在應當以民主政治的方式，再進一步爭取經濟平等。但決不應爲了經濟平等而犧牲政治民主。因爲沒有政治的民主，經濟平等便失去了基礎，如果政治是在少數人獨裁之下，即使能有經濟的平等，也是賜與式的，統治者隨時可以改變，可以收回這種賜與。

人類的進步是累積而來的，進步的主流決不會是放棄政治民主，換取經濟平等；而是政治民主進一步再加上經濟平等。

我們應當以民主憲政的方式，加緊步驟，實現政治民主與經濟平等。能使多數人民滿意，有工作有生活，是保衛民主抵抗一切極權主義的唯一有效途徑。所以我們主張：

(甲)改進人民的生活。要達到這目標的唯一正確途徑。是生產建設，不是破壞或分配已有的一點點資產。中國人的生活如求改善，問題主要在生產，然後方能談到公平分配。要改進生活，必須生產技術現代化，即以較少的時間與較高的技術，生產更多的貨物。同時以減少工作時間和增加工資，擴大就業的方式，使增產的結果大衆能共同享受。一個吃不飽穿不暖的民族，是談不到政治進步的。因之，我們的目標是：

(一)農業：全中國的人口百分之八十以上是農民，所以一個合理而進步的土地政策是必要的。原則上，我們主張耕者有其田，並協助現在無田的貧民有田可種，因爲絕大多數的中國人尚沒有其他方法謀生。但土地不應沒收，地主亦應得適當的報酬。並須減輕農民負擔，與農民以經濟援助，改良種子與土壤，使用化學肥料與機械耕種，增設農業研究機關。使農業工業化，生產方能大量增加。

(二)工業：一個國家雖然必需有農業，但以農立國却是最吃虧的。因爲農產品的需要很少伸縮性，豐年穀賤傷農，歉年農民不得一飽。所以要使中國這樣多的人口能有較好的生活，必須工業化方可，因爲在同一的面積上，工業較農業能多養活人口。我們應增設新式生產工業。使生產目的在增加生活幸福，不在謀利。借用先進國家的人才技術與資本，加速工業化。制訂最低工資法，制止大資本的獨佔。鼓勵與工業有關的科學研究。

(三)商業：在經濟生活中，商業也是不可缺少的一環，負有一部份分配任務，所以應加保護。但亦應提倡消費合作社，藉以減少商業機構的重利。

(四)社會保險：保險是以共同的力量，加强生活保障的方式。保險應爲公營的制度，不許保險成爲謀利的機構。應實行年老保險，以養不能工作後的殘年。意外保險，是工業化以後工人必需的保障。康健保險，即醫藥社會化，無病時出保險費，有病時免費醫治。失業保險，藉以保障生活的安全。

(五)財政：實行累進所得稅遺產稅，一方面平均社會財富，一方面增加國家收入。

(六)教育：一個健全的現代國民，必須受相當的教育。中國國民教育的落後，是進步的大障礙。應普遍免費供給國民教育，並訂出強迫教育年齡。

(七)行政現代化：爲配合政治經濟的改革，我們必須使行政現代化，成立文官制度，保障公務員的位置和生活，以增加行政效率，剷除貪污無能。文官制度的主要部分，在將所有公務人員以法律分別規定出，何者爲事務官，何者爲政務官。事務官必須由考試而來，然後有升級加俸養老等保障，使之安心服務。僅政務官爲隨政黨而進退。但全國官吏絕大多數皆應爲事務官，政務官僅爲少數。

(乙)增強外交與國防，以求中華民族的獨立存在。因爲今天的世界縮小了，國際間彼此的影響太直接了，但是距天下一家世界大同尚遠。在這緊張對立的國際情勢下，我們如果不趕緊增強國防，使國防現代化，中華民族的獨立存在便時時受到威脅。在這一點上，除我們自己努力外，時不及待，我們公開坦白的主張，應與西方民主國家成立緊密的外交與軍事的聯緊。尤應借重他們的技術與設備。

我們對民主制度（政治民主經濟平等）的信念是堅定的。民主不僅是一種政治制度，而且是對於人生價値的一種信心。假如這種信心失掉了，人類也就不會有進步了。

現在全世界的民主制度都在受着極權共產主義的威脅。所以，對外我們主張聯合愛好自由民主的國家，共同對抗極權共產的侵略。對內，雖然我們對當前的政治不滿意，但我們不能否認當局所努力的方向是對的。我們更期望政府再下大決心，全面向刷新改革邁進。並且我們認爲，要民主憲政成功，至少須有二個以上像樣的較大政黨，然後，人民始能有選擇，政黨始能彼此發揮監督砥礪的作用。但我們絕對反對極權共產集團，因爲，假如極權共產集團得勢，人類便將要開倒車，一切的進步理想便全完了。

人類的進步是無人能阻止的，我們相信正確的途徑是保有已得的政治民主，再進一步加上經濟平等，而不是以經濟平等爲號召，先犧牲了政治民主。我們相信任何極權主義終久必然是失敗的。

我們認爲，中國如不能克服極權共產主義，一切改革都無從實現。我們應勇敢的面對現實。(完)

書評

在鐵幕之後（上册）

夏　坦

根室約翰著、龍佛飛譯、華國出版社出版

本書的著者根室、約翰（John Gunther）這個名字，想爲讀者－尤其是喜悅內幕新聞的讀者所耳熟的。他以前所寫的歐洲內幕，亞洲內幕，拉丁美洲內幕以及美國內幕四書，有二百萬部以上的總銷售量及十九國文字的譯本。最近他仍以內幕的體裁寫就「在鐵幕之後」一書，這該是關心當前國際局勢的讀者所欲先睹爲快的。

本書全部分十九章，現已出版的譯本上册，包括十一章。第一章導言，是意大利的速寫。因爲著者和其夫人這次歐洲旅行，是以意大利爲起點，同時他又認爲：「在我進述五光十色的蘇聯衛星國以前，似當略述意大利的情勢……，因爲我們將來面對的許多問題都可在這裡作初步的表現」。所以他用「作爲分水嶺的意大利」當做這篇導言的子題。

第二章東方的快車。是敘述由威尼斯經由特里亞斯的往南斯拉夫首都柏爾格雷德行程中在特里亞斯的的觀感。著者在這裡敘述到提多（Tito通常譯作狄托）與蘇聯破裂後在特里亞斯的引起的爆烈性的小反響。在敘述這件事以前，有這樣一段話：「……共事件值得我們簡單的說明，因爲這可以說明共產黨性行的榜樣。就一個正統的馬克思主義者看起來，他的最後政治目的，自然要在莫斯科指導之下，終久使到全世界共產化。如果爲求達此目的，致不得不犧牲一個社會，一個政黨，甚至整個國家、這種犧牲仍須實現，甚至還要被犧牲者表示歡迎。惟一的決擇權即操自莫斯科。這是一個馬克思主義者牢記在心的要點」（二八面）。這段話確可看出著者觀察敏銳和論斷透闢。有了這個基本的認識，我們對於全書所羅列的零零碎碎甚至矛盾的現象，可以得到一個會通的了解了。

第三章鐵幕的漏洞和某種廣泛的觀察。在這一章的開首，著者說：「關於鐵幕一語，常有一個很大的誤解，而以爲它是固體而不透光，並且用鐵構成的。其實這鐵幕都遍佈着漏洞……假使戰事仍不發生的話，我認爲這些衛星國將要和西方國家接觸更多。」（三四面）。這段話我們認爲著者的觀察近乎膚淺。被稱爲鐵幕後的衛星國目前尚有許多漏洞，自然是個事實。否則根室、約翰就無法乘東方快車到達南國，並前往匈、捷、波蘭。至於說「假使戰事仍不發生，衛星國將要和西方國家接觸更多」，則未免迷惑於目前的現象，和誤解了今後的趨勢。鐵幕的擴展，有其空間上和時間上一定的程序的，它是由「竹簾」進於「木欄」，由「木欄」進於「鐵幕」的（蔣廷黻最近在聯大的用語）。假使沒有一次世界大戰把蘇聯這個極權國家的侵略勢力摧毀，而聽其向外擴展，則今日尚有些光綫透進的「竹簾」或「木欄」，終有一日成爲不透光的固體的鐵幕。著者這次以記者身份旅行歐洲，「因爲沒有獲得蘇聯的簽證，所以不能訪問莫斯科」，足以明鐵幕確是一個不許透光的固體。就時間上說，在本章另一節上，著者已舉出一個足以旁證的事例，即關於信仰自由一點，現在東歐各國已不比一九四七年紐約前鋒論壇報的記者們所目擊的情形了（三九面）。所以，我們可以確信，著者在上述的假設的前提下所作的論斷，事實上將恰與趨勢相反。

第四章至第八章，都是敘述南斯拉夫的。在這裡分別講到南國的一般情形，提多個人、蘇南交惡以及提多的左右。關於蘇南交惡這件事，是近年來關心國際問題的人所特別注意的，第六章很詳細地陳述其經過及其後果，並將當時蘇南兩國來往的文件摘要列出。從這裡可以明白看出南國當時的態度是如何地「傷感」和「悍恐」，而對方的蘇聯是如何地「自大」、「瘋狂」以及「神經過敏」、「懷疑與獨裁」。所謂「共產國際」也者，在克姆林宮的藍圖中決不是各個社會主義的國家以平等地位相結合，而是以蘇聯爲主體將他國降爲附庸，並進而消滅其民族國家觀念。否則就遭到南國今日的命運－忍受經常的經濟壓力以外，還要時時刻刻提防來自蘇聯的陰謀暗算或突然的襲擊。蘇南交惡的後果，著者有他自已的看法。並寄予某種期望。但是他也確認提多是個最忠實的馬克思主義者，「馬克思主義者的特性也是不容易預測的」（一〇六面）。

第九章講到其他衛星國及其領袖。這裏包括布加利亞（通常譯作保加利亞），羅馬尼亞和亞爾巴尼亞，以及三國的首領第米特　夫，波格安娜，和霍塞等人。這三個國家，著者這次沒有訪問過，所以只以一章的篇幅如以簡述。

第十及第十一章，分別敘述希臘及土耳其，也就是著者所說的「美國兩個衛星國」。儘管可以如此說，但希土兩國目前的情勢是大不相同的。最主要的差別，希臘國內早已有戰爭，而土耳其只是對於可能來自蘇聯的襲擊深懷戒懼而已。我們讀到希臘的那一章中，對於若干史實及著者的若干觀感，特別感到痛切。因爲我們中國今天所處的逆境以及此種逆境的造成，有多與希臘的相似。

以上十一章，是譯本上册的內容。其餘八章（第十二－第十九章），從原著上查得是分別敘述匈牙利、捷克、波蘭、奧大利，以及英法德等國的情形，最後則以「鐵幕與蘇聯政策」一章作爲全書的結論。

僅就這個譯本上册來看，內容豐富，已可幫助我們對於當前歐洲局勢－乃至全世界局勢之了解。這部新聞報道的書，在其取材和分析方面，自然比不上國際問題專家的精心著作。兼之「鐵幕後的國家無不充滿矛盾」（四九面）如果稍不經心，自不免有些取材蕪雜和論斷近乎矛盾之處。好在著者已經聲明：「新聞學並不是絲毫不爽的科學」（四九面），我們讀者如能從其所述的見聞，融會貫通，深思其所含的意義，而不泥於著者在不同的章節中所下的片斷論斷，則這本書確是一部可以幫助我們了解國際現勢的好書。譯文流暢生動，幾無破綻可尋。「信」、「雅」、「達」三字標準，想已一一達到。只有一兩處小小的疏忽，似可附帶指出，即：Albania在一二七面譯作「亞爾巴尼亞」，而一四一面以後都譯作「亞爾賓尼亞」；Inonu在一七三面譯作「殷紐納」，在一七九面又譯作「殷紐諾」。這兩點小的錯誤，以及一五四面最後一行排掉了的半句，都希望有再版機會時能予補正。

三八、一二、二二。

本刊已呈臺灣省政府新聞處備案・並申請內政部登記中・

給讀者的報告

今天是民國三十九年的元旦，照說在永恒歲月的運行中，這是每年一度的最重要的節日，我們應該是如何的歡快，如何的來慶祝這個新年佳節。但中國人太不幸了，在我們的中華民國短短三十九年的歷程中，經過了袁世凱稱帝，軍閥混戰，日本侵略，已歷盡含辛茹苦的生活，而抗戰勝利後，又特別受到赤色細菌的侵襲，使整個社會患了歷史上空前未有的惡性政治病。弄得中國人民，整天在破碎了的社會裡呻吟，在極權主義者魔掌下掙扎！讀者諸君，在這種情形之下，我們又如何的能夠歡快起來呢！又如何能產生慶祝新年的情趣呢?!不過諸位讀者先生們，我們國家的病症雖然嚴重，但還沒有到不治的程度，在一個糜爛的社會中只要還有着些微的生機存在的時候，它早晚會恢復健康的。因此我們無須悲觀，相反的，我們應該自我的鼓舞起來，昂首濶步，向着自由的中國勇往邁進。現在在這裏本刊同人敬向讀者諸君致新年的賀禮。

中國人有一句話「否極泰來」。若是我們仔細的推敲一下，它確乎暗合近代科學上的道理。宇宙間任何事物的發展，若是它不能繼續前進或增長，那它就必然的會減退或衰落。所謂「持盈保泰」，那不過是一種理想的境界，實質上决不會存在。自「馬克斯主義學會」起，共產黨在中國的發展，到去年底爲止，它的力量已經發展到最高峯，再向後去，它只有一天天的減退，一天天的衰落。對於中共，未來每一秒鐘的時間都是無情的。現在我們可以說從民國三十八年到民國三十九年的那一刹那，就是民主與反民主，自由與反自由的兩種相反勢力盛衰消長的轉捩點。本刊出「新年特大號」，就是爲了慶祝這個轉捩點的降臨。諒讀者諸君，必也同感。

本刊是一個超黨派的刊物，爲的是要站在一個廣大的羣衆，或社會基礎上，從事於建立自由中國的偉大運動。雖然任何一個具有民主本質的政黨的黨員都可以參與本刊的工作，但除了民主這一原則以外，本刊絕不着任何政黨所獨有的帶有狹隘性質的色彩。我們認爲在這次民主自由與反民主自由的大鬪爭中，一切主張民主自由的政黨和個人，都應該心貼着心，手拉着手，向一個反共抗俄的共同目標努力；在反共抗俄陣線中，再不應有黨派或系派的界限存於其間。這個立場，是本刊創刊以來選登文稿時所確切遵守的，諒亦爲讀者所共見。在本期中我們又特載了正在籌組中的中國自由黨綱及北平各大學教授前此所提出的「中國的出路」，由前者可以看出我們民主自由的力量正在繼長增高；由後者可以參證中國自由黨的思想形成。關於中國自由黨，月前蔣廷黻氏在美國記者招待會宣佈說：（一）中國自由黨並不反對國民黨；（二）中國自由黨反對極權共產黨；（三）中國自由黨的積極目的在增進中國人民的經濟生活與政治自由」。

本刊自本期起，隨着新年的到來改爲第二卷第一期，第一卷只好以第三期爲止。以一卷爲名，而其實只包括少少的三期，不能不說是本刊發展史上一個大缺陷。可是我們正想留此缺陷以紀念空前大難的中華民國卅八年。這正有益於我們反省、警惕、而資以自勵自勉。

自香港版印行後，本刊已經部分的滿足了香港方面讀者的渴切需求，同時也擴展了南洋各地的廣大銷路。我們希望由一個「自由中國」的號召，國內外滙成一股偉大的洪流，在不久的將來洗淨內陸遍地的羶腥。

自由中國 半月刊 第二卷第一期

中華民國三十九年一月一日

發行人　胡適

主編　『自由中國』編輯委員會

出版者　自由中國社
社址：臺北市金山街一巷二號
電話　六八八五號

經售處
臺灣　中國書報發行所（臺北市館前街八五號）
香港　香港時報社（高士打道六四號）

印刷者　台北印製廠
廠址：臺北市民族路六四三號
電話：三三一六號

售價：每冊新台幣一元・銀元券四角・港幣五角・
歡迎直接訂閱・平寄郵費免收

自由中國

香港航空版

發行人 胡適

第二卷 第二期

要目

中華民國三十九年一月十六日出版

社址：臺北市金山街一巷二號

社論

師克在和不在衆

自三十七年九月濟南淪陷以來，僅僅十五個月的時間，三百萬以上的政府軍已經全部瓦解，一千萬以上平方公里的大陸，已被共黨控制其全部主要都市和交通幹綫，局勢轉變得如此劇速，固有其軍事上本身的原因—戰略錯誤和指揮不統一，但軍事以外歷年累積下來的各方面的毛病，以及由於這些毛病而彌漫全國各階層的一股怨憤不平之氣，一齊迸發出來，更是促成軍事崩潰的重大原因。基於這個原因就形成一個普遍的失和的現象。人民與政府失和，政府內部亦未盡和；士兵與將帥失和，將帥之間又不盡和。尤其在徐蚌戰役以後，這個現象表現得更爲明顯，更爲普遍。將有機心，士無鬪志，人民與軍隊交惡，軍隊又自行解體。到處是鬨風潰散，到處是見機叛降。其間除淞滬之戰稍有聲色以外，長江流域、東南沿海、西北高原、西南天險，都在這種現象下加速度地悄悄丟掉，因不和而召致的慘局，到了今天已是無可再慘，也不會再慘的頂點了。

革命性的戰爭，是時代的洪爐。它可以熔化時代的渣滓。儘管在熔化的過程中，免不了玉石俱焚的悲劇，可是時代的新生力量，確可經其鍛鍊而生長。中共所號召的「革命」，消極方面如果眞的是爲的清除時代渣滓，積極方面如果眞的是一切爲着人民，則中共革命未始不可以從此成功，其政權未始不可以從此穩固。可是它所謂的「革命」，其理論出發點則爲否定人性的唯物論，它所採用的手段是不斷的殘殺鬪爭。縱的方面，它要盡情毀滅人類歷史文化的一切遺產，橫的方面，它要澈底破壞人類社會所賴以維繫和持續的一切精神因素。它要把自由人所組成的社會，變爲奴役性的機械式的社會。現世紀的人類社會，誠然還有多少不平等的現象，尤其是經濟方面爲然，然而在不平等的人類社會中，每個人或多或少都有點適於人性的生活，在奴役的機械式社會中，縱會做到經濟平等（事實上絕不可能），而人性方面已被窒息，被摧殘、被扼殺得乾乾淨淨。基於這一點，也僅是基於這一點，我們所以抱有反共的決心；不自由，無寧死。

共黨這種本質，在過去的若干年，未被一般人普遍地認識到。以致有的被其宣傳所矇蔽，有的受其一時策略的迷誘。內有所怨，外有所誘，分崩離析的局勢，因以形成。最近隨着共黨大陸上鐵幕的擴展和統制的深入，前此受其矇蔽迷誘而現已淪於鐵幕內的人，以及自由區徬徨觀望的人，都已大徹大悟，在附共反共之間，知所抉擇了。民心如此，軍心亦復如此，有了一致的反共目標，就顯出了人和的現象。

人和是作戰取勝最主要的條件。最近三個月來陸海空軍的表現，是過去一年多大陸戰役中所未曾有的。上年十月下旬及十一月下旬金門登步兩島的大捷，不僅洗滌了我國陸軍在大陸上相繼潰敗叛降的恥辱，且爲今後的新軍樹立了驚天地泣鬼神的模楷。臺灣新軍訓練，早已博得國人的贊揚和期望，這兩次以部份官兵出場小試，即表現如此輝煌的成績，接着來的自然會有更驚人的表演。海空軍在內陸作戰時期，有過忠勇英烈的戰績，也有白璧微瑕的叛例，然而最近所表現的，已然是軍心大徹悟的說明。數月來海軍的封鎖海港以及沿海島嶼的協同作戰，其功效已彰彰在人耳目，而美頌艦平亂來歸的壯舉，一方面是發揚了維源艦前此的光榮，一方面正象徵海軍精神將在戡亂史中永垂美頌。空軍在起飛後，其行動是具有絕對自由的。所以敵人在廣播中時以「離地三尺，即可自由」的吶喊向空軍將士招降，可是我們空軍的忠貞精神，近來并未受其誘惑而有所虧損，相反地倒是爲着珍惜自由，不俟地飛往淪陷區打擊敵人，并爲淪陷區同胞不斷地擲下興奮劑。尤其是二〇三號運輸機上年十月六日從寧夏俘來共黨多人，以及三五二號運輸機十二月十日由昆明脫險歸隊，更是拼頭顱、冒生死的驚人壯舉。自由區域的人民，對海空軍這幾次的壯舉，硬是九腑投地的感激與佩服。不僅是打擊了敵人，而且是提高了我們戡亂的信心。

上述陸海空軍最近三月來所表現的英勇戰績而爲前此所未曾有者，正說明軍心的大徹悟。有了徹悟，才可在戡亂陣營中召致人和。人和是作戰取勝最主要的條件。

今天，自由中國所僅存的陸海空軍，其數量雖已較前減少，然而海空軍仍保持其絕對優勢，正規的陸軍加上淪陷區一百餘萬的游擊部隊，其數量亦不少於二百萬，僅以有形數量與敵方相比，陸軍雖尚居劣勢，但敵方部隊大部份是威脅裹從之衆，即就附共的叛軍而言，看到或受到共黨一切反人性的措施，其精神早已反正來歸。今日的軍事形勢，已是我們劣勢的終結，而敵方劣勢的開始。「師克在和不在衆」，我們以此堅定我們陸海空將士戡亂必勝的信心，同時我們更以此呼籲政治當局多來點更進一步爭取人和的舉措

中國能抄襲蘇聯嗎？

左舜生

中共決定『一邊倒』，他們叫得最響的口號是：『向蘇聯看齊』，『向蘇聯學習』，最近因為斯大林的七十生日，更把整個的中國，鬧得烏煙瘴氣。我們在孩子時代，也曾看見過一次滿清的慈禧太后的七十『萬壽』，當時一班滿清的王公親貴官僚奴才，其對他們主子的忠誠，實在沒有今天中共對斯大林這樣熱烈。斯大林在蘇聯的地位，本來早已超過了帝俄時代的沙皇，但他自己却沒有想到他在中國的地位，更超過了一個統治了中國二百八十年的異族的女主！自從中山以來，中國革了五六十年的命，到今天只落得這樣一個下場，能不令人浩歎？然而這還是『一邊倒』的開始，將來會演變到怎樣一種程度，更不可知！

好，閑話暫且不提，我們姑且來檢討所謂學習蘇聯，究竟有不有這種可能性？

為回答這個問題，我們試就中俄兩國的國情，作一簡單的比較研究：

第一、中俄兩國在革命以前，雖同是一種君主專制，可是中國的專制並沒有帝俄時代的沙皇那樣徹底。當時中國的老百姓所謂士農工商，除掉士的一個階層因為要做官要應考試不能不與政府發生關係外，其他農工商各階層的人民，除去完糧納稅，可以說政府在原則上是不去擾他們，他們對於政府也是絕不理會的。中國有兩句俗話：『天高皇帝遠』，『一品老百姓』，從這兩句話裏面，我們可以十足看出中國過去政治的一種放任精神。孫中山曾說：『中國人民不是沒有自由，而是自由太多』，這個話在某一意義上是不為無見的。中國近代既沒有像沙皇那樣絕對專制的君主，更老早沒有貴族而兼大地主的一個階層，當然更沒有像農奴那樣的一種殘酷制度。這些情形說它不好，便是中國社會散漫無組織的原因，說它好，便是中國人民還能保持一種自動自發的生氣。例如各國中殖民，必先之以武力的開拓，繼之以政府的保護，然後人民才敢於向國外遷居，中國若干萬的華僑，却完全是由於自動。像這樣一種被放任慣了的人民，驟然要對他們實行一種凡事干涉凡事統制的極權政治，這是不是會要引起人民一種極端的厭惡而終於碰壁？

第二、帝俄自十八世紀下半期以來，即已世為歐洲强國，只看見她去侵略別人，很少看見別人去侵略她。單就中國這兩百年來在北方被她所攘奪去的土地，便不知有若干萬方里。再加以近百年來中國更歷受列强的侵凌，以致淪於次殖民地的境地，因之中國在國際上許多複雜而微妙的關係，絕不是俄國那樣的單純可比。今天中共還一聲不嚮的讓蘇聯保有旅大，更引導蘇聯的勢力向東北，向華北無限制的伸張，而口口聲聲却要把英美等國勢力排出於中國以外，甚至就在中國的鄰近地帶也不許他們立足，說這樣決不會引起國際的衝突，甚至爆發戰爭有什麼人敢提出這種保證？蘇聯建國的初期，也會遭遇過國際的武力干涉，我們在當時並沒有聽見列寧或斯大林叫出什麼『一邊倒』的口號，卒能依靠自己的力量，把外來的干涉一一排而去之，這正是蘇聯值得學習的地方，而中共却偏偏不學，一定要『一邊倒』，所謂『一邊倒』者，即自己毫無自立自衛的信念，一切不能不仰仗他人，即此一點，不已足够證明中蘇兩國的國情，確有顯著的差別，決不是貿然可以抄襲得來的麼？

第三、歐俄對於現代歐洲的科學文化，畢竟是近水樓台，在彼得大帝的統治期間（1682—1725），即已開始大量的輸入，我們只要看在1755年，俄國便有第一所現代的大學出現，只要看列寧放逐在西北利亞的時期，居然能輾轉從政府機關借得可靠的統計數字，作為他研究俄國資本主義發展的參考，不已足够證明蘇聯所憑藉的現代文化基礎，實遠較中國所有的為堅實？中國與西洋文化的接觸，雖已有了較長的歷史，可是確實感到科學研究的需要，却還是很近的事，加以自入民國以來，又不斷的為內亂與外患所苦，若干研究科學的機構和設備，更貧弱得可憐，今日國內對科學真有深研究的人，固然是鳳毛麟角，至於一般後進的青年，更叫他們到何處去找得學習研究的環境？不錯，蘇聯戰前戰後四個五年計劃，確實造出了許多輝煌的成績，可是他們究竟憑藉了一個較良好的基礎，我們今天則並此基礎而無之，難道叫出許多口號，提出若干計劃，甚至多找幾個顧問，多雇幾個專家，便可把幻想的海市蜃樓，一一變成眞實的崇樓峻閣嗎？

第四、一個國家要樹立一種極權政制，必須具有兩個起碼的條件：其一有一個傑出而有絕對權威的領袖高高在上；其二，有一大群守法而絕對服從的人民蠢蠢在下；像過去的德日和今天的蘇聯，他們大抵去封建不遠，人民的奴性甚深，所以他們還能樹立這種極權制於一時，可是因為時代的推移，環境的變化，遲早終必歸於顛覆。因為這畢竟是人類進化史的回光返照，是一個主流中可能有的逆流，聽憑你如何煊赫一時，終必返於常態。中國人有一種奇怪的習慣：他們對於一個成功的英雄，往往不樂於崇拜，常乃傾其無限的同情於一切失敗的人物。例如漢武帝，魏武帝，唐太宗之流，不問是歷史家文學家，對他們都有不少的微辭，而對項羽，關羽，岳飛，乃至文天祥，史可法之流，却表示非常的敬意，甚至於頂禮膜拜。這種地方，都表現一個傑出的領袖人物在中國這個社會不容易站得住，假如你還要變本加厲，憑藉自己的權威來厲行專制，那老百姓便會把你看成惡魔，非千方百計把你打倒不止。這還是就對上層的領導人物而言，至於在一般普通的社會，則凡是愛出風頭，歡喜表現的人物，大抵都是人所討厭的；凡是平凡樸素，埋頭苦幹的人物，便是人所稱道的。中國實際的情形如此，你想要拿各色各樣的勳章去鼓勵，拿各色各樣的英雄頭銜去誘導，在中國人視之，總覺得這是非常滑稽，根本不在他們的眼下。至於談到中國人服從守法的精神，那就更難說了：中國的知識分子，大多數是『弔兒郎當』，不負責任；中國的官吏或公務員，最擅長的本領便是『偷天換日』，『陽奉陰違』；至於平日我們在社會上所常看見，不是某人會估便宜，就是某人巧於趨避；以迎合潮流為時髦，以看風轉舵為俊傑；一個奉公守法的人，可能被社會看成落伍；一個孤忠耿耿的人，可以被社會看成瘋子。像這樣一個國家，這樣一種人民來推行極權政治，以為令行禁止，立刻可以變朽腐為神奇，我看不見得吧！

只有沿襲中國政治上放任的精神，把人民誘導入寶愛自由的正常軌道，再加以二十年的民主教育，去加強他們那種自動自發的本能，才庶幾可以使他們懂得守法奉公，效忠群衆。不從這個基本上着眼，只一味高叫去向別人學習，中國也曾學過日本，學過德國，學過英美，今天又掉轉頭來學蘇聯，學，學，學，學不像又怎樣呢？

民主主義也有新舊嗎？

毛澤東的新民主主義只是到獨裁之路

羅鴻詔

一

幾年前曾經聽說毛澤東著有一部「新民主主義論」了，只因懶得去管這些事，所以直至最近才將這篇拿到手裡，閱讀一過。另外一篇「論人民民主專政」，是中共二十八週年紀念論文，今年七月一日發表的。前一篇作於一九四〇年，到現在已近十年了，共產黨的唯物史觀是着重階段的，經過十年或許已失時効也不一定。但是聽說現在中共佔領區中，還是以它爲課本，强迫青年學習；而且中共正式宣佈這兩年（一九五〇——五一）爲建立「革命秩序」期間，爾後十年（一九五二——六一）爲施行新民主主義期間，一九六二以後才是實行社會主義期間。故「新民主主義論」正是當行出色的，現階段的，論文了。現在我們將這兩篇作爲中共的權威思想，看他的「新民主」究竟「新」到怎樣，他的「眞民主」到底是否「眞」理，他想建立的「新中國」，其眞面目畢竟如何。

二

照毛澤東講，三民主義有新舊之分，抗戰初期中共聲明「爲實現三民主義而奮鬥」，乃指新三民主義而言，舊三民主義並不是他們所要實現的。那麼，依據甚麼標準來劃分三民主義之新舊呢？簡單一句話說，便是三大政策。聯俄，聯共（按中山先生只是容共，參看下面），扶助農工爲中山先生晚年所揭櫫的三大政策，此三大政策的三民主義才是新的，其他都是舊的。

大家知道，主義是普遍的，永久的，政策是特殊的，有時間性的，毛氏自己也常說，要以馬克斯主義之普遍的眞理和中國歷史的特點結合起來，可知主義和政策並不相同，怎能够以政策爲標準來劃分主義之新舊呢？故毛氏之論乃是全無根據的戲論，新舊三民主義之分根本不能成立。但是我們仍然耐心地就三大政策來檢討一下。

先看聯俄。在列强林立的時代，此國與彼國之離合是極常見的事情，凡讀過近代外交史的人都知道國際之或離或合只以當時的情勢而決定。凡屬獨立的國家必以自己的國是來衡量他國之應該不應該聯合，斷沒有先天地規定非聯合某一國不可的理由。而且事關兩國，不能一相情願，你要聯他，他是否要聯你？如果他不要聯你則如之何？如果他要來征服你，又將何以對付？故一口咬定要聯俄，則碰到俄國要來征服中國的時候，只有投降，並無別路。毛澤東自己要「一邊倒」，竟想拉三民主義和全中國人民一齊去「一邊倒」嗎？毛氏事事以蘇俄爲老師，要向它學習，且看最近蘇俄之對德，便可知道。一九三九年蘇俄聯德，放任希狄勒去侵略波蘭，它自己也分霑了一些餘潤，但到一九四九年德國攻蘇時，它也只好起來抵抗，不能再講聯德了。所以國民黨之聯俄政策，只因當時蘇俄肯取消不平等條約，以平等待我之故。如果蘇俄改變政策，竟敢侵略我國時，我們必然把它打倒，怎能與之聯絡？故聯俄與否與三民主義無干，決不能據此以劃分新舊。

其次說到聯共。就事實而論，民國十三年國民黨改組的時候，中山先生只是「容」共，不是「聯」共。當時的中共黨員，除陳獨秀外，由李大釗率領，通通加入爲國民黨黨員，卽毛澤東自己也是一樣，而且曾充任國民黨中央黨部的農民部長。這是衆所周知的事實，毛氏不顧事實，硬要改「容」共爲「聯」共，其義何居？豈認中共之加入國民黨爲不甚體面，而想將這一段事實抹撥淨盡嗎？若就主義而論，則三民主義與共產主義有一部分相同，也有一部分相異，乃是大家公認的。卽毛氏自己也說，共產黨有其最低綱領與最高綱領，其最低綱領才和「新」三民主義相同。故國共兩黨各有其主義，各有其組織，只要當時政策相同便聯起來，政策不合便可以分手，其聯與不聯與主義何干？更何能以此劃分新舊？戰時英國保守黨和工黨聯起來，戰後便分開了，他們自己不以離合而分新舊。人家也不據此而劃分，卽其明證。毛氏以聯共與否而劃分三民主義之新舊，豈非瞎扯？

至於扶助農工政策亦與三民主義之新舊無涉。因爲今日中國國民以農民佔最大多數，而其自身力量甚薄弱，故需要首先扶助，工人則居其次。倘若今後工業發達，到工人佔大多數時，則着重工人而以農民居次，也是正當的。又若工人或農民已發達到極高水準，能够以其自身的力量獨立起來，則他們已不需扶助，我們的黨也就是無庸揭櫫此一政策了。故扶助農工政策之需要不需要，或着重何方，皆視社會當時的情況而定，皆由主義之普遍的原理而來，怎能倒轉來劃分主義之新舊呢？

總之，三民主義只有一種，元無新舊之分，毛澤東要將他自己的必要說成普遍的眞理，乃至作此很牽强的附會。他自己爲甚麼有此必要？只因中共已聲明「爲實現三民主義而奮鬥」，骨子裏又不願意如此，必須將三民主義改頭換面而後可，故將三大政策加上去以謀自圓其說。這本是二十多年前中共投入國民黨裏面時的舊調子，民國十六年背叛出去的時候，尤其叫得震天價響，我們都已耳熟能詳的了。不過毛氏還有一種理由來辯護。他以為民主主義根本就有新舊之分，他劃分三民主義之新舊是根據民主主義之新舊的，我們且看他所謂舊民主主義與新民主主義之標別，進一步來分析其新民主主義的內容。

三

民主主義有新舊之分當為「新民主主義論」之骨幹。如果沒有舊的，則亦無所謂新的。同為民主主義，而內容迥不相同，故以其一為舊，其他為新。照毛氏講，新民主主義也只是現階段的，過渡的，還要進展到社會主義，乃至共產主義去。今分開四項以略述之。

（一）舊民主主義是資產階級專政。毛氏雖沒有標明那一種國家是舊民主主義，但其心目中大概是指英法美各國而言吧。那些國家雖然有好幾個政黨，政權雖可由甲黨轉移到乙黨，但其執政者始終是資產階級的人們，輪不到其他階級。

（二）新民主主義則不然。其「國體」是幾個革命階級聯合的專政。這並不是說，凡屬國民都可以執政，應該把反革命分子及漢奸除外。所謂幾個革命階級，「新民主主義論」中所列舉的是：無產階級，農民，知識分子與其他小資產階級（十八頁）；而「論人民民主專政」則為工人階級，農民階級，小資產階級和民族資產階級，但要剝奪反動派的發言權。其前後之不同，在知識分子與民族資產階級之交替。且「新民主主義論」沒有標明某一階級領導，而「論人民民主專政」，則一再聲明要由工人階級領導，有時又說由工人階級及共產黨領導。至於新民主主義之經濟，則為大企業由國家經營，沒收大地主之土地分給佃農，僱農，以實現耕者有其田的口號，平均地權，節制資本等等。其中除無代價沒收土地一點（即所謂土地改革）而外，幾乎與中山先生的民主主義相同。

（三）社會主義是無產階級專政。這當然是指蘇俄的現行制度而言。無產階級即是工人階級，在新民主主義的階段，工人階級不過領導，至此則變為專政了，即是說，其他階級都不能過問政權了。

照毛氏講，現階段之中國革命不能走舊民主主義的路。因為戊戌政變以來所謂維新都是走這一條路的，結果通通都失敗了，連辛亥革命都是一樣，事實證明此路不通，我們當然不願意再走。但是何以必經新民主主義而至社會主義呢？我們馬上就實現社會主義豈不好嗎？毛氏以為這是左派的空談。理論上雖以社會主義為目標，實踐上還需要一定的步驟，不能一蹴而幾，不能「畢其功於一役」。故現在必先求新民主主義之實現。那麼，幹嗎又還要以社會主義為目標？社會主義已然是暫時「收起」，則永久「收起」豈不更妙？毛氏以為這是右派的頑固。中共有其最低的綱領，同時還有其最高的綱領，前者是新民主主義，後者乃是社會主義，只實現了最低的綱領，何能說是革命成功？

（四）共產主義是世界大同。「新民主主義論」中以社會主義為最高綱領，似乎是最後目標了，而「論人民民主專政」又提出一個共產主義來。據說：在其中「階級消滅了，作為階級鬥爭的工具的一切東西，政黨和國家機器，將因其喪失作用，沒有需要，逐步地衰亡下去，完結自己的歷史使命，而走到更高級的人類社會」。

以上照毛澤東的意思敘述出來，我們還可以加些解釋。照他的說法，只見「專政」，不見「民主」，尋其意義，無非欲為共黨的專政作辯護。英美法各國的政黨黨員並不限於資產階級，事實上的執政者雖大多數為資產階級的分子，而法律上並沒有規定，不像蘇俄之硬性規定一黨獨裁。毛氏把舊民主主義一筆勾消；並不是想依據民主的原則來改進，去其不合原則者，而增加其合原則者，乃是想將民主的成分漸次排除，而進至純粹的專政。故駁左派的空談，也不外看清共黨專政之條件尚未完全具備，姑且與其他黨派聯合，待時機成熟，則一變而為蘇俄之一黨專政而已。

四

蘇聯的社會主義究竟如何，除和現在的論題有關者外，我們不打算作詳細討論；共產主義的大同世界更是遠景，毛澤東自己也不過隨便說說，我們不必多所穿鑿。現在還是將舊民主和新民主比較一下。

第一、英美法等國的民主政治是：凡屬公民都有言論，集會，結社等項自由權，以及選舉權。而所謂新民主主義則將反革命分子及漢奸（新民主主義論）或反動派（論人民民主專政）除外。漢奸是比較有憑據的，不能胡亂加到某人身上去，但是翻開前幾年的新聞雜誌一看，罵某人為漢奸也不當作一回很嚴重的事。至於反革命分子，反動派簡直是毫無憑據了。舊民主主義要褫奪一個人的公民權必經法院的端詳，成為定讞而後可，而新民主主義的反動派竟出於欽定，這一個分別的確很大。照「新民主主義論」講，革命是反帝及反封建，則漢奸——帝國主義的走狗——也可包括在反革命分子之中。我們顧名思義，反革命分子還是個人，而反動派則並不是個人，又有「反動階級」一名指「地主階級和官僚資產階級」而言，則尤其不是個人了。據「論人民民主專政」講，反動派及反動階級是專政之對象，要剝奪其各項自由權與選舉權的。這種剝奪究由何種方式定之？聽說中共好用人民公審的方式，論者常譏其為强姦公意，劫持民意。我們姑退一步，假定其人民公審可以表示多數人民之意見，依然與民主之眞義不符。蓋反動而能成為「派」，當然有一種主張為該派所一致信奉者，這一派縱然是少數，也要讓他們自由，這叫做寬容少數。如果少數派沒有自由，則一個擁有多數的政府，其所作所爲不許他人持異議，結果成爲不折不扣的獨裁，沒有絲毫民主的意義了。元來言論自由之可貴，唯在可以攻擊政府當局，糾其愆而糾其謬。選舉權之可貴，則不但可以不遵照當局的意思，而且可以選出反對黨派的人物。一言以蔽之，這兩種權都是用來監督政府，反抗政府的。現在已不能作反抗政府之用，則根本失去其意義，還有甚麼用途？

照「論人民民主專政」講，對於反動派要實行專政，實行獨裁，對於人民內部則實行民主制度，而所謂人民即是工人階級，農民階級，小資產階級和民族資產階級。（此四階級本是依經濟而劃分的，此外毛氏特別提出地主階級和官僚資產階級，則屬於反動派。其實官僚資產階級與民族資產階級之劃分並不是經濟的觀點。地主階級的性質自然有些不同，然資產階級有大小之分，而地主則無之，站在經濟的觀點依然說不過去。毛氏之爲此分別，只謀利於其沒收而已。）難道這四個階級中沒有一個反動派嗎？如果沒有，則反動派之數也怕少得可憐，即不一「壓迫他們」，也怕無能爲力。如果有之，又將怎樣？毛澤東沒有說明，照我們的推測，只要是反動派，不論其屬於那一階級，都要剝奪其各項自由權及選舉權吧。果若此，則人民與反動派之對立並沒有明確的界綫，昨天是人民，今天可變爲反動派，結果，凡屬反對共黨政府的都在反動之列，都要受到壓迫了。這不是不折不扣的獨裁是甚麼？所謂對人民內部實行民主不是只留下一個空名？陳獨秀先生「根據蘇聯二十年的經驗，沉思熟慮了六七年的結果」，下了一個結論道：「『無產階級民主』不是一個空洞名詞，其具體內容也和資產階級民主同樣，要求一切公民都有集會、結社、言論、出版、罷工之自由。特別主要的是反對黨之自由。沒有這些，議會與蘇維埃同樣一文不値。」其對民主可謂一語道破。毛氏藉壓迫反動派爲名而剝奪其自由，遂把民主拋到九霄雲外。想把人民和反動派分開來解決民主與專政之矛盾，照我們看，其企圖顯然是失敗了。至於其秘密警察的統治，不經合法的手續可以任意捕人、殺人，即是，其事實上的反民主，我們並沒有管他，僅從理論上看，毛氏一經把反動派分開，便只有獨裁（專政），沒有民主了。

第二、工人階級領導爲「新民主主義論」所無，而在「論人民民主專政」中則鄭重提出，丁寧反覆以申明者。舊民主主義只論個人，不問階級，而毛氏之新民主主義則專論階級，不重個人。據毛氏說，其與中山先生民權主義之不同點亦在此。他說：

「孫中山主張『喚起民衆』或『扶助農工』。誰去『喚起』和『扶助』呢？孫中山的意思是說小資產階級和民族資產階級。但這在事實上是辦不到的。孫中山的四十年革命是失敗了，這是什麼原因呢？在帝國主義時代，小資產階級和民族資產階級不可能領導眞正革命到勝利，原因就在此」。（論人民民主專政十八——十九頁）

大家知道，中山先生自己並沒有說過，去喚起、去扶助的是小資產階級和民族資產階級，毛氏作此解釋也沒有任何根據。照中山先生的理論，將人們分爲三類：先知先覺者，後知後覺者，及不知不覺者。先知先覺者是剏造主義的少數人物，不能獨自擔負喚起及扶助的責任，民衆和農工是不知不覺者，是被喚起，被扶助的對象，故担負喚起及扶助之責的，大半是後知後覺者。既已以知覺爲主，則只論個人，不問階級。因爲同一階級之中對於某一主義有許多不同的意見，不能籠統地以某一階級爲負責人，是很明白的道理。故毛氏的解釋只是將自己的意思硬加到中山先生身上去罷了。毛氏又引國民黨第一次全國代表大會宣言的一段話：「近世各國所謂民權制度，往往爲資產階級所專有，適成爲壓迫平民之工具。蓋國民黨之民權主義，則爲一般平民所共有，非少數人所得而私也」。他接着說：

「除了誰領導誰這一問題以外，當作一般政治綱領來說，這裡所說的民權主義是和我們所說的人民民主主義或新民主主義，相符合的。只許爲一般平民共有，不是爲資產階級私有的國家制度，如果加上工人階級的領導，就是人民民主專政的國家制度了」。（同上十五——十六頁）

爲甚麼要工人階級領導呢？他說：

「人民民主專政需要工人階級領導。因爲只有工人階級最有遠見，大公無私，最富於革命的澈底性。整個革命歷史證明，沒有工人階級的領導，革命就要失敗，有了工人階級的領導，革命就勝利了。在帝國主義時代，任何國家的任何別的階級，都不能領導任何眞正的革命達到勝利。中國的小資產階級和民族資產階級曾經多次領導過革命，都失敗了，便是明證。（同上十七頁）

讀此可見其理論之貧弱，全是武斷的態度，難堪批判的檢查。先說「最有遠見」。見之遠不遠由於知識之高低深淺，誰能說工人階級之知識較其他階級更高，更深呢？這不是武斷是甚麼？其次則「大公無私」。階級已然對立，各自有其利益，何以工人階級則不謀其自己的利益？個人確有大公無私者，也有自私自利者，若謂整個工人階級中，無一自私自利的個人，其誰信之？已有自私的個人，何以不會自私其階級？據馬克斯階級鬥爭的理論，現代則以工人階級對資產階級的鬥爭爲代表，而鬥爭的一方往往過度壓迫對方，乃是極常見的事實，有何理由可保證工人階級之不自私，不壓迫？至於「革命之澈底性」更無根據。社會是深不見「底」的，何以澈之？不論若何新的社會，也還有許多舊的東西留存着，不能剷除淨盡；他方、歷史之演進無窮，經過一個時期，所謂新者又變爲舊了。故何謂澈底已有疑問，謂某一階級爲最澈底，更難說出其理由。

元來民主是人民自己作主，自出主意，而所謂人民是指每一公民而言，那麼聽從誰領導，只有讓個個公民去自由選擇，斷沒有硬性規定某一階級爲領導的理由。惟各個人的意見不能一致，而政治問題又不能懸而不決，故服從多數的意見乃是民主的原則。就中國現況而論，工人階級是少數的階級，少數的意見何能强迫多數聽從？「蓋國民黨之民權主義爲一般平民所共有，非少數人所得而私也」。所謂一般平民當然是凡有公民權的個人。若硬性規定工人階級爲領導者，豈不是少數人獨佔領導權嗎？豈不是「少數人所得而私」了嗎？說者謂民權雖爲一般平民所共有，而領導者始終是少數，像英法美的民主雖說人人有權，而事實上的領導者始終不出乎資產階級之外，即其明證。此說自有其眞理，但不能爲工人階級領導作辯護。我們以爲個個公民都應該有選擇其領導者的自由，他高興誰領導便選擇誰；毛澤東預先規定工人階級領導便是不許各人之選擇，便是違背了人民自已作主的原則。故由理論方面言之，誰爲領導者，那一階級爲領導者，不能預先作硬性的規定。若由事實方面言之，則今日中國的工人階級還沒有充分具備作領導者的條件。領導需要種種條件，概言之則知識與道德乃是兩大骨幹。有高深的知識始能確定遠大的目標和當前的設施，不會使民衆誤入迷途，有高尚的道德始能眞正爲多數民衆謀福利，而建立和平繁榮的社會。今日中國各大工廠裡的工人有如此的條件嗎？多數的工人知識水準甚低，縱或具有利人利羣的熱情，也沒有實施的方案及實現的方法。舉國人民雖恭恭敬敬去請共領導，那些胼手胝足的工人們也只有敬謝不敏吧。這麼說來，工人階級領導，理論事實兩俱不通，爲甚麼毛澤東不滿意於國民黨之民權主義，而必須將此加上去呢？且幾年前的共產黨不是以土地改革者自命，天天高抬農人第一嗎？

「斯大林說：『殖民地半殖民地的問題實質上就是農民的問題』。這就是說，中國的革命實質上就是農民革命，現在的抗日實質上是農民的抗日。新民主主義的政治實質上就是授權給農民」。（新民主主義論四〇頁）爲甚麼現在又不是農民第一，而必須工人來領導呢？

論者反駁我道：「你不懂政治。政治上的領導者既不是個人，也不是階級，乃是政黨。共產黨豈不是代表工人階級的政黨嗎？工人階級領導豈不是共產黨領導嗎？你以此意去解釋毛澤東的話，豈不是句句都說得通了嗎」？這種說法，我也以爲毛氏之眞意確是如此，共產黨自命爲工人階級的代表是一點不錯的，但能否爲眞正的代表則不無疑問。在「論人民民主專政」中，毛氏已一再說出「共產黨領導」的字樣，那些「民主人士」的文章中，「在中共領導下」已成爲時髦的語詞。那麼現在要問：領導權之獨佔是否與民主政治相容？

在毛氏的心目中，英法美等國的民主是資產階級專政，當然是資產階級領導了（領導與專政參看下面）。但是那些國家的資產階級只是事實上作領導者，並不敢公然主張必須由他們領導。因爲那些國家的選擧是自由的，如果其領袖或政黨公然主張獨佔領導權，必引起其他各階級之反感，在競選時必然失敗。在毛澤東的心目中，國民黨是代表小資產階級及民族資產階級的。但是國民黨在事實上領導了中國二十餘年，不但國民黨自己只認定代表全國最大多數的人民，並不代表那兩個階級，而且國民黨的理論從來也不會主張應該由那兩個階級領導。「蓋國民黨之民權主義，則爲一般平民所共有，非少數人所得而私也」。倘若在全國中占着少數的階級要獨佔領導權，便是「少數人所得而私」了。「資產階級之專有」明白地爲國民黨所指斥，則工人階級又何能私天下？既已爲一般平民所共有，則誰爲領導理應由一般平民自己去選擇，何以共產黨可獨佔領導權？據我看，毛澤東腦筋中只有專政，何曾有民主來？他所謂「各革命階級聯合專政」只是幾個政黨組織聯合政府罷了。他所謂「人民民主專政」即是由共黨獨攬政權，而許可其他政黨之存在，或者也許其他政黨任些官職罷了，與一般平民是毫無干涉的。至社會主義社會則像蘇俄一樣，完全由共黨專政，不許其他政黨存在了。故領導與專政也只相差一間，領導仍許其他政黨存在，而專政則不許。倘若其他政黨可與共黨輪替執政，像英美法等國的政黨一樣，則共黨不能獨佔領導權。今日雖許其他政黨存在，但不能取共黨地位而代之，且將來要完全消滅的，這便是領導二字之眞義，也就是共黨獨攬政權的別名。總之，毛氏滿腦子裝着專政的念頭，心目中視平民如無物，而口頭上却聲聲抬高人民，標榜民主，其誰欺，欺天乎?!

有人反駁我道：「你總是好談理論，而毛澤東只尊重客觀的事實，事實如此便是如此，何來許多理論？他說：『整個革命歷史證明，沒有工人階級領導，革命便要失敗，有了工人階級的領導，革命便勝利了。……中國的小資產階級和民族資產階級曾經多次領導過革命，都失敗了，便是明證』。這豈不是專以事實作證嗎？我答覆道：「唯唯，否否，不然」。上面已經談了許多理論，現在且談事實。他所謂工人階級領導即是共產黨領導，所謂小資產階級和民族階級領導即是國民黨領導，自無疑義。時至今日的中國，國民黨之敗，共產黨之勝好像是大勢所趨了。然而三戶亡秦，一旅興夏，實爲「革命歷史」所昭垂，故嚴格而論，國共兩黨之勝敗，今日尚在未定之天，若斷定共黨勝利，未免過早。而且國民黨領導革命曾經勝利了二十餘年，即共產黨亦曾兩次昭告天下，服從國民黨之領導。假使共產黨眞能消滅國民黨而宣告勝利，能否維持二十年，在今日亦大有疑問。以中國歷史的證明，則以共黨之殘忍兇暴必然失敗，縱使暫時僥倖成功，亦必不旋踵而覆亡，秦代既有先例。如果毛氏尚知尊重事實，則謂共黨領導就勝利，國民黨領導就失敗，至少要在三十年後才可以說出來。況當今日東西兩方磨刀霍霍，國際戰爭一觸即發之際，若不擊敗西方國家則中共不能勝利，可斷言者。如果毛澤東尚知尊重事實，則必待擊敗西方國家以後，才可說中共勝利。故他只有主觀的武斷，何曾尊重客觀的事實？

總之民主主義的原則是要人民自己管理自己。這一原則，自柏拉圖以來，二千餘年間理論上並無改變，故嚴格而論民主主義元無新舊之分，毛澤東的標題已有毛病。由古及今事實上各國所施行的民主制度是否合乎原則，誠然有參差不一的程度，我們儘可把住這一原則來衡量其價值之高低，然此只關乎制度，本與主義無涉。毛氏的新民主主義自詡爲優於舊民主主義，但照我們上面的分析，則其民主之成分比英美法等國的制度少得多，縱使是「新」的，仍然是價值很低的。至其用意更爲明顯，即是，在極度的獨裁政治尚未具備充足的條件時，姑且以此籠絡各黨各派罷了。故我們認定其新民主主義乃是到獨裁之路。

誰能擊敗共產主義

——論民主國際和自由同盟——

許冠三

（一）

誰能擊敗共產主義？

原子彈專家可能說：只有原子彈可以擊敗共產主義。

火箭飛機製造家可能說：只有火箭飛機可以擊敗共產主義。

邱吉爾可能說：只有大西洋聯盟可以擊敗共產主義。

季里諾可能說：只有東南亞聯盟可以擊敗共產主義。

社會主義者可能說：只有眞正的社會主義可以擊敗共產主義。

民主主義者可能說：只有民主主義可以擊敗共產主義。

自由主義者也會說：只有自由主義可以擊敗共產主義。

三民主義者當然也會說：只有三民主義可以擊敗共產主義。

我說：這些都不免是偏見，是成見。說這些話的都不免有誇大狂，偏執狂。誠然，他們每一個人都有一套足以自圓其說的理論。不過理論究竟是理論，事實究竟是事實。有些理論可以變成事實，有些却永遠是理論。如果我們眞的知道什麼是共產主義，眞的想擊敗共產主義，我們就不能容許這些「只是理論」的理論在作祟；只要這些偏見成見一天存在，擊敗共產主義的事實，恐怕也就一天不會出現。

這許多人的看法，各自孤立起來是偏見，是成見；若果能歸納起來就不再是偏見成見了。這許多的力量，各自孤立起來是微弱的，鬆弛的；如果團結起來，就龐大了堅强了。誰能擊敗共產主義，我說：只有一個非共產主義的聯合陣綫。全世界的共產主義者始終是站在一邊的，非共產主義者却始終是孤立的。只要共產主義一進攻，便會一個個的垮下去。這種不幸的結局，我們已看得够多了，我們還不該覺悟嗎？

我們想像中的聯合陣綫應該不分國界，不分人種，不分黨派，無論信仰，無論階級，無論職業，只要不是共產主義者，都有資格參加，都應該參加。事實已經很明顯了，共產主義以外有很多道路，而共產主義與非共產主義之間却沒有第三條路，不是前者，就是後者，不管是任何國家的人民，任何膚色的種族，不論貧富，不論賢愚，不論信仰，只要是非共產主義者，就應該把共產主義看作敵人，至少不能看作友人。共產主義不獨有其必反之道，而且更有不得不反之苦。縱或你不願與共產主義爲敵，共產主義却要與你爲敵，不容你不與它爲敵，除非你屈服，或被它消滅。共產主義者的基本信條之一就是「消滅他或被他消滅」。在共產主義者的心目中，一切非共產主義者皆是共產主義的敵人。共產主義者，所標榜的「世界革命」，就是要消滅或征服一切非共產主義者。如果共產主義者今天尚未與你爲敵，那只是時間問題，策略問題。一旦時機成熟了，策略有需要了，不管任何人，只要是非共產主義者，立刻就會成爲共產主義者征服或消滅的對象。我們不是已親眼看到許多愛好和平的國家失去獨立自由嗎？許多善良的人民淪爲奴隸嗎？許多熱情奔放豁達大度的政治家，革命領袖遭拘禁，遭暗殺，甚至被迫跳樓自殺嗎？

非共產主義與共產主義所以勢不兩立的原因有二：一是主動的積極的；一是被動的消極的。共產主義本是一個集文明中罪惡大成的主義，它把帝國主義，封建主義，獨佔主義，極權主義的罪惡統統包藏了。這些罪惡有一種已經不得了了，何況四種集中在一起呢？因此，非共產主義者不能不反對它。共產主義者所標榜的世界革命，只是征服世界的變象，非到整個地球罩入鐵幕，全體人類變成奴隸，共產主義者的革命是不會停止的，克里姆林宮主人是不會甘心的，消滅非共產主義者，征服非共產主義者，本是共產主義者神聖的「歷史任務」。爲了完成他們的「歷史任務」，共產主義者必須以非共產主義者爲敵。因此，非共產主義者不得不反對它。總而言之，共產主義罪惡的特質要我們不能不反對它；共產主義者征服世界的野心要我們不得不反對它。

過去不知道多少愛民主愛自由的人士，未認清「不能不反」的道理，更忽視了「不得不反」的關鍵；不顧意對共主義採取主動的攻擊，只是被動的挨打。共產主義力量是集中的，一切聽命於莫斯科；非共產主義力量却是孤立的，不獨各自爲政，甚至還互相抵消，結果，只有一個個的被對方「吃掉」，自由陣營的實力於是愈來愈弱。今後，設若再不痛改前非，看樣子只有被「吃光」爲止了。我所以作這樣的推論，是基於下列的理由。

（二）

莫斯科今日擴張主義的可怕，遠過於沙皇時代。帝俄政府雖也想强佔別國領土，奴役別國的人民，究竟還有一個限制。彼得大帝最高的欲望也不過是在黑海和太平洋邊上爲俄羅斯開兩個窗戶；在歐洲把一切有斯拉夫人居住的地區置於莫斯科的卵翼之下；在東方也不過是中國的外蒙古與東北，帝俄時代的君主還相機行事，得過且過。史太林並不止於此，地是沒有一天不在計劃征服世界的。如果有人相信共產主義的擴張會自動的停止在某一個地區，簡直是白天做夢。帝俄時代的侵略，還得用斯拉夫民族的性命去拼；現在却不用俄羅斯人流一滴血，被侵略國的共產黨徒，自會在與同胞弟兄作一陣血拼後，雙手奉上。帝俄政府尚須顧慮到國際的指摘，擔當一個侵略的惡名；蘇維埃政府却不必擔心這個，因爲那是「名正言順」的：是在執行「歷史任務」，從事「世界革命」，解放一切殖民他的弱小民族，拯救全世界的勞苦大衆。靠着這塊金字招牌，世界上已有億萬人口淪入鐵幕，四億人口瀕臨邊緣。

在共產主義國家中，沒有自由，沒有民主，差不多已是盡人皆知的事了。那兒的統治集團，其人數只佔總額的千分之二三，一切的大權全操在他們手中，生產工具生產者統統是他們的私產。這種少數人享有特權的制度，便是近代史上所說的封建主義，也是共產主義口口聲聲要打倒的對象之一。法國大革命，本是近代史上反特權運動的第一章，一百多年來，經過無數民主戰士的奮鬥犧牲，封建主義早在文明國家中絕跡了。實在沒有想到，它竟然在共產主義的國家中復活，再度作爲人類文化進步的大敵。今日鐵幕國家裏的特權階級，遠比中古時代長得結實。中古時代貴族與平民之間，尚有空隙，尚有緩衝餘地。今日鐵幕國家中統治者與被　治者間的界限極嚴，共產主義貴族運用近代化的控制，把被統治者永遠摒於政權之外。憲法當做幌子，選舉只是形式，只要你不是共產黨員，縱或你是科學家，藝術家，文學家，待遇好，名望高，在統治者的眼光看來，也不過是勞心的奴隸而已。你不能自由選擇研究的對象，不能自由思想，不能自由發表，更不容你不發表。你的享受，你的地位，你的名譽，不過是統治者的恩賜，他可以給你，也可以不給你；能予之，也能取之，大涼山上「娃子」的遭遇，也不過如此。

同樣奇怪的是共產主義者天天罵資本主義，天天要打倒資本主義，而鐵幕國家却在實行最厲害最刻毒的獨佔資本主義，他們所罵的資本家只是在生產過程中剝削勞工，而鐵幕國家的政府呢？不僅已在生產過程中剝削了勞工，並且還在分配，消費過程中剝削勞工。政府可以任意壓低工人的工資，以剝削其剩餘價值；又可任意提高物價，限制消費，利用配給制度作進一步的壓榨。在蘇聯成本十塊錢的東西，可以賣你廿塊，你不買就沒有地方去買。一個工程師每月所得薪金，除去作一切必需的開支外，沒若餘數還可買五十隻鷄蛋，政府只許你買五隻，其餘的錢只好存進國家銀行生息，利率極微。政府拿了這許多存款，作再生產的資金，你有再多的錢，也沒用。在自由國家中可就不是這樣了，我有錢我就可以買我所要買的東西，這家價錢高，我可以去那家。鐵幕國家沒有政治自由，知道的人較多；沒有經濟平等知道的人極少。殊不知沒有政治自由的國家是絕對不會有經濟平等的。現在我要舉些實例，說明蘇聯並不是一個經濟平等的國家，而且永遠不能平等：

(一)蘇聯工廠經理的平均月薪在二次大戰前約爲二千盧布，工人最低的月薪是一百一十個盧布（一九三七年政府規定），其間相差十八九倍之多。據美國耶魯大學達林(David J. Dallin)教授的估計，蘇聯有百分之十二至十四的人，收入佔全國總額的百分之三十至四十。另一個極端是集中營裏的強迫勞動者，人數佔全國總額百分之八到百分之十，而收入只佔百分之二・三，據另一位專家柏格森（Bugerson）研究一九三四年蘇聯薪資分布的結果是：收入最少的百分之十的人，其薪資佔總額百分之三，收入最少的百分之二十的人，佔百分之七・八。在另一端，收入最多的百分之十，其薪資佔總額百分之二四・三；收入最多的百分之二十，佔總數的百分之四〇・三。這種距離刻正繼續拉長。

(二)如果再就經濟權力的分配來看，蘇聯恐怕要算世界上經濟最不平等的國家了。在蘇聯雖已廢除了財產私有制，握有經濟所有權的資本家已不復存在，但有一批握有經濟支配權的官僚，共產貴族。這種經濟權力的集中現象，雖資本主義最發達的美國亦望塵莫及。比如，美國的鋼鐵業，已算是資本主義國家中最集中的了，僅「美國鋼鐵公司」一家的產量，就佔美國鋼鐵總產量百分之四十，但究竟還不能包辦。年產一百萬噸以上的公司還有八家。在蘇聯呢？所有鋼鐵事業都歸一個部門主管，誰做了這個部門的主管，誰就是鋼鐵業唯一的大王。他這個大王不同於民主國家內的大王，私有工廠所擔心的問題他都沒有，他不怕工人罷工，他可以任意延長工作時間，也可以要工人「自動減薪」。政治威力讓工人不敢反抗；經濟威力要工人不能反抗，也無用反抗。如果工人得罪了政府，不獨無工可做，無飯可吃，而且有命難保。蘇聯政府要怎樣剝削，就可以怎樣剝削。工人不能請願，也不能罷工，隨意辭職也不會許可，更無輿論抗議，議會抨擊。在美國，工人固屬怕資本家，可是萬萬趕不上蘇聯，他們得罪了甲公司，還可以去乙公司，甚或自立門戶，作小本生意糊口。最後，他們還可以拿出罷工作爲自衛的武器。共產國家獨佔資本的形成，本是沒有政治自由的必然結局，我們無庸驚訝。事實已經明明白白告訴我們，沒有政治民主的國家，永遠是不會出現經濟平等的。

共產主義的第四個特質極權主義，更是人人痛恨，人人反對的東西。二次大戰打了四年，不過爲的是要打倒軸心國家的極權主義。其實如果拿法西斯的那一套來與共產主義比較，希特勒，墨索里尼還差得遠哩！在蘇聯，一個人不僅沒有政治自由，經濟自由，更說不上生活自由。馬克思主義成了國教，不由你不信，起碼也不許懷疑。政府指定的工作不能不做，指定學的東西不能不學；指定的房子不能不住；看戲，聽音樂，坐車子，進醫院，都得各按政府規定的等級入座，絕無選擇的餘地。工作時間，地點，政府都有一定的安排。如果你感覺太累了，想請假或辭職休息一下，非但生活有問題，政府也絕不會許可，要想休息，除非是躺在病院中或躺在坟墓裏。在自由國家中，一個獨立小工或小商人，因爲某一時期生意特好，賺錢特多，到了過新年或節日時就可以自動停業，隨意作適當的休息。在鐵幕國家中，任何人也不能獲得這種享有閑暇的自由，包括他們的頭子在內。共產主義國家中的人民從搖籃到坟墓，從意識形態到生活形態，無時無刻不在政府的控制之中。請問，這種日子還有什麼生趣？

共產主義既具有這四大毒素，勢必爲全世界人所共棄，帝國主義侵害了他人的國家自由；封建主義剝奪了人民的政治自由；獨佔 義剝奪了人民的經濟自由；極權主義剝奪了人民的生活自由。就理論上說，全世界的人類，不分男女老幼，賢愚貴賤，國家種族，不應該有人再不反共了，除非他是一個共產主義者，或者是甘心不要自由的人。儘管如此，世界上仍有不少非共產主義國家的領袖和人民睡在鼓中，在觀望在等待。這不僅是已遭受或正在遭受共產主義蹂躪的國家人民的不幸，也是人類的不幸。

（三）

共產主義還具有一個非奴役全人類不可的最終目標，便是共產國際所說的「世界革命」。事實上，自俄羅斯革命成功以後，「世界革命」已成了莫斯科征服運動的代名詞。歷史上的侵略主義，從沒有一個是像共產黨這樣狂妄的，世界上所有的國家，莫非克里姆林宮征服的對象，縱或有些國家與她遠隔重洋，邦交和睦，從未與她爲敵，也不得與她爲敵，甚至還會把她自納粹的鐵腕中拯救出來。在共產主義者的意識中，是不承認這些的。他們永遠不會把非共產主義者看做朋友，如果有的話，那只是暫時的需要，戰術上的運用。共產主義者永遠不會眞的相信共產國家與非共產國家能和平相處。他們只承認尋求世界和平的唯一道路，是把所有「民家都併入蘇聯，不管你願不願意。這裏，我得抄錄一些「共產國際」的文獻，作爲證明：

「我們已經強壯起來了，我們可以與任何一個布爾喬亞國家締結聯盟，爲着利用她的幫助去擊敗另一個國家。這僅僅是戰略與戰術的便利。」

「一旦我們的布爾喬亞同盟遭遇失敗，你將會很容易的知道如何去做另一件工作」。（發動內戰）（一九二三年十月布哈林在「第三國際」的演說，筆者按：布哈林雖爲史太林政敵，惟二者對於這一點，並無異議）。

「用種種方法不惜任何犧牲，協助紅軍獲得勝利。」

「我們有一個領袖史太林同志，他已經創造了一條走向勝利的路線」。（一九三五年歐柯利 Ercoli 在共產國際代表大會上講「 國共產黨的主要任務」。（筆者按：據此全世界的共產主義者都應服從史太林，爲蘇聯效忠。）

「把帝國主義的戰爭變爲內戰」。（一九三五年共產國際代表大會決議「共產主義國家在大戰期中外交政策的目的」。據此，蘇聯可以有計劃的製造世界性禍亂而振振有詞，我們的抗日戰爭，也是帝國主義戰爭嗎）？

「我們的軍隊，是一支世界革命軍，一支全世界勞工的隊伍」。（一九三八年史太林論「紅軍的三大特質」，據此紅軍可以開入任何國家都不算侵略）聯邦的大門是敞開的，歡迎任何共產主義國家加入，值到全世界國家都成爲俄羅斯爲附庸，全世界的人都成了U.S.S.R.的公民。

（四）

共產主義者的陰謀，非共產主義者眞的全不明白嗎？不是。無如限於各自的傳統，各自的偏見，非到萬分危急的光景，似乎總不能團結一致。一旦火燒眉頭，再想團結，却爲時已晚，致遭布爾雪維克黨徒各個擊破。波蘭以及東歐各國變色的故事，和國民政府失敗的經過是同樣的悲慘。擊垮波蘭政府的組織，並不是波蘭共產黨，而是一九四二年在莫斯科成立的「波蘭愛國者聯盟」（Union of Polish Patriots）。這個政團裏網羅了一切不願與當時薛柯爾斯基(SikorsKi)政府合作的波蘭愛國人士，共產黨只佔極少數，可是他們却能在暗中操縱。同樣的情形，在中國大陸上擊敗國民政府的並不全是共產黨，而是一個共產黨操縱下的，反政府未必親共，而又不得不親共的「民主陣綫」。共產主義者一貫的策略，不論對內還是對外，是首先聯合所有次要的政敵，孤立主要的政敵而予以擊敗。打垮主要的政敵，再分等解決次要的政敵，直到非共產主義者完全被消滅爲止。比如，中共目前在拉攏英鎊集團國家孤立美國，打擊美國。美國打走以後，接着是輪到誰呢？我想大英帝國的紳士是應該明白的。

時機不容我們再躊躇了，在這裡我要鄭重的向自由世界的各國朝野領袖們呼籲，火速改悔，再不能自掃門前雪、「觀望」、「等待」、「混水摸魚」了、今天、大家應該無分國籍、無分地區、無分黨派、無分信仰、把一切非共產主義者組織起來，建立一個堅强的「民主國際」。把大西洋公約的精神擴張到印度洋、太平洋，大家才有安全，世界才有和平。我們一方面要爲反抗一個共同的敵人而行動，更要爲一個共同的目標而奮鬥，建立一個眞正的民主世界。「民主國際」不用像「共產國際」那樣以征服世界爲目的，但我們不能不樹立一個民主世界化的目標，不民主的要她民主，已民主的要她更民主。

同樣的理由，國內也應該有一個「自由同盟」，或「自由陣線」一類組織的出現，在政治、經濟制度上有一個大的改革，好讓一切愛自由的人士，能爲這個爭自由爭民主的戰鬥，貢獻出所有的力量，讓目前這個戰爭的目標明朗化。惟有如此，我們的盟友才會相信我們是眞的在爲自由而戰。今天我們還能相信，只有某一主義，某一黨派的力量，就可以抵得住共產主義的侵略嗎？我們今天還不拿出進步的事實（絕對不是姿態）告訴一切民主國家，我們是眞的在爲自由民主而戰嗎？艾奇遜在五日檢討杜魯門總統對臺灣政策聲明時會說：

「問題的癥結並不再此（指軍事援華），而在其他方面，美國無權，也不願亦不能供給他們一種抵抗的意志和禦侮的目標，因爲這必須由他們自己提供」。

朝野領袖們，我希望諸位能三復思言？

一九五〇、元、七、

中國人的氣候適應力

沙學浚

一、中國人分布於各種氣候區

中國是一個日不落國因爲他有一千萬華僑分布於全球各地，分布於全球各氣候區。各區氣候由於緯度的高低，地形的高下，距海的遠近，和在大陸的東岸、西岸等因素而形成。德國氣象學權威柯本（Koeppen）根據多年研究，分全球爲十一個氣候區，（每一區再分爲若干副區）幾於每一氣候區都有中國人的聚落，附表如下：

中國人在世界上之分布（祇列舉有中國人分布的地方）

氣候區名稱

（一）熱濕原始林氣候區：
- A 外國地方：
  - 印度群島大部
  - 馬來半島
  - 夏威夷群島
  - 菲列濱東半部
  - 太平洋中若干島
  - 嶼如法屬大溪地
  - Tahiti，前日屬
  - 帛琉 Palau 屬
  - 社會島等
  - 中美古巴西印度群島
- B 中國地方
  - 海南島東南部

（二）週期性乾燥草原氣候區：
- A 外國地方：
  - 暹羅南部
  - 越南南部
  - 爪哇東部
  - 印度南半部
- B 中國地方：
  - 海南島西北部

（三）溫帶草原氣候區：
- A 外國地方：
  - 澳洲東南部內地
  - 秘魯厄瓜多等國
- B 中國地方：
  - 山西北部，陝西以北
  - 至蒙古新疆北部

（四）沙漠氣候區：
- A 外國地方：
  - （中亞細亞）
- B 中國地方：
  - 新疆南部
  - （戈壁沙漠）

（五）正常季風氣候區；
- A 外國地方：
  - 越南東部
  - 暹羅內部
  - 緬甸東部
  - 菲列濱西部、南非東部
  - 巴西東南部
- B 中國地方：
  - 台灣西半部
  - 山東河南
  - 長江流域
  - 珠江流域
  - 雲貴高原

（六）地中海氣候區：
- A 外國地方：
  - 美國加洲
  - 澳洲南方兩半島
- B 中國地方；
  - （中國缺）

（七）西歐式氣候區：
- A 外國地方：
  - 日本南部
  - 朝鮮南部沿海
  - 新西蘭
  - 阿根廷東部
- B 中國地方：
  - 台灣東部
  - 福建東南角
  - 浙江沿海

（八）冬季寒濕氣候區：
- A 外國地方：
  - 美國東北部
  - 西部西伯利亞
  - 蘇聯東部海濱省
- B 中國地方：
  - 四川西北
  - 西康東部
  - 新疆西部

（九）冬季寒燥氣候區：
- A 外國地方：
  - 朝鮮北部
  - 東部西伯利亞
- B 中國地方：
  - 東北九省
  - 山西河北

（十）凍原氣候區及高山氣候區：
- A 外國地方：
- B 中國地方：
  - （西藏青海西部）

（十一）萬年霜氣候區：
- A 外國地方：
- B 中國地方：
  - （天山中部）
  - （喜馬拉雅山中部）

注：加注括弧的地方表示並無漢人分布。

（11）

對於這個表，要說明幾件事（一）第十第十一兩區根本不適於文化民族的生活。當然也沒有中國人。（二）溫帶是最良好的氣候包括第三、第五、第六第七、第八、各區，適於各種民族的生活，雖有中國人分布，不必多說。（三）要特別提出的是熱帶氣候如第一、第二兩區及冷帶氣候如第九區即西伯利亞和東北九省都有中國人分布而且人數很多。

中國人能適應冷帶氣候爲日本人俄國人所不及，中國人能適應熱帶氣候爲白種人所不及，是本文所欲詳細討論的。在討論以前對於「氣候適應」或「氣候適應力」的含義須加說明。一個人或一羣人能够適應一種氣候，要看：

（一）移入某種氣候區的人及其後代子孫，對於這裏的氣候能够健康的適應，

（二）移入者本人及其後代子孫，不但能做精神的工作，也能做勞力的工作；

（三）在這裏能長久住下去，而有固定的聚落。

（四）不與當地的土著混血，其血胤還能健康的生活下去。

據此日本人在東北，白種人在印度南洋，人數雖多，却不能算是適應氣候，因爲不符合第（一）、（二）兩點，白種人在中美南美也不能算是適應氣候，因爲不符合第（四）點，以後分別論列。

二、中國人能適應熱帶氣候

中國人有很强的氣候適應力，德國地理學泰斗（已故）萊次兒（Ratzel）早在其名著「政治地理學」和「人文地理學」兩書中一再提及。他在所著「中國移民」書中，特別讚美中國人在熱帶裏工作能力很高，爲任何民族所不及。他說：「根據前面所敘述的，我們可以毫無疑問的說：——中國人是善於殖民的民族，他會有偉大的將來的。……中國人表現殖民的能力是很高的；許多國家對於中國移民的法律限制，並沒有發生很大的效力。……中國男子與他族婦女結婚所生的兒童還能表現出中國的特質，這非僅由於他們是在華僑區域裏長大，更是因爲所受父親的身體上和精神上的質素的影響，較受之於母親的更强。」以研究熱帶地理著名的德國薩勃爾（Sapper）教授在許多著作裏，屢次提到「中國人在熱帶裏工作成績最佳，不害氣候病而能健康的生活」一類的話。

德國地理學家冒爾（Ottomaull）說：「中國人在熱帶氣候裏生活過幾代之後，其後裔的民族特質並沒有退化的現象」。

德國地理學家莫塞爾夫（Hans Mosolff）也說：「因爲中國人體質很强健，及其對於熱帶氣候有强的抵抗力，遂爲開發熱帶富源最適宜的民族，是任何民族所不及的」。

一千萬的華僑中有八百多萬在熱帶氣候區，大部分在南洋，小部分在中美，南美和非洲，這是土著以外人數最多的民族單位。他們經營農工商交通各種職業，在各地定居均有數百年甚至千年以上的歷史，『法顯佛國記（四一四年）記明在爪哇看見華人』他們能適應熱帶氣候，完全符合前述適應氣候的四個含義。他們有團體組織和生活，有用國語上課的中小學校，有國文的報紙書刊，身在異域心愛祖國，故能維持並發展祖國的文化於海外。中國人大規模移殖熱帶確是人類史上重大的成就。

三、白種人不能適應熱帶氣候

熱帶的地方成爲白種人的殖民地，已經有數百年之久，但至今還沒有大量白種移民。所以對於白種人能否適應熱帶氣候一問題，歐美各國地理學家研究得很起勁。很多人根本就認這件事沒有可能。法國地理學大師馬東男（Martonne）曾說過：「某種民族常被某種氣候所限制，例如歐洲人就不能適應熱帶裏氣候，因爲他需要冷季的調劑」。

也有些人認爲白人適應熱帶氣候有相當可能，試舉薩勃爾做代表，他說：「生長於溫帶及副熱帶的白人移殖於熱帶，並非完全不可能。現在白種移民有千分之五在熱帶地方，即是南美中美的熱氣候區。他們原來都是副熱帶的白種人，即是西班牙人，葡萄牙人及意大利人。他們對於熱帶氣候有相當的適應能力。在一百公尺以下的沿海平原上，這些南歐人都能生活，例如西班牙人在西印度群島，葡萄牙人在巴西東南部他們早於移入的時代與當地的土人混血了。至於他們能否不與土人混血而在熱帶的內地好好的生活下去，現在還不能確定。據經驗所示，在熱帶的巴拿馬，西班牙工人如不與土人混血似難適應當地的氣候而生活下去。所以在中南美的人民，混血種遠較純粹血統的白人爲多。

「在熱帶內地的高山中，（按：氣候等於溫帶）有許多西班牙的家庭，還能維持純粹的血統。美國南部的南歐人，南非的波爾人（Bohr 荷蘭移民的後裔）澳洲西北部的白種人，都只能在高地才不須與土人混血而健康生活。

「北歐的英人、德人、荷蘭人，尤其挪威人、瑞典人、丹麥人在熱濕的熱帶的沿海平原，根本沒有適應的可能；只有在六百至一千八百公尺的高山裏，他們才能生活；在優越的狀況下，也能做勞力的田間工作。歐人在熱帶中最理想的生活地方是一千八百至三千一百公尺或一千八百至四千公尺的高地」。

從上面的引證，可以知道，熱帶中的高地氣候與溫帶氣候彷彿，故白種人才能生活於其間。眞正的熱帶氣候，尤其沿海平原的熱濕氣候，他們就不能適應了。薩勃爾又說：「在南洋群島的英國人與荷蘭人的兒童須送往祖國去撫養。因爲南洋的熱帶氣候對於他們是太「嚴酷」的。南洋的英人與荷人在高山中多設置保健所，一年中有好幾個月要移住在那裏面」。氣候嚴酷指白人兒童如果在熱濕地方生活太久，健康便要受不良的影響——常要染氣候病的。在熱帶地方純粹白種人不能够適應氣候的。

四、中國人也能適應冷帶氣候

中國人對於冷帶氣候的適應力也是很高的。一二十年前的統計，歐俄的華僑約有七萬一千人，西伯利亞的華僑約有二萬五千至三萬七千人，後者大部分是在東部西伯利亞，這裏是俄國人（不是蘇聯人民）最冷的生活區域之一，年平均氣溫在攝氏零下二至七度，冬季長，地面冰封年達四月至六月之久。

中國人在西伯利亞的生活與工作，莫塞爾夫在一九三二年寫著；「中國農

民都居住於城市附近，沿西伯利亞鐵路線，並分布於濱海省，在這些地方租一小塊田耕種，供給城市居民以蔬菜，和小農作的產品，生產這些農產品，中國人是權威。夏季完結之後，他們帶着儲蓄的金錢回到滿洲甚至更遠在南方的故鄉去」。（按東部西伯利亞冬季嚴寒而長，田間工作無法做故華僑南返）。

俄人亞森約夫（Arsenjew）在所著「東西伯利亞的俄人與華人」（一九二六年出版有德文譯本）書裏說：

「今天在西伯利亞的華僑不僅在沿滿洲邊界的各地，而且貝加爾湖以西，（作者按：抗戰期中，中國設有領事館在西西伯利省省會，名叫新西伯利亞）（N.wosibirsk 的地方）鄂克茲克海一帶，吉西加，甚至堪察加半島均可見到」。（按堪察亦爲西伯利亞極寒區之一」。又說：

「中國人工作能力很高，爲俄人所不及」。

「中國人原來都是秋去春來（按自東北來）的季節工作者，經過相當時期的氣候訓練之後，便能購地建屋，變成固定的居民。」

「中國人能做各種工作，這種成績之高遠在俄人之上」。

「中國人很會在異國建設起故鄉來」。

俄國人本來以耐寒著名，那知中國人還比他們堅强。這由於俄國是歐洲的落後和晚進的國家，傳統文化的水準低，嚴寒而長的冬季和數百年來的農奴制度和極權政治把俄人訓練成缺乏自動自發精神，懶惰成性而好酗酒的人民，自難與有高尚優良的文化傳統和勤儉耐勞的習性的中國人相比。

五、日本人適應冷帶氣候不如中國人

有一位日本的學者曾經說過：（見德國浩斯霍佛 Haushofer）著「大日本」「有一件事是很確實的就是：我們日本民族永不能在寒冷地方大量的移殖。……受政府資助而發展的殖民地像暖房中的植物一樣一遇冷風便會凋謝。……我們認爲優越的地方是南洋群島，南北美洲及南非；尤其在南洋群島，我們的政府須爲我國勞動階級開拓移殖的地區」。

日本海外移民只有八十萬人（每年移出只有二萬人）分佈區域也很廣，南北美洲，夏威夷群島和南洋群島都有，除蘇聯東部及滿洲北部外，都是熱帶及溫帶氣候區，而熱帶的移民尤較溫帶爲多。

這裏所謂蘇聯東部，主要指北樺太島，即庫頁島。這裡有二千四百九十三個的日本人，在煤油田及沿海漁場上工作。可是他們中有二千二百九十三個是男子，因爲氣候關係，是要常回到日本去的。他們都不是定居的。從前述氣候適應力含義的第三點上看來，不能算是能適應當地氣候的移民的。

二次大戰以前在滿洲的二十四萬的日人中，百分之八十五以上是集中於較暖和的旅大租借地及南滿鐵道沿綫，其餘的日僑大部份聚居於遼寧吉林兩省的城市裏。在寒冷的黑龍江省僅有二千日僑，多集中於哈爾濱及附近城市中。他們都是在政、商、實業，交通各界的管理者或企業者。至於從事農工勞力工作而有固定聚落的是最少數。日本以優越的國勢有計劃有組織地移民東北，成績不過如此；原因之一是氣候的限制。

七七事變前數年，日本拓務省擬有十五年間移送十萬人於滿洲的計劃，並曾實行若干次的集團移民。移殖區域主要是在松花江下流佳木斯與哈爾濱之間的一帶平原。「能否收到完滿結果」，日本還作「惟有徵諸今後耳」的懷疑論調。

日本北部亦有「異常寒冷，冬季尤甚」的樺太氣候區。這裡日本移民，共有二十三萬四千人，全部聚居在中央低地帶以南的「鈴谷內淵諸川流貫的鈴谷平原」即是舊日屬樺太島的南半部。這區域的年平均氣溫大致與我國長春至牡丹江一帶相同。最冷的冬季氣溫與吉林南部及遼寧省中部相同，均爲攝氏零下十至十五度。較之北滿及西伯利亞東部要溫暖得多。後二者的年平均氣溫在零下二至七度之間，冬季氣溫則在零下二十至三十度之間，這樣嚴寒的氣候中國人能健康的適應，而日本人不能。日本人分佈的北限線，遠在中國人的之南。

知道了這種種事實以後，對於日本人不能適應寒冷氣候的各種論斷，當不致發生懷疑了。浩斯霍佛說「日本民族在許多地方，遇到適應氣候的困難；在北方，在大陸中部，在高山區域，日本的移殖失望過許多次」。莫塞爾夫也說「中國人所能抵抗的嚴寒，日本人遇之便不能做適當的工作了」。浩斯霍佛說「在滿洲和黑龍江流域（指俄屬阿穆爾省）的農業開發上，日本人要想和中國人作耐久而勝利的競爭，是不能想像的」。又說：

「對於氣候的抵抗力及不擇地形的移殖力，使中國殖民之經濟活動能力，遠在日本人之上。這種事實既爲一般所共認，絕不因少數人有相反的意見而被否定；我們簡直可以把他視爲證實過的人類地理的事實」。又說：

「在馬來半島，和新加坡日本人的經濟活動力與中國人比亦大有遜色」。

又說：

「稻米及新鮮海魚的容易獲得，近海、多水、潤濕而溫和的氣候，及低平的原野是日本人在熱帶發展的五個必須具備的先決條件。故南北美洲西部的山地對於日本移殖是一個很大的阻力。例如在墨西哥及祕魯，日本人的聚落祇限於沿海平原」。中國人在熱帶分佈沒有任何先決條件，可見對於熱帶氣候的適應，日本人亦遠不及中國人。

六、結論

（一）俄國不是怎樣了不起的民族，根本還不及日本强，日本不能滅亡中國，俄國更不能滅亡中國。

（二）「人類的將來在熱帶」。中國是熱帶氣候區的第二個大民族，而又有祖國在溫帶；這稀有的事實在近代和未來的歷史上都發生很大的作用。

（三）中國有好的人民，中國迫切需要的是好的政治和政府。建設好的政治首先要恢復已喪失的民族自尊心和自信心，要相信中國的悠久歷史是一種力量、相信中國的高尚文化是一種力量，相信有氣候適應力的中國人民是一種力量，把這些力量綜合起來，發揮出來，就是政治。

這是我們反省的時候了！

以工作代替責難

宋　英

一

我們今日的任務是什麼？簡單的說是要「反共」與「反攻」，一切工作應向此目標集中。我們要打倒比中世紀的宗教法庭還要黑暗的格別烏（G.P.U.）政治，以延續數千年傳下來的中國傳統文化，我們要毀滅那個無人性，不自由，假民主的共產黨統制，以保持我們所習慣的生活自由之方式。因此，我們必須用盡一切方法，迸出所有力量，先將臺灣防守穩固，加强這個基地，發奮圖强，切實準備，然後一舉而反攻大陸，消滅我們的敵人。這要靠我們自己的聰明才智來做，要依賴我們自己的力量來做，不可專恃外援及第三次大戰之來臨，而希冀再僥倖得到成功。二次大戰的勝利，當然有多少是僥倖，其結果演成今日的局面，我們還想再來一次嗎？我們要達成消滅敵人的目的，必須做到下列二點：第一是祛除成見，團結一致，第二是提高工作精神，增强工作效率。此乃卑之無甚高論，但做起來也不一定很容易，如果人人能澈底做到這兩點，不獨台灣定可守住，而且在不久的將來共產黨亦可打倒。必須祛除成見，然後能團結一致，然後能集中力量；必須提高工作情緒、增强工作效率，諸事始有進步，準備才有成果。我們過去之所以失敗，由於內部不能團結，由於工作沒有效率，不能團結，則彼此猜忌，內部渙散，人數雖衆而各懷異志，致被共黨個個擊破。紂有億萬人爲億萬心，周有三千人爲一心，此紂王之所以失敗，而武王之所以成功，歷史教訓，歷歷不爽。由於工作無效率，則到處貽悮公事，我們執行一事，政策之良窳固屬重要，執行者事前有充分準備，認眞奉行到最後一點，則好的政策可以貫澈，即政策差一點亦未始不可以補救。過去征兵制度也好，征糧制度也好，其施行的結果，那一個地方曾視察及執行的情形如何，間或有此一舉，十之八九均是同流合污，於是弊病叢生，聽其演變到人民怨聲載道。即以前年改革幣制而論，金元券政策原未可厚非，其結果則如何？我們過去犯了兩種毛病，第一本身努力不够，大小事怕麻煩，第二彼此不能合作，諸事因循敷衍，結果焉得不敗？國民政府及國民黨過去之失敗，人謀之不臧，實爲一切失敗原因中之總因。今後如不能從此處用力矯正，前途仍是不能樂觀的。

今日離開大陸離開共黨區域的人，都是不願接受共黨統治宰割的人。換一句話講，他們都是反共的。再進一步來說，凡是來到臺灣的人，除了第五縱隊之外，都是堅決反共的。因此，大家應該同心同德，相敬相親，以求渡過這個空前的難關。但細察實際情形是如何？是不是大家已深自覺悟？是不是大家都在朝着這個方向努力？

二

凡事反求諸己，人人痛改前非，這是我們當前應該切實要做的功夫。檢討過去，方可策勵將來。今日的失敗，大家都應該負責，誰也不必埋怨誰，這派也不要責備那一派，甚至這一黨也不可埋怨那一黨，其間不過百步與五十步之分耳。無論過去是辦黨主政統軍，凡是權位高時間久者，應較職位低時間短者多負責任。再進一步說，就是過去未主政而完全在野的人，也不能說一點責任沒有。我個人常作如是觀，我雖是一個無黨無派的人，在政治上亦未担負什麼任務，然而今日失敗的責任，仍是無可逃避。因爲共產黨是一個世界的問題，並不是中國所獨有的，更不是那一黨那一派的問題。世界上的人個個應該提心吊胆以期防止他，應該想盡方法以求解決他。天下烏鴉一般黑，全世界的共產黨儘管地區不同人種不同，他們是動作如一的向前發展，他們是一心一意的相互爲助，所以他們有力量，而可成功於一時。我們這些號稱民主自由的人士，各自爲謀，不相策應，又焉能對付共產黨之羣策羣力呢？此在各國內部而已然，而以國際間爲尤甚。歐西正結盟以防止共禍的西侵，而在遠東則袖手旁觀任共發展，中國正竭力抵抗共產黨，而英帝國爲圖自私則助桀爲虐偏要承認他，天下事情之滑稽，眞莫過於此！第一次大戰禍首之德國，及第二次大戰元兇之德日兩法西斯，又是誰人豢養放縱的結果所造成啊！養虎適足以傷身，但是他們偏偏又要養肥這個老虎——共產黨。我國駐英大使鄭天錫曾責問貝文說，「你們爲甚麼要活埋人，國民政府本未死去，你們爲甚麼要宣告他死亡」。鄭氏接着又問：「歷史會重演的，如第三次大戰發生了，你們會不會又要求中國並肩作戰，在大陸上牽制蘇俄」！貝文很快的答覆說：「一定會的」。爭論儘管理直氣壯，但事實上英國只顧眼前，不問將來，所以，她終於承認中共了。

我們現在要打回大陸去，摧毀共黨統治，當然非靠武力不可。但是打垮共產黨武力威脅以後，苟非用政治力量依然是不能解決這個問題的。今日整個大陸陷於鐵幕，覺得共產黨武力可怕，但是打敗其武力以後，問題之多而繁難，更足令人頭痛！迷信單靠武力可以解決共產黨問題，恐怕是錯誤的觀念，過去戡亂之失敗可爲明鑑。試看共產黨之所以發生，及其向全世界蔓延之情形，以及無孔不入而且生根茁壯者，由於兩次大戰之所賜，無人可以置疑。共產黨好比毒菌毒菌，人體健康不勝的時候，毒菌可以乘機侵入，當戰事緊張各國正拚個你死我活的時候，共產黨可以在夾縫中間游生成長。世界上的秩序愈趨混沌，共產黨蔓延愈是好機會，世界上的人越是貧困，共產黨徒越會增多。第三次世界大戰結束以後，假定蘇 以及毛澤東輩是被打垮了，全世界的共產黨決不會全被消滅的，尤其中國爲甚，餘毒已經遍及窮鄉僻壤，所以仍須用政治方式去求解決，專賴武力以冀解決的看法，不僅是錯誤的見解，而且是徒勞無功，治絲愈棼的。前次經政協會議以政治方法去求解決，最少可使局面安定於一時，本是很好的辦法，惜政府內部意見不能一致，軍人過於倚仗自己的武力，泄泄沓沓，釀成空前禍亂。別的姑且不論，即藉美國的力量來改編軍隊一事，可減少通貨之膨脹，可紓財政上之困難，正是求之不得的事情。美國顧問魏德邁將軍對人說，「國民政府如養上幾百萬軍隊，共產黨不來搗亂，自己也會垮台的」。軍隊改編之後，程序，是全國軍隊縮編爲六十師，政府軍有五十師，中共軍只有十師，是五與一之比，而「五」又何必怕那個「一」呢！我們試究此次失敗的原因，軍費影響財政，財政影響軍事，二者互爲因果，結果二者俱敗，而大局至於不可收拾。換言之，因五百多萬軍隊的軍費，使通貨一天比一天膨脹，而財政終趨崩潰之途，因紙幣日日增發，物價一天比一天增高，使軍隊更不能吃飽不能穿暖，以致用吃空額的辦法來彌補開支成爲公開的事實，結果數衆械精之大軍，慢慢地被腐蝕下去，變爲無可用之兵。說者謂與共產黨合作，眞是與虎謀皮，那是絕對不可能的事，他是要一時利用而虛與委蛇的。誠然！然，但是我們又何嘗不可以虛與委蛇呢？我們不獨有軍隊，尚有警察、法院、交通、航空、國營事業及銀行等等利器在手中，還有中統與軍統的監視，用不着怕共產黨來搗亂，倘若政府行政能儘量採取民主作法，使人民充分了解政府辦法，則共產黨之搗亂亦是不易實行的。說者又謂今日共產黨之禍亂，係由過去與共產黨妥協所造成，但一般人則不同意此種見解，尤其國民黨以外之人士，他們認爲共產黨勢力之日趨龐大，係由於國民黨之狹隘自私與夜郎自大的作風而爲淵驅魚趕走許多人士向共產黨那方走去了。這些話各有各的道理，自非三言兩語可以說得明白，但是我們有一點應該充分覺悟到，即共產黨乃是全世界的問題，他是世界的禍患，我們不應充頭陣先鋒來碰這個硬釘子，弄得國破家亡，幾無立錐之地。

話又扯得太遠了，還是回到本題吧！我們今日要深自反省，一切要反求諸已。語云團結禦侮，我們非反省不能團結，非團結不足以禦侮。我們過去的毛病，就是兩眼專只看到人家身上，注意他人的短處，而忽略了自己的缺點。老實說，人人都有缺點，人是不會金甌無缺的。政治上的意見不能彼此强同，根本也用不着完全相同，民主政治的優點，就是各人有發表自己意見的機會，但仍不失其能造成共同的意見者，就是採用多數決的辦法，凡事一經決定，少數要服從多數，多數要寬容少數，而不作陰謀破壞或壓制迫害的行動，亦不專做吹毛求疵的工作。今日一般人太缺乏這種精神，事事讒言中傷，處處批評謾罵，一件事情沒有來問我，我就不高興，一件事情沒有我的份，我就要反對，這樣的情形焉得不失敗！我們必須大澈大悟，因爲今天的空間太小，不容再有私心，更不容再鉤心鬥角了。這個起碼條件如不能做到，則一切仍是不能革新，臺灣尚且可虞，遑論反攻大陸。

我個人現在担任的職務，本是一種消極批評的工作，也可以說是天天在找他人的錯處。這固然是對事不對人，但我是常常念及，假若易地而處我應該怎樣辦，不要連自己在位也做不到的事情而去責備別人。我總以爲凡是批評政治的說法，必須自已上台後而可以實行得了的才說。

三

上述第一點如能確實做到，我們必須同時還要做到第二點。就是要增强工作精神，發揮行政效率。我們和中共同是中國人，爲什麼他們的工作人員的工作效率比我們强呢？這確實是可恥之事。國民政府所屬下的行政機關，這幾年太不成樣子，辦事人員有氣無力的工作，虛應故事，敷衍塞責。尤其國營事業

『自由中國』的宗旨

第一、我們要向全國國民宣傳自由與民主的真實價值，並且要督促政府（各級的政府），切實改革政治經濟，努力建立自由民主的社會。

第二、我們要支持並督促政府用種種力量抵抗共產黨鐵幕之下剝奪一切自由的極權政治，不讓他擴張他的勢力範圍。

第三、我們要盡我們的努力，援助淪陷區域的同胞，幫助他們早日恢復自由。

第四、我們的最後目標是要使整個中華民國成爲自由的中國。

機關之腐敗(過去就巡察所得的印象如此)，工作人員之養尊處優，主其事者不問有無必要隨便消耗巨額外匯及國帑，致使政府每年支出大批款項，僅供少數人員之揮霍。經常有收入的國營機構尚且如此，國庫焉得不空虛！總之，上下交征利，互相推卸責任，而國事危矣！中共這幾年埋頭苦幹，夜以繼日，其吃苦耐勞的精神，應值得我們深切反省。中共今日的軍事勝利，決非憑空得來，亦非倚靠俄寇幫忙而得有這樣。在政協期間，據聞馬歇爾對人表示，周恩來辦事認眞，約辦之事從不誤期，反之對政府人員的工作效能則有很多不滿之處。又據人說當時政府八位大員開會，問題之難，責任之大那是不用說得，可是在開會期間，不是你來我不到，就是遲到或早退，來時亦不過高談闊論，虛應故事，可以說很少有人以國家人民爲重。所謂一般的開會亦不過是今日政府行政中一個主要的課題而已。事至今日，國家大計不容再事荒唐，一地得失更不許無人負責。記得政府遷至廣州時，政府對於如何保衛廣州，如何實施總體戰，方案之多，情緒之熱烈，一時高唱入雲，報紙上更連篇整幅誇大宣傳，人們非常興奮，許多商人都將生命財產搬到廣州，政府工作人員拖家帶眷一批一批的跟隨政府走，歷盡艱苦，忽然間共軍迫進廣州，廣州棄守了。政府於二月初遷到廣州，至十月中旬棄守，其間有八個月之久，時間不能說不長，試問在這八個月期間究竟有何防守的準備？今夏我因開會到廣州，只見政府人員大吃大喝，既未見深謀遠慮講求防守諸策，更無實施總體戰的跡象，有的話，也不過是紙上談兵欺人的說法。政府再遷重慶，擁護政府人員，追踪趕到重慶，重慶不幸丟得更慘，眞是令人啼笑皆非。就西南而論，今年一月間即開始注意，計有十幾個月的時間可以從容佈置積極設防，且有優越地勢天險可守，不意短短的期間就丟得一乾二淨，說起來殊難使人置信。有人說廣州是吃喝嫖賭糊塗糟掉的，西南是一湧串龍門陣擺掉的，這個重大的責任，應該是什麼人負其全責！總之，軍事慘敗到如此地步，不能不歸咎於一部分高級將領無健全的人格，正義的感召，操守不檢，軍紀不振，遂致一敗塗地，欲戰無術！今日的臺灣是否全無如此的情勢，自應嚴格檢查，再不要諱疾忌醫！

往者不可諫，來者猶可追，以前種種譬如昨日死，以後種種譬如今日生。我們今天應該從各部門切實檢討，應該天天站在自己崗位上反省，反省自己担任的工作做到了盡善盡美沒有？自己做錯了的地方已經改正了沒有？有否以私害公？有無貽悞公事？以冷靜的反省發現自己的錯誤，以熱烈的勇氣改正自己的過失，而後能日進無疆。其次，在今日失敗的時候，切不可垂頭喪氣，要格外振作精神，加倍鼓起勇氣，向前努力奮鬥。孫中山先生革命事業遭到十次的失敗，而每次失敗後輒檢討前非更勇往邁進，從不氣餒，從不休息，最後所以能成功。中共於二十四年在江西失敗後，走四川經西康過大渡河繞青海甘肅而至不毛之地的延安，那時眞如喪家之犬，漏網之魚，但他們並未喪氣而猶誇稱爲二萬五千里的長征！我們今日情勢之優，十倍百倍優於當日之孫中山先生，千倍萬倍優於彼時之中共，我們只要振作精神，提高工作效率，打倒共產黨決不是很困難的事。依着共產黨今日的作風，就是佔領了大陸，不久還會失敗的，因其貪污腐化日見增加。這是千眞萬確，我已聽到不少的事實了。共產黨的惡運雖業已開始，但我們新生的力量成功的跡象又在那裡？如果我們還不埋頭苦幹加倍的努力，還不精益猛進的研究實行防守反攻大陸的基地，共產黨縱然是腐化，也不會被我們打倒的！我們今後沒有做到的事情再不要過事宣傳，也不要專門注意共產黨徒之罪行劣跡，我們必須改正自己的缺點，實行我們的決策，政治上要做得盡情合理，使人民眞正得到實惠，軍事上要用那認識國家民族及有氣節的將領，使每一個部隊均成愛民衛國的精兵。因爲人民的眼睛是雪亮的，孰是孰非他是不會看錯的，也不會忘記的，縱然可以蒙蔽於一時，但不久他們會覺醒過來。前幾天遇到一位新由南洋回國的朋友，他說在南洋聽到華僑的呼聲還是說國民黨政府比共產黨好，所以大家異口同聲的說：「國民政府是失去了土地，收回了人心」，這是由於共產黨統治大部的大陸後，做出許多慘絕人寰的作爲，使人民嚮往過去的國民政府。可見公道自在人心，你有好處是不會埋滅湮沒的。我們過去的失敗，一切的一切，可都歸咎於努力之不够，尤其覺悟的程度不到，我們今後要大家一心一德的努力，以工作來代替各種的責難，以吃苦耐勞的精神來克服困難。人一能之已十之，人十能之已百之，如能這樣努力下去，則反共抗俄的前途是絕對有希望的，打倒共產黨是不成問題的。願大家努力！

讀者的來信

編輯先生：我是貴刊的忠實讀者，是一個失去領導而受着戰亂消磨了光陰的青年，日前讀了貴刊「甚麼比共產黨更可怕」的那篇文章後感之所及，潦草寫了幾句，以明青年爲甚麼沉默的道理。筆者雖不能說是全國青年的代表，最少在全國青年之林中是有我這個感覺存在的。從抗戰末期到現在，能像貴刊這樣有骨、有肉、有熱情、有溫暖的刊物，先生你能指出一份嗎？如說有那就是最近創刊的自由中國。

我現在在鳳山，服役在軍旅之中，在那裡，我遇到很多很多的老同學，他們都在幹二等兵，他們有的是武大的學生，有的是浙大的學生，您能說青年人心都死了嗎？

先生，這「心」死了一語，是不是要使這些埋頭幹的青年傷心呢？

我做學生時，就不文雅，現在當了軍人，軍人是老粗，老粗的話，是有點乏味的，先生恕我吧！

此　請

文安

讀者　沈軍田上

我看「甚麼比共產黨更可怕」

沈軍田

有人說能爲無米之炊纔算得是巧婦，有米之炊人咸能之，何巧之有？此論乍聽，頗爲迷人，細想之後，似有商榷之處，蒸蒸砂不可以得飯必待米而飯始成。道理明簡，不欲多言。

自由中國第三期青年號角「甚麼比共產黨更可怕」一文讀後，作者一片苦口婆心，語重心長的用意，是無限的表同情感；作者責成青年要爲無米能炊之婦，未免期之太苛，責之過甚。「自由中國的青年好像都死了，心都死了，這是比共產黨更可怕的事！」「哀莫大於心死」，說來是平易脫口，然而何嘗給予那些正在埋頭實幹的青年當頭棒喝！因爲他們的努力匪僅弗能得到正常的指導和鼓勵，反而要受最沈痛的譴責，他們會懷疑他們現在的努力的價値！

責備一個人的行爲，要看當事者所處的環境，君父之仇不共戴天，這是春秋大義，但歷史家，對於夏禹伊尹等之不報父仇君仇從未予以非議；不但如此，對人褒貶謹嚴的孔子，他對管仲的讚許，又是如何的超常人一等，這些都說明一件事實，人不能超脫環境而有所建樹，何況今日自由中國的青年，並沒有心死過，正是在勇往邁進的向着阻力最大的革命之途走去，其勢甚爲澎湃，有如潮湧，爲什麽要說這些青年的心死了呢？

以先知覺後知，以先覺覺後覺，這是任何一個時代尤其是一個大局混亂社會道德失去重心的時候那些先知先覺者應負的責任，青年不是萬能的，也不是無所不曉的，青年固有可貴之點，但亦有缺陷，可珍貴的是每個青年人的胸中，懷有一把熾熱的青春烈火，向着阻力的方向燒去，摧毀障礙，劃除崎嶇，披艱犯難，毫無所憚，他能替自己開闢一條坦道；其缺陷則是感情的衝動多過理智的行爲，坦道的方向正確與否，難能自揆，因此沒有先知先覺的領導，是不能期望每個青年的行爲均能納於正軌的，不是操之過急則是畏縮不前；前者濫用了他珍貴的青春之火，徒貽後悔之痛，後者更是窒息了青春的火焰，使之尤其沮喪。國家並未有得到這份青年已消失了的熱能，青年苦悶因之更加多，國家失去了重心的寄托，釀成如此之果，其責任究竟誰屬？難道完全推諉在青年的身上而讓那些失職的先知先覺者逍遙法外嗎？愚見以爲青年的沉默不是由於青年不欲奮發爭取，而是由於領導青年的先知先覺者的卸責。

正如該文所言「任何人……都願意開拓一點兒事業」，大批的青年正是在開拓事業的道路上摸索着，希望先知先覺的哲人，以教不倦的精神來啓發，來領導，使每一個青年的珍貴之點完全發揮利用而生効用，使他的缺陷盡量的減少，迅速的集中一大批一大批的力量，向着大陸上的妖氛掃蕩去，早日登人民於衽席之上，不要一誤再誤。最後的祈禱是不要再給那些正在埋頭實幹的青年予以當頭棒喝，使之氣餒，要給他們以同情的鼓勵，大義的勗勉，更不要有期待着一個奇蹟──蒸砂得飯的巧婦──出現的心理存在。

一九四九、十二、廿九、於鳳山灣子頭。

爲自由中國而戰

——讓我們宣誓：我們寧願拔劍鬥死，不作異族的奴隸。——

思　齊

朋友們：我們今天所處的是一個紛亂動盪的時代，是一個正在尖銳化深刻化的兩大思想體系普遍衝突的前夕，兩次大戰證明了中華民族是保衛人類自由的先鋒和前哨，現在我們面臨的反共戰爭就是我們的再考驗，也是我們歷史的使命。中共的「倒入蘇聯懷抱」的無恥的聲明，使我們認淸中國的內亂，決不是地方性的事件，牠本質上是一個統籌性侵略的一部份，一個毒辣殘酷的世界侵蝕計劃的一環。中共所鼓吹的政治哲學，所施行的行政方案，完全是他們「祖國的蘇聯」的不折不扣的那一套，半數的人民已經作了這個新王朝的奴隸，受摧殘，被凌辱，事實上他們已陷入了一個新型的人間地獄。朋友們，他們是我們的同胞骨肉，和我們運用同樣的文字，接受同樣的生活方式，我們忍心讓他們都改名「夫斯基」？忍心讓他們被」批和我們是世仇的流氓所揉躪？顯然的，這一批流氓使中國毀滅，那等於消除了一個永不屈服的自由鬥士。

千萬的事實證明了中共是我們仇人的傀儡，他們爲了獻媚主子而用中華人民作犧牲，他們反對和平改革，反對用漸進的理性方式解決問題，主張用暴力流血奪取政權，並且須由『無產階級』專政：而無產階級須服從「黨的路綫」，黨當然也要有人指導啊？那是誰呢？毛澤東，這不是一人專政嗎？尤有進者，眞正主動毛澤東行爲的人却是史達林同志！中共就通過了這個方式，把億萬黃帝子孫的生存權力，去換取新沙皇史達林一世的一聲『我的好孩子』。

中共用世界主義作他們的無恥賣國勾當的辯護，用所謂科學的社會主義作他們理論的基礎，其實把一個信仰抬高爲眞理，這完全是宗教的狂熱，那配稱得起科學？他們所以要用「科學的」這幾個字，就是要把科學中的規則性，必然性，引到馬列主義中，使人相信，人類的鬥爭、淸算、無產階級——事實上是史達林一世——的勝利，是必然的，好讓人們服服貼貼的供共驅使，等候世界末日。

猛醒吧！青年朋友們！我們沒有理由相信他們是科學的，更不能認爲合乎我們中國的需要。現在是我們青年大衆獻身祖國的時候了，我們要爲人類前途而戰，要爲自由中國而戰。打倒失敗主義，悲觀主義。今天我們的山河雖然破碎不堪了，但並沒到不可挽救的地步，我們應該記着拜倫的那一句：「英國啊；雖然你這樣難看，但我仍舊熱烈的愛着你……」

起來吧！偉大的中華兒女們，爲了我們的自由，我們的祖國，我們的歷史，讓我們站在青天白日滿地紅的旗幟下——那代表着我們有權力和榮譽爲她服役犧牲的國家的旗幟之下，並列成行，密集前進，堅持，不屈，頑强，忍耐，寧願拔劍鬥死，不受異族奴役！

愛國詩人陸放翁

殷勤

陸放翁，他是南宋第一位大詩人，也是古今最多產的作家，更是歷史上一位有數的愛國詩人 這裡擬將他的生平及作風略加闡述。

(一)早年不順的際遇

他名游，字務觀，越州山陰人(今浙江省紹興縣)，生當北宋之末，南宋之初，少年時曾以祖先餘蔭補爲登仕郎，但秦檜孫秦塤的名字列在他的後面，秦檜以此不悅，次年試禮部主試時．他又名列秦塤之前，更深爲秦檜所忌。 秦檜身爲丞相，聲威顯赫，他遂不被引用，連那位主試官也幾陷於貶黜。直至秦檜死後，才放他爲福州寧德主簿。後來他曾有詩及序以記其事：「後進何人知老大，橫流無地寄斯文，自憐衰鈍辜眞賞，猶竊虛名海內聞，」就是感念當年賞識他的主試官陳阜卿而作的。此時他文名已盛了。

(二)中年的放達

及孝宗即位，他已年近四旬，陞爲樞密院編修官，因他擅長詞章，熟悉典故，特賜爲進士出身，(他不曾考過進士)後因他不事權貴，降爲建康府通判，旋改隆興府，不久竟免官歸家，後又復用爲夔州通判，王炎在川陝平亂，他就在王炎幕下作事，然常鬱鬱不得志。及范成大帥蜀，引他爲參議官，范氏本與他爲文學交，從此始相處甚得，且蜀地山水清奇，他遂終日飲酒賦詩不拘禮法，時人多譏其頹放，然他自適其樂，索性自號爲「放翁」了。他曾有詩自譽其狂道：「我獨登城望大荒，勇欲爲國平河湟，才疎志大不自量，東家西家笑我狂。」(大風登城)「梅花重壓帽簷偏，曳杖行歌意欲仙，後五百年君記取，斷無人似放翁顚。」他中年以後的生涯，幾全在放達中逍遙自得。

(三)老年的成就

他寓蜀多年，酷愛蜀道風土，幾有終老之意，在此吟詩亦最多，以其成於劍閣之南，故自題其詩集爲「劍南詩稿」。共得八十五卷。此後又調至江西，再調爲嚴州知府，因孝宗知其喜遊山水，性耽吟詠，特爲其選一山水較佳的嚴州，他在此屐痕處處，所吟成的詩篇亦甚多。及光宗即位，昇之爲禮部郎中，寧宗時，令其同修國史兼祕書少監。及修史告成，他已是一八十高齡的皤然老叟了。遂昇爲寶章閣待制，告老還鄉，越五年而病逝，享年八十五歲，他的作品，除「劍南詩鈔」外，尚有「渭南文集」，「老學庵筆記」，「南唐書」，「放翁詞」等。他先後所吟成的詩篇，數逾萬首，他的「小飲梅下」詩曾自述道：「脫巾莫歎髮成絲，六十年間萬首詩。」自註云：「予自十七八學詩，今六十年得萬篇」。接着又自言其苦吟的態度道：「排日醉過梅落後，通宵吟到雪殘時，偶容後死寧非幸，自乞歸耕已恨遲。」他歲歲年年，就這樣自春徂冬，日夜苦吟，六十年間，成詩萬首，其成功決非偶然，今日試翻看他的詩集，眞是卷帙浩繁，琳瑯滿目，以其用功之旣勤且勞，遂使他成爲古今詩人中之最多產作家。

(四)不自由的婚姻

他生平有一件最傷心的事，使他抱憾終身。他的原配夫人唐氏名琬，與他的母親本爲姑侄，結婚後伉儷愛情甚篤，但偏偏不得意於姑嫜，他母親竟逼他與唐氏離婚，當時以母命難違，他只得表面與唐氏仳離，而實際上另營別館，安置唐氏，暗中仍時相聚會，但不久此事又被母親發覺，兩人遂不得不忍痛分手，後唐氏另嫁同郡趙某，一日陸游以獨處抑鬱，信步至城外禹跡寺附近的沈氏園中散心，不意此園已經易主，竟與唐氏在園中邂逅。唐氏請以內兄相見，邀與共飲，他滿懷惆悵，不可言說，遂提筆在壁上題了一首「釵頭鳳」詞：

「紅酥手，黃縢酒，滿城春色宮牆柳，東風惡，歡情薄，一懷愁緒，幾年離索，錯錯錯。 春如舊，人空瘦，淚痕紅浥鮫綃透，桃花落，閒池閣，山盟雖在，錦書難託，莫莫莫。」

唐氏也和了他一詞：

「世情薄，人情惡，兩送黃昏花易落，晚風乾，淚痕殘，欲箋心事，獨語斜欄，難難難。 人成各，今非昨，病魂長似秋千索，角聲寒，夜闌珊，怕人尋問，咽淚裝歡，瞞瞞瞞。」

在這兩首短詞裡，充分表現出他倆悱惻纏綿的恩愛，以及在舊禮教壓迫下的沈痛。此時陸游尚只三十歲左右。二十年後，他又重過沈氏園，時唐氏已謝世多年，園林亦再度易主，當年他所題的詞句都已被刻在石龕壁間。他遂以無限黯淡的情懷，寫成一首七律：

「楓葉初丹槲葉黃，河陽愁鬢怯新霜，林亭感舊空回首，泉路憑誰說斷腸，壞壁醉題塵漠漠，碧雲幽夢事茫茫，年來妄念消除盡，回向禪龕一炷香。」

四十年後，他又再過沈氏園，更寫就「沈園」兩首絕句：

「落日城頭畫角哀，沈園非復舊池臺，傷心橋下春波綠，曾是驚鴻照影來。」

「夢冷香銷四十年，沈園柳老不

吹綿，此身行作稽山土，猶弔遺蹤一泫然。」

他此時已是七十多歲的老翁，眞應「妄念都消」，然仍不能忘情于四十年前的傷心舊遊之地，其心緒之蘊結沉鬱可想，這也是一件千古人倫間的大悲劇呢！

（五）多型的風格

他本是一位天才橫溢的作家，因此他的作風變化多端，不爲一格所拘，時而慣作豪放的愛國詩歌，也常寫些雋妙清新的小品，現在試略爲分析如下：

1. 豪放激烈：他本具有過於常人的篤厚熱烈的情感，加上他個人身世既有難言的隱痛，而又處於異族侵凌，中原板蕩之時，曾目覩宋室山河破碎，國脈瀕亡，他滿腔愛國憂民，抑鬱不平的孤憤，一以寓之於詩，試看他的「感懷」諸作：

「白髮蕭蕭臥澤中，祗憑天地鑒孤忠，阨窮蘇武餐氈久，憂憤張巡嚼齒空。……」

「氣衝牛斗有孤劍，力挽棟梁無全牛，未滅匈奴身已老，此身虛負帷中籌……」又如：

「諸公勉畫平戎策，投老深思看太平。」

「殘軀未死敢忘國，病眼欲盲猶看書。」

都是一種「老驥伏櫪」的無可奈何的悲憤。而他那首膾炙人口的「書憤」一詩，更是在字裡行間流露出一種悲壯蒼涼的氣氛。全詩如次：

「早歲那知世事艱，中原北望氣如山，樓船夜雪瓜州渡，鐵馬秋風大散關，塞上長城空自許，鏡中衰鬢已先斑，出師一表眞名世，千載誰堪伯仲間。」

他的全詩集中幾全充滿了這類金戈鐵馬之聲，甚至「酒爲旗鼓筆刀槊，」「胸中磊落藏五兵，」連飄窗的凍雪，也會看成敵騎的奔騰，蟋蟀的秋吟，也會聽成戍樓的哀角呢！

2. 圓潤清新：他常寫些精妙絕俗的篇章，而筆法之圓潤清新，別具一格，譬如他的「劍南道中遇微雨」詩：

「衣上征痕雜酒痕，遠遊無處不銷魂，此身合是詩人未？細雨騎驢入劍門。」

意境超絕，令人有瀟灑出塵之想，又如「花時遍遊諸園」詩：

「爲愛名花抵死狂，只愁風日損紅芳，綠章夜奏通明殿，乞借春陰護海棠。」

卻寫得狂得多情，狂得有理，一片護花惜花之心，躍然紙上。他篇中頗多咏「梅」之詩，如

「飽知桃李俗到骨，何至與渠爭着鞭，」

「何方可化身千億，一樹梅花一放翁。」

「月淡煙深橫牧笛，死生常事不須愁。」其他如

「小樓一夜聽春雨，深巷明朝賣杏花。」

「解釋有聲驚倦枕，飛花無力點清池。」

均是清麗絕儔的作品。

3. 恬淡閒適：他的暮年生活，優遊林下，非常恬適淡永，因此這種情趣也常從他的作品中反映出來，譬如：

「臥讀陶詩未終卷，又乘微雨去鋤瓜。」

「正欲清言聞客至，偶思小飲報花開。」

「身入兒童鬭艸社，心如太古結繩時。」

都足以表現出他葛天之民的心情。

4. 沉摯深刻：他詩中曾屢次提到他的諸兒，可窺出他處家庭骨肉之間，交融着一種深刻沉摯的父子之愛，如他的「示子聿」絕句：

「儒林早歲誤虛名，白首何曾負短檠，堪嘆一衰今至此，夢回聞汝讀書聲。」

情深意遠，韻味無窮。又如：

「午枕爲兒哦舊句，晚窗留客算殘棋。」

「美睡不愁閑客攪，出遊自有小兒扶。」

都流露出他們的天倫樂。而他直至老病臨終之前，尙寫下了一首「示兒詩：更是正義凜然，壯氣磅礴表現出一種熱愛祖國的志節，足以永垂千古，全詩如下：

「死去原知萬事空，但悲不見九州同，王師北定中原日，家祭毋忘告乃翁。」

（六）晚節微瑕

他本是一位秉性清高的文人，但以年紀活得大了，不免爲有權勢的人所牽累，他曾爲當時奸臣韓侂胄的「南園」作過一篇「南園閱古泉記」，以此頗受時人的批評，有白璧微瑕之譏。但就他一生的優點而論，他作品本身的萬丈光芒，不會爲這晚節的微疵所掩。

最後，這裡擬引清姚鼐對他的批評以爲結論：

「放翁激發忠憤，橫極才力，上法子美，下攬子瞻，裁制既富，變境亦多，其七律固爲南渡後一人。」

其實他不僅是「南渡後一人」，且是古今一位最多產的作家，更是歷史上有數的偉大愛國詩人，他雖已瞑目千載，然而他的慷慨悲歌的情操，至死不屈的精神，將與日月爭光，永垂不朽。

身份證的秘密（上）

沈晦

天色黯黯的，風吹到人的身上，顯得刺骨地冷。人行道上的樹葉大半凍得枯黃了，風不讓牠們依戀在樹上，一陣一陣地逼着牠們脫離枝頭，驅着牠們在風裏飄蕩。那些飄落在馬路中間的可憐的落葉，不時有一二輛載着新貴們的汽車從牠們的身上碾過，牠們雖倉皇地逃遁，但也無法避免粉身碎骨的慘運。平時熙熙攘攘的新街口，這時卻顯出一片蕭瑟的氣象。

人行道上，一個守着地攤的人，正低着頭，將飄在那些破爛的舊書裏的落葉，一片一片地檢出去。由於路上行人的寥寥，顧客的稀少；他覺得：檢拾落葉，正是他抵抗寒風的一種很好的運動，也是他消磨時間的一種很好的方法。落葉不住地在飄，他的手也不住地在檢拾；這機械的動作，幾乎使他忘記了一切。

「這部紅樓夢要賣多少錢？」一個似乎熟識而又陌生的聲音驚醒了他。

「三十萬人民券。」他很熟練地報出了價錢，接着擡起頭來，發現他的攤子前面已站着一位「解放軍」的軍官。

「價錢太大了！」面色紅潤的軍官說着，就蹲下來，從地攤上拿起那部紅樓夢在翻。

「同志！價錢不大啊！我把這部書賣給你，回去還買不到一升米！現在米價一天漲幾次，你下午來買，三十萬我還不賣哩！」他不自覺地背誦起生意經來了。

軍官把書翻了一翻，翻到第一頁蓋有印章的地方，忽然一愣，好像在想着什麼；對着那個面容憔悴、衣服襤褸的賣書人，凝神地看了幾眼，驀然地說道：

「你不是吳所畏麼？」

「不，不是！同志！我叫吳寥士。你不相信，我可以把身份證給你看。」他顯然有一點驚惶。心想：糟了，遇到共產黨的特務」。他硬着頭皮替自己解釋，身份證已經從衣袋裏掏出，拿在手上。

軍官並不接他的身份證，將頭向兩面看看，見沒有什麼人，才笑着說：

「你不要瞞我，我認得你！你不是吳所畏，是誰？」

「我……」他囁嚅着說不出話來。

「你仔細地看看我是誰！」軍官說着，將軍帽舌子用手向上微微地一推。「我是你的老同學啊！你還認識我麼？」

「你……你是芮……芮卻夫麼？」他猛然想起十多年前中學裏一個同班的同學，很像站在面前的軍官，只是面孔圓了一些，氣概又似乎英俊了一些。

軍官點點頭。

「我記得：我們同學的時候，曾經和你開過一次玩笑，問你：『爲什麼要叫「吳所畏」？所畏的是什麼』？你說：『「吳」、「無」同音，「吳所畏」就是「無所畏」。』我們說：『姓吳的「吳」和有無的「無」究竟不同，你還得要說出一個所畏的道理來。』你想了一想說：『論語』有一句名言：「四十而無聞焉，斯亦不足畏也已！」我所畏的就是四十而無聞啊！』……

軍官說到這裏，停了一停，指着書上的印章說：

「我看到這顆『畏四十無聞齋藏書』的印章，觸起機來，就懷疑這書是你的。我默想了一下你的面容，再將你仔細地一瞧，雖然多年不見，你消瘦得多了，但是神氣還是一樣的。我這才問了一聲，不想你把我當作特務，驚惶失措地拿出身份證來。所畏！你這名字是幾時改的？」

吳所畏這才恍然。他將一顆驚惶的心，稍定了一下，回答說：

「卻夫！說來話長。我眞想不到會在這裏遇到你！我眞高興極了！」他心裏在想：共產黨徒對於他們自己的父母還要「淸算」、「鬥爭」，對於朋友更不要說了。我對於這位老同學，倒要留一點神。

「所畏！」芮卻夫在他的身上打量了一番。「你怎麼落到這樣的地步？擺書攤子能夠維持生活麼？」

「那裏能夠維持生活呢？維持我一個人都不够，何況我還有一個老婆和一個孩子！——不過，解放軍來了，人民大衆的生活都是一樣，特權階級被打倒了，所以我們倒能心平氣和地生活下去。」芮卻夫的這一問，逗起他一腔的苦惱。但是他的下意識在警告他：「少訴些苦。」他趕忙調轉他的口氣，把「解放軍」恭維一下。

「啊！我們多年不見了。你討了太太，又生了孩子，我還沒有向你道賀。你幾時讓我到你府上去拜見嫂嫂？——今天可以麼？因爲今天我比較地空閒。」卻夫好像很關心他的家庭狀況，對於他恭維「解放軍」的話並沒有注意。

「今天麼？當然可以。」他遲疑了一下說。「我是非常歡迎的！我想我的內人一定也很歡迎你的。今天天氣這樣的陰冷，街上的行人又是這樣的寥落，守着攤子也不會有什麼主顧。你等着我，收了攤子，一路走，好不好？」

「好！」卻夫說。

他急忙忙地抖去書上的落葉，把書併到一個大包袱裏，向身上一背，用手指一指西邊說：

「走罷！我家就住在豐富路，離此地不遠。」

兩個老同學，迎着撲面的寒風，一面走着，一面談：

「你曉得我的內人是誰？」

「是誰？是我的熟人麼？」卻夫有一點驚異。

「當然是你的熟人，她也是我們的同班同學。你還記得麼？女同學裏有一位名叫「任德貞」的，就是她。」

「啊！是她！我當然認識。——啊！我想起來了，你們那時似乎就相當她要好。」郤夫沈浸在回憶裏。

「那時還有什麼，後來我們同時考進大學，她讀教育，我讀法律，又同學了四年，來往也更密了。畢業後，我在政府機關裏找到一個科員的工作，她也在中學裏找到一個教員的位置，我們這才結婚。去年，她生了一個孩子，爲着家裏沒人照料孩子和處理家事，她才辭了那個教員的工作。」所畏娓娓不絕地敍述他們組織家庭的情形。他想：共產黨最喜歡叫人「坦白」，我對這位老同學還是「坦白」一些好。

「她不做事，少了一個人的收入，又增加了一個人的支出。你們的生活當然是難以維持了，所以弄成現在這個樣子！」郤夫最關心他們的經濟生活。

「不！——那時，那時我的收入還勉強可以維持一個家庭的生計。誰知物價不斷地漲，貨幣不斷地在貶值。到了現在我們這才漸漸地走入絕境。」所畏在耽心他的話出了毛病，隨即把話題轉到另一方面去：

「郤夫！你結過婚沒有？我想嫂夫人一定是很能幹的。」

「沒有。」

「眞的沒有？」所畏似乎不很相信。

「誰還騙你！這許多年來，我都過着打游擊的生活，討個家眷，東拖西拖地跑，多麼麻煩！好在我們部隊裏有的是女同志，她們都是很『前進』的，要解決『性』的問題，並不費事，何必一定要討一個太太呢？」說着，郤夫的臉上露出一絲神秘的微笑，他在老同學的面前不覺地流露出「天眞」來了。所畏也跟着笑了一笑，忽地站住脚，說：

「到了。」

「郤夫也站住脚，看了看，一座破敗的大門樓，出現在他的眼簾。他們從這門樓走進去，穿過了四五進的院落。每一進院落裏，都縱橫地晒着些小孩子的尿布和花花綠綠破破爛爛的男女衣褲。顯然這是一個大雜院。這是一座舊式的破落的大家院宅，現在則住着一群窮公務員、窮教員和愁眉苦臉的小商人的家眷，而形成爲一座新式的貧民窟。他們站在一個廂房的門外。所畏叫道：

「德貞！德貞！有客來了！」

「是那一位？」一個三十多歲的女人出現在門口，身上雖然穿得也很襤褸，但郤洗滌得乾乾淨淨，額上雖然也刻着飽經憂患的皺紋，但眼神郤仍那樣精明而溫雅。郤夫向前走了一步，說：

「我們十多年不見，你變得多了！如果不是所畏帶我來，我眞會不認得你！你還認識我麼？老同學！」

「你，你是……」德貞驚訝得說不出是誰。她心裏在抱怨所畏：這是什麼年頭，你還把朋友向家裏帶，馬上「區政府」得到情報，又要派人來盤問，如果盤問出岔子來，如何是好！何況這人又是一個「解放軍」的軍官，縱使是老同學，你曉得他現在變成怎樣的人，安着怎樣的心，怎麼把眞名字又隨便地向人洩漏！如果被人查出你的眞名字和身份證以及戶口册上的名字不符，豈不是又要弄出禍事！她神色正在不安的時候，郤夫搶着說：

「我是苟郤夫呀！」

「啊！你是郤夫！我們眞是多年不見啦！難得的很！請裏面坐！——我們這屋子眞是『蝸居』，床上坐罷！」她心裏雖然抱怨所畏，但是朋友已是帶到家裏來了，她只得熱誠地招待。

郤夫走進屋子一看：迎着門的牆邊，放着一張破舊的大木床，一個才滿周歲的孩子，正在床裏甜蜜地睡着；臉上似乎還帶一點笑容。門旁的方格子窗扇，大約由於主人的貧困，窗紙很久沒有換了，已經被風吹日晒變成褐黃色。寒風從窗紙透進來，顯得屋裏有點冷。窗子下面靠着一張破方桌，桌旁放着兩張小方櫈子，這大約就是他夫婦倆的書桌、飯桌和梳粧臺了。桌上除了擺一面鏡子，一塊硯台而外，其餘都是些盤碗碟子。地上則堆滿了那些政治、經濟、法律、教育、文學的舊書。床下有一個破皮箱，想來是裝着一家三口僅有的衣服。屋角裏有一個小炭爐有氣無力地冒着一點火焰，上面正燉着一鍋稀粥。看這樣子，這家庭的經濟狀況眞的要走到絕境了。他輕輕地坐到床邊上，輕輕地撫着孩子的臉，說：

「你們的小寶寶眞好玩呀」

所畏和德貞也各拉一櫈子，在桌旁坐下。德貞看到郤夫喜歡小孩子，她就問道：

「郤夫！你有幾位寶寶了？」

「我還沒有結婚哩！」郤夫回答着，臉上泛上些紅暈，他想到剛才和所畏講的話了。

「這年頭養孩子，也眞是麻煩事，沒有結婚，少些家累，才是幸福的人！像我們現在，自己還在和生活作艱苦的奮鬥，再來一個孩子，又加上一層負擔，如何受得了？」所畏看到郤夫有些窘，他就把話扯到生活上去。

郤夫抬起身子，又在屋子裏掃了一眼，跟着問：

「你爲什麼不找一個工作？擺書攤是冷門生意，這年頭誰有錢買書啊？」

「找工作？沒有那麼容易啊！『解放軍』到了以後，叫各機關的公務員都去登記，我那時也打算登記去。內人說：『你的身份證已經換了吳寥士的名字，戶口也報的吳寥士的名字，那一個機關的名册上有這個吳寥士啊。你這一去登記，不要再弄出意外的麻煩來。』」

郤夫點點頭，所畏接着說下去：

「我考慮了一會，也覺得不甚妥當，就沒有去登記。後來聽說，去登記的人，有數百人被查出來是『國特』的嫌疑，不知道調到什麼地方去受訓，又縱跡不明；還有上萬的人，聽說是自動參軍，勇敢地參加淞滬之戰的『人海戰術』了。——我想：我也不是國民黨黨員，過去在機關裏做事，不過是爲的解決生活問題。現在身份證既然換了，正是我跳出政治漩渦，重新做人的時候，我又何必去找公務員做呢？因此，我決定靠賣東西來維持我們一家的生活。現在，比較値錢的一些東西，差不多快賣光了。就剩下這一些破書，雖然書攤子的生意不好，每天總還有些成交的。對付着喝些稀粥，我們還能生活得下去。」

（下期續完）

蘇聯何其盲目？

Eliot 原著
冰 生 譯

統治廣大蘇維埃帝國的，是由少數人組成的政治局；關於這小機構內的人物，我們所知道的很少，但是他們對於我們的認識，實際上更是寥寥，雖然他們還有四種不同的新聞情報機關：一、一般外交的外事新聞處；二、半秘密性的軍事情報局；三、利用間諜和工作員在所有蘇聯大使館、代表公署、領事館內活動的秘密警察局（M.V.D.）；四、共產黨新聞處。爲這機關供職的地方首長，在一個附庸國家，往往就是主要的（雖非正式）蘇聯工作員，能給蘇聯大使發號施命。

最後二機關，對於所有蘇聯工作人員的行爲生活，有極大權力：即有也是很少數人，敢將任何黨綱不合的事情，報告他們的長官。

黨的首腦，無論說什麼，都是眞理。因此，一個忠實的黨員，該使自己相信，一切偉大發明，與其說是來自愛廸生、瓦特，不如說是起源於蘇聯發明家的智慧。他應當相信孟德爾的遺傳理論，是爲支持資本家的傳統思想而發明的；美國經濟崩潰是難倖免的；英國是由華爾街壟斷專利者所統治。若他報告任何相反的消息，不斷定眞假，而反作爲他對於長官和黨不忠實的證據。

這種作風的後果，便是造成新聞的牽強附會；因所有新聞，必須經過外事和軍事機關檢查修改。以柯羅米哥的事件舉例吧：他對於美國的情形，比許多曾在美國供職的官員認識的更清楚。他能操一口流利的英語，他在美國人中交遊極廣，他有隨機應變的靈敏心境。我們試想，他回國以後，能把美國對於蘇維埃政策的反感，坦白報告當局嗎！他是一個有高尚職位的青年。他爲李維諾夫和麥斯基二人的遭遇，能不感到痛心！二人各自華盛頓倫敦被召回國。直言無諱；結果，二人行蹤，無聲無臭，音信杳然。

去歲，蘇聯將所有明瞭外界情形的外交官員，突然撤職，另調一批受過蘇維埃語文思想訓練的官員繼任。他們所需要的是機械人，它比靈敏而富有經驗的外交官員，更能發揮黨綱，搜集出使國的消息，解釋出使國的政策和人民的趨向。結果，蘇聯勢力圈外的世界，每日層出不窮的事體，川流不息的動態，克里姆林宮確實很少知道。

蘇維埃的領袖們，深信他們現行的政體，不能與自由國家在和平安全上，共謀生存，更不能爲共同的目的而合作。

若不能有一個合作世界的希望，那末，蘇維埃的領袖們在期待一個什麼樣兒的世界出現呢？他們爲何要慘淡經營，煞費苦心的活動工作呢？假設我們說：「自然是一個蘇維埃世界呀」；那末，他們爲何還要等待爭取勝利呢？

第一個目標是征服德國。合併德國工業設置、技術人才、科學利益與俄國資原、人力、糧食產區，卑斯麥時代，已是德國參謀總部多數官員的迷夢，和許多德皇最高臣相的意思，也是希特拉野心侵略的基礎。如此，則俄國人將要成爲伐木曳水之奴役。爲履行這種計劃，自然就不惜波蘭、與地利、匈牙利等獨立國永久的滅亡，而併入新大帝國的版圖，形成一個擁有三萬萬人民的强國，全由德國政治、軍事、工業頭腦管理統治。這樣的帝國將由統治歐洲、亞洲、控制中東，而向世界霸權跨步邁進。爲抵抗德國這種侵略，遏止其擴展，才掀起了第一次和第二次世界大戰。

目前蘇聯製造的同樣恐怖、危險，比在德國統治之下尤甚。合併德人智力與蘇聯富源的舊觀念，又深入活躍於蘇聯宗主——以太上皇自居——的腦海。

第二個目標，是對於它的衛星國：波蘭，羅馬尼亞、南斯拉夫、阿爾巴利亞、保加利、捷克、芬蘭，以及東德和奧地利蘇佔區，加緊統治。將這些國家變成蘇維埃「共和國」，和蘇維埃現在的一部分，自然該歸功與克里姆林宮。這種程序在要成爲豚鼠（譯者按：豚鼠喻試驗品也）的羅馬尼亞，相信已進行的很順利。當然間接利用本地人統治和直接由蘇聯統治，其中不無小小區別。

一個强大蘇維埃集團，向西擴展到多瑙河、易白河、建立基地，以威脅西方，尤其西德，比馴服那些程度不齊的傀儡國家，還要感到興趣。

第三個目標，是在亞洲擴展蘇維埃主義、思想和組織。在中國，共軍正在陸續推進，蘇聯若未公開援助參加，至少也在背後激勵贊助。在韓國形成恰如羅馬尼亞一類蘇聯衛星的北韓傀儡政府。外蒙古早已受其控制。在西南亞（緬甸、安南、馬萊亞、印度）共產黨戰鬥隊和工作員正在潛伏準備，從事騷動。印度雖尚未演出蘇維埃製造的慘劇，然亦不免受其煽動。

整個中東，也具有戰略的重要性。它形成一座大陸橋樑，蘇聯軍隊若要動員去征服印度、阿拉伯、非洲，必須從這橋樑經過。它的位置，可說是大陸世界（歐、亞、非）的拱心石。這兒有世界蘊藏最富的油量。俄國油量的供應，正因工業不足而減少。

中東確實成了蘇聯重要的目標，這是大家一致的論斷。蘇聯期圖在中歐爲綏衛國建築一座堅强城防，以便蘇聯軍隊安安全全自後面轉進中東。如果蘇聯將決定作戰，很可能在西南兩方同時行動。

以上是蘇聯領袖的積極目標。可是他們的消極目標，此時也有同樣重要性。他們圖謀阻止非蘇維埃國家的復員，使任何地方盡量延續着混亂的漩渦，支持着從事調解的國際糾紛。

自一九四八年夏天分曉，西方國家很多方面對於冷戰已獲勝利。問題是蘇聯領袖是否能長久忍受冷戰的失敗，而不積極從事一次更激烈熱戰的恐怖報復。

譯自美國公教文摘第十二卷八期。

蘇俄的新社會（上）

蘇俄·達爾林原著
學洛譯

原著者達爾林（David J. Dallin）博士爲優秀的歷史學者，畢業於聖彼得堡大學，一九一八—二一年任莫斯科蘇維埃代表，曾於一九二〇年被株連入獄。兩年後恢復自由，即離蘇赴德，著工資與社會運動，戰爭與革命以後兩書。一九四〇年攜眷赴美，陸續完成蘇俄的外交政策，俄國與戰後歐洲，蘇俄與遠東，三大強國，蘇俄眞象諸書，因其取材眞實豐富，態度謹嚴客觀，極受讀者歡迎，達氏已成爲蘇俄問題之權威。茲將蘇俄眞象中一章節譯，以供讀者研究蘇俄與中共關係之參考。

──譯者

（一）兩大原則

三十年來，蘇俄的一切政策，根據兩個主要的原則：全面的國家經濟和獨裁的政權。經過種種運動和反運動，經過眞正的心理發展和虛僞的策略，不管在一切可能的方向中有多少曲折轉變，這兩個蘇維埃主義的支柱已經證明是堅定不移的。

人一輩輩的過去，時間一代代的消逝，蘇維埃革命在俄國行將變爲歷史。暴風雨就要息了，熱情就要冷了。於是革命的歷史，將以政治革命手段竭力去建立社會公道──一種與過去所知的一切政治自由制度不同而且相反的公道。

馬克斯主義，俄國共產主義，激進社會主義，是革命前和革命期間相當重要的理論和哲學。但哲學和觀念是爲少數人的，對於大多數黨徒，蘇維埃主義的叫囂在注入它强烈的道德性，它的目的在結束群衆的苦痛。

國家經濟的原則，過去和現在，都是蘇俄政策的最高原則；它不僅決定俄國的經濟政策，而且決定它其他方面的政策。個人經濟仍然被當作一種罪惡，縱使它並未使用僱工，它的規模已縮減到最小限度。私營企業使用僱工被當作一種不能寬恕的罪惡，在一九二九到三四年經濟大改造的期間，取締得特別認眞。

蘇俄政策的第二個不可侵犯的原則，是使一切權力操在政治集團的手裏，這個集團使任何個人經濟的恢復決不可能。一切對內政策的手段，不論多麼殘暴，都爲了這種權力的保持而使用；外交政策所追踪的，即爲便於整個國家經濟制度的擴張。

過去三十年中，俄國內部變動得很大，但政府從未放棄這兩個基本原則：國家經濟和强有力的極權政治體制。我們可以說，俄國的倒霉，就在於對這兩個原則的堅持，在於缺乏現實主義以及拒絕對有些事項妥協。鑄成大錯的不是俄國政策的「現實主義」，而是它的狹義的運用。

（二）更不平等！

一九一九年某日，佛羅尼玆城的赤衞隊長沒收了杜克爾斯基（Dukelsky）教授的第二隻床。杜克爾教授寫信給列寧說：「他要我和妻子睡在一隻床上」。列寧答覆杜克爾斯基教授，赤衞隊長是很對的。列寧寫道：「自然，知識份子需要有兩隻床，一隻給丈夫，另一隻給太太，是十分合法的」，但是「俄國的市民平均連一隻床都得不到」。

這是以平等爲教條的時期，是人類實行平等達於極端的時期。當時並沒有一種明智的觀念，一種理論，一種計劃──只是一種從可怕的道德狂出發的極端原始的感情反應。這種最高判決觀念的形成，是由於要把舊制度的可恥基礎整個破壞。人民去統治他們自己，在世界上建立正義：大黑暗時代結束了，永久幸福的年代開始了。同樣，英國革命時的平等論者和苦工們相信上帝的天國已經到了。同樣，帶着他們的綱領，「分配土地法」和「人類生而平等」的口號，法蘭西革命時平等主義的有力呼聲又響了。

一切阻碍平等的東西都要立刻澈底消滅：這是十月革命和蘇俄政權初期觀念的信條。消費的平等和嚴格的配給把食物供應上的不平等消除了，房屋地板的面積和公寓小心地丈量了，其他可用的地皮都按人口平均分配了。農民們分了地主們的財產，工人們奪取了工廠，把老闆趕到大街上。城裏派出征糧隊從鄉村裏徵發糧食去供給許多饑餓的城市，士兵們扯下軍官們制服上的肩章，一切階級都廢除了，以澈底消滅過去的不平等。代替了貴族，工人和農民去治理國家，「每一位老媽子必須學習怎樣去統治國家」，因爲現在一切平等」。政治的民主，就它正當的意義看，發覺並不合適，因爲它不能保證社會平等。列寧叫喊過巴黎公社，因爲它會平均過政府官員和工人的薪給，他會允諾俄國「一切人員的薪給減低到工人的規定工資標準，連政府的領袖們也不例外」。這一切，和現在是多麼大的距離啊！

那些早年的法令和宣言，現在聽到那種聲音眞是活見鬼；但成千成萬的人已經爲那些觀念而死，成千成萬的反對者已經殘廢的殘廢，受刑的受刑，被殺的被殺了。

「從此以後，自由平等的人民組成的俄羅斯共和國的陸軍榮膺革命軍士兵的稱號」，於是，「一切與從前階級有關的特權，例如官階的徽章（肩章），都廢除了，一切官銜，一切勳章等等都取消了，一切個別的軍官團都解散了」。

一兩個月之後頒發的一件命令宣布：「一切文官的官銜和階級統統廢除」。一切都變平等了。

各軍已被一個崇高的主義和嚴整的紀律凝結爲一體。政權固然嚴厲，但紅軍頭幾年對紀律並不很重視；而被對大革命的責任那種簡單天眞的基本觀念鼓舞着。這種觀念並不是科學的社會主義或馬克斯主義，指導這種觀念發展的，根本無理論可言。它的確簡單得像十字軍一樣，像廢除奴隸制度的美國內戰一樣。爲全體平等、公道、和幸福的朝代來到了，地主的自私自利和資本家阻碍着永久幸福年代的到來。因而，消滅他們是必要的，任何犧牲都不算太大。每一種犧牲都認爲是正當的，每一種殘暴行爲，不論如何厲害，均被信爲有助於人類崇高的目的。這種觀念，布下了未來殘忍恐怖的種子。

另外，可怕的現實迫使對全體平等的承認愈快愈好，不顧一切理論。蘇維埃政權最初幾年的經濟恐慌，一九一八—二二，曾不管理想上的利益而降低生活標準到僅足維持生存的最低水平，有些時候，甚至更低。金錢幾乎失去一切價值，口糧的平等忽多忽少。小資產階級和地主們和國家公務員一樣去上班，而公務員生活得並不比工人好。一九二二年發表的四年統計，工人每月得到五點七一個「折實盧布」，政府的公務員們，五點七四，在維持最低生活的基礎上，達到了平等。

同等的厲行節約，也要求過執政的黨。黨官們的確比普通老百姓的物質享受要多一些。黨的領袖們享有特權，從不理會一切平等的原則，他們相信爲了共產黨的利益，他們應有某種程度的享受，那是「工作的需要」。雖然如此，這種事還是偷偷地，害羞地幹的，因爲怕這種事會引起大眾的反感。年青的莫洛托夫和一些人，堅決主張限制共產黨員薪金和工資，特別是對那些收入較高的黨務人員。由於他的提議，一九二二年的黨務會議決定（那不過是時間的標記），「黨務人員凡每月收入超過第十七類之標準者，須提出超過部分的四分之一到一半充救濟基金。黨員的收入超過固定標準以上者，應將超過固定標準部份全部作爲儲蓄金」。莫洛托夫若看見自己的相片，像二十五年後命令規定那樣，穿着鑲金條的外交官大禮服，他一定不會相信啊！

但平等主義的熱情不久就低落了。假如能夠達到很高的水準，物質條件的平等可說是好的；而挨餓的平等定會令人失望。當一九二〇年經濟改造開始進行時，俄國政府發覺，不將全國各地平等主義的外罩扯掉，經濟改革便寸步難行。否則，俄國的經濟發展是決不可能的。一旦農民有權到自由市場出售他們的產品，收入就大不相同，工人和公務員之間也有了區別。結果，新定的工人工資標準，在高級和低級之間，產生了顯著的差異。（待續）

中國自由黨組織綱要草案（續完）

上期本刊專載欄內刊登的「中國自由黨組織綱要草案」。因了篇幅的限制未能將全文刊出。近來各地讀者紛紛來信，索取全文。本刊因不勝其麻煩，特將全文續完，期收一勞永逸之效。——編者

二 黨員

（一）凡中國人民，不分性別、宗教、種族及過去黨籍，只要願爲本黨的宗旨和目標努力促其實現的，都可以加入中國自由黨爲黨員。

（二）入黨的程序應由地方黨部組織爲之。

（三）黨籍以黨證爲憑。

三 組織

（一）中國自由黨的最高機關是由各地方黨部代表所組成的全國代表大會，定期舉行，並得召開非常會議。

（二）各地方黨部代表在全國代表大會的投票權應以其所代表的黨員人數爲比例。

（三）中國自由黨全國代表大會決定黨的政綱及政策決議。

（四）全國代表大會選舉全國委員會，由主席、副主席、祕書、助理祕書、會計、助理會計、各一人，及委員三十六人組織之。

（五）全國委員會，根據黨的政綱及全國代表大會決議，推行本黨宗旨及目標。

（六）主席、副主席、祕書、助理祕書、會計、助理會計，爲全國委員會的執行委員會，負責執行本黨行政事務。

（七）本黨在各省市的組織應各有本省市的代表大會和本省市的委員會，其組織方式應與全國代表大會及全國委員會產生的民主程序相同。

（八）中國自由黨第一屆全國委員會，包括執行委員會，由發起人推選。他們的任期到第一屆全國代表大會舉行選舉時爲止。

新書介紹

「全家福」及「三月十五日」

——是描寫追念自由和爭取自由的當代名著——

白眉

最近收到的好些美國剛出版的新書當中，我一口氣讀完了兩部。不祇是因爲這兩部書的作者都是自由中國的友人，而是爲了一部是描寫中國人民的酷愛自由，另一部是追述古人類渴望自由的眞切和努力。前者是賽珍珠 Pearl S. Buck 女士著的『全家福 KINFOLK』，後者是魏爾德 Thornton Wilder 先生著的『三月十五日 THE IDES OF MARCH』。他們二位都是今日美國文壇上的尖尖兒，而這兩部書又同是爲呼喊中國自由，人類自由在美國銷行最暢的書。

賽珍珠在中國擁有廣衆的讀者，不用細加介紹。記得在這一部『全家福』之前，她的另一部描寫中國婦女生活的『深閨裡 PAVILION OF WOMEN』，出版後寄給我時，我正在西安，就把牠節譯了，在華北新聞上連載了兩三個月，後來漢口武漢日報轉載了一次。去年回到上海，又發現一位朋友開的書店把那節譯本的『深閨裡』單行了。這說明賽珍珠描寫中國的作品，深得中國人廣泛的欣賞和愛好。

她每一部作品最大的成就，是她所描寫的故事具有普遍性和時代性。讀者愛好她，就是因爲讀她的作品，有身歷其境之感，尤其是中國讀者。同時她把每一個人物描繪得不但深刻，而且明顯。賽珍珠翻譯過水滸傳，當然對人物的素描，她是不會疏忽一筆的。

『全家福』裡的人物是在今日世界上每一個角落裡活躍着的中國人。所以這書中的背景有嘈雜的紐約，戰後的中國和霧氣沉沉的倫敦。

時代是現代，從第二次世界大戰勝利後到一九四八年期間。當時通貨的膨脹，共軍的竄擾和災難的嚴重，煩惱得中國人在水深火熱裡更努力爭取自由和謀求生存，不肯稍微懈怠一下子。中國人在這本書裡遭遇到極大的變遷——佃戶和戰士，詩人和村夫，叛徒和學者，男男女女在這個時代裡都有了出乎意料的變遷。『全家福』是描寫一位舉世聞名的梁博士的一家，當時梁博士正在紐約爲一群仰慕他的美國女學生講授孔子學術。他那肥胖的叔父和他的叔伯兄弟都還住在中國古老的鄉下。

跟他住在紐約的就是梁太太和他們的孩子。詹姆梁是一個很有成就的學外科的孩子，拿定了主意要回到中國去行醫。他是那在美國生長，已先回國被共軍拉了去的彼得的哥哥。女孩子瑪麗熱愛着祖國。她是那正在跟一個美國小伙子熱戀着的露易絲的姐姐。在他們各自的個性尖銳的表現中，要想找出一個中心來的話，那便是梁太太，典型的賢妻良母，爽快，講實際，有涵養，有她獨特的情趣，抓得住她那剛愎的丈夫，也管得了他那些頑皮的孩子。紐約的生活，她處之泰然，並不以爲是高攀。即使回到中國窮鄉僻壤去乘牛車，也安之若素，要是遇到了土匪，她能夠把他們嚇唬住，梁太太就是梁太太，她有中國女太太們當中最卓絕的堅忍，中國人所富有的堅忍性格。

梁太太，那在鄉下當地主的叔太爺和那忠心耿耿的僕人小王都有的是幽默，東方人弦外餘音的幽默。在年青人的談情說愛裡——對嘍，梁博士即使在紐約竟還做着討一個姨太太的玫瑰色的美夢——裡，有的是妙不可言的溫情和熱愛。千頭萬緒，好似終日澎湃的大海，而賽珍珠把這人類海港裡的卓越和平凡描寫得透切極了，把整個人類社會裡的光明和黑暗，自由和奴役，刻繪得入木三分。這世家不限於中國，美國也是一樣。所以美國書評家說這部『全家福』是探照燈，照耀着海和陸，也照耀着人類現代生活裡的醜惡和善良。

魏爾德是今日在美國和賽珍珠同享盛名的作家，他行文的虛心和仔細，一筆不苟，耐人尋味，也可以說他的成功，不是偶然的，而是應得的。他的著作裡潛伏着極高度呼籲自由的崇高情緒。中國的讀者對他似乎不太熟習，而他對中國人却有着極其深刻的認識。九歲的時候（一九〇六年）他就伴隨着他的父親到中國來了，也就在烟台入學讀書，在中國一住就住了八個年頭，老魏爾德在這八年裡是駐香港和駐上海的美國總領事。待他回國入奧布林大學繼續研讀不久，便被徵調入伍，當一名伍長。這是一九一八年的事。一九二〇年他讀完了雅魯，獲文學士學位，就謀到一個鄉村學校裡教員的位置，居然一幹就幹了七年。一九二五年獲普斯頓的文學碩士學位。

時候他就開始著述了，一九二七年獲浦立茲文學獎金，而得舉世讚譽。他去羅馬住過一年。第二次大戰時，他是美國空軍少校，遠征北菲和意大利。

『三月十五日』是他解甲歸國後，一舉哄動世人的巨著。他覺得羅馬該撒時代努力爭取自由的一群，在現時代裡還活生生地存在着，還前仆後繼在活躍着。在他的這部『三月十五日』裡，歷史上的該撒變成了今日全人類的該撒，把該撒在遇刺前幾個月裡的他自己本人，他的家庭，他的軍隊，他的羅馬，他的帝國，描繪得無微不至，益見人類需要自由，追求自由的急切。

這部書是用理想的書信和公文寫成的，細膩得令人有身臨其境，不能自已的意味。所有羅馬時代的人都活躍在他的字裡行間，都生存在你我的眼前。羅馬的販夫走卒，羅馬的皇家貴族，年青勇士的健壯英俊，名閨貴婦的虔誠賢淑，蕩婦淫娃的策劃暗殺，間諜謀士的機密警惕——所有的人不是歌頌該撒 便是咀咒他，寫了自由！

得意的指揮者

胡平作

遠在衆生 上，該撒反映出他主宰着全世界和全人類的自由、意志、正義、歷史：他，該撒，下了一道命令，禁止國教的信仰，就是毀滅信仰的自由：他，該撒，當克利娥培特娜來到羅馬之後，竟被她的美艷迷惑得神魂顛倒；他，該撒，崇敬着詩人卡圖拉斯，雖然他在描寫羅馬城裡那媚極艷極的女人克羅提亞的詩文裡，侮辱過該撒。

那不幸的三月十五日近了，該撒也發覺自己的死期近了。他心裡明白那環繞着他的一切都在震顫。就在那麼一個心血來潮神智不寧的夜裡，克利娥培特娜用她那埃及的華艷，照耀得羅馬到處透明；也就是在這一夜，該撒親眼瞥見她躺在安東的懷裡。當然也就是這一夜，那絕頂聰明的錫西里斯知道她事實上已經成了安東的太太。

魏爾德確是運用了他所有的智慧和技巧，來反映該撒和他的世界裡的一切，反映了所有的生命——啟示着我們，人類為了爭取自由，有的是精神，有的是智慧，堅忍沉着，不屈不撓。在全人類當中，還有大多數人沒有獲得理想的自由的今天，這是一部為自由而寫的文學寶瑰。

作者來信說，『中國的歷史比羅馬的悠久古老，而現代中國人為爭取自由所忍受的痛苦，比世界上任何民族，任何國家所忍受的，加倍悽楚。』自然是希望每一位中國讀者瞭解他的用心而予以共鳴，用中國人努力的事實來寫下另一部自由之歌。

希望能有人把賽珍珠的『全家福』和魏爾德的『三月十五日』這兩部寫人類自由而寫的新著，翻譯出來介紹給每一位愛好自由的中國讀者。

三十八年底於臺北侍鳳樓

 本刊已呈臺灣省政府新聞處備案。並申請內政部登記中。

給讀者的報告

本刊「新年特大號」印成份數與前三期相同，發行數日已告售罄，而紙版又寄到香港去了，承各方讀者索購，愧無以應，不勝歉仄。現已電請港方加印，不日可到，庶有以副愛讀諸君之雅望。

今年初頭，外交形勢似有急激的變化，印度已於去年年底宣布承認中共，巴基斯坦，英聯合王國，錫蘭諸國又復接踵而來，在可倫坡會議之前，大英帝國之各分子，承認中共者幾及半數，大有迫不及待，爭先恐後之概。 悲觀失敗的人們又加重了其憂鬱的心理。其實翻開歷史一看，見利忘義是英國外交政策之一貫作風。當九一八事變時，英國在國際聯盟的代表豈不是極力袒日嗎？當抗日戰爭最危急的時候，英國不是宣告滇緬路——當時我唯一對外的交通綫——封鎖嗎？此次承認之醞釀遠在半載以前，若非受美國及加拿大之牽掣，恐老早就要實現了。可是九一八事變之袒日，滇緬路之封鎖終不能阻碍我抗日之勝利，今次之承認又怎能够損害我反共抗俄之成功？中國有五千年之歷史，決不會受外族的奴役，有深厚之文化，決不能以殘殺奪去其仁愛之精神。有此而不自信，日惟看外國的顏色以爲自己的悲歡，這只是懦夫，那有資格來談救國？

其次，美國之援助也使很多人失望。杜魯門之文告已鄭重聲明，不但不承認中共，道義支持始終不變，而且經濟援助依然繼續，軍事方面亦可以買軍火，可以請顧問。這還不是援助，不是好朋友嗎？英美二國同爲戰時盟友，其間相去何可以道里計？然而我們有些人還覺得美援大不滿意，這種依賴的心理實在是要不得的。我們現有的陸海空三軍儘有足够的力量保衛臺灣，無須美國派兵來協助。難道我們要學毛澤東的「一邊倒」，完全倒入美國的懷抱嗎？這是毛澤東那批無恥之徒幹的事！我們講自由民主的人們，必須保持人格之尊嚴，必須以自己的力量爲主，聯合與國固然不厭其多，但「一邊倒」則必須排斥。這便是我們與中共的分歧點，爲甚麼不認清此點，反因此而失望呢？現在空軍海軍之優勢爲有目共見的事實不消說得。就陸軍而論，我們有數十萬部隊，以今日敵人渡海的工具，要把幾十萬大軍和足用的軍火在短時間一齊登陸，談何容易？三五萬人到來，則只有前來送死，金門登步兩役已有證明。只要我們嚴明三軍的紀律，提高戰鬪的精神，則反攻大陸儘有可能，保衛臺灣何須憂慮？何必眼巴巴地望着美援之多少呢？

沈晦先生前作「從赤色家庭解放出來」已博得多數讀者的好評。本期刊出的「身份證的秘密」，根據確確鑿鑿的事實，而以生動飛揚的筆墨描繪出來，事實與文字實相得而益彰。

最後，「民主評論」與「反攻」兩雜誌都是和我們站在同一陣綫，反共抗俄的好刊物。「民主評論」着重高深的哲理，其精闢的理論自足以破邪而顯正，能使馬列主義不能塞道，而將中國文化所含蘊的深長意義表達出來，與時流雜誌逈異其趣。他如政治，經濟，文藝，翻譯等等也能別具一格。「反攻」則較爲通俗，政治，經濟，軍事，文化都有建設性的提議。今後特闢「軍人之聲」一欄，着重軍事方面之檢討與策勵，以爲「反攻」之先聲。我們三個雜誌作風雖各不同，目標原無二致，願讀者諸君比較而觀之！

本期因稿件擁擠已增加四頁，但尚有若干篇未能一次登完，殊爲抱歉。

自由中國 半月刊 第二卷 第二期

中華民國三十九年一月十六日

發行人 胡 適

主編 「自由中國」編輯委員會

出版者 自由中國社 社址：臺北市金山街一巷二號 電話 六八八五號

經售處
臺灣 中國書報發行所 (臺北市館前街八五號)
香港 香港時報社 (高士打道六四號)

印刷者 台北印製廠 廠址：臺北市民族路六四三號 電話：三三一六號

售價 每册新台幣一元。銀元券四角。港幣五角。

歡迎直接訂閱。平寄郵費免收

自由中國

香港航空版

發行人 胡適

第二卷 第三期

要目

中華民國三十九年二月一日出版
社址 臺北市金山街一巷二號

社論

獨立自主與「一邊倒」

當抗戰勝利之初，中華民國列於四强之一，國際地位驟然升高，全國人民的自信力增强十百倍，都以爲此後的中國必然事事都有辦法，一切均能自已作主了。不料政協破裂，共黨稱兵，軍事連累經濟財政，生活影響士氣民心，朝野人士又復天天向外求援，目光完全注射在美國身上。迨長瀋陷落，徐蚌敗績，政府委屈求和會不能獲得共黨之一顧，寖假而渡江直趨華南，寖假而摧破黔川桂滇，整個大陸概被共軍囊括以盡，而孤懸海島之政府似乎只有眼巴巴地望美援之到來，以爲唯一的救星了。尤可怪者，全面進攻、節節勝利、擧頭天外、濶步橫行的中共，竟沒有獨立自主，建設新中國的雄心，反而明白宣布「一邊倒」，事事「向蘇聯學習」「向蘇聯看齊」，奴顏婢膝，獻媚惟恐不周。這是甚麼說話？究竟今日的中國，民族精神已經完全死去，變爲行屍走肉了嗎？抑或國際形勢今非昔比，不投靠西方，便投靠東方，舍賣身投靠而外便沒有活命的可能嗎？將四年前的情形和今天的實況比較對照一下，能不令人感慨萬千，唏噓太息?!

自戊戌政變以來，我國之政治運動、社會運動，雖則君主與民主、自由與統制主張各有不同，而其所指向的大目標可以說始終沒有改變。這目標即是建設獨立自主的民族國家，發揚特有的文明，以貢獻於人類世界。老前輩的思想家也罷，後起的新青年也罷，如果抱有遠大的理想而欲改造中國者，對這個目標沒有不贊同的。看現在的「一邊倒」的依賴心理，則此一目標豈非已經拋到九霄雲外？五十年來滄桑之變，莫大於此！豈民族主義爲十九世紀的產品，應隨時代而俱往，今日必由國際主義取而代之了嗎？社會群衆的離心力既已繼長增高，領導的思想家又復失掉自信，則整個社會唯有趨於分崩離析之一途，古代希臘末年之歷史可爲殷鑑。如果獨立自主的精神完全消滅，「一邊倒」的心理滋榮滋長，則不但中國的沉淪將萬刼而不復，而且必拖累全世界入於大混亂而不可收拾。

事情何以會壞到如此的地步？求其外在的原因實爲國際情勢之轉變。庚子以後的中國還可維持相當獨立的政權，唯賴列强均勢之局。二次世界大戰後軸心破滅，西方的德國和東方的日本都變爲任人擺布的國家，則北歐的大熊要橫衝直撞可有任何障碍了。西方的英法二國爲資本主義最先進的國家，二百餘年中曾先後執世界的牛耳，今天已不能獨力阻擋蘇聯的進攻了。何況孱弱的中國又經八年抗戰，四年內戰的創傷，怎能夠抵禦莫斯科的鐵蹄，而圓成其民族國家的好夢？國際關係已經太簡單了，世界只有二强之對立，而且一方堅決認定不能與他方和平相處，必須拼個你死我活，則將來天下之定於一乃是必至的結果。故我們無力的中國只能於二者之中選擇其一，認定將來何方可以獲勝，則投靠何方，決不能兩方都不投靠，妄自尊大，而坐令國家社會蒙其大害。「不但中國，全世界也一樣，不是倒向帝國主義，就是倒向社會主義，絕無例外。中立是僞裝的，第三條道路是沒有的」。（論人民民主專政）這便是毛澤東宣布「一邊倒」的理由，也是我們陣營裏的許多人埋怨美援不足的緣故。眼見中共之投靠蘇俄緊密貼切，儼如母子，而國民政府之與美國卻若即若離，各行其是，於是悲觀失望的心理乃占住人們的腦海而不可遏止。其實國際關係雖已由繁而趨簡，而民主國家的作風究不若獨裁國家之直捷了當，我們不能不仔細認清；毛澤東要掩飾其賣國求榮的勾當，乃造出其「一邊倒」的理由，我們講民主自由的人們，不論時局若何艱危，畢竟還要靠着自己的力量去衝破難關，去剏造一切。

就美國而論，美國之民主的傳統是根深蒂固的，故其對抗蘇俄也另有其一套的手法，不像希特勒一樣，以極權政治去對抗極權政治。故美國的外交政策也不會以他國爲附庸，使之唯命是聽，乃在喚起其民族精神，養成其獨立自尊的觀念，而建設獨立自主的國家。杜魯門之聲明，艾其遜之演說，無非着重各國的[illegible]助，唯能自助者美國始予以援助，在歐洲如此，在亞洲亦復如此。今次美國對於臺灣的政策仍秉其一貫的作風，使國民政府自負其防守臺灣的責任，但較之白皮書已作進一步的必要的助。美國不欲佔領盟國的土地，不搾取盟國的利益，只希望盟國各能自立，能解決其內部的問題，而以聯合的力量對付外來的侵略，故西方的陣營中，絕不懼有狄托之出現。道路雖只有兩條，而此兩條乃是完全不同的走法。獨裁專制的道路是整齊劃一的，一方是主人，他方是奴隸，是奴隸是不許有意志的，故只有一個意志，而事事求其貫徹；民主自由的道路是參差不齊的，大家都是主人，各自有其意志，故意見儘管紛歧，只要目標相同，則方方能期融洽。比方英國雖與美國結盟，而承認中共則採取獨自的主張，並不追隨美國，即其明證。毛澤東一班奴才只知獻媚主子，不知獨立自主爲何物，故認定兩條道路是一般無二，以期混淆是非之所在。我們應該認清一條是賣身投靠的道路，一條是自作主人的道路，後一條路雖然是艱難困苦的，却是堂皇正大的，我們必須走後一條路，然後我們的反共抗俄乃有特別重大的意義。

就我們政府而論，反共抗俄必須握住重心，不應舍已從人。我們現有的人力物力，對於保衛臺灣綽有餘裕，如果軍事，政治，經濟，文化各方面能力求改進，何必倚靠美援，何須計較美援之多寡？如果今後半年以內，政治上能有顯著的成績，軍事上能擊退敵人，則美援將不求而自至，而且必會源源而來。倘若自已毫無辦法，則多量的外援又有何用？只知倚賴外人，不能自求多福，其結果一切必由外人管理，豈不是等於亡國了那麼我們何必攻擊汪精衛之投日，毛澤東之降俄？我們要把中華民從根救起，建立一個自由民主的現代國家，必須個個人具有獨立自主的精神，一切由我作主，事事須憑自力。這種精神是創造文化的根苗，是摧毀强權的利器，過去的滿淸皇帝，北洋軍閥，日本帝國曾爲此精神所擊敗，在今日反共抗俄的局面下，只要將獨立自主的精神更加發揚，則最後勝利必然是屬於我們的。

共產黨統治下決沒有自由

（跋所謂「陳垣給胡適的一封公開信」）

胡適

在民國卅八年五月裡，香港的共產黨報紙上，登出一封所謂「北平輔仁大學校長陳垣給胡適的公開信」。在六月裡，這封信的英文譯本也從香港傳到各地。

這幾個月以來，這封「公開信」時常被共產黨人或他們的同路人引用。引用最多的是其中的這一段：

「你說『決無自由』嗎？我現在親眼看到人民在自由的生活着，青年們自由的學習着，討論着，教授們自由的研究着。要肯定的說，只有在這解放區裏才有眞正的自由」。

我在海外看見報紙上轉載的這封「公開信」，我忍不住歎口氣說：「可憐我的老朋友陳垣先生，現在已沒有不說話的自由了！」

有許多朋友來問我：這封「公開信」眞是陳垣先生寫的嗎？我的答覆是：這信的文字是很漂亮的白話文；陳垣先生從來不寫白話文，也決寫不出這樣漂亮的白話文：所以在文字方面，這封信完全不是陳垣先生自己寫的；百分之一百是別人用他的姓名假造的。

試看我引在前面那一段裏，有這些句子：

「人民在自由的生活着，」

「青年們自由的學習着，討論着，」

「教授們自由的研究着，」

在這信裏，還有同類的句子：

「青年的學生們却用行動告訴了我，他們在等待着光明，他們在迎接着新的社會。」

又有：

「新生力量已經長成，正在摧毀着舊的制度。」

陳垣先生決不會用這種「在生活着」，「在等待着」，「在迎接着」，「在摧毀着」的新語法。他更不會說「學生們却用行動告訴了我」一類外國化的語法。

陳垣先生的著作，我完全讀過。我身邊還有他前年去年寫給我的幾封信。我認識他的文字，所以我敢斷定他決不會說「用行動告訴了我」，「記憶清楚地告訴我」一類的新語法。他也決不會說這樣的句子：

「你並且肯定了我們的舊治學方法。」

「要肯定的說，只有在這解放區裏才有眞正的自由。」

陳垣先生若能這樣運用「肯定」一類的新字與新結構，那麼我就眞不能不佩服他老人家「學習」的神速了！

所以我說，從文字的方面看來，這封信的白話文是我的老友陳垣先生從來不會寫的，完全是別人假冒他的姓名寫的。

但是，從內容的方面看來，我不能不承認這封信裏的材料有百分之十左右很像是根據陳垣先生的一封信。最明白的是這信的第一段：

「去年十二月十三夜，得到你臨行前的一封信，討論楊惺吾「鄰蘇老人年譜」中的問題，信末說，『今夜寫此短信，中間被電話打斷六次之多。將來不知何時才有從容治學的福氣了。』當我接到這信時，圍城已很緊張，看報說你已經乘飛機南下了，眞使我覺得無限悵惘！」

這一段裡面有這些眞實的材料：(一)卅八年十二月十三夜，我有一封論學的長信，提到楊惺吾（守敬）自撰的鄰蘇老人年譜。(二)此信末的三十三個字，我沒有留稿，但文字大致不錯。

因此我猜想陳垣先生大概曾受命令，寫一封信給我，其中有這一段。這封信是用古文寫的，因爲陳先生不會寫白話文。這封信到了北平共產黨的手裏，共產黨的文人就把這封信完全改成了白話，又把這信放大了加入了許多可做宣傳的材料，就成了這封「公開信」了。

就拿這開篇第一段來看，這裡面就露出改寫的痕跡，就露出僞造的證據。我寫信給陳垣先生是在十二月十三夜，寫完已在半夜後了。信是十四日寄出的；我是十五日下午四點以後才飛離北平的。十六日的報紙才登出我南飛的消息。然而這封「公開信」開篇就說「去年十二月十三夜得到你臨行前的一封信」

，這是絕對不可能的事。我寫信總在信尾標明年月日；這封信也標明「卅八、十二、十三半夜。」陳垣先生當然知道十二月十三夜他決不會「得到」我十三夜的信。但改寫這信的共產黨文人當然不注意到這些小問題，所以他隨筆改寫白話時，先說「十三夜得到你臨行前的一封信」，下文又說，「當我接到這信時，看報說你已經乘飛機南下了」。作偽的人不知道，從十三夜到看報紙說我南行，中間已隔了三夜兩天半。所以我說，這封信的開篇第一句話就露出作偽的痕跡。

改寫這封信的人當然是一位聰明的文人，熟悉共產黨的思想路綫。可惜他太聰明了，太熟悉中共思想路線了，所以他把這封信寫的太過火了，就不像陳垣校長了！這信上說：

「我最近就看了很多很多新書，這些書都是我從前一直沒法看到的。可惜都是新五號字，看來太費力。不過我也得到一些新的知識。」

這一段有一兩句話，很可能是這一位七十老人的口氣。但改造這信的文人借這機會宣傳那「很多很多新書」，越說越過火了。例如他說史諾的「西行漫記」，有這些妙語：

『我愛這本書，愛不釋手，不但內容眞實，豐富，而且筆調動人。以文章價値來說，比水滸傳高得多。』

我想援菴老人不會替史諾的書對我作這樣過火的宣傳罷？更有趣的是他特別提到「蕭軍批評」：

「讀了『蕭軍批評』，我認清了我們小資產階級知識份子容易犯的毛病，且在不斷的研究，不斷的改正。」

蕭軍是東北人，他回到了東北，眼看見蘇聯軍隊的橫行，眼看見東三省人民遭受的痛苦，他忍不住寫了一些很婉轉的公道話。因此，他觸怒了中共，于是黨中的文人群起攻擊他，中共中央逼他公開的承認自己的錯誤。「蕭軍批評」是共產黨實行殺鷄警告猴子的一本書。陳垣先生何必要對胡適宣傳這本小册子？他何必要對胡適訴說他的懺悔，他的「不斷的改正」？

叫七十歲的有名史學者陳垣公開的說，「讀了蕭軍批評，我認清了我們小資產階級知識份子容易犯的毛病，而且在不斷的研究，不斷的改正」，這正是共產黨自己供認在他們的統治之下，決沒有自由，決沒有言論的自由，也決沒有不說話的自由。

所以我說，假造陳垣公開信的那位黨作家太聰明了，不免說的太過火了，無意之中把這位輔仁大學校長寫作一個跪在思想審判庭長面前懺悔乞憐的思想罪犯——這未免太可怕了！

再看下去，這信上說：

「我也初步研究了辯證法唯物論和歷史唯物論，使我對歷史有了新的見解，確定了今後治學方法。」

又說：

「說到治學方法，我們的治學方法本來很相近，……你並且肯定了我們的舊治學方向和方法。……這些舊的『科學的』治學方法是有着基本錯誤的。所以我們的方法只是『實證主義的』。……」

這更可怕了！在共產黨的軍隊進入北平之後三個月，七十歲的史學者陳垣就得向天下人公告，他的舊治學方法雖然是「科學的」，究竟『是有着基本錯誤的』！他得向天下人公告，他已「初步研究了辯證法唯物論和歷史唯物論，確定了今後的治學方法」！

所以我說，這封「陳垣給胡適的公開信」最可以證明共產黨統治之下決沒有學術思想的自由。

卅九年一月九日

『自由中國』的宗旨

第一、我們要向全國國民宣傳自由與民主的真實價值，並且要督促政府（各級的政府），切實改革政治經濟，努力建立自由民主的社會。

第二、我們要支持並督促政府用種種力量抵抗共產黨鐵幕之下剝奪一切自由的極權政治，不讓他擴張他的勢力範圍。

第三、我們要盡我們的努力，援助淪陷區域的同胞，幫助他們早日恢復自由。

第四、我們的最後目標是要使整個中華民國成為自由的中國。

戰爭與自由

殷海光

(5)

戰爭進行中人民應須享有自由嗎？

這是自由中國當前所遭遇的根本重大問題之一。可是，一直到目前爲止，似乎還沒有人對於這個根本重大問題努力覓致合理的解決，因爲這個根本問題尚未獲得合理的解決，所以表現在當前言論界的，是意見之大相逕庭；表現在行動方面的，是步調之參差不齊。

在自由中國區域裏，言論界有許多人是強調要求自由和民主的。他們以爲，作戰的目的既然是爲了反對布爾希維克極權主義，既然是爲了求得並保障民主自由，那麼人民應該享有自由，乃是天經地義，不容否認的。另外，也有不少人士，常常持相反的意見，在各處言論上，有意無意地，直接間接地表示反對戰時強調自由民主。他們認爲強調民主自由，曾是共黨用以打擊政府的勾當；或是所謂『前進的民主人士』藉以作投機買賣的資本。現在大敵當前，形勢險惡，打仗最要緊。而要打仗獲勝，必須力量集中，意志集中。如果在這樣險惡的形勢之下還高唱民主自由，豈不予共黨以可乘之機，而使反共鬥爭分散了力量淆亂了意志？力量分散，意志淆亂，豈不有害戰爭之進行？況且，軍隊尤貴服從。如果軍隊也要求自由，豈不等於『造反』？所以，在戰時不能強調自由民主。

我們必須認淸，這兩種態度，的確代表着兩種不同的思想趨向。這兩種思想趨向，就其發展的跡象看來，雖然不敢說是背道而馳，至少也是沒有合攏來。正因如此，所以在步調上必至表現而爲不甚協同的結果。

這是一個影響重大的問題。這個問題如不解決，的確可以分散力量。渙散意志。怎樣解決呢？有些人，很習慣地，主張以一個已有的政治組織爲中心，一切行動以它爲依歸；以一個已有的主張爲中心，一切意見以它爲準繩。這種解決辦法，誠然是極便利，直截了當，可是却非常之不民主。這就是布爾希維克方式，老百姓底眼睛是雪亮的。任何人不應口頭標榜『民主』而手上則採用與民主極端相反的布爾希維克方式。布爾希維克方式，在組織健全，實力充沛，而且『主義』勉強言之成理足以動人聽聞時，或可收一時之效。如其不然，唯有僨事，自陷於孤立而已。至少從一方面看，這是一個思想問題，思想問題，最好是藉着討論來解決。

在討論這個問題的時候，首先，我們不可粘滯於一個個底特殊事件，而必須把目光放遠一點，看看這一問題之發展的全貌。如果我們心中首先瞭然於這一問題底全貌，那末對於這個問題便可能有正確的看法，因而也可能獲致合理的解決。

近百年來是西歐文明征服全世界的一個時代。這一文明，不僅把科學、工業、和技術帶向世界各地；也把政教禮俗帶向世界各地。遠至北極南極，高至額非拉斯峰，低至海洋，幾於無處不受這一新興文明底侵襲。古老的中國，又怎能例外呢？『歐風美雨』襲來，激使中國人民學習『洋務』，同時，也挑醒了中國人民長期被抑壓的自由民主的要求。近半個世紀以來，中國人民一直是在要求自由民主的道路上邁進。這一共同要求之具體的表現，是變法維新，辛亥革命，倒袁護法。在北伐戰爭，和抗日戰爭裡，也混含着這種要求的成分。近幾年來，因着裏裏外外種種原由，自由民主的要求，已成不可遏抑之勢。跟着自由民主的要求以俱來的，是要求思想自由，言論自由，政治自由，和革舊去污，進步圖強。可是，若干負有責任的人，不獨不能跟着這一新的趨勢改變自己以求適應，反而要用強力阻遏大衆底進步以還就永遠『不變』的『自我』。結果呢？正當的自由民主進步之途既被阻塞，刼奪政權的野心家便乘機招誘，使走途無路的進步自由力量大多隨之俱去。剩下來一片盲然與混沌。

但是，現在，野心家既已奪得江山，建立政權，狐狸尾巴便無須隱藏，其根本反民主自由的本質乃完全暴露。於是，爲民主自由而堅強奮鬥的需要，更加顯得迫切。因之，堅定而理智的自由人，便更堅定下來爲民主自由而戰。

從上述的大勢看來，近半個世紀以來中國社會內部，醞釀着自由民主的要求；可是，在另一方面，殘存的專制主義者，封建勢力，却桎梏着這一新生力量之成長。因爲這一要求自由民主的新生力量如果成長，也許會『揚棄』舊有軀殼。專制主義者與封建勢力，在受了布爾希維克主義之洗禮，剽竊了現代化的統治技術以後，其對於自由民主新生力量所予之摧殘，更遠在若干時代之上毛澤東底秧歌王朝是這一發展底結晶。

這種內在地要求自由與反自由的勢力之相激相盪，本質地是中國現代政治上的一大問題。這一問題，因了今日的河山變色，因了赤化勢力的侵略和社會戰爭之嚴重，更加深了其解決的困難程度。然而，這一問題終歸是要解決的。

這個問題，究竟應該如何解決呢？

合理解決這個問題底基點，是先要看現行戰爭底目的究竟是什麼。

現行戰爭之目的究竟是爲了什麼呢？

如果是實質地爲了保持或恢復少數先生們底政治權力或經濟利益，那末，我們就不必多所討論。因爲，那就是個利害問題，而非是非問題了。一個戰爭如果以此爲最基本的動因，那末一切作法都必不可避免地與人民大衆底利害背道而馳。這樣的戰爭發展下去，結局怎樣呢？這無需我來贅述。古今中外的事例，尤其是最近幾年來無數的事例，都是最眞切的說明。

凡屬愛自由愛國家的人都應需堅持現行戰爭底目的，是爲了『反共抗俄』。大家都是爲了『反共抗俄』而戰。但是，我們爲『反共抗俄』而戰底實質又是爲了什麼呢？因爲，他們不把老百姓當人，隨着自己的喜怒好惡而處置，實行極權、暴力、恐怖的統制，把中國關入鐵幕之中，剝奪了人民一切自由，所以，我們才『反共抗俄』。在這些理由之下反共抗俄，實質地就是爲了保衞國家，保障自由。國家不是私人底或一黨一派底。自由應非少數人底特權。國家是人民全體底；自由應爲大衆所享有。如果承認這兩前題，那末必須首先在觀念上和實踐上『把老百姓當主人』。

「把老百姓當主人」，這是多麼庸俗而平淡無奇的觀念啊！誰個不知那個不曉呢？假若你在美國或瑞士說：「政府應該把老百姓當主人！」他們一定會笑你這話毫無意思(No Significance)。這話之毫無意思，亦若主張人應該呼吸空氣之可笑。可是，如果你明白敝中國底「國情」，你就會知道「政府應該把老百姓當主人」這句話在中國不僅有意思，而且大大地必要。可憐啊！中國立國於大地之上，號稱五千年於茲，文物鼎盛。然而，有幾個政府把老百姓當主人呢？否則，何需乎要「亞聖」孟夫子，逞雄辯之奇才，高呼「民爲貴，君爲輕」的大道理呢？又何待乎中國近代第一個偉大的政治家孫中山先生出來，苦口婆心地說「人民是國家的主人；官吏是人民的公僕」呢？

顯然得很，幾千年來，人民和政府底位置一直是顚倒的。人民與政府之間的關係，和孫中山先生所說的，恰好相反：官吏變成人民底「主人」；而人民則變成官吏底「公僕」。

請不要以爲這是一個小問題呀！這是中國幾千年來最大的問題之一。因爲「人民」降爲「公僕」；「公僕」升格爲「主人」，於是乎擁有武力的總是要用武力來爭着做「主人」了。做「主人」的多麼過癮啊！祇要他一旦做了萬民之主，他立刻由人底兒子變成天底兒子：名曰「天子」。他既是天之驕子，還會把凡人老百姓平等看待嗎？你說話不中他底尊意，他就要宰你。做「天子」既然這樣過癮，那個有武力者不想「取而代之」呢？既然有武力者人人想取而代之，於是乎禍亂相尋不已，殺人流血，橫屍遍野，清算鬥爭，了無已時。

孫中山先生看出這是中國幾千年來政治上的最大病癥之一，所以他要創建一個民主國家：只有在一個民主國家裏，老百姓才能恢復本位。做「主人」的還他一個「主人」；做「公僕」的還他一個「公僕」。官吏既是「公僕」，就沒有人再流血爭着做「僕人」了。

「將老百姓當主人」，是解決數千年來政治癥結的最好辦法；也是解決「戰爭」與「自由」二者之間的「矛盾」之根本原則。照事理分析起來，有權有力的先生們，祇要眞的在意識上和實踐上將對於少數人的忠順奉承移到千千萬萬老百姓身上來，尊他們爲主人，那末所謂「戰爭」與「自由」之間的「矛盾」不久就逐漸可以消失於無形之間。

假若果眞依照孫中山先生底遺意，將人民扶歸「主人」底本位，而官吏消失了統治者底心理習慣，誠心實意作人民底「公僕」，那末結果就大不相同。人民主人翁喜愛的是什麼呢？除了生活之所必須以外，自然是喜愛自由。主人翁既喜愛自由，作公僕的豈有不讓他們自由能橫加干涉之理？譬如，主人高興暢遊日月潭，作公僕的決無嚴然加禁止而強迫他按照自己底意思遊草山之理。主人翁既然喜歡遊日月潭，公僕只好隨從保護，照料、導遊，或開車。依同理，人民主人翁既然渴望自由，公僕們只有讓他們自由。這是天經地義。

要求自由是這一時代的主流。誰阻止自由，誰就會被這主流沖垮！

許多人仇視要求「自由」，有二種原因：第一、他們一提起「自由」，就聯想起搗亂，破壞，無秩序；而且共黨會利用這些手段來達到它底禍亂目的。他們厭惡這些情形，厭惡共黨，因而也就厭惡「自由」。第二、依「自由」底本質而論，具有充分自由精神的人，往往富於獨立的精神和反抗權威的勇氣。因而，這種人不苟同，不阿諛，不盲從，不附和，愛懷疑，愛批評。顯然得很，這樣的自由精神，是時代進步底大動力。但是，好逞權威，好爲人師者，意識到這種具有反抗勇氣和批評精神的人必會逐漸動搖其權威基礎，自然對之痛恨切骨。

第一種仇視要求「自由」的原因之中，包含兩種誤解：一、「自由」不等於「搗亂」。如果「自由」就是「搗亂」，那末美國和瑞士底秩序應該比敝中國更壞了！一部近代自由民主發展史，足夠說明這一點，用不着我們費詞。二、因爲共黨利用「自由」以遂行陰謀，便以爲講自由的人是共黨或其同路人，這顯然是頭腦欠缺淸楚。人必須呼吸空氣；猪也必須呼吸空氣，你能夠因此便說「人是猪」嗎？依同理，共黨固然假借「自由」以遂行陰謀，人民也愛好「自由」，你能夠因此就說「人民都是共黨」嗎？何況共黨所謂的「自由」其含義與人民所嚮往的大不相同呢？在事實上，共黨正喜歡「人民都是共黨」啊！凡有常識的人都可知道，倒是人民心裏都喜歡自由，所以共黨才投機地提出「要求自由」底口號來欺騙人民的。

這種仇視「自由」的心理狀態，如果被受軍國民教育者所感染，那末只有更加擴大與深刻。中國自袁世凱小站練兵以來，打打殺殺，幾乎完全是受軍國民教育者底天下。這些先生們，誰得到天下以後，誰便以管兵的頭腦管民。具有這種頭腦的人，一聽見講「自由」，就是「不服從我」。「不服從我」。那還了得？所以，講自由的人士，碰見這類人物，眞是「秀才遇到兵，有理說不淸」！

第二種反對要求「自由」的原因，正是毛澤東反對自由主義底原因。毛澤東固然藉標榜「自由解放」而巧奪天下；但是，一旦他打出局面以後，便立即肅淸自由主義者。這就叫做「藉自由消滅自由」。毛澤東之藉自由消滅自由，亦若他藉抗日戰爭中的民族主義而起死回生後來又藉整風以消滅民族主義一樣。古代專制帝王不乏聽諷諫之雅量，現代的獨裁者有幾位有接受批評的雅量？「領袖無失論」是這一時代獨裁者最高的護符。像毛澤東這樣的脚色，不獨嚴格地要求每個人民在行動上服從他，而且更嚴格地要求每個人民在心靈上服從他。既然如此，他怎能容許你抱持獨立不倚的精神？更怎能容許你對之懷疑，對之批評？所以，自由，在共黨統制之下，成爲可望而不可及的奢侈品。這是我們反共的重要理由之一；尤其是知識分子反共的重要理由之一。既然如此，我們相信目前若干人之反對自由，是出於前述的誤解，而不是由於這種原因。

人民既應有自由，那末當然也就應有決定戰爭目標底自由，戰爭底發生原因容或因時因事而不同，但是戰爭底大目標總不外乎保衛生存和保障自由。假若說一個戰爭必須犧牲自由，那末這個戰爭之目的，恐怕就很可疑了。手段離開了目的便失去了意義。我們不可因手段而犧牲了目的。任何戰爭，沒有要求作爲主體的人民放棄自由和人權之理。無論基於何種戰爭上的需要，生活方式的自由，言論自由，思想自由，和學術自由，在任何戰爭進程中，不必剝奪，而且無需剝奪。

假若戰爭之目標出於全體人民之自發自願的決定，而非出於任何組織之假借與武力刼持，那末戰時的言論自由可常有利於戰事。藉着言論自由，大家可以提供各種意見，發揮多樣智慧，集中力量，促進戰爭機能之生長。這種民主辦法，比毛澤東用政治組織控制，造成表面的意志集中，力量集中，而其實是一盤死子，不高明得多嗎？獨裁國家禁止言論自由常招致不幸的結果。德國希特勒一人獨裁，人民無言論自由。任他一人顢頇到底，一直到把國家搞亡了爲止。德國人民自己底國家，眼睜睜地看着被少數人弄亡了，人民還不能贊一辭。這就等於自己底房屋，被傭工縱火焚毀了，他還拿起剩下的最後一柄鐵鏟，威脅你，不准你開口批評他。太陽是從西邊出來的啊！

學術自由對於戰爭是可能有所裨益的。從遠大處着想，學術自由的國家才能學術發達。如果學術發達，那末便可能產生種種發明以制敵。不僅如此，學術發達的國家，必定知識水平較高。知識水平較高的人民，才不易受敵方各式各樣的宣傳之蠱惑。

從以上所說的看來，自由，應須是戰爭底目標；或者，至少應是戰爭目標所蘊涵的必須條件。而且，在戰爭進行的長期過程中，自由可能發生巨大的有利於戰爭的力量。所以，自由與戰爭至少並不相尅。自由與戰爭既然至少並不相尅，那末我們就不應該以戰爭爲藉口而剝奪人民寶貴的自由了。

我說到這裡，也許有人提出疑問；『你所說的，都是些原則，從原則上着想，你所說的都對；可是，除了原則以外，還有實際的問題。現在，我們面臨的，是窮兇極惡的共產黨。共產黨不惜採用一切陰謀、破壞、煽動、和滲透手段來達到陰謀目的。你現在這樣强調自由，共黨正可以利用自由爲護符，來實行煽動和滲透。這些辦法，他們過去不是曾經用過嗎？我們如果再不採取防護措施，就會重蹈過去覆轍的。既然必須採取防護措施，那末，勢必對於要求自由不能不有所限制了。』

這類底疑問是不無相當道理的。首先，我要着重表示的，是原則的重要。在咱們中國，若干年來，養成一股壞風氣，就是注重技術而不注重原則。結果恐怕愈幹愈錯。今日中國所面臨的，正是幾個大原則的問題。例如，繼續『碼頭獨佔』呢？還是實行貨眞價實的民主？是繼續拿假的社會主義辦法來喂肥眞的特權主義者呢？還是消滅特權主義者而搶救人民？這一類底問題是中國今後盛衰存亡的根本關鍵。是否有飛機坦克，倒還在其次。沒有飛機坦克的人，還是可以打敗有飛機坦克的人。

依據實際情況而論，在中國人民剛剛試行要求實現自由民主的時候，共黨又利用自由以造亂，掀起目前的這一大規模的戰事，政府一方面要不妨害人民底自由，另一方面又要防制『匪諜』，在技術上，的確是不容易兼顧的。比方說：某甲如有『匪諜』嫌疑。如果捉錯了呢，那末治安機關就有妨害人權的嫌疑。如果放任不管呢？治安機關就有縱『匪』的嫌疑。這類問題，常常使他們很爲難。

這的確是一大難題。但是，如果我們先承認『人民是國家底主人』這一原則，那末，在一般發展上，大有助於這一難題之解決。依過去的經驗而論，共黨非常希望政府治安機關胡濫抓人，尤其喜歡多抓學生。因爲這樣才能製造他們所需要的恐怖空氣，並且大量供應他們所需要的共黨原料。老實說，過去政府之其所以這樣做，原因之一，就是因爲他們太忙了，忘記了人民是主人翁。假若記起人民是主人翁，那末過去的舊作風就可隨之而改變了。

在兵凶戰危的時際，我們不能說政府不應施行防護措施。但是，採取防護措施，適所以保障自由，並非取消自由。同樣是採取防護措施，在動機和做法上，獨裁國家和民主國家大不相同。在獨裁國家，這些辦法是用來『壓制』人民的。他們藉口戰爭之需要强使全體人民如羊群之就欄柵，『不許亂動』。因此，這些辦法在程度上必定隨之酷烈。可是，如果眞的實行民主，承認人民是國家底主人翁，那末採取防護措施底動機全在保護主人翁。動機既然如此，那末在施行的時候必定是採取最低限度的辦法，適可而止；因而，也就不會作不必要的干涉。這好比主人要遊阿里山，僕人除了隨行照料以外，爲了主人底安全，他也可以事先說明請不要往左邊走，因爲下面有一懸崖，不小心掉下去會跌死的。這樣的辦法，主人決不會不高興。就言論自由說，戰時就不能不受到最低限度的限制。在民主國家，戰爭底目標，是經過人民全體決定的。既經人民全體決定，那末言論就不能再出乎這一範圍之外。如果出乎這一範圍之外，便須受政府底制裁。例如，第一次世界大戰期間，英國民意決定對德作戰。羅素偏要演說反戰。於是乎，雖然是大哲學家，民主政府還是請他去嘗嘗鐵窗風味！

依據前面的一番分析，我們可知戰爭與自由之間所發生的問題之觸發點，在於防護措施與要求自由之如何適當調處。調處底關鍵，根本在於政府是否自視爲『公僕』，而眞正視老百姓爲『主人』。如果眞正把老百姓當主人看待，那末就尊重其地位，尊重其人權。僕人對待主人，沒有不小心翼翼的。本着這一態度作下去，採取防護措施時所引起的與『要求自由』之間的摩擦，可能逐漸減少至於最低程度。這麼一來，自由與戰爭，豈不是不相妨害嗎？

也許有人覺得我這種說法還嫌空泛：我並沒有在『採取防護措施』與不妨害『要求自由』的辦法二者之間劃分一條清楚的界線。是的，我要告訴他，經驗事物本無嚴格的幾何界綫可分。我已經在前面說過，中國剛在要求自由民主的初步階段，恰好又碰上嚴重的戰爭。在這種情形之下，缺乏民主經驗或訓練的人，要把二者劃分清楚，更是難乎其難。這，需要耐心，需要長期的訓練。

假若一定要我在防護措施與不妨害自由之間劃一條比較具體的界綫。那末我願意舉出布爾希維克方法來看看。如果採取布爾希維克方法於防護措施，一定妨害人民底自由，而且迅速走上極權統制的道路。共產黨就是實行極權統制的。如果我們也實行極權統制，那末反共之理由何在？在蘇俄，政治局統制一切，每個人民都是一個可能的『叛徒』，朝不保夕，人人自危，長年陷入恐怖之中。如果採取這種辦法，勢必完全摧毀了自由民主的幼苗。可惜有些人沒有明白這一點：還是贊成採用布爾希維克方法。布爾希維克分子以從事陰謀迫害爲專門職業。例如，藉着報紙，濫造謠言，無中生有，搞得本來很安定的地方不安定。這種結果有誰喜歡呢？不是別人，正是毛澤東！因爲，這樣一來，他可不必花一文錢遣派『匪諜』冒着生命的危險來做這些勾當，自有人在『反共』名義之下替他『達成任務』。天下便宜的生意，無過如此！

這類現象在蘇俄和共黨範圍裡是常見的。在自由中國裏，每個人爲自由而戰！

一切當從團結做起

余家菊

團結！團結！曷爲千呼萬喚總不出來？團結就是力量，團結才能救國以自救、此一定理，誰人不知？何故團結終成口號而已？

我們須知，團結不是各份子的外表同在，亦不祇是各份子之共同活動於一個目標之下，而是各份子間具有意識的滲透融合因而發生堅固的聯繫。所以外在的鞭策如紀律賞罰，一到試驗的時間，便失其功能，從古立國，不能不用紀綱，不能不用賞罰，而最後的依仗仍然在忠義之氣。如何培養忠義之氣？第一，當首先樹立人心所共同要求的正義目標，並且身體力行，努力追取。現今，我們有救國，建國，乃至革命，反共等大目標，縱然有些人實行不力，終不能說沒有目標。我們的病，不能說在這一方面。第二，要激發忠義之氣，必定要各人間的情意，活潑滲透，打破隔膜，有彼此同體之感，休戚相關，榮辱與共。不然，情乖意反，則互怨，互責，互防，衝盪激越，終成不共戴天，寧可同歸於盡，不願見人成功。我們的時代，本是一個外向的時代，人人把眼睛釘在別人身上，看見別人眼中的刺，看不見自己眼中的樑木，祇知責人，不能責己。於是主張總是自己的對，功績總是自己的大。對於別人的艱苦辛勞，眞知灼見，絲毫不能了解，不能欣賞，如何能起情意的滲透作用，如何不「惟億兆人，億兆其心！」

此項隔膜之形成，一般人皆歸咎於人們之自私與專橫。此一議論，在形跡上觀察，不能說錯；但就心理上考求，我敢斷言：被目爲自私專橫的人，必將大叫其屈。他們在心理上，實實在在，未曾自私，未嘗專橫。即令形跡上有似於自私專橫，在他們心理上亦有其不得已的正大苦衷。我發此論，並非想爲他們解脫，乃是要說明在現今的時代意識中，人們意識上有種種迷惘，都是促進分崩離析的。我們不征服這些迷惘，無論過去五十年的合群呼聲，終歸白費氣力，便是再來個五十年的團結號召，亦必定歸罔然。本來世間事業，都從征服自己起。我們人類，本是可憐蟲，常常被習氣征服，迷惘束縛，而莫能自拔。我們想作健康的生活，須得時時將自己診察一番！

一切事皆是自己分內事！　現代的國人，責任心極爲發達，古人說：一夫不得其所，若己推而納諸溝中。現代的國人，意想中總覺得有一事沒有辦好，便是自己的責任未盡。他們認定一切的事皆是自己分內事。於是事事都要過問，事事都要經手。絕不知道人在世間祇能擔負有限的責任。有限的責任，即所謂名分之「分」。各人在社會生活網上，各站有一定的崗位，執行一定的任務，是爲本分。依此本分，賦予名義，是爲名分。不盡本分，固然有虧社會，逾越本分，亦是致亂根源。何以故？因爲你或你們把一切事都做完了，別人再做什麼呢？別人無事可作，難免要撫髀興歎，而太息於英雄無用武之地。他既不能參加，他便不感興趣。他既不親歷其事，他便不知艱苦。況且人人的能力都有限，長於籌劃者未必長於指揮。要事事都由我辦，未有不失敗者。諸葛武侯延存漢祚，功在天壤，而陳壽即有應變將略非其所長之指謫。曾文正爲清代中興名臣，而自承不能親臨戰陣。我們必須承認各人的能力有限，所以各人的責任亦有限，留些事業讓別人去做。各有一事，便是各皆有份。各皆有份，便心氣平和，成敗與共，團結才能牢固。三十年前，國中大患在人人不負責任。今日大患，竟在有志者之過度負責，釀成所謂包辦，所謂萬能。讓我們確認做人祇須各盡其有限責任，並且留些事情讓別人去做。人之好善，誰不如我？祇須爲善無禍，誰不爲善？「捨我其誰」的存心，千萬須加放棄。

遇事要由自己做到十分好！　此是時代意識的又一迷惘。亦是起於責任心過度旺盛。每一個人，當然希望遇事都辦得十分好，而且自己的力量和能力，就每個人自己的估計，又比任何人大，所以遇事總要由自己親手去做，以期做到自己意想中的十分好處；不肯聽憑別人去自主的作，因爲別人決不能做到自己所能做到的那麼好。此種要好的心理，本可欽佩，殊不知團結的崩潰，便從此發酵。每一集團，要想各個份子熱忱維護，必定要使集團的業務，分降在各份子身上，每一份子都能負責籌劃經營，將自己的才能智慧凝結在集團的成功之上。這樣，各人對於集團才能發生强烈的興趣，而不致束手旁觀，坐看笑話，團結才能牢固。況且一個團體的成功，端賴各個份子一齊發揮他的能力，所謂「衆志成城，」「衆擎易舉」也。所以團體的急務，在使每一個人都有權利貢獻其能力，從實際的貢獻中，去增强他的興趣，鍛鍊他的能力。服務機會均等，不僅是個人應有的權利，而且是維護團體與發展團體的必要方略。因此之故，欲保持團結第一，必須賦予各份子以爲團體故而自主活動的權力和機會。第二，集團內，能力較强，或權力較大的人們，必須約束自己，不要遇事非由自己做不可；寧可讓事情祇做到五六分好處，而要讓別人有機會去做；不要因爲期待事情做到十分好處，而遇事都由自己去做。別人做，雖說祇能做到五六分好，假使人人發生興趣，發揮能力，團體內有十個人，便有十個五六分好，有百個人便有百個五六分好，比自己一個人的十分好，還要强得多。一個當局的人，本非三頭六臂，其本領便在化一身爲千百萬身。培植化身的方法，便是：遇事不要責望人家比自己做得一般好，而且要欣然接受他人五六分好的平平成績。這是促進團結的要務。

見解總是自己的好！　此亦是時代意識之一種迷惘。本來，自己的見解，其得來之不易，祇有自己知道；其親切有味，亦祇有自己知道；從而其愛護珍惜的心情，也就非他人所能及。天下最痛苦而難辦的事，莫過於文章上的剪裁「割愛」。文章是表達見解的。放棄見解，談何容易。所以大舜「捨己從人」，孟子頌爲偉大；而從善如流，歷聖傳爲寶語。我們其所以不能捨己從人，是因爲我們總覺得自己的見解好，比別人好。甚至於認定祇有自己的見解是正道，別人的說法，都是邪道，非得「放淫辭」，「闢邪說」不可。人人執持絕對的眞理觀，認定祇有唯一的理是眞理，而此唯一的眞理便是自己所持的見解。我們不要牽涉到哲學的問題。我們祇須認定：第一，就人類的觀點而言之，最高的絕對眞理，是一切一切，都當有益於人生。凡是摧毀人生的，都是罪惡。此所以古人說：行一不義，殺一不辜，得天下，不爲也。第二，我們必須認定：人們觀察眞理，是各就一定的觀點而爲觀察，所以難得眞理之全貌，而祇是各成一種有限眞理；超過限度，便不爲眞。第三，在民主社會，必須確認眞理的多元觀，從多元中去求綜合的統一，不諱言妥協。有人一定要問：對中共是否應該妥協？我不必多談，我祇須聲明：我們人類的世界，是一個有限世界，從而我們必須維護若干最高的有限眞理，如生命之安全，如生活自由，如生計之不虞匱乏，如國家之獨立與統一，必須中共的行動不違反此等眞理，我們才有心情去考慮他們所執持的見解究竟有些什麼可以綜合到我們所認定的最高眞理（共存共榮）之下。

我們要建立民主社會，和諧國民間的關係，我們必須承認自己的見解，是有制限的眞，，須得考察他人的觀點，而採取其所長。自己決非全智全能之神，自己的見解一定有缺陷，需要討論協商。如果一個人認定自己能見眞理之全，那我們便祇有說他是神，非人間所有，尤其非民主社會所宜有。生活在民主社會中，每一個人都是人，而且祇是人。「人人以人待人」，才有團結。

用自己做衡量他人的標準！　此亦可說是時代迷惘之一，亦可說是千古同然，不過在往昔的賢哲，都知道其不應當。自古當權的人，無人不知道選賢舉能，無人肯承認他所進用的人不是人才。自古講交游的無人不是親近正人，避去邪士。然而何以每每邪正顚倒，用非其人，交非其人。其故就在於用自己做衡量他人的標準。自己是怎樣的人，所用所交，便是怎樣的人。同時要想取信於他的人們，也就不約而同的僞裝他那樣的人。相傳淸末有一負盛名的總督提倡布衣，於是大小官吏，無論豪華儉樸，在晉謁總督時，必然穿着布衣。獨有一潦倒小官，於晉謁時穿着豪華。總督見狀，責問何故着此豔服。他答道：總督誤我，我於今穿不起布衣；自從總督穿布衣以來，雖豪華人士，也要購置布衣，以供求見總督時之應用。以致布衣太貴，買不起！總督聞言，不禁啞然。古語云：上有好者，下必有甚焉！何況更加以用自己的好惡取人，怎麼不至於人人揣摩矯飾，使國人同流於虛僞呢？其不肯虛僞逢迎之輩，便祇有潦倒，漫罵，構成嫌隙，破壞團結！

再說人上一百，種種色色。竹頭木屑，各有用途。鷄鳴狗盜，亦能建立殊功。建大業者，必須有容人之量，凡具一技之長者，都在其涵蓋之列。孔子當時，有人歎息，「夫子之門，何其雜也！」不雜不成其大！單調便是孤調。當大事者必須豐富自己的心境，對任何類型的人，都能了解欣賞，都能將他用到恰到好處。人人都能盡其才，人人的興趣便蓬蓬勃勃，集團生機盎然，向心力才能充沛！

用善意批評、時代意識中的毒素，莫大於用惡意批評人而不自覺。對於任何人的任何事件，都自然而然的從惡的方面去觀察推敲。於是而世間上沒有一件好事，沒有一個好人——除自己外。世界成了邪惡的世界，無一個可以信任的人，團結從何說起！所遇的人，都須防備，至少是提高警覺，稍大，是遠遠引避，再大，便是先下手爲强。團結，團結，從何說起！所以如果眞知團結重要，便須革除此一習氣。中國人本來喜歡批評。其實自己是怎樣，，才能了解怎樣。自己的心境不高不大，如何能批評得當，徒造口過而已。最好是：「莫要批評，且去了解！」不然，也當用善意批評。我們如果能用善意看人，便於頃刻間，立覺世人無不可愛可敬而願與共患難，同禍福！

× × × ×

團結不是祇口號所能做到。團結的障礙，不在外界，而在我們身上。團結當從革除習氣起！習氣本是人們的枷鎖。人類的尊嚴，就在他能打破枷鎖，解放自己，使自己能依自己所見的光明去控導自己，團結衆人！團結才有力量！中華民國的復興端賴團結！團結要從革除習氣始！中國人的尊嚴，能否恢復，便看我們能否了解自己，控導自己。蘇格拉底早教我們：了解你自己！

徵稿簡則

一、本刊歡迎：

（1）凡能給人以早日恢復自由中國的希望，和鼓勵人以反共的勇氣的文章。

（2）介紹鐵幕後各國和中國鐵幕區極權專制的殘暴事實的通訊和特寫。

（3）介紹世界各國反共的言論，書籍與事實的文字。

（4）研究打擊極權主義有效對策的文章。

（5）提出擊敗共黨後，建立政治民主，經濟平等的理想社會輪廓的文章。

（6）其他反極權的論文、談話、小說、木刻、照片等。

二、翻譯稿件請附原文或註明其出處

三、凡附足郵票的稿件，不刊載即退回。

四、稿件發表後，每千字致稿酬新臺幣十元至廿元。

五、來稿本刊有刪改權，若不願受此限制，請先說明。

六、來稿請寄臺北市金山街一巷二號本社

論智識分子錯覺中的共產黨

——評張東蓀的「民主主義與社會主義」——

余夢旦

（一）張東蓀的這本小冊子，既無完整的體系，又無獨立的創見，不過文人的搖曳作態而已，本不必予以批評。既而想到這是不少糊塗文人的共同觀點，所以覺得有檢討的必要。一輩自作聰明的人，把他們自己的幻想加到共產黨的頭上去，以爲這是共產黨的眞面目——最少共產黨將來的面目如此，由是欣欣然自得，以爲不難在「新社會」中充「智識的貴族」。等待他們認識中共的眞相的時候，雖然悔不當初，而再回頭已百年身，也祇有徒喚奈何了。這似乎是很普遍的現象；這是共產主義變成二十世紀洪流的最大原因。

張東蓀稱共產黨的統治爲社會主義的民主政治，因爲這種政治，實以個人主義民族主義以及計劃經濟爲骨幹的。不知他有意曲解，還是他根本不了解共產主義——可能兩種原因兼而有之。他的看法，與共產黨實際上統治的方法完全不同。共產主義經過列寧和史太林的實施，已經有了相當的改變，那是事實；但決沒有改變到如張東蓀所說的程度。

根本的說：共產黨的統治，決不能稱爲民主政治。無論就理論或實際言，它都是與自由平等的原則背道而馳的。張氏所提出共產黨統治卽民主政治的最大根據，不過因爲恩格爾斯曾經說過：「迄今民主尚未實現，共產主義者與民主主義者必仍並肩作戰，因爲民主主義者的利益就是共產主義者的利益。」這句話的意義並無含糊的地方，不知張東蓀爲什麼不明瞭。恩格爾斯的意思，祇是說共產黨革命尚未成功之前，不妨利用民主主義者。這明明說共產黨的統治不卽是民主主義。而現在中共之所以恩寵張東蓀這輩挂「民主」招牌的人，正是在那裏履行恩格爾斯的教條。這個自負爲哲學家的人竟連這一點都不能辨別。

共產黨之反對個人主義，那是有目共覩的。正像張東蓀所說的「蘇聯曾經有過一度很不好的現象。……有一個外科醫生大講外科手術的辯證法。有人討論獸醫學上的辯證法，又有人要建立馬克斯的數學。」這一種現象，無非表明蘇聯强異爲同的結果是如此。而所謂强異爲同，當然是抹煞個性。如何能說得上以個人主義爲骨幹？不過他又替共產黨辯護說：「一九三二年以後，「此風已稍殺……至於現在，還沒有十二分改正淨盡的緣故，我以爲是由於在文化方面不比在經濟方面」那樣急於要改正。實際上所謂沒有改正淨盡者，簡直是絲毫沒有改正。因爲蘇聯的那一套，完全根據於唯物辯證法的邏輯。恩格爾斯在反杜林一書中曾說現代的科學都應該是辯證法的，而對於現代科學家很少能用辯證法去思維自然界的現象表示非常遺憾。可見蘇聯有辯證法的一切，並不是偶然的。不僅科學是辯證法的，就是文學也是辯證法的。到了現在，辯證法的意義，又與馬克斯所說者不同。凡是能迎合共產黨政策的才算是合於辯證法的。這亦許就是張東蓀所說「沒有改正淨盡」的改正了。

我們所看到共產黨之努力於摧殘人類個性的地方，尚不止於此。共產黨爲力求統一，對於個人各方面的活動都設有嚴密的牢籠。稍有逾越規矩，就要受到苛刻的責罰。蘇聯的勞動集中營，蘇聯的特務警察，都是世界中最有名的。而這許多惡魔，決非爲解放人類個性者，就是白癡也能知道得很清楚的。張東蓀若在蘇聯，他那本「民主主義與社會主義」決無出版的希望。這是蘇聯尊重他個性所能給予最大的恩惠了。蘇聯的人民，根本不能學習外國的文字，無法接觸外國的智識。天天在看齊的口號之下訓練，變成步伐統一的隊伍。我們常認爲秦始皇的焚書坑儒，是愚民政策中登峯造極的傑作；殊不知蘇聯的方法，實厲害百倍。因爲秦始皇祇想做到大家不知如何反對他，而蘇聯的方法，乃使每一個人成爲它的傀儡。

共產黨的恐怖政策，也是有意用來統一人性的。這人性兩字，用得不很確當，因爲共產黨根本否認人性兩字。認爲人的一切，皆可由物質環境來創造。恩格爾斯以爲產生了唯物史觀以後，「用人們的存在來解釋他們的意識；而不是像以前一樣，用人們的意識來解釋他們的存在。」而恐怖政策呢，實所以創造「人們新的存在」，也所以創造「人們新的意識」。因爲這個關係，共產黨的殺人放火清算鬥爭，都是統一人類類型的方法。而統一人類類型，當然不能說是發展個人的個性。統一人類類型，在共產黨看來非常重要，因爲祇有這樣才可以減少獨裁的阻力，祇有這樣才可以驅使每一個人爲她的政權犧牲。共產黨的施行恐怖政策，也不是偶然的。

張東蓀把不得已三個字作爲替共產黨辯護的惟一法寶；甚至對於恐怖政策，也是用這三個字來原諒的。他說：「據我所知，俄國在最初亦未嘗不是取比較溫和的處置，乃反而因此致反動派擡頭，各地反抗蠭起」，以至「殘忍的局勢被迫造成」。他又說：「我們決不能憑空……討論革命要用暴力與否。這些問題都是出於實際上一時境況的需要所決定。」據張東蓀的解釋，暴力之所以運用，「純出於相逼，卽一方壓制，一方反抗，互相激盪，完全是在實際與情感方面，而與理論並不相干。」這一種說法，我們是不很了然的。被屠殺的差不多都是人民，他們決不能有壓制，就是反抗也不過反抗被屠殺而已。這就會造成恐怖政策的原因了麼？假使說這個成爲理由，那麼任何有武力的人，實在都可以任意虐殺生靈了。

共實張東蓀完全沒有了解馬列主義的科學性。張東蓀所曲解爲偶然爲不得已的，都是馬列主義的科學性所必然有的結果。馬列主義祇有必然，並無偶然。唯物史觀即是階級鬥爭史觀，而近代歷史所必趨的途徑，即是無產者出而專政。不管無產者是否眞能握有政權，而共產黨總是以此爲它的獨裁作辯護的。可是無產者如何能於鬥爭中求得勝利呢？它的答覆，一方面要堅定無產者的階級意識，一方面要盡量肅清對方的殘餘力量。而這兩個目標，決非張東蓀所說的「剝奪有產者選舉權」就可做到的。馬克斯曾說：所有舊國家中的舊制度，均是剝削搾取的工具，甚至宗教哲學以及其他觀念，也莫不如此。所以到了「新」的時代，當然就得以馬克斯主義爲敎條——豈止是張東蓀所說的「半宗敎性」而已，而一切的法律與制度，哲學與觀念，皆須以此爲依歸。共產黨之所以嚴格的封鎖言論，禁閉思想，都根據這個原則。傳統的思想，在共產黨看起來，均係殘餘的封建力量；不加嚴格取締，反動的力量又將產生。而取締傳統的思想，沒有比神化馬克斯的主張更爲有效的。

至於張東蓀所認爲與理論無關的恐怖政策，實在又是從馬克斯思想的科學精神出發的。無產階級的覺醒，無產階級的意識，都得用這個政策來加强。因此，共產黨的所以採取恐怖政策，決不如張東蓀所說的由於對方的壓制，更不是張東蓀所說的由於有產者不肯放棄其既得利益。受共產黨所控制的區域，那許多被殘害的人民，根本沒有任何力量，所以也說不上不肯放棄共既得利益。然而群衆大會的壓軸戲，一定是幾個人的被犧牲。這無非硬要在社會中分出對立的階級，而使得若干人自覺共爲無產階級。何況這種恐怖行爲的繼續進行，更可以加强共產黨對於無產階級的領導。

（二）其次，我們討論張東蓀所說的共產黨的統治與國族主義。他說：「法國大革命的主持者大半皆抱人道主義的思想，俄國大革命的主持者更是國際主義的信徒，然以後的演變却又都歸向於國族主義」。對於這一種理論上的改變，張東蓀是頗爲悅服的。因爲「蘇聯所實行的雖是馬克斯主義的變例，然這正證明只有這樣改變一下馬克斯原意方會實現，不然永無成功之日」。蘇聯因單獨一國實行社會主義成功之故，大倡愛國與本國文化的重要性，這是大家所知道的事實。但同時我們必須知道蘇聯並沒有放棄她的國際主義。國際主義與國族主義本來是對立的思想，而蘇聯却把這個矛盾統一起來了。統一的結果如何呢？張東蓀沒有在他的大著中告訴我們。張氏始終祇知道「國際主義的馬克斯主義是飄浮於天空中的理想，而國族主義的共產主義才能拉到地面上來發生實際作用。」這一種改變是壓迫的結果，是不得已的，因爲「倘使蘇聯不能自衛，不但早被法西斯的德國所滅，並且在這二次世界大戰以前亦早有被推倒被瓜分的可能。」殊不知蘇聯決不是單純的國族主義的國家，不然，我們就沒有方法解釋她所以要主持國際情報局的理由了。

大家所以覺得蘇聯可怕，並不因爲她在一國之內實行社會主義，而因爲她是推動世界革命的。更嚴格的說，她的推動世界也不是頂可怕的；惟有把國際主義和國族主義混爲一談，這才使她成爲人類的公敵。革命原係各國內部的事情。是否需要革命，固應由各國的人民自己決定；而革命後採取那一種制度，更應由各國的人民自己選擇。實在不可能有世界革命之說。比如一九一七年蘇聯革命，但中國革命於俄國之前，德國革命於俄國之後，其餘如英美法意，根本沒有發生革命，可見需要革命與否，各國原不一律。而革命以後三國所行制度，又沒有一個國家是相同的，實亦未能强岐異爲一致。這種情形，就是以馬克斯方法來解釋，也是必須如此的。各國的生產方式，未必一樣，所以各國的改革之道，自然各有其不同的途徑。如何能以一個主義强迫所有的國家去實施？不過世界革命，究竟還有一個空洞的主義可假名。而蘇聯的辦法，却是爲了俄國而使世界革命。爲了俄國而革命，那一切的犧牲，僅足以造成一個蘇俄的世界帝國，並非爲解放痛苦中的人民，所以是一件毫無意義的事情。蘇聯爲着自己的帝國主義而發動世界革命，這在各方面都可以得到充分的證據。第一次大戰之後，德國採行民主。社會民主黨的施政方針，沒有疑問的是漸進的社會主義，而蘇聯因反對折衷派之故，攻擊不遺餘力。德國的共產黨，在蘇聯指示之下，也堅決抱不合作的態度，以至造成了希特勒獨裁的機會。第二次世界大戰之後，英國工黨執政。英國工黨的政策，當然又是漸進的社會主義。而蘇聯因其是英國式的社會主義之故，抨擊之烈，甚至超過了她對美國的謾罵。蘇聯對付南斯拉夫，更顯得她的苛刻無理。南斯拉夫所行的制度，更與蘇聯者接近；可是因爲她不肯忘掉南斯拉夫的利益之故，由是也被國際情報局所斥逐了。

我們相信，二十世紀以來的世界，沒有一個文明的國家不是在向社會主義這個目標前進。固然，各國施行的形式不一樣，各國的成就亦不相同；那是各國必須適應各國客觀環境之故。對於這個進步的力量施以阻撓的，莫過於蘇聯的要統一世界野心。各國所採改革的方式，祇要不同於蘇聯的，蘇聯就將斥之爲反動；就是和蘇聯方式相同而不願充她部下小卒的，也一樣要受她的攻擊與壓迫。由是各國之間，安全的要求乃超過改革的要求，使得進步的速度不知不覺之間遲緩下來。

以中國和美國爲例，我們更可以看清蘇聯所加於進步的阻力爲如何的驚人。北伐成功之後，中國的措施不得不承認其違背了原來的理想。但什麼一種力量造成這個局面？蘇聯所指使的共產黨陰謀統治中國實爲其最大原因。這個陰謀的被發覺，使政府必須團結內部一切的分子以對抗這個外來的侵略，由是反共而落伍的組合皆得到暫時苟存。講到美國羅斯福總統所推行的新政，最少足以節制資本主義的惡勢力，可是二次大戰之後，蘇聯在東歐的擴張，又使新政在美國受到挫折。因爲蘇聯對外擴張的事實，迫得美國起而戒備；而這個起而戒備，很足以提高華爾街的氣焰了。正如馬克斯所說的，相反正所以相成，而蘇聯那種推動世界革命的方法，適足以擋住社會主義長足的進步。

爲什麼一切的革命，必須要統屬於蘇聯的旗幟之下呢？我們想不出這個原因。爲什麼革命的方式與蘇聯的稍有不同就是反動呢？我們更想不出這個道理。蘇聯本身的一切，也還是在適應的過程之中，並無一定的面目。即以她的經濟的組織而言，它的改變已着實可觀了。而說旁的國家就不能有她自已的適應，而必須與蘇聯亦步亦趨的走着同樣的成功與失敗之路，那眞是令人大惑不解的。而且蘇聯勉强各國與她採取同一途徑的結果，逐漸的變成各國爲着蘇聯的利益而革命，這與原來的志趣不知又相差了多遠。波蘭的所謂革命，捷克的所謂革命，羅馬尼亞的所謂革命以至北韓的所謂革命，還不是替蘇聯打先鋒，而置其本國人民的意見於不顧？蘇聯常說國際情報局是種國際性的組織，蘇聯不過爲參加的會員國之一，但決不是就等於蘇聯。可是事實上國際情報局完全受蘇聯的指揮，那是無可諱言的。而最重要的，就是國際情報局的決定，完全以蘇聯的利益爲出發點，那更令人深深體驗到國際情報局不過是蘇聯指揮各國的司令臺而已。在國際情報局控制之下的國家，不能不爲虎作倀，倚着蘇聯的尾巴。由是中共不得不宣言在未來的大戰中與蘇聯並肩作戰；而其餘的國家，也莫不以其資源盡量供蘇聯的榨取，以其險要作蘇聯的軍事基地，以其人民作蘇聯製造軍火的動力。到了這個時候，共產黨的所謂國際主義，在蘇聯是貨眞價實的帝國主義，在其餘被控制的國家就是亡種亡國主義。凡是被蘇聯所控制的國家，假使她們不自欺欺人，一定會對於她們國家的存在深表懷疑的。

蘇聯對於波蘭捷克羅馬尼亞以及北韓中國等等地方的共產黨，都訓令它們剷除當地人民的國家思想。共產主義的正統的解釋，所謂世界革命本來是無產階級革命。沒有國家的界限，沒有種族的分別，祇要是農工，就應該聯合起來，對任何地方的資產者發動革命。根據這一個理論，國際情報局自可以振振有辭的說共產主義沒有國族性，不能破除國族界限的都是反動者。依着這一個宣傳，則波蘭之爲蘇聯所利用是不足道的，中國物資之爲蘇聯攫取是理所當然的，羅馬尼亞油田之爲蘇聯所佔有也不必大驚小怪的。總之，蘇聯的侵略，由此可以在最順利的環境中進行。

不過問題在這裏：所有的被蘇聯所控制的國家不應該有國族思想，爲什麼蘇聯偏要提倡愛國與本位文化呢？被控制國家的人民，有國族思想就是落伍，而蘇聯有國族思想就是進步，蘇聯的危險性就在這種地方！她在這個公式之下，她的侵略變成救世的神聖行爲，她的奴役他國人民，還是爲了仁心仁術。使帝國主義穿上最華麗的衣服的，莫過於蘇聯的那種技巧了。我們所以說，蘇聯的那種治國族主義與國際主義於一爐，實在是一種最可怕的東西。

蘇聯的這個兩重政策，使得蘇聯在外表上常常像是個被壓迫的國家，因此她有充分的理由起而自衛，而對於一般頭腦簡單的人，還可以引起他們的同情與共鳴。蘇聯在其他國家散佈惡菌的時候，這是她侵略的開始，而一般人不認爲是侵略的。就是她以宣傳品指導員甚至武器供給其他國家共產黨的時候，一般人依舊不認爲這是侵略。一直到這個國家內部瓦解，而由共產黨以政變或革命的方式竊取了政權，一般人依舊不認爲這是蘇聯的侵略。可是這種事例一多，蘇聯的勢力當然驚人的膨脹，因之英美這樣的國家就不能不作警戒的準備，如大西洋公約的訂立，對於貧窮國家的經濟援助等等。這個時候，蘇聯的發言人如莫洛托夫維辛斯基之流又要大聲疾呼蘇聯是被封鎖了，蘇聯是被包圍了。舉世的人，祇看到蘇聯的被封鎖，被包圍，而蘇聯的勢力圈却一天一天在那裏擴大。這是有史以來最陰險的帝國主義！

（三）講到計劃經濟，這並不是共產黨的發明。張東蓀所盛讚的蘇聯計劃經濟，共他國家儘有作同樣嘗試而同樣成功者。而這個國家，並沒有經過暴力的革命。合理的事情總必實現；愈沒有暴力的擾亂，共實現且必愈爲迅速。這是有充分的現實作證明的。我們倒不是認爲革命必須避免的，假如革命的目的非用革命的手段無由達到。但是在相反的情形之下，革命的目的如可用和平的手段完成，那實在沒有非武力革命不可的道理！

共產黨雖然堅持階級鬬爭爲消滅階級的方法，但在蘇聯實行的結果，却產生了新的獨佔政治的特殊階級。史太林貝利亞以及環繞他們左右的紅星，專以統治人民爲事。當他們爲彼得大帝的夢所沉醉着的時候，工人辛勤的血汗，亦不過造成一班特殊新貴的豪奢。任何獨裁政治的結果都是一樣的，獨裁者祇知道欣賞自已的尊嚴與光榮，而決不了解全體人民的痛苦與憤怒。張東蓀所盛讚的蘇聯計劃經濟，除掉是榨取勞動最澈底的手段以外，究竟增加了蘇聯人民什麼幸福？恐怕只是增加許多奴隸勞工的寃魂罷了！

張東蓀這個人，應該尚能辨別白黑。然而他所說的蘇聯的個人主義，其實是獨裁；他所說的蘇聯的國族主義，共實是侵略。他這樣的指鹿爲馬以向蘇聯歌功頌德，除了無恥的投機取巧以外，沒有別的方法可以解釋。

我們需要一種健全的政治教育

張中文

自從大局逆轉以來，一般自命爲聰明的人士，多紛紛變節投共。其轉變之速，眞令人怵目驚心。許多平常認爲與政府關係最深的人，都不崇朝而變爲共黨。這種翻雲覆雨，毫無廉恥的作法，即在軍閥混戰時期，稍有氣節的人都不做。何況是投向聽命蘇俄，與民爲敵的共黨呢！然而許多「聰明人士」，竟這樣作了。一般無恥投機份子，和那些不値一提的可憐蟲，還不足奇怪，而最令我們痛心的，乃是有許多平素頭腦比較淸楚，操守比較良好的人，也跟着這樣作了。這般人，若全以投機來解釋，恐非持平之論。他們所以如此，也是根據他們對政治的認識與信念。政治原是要有認識與信念的，而現在認識與信念却促使他們鑄成如此大錯。這就足以發人深省了！我們推求原因，發現其根本的癥結，乃在我們缺乏健全合理的政治教育。我們想到這幾年來國內若干的狂言謬論。許多青年的盲從和蠢動，全都是由於同一原因。這一原因若不設法解決，今後的政治風氣決不會變好。這實在是一個根本的問題。有提出來請大家注意的必要。

我不是說我們的大學裏沒有政治學系，我並且知道我們也曾經設過以「政治」命名的學校。但這都不能稱爲政治教育。因爲這些學校中的政治學，一直到現在，似乎只是給人家以政治學的形式，而沒有給人家以政治學的精神。不然，我們國內政治的風氣，和普通人民政治的常識，決不會壞到現在這個地步。

但政治學的精神何在？有些自命懂得政治的，他們深知政治是要做事的，政治是爲人民的，並且是爲人民所有的。因此他們竭力講求政府的效能，積極爭取人民以樹立廣大的群衆基礎——這種見解，自然遠較舊式官僚的心理要高明些，並且看來好像近似「政治」的眞諦，但實際却仍是只知其一不知其二的皮相之見。不錯，政治自然要講效能要辦事，但究竟要辦什麼事？應該怎樣辦？政治自然是爲人民謀福利，自然是要爭取群衆，但我們究竟應該把這爭取來的群衆帶到什麼地方去？究竟什麼才是人民的幸福，什麼才是最可欲的境界？這一些實是最基本的問題。這些問題若不得到正確的解答，前面的認識將無所附麗，前述的努力將歸盲目，甚且會是倒行逆施，賊害群衆，此理一經說破，便是最爲淺顯自明的道理，無人能夠否認。但是一般流俗的從政者却很少有人對這問題好好的想過，很少有人對這問題有個淸晰正確的概念，一般人所想到的，最多不過是經濟問題的解決，求得豐衣足食享受充裕而已。例如講求分配的各種社會主義，便往往是流俗所最豔稱企嚮的，吃飯自然是要解決的，並且是人民迫切需要的問題，但人類的問題並不止於麵包，此外還有更重要更高尚的問題，絕不能僅爲這一件事而忽略了或抹殺了其他諸般的事。須知政治是人生的延續，說句粗淺的話，政治就是爲的實現人生。若違反人生的旨趣，政治又還有什麼意義。因此研究政治的，獻身政治的，必須要懂得人生。對人生有正確的觀念，然後才能算眞懂得政治。因爲後者才是政治的最後目標。目標若弄錯了，那末你自命懂得的愈多，便愈加强你的愚昧，這就正如一柄利斧，若是砍的方向錯了時，愈鋒利就愈要增加損壞一樣。然而今天大家所犯的毛病却正是如此。我們姑拿最近投共的政治學名教授張奚若先生來說吧，在北平時有一次我到他家裡，大家談起當前的問題，他便稱頌現在的青年如何有組織能力，如何會團結奮鬥，接着又指責政府如何愚而自用，橫肆專制，認爲這種專制政府只有崩潰消滅，當時我覺得他的話實在太偏了，便問他道：「共產黨不是更專制嗎」？他說：「不錯，共產黨是專制的，不過那是有計劃的專制」，言外之意便表示後者是可擁護的，我眞不懂這是什麼道理，難道因爲前者的專制不够，而有計劃的專制才够澈底，才值得擁護麼？張先生是國內有名的政治學老教授，能說他對政治學沒有造詣，對政治沒有認識麼？他賞識青年們組織奮鬥的能力，是很對的，但是他却忘了青年們這些能力是在辦的些什麼事。假如這種能力是用於破壞，破壞教育，擾亂社會，把國家往蘇俄的懷抱中送，那麼這種能力，不有也罷。同時他又忘了，專制是戕賊人生的。戕賊了人生，又還有什麼政治目的可談？他所以犯了這種嚴重的錯誤，原因很簡單，就是他只知道政治現像的表相，而對政治本質的人生却沒有認識，因此他雖自命爲懂得政治，而實際上如果一般人都信了他的話，國家非至顚覆不可，民生非走上絕路不可。一個政治學的老教授尚且如此，其他更不用說了。大家對政治的知識既不正確，語云「生於其心，害於其事」，其在政治上的表現，自然要流弊百出，難求正常，甚且會倒行逆施逾常軌了——這正是當前國人政治陷入岐途政治操守蕩然無存的基本原因。我們要掃除這種惡劣現象，唯一對症下藥的辦法。便是樹立一種健全的政治教育。

我們中國過去是有政治教育的，大多數的學子，自束髮受書起，所學的，所讀習的便是如何修齊治平的課題。這種教育，以現代的眼光看來雖然貧乏簡陋，但其內容的成份，照過去的時代講，却極健全整齊。我們只要分析一下他們的教材就知道了。我們過去兩千多年政治上大體還清明合理，就正是受此之惠。四五十年來，這套教育系統完全打破，於是便不再有眞正的政治教育了。縱令有些，也因受了近代學科分類的影響，而只專攻政治現象的表相，尤其是許多形式方面的東西——因爲他更易成爲學科研究的題材——至於許多基本的問題，許多重要的前提却都擱擲到研究哲學者的領域中，而根本不去過問了，這眞是所謂「捨本逐末」了。試問又怎能不生流弊？這種流弊，在九一八後政府也好似有些覺察，所以竭力的提倡新生活運動和固有道德。其用意原也不可厚非，但可惜既未能配合時代，抓住學術思潮的重心，又缺乏深容而生動的領導力量。只把些陳陳相因的多烘老套來湊數。結果只有令有識者覺其無謂而已，還如何能發生良好的教育功效？這段故事正可以作我們建立未來健全政治教育的殷鑑。我們知道過去是曾有一種整齊而健全的政治教育的，我們又知道當前是亟需一種這樣的教育的。但是我們却不能把過去的那一套搬出來就算達到目的。須知教育終是教育，學術終是學術。他必須仰賴偉大的思想家來草創舖路，建立規模，他必須要由學術上取得大衆的服膺與景從，然後才能發揮陶鑄群倫的效能，而成爲社會上共同承認共同接受的一種健全政治教育。這一種的內容究竟怎樣，我們還無從預知，同時也非此短短的篇幅所能討論。但從過去的啓示和其應有的需要來看，我們可以預測他一定要是多方面融會貫通的眞實指導，而不能是書呆們的觀念遊戲。他一定是要從理論到實踐，從人生到政事，從原則到技術，都是貫穿一起面面妥當的，否則他便不能擔負起應有的任務，而不能稱爲一種健全的政治教育。這中間尤其有一點要注意的；就是我們一定要作到能有一個正常合理的人生信念來作每一個幹政治的人的心理背景，以使他們的一切理想和行爲都能自然而然的符合人生，有益人類的正常發展。然後這套教育才能算是成功。

最後關於樹立健全政治教育的工作方面，筆者還想借此機會貢獻一點較爲瑣碎，但却具體的意見。今天研究政治學的主要所在，自然要推大學中的政治系。因此在推行上述工作中，一定要擔負起應有的責任，但是按照現在政治系中所開的課程，及各課程所講的內容，顯然是不能負起其應有的任務的。大家若只抱着公式主義，抄襲主義，只要能排人家所排的課，而各科又只要能講人家所講的內容，就認爲滿足了，那一切就不必談了，反之若能不拘泥於現有窠臼，而對實際的要求，而想去完成上述的任務時，那末我們便一定要對政治系的課程重新檢討，重新排訂，除了一般例行的課程外，要能直接去研究政治的基本問題，把握着政治演進的主流，不能一味的去摭拾糟粕陳跡，推敲技節末流。姑以制度的研究爲例來說，不能一味的只在考訂背誦英國制度如何，美國制度如何，蘇聯制度又如何。而對於在什麼國家應有什麼制度，在何種情形應有何種安排，這些切要而有價值的問題，漫不討論，一無所知。試看近幾十年來熱心政治改革者，不是你搬一套英國的內閣制，就是我搬一套美國的總統制，或者是再搬一套蘇俄的布爾什維克制。但是中國本身究竟應該建立什麼制度，却沒有人反覆詳盡去研究過。其所以有這種現象的發生，就是因爲大家只學過各種既成的制度，而不曾研究過怎樣去立法定制。若拿醫學來作譬，就好似只懂得幾種成藥的性能而却不會診斷開方一樣。請問這樣的人還能當醫生嗎？政治系中的課程也不能僅以研究既成制度爲限，而應進一步的去研究立法定制的原理。——這不過是就制度研究的一方面來講而已，其他各方面的課程，也無不應本此道理澈底檢討，重行擬訂。

政治系的課程，全盤改訂，自然不是一件容易的事，一時難以作到，但起碼我建議應該先添設一門「政治與人生」的課程，以便給學生一個機會去探尋政治的究竟。因爲政治的目的是在實現人生，假如學政治的都能對人生有清晰健全的認識，則流風所及，試問誰還會爲了莫須有的政治目的，去推行鬥爭清算等背叛人生的獸性慘劇？自然這種課程的開設，也非易事，我們可以料得到講授的人才難於聘請，因爲：第一學政治的不見得懂得哲學，而學哲學的又往往缺乏政治和社會科學的適當基礎。第二懂哲學或政治學的也往往是只知道前人的學說，而不一定有自已的看法與結論，不足以指導人生，領導政治，——但這種困難却非無法突破，這種人才也絕非不能找到，不過稀少難求而已，總之一切事，都是有困難的；唯有突破困難，才能成功。

論反共聯合陣線

——中國自由人民當前最嚴重的課題——

李中直

（一）

隨着昆明康定的叛變，和成都灌江的撤守，中國的反共武力在大陸上對它的敵人所作有組織的反擊，已經進入了最後階段。整個的大陸國土在赤色狂濤洶湧澎湃的衝擊下，到今天可算是全部沉淪了。回想由辛亥革命艱難締造的中華民國，還不到四十年的工夫，弄到如此地步，眞是叫人臨文零涕，不知所云！

共產黨在中國的發展，自「馬克斯主義學會」成立起，在所謂「第三國際」的導演下，從無到有，從發生到膨脹，從「長征」到「解放區」的建立，從抗戰勝利時的絕對劣勢到徐蚌會戰後的壓倒優勢，從江西瑞金的「蘇維埃」，到北平古城的「人民民主專政」，這一陣狂風暴雨，眞是非同小可。一年以來，又似疾風迅雷，排山倒海般的，自北而南，從東向西，席捲了全部的中國大陸，吞沒了所有的文明城市。當年的「匪首」，今天則已變爲割宰數萬萬中國善良人民的暴君了。而在另一方面，繼承了辛亥革命偉大傳統而建立的國民政府，二十多年來一直是中國唯一的合法政府。它曾普遍的爲中國人民所擁護，它曾爲世界各國所承認，中國人民支持它完成了北伐統一，中國人民支持它擊敗了進侵的强鄰。在抗日戰爭勝利的時候，它還擁有數百萬雄師，陸海空三軍可稱得上遠東空前的勁旅。而其結果却是一再挫敗，損兵失地，到今天所能有效控制的地區，祇有台灣海南金門定海等幾個海島了。十年來，雙方力量相對的消長，優劣的易勢，簡直成了一個强烈的對照。

一年以前，對共產黨作戰祇是政府戡亂決策下的一件工作，而一般人民的責任也不過是協助完成這件工作而已。在政府方面，這個亂戡與不戡，明白點說，即是要戰還是要和，多少可以自作主張；在人民方面，這個責任盡與不盡，或盡到甚麼程度，也似乎無關緊要。在過去幾年中間，我們曾看到政府幾次重申戡亂決心，也曾幾次與共黨談判媾和；我們曾看到許多人民對於這個戰爭作靜觀以至旁觀的姿態，甚至於公開地反對戡亂。然而時至今日，在大局急轉直下，形勢優劣互異的過程中，全國每一個角落，每一塊土地，不是逐漸暴露在共黨勢力的控制之下，便是隨在感受到它的嚴重威脅。每一個中國人民，都已直接面臨到這個問題：在反對它或者全部接受它之間，必須作一個嚴重的決擇。由於共黨暴力的蔓延和擴張，由於這種暴力的獨佔性和極權性，今天，反共問題已經是全國人民自己的事，而不只是政府可以自作主張的一個戡亂政策了。

在過去，由於共黨武力雷霆萬鈞蒙頭蓋地的壓下來，由於它巧妙的欺騙宣傳，同時也由於執政當局相當不良的作風，若干人士，若干地區的大部分人民，對於共產黨勢力曾表示過消極的不反對，以至於積極的歡迎。過去政府軍隊的一再遭受挫敗，和這種情形亦不無關係。可是，在最近一年中，雖然它的氣燄是無邊高漲，雖然它控制的地區是一天天增大，而民心的向背却已和一年前迥然不同了。一年以來，千千萬萬的民衆揭竿而起，各地反共的武裝力量，風起雲湧般地茁長壯大；千千萬萬愛好自由的人民，都寧願離鄉背井，披艱犯難地投奔自由的國土；即是無力起來反抗，又無法走脫而屈伏在它的淫威暴政之下的大部分善良人民，也莫不滿懷憤懣恨惡之情。因此，基於這些不容忽視的事實，在今天，縱然是政府在軍事上着着失利，縱然自由中國的地區祇剩下幾個海島，而中國自由人民眞正的反共革命事業，却已經在全國人心中紮下了穩固的根基。除了共黨自身和它的同道者以外，反共鬬爭的要求，已經可以說是全國人民總的意願方向了。

（二）

戰爭或戰鬥的目的自然是要打倒敵人而得着勝利。可是戰爭不是下棋或打球等遊戲，只是爲勝利而要求勝利；戰爭背後必更有其積極的目的。今天，反共鬥爭既然是全國人民自己的事情，既然是全國人民一致的要求，那麼，「共」必有其所以該「反」之道，反共必須有其理由和目的。由於人類的思想，意見，願望和意向等的天然不能完全一致，因此對於反共的理由和目的也未必人人相同，我們不能一相情願地拿自己的意見來作爲一般的代表。可是就在這一點上，我們也可以看出一個最根本的共通的反共理由。因爲共產黨所代表的是一種絕對一元化的布爾雪維克極權主義的思想，它絕不容許任何與它不相合的思想的存在；它對任何人都有主動的强制性。你不贊成也得贊成，不信仰也得信仰，不跟隨也得跟隨，不服從也得服從。在這種情形之下，若是你仍舊不贊成它，信仰它，跟隨它，服從它，那麼便不反對也得反對了。從這裡我們可以知道反對這種强制性的作風，反對是這種極權主義的政治，實在是所有反共理由中最根本而共通的。

既然反共的根本共通理由是反對强制性極權政治，那麼屬於積極方面的反共所要求的共通目的，便應該是各種不同的思想得以同時存在，並且得以在同等的基礎上和不相侵害的原則下各自要求實現——一句話：就是自由和民主。

（三）

中國愛好自由的人民——也就是所有的非共產黨人——既然不能不起來參加反抗布爾雪維克的戰爭，那麼，在這戰爭的進程中，我們目光注視的焦點除了不能離開我們爲何而戰的最根本的共通目標外，爭取戰爭的勝利，爭取戰爭的儘早勝利，應該是一切決策的基本着眼點。從這個着眼點出發，我們將會發現兩個必須遵守的原則：第一、我們必須動員結集一切可能用來反共的力量，使它不被遺漏。第二、對所有反共的力量，必須作合理的安排和利用，使它不被浪費。依據這兩個原則若是我們再繼續推論，那麼反共陣綫的要求必定是：基礎愈大愈好，分子愈多愈好，只要一種力量在性質上與共產黨是衝突的，都應該是反共陣綫的成員。因此，除了共產黨和共產主義的思想以外，反共陣綫應該迎歡一切階級，一切思想，一切種族，總之，一切一切的力量。唯有把這一切一切的力量都綜合起來，善加利用，才能够撲滅共產黨這狂燒的火焰，使人類數千年的文化遺產不被毀滅。這是就着效果來說，但是要獲得這種良好而必要的效果，就必然要有獲得的方法和手段。否則，仍然只有望洋興嘆，靜待世界末日的降臨。那麼，究竟獲致這種效果的手段是甚麼呢？關於這個問題，可能有很多種似是而非的解答。但一個不能忽略的事實，那便是反共陣綫是各種各樣的不同性質力量的結合，一種力量有一種力量的特質和個性，它們的所以反共，一個主要而共通的理由，就是要保持它們的特質和個性，因此，反共陣綫決不能再愚蠢的走共產黨的老路，而自取滅亡。另一方面，反共雖然是每一個反共分子自己的事，但是我們必須創造一種環境，使每一個反共的個體有這種親切的感覺。如此所有反共的個體，就必須都能够站在一個公平平等的基礎上，運用同等的主權爲反共而奮鬥。因此爲了獲致反共而必要的效果，我們只有使用民主的手段，才能够把一切反共的力量都綜合起來，使它不被遺漏和浪費。換句話說，反共的陣綫，應該是一個以民主爲最高指導原則的聯合陣綫。

實在說起來，反共的戰爭是整個文化的戰爭，它不僅是民族的，社會的，而且也是政治的，思想的，生活的。「個體主義」（Individualism）和「集體主義」（Collectivism）是西洋思想領域中的兩大主流，兩千多年來，不斷的衝突。前者發而爲近代的民主主義，後者產了近代的極權思想。由於集體主義和馬克斯主義的結合，政治的極權性遂發揮了登峯造極的本領。共產黨所以失掉了人民大衆，最重要的原因還是這種極權思想的作祟。而我們今天想要在反對它的戰爭中爭取勝利，無論就目的或手段來說，都必須走另一條途徑。那便是民主的途徑。我們走民主的途徑來動員，結集和安排一切反共的力量，構成一個反共的陣綫，它必然是一個多元的聯合陣綫。因爲要爭取反共戰爭的勝利，因爲要爭取反共戰爭的儘早勝利，這個以民主精神作爲最高指導原則的反共聯合陣綫，當前實在迫切的需要。

（四）

自從列寧起共產黨徒執行他們的策略，就一直應用着馬加維里的原則。他們煽動無產階級的情緒，發動群衆運動，只是用一些騙人的口號。愚民政策是共產黨的拿手好戲，他們把知識份子看作共產社會的細菌，就是他們用作控制群衆工具的幹部，充其量也不過是學習一些馬克斯教條的八股而已。可是雖然如此，所謂「思想問題」在共產黨並不忽略，今天共產黨正推動着的所謂「世界革命」，原是一種政治思想活動的形象化。有了「共產黨宣言」（一八四八），才產生了繁殖率極高的赤色細菌，有了馬克斯的學說，才使赤色細菌壯大起來。在一個政治運動的前面，往往先有一個思想活動的序曲。當一個實際的政治活動展開了以後，而那啓開序幕的政治思想又變成了它的最高指導原則。我們可以說一般的共產黨人都沒有思想，但是我們不能說共產黨不注意思想問題。在思想和理論上打倒了馬克斯雖然不一定能够結束了共產黨人的活動，但是和共產黨人作殊死鬥爭的我們，卻同樣的也不能忽略了思想的問題。用來直接對付共產黨，思想問題，或者僅居於次要的地位，但是我們自己的行爲卻需要正確思想的提携。因此，在反共聯合陣線的成長中，如何處理思想問題應該是我們的第一個課題。

由於我們把民主奉爲反共聯合陣綫的最高指導原則，而思想自由又是民主邏邐下來的必然結果，因此談聯合陣綫的思想問題，很顯然的不是，也不可能，更不應該，創造或選擇某一種思想作爲統治思想的工具，來和共產黨主義針鋒相對，而是把各種不同的思想，運用民主的原則作合理的安排。具體一點說：反共聯合陣綫對於思想問題的處理：第一是處理思想與思想間的問題。第二是處理某種思想是否違背反共原則的問題。除此以外，有關於思想的活動就不再負有責任，也不應該再有責任了。

依据思想自由的原則，只要某一種思想的信徒不非法的使用暴力作破壞的行動，那麼，任何一種思想都不應該被排斥，任何一種思想的信徒都可以依据言論自由的原則爲了它爭取更多的信徒。但是「反共聯合陣綫」的產生，自然要有所肯定，也有所否定：它肯定的是民主，是自由；它否定的是共產黨，是共產主義，是極權主義。因此反共聯合陣綫的思想自由和言論自由，絕不能够超出了這個肯定和否定的界綫，否則，過與不及，都不是聯合陣綫所需要的。

被包容於反共聯合陣綫中的政治思想，都至少具有兩個力量的指標，其中一個是共通的，那就是向着民主的指標，另外一個是不盡相同的，那便是向着社會問題的指標。社會主義者理想的社會和自由主義者理想的社會，就有顯著的不同，而三民主義者理想的社會又是另一特質。但因爲我們都是民主主義的信徒，對於社會問題看法的分歧是沒有關係的。單就着反共一點來說，民主主義的信徒應當彼此批評，檢討和鼓勵；單就着解決社會問題一點來說，帶着不同目光的民主主義的信徒，應當作公平合法的競爭。民主給人類的思想保持了分歧的特性，民主也能透過批判的作用把人類各種不同的思想的力量綜合起來。

（五）

「民主原則」是反共聯合陣綫中的最高指導原則，我們既然要根据這個原則來處理聯合陣綫的思想問題，當然也要根据它來處理聯合陣綫的組織問題。因此，第一步，凡參加聯合陣綫的團體和個人，必須是承認和遵守「民主原則」的。凡是不打算遵守這個最高原則的個人和團體，在反共聯合陣綫中都不能取得合法的地位。因爲若是讓他們取得合法地位，便等於放棄原則了。同時，因爲他們在聯合陣綫中而不遵守共同原則，聯合陣綫的力量必將被抵消被削弱，聯合陣綫的組織必將漸趨於瓦解。

民主有它客觀存在的具體內容，祇是口頭標榜民主算不得數，必須在行動上遵守民主的具體原則。毛澤東及其黨徒對於「民主」的口號是叫得最響亮的了，他所建立的政權便叫做「人民民主專政」。但是它眞的便「民主」嗎？我們無法作正面的回答。因爲它在實質上絕對違反了「民主原則」。第一，既說「人民民主」，「人民」這個籠統的名詞，當然其指意就該是包括人民全體，人民全體是無法專政的。專政必是一部分人「專」另一部分人的「政」。毛氏提出工人階級，農民階級，小資產階級和民族資產階級聯合專政的口號，則在這四個階級以外者無疑是被專政的。如此，則「人民民主」將何以自解？第二，「人民」一詞所指如果不是人民全體，而祇是那四個階級的人民，則「人民民主專政」可以解釋爲「四個階級的人民聯合起來對其他的人民專政」。「人民民主」二字呢？在這裏祇能用於聯合之中，用在別處却是講不通的。那麼這種聯合便應該是合於民主原則的，凡參加聯合者都應該站在同一公平平等的基礎上。然而不然，毛氏在四個階級中又特別「選」出工人階級爲領導。於是，聯合的陣營中先天地就有主從之別了。這又能說是「民主」嗎？第三，在實際作爲上，尤有進於此者。工人階級領導了其他三個階級，黨又作了工人階級以上的最高領導。黨，特別是布爾雪維克的黨，組織是其靈魂，自然又以領袖爲最後依歸。這樣下來，一切都在毛澤東一人的控制之下，祇剩下赤裸裸的個人極權，與「人民民主」相去不知幾千萬里了！

共產黨靠着農民暴動起家，又宣言以工人階級來領導「人民民主專政」，而今天，農民和工人在它統治地區却是反共最激烈最堅强的力量，這誠然是對其口號上標榜民主而行爲上實行極權的一個天大的諷刺。

共產黨講民主，講聯合，却排斥了民主原則，因此造成了今日全國人民普遍的反抗它。反之，我們要想擊敗它，消滅它，那麼我們的「聯合陣綫」必須澈底遵守民主原則，而不能蹈共產黨的覆轍，走入絕路。具體的說：它不應該是一個單元的政黨，而是一切反共組織的聯合；在它的各個分子之間，不應該有主從的分別，大家都應該站在一個平等的基礎上，作公平的競爭；聯合陣綫中的每一分子，都必須具有寬容的精神，容許合法的異己者公開的存在；聯合陣綫中應該具有澈底的批評，和討論的精神，而使任何弱點無法隱藏，一切優點顯露出來；聯合陣綫應該遵守多數和妥協的原則，使一切議案能够得到一個可以進行處理的結論。民主的組織並不是一具無血無肉的骨骼，而是一個具有永久生命的有機體。

（六）

由於我們能够在自由中國的土地上獲得討論聯合陣綫的權利，因此聯合陣綫對於自由中國現存的一切條件就應該是繼承的，選擇的，而不是全盤否定的，也正如在鐵幕中國根本上不容許我們享受絲毫的自由和權利，所以我們才要根本的否定它。

「聯合陣綫」是屬於人民一方面的，因此聯合陣綫，並不就是聯合政府或聯合執政。在聯合反共的行動中必須要有一個統一的政府，由於聯合陣綫對「自由中國現存的一切條件」「應該是繼承的，選擇的」，因此它就有對現在存在於自由中國土地上的，承辛亥革命的傳統建立而仍爲大多數民主國家所承認的政府，維護及加强的義務和權利。直接代表中國反共人民的「反共聯合陣綫」，並不是要否定現存的政府，而是要把它拉到一個廣大而健全的基礎上。一個能够澈底執行反共的政府，它一定需要一個强大的反共聯合陣綫的支持；而「强大的反共聯合陣綫」要想發揮它的力量，也必須透過一個健全而統一的政府。

（七）

在抗戰期間去世的中國近代兵學權威蔣方震先生，在檢討第一次大戰德國失敗的原因的時候，認爲德國政府當局在掀起戰爭及戰爭進行期中，始終沒有能够明白的指出德國作戰的眞實目的，弄得德國人民如墮入五里霧中，不知道究竟爲何而戰，是她所以致敗的主要原因之一。原來德國眞正的敵人是大英帝國，但她偏偏先對法國宣戰，而刺刀的尖端又轉插到俄國人的頭上，這樣拿着德國人的生命開玩笑，而可憐的德國 命只有一條，戰爭豈有不失敗之理？眞的，使參戰者切切實實的弄清楚他究竟爲何而戰，確是獲取勝利不可或缺的工作。在一七七六年七月四日前後，美國人（保皇黨人除外）要求獨立的基本態度決沒有顯著的區別，在這以前獨立戰爭的火總是不能普遍的燃燒起來，革命軍的陣容總是無精打采，七零八落，了無生氣，一再遭遇被殲滅的威脅。可是到了一七七六年七月四日，由哲斐遜起草的獨立宣言發表後，新大陸上的人民爲何而戰的目標鮮明了，淸楚了，於是要求獨立之勢如野火燎原，到處焚燒。中間雖然也曾不斷的遭受挫敗，但是愈挫愈勇，前僕後繼，直打到大英帝國承認獨立爲止。今天我們爲爭取民主自由所從事的反共抗蘇戰爭的途程，較美國的獨立戰爭更艱巨，更漫長，也更複雜。我們必須動員一切力量，投入推動這個戰爭的熔爐。爲了使我們的陣容迅速的變爲堅强有力起見，我們必須及早發表一個足以說明我們究竟爲何而戰的宣言，作爲反共聯合陣綫的靈魂。這個宣言應該綜合反映所有中國自由人民，也就是反共聯合陣綫的意見。任何反共的團體或個人都可以在這個宣言上簽字，但簽字後，必須要爲它所標榜的理想而奮鬥，至少也不能有破壞的行爲。

最後聲明一點：筆者無意爲「反共聯合陣綫」設計一個完美的方案，只是鑒於問題的嚴重，認爲需要一個强有力的聯合陣綫。前面所述，不過就個人感想所及，拉雜的寫下來，以爲愛好自由民主，反共抗蘇者的參考罷了。（完）

戰鬥中成長的中國新海軍

謝永炎

越過一段艱苦的戰鬥歷程之后，中國新海軍，已脫離襁褓，鍛鍊成自由中國海上堅强的反共力量。他不僅是一支維護中國領海實力强大的武力，擴展自由中國海上反共力量的重要軍事因素，就整個遠東防共形勢論，他的成敗，乃至可以左右整個亞洲西南太平洋反共軍事的前途。

中國之有海軍，遠始於遜清末葉，距今有八十年歷史。自甲午之役，敗於日本，全軍覆沒，此后，雖有海軍，不過爲歷次中國內亂中軍閥政客分裂割據的工具，其實力噸位，都無足稱道。迨革命軍興，北伐統一，國民政府曾着手重振海軍。迄抗戰之初，海軍實力最高有艦艇五十七艘，排水量五萬六千餘噸，其直接供獻於抗戰者，有淞滬消耗戰，拱衛首都諸役。武漢保衛戰以後，廣州相繼棄守，大陸論陷，海岸線全部喪失，我慘澹經營之海軍基礎，至此幾被日本全部摧毀。

中國新海軍實際誕生於抗戰勝利之後。就時間論，新海軍整個成長過程，至卅八年底，不過四整年，卅五年和談決裂，共黨稱兵叛亂，新海軍組成之初，即秉承政府戡亂政策，肩起剿共任務。前期的舟山羣島剿共之役，渤海灣大小數十戰役，蘇北沿海清剿戰役，營口之役，塘沽及青島保衛戰役，……此一時期，爲新海軍成長最高時期。一面建設，一面作戰。這個時期，延展到長江保衛戰爆發之前。（三十七年底三十八年初）新海軍在這個時期，突飛猛進，迅速成長，其建軍基礎，即於此時底定。

今（三十八年）春，和平幻滅，長江保衛戰揭開，新海軍在長達八百里的正面與共軍爲戰，安慶之役，殲敵一軍，將共軍鑽隙偷渡的陰謀完全粉碎。長江戰役之後，上海保衛戰繼起，以後青島戰役，長山八島之役，新海軍無不以英勇的姿態，艱苦的奮鬥，進攻共軍，造成歷次輝煌戰果，使共軍懾於海軍攻勢，遲疑進犯，或根本變易戰略，用政治陰謀超越軍事。長江保衛戰，爲極明顯例證。

上海保衛戰後，東南中國戰局驟變，新海軍縱身海上，日以繼夜的不斷奮鬥，執行關閉港口，維護領海安全，進行港灣島嶼保衛戰，現正在長達三千海浬的遼闊海洋戰場上，從事反共鬥爭。此一時期，顯然爲新海軍奮鬥成長的戰鬥最高時期。以後，反共戰事進展，將是新海軍進程中，另一個新的戰鬥階段，應與其戰鬥成長的前一時期，完全有別。儘管執行關閉港口戰的奮鬥本身沒有變化，隨着世界反共形勢的明朗，反共戰爭劃分前期，新海軍的奮鬥，應該是一個新的更大的反共奮鬥展開之前的考驗。（這個考驗的結論，下文將予翔申。）

透過那個戰鬥成長過程，新海軍已經擺脫戰鬥撫育的襁褓，形成自由中國海上强大反共武力。這個武裝力量，在西南太平洋上，尚無出其右者。

至此，吾人對新海軍的建設過程，已具有一個概念。新海軍的建設成長過程，是一個完整的戰鬥過程，他所得以從容建設的時期，爲時極短。

新海軍眞正形成一支自由中國海上反共力量。是執行關閉港口戰，截阻共黨自東南中國大陸以外地區發展。同時散佈在長江口南北兩岸，長達三千海里的戰鬥地段作戰，掀起自由中國日以繼夜不息的海上反共戰鬥。這個雙重戰鬥任務，對於在戰鬥中成長的新海軍戰鬥力和成就，是一個無情的考驗。因此，我們可以確定，關閉港口戰，是自由中國海上反共力量成長問題的重心，這個戰鬥任務，能否有效完成，對新海軍的成敗，有決定性的意義。

根據中外新聞報導，已有過的關於新海軍執行關閉港口戰零星紀載，我們綜合分析如下：

甲、關閉港口區域：

自閩江口北東徑二十九度四十分，北緯二十六度十分起，往北至遼河口東徑一二二度廿分，北緯四十度三十分止，中間經過永嘉、寧波、上海、青島、天津、秦皇島、營口等數達五百以上島嶼港灣，包括閩、浙、蘇、魯、冀、熱、遼七個省。全長一千二百八十餘海浬。金廈保衛戰展開，廣州轉進以後，關閉區向南伸延到雷州半島，及其以南的中國海岸線。自汕頭、廣州、三灶，湛江、雷州半島達北海和欽州灣，歷盡南中國領海。

乙、戰鬥地區：

1.舟山區。2.長江口南北區。3.杭州灣區。4.溫州區。5.福州區。6.平壇區。7.廈門區。8.金門區。9.馬祖區。10.汕頭區。11.三灶區。12.湛江區。13.秀英區。14.北海區。15.長山八島區。16.鎮海區。

以上，不過勉强就形成每一次戰鬥較爲激烈而時間連續在一週以上者。事實上，新海軍乃在形成中國領海的四萬平方公里海上作戰，所有新海軍戰艦足跡所至之處，即應列爲關閉作戰地區。

丙、戰果：

（一）戰鬥次數：

A大戰：五十餘次。

B小戰：三百七十餘次。

以上就有計劃的出擊，戰艦出動在一艘以上者爲大戰，以下爲小戰。所有經常日以繼夜不息的巡戈，以及執行關閉勤務均未計列。倘以夜巡搜索行動計，駐定海防第一機動砲艇隊一隊，亦將超出上述綜合戰鬥次數。

（二）截擊船隻：

A截獲共輪：1.「北降」，2.「大成」，3.「樂怡」，4.「同豐」，5.「德豫」，6.「降美」，7.「濟華」，8.「新永順」，9.「同享」，10「六一六登陸艇」。

B擊沉共輪：1.「順成」，2.「天成」，3.「泰成」，4.「利成」，5.「六五」，6.「天龍」，7.「國苑」，8.「天雲」及另不詳名號匪輪六艘。

C　截獲外輪：1.「蘇彝士明星」，（埃及）2.「岳州」，（英）3.「摩爾多佛」，（巴拿馬）4.「飛行商人」，5.「飛行獨立」，6.「飛剪」，（美）7.「伊迪士摩勒」，（英）8.「新安利」，9.「新利生」，10「新順利」，11「新利豐」，（英）12「和生」，（英）13「飛雲」，（美）14「富蘭克林」，（美）15「新興」，（英）16「阿馬西亞」，（英）17「猶拏他」，（挪威）18「濟南」，（英）19「麗特」，（挪威）20「路易士摩勒」，21「愛禮士摩勒」，（英）22「哈里上將」。（英）23「思回」，（英）24「寧海」，25「勃德沃爾克」，（英）26「加拿大」，（英）27「大金山」，（英）

凡接受勸阻，改變航程及連續二次以上被截獲者如英商「伊迪士摩勒」及「飛行商人」號「利生」等均未計列。

D　截獲及擊沉共軍機帆船：

1.機帆船：五八四艘。

2.木帆船：五四二七艘。

E　其他：擊傷及俘獲共軍，武器彈藥等，缺乏精確紀載，故無法列舉。

就上述初步統計，已足資證明，新海軍六個月來，在關閉港口戰上奮鬥的成就。我們對此毋須費辭。晨近，美國務卿艾契遜曾非正式的對美記者表示，我執行關閉港口封鎖，已著有成就。雖然，他十二月二日照會我政府，仍表示堅持拒絕承認我關閉港口構成一種合法的封鎖，但他同時指出，自今年六月以後，由於中國政府海空軍對上海港口所採取的行動，這一區域實際上已成爲戰鬥和危險地區。我們承認長山八島撤退後，華北各港口無形開放，表面形成關閉港口上的漏洞。但反過來，吾人試一觀被封鎖後的上海。

1.海上對外關係無法保持，自海上發展政治經濟的企圖粉碎。

2.工業原料來源斷絕，生產停頓，經濟枯竭，因而商業蕭條，工廠倒閉，失業情形嚴重。（其中工人佔百分八十。）

3.食米來源斷絕，糧食恐慌，物價狂漲，人民一般生活困苦，僞「人民券」信用貶值，（現達百分之一千比。）經濟生活毫無保障，人民與「人民軍」衝突日亟！

爲求逃避上述困難與危害，共黨曾號召人民節約，管制物價，進行所謂「粉碎封鎖」和「反封鎖戰」，而物價卻因此瘋狂上漲，由於煤與汽油來源斷絕，上海電力無法維持，大小車輛大半停駛，使六百萬人的東方第一工業都市呈半死狀態，受空前未有之生活浩劫。共黨繼續實行機器北撤運動，根本改變原來自海上尋求發展的幻想，掉頭向蘇俄乞憐。復強迫二百萬人還鄉，以減少消耗與危機。結果，引起人民普遍的仇恨與反感，反共浪潮隨之日益激烈。當這些罪惡技倆見拙時，共黨「惱羞成怒」，憤而向舟山以船海戰術進攻，企圖消滅那個直接引起封鎖行爲的海空堡壘，這一行動，登步島我軍大捷，適足爲之說明。

關閉港口戰所加諸共黨的危害，已證實共黨在將來必爲其對手擊敗，新海軍執行關閉港口戰的成就，同時獲得了明確的結論。

新海軍用果敢的戰鬥行動，獲致上述港口戰的豐碩成果。這一過程，同時表明新海軍有作爲有戰鬥力量，操有百分之百的制海權，具有自由中國領海上迎擊敵人，消滅敵人的信念和戰鬥經驗。這個信心與經驗，把新海軍的戰鬥作爲，推進到另一個新的戰鬥階段，使新海軍的成長建設朝着更高的里程邁進。

新海軍建設之初，誰也沒有估計到，會如此神迅的建立起一支反共的堅強力量。根據前述分析，吾人已了然新海軍建設之不易，桂水清將軍領導之難能可貴。經過艱辛締造，新海軍已鎔成一個戰鬥整體。在今天，反共奮鬥益趨激烈與鮮明的時候，組成新海軍現階段的成員，正以崇高的信心和愉快的襟懷，無分畛域的爲着一個共同理想，——反共，建設新海軍奮鬥前進。

自廣州灣及其以南的港灣形成戰區，成爲戰鬥和關閉封鎖領域之後，新海軍另一強大武裝艦隊，又已出現在南海及其週邊的港灣島嶼之間，進行戰鬥，吾人深信，新海軍的戰鬥實力已隨戰鬥時間增長，戰鬥空間擴大，日益強大茁壯。

新海軍在初期建設中，曾公開表示有近廿萬噸，數達五百艘艦艇，擁有江海防艦隊四個及十個以上機動砲艇隊，（備役及待裝修者未計列。）一個陸戰隊實力。今天，不僅這個紀錄仍舊保持，且由於戰鬥不斷的洗鍊，其實力隨時間增長，已益趨堅強。作爲組成新海軍的艦艇數字本身雖沒有增加，（成軍作戰以來，計有重慶、長治、安東、永綏、楚同、威海、興安等艦損失。）倘就現已成軍原待裝修及備役艦艇估計，原有數字——噸位艦隻根本未見減少。單純就戰鬥實力論，今天組成新海軍的艦艇均已加入戰鬥序列，擁有強烈的戰鬥經驗與進攻能力。準此推算，新海軍的戰鬥實力，至少已超出原有力量的一倍以上。這個道理甚爲簡單，這個原因也極明顯：一方面得力於優秀官兵的堅貞奮鬥，一方面取決於堅強的領導。

長期戰鬥鍛練的結果，現階段新海軍領域內，顯然存有一個問題，亟待解決。這個問題，不在艦艇不敷調度，使用技術欠熟練，而一般的感到幹部成員缺乏，這個問題，證明新海軍經過戰鬥強烈的考驗，幹部成員接受奮鬥無情的洗鍊淘汰，損傷與調遣。從戰鬥中所培植的強大實力，需要更多有爲的幹部成員繼續擴大其成果。

當一個更新的反共奮鬥到來之前，新海軍在過去的戰鬥鍛鍊中樹立了充分的戰鬥基礎。這個基礎，對自由中國整個反共信心奮鬪與前途，都是一個強有力的保證。

卅八年十二月八日

「青年號角」改為「自由中國通訊」啓事

本刊自創刊，就闢了「青年號角」這一欄。但是，有很多讀者，給我們來信，說「青年號角」只能傳播青年的呼聲，範圍似嫌太小，所以很希望我們開闢一個通訊欄，可以傳達各角落各階層的意見（當然也包括青年的意見）。因此我們從下期起，決計將「青年號角」改爲通訊欄。凡讀者耳目心思所及，覺有公之於大衆的必要而不願寫爲篇章者，希望以通訊形式，惠示本刊。本刊當斟酌緩急，儘量採登。

文藝

身份證的秘密（下）

沈晦

卻夫對於這位老同學一家的生活很是關切，對於他說的掉換身份證的那幾句話尤其感到興趣。

「你們的生活眞是太艱苦了！」卻夫非常同情地說，他仰起頭想了一想。「我怎樣才能給你們一些幫助呢？」

「不！卻夫！謝謝你！我們還能生活得下去！」德貞馬上表示出她婉謝的意思。

「不！我和你們是老同學，沒有什麼客氣的。我現在正有這個力量，能夠幫助你們。」他說着，就從懷裏掏出一個日記簿，撕下了兩頁紙；拿日記簿墊在紙下，擺在膝蓋上；又從衣袋裏拔出派克五十一型的自來水筆，瑟瑟地寫着。寫完了，交給所畏說：

「你拿這兩張條子去領好了。」

所畏接到手裏一看，一頁上面寫着：

建鄴路第四倉庫臧冠同志：
望卽撥麵粉二十袋，與吳寥士同志。
賈爲民十二，十五。

另一頁上面寫着：

憑條照付
吳寥士同志人民券五千萬元。
此致
人民銀行。
賈爲民十二，十五。

所畏驚得跳起來了，他望着卻夫說：

「眞想不到，負着南京城防責任的縱隊司令員賈爲民，就是你！你——你賜與我們的太多了！我們實在不敢接受！」

德貞也惶惑地湊上來看這兩頁紙，她也跟着說：

「眞想不到！我們實在不敢接受！」

卻夫擺着手說：

「你們坐下來，聽我說！我剛才想了一想，你眞也不必再做什麼公教人員了，還是做一個不帶政治色彩的小商人好些。這二十袋麵粉，是給你們做本錢的。五千萬，給你們暫時對付着維持生活。這一點麵粉和錢，在我們看來，有限得很。我們的辦法，軍政的高級幹部可以自由地支用他所要支用的，並且不要報銷，只要他對黨忠實。現在賜與你們這一點東西，對於我並沒有什麼損失。做朋友就是要互助的，幫這一點忙，算得什麼！我還打算託你們辦一件事哩。」

所畏和德貞不期然而然地互相看了一眼。所畏說：

「我並不是不接受老同學的好意，只是——你是知道的，『區政府』知道我們驟然得到這許多東西，他們必然會發動『人民』來和我們淸算；那麼，你也許沒有幫上我們，反而害了我們，所以我們不敢接受。這，無論如何要請你原諒！再說，我是一個文弱書生，這二十袋麵，我一個人那裏能夠搬得回來？叫車子拉罷，拉着二十袋麵在街上走，讓大家看得眼紅，我實在沒有這個膽量。所以，你的好意，我們只得謝謝了。至於你叫我們做些什麼事，只要我們做得到的，還要說麼？我們總是願意盡力的。」

卻夫愣了一愣說：

「你說的也是，但是不要緊。有我在這裏，你們是不會受到麻煩的。現在這樣辦罷——」他抽出自來水筆，在取麵粉的那張紙條後面又批上幾個字：

並望卽日代送建鄴路愛民糧食店暫存，由吳同志支用。
爲民又及十二，十五。

另外在日記簿上又撕下一頁紙來，寫道：

第四區政府諸同志：
吳寥士同志在本部負有特種任務，或有要求協助之處，務希賜洽！
賈爲民十二，十五。

「所畏！這樣你總放心了罷！」

卻夫把這一張紙條又遞過來。

所畏接過紙條，猶疑着說：

「我總，我總覺得——」

「你不要再客氣了！我還有事要拜託你哩！」卻夫的態度顯得十分地誠懇。

所畏和德貞對於「在本部負有特種任務」幾個字，有一點擔心，現在又聽到「有事要拜託」，越發地心慌。他們一樣的想法，恐怕要上共產黨的圈套了。但是，他們都是久經風浪的人，都還能不動聲色。所畏很鎭靜地問：

「什麼事呢？」

「我想託你，代我到區政府裏，領一張苪卻夫的身份證，戶口就報在你這裏。明天，我就把便裝像片送過來。」卻夫鄭重其事地說。

「卻夫！你，你這是做什麼？」所畏驚訝地問：

「不要管他！我自有道理。但是，你要做得機密一些，不要叫人曉得苪卻夫就是賈爲民。這，你千萬要留神！」卻夫再三地叮嚀。

「你是不是爲着『微行』的方便？」這時所畏心上的一塊石頭已漸落下，轉過來帶開玩笑似地問：「是不是爲着和女同志們開旅館時更方便些？」

卻夫的臉紅了，望了德貞一眼，說：

「你在太太的面前，說話還這樣地不正經！我弄身份證，是另有一種用意的。」

「什麼用意呢？」所畏仗着老同學的關係，頑皮地追問下去。

「你不知道麼？我們最近天天開討論會，討論些什麼？你不知道麼？」卻夫被他逼出話來了。

「你們這些高級幹部們討論的事，我們人民們那裏會曉得！」

「我告訴你們罷：我們現在天天討論的，是三次世界大戰的爆發和我們的戰略問題。我們一致的結論是：三次世界大戰，在最短期間內，絕對不能避免地要爆發。由於英美和臺灣的國民黨軍隊，控制着海空軍的絕對優勢，我們決不能守得住這遼闊綿長的海岸線。我們的戰略，必須放棄華東、華南，甚至華中，集中力量，據守東北，華北和華西，靠緊蘇聯，才不致爲敵人截成幾段，逐個的消滅。京滬一帶，我們絕對不能久守，也不需久守，恐怕很快地就要失陷，也許快到我們不能想像的地步。你們看：我們現在在華東，華中和華南盡量地搜羅壯丁和糧食，運到華北和東北去；京滬武漢一帶的工廠和機器，也趕速地拆卸，裝運到華北和東北去；便可以看出一些跡象來了。」卻夫說到這裏，停了一下，他似乎覺得他的話說得太多，說得太坦白了；但既已說了，就說下去罷！

「我老實告訴你們罷：我對於三次世界大戰是不抱樂觀的。因爲我深切地知道，廣大的人民是絕對不站在我們這一面的，我們將到處受到襲擊；雖然他們現在是像羔羊一般地馴服，但是他們憤怒的火山總有一天要爆發的。我不能不早爲之計。在老同學的面前，我坦白地說，到那時，我打算洗手不幹了。掉換身份證，正是我跳出政治漩渦，重新做人的準備。——我希望，我懇切地希望，在這時，老同學們能替我保守絕對的祕密。」

卻夫的心靈的祕密，在兩位老同學的面前，竟是全部揭開了。

所畏似乎還有一點懷疑：

「你們現在正在加速地完成勝利，軍行所至，勢如破竹，眼看就要席捲了全部中國的大陸。爲什麼你還要這樣的悲觀呢？」

「你們那曉得軍事上的道理，失掉了廣大的人民的支援，勝利的基礎是建築在沙漠上的。我們現在利用了國民黨統治的弱點，——不能解決人民經濟上的貧困和精神上的痛苦——而獲得了勝利。但在我們的統治下，人民的經濟只有更貧困，精神只有更痛苦。人民已發現我們是造成他們貧困和痛苦的根源。『人心思漢』，已是鐵定的事實。難道國民黨不能再利用我們的弱點，反攻過來麼？我們的軍隊，在量的方面擴充太快了，質的方面遠不如人。我們是只能勝不能敗的。在勝的時候，還有一股氣支持我們去戰鬪。只要吃了兩個眞正的大敗仗，我們的軍隊就要土崩瓦解，恐怕比國民黨的軍隊垮的還要快！中國的楚霸王，德國的希特勒，何嘗不是縱橫一時，所向無敵？結果呢？還不是落得『一敗塗地』！眼前的勝利，是絕對不足恃的。我不能再同你們從國際局勢，軍事技術各方面作詳細的分析。總之，你們瞧着罷，看我的話應不應！——現在，我拜託你的事，你只替我照辦好了。可是，老同學！你千萬要仔細啊，絕對不能洩漏一點祕密！」卻夫急得，只有再加解釋。

「你放心好了！我負責照辦，我們並且發誓保持祕密！我們不能出賣老同學啊！」所畏拍拍胸脯說。

所畏和德貞在送走了卻夫以後，他們覺得今天所遇的事，出乎意料地，眞如做了一場奇異的夢。所畏在屋裏來回地踱着，德貞坐在桌旁一聲不響。現在，他們一家的命運，顯然面臨到一個新的嚴重的階段，需要作重大的睿智的決策的時候了。

「說不是幸運罷，顯然是『絕處逢生』。說是幸運罷，這裏面卻潛伏着無數的危機。……今天遇到卻夫，眞是太突兀了。……說他對我們是惡意罷，他何必這樣做？他收拾我們是太容易了。說他對我們是善意罷，他又顯然利用我們做一件冒險的事，事辦好了以後，他對我們的態度會永遠不變麼？……」所畏在自言自語的忖度。

「依我說：」德貞發言了。「不管卻夫對於我們的救濟，是眞的同情，還是要利用我們才下的鈎餌。卻夫所流露出的，對於他自己的打算，總是眞的。我們既接受他的救濟，就必須替他辦這件事。但是共產黨徒的心理是不可測度的，共產黨徒的手段，又是最毒辣的。我們替他把事辦成了，他放心把這個祕密長久地擱在我們的手裏麼？他不會『殺人滅口』麼？我們不能不防到這一着。過去，我們留在南京，是因爲沒錢，走不動。現在，我們既有這一筆收入，可以變錢的麵粉和『人民券』，爲什麼不走？爲什麼不走到『自由中國』的懷抱裏去？我們辦這件事，同時準備走。這，對得起他，也對得起自己。」

「就是這樣決定罷！卻夫寫給『區政府』的條子，它能保證我們這筆收入的安全，它還能保證我們取得芮卻夫的身分證，當然也能保證我們安全地自由地離開南京。這是不可多得的機會，我們萬不能把它輕易地放過。」所畏也下了決心了。

十天以後，賈爲民司令員從一個老者手裏接到一封嚴密封着的信。信裏寫着：

親愛的老同學，卻夫兄：

感謝你的賜與，使我們絕處逢生！感謝你的提示，我們決定投奔到「自由中國」去，爲「自由」和「民主」而奮鬪！

我們已完成你交付下來的工作，取得了「芮卻夫」的身份證，密封在這封信裏。請我的岳父任成實先生，一位可靠的長者，親自交到你的手上。可是，他並不知道這信裏是什麼。我們走了，在「解放區」裏，將沒有一個人知道你的祕密。你請放心！

當你收到這封信時，我們已經飄在海上了。希望你的預言早日實現，我們再在南京把晤，歡樂地自由地無畏地暢敘我們同學的舊誼！

弟吳所畏上十二，
二十四。

同一天，在浦東一個走私的港口，所畏，德貞帶着孩子，上了船。當船駛出了港口的時候，海上的朝曦，正帶着光明，重降到人間。虎虎的風，帆，推動着這一隻載滿了希望的船，勇敢地破浪前進。所畏從懷裏掏出兩張身份證，看了幾眼。將吳所畏的身份證又收到懷裏去。他對德貞說：

「我現在才眞的是『無所畏』了！想起在南京的『無聊事』，眞是好笑！我——我把他葬到海裏去罷，讓我們永遠地忘記了他！」說着，吳寥士的身份證，已經從手裏飛出，飛到茫茫的大海裏，一轉眼間，便已看不到蹤跡。

他們——夫婦倆——相互地望着，同時湧起了一陣會心的微笑。

蘇俄的新社會（下）

蘇俄・達爾林原著
學洛譯

反平等主義運動展開了。最初這種運動還限於狹小的經濟部門，但不久便超出了這種範圍。同時，「現實主義」被當作口頭禪，而這種現實主義受着主義和思想習慣的拘束。事實證明，不平等是獲勝了，平等在記憶中成爲苦痛的同義語。可是，在思想上使不平等和共產主義的理論基礎聯結起來是很困難的。

一九二一年後，從統統平等制度的退却是一時的，這種退讓限於經濟方面（商業、工資、對外的退讓）；在上級與下級之間，官吏與人民之間，首領與僱員之間，還有不少坦率和頗爲新奇的關係。即使對個人的收入，這種退却也被作爲嚴格的暫時性質，—是權宜之計而非一種新文化或蘇俄階級社會的新制度。

列寧、托洛斯基和史達林，於一九二一年冒險採取了與平等大異其趣的新經濟政策，承認自先前蘇維埃階級共產黨之種種成就實行退却。但一年以後，一九二二年三月，列寧宣布了「退却的終止」。不久布哈林向農民演說，提出口號：「增加你們自己的財富」；而他悔不該講這些話，那篇演說一直折磨到他被處死刑那天爲止。

隨着第二次蘇維埃革命—雷厲風行的工業化與集體化，一個新時代開始了。上級所下的命令是：「打倒平等主義！」那些企圖反抗的人，全被殘忍地消滅。在他和「左派」的鬬爭中，史達林常常粗暴地譴責「金錢不必要的胡說」和「貿易是個死掉的字」。他攻擊那種社會平等的要求。名之曰 Uravnilovka —輕視平等主義的俄國土話。

「那般人想着，社會主義要求平等，社會一切份子的各種需要和私人生活平等，」史達林在一九三四年一月說道，「這是左派浮躁漢們的小資產階級觀點，我們知道在我們左派浮躁漢們幼稚的實驗中，我們的工業已經受了多大的害，左派份子不懂得，金錢和金融經濟將要作隨我們一個相當長的時期。」

米契爾・托木斯基（Michael Tomsky），俄國職工聯盟的領袖，曾反對延長差別工資制度，高工資工人與低工資工人待遇懸殊。他因此而被撤職，還缺由地位比他低得多的徐佛尼克（Shvernik）（現任蘇俄聯邦共和國的主席）繼任；托木斯基最後自殺了。

「更不平等！」也是現在陸軍裏的呼聲。軍官階級恢復了，高級與低級之間集會結社已被禁止，軍官超過士兵的權力擴大了。這種觀念由「俄國的傑出人物」而生，意思是，誰能用種種方法使自己出人頭地，誰就能贏得較高生活水準的權利。這種新的貴族階級用勞動和犧牲取得特權；回想當年那些經過暴風雨和鎮壓以防制未來的地主、公子和貴族們的征服者，而今都成爲資產階級了。這般蘇俄新貴族已不再拿不自私和平等向民衆賣弄風情，而要求着又快又多的人間的補償，讓每人都按勞計酬，各取所值。

一個新的階級社會已經在發展的過程中。

（三）「社會主義是不平等的」

把這些紛歧的思想統一起來，把不平等的新制度和共產主義調和起來，把新的觀念和列寧時代的傳統聯結起來，成爲史達林的任務。這種任務是很艱巨的，因爲近二十年來已不再可能對醜惡的現實加以攻擊，將最大多數人的極度窮困，歸罪於資本主義的貧夢，或者指責這種現實爲資本主義的遺跡。現在已經出現的不平等是一種「新」不平等啊！

史達林的觀念是基於社會主義與共產主義間的區別。當共產國際於百年前成立時，馬克斯和恩格斯發表他們的「共產黨宣言」，「共產主義」一詞原是用以指將來沒有階級的社會的。後來，爲了種種理由，「社會主義」一詞產生，表明同樣的事物。特別是俄國，從二十世紀開始，「社會主義」一詞就被用以表明協調、快樂、合理的社會秩序—一種沒有窮困、戰爭和强暴的秩序。

的確，在政治著述上曾下過很多工夫去區別共產主義與社會主義，馬克斯和恩格斯（後來列寧）自己說過，在過程上，由共產主義的「較低」階段到「較高」階段，只是最近的將來的問題，其實現僅需要某種技術水準的達到而已。他說過：「共產主義爲蘇維埃政權加上電氣化」，就是說，它的實現是幾年之間的事情。

將以前列寧所闡明的觀念，發展爲一種特殊的社會秩序的社會主義理論，從資本主義與共產主義區別開來，就成爲史達林的任務。依照史達林的說法，俄國現行的制度代表着完整的社會主義。這種制度之下沒有私人經濟，沒有不工作而能生活的人，但社會的平等並不存在。人民的所得不是「按照需要」而是「按照勞績」。一九三五年十一月，史達林會在一次演說中宣布：「精神勞動者與體力勞動者之間的區別繼續存在」，而且「勞工的生產還沒有達到足以保證得到豐富的消費物品的高度。」

共產主義代表一種較高的發展階段，他說：「共產主義的意義，是在共產社會中每人按照自己的能力去工作，按照自己維持文明人生活的需要量而不是按照自己的生產量獲得消費物品。」他攻擊那些認爲「物質的平等以窮困爲基礎」的人。

照史達林的說法，由社會主義過渡到共產主義是一個「無痛苦」的過程；就是說，用不着革命也用不着變更政府，因爲蘇俄政府（和以前的俄國政府不同）不是完全實現共產主義的障礙（和托洛斯基派的見解相反）。它是實現共產主義最好的政府。照史達林的說法，單獨在一國之內建立社會主義是十分可能的；他堅信，由社會主義過渡到共產主義，理論上，在一個國家也是同樣可能的（理論上—蘇聯達到它發展的次一階段之前，其它國家當已同樣地發展到社會主義的水準了）。史達林不承認一個國家達到完全理想的共產主義會有什麼內部的經濟困難。

在一九三九年共產黨全會的演說中，史達林明白指出這種可能性，他宣稱：「我們正向共產主義前進」，並不把俄國「資本主義的包圍圈」當作一種障礙。共產主義像社會主義一樣，能够在一個地區存在。這種說法，立即被重要的共產黨社會學家米丁（Mitin）教授接受，他發展並强調了史達林的新思想。米丁說：「史達林證明了在一國之內由社會主義過渡到共產主義的可能性。」

史達林以及他的教授們對這些問題議論得都太具體了。他們從未明確地發展的思想，是把生產提高到在各部門都豐富而過剩的水準，那時的分配可能不採物物交換或購買的手段，而是無限制的，對任何人都像流水一樣無限量的供給。這條到共產主義之路，纔不會與「要人們」的利益衝突；因爲這不是平均降低而是提高了那些較低的生活水準。只有必要的大量生產這一項被忽略了，世界任何國家從來沒有能够接近這種大量的生產。就俄國而言，在大戰結束後，已從此種任一可能性退後到十萬八千里了。史達林計劃與這些事實並無關係，它的重要因素乃將現存的貧窮與社會的不公道歸咎於社會主義，一如過去他們曾經歸咎於資本主義那樣。社會主義並非完善的制度，現在已和災難並列；要達到海市蜃樓般的共產主義，只有要求俄國人民對他們的政府效忠了。

隨社會理想的共產主義退進虛無縹渺的將來，像回教徒來生的樂園一樣，而現實（社會主義）却是一種新的階級社會，與以前的社會制度（資本主義，封建主義及其他）大不相同，但它離理想的無階級社會之遠，則和這些制度一樣。在這個新社會裏，嚴厲的政治制度負有防止階級鬪爭事變的任務。

（四）熔爐與新社會階級

平等化的階段，包括開始的三四年，着重在使舊社會的一切階級和團體熔化成一團。一切階級像破銅爛鐵般拋進一旁燃燒着革命之火的熔爐，把原有的個性全部溶化。伯爵夫人們穿着骯髒的圍裙在俄國機關裏給員工們端茶，王妃們在大街上掃雪，披甲的男爵們做着房屋委員會會員的工作，和挑夫鞋匠們在一起清掃毛房，打柴。當農人還到城市去闖運氣的時候，工人們又被遣送下鄉。當教授們和將軍們進平民區找房間的時候，窮苦的人們則遷入高樓大廈。勳章、肩章、官階、財富業已消失，新的還沒有製造出來。

但從所謂無定形的群衆中漸漸出現一種新花樣，在新的群衆中有了差別，新的階級開始出現在歷史的馬戲場。

那是一種痛苦的過程，上頭的統治者們一會兒鼓勵着幹，一會兒又阻止去幹；亂得一塌糊塗，有時候，被兇猛的鎮壓着；當順了那般掌權者的意時，又受到支持；有些事情正不聲不響地進行，突然間又掀起激烈的派系鬪爭。例如，曾經努力扶植起來的私有商人和小生產者階級，遲一刻他們又被消滅了。有個時期，小康的農民曾得到某些權利，結果這些權利又被取消。有個時期，外國的特許經理人被招請到俄國，附帶若干辦事處和職工，銀行會計人員；後來他們統被驅逐，資本也丟光了。這些階級的每一個人，像事實表現那樣，都擁有一些隨從，住宅，舒適的享受；隨時使用金錢努力與政府機關建立關係，造成一種顯赫的社會勢力。後來，所有這些人物，他們的親友，以及他們周圍的裝飾品，都被收回丟進熔爐，新的階級在成熟以前，突然消逝了。在一九二九到三一年，革命的烈火再爆發時，無數特權分子的根苗都遭了殃。

他們被消滅了，但一點也沒有回轉到原來的平等主義，分化的程序又循着一條新的發展路綫搖搖擺擺地前進。這種分化在一九三〇年隨工業與集體農莊的發展而繼續着，到三十年代末尚未終止，連戰爭也沒有使它中斷。

新社會的有機體尚未完全定形，它面對着許多危機和變化，這種變化無可避免地在政治性質的危機中反映出來。

今天蘇俄社會，包含四個主要的階級：（一）最高的階級是政府官員。德蘇戰爭開始時約有一千萬至一千一百萬人，佔就業人口的百分之十四。（二）鄉間和城郊的工人約有一千八百萬至二千萬人。這一階級的基本成分的產業工人，約有八百萬人。（三）農民幾乎全部集體化了，共約四千萬人，即約佔勞動者總額的半數。（四）強迫勞動階級，確實的範圍不詳，它的數字常有變動，可以估計為七百萬到一千二百萬人。

這是新蘇俄社會四種主要成分。此外，武裝部隊和領養老金的，他們在社會組織中居於次要地位。

一九一四年與一九四〇年社會組織的區別，有下列幾點：第一、蘇維埃社會的金字塔低一點，從未達到帝俄社會組織的頂點。沒有舊式的大資本家，沒有宮院，沒有舊式產業的老板，即使是蘇俄社會中的最高級人物的生活標準，也較以前資本家們的中等生活標準為低。第二，蘇維埃社會金字塔的起點較低。最低階層的強迫勞工的生活水準，比舊社會最窮苦的人還低得多。第三、蘇維埃社會金字塔的上層人物的數目比舊社會全體較高的各階級加在一起還大。蘇維埃聯邦的政府官吏之多，超過了舊俄貴族、資本家、官吏和精神勞動者的總和。

但拿對國家收入的眼光看蘇俄社會的組織，結果是完全不同的。最高階級，佔人口的百分之十二到十五，其所得佔國家收入的百分之三十一到三十五（這是指分配的生產品並非保存以應國家的各種需要的生產品）。工人們的份兒和最高階級大概相同，雖然事實上他們的數目幾乎佔人口的百分之二十五。農民佔人口的半數以上，所得的份兒比配給僱工階級的還少。自然，所得最少的是強迫勞工，他們的份兒在國家收入中是不重要的，雖說他們在國家經濟中的地位極端重要。

蘇俄憲法第四節驕傲地斷言：「在蘇俄，人剝削人的制度已經掃除，因為生產工具和手段的私有制已被消滅」，實在不可置信。沒有私有制度即令是真的，但就蘇俄現有的極端社會制度特別是就共產主義者馬克斯主義者的字義而言，如何能夠說剝削的因素已消滅了呢？「按勞計酬」很快地形成一種有彈性的公式，以決定少數人支付高薪，幾百幾千盧布的獎金和奢侈品。少數人消耗的東西是大多數勞工生產的。這是不能避免的；那麼「剝削」制度的消滅就全然不確了。

在這種情況下，不工作而生活在理論上是不可能的。政府公債所付巨額的利息，即為「不勞而獲」的鐵證，使獲利者有不需要作工而能生活的可能，或至少靠着他人的工作而生活。繼承權的保證又是一例。

「按勞工的性質計酬」是蘇俄政府所採取的公式以辯護「剝削」在馬克斯派術語的新觀念。所用的「剝削」方法還是世界上那老一套，蘇維埃制度並未在舊經驗上添一點新東西。這些方法是：第一、工資勞動，第二、不自由的農業；第三、工奴。要把蘇維埃制度和資本主義分開，國家普遍採取這種方法就是「新」的。在俄國沒有奴隸的主人，產業資本家，封建大地主們，只有國家纔有使用一切歷史的剝削方法之權，而產品的分配也要合它的適。

由於人人為國家工作，他就是自己的共有者，一個大企業的股東，因此不能認為被剝削；這是一種錯誤觀念。事實上國家是依照統治者的願望重新分配貨物與財富的中心；國家委派這般「會員們」以特別工作，並決定他們的不自由工作的條件。

這種「社會主義制度」和資本主義根本不同，當蘇俄經濟學家們強調這種區別時，他們毫無問題是對的。至對於人民它是否」種較好的制度，那是另一問題。

（五）共產黨的工業擴張路線

史達林在宣布工業擴張時說：「每一座新的工廠就是工人階級的一座堡壘，它加強了和資本主義分子鬥爭的地位。」每一座新的工廠增加了國家的工人數量，減少了個別的工匠和農民；一座新工廠的建立增加了人口中政府認為最忠心，至少是最馴服的分子的分量。擴展工人數量的政治目的是加速工業化政策背後的主要動力，軍事的考慮尚在其次。

各國工業的發展以精確的商業估計為基礎。一個新工廠必須比其它各廠生產得更低廉些，無論如何，它的生產成本必須不超過其它各廠，否則它不能開工。這是促進工業發展很簡單的事實。

但有種種時機，例如在戰時，政治的需要常將利益與價錢問題退為次要的考慮。不管花多少錢，轟炸機必須生產，即使若干工廠的生產較必要的費用大一點；軍用鐵道必須建設，雖然它並無為將來經濟上的理由。什麼時候政治的考慮要求新的工業建設，國家和人民的虧空就產生了。

平時的蘇俄工業發展形成一種經濟的政治性發展的模範。它首要的原則不是最高可能的生產力，而是置生產力於全面的國家經濟之下，不管這種生產力浪費多少。發展被政治的原則領導着，不是取決於剩餘的計算，費用和價錢；雖說每一座新工廠當然要經過設備與生產費各種估計，而這種計算並沒有多大的重要性。花費若干億盧布去建設新廠或擴充原有各工廠，能照原定建設費預算完成的極少，差不多都要請求增撥巨款，這被認為是當然的事情。出品成本和售價的問題是次要的，因為政府有硬性定價之權，虧空還不是靠它的財源彌補嗎？

政治性的考慮要求工業的發展—已經夠了。鄉下的鞋匠常常能夠用當地的原料造出比大工廠更便宜的鞋子，但這種有力的經濟理由，在政治原則的前面被抹煞了。小商店可以低於國內貿易委員會的價格出賣他們的貨物，但個人經濟自由與主義相抵觸。私營的小廠可以製造收音機，當大工廠供不應求的時候；其他很多種貨物都有同樣的情形。而這是被嚴厲禁止的。無論什麼地方，現實都讓開路給主義了。

有些代表最現代技術成就的蘇俄大工廠，位於遙遠的地區。在戰時，當然是有用的，而它們的建設和工作，有很長時間也是爲了平時經濟的目的。許多專家的意見，有些在烏拉爾、西伯利亞以及其他遙遠地區的大工廠就常識而言是不經濟的，因爲自然環境—距離，不易到達。它們的建立和業務，在軍事準備上並不如一般蘇維埃性質的政治考慮的理由那麼多。

例如第一次世界大戰前，在高度保護關稅制的時候，列寧格勒的工廠是用英國煤生產的。由海道供給煤比烏克蘭的煤便宜。但蘇俄政府爲了刺激煤礦工業的發展，拒絕向國外購煤。因此，頓河盆地的煤經過很長的路程運到列寧格勒是很浪費的，不是在金錢上（因爲價格是硬性規定的）而是在所費的勞力上，所用的火車，以及生產運輸所需要的再調整上。結果，國家要彌補這一筆額外的費用。歸根結底，國家的財源還是出自人民的捐稅、物價、工資。現實又一次讓路給主義。

另一個例子是蘇俄農業的機械化。西歐和美國的農業，沒有一處像革命前的俄國那樣技術落後的。世界上也沒有一處在二次世界大戰前夕有那樣多的農業機械，包括最複雜的設備，像在蘇俄那樣。大多數在三十年代進行的大改革，其實施是政治考慮重於經濟考慮的。在美國只有百分之二十一的農場使用曳引機，在俄國有百分之九十三；在美國只有七萬五千合作農場，在俄國有十五萬四千個；在法國，只有一百個；在德國，十五個！

如果舊的農業制度不改變，一九二九—三四年的農業集體組織便不能貫徹下去。在馬匹被曳引機代替，而曳引機不屬於農民或集體農莊而成爲附近國家曳引車站的財產之後，新建立的農村經濟制度方開始符合政府的政治目的。個人經濟的絕跡，俄國的轉變爲大規模農業的境地，是一度成功了，建立一個完全的制度。但這是代表勞力的節省，或是相反地使麥、肉類及其他食品或原料的生產增加了所費的勞力呢？就最現實的意義，即按照各項物價而論，這種轉變是合理的嗎？這些問題全被推到背景上了。雖然已經證明那種新經濟是不合理的，政治考慮對它需要得太迫切啊！

但農業集體化在俄國留下一個極重大的問題，那裏有一半人口還在土地上工作着。在革命前，農民每年只用一點盧布去置買農具；他連最需要最便宜的農具也不能買，他的生產幾乎全是他自己勞動的結果。新制度代表一種完全不同的，極端複雜的景象。

在新制度下收割田裏的穀，需要成千成萬的工人先到烏克蘭或烏拉爾礦廠去弄到必要的金屬，其他一些人必須挖煤，還有一些人把煤和礦石由鐵道運到大工廠。在這些工廠裏成千成萬工人製造鋼鐵。隨後，其他的列車把金屬運到工廠製造農具，那裏又加上大批工人和工程師去造機器，機器配件和修理材料。這些機器由鐵路，水路和汽車通過全國運到每一個有曳引機站的角落。同時，大批在巴庫或格羅西尼的油井工作的工人將油運輸到煉油廠；於是原油變成汽油，用不同的運輸方法送到蘇俄全國。在曳引機站和蘇俄國家農場，以百萬計的人民做着使用和保管這些機器的工作。

這些全部的礦廠和工廠中，處處都需要在千百萬直接從事農業生產的工人以外，增加大批技術人員、會計員、監察員、警衛員、指導員。其他需要，包括倉庫工作的管理員和推銷員；助手修理員、木匠、傢具匠們的住所或休息處，訓練工人的技術學校，以及他們自己的教師、指導員、保衛員等等。

如此龐大的機構，並沒有比以前幾乎全部用自己勞力的農民得到更大量的生產：總之，革命前產量不斷增加的穀物，在過去二十年中並未顯示出眞正的增加。

新制度下的農業生產在兩種水準上進行：第一是由工業有關部分決定的，從礦廠到曳引機站，需要維持農業的前進；只有第二種水準是被集體化的農民決定的。很自然地，他們所攤到的工作是比從前少了，因此鄉村人口已經減少而不妨害農業的出產。以百萬計的人民轉入工業部門，但爲了農業的需要而繼續工作：他們構成工業所需要的人的要素，使農業可能繼續進行。他們的報酬以及在城市裏的生活費比從前高得多。這確是社會革命所謂集體化的結果：農民階級的減少，政治的不可靠性和對政權的危險性，以及城市工人數量的增加。

新經濟制度更有利些，就是說，商品的生產（金錢或工作時間上）變得更便宜了嗎？時間沒有提出答案，但有理由相信這個答案是否定的。迅速的機械化的實行，不是由於經濟的需要而是由於政治的考慮。

一九二八年與一九四一年之間，蘇俄不僅已工業化而且超工業化了，它的農業經濟不僅已機械化而且超機械化了。它以超保衛主義的對外競爭保衛自己，爲了這個理由，它的人口被迫去作長期的犧牲。雖有這樣的大投資，而人民並未改善他們的生活標準。不論何時，國家經濟中的現實主義是否能佔上風壓倒「主義」，那要看「公民」是否需要開始去決定政策—現在是最適當的時機；戰後的蘇俄，必將被迫去再測驗許多工廠的經濟效力，去減少農業的機械化，去減低生產費用和過度使用機械，去增加農業的人口，並且照這種態度，去增加人民必需的消費物品的總量。

獄中記

——一隻黑貓

蘇俄、柯爾冰原著
張帆譯

——瑪麗、柯爾冰，是一個現在美國的避難者的筆名，她曾經被幽囚於蘇俄底監獄和集中營內前後達十年之久，她所描寫的鐵窗生涯，絕對真實，百讀不厭，是我幾年來感動最深的一篇故事。

作者底丈夫，本係蘇俄一著名教授，現在下落不明，直到德軍抵境，她才重獲自由，最後逃至美國，現在所寫的，正是她悲慘底回憶，但願她底丈夫尚存人間。

英譯者

一個命中註定的七月底早晨，我被送進了莫斯科的布提爾克監獄，成千成萬的人被關在層層高牆內，摧殘着他們的身體、精神、心靈，不曾槍斃的囚徒，都一齊送進集中營裏去。

當我穿過監獄底鐵門，最先刺激我的，便是那撲上鼻來的臭味：是從那潮濕的土牆，汗汚的身體，以及消毒的藥劑所揮發出來的，這是人造的地獄，爲自己同胞造的地獄啊！

在我那間寬大的獄室裏有一排木凳，從那上了鐵鎖的窗戶底小穴往外窺視，可以看見那週圍都是樓房的方形小天井。

坐着或是躺在木凳上的，約莫有一百多個女人，她們都急於要看看新來的囚犯，當我背後的門砰然一聲關上後，我被包圍起來，紛紛詢問我是誰？甚麼樣的罪名？

「我不知道，我底丈夫被逮捕了，他底妻子便做了嫌疑犯。」

衆人同聲低語着：「哦！對啦，和我們是一樣的。」

也許永遠和家庭分離了，在這夢魘似的可怕的環境裏，我失去所有的親人和朋友，蜷伏在陰濕的屋裏，我不禁湧出一眶熱淚來。

於是，我試着和伊凡羅娜交談，她是一個瘦削的白髮的老婦人，臨時充當囚犯們底隊長，她那深邃明亮的眼睛裡，蘊蓄着她全部的智慧和精力，她仁慈地望着我，握着我底雙手說道：「親愛的，我知道你此刻的心情，但是，要記住，不要可憐你自己，那會毀滅你的，想想別人吧！去扶助她們，這便是支持我活下去唯一的力量。

「我在這裏一年多了，看過多少可怕的事物！有些囚犯從法庭上回來時，半死而又顚狂地，背上留着條條鞭打的血痕，手臂和胸膛也被煙頭燒壞了，他們到底犯了甚麼罪呢？我們常常聽見他們的慘叫，每個女人都會聯想到，那也許是她底丈夫，她底兄弟，她底兒子——他們被虐待得快要瘋狂了。

「是的，親愛的，這是一所地獄，更傷心的是得不到外面家人底消息，所以，我們的心靈也和身體一樣日形憔悴，每隔十天，我們可以在軍需處購買少量的食物，作爲補足監獄底伙食。但是，隨便一個藉口，我們便會失去這僅有的權利，是的，生命是艱苦的，但也得活下去，你將要幫助我，我有時候也感到有點疲倦了。」

她吻過我便走開了，這是一個了不起的女人——伊凡羅娜！

第二天，我忍耐着，克制着自己，在那群蒼白的萎縮的如病植物一般的臉孔中，我開始和萊琪兒談話，她很聰明，表情也很堅定，她曾經做過醫生，也是共產黨員，她和丈夫底罪名，是用毒菌破壞訓練紅軍底車輛。

「那不是完全荒謬嗎？」她說道：「但是，他們相信我們是托洛斯基派的，」她一面解開了衣服。

「看吧！他們用橡皮鞭抽我，逼我簽字承認，但是，我有自己的信仰，死又算得甚麼！」她底身上還留着許多紫黑色的傷疤。

她底目光仍然很堅定：「我所憂的是我那可憐的丈夫，他們會弄死他的，假如他能够給我一點消息，對啦！這裏還有希望——那『快樂的時光。』」

「甚麼叫『快樂的時光』呢？」我問道。

「每天傍晚，咪西，一隻黑貓，跑進這獄室。」萊琪兒答道：「它穿過窗穴到這裏來，我們拿出最後的幾個辨士去買香腸——正可以誘惑那貓兒，它底尾下繫着一只小布袋，裏面裝着一方紙條，那上面寫着每個獄室裏犯人們的名字和近況……這便是我們底消息唯一的來源，這樣繼續一年了，但要十分留心，半夜裏把那口袋取下來，咪西便可以自由地走動，直到第二天的傍晚。

「你記得那帶你進來的獄官吧！那可怕的傢伙，我們叫他做『野狼』，他是隨時想抓住我們的過失的。」

我懷疑而又吃驚地聽着她口述的故事，我自己也感到快要發狂了。

「唉！你會慢慢地習慣這些可怕的事物的。」萊琪兒不自然地微笑着說道。

我覺得最可憐的，便是那位年青的金髮的瑪露西亞，每個女人都向她微笑，向她說些安慰的話，她年僅二十且有孕在身，她時時提到她丈夫彼夏，他原是一個汽車修理廠的工人，瑪露西亞迷惑地述着他們共居的，小屋裏幸福的生活：那窗前的瓶花，雪白的帘籬，美麗光亮的傢俱……

「他們闖進門，便把我們扔到這可怕的地方來。」她叫道：「爲甚麼？我們安靜地生活着，從來不懂得政治，我相信是因爲彼夏的弟弟，他從美國寄來的一封信　我那可憐的彼夏阿！親愛的，關在牢裏受活罪、也許說我們是間諜呢！哦，天哪！天哪！」她神經質地哭泣起來了。

伊凡羅娜很快地跑進來。

「瑪露西亞！安靜點！我底小鴿子，爲孩子着想吧！誰知道，也許『快樂的時光』會帶來彼夏的消息，你知道，麗莎在昨天得到她丈夫底信呵！」

那淚水縱橫的稚氣的臉龐開朗起來，她渴望地瞧着窗口，我也幻想着自己的親人，此刻會站在牆外，也許咪西也給我帶來一點消息。

王爾德說過：「監獄裡的光陰，是一種永恒不變的色彩。」眞是不錯，第一天，我拖着僵硬的兩腿，眼見暮色自窗沿消逝，我們頭上的電燈，瀉下一片慘黃的光線，照着那黝暗的牆壁，照着百多個蜷伏着憂愁的女人。

下午七時，走廊上響着沉重的脚步聲，還夾着叮噹的鑰匙的碎響，夜間巡邏來了。

女人們驚跳起來，在地面和凳上排成二列橫隊，『"狼』和兩名獄卒走進來，那隻狼長得强壯高大，搖晃着一雙下觸的肩膀，他那肥胖的手按着腰間的短槍，他那小小的陰險的目光偵察着囚犯們緊張的面孔，很想找出點事來大發雷霆，但一切都井然有序，隊伍裏一點聲音也沒有，他們很快地點完了人數，便把監獄鎖起來。

現在，獄室裏的氣氛完全改變了，所有憔悴的臉上都掠過一道希望的光輝，所有的眼睛都釘住那窗戶上的一角小洞。

寂靜的片刻彷彿過了幾小時一樣，百多個喉管裏突然透出一聲深長的嘆息，一隻黑貓出現在窗沿，隨即跳到木凳上，渴望的手掌抓住它，放它到伊凡羅娜底膝頭上，呵！咪西！咪西！親愛的咪西！

伊凡羅娜迅速地摘下小布袋，顫抖的手指抽出一張滿是字跡的薄紙來。

當咪西喫着香腸的時候，一個婦人很快地寫下名字和近況，再把紙條裝入袋中，繫在咪西的尾下，輕輕地把它推出了窗口。

現在，大家都集中伊凡羅娜底週圍，儘是些蒼白的狂喜的渴望的臉色，她慢慢地讀着那麻麻密密的字句，名字、名字、名字、全是名字，某人送到西伯利亞，某人又被拷打，某人換了地方，某人死在監獄醫院裡……女人們屏着呼吸，想聽出一個熟習的名字，突然，伊凡羅娜對萊琪兒說道：「這是你的，你的丈夫在兩天以前被提出拷問，在今天早晨……他……死了。」

萊琪兒臉色慘白，蹣跚地走回屋角，面向牆壁躺下，大家都沉默着，於是，伊凡羅娜氣喘地說道：

「瑪露西亞，這是你的，聽着『263號房間，身體健康，最愛的瑪露西亞！彼夏執筆』。」

那小小的女人一直站在那裏，那交握着的兩手似乎在祈禱，在一陣哄笑裏，她撲向伊凡羅娜的懷裏去了。

經過長時間的喁喁和嘆息後，渴睡開始襲入這些疲乏的心靈中，但我沒有睡意，我想着瑪露西亞，"着彼夏，想着我最愛的朋友，誰知道　？也許在明天，那『快樂的時光』會帶來消息，那貓兒會來的，一定來的，該受祝福的貓兒啊！

第二天早晨，當我們由廁所裏排隊回來，一個女人跑向窗邊叫道：「看呵！看呵！天哪！」

我們齊集窗口，在那天井的中央，「野狼」正踞坐在那裏，在他前面的桌上，放着一個繫有黑繩的小布袋，兩名獄卒站在他的旁邊，其中一個用手扼住一隻黑貓低頸項。

咪西！咪西！它底脚爪痙攣地伸動着，『野狼』底眼睛掃過每一所獄室底窗口，三個　在那裏獰笑，陽光照着他們那肥胖底臉，野狼吼聲，每一個角落都聽得見。

「革命法庭宣判：咪西有反動行爲，立即處以死刑！」

一個獄卒便在咪西頸上繫上一根繩子，當它被倒吊在牆上時，這小動物便被狂亂地抽打着。它底尾巴擺來擺去，眼珠可怕地突出來，驟聞天井中一聲槍響，三個人一齊呵呵大笑。

我們都呆住了，相顧無言，這靜寂的氣氛，突然被一種碎心的叫喊撕破了。

「你們這些殺人底魔鬼呵！」瑪露西亞的拳頭擊碎了窗上的橫木，血從她底手上涔涔流下，幾塊玻璃落到天井裏。

「瑪露西亞！」伊凡羅娜叫道：「爲了上帝的緣故，不許再動！你要毀滅我們大家的！」

太晚了，那野狼已經同兩名獄卒衝過來，他們踢開了門，手裡都緊握着短槍。

「立正」他吼道：

我們站好了隊伍，他指着瑪露西亞：「把這個丟進水牢去！」

當她被打得半死，淌着鮮血、頭髮掃着地面，被兩名獄卒拖出去的時候，野狼兇狠地望了望我們說道：

「你們這些反革命的壞蛋，我將要教訓你們：二十天以內不許添購任何食物。」

他一轉身，大踏步走出去了。

我們互相望着，默然無語。嘿！要喫二十天的監獄伙食。

但是，那又有甚麼關係，反正咪西是不再回來了。（譯自「讀者文摘」一九四九、三月號）

給讀者的報告

本刊新年特大號業已再版，愛讀諸君可免向隅，存書無多，欲購從速！

本期胡適之先生由美國寄來「共產黨統治下決沒有自由」一文，以考據學大家的筆法，證實在中共佔領區內沒有不說話的自由。剝奪言論自由者使人有話不敢說，至於「偶語棄市」也夠厲害了，而中共則更進一步，要强迫你說出你所不願說的話，是而可忍，孰不可忍？不但不許人說眞話，而且逼人說假話以當眞，中共之如此的威逼，正所以暴露其內心對眞理的恐懼。這正是張脈僨興，外强中乾之表現。胡先生此文可將共黨的弱點完全顯現出來。又據胡先生來函謂，還有「中國歷史上爭取自由的故事」及「中國文化裡的自由傳統」兩篇正在起草中，以後當可陸續和讀者見面。

過分注重自由往往流於散慢，故團結問題向來都是自由分子之難題，而於今日爲尤甚。本刊問世以來，曾有數次討論及此，盡討論不厭其詳，聽取多方面的意見，以收集思廣益之功，或許也是讀者所樂聞。本期余家菊先生「一切當從團結做起」這篇文章對團結很有貢獻。文中所列舉的妨礙團結的原因，確是許多負責當局所犯過的錯誤，值得大家深切反省。

政治爲社會之總綱，故政治原理實關於人生之究竟，不深究人生之價值而漫然從事政治運動是不是末學的支離？我國的儒家本來有一套政治哲學，就它自己的立場而論，確實是圓滿整齊，首尾一貫，理論與實踐翕合無間。但是近代社會發生急劇的變化，儒家這一套已不能適合於今日的中國，而西方傳來的政治哲學，又是五花八門，莫衷一是，令人無所適從，於是從事政治運動者大多缺乏政治的原理，未曾建立深邃的人生觀，以爲行動之穩固的基礎，而許多嚴重的弊病從此出來了。聽說史大林主義將「理論任務應該服從政治任務」奉爲金科玉律（見得波林的自白書），這不是曲學阿世嗎？在謳歌最高政治當局爲聖人，而自幸生逢聖世者，今日的中國已是車載斗量不可勝數，「劇秦美新」已不能專美於前，本期張中文先生提出「政治教育」的問題，以爲從事政治必須對人生觀有澈底的認識而後能臨大節而不可奪，實爲切中時病的作品。惜其實施方案過略，仍望作者作進一步的努力，提出整套的方案，以促進今後之政治教育爲幸。

「蘇聯的新社會」自詡爲世界歷史上嶄新的一頁，只因鐵幕低垂，知之者鮮，於是譽之者儼若天堂，毀之者視同地獄，其眞相如何眞肯沒有人知道嗎？不知眞相的毀譽是盲目的，我們雖深惡蘇俄之侵略，仍須以研究眞相爲職志。前期與本期連續登載達爾林教授一文，言必有徵，事皆據實，允稱信史。其分析蘇俄社會有經濟上四個階級之對立，尤爲經濟不平等之明證。要對今日的蘇俄施以評價，這是極其可靠的資料。

本刊同人反共抗俄素以自由民主爲依歸，然而自由每意見紛歧，民主常遷延不決，有人說在今日急迫的局勢下，這是窒碍難行的。自由是否應有適當的限度，使不流於散漫，不妨礙和協，而發揮組織之功能？民主是否仍須集權，俾迅赴事功，當機立斷？凡此都是今日切要的問題，理應多方檢討，以折衷於至當。本社最近擬開一座談會，邀集各界名流提供寶貴意見，以作今後思想之指針，行動之準繩。其結果當可於下期和讀者諸君見。

自由中國 半月刊 第二卷 第三期

中華民國三十九年二月一日

發行人　胡適

主編　「自由中國」編輯委員會

出版者　自由中國社

社址：臺北市金山街一巷二號

電話：六八八五號

經售處

臺灣　中國書報發行所（臺北市館前街八五號）

香港　香港時報社（高士打道六四號）

印刷者　台北印製廠

廠址：臺北市民族路六四三號

電話：三三一六號

售價：每冊新台幣一元・銀元券四角・港幣五角・

歡迎直接訂閱・平寄郵費免收

自由中國

香港航空版

發行人 胡適

第二卷 第四期

要目

中華民國三十九年二月十六日出版

社址：臺北市金山街一巷二號

社論

蘇俄的承認「越南共和國」和美國的製造氫原子彈

新近有兩件事情，都是世界歷史上應當大書特書的。一是蘇俄承認所謂「越南民主共和國」的政府；一是美國總統杜魯門下令製造氫原子彈。

蘇俄外長維辛斯基，於上月三十日以正式公文通知越共頭目胡志明，謂蘇維埃共和國政府已承認「越南民主共和國政府」，決定建立二國邦交，互換公使。

越共既沒有首都，又沒有行政機構。這樣的「政府」，照常理講，當然難以得着別的國家的承認。但蘇俄的毅然決然做這件事情，在稍明蘇俄野心的人，並沒有十分奇怪。蘇俄繼承沙皇帝國主義傳統，已決心用共產帝國主義以統一世界。陰險詭譎，是蘇俄一貫的作風。他用「民族自決」「世界革命」等等的名詞來欺騙意志愚闇的民族，以完成「兼弱攻昧」的計劃，乃是他併吞世界策略的一節。只要蘇俄在世界上存在一天，他決不會放棄這個計劃的。從中共在大陸國土中軍事上得到勝利以後，蘇俄已不願叫中共即向英國挑釁而南窺香港，又不願叫中　冒險向臺灣作萬難僥倖的嘗試。在克里姆林宮策士的心中，次一步最值得攫取的目的物，當然是越南緬甸和泰國。越南尤爲適合史達林的脾胃：一則有胡志明可以利用；二則，越法軍，顯然已呈衰老的狀態。如果史達林嗾使中共軍隊進入越南，已可以使得意忘形的中共深深的陷入濘泥以便蘇俄在中華國土上得以爲所欲爲，又可以使蘇俄帝國主義迅速的南向進展。這樣的好機會，當然是史達林所不願意輕易放過的。因此便有本年一月一日越共頭目胡志明要求各國政府與之建立邦交的聲明；因此不到一個月蘇俄便承認胡志明的政權，並且叫他的衛星國亦這樣做。這在蘇俄不過是實行「世界革命」一段尋常的程序，所以不能使我們驚訝。實在講起來，蘇俄共產帝國的行動，比承認越共胡志明政權這件事情更卑劣的，在過去十餘年裏面，不知道有過多少次了！

但這件事情對於當前世界的局面，則有不可忽視的重要性。如果中共假借和越共合作的名義，以大批的軍隊侵入越南，當不是駐越法軍或保大軍隊所能抗禦的。共產黨攫取越南以後，西而緬甸和泰國，南而馬來半島，都必產生混亂狀態而終至淪陷於共產黨。而那時這些國土的眞正主人，決不是中共越共泰共等等，而是克里姆林宮的史達林。史達林有了這些地方，一方面將儘量搾取糧食和其他物資以運往蘇俄，一方面又可西向而侵入印度，南向而侵入印尼。印度和印尼當政的人，因爲沒有明斷和堅强的反共意志，所以決沒有方法以阻當蘇俄的陰謀和武力。到了那時，總算起來，全世界四分之三的人民，都將呻吟於共產黨虐政的底下，而蘇俄卻得利用這些國土的人力和物力以造成世界上最强大的軍隊。到了那時，世界上的民主國家，非特沒有法子可以拯救這些呻吟於共產黨虐政下的人民，恐怕連自己的一切自由也保不住了。我們不願意作任何沒有根據的臆測，但我們可以說：如果世界上强大的民主國家，現在不當機立斷，則所謂「那時」，不久便可臨到。

這種情勢，英美法等國未嘗不覺到。法國官方發言人於上月三十一日告訴記者，蘇聯的承認越南反法的胡志明政權，「事態確屬嚴重」。同時法國政府會向駐法蘇大使提出書面抗議。英國則已決定支持法國的立場。美無任所大使傑塞普於本月六日在新加坡宣稱：「民主國家顯須在東南亞採取迫切行動；何種行動以及時間地點，乃美國政府決定之事。」可惜美國政府的決定，往往是有利於蘇俄帝國主義的進展的！

接着蘇俄承認越共的消息，就是一月三十一日美國總統杜魯門下令製造氫原子彈的消息。從世界和平的觀點講，我們是很讚美這件事情的；因爲如果使用得當，氫原子彈的確是可以阻止戰爭保持和平的。

不過「使用得當」這句話，極爲難講。照理說，在今日世界的局面中，美國是應當積極的聯合世界上愛自由反極權的人民，成爲防禦共產主義强固的陣線。但黨派上的紛爭．人事上的偏見，顯然已經使美國國務院的措施露出矛盾的現象。就以美國對中國態度說吧。平心而論、今日中國大陸上的國土所以爲鐵幕所籠罩，過去的中國政府固然要負極大的責任，而美國的行動亦要負一部分的責任。現在國民政府雖然退守臺灣，卻仍堅持反共抗俄的旗幟，且勵精圖治以謀反攻；在這個混亂的世界上，實不失爲一個明智勇毅的政府。而美國呢，雖然有二三見解遠大的人士，竭力呼籲援助合法的中國政府，而國務院則固執一向的偏見！我們當然不能夠指望美國人來替我們打仗；但經濟和物資上的援助，誠如美國參議員諾蘭先生所說，美國是「有法理和道義的權利和義務」的。我們很希望美國國務院和民主黨人士能夠屏除偏見，　速補救已往的錯誤！不然，就製成威力無比的氫原子彈，也不過在工業史上增一段佳話，對世界和平決沒有絲毫用處。

從蘇俄承認胡志明政權這件事情看來，則民主國家過去種種「委屈求全」的行爲，實在都是浪費的。愛好自由的人民，和現在控制一半世界的蘇俄共產帝國主義，決難以共同生存。如果要用氫原子彈以維持世界的和平，保護人類的文化，非立即動手去降服克里姆林宮製造混亂和戰爭的惡魔不可！請問等到世界上十分之八九的人民都被蘇俄的鐵幕所籠罩的時候，美國雖然積存幾百幾千的氫原子彈，還有什麼用處？到了那個時候，氫原子彈必已失去維持和平的效用，而只有毀滅世界的力量！

悲憤話新疆

羅家倫

正當民國三十二年，我在廸化做了一個『新疆歌』，共分三段，曾經譜成音樂，當作省歌。這歌詞是：

（一）

新新疆，
　我們中華民國的屏障！
阿爾泰高天山長。
葱嶺橫西極；
崑崙抱南疆。
山頭太古雪，
　映着萬里沙黃。
伊犁河畔青青草，
　河邊有天馬低昂。
聽那塔里木河流水湯湯，
　江南四月風光。
這雄麗的山河，
　夢也不能忘。
鞏固我廣大的新疆！

（二）

新新疆，
　我們中華民族的寶藏！
阿山金脈烏蘇礦。
油泉泛地底；
羊陣亂山旁。
名瓜傳哈密，
　葡萄甜溢高昌。
和闐綢托羊脂玉，
　潤潔地好比冰霜。
更有雲母含輝鎢砂亮，
　都上在資源賬。
這富庶的寶藏，
　夢也不能忘，
鞏固我天府的新疆！

（三）

新新疆，
　我們國內宗族的天堂！
龜茲名樂伴伊涼。
血統常交流，
心弦更交響。
當旋風舞罷，
　令人盪氣迴腸。
文化早陪公主嫁，
　規模猶仰漢和唐。
接受三民主義萬道祥光，
　同臻和樂安康。
這甜蜜的樂園，
　夢也不能忘，
鞏固我中國的新疆！

這歌第一段講地理形勢，第二段講物產資源，第三段講宗族文化。看過了後，可以想見我當年對於新疆熱烈的讚揚，和殷勤的期望。

隔了三年，在還都南京不久的時候，我在上海的京滬週刊上發表了一篇關於新疆的文章，大意說：『天相中國，給我們豐富的煤鐵和石油。天不相中國，把最大量的煤鐵集中在東北，最大量的石油集中在西北。匹夫無罪，懷璧其罪，東北和新疆的危機，就在於此了』。而今東北西北都已入蘇聯的掌握了。回想往事，眞是感慨萬端！

談現代國防和國際政治的人，沒有能忽視石油資源這一個成份的。中國的石油，幾乎全部集中在西北祁連山和天山兩麓。從河西走廊經祁連山的沿邊武威張掖和青海的共和一帶直到酒泉，都已證明了或是開採出來了豐富的石油蘊藏量。(玉門油礦即在酒泉)。天山北路離廸化不遠的沙灣，小拐，和烏蘇等處的石油礦，不但早已證明，如烏蘇的並且曾經蘇聯設廠開煉。天山南路的阿克蘇等處，根據多少報告，都說是有油礦；我雖然不會看見很確定的科學調查報告，但就其地質區域和地形構造而論，應當是會有的。而且蘇聯一定比我們知道詳細！

在軍事上最重要的礦產，除石油而外，還有鍊鋼必需的鎢砂。只看第二次世界大戰的時候，蘇聯如何競購和競換（以貨易貨）江西的鎢砂，就可知道她對這種礦產需要的迫切。而阿山（即阿爾泰山）區除了金礦而外，便有鎢礦。報紙傳說新疆有鈾礦，我還不能肯定，但祇就石油和鎢砂兩種而論，新疆已經够匹夫懷璧的條件了。

自從外蒙獨立投入蘇聯懷抱以後，我們河西走廊這一條石油線—我們將來工業和軍事的生命線—已經暴露在敵人的威脅之下。又自民國十九年蘇聯意圖包圍新疆的土西鐵路全線通車以後，新疆竟處於侵略者袖裏乾坤袋的袋口，可以被一袋袋去。

以上僅是就國防資源而論，至於就國防地理來說，則通西域爲的是斷匈奴右臂，在漢時已成定論。左文襄『保新疆所以保蒙古，保蒙古所以保京畿』之說，也是很扼要的經驗之談。況且新疆東南可以威脅青海及甘肅西康四川邊區，以遠西藏；西南還可以通印度和巴基斯坦以達印度洋呢。

我於民國三十一年的秋天，由陸路進入新疆。當時盛世才還在主政，正開始與蘇聯破裂，聽命中央。我車經哈密的時候，蘇聯機械化的陸軍第八團約三千人，穿了新疆部隊的軍衣，連同飛機二十四架，還駐守在該處，扼住中央與新疆交通線的咽喉。而第八團的營房門口，却掛着「地質考察隊」的招牌，—好大的地質考察隊！廸化郊外頭頓河的農具製造廠—實際上是飛機製配廠—還有名爲二百，實際盈千的蘇軍。這威脅還是很嚴重的。我再西行經烏蘇到伊寧，看霍爾果斯的國境邊卡。沿途看見拆運烏蘇油礦機件的大汽車，橫衝直撞，一股悻悻不平之氣，口口聲聲說『我們不久就要回來』。我那能免深深的感覺到新疆在世界大戰終結後局勢之危險。

果然在三十二年的春天，阿山區的邊境，吉木乃一帶，發生了哈薩克游牧部落叛變的情形。這所謂叛變的來源，當然是在邊境的那面。我方也用力防勦，於是驚動了羅斯福總統，惹起他的注意。因爲他怕惹起中蘇的衝突，所以派副總統華萊士經蘇聯先到迪化，再訪重慶。果然這班邊境的叛徒，當華萊士到廸化的時候，一律停止軍事行動。華萊士是主張調整新疆人事，以緩和蘇聯的。中央亦採取這種政策，以示睦鄰。不意弄到內部幾乎發生嚴重問題，許多高級人員，險險的葬身在烏魯木齊的原野。可是華萊士一起飛後，邊境軍事仍然起來。到三十二年十月間，竟暴發了會紀澤簽定中俄伊犂條約以來所不曾有過的大規模伊犂事變。杜副師長帶去的兩團人，因不曾留兵分駐菓子溝（新二台），而被切斷後路，被困在伊寧城外飛機場一帶，堅守了一百天，終以糧盡彈絕而全軍覆沒。伊犂的中原人口約一萬人左右，十之八九均被屠殺淨盡。當時叛軍的三個領袖，有兩個就是有蘇聯國籍的人；當時俘奪的步鎗以及二十響連發的短鎗，都是蘇聯兵工廠的出品。並且我和第八戰區朱紹良司令長官一道把他們拏給英美駐廸化領事看過。

伊犂事變發動以後，叛徒依照蘇聯註册的商標，打起了的『東土耳其斯坦共和國』的招牌。進兵佔據烏蘇，前線直逼綏來，兩軍隔馬納斯河而守。當時政疲兵疲，對方氣燄極大。幸得郭寄嶠將軍去了一下，重整軍隊，再事部署，逆燄稍戢。抗日勝利以後，本可憑藉當時國際的新形勢，以外交軍事雙管齊下的方式，對於伊犂問題得一相當解決。不幸張治中以西北軍政長官的資格，出現廸化。憑他虛浮粉飾的姿態，以『求和平』相號召。其實他『求和』是眞的，祇是忘記了最後一個『平』字。經他三請四催把伊犂代表求到廸化訂立所謂『和平條款』。這所謂條款，祇不過承認伊犂、塔城、阿山三個廣大而沿邊的行政督察專員區，等於內地三四省的地方，完全歸叛黨統制，且保障其實際獨立。他再三懇求伊犂叛黨來迪化參加省政府，並保薦蘇聯國籍的阿合買提江爲省政府副主席，高居新疆行政中樞，參預機要。可是省政府所派的人員，不但不能赴伊塔阿三區，而且不能越馬納斯河一步。這是一個最不平等而張治中認爲最得意且宣傳最力的所謂和平條款！

在這時候，西部的軍事雖然暫時停止，但是蘇聯的威脅，決不停止的。於是叫外蒙古向迪化東北進兵，以求擴充其邊界，要把布爾津，和布倫托海一帶膏腴之地，併入外蒙古疆土。這樣一來，在地形上把新疆東北的藩籬盡撤，外蒙豈但得到大過一個浙江省的土地，並可以用騎兵東侵哈密，西襲奇台，則迪化在他掌中，更無問題。這就是轟動一世的北塔山事件的癥結！這就是外蒙古進攻北塔山的主因！

當時新疆省政府中雖有伊犂方面的蘇籍阿合買提江等參加，但是主席還是麥斯武德，建設廳長還是伊敏，和秘書長還是艾沙等一些維族中反蘇的同志們。無疑義的，麥斯武德，伊敏和艾沙等諸同志自有其維族的民族意識，但是他們確深信新疆不能脫離中華民國而存在，和依附蘇聯決無任何自由幸福可言。聯共的殘暴，是他們親自見過，親自受過的。因爲他們有這種認識和立場，所以他們不能見容於蘇聯的鷹犬，所以廸化常有反對麥斯武德的事件發生。到前年張治中竟提出以鮑爾漢替代麥斯武德爲主席。

說到鮑爾漢，也是我很熟的人。他屬於塔塔爾族。我早年在柏林遇見過他。他後來回到新疆，被盛世才關在監獄裏。他能說流利的國語，於是在監獄裏將國父「三民主義」譯成維文，這大概是奉命做的。盛世才離新後，他從監獄出來的第二天，就到監察使署來看我。他親口對我說：「蘇聯和共產黨給我的痛苦，我已經受够了。監察使，你知道我被捕時審問我給我受刑的法官就是蘇聯人。」後來吳忠信主席任他爲廸化區行政督察專員。有一次蘇聯駐廸化的總領事館舉行紅軍節，我和吳忠信主席都在座。大家正在開始吃茶的時候，忽然這個蘇聯棐代總領事離座奔赴大廳門口。我們很爲詫異，注意一看，那知道他去迎接的便是鮑爾漢。可見在當時蘇聯人員已經向他做功夫了。三十七年初夏我在張治中家裏吃午飯遇着他，我和他提起他當年在廸化對我批評蘇聯和共產黨的那段話，他急忙請我以後不要再提。這一些綫索，件件都可回憶。艾沙曾對我說過，「他是一個無主張，無主義，見風倒，祇要做官的人。」

以這樣一個鮑爾漢做主席，再加上代表張治中的長官公署秘書長劉孟純和老牌共產黨員屈武做參謀，於是新疆的局面註定了！

在三十七年秋冬之間，有一件事不能不特別提出的，就是張治中和蘇俄以前駐華武官後來改任大使的羅申，有一度秘密的勾結。張治中和他商定一個中蘇在新疆經濟合作的條約，要把新疆的有色礦產，一概交由蘇聯開採五十年！張治中極力要求兩屆行政院院長批准，終以當時外交部葉公超代理部長的極力反對而未能實行。這樣的條文，眞是荒謬已極。全部礦產的斷送，祇要這一句籠統的糊塗話就夠了！除了純白水晶而外，其餘的礦產，那一種是沒有色的？我實在想不起來。

至於最近事變據新疆退到印度的高級人員對我說，遠在去年五月間，張治中卽由北平電致劉孟純等，教他們照着他的「既定政策」進行，不必離開。六月間又去電說是他不久卽來廸化，望他們安心。可見他對於這次事變的安排，是很早的。等到八九月間西北蘭州的軍事逆轉以後，這些投機份子不反，更待何時？

經過劉孟純屈武和鮑爾漢的遊說，統帥新疆全軍的陶峙岳被搖動了。陶峙岳又約了駐疏附的副司令趙錫光在天山南麓的焉耆開了幾度秘密會議，回到廸化以後，隨卽公開叛變了。當時中央軍隊連同馬呈祥的騎兵軍還有十萬左右的精銳部隊，軍心都是十分憤慨。有幾位高級將領，想有反抗的動作，終以蹉跎延誤，以致不果。最後是他們和其他文武人員，陸續由廸化轉入南疆，經疏附而分別退入印度和巴基斯坦境內。

『自由中國』的宗旨

第一、我們要向全國國民宣傳自由與民主的真實價值，並且要督促政府（各級的政府），切實改革政治經濟，努力建立自由民主的社會。

第二、我們要支持並督促政府用種種力量抵抗共產黨鐵幕之下剝奪一切自由的極權政治，不讓他擴張他的勢力範圍。

第三、我們要盡我們的努力，援助淪陷區域的同胞，幫助他們早日恢復自由。

第四、我們的最後目標是要使整個中華民國成為自由的中國。

新疆和印度半洲接界的，主要的克什米爾土邦（Kashmir）這土邦現在已成爲國際政治上大懸案之一。其原因是印度與巴基斯坦兩國都爭這塊廣大而重要的國防戰略地帶。現在這邦的東南部爲印度軍隊佔領，西北部爲巴基斯坦軍隊佔領。而新疆入克什米爾有兩條主要的路線。一條是由明達佳山隘，經坎巨堤而入幾爾幾特（Gilgit），而入巴基斯坦，這一帶爲巴軍佔領區。另一條是由喇喀崑崙山隘進入拉達克(Ladakh)，轉到克什米爾都城斯林拉佳(Srinagar)，這一帶爲印軍佔領區。這兩條路都很危險，經前者須越過一萬六千餘尺，經後者須越過一萬八千餘尺的高山，在平常已經困難，當這隆冬積雪的時候，歷此長途，更是在死亡綫上掙扎。所以婦女和小孩的死亡及其墮指裂膚的慘狀，我已經在酸楚情緒之下，迭有所聞。

這些忠貞的退出人員及其眷屬，都是陸續就道的。有些是一同啓程，有些是中途結隊。有些是經第一條綫而入巴基斯坦，有些是從第二條線而入印度。我分別與印度和巴基斯坦交涉以後，承兩國都允許他們通過。除了其中一部份自行乘飛機回國的人員而外，其餘大都由加爾各答坐船回國。其由巴基斯坦轉入印度的，我曾派員在邊境照料，其上船的，上船前後也有人照料。我定的原則是在這大家共患難的時候，待遇應當一律，救濟費用應當公開。對於這各位忠貞之士，在此千磨萬折之中，絕對不該因宗族不同，職位大小，而有待遇高下之分。這個原則，幸而能得大家諒解。到我離印之時，已經遣送的約二百人，但尚待遣送和救濟的，還有二三百人。因爲各人分別成行，陸續到達的關係，所以很難有結賬式的統計報告。我樂於附帶提到的，就是維族的伊敏艾沙諸位，均已安全脫險。我更樂於提到的，就是撤退人員，雖然歷盡生命的危險，但是志氣決不消沉，其餘的話，我不必多說。去年八九月間我方才辦理由西藏被迫撤退人員之事，十月間又開始辦理由新疆撤退人員之事，眼見同胞的慘痛，回望祖國的邊疆，其難受心情，可以想見了！

我雖然悲痛，但是我決不灰心。失敗主義者是軟骨動物。西藏永久是中華民國的一部份！新疆更永久是中華民國的一部份，不可分解的一部份！

三十九年二月八日、臺北

我們爲什麼要抗俄反共？

傅斯年

在臺灣和其他未曾捲入鐵幕後的中國地方抗俄反共的呼號極盛，這是極好的。不過，若是我們不認清我們爲什麼要抗俄反共，可能發生兩個不好的事情：(一)抗俄反共的力量不會用到最大量。(二)帶出些不好的事情出來。所以在自由區的中國，必須先有一個共同的明白的認識：我們爲什麼要抗俄反共？

我們爲什麼要抗俄反共？假如爲的是自己的安全，那末，別人是不會替你打仗的。假如爲的是一個集團的利益，集團以外是不感興趣的。就是爲一個主義，而這個主義須得把人說服了才行的，也是緩不濟急的事。我們如果認清，假如蘇俄和共產黨成功了，不特我們不能活下去，一切自尊的人都不能活下去，不特我們的國家存在不下去，就是我們的文化，家族，良心，也都不能繼續下去。卽使萬一有的人可以倖存，也斷斷沒有作人的意味了。瞭解這個，才可以大衆一心，一齊死拚。不瞭解這個，你說你的，我說我的，多數的人或者以爲你是要他替你送命的。

從中國歷史上看，中國共產黨是歷史型的流寇和邪教的混合體，再加上近代的騙人手段。中國歷史上那有一次流寇的暴動會經給中國文化促進一步？那一次不是把中國文化倒退上幾十年或幾百年？當然在鬧事的人們總說出將來有個天堂，而且這個天堂就在你的身前，事實上是世界鬧了以後比不鬧以前更壞。越鬧人民越不得了，鬧到人口減少一大半，文化掉了一大半，等到一切人都疲乏了，然後「天造草昧」，毫無主義的野心家，利用起來，建設一個新朝代，而這個新朝代並不比從前更好的。

從赤色蘇聯型的帝國主義看，他是給人類製造一個空前未有之刼運。這個赤色帝國主義，是個很複雜的結構，在這篇短文內無法一一分析，姑且作成下面一個表，彷彿像當年的「西江宗派圖」，其中一一的分解，將來有機會再談。

歐亞草原野蠻主義
原始斯拉夫主義
東正教神秘主義
} 俄羅斯主義

俄羅斯主義
蒙古征服
西方刺激
} 沙皇主義

猶太「天使精神」
黑格爾玄學
英國經濟論
法國社會革命論
達爾文主義
} 馬克斯主義

德國神話論
法西斯主義
} 納粹主義

馬克斯主義
馬加維里主義
} 列寧主義

納粹主義
列寧主義
沙皇主義
} 斯太林主義

如上表，斯太林眞是集大成，集中古的近代的一切壞東西之大成。

假如社會主義是對的，現在的蘇聯早已不是社會主義了，相反的，是一個極度發展的新形態的資本主義。照馬克斯列寧說法，資本家要漸漸的減少，資本要漸漸的集中，蘇聯把一切資本都集中了，乃獨佔中之最獨佔者。資本家減少到一個了，就是國家，國家就是斯太林。一切近代資本家所不能作不敢作的事，譬如資本家不能用政治權力奴役人，蘇聯却有强迫勞工；資本家不能照成績付工資，而須照時間付工資，蘇聯却提倡「勞働英雄」，「勞働英雄」就是騙工人照件品付工資的辦法；資本家不能消滅工會，蘇聯却事實上消滅了工會。以前社會主義者都是反對資本主義者，獨有蘇聯最羨慕資本主義的成果，所以把資本主義一切生產有效而有害於勞工的成分一齊發展到最高峯，所以蘇聯早不是社會主義了，而是一個最獨佔的國家資本主義，偏偏國家就是斯太林一個人。

假如科學是有益於人類的，應該把科學利用到幫助人民生活上，不應該把科學利用在消滅人類上。誠然，美國先有了原子彈，但原子彈在美國手裏，大家不害怕，若在蘇聯手裡，可就朝不保夕了。第一次世界大戰之後，頗有小康的一個局面，歐洲新興的國家，多數看到生活的進步，學術的進步。爲什麼呢？因爲當時蘇聯不强大。第二次世界大戰的結果，可就完全不同了，停戰而不能和平，勝利而不能康樂，一天一天的更壞下去。爲什麼呢？就是因爲蘇聯到處搗亂。假如不是蘇聯這個樣子，這個世界原可以小康，在小康中，建設可以發達，生活可以改善。偏偏蘇聯的主意是用盡心思，使世界上人的生活一天比一天的壞，安定是一天比一天的少，所以才有今日這個局面，把科學領到人類集體自殺，又是蘇聯一個大貢獻！

爲什麼蘇聯這樣壞而同時有這樣大的力量呢？因爲他是自有人類以來最會騙人的一群人，他的主義完全是要征服其他國家，偏偏說是「解放」，他的用心完全是爲支配全世界的人類，偏偏說是要建設社會主義的共和國。他利用人類心理上的弱點，利用到極度，以求達到他的支配慾。中國共產黨是先受了他的騙又來騙人的。

人類的文化，是很多年代積累出來的，誠然到現在並不美滿，但其中也有不少美滿的東西。有理解的人，應該把美滿的東西擴大，不美滿的東西削除或減少。蘇聯主義却不然，把一切文明的傳統完全抹殺，從舊石器時代的原始人類作起。這樣辦法，恢復到極野蠻的時代也許做到，重建文明，是絕作不到的。

孟子說：「人之所以異於禽獸者幾希！庶民去之，君子存之」。孟子的這一句話，上半句是對的，下半句在用名詞上顯有當時社會階級的成見，我們應該改作：「失理性者去之，有理性者存之」。共產黨偏說理性是一個中產階級的產品，無產階級的文化是不要這個的。人類的進步是靠愛之一念，共產黨偏偏造一個階級鬥爭的邪說，把一切社會上的動力歸納到階級鬥爭上，就是歸納到恨的一念上，把恨的一念擴大到最大限度，還說將來有一個新的文化出來，彷彿我們在臺灣拚命向南走，一下子陡然可以到北平一樣的。

從歷史的背景看來，馬克斯主義只是達爾文主義的末流的一個旁支，達爾文主義可以分做兩部分，其事實的一部分是說明一切物種出於一源，這是用考據方法得到的綜合事實。其理論部分，是「自然選擇」說，這個「自然選擇」說，眞是所答非所問。問題是這樣：物種爲什麼要變？達爾文回答是這樣：因爲不適宜的物種被淘汰了。這眞是所答非所問。問題是問原因，答案是答結果，眞是驢唇不對馬嘴。達爾文這樣荒唐，因爲他本是一個考據家，不是一個理論家，理論答不出來，便把馬爾査斯的人口論應用到這上去。而馬爾査斯的人口論，和英國帝國主義是妙合的。直到門得而定律重新發現，物種由來的研究，才走上正確答案的路。從門得而定律發展出來的物種研究，是推翻達爾文不通的說法的。共產黨崇拜達爾文，於是不得不向門得而一綫上的研究者「鬥爭」「清算」。馬克斯的合作者恩格而斯最崇拜達爾文，我們可在這個中間得到共產主義出於達爾文論末流旁支的消息。達爾文本來是一個科學家，並無罪過，偏偏許多狂妄的所謂「思想家」，從達爾文的科學演出許多荒謬絕倫的主義來，在這一點上，馬恩主義和帝國的殖民主義和民族優勝主義，和其他一切人吃人主義，是同態的雜種。「適者生存」加上「階級鬥爭」，一切人類的價值論，都毀壞了，文明傳統根本不要了，中國和西洋二千年來積累的文明，認爲人有他的尊嚴（Dignity of man）一齊抹殺了。理性，出來反理性；愛，出來恨；進步，出來毀滅。

我們爲中國的文明傳統，爲世界的文明傳統，不能不向蘇共中共拼命反抗。

我們爲保持人類的自尊性，不能不向蘇共中共拼命反抗。

我們爲人在世界上活着有意思一個道理，不能不向蘇共中共拼命反抗。

假如能把蘇共中共打倒，世界和中國還有將來，假如不能，即使有的人能苟全性命，活在這個世界上也是沒有意思，所以我們要向蘇共中共誓死反抗。

除非你甘心作工具，你甘心作一件物，而不作一個人，你甘心你的兒子作蘇聯大砲的靶子，你甘心你的妻女作蘇聯人的物品，你甘心你的身體和靈魂和家族和國家一齊作爲下象棋的人棋盤上的卒子，在玩笑中隨便吃，你是不應該向蘇共中共降伏的。

我們若曉得我們的抗俄反共有中國和西洋的文化傳統作後盾，我們還能畏難，還能屈伏嗎？

原野之憶

半葦

一步步我離開冰霜的原野；
但遺痕如此鮮明——
　——閃現在睫毛前，
　　片片血膏的紫色。
上面是凝木的暗雲；
下面是發殭的土地；
在中間，
數着每一張面孔，
我會默然尋覓。

× × × × ×

已經沒有愉悅，
甚至也沒有悲傷。
「他們」知道嚎哭也不該放縱——
　——因爲，那裏面會流射出
　　人性的光芒。
於是，我回望着熟悉的黃沙。
跟着引路的瞎子背後，
孩子們走着，發傻；
呑一塊香軟的糖，
你，已然暗啞。

× × × × ×

屠殺者的園中，
添了新鮮的，
用不完的肥料——
　——那是：
　　黑髮人變成的黑灰；
　　白髮人剩下的白骨；
然而，獻納得多馴順，
像沒有一聲無禮的呼號。
果然是奇蹟呢；

聽！
那夜半林中鴟梟的冷笑。

× × × × ×

地売裏有未冷的熱漿，
雲後面有千萬朗星；
難道首先死去的，
就恰是『生命』？
既然還是呑了黃昏的夜；
誰相信沉沉的驚影後，
沒有黎明？
有一天——
　——我清醒地看見——
原野上
沒有血膏和白骨；
重新舖滿春草的濃靑。
已經迸裂了，
那發霉的幕在響；
洩出『肥料』的腐息，
還有半醒覺的
孩子的呻吟。

× × × × ×

我一步步離開了原野；
只帶着那一片遺痕
然而我不迷眩；
我不疲倦；
從血膏下的土壤中，
將重新長出樹來，
珍重地，
我望着那茁生的葉片。
淸醒些！
別垂下頭，
隨便閉了你那凝望黎明的雙眼。

× × × × ×

世界霸權與軍國主義

戴杜衡

歷史離不了戰爭。戰爭的結果往往是霸權的更迭。此起彼落後浪推前浪似的民族興衰充滿了歷史的篇頁；似乎沒有一個霸權能夠終古常新，後進的野心民族隨時保有起而代之的希望。這是個非常普遍的想法，並從而產生了富國强兵主義。譬如說，有些民族看到先進國的富强而不勝豔羨，便想模倣着那榜樣急起直追，自信總有一天可以壓倒先進國而稱霸世界。

我以爲，這種想法雖然符合於已往的歷史，但時至今日，具體說，到了二十世紀，歷史已經開始轉換方向；總有一天，這想法會變得全不適用，藉戰爭造成的霸權更迭將成爲歷史的陳跡。

是不是說後進國家將永沒有希望以努力富强的方式來趕上先進國？

是的，我正是這個意思。

以往歷史上的霸權與二十世紀的霸權有一項極顯著的分別：卽過去的霸權是局部性的，而今日的霸權則是世界性的。一個新勢力的興起，至少必須在空間上找到一個隙縫供其成長。蒙古之滅金宋，滿洲之亡明，雖說是以小勝大，以後進克先進，它仍要先在廣大的漠北或關外地區締造一個堅强的根據地，然後再伺機進窺中原。在世界各處，我們可以找到無數這樣的事例。可是，歷史發展到今日，世界上每一個隙縫都被旣成勢力所塡滿。用現代的術語來說，到了十九世紀末葉，全世界所有的地域都成了少數帝國主義國家的殖民地或準殖民地，勢力範圍的分割已經到了盡頭。如果說有例外，這例外便是中國；所以中國到今日還是列强角逐之場，紛爭迭起。除中國之外，如南美洲，如菲洲，如澳洲，倒顯得異常平靜。這是說，已經到了無可爭的階段。局部性的霸權在霸權之外留下許多隙縫，使新勢力有了成長的機會，世界性的霸權則並沒有留下這個餘地。所以新勢力興起較諸過去是幾倍的困難。

更重要的是，一個霸權的成立，較諸過去更需要依賴種種的經濟條件。所謂富國强兵，富是經濟力量的表現，强是軍事力量的表現。富强二者雖具密切的關係，但在過去作戰技術尚不十分依賴工業技術的時代，國家可以先强而後富，野蠻民族可以僅憑弓矢之力摧毀一個經濟遠更發達的文化。今日，富成了强的前程。而在經濟力量方面，較諸原始性的軍事力量，後進者要趕上先進者更是幾倍的困難。

一個自己不能製造飛機坦克車的國家，要戰勝一個自己能夠製造飛機坦克車的國家，那是不能想像的事；一個僅能製造少量飛機坦克車的國家，要戰勝一個能夠製造大量飛機坦克車的國家，那也是近於不可能的事。原子武器的出現，更使日後的戰爭成爲一種工業技術和工業生產力的戰爭；沒有工業基礎的國家，乾脆就沒有獨力從事戰爭的資格，但一說到工業（在這裏特別是指重工業而言），問題就更複雜了。

對後進者，資本累積是第一個不容易克服的難關。我們應知，近代世界工業化之所以成爲可能，是完全依仗航海術的進步，以至新大陸的發現這一個特殊機會，盎格羅撒克遜民族正是這個機會所造成的幸運兒。沒有十六七世紀海盜式的大規模財富掠奪，英國的工業資本無法累積；沒有美洲那宗豐富的地下寶藏，美國的工業資本也無法累積。卽使是較次的工業國，它們也都在十九世紀以前就打下基礎，幾乎絕沒有一個國家是到二十世紀纔開步的。如日本，它誠然最爲後進，却還是靠着亞洲尙有活動的隙縫，而它的工業建設，也一直到因甲午戰爭而從中國賠款上發了一筆橫財之後纔算漸具規模。今日這世界已經沒有未經探討的新海洋和未經發現的新大陸可供後進者活動了，那裏去找尋這個可一而不可再的發橫財的機會呢？

等於是這樣的情形：頭二三彩都已經被人摸去，後來者充其量祇能摸到四五彩或末彩而已。

就算資本累積的難關已獲得某種程度的克服，工業建設已在萬分艱苦之中漸漸的開始或發展，譬如說，漸漸的從第五位爬到了第四位，第三位，駸駸乎有與第一二位爭雄之勢，最後成功的希望還是異常渺茫。因爲橫在它面前還是一個「量」的難關，而「量」纔是實力的最後考驗。

二十世紀有墨索里尼其人者，發明了一個有趣的學說，他把國家分爲「有」與「無」兩種，以美英法等國歸諸「有」的類型，以德國、日本、和他自己的義大利歸諸「無」的類型，並鼓勵「無國」向「有國」去爭奪世界霸權。墨索里尼顯然是錯了。他所謂「無國」，如德國與日本，事實上還應該算是「次有國」，在「次有國」之下纔是眞正的「無國」，以至於「負國」。「次有國」都是在十九世紀以前立下相當基礎的，而基礎的深厚却比不上「有國」。爲要迎頭趕上，它們必須嘗試一種別出心裁的辦法，這辦法，我們可概括的稱之爲「軍國主義」。

軍國主義是這個世界上先强兵而後富國的最後一次嘗試。它不會出現在富國强兵同時並進的「有國」，也不會出現在强兵富國兩無可能的眞正「無國」或「負國」。所以介於「有」「無」之間的德國之類，剛好在成了軍國主義的發跡地。軍國主義的辦法，要把正常的經濟建設程序顚倒過來：正常的程序是先民生而後軍事，而他們的程序則是先軍事而後民生。他們以爲祇要先强到具備了可以恣意刼奪鄰人的軍事力量，富就不成問題。不富而强，必然要經由軍事上的全體主義纔能達到。德國魯登道夫將軍所創立全體戰爭理論，就是要竭盡國家的財力人力物力以用於軍事，而最後更具體現實於戈林將軍的「以牛油換大礮」的號召。總之，是要人民餓着肚子來打仗或準備打仗而已。叫人民忍受饑餓也不是一件容易辦到的事，所以軍事上的全體主義又必然的伴同着政治上的全體主義，即獨裁或極權。在這樣的國家，對外的侵略與對內的極權成了一物之二面，要侵略非極權不可，極權的目的正就是爲了侵略。而一切一切，都起於「爭霸」之一念。

德國在西方這樣作，所以德國成了兩次大戰的戎首；日本模倣着德國在東方這樣作，所以日本成了擾亂東方和平的罪魁。可是，它們「爭霸」的目的達到了沒有呢？事實早已向我們答覆了。

有些人至今還以爲德國和日本的失敗，以至原子彈之首先出現於美國，都是一種偶然。這實在是最不可原諒的錯誤觀念。根本是美國的工業擊敗了德國與日本，而工業是一個長期培養，非短期努力的結果。到戰爭的後期，德國已經無力製造飛機，日本已經無力補充船舶的損失，而美國的工業生產力正方興未艾。同時也祇有美國深厚的財力纔使原子彈的製造成爲可能，雖然原子爆炸的理論是早經德國及其它國家的科學家所發現了的。如上文所說，德國與日本還不是「無」或「負」的國家，當其盛時。在世界的工業競賽上至少已爭到了第三四的地位，而結果尚且如此。德國日本失敗的教訓應該已經告訴了全世界：軍國主義是一條走不通的道路，未來人類的歷史，應該不再是武力爭霸的歷史，因爲確實已經到了爭無可爭的地步。世界各地經濟發展不平均的問題，必須另外找尋方法來解決。以國家爲本位的舊式的富强主義，沒有打開任何新局面的希望了。因爲這樣的辦法，充其量不過是像德國日本那樣爲世界闖下一場損人不利己的大禍而已；力量不如當初的德國日本者，甚至連闖禍的資格都沒有。

這自然是一個有利於世界和平的教訓，可是，人類却不是這樣一種容易接受經驗教訓的動物，不然的話，人類發展的歷史，也無須經過那麽許多不必要的波折了。德國日本的嘗試，已經是一個浪費的揷曲。現在，却還有一個國家繼承了德國日本軍國主義的衣鉢，要再度嘗試德國日本所失敗了的功業。這便是俄國。

俄國今日的情形，我們可以找出它許多與當年德國類似之處，它的一切，幾乎可說是德國的一個未經重大修改的翻版。首先，它也是在十九世紀以前具備若干基礎的，介於「有」「無」之間的「次有」國家，可以說，它有「闖禍」的資格。德國的日耳曼種族優越論，與俄國的國際共產主義革命的理論，同樣的鼓舞着它們對世界的野心，所不同者，後者實較前者更便於使國家機構掌握一切，澈底的實行其軍事上、經濟上、政治上的全體主義而已。幾個五年計劃，從頭就是輕重倒置，祗顧軍事，完全忽略了民生。魯登道夫的學說和戈林的號召，已在俄國達到最大限度的實踐。俄國今日要在飛機坦克車的生產上，原子彈的製造上，來與美國爭一日之短長，却沒有想在國民生活水準上來仿做美國於萬一，以致，這一個「次有」國家的人民，竟過着比「無」或「負」的國家更爲低劣的生活。最後，爲了軍火生產而强制人民作力所不勝的努力，乃不得不用龐大的政治警察來維持一個人類歷史上所未見的可怖的極權政治。我們能在這種種事態裏發現得出與當年德國不同的處所嗎？

德國的嘗試失敗，俄國同樣的嘗試會不會成功？這是最多不過在十年之內就要揭曉的問題。至於清醒的頭腦，却用不着等待十年，即在今日可以答覆：成功之望是異常微弱的，理由早經前述。

但無論如何，這總是軍國主義最後一次的嘗試了。德國的一幕之後還會有俄國的一幕，這是早就可以料想得到的，甚至在德國尚未完全覆敗之時就可以預見。如果，俄國的一幕演過，世界上就再不會有什麽國家來扮演這個英雄的傻角了。理由也很簡單，自鄶以下，連「闖禍」的資格都沒有，猶如馬拉松競走，愈到最後一圈，第一名與第二三名之間的距離是愈隔愈遠，當你勉强能製造出一個原子彈的時候，人家已能製造一千個，甚至還能製造超過原子彈的武器。武力爭霸的局面還可能在這世界上出現嗎？

所以我說，人類歷史發展到二十世紀，已不得不轉換一個新的方向，再不會有後浪推前浪的國家霸權的更迭了。將來一切國家規模的計劃，一定會被世界規模的計劃所替代；民族獨立將換上一種新的意義，富國强兵的觀念，已無法在未來的世界秩序內占有什麽地位了。

徵稿簡則

一、本刊歡迎：
（1）凡能給人以早日恢復自由中國的希望，和鼓勵人以反共的勇氣的文章。
（2）介紹鐵幕後各國和中國鐵幕區極權專制的殘暴事實的通訊和特寫。
（3）介紹世界各國反共的言論，書籍與事實的文字。
（4）研究打擊極權主義有效對策的文章。
（5）提出擊敗共黨後，建立政治民主，經濟平等的理想社會輪廓的文章。
（6）其他反極權的論文、談話、小說、木刻、照片等。
二、翻譯稿件請附原文或註明其出處
三、凡附足郵票的稿件，不刊載即退回。
四、稿件發表後，每千字致稿酬新臺幣十元至廿元。
五、來稿本刊有刪改權，若不願受此限制，請先說明。
六、來稿請寄臺北市金山街一巷二號本社

論布爾希維克氣質

許冠三

(一)

這半年來，臺灣思想界反布爾希維克巨流的波瀾，愈來愈壯闊，實在是可喜的現象。國民黨中若干要員的覺悟，大聲疾呼肅清國民黨內潛在的布爾希維克毒素一舉，尤其令人欣慰。看趨勢，我們真的打出點道理來了，一千一百多萬方公里的土地沒白丟，千萬將士人民的血與淚沒白流，不過這個問題似乎還沒完全弄清楚。比如，有人說國民黨是一個染有布爾希維克氣質的黨，黨員中有不少屬布爾希維克型，這是事實。(請參看去歲十二月中旬各報所載陶希聖先生的「革命事業從頭做起」一文及本年元旦民族報所載鄭學稼先生的「布爾希維克毒素與國民黨」一文)。若果有人說國民黨已是布爾希維克化了，或者說除了國民黨以外，就再沒有人有布爾希維克氣質，都不是事實，也有欠公平。據我所知非國民黨的自由民主信徒，一樣有不少人染上了布爾希維克氣質。布爾希維克本是時代性的毒菌，中國有一個不健全的社會，是培養這種毒菌最好的溫床。中國人是身心兩不健全的民族，是布爾希維克毒菌滲透最好的對象。多數人染有這種流行病，是無用驚詫的。

民主與布爾希維克的差別，並不在極終的目標。達到極終目標的過程(從領導原則，行動綱領，到實踐)，才是兩者眞正分歧的所在。只問目的，不擇手段，是自由民主人士絕對不應持有的念頭。自由民主份子一定要採用民主方法爲他的理想奮鬥。運用任何非民主手段所完成的政治任務，是萬難適合民主標準的。我們不能希求任何不知民主方法爲何物，或不願運用民主方法的政團爲中國人民爭取自由民主。染有布爾希維克氣質的人或政團，是絕對不可能運用民主方式的。因此，我們談反共不能不講手段，講手段就不能不先從肅清布爾希維克氣質做起。

(二)

前面我已說過，布爾希維克毒菌能在中國滋生繁殖，不是事出無因的，無用我們驚詫。因爲我們旣有先天不足的身心，又有後天失調的營養。我們中國人本來就有一個極其接近布爾希維克的傳統，這就是內在的病；一旦遇到外邪，一場大病自然是跑不了的。外邪者何？那就是廿世紀廿年代輸入的布爾希維克主義和三十年代輸入的法西斯主義。請問，今日卅歲左右的人，有幾人不是從進小學開始，就受布爾希維克型教育的呢？

過去，我們中國不少受過西化教育的人，常常以一件事向西洋人自豪，說在中國歷史上未曾有過國教，未曾有過宗教戰爭，也未曾有過歐洲中古的黑暗時代，與政教合一的專制王朝。直到近年，我們才明白這是一個膚淺的看法。中國不僅有過國教(不是純宗教)，而且有過爲期長達二千年的政教合一的專制政體。嚴格的說來朝，秦漢以後的中國不僅是一個沒有純宗教的國家，(宗教氣氛最濃厚的魏晉六朝時代，依然未脫政治色彩)。簡直是一個沒有純政治思想的國家。事實上，兩千年來我們是在拿倫理思想代替着政治想；又在拿政治思想掩蓋着宗教信仰。我們都知道，自漢武帝罷黜百家後，兩千年來統治中國人思想的是儒學。所謂儒學，本是以倫理觀念爲中心，兼代政治思想與宗教信仰的混合體。這一個儒學的傳統，在本質上就是異常接近布爾希維克的。就政治思想史發展的過程來看，儒學的思想本是一個相當原始的東西。歐洲人早在希臘時代已經有了純粹的政治思想。政治思想能脫離宗教信仰與倫理觀念而獨立，是人類思想第一次獲得的大解放，也是文明的一大進步。此後，人類才知道如何運用自己的智慧，走向坦途。歐洲中古時代的政教合一，乃是野心家人爲的撮合，富有原始性質的儒學，實不可同日而語。所以，歐洲人擺脫傳統爭取自由的運動，做起來要比我們容易得多。

儒學所以會因沿成一個接近布爾希維克的傳統，其責任並不全在儒學的本身；主要的擔子應該要由那些利用儒學作爲統治工具的野心家來負擔。任何一種學術[illegible]能被後人利用，或好或壞，(如民約說被 Thomas Hobbes 用爲君主專制的論據，而 Jean Jacgues Rousseau 則作爲民權論的基礎)我們不能苛責學術的創始人，除非他是有意如此。(如馬克斯，列寧等)儒學本以倫理思想爲本位，而在倫理思想中則以個人爲中心。是以，儒家主張治國平天下的大道，要先從修身講起。他們希望人人能表現其完滿的人格，發揮其至善的人性，這與西洋的個人主義(Individualism)實在非常類似。近年有些自命爲民族主義者，愛講傳統道統的先生，偏好責罵個人主義，不知是何道理？我想，不是不懂個人主義，就是曲解了個人主義；或者根本不了解儒家。須知，個人主義千萬不能只從「個人」二字的字面上去了解，更不能在上面再加一個「我」字。

儒家所講的恕道，和西洋的容忍(Tolerance)也是很類似的。論語上「己所不欲勿施于人」一節，對容忍精神消極的一面，說得已够明白的了。我們過去常把「恕」字釋作「原諒」，實在是不够的。自己所不喜歡的事物，往往別人也不喜歡，所以不應該給別人。比如，自己不願意受迫害就不應去迫害別人。同理，別人所喜歡的，往往也是自己喜歡的，所以儒家又說「君子不奪人之所好」。比如我愛自由，別人也愛自由，我就不能因爲我的自由，去侵害別人的自由。據此，自由民主的根苗，早在中國出生了。同時，我們還可以證實喜愛自由民主本是人的天性，並非西洋人所特有。並且也和西方一樣，我們的祖先能知容忍的可貴，是從個人想起而及於他人的。如果，從個人想起只止於個人，決不會知道容忍的可貴。眞正的個人主義者，決不會只想到自己而忘却別人的。果眞如此，那就是自我主義（ Egoism ）了。西方的個人主義未止於個人，東方的個人主義也未止於個人。大學上不是說「自天子以至於庶人一是以修身爲本」嗎？正是最好的註脚。所謂個人，並不指每「我個人」而是指「每一個人」。世界上，只有專制暴君，極權主義者，布爾希維克主義者才只顧自我而不顧他人。西方個人主義出了毛病也是事實，可是毛病並不在個人主義，而是一般人誤把慾望代替了人性。恰恰相反的是儒門正宗，太注重人性（善），而忽視了慾望，未能建立一套好的制度，配合社會進化的需求，讓好人眞能表現完滿的人格；發揮至善的人性；同時，讓壞人不得不跟着去做。甚至我們可以說，儒家倒反樹立了一套壞的制度，讓壞人可以爲非作歹，好人也不得不隨波逐流。

君天，君父，君師合一說，是儒家思想的最大漏洞。君主的權威本已够大；既象徵天，於是有了神的權威；既代表父，於是有了家長的權威；既是師，自應有教訓的責任。因此，皇帝有了充分的理由，干涉人民的生活，不論是精神的還是世俗的。皇帝利用儒學，把中國人一管就管了二千年。日子久了，大家也就不知道有什麽思想信仰自由，言論自由了。（秦漢以前已經有過）每個人好像天生的就是孔夫子信徒，聽慣了儒家的一套，奉之爲天經地義，一旦接觸到新學術，都不免看做異端邪說。在「統治」的前提下，統治者自然是衞道先生的支持人；反過來說，衞道先生也正是統治者的支持人，兩千年來道統與法統簡直是二而一的東西。是以爭法統的不能不優遇道統；爭道統的也就不能不巴結法統。這個傳統與布爾希維克的要求正不謀而合。一個主義，（一種思想）一個領袖，在中國人的腦子裏是很習慣的。卅年來，布爾希維克毒菌何以能在中國滋生蔓延得如此快，在這裡我們找到了答案。是以，中國人中不僅布爾希維克信徒有布爾希維克氣質；與布爾希維克，法西斯有過姻緣的國民黨人有布爾希維克氣質；就是自由民主份子也大多數有一些「布氣」。這種氣質的感染，與其說是緣於外邪，毋寧說由自傳統。（這是一個隱而不顯的大問題，故寫來較長）。

一九一九年，陳獨秀等組織「馬克思學術研究會」，這是布爾希維克毒菌的滲透的開始。直到一九二四年，國民黨改組，決定採取「聯俄容共」政策以後，毒菌的繁殖，才愈來愈烈。寗漢分裂後的國民黨淸黨運動，只是說共產黨被逐出國民黨；布爾希維克毒菌並未隨共產黨的淸除而消滅。（請參看鄭學稼先生「布爾希維克毒素與國民黨」一文）一九三三年後，法西斯狂潮襲來，中國思想界掀起了一大波瀾，它本是布爾希維克的另一宗派，由此，我們又承受了不少的布爾希維克毒菌：

（三）

布爾希維克主義所以可怕，是在它不容一切非布爾希維克主義者的存在。布爾希維克氣質，更要人間沒有是非，善惡。染有布爾希維克氣質的人，不管他屬於何種黨派，信仰何種主義，唯我性都極端强烈，不到別人全以他（們）的信仰爲信仰，以他（們）的眞僞，是非爲眞僞，是非，他（們）是決不干休的。縱或不能如願以償，他們總不會放棄這個念頭，改變那種做法。何謂布爾希維克氣質？簡單的說，就是布爾希維克的「想法」（Way of Thinking）與「做法」（Way of Doing）。有布爾希維克氣質的人與布爾希維克黨人的差別只在有無黨籍與主義信仰。（有黨籍有主義信仰的人，必然有布爾希維克氣質；無黨籍無主義信仰的人同樣可以有布爾希維克氣質）布爾希維克黨人該反之道，不只是在他（們）的黨籍與信仰，也在他（們）的「想法」與「做法」。有布爾希維克「想法」與「做法」的人，不管是否信仰布爾希維克主義，有無共產黨籍，不管是何黨何派，何種信仰都應該反對。有了布爾希維克的「想法」，那種顚倒是非，淆亂眞僞，雜分善惡的邪說才能存在，才會有人去相信；有了布爾希維克這種「做法」，亂子才能鬧得這樣有聲有色，人類才會遭了這樣空前未有的苦難。只要這種「想法」與「做法」還存在人間，世界上就會產生更荒謬的邪說；鬧出更大的亂子。布爾希維克氣質不但不許人間有自由民主；而且不許人間有眞僞是非。所以我們反布爾希維克，不能只反布爾希維克黨，與布爾希維克主義。更要緊的，不能忘記反布爾希維克的「想法」與「做法」，也就是布爾希維克氣質。唯有如此，才配談得上反共，才算是懂得如何反共。唯有如此，反共意義才全眞，反共的勝利也才確有把握。因此，我們知道反布爾希維克運動本是一種自衞運動。我們不僅在爭自由民主；而且在爭眞僞是非。爭自由是爲現在爲自己；爭是非既爲現在，更爲將來；爲自己更爲子孫。

那些是布爾希維克的「想法」與「做法」呢？玆分述如下：

一、我們中國人有句成語：「敬神如神在」。布爾希維克黨人對於他們自己信仰所持的態度就是如此。不管怎樣，他們得先承認布爾希維克主義是眞理。何以爲眞？然後再說。這正如牧師傳敎，先要你承認上帝的存在，那麽一切的教義與儀式才有存在的意義。同理，任何人皆可製造一個他自己承認的「眞理」，於是世界上就會出現無數個眞理。布爾希維克黨常常好自炫馬克思主義，是科學的社會主義，打着科學的招牌騙羣衆。果其是科學的，是眞理，何以不讓人懷疑？科學家也借「假設」以求眞，但科學家對「假設」是最不客氣的，先儘量的找理由去推翻它；旣推翻不倒，才找理由去證實它。儘管他很希望它能被證實，如果沒有充分的理由，也只得忍痛割愛。

二、旣是眞理，人人就應該相信。他們信的是眞理；別人信的當然就不是眞理了。因此，他們的信仰就成了衡量一切是非的標準，合乎他們標準的就是是；不合乎他們標準的當然是非了。至於這個標準本身究否是眞？何以是眞？絕對不應該懷疑，也不容許懷疑。只要誰不信，誰就是異端，是眞理的叛徒。這是布爾希維克黨人「想法」的第二步。實在他們信的不是眞理，如何能經得起懷疑呢？鐵幕國家的政府更剝奪人民言論自由，實有不可告人的苦衷。記得某一次集會中，有一個朋友和我同時看錶，我的是六點一刻，他的是六點。他立刻說：「你的快了」。他說這話時，顯然是拿他自己的錶作快慢標準的，他根本沒有考慮到這個標準是否有問題。我隨即很幽默的說：「你的慢了」？他抬起頭來看看我，眼光很驚詫，好像大不以爲然。我跟着又說：「以你的錶做標準，我的是快了。如果以我的錶做標準，你的不就慢了嗎」？這裡我們可以多少意味到一點布爾希維克氣質。

三、如此演繹下來，在布爾希維克黨人心目中，實不知眞理，他們的信仰與行爲之間有若何區別。「我即眞理」的錯覺，已在不知不覺形成了。誰的思想與行爲稍與他們差異，誰就是背叛眞理。背叛眞理的人，世界上當然沒有他存在的空間。在他們看來，消滅異己正是維護眞理。歷史上的暴君與教會，也會對異己施行過政治的宗教的迫害，不過他們的理由難得如此光明正大，做來亦沒有布爾希維克黨那樣周密完善。

四、爲了眞理，人人自應犧牲小我。黨內人必須以領袖的意志爲意志，黨外人必須以黨的意志爲意志。因此，人性與智慧皆應爲黨的決策犧牲，供黨的領袖役使。於是，人民統統成爲奴隸，了無生趣。只是少數人的野心與權利慾獲得了滿足。

上列四點，可以說是布爾希維克式的「想法」。總括起來說：「我的信仰是眞理。決不會錯，故不容懷疑。凡異與我的信仰者皆不是眞理，決不會對，故一概要被淸除。爲了眞理，應該犧牲一切」。有了這種「想法」，不免就會有下列的「做法」。自由民主的份子，亦未嘗不自詡其信仰是絕對眞理；可是，他們允許別人批評，允許別種信仰存在，無意一一予以肅淸。布爾希維克黨人或富有布爾希維克氣質的人，爲了淸除異己，不惜採取一切手段。他們排除異己的方法變化萬千，誰也無法統計。不過，通常都遵守下列幾個原則：

五、以信仰代懷疑：不管是黨內黨外的人，他們都作如是要求。一面用種種方法不讓人民知道懷疑，所以文化出版事業都由黨或政府控制，人人所知皆此一類，當然不會知道懷疑。萬一有人提出懷疑，便要加以無情的撲滅。

六、以教條代眞理：人類心理有一個喜歡單一化的弱點，縱或在民主國家、一般群衆實不可能有足够的知識，去了解各種思想的內容，比較其是非。這正給布爾希維克主義者一個好機會，將一些抽象的似是而非的原則，寫出幾點，作爲教條，灌輸給群衆，奉爲天經地義。

七、以欺騙代宣傳：他們相信假的可以說成眞的。明明是假，偏要說是眞，說久了就會變成眞。因此，他們可以指鹿爲馬，顚倒黑白。

八、製造恐怖消除異己：爲了消除異己，他們可以無中生有，揑造證據，假借民意，給對方戴帽子，製造恐怖，迫使對方就範，如再不成，司法，行政，特警各種壓力齊下，讓你爲了安全，不得不犧牲自由。

九、運用詭辯淆亂眞象：他們可以以偏代全，又以全蓋偏，比如說，某集團中有一人行爲不檢，他們就會說某集團行爲不檢。旣是某集團不好，那麽某集團就該打倒。其實該打倒的只有一人。

十、主義至上政治第一：人性與智慧皆遭奴役。科學家必須按照黨的意願，僞造科學論文，改變試驗結果，選擇研究對象。個人的生活習慣，必須一律，如不直接有助於黨的政策，就會被斥爲布爾喬亞，就有被淸算再教育的危險。

（四）

有了上面的認識，我們就該會知道，布爾希維克的可怕處，並不只是階級鬥爭，世界革命，無產階級專政的理論與行爲；更可怕的是布爾希維克的這一套「想法」與「做法」。一個人或一個政黨有了布爾希維克氣質，好像海上孤舟的船長有了一個不準確的方向盤與望遠鏡，怎麽看也不會認準方位，怎麽走也難保不錯，可是他還不自知。如果同船的人告訴他這隻船已迷失了方向，他一定不會相信，無疑的，他是把信賴寄托在方向盤與望遠鏡上的。要是他沒有這兩件儀器，他還可能考慮考慮，如何來改正他行船的方位。唯有丟掉這不準確的方向盤與望遠鏡，這隻船才有駛入航線的希望。否則，即或是這隻船打爛了，船主給打死了，那隻望遠鏡與方向盤子到別的船上，依然是要害人的。

現在有很多人主張反布爾希維克必須拿布爾希維克用的一套方法，眞是大錯特錯。須知，一個人或一個政團，如果要作惡的話，不僅有動機，目標，理論，行爲；一定還有一套足以構成罪惡的「想法」與「做法」。有了那種「想法」，就會想出一套邪理在支持自己，行爲雖錯而自覺不錯。有了那種「做法」，在別人看來善惡難分，是非莫辨。有了那種「想法」與「做法」，就是你不想作惡也不可能了。再則，一個人或一個政團壞事做久了，習慣成自然，一時要改邪歸正，實在不易。爲了反布爾希維克，而用布爾希維克的「想法」與「做法」，實在是不智而危險的舉動。學得好，學不好，是一個問題。反得好，反不好又是另一個問題。假定學得好，也反得好，我眞就心由這條道路反布爾希維克的先生，會不會變成「半個布爾希維克」。若果如此，布爾希維克恐怕永遠就反不完了。

再進一步說，布爾希維克那套「想法」與「做法」，一天不剷除，世界上就不能再有是非，黑白，善惡，美醜。爲了眞理，爲了人性，我們剷還來不及，怎能再去學呢？他們那套推理的方法根本是錯誤的，推出來的任何結論都不可能正確。不管其結論爲甲爲乙，其錯誤必屬無疑。在爲達目的不擇手段的大前提下，在欺詐，詭辯，威權交互作用下，人性與智慧必被掃除盡淨，人民的生活亦將與鐵幕地區無異。「人民解放軍」還未「解放」台灣，台灣的人民已經先嘗到了「鐵幕」的滋味，我們還談什麼反布爾希維克？同時，反應在思想界的不是沒有是非（無人敢談是非），就是彼亦是非，此亦是非，（大家亂談是非）都不是好現象。前者會讓反共的力量窒息，後者會讓反共的力量分散，抵消。爲了自由民主，我們必須爭取反共的勝利；爲了爭取勝利，我們必須加强反共力量。加强力量的途徑不外有二：一爲聯合已有的力量，一爲培養新生的力量。如果我們要用布爾希維克那一套去反布爾希維克，非但新生力量不能成長，即已有力量亦必分散，抵消，如此一來，力量沒有了，我們還談什麼反布爾希維克？

我們再就現實環境來說，要拿布爾希維克的方法去反布爾希維克也是沒有可能的。稍有遠見的人，恐怕誰也不敢相信今日有任何政團有條件能學得好，有多數人願意學，學不好，一定是畫虎不成反類犬。取法乎上，僅得乎中，很少人能逃出這個法則。靑出於藍而勝於藍，究竟已經不是藍了。如果某一個政團中，有一部份人要學，大部份人不願意學，自已先吵鬧起來，實在是一件値得憂慮的事。

寫到這裏，我們可以得到一個結論：布爾希維克的主義，組織，政權，武力及其「想法」（Way of Thinking）與「做法（Way of Doing）原是一個統一體（Unity），要反得完全反。正因爲他們有一套自惑惑人的「想法」與「做法」，那一套自欺欺人的邪說才能存在，乖戾暴虐的政權與武力才能建立。沒有這種「想法」與「做法」，世界上未必不出禍事；可是有了這種「想法」與「做法」後，一定會出大亂子，布爾希維克毒菌的蔓延，只是若干大亂子中的一個而已。那種「做法」與「想法」若不消除，世界就永不會太平。是以，在反布爾希維克運動過程中，我們不能只注意有形的症狀，而忽視無形的病源。反布爾希維克陣營中，每一份子都得先來一次自我檢疫。有的，趕快肅淸。沒有的，萬萬不要再學。如果硬要學，不是先削減自己的力量，終於被布爾希維克洪流把我們淹沒；就是把自己先變成「半個共產黨」。那麼共產黨豈非愈反愈多？我們不是在「反共」而是「助共」了。

我們不能忘記，今日人類面臨的災害，正是前人自私，愚昧，頑固的結果；我們不能再爲下一代的子孫造罪了！

由政治民主到經濟平等

資友仁

一個理想的民主國家，是政治上有民主的制度，經濟上有平等的機會。民主的政治制度至少須具備三個條件：（一）政府必須是由人民產生的，（二）人民在平時能控制政府，（三）在必要時可以依人民的意見更換政府。

由人民產生政府，換句話說，就是民選政府。關於這一點，除人民達一定年齡皆有選舉權及被選舉權而外，人民必須不分男女種族階級，在法律上一律平等，並享有言論思想信仰集會結社等自由。至於人民在平時能控制政府，實是民主政治的主要意義，就是立法權把握在人民選舉的代表手中，行政部門須根據一定的程序，來行使他們的權力，藉以防止獨斷獨行。到一定的時間把他們的成績付諸人民公決，依照人民的意見，來決定這個政府是繼續抑是更換。

這是民主政治制度的精義。政府不但由人民產生，受人民控制，而且可由人民更換。譬如二次大戰後，英國在大選時工黨在議會得到多數議席，便組識政府。這樣輕輕便把完成勝利的保守黨邱吉爾政府換掉。不論人民的意見正確與否，這正是民權的表現，以當時的多數民意爲決定，人民是主權者。政治學者把主權從兩方面看，在民主制度中，人民握有政治的主權，議會握有人民所交付的法律上的主權。這法律上的主權，人民隨時可收回，另交他人。如果只單實行選舉，同時不容許政治上的異已者存在，甚至選票上的候選人只有一名（例如在蘇俄），强迫人民同意。換句話說，有選舉而人民不能控制，不能批評，不能更換政府，絕不是民主政治。至於不經人民自由選舉，而逕由一二人指派的政府，更談不到民主了。

所以，表示反對意見的權利，或政見相同的人民聯合起來，共同表示反對的權利，實是民主政治的生命。假如沒有這種自由，也就是說，一切不合政府意向的要求，都要受到壓迫與限制。同時政府的行動只是建築在「無討論餘地」的基礎之上，結果，只有用武力來强制人民服從，用威脅和刑罰的方式，來壓制表示異議的人民。這樣的政府只是專制的政府，與民主政治完全背道而馳。

政治制度只是政治生活的輪廓，經濟制度方是生活的內容。經濟的機會平等，卻不像政治民主那樣簡單，政治民主可以一次規定出，例如在一部憲法內制定，因爲這已是不需爭辯的定論。但經濟平等卻內容複雜萬分，而且關係人民的生活甚大，必須一步一步的實現，隨生產技術的改變而改變，隨社會的進步而進步。在民主制度之下，由民選的議會，隨時隨地依人民多數的要求而立法，由行政部門去執行。激進緩進，往左往右，全要依一時的多數人意見，這才是民主的眞意，即求得經濟平等，而並不要犧牲政治民主。任何人不能認爲自己知道大衆的利益，較大衆自己還清楚。因爲不然便沒有了標準，握政權者可以說他們比人民更明白，如此便會改變了民主的本質。

在此須要說明經濟平等與共產主義的根本區別。經濟平等必須是和緩的漸進的，先有了政治的民主，然後進一步再完成經濟的平等。今日的英美便是如此。英國工黨執政以來，已將若干大企業社會化。美國的累進所得稅制與其他社會安全法案，使人民的經濟日趨平等。可見漸進的經濟平等是與西方的民主政治相輔而行的，正如柯爾（英國費邊社主席）所說，西歐的民主傳統是用循循善誘的方法，在獲得大多數的同意原則下，去實行經濟平等。共產主義正與此相反，他們認爲，必先有經濟的平等，然後方能實現政治的民主。但是，先有政治民主易，制定一個民主的憲法，便可算初步完成。如果先要經濟平等，卻非用暴力革命不可，因爲這是一個根本的突然改變。

我們認爲，先有了政治民主，日後必然能達成經濟平等。反之，如果用强暴手段，先强使經濟平等，政治的民主反而永無實現的可能。因爲目的是由手段決定的，强暴的手段一定要留下强暴的制度，必定與民主政治所需要的容忍互讓的寬大氣度，相背而馳。共產國家便不容有政治上的異已者存在。羅素也以爲先以暴力實現經濟平等是錯誤的。他認爲，英美對民主的解釋，是以大多數的意向爲歸依，而共產主義是名義上以大多數的利益爲標準，而這標準是由馬克思的政治哲學來決定的。所以，如果一個政黨肯定的自認深知大衆的利益，自然便會感覺到，他有一種權利和義務，去强制反對者就範。即使反對者是大多數人，也就在所不計了。因之，共產主義主張奪取政權第一，不必等待把反對者都勸服之後。他們即自信知道大衆的利益，比大衆自己還明白，自然便會演變到，以專制政府去達到這個目的。這種步驟，羅素認爲日久必演變成，以自己的利益代替了大衆的利益。

我們看看歷史，歐洲因爲商業的興起，將封建制度送了終，形成民族國家，如荷比法英等國，這時的政治是君主專制。以後經過工業革命，人口集中城市，教育程度增高，才走上了政治民主。我們認爲，經濟的平等，是政治民主化之後，主權握在多數人民手中，必然要實現的第二步，不論是在社會主義的國家或自由經濟的國家，都是一樣。

總之，民主國家是個目標，要達到這個目標，必須先從民主的政治制度作起。政治民主是走向民主理想的第一步。我們必須培養民主的條件與環境：人民知識程度要提高，經濟生活要改善，然後方能有民主的氣度，方能容忍互讓，容納異已，完成民主的生活方式。要達到這一步，又必須實行工業化，因爲工業化了，生產才能增高，生活才能改善，人口才比較集中，教育才容易普及，民主的理想才可達成。（完）

以暴易暴乎？

雷震

（一）

今日我們的課題是什麼？大家都異口同聲的說是「反共」與「反攻」，用過去的老調子則是「剿匪」與「戡亂」。我以爲這樣說法姑不論對於問題是否能够解決，最少是對於問題核心所在不够清晰明白。過去剿匪與戡亂之所以失敗，也是由於這個目標不够顯明，認識不能正確，口號不够響亮，內容缺乏積極。因此之故，大家不肯跟我們一同走，尤以知識份子與青年學生爲甚。「名正則言順」，必須名正始可激發大家的意志向同一目標前進。必須「師出有名」而後能整齊步伐，向敵人集中進攻。因爲共產黨是一個世界問題，他的普遍性與蔓延性正和洪水氾濫一樣寬廣，無論世界那一個角落他都會流到的。所以共產黨問題不是單看做一個殺人放火的匪徒便可能予以解決的。他們有主義有組織，其主義儘管是一偏之見，但也說得頭頭是道，而其組織之周密，紀律之嚴明，與夫殉道精神之狂熱，更非張獻忠、李自成、洪秀全、楊秀清等輩所可比擬。我個人的意見，我們對於這個問題的觀念必須先弄明白，認識必須正確，然後解決問題的方法，方不致陷於錯誤而不自知。故正確的說起來，我們今日的課題，應該是如何解決共產黨問題，而不僅僅是反共或戡亂爲已足。我們的任務既爲解決共產黨問題，我們必須探究共產黨所以發生的理由。共產黨發生的社會有些甚麼缺陷？共產黨用什麼方法來欺騙民衆？他們靠什麼辦法來維持政權？他們及於人類的影響如何？換一句話說，他們爲害於社會及文化是一些什麼？我們必須了解了這一切的一切，然後再提供具體解決的辦法，這個辦法才能有效。

（二）

共產主義的目標，元是要爭取經濟上的平等。他的理想是要使人們「各盡所能，各取所需」，以冀達到人類文化的最高發展，其所懸擬的鵠的本是很高尚的。我們試考察共產主義之所以會發生，及其會滋生而蔓延的緣故，就會發見有其必然發生的理由在。就是社會上產生了貧富懸殊的現象；窮人則終日忙於衣食，一切文化生活，完全爲富人享受，與窮人絕無關係。蓋自產業革命以來，自由企業（Laissez Faire）日見發達，經濟組織產生資本主義，一切生產機關爲資本家私有，而與生產者分離，遂使社會上富者愈富、貧者愈貧，一般熱心社會改革的人們，鑒於此種畸形發展及杌隉不安的現象，遂想研究用什麼方法來矯正這類弊端，如何防止這些毛病的發展，於是乃產生了各種各樣的社會主義。他們的目的無非要增進社會全體的自由與幸福，將生活上和享受上各種資料公平分配，使任何人都不能掠取旁人的勞動利益。一言以蔽之，他們是想挽救社會，更進一步說是要改造社會的。其中有馬克斯一派者，以唯物史觀爲出發點，主張歷史進化的動因是生產方法，鼓吹階級鬥爭，欲以無產階級專政爲手段，而達到經濟上的平等。他們是要以獨裁或極權的方法，以期實現他們的要求——經濟平等。蘇俄十月革命，列寧施行無產階級的獨裁政治，貫澈馬克斯的理論。迨斯太林執政，更極度發揮極權政治，滿佈秘密警察，取締思想自由，進一步干涉私人一切生活，其結果所屆是犧牲了人民自由與政治民主，以換取所謂經濟生活之平等。我們看看今日俄國人的經濟生活，究竟平等了麼？本刊刱刊號載有「經濟平等在蘇俄」，第二卷第二三兩期連載「蘇聯的新社會」，均說明在蘇俄這個國家，不同的職業有不同的薪金，而且比率相差甚遠，可見經濟平等不過是俄國共產黨用以驅使人民的工具，他們執政三十餘年始終沒有實現。如果人民在生活上沒有不虞匱乏的自由，所謂經濟平等也者是會完全落空的，最多亦不過是獨裁者一群之恩惠，儘可隨時被奪去。我們今日反共抗俄的任務，一方面須改善人民生活，使其不虞匱乏，達到企求的經濟平等，同時我們又要不致失去民主與自由，始能澈底消滅共產黨，使他永無發生的可能。

（三）

照馬克斯的理論，共產主義應在資本主義最發達的國家實現。因爲資本主義生產的主要條件是自由競爭，而資本主義發展到最高階段，一切施用壟斷政策（Trust）而失去自由競爭，致發生週期性的恐慌，產生大批失業者群，是生產組織已成爲生產力的桎梏，非衝破他不獨不能發展生，產也無法減少失業者以消滅社會的不安。至於生產落後的國家，則生產組織和生產力尚未發生矛盾，故共產主義無從發生。依此理論推之，二十世紀的世界唯有英國，美國才有實現共產主義的可能，而事實上恰恰相反，英美兩國的共產黨勢力很小，其無產階級大多不接受共產主義，不要共產黨領導。第一次世界大戰後，蘇俄共產黨革命成功，第二次世界大戰以後各國的共產黨都增加勢力，東歐各國最先成立共產黨支配的國家，現在則中共大獲勝利，越南、緬甸亦有接踵而來的趨勢，總之生產落後的國家卻有多數人們接受共產黨的領導，其發展特別迅速，能够推翻元來的政府，而建立起共黨政權來。由此可見馬克斯對於何種國家最先實現共產主義的預言，完全爲事實所反證了。這是什麼緣故？若謂貧富懸殊爲共產主義發生之原因，則現在爲共黨所支配的國家並不比英美等國爲甚，可知各國共黨之成功並不僅在乎貧富懸殊，而別有所在。

今僅就中國而論，我們以爲共黨能擊敗國民政府之理由，約可歸納爲以下四端。

第一，財富分配之現狀是不公平和不合理，而且愈演愈烈，並沒有改革而日趨良好的希望。抗戰後期及勝利以後，貪污的風氣普及於各級官吏，其程度也日益加深，懲辦貪污的呼聲雖充塞於全國，而政府竟無法禁絕，且不能使之逐漸減少。金融及國營事業之從業人員，也是公務人員之一種，而其收入却倍蓰於其他公務人員，政府也只有放任，不加約束。故不但現狀之壞令人不滿，而且將來也沒有好轉的希望。第二，約法及憲法所賦予的各種自由並無保障，尤其是基本人權沒有保障，則善良者安於緘默，兇暴者乃鋌而走險了。第三，勝利後舉行選舉，亦復弊端百出，未能反映民意。第四，中國司法界受貪污風氣之傳染，法官之不自愛者甚多，法律等於具文，訴訟之勝敗多半憑財富與勢力，而社會秩序乃日趨紊亂而不可收拾。有此四種理由，共黨的宣傳乃能使知識分子及青年學生都覺得其入情入理，自然而然地倒在共黨方面。當時有人說過：「國民政府之不可救藥是旣知數，而共黨之好壞乃是未知數，故必須打倒國民政府，讓共黨去試一試」。這種說法在知識分子及青年學生中，總算是比較溫和的了，但在宣傳上却是很有力量的。

（四）

我們已知共產主義所以發生，各國共黨——尤其是中共——所以成功的理由了，那麽，要澈底消滅共黨及共產主義也只有對症下藥才能實現。世界各國對付共黨及共主義的方法只有兩種。一種是以獨裁對付獨裁的，墨索里尼的法西斯及希特勒的納粹便是；一種是以民主自由去對付的，羅斯福的新政及英國工黨的社會主義便是。希墨二人業已失敗了，美英二國迄今爲止確有相當的成功，而且我們相信其將來必能完全成功無疑。

有好多人相信希特勒之失敗，不在其獨裁的方法，乃因盟國幫助蘇聯將其武力擊敗了。假使希特勒單獨和蘇聯作戰，則不但不會失敗，而且大有勝利之可能。這般人已有如此的信念，故對此次反共抗俄的戰爭也還是堅持武力至上的主張，以爲若有足够的武力，便可消滅共黨及其主義。其實共產黨與共產主義是兩回事，上面已經說過，共產主義之發展及共產黨之成功不基於同一的理由了。今日要抵抗共黨之壓力而保住現有的地盤，自然要依賴武力，進一步要反攻大陸，摧破共黨政權，尤須有足够的武力，但只靠武力是不能消滅共產主義的，不將經濟上不公平，不合理的分配矯正過來，則共產黨的政權縱可以打垮，而共產主義依然會繼續存在而潛滋暗長。故武力雖然是不可或缺的條件但不是唯一的條件。

此外還有很多人相信要和共產黨鬪爭，必須以他的方法來對付他始能生效。因爲共產黨組織嚴密，紀律似鐵，由上而下，絕對統制，我們也必須以組織對組織，以其人之道還治其人之身，否則是不容易擊敗他的。這些話言之成理，持之有故，很容易使人相信。其實則不盡然。我們看到共產黨專發生在政治暗黑社會紊亂生產落後這些的國家的情形，而不發生在政治民主的英美，我們可以了解這些話是不對的。何況我們的組織比共產黨相差遠甚。我們先天的是不能學到共產黨的一套辦法，除非我們變成了共產黨一樣。因此，我們要達成擊敗共產黨的禍患，必須要用自由與民主的方式，儘管要走多少迂廻之路，但是一經成功之後使不致發生流弊。我們不獨要絕對相信民主自由，而且要眞實行民主自由。

英美二國有民主政治的基礎，其人民過慣了自由生活，看見共黨極權主義的作風無不發生反感，故其宣傳不但不能奏效，而且發生了相反的作用。惟有各種自由均得到切實保障的社會，各人皆可發表其自由意志，而後共黨刼持民意的手段無從施展。唯有實行普通選舉，人人皆有一票，而政治上各級當局之進退以票數之多寡爲衡，然後人民才覺得這個國家有「我的份」，對於政治才會感覺興趣。這個國家如發生危險，也願意爲保衛這個國家來犧牲自己的生命。且民主國家之奪取政權，不憑武力之强弱，只憑票數之多寡，以口筆的論戰而決勝負，則內亂永不發生，人民不致多受戰爭的痛苦，政治革命的思想自不受多數民衆之歡迎。故自由民主的制度一經建立，卽可擊敗共黨之極權主義，而使之永不抬頭。其次民治卽是法治，民主卽是法主。主是對臣僕而言的，人人都是主人，誰爲臣僕？現在大家謂公務人員爲公僕，實在有些勉强，僕人絕不能强制主人，而公務人員在執行職務上則有强制人民之權。故民主國家已無主僕之分，一切皆聽從法律。强制執行亦爲法律所賦予的權限之一，故强制之施受雙方皆應服從法律。其他權限亦復類此。法律雖然是人民的代表所立的，但一經成立，則全國的人民都應服從，無有例外。法律雖然有不合時宜應該改變的，但改變必經合法的手續，必須多數人民代表的同意，在尙未改變時，雖認爲不合理，仍須服從之。這樣，人民的行動享有充分的自由，我不犯法，誰也不能干涉我。人人都有守法的精神，社會秩序自然良好。獨裁國家專靠秘密警察來維持秩序，卽以恐怖的方法使人民懾服，也可生效於一時。但在被統治者則生命毫無保障：我雖不犯法，也可能被捕而被殺，生活日在不安之中；他方統治者則自己的意思便是法律，他雖犯法而無人能處罰他，結果必流於驕傲放肆。一方則驕傲放肆，他方則恐怖不安，社會秩序如何能好呢？進一步講，秘密警察爲數無多，如果群衆起而反抗，實在是不能鎮壓的，其結果必依靠强大之武力。在平時政府的武力固非群衆所能抵抗，但在戰爭緊急之際，前方需要增援，則後方的武力必然薄弱，一遇群衆暴動，則無力鎮壓而瓦解隨之，乃是常有的事。照以上的分析，我們現在反共抗俄，必須以民主自由的方式，以法律維持社會秩序，不能用極權主義的方式，以秘密警察來維持秩序，已明如觀火了。

至於經濟上公平合理的分配是否可由民主自由的方式以求其實現？我們的答案依然是肯定的。經濟的問題要做到絕對的平等是不可能的，也不是一朝一夕可以成功的。其根本之所在，要使人們不虞匱乏，卽所謂免於匱乏的自由。要達到這個目的，積極方面要　可靠的收入，消極方面要有切實的保障。在獨裁國家內獨裁者操着予奪的大權，隨時可將私人財產奪去，毫無保障，怎能有免於匱乏的自由呢？今天是我的財產，明天儘可以被政府徵去，豈不是時時刻刻都有匱乏之虞嗎？近代的民權運動之最主要的要求，便是生命及財產的切實保障，這個消極條件沒有具備，要談甚麼經濟平等，簡直是荒唐的夢語！政府向人民徵稅可以不徵求人民代表的同意，而自行發布命令，便是財產沒有保障，更何能達到經濟平等？故我們以爲經濟平等與民主自由不但可以並行而不悖，而且在民主自由制度沒有確立的社會內，絕對談不到經濟的平等，換言之，民主自由的制度乃是經濟平等之必要條件。可是近二百年的歷史告訴我們，民主自由並不是經濟平等之充足條件，卽是有了民主自由，而經濟平等並不隨之而實現。商業的自由競爭產生以大吃小的結果　乃一變而爲獨占，貧富越發懸殊，而自由乃成爲咀咒的對象。富者以其資力操縱議會，大多數的議席均爲資本家佔去，議會所立的法律大半有利於他們，工農群衆多受其剝削　而民主又被斥爲過時的制度。共產黨利用這些弱點，鼓其如簧之舌，來作煽動的宣傳，使人們的注意集中於民主自由之缺點方面，而其爲達到經濟平等之必要條件一層，當時的人民曾出死力以爭之者　乃被遺忘拋棄而無餘。其實我們要限制的是商業的自由競爭，而不是法律範圍內的行動自由；「更高級的民主」如不以自由意志爲基礎，尤其不採自由選舉（秘密投票），不依良心投票，則完全是欺人之談。中共的三三制就是騙局的好例子。總之，必須將自由民主的基礎，築得更加穩固，再加上適宜的政策，然後經濟平等的理想才可達到，不虞匱乏的自由始能實現。故我們今日反共抗俄，切不可用獨裁專政的方式，成爲「以暴易暴而不知其非」；必須用民主自由的方式，才能站穩脚步，擊破共黨政權，而澈底消滅共產主義。

（上接第(31)頁「我在紅軍的生活」）

賽諸夫站在門前正感覺難受時，有一個穿便服的人，看似內委會的模樣，從屋後出現。他走近大門，很嚴厲的問我們幹什麼。看賽諸夫的面孔、恨不得要殺掉他似的。他同答他的是：我們要幹什麼是我們的事，但問了那人關於房主的事。他很疑心的瞧着我們。

他說：『房主因爲隱藏了一個受傷的德國人，受了軍法裁判。她的兩個孩子逃走了，但他們一定也要受處分的。你們呢？這些人和你們有什麼關係？』他忽然問起我們來了。

『她們是我的一個朋友家，』賽諸夫馬上撒謊說：『我偶而記起這個地址，就便來訪的。』

『那末，你這朋友，他現在何處？』那人立刻表示更關心的問。賽諸夫很憂鬱的看了他一眼，怨言說：『被殺在對面了。』那人顯然想深問下去，但因爲他穿的是便服，我們是穿的制服，他知道他不能從我們口裏獲得多少資料。他口中嘀嘀些聽不淸的聲音，轉身到房子後面就不見了。賽諸夫便走到第二棟房子去敲門。當一位老年女人來開門時，賽諸夫說：『安娜保羅納是我的姑母，我願意知道她爲什麼被處死刑。』

那女人看着有些憂慮。她表示要請我們進去，賽諸夫却搖頭不肯。

她開始把以下的經過告訴我們：在安娜保羅納家裏，幾如在其他每家一樣，指派有三個德國兵住宿。三人中，有一青年，酷肖安娜在前線出征的兒子。所以安娜對他表示喜愛。德國人將要離開塔干洛格時，她感覺像失掉一個至親似的，想念起了她的愛子。　他離開的那天夜間，她忽然給敲門驚醒了。一開門，原來是那個德國青年，胸部腿部都受傷殘重，他處此情形之下，無法逃走。安娜雖感到進退維谷，但也未顧後果如何，只有建議他等候俄國人來到。因爲他是傷兵，她信他們不會殺害他，會送他入醫院，等待戰事結束。青年人身患熱病，將有什麼結局，全然不知道。讓安娜把他放到床上。次日，安娜保羅納去地方當局報告她家有一受傷德國人時，已經太遲了：俄國人已經進了城。在她到家以前，內委會的人已將受傷的青年移走，正等着拘捕她，因爲她觸犯了「祖護侵略者」的禁令。安娜兩個十幾歲的孩子，看見內委會的人來到大門口，便立刻逃走了。

當賽諸夫跨上摩托車時，他的双目顯得忿慨激昂。我不好煩問他，願往何處去。我猜想他已看够塔干洛格城，對它無所留戀了。

譯自美國「公教文摘」第二卷八期。

自由中國社
座談會

自由中國社第一次座談會記錄

蕭仲泉
楊欣泉　記錄

時　間　中華民國三十九年二月三日下午二時
地　點　台北市愛國西路台灣銀行俱樂部
出席人　羅鴻詔　毛子水　臧啓芳　黃紹祖
　　　　臧杜衡　殷海光　陳啓天　李中直
　　　　倪文亞　黃　中　蔣勻田　許冠三
　　　　夏道平　張　明　金承藝　劉景健
　　　　張其昀　瞿荊洲　趙效沂　劉季洪
　　　　蕭自誠　馬乘風　雷　震
　　　　（以簽到先後爲序）
主　席　毛子水
座談題目：

(A) 我們爲何而戰？

（一）民族自決
（二）政治民主
（三）經濟平等
以上三者應該並重？抑或着重何方？

(B) 我們如何而戰？

（甲）爲實現反共抗俄的目的，應用自由與民主的方式？抑應以其人之道還治其人之身？
（乙）思想自由與思想統一有無衝突？
（一）如果思想應該統一，如何方能達到？
（二）如果思想應該自由，其適當的限度如何？
（三）憲法上賦予個人的自由。如何才能切實保障？
（丙）自由與民主的方式是否仍能實現經濟平等？即自由主義與社會主義能否並行而不悖？

主席致開會詞：

諸位先生：我把「自由中國」刊物出版經過，向諸位先生簡略報告。胡適之先生從北平出來，想從文化上與共產黨鬥爭，去年三月在上海，後來又在臺北，打算除出版叢書及定期刊物外，在上海辦一個日報，嗣以京滬淪陷得太快，除叢書早已出版七種外，定期刊物遲到去年十一月才出版自由中國半月刊。自由中國社想以「自由中國」這個刊物造成一個自由中國運動。這裏要聲明的，蔣廷黻先生所倡導的中國自由黨，與本社並無關係。就個人知道，胡適先生主張自由中國運動，最近與私人的通訊，還是這樣表示。

其次，今天的座談會題目已分送各位，請各位多多發表高見。爲求大家有發言機會，每一個人發言，擬以十分鐘爲限。

雷　震　我特來作補充報告的，就是今天座談會題目的用意。這個題目着重點在第二點，就是我們今天應該用甚麼方法來達成反共抗俄的目的，所謂如何而戰？因爲今日社會上關於這一點似乎尚有不同的意見存在。本社在這個時候來舉行座談會者，就是要交換各方面的意見，使百慮終趨於一致。

陳啓天先生：　我們爲何而戰？我對這個問題的答案，是爲民主自由而戰。一切戰爭，不但應有一個消極目標，而且同時應有一個積極目標。只有消極目標，沒有積極目標，決難持久。當前戰爭的消極目標，固是反共抗俄，而其積極目標，則必須是民主自由。因爲我們不是爲反共抗俄而反共抗俄，而是爲民主自由而反共抗俄，而是因爲蘇俄與共黨摧毀了民主自由而反共抗俄。民主自由的道理，應用於國家民族方面，則要求國家獨立，國際平等；應用於政治方面，則要求人民自由，人民監督政府，各政黨用和平方法公平競賽，互相監督；應用於經濟方面，則要求社會改革，使每一人民均有免於匱乏的自由。這三方面的要求，都可以說是我們作戰的積極目標。如果忽略這個積極目標，而只單純的反共抗俄，則一難鼓起全體人民的支持，二難博得國際的眞實同情，三難從事有效的政治改革。只有依據民主自由的原則，先行從事有效的政治改革，然後可以一面求得國家的獨立，一面進行經濟的社會改革。所以積極目標的三方面，應先着重政治民主一方面。

我們如何而戰？我對這個問題的簡單答案，是應用民主自由的方法，才能達成民主自由的目標。如果用共黨的方法，即極權專政的方法去反抗共黨，則不是替共黨當前驅，便是自掘墳墓，決無戰勝共黨的道理。法西斯國家在第二次世界大戰中慘敗，便是一個的有力證明。我們不是共產黨，當然不可學共產黨。我們不是法西斯，當然不可學法西斯。縱令有人想學法西斯，結果不過如墨索里尼希特勒東條等一樣，斷送自己的前途，並且斷送國家的前途。在法西斯式專政之下，政府官吏易流於自是，自私、自欺，朋比爲奸，而一般人民則難免被逼死、逼廢、逼壞、逼走、逼反、無路可走。這樣的官吏，和這樣的人民，如何能反共抗俄呢？要眞能反共抗俄，必須用民主自由的方法，一面使一切人民不被逼死、逼廢、逼壞、逼走、逼反、而仍有路可走；一面使一切官吏，尤其是有實力與大權的官吏，不能過於自是、自私、自欺，並且不敢朋比爲奸。所謂民主自由的方法，就是由人民來監督政府的一切方法。其中最要的一個方法，是人民有權自由批評政治，而不受官吏的非法壓迫。用了這個方法以後，國家始成爲全體人民的國家，而不是特權階級的國家；政府始成爲爲全體人民服務的政府，而不是特權階級朋比爲奸的政府，人民始成爲國家的主人翁，而不是政府的奴隸。這樣的方法，比集權專政的法西斯方法，更能鼓起全體人民一致反共抗俄，所以我們不可誤擇。

反共抗俄的方法，既只可採用民主自由的方法，則當然贊成自由，而不可贊成思想統一。從思想的本質上說，也絕對無法統一，只可任其自由。多數意見固可成爲國是，但少數意見仍應聽其流行。我們對於民主自由及反共抗俄兩點的基本態度，固宜盡量求其一致，但亦無法統一思想。思想如不表現爲言論與行動，則完全自由，無由限制。但思想一經表現爲言論與行動時，則與社會發生關係，不可不有一個適當的限度。這個限度，抽象的說是要不侵犯他人的自由；具體的說，是要以法律爲範圍。所以自由與法治不可分。至於切實保障憲法上賦予個人的自由之方法，則爲人民自己起來爭取自由。自由不爭取，是不能獲得的。

最後我以爲在自由主義之下可以逐漸實現社會主義，並不相背。今日英國的情況，便是一個例證。如果爲社會主義而犧牲自由主義，那是共產黨作法，我們不能贊同。

蔣勻田先生：我們爲何而戰？我們要不是對外求民族獨立，提不出抗俄的口號，不是反對共產黨極權專制，就不會跑到台灣來，繼續艱苦作戰。

我們爲求得反極權的戰爭勝利，在政治方面，當然要建立民主政治，在經濟方面，要保持就業機會平等。二者不可偏廢，目標甚明。

我們如何而戰？作戰目的既定爲民族自決，政治民主，經濟平等。如何而戰是手段。手段與目的不能分開，更不能背道而馳。手段是走向目的的行程，要是手段與目的不同，等於走向歧途，如何能夠達到目的地。所以我們一定要用政治民主的方法而戰，絕對不能採用共產黨極權專制的方法。也不應走右傾的法西斯路線。

用民主自由方法對付極權，許多人認爲要吃虧，但我們拿以往的事實來看，恰恰相反。兩次民主對極權的大戰，結果都是民主方面獲得了勝利，民主自由是人類的企求，世界的潮流。順應世界的潮流，只有走這一條路。

「思想自由與思想統一有無衝突」？我覺得要先研究統一的「一」是什麼東西，然後才能談到統一的問題。

我們知道「思想」是概念界的名詞，在概念界定於一，恐怕是最阻碍進步的，而且也絕對不可能。至於「一」的標準，更難確定了。

近二十年來，以三民主義作統一的標準，結果並沒有統一。今天如重新作起，恐亦無結果。況且我們研究三民主義，民生主義裡面說：「民生主義就是社會主義，也就是共產主義」，今天我們拿三民主義作「一」的標準，而共產黨拿共產主義作「一」的標準，人民何所適從。又孫中山先生主張聯俄容共，今天卻在剿共抗俄，勢難以三民主義作標準，「一」的標準不能確定，如何統一。沒有法子統一，硬作統一必遭失敗。

思想統一這句話，在社會上已流行了二十年，聽了沒有什麼刺激，若在英美談思想統一，則是個大的刺激名詞，所以我認爲思想自由與思想統一，絕對衝突的。

「思想應該自由，共適當的限度如何？」：在許多社會關係中，才顯現出自由有價值。假定天地間只有一個人，自由便顯現不出來，因爲自由是在多數人的相互關係中顯現出來的，就不能超越這個關係的責任。超越這種關係的責任，沒有自由可言。譬如我個人隨便攻擊人家，便犯了刑法，刑法是限制自由的。又風俗習慣，也是限制自由的，所以必須在社會秩序之內談自由，如超出這個範圍，自由便喪失了。

「憲法賦予個人自由？如何才能切實保障」？這個問題很簡單，一個國家，總有執行法律的機關，這個執行法律的機關，能老老實實的執行他應當執行的，絕沒有人敢來侵犯人民自由權利。反之大多數人民感覺自由可貴，絕不放棄自由，自自有保障的力量。

自由這個名字很輕鬆，但考查他的歷史，用了很大的代價換來的。故自由最有效的保障，在每個人覺得自由的可貴，非要這個東西不可，沒有這種觀念，只有憲法的規定，沒有保障的。

「丙」項提到民主自由與經濟平等的問題，我的看法是要用民主的方式才能實現經濟平等與社會主義的。

俄國的經濟學家，總是說資本主義國家不會有經濟平等的。我現在先問問社會主義是不是要保持社會的公道，就是說全社會的服務與報酬，合乎公道的標準。那我就可以肯定的說，這個生活方式是要貫澈於社會組織上每一根纖維，此種變動必須爲一種有機的歷程。不是暴力，也不是革命所能實現的，要配合各種有計劃的條件，這各種條件，不是一天可以作出來的，乃是演進配合的結果，我們要想得到這個結果，只有用民主自由的方式，以贏得多數人的同情擁護。蘇俄說他是社會主義，但直到現在還須用暴力來維持，如果說這就是社會主義，則其對於人類文化即沒有大貢献了。所以我說要求經濟平等與實現社會主義，必須用民主自由的方式。

倪文亞先生：今天要談的是兩個題目，第一個題目下的三個小題目：民族自決，政治民主，經濟平等，依我的看法，民族自決是一個有效的選擇，民權是一個方法，目的在解決民生問題，不過每一個題目都有他的內容。在今天這個戰爭當中，我們應該着重那一個？

我們中國同東面的日本，北方的俄國，成爲東亞三個主要的國家，中國在鴉片戰爭以後，是一蹶不振，六十年來日本同俄國在東亞爭霸，而我們中國則從事民族獨立運動。日本在一八九四年打敗了中國，又於一九〇四年打敗了俄國，日本於是成爲東亞盟主，世界一等強國，直到一九四五年日本投降以後，恰是半世紀，台灣是日本霸權開始到結束的旅程碑。四十年來，俄國雖然被日本打敗，但他始終在那裡奮鬥，等到二次大戰結束的前幾天，參加對日戰爭，獲得對日本戰爭勝利的碩果，繼續在亞洲爭霸，假使中國跳不出俄國的鐵幕，民族獨立運動無從說起，所以我們認爲這次反共抗俄戰爭是免不了的。

民族不獨立，就沒有民主自由，更說不上經濟平等，共產黨經濟是不平等的，就是吃的伙食也要分四等。本人對於這三個題目，認爲是互相關連的，最緊要的還是經濟問題，但在今天這個戰爭中，民族問題最重要。

第二個題目，我們如何而戰？我們反共抗俄爲的是什麼？就是第一個題目的三點。我們戰爭的目的既是上列的三點，就不能用共產黨的方法，因爲共產黨腦子裏頭沒有民族獨立政治民主經濟平等的觀念，而是工農專政。我們如果用共產黨的方法達到我們的目的，我想是達不到的。今天要反共抗俄勝利，就要使每一個人不惜犧牲，前仆後繼，要人民發揮壯烈奮鬥的精神，必須使每個人有自由的思想，實現他自由思想的理想去奮鬥。壯烈奮鬥的精神決不是强迫許多人去反共抗俄所能表現的。所以認爲要用民主性質的方法使每一個人自由發表意見，並了解必須要反共抗俄才能生存。必須反共抗俄成爲每一個人的意識，反共抗俄的戰爭才能獲得勝利。

思想自由與思想統一有無衝突？我認爲思想不能統一，但是共同的觀念是要有的。一個國家的人民必須有一個共同的觀念。美國自由思想有一個共同的限度，至限度的大小是法律的問題，以多數的意旨，就是用民主的方式來確定，人民在這個法律範圍以內可以自由。如戰爭問題在開始以前，可以討論，但已經決定便不能反對。

憲法上賦予個人的自由，如何才能切實保障，是民主制度如果眞正建立起來了，個人自由就有保障，因爲任何人不能違憲，如果違憲，人民的力量就表現出來了，這個力量最偉大，不能抗拒的。

最後一點，有許多人認爲在政治進化史中專制的，民主和社會主義是三個階段。今天向共產黨靠攏的人，就是持着這種思想，認爲民主過時了。我不是這樣的看法，眞正的民主，不僅現在有他的內容，並隨時充實他的內容，以應付他的環境，像今天的美國以及英國的工黨，是行的民主政治，同時也可以說是社會主義。因爲眞正的民主隨時在注意多數人的幸福，求適應環境，不斷的進步。

還有一點，今天談到自由民主，有些人就不贊成。因爲他們對於主義的態度有點不同，單就拿信仰三民主義來說，有些人信仰三民主義，闡揚三民主義，不加批評；又有些人什麼主義都研究，對於三民主義研究以後，要加批判，前者認爲批判很容易出軌，而我的意見，研究批判，容易得到一個共同的觀念，共同的結論，堅定的信仰。總而言之，建設社會秩序，安定社會，必須有一個共同的觀念，我們今天反共抗俄是爲爭取民主自由，如果抹煞了民主自由的辦法，反共抗俄的戰爭，是無法獲得勝利的。

張其昀先生：「我們爲何而戰」？本人以爲民族自決政治民主經濟平等是我們當前奮鬥的三大目標。三者密切連繫，互相保障，不能任去其一。因爲欲求其中任何一項之澈底成功，必須以實現其他二項爲條件。假如政治不能民主，經濟不能平等，則民族自決的目的，當然也不能圓滿達成，其他二項可以類推，但「民族自決」一詞，本人以爲不如改爲「民族獨立」。因前者自威爾遜總統援用以後，幾成術語，其性質偏重於國際政治方面。但我們當前的任務，不僅要在政治上謀自決，在思想文化方面，尤須有巍然獨立的自主精神。所以民族獨立一詞，涵義較廣，亦較深切著明。

「我們如何而戰」，可分三點述之。

（甲）爲實現反共抗俄的目的，應用自由民主的方式，抑應以其人之道還治其人之身。本人以爲無疑地要應用前者。因爲要與人共患難，先要與人同甘苦。要使國民都能爲國效死，必須使國民都能感覺有生之樂。民主方式的好處，就是集思廣益，自下而上，無論什麼事，不但能知其然，而且能深知其所以然之故。惟有如此，一切命令的執行才能使個個人自發自動貫澈到底。我們對於共黨，不能以暴易暴，應該以善勝惡，惟有光明方能克服黑暗。

（乙）思想自由與思想統一有無衝突？本人以爲二者似相反而實相成。我們對於立國的基本原則，如上所述民族獨立政治民主經濟平等之類，全國人民必須具有共同的認識，毫無疑問。但是對於如何實行這些基本原則的具體方法，必須留有自由研討的餘地。現在種種重大問題內容至爲繁複錯綜，必須從多方面的觀點，切磋琢磨，還要因時制宜，因地制宜，擇善而從，期於無當。理以辯而愈明，學以競而日新。本人以爲憲法是國家的大經大法，應爲國民所共守。它是思想統一的準繩，也是思想自由的規範。如果大家都能尊重憲法，以負責守法的精神爲個人自由的前提，那末個人自由便能得到切實保障了。

（丙）用自由與民主方式是否仍能實現經濟平等，這已經不是一個理論的問題，而有歷史事實爲之解答。近年英國工黨的設施，可以給我們許多啓發和借鑑。美國羅斯福新政如T.V.A.制也是合於這個新潮流。三民主義取精用弘，兼收自由主義與社會主義之所長而去其短。我們相信自由主義與社會主義都只能代表眞理的一部分，惟有三民主義方能集合中外之精華，防止一切的流弊，這是中國建國的本原，也是合於世界民治的宏規遠模。

臧啟芳先生：第一個題目和第二個題目有連帶關係，民族自決政治民主經濟平等三個問題是並重的，不過我覺得民族獨立應該特別着重一點，因爲現在民族問題總比別的問題爲大，或許有人認爲經濟不能平等，就沒有法子使政治民主民族獨立，這個看法未嘗不對，不過在目前要喚起大家同仇敵愾的心理，要着重民族的獨立。

至於爲何而戰？我的看法，現在不是理論的問題，是做的問題，實際的問題。很清楚的當然要用民主方式來反共抗俄，即反專制，反極權，反獨裁。現在我們的政治還不夠，這完全是實際的問題，不是理論的問題。

思想自由與思想統一從表面上看是衝突的，但實際沒有衝突。倪先生所說共同觀念，殊屬必要，而且是一個大前題。談到思想自由是應該的，不過有一個範圍，要在範圍之內自由，不能超過範圍。有人說社會主義方式很多，有的採取統制辦法，這與民主自由好像矛盾的，實際上這兩方面矛盾之處少，並行不悖之處多，將來實行社會主義就看範圍如何規定，如偏於統制方面，經濟平等就受影響。至於個人自由的程度也看法律規定，如限度寬，自由就多一點，限度小，自由就少一點。

最後一句話，我們一定要民主，自由，同社會主義一併實現，可以說這是三民主義裏面的道理，並沒有新的意思。總而言之，政治要是不能民主化，經濟不能社會化，很難達到民族獨立的目的，所以要爭取政治民主化，經濟社會化。

蕭自誠先生：在反共抗俄陣營中，爲求思想貫通，行動一致，以發揮力量，爭取勝利，我們來討論「爲何而戰」，「如何而戰」，兩個問題，實在是迫切重要之事。

我們爲何而戰？我們這一戰爭的目的，當然是爲求「民族自決」，「政治民主」，與「經濟平等」，這是今天民主自由潮流中每一個國家共同的希望，也可以說，東西文化到了今天這個嚴重階段，這是人類共同的一個呼聲。

一個民族如不能自決，不能獨立，而在帝國主義者束縛壓迫之下，便根本談不上對文化有所創造，對人類光榮歷史有所貢獻，中共抄襲蘇聯的一套，倡言「一邊倒」的政策，把國家民族的命運整個交付於異國主人支配之下，如果我們中華民族還能保持固有的歷史文化與獨立人格，對於這種叛國賣國的行徑，是絕不能容忍的。

一個國家的政治如不民主，像今天中共之所爲，對有關國家民族生死存亡的問題，與社會民生安危禍福所繫之事，不容許人民討論和批評，而以恐怖威脅的手段，鉗制人民，愚弄人民，這便是極權獨裁的專政，剝奪了人民一切的自由，我們爲爭取自由，爲實現政治民主，惟有反抗極權獨裁的侵略而戰鬥到底，才有出路。

一國的經濟，應該予一般國民以人人平等發展的機會，無以貧窮而損害人生的尊嚴，無爲困乏而窒息天才的發展，社會而有階級，則應求階級利益的調和，而決不應許一階級暴力專政，因爲一階級暴力專政的經濟，就是造窮造亂的經濟，是毀滅文化的經濟。這就是今天中共所走的道路，是我們爲解民倒懸所要拼命去打倒的。

總之，有了民族自決，才談得上「政治民主」與「經濟平等」；有了「政治民主」與「經濟平等」，才能使整個民族的每一份子盡到他應盡的責任與義務，共同一致爲復興中華民國與復興中華民族而努力，而奮鬥，總之一句話，我們爲何而戰？我們是爲實現三民主義的信仰而戰。

我們如何而戰？原則上我同意各位先生已經發表的意見。不過，我們要用自由與民主的方式來反共抗俄，必須注意在民主憲政制度之中，立法要求民主，要有討論，行政要求貫澈，要有效能，而「憲法至上」，「法律統治」是必須上下一致普遍養成的習慣，有了這種習慣與制度，則自由得循正軌而發展，民主乃能發揮其最大的功效。

至於思想自由與思想統一，有無衝突？純理論的研究，儘可讓篤好哲學有志哲學的專家學者去探討。我個人的意見，以爲在社會科學中，凡屬一種思想，都應有科學的根據，都應合乎實際的需要。科學，在求眞理，是最忠實於客觀事實的，眞理愈辯愈明，故對任何一個問題，愈研究，愈討論，愈容易發現其中的眞理，思想自由之可貴，就是在此。但思想自由，并不是主觀幻想，散漫無歸，或如共產黨之歪曲事實，誣白爲黑，而是要基於若干共同的認識與共同的觀念，以求理論的貫通，與共同信仰之樹立，而於解決現實問題能有切實的貢獻，能發生實際的效果才行。倘若思想應該一致，惟有循此途徑以求，纔能達到；倘若思想自由應有限度，亦惟有依此途徑發展，纔算適當。

其次「憲法上賦予個人的自由，如何才能保障」？這是法治的問題。亦就是在一個國家之中，要實行「法律統治」，Rule of Law 要人人有「法律至上」（Supremacy of Law）的觀念，要人人有遵守法律奉行法律的習慣。

復次，以自由與民主的方式是否仍能實現經濟平等？即自由主義與社會主義能否並行不悖？我的答覆是：倘若「民主」與「自由」不是一階級（資產階級也好，無產階級也好）的專利品，而是大多數民衆自由意志的決擇，不是少數政黨政客宣傳的口號，而是大多數民衆社會生活與經濟生活努力的目標，那末，民主自由的結果，必然是全社會經濟平等的實現。

戴杜衡先生：我們爲何而戰？簡單的說，反壓迫，反迫害。第一民族自決，是保障民族不受人家的壓迫。第二政治民主，是保障人民不受政府的壓迫。第三經濟平等，是保障一個人不受另外一個人的壓迫。把這三方面併合起來講，就是人類生活，不受旁的東西壓迫。我們把這一點看清楚了，下面的思想自由與思想統一有無衝突的問題，可以連帶答覆了。我們看古往今來的思想家，革命家，以及政治家，對於反壓迫，沒有不同意的。沒有人說，某民族應該壓迫某民族。反壓迫這個思想，自然是統一的，所謂思想自由與思想統一，並沒有衝突。但如狹義的解釋，就有問題。譬如共產黨，他的思想是必定尊重史達林，這與思想自由衝突。所以解答思想自由與思想統一的問題，看界限怎麼樣。如果廣義的，我們爲何而戰的三個問題，思想自由與思想統一並沒有衝突，但狹義解釋，顯有衝突。

還有一點，即自由主義與社會主義，能否並行不悖？與前面三點有連帶關係。民族自決，政治民主，經濟平等，有先後層次的，我對這三點的看法與三民主義相近。三民主義；民族主義在前，民權主義次之，民生主義列在最後。這樣排列，不是偶然的，而有他必然的層次。民族自決應列在前面的道理，剛才倪先生張先生已經說過了不再重述。至政治民主，經濟平等，有一個先後，這個理由，必須補充說明。共產黨也是求政治民主，但是他認爲要先經濟平等，然後求政治民主，他說英美兩國是資本主義國家，經濟不平等，是假的民主，俄國要先作到經濟平等，然後求政治民主。我們的看法同蘇聯剛剛相反，我們認爲先要政治民主，然後才能談到經濟平等。

蘇聯先經濟平等，是把人民一切活動權利剝奪，把所有一切集中到政府裏面，這顯然是不許社會上的特權存在，但是造成新的特權。換一句話說；政府的代表，是新的特權階級。因爲要統制人民的經濟生活，文化生活，必須把政府的權力提高，也非提高政府權力，不能行使一切統制政策。把政府權力提高，代表政府的人，便成爲特權階級，任所欲爲，成爲壓迫人民的階級，不能實現政治民主，於是個人得不到保障，受政府的壓迫。所以蘇聯先求經濟平等，沒有建立政治民主的基礎，結果政治民主不能實現，經濟民主也就沒有達到。過去的德國在起初也是說實行社會主義，因爲沒有政治民主的基礎，結果走上了集權的道路，以致失敗。反過來看看英國的情形，英國實行社會主義很有成效，但是英國實行社會主義之先實行了民主政治。

民主政治有兩個特點：

（一）選擧是絕對自由普選，政府不好，隨時可以推翻。

（二）反對黨存在，時時刻刻威脅當權的政

府，使他不能濫用權力。

（三）憲法制衡，使政府各部門互相牽掣，互相牽掣的結果，不能濫用權力。

（四）基本民權保障，使政府不能壓迫人民。

英國有這個民主政治的基礎，然後實行社會主義，沒有流弊。所以民主政治與經濟平等，是應該有一個先後的。換一句話說；一個國家要先建立民主政治基礎，在這個基礎上實行經濟平等政策，才不會妨害人民的自由，達到經濟平等的自由。反過來說：先求經濟平等，如蘇俄的主張，結果是推翻了舊的特權階級，造成新的特權階級。結果經濟平等的目的沒有達到。如果要達到，還要流血，就是說還要革命。我們以蘇俄爲例，應先建立民主政治基礎，然後慢慢求經濟平等。這個經濟平等的目的，可以逐漸達到的。再重複一句：政治民主，是經濟平等的前題。爲求達成經濟平等，必先建立政治民主的基礎。

生活自由的社會主義，與三民主義沒有衝突。因爲三民主義本身分民族民權民生三個階段。這三個階段，是三民主義理論家所承認的。

黃紹祖先生：

目前是國民革命的延續，國民革命的內容：（一）反侵略，爭取民族的獨立，（二）反極權，及專制，爭取民主自由。（三）反剝削，爭取經濟平等。

在這三者之間有沒有重點？剛才大家講的是前題，即先有民族主義，然後求政治民主，經濟平等。他的重點，是要從國際環境與中國本身條件來看。以國際環境來說；今天的反共戰爭，不僅是求民族自決的戰爭，而是抗蘇反共，整個反極權的戰爭。就是整個國際民主陣線與整個國際極權主義的決鬥。這個戰爭，不是一個民族同另一個民族鬥爭，而是民主自由政治同極權政治鬥爭。今天國際上產生了狄托，於是發生了一個幻想，因而我們中國也有些人認爲中共也可能變成狄托。甚至認爲今天毛澤東進攻東南亞，如變成了狄托是擴大國威，民族的光榮。這是把反共戰爭的性質弄糢糊了。我們爲爭取民族自決政治民主；毛澤東就是變成了狄托，我們還是反對的。因爲狄托還是極權政治，不過同蘇俄分家罷了。至政治民主，是經濟平等必要的前題。這一點、各位先生已講得很多，不必重提。關於如何而戰一點，綜合來說：思想統一，剛才大家認爲不可能，而且不是今天所要求的，不過從歷史上說有一個趨向，就是有一個共同的觀念，譬如第二次大戰，是反法西斯的戰爭，成爲民主國家的共同觀念。今天統一思想不可能，不過可以建立抗蘇反共的思想戰線。這是抗蘇反共有效辦法。

關於自由主義與新社會主義能否並行而不悖的問題，我認爲可以並行不悖的。我們人類有自由的意識，也有選擇的智慧，因爲他有很多的經驗同教訓。社會主義是用自由方式達成的，以强有力的方法造成的社會主義，不是眞社會主義。所以不要相信蘇聯是行的社會主義。蘇聯所行的不是社會主義。要充分發揮自由主義，用人類的智慧來實現社會主義的理想，才是眞正的社會主義。

馬乘風先生：

政治並沒有什麼玄妙，簡單的道理，要是爲人民謀福利。否則就是官僚政治，豪門政治。官僚豪門政治，是官僚豪門自己盡量享福，而人民士兵受苦，人民士兵過困苦的生活，當然不願意打仗，所以戰爭失敗。剛才戴先生說經濟平等，政治民主是先決條件，這個話是對的。政府沒有了人民，政府是成了眞空，當然無法抵抗共產黨。

現在說明思想自由與思想統一不衝突的問題，思想應該自由但自由有一個限度：什麼是適當的限度？就是不破壞剛才倪先生所說的基本的共同觀念，以爲共限度，有了這個適當的限度，當然與思想統一，沒有衝突。

至於自由主義與社會主義，是否能並行不悖？眞正的社會主義，不是蘇俄的共產黨主義，社會主義本身的含義，帶有自由主義的成份，兩個是並行不悖的。

總結一句話；爲何而戰？是爲求民族獨立，政治民主，經濟平等而戰，如何而戰？是以民主方式改革政治，以大家的共同觀念來戰。

瞿荊洲先生：

（一）我們爲何而戰？我覺得應該說是爲經濟自由而戰。民族自決，政治民主一切問題，從經濟學者眼光來講，都是基於經濟的力量，我們在經濟史上看，從農業生活中所產生的政治是封建政治。產業革命以後，在西洋提倡個人主義，產生了民主政治。今天哲學家文學家所追求的政治理想很高深，但大半人類所追求的是一般的生活，所以今天這一個戰爭，是爲了免於經濟匱乏的戰爭。我們用怎樣的方法使經濟免于匱乏？現在大陸失守大家都到臺灣來。現在可以說是到山窮水盡的時候，在這個時候到臺灣來的人可說都是忠貞之士。但是國家到如此危急的時候，我們所看見還有走私，貪污，浪費，這是看錯了免於匱乏的自由。前天看到一個朋友只是夫妻兩人，買了二十石米，我說我們臺灣的米是一年的生產僅能供給一年的消耗，你們兩個人買了二十石米，已經預備了二年的糧食，大家這樣不是馬上發生恐慌，他說以後恐怕買不到了。這是顧到他自己個人，求他個人免於經濟匱乏。我還有許多朋友後悔他做官的時候沒有貪污，到現在沒有飯吃，沒有房子住，沒有衣穿，孩子病了，沒有法子醫治。這也由於受到匱乏的反感。東亞有十六億人口，佔世界人口總數四分之三，但是第二次大戰死亡百分之二十，使生產減低，不能免於匱乏。我對政治沒有研究，我認爲今天應該研究如何增加生產，怎樣的社會制度才能幫助生產，我覺得現在的制度是破壞生產的制度，使努力於生產的人沒有辦法。

至自由主義就是個人主義，在經濟上說是自由競爭，競爭結果，造成資本主義，弄得大家都不自由，所以又來一個社會主義。是否如是解釋，請各位指教。但是自由主義和社會主義在求免於匱乏之上看，兩者都是一體，所以今天首先要經濟平等，我覺得經濟問題不解決，其他問題無從談起。

主　席：　各位先生發表了很多的寶貴意見，兄弟代表自由中國社致謝各位。綜合諸位的意見，認爲今天只有一條路——自由與民主，這可以說是「思想統一」了。至於我個人的意見，對於爲何而戰？我認爲除本題以外，共產黨是造反，不管他爲皇帝的位置，或爲什麼主義，總歸是造反，政府對於造反的一定要用兵去平。至如何而戰？各位發表了很多寶貴的意見，都是反共抗俄鬥爭中我們應該遵循的途經，最後瞿荊洲先生所强調的經濟問題，在今日確實值得我們特別重視的。士兵要給他們吃得飽，穿得暖，我們才好打仗。**所以我們下一次座談會準備討論這個反共抗俄中的經濟問題。**

自由中國

通訊

我們需要一個自由中國大運動

朱啓葆

編輯先生：我是貴刊的讀者之一。從創刊號到最近的二卷二期我都買來讀過。我不敢阿諛取悅，恭維貴刊每篇文章都是佳作，但我可從貴刊上嗅到一種很濃厚的自由民主的氣息，這是使我特別興奮的。我想，目前中國正迫切地需要一個大規模的自由運動。就國家言，要自由；就個人言，也要自由。所以我想這個運動的名稱，就以貴刊的名稱——「自由中國」爲最好。

在香港居留的反共人士，精神上覺得自己是一個游魂，東張西望找不到一個寄托之所。他們有的是體力，腦力，甚至資力，但目前反共的既存政治集團，都沒有吸引力來吸引他們。如果長此如此的話，他們是悲哀的，國家的前途也是悲哀的。所以我想籍貴刊篇幅，刊登一篇呼籲性（爲國家呼籲，爲人類自由呼籲）的拙作。如果能籍此引起大家的共鳴，由輿論見諸事實，則幸甚幸甚。

前些時港方盛傳胡適先生組中國自由黨的消息，貴刊及香港時報也刊出了該黨組織綱領。但迄今沒有看到較具體較詳細的消息，許多人都爲此失望。貴刊能否在「給讀者的報告」欄中，給大家一點消息呢？

敬頌

撰祺！

朱啓葆上　三十九、元、三十一、

歷史是一面鏡子；但它不是一位嚴師。歷史可以照出善惡和是非，也可以照出成敗的因果。可是它沒有鞭策在手，不能夠有効地督責人們避善就惡，趨是去非；也沒有任何權威，使人們必捨失敗之途，走向成功之路。

然則歷史不是一點用處都沒有了嗎？有的人確實是這種想法。我記得有一位悲觀主義的歷史家曾經說過：「一部人類史是一部人類不接受歷史教訓的紀錄」。可是我們決不承認這句話。我們應該從歷史上找出善惡，找出是非，找出成敗的因果；同時決定我們積極動作的方向，以公善爲善，以公惡爲惡，以公是爲是，以公非爲非，以昨天的失敗自戒，以明天的成功自期，拿起鞭策，撻勵自己，完成歷史昭示我們的時代任務。

目前，歷史昭示我們的時代任務是什麼呢？這裡，我要大聲疾呼：自由中國運動！

自由中國運動的目標

自由中國運動，不是筆者個人憑空想出來的一個口號，而是從歷史這面鏡子看出它的必要來。爲便於說明，在講到自由中國運動的歷史背景以前，先得說明自由中國運動的目標。

自由中國運動的目標有二：第一、維護現在僅存的自由中國領土，并進而規復整個的自由中國。在這裡要特別指出的，在維護和規復自由中國的過程中，決不能動搖國家獨立自主的立場，否則就犯了不擇手段的大錯，結果會因手段而犧牲了目的。第二、自由中國應以個人自由爲其實質的內容，否則所謂國家自由也失其意義。戰前希特拉所統治的德國，迄今史達林尚在統治的蘇俄，以共國家來說，德俄兩國在國際上不僅是獨立自主，簡直可以肆行無忌，可是他們國內的人民却被一個極權主義者利用「國家」這個抽象名詞來奴役來宰割。這樣的「自由」國家，不是我們所需要，也不是人類社會可讓其永存的。

國家自由，體現於主權獨立；個人自由，體現於政治民主。在爭取國家自由以保障個人自由的過程中，我們既不許以求得勝利爲理由，損害國家的主權獨立，同時也不許以同一理由在政治方面走上反民主的路線。因爲這個路線的前途，正與我們的目標相反。

所以自由中國運動的目標，應該很鮮明地這樣揭出：

一、在國際方面，絕對地維護中華民國的獨立自主。我們抗俄，爲的是不要做赤色的衞星國，但我們也決不能因爲要達到抗俄的目的而被另一方面來擺佈。

二、在政治方面，我們絕對地主張政治民主，以保障個人自由。我們反共，爲的是不受共黨反人性的極權專制，但我們也決不能爲要達到反共的目的，而容許類似極權的政治作風。

自由中國運動的歷史背景

自由中國運動第一個目標的歷史背景，我想，這裡用不着多講，百年來的中國外交史，每一頁都在昭示我們，要我們負起這個目標下的自由中國運動的任務。抗日戰爭勝利之日，這個任務本來可以完成了，而現在蘇俄又經由它所控制的中共把整個中國的大陸囊括以盡。所以自由中國運動第一個目標的歷史背景，還彰彰在人耳目，不需我們有所指陳了。我們要特別指出的，是這個運動第二個目標的歷史背景，這裡不必說遠，只就最近四五年來的史實，分兩方面來看：

第一、先從政府這方面來看。國民政府二十多年統治下的全國領土，在最近十幾個月的短時間，輕悄悄地丢掉百分之八十以上。看起來似乎奇怪，其實却是事理的當然。寫到這裡，本可以列舉抗戰後期、勝利後的政協、接收、復員、行憲、一直到最近許許多多史實，來說明這個事理的當然。可是這一段傷心史，在國人的記憶中還是新鮮的。同時我們有着珍惜今天反共陣營中所僅存的力量，對於那些在事實上幫助了共黨的情事，以及那些情事發生前後的支持者和庇護者（尤其是庇護貪污幾乎成了近年來派系中的「道德」！）不願再來多講。當前的政治現實，只要求我們在一個大前提下——自由中國運動的大前提下——團結那些擁護這個大前提的一切力量，積極努力於反共抗俄的工作。至於那些禍國殃民的罪惡，今後的歷史家總不會饒恕的。我們在這裡只須指出這些罪惡的根源，也即是我們國家弄到今日這個局面的總原因，就是由於政治的不民主。

我這種說法，也許有人要問：「行憲不正是政治民主嗎？爲什麼行憲以後，局面弄得更糟呢？」這一問，不僅不能動搖我的論斷，反恰好給我的論斷一個更有力的例證。因爲這次行憲，與我們政治學上所謂「民主」的「民」，不僅毫不相關，而且是違背民意，喪失民心的一幕大醜劇。這幕醜劇的演出，并不是說明眞正民主有甚麼弊端，而是說明反民主的包辦政治累積下來的病根，到了一個適當時期，必然地大大發作。所以我們說國家弄到今天這個局面的總原因，是由於政治的不民主，這句話是無可反駁的。

第二、我們再從共黨那方面看。共黨反民主乃至反人性的作風，明眼人早經看出，一般人現在也大多了解。但是我們研究它今天所以這樣聲勢赫赫，其主要原因是由於它利用政府的弱點，看到民心的所向，而以虛僞的宣傳達成其滲透，分化，瓦解的陰謀。所以儘管它的本質是反民主反人性的，而毛澤東偏偏在抗戰後期（民廿九）喊出所謂「新民主主義」的口號。「新」民主主義的內容，仔細研究起來，自然是不通之論，可是我們也該想想他爲甚麼要以「民主」二字來號召？抗日勝利以後，在中共所鼓動的北平京滬幾次學潮當中，每每提出「反迫害，反饑餓」的口號。好像它是主張自由，主張經濟平等的。所以它能夠動輒發動數千青年學生示威游行。我們試想想，如果我們政府早就實行實質上的民主，早就尊重個人自由，早就有健全的經濟財政政策，那末，共黨所叫喊的甚麼「新民主」，「反迫害」，「反饑餓」等口號，也就不會發生魔力了。當時那些受這些魔力蠱惑的人們，今天誠然是在反人性（不僅反民主）的極權統制下，眞正地遭受迫害，遭受饑餓；可是我們這邊的人，總有些人應該有「我殺伯仁」之內疚吧！至少也得「哀矜勿喜」！

我們從上述兩方面觀察的結果，可以看出人民對於自由民主的要求，關係於政權的盛衰消長是如何地密切！違反民主自由的，就落得一敗塗地；假借民主自由的，就可眩赫一時。這難道不是一面很清澈的鏡子嗎？今天，我們要打倒共黨，建立一個理想的自由中國，自然不能和共黨過去的作風一樣，只是利用對方的弱點，而是從文字上口頭上作虛僞的宣傳，而是要我們本身從事實上誠心誠意走上民主之路，以民主保障個人自由，以個人自由來充實自由中國的實質。否則共黨雖然失敗，成功的也決不是我們。

自由中國運動的組織

在上述兩大目標下的自由中國運動，自然要由一般愛好民主自由的人們來發起，來組織。可是愛好自由的人，大多數是不慣於組織，甚至有點厭惡組織的。其實，自由與組織兩者間有其適當的分際，只要愛好自由的人們本着積極的精神，以天下興亡爲已任，不怕麻煩，多用點思考，爲自由與組織求一個恰到好處的配合，運用，以此來發起一個自由中國運動，并不是不能優爲之的。

這裡，筆者個人只能提出一兩點原則性的擬議如下：

一、這個組織，決不是靠所謂鐵的紀律來維持，而是靠大家的政治信仰，靠大家對於人生價值的體認而結合的。所以，這個組織所賴以維繫的紐帶，與其說是紀律，不如說是道德。

二、由於第一點，所以在這個組織中應絕對摒除抱有極權思想的人，以及道德墮落，聲名狼藉的官僚政客，貪官污吏，和那些利用政治地位，經常招搖撞騙，破壞法紀的所謂「人民代表」。

三、凡中華民國人民，不管他的性別宗教種族及黨籍，只要他贊同這個運動的兩大目標而願爲之効力者，經過某種簡單的手續，均可參加這個組織。

自由中國運動的做法

自由中國運動，要有組織。但這個組織不同於一個政黨，它應該是超乎一切黨派的大團結。它有政治上的理想和目標，但只要這個理想和目標政府可以逐步實現，則不以取得政權爲直接目的。而它的直接目的在於給國人以新生的希望，藉以振奮人心，鼓勵士氣，發揮自由中國應有的精神，達到自由中國整體的恢復。對外方面，要以國民外交的方式，促進民主國家（尤其在遠東方面）在反共抗俄的立場上更加合作和互助。政治方面，要嚴格督促政府切實走向民主政治，保障個人自由，逐漸實現經濟平等。

有達到上述的目標，首腦部應設一研究機構，經常研究國家的各項政策，批評，建議、召開講演會、舉辦座談會、發行刊物，舉行宣傳週。同時爲了解人民的實際生活，并與之發生密切聯繫起見，應該經常調查民間情況，并爲人民設置各種服務機構，爲人民無償服務。

以上是就自由中國運動這個對外的工作而言，至於內部如何規律自己，也是一個值得提出的問題。因爲我們覺得近年來一般的政治道德，實在是墮落得太可怕了。假借政治活動，做出卑鄙齷齪的勾當者，道路傳聞，比比皆是。自由中國運動者，應該時時檢討自己的組成員，力矯此種惡習，造成一種良好的政治風氣。還是我們要求政治民主時所應自我具備的精神條件。談到這一點，除掉「守法」二字以外，我們特別屬望於這個運動的領導者，這些人應該是有崇高的政治道德，令人欽敬，而可以發生領導作用的人物。

「風雨如晦，雞鳴不已」，中華民國在這個黑漆一團的時期，如果有這樣一個自由中國大運動產生，眞不啻「雄鷄一聲天破曉」了。

卅九、一、卅、

曼谷通訊

「洪承疇」致前駐緬大使涂允檀書

王安石

編輯先生：離國日久，思念彌增，一年來形勢全非，痛心疾首，在沉悶中得讀貴刊，精神爲之一振。仰光自緬政府承認中共以後，情勢日趨惡劣，然衷心愛護祖國者固大有人在。玆將一月八日本埠中華商報所載，涂允檀與記者問答消息一則暨王安右君擬「洪承疇致涂允檀書」奉上，口誅筆伐，足寒奸宄之膽。敬希貴刊賜予登載，以儆來玆。

讀者陳其正敬啓
一月十五日

(一)涂允檀答新聞記者問

（本年一月八日曼谷「中華商報」原載）

【本報訊】當前晚北京中共人民廣播電台播出：前國民黨駐緬甸大使涂允檀，率領全體館員，通電向人民政府投誠的消息後，本報記者即驅車往訪涂允檀氏，希望他發表一些關於他「起義」的用意，及有關僑務等問題的談話，也許是因夜深的緣故吧，因而未蒙接見。

直至昨（七）日中午十二時，記者耳同緬文時代報、英文民族報記者往訪，始在卑膠路前大使館樓上會客室，會到涂氏。記者說明來意後，涂氏即答說：『我們已經發了消息給各報館了。』

記者問其何時打電給北京？

答：說去年十二月十六日午後二時正。

問：何時收到周恩來外長的覆電？

答：本月五日。

問：此次投誠動機爲何？

答：純係站在國家民族立場。因我（涂氏自稱）本身就是農家子，對於人民的痛苦我是充分明白的，對於一個眞正能爲國爲民的政府，與一個貪污腐化的政府比較上，在良心上，當然是應該有個選擇。根據本人所知道，人民政府比國民政府確實來得好，所以我們才決定實行與國民政府脫離關係，而擁護人民政府。

問：既然看得這麼清楚，何不及早脫離國民政府的關係而爲人民政府服務？

記者這一問，頗給涂氏費點躊躇的工夫。後來始答說：「這問題，我現在不願多談，總之，我也有我的苦衷和困難。」

問：涂大使是否回北京？

答：想回去看看，

問：是否與國民黨脫離關係？

答：本無任何關係。

問：是否將替人民政府服務？

答：我們的通電周外長雖然表示歡迎，但尙沒有任何正式的委任，今後的動向，須看以後的命令如何而定。

問：對於在緬甸的一些國民黨產業將如何處置？

答：這我管不了。

問：對僑務方面將如何繼續辦理下去？

無意再作大使 起義全憑良心

答：在人民政府未正式與緬甸政府建立邦交，與正式委任何人爲駐緬大使之前，外交方面是無從談起，但一些領事部的僑務，在緬方的同意下，目下仍照常由梁秘書長培負責辦理。但我本人未有正式任命之前，準備不願作任何活動，同時本人也無繼續幹這大使的意思。

問：涂大使這一次的行動，在原則上我們是贊同的，但是涂大使已無意再做官，那末這一次的起義不是多餘的嗎？

答：剛才已經說過了，那是憑個人的良心做去，我自知我這一舉，若干國民黨員和老華僑，不免對我有所責難，但我這時候已經管不了那麼多，我認爲這麼做是對的，我便這麼做⋯⋯⋯云云。

(二)擬洪承疇致涂允檀書

·王安右·

明萬歷進士薊遼總督，清武英殿大學士洪承疇致書前國民政府駐緬甸全權大使今「等待後命」涂允檀博士閣下：足下出身國民黨，以「反蘇」「反共」見稱於世，今處國民黨退守台灣孤島之際，値緬甸政府承認中共政權之日，足下能看風轉帆，自動作一百八十角度之左轉灣而向北京看齊，開國民黨駐外大使投共之創學，消息傳來，承疇不禁心花大放，竊喜吾道歷三百年後竟能風行於海內外，不亦樂乎？承疇不伎，自從降清，三百年來，受盡鄙薄，含寃負屈、何能言喻？今足下若能逐一爲洗雪之，吾道既行，此心何恨？唯承疇亦有「苦哀」與「困難」不得不已於言者，今懲於吾道行於世時一吐爲快。夫承疇不幸、生當明末之世，當天下遭宦官魏忠賢魚肉之餘，豪門貪汚橫行於內，外禍日亟於外，承疇尤不幸熱中功名利祿，更不幸科舉成名，作明末顧命之重臣，承疇兵敗於松山時，恨無飛機可飛香港，於求生不能，求死不可之際，惟決心絕食待死，乃滿清不惜百計誘降，以拉那后國母之尊出獻「美人計，承疇故願以一身之辱換取滿清一族之辱，有何不可？且承疇在明既爲顧命重臣，於清則作開國元勳，又有何等？顧前之古人與後之來者，其功名勳續、能如承疇者，幾稀矣！所謂「時窮節乃見」與「留取丹心照汗靑」者，承疇視之，直若麻醉藥耳。惟世人中此麻醉毒素，使承疇含寃不白三百年；良有以也！

今足下於緬政府宣佈承認中共政權之日，不隨卽遠走高飛，又不發表書面談話公諸於僑胞之前，而乃暗中馳電赴北京，若與承疇在獄中作俘虜時情況相比，何啻天壤？承疇眞不如足下多矣！羅家倫鄭天錫之流，實孺子不可教也。惟最可痛惜者，北京政府不卽以大使之京職以酬足下，未免吝嗇過甚，周恩來眞不識豪傑，不愛英雄，何以外長爲？遙想文天祥作階下囚時，元帝仍許之以宰相職，天祥不受，史可法囷於揚州日，多禰衰誘之以高官，可法不從，是二君之錯過大好機會，豈非不識抬舉之蠢豬乎？今若有此種機會在，相信吾道既行於海內外，趣之求之者必若鶩矣！今者，足下等待周恩來之後命，新職之將至，不亦可喜乎？冀能珍重紗帽，善保汽車，若能常將承疇之道曉喻世人，承疇在九泉，感恩、盡矣！再者，足下洋房之中所掛蔣中正，李宗仁，張胖，吳鐵城，孫科等之像應宜從速除下，重新換上毛澤東，朱德，周恩來等之像外，望足下能將承疇之相掛上，尤感榮幸。至承疇之相可於汪精衛彙編「歷代黑心人」冊中尋出也。歲序更新，北風多厲，託異國之身，諸希珍重，臨穎不盡欲言，承疇頓首。

文藝

殉馬（上）

長白

（一）無妄之災

春天，一個靜寂的早晨。那沉暗的天邊漸漸露出了一些光亮；麻雀兒在簷下飛來飛去——「喳喳……」地叫着；老烏鴉在樹頭上也展着翅膀——「啞—啞—」地好像是在喚人起床。

一間破敗的草房裏，西北牆角橫躺着一架舊木櫃，上面放了許多農具；東北牆角幾綑稿柴，旁邊倚立着一隻紅纓扎鎗；屋頂上垂掛着絲絲條條的塵垢，在微風中飄搖着；和鍋台接連着的是一個土炕。室中光線是昏暗的。

「小順的媽，該起來做飯了！」六十歲的王老德，從炕上翻起身來，拿起一隻銅嘴旱烟袋，裝上一袋煙，一面徐徐抽着，一面向睡在炕中間的王老太太這樣喚着。

「唔！天亮了嗎？」她打了個呵欠，隨後也就坐起來。

「太陽就要出來了！」老德兩眼瞧着窗子。

「今天上午是不是得種完了那半垧地的高粮呢？馬，午後該輪到別人家用啦吧？」王老太太一面下炕一面問着老德說。

「哼！不然怎能這樣忙！這個年頭真他媽的……自己的馬還得隨人家用……」

「我的老爺子！你可別說啦！要是給……聽聲隊……聽去——那還得了！我們這匹馬就隨便他們用吧！你忘了嗎？那些有房有地的人家……」王老太太儘量壓低了聲音勸着說，神色有點恐懼。隨後就走到鍋台前邊做飯去了。

老德這時一聲也不響，沉着個苦臉，慢慢地一口口噴着煙。粗劣的煙味一會兒合着柴煙充滿了屋子。

王老太太好像想起來了什麼事情，從鍋台前一轉身又走到炕邊，向睡在炕梢的一個男孩子喚道：

「小順——快起來！今天是你站崗的班呵……」小順是王老德倆的獨生子，又是本屯兒童團的義務團員。今年九歲。

「快起來……我還給忘了！」老德也跟着喚小順起床。自己又咕噥地說：「得喂馬啦……」於是他放下手中的旱煙袋走到櫃前拿起一個盛草的簸箕，就走出房門去了。

王老太太正忙着做飯，小順也起來了，在穿衣裳。老德忽然慌慌張張地從外邊走進來，向王老太太說：

「你快去看看吧！馬怎麼躺在地上不起來！莫不是病啦？」

「啊……馬病啦！」王老太太慌忙放下手中的飯盆，朝外就跑；小順跟在後面。

老德走到櫃前，將身子爬在地上，兩隻手伸到櫃底下，掏了又掏，掏出來一把早被「禁用」的金定香，走到灶前，將香燃着，也就跑出去了。

「牠的病是很重啊！這可怎麼辦呢？」王老太太彎着腰，兩眼盯着地上躺着的那匹病馬說。

「唉！眞他媽的倒霉……給牠燻燻再看吧！」老德帶着很難過的神色，長嘆了一聲。

這匹馬的病，的確是不輕，四肢抽縮成了一團，兩眼發愣地，鼻中流出來那似膠樣的黃黏液，不斷的淌到地上。

老德蹲在馬的旁邊，緊緊皺着眉頭，兩隻眼好像將成熟的紅杏，手裏拿着那把敬神的金定香，給馬燻着鼻子。小順也蹲在旁邊，呆呆的望着。

「小順！你快去到東屯請你趙大叔來……」老德轉過頭來向小順說。

「嗳！」小順答應了一聲，站起身就去了。

太陽漸漸吐出了金線般的光芒，射在那兩張憔悴而又惶懼的臉上。四隻枯萎的手，不停的給那匹病馬燻鼻，放血……一秒鐘一秒鐘地，他們的心逐漸緊張嚴重起來，那可怕的景象：罰糧，遊行，鬥爭……不斷地在眼前浮現。

「你給牠燻……我去向村幹報告！」

「我怕燻不好？還是你給牠燻吧！我去報告……」

「那，也好！你就去吧……」老德說着又將手中的香放到馬的鼻前燻着。王老太太站起身來，用手拂一拂衣服上的土，歎了一口氣，就拐着脚步去了。

村幹是屯中的全權者，他雖然沒有「先斬後奏」的權，但是確有「奏後必斬」的魔力。屯中所有的人，蓄，財，物，……都得向他去登記，即使誰家的「牝豬生仔」，「雞鶏傷亡」，也得向他報告，這樣大的一匹馬！老德天胆敢不去報告。

梁家屯的住戶約有三十家，人口不到一百！最大的人家，不過四口人；老德他家有三口，於是就佔了中等。其他的多數是一個寡婦帶着一兩個孩子……男人有的是被「擴軍」給擴去啦；有的是被「擔架」給架去了。於是屯中現有的人口，僅剩些孤兒寡母和老弱殘廢了。屯中的人口，雖然是這樣的稀少，但是出人意料之外！今天圍觀這匹病馬的人竟有五十多！有的在交頭接耳，有的在長吁短嘆，每個人的臉上，都顯出極不安的樣子，因爲他們都知道如今是「人命不如雞，馬命值千金」的。

「老德！你沒給牠放血嗎？」站在老德身後的一個瞎了左眼的老頭子這樣說。

老德正在專心給馬燻鼻子，忽然聽見身後有人問話，他回頭一看，見是隔壁的劉二……眞是使他又痛，又怕，幾乎要哭出來，答道：「啊：二哥，已經放過血了……」

劉二是四年前的劉二爺。當年梁家屯誰家要是有什麼瓜葛事故的，總得要他來排亂解紛，所以屯中的人們都稱他爲劉二爺。在梁家屯「解放」的時候，他作夢也沒想到——竟因那「爺」的名銜而被「鬥」去了一隻左眼。於是以後屯中的人們，誰也不敢再稱他爲「爺」了。

「你們沒去請趙大來？……我替你去一趟！」

劉二雖然是因爲「爺」的名銜，而被「人民」「剜」去了一隻眼，可是那「同情」和「互助」的人性，仍然是屬於他的，所以他要自動的來幫這個忙。

『小順已經去啦！——謝謝二哥吧！』老德很感激地苦笑着說。

『你不要太難過！等趙大來……我看——牠是可以治好的……』劉二安慰着老德說。

『唉！恐怕不容易？』老德憂鬱地說：『這孩子怎麼還沒有回來呢！』他慌極了，恨不得趙大馬上就來，好判定馬的生死，和他一家三口人的命運。

趙大以前是一個游手好閑的屯流子，又是一個無師自通的「半截」馬獸醫：在「解放」「翻身」的時候，不勞而獲的分得了兩垧地，抽簽又抽來一個「五十六歲」「八十九斤一兩」的禿頭老婆子，（原是一個老尼姑）現在還兼着區政府指定的官獸醫。這位一躍而成的「進步人士」恐怕是很忙吧？然而小順確是回來了。站在老德身旁喘息着：

『爸爸……』

『噢！怎麼就是你一人回來？……』老德扭過臉一看見小順一個人回來……所以還沒等小順說下去，就趕緊問了一句。

『趙大叔沒在家！——當擔架隊去啦！』

『啊！他也得去當擔架隊！不能吧？』老德驚慌地說。隨着將那燒剩的小半截香頭，丟到地上，用脚將它擦滅。然後將兩眼直直的看着小順。

『那個禿頭的老太太說：「阿彌陀佛——昨晚半夜的時候，村幹領着兵到我家裏來，叫你趙大叔自願：……」』

『自願！自願作什麼？』

『「……去當擔架隊。趙大叔說他是官獸醫，村幹就狠狠的打他兩個嘴巴說：混蛋！官獸醫就不應作「刼荒」（解放）的事嗎？你想你吃的，住的，是怎麼來的！你那個禿頭的老婆子又是怎麼來的！你全忘了嗎？他媽的還假冒進步……走！快走！……這樣的被拉去了。』」小順一知半解的背說了一遍。

『啊！你快到屯頭站崗去！』老德聽小順說完了，他的心越發着慌起來，忽然想起小順沒去站崗，便急忙催着他去。

『我還沒吃飯呢！』小順有點不願意。

『唉！你就餓着吧！你要是去遲了——爸爸我得被鬥爭啊！……』老德很溫和地說：『……好孩子！晚飯一塊吃吧！』

『好！我去啦。』小順雖然受了三年多的「打倒倫理觀念」的基本感化教育，可惜他那天賦的人性，仍然是堅如「鐵石」。所以他聽老德說完之後，兩隻眼睛也就紅了。一面應着一面的就走進屋去，拿出來那支紅纓扎鎗，就餓着肚皮站崗去了。

老德苦着臉，望着小順走出院子去，用手摸了摸額角，嘆了一口長氣。然後轉過身來，兩眼又呆呆的看着地上那匹病馬，彷彿是還想在牠身上，尋求一點不可捉摸的希望。

『喂！村幹來啦！快走快走！』一個圍觀病馬的人，忽然看見王老太太領着村幹和農委從那邊來了，便很機警的告訴大家趕快避開，是相距的太近了，有的人還是避不及。

『他媽的你們都沒有工作嗎？——跑到這裏來守喪！都想學成二流子呀！……』村幹一面向人們罵着一面昂頭走向院內。

『快滾開！』農委也不甘寂寞，向大家吆喝着。

這群圍觀病馬的人，都好像是老鼠見了貓一樣，一聲不響的全都溜光了。

『牠是什麼時候病的？』村幹手揮着躺在地上的病馬，氣勢兇兇地問着老德。

『是……今天早晨病的！』老德哆嗦的答道。

『胡說！要是今天早晨……怎能這樣厲害？他媽的至少也有三天啦！……』村幹狠狠地瞧着老德說：『……是因爲什麼病的？你要坦白的講！』

『我們實在不知道！今天早晨起來的時候……才知道牠有病……』老德被逼的顫動着嘴唇說。

『混蛋！你還要騙我！這點小事怎能瞞過了我的眼睛……』

『我們說的都是良心話！實在不敢瞞……』王老太太回了這句話，兩手不住地抖着。

『放屁！——良心話呢！前天老李家丟的那隻黑雞。我們就知道是他們自己偷着吃啦；楞說是丟了。哼！開了五次的坦白會，結果——還是得承認……不然他們爲什麼甘願受罰二百隻雞蛋呢？你們都是一樣的貨！』塌了鼻子的農委，瞪着兩隻「紅絲繡」的眼睛。自鳴得意地說着。

『你們太狡猾！還有什麼辯白！這一定是你們的「地」要種完啦。不願把馬給別人家用，才搗的這個鬼！我說的對不對？』村幹逼問着老德。

『牠實在是自己生的病！我們不會搗什麼鬼的！』老德被逼的要哭了。

『沒有工夫和你們說廢話！限你們三天，給牠治好！不然——你們可別忘了「人民」的法律……病況的好壞，晚間到我那兒去報告！』村幹說完了，將手向農委一擺道：『咱們走！』

『喂！你們那兩隻雞的一百雞蛋捐怎麼還不繳？再要不繳，我可就不客氣了！……』農委用手指着院內的兩隻正在尋食的老母雞，向老德倆喝問着說：『……今晚得繳齊！我明天交到區政府去。不要再就誤了！』農委說完將兩手向屁股後一背，大搖大擺的跟着村幹走了。

院子裏的空氣突然沉寂下來。地上躺着那匹將要僵硬了的馬，旁邊停立着兩個「無妄之災」的老人，他們心裡都知道「牠」是絕望了！四隻昏花的眼睛，呆呆地仰望着藍色的天空；老頭子默默想道：「天哪！我們今生並沒有造孽呀！這也許是我們生前的罪孽深重，不然我們怎能遭到這樣的不幸呢？」

天是沒有應啊！只聽得他倆在長吁。

（二）異想天開

太陽慢慢向西山沉下去，濃墨色的陰雲，悶悶地佈滿了藍天。

王家的屋中，燃着一盞豆油燈，微弱的亮光，照着王老太太那哭喪的臉，小順伏在炕上也在咽啼着，老德垂著頭在屋內走來走去，不時發出一兩聲嘆息：『唉！哭又有什麼用呢！』許久，王老太太用手揑了一把鼻涕，問着老德說：

『他眞的要那樣向上報？』

『那還能是假話嗎！』老德答道。

『我們和他也沒有仇？就這樣的

忍心！」

「哼！這些殺人的魔鬼——還會有良心！」

「我想，我們再去向他懇求一下……他也許能够轉轉心！——我們過去對他不錯啊！……」王老太太用手擦着眼淚說。

老德聽完這話，低下頭去沉思着。他想：他（村幹）四年前有一次偷老張家的雞，被老張抓住了，要送他到衙門裏去吃官司，是我極力替他講情，老張才饒了他。以後，他爸爸將他趕出家來，他沒法子生活，還在我家吃了差不多有半年飯呢。他總不致於全忘掉了吧！這樣一想，不由的臉上露出一點希望之色。隨後，他又想起方纔到村幹家去報告時的景象：「這馬一定是你謀害的，不然牠不會死的這樣快！」「我明天向區政府去報告，看你這條老狗命向那裡逃？」「你就滾回去等着吧！……」這一連串的刺心話，又打消了他的新希望。

「他不會轉意的！——他早就忘掉了！」老德停住步向王老太太說。

「我們還是去一趟！說不定還有點希望——人心總是肉做的呀！」王老太太說罷就站了起來，催促着老德。

老德這時也祇得無精打采地隨着王老太太一同走出門去。

一座舊式的瓦房——它的主人因着它而遭受了白骨鬥爭——窗口透出來兩個黑影，忽停忽動地現映着。只聽得『哥倆好啊！』，『五魁首哇！』……的高喊聲。又聽見一個聲音說：『你輸了！乾杯！乾杯！……』接着是一陣怪笑聲。

『村幹在家嗎？——』老德站在門外，畏畏縮縮地探問了這一句，王老太太站在他的身邊顫抖着。

許久，屋內才傳出來一個嚴厲的聲音：

「誰？進來！」

「是我們哪！」老德一面應着，一面和王老太太走了進去。

屋內的南炕上，放着一張八仙桌，桌上擺着幾碟菜和一把鉛酒壺。村幹和那「隻」塌了鼻子的農委，面對面的坐在桌前狂飲。

「你們又來作什麼？」村幹還沒等老德倆站穩，就將手中的筷子向桌上用力的一敲，一雙鼠眼向老德倆一翻，狠狠的喝着說。

「求求村幹和農委！……明天向上報的時候，替我們說幾句好話吧！……可憐我們倆這樣大的年紀！」王太太向前走了兩步，哀懇地說。

「哼！你們年紀大，關我們甚麼事？又不是我將你們騎老的！你知道現在是革命嗎？他媽的革命還能够談可憐！——眞是笑話！……」村幹嗤着鼻子，冷笑着說。然後他拿起來桌上的酒杯，向對面的農委說：

「喝呀！」

「唔！我喝呢。」農委應着。拿起酒杯就向嘴裏灌。然後將他那兩隻「紅絲繡」的猴眼，向老德倆眨了眨，一轉過頭來向村幹說：

「這倆個老頑固！一點也不知道進步！每次收什麼捐稅，他們總要拖延。就拿作軍鞋說吧！規定是每個女人一箇月繳十雙，可是這個老「尿鰍」就能繳上五双，他還總有理由——眼睛看不見啦！又是什麼手也老了！——……」

「誰說不是呢！我們作點成績，全被這倆個老東西給毀啦！」村幹接着惡狠狠的說。然後拿起酒杯放到嘴邊，一仰脖子「嗜嘟」一聲，杯裏的酒就全灌進去了。隨手將酒杯向桌上一摔，手指着門口喝道：

「滾！滾！快滾開！老爺還得喝酒呢！沒他媽的閑工夫和你們磨牙！」

「求求二位原諒我們吧！我們的過錯，以後一定都能改的！……」王老太太雖然遭到這忍無可忍的辱罵，但是爲了一家人的命運，不得不委屈求全地哀求着。

「原諒！一匹活活的馬，就白白的害死啦？眞他媽的是異想天開！」村幹說完了，拿起筷子挾了一片煎雞蛋，送進嘴裏嚼着。

老德被他們喝的靠着門，一聲也不敢響着。這時忽然聽見村幹又說馬是他害死的，直激得他那寃氣冲天，就哆唆着解釋說：

「我們就有這一匹馬，還能不愛惜嗎？牠實在是自己病死的！……」

「眞他媽的不知自愛！我告訴你——那是「人民」的馬！你是「人民」嗎！你不過是替「人民」保管的。誰說就是你的馬？」村幹瞪着鼠眼說。

老德這一解釋，反而更糟。連人民的資格，也被貶掉啦。他想：我不是人民是什麼呢？我也不是官哪！那麼人民是什麼呢？什麼是人民呢？唔！難道過六十歲的人，就不是人民啦！可是我還有兒子呢？是不是不到十歲的小孩，也不够人民的資格？……這一刹那間，「人民」這兩個字，簡直就把他弄糊塗了。

天公這時也激怒了。雷電吼着，咆哮着；那豌豆般的雨點，刷刷地打着窗櫺。屋子裏的空氣也愈發緊張了。

王老太太兩眼流着湧泉般的淚水。「咕咚」的一聲，跪倒在地上，哀求着說：

「村幹！您就看在我們過去對您的——好處，發發慈悲心！就饒了我——們——吧！……」

「他媽的！跑到我這裏來要熊你們對我的好處？有什麼了不起的！不過是吃過你們幾頓下眼飯，替我說了幾句話而已。哼！……慈悲！饒了！那有那麼便宜的事！……況且，我有我的責任！你們也該知道，我一向是公事公辦的！……」村幹一面說着，一面就站了起來，用手指着東牆，向老德倆喝着說：「你們瞎了眼睛啦！看看牆上掛的那是什麼！」

老德和王老太太的眼睛，都隨着村幹的手，轉到牆上掛着的一面鏡框子，莫明其妙望着。停了一會，他們好像是認識它啦，便都啞口無言。那是一個高一尺寬一尺五寸的一面玻璃鏡框，裏面裝着一張獎狀，上面寫的是：

「獎狀：東，嫩，民，獎字第七五八六號。查嫩江省呼蘭縣康金井區梁家屯，民主進步人士侯明，於一九四六年二月十日，毅然擺脫僞道德的束縛，參加民主陣線；並協同該縣工作團，將其父侯雲（頑固地主）予以白骨鬥爭。眞不愧民主模範！除予以民主英雄榮譽外，特頒此狀，以示嘉勉。右給民主英雄侯明。東北人民聯合政府主席高崗一九四六年三月一日。」

這是村幹父親的嚎、痛、血、淚、骨、肉……的結晶品；又是村幹能得到這神聖寶座的資格證書。

它彷彿是地獄裏的惡魔：青臉，赤髮，獠牙，張着那吸血的嘴，怒目看着老德倆，好像在說：不要再做夢了！」漆黑泥濘道上，淒厲的狂風暴雨，夾着哀怨的號泣聲。

「地獄呀！……這是人間地獄呀！……」（未完）

我們如何爭取世界

——我們必須組織一個遍世界的民主國際，以共產黨的方法來打擊共產黨——

J. F. Morse 原著
遠思 譯

我們美國人痛恨戰爭，甚至不願想到戰爭將要來臨。軍事專家們都認爲，目前蘇聯的武力可以長驅直入歐亞二洲，唯一使他們顧忌的是美國的原子彈。

我們面臨着一個艱難的選擇：積極從事「預防戰」；或是等待、希望，直到蘇聯擁有了大批的原子彈。兩者都不是我們所願意的，我們不願犧牲成千萬無辜的人民，也不願冒嘗原子彈轟炸的恐怖。

但是，我們能做些什麼呢？沒有一條可走的路麼？我認爲是有的，只是走這條路必須具有偉大的決心，創造力，勇敢和犧牲的精神。我們是有道路可走的，蘇俄在歐亞得勢所用的一套辦法，我們也可以採用，利用他們自己的武器來毀滅他們。

我們必須組織一民主國際(Democratic International)，仿照共產國際，但是目的不同，我們是爲了民主自由。共產國際的目的是在全世界各國中，煽動共產革命，而民主國際的目的是在所有共產國家中，掀起民主自由的反革命，並澈底消滅共產主義。

民主國際必須是民主自由份子的運動，而不是他們的政府的運動，正如共產國際一樣，是共產黨的國際運動，而不是蘇俄的。

第一步，必須召集全世界各國家的民主領袖計劃一個世界性的行動，並宣佈我們的宗旨。這個偉大的集會相當於歷史上第三共產國際在一九一九年所召開的莫斯科會議。

其次，必須組織一個秘密的軍隊——是一百萬專門人材所組合成的一個國際軍，其中有間諜、特務、組織家、怠工者、宣傳家和煽動者。這些人們必須受過特殊的嚴格訓練，訓練的學校類似莫斯科的列寧學院和第二次大戰中的威廉都諾凡學院。

民主國際的秘密軍應由一個參謀團來指揮，這參謀團的人員必須是世界上的最優秀份子，此外，須有大量的經費作後盾。這個秘密軍隊必須從每一個我們要攻擊的國家中去召募——蘇俄人、波蘭人、比利時人、捷克人、法國人等等，甚至於美國人。

世界各地正有無數這樣的人們熱切的等待着入伍。實際上，在西歐已有成千萬的人們加入我們的行列——他們都是冒着生命的危險從蘇俄和鐵幕國家中逃出來的。

我建議我們可仿傚共產黨以這個祕密的軍隊滲入每一個非共產國家，不過我們是爲了民主自由，要將企圖毀滅這些國家的共產勢力澈底消滅。

更重要的是我們必須滲入蘇俄的衛星國和蘇俄本身。

但我們的秘密軍隊並不企圖謀害共產黨員或以武力征服蘇俄，這一種戰爭不是我所要建議的。

我們應以民主自由的眞理爲武器，侵入鐵幕國家。民主國際的武器是文字、觀念、知識，而不是槍桿。

我們必須動員有遠見的領袖們、組織家、和地下秘密軍隊，一起偷偷地進攻。還須有適當的中心，以便於集合、訓練和領導一切愛好自由的人們反對極權專制，並保護他們免於被捕和突然死亡的危險。印刷機、書籍、小冊子也是配合我們的行動的必須品。此外，還得有地下秘密報紙、無綫電台、秘密聚會地、和逃亡路線。

我們還得授予這些秘密軍領導權，供給他們經費和原料。我們必須扶植現存於鐵幕內的革命力量，使無數被壓迫的民衆能够起而推翻他們所痛恨的暴君。

你也許會認爲這個民主國際的計劃是一個荒唐的空中樓閣，起初你也許會這樣想，但那只不過是因爲民主自由份子從來沒有想到要發動一個全面性的思想戰。

我們認爲，這計劃可以實行。它曾使俄共在每一個被侵入的國家中獲勝，曾被共產國際和歐洲共產黨情報局利用了三十年之久，而收到了驚人的效果。我們的敵人利用它將把我們驅到一個角落裏，幾乎使我們不藉武力不能打開我們的出路。

我們實行這計劃將比共產黨更快更容易收效，原因是：

一、鐵幕的作用——蘇聯的統治者在他們的人民周圍豎起了一道鐵幕，也就是這鐵幕使他們經不起我們的進攻。他們那些奇妙的極端控制手段，顯示他們不僅不安而且還懷有一種莫名的恐懼，唯恐他們的人民知道了鐵幕以外的生活眞諦。我們的民主國際將無情地扯破這鐵幕，暴露他們的欺詐，幫助那些人民推翻他們的壓迫者。

二、我們的思想武器的威力——雖然蘇俄的暴君用盡一切殘酷手段殺害了無數人民，但革命力量仍然存在，不僅存在於東歐諸衛星國，甚至存在於蘇俄本身的心臟中。每隔不久共產國家便要發動一次清黨運動，這顯示他們隨時在企圖消滅一切反抗力量，然而偉大的反抗力量依舊存在，滋長在追求自由的希望裡。我們的宣傳武器將助長這種反抗力量，掃蕩一切强暴。

三、我們的人力和資源——蘇俄在第二次大戰中最大的錯誤是讓他們的軍隊越過了蘇俄的國界。無數的蘇俄人首次看到了自由的世界後，便永不願再回到蘇俄。但是我們的隊伍却有無限量的資源作後盾，戰士們看到了鐵幕內的一切後，歸來時將更堅强的愛好民主自由。

再者，盲從共產國際的僅是些相當小的集團。目前在鐵幕內不僅有許多地下武裝團體秘密對抗共產黨，而且還有許多朋友們整日希望我們不要遺棄了他們。他們所等待的只是我們的一句話：戰爭可以開始了。

四、試想我們現在爲何在思想戰中失敗，原因之一就是我們將這樣龐大的戰爭只讓政府去應付。若官方企圖在另一國家中掀起革命，將會激起戰爭，使我們措手不及。因此國務院的美國之音廣播，每逢要直接攻擊蘇俄政府時，便不能不有所顧慮。

此外還有一個更大的原因，就是我們老是採取守勢，因此一次次的失敗。共產黨的力量是一種反對力量，而我們是屬於贊助一方面的。譬如我們是傾向意大利政府的，而在飢餓線上掙扎的不滿的意大利人民自然很容易起而反抗他們的政府。而且，經過兩次大戰的蹂躪，世界上已被摧殘得民窮財盡，因此共產黨的秘密工作者極容易乘隙找到成千萬的追隨者。

但是，當共產黨控制了某處以後，情形又如何呢？譬如在捷克，是什怎樣的情形呢？在那裡，共產黨是屬於贊助一方面的，維護共黨政府。而我們便成了一種反對力量。在這種情形下，我們應該立刻採取攻勢，利用他們所放下的宣傳武器來攻擊他們。我們如此做了嗎？大家都知道我們並沒有。相反地，我們在被共黨征服的捷克已停止了活動，將我們昔日的友人和强有力的盟友棄於共黨的奴役之下。

這種防守地位我們民主國際要把它迅速改正過來。每當共黨攫取一個政權後，美國政府便感到束手無策，如果不打算用武力，唯一可爲的又是，是否承認這個新共黨政府；僅此而已。只有我們人民才有力量採取攻勢，發動宣傳戰，煽動革命推翻共黨政府。

我們也必須考慮到這種攻勢與宣傳戰所耗的代價。

我們的戰士當然也不能免於犧牲。許多勇士將要被逮捕殺害。蘇聯官吏和秘密警察必將加緊防備。但是死亡將給我們帶來更多的生力軍。當人們有組織有武器反抗時，暴力反而助長反抗。共產國家一定要大舉清黨，許多無辜的人民必被汚以罪名，這也有利於分化我們的敵人，供給我們生力軍。

最後，民主國際的工作必須集中力量加快速度。蘇俄獨裁者對於他們的人民一失去控制力時，我們便立刻解放這些人民，使他們起來。然後，預先秘密選好的民主領袖們，便乘機揭竿而起，籌組新政府。

我們這樣作是最經濟最人道的了，試想，在一個砲火戰中所耗的生命與所需要的金錢。請看這一年的整軍方案，我們所出的代價，必將遠超過這一切。

我也不低估我們的困難。民主政府的機構本身便不適合組織一個民主國際；蘇俄的獨裁却特別適合這種革命活動。我們可以想想：

俄共把握了所有的共產政府之上。史太林所以威風凛凛是因爲他是俄共的統治機構政治局的首領。他不但是蘇俄的獨裁者，還是所有共產國家和各地共產黨的獨裁者。因此，每當共產黨征服了一個國家，他可以說那不是蘇俄而是共產黨所征服的，避免蘇俄的侵略外表。

這樣的一個獨裁者可以下令組織共產國際，而共產國際可以公開宣佈它的目的是推翻其他國家的政府。史太林可用俄政府的錢秘密資助共產國際，將其中機密位置都按上蘇俄的高級官員。

這便是列寧的傑作，然而當其他國家抗議時，蘇俄政府可以說俄國未干涉他國的內政。羅斯福總統於一九二五年承認了蘇維埃聯邦以後，曾抗議蘇俄違背諾言准許企圖推翻美國的組織存在於蘇俄領域之內。史太林不承認，美國只好收回抗議。

我們不能如此容易的建立一個民主國際。我們沒有獨裁者，也沒有一個國際民主黨像世界性的共產黨那樣，來組織資助和管理這個民主國際，我們不能要求我們的政府來幫助我們，我們必須依靠自己，必須具有創造力、技巧、勇氣、和决心，來克服我們自己的困難，保持我們的生命和生活方式。

當我們組織民主國際時，蘇俄將有何作爲呢？報復是無濟於事的，因爲終於他們要落到防守地位的。實際上他們也只能虛張聲勢的恫嚇，但我們的政府將會冷靜地抵禦這一切。

其次，他們將不擇手段地阻礙各地的民主自由份子支援這運動。工潮將相繼而起，發動人們向總統國會請願，一般尾隨份子將在廣播、書籍、刊物中，街頭和講台上公開指責民主國際，維護這運動的人將受汚損，對我們支援的工業將受到罷工的威脅，共黨將利用一切合法的或非法的武器來攻擊我們，在他們令人緊張惶恐的宣傳戰中，我們將遭受到暴力、流血、和叛亂。

共黨所能打擊我們的，也不過僅此而已。不過我們的危機便存在於此。我們將被這些宣傳攻擊擾得昏亂，只有極力辯論，於是時機過去了。

我們必須知道，國與國之間，除非人民能控制他們的政府，他們之間是不會有永久和平的；除非獨裁者被打倒，人類永不能享有和平。

（譯自一九四九年八月份展望雜誌）

我在紅軍的生活

FRED VIRSKI原著
冰生譯

費乃德·魏時濟，是一位英勇的波蘭青年　一九四〇年，被徵入蘇聯隊伍。翌年，希特拉進攻的時候，他嚐受了極殘酷戰爭的恐怖；這戰爭，站在一個波蘭人的立場，只是損失，毫無利益的。他於「我在紅軍的生活」(My Life in the Red Army)所敍述的事，是揭露鐵幕後一般士兵生活的報導。每當蘇軍收復一座自己的城市，蘇聯人民遭遇一些什麼慘劇？這篇節錄可以真確的告訴你。——譯者

我們勝利的推進，並未延續多久。十二月二日，我們進佔了塔干洛格城(Taganrcg)；次日，我們又向西進了二十公里地，這裏也就是我們的終點了。德國人爲阻擊蘇軍的前進，調遣增援，兵力已相當雄厚。

在塔干洛格，我得到天緣良機，親眼目覩蘇聯全國內務委員會(N. K. W. D.)的工作情形。凡是佔領區，他們都先派有降落傘部隊，在德國人後方做地下工作；其主要任務，是監視蘇聯人民對於德國人的行動，偵探那些親善和協助德國的人，尤其注意自動與德國人合作的人。結果，在剛收復地區造成一連串的恐怖、告發和審判。

凡協助過德國的蘇聯人，無疑的該受極殘酷刑罰。官吏們却趁此良機，假公濟私，以洩個人的仇恨怨尤。因此，「協助」的罪狀與完全合作的罪案，是一樣的判決——絞刑。爲保證一個空運隊的忠信，內委會的人周密的將他的家遷移到內地，整個的生命，都關係在一人的忠信與否。

我軍經過塔干洛格後二日，我的朋友賽諸夫和我獲得三日假期。我們決定去那剛收復的城市旅行一次，有些賽諸夫的親戚曾於戰前居住那裏。城市似乎還相當完整。在大廣場的中心，豎立着八個新製的絞刑架。與德國合作的蘇聯人受完了「公審」，便輪到五十個單零男女的審判，每人歷時不過三分鐘。法庭是由少數武官、文官及其他人士組成，這些陪審的人，可能都是本城的黨魁。審判官是一個內務委員會的官員，他於德人佔領三星期中，仍在塔干洛格城潛伏。

在審判將完的時候，先被告和被判決的八個人，已被領到絞刑架。絞刑架是機動式的：有貨車放置繩下，判決了罪案的人們都被推入貨車，用索細勒頸部，再將貨車自下開過，留着八具屍體在空中垂擺。

賽諸夫說：「我誓不願充任這貨車的駕駛員的！」我們快要開的時候，賽諸夫忽然挽着我的手膀靜靜的望着法庭前的一群民衆。我拉動他的袖子，喚醒他的注意。他用指甲刺着我的肘，有話說不出似的。最後，他才轉身向我。

「瞧那頭髮灰白老頭身旁的女人？」他向我耳語。我點了點頭，發現賽諸夫的面色已變得蒼白。「她是我的姑母，我父親的妹妹！」

我驚嚇極了，一分鐘以後才說出話來。「營救她呀！」我說：「向他們呼號！她是你的姑母！」

賽諸夫看了我，以爲我有了神精病。他說：「你瘋了嗎？如何能救助她呢？那是徒然，我自己找麻煩！你知道你在同誰打交待嗎？」

我眞有些憤慨，我燥急的喊叫說：「你身爲前線將士，第一該有勇氣呀！你不告訴他們，我告訴！」

群衆開始注意我們了。賽諸夫把一隻笨重的手塔在我的肩上。他說：「費乃德，求你爲天主的緣故，不要作聲了！除非你要丟掉我！」

他聲音的急促，我守住了靜默。第二批八個人，賽諸夫的姑母在內，現在就要推上絞刑架了。賽諸夫極力穿過前面的人群，站在貨車下注視着他們。那女人似乎察覺到他的眼在注意她，她也往下看了他，一個熟識的閃光照射在她的面上；她木立不動，張開口，什麼話也說不出來。當時有一個內委會的人，用來福槍從後面撞她，她便向前捽動。

我看見賽諸夫注視她，他本人望着如死的態像似的。我覺得有一種壓力在我咽喉內，使我拉着他的手膀，向他耳語說：「我們去吧！你不要再看下去，是不是？」

「等一會兒吧！」他搖了頭，扭過來向我說。

我們已經目覩的慘劇，現在又要重演。低垂的繩索已繫上貨車內五個男人三個女人的頸脖。有一個男人反抗呼號，立刻有兩個兵士前來緊曳其肘。貨車突然從下開去，八具屍體，手足擺拖，懸於絞架。賽諸夫一直注視到他姑母的屍身，從繩上解脫下來，拉腿拖走，與其他屍體一同投入貨車。這時他才向我轉過身來，他的面色變得蒼白。「來吧！費乃德，讓咱們去她家裏看看：竟究是爲什麼使她以致於此！」他向我耳語。

因爲賽諸夫忘掉他姑母住址，他又不願提起名字問地方的人，所以我們誤入了羊腸小道，繞了許多圈，消磨不少的時間。我們快要走出城了，才找到了那房子的所在。我們在園門的鎖上，看見有內委會的圖印，屋子空虛而被查封。(下轉第 17 頁)

給讀者的報告

我們創辦這個刊物，而且命名爲「自由中國」：就是想以這個刊物的小小篇幅，公諸一切愛好自由民主的人士，公開地自由地發表他對於當前國事的意見，并藉此形成一個自由中國運動。我們覺得：爲着當前的反共抗俄，爲着百年的建國大計，都有此必要。最近有一位香港讀者朱啓葆先生，寄來「我們須要一個自由中國大運動」一文。其內容雖僅爲他個人的意見，而其主張要有一個自由中國運動，正與本社同人具有同感。茲特於本期刊出。我們希望這篇文章，會引起一個廣大的共鳴和熱烈的討論。以自由民主爲立場的運動，自有賴於健全的輿論來支持。至於蔣廷黻先生所唱導的中國自由黨，本社前收到美國友人寄來一份「中國自由黨綱領草案」已於第二卷第一第二兩期連續登出。其以後發展如何，尚未接獲確實消息，承多數讀者函詢，至今無可奉告。如有確息，當盡速登出以慰切望。

反共抗俄戰爭的目的，簡言之，就是反獨裁、反極權。這一點，想不會有人發生多大的疑問；至於作戰的手段，則可能有若干不同的主張。在目前的輿論界，也似乎有一點分岐的朕兆。本刊本一貫的客觀立場，乃於本月三日邀約了一個座談會來討論這個問題。被邀請的各位先生，都很熱烈地暢抒所見。有的從政治理論出發，有的以歷史眼光來批判，有的強調經濟生活問題，有的基於多年從政的實際經驗，儘管從不同的角度來看，但有一個共同的結論，即在反共抗俄鬥爭中，政治民主的促進是必要的，個人自由的保障是必要的，經濟平等的逐步實現是必要的。我們爲此而作戰，也必須如此才能作戰。這些都是目的，也都是手段。本刊已將這次座談會記錄在本期發表，惟因篇幅的關係，不能讓大家的讜論一字一句地都擺在讀者之前，這應該向各位發言人及讀者道歉的。但重要的意見絕未刪除，這是可以負責報道的。這些交換國事意見的座談會，希望今後能夠常常舉行，不獨可以增加讀者的興趣，也可以使自由中國運動蓬勃起來。民主評論有張丕介先生「展望自由中國運動」一文，自由陣線有雪驥先生「論自由中國運動」一文，可見自由中國運動是今日大家所特別關切的目標，也就是當前救國工作的主要課題。

本刊發行數量，與日俱增；而其影響所及也隨之日在擴大中。在中國傳教多年的雷震遠神父（Raymond J. de Jaegher），最近在他的本國比利時看到本刊，特來信給本社發行人胡適先生致意并附寄近作「中國的教會和共產主義」一文，希望本刊登載。原文是用法文寫的，本社資料室正着手翻譯，下期或可和讀者見面。

此外，香港方面的銷售量一天多似一天，菲律賓及暹羅因潘行素及李訓麟兩先生的幫忙，銷路也已展開。日本韓國印尼及新加坡現正分別函洽中。我們想做到使海外各地的華僑都可看到本刊，使他們知道在祖國鐵幕的邊緣，尚有一個宏亮的自由中國的呼聲，和此種呼聲所將體現的一股反極權的力量。

本刊爲使編者及讀者便利起見，從本期起，將總號數（自創刊號起算不分卷數）印在封底面。

在過去兩個多月以來，我們曾經盡了最大的努力使本刊維持原定價格；但是由於篇幅擴充及成本不斷增加的事實，從這一期起，我們再也不能不將售價加以調整，此點還望「自由中國」的讀者鑒諒。

自由中國 半月刊 第二卷第四期（總第七號）

中華民國三十九年二月十六日

發行人　胡　適

主編　『自由中國』編輯委員會

出版者　自由中國社
社址　臺北市金山街一巷二號
電話　六　八　八　五　號

經售處
臺灣　中國書報發行所（臺北市館前街八五號）
香港　香港時報社（高士打道六四號）

印刷者　台北印製廠
廠址：臺北市民族路六四三號
電話：三　三　一　六　號

售價：每冊新台幣二元。銀元券五角。港幣五毫。

歡迎直接訂閱：平寄郵費免收

自由中國

香港航空版

發行人 胡適

第二卷 第五期

要目

中華民國三十九年三月一日出版

社址：臺北市金山街一巷二號

社論

莫斯科的魔術

——從史毛間的所謂「談判」到俄毛僞約

毛澤東於上年十二月十六日到達蘇俄，與史達林進行所謂「談判」，經過了兩個月的時間，始於本（二）月十四日公開宣佈在克里姆林宮簽訂了一個盟約和兩個協定：（一）「中蘇友好同盟互助條約」，（二）「關於中國長春鐵路旅順口及大連的協定」，（三）「關於蘇聯政府給予中華人民共和國政府以長期經濟貸款作爲給付自蘇聯購買工業與鐵路的機器設備的協定」。這三個文件的內容，我們可從報紙上全部看到。舉世矚目而紛紛予以揣測的史毛間所謂「談判」，至此好像已經揭曉而告一段落了。

在過去兩個月期內，關於史毛「談判」的推測和謠傳，華盛頓和倫敦方面比我國政府所在地的台北似乎更多更繁。就中有兩個極端相反的說法，一個是華盛頓二月九日法新社所報導的：「史達林年已衰老，企圖準備中蘇間完全聯盟……指派毛澤東在渠死後承繼『中蘇王位』；會談時間之延長，可解釋爲毛澤東正受複雜之訓練，以便在適當時間成爲第一號馬克思主義者」。另一個極端的說法，是散見於國外電訊，而國內也有人作如是想的，以爲毛澤東是個狄托型的人物，不甘做蘇俄的附庸，他之所以遲遲不歸，是由於在若干重要點上與史達林爭執不休；甚至因此觸怒了史達林，致被扣留於莫斯科。介乎這兩個極端相反的推測中間，又有若干程度不同的說法，但以接近第二個極端的比較多。總而言之，這些揣測或謠傳，都是發生於毛澤東留俄時間之延長這個事實。因爲以一國「元首」的地位，爲着談判甚麼問題，在另一國的首都滯留如此長久的時間，在國際慣例中似乎是沒有見過的。

本刊對於毛澤東爲甚麼留俄如許長久，從未加以推測。這并不是我們不用思考，而是另有一套不同的看法，這套看法，基於下列三點：

一、我們認爲史毛間根本沒有甚麼困難複雜的問題要費很多的時間來談判。所謂談判，是基於平等地位的交涉。以一個大喊「一邊倒」，大喊「擁護世界革命領袖史達林同志」的毛澤東，因應命而奔赴克里姆林宮，還有甚麼不可以在那裏欣然畫諾的呢？畫諾是用不着費時的；久留俄京，另有妙用。

二、史達林樂於有人（尤其是英美人士）幻想毛澤東會變成狄托。但他決不許毛澤東眞有變成狄托的可能，同時也決不許毛澤東敢於這樣想。

三、毛澤東也樂於有人（尤其是英美人士）對他存有變成狄托的幻想，但他要堅定史達林對他的信心，必須時時刻刻有反狄托的行爲表現。

上述三點，構成我們對於毛澤東留俄時間之延長和同時發生的其他若干事件的一套看法。毛澤東赴俄，就其完成畫諾的任務來說，絕不需要兩個月的時間。時間的延長，是莫斯科的魔術，是史達林特意佈此疑陣，好讓世人紛紛猜測。猜測總是向着一相情願的方向走的。毛澤東會變成狄托，是許多人——尤其是英美人，一相情願的想法。因此在毛澤東留俄期間，史毛鬧蹩扭，甚至毛澤東被扣留的猜測或謠傳，也就較諸其他的推想更爲風行。好了，東方的狄托大有喚之即出之勢。這個當兒，英國人也許更相信中共政權的承認是得計的；美國人也許有的更相信杜魯門對台灣的聲明是正確的。於是史達林笑了，毛澤東也暗地開心，但後者却不敢喜形於色，相反地，他爲堅定前者的信心，必須在此時特別表現「一邊倒」及反狄托的行徑。於是北平警察佔領了美國的領館，北平廣播申稱擁護共黨情報局對日共領袖野坂參三的譴責，乃至爲聯合國代表團問題，中共分電各理事國時，獨不致電已經承認中共的南斯拉夫。毛澤東在史達林跟前小心到如此地步，他還敢在克里姆林宮中爲着甚麼重大問題與史達林斷斷不已嗎？所以我們可以斷言，所謂史毛談判，根本沒有甚麼爭執的問題。時間延長，只是用以探試國際間的反應，看看風色而已。

現在，俄毛僞約公佈了。毛澤東也於本（二）月十七日起程返國了。可是莫斯科的魔術，并不就此結束，而是換了另一個表象，眞實的事體，隱藏在表象的後面。

俄毛僞約，就其已公開的三個文件而言，是一個表象，或者說是一個煙幕。既然如此，我們自可不必認眞地去逐條研究。可是有幾點我們也得說說的：

一、所謂「中蘇友好同盟互助條約」，實質上只是個「俄毛軍事同盟」。該約締結的動機，依其前言中的說明：是在於「共同防止日本帝國主義之再起及日本或其他用任何形式在侵略行爲上與日本相勾結的國家之重新侵略」，爲「防止」及「制止」上述的所謂「侵略」，故有第一條「軍事及其他援助」的規定。這裏所掩飾的眞意我們一望即可明白。日本帝國主義留給我們國人的慘痛記憶是够深的，所以該約用「防止日本帝國主義之再起，及……重新侵略」爲煙幕而以「或其他……的國家」來暗指美國。在遣辭造句當中，以輕重明暗倒置的手法來掩飾一個簡單的眞意，即：蘇俄與美國一有戰爭發生，中共政權須傾其全力對美作戰。儘管中美兩國的關係向來沒有甚麼根本上的衝突，儘管中美

（3）

兩國的人民向來保持着很融洽的友誼，但是爲了蘇俄的利益，中共政權自然管不了這些，至於約文中所用的「防止」、「制止」、「勾結」、「侵略」等詞，在史達林詞彙中自有其一套利於自己的釋義，決非毛澤東所可與之爭辯的。

二、該約第二條有「……於盡可能的短期內，共同取得對日和約的締結」的規定。我們知道，對日戰爭已經結束了四年多，而和約之所以遲未締結，完全由於歷年來蘇俄的多方搗亂，現在它反以儘早締約來標榜，這又是一個狡獪的手法：一方面是企圖掩蓋它近年來在國際間的罪行，一方面是準備在遠東發動一個和平攻勢，以遂其暗地侵襲東南亞的陰謀。最近蘇俄之承認胡志明政權以及越南情勢之日趨緊張，正是這個陰謀的鐵證。

三、在「關於長春旅大的協定」中，我們所要指出的，是蘇俄在中長鐵路及旅大軍區所掌握的實際權力，絲毫沒有變動。所謂「一俟對日和約締結後」，或「至遲於一九五二年末」移交給「中華人民共和國政府」云者，只是一個永久不能兌現的口惠。因爲照蘇俄已往的一貫作風，民主國家所能同意的對日和約，蘇俄是不會參加的；而它所理想的對日和約，除非日共掌握了日本政權，也不會有個對手方來簽訂。所以它所說的對日和約，恐怕事實上不會有一個締結的時日。至於「一九五二年末」，距今還有三年的時限，這個未來的三年，是世界民主國家與極權國家生死存亡的關頭。這個關頭一過，不是蘇俄澈底毀滅，就是蘇俄統治全球，到那時還有甚麼「移交」不「移交」的問題呢？如果在未來的三年當中，世界局勢沒有甚麼根本轉變的話，蘇俄也可以於一九五二年在東北再耍一次魔術，卽以公民總投票的方式，使整個東北與中國分離，成立一個「……蘇維埃社會主義共和國」，到那時也就沒有甚麼移交的問題了。所以這個「一九五二年末」的時限規定也是沒有意義的。此外，如第一條第二項及第二條第二項所規定的，鐵路局長，理事會主席及所謂中蘇聯合軍事委員會的主席等職，在上述「移交」以前，由中蘇雙方「按期輪流担任」云云，這又是一個狡獪的手法。我們試想想：一個傀儡國家在其主國控制下，縱然暫時取得名義上的地位，它還能夠眞正地行使其職權嗎？日本控制僞滿洲國的史實，是一個極明顯的先例。

四、我們雖指出了上述各點，其實這都是不太關重要的。這次莫斯科所公開宣佈的俄毛僞約，每個文件都不過簡簡單單的五六條，尤其是所謂「長期經濟貸款協定」，簡單到眞像一項純經濟性的貸款協定。我們就從這些簡單文件的簡單程度來看，可以看出這些文件後面，必然有些更重要更基本的秘約；而那些秘約，又必然有兩個要點：

第一、史達林已經藉那些密約，把毛澤東控制得更嚴、更緊、更澈底；也卽是說，蘇俄已經藉那些密約把「中華人民共和國」從基本關係上溶爲一體了。因此，在這三件公開的文件中，用不着詳盡而嚴密的規定。今後所謂「中華人民共和國」，事實上至多是蘇俄的聯邦體系中之一邦而已。在這種關係下，克里姆林宮的命令，高於一切，所謂「盟約」、「協定」，不過是目前這個階段中的點綴品而已。

第二、史達林已經藉那些密約把中國現有的領土，弄得四分五裂了。我們并不想憑空推測，去爲這句話多多充實論據。我們只舉出一件大家都知道的事實來說明。我們都知道，這次與毛澤東同時應命赴俄的，有僞新疆省人民政府副主席賽福鼎，在克里姆林宮透露出來的不關重要的宴會消息中，也每次少不了賽福鼎其人，如果以毛澤東爲元首的「中華人民共和國」，在史達林或毛澤東的意念中，　還包括有新疆這個省份的話，爲甚麼在史毛「談判」當中還要新疆代表來參與其事？我們卽退一步想，賽福鼎到俄，是爲着史毛「談判」涉及新疆問題時，以備諮詢的，那末，爲甚麼在已公開的盟約或協定中，竟找不到關於新疆問題的一字一句呢？由此，我們已有充分的理由斷定新疆省這個「省」字，就在現階段中已經因密約的締結名存而實亡了。

總而言之，毛澤東莫斯科之行，公開帶回的是三件將在淪陷區大事宣傳的「光榮」「平等」的條約，而他所祕密出賣或質押的是中華民國的主權、領土、和中華民族的生命。明乎此，我們再也沒有必要去枝枝節節地探究史毛密約的詳細內容了。

我們記得，在第二次世界大戰的前夕，史達林和希特勒締結了一個德蘇協定，歐洲戰火就因此卽刻燃燒起來。希特勒及其統治的德國，被騙得粉身碎骨固然是罪有應得，然而民主國家却也因爲那個條約，在這次「原可不必的戰爭」（邱吉爾答復羅斯福的用語）中，支付了額外的更多的「原可不必支付的」代價，以致弄到戰後的今天，蘇俄的惡勢力得以到處滲透，竟成了全部人類文明的重大威脅。今天，史毛間的締約，就其雙方的關係和條約的內容言，自與當日的蘇德協定絕不一樣，但就其必然的後果言，則與德蘇協定殊無二致。也卽是說，再一次的世界戰爭，蘇俄又在拼命地點火澆油。今天，如果還有人幻想毛澤東會變成狄托藉以打擊蘇俄，如果還有人幻想蘇俄的勢力可用武力以外的方法阻止於中國國境，這簡直是不可饒恕的罪過。美國前國務卿貝爾納斯在一九四八年五月間批評美國對蘇外交時，曾借用印第安酋長的格言說：「我被騙一次，是騙子的恥辱；如果我被騙二次，就是我自己的恥辱」。我們在結束這篇「莫斯科的魔術」時，很不幸地又不得不借用此語。

三九・二・二五，

辯證法的唯物論三大法則批判

羅鴻詔

一　自然科學的法則與唯物辯證法的法則

十九世紀是自然科學的全盛時期，人們以爲有了科學方法便可解決一切問題，故對自然科學的法則（定律）往往視之爲絕對的。然自中葉以後，各方提出異議者漸多，而謂科學方法不能解決人生問題，歷史學或社會學的法則並不和自然科學的法則一樣的意見，反而佔着優勢了。馬克斯生當科學全盛時期，故他在經濟學及社會學上所設立的定律(法則)都是以自然科學爲模範的，照我們推想，他自己也認爲不及自然科學的定律之精確吧。列寧接受了十九世紀末年及二十世紀初年科學批判的諸家學說，其態度已與馬克斯不同。至最近蘇俄那班辯證法大家竟認爲唯物辯證法（即辯證法的唯物論Dialectical Materialism）的法則高出自然科學的法則之上了。現在先看他們對此二種法則之比較，然後施以批判的檢查。

「法則的概念是人類對於世界過程的統一聯結，相互依存性和全體性認識上的一個階段」。「法則是現象的靜止的反映」。「一切法則都是狹隘的，不完全的，近似的」。「現象是比法則更豐富的」。（以上均引自列寧，哲學筆記）。

「法則的絕對化和物神化是形而上學者及許多有形而上學的見解的自然科學家們的根本特徵。形而上學者把法則當做絕對地由現象遊離了的東西，當做與現象絕對無關的東西，當做一次就完成的東西，當做死的不變的東西去處理。事實上，形而上學的法則觀不過是把法則的現實特徵過度澎漲了的結果（列寧）。法則所反映的是在現象的運動，轉變，轉化中的同一的持續的，靜止的，安定的，不動的，本質的東西。但這一切法則的規定並不是絕對的，而只是相對的。一切成爲法則的東西只在嚴格規定了的具體條件下才有效力。因此只要那些條件相當變化，該現象的法則也就不得不變化。而這些具體條件和直接被研究到的現象領域的運動同樣是歷史發見的產物，因此一切法則都是歷史的。

「也許有人要說照這樣論斷起來，唯物辯證法法則的普遍性質的承認，也要崩潰了。其實這種說法是不正確的。對立統一的法則和它的具體發現，在本身上就是把那在自然，社會及意識裏作用着的單一物的分裂，向對立物的轉化，向舊事物的復歸等的特殊法則加以普遍化了的東西。唯物辯證法的法則，連它的根本法則包含在內，是反映着物質運動的一般法則。物質的運動及發展既是絕對的，那麼唯物辯證法的範疇也是由實踐和幾千年來的科學發展所確證了的客觀眞理。因此這些法則的絕對性決然不是形而上學的。反之，當做客觀世界的一般發展法則看的對立統一法則，它自身完全是辯證法的，歷史的。它是歷史的，因爲它反映着向前發展着的歷史的現實性。它是歷史的，因爲它在各個所與的歷史時代裏，總是反映着當時的科學發達狀態和水準。它同時又是客觀的絕對眞理，因爲它反映出了客觀地存在着的物質的永遠的絕對運動及發展」。（米汀等著，辯證法的唯物論，艾思奇譯，新哲學大綱三一九——三二〇頁）

我把米汀諸人的意見抄出這麼多，只是爲了看淸其眞面目，而免斷章取義之譏。以下分三點來檢討。

第一、照他們講，自然科學的法則和唯物辯證法的法則是兩種不同的法則，兩者雖同爲歷史的，但前者是相對的，後者是絕對的。這麼說來，後者的價值，當然高出前者之上了。他們批判自然科學所根據的原理，在我看來，是錯誤的，但現在與本題無關，無暇討論。他們謂科學的法則是相對的，我們自可贊同，可是唯物辯證法的法則何以是絕對的呢？他們答覆是：因爲物質的運動及發展是絕對的，所以反映它們的法則便是客觀的絕對眞理。然而動力學（Dynamics）的法則豈不是反映物質的運動嗎？科學家苦心孤詣，在其所立的法則上，力求反映之精密確實，而其結果只是近似的，相對的，不能與現象翕合而無間；何以對立統一法則之反映物質的運動，乃能超過動力學而爲客觀的絕對眞理呢？進化論豈不是反映生物的發展嗎？其法則如自然淘汰，適者生存等，較之動力學諸法則之精確性尚遜一籌，何以對立統一法則之反映物質的發展，便能超過進化論，而且超過動力學呢？近代科學的法則，必須能以數學方程式表示者，才可稱精確而無愧，以對立統一法則之粗疏，及其引例之雜亂，嚴格而論，實沒有稱爲法則的資格。生物進化論的法則雖未能以數學方程式表示，然其例證之確實，較之對立統一法則，實遠過之。若謂科學的法則只在具體條件下才有效力，而辯證法的法則乃是無條件地有效力的，則涉及「物質」之意義問題，待下面再講。（若站在認識論的立場，「反映」說是不能成立的，我另有專論，此處姑且依照他們的說法。）

第二、唯物辯證法的法則既是高出科學法則之上，而爲客觀的絕對眞理，豈不是一種形而上學嗎？由來「絕對」是形而上學的問題，乃理之所應有，事之所必無，所以要將絕對顯示出來並非普通的語言所能辦到。印度哲人之雙即變非只是用巧妙的說法指點人們去悟到絕對。黑格爾在希臘哲學中找出辯證法來，加以嚴密的改造，精心的結撰，也無非欲到達絕對，以解決形而上學的問題。唯物論，即是以物質說明宇宙一切的學，自泰勒士(Thales)以來，大家共認爲形而上學之一支。馬克斯和恩格斯將辯證法和唯物論結合起來，而自以爲不是形而上學。在兩者各獨立時，都在形而上學範圍之內，何以一經結合便能出乎其外呢？米汀諸人則以唯物辯證法的法則，是幾千年來科學發展所證明的客觀眞理，所以決然不是形而上學的。照他們講，照理，科學發展到今天，它本身仍然是相對的，尚未到絕對的境界，則其所證明，也只限於相對，何以竟能證明絕對眞理呢？細看其立論的根據只在「物質的運動及發展是絕對的」一個命題。關於運動，待下面再講。他們似乎以爲形而上學都是永恆的觀點，而他們則已擯棄而不用，完全採取發展的觀點了，故不是形而上學。可是亞里士多德豈不是以發展的觀點說明宇宙嗎？他的弟子們豈不是以他的學說之此一部門爲形而上學嗎？如果舍永恒而尚發展，則雖是絕對的，仍然不是形而上學的，則在西方哲學史上Metaphysics之名根本無從成立。若謂發展的觀點仍可供形而上學之用，惟發展自身的法則始與形而上學無涉，則我們將進一步檢討其「物質」與「發展」之意義。

第三、「物質」是甚麼？常識上所謂物質是一個一個的，看得見，摸得着的「東西」，科學家和哲學家並不如此。希臘初期的哲學家以水或火或空氣爲物質之基本，稍後則以原子爲不可分割的基本物質。近代化學家還是堅持原子論，直至十九世紀末年才告打破。近代物理學則以質量及惰性爲物質，然自考夫曼——阿布拉罕（Kaufmann—Abraham）的實驗證明質量係數等於零之後，物理學家乃高唱「物質消滅論」，而振撼了全世界。列寧爲唯物論辨護道：「所謂『物質消滅』，不過是指我們對於物質從來所能知道的限界消滅，是說明我們的知識更深刻地前進了。消滅了的只是（以前認爲絕對的，不變的本源的）一些物質屬性（如不可入性，惰性，質量等等），現在已經明白，這些屬性是相對的，是只有在某種狀態中才具有的。物質的唯一屬性，哲學的唯物論上，不能不承認的這個屬性，就是客觀實在性，就是在我們意識之外的存在」。（列寧，唯物論與經驗批評論）客觀實在性，人類意識之外的存在，這是唯物論之最後的堅城，從來的哲學家實無有能攻破之者。可是如此的物質是無形，無色，無聲，無臭，總之一切能以言語表現的屬性都沒有的。現在要問：如此的物質會發展嗎？

「發展」又是甚麼？此名往往含蘊「價值」於其中，即是由價值低的進至價值高的，便謂之發展。生物進化論由原生物演進爲植物與動物，再由動物遞進，最後至於人類，似乎完全是敍述事實。說者仍謂其以人類爲最高價值，接近它的，價值就較高，遠離它的，價值就較低，猶未全離價值之意義。至於敍述社會之歷史的發展者，則後勝於前之觀念無不橫亙於其心中，即欲竭力避免價值，亦事所難能。亞里士多德以發展說明宇宙，由純質料（Pure Matter）而至純形相（Pure Form），黑格爾之宇宙發展，則由有（Being）而至絕對（The Absolute），他們之純形相或絕對都是最高的價值，故他們所謂發展都是含有價值的。唯物辯證法既已以客觀實在性爲物質之唯一屬性，如此的物質，縱使能有演變，也決不會有價值之高低。因爲價值之高低只在其他屬性之差異，現在將其他屬性通通除開，則價值高低何自而來？故若物質是以客觀實在性爲唯一屬性的，而發展是由價值較低者進而至於價值較高者的演變，那麼我們斷定，物質是不會發展的。唯物辯證法的信徒慣說，「由低級形態發展到高級形態」，其所謂高低實含蘊着價值之意義。蓋其所論不止於自然而兼及社會，而事關社會之發展，難逃價值之潛存。故列寧如果堅持其物質之定義，則不能說物質是發展的。

現在假定發展不含價值之意義，我們能說物質是發展的嗎？一個一個的特殊物質，其中含有許多屬性，故可由簡單而趨於複雜，由粗笨而至於精巧，即是可以有發展。至於以客觀實在性爲唯一屬性的物質，縱使不像巴門尼底（Parmenides）之泰一（The One）之爲永恒，不變，不動，不可分，即是縱使能有變化，也決不能有發展。物質之變化都是由一種特殊狀態變爲另一種特殊狀態，其原有的屬性之一種或多種消失了，而爲另外一種或多種屬性所替代。今物質只有一種屬性——客觀實在性，則簡單與複雜，粗笨與精巧之分已不復存在。且此客觀實在性是不會消失的，也不會爲其他屬性所替代的，則未變之前是客觀實在的物質，已變之後依然是客觀實在的物質，前後如一，無從比較，怎能夠叫它做發展呢？故列寧如果堅持其物質之定義，則我們斷定，如此的物質是不會發展的。

當列寧要反對物理學家之物質消滅論而維護唯物論的立場之際，只得將物質之其他屬性一概撇開，只留下客觀實在性，才可以站得住。如此的物質還可以有多數，還可以有最單純的運動（即位置之移易），但是較複雜的運動如化學的變化已經不能有了，何況極複雜的運動如發展者，怎能夠歸屬於它呢？可是發展是他們的世界觀，據說：「辯證法的唯物論是要把這世界的發展當做由無機界經過有機界而達到最高物質形態——社會——的一個前進運動去考察」。（艾思奇譯，新哲學大綱二二三頁）在這個時候他們已暗中將前述的物質之定義變更了，變爲特殊的物質了，不但具有不可入性，惰性，質量等等，而且其他屬性無所不有，甚至意識（照他們的說法，意識也是物質之一種屬性）也具有了。他們將兩種意義的物質混而同之，於是物質不但會發展，而且物質之發展是絕對的了。其實以客觀屬性爲唯一屬性的物質——普遍的物質——或許可說是絕對的，但是不會發展的；具有一切屬性的物質——特殊的物質——是可以發展的，但決不是絕對的。只要將物質之二義辨清，則「物質之發展是絕對的」這個命題之錯誤，及其所以錯誤之理由便明如觀火了。若謂發展是由普遍的物質到特殊的物質，所以是絕對的。則須知普遍的物質只是思想上抽象出來的東西，實際上的物質沒有不是特殊的，故發展也只能由特殊到特殊而已。

那麼，特殊的物質之發展是不是絕對的呢？一二百年來，人類社會的發展觀一天一天佔着優勢，達爾文生物進化論出，更得到有力的證據，而增加其氣焰，到今天發展的世界觀幾爲世人所一致承認，很少有强力的反對者了。但是翻開思想史一看並不盡然。中國方面有帝降而王，王降而霸的歷史退步說，及元會運世的宇宙循環說，向來都是博得廣大信衆的學說，固不待論。即在西方近代，主張自然法的學派也含有退步的思想在。如說人生而自由，生而平等，現在的政治乃使人不自由，不平等，豈不是退步嗎？最近生物學界仍有人類正走向滅亡之途的說法（參看日本丘淺治郎，進化與人生），故對過去的生物界縱使承認其進化，而將來會不會退化，仍大有懷疑的餘地。至於整個宇宙有無發展，據科學的成果而論斷，亦儘可發生異議。照科學講，一切物質都可化爲「能」（Energy），物質是不滅的，能是不滅的，即是整個宇宙的能是始終如一不增不減的。所有現象的變化都是能的轉變，由甲能變爲乙能、丙能、丁能，有時又復歸於甲能。這麼說來，變來變去依然只有那麼多的能，何以謂爲發展？何以有價值之高低？價值是人類所評衡，客觀的宇宙並不自以爲如此吧。比方由無機界演變爲有機界，則生命現象爲昔無而今有，照人類的觀點看來，生命是很可寶貴的，頂有價值的，故謂此演變爲發展。但由宇宙自身觀之，此演變是不期然而然的，生命是它無意中創造出來的東西，自沒有特別可貴的價值，故不一定可說是發展。而且事關將來，所有斷言都沒有必然的保證。我們雖不必如宗教，深信世界末日之必來，但謂將來的宇宙可以變壞，也沒有確實的理論以駁倒之。故我們即使承認截至現在止，物質是發展的，也不能說，推到無窮的將來，物質依然是發展的。總結一句話說，「物質之發展是絕對的」這一命題，畢竟是武斷，並無充足之理由來作證明。

二　對立統一法則

如前所述，唯物辯證法的信徒們主張對立統一法則是客觀的絕對眞理，其前提是：物質之運動及發展是絕對的，而此法則正是反映它們。現在其前提之一面——物質之發展是絕對的——已經證明其爲武斷，爲錯誤，以下再來考察其前提之他一面——物質之運動是絕對的。

物質之運動有甚麼理由呢？亞里士多德批評柏拉圖學說不能說明運動之理由，乃想出由質料到形相，由儲能（Poteutiality）到效實（Actuality）以說明宇宙之發展（運動）。但亞氏之說亦不受普遍的贊同，近代自然科學家大都採取機械觀（Mechanism），將運動之理由存而不論，只就其相互關係而設立定律，乃能得人人之同意。黑格爾不滿意於牛頓力學，想出內在的矛盾來，而謂「推動世界者矛盾是也」。（精神現象學）列寧也「把自然，歷史和精神生活的任意現象裡所能看見的內在矛盾當做辯證法的核心，當做辯證法的根本特徵。」（艾思奇譯，新哲學大綱二三八頁）可見持辯證法者，不論其爲唯心派與唯物派，均以內在矛盾爲運動之源泉，自以爲獨得宇宙之秘鑰。那麼，運動是矛盾嗎？

恩格斯答覆道：是的。杜林以爲矛盾只在思想中，不在事物中，恩格斯反駁道：「但是如果我們在運動，變化、生命、交互作用下去觀察事物時，事情就全然不同了。在這個狀況下，我們就遇到矛盾了。運動本身就是一個矛盾。就是單純的機械運動，也表示物體是同時在一個場所而同時又在另一個場所：這矛盾之不斷的定立和（同時）它的解決，正就是運動」。（恩格斯，反杜林論，譯文據前引艾譯書二三五頁）

今先就思想與事物之分別而論之。我們的眼看見一個東西移動着，或我們的手接觸到一個東西滑過去、這時候絕不會覺得其矛盾。即對此事實而下一判斷說「這是運動」，也不會有矛盾發生。恩格斯要說，「運動的物體是同時在一個場所而同時又在另一個場所，」已不是常識的判斷，已將時間空間和動體聯結起來，而又加以比較，則已到了反省的階段，即是在思想之中了。爲甚麼「同時在一個場所而同時又在另一個場所」便是矛盾呢？這裏必先假定：「一物同時不應佔兩個場所」是眞的。這假定也是在思想中的，不是就感覺的事物而言。故所謂事物本身（如運動本身）是指純外在的事物，我們對它還沒有下判斷時的事物而言，絕不會有矛盾發生，而一經下了判斷，則已與思想有關了。今僅就運動而論，則單純的事實判斷，如「這是運動」，「此物移動迅速」等等命題，也還不會自相矛盾。故我們可以答覆恩格斯道，矛盾只在思想中，不在事物中。

其次，「運動的物體同時在一個場所，而同時又在另一個場所」恩格斯這個命題是眞的嗎？數學家以爲：空間自可以微分，時間也同樣可以微分，我們可把空間分到無窮小的一點，同樣也可以把時間分到無窮小的一瞬，於是動體（運動的物體）在一瞬只佔據一點，故恩格斯的命題是錯誤的。但是數學家的反駁仍不免爲一偏之見。數學家的時間雖可分到無窮小的一瞬，而心理的時間却不能微分。因爲感覺的對象雖然過去，心中尚有餘像存留，比方一秒鐘以前的所見和今此一瞬的所見，在我們心中並沒有多大的分別，故快速的動體（如秒針），我們覺得它同時在兩點，即是說，看得見它運動。對此數學的時間與心理的時間之不同沒有辨清，乃是謂運動爲矛盾之由來。若站在數學的立場，則動體在一瞬只佔據一點，並無矛盾。若站在心理的立場，則動體同時佔據兩點是事實，亦無矛盾。惟我們將二者混而同之，以爲動體同時「應該」只佔一點（這是數學的），而今乃佔兩點（這是心理的），所以便是矛盾。故恩格斯的命題以之表示心理的事實，本來是不錯的，但他據此以斷定「運動本身就是一個矛盾」，則因不知數學的時間與心理的時間之有別，遂致陷於錯誤而不自知。

列寧爲恩格斯辯護，不用兩點而用一點，似乎更爲精緻。他以爲「批判家們不了解運動是同時在某一點而同時又不在那一點的現象，若沒有這個矛盾，若沒有連續性和非連續性這個統一，運動就不可能，否定了矛盾，就無異是單純地蒙蔽了運動」。（前引艾譯書二三六頁）這是希臘以來反覆申辯的問題。芝諾（Zeno）似乎以矛盾爲不可設思，因此而謂運動爲不可能；黑格爾則反其道而行之，認定運動是確確鑿鑿的事實，則矛盾乃是推動世界者了。列寧以內在矛盾爲辯證法之核心，猶是師黑格爾之故智，豈運動與矛盾眞結成不解之緣嗎？「動體是同時在某一點而同時又不在那一點」這個命題，即使時間允許微分，依然可以成立，豈不是自相矛盾嗎？我們於此仍須下一番分析的工夫，以謀根本的解決。元來，「在」，「不在」是表靜態的動詞，以之表示運動自不恰當，而矛盾即由此發生。謂動體在此一點，則它已經滑過去；若謂它不在此一點，則它又非經過此點不可。故矛盾的双方都可成立。然若改用表動態的動詞，則我們儘可說得恰如其分。如說「動體由此點經過，而不在此點停留；抑或採用數學的說法，「若X點在直線AB上又在A與B之間，則凡由A向B作直線運動的物體，必須經過X點」，何會有矛盾來？故矛盾之發生不在運動的事實，乃在判斷之不當。運動是客觀的事實，在人類意識之外的；「動體是同時在一個場所而同時又在另一個場所」以及「動體是同時在某一點而同時又不在那一點」是恩格斯和列寧所設立的命題，在他倆意識之內的。他們對運動所下的判斷錯了，提出一個矛盾的命題來，據此而斷定，「運動本身就是矛盾」，「若沒有這個矛盾，運動就不可能」。這只是將矛盾附會到運動上去，一經分析，即知其附會之牽強。他們的命題誠然是矛盾的，但對運動本身却毫不相干，乃是錯誤的反映。

運動與矛盾既已兩不相干，則以矛盾爲推動世界者，爲運動的源泉之說，乃不攻而自破。因此之故，對立（矛盾）統一的法則也就難於維持了。這一法則是說：一物，（不論是無機物，有機物乃至社會）表面上看來是統一的，但其中都有內在的對立（矛盾），因此之故才會發生運動，變化，及發展。故所謂對立統一，矛盾統一，其重點不在統一方面，乃在對立矛盾方面。列寧說：「對立的統一（一致、同一性、均勢）是有條件的，暫時的，過渡的，相對的。相互排斥的對立物（按即是矛盾物）的鬥爭卻是絕對的，就好像發展和運動是絕對的一樣。」（哲學筆記）又「列寧讀布哈林的過渡期的經濟學時，就指摘說，把矛盾和對抗看做同一的東西是不正確的。例如在社會主義下，階級的對抗消滅了，但引導社會發展更向前進的矛盾卻依然存在」。（前引艾譯書二四一頁）故照他們說，矛盾是沒有止息的，絕對的，有此而後有運動。他們將自然，社會，及精神生活各種現象之變化都叫做運動，都以矛盾統一去說明它。照我們上面的分析，就最單純的機械運動而論，要將矛盾附會上去，是錯誤的，舉其一事可以例其餘。其實宇宙運行終古不息，則謂「物質之運動是絕對的」一對此而持異議者實爲僅見，自不能與「物質之發展是絕對的」一語等量齊觀。但是矛盾統一法則和運動是兩回事，決不能反映運動。故此一法則根本不能成立，辯證法的核心已被擊破。

可是他們爲甚麼重視矛盾統一法則，而認爲客觀的絕對眞理呢？其實不過想證明其階級鬥爭的理論罷了。對歷史的解釋因人而不同，以鬥爭爲社會發展之理由，亦不能使人人信服，故欲在自然界中尋求理由，以爲其理論的根據。但是無機界何能有甚麼鬥爭？他們以爲無機界雖沒有鬥爭，然而有內在的矛盾，故能運動及發展。至生物界則矛盾即是鬥爭，人類社會則爲階級鬥爭，乃循序而來，順理成章了。由此可見，矛盾統一乃是他們貫穿整個宇宙的線索，尋其究竟，無非欲爲其階級鬥爭的理論樹立穩固的基礎而已。其實無機界即使有矛盾，生物界未必因此而有鬥爭，生物界即使有鬥爭，人類社會亦未必因此而必需階級鬥爭，其間實有許多漏洞。故他們先要斷定矛盾統一法則是客觀的絕對眞理，而後其階級鬥爭之理論基礎乃確乎其不可拔。我們已將其矛盾統一法則駁倒，則其理論基礎已經消失，而階級鬥爭之說也只是一種史觀，要另外去尋求歷史事實的證明了。

三　由量到質及由質到量的轉化法則

質量互轉的法則更加具體地說明其世界發展觀，而由一質到另一質的飛躍的轉變，尤爲他們所重視。本來質（Quality）和量（Quantity）的對立，在古代及中世哲學史上都不是重要的問題。近代的科學着重數量，能以數學方程式表示的定律才夠精密，故其所着重的是度量數字。黑格爾哲學欲超出科學之上，乃提出質和量對立的問題來。量是甚麼，稍有科學素養的人都可以瞭解。但質是甚麼？常識上的質自不夠精密，科學又置之而不問，今哲學上要嚴加考究，會不會治絲愈紛？現在且看黑格爾學派作何解釋。

照他們講，要知道質是甚麼，便必須考究質和屬性的關係。黑格爾在其「邏輯」中說道：「所謂質、最先而且最主要地，當它在外的關係中作爲內在規定而表現着自己時，在這樣的意義上就成爲屬性。質雖然具有無限量的屬性，但質是在所與的現象過程和對象中表現着固有的規定性，屬性卻在與其他對象的關係中映出了這規定性」。黑格爾的「邏輯」素以艱深晦澀著稱，在這裡以內外區別質和屬性也不夠明白而清晰。米汀諸人加以解釋道；「例如當做元素看的金的質，是由原子的內在構造所規定的；金的可鍛性，強韌性、重、光澤……等等屬性，也是由這原子的內在構造所規定的。質和物的存在本身不可分地連繫着。縱然沒有了各種不同的屬性，物仍然不致失卻它的規定性，但若失卻了質時，物就不成其爲原來的物，而變成別種的物了。」（前引艾譯書二四七—二四八頁）

我們讀了這一段解釋，眞覺得比黑格爾的原文尤爲玄之又玄。比方金之可鍛性等等通通沒有了，何以仍然不失其爲金呢？黑格爾只論概念，則以固有規定爲質，對外關係爲屬性，似乎還說得過去。今就物質而論，而謂縱然沒有了各種不同的屬性，仍然不會變成別種的物，怎能夠說得通呢？上面說過列寧以客觀實在性爲物質之唯一屬性，此所謂「各種不同的屬性」是否連「客觀實在性」包含在內？果然，則其所謂「質」，唯有求之於無何有之鄉。客觀實在性沒有了的「物」，豈但失卻它的規定性而已，根本是「物質消滅」了，還有甚麼「質」。

他們所謂質既然如此，故由量變到質變，由一質變成另一質，都是任意的。今先說由量變到質變。恩格斯以爲「黑格爾發見的自然法則，在化學領域中得到了極大的勝利」。（自然辯證法）且以氧及臭氧爲例，兩個氧原子化合成一個氧分子，三個氧原子卻化合成一個臭氧分子，形成與氧的屬性完全不同的新物體。「笑氣（氧化氮）和無水亞硝酸……是多麼不同！前者是氣體，後者在普通溫度下是堅固的結晶體！然而兩者構成的差異，只不過是後者所含的氧比前者多五倍罷了，兩者當中還有三個氮氧化合物，它們彼此間及它們與前述二物體間，都不是同質的。」（同上）這裡所謂「質」，只是常識上的意義，並不是化學的意義。唯名論者洛克以爲這與名詞的意思有關。如水、我們以爲必須有流動性，故一變爲固體，我們必須另起一名，而稱之爲冰。但若果醬凍結了，我們並不另起名稱。由此可見，常識上對於液體變爲固體，也不一定認爲變了質。至於化學，則氣體、液體、固體三界之互相變換，絕不會認爲變質；如氧與臭氧，笑氣與無水亞硝酸，至多也不過認爲屬性不同而已。由化學的立場言之，唯有HNO等等元素才配稱爲質，其他都還元於分量和構造。恩格斯不明乎此，而將化學的事實來附會黑格爾的法則，可見其所謂「得到極大的勝利」乃是完全的失敗。

至於「由一質到另一質的轉變，卻不是連續的，而是飛躍的。」假使恩格斯知道了原子分裂的事實，不知又將如何附會其飛躍的理論。其實科學的立場始終欲以量變說明一切，縱使不能把質廢除，也已經推到背景去，故科學的結論決不會有利於飛躍的質變之說。恩格斯反對機械論說道：「假如我們把質的一切差別和變化還元成量的差別和變化，還元成機械的場所移動，那麼我們必然會得出下列命題。即一切物質是由同一的極微小的部分形成，物質化學元素的一切質的差別，是由這些極微小部分結合時候的數量上的差異和空間的排列而惹起的。」（自然辯證法）恩格斯當然以這一命題為不合理，其實這正是科學的根本構想。我們對於機械論雖不盡贊同，而站在科學的立場，仍不能不認之為正當，否認了機械論，便已離開了自然科學的範圍。恩格斯在說明由量到質的轉變時，誤用了化學的事實；而說明由一質到另一質的轉變時，則根本脫離科學了。可見他始終不知科學為何物，自已先有一套觀念形態，見科學上有可利用者則利用之，無可利用者則反對之而已。他以為社會有革命，則自然界亦必有飛躍，然而科學却否認飛躍，故非極力反對不可。總之，質量轉變的法則是辯證法之最弱的一環，不論唯心派或唯物派都不能自圓其說。

四　否定之否定法則

否定之否定可表明發展的歷程，乃與黑格爾的辯證法相連而不離的法則。所謂正反合的三段公式即由此双重否定而來。黑格爾研究人的思想之發展，經由正反合之反覆進行而內容愈加豐富，本來是不錯的。但他却以此為宇宙精神發展的法則，將此公式應用到一切方面去，乃有許多歪曲事實以遷就公式的地方，已經許多學者批判過了。恩格斯却想以此說明生物界及人類社會之發展，其思想之混淆不清亦與他二法則無殊。我們將「否定」之意義辨清，以估定此一法則之價值。

「否定」是思想的動作，最能發揮思想之自由，不受客觀世界的束縛，但亦不改變客觀世界（存在）。「肯定」也是思想的動作，但我們要作肯定時，客觀世界的束縛甚強，我們覺得其壓迫，很少自由的餘地。否定則不然。我們可作全般的否定，如幾何學的點是無長，無寬，無厚的，存在界沒有如此的「東西」；也可作部份的否定，如說「這是馬」時，對於當前的東西之大小，重量等等所謂非本質的屬性都是除開不論（否定）的，其他類名之成立亦復如此。對客觀世界的東西，我們要把某一方面除開不論，是很自由的，存在絕對不能束縛我們；但是這只在思想上把那一方面否定了，而不是事實上把他否定了，即是並不改變存在。若無否定，則思想完全執着於存在，共相且不能成立，推論何從而發展？故否定是思想之根本動作，理論上不待語言而後有。

我們若在語言上表示否定，則必須有一句話，邏輯上則必須有一命題，A不是B。在這裡思想的動作依然只在觀念的範圍，雖然要受存在的束縛，但並不改變存在。我們手指着一個東西而說「這不是馬」時，只是說這個東西不能稱之為馬，或不能歸入馬類，而不是將它改變了。故再加上一個否定去，而說「謂這不是馬是不對的」，其意思也不過說「這是馬」罷了。若用數學方程式表示之，則為$-(-a)=a$，僅僅否定其前此的否定，即是反反為正的邏輯原則黑格爾所謂否定之否定，却以正命題（a）與反命題（$-a$）相對立，而再加以否定，照恩格斯在「反杜林論」所舉的數學方程式為$(-a)(-a)=a^2$，我想應為$-(a)(-a)=a^2$。比方我最初主張「民主是好政治」（1），過了些時則認為「民主不是好政治」（2），再加研究，最後認為「謂民主不是好政治是錯誤的」，依然主張「民主是好政治（3）。這（1）和（3）在表面上雖則完全相同，而其所持的理由並不一樣，照黑格爾的說法，則是（3）的內容更加豐富了。因為（3）若能成立，必須將（2）駁倒，而對於（1），有些仍然認為站得住的理由，則保存之，有些認為站不住的，則廢棄之，此外再加上更深刻的理由去，即所謂有廢棄，保存，高揚三義之Aufheben（日譯為揚棄）。但是上一段所舉的「這是馬」與「這不是馬」的命題，豈不能作如此的解釋嗎？在我想，這是可以的。但雙方的着重點不同，看前後兩個方程式便可以知道，誰能說$-(-a)=a$的方程式不能成立呢？照布爾（Boule）之類的演算（Calculus of class）之公式 $a\times a=a$ 即是 $a^2=a$，故$-(a)(a)$亦必等於a了。倘若我們的着重點在乎當前的東西「是否」屬於馬類，則反反只能為正，馬類之平方亦只是馬類而已。若着重於屬於馬類的「理由」，則後者自比前者為强，而馬類之平方自可別有意義。「民主是好政治」亦可如此解釋，其他命題皆可作如是觀。故在思想範圍內，正反合的公式雖與形式邏輯不同，實可表示思想發展之歷程。

可是他們要將此公式普遍化，則往往此路不通。恩格斯在「反杜林論」中舉麥粒為例。麥粒落入地中，由發芽而長出麥苗，即將麥粒否定了，最後則結實而成為麥粒，又將麥苗否定了，這便是否定之否定。但所結之實已不是原來的一個麥粒，而有數十倍乃至百倍（a^2）云云。（手中無書只取其大意）此所謂「否定」誰去否定呢？麥苗由麥粒而生，並無去否定麥粒的意志，也沒有否定的動作，不過由儲能而效實，以遂其生長而已。他所用$(-a)(-a)=a^2$的公式，我們實不知其用意之所在。若用邏輯的命題表示之，則「麥苗不是麥粒」和「麥粒不是麥苗」兩個命題對立起來，只表示麥粒和麥苗二名之有別而已，何從得出更高的綜合（higher Synthesis）來？麥為一年生的植物，新麥粒一經成熟，則麥苗即行死去，還可以比附一下，至如梅李等多年生的植物，又將何以比附？其實以否定之否定法則去說明生物界之發展，則離開否定的原義已經太遠，硬要說是否定，最好也不過是心理學家所謂「感情移入」罷了。竊以為亞里士多德之儲能效實說，較之否定之否定法則更為簡明，更適宜於生物發展之說明吧。

至於社會發展上之否定作用如打倒政權，推翻權威等等，即是最廣義的革命，其與否定的原義反較為接近。這裏確有否定的意志，也有否定的動作，和思想上的相同。但是思想上的否定是不改變存在的，而社會上的革命却以改變存在為目標，這一點却大不相同。常識的語言並沒有嚴格的定義，如果要以革命為否定，固然可以說得過去，不像麥苗否定麥粒之牽强。但是將改變存在的否定和不改存在者等量齊觀，而納入於一條法則之下，畢竟是觀念上的混同。如此的法則絕不會有科學的精密性，是可以斷言的。

論唯物辯證法的變形

黃紹祖

（一）

作爲馬克思主義底哲學部份的唯物辯證法，其基本構成形態，如所週知，即以著名的所謂「三大法則」爲主體；而這三大法則，又是直接承襲自黑格爾的，不過予以頭脚顚倒一下，完成了從觀念辯證法到唯物辯證法的改裝而已。在黑格爾的手裡，三大法則的程序，是被他的觀念論的立場把握着；依恩格斯所說，即『黑格爾的辯證法底觀念論的特徵，就在乎不是從自然與歷史中抽引出這些定律，而只把它們作爲思想的定律（反杜林論）。因此，在黑格爾全部嚴密的邏輯系統之中，他就把討論具體現實的「存在論」放在第一部分，把它看做是初步的，低級的，不重要的階段，照應着這個階段，黑格爾是闡發了他的『從數量到性質，與從性質到數量的轉變定律』；「本質論」是黑格爾邏輯的第二個部分，也正是黑格爾所看爲次要的東西，『應着它，黑格爾是闡發了『對立互相統一』的定律；第三個部分「概念論」才是黑格爾所認爲最高級最重要的東西，而也便是他的全部邏輯體系之中心，與此照應，黑格爾便闡發了他的『否定之否定律』。

因此，在黑格爾的全哲學體系底方法論的運用上，質量變化是只被看作低級的第二意義的變化，許多地方都是被看輕甚至加以忽略的；而作爲正反合三階段的發展方式來把握的「否定之否定律」，便成爲黑格爾觀念辯證法的核心，在其著作中隨時予以應用，予以發揮。

這一個觀念辯證法的形態，到了馬克思和恩格斯的手裏，經過所謂「唯物論的改裝」以後，就把它的輕重地位顚倒了過來。依他們看來，質量互變律不僅應該作爲一個基本的法則存在，并且還應該被置於首要的地位，以明示唯物的辯證法和觀念的辯證法乃是有着實質上的區別，而不僅僅是名異實同。所以，就有如恩格斯所說：『一切的運動并不是純粹邏輯的或理性的運動，而是存在自身的有質量的運動，這是運動的根本形態。……事物的矛盾不像黑格爾所說的只是範疇內部的純論理學的矛盾，而是有質量存在的自身的矛盾。』

這樣，在對於唯物辯證法的基本法則底規定上，恩格斯於「自然辯證法」一書之「辯證法科學之一般性質」一篇中（該篇其實卽爲恩格斯在一八七八年爲「反杜林論」一書所寫的附註），就採取了如是的叙述形態：

『由此看來，辯證法的定律是從自然史與人類社會史中抽引出來的。然而它們并不是別的東西，不過是這兩種歷史發展及思想發展之最普泛的定律。老實說來，它們應總結爲下面三個定律。

從數量到性質，與從性質到數量的轉變定律。

對立互相統一之定律。

否定之否定的定律。』

這就是唯物辯證法之最初的完成形態，也卽是一般人所習知的所謂「三大法則」；但是在繼起的馬克思主義者們的手裏，特別是在列寗和斯大林的手裏，我們看到，却各隨着其當時的政治立場和實際利益需要，而將這個最初的唯物辯證法的形態變形了。他們是怎樣的變法，以及爲什麼要那樣變？這就是下文所要探討的課題。

（二）

列寗的時代，是無產階級革命的實踐時代；因此，作爲鬥爭武器之思想方法論的哲理基礎，自然必須强調矛盾，强調鬥爭。從而說明事物運動之根本原因和根本動力卽在展開內在矛盾底「對立統一法則」，就特別爲他重視，爲他强調，并主張應當作唯物辯證法的核心看待，放在三大法則的首位，以示其重要性是超越了另外二個法則的。

一般的說，到普列哈諾夫爲止，對於唯物辯證法的敍述形態，還是停留在恩格斯所規定的原始形態上；因此對於質量互變律，仍看得較對立統一律爲重。這就引起了列寗的不滿，在「唯物論與經驗批判論」上，列寗就認爲，普列哈諾夫和別的一些辯證法者的錯誤，就在於『沒有將對立統一法則當作唯物辯證法的中心法則來理解，而只是當作實例之總和來理解。』隨後，在「哲學筆記」中，他就更正面的提出了：『簡單扼要地對辯證法下一個界說，可說就是關於對立統一的學說。這把辯證法的全部核心包括在內了。』這個意思，列寗在另外一篇論文上，卽發表於一九二四年二月的第二期「在馬克思主義旗下」雜誌上的「論辯證法的核心」一文中，再一次加以强調的確定。他在該文中認爲：「怎樣地對立物能够而且是統一的呢？（對立物是怎樣地如此的呢？）在什麼條件之下，對立物才互相轉化，成爲統一的呢？爲什麼人類的悟性不把這些對立物當作死了的，凝固的東西，而把它當作有生命的，有條件的，運動的，互相轉化的東西去觀察呢？唯物辯證法就是研究這些問題的學理。』

於是，從列寗開始，對於唯物辯證法的敍述形態，都是把對立統一法則放在第一位，蘇聯的一切哲學著作，也都遵循着這個方向寫作，依據着這個形態發揮。所以在這個階段，唯物辯證法的三大法則，就是對立物的統一法則，質與量的互變法則，以及否定之否定法則，并且爲這三個法則的相互間規定了一種密切的內在聯繫，作爲說明事物展開其運動形態的全部過程：對立物的統一法則，是表明了事物運動的根本原因和根本動力，質與量的互變法則是表明了運動的展開形態，否定之否定法則則是表明了運動的相對結束形態，隨後展開一個新的運動過程。

這就是唯物辯證法基本法則敘述形態的第一次的變形。

在這次變形中，雖則質量互變律和對立物統一律在唯物辯證法三大法則中的首要地位是這樣的變換過了，但三大法則仍舊是這樣的三大法則，除了敘述的次序及其相應着的重要意義有所變更之外，三大法則內本身是一仍其舊，并沒有被取消或被替代了任何一條的。這也就是說，除了對立物統一律和質量互變律外，否定之否定律也仍是被當作事物和歷史發展的基本法則把握着，并在實際運用上當作解釋資本主義社會否定了封建社會，隨後資本主義社會又爲社會主義社會否定的一個必要理論基礎。

可是，再往後看，我們就將發現，在所謂「哲學的斯大林階段」上，這個唯物辯證法三大基本法則之一的否定之否定法則，就將失踪，其本身就將遭遇到「否定」的命運。

（三）

一九三八年九月，蘇聯共產黨中央出版了一本經過嚴格審定的「聯共黨（布）史簡明教程」，其中第四章第二節的「辯證唯物論與歷史唯物論」，就是出諸斯大林的親筆。這個僅僅約計二萬字的敘述，後來并以單行本單獨出版。正因爲是斯大林畢生有關「哲學」的唯一著作，所以出版以後，就被蘇聯的御用哲學界譽爲是「馬克思主義哲學的經典傑作」，是「哲學的斯大林階段上的歷史文獻」，是「辯證唯物論與歷史唯物論之最正確最科學的理論巨構」，總之，它立即成爲指導當時蘇聯哲學思想之唯一「權威」的著作。

關於唯物辯證法的基本法則，斯大林在這個著作裏，是別出心裁地這樣敘述的。他說：

『馬克思主義的辯證法有以下的基本特點：

甲，與形而上學相反，辯證法不把自然看做互相脫離，互相孤立，互相沒有依存的對象和現象之偶然的堆集——而看做聯結的統一的整體，在這裏對象，現象有機地相互聯繫着，互相依存着，互相節制着。

乙，與形而上學相反，辯證法觀察自然不把他當做靜止和不動，停滯和不變的狀態，而看做不斷的運動和變化，不斷的更新和發展的狀態，在這裏永遠是某種東西產生着發展着，某種東西破壞着，過完了自己的時代。

丙、與形而上學相反，辯證法觀察發展的過程不當作簡單的上昇過程，數量變化不引起質量變化的過程，而看做這樣的發展，在這裏，從小小的穩秘的數量的變化轉變到公開的變化，根本的變化，在這裏，質量的變化之到來不是逐漸的，而是迅速的，突然的，出之於從一種狀態到另一種狀態的跳躍式轉變，質量變化之到來不是偶然的，而是規律性的，是看不見的逐漸的數量變化底積累的結果。

丁、與形而上學相反，辯證法的出發點是自然的對象，自然的現象都固有着內部矛盾，因而所有他們都有自己正反兩方面，自己的過去與將來，自己的衰亡方面與發展方面，而這些對立的鬥爭，新與舊之間的鬥爭，衰亡與生長之間的鬥爭，消滅與發展之間的鬥爭組成了發展過程底內部的內容，從數量到質量轉變底內部的內容。』

在這裏，他顯然是採用了另外一種方式，而不是根據了唯物辯證法原來形態，來敘述作爲馬克思主義哲學的基本特點的。而在他所列舉的四個基本特點之中，我們看到，對立物統一律和質量互變律的根本精神，還是包含在裏面，而是很肯定的敘述了出來的；唯一無論從文字上或精神上都在這些基本特點之中看不見了的，就是否定之否定律。

不過，在斯大林的這個小册子中，雖則實際上已經用偷天換日的方法，取消了否定之否定律的存在，但他還不會公開的宣稱要取消唯物辯證法的三大法則，而代之以他所獨創的四大法則。進一步經他授意而奉命唯謹地進行并且完成了這個改裝工作的，便是蘇聯那一批御用的哲學家。他們并且在理論上掀起了一個運動，表示過去以三大法則來敘述唯物辯證法的基本特點是太「呆板」太「機械」了，現在必須根據斯大林的「天才指示」，而有所修正，有所改變。

第一個出馬的便是稱爲蘇聯少壯派哲學領袖的羅遜達爾，他首先出版了一本「新哲學教程」（中文已有張實甫的譯本）據他自己說，他這本書是『蘇聯哲學工作者改變作風後的產物』，這本書的主要內容，乃是『并不去考察馬克思主義哲學的全部，它的一切構成部份。這本小册子的對象只是辯證方法，只是馬列主義哲學的那一方面，即闡明自然現象與社會現象的基本法則方面。』因此顯然完全是以研究唯物辯證法的基本法則爲主的，而他在這本書裏，就首先提出了四大法則，即『說明現象底普遍聯繫與相互依存性的相互聯繫的法則』，『說明現象底運動與變化，更新與發展的新舊交替的運動法則——變的法則』，『說明發展乃數量變化轉爲質量變化的由量變到質變，由漸變到突變的法則』以及『說明發展乃對立底鬥爭的由內在矛盾推動事物發展的法則』。這就正如該書譯者序言裏所說明的：『過去一切哲學書籍，大半是根據矛盾統一律，質量互變律，及否定之否定律這個次序的；本書打破了這一點，它根據「聯共（布）黨史簡明教程」一書第四章第二節「關於辯證唯物論與歷史唯物論」（係斯大林所寫）所講各要點，從別的一些方面，來闡釋辯證方法。』這個闡述方法的特點是什麼呢？如所共見，就是否定之否定律不存在了，被取消了。

從這個著作開始，關於唯物辯證法的基本法則，蘇聯的哲學界裏就一致用斯大林的四大法則，來代替從來的三大法則了；米丁，尤琴，拉里察維基，賽夫金等所謂新哲學的權威，都莫不趕緊朝着這個方向看齊，趕緊出版爲四大法則而寫的新的哲學著作，趕緊對舊的三大法則作一致的批評而對新的四大法則作一致的頌揚。於是，曾經被他們稱爲眞理的否定之否定法則，現在也就不值他們再來一顧了。

關於這個情形，「向蘇聯一面倒」的中國尾巴「哲學家」們，自然也是立刻奉命轉向的，下面我們只舉出一個很標準的例證來看其一般，這就是沈志遠發表在「理論與現實」雜誌第四期上一篇題爲「唯物辯證法家的斯大林」文裏所述說的。

他這樣寫着：

「最後，而且是斯大林對辯證法學說的最大貢獻，這就是他爲「聯共簡史」撰寫的第四章第二節中關於唯物辯證法的四大法則，馬列辯證法底四大要求。以前一般新哲學書籍裏總是刻板式地把辯證法底基本法則概括爲「對立底統一」，「量變質及其相反」和「否定之否定」等三大法則。這三個法則是辯證法底基本法則，那是對的；但是拿這三大法則來抹殺其他的基本法則，或者把其他基本法則降到次要的或甚至完全不重要的地位，那是要不得的，斯大林根本改變了過去那種呆板的三大法則底敍述方式，根本淸除了過去論述辯證法的教條主義和公式主義的色彩。他依據勞工革命和社會主義建設的實踐，從這種實踐出發，適應着這種實踐，特別着重於改變世界的方法，强調地指出了馬列辯證法底四大基本法則：相互聯繫的法則；新舊交替的運動法則，變的法則；由量變到質變，由漸變到突變（飛躍）的法則；以及由內在矛盾推動事物發展的法則。』

在該文結束處他又說：

『以上四大法則，都是馬列辯證法底最基本的法則，也是形而上學底四個基本的思維原則底直接反對物。斯大林一改過去談辯證法的呆板的教條主義式的程序，抓住了馬列辯證法底核心——運動，變化發展，嚴密地依據着革命的實踐爲基礎，發揮了上述四大基本法則。這一天才的倡導，不祗對於馬列辯證法本身底發展，亦且對於全世界革命實踐的領導，都具有崇高的意義。』

因此，唯物辯證法在這裡顯然是進行和完成了它第二次的變形；這一次不僅基本法則的程序先後有了變化，甚至基本法則的數量和內容也一起有了變化，增加了一些東西，也減少了一些東西。那被減去掉了的，就是否定之否定法則。這個否定之否定法則，爲什麼會在斯大林的手裏遭遇到被「否定」的命運呢？原來這也有着他的「適應着革命實踐」的必然需要在。

（四）

否定之否定法則底本身的意義和作用是怎樣的呢？試隨便檢出一本還是「信奉」三大法則時代的馬克思主義哲學著作來看，譬如，在米丁等執筆而被稱爲新哲學權威著作的「新哲學大綱」上，他就是這樣的解釋了否定之否定法則的。

『由一個對立到另一個對立的推移，由一質到另一質的轉化，實際上就是後者否定前者。但是發展的過程不單是這樣就完事的。新發生的質也同樣根據着這個內在矛盾向着它自身的對立物推移，第一次的否定被第二次的否定揚棄。』

因此否定之否定法則說明了什麼呢？它顯然就是說明着：一個新事物否定了舊事物，但這個新事物在其發展過程上仍會被更新的事物當它作舊事物來否定，而完成了否定之否定。

於是，情形十分明白，這個法則所啓示的原理，對於已經進行并並且完成了對別個事物之否定過程的任何存在，是不大有利的，因爲現在輪到它的，不是它去否定舊的存在，而是等待一個更新的存在來否定它了。

那麼，已經進行和完成了否定沙皇統治及俄國資本主義發展的斯大林及其布爾什維克政權，是否又願意看到否定之否定法則的實現，而讓自已給一個更新的勢力來否定掉呢？

答案自然是不這樣：斯大林既不願否定自己，就只好來否定那否定之否定」法則了，於是這個法則就被塗抹掉，被送到了歷史博物館或冷藏所裏去。

這一次唯物辯證法再度變形的內在意義就在此，否定之否定法則的一定要被扼殺的眞實理由亦在此，而三大法則之必須轉爲四大法則的全部奧秘自也在此。

現在，蘇聯及各尾巴國家所新出版的任何新哲學著作上，是再也不談三大法則了，是再也不提到否定之否定法則了。他們似乎已經完全忘記了他們的老祖宗恩格斯在「反杜林論」上對於否定之否定法則的重要性所作的論述。即『所以什麼是否定之否定？非常之一般的，因之非常廣泛地發生效力的，重要的，自然歷史及思維發展的法則；這一法則，我們已經看到，表現於動物界及植物界中，表現於地質學，數學，歷史，及哲學中。』這一段話，將來總有一天，也會從恩格斯的著作中取消掉。

因此，就從唯物辯證法這些基本法則的變形過程來檢討，我們也已可斷定地說，這套玄學性的教，就純粹是一堆概念游戲，那裏有什麼眞理？即在馬克思主義者本身，也完全根據了其哲學黨派性的立場，一切以眼前的利害好惡爲依歸，就是作爲其構成基礎的基本法則，也都可以隨意的變更，隨意的篡改。有人說辯證法就是變戲法，看了它的基本法則之這樣變來變去，這句話似乎幷未說錯；而在大魔術師斯大林的手裡，自然變得越加神乎其技了。

可是大魔術師斯大林雖則變去了否定之否定法則，他却決不掉歷史發展的肯定前途；我們幷不是依據了什麼辯證法，而是依據了人類自由意志的必然趨向，可以確定地說，斯大林及全世界的布爾什維克黨徒們，不可避免地將遭遇人類的淸算，歷史的否定。

對於思想的幾點看法

隨如庵

現在的中國已經步入了一個大動盪的時代，人民都在面臨苦難之下生活着，許多的知識階級們本來都是抱有熱情曾經嚮往着各人的新的理想世界，但是若干冰冷的鏡頭，使得若干善良人士的藍圖歸於幻滅。但這種當前的災禍，只是政治和社會病態的現象，尚不能談到病態的本身，更談不到病態本身的原因。

現在世界的文化方面已經空虛無主，使得人類的趨向，已經顯得彷徨。但在中國，除去文化的趨向和其他的各國人們一樣的無定向，國家和社會本身數千年來的問題還是千頭萬緒的累積着，使得中國國家和人民的方向更難得有一定。

在現在狀況下，我們國家過去的一切在現在看來，都是失敗了，並且是嚴重的失敗。倘若不明瞭過去是已經失敗，或者不承認過去是已經失敗，那就我們的將來比現在可能失敗的更澈底。現在凡是一個國民，倘若還活着，倘若還允許自由的思想和自由的說話，都應當認識現在面臨着一個偉大的時代，對於國家，人民，以及全人類的任務是如何沉重與艱鉅。我們應當沉思熟慮的想，我們應當接收客觀的思想態度，準確的思想方式。我們不僅要破除成見，我們並且還要設身處地盡量的來看，設身處地的限度不僅推到友人，還要推想及於過去和現在敵人，那才可以搜集到更多的思想材料，使得結論更豐富些更和眞理接近些。而我們應付之道也就更正確些。

第一、關於思想方式的問題。不錯，我們過去確有價值很高的人生哲學和政治哲學。但中國過去一切比較高深的文化，都是從若干寶貴的體驗得來，而思想的過程總是晦澀而不開朗。『鴛鴦繡手從君看，不把金針度與人』，這是中國高深學術的一貫傳授辦法。印度楞伽到了中國，逐漸發展而爲頓悟的六祖以下的禪宗，也可以證明這一個趨向。在這一點我們可以深切的領會我們民族具有高度的而過人的靈感，但同時也可以證明我們民族缺乏謹嚴的規律的有軌道可循的治學方法。在戰國時代，名家雖然對於思想方式有若干啓示，但只是啓示而已，晦澀而不易了解的語句，最後也隨着學派的消失而消失。在一個幾千年的漫漫長夜，使人十分欽佩的先哲，如同司馬光、朱熹、顧炎武，在方法上尚不是毫無可議。確可以樹立軌範的，只是經有戴震，史有錢大昕。但他們兩個人却又都受過耶穌會教士傳統下算學的影響。所以中國古代學術地位，雖然崇高得可敬；而中國古代的治學方法，都微薄得可憐。這就是中國自然科學所以不能充分發展的致命傷。這件事的直接原因雖然不能一言而決，可能中的最大原因，是由於中國語的文法本來太簡，再加上用着方塊字，再加上用方塊字所組成爲文言文，那自然對於思想的形式都會變成非常籠統而不重分析。社會中各個人的思想都是如此的籠統，雖然不是沒有過啓蒙運動，但到了現在，仍然只是在表面與昔日不同，思想方法仍無大異。所謂學術界人士至今還存在着兩個思想主流。一種是不論是什麼思想，凡是好的都是古已有之，而且『國粹』至上。另一種却是只有中國有一個『士大夫階級』，而且士大夫階級是生成的罪惡滔天。但是無論那一種之流，都經不起嚴格的批判。誠然，二十世紀邏輯學進展，（尤其英、奧），已經使哲學和社會科學望塵莫及，因人類發展的趨向，需要重新估定。但是現在中國的知識界，還用不着現代邏輯，只要方法比較謹嚴一些已經可以了。然而現在看一看一般的政治論文，不論屬於正統或左傾，在論點或組織沒有大毛病的是不是比很容易找出來大毛病的要少。這種充滿了病態和思想的文章，要來指導社會，指導青年，自然也會將漏洞擴大，而生出難於補苴的弊端。因此，我願在這裡鄭重的指出，國家到了這個年頭，不是再抬任何的偶像的時候了(用培根偶像的解釋)，不是再憑藉任何意氣的時候了，凡任何一種議論，最好要周密一些，謹嚴一些，多注重一些分析，並且沒注意正面論證之前，先注意到反面論證。

第二、關於信仰問題。凡是一個有固定信仰的人，總是先講信仰，再講觀察。因此所得的觀察，只是在某種信仰之下的一些注脚。在這一取一捨之間，不知道要損失若干寶貴的材料。向來關於政治或社會的許多論斷，往往只能算做是一種藝術，但是做這些論斷的人，却偏要說這是科學。在同一事實之中，某甲的論斷往往和某乙的論斷完全相反，但某甲說這是獨一無二的科學，某乙也說這是至高無上的科學。在理論爭執時期，還現不出大關係；到了政治爭執時期，就不免有些嚴重，再到了軍事的爭執時期，那就終於變成了英雄欺人，老百姓該死了。倘若一種論斷是屬于某一黨的主義，在這裏當然不能過分的責備主義最初的創始者和黨的創辦人，因爲在創始主義和創辦黨的時期，必有時勢的客觀要求，主義或黨就根據這個客觀要求而加上主觀的估量來產生，並且爲補救當時的局面，在方案中亦必然需要有充實的內容，不足以資號召。即是任何主義，都是雖然不『眞』，却在某一個時期有『用』。但是這一個『用』無論如何要受時間的限制，時間過的越長，主義的效用，必然遞減。同樣，主義的內容愈充實，牽涉的方面愈多，則受時間淘汰的影響也就愈快。換言之，即一個主義只是幾個不太硬性的原則，其生命是要比另一個博大精深，廣泛豐富的主義的生命要長一些。在這裏我願誠懇的指出，人類的知識範圍，現在尚非常渺小，任何哲人的言論，都經不起時間之流的長期冲刷，而可以不在短期中小修正，長期中大修正。除非宇宙中眞有上帝，而上帝眞的可給予先知以啓示，那先知便可根據上帝的啓示來指示人門以一成不變的理論，然而這個理論却是屬於宗教的了。倘若一個主義的創始者，他承認他的主義不是上帝的啓示而是根據着當時的現實事實以及當時的科學發展，過了許多年，現實的事實和科學的發展，其形態和趨向都和若干年前不同，還要勉强要人相信，要人整個接受。在被强迫相信的人，除去犧牲自由意志之外，沒有什麼了不起。但對於人類社會而言，凡是不眞的東西，决不會長期存在，但在這一個理論被證明不眞而瓦解時那就這個理論一時的成功越大，那麼它給予人類的災禍也就越大。所以爲人類的前途設想，凡是揭明爲主義的，（自由主義若成爲主義，當然亦包括在內），倘若它的來源不是上帝的啓示，而是社會科學綜合的結果，那就在這個旗幟下的信徒們都要小心着，不僅公式主義和敎條主義不可以，就是一個主義的最後基礎也還在那兒動搖。所以一個主義的修正，可以修正到全部改觀並非不可以的。

我在這裏所說的並非認爲宇宙中沒有眞理。宇宙中本有客觀的眞理存在着，但這個客觀眞理的全體，可能永遠不會被人類發現。假若眞理的發現只是支支節節一步一步的推進，而次一步的結論，往往根本推翻前一步的結論，那麼在幾十年前預料現在，或者現在預料數十年之後，無論預料的人知識如何的廣博，功力如何的深至，他的論斷也必然的被迷惑人們的眞理所戲弄。我們在這裏可以擧兩個最尋常的例子，第一個是美國開國的國父華盛頓遺言不要美國人管世界的事，但美國現在倘若不管別人的事就等於自殺，並且在成功湖修築的聯合國會址，也就在第一屆美國國會的紐約，無異給遺言一個諷刺。第二個是川漢鐵路事件是因爲當時熱心的士紳們反對政府想收回國有並借外資，民元時期熱心的人並曾在成都少城公園立了一個紀念碑，但一直到民國三十六年復員之後，國有鐵路仍是國有的鐵路，只可惜借不到外資，以致沒法子開工，這又是一個諷刺。上帝總是好嘲弄聰明人的，倘若你堅信你自己見解的正確，你就小心着做唐吉訶德。

方纔所說明的，是主義雖然不等於眞理，而在任何一個時期，總有一個在效用上最有實用價值的主義。如何的主義是最有價值的，就在你叡智的思辯。然而即令明瞭爲最有實用價值的主義以後，也只能盡量的闡發，使別人覺其可信，而不應强制別人使他非信不可。在這一點孫中山先生是高明的，他的計劃的終點，是仍然將政權還給國人，而國民黨做成一個普通的政黨；雖然就國民黨而言，三民主義的大原則決不放棄，但却希望在國家安定的憲政時期，讓國民有决擇的機會。

孫中山先生的偉大處，是用西方的思想方式，斟酌美國的政治經驗，來適合中國政治環境的第一個人。和孫中山同時的人們，袁世凱當然是自鄶以下，就從張之洞、張謇、以及康有爲、梁啓超而說，不論其路綫是不是對，然而他們的思想方式，無論如何不能和中山先生相比擬，這是千眞萬確的事。只是這許多年大部分的人員，並未充分了解中山先生的思想源流，而只將中山先生的思想來公式化。以致在教育方面重視黨義的訓練而忽視知識的學習和傳授，尤其對於文化知識的進展。在若干年來，國家造出的人才過於重量不重質，並且大都屬於行政技術以及工業技術方面，在文化思想方面，幾乎是一個可怖的眞空。等到外力打來，簡直沒有抵抗的能力。自由中國第二卷三期張中文先生說到『我們需要一種健全的政治教育』，起碼應該先添設一門『政治與人生』的課程。以便學政治的人對人生有所認識。用意誠然不錯。但可以斷言，現在各地教授之中，無一人可以勝任。文化的構成與進展是在好的風氣之下群策群力，並且經過長期演進的結果，決非少數人與短時間所能就。況且文化只有對與不對，適合與不適合，決無所謂『中』和『西』。國家應當愛這一回事，學術不分國界又另是一回事。人類的歷史到了如今，方法只有一個方法，就是科學的方法；文化只有一個文化，就是世界的文化。中國的一切，並無一個整個的存廢問題，只有一件一件的看，分別的看，在世界文化的大架子中，那一件可以放得上去，占一個位置，倘若用這一點衡量，然後才能談上國家的自覺。

總結來說：我們所用的思想方式，要比較嚴格而淸晰，我們處理當前環境的態度，要比較客觀。我們心目中不要忘掉我們的國家，但我們國家是世界的一員，不會有離奇而孤立的文化。現狀雖然嚴重，但却絕對不可存着一個僥倖投機的心理，尤其在文化與思想方面。

『自由中國』的宗旨

第一、我們要向全國國民宣傳自由與民主的真實價值，並且要督促政府（各級的政府），切實改革政治經濟，努力建立自由民主的社會。

第二、我們要支持並督促政府用種種力量抵抗共產黨鐵幕之下剝奪一切自由的極權政治，不讓他擴張他的勢力範圍。

第三、我們要盡我們的努力，援助淪陷區域的同胞，幫助他們早日恢復自由。

第四、我們的最後目標是要使整個中華民國成為自由的中國。

中山先生論自由（上）

徐芸書

中國今日的鬥爭，第一義是爭國家的自由，第二義是爭個人的自由。這個鬥爭的自由旗幟是極鮮明的，爭國家自由和爭人民自由的兩種意義是合一而無衝突的。所以在中國今日實不應有什麼自由問題的爭辯。然而現在還是有所謂自由問題的爭辯，這個事實驅使我寫出這篇簡單的文字，或者可以有一點幫助給爭辯的人們。

我不是用主觀的解釋，而是用考據的方法，證明中山先生崇尚自由的精神，證明民權和自由是一而二，二而一的事，證明中山先生在對於自由二字有所批評的時候，仍如何嚴謹的保守着純粹的擁護自由的立場。這篇文字雖只是一個初步的說明，但這篇文字的材料已可以促我們重新認識整個民權主義的理論，重新認識民權主義就是純粹的自由主義。

作者

問題應當怎樣提出？

近來很有人討論自由主義和三民主義能否相容的問題。這個問題當然值得討論，但嚴格的說來，問題却不是這樣的提法。因爲中山先生的三民主義本來包括自由主義這一個要素，所以自由主義和三民主義本不發生能否相容的問題。應當討論的倒是：人們何以會發生自由主義和三民主義能否相容的問題？我們以這個問題爲出發點檢討中山先生對於自由的見解，便可以徹底解決所謂兩種主義能否相容的問題。

人們所以會發生自由主義和三民主義能否相容的問題，是由於知道中山先生在晚年對於「自由」的口號有過批評，於是無論主張自由主義的，或懷疑自由主義的，總覺得中山先生多少必有些排斥自由主義的意思，或修改自由主義的意思。其實這全是出於誤會。我們不僅應當知道中山先生批評過自由的口號，還應當清清楚楚的知道他是怎樣批評的，這樣我們便可以完全釋去任何的誤會。

自由口號的效用問題

中山先生在民國十三年的民權主義演講裡，和同年別的演講裏，對自由的口號提出兩項重要的意見。第一項意見是就口號的客觀效用而說的。原來中山先生具有一個深徹的歷史家的眼光，和一個明斷的政治家的眼光，所以他批評一種主張，不僅注意這一主張的理論價值如何，還注意這個主張在一個時代所發生的客觀效用如何。例如盧騷的天賦人權學說，中山先生對於它的理論根據是不同意的，但認爲盧騷學說的發表正合乎歷史的潮流，人心的要求，有推進民權的大功，所以這種學說的理論根據雖有問題，而其在一個時代所發生的客觀效用却很偉大。至於自由的口號，中山先生對於它的本來含義是並無絲毫反對，但認爲這個口號在中國當時不合乎歷史的潮流，人心的需要，沒有推動革命的力量，所以這個口號的含義雖然不錯，而這個口號在中國當時的客觀效用却大有問題。這就是中山先生當時不主張採用自由的口號的理由。

而中山先生所謂自由的口號不合潮流與需要者，又不是說中國當時的人民不應當有自由，而是說中國當時的人民本有很多的自由，並沒有感覺自由的需要，所以自由的口號不能獲得人民的了解，激起人民的同情，便不能發生推動革命的效用。因此中山先生在民國十三年不主張採取自由爲口號的理由，是認爲自由的口號在客觀上不能發生力量，而不是說自由的觀念本身錯誤，更不是反對自由這個觀念。中山先生把這個意思說得很清楚：

「（自由）這個名詞近來傳進中國，祇有一般學者曾用功夫去研究過的，才懂得甚麼叫做自由。至於普通民衆，像在鄉村或街道上的人，如果我們說自由，他們一定不懂得」。

「到底中國人有沒有自由呢？我們拿一片散沙的事實來研究，便知道中國人有很多的自由，因爲自由太多，故大家便不注意去理會，連這個名詞都不管了」。

「中國人不知自由，只知發財，對中國人說自由好像對廣西深山的猺人說發財一樣。……中國一般新學者，對中國民衆提倡自由，就好像和猺人講發財一樣。中國人用不着自由，但是學生還要宣傳自由，眞可謂不識時務了。」（民權第二講）

我們看中山先生明明白白的說中國人民已有很多的自由，因此不注意自由，也不知道，不懂得自由這個名詞，所以新學者新靑年對人民去講自由便是「不識時務」。所謂「不識時務」，便是不投人民需要的名詞，便不能用作發動人民的口號。這就是中山先生着眼於口號的客觀效用而形成的見解。

以呼吸比喻自由

中山先生並沒有絲毫反對自由的意思。他不但沒有反對自由，而且正是十分重視自由。他在解釋人民有事實上的自由，而不知道需要自由的時候，便指出了自由是如何的重要：

「因爲自由太多，故大家便不注意去理會，連這個名詞也不管了。這是什麼道理呢？」

「好比我們日常的生活，最重要的是衣食，……但是還有一件事比衣食更重要。普通人都以爲不吃飯便要死，……但是那一件事比吃飯還重要大過一萬倍，不過大家不覺得，所以不以爲重大。這件事是什麼呢！就是吃空氣。吃空氣就是呼吸。……吃飯在一天之內，有了兩次，或者一次，便可以養生，但是我們吃空氣，……每天便要吃二萬三千零四十次，所以說吃空氣比較吃飯還重要得一萬倍，實在是不錯的。像這樣要緊，我們還不感覺的原因，就是由於天空中空氣到處皆有，……找空氣吃是很容易的，因為太過容易，大家便不注意。

「中國人因為自由過於充分，便不去理會，好比房中的空氣太多，我們便不覺得空氣有甚麼重要，到了關閉門戶，沒有空氣進來，我們才覺得空氣是個很重的。歐洲人在兩三百年以前受專制的痛苦，完全沒有自由，所以他們人人才知道自由可貴，要拼命去爭。沒有爭到自由之先，好像是閉在小房裏一樣，既爭到了自由之後，好比是從小房內忽然放出來，遇着了空氣一樣，所以大家便覺得自由是很貴重的東西，所以他們常常說不自由毋寧死那一句話。但是中國的情形就不同了，……中國人用不着自由，但是學生還要宣傳自由，眞可謂不識時務了。」（民權第二講）

我們要仔細的看清楚，中山先生所謂中國人「自由太多」，「自由過於充分」，所謂「中國人用不着自由」，「連這個名詞也不管」，絕不是說自由是不應當有的，是應當反對的，而只是以此說明中國人何以不感覺自由的需要。這正如說「房中的空氣太多」，「不覺得空氣有什麼重要」，絕不是說空氣太多是不好的，空氣是人所需要的，而只是以此說明人何以不感覺空氣的需要。我們應當注意的，是自由和空氣這個比喻。中山先生把自由喻為比不吃就死的飯還要重要萬倍的空氣，每人每天要吃二萬三千零四十次的空氣，可見他把自由看得怎樣的重要。

中山先生還有一段話形容吃空氣的重要：

「我們吃空氣，要可以養生，每一分鐘最少要有十六次，才可舒服，如果不然，便不能忍受，大家不信，可以實地試驗，把鼻孔塞住一分鐘，便停止了十六次的呼吸。像我現在試驗不到一分鐘，便很難忍受。」

空氣是一分鐘不吃便很難忍受的，自由也是一旦失去便覺得和生命一般寶貴的。以空氣比喻自由可算最恰當不過。我們看了這樣的比喻，便可以無疑的承認中山先生是最知道自由之寶貴的人。他在人民有充分自由而不感覺需要自由的時候，認為自由是一個「不識時務」的口號。如果他臨到人民的自由受威脅的時代，臨到人民「鼻孔塞住」或「閉在小房裏」的時代，他自然首先要提出爭自由的口號。這也是絲毫沒有疑問的。

自由和民權是一件事

中山先生在民權主義演講裏不主張採用自由的口號，而主張代之以民權的口號。但他不是說自由和民權兩個口號有什麼精神的不同，也不是說民權的口號對於自由的口號有什麼修正，而正是說民權就是自由的保障。民權和自由是不可分的兩件事，不過自由只是一種目的，民權才是一種手段，自由只是一個抽象的概念，民權才是一個具體的要求，所以主張用民權的口號代替自由的口號。

我們試看中山先生怎樣竭力的反覆申說民權和自由是一而二，二而一的事物：

「大家要知道自由和民權是同時發達的，所以今天來講民權，便不能不講自由。……歐美發生民權，已經有了一百多年，推到民權的來歷，由於爭自由之後才有的。最初歐美人民犧牲生命，本來是為爭自由，爭自由的結果，才得到民權。……歐美人民最初的戰爭是為自由，自由爭得之後，學者才稱這種結果為民權。」

「民權這個名詞，外國學者每每把他和自由那個名詞並稱，所以在外國很多的書本或言論裏頭，都是民權和自由並列。歐美兩三百年來人民所奮鬥所競爭的，沒有別的東西，就是為自由，所以民權便由此發達。」（民權第二講）

「歐洲在一兩百年以來，本是爭平等自由，但是爭得的結果，實在是民權。因為有了民權，平等自由才能夠存在，如果沒有民權，平等自由不過是一種空名詞。」

「眞平等自由……是在民權上立足的，要附屬於民權之上。民權發達了，平等自由才可以長存，如果沒有民權，什麼平等自由都保守不住。……爭得了民權，人民方有平等自由的事實，便可以享平等自由的幸福。所以平等自由，實在是包括於民權自由之內。」（民權第三講）

我們看了這幾段話，便不僅知道中山先生很重視自由，而且知道他的民權主義就是純粹的自由主義。他深切認識民權就是爭自由的奮鬥的結果，更深切認識革命的目的就是自由的「幸福，」自由的「長存。」他所以主張用民權的口號，不用自由的口號，只是因民權的意義更為具體，因此更容易獲得人民的了解，而絕不是說要民權，不要自由，也絕不是說重視民權，輕視自由。民權和自由是不可分的，二而一的。如果沒有民權，自由便沒有確實的保障。同樣的如果沒有自由，民權也就不成為民權。我們若不認識中山先生的自由主義的精神，不知道民權和自由是一而二，二而一的事，可以說是完全沒有明瞭中山先生的民權主義。

一個旁證

以上可以說明中山先生在演講民權主義的當時，為什麼不主張採用這個自由的口號，這完全是從口號的客觀效用來着眼的。民權主義演講裏還有一段話可作最好的旁證：

「歐美人民最初的戰爭是為自由，自由爭得之後，學者才稱這種結果為民權。所謂德謨克拉西，是希臘的一個古名詞，至今歐美民衆對於這個名詞還是不大關心，不過視為政治學中的一句術語罷了，比之自由兩個字，視為性命攸關，那就相差很遠了。」（民權第二講）

試想歐美所謂德謨克拉西和自由當然是不可分的，二而一的。我們絕不能說歐美人只要自由，不要德謨克拉西，或重視自由，而輕視德謨克拉西。但這兩個名詞在歐美民衆中的印象，也就是它們的客觀效用，卻如此不同。然而這只是客觀效用不同，不是兩者的本質有什麼歧異或輕重。中山先生說歐美人不大關心德謨克拉西，正如說中國人不了解自由一樣，是就口號的客觀效用來說的，不是就這兩個概念的本身價值來說的。我們要明瞭這個客觀效用的觀點，才不致誤會中山先生對於自由的口號的批評。（以下在二卷六期繼完）

論空軍確保台灣

起淪

確保之條件

1 台灣地勢的優越
2. 空軍實力的雄厚
3. 器材補給的充分
4. 空軍戰鬥力之充沛

科學隨時代而進步，戰爭的方式，也從平面而進爲立體，於是空軍乃爲決定作戰勝負的最主要兵種，「無空防即無國防」已爲舉世所週知，因此，我國對於建設空軍，更是積極加强，從未忽視。

尤其我們此次反共抗俄戰爭中，因在大陸戰事失利，退守臺灣，空軍乃成爲保衛台灣的最主要兵種，最前哨的部隊了。

台灣，這一個四面環海，物產豐富，氣候溫和，交通便利的寶島，在作戰的地勢上是極具優越的。以前共軍在大陸上可以用他的「人海戰術」衝破我陸軍的陣地，現在台灣與大陸間隔着白浪滔天，汪洋無際的海峽，縱有「人海戰術」決不能塡平太平洋的浩瀚，毛澤東也只好「望洋興嘆」了。在無可如何之下，乃異想天開，據各方報導，中共拆下汽車引擎，裝在帆船上，稱爲機帆船，將用以渡海。這是多麼笨拙的事啊！以台灣的天塹，而且保有强大的空軍，機帆船將何堪空軍的轟炸與掃射，這一種「愚公移山」的辦法，在科學戰爭的時代，亦徒見其日暮途窮，心勞日絀而已。

據報載「空軍總司令周志柔將軍於一月二十七日招待記者，他說：「只要空軍能保持優勢，則確保台灣毫無問題……」記者稱之爲豪語，其實周氏乃鄭重表示空軍在勦共戡亂中應有的職責與說明空軍現有的力量而已，並沒有一點誇大。

或許有人懷疑：保衛台灣的任務，是何等的艱鉅，中共也有空軍，可以轟炸我們，掩護進攻，憑我們空軍的數量與裝備，是否能確保呢？

在這裡我們的答案是百分之百的肯定的，茲將我們的空軍與中共兵力作一比較，就可明白。

第一：先從中共的空軍情形作一探討，蘇聯的帝國主義者在第三次世界大戰未爆發前，在國際輿論嚴密監視之下，他是絕對的不敢正面和我們衝突的，只好在暗地裡像穿窬式的帮助着中共，這種力量是有限的，而且任何人皆知空軍的建設事業，決不如一般理想中那麼容易，那麼單純，如空勤、地勤人員的訓練，包括駕駛、驅逐、射擊、通訊、照相、轟炸、機械等等，與器材的供應和補充，決不能一蹴而幾。我國的空軍建設，自民國十七年十月中央陸軍軍官學校成立之航空隊肇始，以後幾經改進，到現在已有二十餘年的歷史，乃有今日之空軍軍官學校，訓練出大量的空軍飛行人員，二十年來政府傾全力以建設空軍，過去美國政府更大量的供給我們器材和協助我們訓練飛行，機械人員，例如抗戰時期，我空軍取得了對英、美租借法案的便利，遷入印度受訓，一切器材與人員，均由英、美兩國的補給與協助，迄至抗戰勝利，始飛越駝峯，回到祖國，即爲明證。然而我們的空軍，尙不能達到預期的理想，何況中共過去竄據延安，地瘠民貧，物質條件缺乏，根本無法訓練空軍，近年來國軍退出東北，中共始敢在佳木斯計劃訓練空軍，一切均在草創中，規模極小。憑這一個事實來看，已可使人瞭解空軍建軍的不易與中共空軍的力量了。

至於最近兩航空公司投共飛機，爲數有限，且係運輸機，如改裝軍用，戰鬥力更差。和我們的空軍對抗，無異飛蛾撲火，自取滅亡！

第二：中共既無空軍進攻台灣的能力，退而求其次，可能用兵艦或機帆船渡海，其力量亦甚薄弱。中共的海軍無龐大的艦隊，如過去重慶號叛艦，已遭我空軍的轟炸而沉沒，而他們現在尙無第二艘的重慶號出現。設或有之，空軍即能轟炸重慶號於前，則第二第三以至於無數艘的重慶號，仍然是逃不了我空軍無情而慘烈的轟炸，何況他們現有的是機帆船呢！

第三：我們空軍的力量——據筆者所知，可用作戰鬥者計八又三分之一大隊。這一點在美國發表的白皮書上也已經提到。而其餘運輸機教練機尙不計算在內。據空軍作戰人員所表示，現在大可不必利用戰鬥機或轟炸機去作戰，僅憑目前的教練機如 AT—6. AT—11. 亦可以裝上機槍，掛上炸彈，即可對中共施行轟炸，暢所欲爲，其餘關於空軍的詳細情形，以限於國防機密，恕不詳加敘述。

第四：飛機器材補給充分——飛機器材之補充，影響於作戰力量者至鉅。我國當局，早已洞鑒及此，所以對飛機器材補給、向極注意，儲備至爲充分。並且在抗戰時期，即已設廠製造發動機與各種零件，故器材之補充，源源不斷，無虞匱乏。

據目前作戰情況：因中共既無空軍抵抗，僅憑其地面砲火，無疑的不能損傷我們的飛機，相反地，暴露他自已的目標，慘遭我方轟炸。

第五：我們空軍具有熾烈的戰鬥精神，一向是以寡敵衆，戰無不勝，這就是我們空軍同志，素受大智，大仁，大勇的軍人精神教育，與熱烈的愛國家愛民族的觀念和革命信心的表現。

過去的事實告訴我們，抗戰期中，我們的空軍將士，曾以冒死犯難的戰鬥精神，炸沉了日本的『出雲』旗艦，在『八一四』覓橋上空，日本之『鹿屋』及『木更津』兩海軍航空隊，各以『九六』式轟炸機十餘架空襲我機場，我驅逐機昇空迎擊，擊落敵機六架，我則全軍凱旋，毫無損失。八月十五日，敵機六十架，分襲杭州、嘉興、曹娥等機場，當時我僅起飛驅逐機五架，擊落敵『九四式』轟炸機四架，晚七時，敵又分兩批來襲，被我擊落十六架。同時襲首都南京的敵機。被我擊落十四架。十五日一日之間，被我擊落共達三十四架，總計三天之中，共擊落敵機四十四架，擊傷者多架，敵人號稱精銳之『鹿屋』『木更津』兩航空隊，遂被殲滅殆盡。

後來在武漢，在重慶和其他許多地方，都曾創造極光榮的戰績，雖然因此犧牲了許多忠勇的空軍戰士。但是空軍戰士抱有大無畏的精神，仍然在祖國領空，和盟友並肩作戰，組成中美混合大隊，深得中外人士好評。

目前的事實表現更是顯明。我空軍自還台之後，凜於本身所負使命之重大，與國家期望之殷切，因此日以繼夜的飛到大陸去，協助陸軍將士作戰，大量的轟炸共軍。也日以繼夜的飛到祖國沿海去，協同海軍將士封鎖共區港口，窒息共區的經濟，阻斷共區的交通。告訴他們，政府是有力量打回大陸的，你們窮兵黷武，壓迫民衆，出賣祖國，慘無人道的舉動，如曇花泡影之一現，而末日到臨，終必不堪我們的一擊即歸於毀滅的。還經常帶着政府的許多文告，投給內地的同胞，告訴他們，祖國是不會遺忘你們的，祖國是不會漠視你們受壓迫的痛苦的，祖國是絕對的要拯救你們於水火之中的，這樣才能使同胞們心理上得到了安慰與憑藉，而可作我們反攻大陸的內援。

更日以繼夜地巡邏台灣海峽上空，偵察共軍的行動，不辭勞瘁，忠心耿耿地保護台灣，這都是鐵的事實。如毛昭宇，姚仝黎、劉善達、紀建文、梁炳戌等，在共軍嚴密監視之下，遽然俘虜共軍，駕駛原機，回到祖國的懷抱。那樣不屈不撓的精神和可歌可泣的行動，都會引起各方的稱頌，這樣忠貞不二，有我無敵的作戰精神，爲空軍確保台灣的主要條件。

以上五點，是我與共軍兩個實力的對比，毫無疑義的我們空軍的力量，超出於敵人的何止千萬倍，以此保衛台灣，制止共軍進攻，實在是綽有餘裕了。

現在我們雖然失去大陸，僅有這寶島台灣，我們相信我們是有前途的，勝利一定是不遠的，像美國友人諸蘭所說：『這是黎明前的黑暗』而已。

然而這慕念中的勝利與光明，決定不會從天而降的。反攻大陸的成功，還待我們堅强的奮鬥。在這方面，祖國的空軍，過去曾建立過無數輝煌的功績，也提供過强而有力的佐證，在將來自會創造更多的令人興奮的資料。

空軍的將士們啊！當千千萬萬被共軍壓迫的同胞，渴望着你們回去，如大旱之望雲霓。當多災多難的祖國在渴望着你們殺敵報國的時候，你們的責任是沉重的，你們的奮鬬是艱鉅的，然而你們的使命是光榮的。

但願由於你們忠貞的奮鬬，使自由中國在死裡求生，在黑暗裡求得光明，在耻辱裡求得光榮。

宋朝愛國詩人陸放翁說得好：「王師仗義從天降」，只有我們的空軍將士才能當之無愧！

自由中國

通訊

臺灣問題在美國

──艾契遜險些下臺、杜魯門遭遇責難──

林慰君

美國國會自從今春復會以來，最熱烈的爭辯，就是關於援助中國保衛臺灣的問題。共和黨的議員諾蘭（Knowland）祁開森（Furguson）等數十人，一致主張火速以軍火和軍事援華，以保留東亞一塊最後反共根據地。全美的報紙雜誌以及無線電臺，一致響應。輿論騰沸，對於政府之不採取積極行動，備加責難。杜魯門自任總統以來，尚未受到過這樣强烈的非難，為了臺灣，他幾乎被人罵得一文不值！

素以穩重著稱的國務卿艾契遜，為了他和杜魯門走的是一條路線，所以也遭到全國輿論界的指摘。日前共和黨的多數議員，竟以艾氏對於軍事援華問題之不同意，和北平美使館之被封，而一致要求他下台。每一開會，他總是被議員們罵得焦頭爛額，無地自容。他這次雖然沒有眞的下臺，但所受的責難，也够使他覺悟的了！

但是臺灣問題究竟怎麼樣！據麥克阿瑟將軍和美國最高軍事當局的意見，都主張應急速派遣軍隊和軍事顧問人員前往援助，但是在民主黨所把持的國會裡和白宮方面，即不主張派遺軍隊，他們主張僅僅給與經濟方面的援助，理由是如果採取軍事援華的行動，恐怕會引起第三次世界大戰。現在這個問題双方尚在爭持中，將來是否能眞的派遣軍隊，尚不敢說。不過據我個人的觀察，政府如能好好的守住臺灣和海南島，在幾個月之內，是很有希望能夠取得一些經濟和軍事顧問人員或航空志願軍等等援助的。

在所有美國各報的援華呼籲聲中，最有力最為人所注意的一篇文章，是前海軍上將雅奈爾氏（Yarnell）的一篇論文。

雅氏為美國前海軍上將及遠東問題專家，退役前會任亞洲艦隊總司令，為人剛正直爽，其文章亦率直大胆，素為輿論界所推崇。自從他發表了這篇論文之後，全國各地的報紙，一致響應，白宮為之黯然失色！現在把雅奈爾氏論文的要點，向國內的讀者報告一下：

雅氏說，美國自從有史以來，外交的紀錄中再也沒有比近十三年對於處[illegible]國問題更欠安當的了！，尤其是近幾月來，不幸的中國被共軍佔據了以後。

美國對於國民政府，竟公然採取「等着瞧」政策，而沒有其他的辦法。國民政府所抵禦的敵人，也就是我們在歐洲化了幾百億美金所防禦的敵人。而且在我國的政府內外，甚至有人主張承認共黨政府，他們以為這樣可以保護在華的美僑和貿易。

以美國人民在其他各共黨國家所受的待遇來判斷，可證這種說法之絕不可靠，而且最壞的是如果我們承認中共，則安南，菲律賓和印度尼西亞等國都會受到影響。因為這樣一來便是證明我們放棄國民政府而鼓勵共黨對於東亞的霸佔。

更進一步，如果把臺灣供獻給共黨，便是把我們在西太平洋的屏障犧牲了。

當國務院尚未宣佈怎樣處理臺灣問題之前，有許多問題是需要檢討和決定的，但這問題決定得越早越好。我們對於遠東的共黨，必需有一個確定的政策。

這眞是一件怪事，我們在歐洲的政策是反共，而在遠東則定容共。為了這個原因，我希望大家特別注意我的建議和檢討。

雅氏接着說，美國化了幾百億在歐洲防此共黨，而把亞洲的後門大大開放，這眞是不可思議的一件事！

現在持候到了，我們應當放棄那個「等着瞻」和「不管」主義，而拿出一套對付共黨的法子來。假使我們仍然「不管」，共黨將會征服整個東亞，而臺灣的喪失，也就是我們和莫斯科之間西太平洋上屏障之損失。美國在遠東的威名和影響也將歸喪盡。第三次大戰則將更近了。

雅氏主張站在美國的立場，只有一件行動足以影響共黨，因為他們惟一的信仰只有武力。為了這個，我們只有對於反抗共黨的人加以政治，經濟和軍事的援功。

道義上的援助也是有價值的。美政府應當正式公布文告，聲明美國對於遠東的任何共黨政府，概不承認。

美國在歐洲既有「大西洋公約」，在亞洲就應當支持一個「太平洋公約」以作還東反共諸國的後盾。

美國更應賞佈：美國絕對不與任何蘇俄領導之卜的國家發生任何經濟關係，然而美國要盡量增進美國與遠東反共民主國家的經濟關係。

軍事的援助必須實行，但尚不必比美國給與歐洲的那麼多。

中國國民政府現在臺灣，在那裡，他們的海軍和空軍如有美國的援助，可以成為一個强人的反共勢力。美國如果供給軍械和器材，臺灣可以建立一個健全的軍事力量。

宣傳和游擊戰可以在中國本土上進行而在此地訓練，這是一個省錢而有效的戰術，而且是反抗共產主義最有用的東西。

美國應當派遣外交，經濟和軍事人員在一些遠東問題專家的領導之下，和中國政府合作。上述的種種問題，在歐洲均已實行，亞洲之重要是否次於歐洲，至今尚為一未決之問題，我們豈容忽視！

有一件往明顯的事實，如果美國不阻止蘇俄和共產黨在遠東的猖獗，美國在太平洋的防線即將被逐而縮短至夏威夷群島上了。目前的事實，需要請極的行動而不是[illegible]極主義。固為消極終歸是要失敗的。

美國這延行動可以使遠東知道美國在亞洲反共之決心並不次於[illegible]洲。這樣一來，對於反共的人群是大有利益的。

雅氏又說，美國既是世界上的一大强國，就應當名符共實的履行美國的義務──不但在歐洲如此，在亞洲亦應當如此──這種行動，如果立刻實行而且靈活的加以運用，對於美國的安全有很大的保障，實比幾十億元的軍火還有用得多。

亞洲人民的友誼是美國國防的壁壘，不要為了猶疑不決，而失去這偉大友情！

卅九年一月十九日於芝加哥

美國通訊

史太林主義者必將被征服、推翻、和廢除！

巴格諾考斯基

美國第三任的總統哲裴遜氏在他的退休演說中，曾經自信的說美國是人類自由遺體的唯一保護者。不錯，在哲裴遜退休後一個半世紀的今天，也祇有美國的能力夠得上做這個工作。今天美國在外交上的一舉一動都直接間接的影響着世界的安危。直接構成美國外交政策的動力來自總統，國務卿和國會。而這構成外交政策的三脚架又需要放在輿論的水平上。最近數年來，美國外交政策的執行者舉棋不定，對人類空前的危機沒有質弭的辦法。現在美國的輿論已經表示出不能忍耐了。這種不耐的氣味讀者將能從下面巴格諾考斯基的信上嗅得到。

——編者

儆寰先生左右：

昨天接到美國友人巴格諾考斯基先生的來信，從它字裡行間中，我得到了很大的鼓勵。巴氏信中充滿了熱誠和正義，充滿了反極權、反暴力、反恐怖、反侵略的情緒和決心。在人類自由的遺體被浸蝕被摧殘的今天，而能夠操縱世界上最大資源的美國政府竟視若無睹，巴氏恨透了美國當政者的這種昏憒的行爲。他現在正大聲疾呼的爲反共抗俄的自由中國，爲人類不可分割的自由民主幸福，仗義執言。巴氏在美國雖無顯赫的地位，但他却能反映出當今一般美國人民的心情和願望。因此 將巴氏原函譯出奉上，祈能借 貴刊一角的地位刊出，藉此和巴氏廣大的中國友人見面。

即頌

撰安

弟蔣匀田敬上

三十九年三月二十四日臺北

親愛的蔣匀田先生：

我的確非常高興能看到來自臺北的一段簡單新聞，報導所有中國的和平民主社會主義者的大團結。他們摒棄、非難、責備暴力的軍事征服方法，這種征服的目的是要建立「共產主義」，所謂中國的「共產黨」認爲只要在觀念上和軍事破壞上盲從史太林主義的便是「共產主義」。

自然，他們不是社會主義者，不是馬克斯主義者，也不是共產主義者。毛澤東和他的幫凶——史太林密探、間諜、冒險者、軍事侵略者——只不過是史太林帝國主義的陰謀和軍事征服計劃的外國武器——這種軍事征服當然也包括美國在內。只有杜魯門總統的昏憒腦袋不能了解這些。縱然杜魯門總統對於史太林的侵略中國荒謬地置之不顧，並姑息所謂中國「共產黨」的殘忍侵略，但史太林主義者必將被征服、推翻、和廢除！姑息態度必須全部並立刻停止，對於史太林主義沒有和解！沒有妥協！沒有投降！

英國和印度承認中共，我實在感到驚奇和遺憾。但他們這種拙劣的妥協行動也是由於杜魯門總統拒絕援助保衛臺灣所促成，因此遲至本年元月方才承認。

杜魯門總統說得太多，行動不夠。少說話趕快武裝起來！這才是對於史太林殘忍的軍事侵略適當的解決和回答！不僅在歐洲有大西洋公約，在亞洲也應該有亞洲防守聯盟，同時在兩方面採取主動的防衛來牽制捕捉那些從蘇聯集團（即蘇聯本部和它的衛星國）所發出軍事侵略的史太林主義的野獸們。

自一九四九年四月廿日以來，我便詳細地研究過國民政府的敗退、防衛、軍事行動、外交活動和政治演說等。對於這些演說的崇高與正直我有最高度的感謝和虔誠的敬意。當史太林主義的軍閥們渡江進攻和平的中華民國的國軍時，我認爲在事實上和歷史上便是第三次世界大戰的「珍珠港」。

換句話說，第三次世界大戰幾乎早在一年以前便開始了。而杜魯門總統却一面和維辛斯基表示友善，一面發表（至少在名義上）醜名的不完全的污辱而虛僞的「白皮書」，這便是援助自由軍隊！

好，現在已經足够了，我將幫助並嚴正保證國民政府和合法的憲政的中華民國重獲國際間的光榮而顯赫的地位，並且不承認險惡的無知的罪惡的「共產黨」。倘若他們要爲社會主義而戰，爲何不向西北進攻那些曲解「社會主義」巧於欺詐的史太林主義者和那些暴虐專制的軍事野獸們呢？相反的，他們侵略自己的國家，輕視法律和憲法，完全違反了所有馬克斯主義的原則，教訓和智慧——馬克斯（Marx）恩格斯，（Engels）德林（De Leon），列寧（Lenin）以及蒲勒科諾夫（Plekhonov）！

希望不久可以看到國民政府重返中國大陸，我永遠虔誠地反抗無知的險惡的卑劣的狡詐的暴虐的殘忍的史太林和他的軍事野獸們。

你的忠實朋友

巴格諾考斯基

一九五〇年二月十一日紐約

香港通信

陷後北平教授群

烏逸人

編者先生：

鄙人在毛記天下度過了整整一年的「解放」生活，最近冒險出走，倉惶來港。見到胡先生創辦的「自由中國」半月刊，很覺興奮。在今天的情形之下，還是有許多堅定的自由之士，繼續不屈地爲反對極權反對暴戾的統治，爲自由民主而奮鬥。這不僅使像我這樣甫離鐵幕尚餘惶悸的人感到鼓舞，我敢說如果「鐵幕中國」之內的人民知道這類消息，得到這類東西，一定會感到莫大的慰藉。

貴刊讀者，想一定關心北平教授們和各學校的情況。茲就個人所知，摘要記述，如　先生認爲可用，則請刊爲通信爲感！此祝

撰安

讀者烏逸人上　二月・十八日。

數百年來，北平始終要算是中國文化的中心，如今陷入鐵幕已經一年了。幾座世界聞名較有學術成就的學府，大多數資望學問很高的學者教授，一直都留在古城，凡是關心文化教育的人們，一定都很關心這些學府，這些教授們在新王朝統治下的情況。筆者最近才離開北平，願就所知，作一個報告。不過首先該要申明的，是在共產黨統治之下，沒有一個自由人，新聞既是完全統制了，每個人除了自己生活中親見親聞的事以外，很難得到別的消息，有之，也祇是暗中流行的一些傳說。因此，筆者敢於斷言，關於整個共區的情況，甚至關於某一地方的一般情況，生活在鐵幕之內的人們比在鐵幕之外的人還要知道得少些。不過親身經歷嘗受的人所知者更確實，所感受更親切罷了。

在『自由中國』二卷三期上有胡適先生『共產黨統治下決沒有自由』一文，副標題是『跋所謂「陳垣給胡適的一封公開信」』，胡先生以考證家的方法，證明陳垣先生的這封信決非他自己所寫，猜想他是被迫寫了一封信，而且是用古文寫的。『這信到了共產黨的手裏，共產黨的文人就把這封信完全改成了白話文，又把這信放大了加了許多可做宣傳的材料，就成了這封「公開信」了。』在這裏，筆者願意根據自己所知道的事實，提供一點證明。

陳垣先生這封信發表後，確實是引起很大的轟動，這封「公開信」也眞是被共產黨及其同路人時常引用。不僅胡先生不相信是陳垣先生自己寫的，在北平的人們也不相信。有一次，筆者偶而從輔仁大學某一位常接近陳先生的教授那兒聽到一點消息，就是陳先生確實寫了一封古文信，交給共產黨的某先生，某先生將牠改過了再給陳先生過目，陳先生自己又改過一次，那位先生拿去再改過，就發表了。前後經過三次更改，胡先生所言不誤。但是，陳垣先生自從共產黨到後，眞是買了許多共產黨的小冊子，埋頭用功地讀，而且和人談話，頗有聞道恨晚之慨。至於這些表示是否出自本意，筆者也不得而知。

陳垣先生發表了這封近於自我「坦白」的公開信以後，其他被共產黨認爲「有問題」的學者教授，在報紙上發表「自我檢討」之類的，陸續有很多。如馮友蘭、雷海宗、朱光潛等。

馮友蘭先生是中國一代大師，平日長袍馬掛，道貌岸然。著書立言，以今之儒者自居。許多眞心向學的青年學子，對於馮先生都敬仰崇拜。前年年底，共軍逼臨城下的時候，清華大學校長梅貽琦先生離校，馮先生曾代理校務。清華在郊外，所以共軍先到。「解放」之後，馮先生所表現的言行損傷了他一生的令譽。「馮先生變得太快了！」連一向極端左傾的學生都這樣說。他大談「解放」之道，大講唯物辯證法，而且會決定在城內青年會禮堂作一個系統性的連續講演，題目也就是唯物辯證法。後來請講演一直不會實現，大概並非欽定牧師，豈能登壇說道，何況馮先生過去那一段「淵緣」。所以不久，校座的位置也跨台了，而且要爲文「自我檢討」。記得當馮先生開始作驚人轉變時，有一位一向敬重他的青年朋友慨然嘆道：

『從此我們可以不怕馮大法師了！』

關於雷海宗先生的「自白書」，有一個人物不能不提到，就是以左傾出名的吳晗教授。吳本是雷的學生，一向以自吹和獲得群衆掌聲爲能事。在昆明，在北平，每一次學生運動他都是主要策動人之一。北平易手的前三個月，這位先生潛逃到共區，以後，便以征服者的姿態回來「接收」各學府。雷海宗先生是清華歷史系主任，吳晗要清算他，要他自己辭掉系主任職務，並要他寫自白書。雷先生便寫了一個。吳一看，覺得不滿意，要他重新再寫。雷也祇好再寫一個，懺悔自罪的語氣自然說得更重些。然而這位吳教授仍然不滿意。雷先生說：

『我祇能寫得這樣，再要不合適，我便不知道如何下筆了。』

吳教授說：『那麼，我替你寫好了！』於是吳便代他寫一個「自白書

，硬替他套上過去如何「反動」，如何替國民黨作「幫兇」，如何與國民黨勾結，今後如何痛改前非，接受「人民」的指導……逼着他簽了字。

一代文豪沈從文先生，照說應該沒有太大問題的。大多數的共產黨作家，如丁玲，臧克家等，都曾受過他的影響。然而從文先生自從共產黨到後，所受的折磨比任何人都大。當共軍進城不久，發動學生參軍運動正熱烈進行時，共軍第四野戰軍政治委員羅榮桓曾對「南下工作團」的學生們公開演講說：

「沈從文，我不能饒掉他！他痛哭流涕地跑來找我，要我寬恕他以前的罪過，給他一條自新之路。這怎麼能辦到！」

天知道，沈從文作過些什麼罪過？沈從文是否眞的痛哭流涕跑去找他，也沒有誰能證明。祇是，從此以後，沈先生的厄運來了。他是湘西人，性情直戇，別人能忍受的，他就忍受不了。所以接踵不斷的訪問，檢討，謾罵，逼得他無路可走，自殺三次不遂，最後便瘋了。

筆者到港後，知道關心沈先生的人特別多。有人聽說沈先生被北大解聘，又有人聽說沈先生已死。這些都不確。筆者離開北平時，沈先生的瘋病還沒有好。

朱光潛，賀麟等先生一向被共產黨罵爲國民黨御用學者，他們的主張與態度，與共產黨的那一套無論如何是水火不相容。因此，在情勢逼迫之下，雖然不得不裝出一副前進的神氣，仍舊不能把黑格爾、克羅齊解釋成爲唯物論者。講堂上常常被學生過問得非常窘。知道朱先生的人，大概也都知道他的硬派脾氣。如今他也公開爲文「自我檢討」一番，恐怕有些怪異吧？其實，他們心裏有苦說不出。

要是他們眞的思想轉變，那才更是怪事也？筆者知道有一位北大同學，因爲對朱先生此學不很以爲然，跑去找朱先生談談，還沒有說上兩句話，就被他連拖帶扯地請出了門，弄得這位同學莫明其妙。

一般大學課程，除了添加辯證唯物論，歷史唯物論，爲共同必修外，其他任何課程的教授都打出用「新觀點」教授的招牌，事實都是牽強附會，敷衍了事。而以前對於共產黨特別表示好感的張東蓀先生，倒是很不滿意於辯證唯物論。

提起張東蓀，有一個小故事在暗中傳說得很普遍。說是當「新政協」開會時，毛澤東要擺出各黨各派聯合政府的樣子，選擇「民主人士」，便請了張先生去，要給他教育部長之類的大官做。張婉言謝絕說：

「毛先生！在你們領導之下做一個安分的百姓已經是非常光榮，非常難得，我不敢再作他想。而且我年事已老，請你讓我仍舊回學校去教教書罷！」

毛澤東是聰明的，當然知道這話的意思，便把手一擺，打斷張的話說：

「好了！好了！你不必說了，我知道你，你是沒有問題。」

這件故事究竟是眞是假，筆者也不得而知，但張氏並未做官則是事實。

前所謂「北大三教授」許德珩依舊是到處叫囂，袁翰青已經做官，而最激烈的馬克思主義信徒樊弘，年來卻是完全沉默了，既不爲文公開發表，也不作任何演說，祇是安安靜靜地教書。張奚若、錢端升兩位先生在起初對於共產黨曾表示相當熱烈的歡迎，現在也逐漸沉默起來。

有一位從前在「觀察」週刊上常發表大文的名教授樓邦彥先生，於此不得不一提。北平開始被圍時，南京政府方面派專機去迎接胡適先生，這位樓先生曾親到胡先生處，請求胡先生把他帶走，結果沒有走成。共軍進城後，樓先生非常勇於前進，公開演說，罵得痛快淋漓。但是這件事已經盡人皆知，所以即是左傾學生也爲之不齒。後來，無論他裝得怎樣認眞，情況一直是很難堪的。

張申府自從在「觀察」上發表那篇「呼籲停戰」的文章以後，完全開罪了共產黨，民盟開除了他的黨籍。他的太太劉清揚，到石家莊去了一趟之後，宣佈和他脫離夫妻關係。如今劉清揚在「婦女界」大出風頭，張則完全消聲匿跡，要不是有人偶爾可以在北大圖書館看見他，人們還要當他不見了。

胡適先生離平後，北大組織了一個校務委員會，由湯用彤、周炳琳、鄭天挺三位先生任常委，湯先生爲主席，代理校務，仍舊兼文學院長，又兼哲學系主任。他們眞是一片苦心孤詣，要在這狂風驟雨中盡個人的力量來維持學校的生命。湯先生從來不問政治，是德高望重的學者。能得到各方面的擁護。後來，共產黨對於這個校務委員會不滿，便另行改組，周、鄭兩位先生都去職，換上曾昭掄〈兼教務長），向達、許德珩，錢端升、兪大紱，仍由湯先生主持。不過，從開始就有郭沫若長北大之說。近來此說又盛揚起來。看樣子，郭校長恐怕終久是要到任的。

這眞是一個大變！以前的教授學者們都至少可以自保其獨立思想的，北方教授特點在於各人有一套。如今呢？所有的那些「一套」都不得不「自動」地遷就那一大套了。四十歲以上的學者，思想已經成熟，要作大的「轉變」是多麼不容易的事！然而居然「轉變」了，變得那麼整齊，那麼統一，那麼迅速！如果你相信這「轉變」是實情，就不能不承認人類社會歷史的發展可以有超出人的想像能力之外的奇跡出現了。

在學生方面，生活是很苦的，公費改名爲「人民助學金」，名額有限制，申請非常困難，實際給公費以「思想」爲標準。每個人都得「自動」參加一種社團活動。上課乃是集體去檢討教授的思想，整天小組討論，開會，開會開得你頭昏眼花，精疲力盡，自己讀書是不可能的。許多青年朋友不論過去思想如何，很容易地就套上一個信仰，瘋狂般地開足了馬力來跳動。「新民主主義青年團」比當年的「三民主義青年團」搞得還要熱烈，上勁。一個人接受了這樣一套狂烈的信仰之後改變得眞厲害，「轉變」的過程幾乎不能從過去找出痕跡來，好像那個舊人已經無疾而終，原有的軀殼給一個不知來自何方的孤魂怨鬼借尸還魂了。這眞是不容忽視的現象，不論你作什麼樣的解釋。共產黨之所以能夠強大，能夠成功，而且在民心背離日深的今日，還能繼續加強其統治力，這種現象實在是主要原因之一。

北平是在「天子腳下」，比起一切其他地方當然算是最好的。但一般人民生活仍是越來越苦。稅重，災重，市場日益不景氣，「人民券」貶值得很厲害。共產黨標上「向人民靠攏」的口號，可是現在新的統治階層與人民的距離愈來愈遠。到是向蘇聯靠攏得更緊了。

這是一番拉雜話，寫來不覺已嫌過長，還有許多可說的都沒有說到，以後如有可能，筆者願意整理一下記憶所及的一切，作一個一般性的綜合報告。

比利時通訊

致爲自由而戰的胡適博士

雷震遠

親愛的胡適博士！

您任北大校長時，我曾在北平遇見您許多次。最近在一位中國友人處得到您新近創辦的「自由中國」雜誌。我非常喜歡讀它，並希望能訂閱，因爲在此滙款訂閱非常不便，我可以請在港的朋友代付訂費。

今寄上我用法文寫的一篇文章「中國的教會與共產主義」。假若您認爲有在貴刊登出的價值，請賜予刊載。我的中文名字爲「雷震遠」，如蒙採用，用外國名字或中國名字均可。

在您們工作方面有什麼需要我幫助的地方，我定盡力效勞。因爲我現正旅行意大利、法國、荷蘭、比利時，在各大中學、各種集會以及各公共場合中演講，使歐人了解共產黨要如何赤化亞洲和全世界。

我曾在意大利逗留了一個長時期，從比利時去法國有十次之多，去過荷蘭三次，曾在荷蘭所有的大學中演講，現在我正在比利時到處演講。

我希望今年四月或五月能去美國，並要在美國和加拿大，演講。

您現正向救中國的大道邁進，我也要盡最大努力使受盡磨難的中國人民生活在「自由」中。

我們必須不斷的爲自由而戰。只有經過了艱辛的戰鬥，我們方能希望獲得最後勝利。戰鬥是艱辛的，但願您是一個爲自由而戰的凱旋者。

敬祝

自由勝利！

雷震遠敬上

一九五〇年元月十七日

(Roymond J. de Jaegher)

附註　雷震遠先生原著「中國的教會與共產主義」係法文，已着手翻譯，譯者因事尚未完成，下期可刊出。

毛澤東即或成為狄托、難道我們就不反對了嗎？

編輯先生：最近我時常看到報章雜誌上討論到毛澤東是否會成爲狄托的問題，而國外如英美諸國更是特別注意此一問題，幾個月來幾乎杜魯門，艾其遜在談話中經常提到這件事情。

在國內，有很多反共的人好像覺得毛澤東如果能成爲狄托，那就不必反共了。因爲共產黨已經是『中國的共產黨了』，旣然是屬於中國的那還何必『反』呢？在國外，很多國家認爲中共如果能走狄托路線，好像那樣一來赤色中國就會是好的，他們就預備去承認它，和它建立友誼，因爲它已經脫離史太林啦！

編輯先生，我實在覺得這是當前反共觀念中的一個危機，我現在要說：『不但毛澤東在事實上是不可能成爲狄托的，即或是成爲狄托，我們也要反對的！』因爲毛澤東即或變爲狄托，他也還是共產主義的信徒呀！他也還是要實施極權制度呀！他也還是要淸算，鬪爭，違人性，反自由呀！不過他只是和史太林分了家而另起爐灶而已，只是在世界上又多了一個史太林分號而已，多了一個侵略和極權的單位而已。難道這樣的一個中國就是中國人民所應該擁護的嗎？這樣的一個中國就應該是被自由世界認做友善的嗎？我眞百思不得其解。

去年，貴社出版的『陳獨秀先生的最後見解』一書中，陳先生曾說：『任何獨裁的政治都和殘暴、蒙蔽、欺騙、貪汚、腐化的官僚政治是不能分離的。』我深覺得這實在是政治制度上的一個眞理，毛澤東即或成爲狄托，他不過是以中國爲單位的來實行共產黨的極權政治，中國還是不能實行民主的政治，中國的人民還是不能得到自由，換句話說，中國也就絕不可能好！

現在我要向全中國，全世界的人們呼籲：爲了建設一個良好的中國；爲了掃除自由世界的障碍；我們都要堅決的反對共產黨和打倒共產黨到底；甚至是中共和毛澤東在走狄托路線的時候！

王仁泉上，臺中淸水

二月一日

燕林先生來信

自由中國編輯委員會：

自　貴刊出版，每期皆已經拜讀。貴刊提高了臺灣刊物的品質是小事，重要的是樹立了反共抗俄的理論中心。

大陸淪陷，僅存兩島。國亡已是九成以上，滅種還要中共去「奮鬪」。自大陸出來的人，實際上是難民和流亡客。

現在需要我們睜開眼睛正對現實，抹去頭腦中一切幻想。眼前只有一個怎樣反共抗俄，免去亡國滅種的大問題。

共產黨固然滅絕人性，摧殘文化，可是牠也正利用一切物質與精神的文化去征服人類，孳孳不息。各國人民和共產黨比較起來，有如綿羊，木偶一般。

中國與虎狼爲隣，人民又愚昧，難怪要吃最大的苦頭。中國知道應該反共，怎樣反共的本已很少。（已受共黨蹂躪的人後悔已遲除外）而知道的人偏又壟斷反共。第一是爲他們的利益反共，第二是反共中減少犧牲，獲取利益。因此人人反共，而無法團結起來。

在嚴酷的現狀下，一切主義，制度應該是次要的了。應該檢討過去的得失及將來反共抗俄的效果如何，假如到此時還迷戀骸骨，一定無可救藥。

因感於貴刊許冠三先生文中有：「今天我們還能相信，只有某一主義，某一黨派的力量，就可以抵得住共產主義的侵略嗎？」故略述鄙見。

敬禮！

燕林謹啓

二月十二日於高雄五福四路七號

文藝

殉　馬（下）

長白著

（三）人民寬大

雨過天晴的一個晌午，人們三三兩兩地，哭喪着臉，向屯子東頭的大廟那邊走去。

廟，是一座被「解放」了的地藏寺，裏面的神像早就被「人民」給驅走了。門旁貼着一張白紙條，上面寫的是：「梁家屯人民公審王老德王婆大會會場。」牆上貼着許多各色的紙標語：「壞蛋王老德謀害良馬，存心減低生產！」「幫凶的王婆，人民也不能饒了他！」「馬是生產的武器，人是生產的工具。」「害馬的人是國特，人民要鬥爭他！」「破壞生產的人是反動的餘孽，人民要澈底的消滅他！」……

這一張張標語，都彷彿是地藏王的拘魂票：它拘去了千千萬萬的寃魂，受着那挖眼，割舌，鞭韃，屠殺，……的慘刑。

來的人漸漸的多了。每個人臉上都顯出恐懼不安的神色；彷彿是來受刑的。多數人都呆呆地在廟門外徘徊。

『侯村幹！人都來了嗎？』站在桌子後面身着草綠色制服的一個人說。他是康金井區政府馬管理委員會的牛主任委員；也是這個所謂人民大會的常任主席。

『是！主席！人都來了！』村幹必恭必敬地答着。

『好！我們馬上就開會！』主席說完這句，隨手在公文包裏拿出來一本記錄簿放在桌上。然後用他那一双鷹眼，向下面瞧了一遍。向村幹問道：

『喂！就來這幾個人嗎？』

『咦！都在外邊吧？』村幹留神向廟內一看，連自己算上還不過五個人。他又愧又氣。連忙跑出去。對那些正在交頭接耳的人們，狠狠的罵道：

『他媽的！你們眞是王麻子的膏藥，找病！都不願意開會嗎？——還不快他奶奶的都給我滾進去！』

這群像拉夫拉來參加開會的人們，被罵的狗血噴頭；一個個敢怒而不敢言地，低着頭走進廟去。

塌了鼻子的那「傻」農委，領着幾個手持扎鎗的嘍囉，從門外擁進來兩個老寃魂。兩張土灰色的臉，四隻失神的眼睛，進來後，痴痴地停在桌前，一動也不動。

『你們倆向大家坦白，是怎樣將馬害死的！——可不許胡說！』主席用手指着老德和王老太太說。

這一對老夫婦，依舊呆若木雞，一言不發。好似沒有聽見。

『沒聽見嗎？快說！』村幹一面喝着，一面惡狠狠地賞了他倆每人一耳光。

『啊！』『哦！』。他們驚愕地叫了一聲。

『快說呀！』主席將手向桌上一拍。

『說？——』老德張着嘴痴癡地說。

『說？說什麼？』王老太太也嚇昏了。

『混蛋！都忘了嗎？』村幹斥罵着說。

『啊！馬是……』

『不要一同說！王老德你先講！』

『我三天沒給馬草吃，沒給馬水喝，將牠餓死了。我是老壞蛋！老烏龜！情願受人民的公審！……』

『我沒向人民報告。我是幫凶！鴉子！甘心受人民的懲罰！……』

他倆的心，含着無限的寃屈和慘痛，背說着這違背自己良心的話，這是主席和村幹在事先教給他們的，要他們就這樣的向人民坦白；否則——他倆得上「望鄉臺」望望「中央」。

「望鄉臺」，原是地獄裏的寃魂們求之不得的好處所；可是現在因爲地藏王易了人啦，於是「望鄉臺」也就隨着「解放」爲人世的寃魂們粉身碎骨的刑臺了。這一對稿柴一般的老朽，怎敢輕嚐「望中央」呢？

『現在大家都明白了吧；壞蛋王老德已經承認害死了我們「人民」的馬，王婆知而不報是幫凶。他們存心破壞生產；剝削「人民」革命的力量。他們有「國特」的嫌疑；有「反動」的行爲。我們「人民」要清算他們！鬥爭他們！……』主席擺着手式向人們怪叫着說：『……諸位！鬥爭他們應當不應當？——』

下面站着的人們，都好像被釘子釘牢了，許久也沒有人做聲。

『你們都是他媽的啞巴嗎？——』村幹將眼一翻，向人們罵道。

『應當！』一個女人的聲音喊着說。

人們的眼光都驚奇地轉向着發聲之處，發聲喊這句話的是村幹的小婆子，大家都不以爲奇了。因爲這群人在每次的鬥爭會，都聽過她那像敲破鍋似的怪叫聲：「應當——」「可殺——」；所以他們都知道她是開會時的「喊話特派員」了。

『那麼大家說怎樣鬥爭他倆？』主席向人群中問着說。

『我們要寬大——原諒他倆！』村幹的小婆子又喊着說。

每個人的心，正在非常緊張的時候，忽然聽見村幹的小婆子喊出這句話，眞使他們驚奇而興奮。便不約而同地齊聲跟着喊：

『我們要寬大——原諒他倆！』

『好！大家說怎樣原諒他倆？』主席好笑地問着。

『罰糧，吃紅棗！』村幹的小婆子又挺着脖子喊着說。

這句話彷彿是天上打了個霹靂，使得人們的心裡不寒而慄。他們都知道全屯的人家是過着同樣的日子，每天僅能喝兩頓稀粥，那裏有糧可罰呢？吃「紅棗」，更是使他們三魂出竅！他們雖然是沒吃過「紅棗」，但是他們都看見過吃「紅棗」人的慘痛，聽過吃「紅棗」人的哀號。兎死狐悲他們怎能不恐懼而同情呢？

『好！就依照大家的意思辦！』主席就依照這樣一個「大家」的意思，下了個判決。然後用手指着老德倆獰笑着說：『聽見了沒有？這是大家的意思！——寬大原諒你們倆！』

「求求您呀！——您就殺死我們

吧！——我們不願……』老德夫婦齊聲哀叫着說。

「哼！殺死你們！眞他媽的是癩蝦蟆想吃天鵝肉！……』村幹從後門進來，手裏拿着隻用火燒紅了的「烙鐵」，一面罵着，一面向老德倆走過來。

「來！將他倆的手脚都給綑起來！」農委從懷裏掏出來兩條早就準備好了的舊麻縄，嘴裏喚着那幾個手持扎鎗的嘍囉們說。

「老爺們哪？讓我來替我爸爸和媽媽……」

小順是在事前就被村幹派人將他給着起來的。怕他擾亂會場。他想盡了方法才偷偷的跑到這裏來。一進廟，就有人告訴他，要給他爸爸和媽媽吃「紅棗」。他急了，忘掉了害怕，拼命地哭喊着跑上前來。

「他媽的這些廢料！連這麼點的一個小犢子都沒看住！……」村幹的兩眼瞪那幾個手持扎鎗的鬼卒們，嘴裏狠狠的罵着說：「……快給我將他拖出去！——再看起來！」

「是！」鬼卒們一面應着，一面就迎上去，用手將小順的臂一提，拖着就向外走。

「啊——我要替我爸爸和媽媽……

……」

哭叫的聲音逐漸沉沒了；可是跟着的又是：

「哎呀——啊喲——」

「啊嗬——……」

隨着這慘叫的聲音，傳出來一股「烙肉」的臭腥氣。人們都低着頭，誰也不敢仰視。

（四）含寃脫獄

鬪爭會開過後第三天的傍晚。從王家院內走出來七八個人……有的抬着一個舊木櫃，有的拿着一隻破鐵鍋，有的拿着一些舊農具，……農委腋下挾着王家那條印花被，最後面是村幹，左手抱着兩隻雞，右手提着一個小麻袋，裏面裝着不足一斗米。小順跟在村幹的後面，兩手扯着村幹的衣襟，嘴裏哭喊地哀求着說：

「老爺呀！你開點恩吧！這點米……」

「拿你們的這點破東西！能抵住罰你們的那五石禮嗎？還想給你們留下！」村幹頭也不回的走着。

「你拿去了我們就得餓死呀！」

……

「餓死活該！這我還報不上賬呢！」……

「不能啊！你不能拿去呀！」小順哭喊着，用手就抱住了村幹的一條腿。

村幹邁不開步了。眞急的他兩隻黑豆的眼睛快要暴出來；將「八」字型的嘴狠狠的咧着，牙齒緊緊地咬着。他想咬他一口——恨自已的嘴短夠不着；將他扭成兩斷——怨自已的兩手又負着「人民」的重任；放下雞——飛掉了又枉費心機；踢死他——右腿又被他給緊緊的抱住；左腿——有點不靈，被他拖了恐怕雞飛，米洒；喊他們——該死的嘍囉們早就抬着東西走遠了！他氣極敗壞地罵道：

「你這個鴿子養的小犢子！眞他媽的不要命！快撒開手！」

「你放下米！我就撒開手——」

小順知道這點米要是被「人民」給光顧去，他一家三口人的命，就得活活的餓死。他爸爸和媽媽的傷——又是那樣重！所以他祇得抱住村幹的腿，求他留下這點米，可以多活幾天。

這一下，的將這位名馳東北的民主英雄給難住了。他想：就憑我——怎麼這時連一點辦法也沒有呢？當年鬪爭我爸爸的時候，……老東西也是抱住了我的腿，哀求我饒了他。——我那時是用的什麼方法拔出腿來的呢？……哼！有心！他終於想起來一個「金蟬脫殼」計。於是他就將兩眼瞇瞇的向小順好笑着說：

「咳！看你這可憐的樣子，這點米就給你留下吧！」說着就將右手的米袋，向地下一放。

小順一聽，心裏眞好像是開了一朶花，兩隻手放開了村幹的腿，就猛向那還沒落地的米袋撲去。只聽得「咚」的一聲，小順撲了一丈多遠。

「小雜種！叫你嚐嚐——這是輕的！」

這一脚的確是輕的；如果要是重的，恐怕小順的頭，就得像足球似的飛到天空去了。

隔壁的劉二很早就隱在牆角，……這時忽然看見村幹猛踢小順一脚，小順被踢的躺在地上就不動了。他知道這一脚踢的不輕，但是又不敢過去……直等到村幹罵着走遠了，他才一面喊着他的老婆一面跑過來。

「哎呀！暈過去啦！」劉二將小順扶坐起來說。

「快喚！快喚！」劉二婆向這邊跑過來說。

「小順——小順——」他兩齊聲喚着。

許久只聽小順咳嗽了幾聲，吐出一口鮮紅的血，裏面露出兩顆小白牙。睜開紅腫的双眼，「哇」的一聲就哭起來。

「不中——我要找他們還我的米！」小順掙扎着的站起來說。

「唉！孩子！米——命，還不是在他們的手掌嗎！」

「好！我找他們去報仇！」

「傻孩子！快回去侍奉你爸爸和媽媽吧！仇——現在你是報不了的！」

「你聽你二大爺的話，快回去吧！我一會兒給你們送點稀飯……」劉二婆接着說，一面用手推小順走。

小順悻悻地答應了一聲「哼！」用手揉着眼睛就向家走去。

劉二他們目送小順走了，才歎了一口氣，一同回家了。

王家這間草房，經過了「人民」光顧之後，較以前可眞是大不相同了：房門口的那扇破板門也不見啦！屋地上僅剩幾塊墊櫃用的紅磚頭，鍋臺上邊的那個三十多年的漏底鍋，也被「人民」給「解放」啦！件老德數十年的那隻陶土老尿壺，也變了節，向「人民」「學習」去了。

老德和王老太太都躺在那個舖着半截高糧蓆子的土炕上，兩個頭腫的好似一對大「倭瓜」；臉上都帶着兩「人民」賞給的底焦灼的傷痕；上面敷着一些猪油，他們闔着兩隻腫眼，哼也不哼地沉暈着。

他倆已經是三天沒吃飯了，有時向小順要一點水喝，但是現在連水也不喝了。

「爸爸！爸爸！」小順蹲在土炕前，手裏拿着一碗白開水，緊緊的喚着說。

許久，老德漸漸張開浮腫的嘴唇：

「我——不喝……」老德說着。他那灰白的眉毛，也微微的顫動起來，好像是要睜眼而又睜不開的樣子：「……你媽怎麼樣——了？」

「她兩天——不說話啦！」小順咽着嗓子答道。眼眶中飽含着的淚水，落在老德的臉上。

「她——大概是——唉！……」老德一面說着，一面將手伸到炕邊，閉着眼睛，慢慢的提着小順的手：「好孩子！……我也快——！」

「不！媽媽不能！——爸爸也不能！——」小順傷慟到萬分，淚如泉湧地說。

「你——到瀋陽你——姑——家——去！」老德說到這裏，呼吸越發的急促了；但是他盡了最後的力量掙扎着，終於說下去：「長、——大——了——別——忘——了——報……」

老德含着這個還沒說出來的「仇」字，就和小順永別了。

小順嚎啕乾叫着：「爸爸呀！——……」

少許，又聽他哀叫：「啊！——媽媽！——」

狂風怒吼着，捲起萬丈塵沙，天地漫無止境的昏玄着。兩個老寃魂隨着風塵飄離了人間，去找尋那匹怨黑的幽墟去了。

（完）

一封沒寄出的信

天南

×弟：

接到你底信已是很久了，幾次鋪好紙提起筆，但是想想不妥，又廢然擱下，今天我想盡可能寫下去，寫完它。我們很久不會長談了，是不是？

你底來信雖然短短不滿百字，但是它已告訴了我幾個我想知道的問題。你說，「很好，我們都很好，不要惦念我們。祇不過變換了生活底方式。生活嗎？不大容易，反正餓死人難着呢！」

你又說：

「我不能說出我目前的處境和我底心情，兩個月前我還有一個天真的念頭，如今已打消了，可是我已離開了家，不為別的，沒甚麼意思。」

雖然你說的很含蓄，我已經覺得你太大膽了，無論如何，你告訴了我所要知道的，從你說的事實，從你寫的語氣，我明白。

早在一年前，我對於和平的期望仍和四年前一樣地熱切，但是結果這次的期望却幻滅的更快，更徹底。不過這一次我除了看到現實的政治把戲以外，我還瞭解了問題的根本，無論如何，中國底命運是不能不受世界進程的影響的。你記得的，一年前我們都是這樣的想：八年抗戰，四年內戰，砲火震天，多少不該死的好人死了，物價飛漲，千萬苦够了的百姓仍要無窮盡地苦下去。為甚麼？死的人使別人忘記了他們死底價值，甚至說不出價值何在，活的人還要死下去，死於砲火，死於凍餒，為甚麼？大局底發展，使我們昧於實情的天眞頭腦不免再度祈求和平，而且更進而認為這是比四年前更有成功可能的機會。我們考慮過自由，但却以為一般人民所需要的是生活，如果和平是大多數人所迫需，如果大多數人底生活必得用少數人底自由來換取，那麼我們知識份子有甚麼特權一定要堅持我們自由的條件？何況我們底自由觀念原不過剛剛覺醒，所得到的還有限的很。我們也考慮過愛國家，但在當時我們所知太少，幻想太多，我們不祇幻想中國出現狄托，簡直還以為中國是更理想的培育狄托的溫床。至於生活方式，我們幾乎不會給它幾分考慮，我們仗特年青，吃過辛苦，受過壓制，應該無所畏懼。但是這一切想法，今天，你由於親身經歷了中共底統治，我由於知聞的增廣和世勢的移轉，相信我們都難免在重予思索以後，覺得太過天眞簡單，甚至我想說，這些想法都是為了要支持我們對和平的願望，你說我們是多麼可憐吧！

今天，你看得到，中共區內的人民生活究竟是怎樣的。最最殘酷的事實是少數人底犧牲自由並不會為大多數人換來生活，你的信上說，「生活嗎？不大容易。」另一個朋友兩個月後的來信却說他失業已經八個月了，一家人底生活全靠賣舊東西和他擔挑子賣菜來供養，舊東西已到了沒得變賣的程度了，而江南又面臨着春荒底恐怖；同時許多來自共區的報導都不約而同地揭發一項事實，中共不但不管失業問題，反而在努力製造饑饉。很明顯地，我們在一年前竟忽視了一個頂頂重要的因素，就是：在特務恐怖政治之下，適度的貧窮政策是得力的統治手段。同時一個堅持暴力手段的革命集團既不顧恤民命——自然也就不會顧及民食。共產黨在蘇聯執政三十年了，最初我們還聽到他們第一個五年計劃第二個五年計劃地嚷嚷，可是自從蘇德瓜分波蘭以後，我們可會再聽到這些？今天我們祇聽到他們在聲聲高喊蘇聯也有原子彈了。蘇聯的人民被關在鐵幕裏面，對自由世界人們底生活味然無知，長年累月的扼殺靈魂出賣勞力地討生活，最近我讀到了不少這個事實的報導，和接二連三冒死逃出鐵幕的人們底經歷比較起來，我知道那些報導決非慌言。但是相反地你可有機會聽到去年十二月十日美國之音廣播？廣播員底報導說：「前天，維辛斯基自紐約乘美輪美利堅號返國，美利堅號是一條豪華的美國輪船，設備最全，最現代化。維辛斯基坐的是頭等艙位，上船時帶的行李極多，顯然是買了很多種在俄國買不到的東西，用數輛汽車來回運了好幾次才運完。維辛斯基賞了脚伕四十元美金，脚伕說這是他們所會得的小費中最多的。維辛斯基上船後便帶着他底隨員，吃了一頓精美的西餐，然後美國的音樂，看過美國的電影，聽着又帶了隨員到游泳池中游泳，表現出維辛斯基在盡情地享受一下自由文化底成就。」這該是一個多強烈的對比。在俄國革命成功的初期，他們取消特權階級，處處講平等，但是沒有好久，新的階級處處建立起來，統治者和被統治者之間不祇沒有政治平等，經濟地位底懸殊也日漸拉長了它們底距離。因為唯有這樣才能利用人情醜惡的一面——貪婪自私，從上到下地用利誘來綑牢他們底組織，加強他們恐怖的控制。千百萬俄國無辜人民供給試驗證明不誣的理論，今天自然也一骨腦地移到中國來實踐。東北的食糧要運到蘇聯和東歐去換機器武裝，華北荒了三年的土地依然缺乏人力去耕耘，而富腴的江南也要鬧春荒了，這是事實，連中共當局都公開承認的事實，那麼知識份子犧牲自由的代價在哪里呢？

我們都生長在祖國遠在一連串不斷危難的時代里，愛國心深深地根植在我們底血液里。所以在一年前我們竟會那樣天眞的去想：中共總是中共，假如他們統治了中國，假如他們得到了內外的鼓勵，假如他們……，他們也許會走狄托路線。雖然我們是愛國的，幻想着能使中國在世界兩大壁壘間僥倖保全，但今天我不能不對自己盲目的愛國心感到羞恥，因為我已經知道中共是不愛國的集團，同時我更進而醒悟到狄托毫不可貴，狄托毫不可貴。相信你一定讀過毛澤東的「論人民民主專政」，在那里面他提出了「一邊倒」的口號，並且說明「一邊倒」的理由，認為世界兩強對立而且絕無和平相處的可能，所以「不但中國，全世界也一樣，不是倒向帝國主義，就是倒向社會主義，絕無例外的。中立是偽裝的，第三條道路是沒有的。」在這段話里，毛澤東巧妙地用了兩個十年前最普通的名詞把他們謊話說得異常逼眞，他曾否想到過，如果我們把□說的「帝國主義」改成「民主主」，把「社會主義」改成「獨裁主義」或者退一步改成「共產主義」，那麼我們便會毫不費力地瞭解毛澤東和他領導的中共底「一邊倒」不過是賣身投靠，靠向蘇聯而已。以中共在國內瘋狂的勝利，情勢來看，他們竟事事「向蘇聯看齊」，「向蘇聯學習」，並且進而公開宣稱「一邊倒」，不能不教愛國家的人們去除一切幻想。過去中共辱罵政府是「美國底附庸」，官吏是「美國底走狗」，但是他們對毛澤東和周恩來朝拜莫斯科一留經月的事，作何解釋？中共是「中國的」共產黨不是「中國底」共產黨；中國不可能出現狄托，史達林也決不容許共產世界出現第二個狄托。不但如此，我還得告訴你我已經澈底醒悟狄托毫不可貴，在世界民主潮流進程中，如果這個共產獨裁集團是一個當面的大阻礙，佛朗哥和狄托也應該被當作是兩個暗灘，同樣應該沖掉他們。我越來越不瞭解，佛朗哥和狄托的政權祇爲了反蘇便可被縱容實行獨裁，中國政府却會因爲改革不夠便被視爲不値得同情。狄托有甚麼可貴呢？爲了他顧及南斯拉夫農民的生計嗎？南斯拉夫至今仍保留着獨裁的政體，佛朗哥的寶座尙且坐得更長久，眞的，當一年前我們期盼中出現狄托的時候，我們竟忘記了我們是爲什麼不滿意我們的政府。現在我幾乎有些暗自慶幸的感覺，如果毛澤東眞的走了狄托路綫，中國政治除了改換代而外，還會出現一個民主世界認可的獨裁局面，那纔是荒唐呢？所以我說：狄托毫不可貴，狄托毫不可貴！

至於生活方式底改變，你來信似乎覺得不算一回事，我想這和你放棄自由的心理準備大有關係，從共區外出的人們，隨了他們身份底不同，說法極不一致，這個題目極具體又廣泛，今天似乎還不能談論它。

我不知道你是否有機會讀到美國國務院對華政策的白皮書，這里我願意引用司徒大使底一段報告來爲這封信作結：

「我們所以拒絕共產主義者，並不是爲他們底明顯的社會改革；而是爲他們底不寬容，他們底陰險的依仗第五縱隊與類似的秘密手段，他們底殘酷壓制一切不同思想與行動，他們底否定個人人權，他們底肆意使用欺騙宣傳與一切不道德的方法以遂逞共企圖，以及他們底瘋狂武斷主義，包括認爲暴力革命是必要的底信念。所有這些罪惡，再加這些政策是從莫斯科發號施令，它們適用於中國共產主義的確實性與他處並無二致。我們底問題乃在如何阻延，揭發，或抵消他們在中國的勢力。」

×弟，當我抄寫到這里時，我實在不能忘記那愛中國的異國老人，他一次再次的呼籲中國的知識份子覺醒責任，關心政治，一次再次的強調中國人民闡發愛國精神的重要，他說過：「愛國者終必成功！」但直到我去年秋天從白皮書里讀到他剖析中共的這段官方報告後，我纔知道他底眞意思和眞感情，所以我把它抄給你讀。

如今，北中國正戰慄在嚴冬底凜寒里，億萬好百姓面對着無情的暴虐飢饉，騙局在這種情況之下是維持不長久的，願我們一同抱定信心，「有眞理者必將存在」！

祝

健康

××卅九年一月廿八日

本刊編輯部啓事

爲了要減少錯字（指排錯的字，與撰稿人無干），加強校對工作，我們今後打算敦請讀者先生共同努力。

讀者此後閱讀本刊，若發現錯字，即希賜函指正。我們除了因此而得到鼓勵外，並用作編製「校對紀錄表」的材料。爲了使讀者不白盡義務起見，並酌量奉贈報酬，其辦法如下：

（一）每期校正錯字滿十個者，贈本刊一期。滿二十字者贈送本刊兩期。滿三十字者，贈送三期。餘類推。

（二）每期不滿十字者，可與下期共同計算，但連續計算最多不能超過三期。

史太林—彼得大帝遺囑的執行人

瑞士世界一週原載
本　六　譯

當大家在分析和猜測今日布爾雪維克俄國外交上之努力的確實意義和眞正目的時，常常提到所謂『彼得大帝的政治遺囑』。據說，蘇聯雖然充滿了世界革命的理想，結果却在繼續着當年沙皇時代的帝國主義外交政策，而史太林以世界共產主義最高領袖的地位，則是所有俄國獨裁君主和帝皇中最優秀的彼得大帝的政治遺囑執行人。

爲了要判斷這觀察是否正確，必需首先認識這引起許多爭論的文件原文。所謂『彼得大帝政治遺囑』最初發現人是著名的德翁貝蒙騎士，Chevalier D'Eon de Beaumont。他年紀很輕便充任法王路易十五駐女皇凱撒林第二 Katherina II 宮中的外交代表。他是一個很能幹的青年，同俄皇宮中許多有勢力人物保持密切的關係。由於這些私人關係，使這德翁騎士獲有機會進入宮內沙皇家族私人的檔案室，在那裡，像他所保證的，『正確無訛地』將彼得大帝的政治遺囑抄錄下來。

一七五七，德翁騎士回到法國，將這有趣的文件交給外交部部長們爾尼 Abbe de Bernis，再轉呈法王路易十五。但他兩人對這文件并不特別注意，後來德翁騎士把它記入他的回憶錄中。一八七六年，當俄人出現於君士坦丁堡，歐洲爲之震驚時，敎廷駐巴黎的高級書記高穆 Monsignor J. G. Gaume 以 Le testament de Pierre le Grand ou la Clef de l'Avenir 爲題出一特刊，把它揭載出來，我們便是從這特刊摘錄下來。

這文件的正確性常爲人懷疑，不過只要我們看一看彼得大帝死後過去三百年間俄國的發展和擴張，便可尋出一個符合於在這文件中所定下的俄國外交政策的使人驚異的證明。可是，最好還是讓讀者在讀完『遺囑』的原文後自己下判語吧：

『朕，全俄國民皇帝及獨壹君主彼得，謹以至聖至全之三位一體之名，昭告於我所有後人與夫俄國政府及皇位承繼者』。

『朕躬及皇冕所由來之全能上帝，以其神惠天恩照臨一切，賦予吾人不易之信念，深知全俄人民負有異日統治歐洲之天命』。

『此信念乃基於歐洲國家大半瀕於衰老凋殘之事實，以是極易爲一朝氣蓬勃充滿力量之新興民族所征服。

『朕卽位時，大俄帝國有如溪流；玆以江河，傳諸後世；繼朕躬者其使之化爲汪洋大海，俾貧困之歐洲，重趨繁榮；其怒濤必盡毀弱腕所築之堤堰，奔流無阻。職是之故，特以下列數事，留諸繼承朕躬後人，其各善體斯旨，永遵弗諭！』

『一、大俄帝國應恒維持戰爭狀態，俾兵士得保有戰鬥力而國家精神得隨時完成準備；除需要改善國家財政外，不可使稍事喘息；不時更新武器，并選擇適當之攻擊時機。處事恒以和平有助於戰爭，戰爭有助於和平爲原則，而一切則以俄羅斯之拓展繁榮爲唯一目的。』

『二、盡所有可能方法，從所有歐洲國家，在戰時吸收其軍事幹部，在平時吸收其科學專家，俾俄國獲有其他國家一切特長，而不失固有優點。』

『三、遇有機會，卽參加一切歐洲糾紛事件，尤以德國爲首要，蓋以其毗鄰俄疆，休戚相關也。』

『四、支持波蘭不斷之變亂紛爭，從而分解其國家：用金錢交歡其權貴，賄買貴族及國會而左右之，俾掌握皇室執政之選舉；國王選舉則獎掖支持己黨；派遣軍隊進駐波蘭，尋求機會以長戍彼土。隣國如有異議，設法使其暫時安靜，例如分予一部領土，俟適當時機，再行收回』。

『五、盡量掠奪瑞典領土，使其向我攻擊，俾獲出師征討之口實。爲達此目的，須使瑞典與芬蘭相互隔離，并不斷煽惑其對立。』

『六、俄羅斯皇室家族應擇德意志王族以爲配偶，藉以增强家族聯繫，促進關懷之切，從而使德國事件牽涉於我，遂加强吾人之勢力。』

『七、爲期促進商務，應與英國聯盟。該國以其艦隊關係，亟需吾人，其於我艦隊之擴建，亦屬有用。吾人可以木材及其他我國物產易其黃金，我商人及海員并應不斷與其商人及海員尋求聯繫』。

『八、俄國領土應不斷向北沿波羅的海岸，向南沿黑海岸拓展』。

『九、盡可能以求接近君士坦丁堡及印度。無論何人能征服君士坦丁堡及印度，卽爲世界盟主。以是我國須不斷先向土耳其作戰，繼及波斯；沿黑海建軍港以逐漸控制黑海，波羅的海亦如之，此爲實現上項計劃必需之兩大據點；加速波斯之沒落，以便展至波斯灣；如屬可能，卽藉敍利亞之助重與地中海東岸諸國建立曩昔作國商業關係，同樣并試向世界寶庫印度前進。倘達此目的，吾人卽可捨棄英國之黃金。』

『十、設法同奧地利締結同盟並審愼扶植之。對外支持其異日統治德國之企圖，同時則煽惑德國諸王侯對　國之嫉視。對德意志諸王國則使其個別向俄羅斯請求援助，藉以對其施行保護，而爲吾人日後統治之先聲』。

『十一、鼓舞奧地利皇室使其將土耳其人逐出歐洲。俟佔領君士坦丁堡後，卽設法使之與其他歐洲國家捲入戰爭漩渦，或界以所奪取土耳其領土一部藉息其忿，其地日後仍可索回』。

『十二、盡一切可能範圍內將在匈牙利南波蘭……等國之亂黨希臘人收容於俄國，使其傾向於我，對其予以支持，並以普遍控制權連同精神上優越感加諸彼等，使其在敵人陣營中用作吾人之友好。』

『十三、俟依照上項步驟，分裂瑞典，戰勝波斯，奴役波蘭，征服土耳其，吾人軍隊重行會師，吾人戰艦控制黑海及波羅的海後，則時機已至，當分別秘密首先向凡爾塞宮繼向維也納宮提議分配世界統治權。倘兩皇室有一接受吾人之建議—如能適當地鼓舞其虛榮及自尊心接受自無疑問—當利用之以消滅另一皇室。最後，則僅存之皇室亦當誘其與我作戰而消滅之，蓋其時俄羅斯已爲東方全部及歐洲大部之盟主，是戰爭之結果當無庸置疑。』

『十四、倘兩强俱不接受俄羅斯之建議—此殆爲不可能之事—則當挑撥彼二者紛爭以削弱其力量。俟決定之時機來臨，俄羅斯可動員一統之部隊，首先向德國進軍，同時兩龐大艦隊，滿載亞洲兵團，在吾人駐守黑海及波羅的海部隊保護下，一自阿速夫海，一自阿章格司克港 Archangelsk 開來。兩方德國法國迫進地中海大西洋。戰勝此兩國後，歐洲他部不需攻擊，自必臣服於吾人統治之下。必如是以征服歐洲』。

在今天的歐洲人士，讀完這無疑地很有趣的文件之後，首先必有兩種念頭：

一方面他將對這文件所包含的今日蘇維埃俄國的政治特徵感覺驚異——姑無論這文件是誰寫的，它總歸明顯地具有最少兩百年的歷史，和充滿了夢幻般的眼光。所有我們現在所知道的現代俄國性格—如不斷的向西方的擴展慾，『分化而後統治』Divide et impera 的戰術，有計劃的引誘和陰險欺騙手段，第五縱隊的建立—這一切都包含在『遺囑』內要俄國人遵照運用的，而一部確也已由他們實現了。

另一方面，今天的歐洲人士也不需對這文件的意義估價過高，或當作它是命中註定無可避免的。事實上，文件所載的一連串事固然是實現了：如波蘭正爲俄國奴役着，德國東部也已在它掌握中，巴爾幹及多腦河國家一部亦爲其佔領。但彼得大帝死後三百年，瑞典並未分裂，波斯未被戰勝，土耳其也沒被征服，君士坦丁堡不是俄人佔領，他們也到達不了波斯灣和印度，而且，雖然第二次世界大戰結束給他們帶來許多幸運的機會，他們却仍未是『歐洲和世界的主人』。歐洲的民族也並不如彼得大帝在三百年前所確定，『瀕於衰老凋殘之境』。這些民族能够而且也確會有效地阻止了俄國向西擴展的野心，這便是今日世界上所發生的事情的眞正意義。倘若歐洲各民族能繼續聯合起來，勇敢地維護他們的自由和文明，那末，要使『彼得大帝的政治遺囑』永不能實現，並非困難之事！

英雄又跳起來了！

海星

我國已故軍學權威蔣方震(百里)先生，在抗戰期間曾經寫了一篇引人入勝的文章，題爲「英雄跳，我們笑」。當時正是希特勒吞下了捷克，陳兵維斯杜拉河，向波蘭躍躍欲試的時候。蔣氏看到了當時的情勢，掐指爲希特勒算命，斷定他已經踏進了絕路，非至毀滅不可了。果然未出所料，希特勒一九三九年秋天掀起了世界大戰，不到六年的工夫，弄到國破人亡，「第三帝國」又變成了歷史上的名詞。其興也快，其亡也速。嗚呼！這又是甚麼道理？

自來詩人，藝術家都喜歡歌頌英雄，像喀萊爾，貝多芬，甚至於歌德都會手舞口詠，向他們心目中的英雄歡呼致敬。但是英雄有英雄的本質，有其所以爲英雄的條件，也有其所以爲英雄的內容。換句話說，英雄之與聖者，與常人，與獨夫必有其不同的天地，有其自己的範圍，逾此範圍，就不成其爲英雄了。如喀萊爾，貝多芬，歌德，他們所歌頌的英雄，都是能够守着其本份的英雄。失掉了英雄的本份，他們就不再歌頌了。由於貝多芬的崇拜拿破崙，所以才寫下了他壯麗高潔的第三交響樂，可是等到拿翁跳出了英雄的圈子，而走向獨夫的路子的時候，他又開始詛咒了。實在說起來，英雄與聖賢與獨夫，祇有一線薄牆之隔，一個不折不扣的英雄，他可以進一步發爲聖賢，退一步變成獨夫。在美國獨立戰爭期間，華盛頓固一英雄也。但在獨立戰爭勝利以後，若是他不急流勇退，而接受他野心部下的請求，出爲合衆國的「狄克推多」，或者後來他在總統任內，像後日法國的拿破崙第三所爲，把總統變質，憲法摧毀，以王天下，那麼，在今天的美國人就不會把他奉爲聖賢，呼爲國父，而要視若獨夫了。像這種例子，歷史上實在不勝枚舉。

歷史上有華盛頓型的英雄，但也有和它走反對方向的另一類型的英雄，在近代這類英雄可以拿破崙作代表。拿破崙本有濟世之才，惜乎沒有這份德性，所以雖然曾叱咤風雲，縱橫歐陸十數年，但其結果還是被請到聖赫勒那，在荒涼的小島上，作了不打魚的漁翁。蔣百里先生說得好：一些自命聰明的人，往往做起事來很糊塗，近幾十年來，歐陸的霸主，論才氣都是不可一世，聰明絕頂，可是一等着他取得了歐陸盟主的寶座的時候，就好像樹膠糊住了眼睛，即開始盲目的向着危險的深淵大跳起來。他們還是一個跟着一個，前人踏着後人的足跡，一步一趨，絲毫不爽。雖然他們在沒有邁步以前，也似乎想極力的繞過前人的覆轍。但說來奇怪，就好像前面有勾命鬼牽引着的一樣，不問躍跳者如何掙扎，總難逃出這個前人經過的羊腸小道。拿破崙之後，有威廉第二，威廉第二之後，有希特勒。有人說歷史不會重演，可是從拿破崙到希特勒已經重演兩次了。

英雄之雖然異與常人，有常人所不能及的地方，但也有趕不上常人的地方。英雄之所以爲英雄，一個主要的因素，在他於有勇氣，敢跳火坑。但常人跳火坑的勇氣雖然趕不上英雄，但對於英雄的跳火坑是否具有價值，常人往往會有較正確的判斷：跳的有價值了報以喝彩；無價值了，發以嘲笑。

一百多年來，拿破崙被嘲笑了，威廉第二被嘲笑了，希特勒也被嘲笑了。但是成了名的英雄，總是聽不到常人的笑聲，由於虛榮，野心，在權力慾望的驅使，還是跳了再說。現在我們不是看到克林姆林宮的赤色方丈史太林先生又跳起來了嗎？當年拿破崙，威廉第二，和希特拉們不過是想跳英倫海峽，地中海和烏拉山，而今天的史太林却想跳大西洋和太平洋，以前人作例，爲有不栽筋斗之理？好，史太林先生，你就跳罷！但是人民要笑你的呀！

希臘如何對共產主義作戰

Spyros Skouras 原著
本刊資料室譯

凡是不相信極權主義是一種威脅的美國人，必須看看今日的希臘。希臘人民在美國的支援下，正全力與共產主義作戰。

對共產主義作戰不是內戰，而是全面的軍事鬥爭，以全世界的人類自由爲賭注。

我最近曾旅行希臘，親眼看到了這戰爭。我也看到了另一個較寂靜的戰爭——一個勇敢的國家爲復興自己破碎的經濟而奮鬪。在這兩種戰爭的前線，美援產生了偉大的作用。

希臘的情形仍舊惡劣，還有許多待做的事。但是美援漸漸增强了這個國家和人民的力量。

游擊隊武裝齊備

希臘人民須要强大的力量去擊敗共產主義。因爲所謂「游擊隊」並不是衣衫襤褸的山地暴民，而是一支武裝齊備的驚人的武力。顯然地，他們正從外界得到援助。

這些「山地的人們」是些什麼人呢？他們不是眞正的希臘人。其中有一些是共產黨徒，和其他各地的共產黨一樣，他們唯一效忠的是莫斯科。其餘的便是一些犯人和說希臘話的保加利亞人，南斯拉夫人以及阿爾巴尼亞人。

這些共產黨游擊隊到處姦淫虜掠，這些行動都是經過了領導他們的共產黨徒的批准的。他們是由北方的共黨衛星國獲得補給和保護。

我在前線和駐希臘美國軍事顧問團長福利特（Fleet）將軍一同住了幾天。我也曾經和工人、村民、農民交談過。到處聽見的是關於共黨暴行的故事：粉碎屍體、焚燒房屋、姦淫婦女、拐騙兒童。

共產黨的目的

眞正當初在二次大戰期間的希臘游擊隊，曾在山地中對抗過法西斯和納粹，他們在希臘解放後便都已還鄉了。他們認爲共產黨的目的是使希臘成爲一個蘇聯衛星國。歐洲國際情報局早已垂涎馬其頓（macedonia）這塊土地，馬其頓地跨希臘、南斯拉夫、保加利亞和阿爾巴尼亞。建立一個共產馬其頓的國家，是共產黨的最終目的。

曾經盲從同情過游擊隊的許多愛國者，已經改變了他們的初衷。因爲這共產軍並不信仰任何愛國主義，他們唯一崇拜的是馬克斯主義。所有的共產兵士不但施以軍事訓練還要灌輸共產主義思想。這一切都是由我和許多俘虜的談話中得知的。我訪問的一些人中，有許多都說他們是被迫參加的。有一些自動投降的是眞正的間諜，被共產黨安置在集中營中。

在北希臘的科贊尼（Koziani）地方，我看到了最悲慘的景象。那裏沒有兒童，他們全被送到政府的集中營裏去了，爲了避免受游擊隊的拐騙。

不僅是兒童，就是成年人也都變成了無家可歸的人，在北希臘大約有七十五萬人（包括十萬兒童）都逃出了他們的家鄉，這個數字超過希臘總人口的十分之一。一直到戰事結束爲止，這件事將阻碍了希臘復興的一切努力。

我的意見是如果想很快的結束戰爭，只有武裝所有的村民。手無寸鐵的希臘農民很容易成爲掠奪成性的共產黨的犧牲品。但是只要他們有了武器，他們就會作戰。他們可以打擊共產黨同時使正規軍免受牽制而從事於集中進攻。

增加作戰武力

我認爲希臘的軍隊必須增加。現在希臘作戰部隊約有五萬五千人到六萬人，總兵力有二十萬。爲了應付游擊隊的游擊戰術，作戰部隊必須有十萬或十二萬五千人。增加作戰部隊必須有不斷的美援。

希臘人民認爲他們又一次地站在東西兩大集團之間。倘若蘇聯在希臘取得優勢，我們在歐洲所做的每件事——杜魯門主義、歐洲復興計劃——都將爲無效。這就是我們爲什麼要援助西臘對抗共產主義。在美國的支援下，希臘永不會失敗。（譯自一九四九年八月二日出刊之展望雜誌）

編者按：美國人在希臘的政策是，扶助希臘站起來對付共產黨，既不怕人指摘她干涉希臘的內政，亦不怕引起大戰；但在中國，美國的政策都是叫自由中國自己先站起來，然後才肯援助，既怕干涉中國「內戰」，又怕引起大戰。這兩種正相反的政策，眞令人莫明其妙。除非美國務院別有用心，不然是解釋不通的。

書評

文明在考驗之中

Arnold J. Toynbee: Civilization On Trial, Oxford University Press

星　光

托英貝是現代英國傑出的歷史家，他底鉅著歷史研究（A Study Of History）之對于現代史學界的影響可以由索莫威爾（D.C.Somervell）底節本之銷行版數看出來。文明在考驗之中一書，也是最近出版的托英貝先生有關歷史研究的論文集。托英貝先生底識見之偉大處，或者說，他與一般研究歷史的人不同的地方，就是，除了對於歷史具有深邃和廣博的深究以外，更具有廣涵和深入的歷史想像能力。基於這一特點，托英貝底歷史論著所發揮的啓示能力，遠非一般只鑽故紙堆，或一味從事考證，或咬文嚼字的呆板學究所可比擬。無怪乎他底著作一經問世，不獨受到歷史界底重視，而且引起思想界底興趣。

文明在考驗之中一書，便是一本很富於思想啓示性的著作。在這本書中，托英貝廣涵地討論到歷史與文化或文明諸般問題。他研究這些問題時所持的襟度眞夠恢宏。他說：『歷史研究之可識覺的界域不能局限于任何國家架構以內；我們必須將歷史範圍擴大，而以整個文明作爲思考歷史範圍的對象。但是，這樣的範圍，雖然較比僅藉國家架構來思考歷史範圍爲寬，可是，我們仍然嫌它太狹。因爲，文明，正像國家一樣，數目是衆多的，而不是單獨的。在這個世界上，還有許多不同的文明遇在一起：而且又有因文明之相激相盪而形成的其他種類不同的社會，高等的宗教，都產生於這個世界之中。』

因着托英貝先生具有這樣廣大的心胸，於是，他在這本集子裡所涉及的論題也就極其廣涵，計有：我底歷史觀；歷史中當前的論點；歷史自身會重演嗎？；希臘羅馬文明；世界底統一與歷史全貌底改變；歐洲底式微；國際的展望；交明在考驗之中；俄羅斯底拜占廷遺產；伊斯蘭，西方與將來；諸種文明之間的抗衡者；基督教與文明；靈魂歷史底意義，諸篇。

在這些論題之中，托英貝先生都發揮了他獨到的見解，很值得研究歷史的人細心體味，和給予從文化或文明發展底演程裡鑽究現代政治諸般問題者以深廣的啓示。比如『俄羅　底拜占廷遺產』一章，在了解現代蘇俄底本質及其行爲動向上，給予我們底啓示特別深厚。

最近若干年來，主要地由於政治的理由，中國人民，尤其是青年，一提到蘇俄，並立刻發生特別的關切或注意。有的人至少曾經在一個時候，自覺或非自覺地，一聽到提起蘇俄，腦海中泛起天堂的美景，不禁心嚮往焉，兩隻脚恨不得立刻朝蘇俄前進。可是，另外有些人呢？則恰恰相反：他們一聽到提起蘇聯，便聯想到洪水猛獸。同樣是蘇俄，隨便什麼人心目中所要認識的蘇俄，都是一個東西印象，怎麼會這樣各不相同呢？實在說來，對於蘇俄底這兩種各不相同的印象，都是宣傳造成的。將蘇俄當作天堂的印象，根本是共產國際底宣傳機構長年嚴密計劃之下形成的。而將蘇俄視作地獄的印象，也是一種宣傳造成的。誠然，基於種種研究，我們可以判斷，蘇俄雖非地獄，但離地獄確實不遠。現在的問題不在這一結論是否正確，而是在這一種宣傳，根本是貧乏的，幼稚的，呆板的，或出諸除了八股以外一無所知的分子之手；以致本來也許是正確的結論，一經這些分子說出來，便立刻變成壞的意思，以致不能使人相信。從一方面看來，反共抗俄戰爭，是一種文化戰爭。既是文化戰爭，豈是死硬抱着少許簡單教條的分子所能勝任的？我們要在這一場文化戰爭裡取得勝利，必須丟棄那貧乏得可憐的叫囂口號，而虛心看人家是怎樣下功夫，以收集思廣益之效。

一個國家底歷史背景和內外環境主要地決定她底行爲或政策。在這一本書底這一篇文章裡，史家托英貝從歷史背景方面對於蘇俄的了解上作了重要的貢獻。

詩人荷拉斯（Horace）說：『你可以用一個義子將自然抛出去，但是自然會又跑回來的。』托英貝劈頭就引用這一句話來說明歷史傳統對于蘇俄之決定性的影響。照他看來，蘇俄現在的統治，號稱已經廓清了帝俄時代底一切——不獨是外表細微事物底改變，而且是大部分重要事物底改變。許多西方國家，根據布爾希維克底宣傳，曾經相信是如此的。但是，經過一番考慮之後，我們覺得，一個國家，要想拋棄她所承襲的歷史遺產，不是一件容易的事體。這，正如荷拉斯所說的，嘗着我們企圖抛棄過去的東西之時，過去的東西却在表面一層薄薄的僞裝之下狡滑地回到我們裏面來了。

西歐，在近四百年來，是征服或影響世界的文化之重心。東歐的俄國，不能不受西歐底影響。十七世紀時，彼得大帝即領導俄國，開始向西歐學習。馬克思在俄國之所以用一種新姿態出現，正像彼得大帝將一種新生活方式介紹到俄國一樣，因爲它來自西歐。在千年的過去，俄國是拜占廷文化之一員。拜占廷文化，是希臘羅馬文化傳統底姊妹之一。但是，仍然與西歐文化不同。隸屬拜占廷文化系統的俄國這一員往往强烈地反抗西歐世界。因爲，她深恐爲西歐世界所淹沒。時至今日，她還是保持這一抵抗。爲了免於被西歐所征服和强迫同化而不得已地學習西歐技術，在俄國史上，至少有兩次：第一次是前面已經提到過的彼得大帝所領導的西方化；第二次則是列寧和史太林及其所領導的布爾希維克之從事工業化。

第十世紀末葉，俄國人信奉希臘正教爲國教。在一四五三年東羅馬帝國底最後遺址君士坦丁堡陷落以後，莫斯科公國成爲東正教國抵抗摩斯利（Mushims）底集結地。一五四七年伊凡第四自稱沙皇，承襲東羅馬皇帝之遺業。此後，俄國底教會獨立，而且在事實上被看作是一切東正教會中最重要的一個。第十六世紀時，東方的俄國對抗西歐世界的形勢和意識更逐漸走向成長之路。布斯科夫高僧第阿菲勒斯（Theophilus）致莫斯科大公貝塞爾第三（Basil III）的一封公開信裡表現得很明白：

『古舊的羅馬教會衰落了，因爲它信奉異端；第二羅馬底大門，君士坦丁堡，已經被信奉異教的士耳其人底斧子砍倒了；但是，莫斯科教會，新羅馬教會，在整個宇宙之間照耀，比太陽還要光亮。……兩個羅馬都淪亡了，但是第三羅馬堅定地站立起來；第四羅馬則不會出現的。』

這是多麼顯著的俄國立國精神！

四百年後，經過革命的俄國改變了這種精神嗎？一點也沒有。它不過穿上一層新的外衣而已；並且，史大林新沙皇帝，憑藉世界共黨組織和現代統制技術，將這種傳統立國精神更「發揚光大」了。

祇改換說法或是換幾個名詞，我們就可以看出二者在本質上是何等同一：「西方資本主義的國家必然崩潰，因爲它們相信資本主義，壓迫無產階級；英美帝國主義者底堡壘，在歐洲的，已經被納粹和法西斯殘破了；是，世界無產階級底祖國，新的蘇維埃人民民主國家，在整個宇宙之間照耀，比太陽還要光亮。納粹和法西斯被打倒了，資本主義的國家也一定衰亡，但是，蘇維埃人民民主國家巍然站立起來；從此世界太平，永遠再沒有別的人壓迫人的國家出現」。

在這兩段話之間，所表示的根本意義和氣氛，有什麼不同呢？

俄國，很精巧而且自覺地襲取了拜占廷帝國底遺產。在一切遺產之中，她尤其襲取了拜占廷帝國對於西方的態度。蘇俄，經過了一番「革命」的洗禮以後，更是將這種態度加以擴大和深刻化。

法蘭克人，會誠虔地相信他們自己是上帝底選民。世界底前途，就靠着他們。拜占廷人亦然。他們認爲，作上帝選民的，唯一有前途的，不是法蘭克人，而是他們自己。在他們之間，普遍地流行着這種觀念。當着二者不和睦時，拜占廷人自己總是對的；西方法蘭克人總是錯的。

顯然得很，在這種態度之中，實質地蘊涵着兩種感覺：一種是正道感覺（Sense of Orthodoxy）；另一種是天定感覺（Sense of Destiny）。所謂正統感覺，就是，自己總感覺自己所信仰的所抱持的是正道，除此以外，其餘都是邪說異端。信奉邪說異端的人，罪在不赦。所謂天定感覺，就是，天命註定我們有責挽救這個世界底罪人；而且只有我們才配做這件神聖的工作，別人做就要不得。現代的蘇俄，通過了馬列主義，不是將這兩種感覺擴而大之並深而刻之嗎？在俄國，馬列主義，是一個而且唯一的國教，全體人民必須一律信奉，如不信奉，特務警察就來了，或者，至少，活活餓死你。無產階級呢？則是馬克思列寧諸先知們註定的神聖選民，祇有他們才配革命，而且祇有共產黨才被註定在無產階級革命中首居「領導地位」。由此，又衍產出必然由以共產黨爲核心的「無產階級專政」底結論。有了這兩種感覺，所以也就衍生「共黨無失論」和「領袖無失論」諸般結論，彷彿只要是共黨及其領袖史大林等說的和做的，都註定是應該的，不容批評的，不容懷疑的。誰懷疑了，誰就是「思想動搖」。思想動搖，是多麼重大的罪過！

這就是布爾希維克底一套法寶。如果誰學習這一套法寶，只能算是共黨小徒弟。如果甘心做小徒弟，就沒有理由反對老師傅了。

馬克思主義是一種西方教條。但是，它乃將西方文明予以「現形」的一種西方教條。現代二十世紀的俄國人，他們底祖父一定是虔誠的東正教徒。因了有這一宗教情緒作基底，他們將宗教底內容換一換，以獻身于東正教義者獻身于馬克思列寧底新拜物教，這不是太不自然的事體。在俄國人看來，俄國是神聖的俄羅斯（Holy Russian）。共黨政府下以教育和宣傳方式來培養蘇俄人民這種觀念。而西方世界裡的「布爾喬亞」，一概是異端的，腐敗的，和野蠻的；美國尤其要不得。他們一方面利用美援，學習西方；另一方面却痛斥西方，拼命反美。這原是天命選民所有的特權。無產階級，共產黨，尤其是他們底領袖，是沒有「矛盾」的。

拜占廷傳統有兩個顯著的特徵：第一，是上面所已提及的，自己絕對正確無誤；第二，極權統制。自從東羅馬帝國建都於君士坦丁堡以後，東正教會隸屬於國家之下。這一異於西羅馬的重大改變發生了重大的影響。它底影響產生了極權統治。帝國自從得到教會這一個有力的工具以後，政府將對人民的統制，從物質生活，延長到精神精活。結果，政府對人民實行了無所不管的全面統制。這樣的統制，對於少數人誠然便利；可惜，對於人民大衆，却太不便利了。

從整個歷程看來，俄國人民底生存並不十分平易。雖然，在中世紀時，由於地理條件優越，她得以免於災害，人民遺存下來；但是，俄國大多數人民還得靠自己努力才能生存。第十三世紀時，俄國受韃靼人和立陶利亞人二面攻擊。在這漫長而嚴酷的奮鬥過程之中，俄國統制者發現政治機構底開放對於統制不利。他們覺得生存之道唯有集中政治權力。莫斯科大公國是這種極權統制底實驗室。結果，莫斯科將許多弱小的封建王國揑成了一個單一的權力。

今日的蘇俄之作風，與這種作風，在實質上有何不同呢？用顯微鏡也照不出來。如果一定要說蘇俄今日的統制與歷代沙皇底這種極權統制有何不同，就是後者在方式上落伍，而前者更趨嚴密而已。顯然得很，列寧和史大林底統制作風是順着俄國這條極權統制的舊路擴展下來的。今日，蘇俄人民大都成爲農奴和工奴。在這農奴和工奴在一個亘古未有的强大武裝的特務組織壓制與監視之下，從事强迫勞動。思想自由，言論自由，和行動自由，變成奴隸們不敢夢想的奢侈品。莫斯科呢？已然成爲世界奴役底中心。一切附庸都得向這裏俯首朝拜。第二次世界大戰後，莫斯科成爲「第三羅馬帝國」底首都了。

這就是若干人歌頌和若干人詛咒的蘇俄之歷史的眞面目。歷史家托英貝已經將她底眞面目和盤托出，呈現給我們看個明明白白。從這裏，我們就可以明瞭，蘇俄底本質是什麼東西；更可以恍然大悟，若干年來，尤其是自第二次世界大戰以來，蘇俄爲什麼要採取一聯串令人不安的行動。

蒙上一件現代外衣的這種高度極權國家存在一天，人類還能獲到眞正的和平嗎？

托英貝書中類此富於啓發作用的慧見還有很多，正有待我們努力去發掘。

給讀者的報告

毛澤東赴莫斯科花了整整兩個月的時光，破了國際上的慣例，引起各方面的許多猜測，現在史毛會議的條約公佈了，總算告了一個段落，可是像那樣的條約何以要花如許的時間？熟悉國際情形的人們誰能置信？故大多數人都斷定他們必另有密約。本期的社論已予以詳盡的分析，并舉出新疆爲例，以證明其所發表的條約之不盡不實。我們只就表面上看，這兩月當中最有關係者有兩件事：其一是中共和蘇俄之承認胡志明的越盟政權；其二是今次發表的史毛條約，乃是不折不扣的軍事同盟。就承認胡志明政權而論，在中共方面，直接則向東南亞進展，樹起「解放弱小民族」的大旗，儼然是亞洲的領導者；間接則向法國示威，不但不需要法國的承認，而且要打倒法蘭西帝國，其氣燄之高，概可相見。在蘇聯方面，則打擊法國以遂其席卷西歐的雄圖，乃是其主要的目的。今日西歐大陸各國只有法國尚存抵抗蘇聯之實力，而法共之力量正復不小。年來法國當局之應付越南局勢，已是困苦艱難，再加上中共之壓力，自難對抗；可是完全丟棄越南，既爲事勢所不許，要增加人力物力去剿平胡志明，又恐影響到西歐本土的力量。說者謂法國在歐亞兩方均站在抵抗蘇俄之前綫，故莫斯科的冷戰方略，今後必多方擾亂法國，以促其自行崩潰，承認胡志明不過此方略之一而已。至於史毛軍事同盟條約，則表示對聯合國之不信任，而爲熱戰爆發之前奏，維辛斯基曾在聯合國會議上提議五强和平公約，一方表示聯合國機構不能維持和平，他方則欲拆散大西洋公約國家之團結。此計不售，今次則與中共公開締結攻守同盟，以爲其軍事冒險的後盾。如果西歐方面暫時尚無進攻的機會，則以此軍事同盟鼓勵中共向東南亞進攻，使亞洲各國紛擾無寧日，人民愈窮困，而各國共黨奪取政權的可能性愈大。現在蘇俄之控制東歐各國日臻完備，又挾着廣大的中國爲其同盟，儘可和大西洋公約各國相對抗了。戰後的兩大壁壘之對立已完全明朗了，一方以軍火援歐，重建法國陸軍，一方有軍事同盟向歐亞進攻，短兵相接的時期將越來越近了吧。

唯物辯證法的三大法則，乃馬列主義理論之中堅，本期刊出兩篇，黃先生一文說明其着重點之因政治而變遷，羅先生一文則判定其理論上之不能成立。有理論興趣的讀者可以增加其興趣。如果因此能引起馬列主義之熱烈的批判，尤所切望。我們認定，馬列主義確能使青年憧憬，確能使落後國家發生革命，而威脅資本主義的制度。苟非嚴加批判，分疏其長短，决不能澄清思想界，而發爲正確的行爲。

中山先生素以自由主義者見稱，但晚年聯俄容共以後，有人以爲他已有限制自由之議論了。本期徐芸書先生繁徵博引，證明中山先生之自由主義是始終如一的，其論調之不同，乃就客觀效用而言，與自由之限制無涉。中山先生的思想雖未必因此而增加力量，但掃除時流之誤解，也是撥開雲霧的必要工作吧。

空軍之在今日實站在最前綫，其於防守臺灣也負着最重大的責任。本期起淪先生將敵我空軍實力作一顯明的比較，不但保衛臺灣有絕大的把握，而且反攻大陸也抱着必勝的信念。讀此可知葸葸過慮之徒都是庸人自擾了。

本刊出版以來，博得多數讀者之共鳴，海內外來信鼓勵者絡繹不絕。惜因篇幅有限，本期只將先收到者登出數篇，以後將陸續刊載，以酬盛意。

自由中國　半月刊　第二卷 第五期

（總第八號）

中華民國三十九年二月二十八日

發行人　胡適

主編　「自由中國」編輯委員會

出版者　自由中國社　社址：臺北市金山街一巷二號　電話：六八八五號

經售處　臺灣　中國書報發行所（臺北市館前街八五號）

香港　香港時報社（高士打道六四號）

印刷者　台北印製廠　廠址：臺北市民族路六四三號　電話：三三一六號

自由中國

香港航空版

發行人 胡適

第二卷 第六期

要目

中華民國三十九年三月十六日出版
社址：臺北市金山街一巷二號

社論

存亡絕續在此一舉

蔣總統復職後我們的願望

中民華國三十九年三月一日蔣總統復行視事。

蔣總統於去年一月國人盼望和談之時，自行引退，時踰一年；一年以來，和談未成而大陸全陷。李代總統於去年十一月西南危急之日，赴美就醫，迄今三月；三月以來，國都播遷而中樞無主。此誠國家民族空前危難中之一大變局也。當此變局，蔣總統如爲個人計，原可從此息影園林，悠游歲月。好逸惡勞，蓋人情之常也。然以蔣總統在憲法上原有之地位，以蔣總統數十年來政治上之歷練，成就，和其迄今保有之聲威，復行視事，實爲今日客觀環境無可如何之要求。否則中樞無主之變局，其前途更有不堪設想者。是以蔣總統之復出，究爲危難中變局下之一大喜訊。惟是變局方終，危難未已，吾人沉重心情，并未盡形消失；且讀蔣總統文告，深感於「補過去之缺失，策未來之成效」二語，爰獻芻蕘，以供採擇。

過去一年，政局轉變之劇速，與夫轉變中慘痛事象之層出，爲我國數千年來任何政權交替時所未曾有。一年來蔣總統雖身在林野，然對此變局和慘象，衷心隱痛，當非吾人所可想像於萬一；而於其間之因果關係，亦當已深察隱微矣。然吾人猶有不能已於言者，冀有以補智者千慮之一失，且亦以質諸今日之軍政首長及全國軍民，使各有所自惕也。

當前最嚴重最現實的問題，盡人皆知，爲如何確保台灣，如何策攻大陸。「軍事第一」，爲今日任何人所不置疑。惟是軍旅之事，職有專屬，戰略戰術，容當專論。然與軍事密切相關，乃至決定軍事之成敗利鈍者有二：一爲人事，一爲財政。「人」「財」二事，爲治國經世之大端，二者處置得宜，則可以致太平，亦可以張撻伐。如有失當，則其後果反是。此如影之於形，響之於聲，中外古今歷歷不爽者。過去，大陸軍旅之全面潰降解體，究其深長根源，無不由於多年來人事與財政之措施乖方，今後欲求進可以攻退可以守，自當於此二者深思其故，而有以痛革之。

就人事言，舉其犖犖大者，則爲：

一、舉賢任能。此本爲老生常談之古訓，亦爲任何軍政領袖在主觀上自認已經遵循者也。惟是問題之發生，即在於主觀。主觀之臧否每隨意旨之順逆爲轉移。於是吾所謂賢者能者，每爲善於順承意旨之奴才，而人才不與焉。人才與奴才客觀上之區分，極爲顯著，然在主觀上則每蔽於個人之好惡與愛憎。尤以個性强而自信心堅者，惟唯唯諾諾之奴才始能得其信賴。奴才進，人才退，奴才得勢，人才不能有爲，而天下亂矣。是以欲舉賢任能，決不能憑之於情感，必須試之以事功；決不應決之於主觀，必須衡之於輿論。如此，則用人之道，思過半矣。

二、獎掖青年，汲引後進。此爲偉大政治家及領袖人物所不容忽視者。證諸古今中外歷史，每逢戡亂時期，即人才輩出之際會。然而我國經八年長期之抗戰，軍政方面，竟無若干後進之傑出人才，擢升權要。此非人才之特少於今日，乃人才之被扼抑而無由表現耳。政治社會一如吾人之身體，其組成分子，如無新陳代謝作用，自會趨於殭化。吾人試看近年來軍政大員中，有幾人不是十年前或二十年前即已身居要職者？吾人試再看看，所謂「黨國先進」之流，在此次變亂中，則有陰謀叛國之省主席，有不戰棄地之主將，更有爲撈錢而組閣之院長。凡此腦滿腸肥，昏朽顢頇之輩，久據要津，而人才之進路塞矣。吾人於此固不否認有若干與時俱進之賢豪，然吾人之結論，終屬正確。即今後爲圖國家復興，民族强盛，必須在反共抗俄現階段中獎掖青年，汲引後進。此爲人事問題之又一要點也。

三、以政策決定人選。歷年來中樞之每屆人事變動，基於政策之考慮者少，基於派系調協之考慮者多。說者謂中國國民黨禍延中華民國，其實，乃國民黨的派系禍延國民黨，黨亡而國亦受其累。此種惡果之形成，根源深遠，因素繁多，而其影響最大之因素，則爲各派系之矛盾與對立。此種人事上之縱橫捭闔，爲害於我國近代政治者實非淺鮮。今後爲適應客觀環境之需求而確定某一政策，則必須以此政策爲準繩而物色適當人選，再不應以派系協調之考慮，因人選而影響既定政策。此爲政治上人事安排之圭臬，如不遵循而仍保持過去作風，則所謂政治也者，只是派系間權利分配問題而已，永與國計民生無關。

關於人事問題，吾人所欲特爲强調者止此。至於申法紀，明賞罰，秉之以大公，出之始至誠，則爲處理人事問題之基本要義，無待詳爲申說者也。

就財政言，吾人應首爲指出者，即通貨膨脹之覆轍，決不可以重蹈。抗戰時財政當局避難就易，一反「有錢出錢錢多多出」之原則，不置重於公債，租稅或其他財源之開闢，而一味仰賴發行。影響所及，不勝枚舉；吾人若謂今日變局形成，亦即抗戰時通貨膨脹政策所招致之總結果，當時財政當局，爲此次變局中第一名大罪人，亦不爲過。現就吾人所知，政府之財政決策，已決不仰賴發行，新臺幣將以二億元爲其最高發行額。此項政策，必當堅守不渝。如此，始有所謂財政政策。茲再就積極方面言之：

一、財政與經濟，本爲一事之兩面。財政之對象爲錢。而錢之可貴者，爲其所可購買之物資。如民間物資生產不增加及甚至減產，如國外物資不輸入或輸入量減低，縱令政府有大量金錢（紙幣也好，金屬幣也好），也無以顯其神通。因此通貨膨脹，不能視之爲財政政策，而財政政策之根本要圖，當着重於國內物資的增產，及獎勵以次要物資輸出而換取必要物資的多量輸入。此爲一般原則，尤其適用於今日所僅保有之臺灣。

二、租稅本爲正常時期財政收入之主要部門。然在國土淪陷，僅賸台灣及若干島嶼之今日，租稅收入，已微不足道。如欲强行增高稅率或新闢稅源，適足以防碍國民經濟之發展，而其最終結果仍影響於財政本身。故今日之財政，亦不得過於仰賴租稅。而今日之租稅政策，必須特別着重於整理稅收及奢侈品之課稅，使一般國民之生活，亦可藉租稅政策而促其節約。

三，公債收入爲戰時最合理之財源。但其募攤之對象，應以「人」爲主，而不應以已課稅之「工商業」爲主要標的。否則公債之募攤，其後果無異於稅率之增高。此次在臺灣募攤愛國公債，其辦法已較爲進步——如以汽車，冰箱等爲募攤債額之標準。如此原則推而廣之，使一般富有階級而享受優越者多多承購公債，則爲最公平之財政措施。

四、强制徵用國外資產。近年來民意機關及一般輿論，主張對於擁有資產寄居國外之「名公巨卿」，强制徵用其資產之一部分。今後的政府應有决心以執行之。外交手續，技術困難等均不應成爲擱置不理之理由。只要政府有決心，即可依照民意機關的提議，估計一個大致不差的定額（大公平下的小不公平，并不關重要），通知其本人限期應徵繳納。如不應徵，即公布其姓名吊銷其護照，取消其國籍，絲毫無所寬假。如謂於法無據，則行政院可咨請立法院以完成之。如果政府有决心採此斷然手段，其效果裨益於財政者或不大，裨益於民心士氣者當不可估量。士氣一振作，前方可打勝仗；民心一振作，後方即無軍警秩序，亦不怕共黨間諜搗亂。如此，則政府之聲威必將蒸蒸日上，國際之信賴可以獲致，美援亦將不求自來。

從較長時間來看，今後財政問題，坦率言之，即美援問題。吾人儘可大喊「精神勝於物質」，但一個大政治家總不能無視現實。美援如何爭取，此則求之在我，而最主要者則爲樹立政府聲威，對內取得民心擁戴，對外取得國際信賴。今日欲樹立政府聲威，最能迅速生效者莫過於從財政政策方面直向豪門巨室下手。

以上僅就財政收入而言。至支出方面應如何核減不必要之開支，應如何剔除中飽，應如何提高前線將士之待遇等，均爲急切之要圖。於此，吾人須特別矚望於立監兩院者，即須以身作則，愛惜公帑，嚴格監督政府，推行緊縮政策，以收平衡預算之效。

蔣總統視事後已咨准立法院同意，任命陳誠先生爲行政院長。陳先生效忠國事，向持不私不苟的精神，尤以治台政績，眞是有口皆碑。現當存亡絕續之秋，陳先生受命組閣，當已有所自負；即以其過去堅定强靱之作風言，亦足以矯正時弊。政治的民主與行政權力的堅强，如在民主不被濫用，行政不越職權前提下，兩者的優點，是相得益彰的。現在是我們的國家民族乃至歷史文化存亡絕續的關頭，蔣總統復行視事，陳誠先生受命組閣，我們在振奮和沉重兩種心情交迫之下，提出我們衷心願望；這些願望，當然有待於一個强有力的行政首長使之一一實現。就這方面說陳先生的腕力應該是足够的。但在用人決策之初，吾人特別期望於陳先生者：除上述各點外，更應時時虛懷若谷，容物納言，再繼之以執行方面的不私不苟。則我們反共抗俄乃至中興大業，庶可於陳內閣任內奠定根基。

二十多年來的中國教育

杭立武

我要來談談近二十多年來的中國教育，想以國民政府在南京成立的時候爲起點，大致分爲四個時期來說。（一）自民國十六年國民政府成立至二十六年七七事變，爲第一時期。（二）自二十六年七七事變至三十四年抗戰勝利，爲第二時期。（三）自三十四年開始復員至三十八年政府由南京撤退，爲第三時期。（四）自三十八年由南京撤退到現在，爲第四時期。

第一時期

自國民政府在南京成立，確可稱爲劃時代的時期。因爲在以前北京政府的時候，教育從未有固定的預算，學校經費常常拖欠，因之時有欠薪索薪等事。敎員不能安心上課，或一人兼幾個學校敎職，藉圖維持生活。在此種情形下，各級敎育機關維持尙感不易，當然很難希望如何發展。國民政府成立以後，敎育上第一件大事，即是敎育經費有了預算，並且按照預算發放。加以政治上的安定，所以各級學校無論在數量上與質素上，都有很大的進步。此種進步，一直到日本掀起戰事爲止。

在這個時期裏，値得特別提出來的，即是中央研究院與北平研究院的設立。兩院成立後，羅致了許多學術專家，對於圖書儀器標本等；亦力謀充實，研究工作積極進行，對於學術的進步與科學的研究，都有很大貢獻，確實提高了敎育學術的水準。還有北平協和醫院，雖其前身協和醫學校，協和醫科大學已有多年歷史，但自十八年改爲今名後，其發展才大爲顯著。在這時期，他所造就出來的人材，固然在醫學界起了領導作用，在實驗科學方面的成就，更是對於一般科學研究工作有所激勵，而引起了很大的進步。

在這一時期的十年當中，如前所述，中國敎育在數量上，大中小學學生增加了很多，在質素上，亦提高了不少。在若干學科方面，例如地質、數學、物理、生物學等等，我國幾個優良大學所造就出來的人才，他們的程度不下於歐美大學一般的水準。這時期的優良大學畢業生到外國以後，在他們研究工作進行當中，常常有特殊的成就。假如這個時期的進步情形能够維持繼續下去，我國的敎育科學前途，一定是大有希望的。可惜這種進步，因日本的侵略而中止。在這一時期的中國敎育，短短的十個年頭，實可以說是我國辦新敎育以來的一個黃金時代。

第二時期

在抗戰八年當中，儘管我們的土地人民差不多失去了一半，儘管敎育經費因國庫支絀所佔的成分逐漸減少，但是各級學校的數量與學生的人數却都有大量的增加。在抗戰最艱難的階段，政府仍普遍推行失學民衆識字敎育，用種種方法，發動社會辦理民衆學校及民衆補習學校，以實施民衆識字敎育與失學民衆補習敎育。所以一般文盲的數目大大減少，識字人的數量大大增加。據統計，廿七年至三十四年八年當中，後方識字的人數共增加了六千二百八十二萬八千餘人。在抗戰時期，受學校敎育和民衆補習敎育識字的人，在數量上能如此大量增加，不能不說是政府在敎育上的一大成就。

不過這個時期，因爲學校的搬遷與儀器圖書的缺乏，使得一般敎育的質素降低了。雖然亦有得到補償的地方，如在西北及西南的大後方，原來比較平津和長江一帶的敎育要低落一些，此時因爲平津及長江一帶的學校遷移後方，許多優良敎師都到後方，把後方各級學校的水準不知不覺的提高了。但是我們不能不承認原來比較優良的一般學校水準，此時有些降低，同時所有淪陷區的敎育，實在是摧毁太厲害了。

在這時期，我們敎育上最大的成功，也可以說敎育對國家的貢獻，便是能够高度的發揚民族意識，對於抗日能有同仇敵愾的精神，造成了意志集中的普遍現象。我們看當時一般敎育文化界的表現，有許多大學的敎職員與學生，能够從北平遷到昆明或西北，能够從東北遷到四川，遷移的次數有的兩次三次，最多的甚至有六次七次的遷移。這件事，在一般外國人看來，認爲是奇蹟，在我們敎育界是可以自豪的。其實說穿了也很簡單，就是因爲大家一致認定日本侵略，是危害我們國家的獨立與人民的自由，我們不能同他合作。在這種共同認識之下，誰都知道做漢奸是最可恥的事情，甚至於做漢奸的人，也自覺羞恥，而不敢公然承認同日本合作，最多亦不過說是不得已，或者說是想減輕淪陷區人民痛苦一類的話，拿來做掩飾罷了。

綜觀這個時期的敎育，在數量上大有進步，在質素方面，一般的有退步，大後方則有進步。而由於抗日意志的集中與堅强，使得國家獨立得到最後成功。

第三時期

在勝利復員的最初階段，許多學校由大後方還回了原來的校址，少數仍留原地，或在新址辦理。因爲國際上的幫助，與敎育經費的增加，各學校圖書儀器與校舍建築都有相當的充實與擴充。在抗戰時期出國深造的人員，亦已紛紛回國，參加教育的重建，各級教育本來已經欣欣向榮了。可是在此時期，共產黨份子的活動，滲透了教育機關，以學校爲他的政治工具，在學校裏罷課搗亂，在學校外煽動破壞，使得學校不安定，社會不安定，從三十六年起，學風就大爲敗壞，而各級教育的建設與進步就大受其影響。

從教育上說，共產黨最毒惡的手段，是顛倒是非，歪曲宣傳，使一般青年認識不明，意見紛歧，結果一般的思想恰恰同抗戰時期相反。在抗戰時期，人人都曉得日本是我們的敵人，日本侵略是危害國家獨立與人民自由，所以不幫助他，而要積極的反抗他。可是遇上國際共產的侵略，許多青年和知識份子便受了他宣傳的迷惑，不特不以作共產黨或蘇聯的工具爲可恥，甚至反以爲是思想「前進」。換句話說，實際上已經是爲蘇聯作了漢奸，而恬不以爲怪。人家要顚覆我們國家的獨立，奪取我們人民的自由，而我們知識分子與青年，其甚焉者助紂爲虐，次焉者也以爲自己可以倖免，或取旁觀態度，這眞是黑白顚倒，是非不明，思想糊塗到極點了。

這幾年來，許多人批評教育，說是教育搞糟了，說是學校不但不能造就救國建國的眞正人材，反而影響到政治與軍事的崩潰。我們說句公道話，這一切壞的現象，也不能將罪過全歸於教育，可是教育亦不能不負一部份的責任。我們認爲這幾年教育的最大失敗，便是一般認識錯誤，是非顚倒，失掉了三民主義正確思想的領導。

第四時期

現在是到了戡亂時期了。我們要維護國家獨立與人民自由，我們的國策是反共抗俄，我們的教育當然要配合國策與戰時的需要。我們要糾正過去幾年失敗的原因，必定要做到使一般人明辨是非，確實了解共產主義的錯誤，認識中國共產黨國際侵略性的背景，知道他是違背人性，違反人道，破壞中國文化的傳統。所幸的，亦是可痛心的，即在淪陷區域內的一般人民尤其知識分子，已經深深的體驗到共產黨統制的苦痛，要求「解放」的解放，禱祝一天重獲自由。其實共產黨的眞面目，我們就在蘇聯的實例上，已經可以看的很清楚，而在理論上，更可以斷定他必然失敗的結果。在這一方面，我們可以看一位外國學者與一位中國學者的議論。英國學者羅素，他是一個最左的自由思想者，他也是一個反對戰爭的人。在第一次大戰時，曾因反戰而入獄。蘇俄初革命後，因爲同盟國家聯合封鎖，他會大聲呼籲，要給蘇聯以試驗共產主義的機會。經二十多年的實際觀察與研究，他的結論是如何呢？他在前年作了一篇文章，痛責國際共產黨的罪惡，討論到世界的前途，他說假如有第三次世界大戰，能够消滅共產主義，無論如何的殘酷，他亦願意忍痛，支持這一戰爭。這在羅素是多麼一句沉痛的話，亦可見其對共產黨之深惡痛絕了。另一位中國學者陳獨秀，大家都知道他是中國共產黨的創始人，他是早年中國共產黨的黨魁，並且是屬於托派。但是他經過廿多年的研究，沉思熟慮所得的結論，又是怎樣呢？在他最後給朋友的幾封信中，他說共產主義與法西斯納粹主義的政治，都是同樣的獨裁制，任何獨裁制，都和殘暴、蒙蔽、欺騙、貪汚、腐化的官僚政治是不能分離的。歐美的民主政治，是十三世紀以來大衆以鮮血鬥爭七百餘年才得到的，必須保持了資產階級民主，才有道路走向大衆的民主。從共產主義政治，是絕對達不到眞正自由民主，而正是走向相反的道路。

事實的觀察與理論的研究，都證明共產主義不能成功，亦不可讓他成功。凡是愛好自由的人，都應該起來反對共產主義，尤其我們民族國家正在這危險的時候，更需要激發民族意識，使大家認淸漢奸共產黨的眞面目，集中意志，來爲反共抗俄而努力。說到這裏，我們教育界就要首先負起這個責任，在這時期的教育使命，我想再莫有大過於此的了。

『自由中國』的宗旨

第一、我們要向全國國民宣傳自由與民主的真實價值，並且要督促政府（各級的政府），切實改革政治經濟，努力建立自由民主的社會。

第二、我們要支持並督促政府用種種力量抵抗共產黨鐵幕之下剝奪一切自由的極權政治，不讓他擴張他的勢力範圍。

第三、我們要盡我們的努力，援助淪陷區域的同胞，幫助他們早日恢復自由。

第四、我們的最後目標是要使整個中華民國成為自由的中國。

論經濟的國權主義

戴杜衡

（一）

『國權主義』是生疏的用語，須要解釋。

近三十年來世界各地似乎有一種不約而同的傾向，從第一次大戰以後顯其端倪，到第二次大戰以後更爲普遍。多數國家，各以不同的形態，不同的步驟，不同的程度，走向雖不盡同而確是互相接近的結果。其接近之點是，國家機構對私人生活的控制加强，控制的範圍也漸漸擴大，並且經過控制的加强與擴大而達到或多或少的權力集中。此一傾向，在各國均有其特殊名稱，譬如它在俄國最極端的例子叫做『共產主義』，在美國較溫和的例子則叫做『新政』，卻缺乏一個普遍適應的用語來表達。似乎到最近，纔開始看見歐美論者採用『國權主義』（Étatisme Statism）一詞，以概括前述一般傾向的涵義。

追溯國權主義的發展，離不了經濟問題，雖然其動機類型（Motive pattern）可有極大的差別。在納粹德國，他們是爲要滿足政治野心（大日耳曼主義），纔想到經濟的權力集中而用爲手段。在多數場合，如英國，可說是單純的爲要調整經濟生活。從列寧到斯太林的俄國，兩種動機似已攪亂而難以分辨。有一點是共同的：經濟生活總是國權主義活動的主要場地，有時候，其活動甚至並不十分超越經濟的範圍，有時候則以此爲中心，逐漸延展於生活的其它方面。經濟的國權主義是國權主義的一部分，但爲其中最主要的一部分，如果把這一部分抽去，國權主義幾於毫無內容。正因爲國權主義與經濟問題不能分離，當使用此一用語之時，常常會與『社會主義』一詞發生界義上的牽連。人們也許要問：爲什麼捨棄現成的『社會主義』一詞不用，要用這個生疏的『國權主義』字樣？

名詞混淆常常是觀念混淆的開始。我要指出：國權主義不一定是社會主義，社會主義也不一定（並且我甚至以爲不應該）是國權主義。本文於此，特有較詳細的說明。

在今日，對於一個嚴格的，精密的思想者，社會主義一詞幾乎已經變得不可使用，雖然它至今仍舊爲多數政治煽動家所樂道，拿來粉飾、掩護或歪曲他們所要支持或攻擊的東西之眞正本質。從最廣義的到最狹義的解釋，其間距離簡直驚人，共同的標準業已無法找到。在一些人看來，祇要國家稍稍管到人民的經濟生活就算是社會主義，譬如美國的共和黨議員，常是把杜魯門政府的綱領都稱爲『不折不扣的』社會主義綱領。在另一些人看來，却一定要做到『各盡所能各取所需』，要沒有工資制度，甚至要沒有貨幣，纔算是社會主義；許多理論家都不承認蘇聯已經有社會主義存在，他們以爲那祇是一種國家資本主義，雖與私人資本主義有別，卻仍然是資本主義。可以說，現在世界上所有國家都是社會主義的，同時也都是非社會主義的。名詞涵義的混淆已把世人帶入觀念的迷宮而莫知所出。爲什麼有這種情形？那是因爲社會主義現已成爲一般人情感上的愛憎對象，它就不能同時也成爲理智的思索與探討的對象了。一項事物如成爲迷戀與忿怒的對象，政治煽動家乃從而玩弄這種愛憎的情感：對愛好社會主義者，他們把所要支持的東西認爲社會主義的而把所要攻擊的東西認爲非社會主義的（在中國有這種情形），對憎恨社會主義者，反過來，把所要攻擊的東西認爲社會主義的而把所要支持的東西認爲非社會主義的（在美國有這種情形）。纏夾至此，還有誰能徹底整理？治亂絲的辦法最好是一刀兩段。我們再不能在觀念的迷宮裏往返旋轉，以致最後迷失了方向，我們必須從迷宮衝出。

人類的經濟生活究竟應該如何安頓？這無疑是現代文明世界所遭逢的一個最大難題。於此問題，我們要理智的探討，理智的予以解決。我們不能兜入情感之網。社會主義是好是壞的判斷應該保留，因爲我們根本不能認辨究竟什麼是社會主義。對一項在擬議中或在試行中的事物，我們應該嘗試直接考察它是好是壞，好處在那裏，壞處在那裏，而不必急乎鑑定它是社會主義的抑非社會主義的，因爲社會主義事實上並不能成爲價值的標準。好的總是好的。應不論其爲社會主義抑非社會主義；壞的亦然。我以爲，這應該是我們接近問題的基本態度。

我所以捨棄社會主義一詞而寧願採取較生疏的國權主義，除了這二者的涵義本來並不相同的理由外，同時還爲要藉此避免一般人情感的糾纏，從而導向觀念的澄清。

（二）

論經濟的國權主義，不能不先說到在觀念上與之對立，但在發展過程上卻是它所從出的經濟的自由主義。經濟的自由主義，在其故鄉英國，發生在一般的自由運動以前。霍布斯（Thomas Hobbes）是一個極端的君權論者，同時也是一個早期的國權論者。他想像國際爲一龐大而壯健的機器，名之曰 Leviathan。他乾脆主張個人不應有自由，祇應國家有自由，而君主即爲國家的代表，可是非常奇怪，由霍布斯首先闡揚的『契約』學說，卻成了他以後許多出色的民權論者之理論中心。不僅如此，他還確定人民所應享有的自由爲：買賣自由，契約自由，居住飲食的自由，擇業自由，安排子女的自由等等，似乎恰好概括了經濟自由主義的基本觀念。此後，先驅的民權論者洛克（John Locke）除了接受霍布斯契約學說之外，一再强調財產權的神聖不可侵犯，把它看得竟與生命同樣重要。洛克所創立的體系，一直是不列顛思想的主流。到了亞當斯密士（Adam Smith）與邊沁（Teremy Bentham）的時代，更見發揚光大；個人主義不僅得到哲學的基礎，並且得到經濟學的解釋。『放任』成爲人

(7)

類愛護經濟生活的原則，此一原則，並從英國傳播到美國。

我們千萬不能忽略契約學說與經濟放任的血緣關係。在西方世界當十八九世紀時，契約(Contract)代替了身份（Statute），已成了人類生活的核心。在前一些時候，無論是國家與國家之間，國家與個人之間，個人與個人之間，一切關係都由身份來決定：此後，就一切都變得由契約來決定了。國際條約代替了封建的臣屬，人民同意代替神授的君權；國際條約是一種契約，治者得被治者同意也是一種契約。契約崇拜有相反的兩種的結果：一是契約自由，那是好的方面，它可以保證人與人的一切關係都出於自由選擇而不出於强制；二是契約神聖，那是壞的方面，即契約一旦成立，它就無法由單方面來毀棄，而成為一種新的枷鎖，這好的與壞的兩種結果，來表現在人類關係的一切方面。

契約學說，無疑也是經濟自由主義的核心，它替私利追求打開方便之門，任其自由進出而不受絲毫干涉。資本家與勞動者的關係，地主與佃農的關係，債權人與債務人的關係，都是出於自願的契約關係。契約是自願的，所以是公道的。根據契約說，經濟自由主義是合乎正義的。

在這裏，斯密士及其學派更進一步作了他們天才的貢獻；他們把正義與效用（Justice and Utility）聯結起來。他們絕不掩飾自由主義之下私利追求的動機，卻用一種精密的說明，解釋個人私利正可以累積為社會最大的公利，且最有效的促使生產進步。他們並且主張，依照一種內在規律，人類經濟生活會自然而然止於最恰當的平衡狀態（這裏特別是指一切供求的平衡），無須用意識的努力去加以調節。正統派的經濟學者當然達到如此的結論；經濟生活應該不受任何政治力量，特別是國家的拘束，而一任其自由發展。他們的學說，為當時多數人所採取：歐美先進國家在那一時代的立法，也都依據此種精神，對私有財產與經濟自由予以可能限度內最充分的保障。

斯密士派的學說，我們不得不承認，直到今天仍保有若干可取的成分。譬如人們雖經過種種試驗，卻的確沒有發現一項東西，能夠替代利潤，能與利潤同樣有效的刺激生產，使其產量增加，品質提高，使其管理方法一天天趨於完善。似乎離開了『個人創發』（peronal Initiative），『效力』（Efficiency）就無所依存。這當然由於人類為私不為公的弱點；但也許人類此一弱點一天不能消除，斯密士派的學說就可以一天保有其相當的價值。

但，我們卻也不能因此就確認自由經濟已是一種優良的制度，而忽略斯密士等人所未嘗見到的，困擾着我們這時代的種種問題。在經濟生活方面，契約自由先天注定有利於强者。表面平等的契約，事實上並不定能平均有利於訂約雙方；表面自由的契約，事實上也常常會出於無可奈何的選擇。祇有經濟力完全平等的雙方，纔能訂立眞正自由的契約。但經濟力之不平等，卻早在經濟自由主義盛行以前就是一個既成事實。富者基於自利動機，決不肯訂立吃虧的合同，但貧者卻常常為事實所迫，在高利貸的借單上簽字，甚至在賣兒鬻女的文書上加蓋手印。這些文書借單，又誰能說不是契約之一種？經仔細分析，現存的勞資關係，業佃關係等等，無一不是不平等的結合，因此也不是眞正自由的結合。在自由經濟之下，大多數的人群雖停止其為身分的奴隸，卻立即轉而為契約的奴隸了。

綜括經濟的自由主義之弊，有如下述：

（一）在國家與國家之間，縱然表面顯得極端平等而自由的經濟關係，也祇是有利於富國而有害於貧國。

（二）在一國之內，富者愈富而貧者愈貧。

（三）由於大富與小富的不平等地位，漸生兼併之象，資本（和土地）趨於集中而成為獨占，眞能享受經濟自由者，從少數縮小到最少數，絕大多數的人因獨占資本的壓力而感到最大的不自由之苦。（可以說，自由主義達到了它的反對物（Antithesis）。

（四）斯密士派的所謂經濟自然規律，並不能預見週期性的恐慌之發生，這是自然平衡的脫節，事實說明了這脫節狀態幾乎不可避免，且的確一次比一次遠更嚴重。

關於第一點，產生了以國家保護政策（關稅壁壘等等）為基礎的國民經濟理論，如德國里士特（Friedrich List）羅伯都斯（Karl Rodbartus）等人所代表者。但本文於此不擬論及。其二、三、四各點，也無不令人想到有調節經濟生活的必要。但，怎樣調節？由誰來調節？對於此一問題，思想界卻曾經過一度長期的惶惑。此種惶惑，我們在下文將看到，並不是毫無理由。初期的社會主義者似乎從來就不想為此而利用國家權力。他們對國家機構，懷抱一種與對資本制度同樣的憎恨。戈德溫（William Godwin）與文（Robert Oven）與傅里葉（Ckarles Fonrlier）蒲魯東（P. J. Proadhon)這些先驅者，都祇想經由道德的改造而達到社會的改造。他們幾於全部是無政府主義者。直到他們道德改造的試驗到處失敗以後，人們纔無可奈何的想起國家。所以，經濟的自由主義之弊雖久經暴露，而經濟的國權主義，卻直到二十世紀初期，纔在理論上和實踐上開始活躍。

（三）

經濟的國權主義有兩種截然不同的形態，一般人往往忽略其性質的分別而混為一談。此種混同，使他們無法了解問題的許多方面，因而也不能對各種實踐作正確的評價。這兩種不同形態，一是企業（和其他經濟活動）由國家管制，二是進一步直接由國家經營。為辨明其差異：我認為必須分別討論。

國家管制的實踐，似乎依據於這樣一種政治學說：民事政府（Civil Government）為了維持社會生活之和平與公道而存在，它是各種活動的調節者，而不是其直接參與者。譬如私人的婚姻關係，國家得以種種立法予以限制，卻不能由代表國家的政府人員參與其間。這種學說，一般稱為『國家警察學說』（Police theory of State），是把國家(就其對內的意義說）視為單純的警察機關，其任務是消極的而非積極的，是禁止的（Prohibiting）而非倡導的（Promoting）；凡屬積極的，倡導的活動，那是社會自身的功能，不是國家的功能。它肯定了國家的權力，同時也限制了國家的權力。為什麼對國家權力要作如此的規劃？動機就是要替人民的基本自由築一道最後防線，使之勿受國家的侵淩。

我們且來看國家警察學說如何的適用於經濟生活。

上文已經說明，契約自由原是一種虛僞的自由，放任其發展的結果，竟達到自由的反對物。這是社會的一種不公平現象：旣與和平公道的原則相違背，國家就應該執行它的警察職務，對不公平的契約予以取締，正如它有權力取締搶刦、偷盜、詐欺、侵占等等罪行一樣。於是，種種的管制條例，就可以根據此一理由而成立。在一個企業之內，首先存在着資本與勞動的關係，爲維持此種關係的公平，有了保障勞工生活的立法。一企業除內部勞資的結合，對外遂存在着生產者與消費者的關係，維持此種關係的平衡，又有了爲保障消費者而限制物價的立法。在物資缺乏的場合，爲維持消費者之間的平衡關係，也可以有取締囤積的立法，以消滅少數人把持物資的不公平事態。管制的範圍，由於種種必要，由分配的領域而漸及於生產、交換、消費等領域：範圍雖然擴大，卻均能以維持公平的原則去解釋。

另一方面，這同一個國家學說，卻拖住政府，使它不能直接去經營企業；因爲一旦直接經營企業，就顯然超越了警察機能的限度。現在的美國，就拘謹的保守着這種分寸，在那裏，經濟的國權主義，僅走到國家管制（*State Regulation*）而止，始終沒有踏進國家化（Nationalization）的界限一步。保有此種分寸究竟有什麼意義，我們留到下文考察企業國營問題之時再談，目前且先論國家管制制度的利弊得失。

在民主國家，凡實行一種經濟管制，都必先經過嚴格的立法程序，而由正式的司法機構來執行，政府決不能像指揮一支軍隊作戰那樣權宜行事。縱在必要的場合，政府對某些事項須保有若干臨時伸縮的便利，也必須經過立法機關的鄭重授權；而且，這種授權常常是非常吝嗇，一到必要原因消滅之時，就立刻把所授之權收回。他們寧願把管制政策的執行，弄得機械而刻板，不肯讓行政人員靈活運用。他們顯然已憑豐富的政治經驗而預見，政府的靈活應用，一定會替官僚資本的活動開闢一條捷徑。因爲，卽以美國那樣賢明的政治，在第一次大戰期間都確會發生過類此的流弊，竟至爲威爾遜總統盛名之累。欲於經濟生活行國家管制政策而無弊，那國家本身必先具備健全的民主與法治的基本條件。

要在嚴格的法律範圍以內規劃並實施有效的經濟管制政策，在技術上會遭遇極大的困難。經濟生活，其關係之複雜與牽連之廣泛，不是其他方面的生活所能比擬。經濟關係常顯得是一個像數學那樣精巧的題目，並且這種數學，包含一些可變的數字，隨時跟環境而移動，要用機械的法律來掌握這些靈活的數字，最容易陷於左右兩難，顧此失彼。試以工業政策爲例，立法者就必須考慮到下述的種種方面：(一)爲保障勞工生活，工資應該提高；但不能太高，太高則增加產品成本，刺激一般物價，抵消了提高工資所給予勞工的利益。（二）工時應該縮短，但也不能太短，太短則使社會生產萎頓，物資陷於貧乏。（三）利潤應該減少，如此方能提高勞工生活而不增加消費者的負擔；但也不能太少，致會失去獎勵企業與促進生產的功能。（四）提高價格有害於消費者，過於壓低價格有害於包含勞資雙方的生產者。（五）爲預防獨占應該限制大企業，但過分限制大企業，則妨碍新生產技術的採用（如新型機器與科學化管理均以大規模經營爲宜），也等於妨礙社會的進步。（六）要用種種方法促進生產，另一方面又要不使生產達於過猶。（七）如果爲防止過賸而限制生產，又要顧到失業。總之，前述每一項都構成一個疑難問題，立法者必須找尋適當的中數，旣不偏於這一邊，也不偏於那一邊。關於交換，消費等的管制，情形也與此相類。

人們鑒於自由經濟之弊，很容易的想及管制經濟之原則。但一旦臨到要選擇那些適當的中數，卽臨到要訂立具體條款之時，卻發現自己所擔任的工作，較諸僅僅原則的確定要困難萬倍。人們會開始感覺陷於這樣的矛盾：旣要修改自然狀態，同時又不得不還就自然狀態。把自然狀態修改得過多，因經濟關係牽連之廣，勢必引起各方面的脫節。但同時，如果還就自然狀態過多，則所求得的中數將與自然狀態的中數無所區別，管制經濟等於自由經濟，管制成了多餘之舉。爲解決此一矛盾，多數國家（尤其美國）大致是採取這樣的方式：把自然狀態對着所要的方向作輕微而逐漸的修正。但也正因爲修正是逐漸而輕微的，就不容易獲致迅速而普遍的預期效果。

這個疑難問題，大多數實行經濟管制的國家都沒有能够順利解決，爲調節社會財富，不得不想到經濟管制之外的其它方法。如賦稅政策與救濟政策，縱不能說已經替代了經濟管制政策，卻至少成爲它不可缺少的補充。一方面，向富人徵收以累進率計算的所得稅與遺產稅，另一方面則經由廣泛的救濟事業與社會保險事業將這筆龐大稅收用諸貧民。美國當一九三〇年時，政府開支還沒有救濟與社會保險這些項目；到一九四〇年，救濟費與社會保險費，已佔開支的第一位（合計二八、九億），遠遠的超出了當年的國防費用（一六、六億）。從這個數字我們似能窺見，賦稅政策與救濟政策，其調節財富的效果，也許竟比經濟管制更爲切實而廣泛。

綜上所述，經濟管制政策由於技術上的困難，縱在組織最爲健全的國家，也沒有獲得十分可觀的成就，如果把它交在一個知識與能力兩成問題的政府之手，其流弊可以達到不堪設想的程度。沒有精確的統計資料，條例根據什麼訂立？沒有健全的行政機構，法令憑藉什麼推行。爲糾正自由經濟的漫無計劃之弊，如果拿一些生吞活剝的計劃來强制執行，就會達到比無計劃經濟更爲混亂的結果，卽一種不折不扣的無政府狀態。自由經濟雖難免要有脫節之虞，但究竟還有它內在的自然機能，可以把脫節狀態漸漸的調整過來；生吞活剝的計劃，一方面足以把那個自然機能扼死，另一方面也並不能建立合理而健全的人爲規律以領導各種經濟活動，結果將不僅是脫節而已，甚至可能召致整個機能的崩解。中國過去數年間的情形，已使我們得到略近於此的慘痛經驗了，然而也幸虧那幾年的管制還沒有達到全面化的程度。

（四）

進而討論國營。

如上文所指出，早期的社會主義者似乎都帶有無政府主義的色彩，至少不主張經由國家權力集中來達到財富的公平分配。前舉的代表思想家，誠然是被歸於『烏託邦派』之列。但應知，即連首先標揭『科學的社會主義』之名的恩格斯（ Friedrich Engels ），也正是國家機構的猛烈攻擊者，把它視爲支持特權階級利益的工具；他並且預言，到社會主義實現之時，國家機構就要漸漸的趨於『萎謝』（Withering away）。俄國布爾希維克黨執政初期，是實行一種工人沒收工廠，由工人大會來管理生產的政策；但由於當時俄國政治係建立在暴民統治(Mob-rule)的基礎上，這理想的實驗竟可笑的失敗了（生產量鐵至六分之一！），布黨之策乃不得不改絃更張。此外，爲英國工黨所依據的費邊社會主義，在它的綱領之中，國家化也並不佔據十分重要的地位。其宣言誠主張『使土地和工業資本脫離個人和階級所有權的羈絆，並且把它們交給社會以謀公共的利益』，並力求『把社會所便於管理的工業資本移歸社會管理』，但也指出其目的爲『使個人自由所遭遇的干涉遠較現制度所引起的爲少』。我們應注意，這裡強調的是財富社會化而非國家化，而社會化之目的，正在擴大個人自由。費邊派的理論重鎮韋布(Sidney Webb)，且曾客觀的研究了各國的工團主義(Syndicalism)，一種正與國權主義相對立的社會主義派別），以之作細心的比較，而並不抹煞其優點。總之，費邊主義也不是完全國的營主義。

爲什麼多數社會理想家都對國家機構抱持懷疑態度，在其出發時總不願提出全面的國家化綱領？那是因爲社會主義理想本來就是自由主義運動的一支派，其終極目的爲人類之解放而非人類之束縛，與正統的自由主義完全一樣，祇是在財富的問題上與之分道而已。所以他們對任何形式的權力集中，都先天的感覺憎惡或至少疑慮。並且，事實已經確切說明這些疑慮之決非無因。

現在，大規模實驗了產業國營的地方是蘇聯。工黨執政後的英國，它的國家化政策還祇在開步的階段（其施行範圍截至今日爲止尚不及中國所施行者之廣泛），卻已經遭逢了障礙。

革命後的俄國，因工人管理工廠失敗，竟從極端的民主走向極端的集中。國家化在工業方面做得十分徹底（在農業和商業方面則曾從幾度搖擺而至今還有若干私人成分的保留），使國家掌握了絕對的經濟權力。我們不能否認，這對國家計劃的實施有極大方便。但正因爲過於方便，政治野心也極容易於此發生作用：唯有在國家掌握如此龐大的經濟權力之條件下，瘋狂的軍火生產纔成爲可能。我們就算把政治野心的因素撇開不談，單就其作爲一種經濟體制的表現姿態來討論，這樣的權力集中，也必然會達到與社會主義完全相反的後果。首先，國家化成然打擊了私人資本，卻並沒有能使工人勞役脫離被動的地位，爲維持勞動紀律，工作的管理與監督仍與在資本主義社會中同樣的必要。所不同者，在資本主義社會，那個管理監督階層由於企業精神的驅使，它本身就是生產的有效組織者，換句話說，至少這一個階層是主動的；但在蘇聯那種體制之下，以個人創發爲基礎的企業精神完全消失，即連管理監督階層也是被動而非主動，在它之上，還需要一層一層的管理監督機構。這裏產生了龐大經濟王國的官僚政治。官僚政治與効率是一對永不會和解的仇敵。官僚層的人數一天天在擴張之中。據最近資料蘇聯是已經做到平均每工人五名需要一個監工的不合理程度了。這階層是對勞工施行壓制的工具，同時也是爲政府維持統治的工具，不得不以優厚待遇加以籠絡。所以，蘇聯的體制是在打擊了舊的特權之後，另行製造了一種新的特權。在資本主義社會，勞工生活誠然受到種種壓迫與束縛，但他至少尙有：（一）在各種職業或若干資本家之間選擇的自由，（二）以集體的力量與資方交涉的便利，（三）爲所受委曲向社會更高權力伸訴的機會。在蘇聯那樣的國家化體制之下，這一切都不存在：國家成了全國全體勞工唯一的雇主，無所謂選擇；勞工是被國家像軍隊一樣的組織了起來，不能自己成爲集體；而且國家本身就是最高權力，再無伸訴之門。似此情形，勞工大衆所受到的，豈僅是束縛而已。難怪蘇聯今日要發展到用特務來維持生產的地步。

這樣的事態顯然與民主政治不能並存。可以說，苟有民主政治存在，就決不會容許事態發展到如此的程度；如果事態已經發展到如此程度，那就說明民主政治早就消匿無踪。蘇聯的經驗告訴我們：在民主政治沒有深厚基礎的國家，全面性的企業國營，不僅有助於極權政治，並且它本身必然會演變成極權政治。

在有優良民主傳統與高度行政效能的英國，尙未走得太遠的國營政策，當然沒有召致像蘇聯那樣嚴重的後果。英國工黨，即連其最激急的分子，事實上也並未提出全面國家化的主張。但他們並不以現行國家化範圍（僅及於煤礦、電力、瓦斯、鐵道公路運輸這幾種）爲滿足，還要作若干程度的前進，而英國人民，就本年二月二十七日的普選所表示，似乎正開始感覺國有化業已太多。

關於國營問題的若干重要考慮，即在英國也不能完全忽略。首先就純經濟的觀點說，由於人性中自私的弱點，仍沒有找到一項東西，可以替代利潤，來作效率的確切保證。煤礦經國家管理以後，產量曾顯著的低落，直到新機器採用以後，纔恢復並超過昔日私營時期的產量。再就政治的觀點說，國營範圍如聽任其無限制的發展，仍多少構成對民主政治與自由生活的威脅。民主政治係植根於一種多樣性的私人活動，憑藉各種社會基礎以獲得力量，對政府權力作有形或無形的制裁。如果經由經濟生活的單一化而削够了各種私人活動的社會基礎，結果是政府黨的力量增加，反對黨的力量由衰落而至於消滅，當多數人民都成爲政府的雇員之時，除非執政者能始終保持純潔的動機（這是奢望），人民的意志就不得不爲政府所左右，並逐漸喪失在政治上作種種自由選擇的便利，終而變得無法與整個掌握了人民經濟生活的政府抗衡。誠然，這樣的危機在英國還是遠遠的，可是人們的先見卻不得不顧及危機出現的可能性。

最近一次英國普選的結果，使平時醉心工黨主義的人士陷於一種理念的困境。工黨雖然勝利，卻勝利得够慘，較諸上次普選，顯得已失去一大部分人民的支持。醉心工黨主義者不得不承認這是人民自由的選擇，他們不能附和共產黨人，指摘選舉的結果爲出於『反動派』的把持與運用。因爲他們如果這樣指摘，那是說明了共產黨人的一貫主張，社會主義必須經由革命的手段而無法經由和平的手段達到，而這是工黨主義的否定。但，如果承認是人民自由的選擇，則英國勞工階級無疑仍占選民的極大多數，爲什麼他們於社會主義未獲得時不惜竭全力以爭取，而到了社會主義現現成成來到眼前之時，他們反要躊躇惶惑，不爽快的接受呢？英國的經驗值得我們深思。（附帶說，在英國選舉以前，澳洲和紐西蘭的選舉卻把執政多年的工黨政府推翻了。）

英國人不反對管制，這可以從保守黨的競選綱領也承認管制之必要一點獲得明證。但英國人卻懷疑國營，這一次確確實實是國營政策使工黨不能獲得完全勝利。工黨今日仍繼續執政，而產業國家化之能否進行卻成了問題。由英國的情形，我看到在民主國家試驗國營政策祇可能達到兩種前途：（一）民主政治拖住了國營政策，使它無法走得太遠；（二）如果民主政治沒有拖住國營政策，讓它走得太遠，則國營政策必反過來削弱了民主政治的根基，而在這兩個前途中，出現的可能性較大的是前一個，當然，在民主政治略具規模的根基未固的國家，卻是後一個可能性更大。

（五）

聰明的讀者，至此必已能瞭解我對整個問題的大概意見。我深知有些會提出類此的詰難：你一方面承認完全的自由經濟之弊，並指出改變的必要，而一方面雖有條件的贊成國家管制，卻不相信管制會有普遍而迅速的效果，並且進一步幾乎無條件的反對國營。你又說在民主政治根基未穩的國家，管制會走到官僚資本或混亂狀態，國營又會走到極權。如果你的意見完全正確，則像中國這樣的國家，要解決經濟問題豈非簡直無從措手？

對這個有力的詰難，我覺得應就特殊的與一般的兩方面來解釋。譬如係中國這樣的特殊情形，工業建設尚在襁褓期，我認爲自由經濟還可以大大的發揮它推動生產的功能，而不致立即顯出嚴重流弊。當然，我們不必等到流弊已經非常顯然之時再行糾正，所以若干程度的管制（即理念較爲單純而效果較爲確切的管制）仍可以試行。至爲國營的範圍，在中國已經太大，且試行結果祇見其害而不見其利，所以不應再行擴大而應縮小，但也不一定要縮小到連重要交通事業與水電供應都劃歸民營那種程度，我對於部分事業的國營並不機械的反對。

就一般說，我們應知人類的組織根本沒有法子做到天衣無縫，它從古以來就是一襲拼拼湊湊的百衲衣。那是由於人性是有缺陷的，這些有缺陷的個人所構成的組織，也不會達到眞正完美的境界。政治祇能提供零星的補綴，決不能希望用一個單純的原則來解決一切。有人硬要如此作，祇有替人類招來了更大的麻煩與禍水。而且問題層出不窮，今天剛把房屋掃除，明天灰塵又積上；但我們卻不能聽任灰塵堆積而不掃，雖然徹底而永久的清潔，殆無可能。經濟生活，正是人類自私弱立充分活動的場所，與它牽連的問題，因此也更不易獲得最圓滿的解決。自然所規劃給我們選擇範圍不過於廣大，我們也祇能在這可能範圍內尋求較佳的選擇而暫時滿足。

許多人以爲社會主義的實現會最後一次把人類徹底解放。這種崇高理想是値得珍貴的。但今日多數人的錯誤是，把國營政策看做了實行社會主義的必經之途。他們不滿意美國之謹守着止於國家管制而不走入國營那條界線，以爲這正是資本主義與社會主義的分野。他們沒有想到，人類不能爲逃避一個火坑（資本主義）而跳入另一個更可怕的火坑（極權政治）；人類不能爲牢獄中那一部分平均而穩得的口糧，就輕易放棄自由天地，何況那一分牢獄中的口糧也未必有確切的保證！

社會主義究竟應如何現實，至今尚是一個未知數。列寧就曾坦白的說：『誰也不能知道社會主義眞正來到時究竟是怎麼副樣子。』我個人以爲，它與其經由一種更大的集中，無寧說應該經由一種更大的民主。社會化與國家化必須嚴格的分別開來：國家化的結果是個人創發精神之完全消滅；社會化之結果是個人創發精神之擴大而普遍於每一個增加生產的分子，即使勞工確確實實感到他是爲自己而工作，既不是爲資本家也不是爲假國家之名的官僚階層而工作。所以，比現在的國營政策更爲健全的辦法應該是這樣：由勞工參加企業的管理開始，漸漸的使他在企業中占據更重要而永久的地位，終至於使他成爲企業的眞正主人。誠然，爲達到這種結果還是要靠國家立法來幫忙，但在此場合，國家也祇是經濟關係的調節者而非直接參與者，這纔是社會化(Socialization)而非國家化(Nationalization)，這纔是共產(Communism)而非集產(Collectivism)。

最後我還要指出，人類的經濟生活在不甚久遠的將來很可能會發生一種根本的變化，使我們上文的討論完全成爲多餘。我們設想，如果世界一旦停止軍火生產，將有如何龐大的勞動力解放出來，我們再設想，如果原子能轉而利用於和平生產，物資將更如何的豐富而勞力將更如何的節省。今天在苦惱着我們的，是勞役與貧困(Toiling and poverty)的問題，到那時候，使人們感覺麻煩的恐怕要變爲閒暇與豐富(Leisure and abundance)的問題了。到那時候，眞正從事勞動者將是機器而非人類，而今日的能力勞動者將變成工程師那樣的身分，且祇占全人口中的極少數。這樣的日子果眞來到，資本主義和社會主義的問題可能根本不復存在；縱令存在，也將換上一副新的姿態與內容，而我們今天的設計將變得全無是處。人類爲什麼不能於世界和平多加努力而爭取這樣的前途呢？

西方文明的挑戰

許冠三

（一）飢餓與西方文明，是決定中國近百年命運的兩大因素：前者要中國「亂」；後者要中國「變」。變得好，就不會亂；變不好，就一定會亂。愈亂愈需要變；愈需要變愈亂。一部中國近代史，就是這一變一亂的循環。從太平天國變起，（也可以說從太平天國亂起）變一次，亂一次；亂一次，變一次。變得愈兇，亂子鬧得愈大。亂子鬧得愈大，也就變得愈兇。直到赤禍遍天下，亂子已是鬧得空前未有了。因此，有些人說（歷次變亂中皆有）：中國就不該硬學西洋，談什麼自由平等，否則，國家怎會亂到這種地步。其實這不是「變」的本身不好，也不是「變」的方向不好；而是我們不眞知道爲什麼「變」？怎樣的「變」？一開頭就沒變好，一步錯，步步錯，一直錯到現在。俗語說得好；「棋錯一着，滿盤皆輸。」我們整輸了一百年。

這一百年的歷史雖然在變亂中推演；可是，它的變動並不是盲目的，而是朝着一個固定的方向走——那就是如何西化。儘管因爲時代不同，西化的標準各異。（因爲西方文明本身也在變，這就是我們最大的苦處）一百年來，我們一直在追求一個現代化的中國。這就是西方文明挑戰的結果。它每給我們一次重大的刺激，我們就有一次顯著的反應。太平天國運動（一八五〇——六四），自强運動（一八六一——九四），維新運動（一八九八），辛亥革命（一九一一），新文化運動（一九一五——二〇），極權運動（一九二四——一九五〇），自由中國運動（一九五〇——）等重大事件，都是歷次反應的體現。

這七個階段，又可分作兩期。新文化運動以前是「中」「西」之爭，是中國舊生活方式，與西方新生活方式之爭。那時候的爭論要不要？要多少？新文化運動以後是西方文明中「東」（歐）「西」（歐）之爭，英美民主生活方式，與俄、德、意極權生活方式之爭。當時，國人中分新舊兩派：東歐極權主義論者與本位文化論者互通聲氣；西歐民主論者苦守崗位，極力反對「外新內舊」「貌進步實反動」的極權運動。這一階段的爭執的中心在要多少？要那一種？及至二次大戰結束，共產極權勢力大張，布爾雪維克洪流泛濫大陸以後，所有非共產主義的力量，乃齊集於爭自由爭民主的旗幟下，展開了今日的自由中國運動。本位文化論等，西歐民主論者，不再是仇讎了，他們都成了自由中國運動的鬪士。在思想方面，他們正在試探「中」（形而上的）「西」（形而下的）的統一；在文化方面，他們正在追求「自由」「平等」的綜合。（關於此點，將另寫專文發表）。

（二）我把太平天國運動列爲中國現代化過程的第一頁，也許會有很多人不同意。淺薄之徒，甚至於把洪秀全看做李自成一類的農民暴動首領。太平天國在中國近代史上究竟應佔什麼地位，到現在似乎還沒有一個比較恰當的安排。民族主義者，喜愛强調太平天國檄文中的排滿意識，把洪秀全捧做民族革命領袖。社會主義者，喜愛誇張太平天國的均田制度，說洪秀全是中國社會主義的鼻祖。這兩方面都大有說法，這兩種說法都很流行。這些說法愈流行，太平天國與洪秀全的歷史地位好像也就愈難確定。其實洪秀全是不是民族革命領袖或中國社會主義鼻祖，全不影響他的歷史地位。誠然，研究中國近代史的人，無法忽視太平軍的民族意識與均田制度。可是，洪秀全對近代中國的貢獻，決不止於此。他之有資格被視爲中國現代化運動的第一個領導人，是在於他能接受西方文明，反身向舊傳統挑戰；把西方的平權思想介紹到中國，並且拿來實踐。隨着太平天國而來的歐洲中古教會制度和不倫不類的宗教信條與儀式，可看做一堆垃圾。但是它們絕不能影響到垃圾堆中一粒明珠的光彩。洪秀全會給古老中華民族一個新啓示！

說老實話，洪秀全革命的動機，未必比劉邦，朱元璋進步多少。他倡排滿，倡均田，都只是一種策略，一種手段。倡排滿爲的是聯絡會黨，離間士大夫與淸室；倡均田爲的是號召窮苦大衆。我們千萬不能忘記，他與中國歷代農民運動領袖最大的差異，是在洪秀全有一個深厚的西方文明做背景。他的排滿論據，並不是我們中國歷史上「夷夏之防」的成說，而是上帝分天下與衆子女，彼此不得互相侵犯的西方神話。他認爲滿人有滿人的天下，漢人有漢人的天下，都是上帝分好的，誰也不應犯誰。滿人旣已入主中華，就是違反了上帝的意旨，所以應該打倒。反對異族統治，中國士大夫未嘗不表同意。只是這種說法，他們實在碍難接受。所以，說他是「崇奉異端」，並與他爲敵。

至於他的均田思想，更不用說是來自基督教義。天下田旣是上帝之田，天下人又皆是上帝兒女，自然人人有份。（他的分田法，確是承襲儒家舊說）他說的雖好，但並未能實行。據蔣廷黻先生的研究，太平天國的田畝制度，只是在安徽某一縣試行過，而且失敗了。如就近代社會主義的立場看，他最多也不過是一個烏托邦的社會主義者而已。我們再看他的地方行政制度，更可以明白，他是如何實實在在的推行西化運動。（儘管標準落伍，但不能否認是西化）一個兩司馬（太平天國的最下層行政幹部）無所不管，從司法，行政，經濟，到婚喪嫁娶，宗教生活，統統一手包辦。這種規模，完全是歐洲中古教會控制一切的翻版。這一套辦法，在十九世紀中葉的歐洲，早已過世了。政教早就分了家。洪秀全不幸接受了這一套，自然難望成功。中古教會是不講容忍異端的，不承認個人信仰自由的。所以太平天國到處毀孔廟，焚詩書。（建都南京後，會力求糅合儒學與基督教教義）如果不是如此，曾國藩及一般士大夫何至於感到不能「袖手坐觀」呢？

洪秀全失敗的原因很多，這裏我們不必去細細的分析。可是，我們絕對不能以成敗論英雄。因爲他的認識不够，修養不够，才能不够所遭致的失敗，而忽視他反抗中國傳統的勇氣，接受西方文明的魄力。歷史發展到今天，我們已經看得淸淸楚楚了，我們要想不做奴隸，我們的國家就得現代化。要求中國現代化，就得從接受西方文明着手。現代化中國的基礎，必須放在民主之上。洪秀全便是中國近代史上接受西化的第一人。縱或他對西方文明認識不健全，即是基督教教義，也只一知半解。然則，西方文明的精髓——人權平等（當然不如我們現在所知眞切）這個概念，的確是抓住了。他根據什麼排滿？根據什麼倡均田制度？根據什麼開女科考試？一句話，是平權的原理。

洪秀全儘管是失敗了，他自西方介紹到中國來的人權思想却是永恒不朽的！

（三）自强運動，亦稱洋務運動。它的發端是在太平天國晚年，英法聯軍戰事結束以後。領導人有王室中的開明份子奕訢，（咸豐胞弟，同治親叔）與平定太平天國的士大夫領袖曾國藩，李鴻章，左宗棠等。就時間上說，這一運動已嫌來得太晚，這本是二十年前，鴉片戰爭一大刺激後，應有的反應。僅是來得太晚，尚不打緊，糟糕的是他們的覺悟並不徹底（以當時的標準說）。他們以爲只要接受了堅甲利兵這一點，西方文明中國就可得救，中國就可趕得上潮流，而與西方列强分庭抗禮了。其實，當時英法諸國的優點，何只是堅甲利兵？十九世紀下半葉的西歐，正是工業文明大放異彩，自由上如日中天的時代。建築在中產階級基礎上的政府，已是爲大多數人民謀福利的工具了。國家與人民的利益已打成一片，國家可以保護人民，人民亦知捍衛國家。這些何嘗不是我們的缺點呢？執政者把國家當做私產，把人民當做工具，政府既不知有人民，人民自不知有國家。可憐李鴻章等見不及此，一味迷信洋槍，大砲，鐵甲船。一切只是從國防上着眼。

其時的日本，也正在忙維新，忙西化。（一八六七年明治天皇即位）他們的領導人，認識比較徹底，所訂的方案就比我們搶先了一步。日本派到英國的留學生，不單是學「製造」，而且還學民政，法律，經濟。這些人回國後立即制定憲法，改君主專制爲立憲政體，幫助天皇推行新政。就當時的情況論，日本是跟得上世界潮流了。

回過頭來看看我們的自强運動吧！起始就沒有一個遠大的計劃。由於太平天國期中，常勝軍得力於洋槍大砲的經驗，以及英法聯軍之役失敗的教訓，只想買點洋器，學點洋操。日後感到只買不造不是辦法，因爲人家可以不賣給我們。要學製洋器，自然得先培養人材，於是才有同文館的設立，專門翻譯外國書籍（天文，數學，輿地，物理，機械等類），做爲教本。同時派遣留學生出國研究。現代化的國防必須配合現代化的交通與生產，於是辦招商局，開鑛產，建鐵路，修電線，設造船廠，等等事業乃相繼出現。

奕訢，李鴻章所訂方案本不高明，三十年却也多少有一點成就。沒想到甲午一戰，打得慘敗。這時，士大夫才知道救國工作，不是單單模仿洋槍，大砲所能了事的了。儘管如此，當初李鴻章正從事那些皮毛西化時，頑固派還拚命的阻撓。甚至大言不慚，以「師事夷人」爲恥。其實，那個時代的士大夫，也有一二高明之士，老早看到只是「洋務」不足以立國。做過英法公使的郭嵩燾，就會一再向李鴻章建議，留學生不應只學製造，西洋的政治，經濟，文化，教育，也值得我們研究，作爲立國的參考。他深知中國現代化運動非徹底不可，枝枝節節的改造是無效的。

（四）對於西方文明刺激的反應，從「自强」到「維新」算是又進了一步。從前李鴻章應當做而未做的，現在有人要來做了。

甲午一戰，把在朝的士大夫都打昏了。戰敗之餘，再定城下之盟，台灣丟了，高麗去了。此外尚得賠款二萬萬三千萬兩。這個仗不能說敗得不慘，損失不能說不重。弄得北京城內那批官兒既羞愧，又忿怨，不知如何是好。但癡想俄國人來幫我們出氣，所以竟有中俄密約的簽訂（一八九六），爲國家民族招來無窮大患（此爲當時士大夫一般願望，非李鴻章一人主張）。不久，德國竟借口教士事件，佔領膠洲灣，要求山東的特權。接着俄租旅大；英租九龍威海衛；法租廣州灣；並各劃勢力範圍。日本也援例要求福建的特權。這一連串的刺激，把在野的士大夫弄醒了，光緒皇帝也覺悟了，都認爲瓜分之禍，隨時可見，中國再不革新眞的不得了。於是李鴻章所不敢講的政治改革，也就是進一步的西化，康有爲要講了。李鴻章原是只「知有兵事而不知有民事，知有外交而不知有內治，知有朝庭而不知有國民，知有洋務而不知有國務，以爲吾中國之政教風俗，無一不優於他國」的人，當然不能有大作爲。

其實，被「中國之政教風俗，無一不優於他國」一語所誤者，何祗李鴻章一人？一百年來眞不知幾千幾萬，這種虛妄的民族自尊感，眞不知誤了國家多少大事，害了多少人民。

從光緒廿四年（一八九八）四月廿三日起，到八月初止，康有爲輔助光緒推行了一百天新政，做了兩項大事：（一）廢八股，改用政治，經濟策論取士。（二）調整行政機構，裁汰了許多無用的衙門和官職。同時，添了一個農工商總局，專管經濟建設。這些改革到康有爲時代才做，就需要上說，已嫌晚了。就方法說，已相當溫和。可是那些頑固愚昧自私的士大夫依然要反對，並串同西太后發動政變。毫無疑問的，他們都是爲了自己的利祿權位和兒孫們的功名前程；根本不替國家人民打算。戊戌政變的根源在此，而古今中外所有反動事件的演成，又有幾個不是少數既得利益的特權階級在作祟呢？

戊戌以後，康梁均逃亡海外。「新政」雖因此終止，而康梁對於中國現代化運動的影響，却並未隨「新政」俱逝。日後他們對憲政自治學說的鼓吹，不能說對中國現代化運動無大貢獻。

（五）康有爲而後，推動中國現代化運動的，又轉一方向，領導者是另一個廣東人孫中山先生。一九〇四年他在日本組成了同盟會。他發表了前所未有的革命方案。他認爲滿清政府已不能担負中國現代運動的重任了。君主立憲運動，爲時已晚。他很肯定的說，僅僅打倒滿清，並不能拯救中國，更救不了中國人民，只有一個現代化中國的出生，才能爲中國人民謀得自由幸福。推翻滿清與專制政體，不過是掃除建立現代中國的障礙。他的建國方案有二：一是三民主義的指導原則；一是實行三民主義的步驟。民生主義的提出，旨在防患於未然，早於中國共產黨的成立十七年，這可見他的眼光遠大了。

中山先生常愛拿中國的舊學說去比合他的新思想新方案。其實三民主義思想本導源於歐洲，特別是西歐。換句話說，三民主義是地道的洋貨，與中國傳統毫不相干，而且兩者是互相排斥的，要實行三民主　就得排斥舊傳統，二者絕對不能並存。民國初年的府會之爭，袁世凱與民黨之爭，便是最好的說明。

最後，民黨失敗了，是因爲它本身並不太健全，大多數份子還是舊人物，並不了解孫中山先生的新思想新方案。現代化不能只求形式，更重要的是內容與精神。把皇帝換成總統，寫一本憲法，並不能說明中國已經民主。

（六）民初政爭與洪憲政變，給中國人民一個新的刺激。智識界有了一個劃時代的覺悟。大家漸漸的明白了形式的共和不是眞共和，非獨說不上救國救民，甚而比專制還要壞。眞共和爲什麼不能產生呢？一句話，是舊思想在作梗。民國初年當政的人，不僅是袁世凱和他的私黨，以及立憲派，甚至民黨的不少數人，大家都是一腦子的舊思想。至於被治的人民，更不用說，多數還在盼「眞命天子」出現。執政者不知有人民，人民不知有國家，同樣的是中了舊思想的毒。要想有眞共和出現，就必先掃清舊思想。因此，黃庸生先在「大中華」上寫了幾篇文。同時陳獨秀高一涵等也感覺到這一點，便在上海出版了新青年。（一九一五）一面攻擊舊傳統，一面介紹新思想。這便是新文化運動的發端。

新文化運動的過程以歐戰終結做分水嶺，可分爲兩期。前者多偏重於舊思想，舊禮教，舊文學的打擊，可以說是純文化運動。後期已由鼓吹而行動，由思想衝突牽涉到政治主張，由文化運動走向政治運動。由於，俄國十月革命與協約國家勝利的鼓舞，運動步步走向高潮。五四學生運動，本是前期文化運動的產物。而「五四」卻推進了新文化運動，擴大了她的波瀾與影响。尤其值得我們注意的，是「五四」前後，中國文化界的大放光彩。一時百家並立，諸子齊輝。中國的新學術，差不多都在這時萌芽；新的思想家，科學家，文學家，甚至新的政治人物，也多在這時嶄露頭角。

至於，新文化運動對實際政治的影響，並不限於罷免曹汝霖，陸宗輿，章宗祥，不承認巴黎和約。解除舊勢力精神武裝，促進新勢力滋生成長，是五四運動無形的收獲。孫中山先生會就革命立場，推崇五四說，「此種新文化運動，實爲最有價值之事」。孔家店既已打倒，舊的政治勢力已失去了護身符，舊社會已失去了重心。新勢力一旦崛起，勢必如摧枯拉朽。北政府的命運，這時業已注定了。

（七）由於世界潮流的激盪，民族危機的壓迫，內在毒素的發作，新文化運動終結後的中國，一直是在走向反民主反現代化的道路。法西斯與布爾雪維克籠罩中國二十年。時至今日，這一般反動的逆流已走到了頂峯。就外表上，我們這一段歷史的發展是順應「世界潮流」的。其實，就人類文化整個演進的過程來說，那個潮流的本身，就是「一股逆流」，我們跟着這股逆流跑，怎能不鬥大亂子呢？這三十年來，我們不僅接受了蘇俄的布爾希維克文明，更摸仿過意大利的法西斯，與德國的納粹。從浮面看，那些不皆是廿世紀卅年代到五十年代最新的東西嗎？其實骨子裡面是最舊的。墨索里尼、希特勒，史太林的專斷與殘暴，實有過於歷史上任何時代的暴君。他們能利用近代自然科學，特別是社會科學的成就，去做統治的工具，誠比任何歷史上的暴君高明。他們有議會和憲法做幌子，讓陰謀和罪惡躲在背後，直到今天，這個「鐵幕」才完全揭開。（本段史實，讀者多曾親歷其境，故不多寫）。

「卅年一覺極權夢」，我們已覺悟得太遲了。當我們醒來時，我們的國家自由與個人自由，已被摧殘殆盡了。自由中國運動的目標的一部，就是要奪回已失去的双重自由，並求得永恆的保障。

（八）現在，我們要談談自由中國運動的本質與任務了。

因爲起始我們沒「變」好，對西方文明的挑戰，未能作一個適當反應。所以，此後每「變」一次，困難就多一次，任務也就加重一次。如果單就政治問題着眼，維新運動以前，只要改造一個王室，問題就可解決了。辛亥以後，只要改造一個袁世凱，國家就可以苟安一時了。因爲，那時絕大多數的人民，包括士大夫在內，很少明白什麼是民主自由的。新文化運動以後，只要健全一個中產階級與一個政黨，就可了事。可是怎樣才會使這些改造成功，這就不得不牽涉到接受西方文明的問題了。也就是西化能否恰到好處的問題。新文化運動以前，我們只要能接受西方十八，十九兩世紀文明的精華就够了，可惜，我們起初不肯接受。稍後又不願多接受，總覺得愈少愈好，而且是皮毛。可是，現在的問題決不止於在政治上改造國民黨，打倒共產黨，組織第三勢力了。最根本的是如何解決（一）造成國民黨式微（二）共產黨橫行（三）第三勢力散漫的背後許多問題。要解決這許多問題，我們仍然不得不求諸文化協調的道路；一方面我們要能協調美蘇兩大文化類型的衝突；一方面又要求那個協調的文化再與我們的傳統協調。世界文化如沒有出路，我們的文化就很難找到出路。廿年來的衝突，已把我們鬥慘了，我們不知接受誰的是好。國際形勢卻又不容許我們作長期的實驗。當代不少的哲人早已說過，中國的政治問題，是文化問題。中國文化的出路，必須在世界文化中去尋求。是以自由中國運動，不應該被看做一個政治運動，而應是一個文化運動。

如果，我們硬要把自由中國運動看做一個政治運動。我認爲這個運動的目標有二：（一）爭取並維護中國的自由，（二）爭取並維護人民的自由。在這裡，我要特別提醒一句，二者決不容混爲一談。國家沒有自由，人民自然不會有自由；可是國家有自由，人民卻未必有自由。只有民主國家中人民的自由與國家的自由是一致的；極權國家則不然，自由常常被獨裁者剝奪的。如今日的蘇聯，她不可說不自由了，從沒有人欺侮她，壓迫她，可是她的人民卻一點兒自由也沒有。

中國過去歷次現代化運動，多偏重於國家自由的爭取與維護，而忽略了人民自由的獲得與保障。國家本是維護人民自由幸福的工具，她是爲人民而存在的，人民不是爲她而存在的。人民捍衛國家只是一種手段，並不是極終的目的。自由幸福的追求，才是人民作戰的最後目標。不只爲國家自由而戰，亦是爲人民自由而戰，應該是自由中國運動最富有意義的特質。

反共是自由中國運動當前的一大課題，但不是唯一的或最後的課題。反共勝利，並不等於自由中國運動成功，更不能說自由中國已經出現。眞正的自由中國，不獨國家有了自由，政府行使主權不受他國的危害與干涉，而且，全國四萬萬人民皆能平等享受其應享的自由。政治自由，經濟自由，生活自由，缺一不可了。

我們不能忘記，人類文明正向更高的層次發展，也必須向更高的層次發展，那就是讓人們獲得更多的自由，更眞的平等。

「自由」「民主」「社會」三主義合論

曾虛白

自由主義是人類進化的最終目標。民主主義和社會主義是趨向這目標殊途同歸兩條最正確的道路。現時代走民主主義兩條路的人，走上了資本主義的歧途而殭化了，走社會主義那條路的人，走上了共產主義的歧途也就殭化了，這是現時代的一大悲劇。我們想循資本主義或共產主義的途徑以達自由主義的目標是不可能的。要想達到這人類進化最終的目標，祇有解除殭化，糾正歧途，循着民主主義與社會主義的路，同時促使這兩主義的合流，這才可以引導人羣趨向自由主義光明燦爛的樂園。

最先，我們應給自由主義確定一個解釋。

自由主義的含意很簡單，它祇主張一個人應該像一個有生命的人那樣活下去。你我既做了一個人，就有做人應享的權利，自由主義者就主張承認你我這套做人應享的權利而加以保護。那麼，什麼是做人應享的權利呢？要答覆這個問題，我們應根本上檢討究竟一個人是那幾種因素構成的。我們有一個肉體，肉體有種：要求，這些要求的表現就構成我們物質的人格，這是形成我們本體的基礎，然而並非我們的整體。因爲，我們除物質的人格之外，還有七情六慾錯綜構成的情感人格和意識與經驗構成的理智人格。這三重人格是一個人整體的三方面，一定要把這三方面，面面兼顧，才看到了一個人的整體，缺了一方面就沒有把他作正確的認識。

人的認識既確定了如上的標準，我們再進一步檢討做一個人應該享些什麼權利。基於上述三重人格做出發點，我們除了有權要求保全和持續我們物質人格的完整之外，也同樣有權要求保全和持續我們感情人格與理智人格的完整。換言之，除了要求生存的基本人權之外，我們在感情方面應有表達和處理「愛憎」之權，在理智方面有表達和處理「取捨」之權。這是根據我們三重人格，一個人必備的權利，缺了一種，我們就被剝奪了這一種的人格，沒有被認做是人。反之，這三種權利的完全保有，我們就得到做人應享的權利，我們就獲得了自由。社會中每一個人都被認做了人，這就是自主由義的實現。

我們既經確定了自由主義的解釋，其次就想把資本主義與民主主義，共產主義與社會主義作分別的比較，最後再作如何實現自由主義的檢討。

我們先來研究怎樣資本主義是殭化了民主主義。

法國革命給民主主義提出了自由、平等、博愛三個正確的標準；美國革命也給民主主義提出了民治、民享，民有三個同樣正確的標準。前者規定了它的目的，後者規定了它的型態。我們要衡量任何政制是否民主，以這六個標準做準繩，決沒有錯。

把這一套準繩來衡量資本主義下面所發展出來的政制，每一個標準都走了樣。該自由的不自由，該平等的不平等，該博愛的不博愛，應民治的未民治，應民享的未民享，應民有的民未有。

資本主義最高最終的目的只有利潤。因此，在資本主義制度下私人企業的無限擴展既得政府的積極支援，而大量資產的集中，不獨贏得社會同聲的歆羨，並且變成了個人權力的表現。於是大地主，大脫辣司，大金融集團跟着產生出來了，運用他們集中的財富，在機器的轉輪下面，壓榨着成千成萬勞動者的血汗，做他們再投資再生產的資本，生生不絕地擴大他們壟斷全部生產機構的領域。在本國境內壓榨到生產過剩，利潤低落，失業羣日見擴大，不景氣威脅日增，不能加以制止的時候，他們又擴大他們的領域到未開發的落後國家裏去。一世紀來我們身受帝國主義壓迫的痛苦，就食這種畸形經濟政制發展的惡果。

同時，在這些資本主義國家中却仍激盪着民主的浪潮。他們以爲在自由企業的政制下面，各人盡各人的能力建築自己福利的堡壘，是最自由最民主的方式。個人財富的積聚，正就是整個社會財富的積聚，而生產與消費之間自有經濟的供求定律爲之自然調節，用不着人工的運用。社會若橫加干涉，這就是侵犯了個人的自由，絕對不是民主。在他們的民主政制中，有各種出版物，無線電廣播，電影，等發表民意的工具，每一個人享有言論出版，結社的自由，同時還有各地域各職業代表所組成的民意機關來代表人民說話，而行政首領又是遵照着民意推選出來的，他若幹不好，法律也給人民準備好了一套辦法，隨時可以換掉他。這種政制，一世紀來已經得到大部份人民的默認算它是民主的示範了。

我們把資本主義國家的兩種面貌平放在這裏，要讀者判斷它是否民主，你們或者會感到惶惑，難下最後的斷語。這不獨是讀者的惶惑，實在是現代人共同的惶惑。讓我們在下面作解除這惶惑的嘗試。

若拿上述自由主義的定義來衡量資本主義，我們就立刻可以發現它錯誤之所在。因爲資本主義政制所表現的，是社會中一部份人沒有把另一部份人當做人，祇把他們當做了工具。勞動者在資本主義的體制下，完全喪失了他做人應有的三重人格。在物質方面，他們養命的錢是以資本家的利潤做標準的，沒有一個資本家不努力求利潤的增加，因此沒有一個資本家不在壓榨勞動者的養命錢上努力。連帶着在感情人格與理智人格兩方面，因爲養命的錢還操縱在別人的手裏，他們那裏還有表達和處理自己的愛憎與取捨的自由呢？

所以，在資本主義的體制中，政治、經濟、宗教、教育、私人行動，社團結合以及思想言論的表達，表面上看來，無一不充份表現着自由。可是骨子裏呢，這自由的給予是以財富的多寡做標準的，富人所得的自由不知要比窮人多多少倍！有錢人可以運用他金錢的力量來廣泛宣傳他的意見。在他們面前展開了無窮的活動和豐盈的享受。他們想到什麼地方去就可到什麼地方去。他們要叫什麼人做什麼事，誰都會依頭順腦照着他們的意旨做。窮人的自由，却隨時隨地給他的收入限制住了。任何事，雖沒有人限制他不許做，他也多半是心有餘而力不足，想做沒有力量做。同時又戰戰兢兢地在不安全的威脅下像帶上了鐐銬似地不敢動彈。他們失了業，就得叩頭求拜地到處求憐憫。他們得了業，還得低首下心地隨時留心來保持這只飯碗。在資本主義政制下，勞動者的工資，是從僱主手中取得的恩惠，並不是他應享的人權。

在這種主奴之別的社會中，眞民主當然的殭化了。自由是資產階級中的自由、平等、博愛是資產階級中的平等博愛，而他們所謂的民治民享民有的民，祇局限於資產階級的範圍以內，換言之，是由資產階級治之享之有之，其他人民都被摒在千里之外，因爲他們根本就沒有被認做人。我們觀於若干號稱民主的帝國主義國家，在殖民地中的表現，一點沒有民主的氣象，每覺駭異，現在有了這一段說明，就該恍然大悟了。

再次，我們來檢討怎樣共產主義是殭化了的社會主義。

社會主義是針對着資本主義的病態而產生的一種政治理想。它看到資本家壟斷生產手段與分配機構，壓搾勞動者的勞動力以求利潤，是造成特殊階級的主要因素。所以主張，生產手段與分配機構應以資本家手裏拿出來而加以合理的社會管制。同時，它又看到資本主義下面的自由企業制，是社會經濟的浪費，是造成資產集中社會病態的主因，所以主張，人工，資本與資源應由社會集中起來，作有計劃的支配與運用。社會主義者以爲生產手段與分配機構的社會管制；人工，資本與資源有計劃的支配與運用是求取社會共同福利的必要措施。

共產主義者所實行的社會主義，把上述原則，究竟實踐了多少，違反了多少呢？

在共產主義的政制下，壟斷生產手段和分配機構的資本家是給一腳踢了出去了，代之而興的，是無產階級專政的政府。整個社會的生產手段和分配機構都集中在政府手裏。換言之，這就是合併個別資產壟斷的若干單位而成了一個超級資產壟斷的政府。這種措施的成敗，就要看這個政府的社會性强弱而斷，要看它是否眞能滿足社會的要求和反映社會的意旨而斷了。它的毛病是極容易把若干剝削勞工的，壟斷資本家的弊病集中起來成立了一個權力無敵的剝削者的危險。看着蘇聯實施共產主義以來的政績，我們不能不承認這危險是已經實現了。當初蘇聯發現推動世界革命的不易而改施一國共產主義政策的時候，正是測驗這無產階級專政的政府，究竟能給全民造福利到若何程度的最好機會。可是兩次五年經濟建設計劃的實施，一直到第二次世界大戰的爆發，這個專爲無產階級謀福利的政府，究竟給無產階級造了多少福呢？假定說，在這關上大門努力建設的階段，人民享不到任何福利，那麼，現在踏入打開大門，圖使人民做世界革命戰士的新階段，人民福利更成了可望而不可卽的遠景了。人人都是平庸的，飽衣足食是一般平庸人普遍的期望。我們希望千千萬萬人抱着崇高的理想，就忘記了他當前的現實是不可能的。就算完成世界革命是一個崇高的理想，可是吃不飽穿不暖却是當前的現實。中共霸佔了中國大陸上的政權，快近一年，勞動界和農民都叫苦連天，不能不說中國的老百姓又走上了蘇聯人民痛苦的老路。共產主義者是主張把個人的利益溶化在階級的利益之中，爲階級得到絕對勝利之後，才可計議到個人的利益，這就犯了唯心論者以玄幻的設想做人生的趨標同樣的錯誤，不是針對現實解決問題，科學家應抱的態度。這主義的號召，祇可鼓起若干不滿現實傾向狂想者的宗教熱狂，不能滿足處現實環境中急欲求解決自己生存問題廣大群衆的要求。假定我們有機會對中蘇民衆作一個民意測驗，其答案是可以預料到的。

共產主義是打倒了壟斷把持的資產階級，代之以獨裁專政的無產階級，其否認做人的三重人格，從而剝削人權，並無二致。資本階級是給它打倒了，它那一套計劃經濟也給它實行了，可是它所標榜的社會革命到現在還找不到一點兒成績，在資本主義政制下被壓搾的勞苦羣衆所得不到的福利，他們在號稱是自己的專政政府下面又得到了多少呢？所以我說，共產主義是殭化了的社會主義。

民主主義和社會主義是怎樣的，資本主義和共產主義又變質成了怎樣的，上面既已作了一個簡要的分析。我們最後該把怎樣可以實現自由主義的理想，描繪一個簡單的輪廓。

自由主義是人的認識。人應有物質、情感與理智的三重人格。必充分給予每個人以根據這三重人格所獲得的人權，人才算被認做了人，才完全獲得了自由，這才是自由主義的實現。

在資本主義政制中談自由，祇是一部份有錢人的自由，期望個個人都變有錢人，河淸難俟。在共產主義政制中談自由，也同樣是可望而不可卽的遠景，必待世界社會革命完成之後，社會中不再有階級的分野，人們才有要求自由的權利。換言之，共產黨主張任何組成社會的成員都應該在社會革命未完成前，犧牲他的自由以爭取不知何年何世紀可以獲得的自由。這都否認了人格的存在，剝奪了人們一生下地就應享受的權利。

一個人就他的本體說，有物質，情感和理智的三重人格，可是就他配合着環境而出現的姿態說，他又有政治人與經濟人的兩種姿態。以他是個政治人說，他要在社會的政治體系中做自己的主人；以他是一個經濟人說，他要在社會的經濟體系中得合理生存的地位。一個人這兩項原則的要求，就分別出民主主義與社會主義趨向的不同。然而這兩個趨向實祇會合在一隻根上，這隻根還是經濟的平等。一般人每喜把自由平等作對稱看，彷彿二者是不相聯繫的。實際檢討，沒有經濟的平等，難言政治的自由。經濟平等之後，被壓迫者獲得了新生的力量，政治的自由自可水到渠成。所以，平等是母，自由是子；平等是因，自由是果，二者是息息相關的，而正眞自由主義的實現，應先求經濟的平等我們現在根據這一個推論給自由主義擬定如下的原則：

一、「人」是社會一切努力的目的，不能把「人」看做別個人達成任何目的的手段。土地、資本與人工本是生產的三因素，然而人工是寄託在「人」身上的一種力量，生產的目的原只爲「人」，那麼，寄託在「人」身上的力量，就不應該與其他兩種非「人」的因素並列。換言之，人工決不該跟其他貨品同列爲可以論價買賣的東西，因爲人工既出在「人」身上，而我們整個生產過程的實施就祇爲這個「人」造福利。

二、人工既不是貨品而是寄託在「人」身上的一種力量，就不該不問這個人的感情和健康，儘量把這力量壓榨出來。每個勞動者究竟應該做多少時間的工，用多少力量做着工，該在怎樣的工作條件下完成他的任務，才可以對社會作最大的貢獻，這祇有勞動者自己有權作決定，別人沒有說話的餘地。

三、因此，一個理想自由主義的社會，應該注重生產者的意見，來調整他們的工作條件，避免他們作不必要的努力，糾正他們惡劣的工作與生活環境，使他們抱着愉快的心情從事生產。在這種合理調整的場合之下，必然會提高每一個生產者的工作效率，因此可以在較短的工作時間內，作較少的努力而得較多的生產。

四、生產的目的既是爲每一個人求福利；就是爲整個社會求福利，則一切生產和分配的機構自應由整個社會作集中的計劃和集中的處理。或有人說，計劃經濟違反自由原則。這是資本主義者錯誤的看法。因爲計劃是手段，是達成社會共同自由這一目的的手段，它本身並非目的。最痛苦的不自由有兩種。一種是在强力經濟壓迫之下，把一個人變成了達成別一個人某種目的的手段。另一種是在某種主義壓迫之下，違反了他自己的意旨，一個人又變成了達成別一個人某種目的的手段。自由主義下的計劃經濟就要幫助生產者從這些不自由的束縛中解放出來。

五、在計劃經濟的原則下，一個理想的社會，應在消極方面，注意糾正人工的浪費，例如失業與半失業現狀的發生，工具的窳敗影響工作，管理的不當影響生產效果等等。在積極方面，應注意訓練與教育，以加强生產者的工作能力。對於管理和業務的訓練，尤不可忽視。更應注意的是研究工作的推進，使整個生產過程有日新月異的進步。

六、整個社會的就業問題，應集中作有計劃的分配，由區域以及全國，務使整個生產計劃與全部生產人力能兩相配合，無浪費亦無過剩。

七、生產機構的應否私營，應規定一個標準；凡生產機構在私人手中而仍能得公營同樣效果者，能接受因增進社會共同福利種種必要限制者，都可由私人掌握。但社會倘認爲某種生產機構公營的效果較私營能爲社會造更大的福利時，有隨時收歸公營之權。因此生產機構的應否公營或私營，實無一定明晰的界線，原則是可以決定了的，至如何配合這原則，各種生產機構有其本身不同的性質，應配合其時間空間不同的環境，作個別的決定。

八、我們傳統工資給予的原則是以勞動的貢獻能產生多少生產價值做標準的。自由主義政制下的工資給予却應有兩個目的。一個是勞動者基本生活的維持，一個是鼓勵生產的增加。爲了完成第一個目的起見，一般勞動者的給予都應以足以滿足他們物質、情感、理智三重人格的要求作標準。爲了完成第二個目的起見，在這個基本給予之外，其特殊努力或特殊貢獻之有助於生產之增進者，應按照其效果的大小，另作額外的給予。所以，社會的努力，應一方面儘量提高生產者普遍的生活水準，一方面又應注意保留若干邊緣，可以較高的工資，鼓勵生產者的工作效率。

有了上述這種經濟政制做了基礎，然後再配合以言論自由議會制度這一套民主政制，每一個人才可以在不受任何壓迫的自由空氣中獲得他做人應得的權利，這才是全民共享的自由，這才是自由主義的眞正實現了。

所以我們的結論是，把政治的民主建立在經濟的平等上，這才保證了獲得的自由是眞自由，而治之享之有之的民是社會全體的人民，這才是正眞自由的實現。民主主義和社會主義是達到自由主義的兩條大道。這三者是一而三，三而一的一個思想系統，是確確實實能實現一個人應該像一個有生命的人那樣生活下去這一套理想的思想系統。（完）

本刊編輯部啓事

爲了要減少錯字（指排錯的字，與撰稿人無干）加强校對工作，我們今後打算敦請讀者先生共同努力。讀者此後閱讀本刊，若發現字，卽希賜函指正。我們除了因此而得到鼓勵外，並用作編製「校對記錄表」的材料。爲了使讀者不白盡義務起見，每期校出錯字最多者，選出十名，奉贈報酬，其辦法如下：

（一）每期校正錯字在一字以上十字以下者，贈送本刊一期，以下每多十字，加贈本刊一期。

（二）每期校對以出刊後十天之內收到的校對信件爲有效。

本刊二卷五期出刊後，承各地讀者協助校正，在所收到的一百二十餘封信中，綜合統計全部錯字（重複者除外），共四十九個。我們除盼讀者諸君繼續努力外，謹此致謝。

（前訂辦法經讀者來信建議，略有變更。）

中山先生論自由(下)

徐芸書

限制自由有嚴格的對象

中山先生討論了自由口號的客觀效用之後，還提出第二項意見，就是說自由不是無限制的。這其實不是一種批評，而只是一種補充的說明。這種意見沒有越出西洋群已權限論的範圍，也正是自由主義本有的含義，所以這種意見並不是中山先生的特殊貢獻，也不是他對於自由主義的修正。我們所應當注意的，也不在這種意見的內容，而在中山先生如何運用這種意見。因爲「自由應有限制」是人人都知道的，但是運用這種理論稍不謹嚴的結果，便是犧牲人民的自由，很多專制的實行家和擁護者，在最初都是受了「自由應有限制」這一念的驅使。然而中山先生本來是一個極崇尙自由的人，同時又是一個思想極精細而謹嚴的人，所以他很鋒利而很準確的運用這個「自由應有限制」的理論，不但不妨害，而且正足以强化自由主義或民權主義的根本立場。

中山先生是把限制自由的話很嚴格的運用到少數幾種很特殊的人物上，而不是運用到人民全體上。他要限制四種人物的自由，第一種是未成年的人，第二種是學生，第三種是軍人，第四種是從事政治的人，即官吏和黨員。他在民權主義演講裏明白確切的指出未成年者，學生，軍人，官吏，在民權先進的國家是根本沒有自由的，並且說明除了這幾種人之外的人，才是有自由的：

「像法國，美國，是我們所謂實行民權先進的國家，在這兩個國家之內，人人是不是都有自由呢？……像學生，軍人，官吏和不及二十歲未成年的人都是沒有自由的。」

「歐洲兩三百年前的戰爭，不過是二十歲以上的人和不做軍人，官吏，學生的人來爭自由，爭得了之後，也只有除了他們這幾等以外的，才有自由。在這幾等之內的，至今都不得自由。」（民權第二講）

我們看中山先生說，「在這幾等以內的，至今都不得自由。」又說，「只有除了這幾等人以外的才有自由」，便是要限制極少數人的自由，而不是要限制人民全體的自由。我們再檢點中山先生的全部著述，除了未成年者，學生，軍人，官吏之外，只加上要限制黨員的自由。中山先生把限制自由的話運用到未成年者，學生，軍人，官吏，黨員這很少數很明顯的幾種特殊的人物上，而沒有傷害自由的流弊，而且令我們很容易知道他的本意正是爲了保護人民全體的自由。這也是中山先生思想謹嚴的一個好例。

誤用自由始於學生

中山先生在限制自由方面的主張是很强烈的，因爲他對於誤用自由的現象是很痛心的。他攻擊的第一個對象是學生，他並認爲誤用自由是從學生開始的：「中國學生得到了自由思想，沒有別的地方用，便拿到學校內去用，於是生出學潮，美其名說是爭自由。……這就是把自由用之不得其所。」（民權第二講）

「我們中國……無論什麼人在那一種團體之中，不管團體先有沒有平等自由，總是要個人有平等自由。這種念頭，最初是由學生衝動，……先便拿到自已家內用，去發生家庭革命，反對父兄，脫離家庭，再拿到學校內去用；鬧起學潮來……所持的理由，總不外乎說先生管理不好，侵犯學生的平等自由，學生要自己的平等自由不被先生侵犯，要爭回來歸自已保留，所以才鬧會演說，通電罷課，驅逐先生，……口口聲聲總是說革命，實在不知道革命究竟是一回什麼事。」（民國十三年十一月三日，告別黃埔軍校演詞）

我們看中山先生攻擊學生的誤用自由是毫不留情的。他描寫他們反對父兄，脫離家庭，鬧會演說，通電罷課，驅逐先生，「要自已的平等自由，」「要爭回來歸自己保留」，是不給一些餘地的。但我們要注意的是：（一）他只攻擊誤用自由的現象，而絕沒有攻擊自由概念的本身。（二）他所攻擊的只是他認爲不應有自由的特定人物，而絕沒有越出這個範圍之外。我們時時要記着中山先生運用限制自由論是極嚴格的，不含混的。

最大錯誤歸於政黨

中山先生指出了誤用自由是從學校開始，但他攻擊的重心，是在革命黨本身之內。我們必須認清了這個基本的要點，才能够格外明瞭中山先生提出限制自由的深切用意。我們先看他對於革命黨錯誤的斷案：

「……不但是學校內的學生是這樣，就是我們革命黨裏頭，也有這種毛病，……我們同黨之內，大家都是講自由，沒有團體。」（民權第二講）

「我們革命黨內的情形，也是這一樣。革命的始意本來是爲人民在政治上爭平等自由，殊不知道所爭的是團體和外界的自由，不是個人的平等自由。中國現在革命，都是爭個人的平等自由。」（告別黃埔演詞）

我們要確切的看明白這兩節斷案。中山先生絕沒有說國民不應當有「個人的平等自由。」而正是說革命的目的就是「爲人民在政治上爭平等自由」。他所謂「團體和外界的自由，」就是革命團體和一般公衆的自由。他所謂「所爭的……不是個人的平等自由，」是說革命的目的不在爭革命黨黨員個人的權利，是說革命的作用不是叫革命黨員在黨內來「爭個人的平等自由。」像這樣的爭平等自由，絕不是平等自由的本義。像這樣的爭平等自由，只是把革命的黨，應當為人民去爭平等自由的黨，變為革命黨員個人權利的競奪之所，這非但不能達革命的本來目的，而且適足以妨害本來的目的。

中山先生追究革命黨的誤用自由，根源於東京留學生最熱心革命的時代。他竭力描寫那些留學生在小團體內講個人的「平等自由」，講到團體不成團體的情形。這些小團體的情形也就是革命黨的縮影：

「中國革命發生最早的地方，是在日本東京，當時都是以留學生為基礎，……那些留學生……頭腦極新鮮，很容易感受革命的思想，一感受了革命思想之後，便集會結社，要爭平等，自由。但是他們那種爭平等自由的目的，都不知道為團體去用，只知道為自己個人來用，所以當時結成的團體雖然是風起雲湧，有百十之多，但是不久，所有的團體便烟消雲散……」

「那些團體為什麼那樣容易消滅呢？我以為很奇怪，便過細考查那些團體的內容，始知道那些團體當初結合並沒有什麼特別主張，只知道個人的平等自由。甚至於團體之內並沒有什麼詳細章程，凡事都是雜亂無章，由各人自己意氣用事，想要怎樣做，便是怎樣去做，……大多數都是一事無成，只開一個成立會，大家到會說些爭自由平等的空話，便已了事。」

「因為大家都是為個人爭自由平等，不為團體去爭自由平等，只有個人的行動，沒有團體的行動，所以團體便為思想所打破，不久便無形消滅。學生在求學時代便是這種行動，到了後來為國家做事，一切行動不問可知。」（告別黃埔演詞）

這些話描摹當時學生團體誤用自由的情形，誤用到團體連章程都沒有，凡事雜亂無章，各人「想要怎樣做，便是怎樣去作，」實在也就是描摹後來政黨的情形。我們應當注意仍有兩個要點：（一）這些話只是攻擊誤用自由和平等的罪惡，而絕不是攻擊自由平等概念的本身。（二）這些話只是就不應有自由的特定人物來說的，而絕沒有越出這個範圍之外。我們看中山先生指出不應有自由的人物是未成年的人，學生、軍人、官吏、和黨員，而他在民權主義演講和告別黃埔演講裏特別注重的只是黨員，他指責學生誤用自由的話，眞正的用意也還在指責黨員。由此我們便知道他提出限制自由的話是為了救治黨內極不堪的具體事實，對黨員說的，而不是要構成一個籠統的理論，對一般人民說的。這是一個極重要的區別，是不容顚倒的。

號召黨員犧牲自由

我們看明白了中山先生在民國十三年陳說自由應有限制的動機，完全是為了糾正黨內的誤用自由，誤用到只有個人，沒有團體，而後我們才不致誤會以下這樣痛切的警告和號召：

「我們革命之失敗，並不是被官僚武人打破的，完全是被平等自由這兩個思想打破的。」

「大家要希望革命成功，便先要犧牲個人的自由，個人的平等，把各人的自由平等貢獻到革命黨內來，……只全黨有自由，個人不能自由，然後我們的革命才可以望成功。」

「黨員在黨內不能任意平等自由，好像股東在公司之內不能任意收回本錢一樣……我今天……臨別贈言，沒有別的話，就是要大家拿出本錢來，犧牲自己的平等自由，更把自己的聰明才力，都貢獻到黨內來革命，來為全黨奮鬥。」（告別黃埔演詞）

「中國革命便不能說是爭自由，如果說是爭自由，便更成一片散沙，不能成大團體，我們革命目的便永遠不能成功。」

「在今天自由這個名詞，……萬不可再用到個人上去要用到國家上去，個人不可太過自由，國家要得完全自由，到了國家能夠行動自由，中國便是強盛的國家，要這樣做去，便要大家犧牲自由。」（民權第二講）

我們要記得中山先生的這兩次演講本來是對革命黨員和黨的軍事學校來講的。我們更要看清了他所謂革命失敗於「平等自由這兩個思想，」是說失敗於黨員誤用了這兩個思想，不是說失敗於這兩個思想的本身。他所謂「大家……犧牲自己的平等自由，」不是訓告一般國民「大家」放棄平等自由的原則。他所謂「國家要得完全自由，」「國家能夠行動自由，」是指我們的民族對外要得到完全自由的地位，不是說政府對於人民要有完全的行動自由。中山先生的一字一句都是意義清楚的，不容誤會的。

我們知道許多專制者都是借了「自由應有限制」的理論犧牲人民的自由，近代世界許多革命的黨更是借了「犧牲少數反革命人民的自由」之口號達到黨的專制，領袖的專制。但是中山先生恰恰與此相反，他運用限制自由的理論卻是專對軍人、官吏、尤其革命黨員本身來說的，不是以革命黨的地位對人民全體，或一部分人民去說的，而且他的這一切說話都是極為嚴格的，不容混亂。這就是中山先生思想的眞正大特色。我們不但不能誤會他的意思，而且愈讀他的，要求黨員犧牲個人一己平等自由的言論，愈感覺他是珍重革命的目的，珍重人民全體的平等和自由。假如我們在今日要引用犧牲自由的理論，便要以人民的地位去限制軍人官吏黨員的自由，不能以政府或政黨的地位來限制人民的自由。

「自由之真諦」

革命的目的是「為人民在政治上爭平等自由」，而革命黨員應有的信條，是犧牲「個人的平等自由」。這在中山先生不是一時的論調，而是不變的見地。民國元年四月他在湖北有一次演講論「共和與自由之眞諦」，解說他的崇尚自由和犧牲自由的兩極端要求。這次演講的根本觀點就是軍人和官吏本沒有自由：

「蓋共和與自由專為人民說法，萬非為少數軍人與官吏說法。」

「聞者或以為與平日所信之共和與自由主義大相衝突，其實不然。僕前言之矣，共和與自由全為人民全體而講，至於官吏，則不過為國民公僕，受人民供應，又安能有自由？」

這篇演講解說軍人和官吏必須絕對服從，要退爲人民才有完全的自由：

「倘在少數人而欲自由，非退爲人民不可。……僕爲總統時殊不能自由，今日來鄂與諸君相見，實以國民的資格，而非總統的資格，故僕今日所享之自由最爲完全，其所以完全者，以國民的自由也。」

「……有一語奉告諸君，如欲得完全自由，非退爲人民不可。當未退爲人民，而在職爲官吏時，則非犧牲自由，絕對服從紀律，萬萬不可。」

演詞裏更說人民的自由就是軍人官吏的自由：

「在盡力革命諸君，必且發問曰，吾輩以血淚購得之自由，軍人何以不得享受之？須知軍人之數少，人民之數多，吾輩服務之時短，爲普通人民之時長，朝作總統，夕可解職，朝爲軍人，夕可歸田，完全自由，吾輩可隨時享之。故人民之自由即不啻軍人之自由，此語最須牢記。」

我們看這些對軍人和官吏的說話，是和民國十三年對黨員的號召完全一致的。中山先生不變的見解就是要軍人官吏，黨員，犧牲個人一己的自由，以達到人民全體的自由。我們要確切的看明白了中山先生這樣崇尚自由和犧牲自由的兩極端要求，才能够領會他的民權主義中自由和組織同時極端發達的原則，才不致思想上失之毫厘，謬以千里，口中說着尊重自由，實際上只是懷疑自由，懷疑人民的自由。要尊重的只是人民的自由，要犧牲的只是軍人，官吏和黨員的自由，這就是自由的眞諦。

結　論

中山先生的民權主義實在就是純粹的自由主義，而不是自由主義的修正。他用民權的口號代替自由的口號，是就口號的客觀效用來着眼的，不是認爲兩者的本質有所歧異或輕重。他認爲自由是和呼吸一般重要的。他强烈的攻擊自由的罪惡，是對革命黨內的渙散不堪狀態而發，不是對自由的概念而發，更不是對一般人民而發。他很嚴格的運用限制自由的理論在極少數幾種特定的人物上，適足以增强崇尚人民自由的立場。他的崇尚自由的精神和見解，可以打破今日任何關於自由主義的困惑。

我們重視中山先生的思想，尤其要領略他的思想的嚴格和謹愼，不可以含糊籠統，依樣畫葫蘆的去引用他的思想。我們如果覺得中國民族渙散，混亂，沒有組織，那麼便應當去醫治政黨和政府的渙散和混亂，不可以此渙散之罪歸之於自由主義的理想，尤其不可不謀醫治政黨和政府的病患，卻先謀限制人民自由的發展。然而中國的政黨和政府失敗到了今日的地步，那必是根本的領導上發生了問題，也便是超過了渙散不渙散，組織不組織的問題，所以根本的救治也就不是像中山先生在時那樣呼籲犧牲自由或犧牲權利所能爲力的了，而正要賴獨立自由的思想和精神，去謀根本的改造。

三十九年二月十六日。

自由中國

通訊

揭開氫原子彈的秘密

紐約信通・二月二十八日

本刊特約通信記者 王紀五

美國正醞釀着製造超級原子彈的問題；上自白宮和國會中的要人，下至街頭酒吧間裡的老百姓，無不議論紛紜。這種炸彈若是出世，其意義不僅是說每個美國人平均得出十元美金來購買一分安全的保障，而是說美國政府更加重了自己的歷史責任。這個責任的對象不僅是美國國民，更且被及全人類及其後代的子孫。這種超級炸彈的名稱至今尚未確定，有的科學家稱它爲「重氫炸彈」；官方公報則採用氫氣（Hydrogen）一字的首字母H，簡稱爲H炸彈；街頭暢銷的晚報把這個H解釋爲地獄（Hell）一詞的代字母，索性稱它爲「地獄炸彈」，許多科學家都認爲這是一個正確的形容。

有人報導說重氫炸彈的毀滅力是使用在廣島的原子彈的一百倍，有人說是一千倍，在科學家看來，這都是不正確的。因爲原子彈的爆炸力是一個有限的數字，而重氫炸彈則是無限量。兩種炸彈的毀滅力都是基於能解散物質化爲能量，但解散的方式有二；第一種是把質量較重的物質化成較輕的物質，其間的差數則解放爲高熱鉅聲和强光。第二種方式是把若干質量較輕的物質解散，再聚集成爲數目較少而每個個體質量較重的物質，其差數成爲能量。（所謂解散自是指物質原子構造的改變而非分子構造的改變。）前者的程序稱爲原子分裂（Atomic Fission），普通原子彈的爆炸便是如此；後者的程序稱爲原子的重聚（Atomic Eusion），亦即是重氫炸彈爆炸的原理。

通俗的說，重氫炸彈分爲兩部，首先我們把重氫（氫氣的一種同位元素）解散，然後再使之聚結成爲較重的氦元素（Helium）。其間沒有用盡的重氫元素，就化爲能量。氫的原子核是由一個正子（Proton）構成，外圍則有一個帶負電荷的電子。重氫的外圍與氫相同，但其原子核中多一個電荷平衡的中子（Neutron），由是之故，重氫較不穩定。氦氣的原子粒中包含兩個中子和兩個正子，其外圍是兩個電子，恰是重氫的兩倍。但原子的解散和集結不是化學變化，因此我們並不能把兩個重氫原子直接化爲一個氦原子。據說把氫化爲氦的方式不下六種，但最顯見易行的程序是：

一、擊破氫原子，使其成爲一個中子加入另一氫原子核中造成重氫。

二、在重氫原子核中加入另一個中子，造成一種中間性的物質稱爲（Tritium）。

三、在這種中間物質的原子核內加入另一個正子，成爲氦原子。

這個變化可用下圖表示：

上述原子重聚的程序就是億萬年來太陽放射光和熱的方法。這一點早在一九二八年（定成鈾原子分裂的前十一年）就已確定。其時的科學家雖認爲這是產生最大能量的方法，但完成這個程序，必須先產生與太陽內部一般的高溫大壓，在當時是辦不到的。現在原子彈既已完成，人工已可製造所須的熱力和壓力，於是重氫炸彈的製造就自理論轉爲實際了。避免掉科學上嚴準的術語，我們可以很簡單解釋重氫炸彈的構造。這種炸彈的中心是一顆普通原子彈，外面包圍着重氫或重水（Heavy water）即兩重氫與氧的化合物）。原子彈爆炸時產生與太陽內部一樣的高溫和大壓，這種高溫大壓使得重氫解散，一部份重聚爲氦氣，其餘的便成爲能量，重氫炸彈的理論構造雖不複雜，但我們切不可忽視其製造過程中所要求的技術背景。據發現重氫的美國科學家裕雷氏（Harold Urey）估計其製造費用當在十億美金左右，由此我們便可看出造這一顆炸彈所須動用的人力，資源和工業設備的規模了。

何以我們說重氫炸彈的毀滅力是無限而原子彈的毀滅力是有限的呢？因爲鈾原子（U-235）本身是一種極不穩定的物質。這種物質有一定的安全極限，換句話說，純淨的鈾（U-235）放在一起到達一定數量後就會自動爆炸，因此我們不能隨意增加原子彈中的鈾存量。重氫（Heavy Hydrogen）則遠比鈾穩定，可以大量用于一顆炸彈之中。一月三十日出刊的生活雜誌說，原子彈所能完全毀滅的區域不過半平方哩，重氫炸彈則是五十平方哩，這也就是說，重氫炸彈能把像紐約或芝加哥這樣的大都市在頃刻間造成人間的地獄。這並非講重氫炸彈的爆炸力止限於此，我們甚至可以由轟炸目標的大小來決定炸彈的大小。

重氫炸彈的消息首於今年一月下旬由哥羅拉多州參議員詹森（Johnson）宣佈，立即引起報界的注意，一月卅一日杜魯門總統下令美國的原子能委員會着手製造，全美人士的討論便由製造的問題改向於討論如何使美國的外交政策配合這個吉兇未卜的新時代。在原子能發展史上，杜魯門發表過三個重要的聲明：

（一）一九四五年八月十六日杜魯門說：「十六小時以前美國飛機在廣島投了一顆炸彈。這顆炸彈的威力比兩萬噸的TNT炸藥還要大。這是一顆原子彈。」

（二）一九四九年九月二十三日，杜魯門說：「近幾週來我們有可靠的消息，證實蘇聯境內已有原子爆炸發生。」

（三）一九五〇年一月卅一日，杜魯門說：「我已命令當局着手製造一切原子武器，包括所謂的氫氣炸彈在內。我慮在最高統帥的地位，應該使美國有抵抗任何侵略者的能力。」

這三個聲明，一個比一個更沈重，新的局面已經使一九四五年時管制原子能的方案不能實行了。在國際政治的立場上看，這顆超級炸彈的威力是相對的。四年前蘇聯會爲原子彈着慌，如今這個警察國家也能拿着原子彈向人類的自由文明挑戰了，誰能預料若干時日以後重氫炸彈不再成爲美蘇共享的武器？因此，國的第一步驟是防止俄國捷足先登。聯邦調查統計局的局長胡佛最近宣稱共產國際的間諜活動使蘇俄的原子彈至少提早一年完成，這個錯誤已不容重演。英國物理學家傅克（Fhch）最近被補，因爲他會在英國把原子彈的秘密情報供給共產黨徒，這件事引起美國人的高度警覺。有的人在要求引渡罪犯到美國來審判，但白宮和國會知道他們的責任更甚於此。他們已經宣佈在重氫炸彈的製造中要竭盡全力來防止一切間諜活動。

但重氫炸彈的政治意義決不止于防止俄國仿製。積極的說，美國必須能充份利用這種炸彈的位能來保障和平。今年二月四日美國的十二個原子專家由康乃爾大學的物理教授貝兹（Bethe）領銜，發表了一篇文告，這篇文告包括兩點：（一）重氫炸彈的使用將是對一切人類道德文明的叛棄。（二）因此美國製造重氫炸彈的唯一正當理由乃是利用製造以防止使用。這個結論所加給美國政府的艱鉅責任實在是史無前例的。兩次世界大戰幾乎已使人類放棄了以戰止戰的理想，戰後蘇俄侵略勢力暴起尤其令和平工作者心寒。不過面臨着更恐怖的毀滅，美國政府當不能知難而退。物理學家裕雷博士最近發表演說，他說：「我本人希望重氫炸彈不會爆炸，但事實的演化常不如人意，因此虛安的揣想有害無益。」要腳踏實地的作一番努力，執行美國政策的人，必須要有新的勇氣和見識，檢討過去策劃將來。

幾年的冷戰對防範蘇俄的侵略勢力只有微弱的效力，今日的美國人自然不敢相信重氫炸彈能嚇退蘇俄。歷史告訴我們，妥協與姑息只能製造戰爭，單力的恫嚇亦不足以保障和平，更積極的路線是刻不容緩的了。美國國會原子能委員會參衆兩院聯席會議的主席麥克馬洪（MacMahon）在二月二日作了一個有力的聲明。他說「我警告國人，重氫炸彈的製造並不能帶給美國積極的安全，它只能延緩數年甚或不過數月的時間，其後美國的五千萬人口便可能在片刻之間化爲灰燼」。因此他提議美國政府引用一個擴及全球的馬歇爾計劃，這個計劃，或許每年要耗費百億美元，但這是美國政府的歷史責任，新的路綫乃是積極的防止共產洪流的泛濫。事實已經清楚的陳放在任何有常識的美國人面前：如果我們不願流血，則我們應該避免最大的流血，如果我們不願犧牲，則不能吝惜最小的犧牲。

蔣匀田先生來函

儆寰先生轉自由中國編輯委員會大鑒：

美國友人巴格諾考斯基來函，承在貴刊第五期發表，甚爲感謝。按巴氏係美國社會勞工黨(Social Labor Party)重要領袖。他說『毛澤東只不過是史太林帝國主義的陰謀和軍事計劃的外國武器』。這種見解，在美國勞工領袖口中說出，我認爲是最值得欣慰的事情。假使全世界的勞工界都能有這種認識，則共產黨對世界文化和國際間和平的威脅，即可消滅大半了。巴氏係美國新生的在野黨的領袖，現在雖然未在美國政府中有顯赫地位，可是其言論確能代表成千成萬的工人。他在來信上說：『當史達林主義的軍閥們渡江進攻和平的中華民國的國軍時，我認爲在事實上和歷史上便是第三次世界大戰的珍珠港』。這是多麼透闢而遠大的見解。尤其美國工人的領袖有此見解，更值得我們大書而特書。所以弟回信時，希望他能到中國一遊。

高明諒有同感。敬頌

撰安

蔣匀田敬上　三月十一日

附蔣氏覆巴格諾考斯基信

親愛的巴格諾考斯基先生：

你的小冊子和來信都已收到，現在謹致以最虔誠的謝意，我曾一一詳讀過，深深地被你的鼓勵所感動。不論美援是否實現，中國必將反抗共黨的恐怖政策與暴力以爭取最後勝利。但是美國若仍忍耐、猶豫、觀望，必將悔之恨晚。

我們民社黨現正盡全力爲憲政的民主中國的復興而奮鬥。我們相信純正的社會主義僅能在一個民主的社會中實現。請隨時給我們來信並給我們建議。我希望在最近將來能有一天與你在中國大陸上相見。若能讓我有機會將你這位中國最好的友人介紹給我的同胞們，我將認爲那是一個無比的光榮。　　敬祝

愉快！

蔣匀田敬上　一九五〇年二月十六日

海外孤兒流乾了辛酸的眼淚！何時才重入自由祖國的懷抱?!

曼谷通信・三月二日

本刊特約通訊記者 言川

暹羅是遠東的大米倉。凡乘飛機來暹的旅客，在曼谷上空下眺，

米倉吸引了華僑

第一個印象，只見平原一片，除了都市建築物及星散的村莊平房之外，全是一望無際的農田。就是因爲暹羅中部的米粮，加上暹羅北部的木材，和暹羅南部的樹膠三大出產，才使暹羅成爲富庶的國度。在這國度裏，僅有居民一千七百萬，而其中華僑竟佔三百萬的數目！（另有土生華僑四百萬已入暹籍了）在華僑數量上及經濟上最佔勢力的係屬潮幫。其次是客幫，再次則爲海南幫。戰前當地政府沒有限制移民入境條例以前，潮幫華僑，簡直視暹羅爲第二故鄉。他們每年在家鄉春耕之後，紛紛來暹從事工商營業，直至秋收時節，即回祖國收獲耕作物，待農事已畢，又復來暹，正如北雁南飛，寒暑往來一樣的沒有間斷。因此潮州的風俗，習慣，語言，也深入了暹地，甚至暹人亦多能操潮州話了。

華僑操縱了大部份的工商業

暹羅工商業大部份是操于華僑之手。無論大小城市，華僑商店竟佔十之七八（其次爲印度人，多操布疋業，至英美人雖屬少數，但操縱了大規模的企業，如銀行洋行森林膠錫等）。大抵潮幫多操匯兌，洋什批發，海味、金店、製皮革、火礱、火鋸、小販、農業等。客幫多操洋什批發，打金銀業，皮鞋業，縫衣，火礱，火鋸等。海南幫多操茶樓，酒館、理髮鋸木業等。他們均能吃苦耐勞，除工人們不免有嫖賭雅片等惡習染外，大都生活安定，并能不斷的將積蓄寄回祖國，接濟眷屬。這些點點滴滴的匯款，就合成了龐大數目的僑匯。

美夢被共黨冲破了

華僑離鄉背井來暹，每個人都憧憬着一副美麗的理想圖畫。就是：在異國埋頭苦幹，努力發展工商業，建立經濟基礎，除扶養家小之外，期望十載八載之內，在經濟上有所成就，回祖國去，購田築屋，成家立業，準備老年的享受，并藉此榮宗耀祖，提高社會上的地位。可是自祖國大陸被共產黨佔據，成立統治政權之後，他們的美夢被冲破了！他們的汗血積蓄，在家鄉所購置的產業，不特遭受侵蝕，甚至接濟眷屬的生活費用，在重重抽收，巧取豪奪之下，亦被侵蝕殆盡。加以幣值低貶，統制僑匯政策下牌價與黑市發生差額，及僑匯回國後保值辦法被層層的防止（不准流通或保藏黃金白銀及物物交換），逐使華僑南天北望，忍聽僑眷在祖國挨受飢餓的消息而無法拯救。間有華僑智識水準較低者，在接獲眷屬在祖國被强行抽收，致受飢餓的消息之餘，既已無法拯救，不免牢騷滿腹，索性將積蓄耗消于茶樓酒館，買酒澆愁，換取一時的刺激。故自祖國轉入中共統治以來，曼谷各茶樓酒館，生意頓時熱鬧異常，日夕坐無虛席。華僑情緒之低下，實非筆墨可以形容！

排華日緊

其次當地政府排華日緊，亦使華僑日益感受煎逼。自祖國發生內戰以來，華僑竟成海外孤兒！因爲自己國勢日弱，政府駐暹使節，明知華僑受當地政府種種的凌虐，仍噤若寒蟬，不敢提出交涉。而當地政府，見第一步排華政策成功，乃接緊第二步而任性妄爲。譬如新客入境移民額，在戰前是無限制的；但從去年起額，僅限額兩百名了（與其他外僑同額數）。即此數額，復被移民當局職員，視作發財機會，所有在限額內入境的新客，非出「滴油費」（熟性費）實難獲批准，直至最近，每名「滴油費」竟增至萬餘銖了（伸港幣三四千元）。又如老客來暹，在香港往暹領館請求簽證，近更被多方留難，致使欲重返暹羅者多望洋興嘆。又如當地政府去年陸續執行的保留職業竟多至十餘項目，計有理髮、三輪車、及汽車夫、公營機器工人，縫女裝衣、織布、咖啡店、粿條、彫佛像、染製、泰文排字、耕作農田等（今後仍當陸續公佈執行），這些職業原來是操于華僑之手的，今竟用乙紙命令，硬將這些職業從華僑手裡搶奪過去，并勒令華僑即刻停業，改就他行，而置華僑生活，及轉業善後問題于不顧！本年二月十五日爲勒令華僑理髮業停業日期，計華僑理髮從業人員不下九千人，連眷屬三萬餘人，勢將流離失所。他們雖經一再請願通融，俱遭拒絕。其狀之慘，不可勝言！此外如禁辦華僑中學，限令華僑小學必修暹文，隨意藉詞遏還華僑工廠，及隨意以「不按限價過份營利」罪名加諸華僑，勒令出境等等，簡直視華僑如牲畜，任意宰割了！

工商業不景氣

談到暹羅華僑工商業，現正危機四伏。其原因約有數端：（一）國際政局動盪，阻礙經濟繁榮。（二）米糧土產落價，影響農人購買力。（三）英美商品削價競銷，形成供過於求。（四）同爲僑胞亦將商品盲目削本競爭。關於第四點因素、華僑若不覺悟，改弦易轍，今後勢將同歸於盡！原來華僑一般智識水準不高。他們缺乏國際貿易常識，更缺乏遠大眼光，及團結互助合作精神，以致只顧眼前利害，貪圖多做生意，不惜將商品虧本競售。故此種作風，潮幫華僑最常採用。去多各工商業年終結算，各行多屬虧本。若長此下去，前途當岌岌可危！

最後要附帶報導的，就是華僑因祖國共鬪爭所引起的裂痕，現

親共份子聲勢凌人

正日益尖銳。原來華僑寄人籬下，身受當地政府的欺凌，故愛護祖國，特具熱情。自共產黨佔據祖國大陸以來，所施政策，多對華僑眷屬不利，因此大多數華僑得悉眷屬在祖國身受其害，對共黨咸表痛恨，滿腹牢騷，不免表露于言談之間。殊同僑中少數親共份子，現正有計劃的操縱僑團，箝制與論，除藉親共報紙替共產黨誇大宣傳淆惑視聽之外，更隨時隨地設法抑制同僑「不平之鳴」。這般親共份子，竟聲勢凌人，造成「黃鐘毀棄，瓦釜雷鳴」的現象，而華僑就這樣的在內外煎逼之下，變成了海外的孤兒。他們現已流乾了辛酸的眼淚，翹首雲山，渴望重入自由祖國的懷抱！但他們的渴望，何時才能實現呢？

響應自由中國大運動

寧遠

編者先生：

不到半年的時間，我從南京逃到上海，從上海逃到武漢，從武漢逃到廣州，最後算是由廣州逃到了我所認爲有自由空氣可以呼吸的臺灣。逃，爲甚麼要這樣逃呢？說政治關係，我沒有做過「長」字號的官，也沒有參加過黨團工作，更不是甚麼人民代表－立委，監委，或國大代；說經濟環境，我不是地主，也不是資本家，沒有發過國難財，接收財，或其他的貪汙財，更沒有和某一個豪門發生點經濟關係。照理，那個打着「人民」的旗幟，口喊「獻身世界革命，實現經濟平等」的共產黨，我當歡迎之不暇，爲甚麼還要拼命地一逃再逃呢？我這一逃，靠我過活的老母妻兒，因爲携家帶眷的經濟能力我沒有，都被無情地丟掉了。半年來的睡眠，常常被惡夢驚擾，而這夢境總是些白天裏不敢想像的家庭悲劇。「未免有情，誰能遣此」!?那末，我究竟爲甚麼要逃呢？一句話：我要做「人」！要做一個自由人。

到臺灣是逃向光明。可是現在已經半年了！當然，我沒有甚麼可後悔的，不過使我興奮的事總覺得太少了。這并不是說個人的生活環境或工作環境有甚麼太不適意的地方。個人問題在這個時代中實在是值不得或憂或喜的。而我們所時刻縈懷的問題，是爭取自由或維護自由的權威力量在那裏呢？

好了，在貴刊二卷四期通訊欄內，朱啓葆先生那篇「我們需要一個自由中國大運動」的文章，給我很大的興奮。我？決不是我一個人，聞雞（原文有「風雨如晦，雞鳴不已」「雄雞一聲天破曉」等句）起舞的人，正多着哩！我們這一羣人，時時刻刻想從貴刊上找到這個呼聲具體化的消息，我們恨不得今天讀了貴刊這一期，明天即可讀到下一期。好容易等了半月的時間，二卷五期才讀到。在那裏除掉看到國際友人 Boymond J. de Jaegher 向爲自由而戰的胡適博士致意并打氣的一封信外，還是找不到我們所期望的消息！今天我寫這篇通訊，是和許多常見面的朋友談過的，我們是想爲自由中國運動做點催生的工作。

朱啓葆先生的文章，各方面都考慮得很周到。尤其是關於這個運動的領導者，他主張「應該是有崇高的政治道德，令人欽敬，而可以發生領導作用的人物」。朱先生雖然沒說出誰有這種資格，可是目前的事實很明顯地擺在我們眼前，有這種資格的人，已經是寥寥可數了。在這寥寥可數的當中，我們覺得應以胡適之先生爲首選。

我們都知道，中國這個政治環境是特別惡劣的。有些在上台以前頗爭人望的人，上臺後竟也同流合汚了；有些（儘管是極少數）是始終有所自守，公忠體國，堅貞不渝的，可是在政治圈內，總是遭人嫉忌，遭人打擊，飛短流長，招架不暇，那有餘力去施展其政治抱負？所以我們向來不主張催請像胡適之先生這樣的人去參加實際政治。這並不是僅爲胡先生個人着想，更重要的是爲國家珍惜人才，不要隨便糟蹋掉。可是我們現在卻極力主張請胡先生出來領導一個自由中國運動，這又將何說呢？我們理由有二：

第一、我們理想中的自由中國運動，不是一個政黨活動，而是一個意義更深遠，氣派更偉大的文化運動，思想運動，社會運動。換言之，一個超黨派的反共抗俄大運動。這個運動應該是像朱啓葆先生所說的「它有政治上的理想和目標，但只要這個理想和目標政府可以逐步實現，則不以取得政權爲直接目的」。因此，我們不怕現存的惡劣的政治環境來同化我們或糟蹋我們，我們並沒有去參加實際政治。同時我們可以超然的地位去影響政治作風，改善政治環境。所以這樣一個運動由胡先生來領導，決不會糟蹋胡先生個人。

第二，我們爲國家珍惜人才，爲的是保留到萬不得已時才用。目前的中國，已到了國脈民命和歷史文化不絕如縷的時候了。如果我們承認朱啓葆先生所提議的自由中國運動是目前的必要，如果我們承認胡先生是這個運動最適當的領導人物，那末，這個時候，我們再也不能以珍惜人才爲理由而保留胡先生。我們想胡先生自身再也不能不以當仁不讓的氣概，負起這個時代所賦予的使命。

寫到這裏，我偶然想起胡先生的詩句：

「山風吹亂了窗紙上的松痕，
吹不散我心頭的人影。」

這句詩，是兩年前胡先生常常喜歡寫在條幅上送人的，我們讀過離騷同時對於胡先生思想有個大體了解的人，很自然地領會到胡先生的心頭人影縱然眞的是一個環佩丁當婷婷嫋嫋的淑女，縱然眞的是一個金絲髮碧眼兒的蜜斯，也必然是那個手拿火炬普照人群的自由之神的化身。因此，我們有理由可以相信，胡先生雖遠在美國，但他對於祖國的自由，同胞自由，比任何人更爲關切。我們這次呼籲，應該不會落空。

這篇通訊，如果編者先生認爲可以在貴刊公開發表，更好。否則亦請轉寄胡先生一閱。我的名字，胡先生當不會記得，我只和他見過兩次，可是我這篇通訊，確可代表一大部份人－尤其是青年人的呼聲。　寧遠敬上

三九、三、六、於臺中

文藝

關於偉人的定義

毛子水

兩個月以前，美一芝加哥大學校長霍欽斯先生選擇了近代最偉大的人物十名，發表於加拿大的麥克林月刊。這十個人名字和入選的理由如下：

（一）甘地——他是印度獨立的締造者，非暴力哲學的創導人；最近兩千年以來，一個和耶穌基督最相似的人。

（二）愛因斯坦——在這個思想家貧乏的時期中，他是最偉大的。

（三）福洛伊德——霍欽斯把福洛伊德的精神分析和愛因斯坦大文學的成就並列，認爲這是在過去半世紀裏面最能改變我們生活的精神力量和實質力量。

（四）史維茲爾——卓越的外科醫生、神學家、哲學家、著作家和音樂家，但他却拋棄盛名而到非洲去辦一所醫院。

（五）羅斯福夫人——全世界婦女因她而獲得鼓勵和希望的象徵。

（六）邱吉爾——他的偉大處，在他驚人的氣魄，他的勇敢，他的辯才，都能恰好在世界面臨危機的時候發揮出來。

（七）列寧——他克服了大困難，把馬克斯的理論，在一個具有兩億分歧而最落後的人民的國家裏，實行出來。

（八）羅斯福—在他的領導下，美國成爲世界最强大的國家。

（九）孫中山——中華民國的父親，他把四億人民帶入新的生活方式。

（十）福特——他是個一比較魯鈍的人，可是他的大量生產的觀念，深深的改變了本世紀人民的生活。

霍氏所選擇的人物，僅限於二十世紀前半期的。他以爲「一個人的眞正偉人，應該以他的對人類影響的深度而定」。他把羅斯福夫人的名字列在她丈夫的名字的前面，因爲他認爲她的動機來得純正些。

要評議這樣一個選擇，有兩件事情可以討論：一是選擇的標準；二是被選擇的人物，合不合所定的標準。

先就第二點講。這是比較容易的問題；因爲如果有了固定的標準，那麼，用這個標準去衡量人物，是比較客觀的事情。不過，在這裏，霍氏的選擇亦不是沒有可以議論的地方。學例來說，霍氏在科學方面學出愛因斯坦和福洛伊德兩人。這兩個人無疑的是在二十世紀前半期世界上幾個最偉大的科學家當中的；但偉大的科學家是一回事，他的工作對人類的影響似乎又是一回事。愛因斯坦的相對論自然是人類三千年來關於宇宙理論最重要的學說；他變動了過去物理學中許多最基本的觀念，包括牛頓的萬有引力的定律在內。但在普通街上人心目中，則相對論的學說，遠不如有聲電影來得有趣；在哲學家的心目中，則這個學說的革命性，實在比不上量子論。我們如果要選擇一個五十年來最大的科學家，愛因斯坦無疑的是有被選擧的可能而且是十分應該的，如果以對人類的影響爲標準，就在科學家當中，愛因斯坦或不在前三名以內。

福洛伊德在心理分析方面固然有不可磨滅的功績，但就科學的方法講，拍夫羅夫的成就（雖然和福洛伊德不是一路的），對於了解人性上，不是更可靠嗎？

所以我們就用霍欽斯先生自己所定的標準，我們對於他的選擇亦可以發生不同的意見。不過這個不同的程度，是很小的。就大致講，霍欽斯的選擇，照着他自己的標準，可以說是很對的。

我們和霍欽斯先生的意見最不同的地方，是在選擇的標準上。

就對人類的影響深度而言，則霍氏所擧十個人當中，列寧實當首屈一指。他創立了從有歷史以來最新型的國家；他「按照他心中所孕育的形態雕塑成一個國家，改變每個工人每個農民和每個中產階級的人的生活」，他死後二十五年，他那種狂妄行動的影響，已及到大陸上中華民國四億人民的生活上面了。歷史上任何勇猛的好戰者，任何兇殘的暴君，在人類所遺留下的影響，比起列寧影響來，都不免十分遜色。我們就是說他爲有史以來對人類影響最深的人亦無不可。

不過在這裏我們立刻應當想到：這種影響，是我們所喜悅的或是我們所厭惡的？這種影響，給我們快樂呢還是給我們痛苦呢？

這樣的問題，在三十年或二十年以前，我們還很難作固定的回答。到了現在，列寧死去已有二十五年，我們當然可以把他的事業的價值作一公平的估計。我們用客觀的態度去看蘇俄的成就，我們對於列寧的事業實在不敢恭維。我想，在蘇俄領土內，除去共產黨中少數特權階級裏面的人和特務警察以外，決沒有幾個人會誠心誠意的稱頌列寧的功德的。一個沒有被共產黨愚民政策的教育所麻醉的蘇俄的平常老百姓，只要他是有普通人類的理解力的，決不會不感到列寧和他的繼承人所給予他的痛苦的。當然，列寧死後蘇俄在政治上的設施，我們不能全部都算在列寧帳上。但一個大政治家最要緊的義務，是要先明瞭自己地位的重要。這裏所謂「重要」，不是指能夠作威作福而言，也不是指能夠爲所欲爲而言，乃是指一個大政治家的一擧一動都關係幾億萬人的苦樂禍福而言。一個政治家先須有這個自覺，才能夠避免輕擧妄動，不致以自己錯誤的見解遺害於無窮。在俄國帝制推翻了以後，列寧憑依他所獲得的勢力，如果能够謹愼小心的將事，建立一健全的政體，則這三十餘年以來，非特世界不會像現在這樣的混亂，就是俄國自己人民的境地也要好得多。（蘇俄鐵幕裏邊人民的生活到底怎樣，我們固難憶測；但鐵幕的存在，當然是事有不可對人言不可令人看的鐵證。設使蘇俄當局能够讓蘇俄的人民自由出國看看人家，或讓別國的人民自由走進蘇俄看看，那麼，我們便不會對蘇俄有「無端」的懷疑了。）

就我的意見而言，列寧對世人的影響雖然巨大，但是並不能說是一個「好」的政治家；一個够不上好的政治家，你要叫他爲偉人麼？

說到這裏，我們要牽涉到偉人的標準上面了。標準是可以任人自己定的；當然因各人的見解而不同。要爲選擇偉人而定下一個偉人的標準，哲學家所定的或不能和文學家所定的相同，歷史家所定的自然更要和敎育家所定的兩樣。

我以爲就人生的意義言，從人類進步的觀點言，則一個人的偉大不偉大，不應該用他的影響的深度作判斷。一個人只要他的志行對於全人類的進步或全人類的幸福有很大的貢獻，便可算是偉人。換句話說，一個人只要在眞善美三件事情上有一件有點特殊的成就，就可以算是偉大。愛因斯坦固然是很偉大，史維玆爾也可以說是偉大；福特可以算作偉大，愛迪生（卒於一九三一年；不在霍氏所舉十人裏面）似乎更偉大。

若不從人生意義或人類幸福上着眼，僅以一時的影響做偉大的標準，似乎不大公道。有許多哲學家和科學家，發意造論，毫不爲當時人士所注意，但過了些時，或甚至在身死以後許多年，他的學說，終成爲至理名言。這樣的人，你要說他不偉大，是不合情理的。反之，殺人如麻的黃巢或張獻忠，他的名字可以止住小兒的夜哭，你可以說他沒有巨大的影響麼？但是，像這樣的人，你也要說他爲偉大麼？

我常聽人這樣說：希特勒雖然失敗，不失爲一代的偉人。你如果用對人類的影響來做偉人的標準，你就不能否認這句話。老實說，列寧的做法，和希特勒的做法差不多；不過一個算是「成功」而善終的，一個則因失敗而死亡罷了。你如果把列寧當作偉人，而不把希特勒當作偉人，那就是「以成敗論英雄」，未免有點勢利的見解。

我們若就一個歷史家的立場講，霍欽斯所定的標準是說得通的；若就一個敎育家的立場講，則霍氏的標準實在有點不妥當。以霍欽斯先生的身分和地位，他有這樣的閒情逸致來選擇過去半世紀中世界上偉大的人物；我們當然是希望他從敎育觀點出發，因爲這樣的事情，出自普通一個寫文章的人，可能只爲茶餘酒後談話的資料，出自霍欽斯先生，則影響於一般人的修養和意志，定必是很大的。

除卻列寧以外，我對於霍欽斯先生所選出的人，差不多都同意，尤其是史維玆爾。我所以特別贊成這個選擇，乃是因爲史氏能够拋棄盛名而到非洲辦醫院；霍欽斯先生的表彰這種人，純粹是從一個敎育家的立場出發的。

在這樣一個混亂的世界，一個敎育家愈能够把善惡分辨得淸楚，則普通民衆在人生的路上愈可以得到有益的指示。不容說，這種分辨，如果要有價値的話，當然是儘量的客觀而科學的。這點意思，我想可以爲霍欽斯先生所贊同的。

英儒羅素先生在他的「科學內展望」（一九三一年出版）一書中說道：「在剛剛過去的時代中，最重要的人物是愛迪生，羅克斐勒，列寧，孫中山。除了孫中山以外，這班人都是欠缺修養，蔑視過去，自信力强盛而勇往直前的。傳統的智慧，在他們的思想和情感中，都沒有地位；他們的興趣，只在機構和組織。……設使愛迪生得一些歷史、文學和藝術的知識，羅克斐勒知道他已經爲克利塞斯和克拉塞斯（兩個古代著名的富人）所佔先，列寧不因爲帝俄政府殺死他的哥哥而懷仇恨，且諳熟回敎的興起和淸敎主義從謹愼而到富豪政治那一段的歷史，這些大人物腦筋中便有幾分顧慮。有幾分顧慮，則他們的成就，在分量上或許減少，但在價値上則必加多」。羅素在上段所引的文字中，把分量和價値分開，頗値得我們的注意。

這個意思，在他的「權勢和個人」（一九四九年出版）一書中有一段說得更明白。「歷史上傑出的大人物，一部分是有益於人類的，一部分則正相反。有些，像宗敎的道德的革新者，竭力使人類的相與減少殘忍行爲而擴大同情心。有些，像科學家，給了我們關於自然程序的知識和了解；這種知識，固然可以爲人用於惡途，但在他的本身，則是一件優美的東西。有些，像大詩家，大音樂家或大畫家，已經爲這個世界造成許多美麗和光輝；這些東西，當人們窮愁的時候，是能够給他們一些安慰的。但是，另外一些人，一樣的能幹並且一樣的有成就，已經做了完全相反的事情。我想不出世界上出了一個成吉斯汗，人類得着什麼東西；我也不知道羅勃斯比爾（法國革命黨）有什麼好處，而且，就我而言，我也沒有理由感激列寧。」（台北公論報新近載羅素「非凡的人」一文，辛野君譯，有一段和我所引的這段相同。可參看）

羅素先生一向以大人物爲歷史的主幹，但他對於大人物的見解是這樣：我們在這裏，也可以學到一點知人論世的方法。

泡沫

子强

這是一個晴明的禮拜天，教堂的鐘聲已沉緩的響過兩次。那餘音，給虔誠的人們在心頭劃過十字，時間已近午刻。

年輕的醫生唐日輝和他的妻——也是他的同行，同事，一個身材瘦怯而神情愉快，臉上架了一副近光眼鏡的女人，挽着小女兒的手，剛從禮拜堂出來，陽光溫撫着大地；在這男醫生臉上給溫撫了的是一種誠樸的笑容。那堅定而遲緩的步子，好像是步着剛纔耳邊的鐘聲，他已經忘記了這是屬於一種諧美的韻律，他只是意識到，這不過是生命的一部份。

走近了他們的屋門，那是在一排低矮的日式房屋中間的一座。六歲的女兒顯乎已禁不住掙脫了爸媽的手，奔向門口，開始是立定了，迎着滿臉的陽光。陽光雖然和煦，但主要的，燃起了這女孩心頭的喜悅，還是這一個和情感分不開的家。同樣的，每次她回到屋門口，習慣地要用雙手支住那已鏈住的格子門，往門縫裏一望，這是說：我們的小天地，快要開啓了！

門被推開，爸和媽擠身讓過這跳躍的孩子。

「信！一封信！地上一封信。」孩子連嚷帶跳的將門後地上躺着的一個藍色信封拾了起來。

媽媽的眼睛，在眼鏡後面閃出希望。爸爸沉吟地說：

「是從門縫兒裏投進來的。」這年輕而持重的醫生，好似今天第一回運用了理解力。

臥室裏的窗帘拉開了，這房間便整個沐浴在陽光裏，蓆蓆和床褥都映着窗櫺的影子，成功一個圖案。那上帝的兒子，也俯首站在白淨的壁上，面對着他腳邊的人們，顯出智慧的光輝。

男的將手中的那封信交給妻，拿起架子上的黑色大皮包，準備抓回桌上的帽子往外走，因爲他和妻都是教會醫院的醫師，一對忠勤的服務者。不在禮拜天的下午，可說是很少有機會對朋友作一次拜訪和長談。——或許說是職業性的拜訪吧，那便是替某一位較爲神經質的朋友檢查一下，看他的所謂病體有沒有些進步，這裏的所謂病，在旁的醫生看來也許是一種笑料，然而在唐醫師則認做一種有意義的探索和安慰。因爲他自己所要求的是「一心之所安」，而那些所謂病者正是有些困惑不安的情緒，除了唐醫師，誰可給那些朋友們的安全感覺呢？這些職業性有關的拜訪，毋寧說做事業。同時，他的出診當然是不受報酬的。在往常的禮拜天下午，他的妻，那位女醫師，也和他腋下的皮包一樣，伴隨着他出門。孩子凱平則往往暫留在家裏，習唱着讚美詩和欣賞圖畫。今天當醫生的皮包和帽子拿到手，妻沒有任何附和的表示，只坐在那低矮的窗邊橫木上靜讀着她的信，男的倒有些遲疑起來。在遲疑中他看到了妻的慘白臉色。

「怎麼啊？儀！」

「唔，」妻好像從沉思中驚醒過來，「魏仁死了！」

「他在廣州自殺了，這是香港來的信。」女醫師的感情在激動中仍顯得平靜。

「我知道，但小桂的太太怎樣曉得？」男的沒頭沒腦地似答似問。

男的用左手將信紙接了過去，右手却垂在胸前有些發抖，好像在那裏畫着十字。信中的話是那般輕率的寫着：

「……告訴你一個不太愉快的消息，妳從前的仁（恕我在這裏頑皮。）已於前月在廣州自殺了！這對於他應該是一種幻滅。實際上，在他死以前，還「活着」到九龍來過一次時——我好像已經告訴過妳——他已經幻滅在失望和無助中。慚愧得很，我們不能給他以任何幫助。他該知道：在他們的「圈子」中，是不許任何外人參與一點不相干的言語和行動。況且他自己本來就不能自由。現在他無聲的死去了，用的還是安眠藥；和第一次一樣。不過，這一次，那紅色的黨徒們却疏忽了，來不及「搶救」這位「忠貞的同志」。聽說他臨死以前還寫過幾封信，都很長。（妳想其中會不會有給妳的？）可惜是沒人知道信的內容。據小桂說：魏仁澈頭澈尾的是個「小資產階級」，但他偏要講什麼勞什子的社會主義——他所謂的社會主義。但他是自由慣了的，舒服慣了的。怎能吃得住後來的苦頭。這大概就是他的死因吧。廣州的報紙是從來不登自殺消息的，魏仁的死訊是由萬人傑的太太親自帶來的，所以千眞萬確。她雖見魏的妻（聽說叫做愈貞的，妳當然記得更清楚。）和一個小的孩子，彼此沒有多講話。魏的妻只淒然的說，連她也是在魏的死後半月才得着消息。眞想不到：妳爲她親手接下來的一個大孩子，已經是個孤兒。而且，據萬太太聽見別人說：魏的妻事實上已爲工廠中的工頭所佔有，孩子照例是帶不去。總算好，小的一個已進了工廠附設的託兒所，這些話，魏的妻都不會向萬太太說到，萬只看見那孩子怪可憐的，瘦得不成形。萬究竟多情，現在已安然的步着他丈夫的「後塵」，來到香港了。我明日即回九龍去，小桂還等着我幫忙結帳呢。」

唐醫師遲鈍的看完上面的信，自始至終，他面部平板得似無表情，假使說有一絲表情，那便是用了同情憐憫的眼光，面對着正在窗邊垂着頭的妻。

「唉，上帝並沒有選擇他的兒女，是兒女逃避了上帝，讓上帝給他洗淨罪惡吧——靈魂的罪惡。讓我們爲他祈禱：祈禱他的靈魂進入天國。」唐醫師訥訥而無力地說着。這在他並不是說教，而是呼出了他自己靈魂的聲音，同時算是安慰了身邊的妻。

他的妻，抬起頭，用感激的眼光看着他，豆大的淚珠掉在眼角。從她的眼光裏，可知道她早已了然於丈夫所說的罪惡了，是的，靈魂的罪惡！

唐醫師的理智，叫他匆忙地挾着皮包走出大門。妻留着在家，填着這室內無比的空虛，雖則陽光仍然是照耀滿室，小女孩也還是坐在蓆蓆上玩弄着那塗滿了奇異圖畫的積木。

時間的靜逝，使這位女醫師完全沉浸在惘然的回憶裏。有一個活生生的人物，在過去的她認作一個特有典型的人物，現在又向耳邊重複着他的聲音：

「儀，心愛的。（女醫師想着：那個他便是這樣坦率的訴說着。）所以我就鼓勵妳多看一些社會科學方面的書。妳必須知道淺薄的人道主義和代表現在最前進的思想是不大能够相容的！也許，妳有一顆女性所共有的溫柔底心；然而妳要懂得人生，人生是不能離開鬥爭，沒有鬥爭便沒有生活……這便是我必須入那設有社會系的大學底理由：希望學得一些眞正的東西。但，作爲一個私立大學的社會系，其理論內容也還是空洞不過，總有一天，不管遙遠也好——我相信不會太遙遠，我將要實地參加到眞正的革命陣營裏去！心愛的儀，假使那時我們是並肩合作的話，妳當然可以實習許多生活，屬於眞正的生活。請妳先記住我的一句話：社會上有許多階層，那些階層的所以形成，妳此時也許不懂，我們是要利用這階級意識去做實際鬥爭的手段，而結果也可說是要打破階級意識！」

這個熟悉的聲音，是從一個有動人的美麗的西裝男子口中所吐出，這個男子，就是魏仁。長長的臉，高鼻，一張不大不小的嘴，整齊的牙齒，深邃的眼，照見心底的眸子，鬈髮，寬闊的肩膀，配着那頎長而具有一種韻美的身材。

對於魏仁的話，靜儀是常常不能十分了解的。就連那些美麗的修辭也在內。但這並沒有使魏仁失望，因爲他除了忠於自己的信仰以外，還可贏得另一顆柔順的敬慕之心。

靜儀與魏仁便在熱愛的進行中訂婚了。

魏仁是一個醫生的兒子，他父親是留日的名醫，母親是日本人，家中的收入相當可觀。在未和靜儀訂婚以前，他是在上海某私立大學的一個學生，手面非常闊綽，半年中總要向家中告急好幾次，每一次的告急，多半是由他母親寄一大筆錢。從他的服用起居，說到他的「意識形態」總括一句話：是「洋溢着時代感」！而又帶着一些特有的矜持。這種「意識形態」的存在，滋長，使他不自覺地以此作爲衡量別人的標準，而更重要的是要加上「內在的條件」。於是在他的批評下有所謂庸俗與「不夠」之分。

此外，關於魏仁的行誼，當時傳爲笑柄的，例如有一次：他與許多女朋友去看電影，當然靜儀也在內。在平時，魏仁身邊是從不攜帶角洋的，爲的是嫌累贅，銅元更不必說，這一次：卻例外地聽從靜儀的勸告，爲了找零方便，竟也帶了一包銅元；畢竟沒有用，出電影院大門時，一個不小心，把紙包中的銅元撒了滿地。魏仁的臉紅了，在大衆和女孩兒們的面前，尷尬萬分，他勉强鎮定了一下，結果是置銅元於不顧，任憑那些野孩子紛紛搶拾，而自己則昂然的踏起輕快的步子走在女孩子的前面。那一次，靜儀一面響應了未婚夫的行動而輕快的走向前去，一面以愉快的笑聲替魏仁解了圍。這裏不過舉一個例。其實，魏仁是極少進電影院的，因爲他的論調是：中國片子不要看，肉麻當有趣，外國片子，除了大腿和噱頭外，縱有些情節，也不過是資本主義的產物！在這點，爲了興趣的緣故，靜儀對她的未婚夫是不無沉默的異議的。

靜儀是一個極其人情化的婉淑女子，出生在世家，而到了她長成的年代，那個世家早已走向沒落的途徑。許多事態，使她深深懂得人世的艱難，而養成了她那近乎「悲天憫人」的性格。照說，靜儀也可能成爲一個半舊式家庭的反動者，然而不，正如魏仁原是「小資產階級」而倒具有「超現實的社會主義的熱忱」一樣。天下的事，往往是不能以常情論；何況是現在這麼一個使人易於困惑的時代！照靜儀此日的話說：「一切都是上帝的安排！」我們也只好如此說吧。

這樣的一對未婚夫婦，其性格和思想上的距離便造成了他們命定的悲劇。

話要說得遠了，還是抗戰初起的時候，魏仁的父親，爲了有一位日本太太的緣故，不得不拋棄了祖國，隨着太太遠走到他們理想的地方去，還帶走了一位女兒。——魏仁原是獨子，有一個妹妹。——至於魏仁自己呢？一則已成年了，他的性格使父親也管不着；二則已經有了未婚妻和岳家，多少使他父親覺得可以有個寄託。但不幸的事也就從這裏種下根苗。那時候，靜義已經高中畢業了，考進了一個醫科大學。而魏仁卻因上海淪陷，沒有他認爲適合的大學可以給他求得眞理。他和她相形之下，漸漸的失去了過去的優越感。假使用一句「由羨生妬」的話來形容，對魏仁的自尊心也許還是有些傷害的！

也就在這時，他私生活的浪漫，處處給靜儀許多失望和刺激，。於是常常可聽得魏仁的低沉調子：

「記住，儀，你這些話，對我是一種侮辱，說得明白些，對我的自尊心是一種嚴重的侮辱！」

靜儀的習醫，更是魏仁所極力反對過的。他早在心理上仇視過那位作爲名醫的父親，尤其是，父親那副冷靜的性格，應該是造成仇視和對立的主要來源。我們在此不要忘記，魏仁是具有他自認爲熱情而又矜持的性格！但是，他的反對未婚妻習醫，卻有更爲正大的理由，他說：

「你該知道：有人說過，醫生是最仁慈的人，因爲他能治病，救死。但醫生也是最殘酷的人，他剝削了病人，增加了自己的財富，而更主要的是：他能治好富人的病，讓他們繼續的向窮人身上去剝削！這該多殘忍；——我的話也許說得過火了些，但醫生絕對是治不好社會病的！妳該承認吧？」他還談着，接住又激動地溫柔地說：「儀，妳是我的！愛情是佔有的，我不能忍受那將會緊失去佔有的愛情！妳懂得麼？」

這些理論，「天眞未鑿」的靜儀聽來，究竟難以相容。也許我們可以說，天眞和熱情，倒是不妨屬於魏仁的這一面吧。

就在這樣的情勢下，使這對未婚夫婦在抗戰的洪流中衝散了！靜儀依然習她的醫，把生活的理想，且寄託到在一個較高的境地。魏仁倒眞的現實起來了，堅毅地走向青年群中，幹下他的救亡工作；他參加的是一個巡迴劇團。

他，眞是一個具有極其複雜而矛盾的性格底人！是的，一個人，往往是有着第二重人格的！魏仁自己便常常這樣解釋着。

爲了二重人格，魏仁不能始終鍾情於一個柔弱的靜儀了。他在劇團裏，認識了俞貞，一個濃眉大眼，爽朗熱情，而也可以說是美麗的女子。不久，他們便同居了。對於靜儀的方面，在形式上還是來了一封要求提前結婚，措詞頗爲强硬的信，當然不希望它有結果，而結果是遭到靜儀的嚴詞拒絕，原因是婚期當在醫科五年畢業之後。彼時還差三年。

可說是在一個有趣的場合裏，這一對未經解約的未婚夫婦居然巧遇了，這有時在靜儀的腦子裏，倒是一段輕鬆的回憶：

是在抗戰時期的大後方，靜儀已是最後一年的醫科實習生了。在某一個公立醫院的產婦科，一天，來了一位年輕的軍裝客，帶着一個憔悴的女人，在掛號登記簿上寫着：「魏仁妻，俞貞」的名字。而這位產婦便在靜儀的手術下安全的生出第一個孩子。在候診室中，靜儀關心而又簡單地詢知魏仁的年來近況：是在俘虜營中充當一名翻譯。

在這個場合中，魏仁是本着他那脆弱的感情和一顆破碎的心，更加上惶惑，羞漸，——萬感交集。面對着靜儀，作了一次孩子似的歛泣，累得我們這位仁慈的女醫師也感動得抽泣不已。

後來，我們這位女醫師便和前面所說的那個具有堅定性格的唐日輝醫師結婚了。一直也沒有聽過關於魏仁的消息。有時，這一對虔誠的宗教徒，是替他默禱着平安的。

一個半月以前，靜儀却意外地得着小桂太太第一次的來信。說起小桂，原是魏仁的同學，並且是意氣相投的好友。同在日本唸過書。後來聽說小桂到美軍裏去當日俘的翻譯了。和魏仁走的路子相同，但是仗着美國人的慷慨和那時史迪威公路上交通的方便，小桂兼營商業而發了大財，所以在戰後能安穩的跑到香港和九龍做起寓公來。小桂的太太很早就和小桂結婚，記得他們的第一個兒子，名叫「卡列」，不用說，是把卡爾先生的大名加到列寧的頭上，那時正是小桂和魏仁熱讀着「恩格斯與馬克思」「反杜林論」的時候。

人是一個多麼奇怪的動物啊！當靜儀聽到關於小桂的消息之後，心中直往下沉。那小桂的太太第一封信上，提到魏仁的事是這樣說：

「他倒似乎永遠留在我們這邊，可是我和小桂却不敢「收留」他。有一次，還是我說：魏仁，我們這個大飯店中的生活，比較你在廣州怎樣？他默然，對我採着仇視的眼光。接着他又頹然而無力的說：『好又怎樣？反正我是留不住了；我想留下，魔鬼們已佈滿在我的四周，我算完了！』他現在是變的那樣神經質，縮頭縮腦的，吞吞吐吐的，越使我們增加對他的疑懼。小桂尤其怕得厲害，據魏仁告訴小桂：他用過一次安眠葯，想結束他的生命，然而無效。他是人，他不能忍受非人的待遇；他親眼看過不知多少屬於眞正說話的人，倒了下去。又有另些「說話」的人，站在人群面前，揮動着兩手……在西北，他和妻還有若干迢遠的希望，那些希望，也許可以溫一溫他的心，但跟隨着「人民」的勝利，來到南國的廣州，在荒唐的咖啡館裏，在肅靜的馬路上，使他做了一個繁華的夢。那些夢却被現實的許多桎梏給擁碎了！他現在才算眞正懂得了生活，生活和生存是有別的，如果僅僅要「生存」，便是苟活也可以。然而本着那尚未泯滅的正直良心，他不能苟活。他的愈「貞」，已將不可能「貞」了；而愛情總該是屬於個人佔有的，他不能沒有佔有的愛，所以他的心創永遠醫不好！當他聽說妳們安然住在台灣時，他縱情的笑了一次，並且說，現在的人間，大概是有兩個世界了。他是另一個世界的人，一直荒謬的生長在那裏，只有等候那個世界的末日，竟無法逃避。最後，他說眞的要回廣州去，他願意無影無踪的消滅在這個世界上。要消滅，也得起個泡沫。他直似着了魔，驅使着他往一條路上走，這只有一條路，不容許他有第二條！我們即使想收容他，妳想怎樣留得住？你知道，小桂在這個飯店裏不過是一份股東生意，而魏仁却欠下了千元的房錢和酒菜費。當然這是小事……」

靜儀覺得小桂太太兩次的信，都有些近乎揶揄或賣弄。然而，却掩不住這一個眞實的故事。從這裏，知道了一個青年怎樣地去親手毀滅他的生命。而仁慈的醫師，確也無法給他救治，這難道是魏仁過去所說的「社會病」麼？

「在他死以前，他已經幻滅在失望和無助中……」

「上帝並沒有選擇他的兒女，是兒女逃避了上帝……」

靜儀在重複着上面的話。這位虔誠的宗教徒，面對着她的小兒女凱平，——那因爲迎接了抗戰勝利，祈禱世界和平的命名——好似眞的看出那並不太遙遠的希望。

你來了(散文詩)

亞一

你來了，紫黑色的面皮，滿身塵土。

你來了，鼓脹而皴裂的皮膚，像北方荒寂平原中年久失修的公路。蕪亂蓬鬆的頭髮，像是麻雀在上面做過窠。

你來了，朧闊的眉毛下面，依舊閃着兩隻大得奇怪的眼睛。你望見我，本能地愕住一會，然後將寬大的嘴角向兩邊一拉，張開兩片厚厚的嘴唇，露出幾顆嶙峨的牙齒——這是別後重逢的一撇刹那間的笑意麼？難道不到一年的鐵幕生活，竟使你忘記了笑？像一個久客他鄉的流浪者，忘記了自己最純熟的家鄉話，在同鄉人面前吐些夾七雜八的腔調一樣，令人覺得怪不好過。

你來了，你伸出粗大的巴掌，一把抓着我的手，狠命地揑住，也不管我痛得要叫喊。一股强勁的熱力從你的手心傳過來，我感到你的血管中奔流着烈火。從你那凝注的眼神裏，我看得出這股火熱有着海水一樣豐富而深厚的內容。雖然上面緊緊地扣着一把理智的鎖，却按不住那一束逼人的光芒，從一絲縫隙中射出來，像要領導一個山崩地裂的爆炸。

你來了，我們手握着手，半晌緊張的沉寂，把周遭的空氣整個兒給凝固了；都市繁囂的氣息也好像一下子被你壓縮在破皮鞋底下。任何一次終夜的促膝長談，比不上這一秒鐘的緘默。千萬種情緒，，千萬種感念，千萬種思想，千萬種言詞，我們都在這一秒鐘裡互相心領神會。忽然，隨着你嘴唇的張動，我聽見一個鐵錘似的聲音：『祇要我們還活着！』——天哪！這是咱們見面的第一句話！

你來了，你終於來了！我沒有覺得過分的驚奇；雖然這一行動在你是一件之不起的大變。當初我決定要走，你曾用三個晚上的時間，用令人感動得流淚的懇摯和熱情，勸我接受你的信仰和看法，勸我不要走。那幾天，我見你忙得多麼上勁，好像那迎面而來振天動地的一切變異，都是爲了實現你的理想，好讓你放手去創造而安排的。最後，你向我說：『走吧！咱們各走各的路！你終會後悔的！』我對你說不出也不忍心說這樣的話，雖然我也有同樣的感想。如今，你的路走不通了，你帶着困乏的，創痛的，憤恨的心靈而來，依舊是那麼斬決，驕傲，强勁。我又說得出什麼話呢？

你來了，如今我們又在一處，却不像以前那樣紅着脖子爭辯不休，永遠是南轅北轍，今天我們已經有了共同的結論。讓一條破棉被裹着兩塊乾癟的肚皮，讓貧窮在粗劣的低烟氣味下燻出幾塊頑鐵，將破碎身子投到風塵和洪水中去滾，滾，滾，滾出一條大路！

人類的宣言

墨人

在今天
我們不能否認
史太林，毛澤東
以及蘇聯政治保安局的
全體委員們
創造了一頁新的歷史
一個曠古未有的新時代
它超越了歐洲人所熟悉的黑暗時代
和我們亞洲人所熟悉的洪荒時代

× × ×

史太林，毛澤東
以及所有的共產黨徒
現在正迅速地伸長他們的黑手
而他們又是那麼「悲天憫人」地
「邀請」全中國人民
「邀請」全世界人民
「邀請」整個人類
「他們決沒有種族成見
不論白種人，黑種人，黃種人，棕種人）
他們一概「歡迎」）
要我們「掙脫奴隸的鎖鍊」
進入他們的「天國」
進入人類歷史上首次出現的
鐵幕

× × ×

他們要我們「鬥爭」
窮人向富人鬥爭
兒女向父母鬥爭
弟弟向哥哥鬥爭
妹妹向姐姐鬥爭
老婆向丈夫鬥爭
最後─他們向我們鬥爭

他們要我們「清算」
窮人向富人清算
兒女向父母清算
弟弟向哥哥清算
妹妹向姐姐清算
老婆向丈夫清算
最後他們向我們清算

× × ×

他們要我們「學習」
爲了進入一個「更理想的社會」
首先要我們學習挨餓
鐵幕以外發生飢荒
他們會馬上說：
「這是資本家在壓榨
這是統治者在剝削」
「解放區」的老百姓沒有飯吃
他們就「巧妙」地解釋：
「爲了進入一個更理想的社會
你們還需要長久學習
現在除了蘇聯和新中國以外
再沒有更好的生活」

× × ×

他們要我們說：
「黑就是白」
我們決不能說：
「這是兩種顏色」
如果你說：
「黑是黑，白是白」
那麼他們便會指着你的鼻尖大罵：
「頭腦頑固
認識錯誤」

× × ×

祇有他們的眼睛是「雪亮的」
我們都變成亮眼的「瞎子」
祇有他們有權這樣解釋─
他們用繩子鎖住我們的脖子
他們說：「這是解放」
他們牽着我們鼻子走路
他們說：「這是新民主」
而且要我們照樣說
一個字也不准含糊

× × ×

祇有他們有權這樣解釋─
「誰想批評新民主
誰想反抗共產主義
他就是反動，頑固，戰犯，國特！」
因此，他們就要使用「人民的武力」
「消滅！消滅！徹底消滅！」
並且他們宣言：
「保證人民革命成功
就在於我們作風的徹底」

× × ×

由於他們「作風的徹底」
不論我們之中的那一位
如果不讓他們牽着鼻子走路
不讓他們用繩子套上自己的頭
不讓他們騎上我們的背脊
不跟着他們喊─
史太林萬歲！毛澤東萬歲！共產黨萬歲！
除了要他們的命以外
我們也祇有一條路
─死！

× × ×

在今天
我們不能否認
史太林，毛澤東
以及蘇聯政治保安局的
全體委員們
創造了一頁新的歷史
一個曠古未有的新時代
它超越了歐洲人所熟悉的中古時代
和我們亞洲人所熟悉的洪荒時代

× × ×

他們不准我們進化
他們要攔腰斬斷人類的歷史
他們已經把我們倒拖幾千年
要我們回頭向野獸「學習」
向野獸「看齊」
但我們已經決定
我們要向野獸展開第二次鬥爭
今天我們要打倒的對象
不再是長了兩隻角的牛
不再是吃人的獅子，老虎和豺狗……
而是那穿戴着整齊的衣冠
會說美麗謊言的滿裝着獸性的人
─史太林，毛澤東，和他們的黨徒

× × ×

不願意讓他們用繩子鎖住我們的脖子
不願意讓他們牽着我們的鼻子走路的朋友
不願意跟他們喊─
史太林萬歲！毛澤東萬歲！共產黨萬歲的朋友
不管他們怎樣猙獰兇惡
不管他們的爪牙怎樣銳利
祇要我們還保存一分人性
祇要我們還有渴望自由的意志
我們一定勝利

× × ×

人類的歷史已經告訴我們
第一次鬥爭我們已經戰勝
因此我們堅決相信：
這次鬥爭我們也一定贏
「祇有人征服野獸
決不能讓野獸統治人」

三八•十二•六•

在德國俄國共產黨最怕的人

O. K. Armstrong原作
秦　維　明　譯

一九四八年八月六日的晚上，正在收聽柏林美軍佔領區廣播的蘇聯官員，很驚駭地聽到一個德國人廣播說：

「蘇區的同胞們：我們正在組織起來援助你們！我們計劃每禮拜廣播共產黨殘暴統治下的眞相。今天晚上我們介紹兩位剛從蘇聯集中營逃出來的青年和你們講話。」

接着是兩篇簡短的演講，報告蘇區的饑餓情形和蘇聯人的卑劣的殘暴。廣播的人又說：

「我們歡迎其他的人參加我們的行列，暴露蘇維埃奴役下非人道的情形。緘默就是自殺！」

在柏林的蘇聯官員，怒氣沖沖地闖進美軍總部，要求懲罰這位廣播員。可是他們只得到一個冷漠的答覆：「在民主國家裏是容許說眞實話的。」

那天晚上的廣播掀起了一個運動，廣播員瑞諾．希地布蘭德便成爲在德國蘇聯人最怕和最恨的一個人。他們怕他是因爲他暴露了緊密的鐵幕後所目睹的生活狀況。希德布蘭德是一個三十四歲强壯的作家和演說家，他是斯塔迪格特大學一個教授的兒子。一九四〇年當他讀博士學位的時候，他就參加了柏林一個勇敢的學生郝少佛所領導的反希特拉運動。一九四四年七月的暴動他們不能打倒希特拉而遭受失敗，郝少佛博士和他的多數同志都被逮捕處死。希德布蘭德也被捕入獄。

後來他被美軍解放重獲自由後，就開始聽到東德區蘇聯秘密警察集中營的故事。「讓我們做一些事來對付這殘無人道的蘇聯」，他這樣向美國軍政府的官員要求。終於，他說服了美國官員，使他們相信由一些親眼看到蘇區眞實情形的男女廣播，是對付共產主義最有效的方法。

自從柏林這次廣播節目以後，很多讚揚的書信從柏林的西區紛至沓來，很多的人到他家裏去告訴關於他們的遭遇，並且自願擔任廣播。這個節目規定每週兩次，由兩個電台廣播。

希德布蘭德從這些自願參加的人中，組織了一個「爭取人道」的團體。主要輔助他的人是霍夫曼博士，他也是曾經反對過納粹政權的人。他們這反抗和希望的聲音，深入德國每一個階層和遙遠的蘇聯衛星國。

蘇聯當局曾經想法用電波擾亂他們這個廣播，結果完全失敗，後來他們的辦法是逮捕任何收聽廣播的人。最後他們不得不放棄這種辦法，因爲他們不能將每一個人都逮捕。

許多人請求替他們探詢在柏林東區被逮捕和被放逐的人的消息，使希德布蘭德博士很困窘，於是他又組織了一個「調查服務社」，把這些受難人的瑣碎情報都收集起來。現在已經有一萬二千的名字被提出來，而這數字每週還在增加。

由於這種「調查服務社」的工作，遂展開了兩件主要活動：一個是祕密情報工作，這種工作是專門收集蘇區每一個集中營的資料和政治的發展。一個是反抗運動，以東德每一個階層自願參加的人爲主要份子。

一個重要的美國官員告訴我：「希德布蘭德的團體，已經發展成爲一個令人驚異的情報系統，像電網似的佈滿了所有德國的蘇聯佔領區，這種地下活動是今天共產黨侵略中歐的强有力的抵抗。」

希德布蘭德博士的團體，不藉諸武力和怠工。希德布蘭德博士告訴我說：「我們有最强有力的武器——眞理！」

總部的走廊上，整天都擠滿了很多的密報員和來詢問在蘇區親友們狀況的人。新從蘇區逃出的人都被引到小會議室裏。譬如說，漢斯．斯密迪是最近才被釋放出來的。

霍夫曼博士說：「你曾經被囚在薩克生赫生集中營嗎？告訴我關於那裏的情形。」

故事就開始了。斯密廸敍述着路德S住在他旁邊，費烈德烈克L是收留所中最高大的人。凡是斯密迪士所能記憶的人他都問得很詳細，路德的家在什麼地方？他過去做什麼職業？他是什麼時候被捕的？他提過他的家庭嗎？如此問了很多，每一個細節都問淸楚了。

從這些情報中，希德布蘭德博士可以很正確地描繪出在蘇聯奴役之下人民的生活狀況。十二個以上前納粹的集中營都在大事活動，柏林附近的薩克生赫生集中營是最大的一個，現在容納一萬多囚犯；從前納粹時代的布勤華德集中營現在又爲蘇聯秘密警察耀武揚威了。他們知道有多少人被送到鈾鑛場去做鑛工，有多少被迫參加原子彈的設計製造工作。二次大戰結果時被捕的十六萬政治犯，已經有三萬零五百人被運到蘇聯去。他們有被送到西伯利亞去的人在火車上的照片。這十六萬政治犯已有八萬五千人因饑餓疾病或酷刑而死亡。

他們這個「團體」的檔案可以詳細的說明共產黨所謂「司法」的荒謬。一個教授爲了不贊成列寧而判了五年徒刑；一個母親因爲她的兒子在碎石堆中拾得一支生銹的手槍而被判在煤鑛場中做三年苦工；一個工程師因爲損壞了一輛沒有完善制動機的火車而判處了二十五年徒刑。

這個團體也有蘇維埃企圖消除某一些階級的情報。一張表上列有所有過去在外交界服務的人員，所有擁有過多財產的人，所有的「資本家」，還有一個很長的「知識階級」的名單。

納粹黨的領袖們不特沒有完全被淸除，而且有很多在替蘇聯服役，有的作監獄的看守，有的作「人民」法官。希特拉時代最殘酷人物之一的李歐朗格，現在是蘇聯秘密警察局的最重要人員。

他們常常廣播在牢獄中慘死的德國人的姓名，有時候還預先宣佈。譬如說：「從現在起三小時以後，你們會聽見在蘇聯秘密警察手下受酷刑而犧牲的一百個人的名字。」或者說：「你們知不知道在布勤華德平均每天有五十個人慘死？」

去年七月，希德布蘭德向蘇區的人民廣播要求展開一個F爭取自由的運動。差不多一整夜的工夫，F字的標語貼遍了每一個角落，牆壁上和人行道上都繪着很多的標語和漫畫。蘇聯的官員命令警察把F改作共產主義青年團縮寫FDJ。但是這個團體的勇敢工作的人，很快的又把它們塗改成一連串的F，甚至在比利茲共產黨總部的牆壁上也繪了這樣的標語。

幾個月之前，這個「團體」開始廣播他們所知道的人，現在替蘇聯秘密警察作偵探的名字。其中一個是一家旅店的主人；幾天之後，所有的旅客，全部搬走一空。另外一個是一位著名的歌星；當她登台的時候，所有聽衆，全部離場。

由於希德布蘭德博士對於輿論的正確領導結果，他預計在去年五月蘇區的選舉共產黨一定會失敗的。共產黨企圖以各種陰謀詭計來操縱選舉——利誘威脅和提出單記候選人的名單。最難克服的是所謂選票上要包括爲「統一德國」而投票——這是每個德人的期望。但是這個團體透過蘇維埃嚴密的封鎖向蘇區人民廣播說：

「不要投票！投反對共產黨的票！在共產黨控制之下統一就是奴役。不要投票！」

莫斯科訓練的德共預定他們可以得到百分之九十的選票，幾天後「計算」選票的結果，他們宣佈有百分之七十是投共產黨票的。但希德布蘭德的地下工作人員知道，沒有超過百分之三十的人是投贊成票的。

瑞諾．希德布蘭德和他的妻子小孩，在日夜被保護着的一所屋子裏生活着。他們經常受到恐嚇。有一次，他幾乎中了敵人的毒計。在他家的附近一輛蘇聯特許的卡車上逮捕了四個人，其中一個承認他們是在等他騎着自行車出來靠近他們的時候，就將他撞倒，把他逮捕到柏林蘇區的蘇聯秘密警察總部去。還好他那天早上決定在家裏工作，沒有出來。

希德布蘭德博士相信，假如西方的民主國家能够給他們充分的鼓勵，在蘇區的德國人，一定不會支持蘇聯所製造的東德傀儡政府。「但是時間快要過去了，」他警告說，「我們從波蘭，保加利亞和其他東歐國家所得的經驗知道，對共產黨政權鬪爭最好的時機，是在他的政權還沒有穩固以前」。

他所領導的團體用各種方法以眞理作爲鬪爭的武器。希德布蘭德博士帶着十字軍的眼光告訴我，「那是一個爭取人性最大的鬪爭，你知道眞理，眞理會使你自由」。

譯自讀者文摘二月號

本刊編輯部啓事

親愛的讀者先生：「自由中國」發行以來，已四個半月了。各方的期望都很殷切，我們實在惶愧無已。這幾個月中，我們雖已盡了相當大的力量，無如我們的能力有限，「自由中國」的缺點一定很多。我們很誠懇的，以極迫切的心情，盼望各位能給我們不客氣的批評，如果您還愛護「自由中國」。下列十四項問題，我們渴望解答，以作爲今後改進的依據。問題如有遺漏處，我們歡迎各位主動的提出。

(一)拿到「自由中國」後，您先看那一類的文章？社論？專論？通訊？文藝？

(二)「自由中國」自創刊以來，您認爲那期內容最好？那期內容最差？

(三)您最喜歡那期？最不喜歡那期？

(四)您最喜歡那篇文章？最不喜歡那篇文章？

(五)您認爲最好的是那篇文章？最壞的是那篇文章？

(六)您最喜歡那一位作者？最不喜歡那一位作者？

(七)您認爲那一類文章太多？那一類太少？

(八)您希望「自由中國」添些什麼？減些什麼？

(九)「自由中國」每期出刊後幾天您才看到？最多幾天？最少幾天？

(十)「自由中國」的編排你滿意嗎？原因何在？您不滿意嗎？原因何在？

(十一)「自由中國」的訂價過高嗎？過低嗎？恰好嗎？

(十二)您讀的「自由中國」是什麼來源？長期訂閱的？零星購買的？圖書館陳列的？親友贈送的？

(十三)您怎樣處理讀畢的「自由中國」？保存嗎？亂丟嗎？轉贈親友嗎？

(十四)您所希望的改進：

1. 內容方面：
2. 編排方面：
3. 發行方面：
4. 其　他：

給讀者的報告

蔣總統復職，士氣民心均爲之振奮。「漢賊不兩立，王業不偏安」，蔣先生自願以「鞠躬盡瘁死而後已」的精神，來完成其實現三民主義的使命（中央黨部紀念週上演說詞），其能轉危爲安，易亡爲存，自可預卜。惟今日的敵人已掩有大陸，又有國際上大力者之支持，雖父老苦其苛政，民衆欣望來蘇，然而我們自已仍須積極建樹，始能摧破敵人。本期社論表明熱烈擁護蔣總統復職，尤望其對政治、經濟各方面一掃過去的積習，而與民更始，然後反攻大陸，以弔民而伐罪，則王師所至，共黨必土崩而瓦解。

教育是立國的根基，也是政治上的風雨表。不有良好的教育，何能產生卓越的人材？不有卓越的人才，何能建設偉大的國家？反過來說，政治清明，教育自蒸蒸日上；政局紊亂，教育亦雜亂無章。杭先生以教育當局者，回憶二十餘年來的經過情形，說來更覺親切有味。檢討過去，即所以策勵將來，我們今後對教育自須加倍努力。數年來共黨迎合青年的心理，到處鼓動學潮，到今天大權在握，則不但一切的支票不兌現，而且根本摧殘教育，施行愚民政策，以鞏固其政權，而以青年爲犧牲。如此的統治者若不能打倒，豈只中國不可救藥，而且全世界也將擾攘無寧日了。

資本主義正在演變中，不獨理論家指摘其缺陷，而尋求代替的方案，而且實際的政治家也已執着某一特定的方案，以求其逐步的實現。可是私有財產之廢止，經濟分配之萬人平等，既已證明爲不可能，而自由放任流弊之大，又復令人類社會不能忍受，則以政治干涉經濟，如何始能恰到好處呢？本期戴先生的「論經濟的國權主義」，揭出多方面的主張，作詳盡的檢討，以觀其應有的歸趨，而提出其獨特的結論。曾先生一文則以自由爲人類之終極目標，而以社會主義及民主主義爲達到自由的塗徑，猶是師承西方數百年來的思想。其中所用名詞有些是創新的，有些則有其獨自的意義，人們或許要覺得有些生硬吧。其全篇所論涉及較廣大的範圍，而其中心仍是對政治之干涉經濟，想找出一個適當的方案。戴曾兩先生的方案，其價值如何待讀者去判定吧，但是要作爲定論自屬難能。我們認爲今日的經濟問題實爲迫切待決的課題，要反對蘇俄式的極權主義，完全以政治控制經濟的辦法，我們必須找出一個適宜的方案來。本社最近擬召開一座談會，以討論經濟問題，集思廣益，期於至當。有了適當的方案，然後督促政府按步實施，務使我們的經濟制度優於共產主義，然後能根本消滅之。

自由中國運動，在各地引起多數人的共鳴，凡屬反共者大多數都以爲是適合時宜的舉動。本刊二卷四期已載香港朱先生的長函，此次又有寧遠先生的來信，可謂人同此心，心同此理了。本刊雖從事宣傳，然今日的局面決非僅僅的宣傳所能挽救，非有廣大的號召，積極的行動，何能推翻共黨的統治，而建立民主自由的中國？

最近接美國友人來信稱，已將本刊按期送往哥倫比亞大學中文圖書館，該館負責人甚表興奮。且謂年來該館之中文書報中，極少看見反共之文字，間有一二亦屬膚淺，像此刊物之深刻而有力者，實屬難能可貴。他又說，擬於日內致函台灣，逕向自由中國社致謝云。

自由中國　半月刊　第二卷第六期（總第九號）

中華民國三十九年三月十六日

發行人　胡適

主編　「自由中國」編輯委員會

出版者　自由中國社
社址：臺北市金山街一巷二號
電話：六八八五號

經售處
臺灣　中國書報發行所（臺北市館前街八五號）
香港　香港時報社（高士打道六四號）

印刷者　台北印製廠
廠址：臺北市民族路六四三號
電話：三三一六號

自由中國

香港航空版

發行人 胡適

第一卷 第七期

要目

中華民國三十九年四月一日出版
社址：臺北市金山街一巷二號

社論

民主自由與經濟制度

經濟社會化應該犧牲政治民主化麼？

產業革命改變了人民的生活，改變了世界的面貌，而資本主義社會乃緣此而成立。然以自由放任之故，競爭終歸於獨佔，而富者愈富，貧者愈貧，其間相距的懸殊造成雙方的敵對。他方週期性的經濟恐慌愈演而愈烈，一經來襲，不但失業人數增加，而且全社會秩序大亂，往往無法維持。於是政府當局乃不能再持不干涉政策，拱手無爲，而任供求法則之支配；即學問家及思想家也想出種種方案，督促政府去實行干涉經濟過程，而謀裒多益寡，稱物平施，且力求消弭經濟恐慌於無形。故政治不應干涉經濟的主張，在今日既是絕無而僅有，而應該如何干涉，則入主出奴，各持己見。那麼，我們現在究應何去何從呢？

聽說已經提出的社會主義就有幾十種之多，但在今日已不是單純的理論之爭，乃是拿出辦法來實踐的問題了。沙赫特的統治經濟，史大林的計劃經濟，以及英國工黨的社會主義，此三者是已經實行，而且收到了相當效果的，其間雖有程度之不同，實際上都可歸入國家資本一類。那麼國家資本是不是解決今日的經濟問題的良好辦法呢？國家資本要將一切工業及一切土地收歸國有，俄國現在差不多完全做到，過去的德國是步步朝向這裡走，現在的英國，據艾德禮說，國營事業是沒有止境的，可見其歸宿也不會兩樣。如此的政府當局極容易走到獨裁路上去，是有其深刻理由的。今專就工業而論，工廠收歸國有，則人民都是股東，政府的官吏乃是經理人員。今日的托辣斯，卡特爾等等獨佔資本，其爲禍於社會之烈是盡人皆知的了，但操其大權者都是經理人員，股東之大多數都是沒有力量的。獨佔的托辣斯只有經濟力量並無政治力量，既能加大害於社會，今以官吏而兼經理人員，政治與經濟的力量集中於少數人之手，則號稱爲股東的人民，還能去過問，還敢去過問嗎？在秘密警察橫行的蘇聯，如果一介小民胆敢去過問官吏的行爲，動輒有失蹤或入集中營的危險，故只落得一個名義上的股東，事實上只有受剝削，絕對分不到絲毫利潤，不但比不上托辣斯的股東，或許比不上托辣斯的工人。而且政府當局已擁有政治的權力，又握着經濟分配的把柄，誰敢反對他的，重則被殺，輕則罰作沒工資的苦工，固不待論；即使不去反對他，僅欲脫離政治勢力圈而自由過活，像中國的隱士一樣，也因爲沒有自由職業，沒有私有土地而無從實現。手握着如此權力的人們，誰不想獨裁？誰不會行令禁止？英國的民主根基雖然深厚，其人民雖然酷愛自由，但如果一切工業，及一切土地均收歸國有的話，那時候的政府當局會不會變成獨裁的暴君，實無人能夠作保證。照歷史的事實看，政府是可好可壞的。實行國家資本主〃的政府，如果是好的，或能做到分配公平，實現「均無貧」的理想，但是產品的質量較之資本主義，能不能增加，卻大有疑問；如果是壞的，則專制的暴君及獨佔資本家兼而有之，其爲害於社會，較之今日的托辣斯及卡特爾，必遠過之。我們今日要反對獨占資本，爲甚麼提出國家資本主義來替代它呢？

至於中國今日的情形，國家資本主義之難行更有特別的因素在，就是沒有好官，沒有好制度。今僅就公營的工業而論，所謂「官」便是管理人員和技術人員，所謂「好」便是精巧的知能與高尚的道德。我們不敢說個個人員都是無才無德的，然而兩者俱無或有才而無德的有雜入於其中，也是不可否認的事實。因爲在今日的制度上，總經理之去留，多因主管上司的關係，而內部人員則隨總經理之好惡而去留，知能高而努力大的往往被黜，善逢迎而應付巧的反可久居於其位。在此賞不當功，罰不當罪的條件下，人皆趨於取巧之一途。好的人員則以急功近利爲事，想在最短期內表現出好成績來，然後能博得上司信任，招來社會好評，而百年大計乃在所不問。壞的人員則惟有奔競逢迎，交際應酬，以爲固位之計，而營業之盈虧不掛在念頭。今日公營事業之爲舉世所詬病（參看本期座談會的記錄），竊以爲其根本原因在乎沒有好制度以培養好人才，乃產生豪奪巧取的舉動，以肥私而害公。

考之各國既如彼，徵之中國又如此，則政治干涉經濟，是否應該放棄呢？話又說回來了，自由放任的經濟政策最近幾乎沒有人主張了，我們又何能例外？就中國目前的情形而論，一方，改造制度使人人安心於事業，而以實際的成績評其優劣，施其黜陟，始能有濟。此自非一朝一夕之事，然非此則公營事業絕無好成績出現，可斷言者。他方凡可改爲民營的事業都應儘量改爲民營，或招商投承，或與大企業家接洽轉讓。至於私家銀行則應嚴密約束其業務的範圍，使之不得在法外獲利；公家的金融機構。尤應事事繩之以法，禁絕其營私舞弊的機會。各級政府以居間調節爲原則，自行經營的業務越少越好，其必需自營者，則宜一切公開，勿予各級官吏以暗中舞弊的可能。總之，居今日而言干涉經濟，我們只希望政府的官吏充分做到監督指導的任務，不必談甚麼全盤的計劃。

就將來的新中國而論，一切國有化自非我們所贊同，但完全取消公營事業亦非理論與事實所許可。爲維護民主政治計，金融機構及公營事業的管理人員和技術人員均應退出黨派之外，獨立主持事企業，而不受黨派的影響；同時各黨各派不宜去爭奪公營事業之管理，而站在批評監督的地位，以力謀其進步。爲維護個人及少數黨派之自由計，各種自由職業必須盡量保全，而後能有特立獨行的人物。如私立學校，私立醫院、私設工廠及商店，自耕農等等都要讓其自由發展，只宜予以適當的指導與監督，不應以國家的力量取吃掉它們，使之不能立足。這是極要緊的關頭，要靠某一黨派吃飯，必追隨其黨派而行動，久而久之，則思想也完全黨派化了。且看蘇俄和中共，要傾其全力以消滅這些自由職業，可見他們實深知此中之關係。我們要反共抗俄，不能只從表面上去反抗，須從根本的制度上使極權政治永遠不會發生，才有究竟的意義。

經濟社會化的政策性（上）

王師復

一

在今天的一般情勢，特別在臺灣的經濟基礎上，我們談經濟社會化，無疑有着深長的意義。同時這深長的意義不存在於它的理論性，而在於它的現實性。一個問題的提出是有它的客觀根據的。我們現在提出了經濟社會化，那就是爲了現有的經濟不社會化，或尚未達到社會化的理想。在生產機構百分之八十操在政府手中，而其表現與社會化的傾向相背馳，其對整個社會影響不言可曉。假使我們再不促進社會化的完成，勢必招致無可挽救的惡果。假使我們再來泛談社會化的理論，其結果正復與上述相似。爲了這種理由，所以我覺得，經濟社會化是現實性重於理論性。

然而另一方面，我們也還要了解經濟社會化的意義。一般的觀點，經濟社會化即爲社會主義，因此便從社會主義這一傾向來理解它。但我覺得社會主義之學理解釋本身已含有複什的因素，不着邊際。作爲研究，不妨從長商討。至若把這一個極富現實性問題依附到這一種學理的說明，亦勢將蹉跎歲月。這不是說經濟社會化與社會主義沒有究極的關聯，而是社會主義的討論將掩蔽了經濟社會化的現實性。在今天，我們祇要了解的，經濟社會化的眞義無非要使一切經濟設施皆是針對整個社會的利益。爲着社會想，使一切經濟設施納上正常的軌道。讓每一個人知道罷，他所從事的不是爲了個人生活，而是爲了全社會的生活。在社會生活的完整性中求其個人生活。因此以手段言，其起點，在消極方面經濟社會化是要：

一、反官僚資本。

二、反公營企業的派系化。

三、反浪費無能的管理。

在積極方面，經濟社會化是要：

一、建立眞正的國家資本與民族資本的統一制度。

二、建立公營企業的一元化制度。

三、建立完善的管理制度。

其完全主要是靠着：

一、採取告發與經濟特務辦法，澈底肅清貪污的風氣。

二、採取有效的與嚴格的會計制度，管理各公營企業的盈虧賬目。

三、應用專家管理，消滅事務人員的專權作風。

四、應用科學方法確定整個經濟計劃，代替無政府狀態的活動。

只有上述的前提能够確定才有經濟社會化的可言，同時經濟社會化也必須先得保證上述前提之必能確定，它也可以說是經濟社會化運動的一部工作。從其整個工作看來，這種運動顯含有兩種問題，第一是「怎樣辦」，第二是「誰來辦」。「怎樣辦」雖不若「誰來辦」重要，但較爲具體，至這個問題的確定必須具有政策上一般的認識。本文就是要在這一點提出若干的概念。

二

上面說過經濟社會化是要使一切經濟設施針對整個社會的利益，這句話說具體些，就是要使社會經濟達到統一的境地。所謂統一是指生產與消費的統一而言。這種統一是通過分配或交換過程完成的，因此它們又相應地統一並與生產消費也統一起來，於是構成了一個整個的統一經濟。

經濟社會化的目的既是要求社會經濟的統一化。則其本身所採取的政策也須是一個統一的政策。一般說來，所謂經濟政策可能含有以下兩種的解釋，第一是屬於經濟範疇的政策，第二是當做整個來看的經濟政策。前者是泛指工業、農業、商業、財政及金融等政策，後者是就經濟的整個性來把握的總政策。前者着重各種政策的獨立性與各別性，後者着重經濟各部門之有機的關聯性，前者把握個別，後者把握全面，前者的性質決定於每一部門的活動，後者的性質決定於整個經濟的本身。前者的目標在於各部門活動之個別的解決，後者的目標在於整個經濟之全面的解決。在這裡，所謂統一的政策。即是指第二種的經濟政策而言的。具體說來，它是指其內含部門之統一的意義，同時它還必須在它的內容與實際的統一過程來展開的。從這兩點來說，我們可把統一的經濟政策的性質分析爲以下幾種：

一、從其內容與實際的統一過程，統一政策必須具有現實性。一般的見解，政策的成效好像是取決於環境。無疑的，政策是環境的產物。但要注意的，一種政策之能否如其目的，改進環境，也要看到它是否具有一種生效的條件，否則。它便不能成立，它祇是一種理想，或是一種幻想。

二、從其本身內容的統一過程，它必須具有全面性。經濟內容包含豐富，內含因素非常錯什，其中彼此含有矛盾而又互相聯繫的性質的。因此它就要注意到各因素間的關係，與以適當的配合。

三、從現實性與全面性之統一過程來看，統一的政策必須是有計劃性。它的目的不僅說明而在實施，因此如何依據全面性而展開它的實施，如何依據環境而變更它的手段，都必須藉助全盤的計劃與應變的方針。

四、從政策的整個使命來看，統一的政策必須具有某特定的指導原則。政策既含有複什的因果關聯性，如果不有一個總的指導原則，則政策便要失去重心，一切現實條件無從判定，一切矛盾無從調整，一切計劃無從着手。在經濟社會化的最高指標下，我們還要求政策的原則性，作爲政策本身實施的中心。

我想在以下幾段中把上述的四種性質提出初步的扼要的說明。

三

當說明統一政策的現實性時，我們須先指出一般政策對這一特質之缺乏。無疑的，自由放任主義不是一種統一的政策。從它的理想上說，它固不失爲一合理的東西，固爲自由是人類最高的美德。可是在人類生活不能居於同一的水準上面的場合，佔優勢的愈佔優勢，而佔劣勢的愈不能擡頭。所以如果要求社會一般福利的改善絕對不能單獨採取自由競爭的方式，而應在互助的基礎各展所長。其次社會利益與私有財產是永遠對立的，在一定財富數量之下，私有的增加即爲社會一般利益的減少，而在財富不斷增益中，私有愈增，其向此一過程所佔有的成分也愈大。唯其如此，所以私有增加了，而社會福利卻不會增進。

統制政策修正了放任主義的缺點，以其目的言，它似乎也是統一的政策之一種，但它也不會是有現實性的。考察實行統制政策的國家的一般狀況，我們看到：一、私人企業仍佔產業上主導地位，二、私人獨佔形式仍原存在。則在這種狀況下，國家是否用法令即能消滅私人企業的牟利企圖而聽從國家的全盤計劃？其次在全盤計劃之下，國家是否能够保證私人絕對不受損失，而私人受到損失時，私人以其產業上的主導地位是否不阻止一切國家全盤計劃之實現？如果這些問題不能解決，統制經濟便不能達到社會化的目的。英國計劃經濟專家柯爾 Cole 對於美國的經濟計劃的企圖會指出『一、表面只是把名稱改變，稱經理爲傭工，稱股分公司爲國家商店，二、根本仍舊保持階級分化與所得不均兩種事實，然而這兩件事實與其政策是絕對不相宜的』。今天卻有不少人贊美美國的經濟，但不是沒有理由的，第一、美國生產力非常發達，或者它說是過分發達。第二、雖然大部分人民貧苦，但比之中國或其他國家要舒服得多。第三、在今日，通過政治力量，它的確暫時緩和了戰後恐慌。不過我們不能爲了這些好處，忘記了它的壞處。第一、它的社會分配不能與它的生產力相適應，第二、在用膨脹來維持生產力，如果說它得了膨脹的好處，它就不能免除了膨脹的壞處。因此離社會的境界還有甚遠的距離。

統一的政策則是要修正一切現有政策的錯誤。因而它就要把握它的現實性。這種現實性是建立在以下兩種基礎上面的。第一是政治的基礎，第二是經濟的基礎。政治與經濟有其相應的作用。政治基礎不鞏固，經濟建設便談不上。

在政治方面，必須具有以下幾種特性：

一、政權一元化，才能發生實施的力量。

二、政見一致化，才能發生一貫的計劃。

三、專家政治，代替官僚政治，才能實現計劃，使人民福利不受其害

四、民主作風　才能爲社會利益着想。民主的意義，從我看來，不一定是指議會制度，凡其能替人民做事的，皆可稱爲民主。反之，即使有了民意機關，結果不但不民主，而且敗壞了民主的眞義，增加政治的紊亂。

在經濟方面，必須具備以下幾種條件：

一、重要產業國有；減少私人資本的操縱。現在公營企業的腐敗使一般對之無好感，但這祇是變質的問題，承辦公營事業的人不是站在眞正的立場來做事，但不是制度的問題。設使每個公營機關能發揮其服務精神，則國有化的企業并非不能表現其本來的機能的。

二、控制貨幣　不僅從發行來說，它還包括金融的調節。

三、控制國內市場　政府必須將主要物品控制手中作有計劃的調節，穩定物價。

四、管理對外貿易　使一、全盤計劃不受商人牟利的影響，二、本國的計劃不受國際經濟變動的影響。

以上各點在今日臺灣確已具備，只要公營生產及流通機構能加以合理的整頓，則統一的政策便取得了它的現實性。

（待續）

『自由中國』的宗旨

第一、我們要向全國國民宣傳自由與民主的真實價值，並且要督促政府（各級的政府），切實改革政治經濟，努力建立自由民主的社會。

第二、我們要支持並督促政府用種種力量抵抗共產黨鐵幕之下剝奪一切自由的極權政治，不讓他擴張他的勢力範圍。

第三、我們要盡我們的努力，援助淪陷區域的同胞，幫助他們早日恢復自由。

第四、我們的最後目標是要使整個中華民國成爲自由的中國。

論馬克思式社會主義的現實性

鄭學稼

對於中華民族的未來歷史道路，有一個流行的、佔優勢的意見，它叫做「社會主義」。受這意見支配的人們，初以爲那是不能動搖的原則。因此，人們也有共同的觀念，那就是：社會主義的目標，是無需討論的；要探究的，只是怎樣達到社會主義的方法。再從這一觀念邏輯下去，有兩大紛歧的主張：第一、以中共爲代表：認爲既然把社會主義作爲我民族的未來途徑，那麼，要實現它，自然只有遵照「科學的社會主義」（即馬克思、列寧主義）的指示。第二、以國民黨爲代表：認爲產業落後的中國，所以把社會主義作爲建國的目標，，爲着要避免資本主義發展後必然產生的社會危機與苦痛，但這是預防走先進國覆轍的辦法，就中國國民經濟的內在條件而言，她却無馬克思式、或列寧式社會主義革命的前提。

誰如承認上面的敍述，是過去我國社會運動的眞實內容，誰就不可免地發生這疑問——非常値得注意與研究的問題：我國家近二十年來用血塗寫的歷史，原來就是爲着因採取不同方法去實現社會主義而引起武裝鬥爭的記錄嗎？歷史曾有這樣的先例嗎？天下事會有目的相同而因達到那目的之方法異殊而有久長血鬥的必要嗎？

筆者認爲：這是我們研討已具有權威的、流行的意見，即社會主義是我民族歷史未來道路的問題，必需記着的一點。

所以產生這一觀念與事實不和諧的主因，依筆者的見解，是由於我們的觀念受缺乏內容的名詞的拘束。我們如能跳出那拘束的範圍就會知道：作爲理論前提的「社會主義」與「資本主義」，是一個本難確定的術語。縱使我們能在觀念上給它倆以明確的定義，而它是否與中國社會的具體內容相符合，却成爲要首先探究的難題。老實說：過去，在受流行的、權威的思想支配之下，我們簡直是作觀念的或文字的遊戲。而同時，口說「社會主義」的人，却常有他的物質的前提。

爲什麼呢？我們先問：什麼是「社會主義」？這一術語，自羅勃．奧文（Robert Owen）使用起，到今日止，有衆多的說法。唯一可視爲共同的觀念，它或指財產共有的制度、或指社會管理財產的政策。由之，如果說：一個國家，凡曾採取那樣的但非全面的政策者，却可稱爲社會主義，那麼，英國工黨就有充分的理由，把它所治理的國家，叫做社會主義的國家。可是，這樣的國家，如用作爲社會制度的社會主義的尺度去估量，却許反對者指現今的英國，並非「社會主義」。這又就是說：如果我們所說的「社會主義」，就是英國工黨式的社會政策（局部國有化的並非全面國有化的政策），那筆者也有理由說：過去十五年來的中國，以及現今的台灣，早是「社會主義」了。我們實現這類型的社會主義，並未實現近五十年來社會主義者所理想的天國。這一事實爲我們指出：一般人所說的「社會主義」，決不是英國工黨所標榜的「民主社會主義」（對它，後面還會說到的），而是指生產與分配全面由國家管理的一種制度。

誰如承認這一點，誰的觀念上的「社會主義」，應是馬克思主義型，或且說是接近馬克思主義者所理想的未來「王國」。

事實上，也確是如此（雖然主張者在文字上或口頭上還可採取批判的態度）。這是不値得驚奇的。因爲，自一八四八年「共產黨宣言」發表起，整整一個世紀，馬克思的學說，支配所有社會主義者。除了馬克思主義的信徒，就是批評馬克思學說某一部份的社會主義者們，也沒有否認馬克思的結論（它是用一部使人讀得頭昏的巨著即「資本論」去證明的）：人類的社會，一定，必然的要由「資本主義」走到「社會主義」。筆者上面所指出：有同一目標，但可採取達到那目標的不同手段的觀念，本質上，就是承認馬克思結論之馬克思主義的異端。許多屬於這類的異端者，自「十月革命」成功後，對馬克思主義的向心力也大過離心力，這是熟悉社會主義思想史者肯承認的事實。

由之，觀念的邏輯，使我們不能不答覆兩個難題：第一、馬克思之人類社會發展的軌道，必然地由資本主義而社會主義，是正確的嗎？第二、十月革命後三十二年來蘇俄的設施，也就是由生產工具國有及土地國有而生的設施，是合於馬克思爲我們所指出的社會形態嗎？

筆者對第一個難題的答案，是否定的。我們知道：馬克思的結論，由他的思維的發展看來，有一個前提，那就是衆知的「唯物史觀公式」。一八五九年，馬氏在「政治經濟學批判」序文中指出：『在大體的輪廓上，亞細亞、古典的、封建的及近代有產者的生產方法，是可以表識爲經濟的社會結構之進展的各個時代。』這句話，後來被馬克思主義者視爲天經地義。他們都以爲各民族國家的社會形式的發展，均按照那一公式。爲着篇幅的限制，不能把這一公式作學究式的論述與批評，但筆者却可指出：它（公式）不僅與各民族國家的具體歷史不符合，而且在其中也表現馬克思對於人類歷史缺乏具體的理解（有若干因受他生時文獻的限制，是可以原諒的）及充滿獨斷的精神。爲什麼呢？

（1）「亞細亞的生產方法」，由馬氏生時歐洲所有關於東方（至少指中國、日本、印度、波斯）的文獻看來，是他對於那些國家之社會經濟無知的遁辭。因爲，在他的時代，由教士們傳到歐洲關於日本、中國等國家的著作或翻譯，最好的教士報告，如在日本耶穌會神父們關於織田信長、豐臣秀吉、德川家康及德川秀忠四個時代情況的報告，是在馬氏死後公開的。又每個中國人，由四書、五經不能做出關於先秦時代社會形式的任何結論，縱使讀到那些古典著作的馬克思，自然也不能有例外。

（2）「古典的生產方法」，一般人都以爲是指希臘與羅馬。馬克思並未看到蒙生（Theodor Mommsen）的「羅馬史」，至於蒙生以後現今歐美關於希臘、羅馬時代之豐富的史料，自然他——還有恩格思也未見過。因此，恩格思對「馬克」（Mark）的見解，是根據茂勒爾（Georg Ludwing Maurer）的著作，茂氏以後德國經濟史家的作品，他就毫無所知。誰也知道：「馬克」就是英國的「曼諾爾」（Manor），不是恩格思所說土地公有的公社。又由於馬克思所說「古典的」生產方法，缺乏具體的史實，所以，現今馬克思主義者對「奴隸社會」等問題，發生不易解決的論爭。

（3）最重要的，是「封建的生產方法」。關於這一術語，在馬克思的著作中，難得到明確的界限，究竟封建社會始於何時？馬克思主義者（不僅馬克思本人），對歐洲的歷史，也不能有明白的說明，就有說明也不和整個歐洲歷史相符。（關於這問題，參閱台大法學院不久可出版的刊物中筆者的「論封建主義」）。

（4）「資本主義的生產方法」。它是「封建的」繼承。依馬克思的說法，一七八九年的法國大革命，是資本階級的革命，那麼，在該年之前的某一期間內，法國的社會應是封建社會了。我們不說：經濟思想史家所謂的「重商主義」，是否屬於資本主義的階段，而法國大革命時，究有幾個領導者是資本家？（如果「資產階級的革命」，是指一個歷史的傾向，即革命後的經濟制度，是取馬克思所說的「資本主義」形態；筆者並無異議。但我們却難在具體的史實中，本馬克思的觀念，指出：那一個資本家或許多資本家們領導反封主的階級鬥爭。）我們又知道：馬克思研究的對象，是工業革命後的英國，因此，他對「資本主義」的定義，是英國當時的具體條件的抽象化。依它，馬克思告訴我們：資本主義生產方法佔優勢的社會，具有下述的特徵：一、商品（只到這一階級，商品成爲最一般化的範疇）；二、爲利潤而生產；三、生產工具的佔有；四、勞動力商品化。筆者在三月十二日的「香港時報」星期論文：「社會主義是我們現階段的目標嗎？」中，曾指出：三和四兩項，都與現今歐美先進國的事實不符合。我們既未見到除了出賣勞動力別的一無所有的「無產階級」，我們又知道佔有生產工具所有權的資本家，已因生產工具管理權操於「經理」等人之手，失去馬克思生時所見的特權。最後，筆者在那篇論文中，又由整個馬克思的經濟學說，補充一點，那就是：馬克思觀念中的資本主義，必需有國家不干涉經濟的前提。

前段的敍述，有這結論：馬克思的「資本主義」，是英國工業革命初期具體條件的反映：在那時，英倫工業區的工人，確有他所說出賣勞動力的赤貧者；在那時，由於工廠主親自經營企業（即一般經濟學家所說的「企業家」），使生產工具的所有權與管理權操於一人之手；在那時，工廠主的生產，確是爲產生利潤而生產。但自第一次世界大戰後（注意：筆者不是指一九一四年前），情況大變了：第一、我們見到國家干涉，而且高度地干涉國民經濟，使馬克思價值論中的「平均利潤學說」，以及由它而生之「生產價格論」等，都成爲無的放矢，不僅此也，在那樣國家內的生產、分配部門，政府的權力，都有決定的作用。生產的調節，生產物的分配，不是經過價值的規律，而是計劃化及受國家的干涉。至於勞動者，經過工會的組織，與工廠主訂立「集體的契約」，又經過民主政治的作用，改善自己的生活。這不僅使他們減少馬克思所預言的革命性，而且由於武器技術的大進步，尤其是機械化，使恩格思所經驗的巷戰價值，以及十月革命前後所經驗的武裝鬥爭，都失去意義。也爲着這些原因，所謂資本主義先進國（注意：落後的國家，屬於另一問題）的馬克思式革命，變爲幻想。

上述各點，爲我們證明幾宗事：（1）唯物史觀公式，是極端觀念主義的，而不是史實所能證明的。（2）該公式無法證明：各民族國家的歷史發展，都要按照馬氏所說的各階段。（3）「資本主義」，如依馬氏的定義，對現今先進國，如英美的具體事實，都不適合。由之，我們知道：資本主義是可以演變的，不一定會死亡的。再由各民族國家的歷史道路而言，因受具體史實的支配，有的在「資本主義」（就馬克思的定義而言）還未完全發達之前，就跳入極端國家干涉、支配的階段（如南斯拉夫）。這又就是說：人類歷史的發展，依各民族國家的具體條件而異，並無一定的公式。

人們如肯承認：現今英、美的社會，不是馬克思觀念的「資本主義」，而是變形的（「變形」與「死亡」是不同的）資本主義（嚴格地說，它已非馬克思觀念的資本主義），那就足反證：馬克思所說資本主義必定死亡，雖屬眞實（但也不是沒有歷史的例外），而它的代替物，却不是「唯物史觀公式」所說的「社會主義」。

也許有人反駁道：你能說蘇聯（或南斯拉夫）不是社會主義嗎？這問題，是易於答覆的。依馬克思等的說法，「社會主義」的生產力高出資本主義的不知若干倍，如果蘇聯是「社會主義」，那誰就當用事實爲我們指明：蘇聯的工業生產力（就品質、數量、技術等而言）高過美國。這一點，在第二次世界大戰中，已經有相反的證明，用不着我們再說。又依馬克思主義者的說法：社會主義社會的發展，與國家權力的强度，是成反比例的，在今日，我們見到的事實，蘇聯却維持着比英美更大的更强的特務和警察。最後，依社會主義者們的說法，人類之進入社會主義，享受比資本主義更多的精神上自由與更好的物質生活，今日的蘇聯，對這兩點，都有相反的表示。這也就是說：用馬克思主義所强調的手段，即把生產工具與土地收回國有的方法，經過三十二年之久（誰能夠說：那是短時間呢？）的試驗，無一可以證明馬克思的預言。這難道它不足給我們證明：馬克思所說：資本主義的代替物，一定的、必然的是社會主義；完全是比烏托邦主義者所幻想的更加烏托邦嗎？

也許有人說：這不是馬克思主義本身問題，而是它的實行者們，不按照馬克思主義。請大家注意，這是觀念上似是實非的空話。一個學說，如果沒有政權去實驗，那對它是否有實現可能，也就是它是否合理，或是否眞理，任何人要保留對它的最後批判。可是，當它被一個稱爲它的信徒們，經過三份之一以上世紀的試驗，無一可以兌現後，還能說不能兌現的原因，是由於實行者的不實行，而非由於學說的本身嗎？根據馬克思，列寧的學說所出現今日的蘇聯，難道不足充分地證明：馬、列主義本質上就是不能實現的幻想嗎？只有不知道今日的極權主義的出現，是生產工具及土地國有化之必然結果的人們，才有上面自欺欺人的說法。筆者再强調地說：一個社會科學的理論，當經過稱爲它的信徒們實行後，如不能兌現，或根本上就不能實行，這都表示那學說本身本來就有問題。只有觀念上爲馬克思主義所囚縛的人，才自我陶醉地說：如非史大林，換爲托落斯基、布哈林或別的人，蘇聯不會有今日的慘狀！

三十二年來蘇聯的試驗，爲人們指出：用生產工具及土地國有的方法去實現社會主義，那是不可能的。因爲，握有這兩大權力的國家，必然地出現個人的獨裁，必然地奴役人民；不僅蘇聯，希特勒的德國，也提供同一的例證。

也許人們又提出這反駁：我們可以承認馬克思主義的缺點；但如有高度的民主政治，　那就會補救由國家獨佔生產工具及土地而生的危機或弊端這一理論的中心在此：土地國有與生產工具國有，是達到社會主義的必需（也就是馬克思主義的骨幹是對的），但「無產階級專政」的學說，却應由列寧負責。可是這一反駁，也有下面的缺點：(1)列寧的「國家論」，會引許多馬克思、恩格思的話，這至少可證明：列寧的國家學說，是馬、恩思想的成份之一，不能說與馬、恩兩人毫無關係。（2）一方面國家握有人民生活的泉源，卽生產工具與地權，另一方面可允許人民享受高度的民主制度，這也是幻想。今日，這一說法者最大的根據，是引英國工黨爲例。但我們應知道：工黨的國有化，是局部的，不是全面的。如果，艾德禮們握有史大林的同一經濟權，那用什麼保證，他們能忍容邱吉爾的批判？當邱吉爾及其徒黨，不能保證自己的生活時，他們能爲眞理而犧牲嗎？又這一犧牲，與布哈林、齊諾維也夫們的死，難道有分別和還有別的代價嗎？人爲着一個理想，可以流血的，但誰能够證明這流血就使握有大權者走他所指的歷史道路？這些問題的答案，都足證明民主與國家握有人民生活泉源，是對立的，是永久不能和諧的。

總一句話：筆者不相信人類有馬克思式社會主義的出現。

對於這一可被視爲悲觀的觀點，會引起人們的責難。也許一方面堅持馬克思之資本主義必然死亡，死亡後，它的代替物，又必然是社會主義的人們，會憤怒地說：那麼，難道你不相信人類應有合理的制度嗎？又難道你爲資本主義辯護嗎？這兩個問題，都是貧乏的，平庸的，形式的邏輯。筆者說：我們不能實現馬克思式社會主義，不是否認人類不應有合理的制度。這是完全兩宗事。人類怎樣出現他的合理制度，是社會科學家應當解決的難題，筆者只肯定地說：馬克思主義不能解決它。如果因爲這一肯定，就做出他是擁護資本主義的邏輯，那是沒有價值的概念。這恰似人們反對「自由主義」用自由主義與自由資本主義經濟的關係的理由，不知道，沒有自由資本主義經濟可有「自由主義」。同理，肯定沒有馬克思式的社會主義，不能說，就擁護資本主義。相反地，當國家干涉經濟時，馬克思觀念的資本主義、如不說已經死亡，却已經變質了，或已經變形了。

本文的內容，並不包含：我們應有何種合理的經濟制度，它只消極地指出馬克思式社會主義的幻想。可是，它却應說：馬克思的學說，對於我國思想界的影響。

我國流行社會主義的思想，是在馬克思主義支配十九世紀末葉至二十世紀初的階段。任何談社會主義的人，多少都受馬克思主義的影響。這是必然的。我們知道：人類所以提出社會主義，爲着要解決一個大難題，那就是：人類欲解除受自然奴役的痛苦。工業革命後，人類征服自然的技術的發明，給許多人們以一暗示：解除自然奴役的方法，不是如烏托邦社會主義者們所提出改造人性，而是提高技術。怎樣提高呢？在二十年代以前，人們都相信馬克思的圖案，卽生產工具與土地的國有化。也爲着這一原因，整個世界的思想家們，可以反對馬克思所提出實現國有化的手段，卽暴力革命或階級鬥爭，而不反對馬克思學說的結論，卽社會主義千福年的必然到來。又爲着它，當十月革命成功後，中國的社會主義者們，都對蘇聯抱極大的希望，並受它的鼓勵，主觀上認爲我們可走蘇聯的路，所不能同意的，只有十月革命所取的方法。

如果先承認中國未來的歷史途徑，必然是馬克思式社會主義，那麼，在觀念上要反對馬克思、列寧所提出的手段，卽暴力革命，只有由馬克思的學說，去想補救的辦法。第一、馬克思告訴人們：資本主義的發展，一定有階級的鬥爭。鬥爭的動力，由於社會有階級分化。由之，如果，我們一方面發展技術（不說發展資本主義），另一方面能使社會各階級合作而不鬥爭，我們不是就可採用與馬克思不同的手段，達到馬克思所欲達到的目的，卽社會主義嗎？第二、馬克思由資本主義發展後，資本集中、土地兼併的事實，認爲只有把生產工具與地權收回國有，才可促進人類技術的進步。收回的辦法，爲着財產所有人，不會自願地放棄他的所有權，只有採取「剝奪那剝奪者」的暴力。由之，如是我們在資本還未集中，土地還未兼併的前夜，就採取阻止集中與兼併的辦法，卽由國家代替資本家與地主，那不是可以消弭暴力的革命嗎？

上述的觀點，不是中國社會主義者所特有，在社會主義思想史上，這類的人，也多得很。他們都是一面承認馬克思的結論，另一方面反對馬克思的手段。他們是否曾想到馬克思的結論也有問題呢？如果他們未想到它，那麼，在他們承認馬克思的結論之後，批判產生那結論的唯物史觀和馬克思的哲學，這不是在觀念上開自己的玩笑嗎？因此，筆者有這意見，除非馬克思的唯物史觀公式，是眞實的，各民族國家必經的發展形式，我們就沒有理由一方面承認馬克思的結論，另一面反對他的手段。這又就是說：如果馬克思的結論，是眞實的，那麼，承認它的人，就該坦白地向馬克思投降，採用他的手段，同時也只有採用那手段，才有眞實的社會運動內容。反之，我們所以不同意馬克思的手段，不是爲着他的手段是暴力，而是爲着他的結論非眞理。無需說，筆者反對馬克思式社會主義，是從後一觀點出發的。

依筆者的意見，這一問題，是我們在目前，必需加以詳細討論的，否則，我們對於「抗俄反共」的工作，就有觀念上的淆混。試問，爲什麼要「抗俄」？因她侵略我們。但一個自稱爲、號稱爲馬克思式社會主義的國家，怎會侵略別人？除非我們有理由證明她不是那類的國家。你怎樣能證明她不是社會主義的國家？只有兩個方法：第一、她經過冗長時間的試驗後，證明不是進入社會主義的天國，而是墮入人間的地獄。第二、用馬克思、列寧所提供的手段，根本就不會有社會主義的出現，出現的只有今日的活地獄。如用前一方法，可能地使人發生這疑問：不是馬、列主義有根本的問題，而是史大林們不按照它而實行；但蘇聯本質上還是社會主義的。如果我們不從根本上指出馬克思學說中關於社會形式發展的公式，是無法證實的、不合理的（卽用後一方法）；我們很難說服青年。今天，確有許多青年們，相信蘇聯是援助中國進行「社會主義的革命」，而不是侵略中國，就由於他們相信她是馬克思式的社會主義國家。你至多使他們懷疑到蘇聯的做法沒有完全按照馬克思主義，你不能削弱他們對於蘇聯正在進行世界革命的觀念。倘使我們爲他們指明：馬克思式的社會主義，本身就是觀念上的遊戲，那由於前提的被否定，別的建立於該前提之上的一切事，也容易說明。不僅此也。如果我們能對青年們說明：馬克思的結論不合理，和根據它而生的手段更不合理；那由於青年們相信蘇聯是極權主義的祖國，就便捷地爲他們指出蘇聯不是幹世界革命，而是戴那一革命的帽子侵略世界。由之，對於中共之充當蘇聯的工具，我們也不費力地說服青年們。

反之，由於我們自己觀念的混淆，就無法或難於說服別人。這是自明的事。不僅此也。他們還會發生這感念：「大家都是以社會主義爲目標，你們二十餘年來口說而不行，現在有毛澤東們眞正在幹，你們何必反對呢？」如要反駁這一論點，能夠不關涉馬克思主義嗎？一面批判馬克思主義，另一面又承認馬克思主義中最重要的兼不合理的部份(卽社會主義必然代替資本主義的假定)，你怎能理直氣壯呢？大家都是糾纏不清，怎能以盲引盲似的不墮入溝裡去呢？

可是，筆者承認這一點：當中共以社會主義爲宣傳的好題目時，我們如明白地否定社會主義，必然使我們的敵人，用形式的邏輯（它又是根據唯物史觀的公式！）誣指我們在擁護資本主義。筆者相信：當前有許多人，緊抓住社會主義的口號，是由於這一觀點。筆者暫不對這宗事提供任何的對策。因爲當一個民族陷於歷史的危機時，需要說假話的機會多過說老實話。但是，如果中共的行爲，眞正地背反中國人民的需要，那當毛澤東垮台時，我們必然又改變口調說社會主義的不合理，不眞實。因爲，在那階段，中國人民最痛恨的就是「社會主義」。歷史會有無數例子，爲我們指明：一個民族的發展，當她缺乏眞實思想的指導時，只有採取亞米巴的「嘗試與錯誤」（Try and error），並爲它支付巨大的代價。過去，我們曾爲「社會主義」支付了整個公營事業腐敗的代價，是否我們此後還要再支付它呢？這是政治家們的課題。

筆者又認爲：現在高調社會主義的人，是近二十年來政治的設施，多與人民的利益相反之現實的反映。不管何種國家的學說，誰也沒有理由說：國家可以爲少數人着想，而不爲多數人的利益。如果，我們的執政者能糾正過去錯誤，自此後起，一切設施，以「人民至上，民生第一」爲前提，那麼，喊不喊社會主義的口號，那是不關重要的。美國政府並沒有喊「社會主義」，大多數美國人民並不因之失去他的幸福，可爲例證。因此，我們對於此後民族的歷史道路，應當謹愼地、詳細地加以研討，不必充當別人思想的尾巴，說不合於自己歷史需要的話。要知道：說空話，是一宗壞事；說不能兌現或不合理的空話，會引起歷史的災難。這災難，在現階段除了「社會主義」還有別的嗎？（三、二一）

個人自由底社會價值

張金鑑

（一）個人自由與政治進步

個人自由在人類歷史的演進和文化推動上實有極大的貢獻。在歷史上自由曾受到三種的重大威脅和侵害：一是宗教的束縛和迫害，使人失掉了精神和信仰的自由；二是封建的經濟奴隸制度，使人失去了職業、工作、居住、遷徒等自由；三是政治的專制和獨裁，使人失去了言論、思想、意見諸自由。這是人類的大不幸，使歷史進化受到嚴重阻擾。

奴隸制度的產生，由於勞働力的搶略，戰勝者對被征服者或俘虜的處置，封建貴族的强力控制，和經濟優勢者的金錢賣買。在奴隸制度下被奴役的人就同牲畜一樣，根本無自由可言。雖然，亞里斯多德認爲「人有生而爲奴隸的，生而爲主人的；」奧古斯丁認爲「奴隸是人性墮落的結果，是上帝對犯罪者一種懲罰」；但人類在上帝的面前都是兄弟，畢竟是一律平等的。奴隸制度是違犯天理和人性的。要求自由和平等是人類與生俱來的基本慾望和動力。在這種慾望和動力的不斷擴張奮鬥下終於擊潰了奴隸制度，解救了無數失去自由的人。這是人類社會的大革命，亦是政治制度的大進步。

宗教本是憑個人的良知與理性爲主宰所爲自願的自發的自主的信仰與崇拜。然而中古教會中的僧侶自己反成了宗教的特權階級，獨佔了教義的解釋權，壟斷了上帝的意志，隔絕了教民與上帝的交通；宗教特權者剝奪了個人的信仰自由，崇拜自由；這是最不合理的，爲人的良知所不能接受的；故終於引起了宗教革命和宗教戰爭，而贏得宗教信仰的自由。這是人類解除束縛爭取自由的大成功；亦是個人自由對於政治進步的一大貢獻。

專制的獨裁的政治制度亦是對個人自由的重大壓迫和侵害。在「君權神授」「朕卽國家」的專制政治制度下，所有人民都只是君主的臣僕，可以「悉天下以奉一身」，專制君主的個人意志就是法律，作威作福爲所欲爲，民權遭受剝奪，自由毫無保障。這種專制政治是違犯人性的，是不合於自然法則的，故不能永遠的爲人民所接受。專制者終於激起民權的反抗。在「天賦民權一律平等」、「人是生而自由平等的」，「自由平等爲不可剝奪的自然權利」，等旗幟的號召下掀起了不可抵禦的民權革命的怒潮，把暴君路易和詹姆斯送上斷頭台，推翻了專制制度而建立起現代的民主政治。由專制到民主是政治制度發展史上的一大踏步；這是個人自由的渴望和追求所造就出來輝煌成績。

現代民主政治的基本理論是說「人是生而自由平等的」；除非他個人自己願意，外界不能有任何權力加到他的身上。「統治者的權力建築在被治者同意上」，這是民主政治的精義。人是生而自由平等的，誰也不配統治誰，誰也不該受誰統治，除非他自願如此。民主政治就是民意政治，統治者的權力依民意去行使，故民主政治是自治而不是被治。民意表現或政治的決定，是憑個人的理智經自由討論方式抉擇之。這是自發自動自願的政治，是十分美麗、眞誠、合理的。民主政治的出現，是人類束縛的大解放，亦是個人自由的大發展。

（二）個人自由與文化發展

個人自由應受尊重，應受保障，不是單獨爲了這是個人的幸福與快樂，而是因爲牠能促進文化的發展，具有無上的社會價値。亞當斯密（ A. Smith ）說：「一切商業的進步與成功，都基於自由競爭和個性的創造；不同與變異是進步的淵源，呆板一律足以阻止文化發展」。斯賓挪沙（ Spinoza ）說：「個人自由不僅是爲了牠能維護個人尊嚴發展個性而被認爲重要；實在因爲牠是促進社會安全和人群幸福的基石」；彌勒（ Mill ）說：「要使社會進步必須給予個人以充份自由發展的機會」。這些都明顯的說明個人自由能以促進文化進步的社會價値。

現代的文化是科學發明和技術創造的文化。從瓦特蒸汽機的發明到原子能的應用，眞可以說是日新月異千變萬化一日千里的進步。雖然這些偉大的發明和創造，亦會被野心家盜竊過作了殺人的武器；然而對征服自然改造自然利用自然以增進人類的生活幸福與享受，確有永垂不朽萬古不滅的大貢獻。這些偉大的發明和貢獻都是在自由的社會空氣中自由的政治環境下所培養起來的所孕育成功的。

現代資本主義的經濟制度雖有許多的流弊與缺點，但在自由競爭的方式下，各企業家都花樣翻新的精益求精的去在製造上、經營上、求進步求發展，結果產生了科學化的管理方法。科學管理的理論與方法是自由的資本主義對人類文化的一大貢獻。這種技術的發明與貢獻，就是反資本主義的共產國家在事實上恐亦不能不予以接受與利用。

斯賓塞（ Spencer ）採取了達爾文「優勝劣敗，適者生存」天然淘汰的進化論，認爲尊重個性讓個人自由得到充分的發展，就是使「適者」得以遂其生，「優者」能以致其勝；這樣正足以使社會進步使人類向上。祇個人自由得到適當發展，社會人群才能進化到「適」與「優」的理想境地。自由的環境是帮助個人得到最高發揮的必要條件，就好像一粒頂小的種子在適當的土壤、日光、濕度、空氣、水份的帮助和培育下便能發芽、生枝、長葉而成爲幾丈高幾圍粗的高大樹木。

（三）個人自由與社會和平

個人自由的尊重與發展實是保障社曾和平的必要條件。無個人自由的社會，勢必造成統治階級的專橫與腐敗，就是對被統治階級的壓迫與榨取。壓迫與榨取的結果必引起被統治者的的反叛或革命。安全與和平是人生的最大幸福與快樂。在反叛或革命的變亂戰爭中將不知有多少生命的殺害和財產的損失。個人自由的尊重和言論、出版、著作等自由保障，不僅以使其表達個人，乃在予人以較多的選擇機會和聽取的權利，政府得藉以廣泛的反映民意，儘量的容納各方意見，以擴大並穩固政府的基礎。只有在尊重個人自由的政治環境中，才能把人民對政府不滿的情緒減低到最小限度；亦只有使人保持有批評他方政策的自由和擁護自已主張的自由，才能使少數派容易接受多數的决定。在這種情勢下，政府的基礎才能穩固，政治爭執才能和平化；因此，政治的叛亂與革命便可防止，社會和平與安寧得以維持。

權力的貪婪慾或攫奪和求一致單調的不容忍精神是危害個人自由的勁敵。這些東西亦就是妨礙社會和平與安寧的極大勢力。只有承認有不同意見和信仰的社會中才有和平；只有不藉强權壓迫他人的社會中才有和平。只有在自由的社會中才有和平的存在。自由與和平是不可分的。因爲失掉了自由的人們遲早要爲爭取自由起來反抗的；而妨害別人自由的壓迫者因畏懼他人的反抗必更加强其專制與壓迫，終必導致反叛或革命的戰爭。

個人自由和個性尊重在現代政治制度史上有過重大的貢獻與發展，那就是容忍異已的精神所表現出來的「承認反對黨的存在」，和「尊重少數派的自由權利」；這樣亦就達成政治和平改革的目的而保持了社會的和平與安寧。因爲有反對黨的存在可以對政府有嚴格的批評與監督，使她知所努力與改進不致釀成政府的專制與腐敗。因爲尊重少數派的自由權利，使人民有發洩自已的意見與選擇的機會，可以減少對政府的怨恨與不滿。在這樣的政治制度下，人民可以藉選舉的和平方式移轉政權。流血的革命和叛戰便藉此消弭於無形。其社會價值的鉅大眞無從計算了。

綜觀各節所論，個人自由所以被人熱烈擁護，眞誠信仰，固然是因爲牠對個人是一種幸福和快樂；而最重要的還是因爲牠具有高度的社會價值：政治的進步，文化的發展和社會的和平都以個人自由爲基礎爲動力。因此我們要深切認識，個人自由要在透過社會價值的角度下才更值得重視與尊崇。自由活動的範疇須納之於法治的正規；個人自由在不妨礙他人自由的範圍內有絕對的自由。個人自由在能實現其社會價值時才有最高的價值。

大可注意的「一九五二」

海　星

從西曆紀元到現在已經一千九百五十年，雖然這空洞而運行不息的時間，不能用快刀斬斷，讓它身首分家，或歇歇再走，但一千九百多年來，眞正值得大書特書的「偉大日子」却並不多。假定我們要在三五年以後畫一張表格把所有引人注意的日子都列舉出來，那麼根據若干跡象來看，則兩年後的『一九五二』將大有被選的可能。請先指出那些值得注意的跡象：

（一）美國下次大選在一九五二舉行。

（二）作爲「復興」歐洲的「馬歇爾計劃」一九五二年年底結束。

（三）俄毛僞約中規定：俄方把旅大交給中共不晚於一九五二。

上面的三條「舊聞」乍看起來雖然僅是短短的几十個字，然而我們若是仔細的推敲，則其中却大有文章。茲就管見所及，分陳於下：

有些歷史學家每每認爲歷史的發展有其一定的軌道，個人因素對於歷史的發展並無若何影響。但這祇是「有些」歷史學者的意見，可是另外也有些歷史學者則不同意上述的看法。當代英國大哲學家羅素就屬於「另外」的一些。他認爲偉大人物影響歷史的發展非常重大，他認爲德國若是不會有俾斯麥，則一八七〇年以後的歐洲歷史的發展，則當另作別論。假定羅素的說法果具有若干眞理成分的話，那麼被從美國歷史上三十三位總統中抽出來的六位「偉大的總統」：華盛頓，哲斐遜、捷克遜、林肯、威爾遜和羅斯福們就不是「時勢造英雄」了。從而，一九五二年的美國大選就大可注意了。今天北美合衆國在人類歷史的發展中所處的地位，實在太爲重要。她的一舉一動無不在關繫着世界的安危，而這個國家的總統又是這個國家的舵手。他必須有卓越的掌舵和領航的能力，否則開錯了碼頭，實在害人不淺。

具有貧病愚三個條件的社會是赤色細菌最佳的繁殖場所，史大林的心情是惟恐天下不亂。而馬歇爾計劃的目的則是援助歐洲復興，在大西洋民族中建立起堅强的藩籬，以防史大林的魔掌伸手，闖出巨禍。依據馬歇爾計劃的程序，到一九五二年年底，西歐各國就可以復興起來，能夠自力更生無法滲透了。

前面敍述的兩段「舊聞」似乎其間並沒有必然的關連，請再向下看：根據俄毛僞約，俄方慷慨的表示要在一九五二年年底以前，把旅順和大連兩個港口交給中共，根據常識判斷，蘇俄能肯輕易放棄她在遠東已經攫取了的不凍港嗎？回答自然是否定的。那麼她既然不肯放棄，而爲甚麼又要向她的愛妾送這一「秋」波呢？文章就在這裡，就在這個「不晚於一九五二」年的期限上。讀者請想：假定未來的大戰再晚個三五年爆發，一九五二年的美國大選，杜威或類乎杜威的那種人物被擁上白宮的寶座，而復興歐洲的馬歇爾計劃又於焉完成，到了那時請問史大林的算盤究竟該如何打？發動戰爭，無異找死，不發動戰爭，又是坐以待斃。這樣豈不是進退兩難嗎？我想史大林不是傻瓜，他決不肯等到一九五二年以後，再料理自已的後事。

談反共與助共

勞仲瓊

〔一〕

在今天的自由中國，我們反共的成敗，無疑地已是大家最關心的問題。對這個問題的答案自然是多樣的。有人說：『反共的成敗，要看世界趨勢如何。』這話如用來答覆：『整個的馬列路線能不能成功』一問題，那麼，可以說是不錯的；然而，要用來答覆『中國反共能不能成功』，則有點不够。因爲，決定我們反共成敗的因素，不僅僅是世界的普遍方向；普遍趨向的有利不能充足地決定特殊的成功。春天來時，一樣有自己腐朽有的樹，它等不及在整個的光明中向榮。

有人說：『反共的成敗，看我們自己努力如何。』這自然是對的，不過若是不能找出努力的重點，則這話是空談。

我們相信世界會走向更好的地方去，我們有理由否認文化會在野心家的陰謀下服服貼貼滅亡。但我們能否走到更好的地方去，則要我們自己努力決定。我們如何努力？這不是可以訴諸情緒的；不能說願意怎樣努力，而是要面對當前的事實，找出甚麼應該是我們努力的重點；否則，可能白費力氣，於事無補。

我們當前努力的重點應該放在那裡？

我的答覆是：『當前我們努力的重點應該以掃淸自身的危機爲第一。』爲甚麼？因爲我們自身內在的危機蔓延得正厲害。

危機是甚麼？我們的反共陣線中，有人在做助共工作。

這些做助共工作的人們，不是所謂左傾的『民主人士』，不是沒落的動搖分子，他們是另一種非自覺的『助共者』。

非自覺的助共者大半恰是自覺在『反共』的某些人。對甚麼事都『無所謂』的人們，倒說不上『助共』；他們至多是廢物垃圾之流，不像某些人眞正在做助共工作。

然則助共者的工作是甚麼事呢？

要弄明白這一點，得先明白甚麼是反共工作。因爲助共工作就是實質上的『反反共工作』。它的成功蘊涵（implies）反共工作的失敗，說明白些就是：有些事一做下去就必使反共工作失敗——雖然沒有這些事不見得反共的勝利會自己到來；這些事就是『助共工作』。做這些事的人是我們所說的『非自覺的助共者。』至於助共工作的具體內容，我們得與反共工作對照起來看。現在分兩步：

第一：反共工作的必要條件

反共工作有它的必要條件；否定了這些，就否定了反共工作。

首先，就大方向說——或者就反共的實質說：『反』必有一組確定的東西作爲對象。我們反共，反政治的極權，反思想的統制，反經濟的『合法剝削』；換言之，我們所『反』的是『政教合一』的『馬克斯敎』和不僅『專權』而且『專利』的布爾雪維克統治。我們有所否定了。既有所否定，必有所肯定；必有所持才能言『反』；我們持以反共的是自由，是民主，是文化的尊嚴。這是最基本的反共的必要條件，也是人談得最多的一點，不必多說。

其次，就反共的技術言；這是一個實際的問題。因爲我們有特定的敵人，而且這個敵人會使我們失敗；所以反共技術的原則——即『不能不備』的必要條件——應該由過去失敗中所得的教訓和現在所有的資本來決定。

過去的失敗，給我們的教訓儘管表象上萬殊，實質上却是一本。此『本』爲何？一言以蔽之——有矛盾被敵人所把握。

看看江西剿匪以來，那一次中共不是瞅冷子把握住我們的矛盾而逃生，而成長，而勝利！『二萬五千里』的潰走，實力上已經成了甚麼樣子，有事實在。如果我們玄學氣味不太濃，誰也不能否認當時的中共可能覆滅；但偏偏有救命的西安事變，西安事變在實質上的根源是北伐以後的國民政府與北方殘餘地方力量的矛盾。張學良儘管左傾，但他先幷不反對剿共，但惡戰一場喪師折將以後，才忽然要聯共抗日；此中癥結，明眼人該早看出。它不是在於張學良抗日的主張，因爲國民政府無論怎麼說確沒有向日本投降的意思。然而張學良不了解不相信國民政府；這是甚麼？是中央與地方的隔膜——矛盾。其次，癥結也不在於張學良不贊成剿共。否則，他爲甚麼在北平大殺『左傾嫌疑份子』？難道無槍的學生比有槍的共軍更該用武力對付？而且他在陝西『剿』還是『剿』了，不過剿敗了就害怕，怕甚麼？怕傷了實力。爲甚麼有『實力』這個問題？中與地方有利害的矛盾！於是中共把這個矛盾把握住。張學良要聯共了；他主張不打共產黨，免得折了他的『老本』。西安事變發生了，說國民政府不抗日。這裡面有底有面，後世史家自有確論。總之，中共是沒被消滅，從此一天天長大。我們擧此一例就可以明白共黨如何地把握非紅色陣營中的矛盾而發展它自已。

至於在抗戰時期，中共利用國民政府與外來的日本敵軍的矛盾，自然是最顯明的。勝利初，本來沒有很好的機會可供中共利用。當時人民與政府之間原有的矛盾已暫時被勝利的歡狂壓住，本來有充足的力量來反共。但恰恰山姆大叔在歐洲的狄托出現以前，就先做『狄托夢』，想在中國創造奇績；一方面又頗疑忌國民政府。於是政治協商會議在這種國內與國外的矛盾中召開，『解放區』在停戰令中擴大。這一次把握矛盾，眞是過癮之至，無怪乎毛澤東要說：『數風流人物，還看今朝。』了。

接着，非紅色的陣營中，最大的矛盾出現了。人民與政府一天天對立起來；兵士與官長的利害相矛盾，小官與大官的利害相矛盾，辦教育的人與受教育的青年利害相矛盾……一大堆矛盾。於是，與圖變色，大陸沉淪！矛盾中共產黨打出了鐮斧旗。

自然，這些矛盾還有更深的根源。我們現在是在做『知己知彼』的分析，討論反共技術。我們要說明敵人一直在把握我們的矛盾。如何在實質上消除矛盾，那是另一問題。現在我們所得的結論是：我們不能在矛盾中反共，不能一方面自己分裂，一方面想和中共鬭爭。

至此，反共的技術的原則很顯然了；那是——我們必須使非紅色陣營中沒有任何可爲敵人所把握利用的矛盾。

具體的方法就是要有一個聯合陣線。

聯合陣線的意義，一方面在於我們認清了反共陣線中一有分離矛盾就會使反共失敗，所以要設法避免，一方面是我們明白避免矛盾的方法不是征服，不是我給你當奴隸，他又來當你的主人；而是大家當朋友。這樣的聯合陣線中，就反共的目標而言，沒有紛歧；就反共的力量而言，沒有浪費。前者是，用反共的教訓，後者是充實反共的資本。

這是反共在技術上的必要條件。

總之，反共的必要條件有二：(一)大方向不能學共產黨，要自己有所肯定。(二)技術上要避免資敵的矛盾，要有一個聯合陣線。否定這些，就是否定反共工作。

第二：助共者做些甚麼事。

前面說的反共的必要條件，大概助共者不一定覺得自己反對：但他們做的事恰恰是否定它們。

首先，就大方向說，有人主張向布爾雪維克看齊。他們有個甚麼，我們也來個甚麼；以『雙包案』的手法反共，因此許多主張都是『邪說』，許多人都在可殺之列——雖然還沒殺。自由民主要被否定；而且想照『馬克斯教』的樣子。另來一個國教。果然如此，反共工作的必要條件被否定了，那麼結果肯定了甚麼，大概誰都知道，用不着談邏輯的人來寫個；$\bar{P}=P$。

大方向如此，自然『聯合陣線』在助共者眼中也是不能要的；於是他們反共的技術是：先征服反共者，再和共產黨鬥爭。他們對過去反共的失敗有另一套解釋，其精義就是『不應該不學共產黨』。在這種解釋下，他們主張清黨，主張統一思想，主張建立文藝的管制；總之要儘量製造矛盾供給我們的敵人。

當然，這只是原則性的說明，要找事實，比比皆是。最近自由主義的論爭就是一個例子。

自由主義本是值得討論的問題。這次參加筆戰的先生們或查百科全書，或談三民主義；洋洋大文，不能說不够味。可是我們細看一看，則這個論爭却沒有眞眞討論問題。

自由主義的討論的如是以：『歷史上所謂「自由主義」曾有甚麼涵義』爲題，則與提倡或反對無干；因爲這只是求『實然』的工作，不是求『應然』的工作。當然這次他們不是這個態度。

其次，如果我們是要提出主張、爲着便利而要用這個名詞；或者換句話說，是『以述爲作』；那麼，就該注目到自己要說的『自由』是甚麼：要說的『主義』是甚麼。看論爭的文字中，有人談『自由』的意義，接近一個結論——自由是改造的保證。雖然他沒說清楚，但假定他是要如此解釋，那麼是『自由』的涵義的最好的解釋。若如此解釋自由，則『主義』的涵義只應是『有所肯定』，『自由主義』即是要肯定『改造的保證』的必要；當然；在這前面，先應肯定改造的必要，這有知識論(Epistemology)與邏輯的成績可以爲助。這是有頗深根據的主張。

這樣的主張應該不會被爭自由的『反共者』所反對；然而就偏有以『反共』出名的人大罵。

固然談自由主義的人也沒有說清楚，但反對者顯然并不爲這個原因反對。他們根本反對人說『自由』。

這是怎麼一回事？

這是助共者在做工作！

再舉一個例子。

秧歌舞的謠言，事件本身很簡單，不見得多麼難以判明眞象。許多人在場的公開表演，究竟有沒有秧歌舞，不是甚麼神祕問題。然而偏鬧得一片疑雲滿城風雨。

這是甚麼原因？

『助共者』在製造矛盾！

還能說非紅色的中國沒有『助共者』嗎？

反共工作今天已有較踏實的發展。人民在一天天傾向我們；國際間的『狄托夢』漸漸自已在甦醒。客觀上是遠勝於一年前了。然而自己的毛病比甚麼外在壓迫都厲害，如果非紅色的中國還有人在做助共工作，如果這些做助共工作的人還披着『反共』的外衣，一面哄自己、一面哄人；如果進一步這種『助共者』還繼續耀武揚威，天天要學共產黨，天天要製造些矛盾出來；則無論世界前途如何；在中國，你別想反共！

反對黨之自由及如何確保

雷震

一

陳獨秀先生晚年對於民主政治制度下了很精確而扼要的定義，給了很具體而顯明的內容。他前後寫給友人的書札上，反覆申說民主政治的眞實內容是：法院以外任何機關無捕人權，無參政權人民則不納稅，非經議會通過政府無徵稅權，政府之反對黨有組織言論和出版的自由，工人有罷工權，農民有耕種土地權，以及思想和宗教自由等等。他並將民主制與極權制要點，列表對照，用資比較，以說明兩者區別之所在。茲將原表抄錄於左：

（甲）英美及戰敗前法國的民主制	（乙）俄德意的法西斯制（蘇俄的政制是德意的老師，故可爲一類）
（一）議會選舉由各黨（政府反對黨也在內）壟斷其選舉區，而各黨仍須發布競選的政綱及演說：以迎合選民的要求，因選民畢竟最後還有投票權。開會時有相當的討論爭辯。	（一）蘇維埃或國會選舉均由政府黨指定。開會時只有舉手沒有爭辯。
（二）無法院命令不得捕人殺人。	（二）秘密政治警察可以任意捕人殺人。
（三）政府的反對黨派甚至共產黨公開存在。	（三）一國一黨不容許別黨存在。
（四）思想言論出版相當自由。	（四）思想言論出版絕對不自由。
（五）罷工本身非犯罪行爲。	（五）絕對不許罷工，罷工卽是犯罪。

一九四〇年一一月二八日獨秀先生復寫出一篇「我的根本意見」十五條（獨秀先生是一九四二年五月逝世的），其中第八條這樣說：

『民主主義是自從人類發生政治組織，以至政治消滅之間，各時代（希臘，羅馬，近代以至將來）多數階級的人民，反抗少數特權之旗幟。「無產階級民主」不是一個空洞名詞，其具體內容也和資產階級民主同樣要求一切公民都有集會，結社，言論，出版，罷工之自由。特別重要的是反對黨派之自由，沒有這些，議會或蘇維埃同樣一文不值』。

上面引述的獨秀先生對於民主政治的見解，每次均提到反對黨之自由，在這根本意見一文裡，他更特別强調這一要義。他說：民主政治的具體內容，是要求一切公民都有集會，結社，言論，出版，罷工之自由，「特別重要的是反對黨派之自由」。胡適之先生於「陳獨秀的最後見解」一書的序文中，更特別指出而加以解釋。他說：

「在這十三個字——特別重要的是反對黨派之自由——的短短一句話裏，獨秀抓住了近代民主政治的生死關頭。近代民主政治與獨裁政治的基本區別就在這裏。承認反對黨派之自由，才有近代民主政治。獨裁制度就是不容許反對黨派的自由』。

這正是獨秀先生經過了六七年沉思熟慮的結果，也可以說是被史太林毛澤東清算後反省出來的經驗之談，所以適之先生在上述序文的結論中說：『他從苦痛的經驗中悟得近代民主政治的基本內容，「特別重要的是反對黨派之自由」。在共產黨政治制度——史太林政治制度的王土之下，只有嘍囉，奴隸，附庸者和應聲蟲可以存在，沒有可以和他立於平等地位的人，更談不到對他批評攻擊了。你如出生在史記制度王土之下（不問在蘇俄或其他衛星國），你只有絕對的盲目服從，死無怨言，更進一步還要歌功頌德朝夕歡呼，否則你就會被清算以至於失蹤，而離開這個人間世。有人說史太林不用你就殺你，沒有中間路線，絕不容許有任何反對他的個人或團體可以生存下去。這是共產黨的典範，卽所謂鐵的紀律。毛澤東本是同一模型鑄出來的產品，現在的中共治下，最多的只有一些同路人或附和之徒，決不許有對他分庭抗禮的反對黨存在。

二

本文要想提出討論的：是民主政制下「反對黨派之自由，及如何始能確保此一自由」的問題。我們認爲民主政治制度的眞諦，就在允許反對黨存在這一點。政府黨不獨要有容忍反對者的雅量，且要允許反對黨派有組織，言論和出版的自由，而與政府黨享受平等的權利，獲有同樣工作的機會。這樣的政治制度，才算得是眞正的，貨眞價實的民主政制。如其不然的話，不管用甚麼名詞，說得如何好聽，「人民民主」也好，「新民主」也好，都不過是欺人盜世的口號，究其實仍是絕對的專制，徹底的獨裁。這就是說民主政治制度，政府黨不僅是要承認少數黨派的存在，且要顧及少數黨派的利益，更進一步還要講究保護少數黨派的權益。是故民主政治，必須是多黨政治。

民主政治(Democracy)是全體人民的政治，爲着全體人民的利益與幸福，而由全體人民來治理。惟全體人民的意見常常不能趨於一致，因爲全體人民的利害，錯綜複雜，經緯萬端，不獨不能完全一致，有時且是互相衝突，有時更是背道而馳。爲求決定何取何捨，乃不得不採用多數表決(Principle of majority rule)的辦法，俾彼此爭論不下的問題，可獲實際解決。民主政治採用多數表決之舉，乃是相對的功利的便宜的辦法，並非多數表決就能表示意見之眞善美的絕對價值，更非說多數的意見一定優於少數的意見。因此之故，我們就不能認爲多數者的利益就是全體的利益，我們更不容說多數者的意見就等於全體的意見。

再從另一方面來說；要使多數的意見成爲共同的意見或全體的意見，必須這個多數的意見是公正無私，不偏不頗，客觀而最公平的意見才可。但是人們的意志常受生活環境之支配，當他們構成政治上的意見時，往往逃不了過去的經驗與當前的環境之影響。個人信以爲是爲眞，而認爲是公平無私者，往往囿於主觀成見或個人利害而不自知。根據我們過去的經驗，類似這樣的情形正不知有過多少。故多數專制的弊害，不僅很可怕而且有時是很危險的。人們常有陷於這種弊害的深淵而無動於中者，因爲他們常以爲多數的意見都是合乎眞理而絕對正確的。爲防止多數專制，考慮保護少數者的利益起見，各國想出許多方法，如比例代表制 (Proportional Representation) 的選擧法，就是基於這種理由而產生的。少數者的利益不致橫遭迫害，其心理上不平的氣忿當可減少，或竟可以不會發生。他們自覺這個社會有他的一份，他們在這個社會仍是主人，故不致發生陰謀搗亂而採取直接行動。且因他們一切權利義務均與政府黨享有平等之機會，時機一旦來到，仍有出人頭地掌握政權之可能。故承認反對黨之自由，可使人無恐懼，政治安定，而不致發生革命政變 (Coup deat) 一類之事。同時政府黨也無須使用大批秘密政治警察，防止陰謀或暴動。

其次，政府黨之外如有反對黨存在，每屆選擧時期，各黨的政綱政策均羅列於人民之前，人民可以衡量比較，自由選擇其願意選擧之政黨，使其參政權得以充分行使，對於政治興趣自可繼長增高。在積極方面可促成政府的進步，在消極方面亦可防止政府的腐敗，而達到人民監督政治之實。這種政治上的實際教育，才是冀求政治進步的光明道路，人民衷心願意擁護政府，政府權威自然增高，而政策必易於推行。是故民主政治，必須是全民政治。

此外，承認反對黨之自由，不僅可防政治上的陰謀變亂，不僅可使人民有選擇政府之機會，且可收互相監督之效，而相得益彰。政治上的制衡作用(Check and Balance)本爲防止政府濫用權力與腐敗自私，故對於行政組織乃有分權之設，彼此制約，彼此平衡，以期保障人民之利益。根據同樣的理由，政黨間的關係亦復如是。如果兩黨（或兩黨以上）對立，互相監督，互相砥礪，彼此不敢自私，彼此不敢專橫，不僅人民利益賴以保障，而政治設施亦有進步。如果一黨專政，其結果必與上述相反，最後這個專政的黨必自陷於腐敗而終趨於崩潰了。任何獨裁都和殘暴，蒙蔽，欺騙，貪汚和腐敗的行爲是不能分開的，政黨又何能例外？

根據以上的分析，民主政治的眞實內容，特別重要的是反對黨之自由。如其不然的話，像蘇俄這樣專政的制度，除共產黨外別黨不許存在，一切選擧均由政府黨指定，沒有競選這一回事，人民只有盲目的依照指定而投票，毫無自由選擇之餘地。不論何種集會，開會時儘管有所討論，均是預先排定的程序，最後只有按照預定，擧手通過。這只是絕對的專制，徹底的獨裁。而且政治獨裁之外，再加上一套經濟專制，其專制的程度，較之過去任何時代的專制魔王實有過之而無不及矣。

三

反對黨派的自由，換一句話講，反對黨派有組織、言論及出版的自由，既然是民主政治制度的特別重要的內容，那麼，我們要在怎樣的條件之下才能確保這種自由？反對黨的存在，固然要靠政府黨的承認與容忍，然僅僅靠着政府黨的承認是不會有多大用處的。這個問題的解決必須從經濟制度上着眼。我們固然不能承認經濟的條件爲歷史的進化之根本動力這種唯物史觀的說法，但人們生息於大地之上，生活—吃飯穿衣—總是第一要件，每日開門七件事，柴米油鹽醬醋茶，那一件又能離開經濟的範疇呢？人類生活上的一切，都是不能離開經濟這個原動力的。個人要有自由，必須首先免於匱乏。假使一個人朝夕奔走衣食，他縱有自由，也是不能善用其自由。一個人站在飢餓線上，他就無法反抗政府。餓死事小，失節事大，究只能期之於極其少數的人們！假使工人沒有罷工權，農民沒有耕種土地權，這個工人和農人有沒有自由可說？資本主義發達的結果，勞工與資本家雖完全立於平等的地位，但勞工迫於生活的要求而無力對抗廠主，實際上便陷於不平等。爲冀謀勞工的福利，使勞工能團結罷工以對抗資方，迫使資本家不能不允其所請而增加工資，或改善待遇與工廠改良設備等等條件。這是近代政治措施的一大進步。假使工人沒有這種罷工的權利，那個工人有沒有自由可言？農人也是一樣，假使所有耕地完全收歸公有，由國家派員管理經營，農民不能自由耕種土地，爲免於飢寒交迫，只有參加這種集體農場而完全變爲一個雇農，這個農人有沒有自由可言？若蘇俄今日的經濟制度，一切生產機構，全部收歸國有，改爲國營；所有耕地完全加入集體農場，而由國家派員管理經營，工人變爲雇工而沒有罷工權，農民變爲雇農而沒有耕種土地權。在這種經濟絕對統制制度之下，一個人如想活命，只有俯首帖耳的跟着政府黨一路走，否則只有餓死凍斃之一途。史太林已是蘇俄唯一的大地主大廠長，儘管蘇俄一般人民心中對於史太林有恨之切骨者，但表面上都是歌功頌德不已，就是這個緣故。所以共產主義必與極權政治相關連，再也不能分開，也可以說是一事之二面，由此就可證明了。在這種政治制度之下，試問：反對黨如何可以存在？

中國有一首最古最古的歌謠，名曰「擊壤歌」，詞簡而意賅，讀之令人志氣傲然，其歌曰：

「日出而作，日入而息，鑿井而飲，耕田而食，帝力於我何有哉！」

這是何等超逸塵世的氣概。這種氣概正是「貧賤不能移、富貴不能淫，威武不能屈」的精神之表現。一個國家的文化想要發達而有進步，這個國家的國民必須人人具有這樣的心胸，抱有這樣的志氣。無論怎樣威脅利誘，而其志終不可奪。中國文化素重氣節，而教育本旨原在培養個人氣節，其故在此。假使這個國家的國民，都是仰承鼻息之徒，蠅營狗苟之輩，遇事唯唯諾諾，唯命是聽，毫無反抗的精神，亦無倔强的氣概，這個國家縱或一時强盛，武力超群，其文化前途必是黑暗而無進步的。獨秀先生說：「此時人類若要前進，必須首先打倒這個比中世紀的宗教法庭還要黑暗的國社主義與格別烏政治」，就是這個意思。

要使國民一般具有獨立的人格，自主的氣節，必須要從經濟方面培植着手，使經濟制度可以養成這樣的品格並使其發展。故最起碼的條件就是要使人們在經濟上可以自主，生活上可以獨立，才能有獨立的判斷，自我的主張。就是說人們必須保有數畝之田，種桑種稻，一切自足自給，毋須仰求於人，然後進則可以兼善天下，退則亦可獨善其身。像俄國這樣的經濟制度，一草一木均歸國家所有，史太林是個大地主而兼資本家，眞是普俄之下莫非史土，除掉少數共產黨高級幹部以外的人民，都是沒有罷工權的勞工，沒有耕地權的雇農，他們爲求一家免於啼饑號寒，除了朝夕歌頌史太林萬歲以外，那裡還敢說：『時日害喪，予及汝偕亡』，『民欲與之偕亡，雖有克里姆林宮之堂皇美麗，豈能獨樂哉！』儘管克里姆林宮的宴客是肉林酒海，而一般人民仍有不能免於饑寒凍餓，儘管狗彘食人食而不知檢，塗有餓莩而不知發，然亦無人敢揭竿而起，高舉反抗史太林的火炬啊！殺人以刄與政相比，則政之爲厲豈只千百倍於刄耶！這個問題的關鍵所在，全視私有財產制度之是否保持，及保持的程度如何，與限制私人經濟活動範圍之廣狹以爲定。一個人如要獨善其身，必須在經濟上他有可以獨善其身的生活之道。有人說：蘇俄的集體農場制度，在經濟上則是失敗，而在政治上則大大成功。就是集體農場的經營，生產品的總收穫量並不比從前各自耕種時增加，但在控制國民行動上則無微而不至了。共產黨政權的維持，完全依賴於這種統制經濟的桎梏。是故政治權力徹底干涉經濟生活的結果，絕對不能走上民主之路，只有加强獨裁而奴役其人民罷了。

四

民主政治既是爲人民大衆的政治，爲大衆謀幸福的政治，故大衆的經濟生活，應爲必須考慮的最重要的問題之一，已如上文所述。資本主義發展的結果，生產工具一天一天的爲少數者持有操縱，而勞工的生活也一天一天的陷於悲慘境地。土地兼併之結果自耕農逐漸變爲佃農了。爲矯正這些弊害，爲謀改善大衆生活，乃有應運而生的各種各樣的社會主義。過去一百年來大家所焦思苦慮者，不論是從事實際政治的政治家，亦不論是執筆操觚的教授們，都是匪伊朝夕的研討經濟問題，大家都希望考慮出來一套福利衆生的有效辦法，對於民主政治的闡揚研究，反而置諸其次，好像政治民主化問題，早已獲得實際解決了。共產主義就是其中最露頭角的一種巧妙制度。行此制度的結果，爲解決經濟生活而犧牲了政治民主，爲求經濟平等而喪失了政治自由，乃至造成了今日蘇俄的極權政治（蘇俄現行的辦法固然有多少變質，但大原則並未改變）。因此，我們今日在設計「經濟社會化」或「經濟平等」的時候，必須同時要顧慮到「人民自由」和「政治民主」，切不可因經濟平等而忽略了自由與民主，何況經濟平等又非一蹴可幾。就是說；我們在計劃經濟措施的時候，必須要使經濟社會化與政治民主化二者齊頭並進，輕重相等，爲後者而犧牲前者固不應該，爲前者而犧牲後者亦是絕對不可。經濟與政治二者，本是互爲表裏，亦卽一事之二面。人類不能離群而索居，必然發生社會關係，而經濟生活更是人類不可一日或缺者，故人類在社會的活動，不僅是包括經濟與政治兩方面，而且是兩者並重，無分軒輊。爲求增加人類幸福，改進社會制度的時候，必須兩者同時顧到，在經濟上沒有不虞匱乏的自由，則政治上的自由畢竟是爲少數人所享受，如政治上沒有民主，則經濟的社會化徒造成獨裁者的專制罷了。

我們今天的任務，應該是在維護人民自由和政治民主之原則下，實現經濟社會化或經濟平等。就是說：要採行怎樣的經濟制度之下，人類才能享有及確保人民自由及政治民主。換句話說，要在怎樣的經濟制度之下，少數黨派（反對黨派）才有自由，少數黨派的自由才能確保，少數黨派的獨立性方能維持於不墜。這是今日談經濟社會化而必須同時考慮的問題。我們如忽視這一重要論點，不問經濟社會化能否確實達到，而政治本身很容易走上專制之路。蘇俄今日是一個最好的例子。像英國工黨過去及現在所施行的辦法，本是在私有財產制度之下進行，而英國政治又是憲政之母的民主老家，如這種經濟制度廣泛實施，在政治方面會不會走向極權的道路？這就要看生產工具的國營化的範圍如何，是不是會採用國家資本主義。儘管一面承認私有財產，儘管英國是憲政之母，如果工黨所行的國營政策，擴張到全般產業上去，則英國政治難保不會走向極權政治的道路。因爲個人的活動全被埋沒，而個人自由則太受限制了。故工黨的執政時間，如再經過四五年之久，保守黨雖有組織，言論，出版及倒閣之自由，但實際上能不能與工黨抗衡？能不能推翻工黨統治？則大有問題。如果所有生產機關均爲工黨政府所控制，則操縱選舉，亦大有可能。果然，則少數黨永遠不能和他對抗，很可能漸漸衰弱而至於滅亡，換句話說，工黨在實際上便可以一黨專政了。至英國工黨這種國營辦法，對生產量能否增加，工作效率如何，以及生產技術能否改進等等，那是另一問題，不在本文研究範圍之內，不欲有所論列。我的結論是：任何社會主義很容易與極權政治發生親戚關係，因爲實行社會主義，政治上的控制力必須加强，卽政治干涉經濟的範圍必然極其廣泛，而政府的權力日益擴大，人民活動的範圍自然日趨縮小，究其極自然而然的會走上獨裁之路。尤其像人民自由，政治民主的根基沒有鞏固的國家，這個危險性更是特別大，我們今日考慮中國經濟社會化之際，對於這種危險性，更應特別注意而預爲防範。

對於在維護自由與民主的原則下的經濟社會化問題，詳論容待專篇，我大體的意見，有二個原則：第一、政府對於生產事業，應給人民相當自由，減少國營範圍。第二、生產事業機構內部，勞資間不僅要協調，並要有民主與合作的精神。換句話講，政府對於一國的生產事業，應有一套詳密的計劃，預先公布於大衆，俾人民參加企業有所依據。生產事業除重工業及公用事業得用國營外，應獎勵人民投資經營，啓發民間企業精神，國家予以必要之指示，協助與保護，俾生產得以充分發展，國家完全應於監督之地位，而不採取直接間接過分之干預。爲使負擔平均起見，對於利潤優厚之事業，應採用高稅率對策，以爲社會福利之用。在生產事業內部組織，應採行民主制度合作制度，使勞資双方均可參加生產之進行與利潤之分配。

自由中國社第二次座談會記錄

蕭仲泉
楊欣泉　記錄

自由中國社座談會

時間　中華民國三十九年三月十六日下午二時

地點　台北市愛國西路台灣銀行俱樂部

出席人　陶希聖　蔣勻田　黃紹祖　林霖　陳恩成　陳紀瀅　鄭學稼　張明　羅鴻詔　金承藝　黃中　王希龢　瞿荊洲　王師復　夏道平　曾虛白　毛子水　雷震　許冠三　李中直（以簽到先後為序）

主席　毛子水

座談題目概要

在維護「人民自由」與「政治民主」之原則下，中國對經濟措施，應採取何種辦法，以實現「經濟社會化」或「經濟平等」。

（甲）原則：

(1)蘇俄式共產主義的辦法？

(2)英國工黨的辦法？

(3)三民主義平均地權與節制資本的辦法？

(4)美國羅斯福總統新政的辦法？

(5)或其他更好的辦法？

（乙）具體問題：

(1)工業方面：

A勞資合作管理生產機構是否可行？如認為可行，有無具體方案？

B國營工業的限度如何？國家資本主義，會不會走到極權政治之路？

(2)農業方面：

A耕者有其田之小農經營，既不能運用機械，如何可使農業大量增產？

B如必須集體經營，應採取蘇俄式國家管理的集體農場，抑採用北歐諸國由農民自行管理的合作農場？

（丙）分配問題：

關於分配問題如各取所需與各取所值，按日給資與按件給資，勞工福利與勞工保險等等，應據何原則，用何辦法？

主席致開會詞：

今天邀請的，都是經濟學專家或對於經濟問題比較有興趣的先生，各位在很忙的時間當中，蒞臨參加，非常感激，所以在開始討論以前，很誠懇的致謝。

今天討論的問題，側重社會經濟方面。這個題目很大，十分鐘發言的時間，當然不能把每一個小題目都講到，就一點或兩點發言都可以。

雷儆寰先生：

上次座談會討論為何而戰？如何而戰？注意民主的問題。今天這個題目是：在維護人民自由與政治民主之原則下，中國的經濟應走什麼路？蘇聯政治，採極權制度，經濟也是一樣。我們政治既採民主制度，則經濟要採取什麼制度始能配合？

今天有人用經濟平等，也有用經濟社會化，經濟民主化幾種不同的名詞，到底用那幾個字才適當？我們的題目在原則方面，列舉了幾種。具體的問題則分農業與工業，再加上分配問題。在農工兩個問題下各提出兩點，用以徵詢各位先生的意見。

陶希聖先生：

共產黨到一個地方，無論廣州或上海，對付學校及工廠，都是千篇一律的辦法，就是發動工人跟廠主算賬，把廠主打下去，發動學生對付學校當局，把學校當局打下去，這是共產黨到一個地方的第一個月的作法。第二個月打回來，使工人開會自動減少工資，增加工時，學生自己開會取消公費。第一個月是無產階級打有產階級，第二個月無產階級自己打自己，兩方面都打倒的結果，給他把工廠學校控制住了。鬪爭的時候工廠減產，以上海來說，有些工廠弄到不能開工，有的工廠產品減得很少，如紡織廠只有十分之二繼續維持。第一個月是窮人翻身的時候，扭秧歌扭得很起勁，街上與公共場所都扭得很熱烈，第二個月雖然還是在扭，但扭得沒有勁了。這是說明共產黨在政治一方面是用鬪爭方法來控制。如果經濟改造也是用的鬪爭方法，也是用社會中的一個階級，打倒相對的階級，把社會上原來經濟的組織，完全加以破壞或毀滅，切斷社會上原來經濟的流動。迨破壞以後，要恢復生產，一定要能賺錢，所以第二個月非把無產階級打下去不可。工廠的開支，一部份是工資，一部份是機器折舊，一部份是利潤，工廠要維持下去，一定要有利潤，今天共產黨把工資提高，是用來清算工廠，控制工廠的。迨工廠不能維持，除了把無產階級打下去——減少工資，增加工時——使工人做奴隸之外，沒有第二個辦法。

把一個組織分開兩方來鬥爭，以鬥爭來控制，是共產黨的作法。所以沒有敵人，製造敵人，他的政權完全是建立在鬥爭上的。他沒有一個時候不鬥爭，如果什麼時候不鬥爭，就是什麼時候垮台，鬥爭爲勢所必然，如騎在老虎背上一樣，顧不到什麼是利益，只好天天去鬥爭。我們今天要經濟改造，絕不能用甲打乙再打甲的辦法。

①經濟的改造是從現在的社會進到將來的社會，這個改造必須依照經濟的原則做去，加以改善，這是一點。

②要在各種不同的利益中間來均衡各種利益，而不是鬥爭。

③從各種不同的經濟組織，找出互相依存的關係，在互相依存的關係上來均衡。

④喚起一般社會的自覺來均衡個別的利益，所以從自由財產的社會裡面，走上社會主義，不一定要走共產主義的路——鬥爭。

這許多年來我們談經濟，因爲談經濟，于是勞働者出現，勞働者的利益，勞働者的生活，被一般人尊重以後，大家總覺得改造社會勞働者是一個主要的對象。勞働者爲了社會來生產，所以應當爲勞働者的利益來改造社會。我們的社會，農民占大多數，所以應爲農民的利益來改造社會。我們反對布爾希維克的作風，就是反對鬥爭，鬥爭根本不能改造社會。

共產黨常常用殺人剝皮的殘酷刑法，有人不相信馬克斯主義是這樣的，說這是蘇聯實行馬克斯主義變了質，殊不知馬克斯主義的實現，必然形成這種現象。蘇聯今天同這個鬥，明天同那個鬥，以致威脅世界，非把世界鬥完，自己鬥光，不能停止的。

馬克斯宣言說「人類歷史就是一個鬥爭史」，今天世界和平受到的威脅，就從這裡種的根。凡是受過共產主義訓練的人，都是這種作法，這種辦法，不是民生，而是民死。

孫中山先生說的民生，是要社會上所有份子，共同努力，不是鬥爭，而是互助合作。今天說到社會改造，經濟平等，最重要的是淸除布爾希維克的觀念，因爲鬥爭不能解決經濟的問題，鬥爭是把所有人民的自由剝奪了，永遠鬥爭，永遠剝奪。採用蘇聯的辦法，就要得到這樣惡劣的結果。

王希龢先生：

在某種社會裡面，要實現經濟平等，應該如何作法？爲什麼說「某種社會呢」？因爲我們中國社會，到底是那一種社會，我們還不能確定。

英國是自由民主社會，已成定型，根據這個社會形態，很好確定他經濟措施的辦法。我們中國，要在維護人民自由原則之下確定制度，「自由」二字概念如何？沒有成爲定型，所以稱爲某種社會。

我們的經濟制度，當然是注重平等，同時認爲不管那種社會，應該是求進步的。能够求進步，絕不是紛亂的社會。在安定的社會當中，求經濟平等的作法，應注意兩點：（一）範圍如何？（二）如何執行？範圍應由中央根據社會情形來確定。範圍確定以後，如何執行，是必須研究的。確定範圍，與自由的關係，比較還少，執行就多了。我們以過去的經驗，往往理論很好，但執行起來，以措施不當，牽涉到自由方面，發生許多問題。在這一方面，假定有其他國家的好榜樣，可以用作我們參考。總之最重要的是劃定範圍，力求進步。

陳恩成先生：

今天講到經濟，總是偏重糧食增產。我認爲這個觀念，應該修正：農業離不了畜牧，一定要發展畜牧才有辦法，如果說要將中國傳統的小農業，改成集體生產，最短時間不容易辦到。

過去我在廣東梅縣工作，那個地方每年所產的糧食，只够維持四個月，爲彌補這種缺陷，當然求增產糧食，但求增產糧食，而只注意種子改良，肥料使用，效力總是有限。我們看北歐國家，並沒有很大的農場，而注意牧畜，致有大量畜類輸往英國。我們今天應該仿照北歐諸國的辦法，一方面求糧食增用，同時發展畜牧。

把中國小農業改變成功集體生產，非常的不容易，縱然成功了，難免不發生其他的問題。記得一九三〇年，美國發生經濟恐慌，羅斯福總統實行糧食增產，致生產過剩，今天杜魯門總統仍舊感到生產過剩的苦惱。爲救濟農民，向人民收買芋薯，價格定爲一元四角二分壹百斤，收買以後把價降低到一分錢壹百斤賣給人民作畜類食料，所以發展農業，機器生產結果，也許有問題。

林霖先生：

聽到陶希聖先生一段話，我們得到一個結論；共產黨所行的是鬥光主義，我相信今天到了臺灣和在臺灣的同胞，都是反對鬥光主義的，鬥光主義的結果是完全失敗。這時我們應該檢討一下，我們在大陸上爲什麼失敗呢？我認爲我們在大陸上是吃光主義。比如抗戰勝利以後，我們接收了日本經營多年很有基礎的工業，但是結果如何，不是給接收的人吃光了，就給後來辦理的人吃光了，這是大家都知道的。

其次，這幾年來，生產事業都向政府貸款或請求補助，以維持生存。有的拿到政府的貸款或補助，並不從事生產，竟從事高利貸或囤積居奇的勾當。比如，借到一百萬，三月或半年以後，又把原料或機器重新估價，再請求貸款，這時貸款金額可能變成一千萬，從數字上說，不是賺了很多的錢嗎？於是可以大家「分紅」。政府用來幫助生產的法寶，是印鈔機，結果物資依然不够，物價繼續上漲。實際上沒有生產。這可說是吃光主義幫助了通貨膨脹，或者說通貨膨脹促成了吃光主義。

再其次；國營的幾個銀行，依賴中央銀行的發行以爲生，他們不是做的「銀行業務」而是『找換業務』。他們是把從中央銀行拆來的現鈔，再轉借給生產機關，而從中取得百分之幾的手續費。他們沒有法子吸收存款，創造信用，只知道左手從央行拿進來，右手再假生產之名拿出去，當然是掉換店的工作，有的竟也作買賣金鈔，囤積居奇的勾當，至於浪費駭人聽聞，結果通貨膨脹日甚，幣值貶低日甚，不但法幣崩潰，金元券也崩潰了，最後，還大發應變遺散費，索性把他一些資遣吃光了。

吃光主義推行的結果，士兵領不到薪餉，或者領到了已不再值錢了。因而不肯打仗，同時有些不肖的軍官領到軍餉後，不馬上發給士兵，拿去上海黑市放息，因爲財政當局不知理財，只知增印鈔票，促成惡性通貨膨脹的結果，那些不肖的軍官們遂能於很短的時間，得到很多利息。這類的軍官有了太多的錢，也不願意打仗了，弄成前方『軍人不打仗』，後方『軍人發膨脹財』的不良現象，因此，我們可以說大陸的失敗與其說是『軍人不打仗』，毋寧說是『通貨膨脹』。

我們知道共產黨的鬪光主義，一定失敗，但我們要承認吃光主義也把大陸丟了。今天在臺灣談經濟問題，首先要反對吃光主義，我們有一個很簡單的要求即『一切公開』。現在在臺國營生產事業機關，很受輿論的抨擊。這個抨擊或者是錯了，但如果公營事業機關，不把實在情形公開，不能怪人家抨擊。私營企業，一定要每年向董事或股東報告營業盈虧實際情形。國營事業的股東就是人民，董事就是政府中主管機關。無論賺錢或折本，不但應向董事報告，還該向股東報告。可是今天國營企業，既無預算也無決算，有錢賺的時候，假員工福利或優待技工的名義，任意開銷，政府得不到多少好處，如沒有錢賺，甚至失敗了，那些掛名董事，無責經理，以不了了之。最多也不過造冊向主管報告就算完事。這是吃光主義另一現象。原來經營企業，在經濟學上講，除了土地，資本，勞働外，還有企業家，都是生產要素。管理良好，營業成功，企業家多得報酬。如失敗了，要負責任，減少報酬，或賠本息。但是我們的國營事業負責任的人，却完全不要負任何責任，這樣病態，如行公開主義，就可以減少。

最近臺灣發現一個不良的現象。我們知道以前軍隊中有吃空額的惡習，臺灣工業竟發生吃『工人空額』的病態。有一家民營鐵工廠，以前向政府貸款，說有工人四百，現在因辦理勞工保險，查實只有六十四人，還有一家鐵廠，說有工人兩千，要求政府維持，政府也就照准，現在查明，實際只有四百工人，這種吃光主義的病態要加以治療、第一步是『公開』。

總之，今天我們在中國談政治民主，經濟平等，所有一切，均應採取公開的原則。

黃紹祖先生：

過去一般人對於社會主義的基本因素，着重「經濟社會化」或「經濟平等」。我認爲在我們中國，還有更重要的因素。根據中國的情形，還要提高生產。在經濟學上說，生產是最重要的因素，每一個國家尤其是生產落後的中國，只有提高生產，始能改善全體人民的生活。社會化是說全體人民獲得利益。

蘇聯與中國共產黨，把土地收歸國有，重新分配，稱爲社會主義，這是牽强的說法。我們看蘇聯以外的國家，以英國來說：資本發展，一定用以改善社會的，美國也差不多。過去羅斯福總統的擁護者，還是一般人民及小資產階級，可以證實他的政策，是注意大多數人的福利。

總之社會主義的要求，不准少數階級把持，同時也不把現有的否定。我們中國社會，今天並沒有定型，同時今天的事實還是兩頭小中間大。共產黨統計中國的產業工人，只有三百多萬。在全人口當中，只占百分之小數點幾。

現在來講臺灣的經濟問題，應該是首先生產。消除生產的一切障碍。並減少浪費。

其次；支援戰爭，一切要求合理分配。今天的臺灣，不容許少數人壟斷，更不容許吃光主義。

再其次，保障最低生活。我們維持戰爭，可以儘量減少消費，但最低生活必須維持。

瞿荊洲先生：

經濟問題複雜龐大，而且幾年來，我都在銀行服務，所以今天只能就經驗和看到的事實來說。

臺灣是大海中的一個島，進出口貨物的運輸，完全靠輪船，所以輪船對于我們的關係非常之大。抗戰勝利以後的一段時間，是輪船業的黃金時代，當時有許多物資要搬動，每月收入很多，船員的待遇，便超乎一切事業待遇之上。一年來以天津上海廣州各港埠失陷，貨物運輸減到最低程度，沒有貨運便沒有收入，弄到現在，生活已很困難，這個局面絕難維持長久，我們無論在消極或積極方面講、都應替他們解決困難。故最近向有關當局建議：現在輪船公司—民營與公營的約有四五十家，有的擁有幾十幾船，有的只有一二條船，我主張把這幾十個輪船公司聯合起來，統籌辦理運輸，第一步將各公司所有輪船的噸位、容量，重新估定，並將跑外洋及近距離的分別清楚，然後估計本島上有多少物資要運出去，同時需要從外洋運進來的物資有好多噸，根據這個估計，確定每條船應負擔的任務。現在是軍事第一，分配各船任務的時候，應該指定一部份打軍差。至需入船塢修理的，也要排定秩序，統籌辦理。如果聯合起來，進出口運輸都用自己的船，便可以節省多少的外滙。還有修船的問題，軍差的問題，都必須統籌辦理的。

我舉這例，是用以說明我們對經濟上的措施要運用我們大家的智慧，以大家的智慧，加上政府的力量，我們的經濟才能免于匱乏，才能支持現在的局面，並用以反攻大陸。

其次，管理問題，現在政府有沒有管理的力量？從前在大陸上，地方大，人民智識又很低，中間的士大夫階級又沒有做到聯繫的任務，與政府脫節，致不容易管理。現在臺灣地方很小，交通也方便，所以今天在臺灣比較容易管理，並且人民有向心力，政府要管理，可以說是一個很好的時機同環境。政府有否管理的力量？我認爲有的，以糖業公司買肥料來說，如直接向美國採購，比向臺灣本國肥料公司購價便宜一半，可是外滙控制在政府手裡，只好向臺灣本國肥料公司採購。

再以糖業經營情形來說，每一個公司都有很多公地，這是從前日本統制臺灣時向人民收買的，這是因爲甘蔗離土以後，在二十四小時以內到機器裡去做糖，成份大得多，時間過久，就要減少產量，所以將糖廠附近土地，收爲公有，用以種蔗，這個區域，稱爲料區。最近省參議會主張將糖業公司的土地分給人民，照耕者有其田的理論來說是不錯的，但從工業上說，有考慮必要，因爲要農業工業化，需要把小農併爲大農，今天分爲一小塊一小塊的，在工業上要受很大的影響，這是另外一個問題，回頭來說，糖業公司是農業與工業合起來的，名爲農產品加工，這種事業一定要大規模的由政府來管理，才能做得好。

最後結論，現在臺灣的經濟情形，大家都看得很清楚，只要大家運用自己的智慧，政府拿出力量來管理，臺灣經濟不成問題。

王師復先生：

廿年前我談過經濟社會化問題，廿年後的今天，我又預談這個問題。問題，問題，問題永遠是問題，而歲月蹉跎了，廿年在整個生命過程中不是一個短短的階段罷。因此我感到，今天談社會化，必須認定：第一、它是現實的問題而不是理想；第二、它是行動的問題而不是理論。第三、它是人的問題而不是制度。理想是未來的，未來不可知，理論說不清，是走江湖賣膏藥一套的濫調，制度是空架子，缺乏性靈的走肉行屍。我們今天提出社會化，自然是爲了現實的經濟不社會化。我們要求社會化，我們就得馬上訴諸實踐。昨天死了，明天永不到來，今天在眼前，然而又是何等短促。讓我們愛惜今天罷。

鄭學稼先生：

我要講幾句理論的話，我們要減少勞動，就要提高技術，有了好的技術，沒有好的分配，問題還是沒有解決。要有了好的技術，所得成果，不爲少數人據有，即少數人享受特別好。在這種觀念之下，經濟方面，提出社會化的口號，大家享受。如何才能達到這個目的？近百年來有兩種理論：（一）維持民主制度。（二）實行極權。第二個理論，始於俄國十月革命以後，他希望以極權的方法解決這個矛盾。可是俄國無產階級專政，把土地工業收歸國有，三十年來，不能把這個問題解決，這是明明白白給我們一個答復。

英國工黨執政，實行工業收歸國營政策，可是到今天還沒有完全做到，假使完全做到了，我很懷疑邱吉爾還能反對艾德禮。經濟社會化，能夠真正達到，我也很懷疑。不過這種理想應該尊重。

我們中國近十五年來有一種學說，這種學說，分兩部份。

（一）節制資本：就是節制私人資本，發達國家資本。如何發達國家資本？就是要發展國營事業，十五年來把國家搞垮，這個國營事業，很有功勞。一般國營事業的待遇都很好，可是拿國家很好待遇的結果，集體投降敵人。而且沒有一個國營事業，發生了偉大的效果。這可以證明發展國家資本，不是節制資本的一個好辦法，同時我認爲美國的一套並不壞，我們可用各種法律來節制資本，用法律節制，比用別的辦法好。

（二）平均地權：有人主張把土地收歸國有。孫中山先生有這種意思。最近從宮奇寅藏的著述，知道孫中山先生解決土地問題的辦法，受了他叔叔的影響。再看他叔叔的著述，有這樣幾句話，土地私有固然有壞處，但是農民同地主如果發生糾紛，地主與農民在法律上還是平等的，假使土地國有，代表所有權的是政府官吏，假若發生糾紛，農民與官吏在法律上不能平等。今天不說政府金錢收買土地，分配給農民，做得到做不到，退一步說，做到了，對於社會有什麼意義？宮奇寅藏的叔叔很懷疑。法國大革命，把地主的土地沒收來分給人民，弄到現在，不能成功工業化的農業，所以我認爲把土地收歸國有，是阻碍社會化的。因爲小農制度對國家工業化，是有問題的，因此對經濟社會化同技術觀點來看，不可能。同時認爲土地收歸國有的辦法不對。

我們知道五四運動受蘇聯的影響很大。我們忘記了爲什麼成立政府？我們成立政府的目的，是爲人民解決問題，爲人民謀幸福的。根據這種說法，要問以發行來維持國營事業，與人民有什麼好處？這是最壞的政治家用的辦法。

最後結論：假定馬克斯土地國有的主張實現，是推人民入地獄，不是上天堂。

至於有沒有辦法把人民生活改善？我認爲只要政府儘量爲人民謀幸福，政府把收入儘量用到人民方面去，是最好的一個原則。

同時反對國營事業，臺灣的工業，應儘量賣給人民，慢慢改良人民的生活，就可逐漸做到大家享受的目的。

蔣勻田先生：

今天很奇怪的是：經濟專家的意見，都不談經濟理論，而談經濟建設的政治條件。給予我們很大的啓示：就是說，假定政治條件，不能使得我們經濟走上社會化的路，不要談社會化。

美國有一位朋友，巴格諾考斯基給我一封信，我回信說「我們相信純正的社會主義僅能在民主的社會中實現」。各位的意見，不啻替這句話下個註脚。

老實說，社會主義，就是解決人民生活問題的，也就是經濟問題，我們寫一本經濟學書，或者讀一本純客觀的經濟著述。假定把它放在社會上實行，必定受到政治制度的阻碍。因此覺得自由中國社今天提出的幾個原則，在不能確定我們中國政治形態以前的今天，沒有辦法把人家整個的辦法拿來，可以適應我們的需要。

以工業來說：有重工業輕工業之分，輕工業就是民生工業，把界限精確劃分以後，在不影響人民自由，政治民主的原則之下，順應潮流，重工業由國家經營，民生工業，以私人資本，用合作方式經營，不關民生切要的輕工業，讓私人資本經營，獨佔也可以，因爲不影響人民的生活。這樣分別，在某種社會條件之下，可以發生好的結果。

談到經濟社會化問題：我過去受凱恩司的影響很大，抗戰以前，我是絕對贊成的。二十六年到了南京，作了一篇很長的文章給政府當局，主張把京滬一帶的工業，用通貨膨脹的辦法收歸國有。這個建議，沒有得到當局的採納。以後看到國營事業把錢拿出去，永遠不能拿回來，於是過去的主張發生動搖。

今天如果要談國營事業，要照俄國的辦法。俄國各種國營事業，是有聯繫的，甲事業監督乙事業，乙事業監督丙事業，不能稍有馬虎。而我們的國營事業，各不相關，各做各的，所以弄到崩潰。現在對於國營事業的信念，雖然還有，但至少認定在現在的社會情形之下沒有辦法。

曾虛白先生：

現在這個時代，是兩種主義在鬥爭，一是無產階級專政的共產主義，一是資本主義。這兩個主義，已到短兵相接的時候。今天我們不談主義，但在這兩個潮流鬥爭中，如何決定做人的方針。這兩個潮流對於我們做人並未給予很好的指導。共產黨實行階級鬥爭，以無產階級專政。從鬥爭中求平等，自然是非常渺茫。

資本主義呢？我們可以說，資本主義並不是一種主義。所謂主義，是有最高的理想和目標。而資本主義沒有理想，追求的是利潤，絕對自私性的。資本主義下的平等自由是虛偽的。我們在這個潮流中，不能怪任何學者抱着懷疑態度，可以說大家覺得人生當前沒有目標。在這種情況之下，發生許多反自由反民主的思想，這是時代病，我們不能贊成。我們要追求眞理，還要想方法如何可以作一個人。共產黨提出一種主義，標明目標。他這個目標，雖然使人懷疑，可是確引起了許多人跟着他走，所以在這個時候，沒有主義，在思想鬥爭上是很危險的。

我覺得當前兩個主義，都不是領導世界思想的，應另外找一個合理的主義，現在學說很多，找一個適合我們中國環境的主義，我認爲三民主義很可以作爲研究的對象，他沒有階級性，自私性，主張發揮人類共同性；不講鬥爭而講互助合作；在互助合作原則下，求人類共同生存，共同繁榮。

至具體問題；提到工業農業兩方面，兄弟曾在中央日報發表工業民主化與農業民主化兩篇文章。

在工業方面提出的方法，成立工人委員會，或工廠委員會，現在美國採取生產界資本家與勞工合作辦法，歐美各國採用此種辦法的很多。採用此種辦法，在勞方有機會參加工廠管理資本。在資方所收的利潤，因有勞方參加事管理，得到相當的限制。這種辦法，生產工業界可以考慮採用。

在農業方面，提出合作農場制度，剛才翟先生說，在臺灣若照耕者有其田的主張，將大農場分爲小農場，尤其是把糖業公司的土地分給農民，會阻碍糖業的發展，妨碍農業工業化。假若把許多小農場，組織合作農場，大家合作管理，合作運用農具，也許可以彌補農田分爲小塊的毛病，得到大農場的利益。蘇聯的集體農場，也是把小農場變爲大農場的方法。不過合作農場與集體農場不同。集體農場完全由政府統制管理，合作農場每個參加的農民，是參加的一個單位，成爲這個經濟機構當中的一份子。

講到臺灣，我覺得當前在臺灣的經濟問題，的確很重要，有人說臺灣的環境是我們的試驗合理經濟政策最理想的地方，因爲臺灣工廠國營省營佔全部百分之八十，臺灣土地國有的，也差不多佔百分之八十，所以實行合作管理制度，臺灣是很理想的地方。假定我們大家能群策群力，研究出一個辦法，使得經濟社會化，將來回到大陸，決不會像抗戰勝利後，亂七八糟的。因爲我們有一套完整的制度，並在臺灣試驗成功。這個制度搬到大陸上去，一定得到很好的結果。

陳紀瀅先生：

過去在大陸主持銀行事業，以我的經驗，認爲經濟專家的理論，與實際的狀態，多少有距離。經濟理論，有時忽略了現實問題，致與現實不能完全配合，這是很大的遺憾。所以很好的原則，到了實際施行時，不知道要變到什麼程度？因此認爲經濟專家談這個問題，不要自己談，而要能影響政府的執行人。

其次，王師復先生說，二十年前的問題，今天又來談，說來很悲慘！同時我們天天喊工業化，可是回到二十年前離開的家鄉，依然與二十年前一樣，一點建設沒有。這裏面現實問題很多：比方今天馬上回到大陸，而大陸社會被共產黨改變了，以土地來說，被徵去配給農民了，是否收回來交還地主？或者承認事實？這必須有一個解決辦法。

談到集體農場，我曾經參觀過蘇聯的集體農場，他這個組織，政治意義大於經濟意義，管理人比管理糧食重要。因此認爲蘇聯集體農場，增加生產方面，並沒有什麼成功，而統制力量確加强了。我不贊成過去的辦法，同時也不同意蘇聯的辦法。

我們的農業，完全是靠天生產，沒有天災人禍，糧食够用，所以從來不注意管理糧食。今後還是放任，還是管理，值得經濟學家參考實際情形研究一個辦法。

再其次，談到國營事業問題，過去在北平的時候，淸華大學教授吳景超問我在銀行幹什麼？我回答說，我們作的是傷天害理的事。大家知道，銀行的開支從那裏來的？軍政各機關存款。爲了這個錢，你爭我奪。把這個錢放給生產事業，獲得利息。生產事業拿到這個錢，是不是作生產之用？很難說。但是我們爲了自己的存在，開支，明知道不對，也要去作。形成這種不好的現象，當然是受了別的影響。由此談到金融機構問題，今後回到大陸，是否恢復過去幾千家銀行，如認爲不能恢復過去的現象，如何調整？應在今天研究，擬定辦法。最後覺得我們要注意時間因素，方法應隨時間變換。只是理論不够應付的。

主席結論：

今天謝謝各位來賓發表了多方面的寶貴意見，有的是着重在當前的現實經濟問題，有的是注意到經濟理論的檢討。總而言之，大家是做到了智識公開。本社亦將這些意見公開於社會。此外兄弟還有一個感想，即參加實際經濟行政的人，如果都能够以寬容的精神，讓研究經濟理論的人批評其功罪，而研究經濟理論的人，在批判現實經濟問題時多多了解實際的問題。這正是民主自由的表現。在今天這次座談會中，確表現了這種民主自由的好現象。

雷震先生：

兄弟擬補充一點意見。今天本社所擬的題目，原意只限於理論問題，關於實際的經濟問題，擬於下一次座談會中討論。最近本社同人，有一個共同的看法，即國家對於經濟事項，如果管得太多，則政治上的民主自由，不免受其影響，如果更進一步走到國家資本主義的話，則政治一定是獨裁。因此我們很想就這個問題下次再請教各方面的意見。而且當前的臺灣問題確不是軍事問題，而是經濟財政問題。本社希望各位多就此問題考慮，下次再請教。

自由中國

通訊

五星旗下的北平

香港通信・三月二十四日
本刊特約通信記者　梁守中

古城新貌

動亂時代裡事物的變遷本來平平無奇，但在平淡之中却往往是既複雜又微妙，使人起無從捉摸不易敍述之感。破壞、建設、繼承、揚棄、本質、現象、主潮、暗流……各種矛盾的交錯，常使身歷其境者頭暈目眩，言人人殊。一年來北平的變遷正是這麼一個難於把握的題目。

北平究竟怎樣呢？變了，也沒有變。居民的生活和心境確已改觀，但骨子裏的氣質則仍是依然故我。後者是非自己體會不能了解的，本文只打算談談刼後北平的外貌。

概括說來，今日的北平已變成了史達林的江山，毛澤東的采邑，共產國際的二號司令塔。到處是史毛的畫像，到處是蘇聯的「技術人員」，到處是俄文市招和俄文補習學校。北平老百姓差不多都加入了「中蘇友好協會」。慶祝亞澳工會代表大會在平「勝利閉幕」時，太和殿前的千萬中國學生熟練地唱着「國際歌」，與工會代表們的十幾種語言唱出的歌聲滙成一致的音響。檢煤核小孩嘴裏哼的也不再是「夫婦相罵」了，代之以「中國出了一個毛澤東」和「永遠跟隨毛澤東前進」。毛澤東的名字比中國共產黨的招牌還響亮。

此外，北平的變遷就是幹部對於民衆無微不入的組訓控制：開會，勞動，捐獻，和行動的審核（名律師李朋就因要開南歸路條而被捕）。剩下的就是文化的僵死，工商百業的凋疲，小惠式的諸種更張，和人民那種從不吐露但卻異常普遍的怨望。

「娛樂圈」的改造

平劇在北平依照存在，它的「形式」並沒被否定，不過「意識形態」卻須得大加改造了。比如說，中共入城時歡迎它的戲叫做「闖王進京」，而紅鬃烈馬、四郎探母等幾十部戲都因「內容含有毒素」之故，一律不得再唱。舊劇人士成天在開會討論「改造」和新編戲目的問題。梅蘭芳當了中央人民政府委員後，在舞台上是老當益紅，而譚富英好像迄今猶在東安市場和前門外的小戲院中打游擊。

今日北平是沒有任何民間劇團的。一切話劇歌劇的演出全由中共黨校華北大學的幾個文工團所包辦，演出的當然以秧歌腰鼓居多。記者記憶中話劇有一個四幕的「思想問題」，是「幫助搞通思想」的；歌劇有一個「王秀鸞」，講這個「女勞動英雄」的故事——這是「最新穎」的形式，台上台下打成一片。台上人死了，台下必須全體起立誌哀；台上人慷慨激昂了，台下必須全體起立高呼口號。這是「新劇運的方向」。

至於中共起家的老行頭，秧歌舞和腰鼓舞，反不若過去的狂熱了。學生們懶得再搞，「開國」時乾脆禁止秧歌隊和鑼鼓隊入場，也許自以爲已經「定鼎」，該發展「廟堂之樂」了罷？

沒有法律的地方

北平，正如鐵幕中國的其他各處，是一個只有主義、政策、原則而沒有法律的地方。

中共一進城、立刻宣佈完全廢除「反動的」六法全書，接管了法院，釋放了幾乎所有的囚徒，停止了大學紲律系「反動法學」的講授，代之以各種名目的政治訓練。那麼，中共統治下面就沒有人間糾紛了嗎？有的。法院管不管？管的，只是幾乎任何案件都用對兩造加以「教育」和調解來了結，務使民不好訟，無爲而治。

除了法院，「區人民政府」也有權處理這些「人民的事」。記者知道城西北郊海淀鎮的兩件刑事案。一件是可能只爲和姦的「强姦」；另一件是父親霸姦女兒若干年，墮胎多次，不許議婚，母親最後打算告發時被這父親殺死的奇事，區政府的處理辦法是把有關的人一律抓起來、然後請示上級，讓上級請示更上級。下文如何，因爲管這事的那位幹部朋友沒再見面，而報上又都不能登這些事，不得而知。

有一件記者目睹的事可以說明鐵幕中國的混亂，人身自由和財產如何沒有法律的保障。友人某君有個在國軍裡當營長的親戚，圍城時被俘，後遭遣送，在北平遺下一所房屋，託某君照料。這營長上午剛一離平，下午就有掛軍管會臂章的來接收，除當時掠去一部東西外，還把房子和物資沒有封條地封了，次日居然搬了一家無職業無身分的人進來。這次接管的罪名是貪污，當營長而能購置產業，就是貪污的鐵證。某君跑區人民政府，跑區公安局，跑公安總局，跑物資接管委員會，跑軍管會，跑流散軍人處理委員會，上了六七通呈文，唯一的結果就是他被流散軍人處委會「處理」了半天，餓了一頓，再由幹部「私下」放出。數日後主使接收該房的找他去「坦白」，「檢討」，說某君不該替「反動派」軍官（雖然是親戚）照料。搬進去住的人雖非幹部，卻是他的連襟，此事完全是人情之常，某君如何不諒？！至於掠走東西，誠是錯誤，不過已經「批評」過了（可惜的是批評以後並不發還），這事就到此爲止。處理流散軍人的西城小組組長有權到東城去封房給他親戚住，沒有機關願意管。他的上級除了「批評」他以外，就是用「誣蔑解放軍」的理由把並非軍人的受害者加以「處理」，作警告性的拘押，讓他下次再也不敢「亂說亂動」。

這只是人民首都裡的小事一段，但它可以代表「人民民主專政」的精義。

政治上的迷彩

中共不管法律，不講究社會秩序的維持和建立，不理會在財政上竭澤而漁和教育上輕視「業務課」（即非政治課程）的後果，但它卻有閒心在妓女乞丐和洋人身上花功夫。它以政治上的察察為明為能事。

其實這既非閒心也非察察為明，這都是政治上的迷彩，一種淆亂人民視聽，困惑人民判斷的手法。

這類新猷的第一炮就是「肅清乞丐」。一聲令下，年青力壯的統統抓去修黃河，老弱殘廢的送進習藝所，街上果然清淨了幾天。「幾天」以後，新出現的乞丐只有更多，中共再也不抓了。

不搞乞丐，注意力轉向妓女。去年秋天，北平的妓院在一天之內全部封閉了。妓女一律習藝從良，妓院老闆在承認了過去買賣人口剝削皮肉的錯誤後都受到「寬大的處理」，自新去了。名滿天下，有着悠久歷史的前門外的八大胡同從此失卻神秘的色彩，北平的一大污點「從此洗去」。但是，真的洗去了麼？嫖客們並不動容，大華戲院和其他一些地方的三輪車可以把他們拉到更多更神秘的地方去。

在災荒，失業和「曠夫問題」沒有解決以前而要消滅乞丐和妓女，只顯出統治者的心勞日絀罷了。

中共政權據說是「反帝」的「新愛國主義」，反點來看看！於是洋大人們開始遭殃。先是上海的美國人毆打華工，賠償道歉；再是天津的英國人「如法泡製」，入獄兩週；更有瀋陽的華德事件，驅逐出境；然後是北平輔仁附中德籍的神父侮辱和禁閉學生，抓進班房……這些事都是在報上大吹大擂，報導過的，有些人確也自覺揚眉吐氣，飄飄然起來，以為「中國可真的翻身了」。他們似乎沒有注意街上俄人的趾高氣揚，也不知道外國語專的學生上街必先刮光鬍子的道理（會有沒剃鬍去見某俄人的，俄人以為不禮貌，大加申斥）。他們好像忘了高高在毛澤東名字之上的那個史達林其實不姓史也並非中國出生，他們更不想想這些非俄人的毛子為什麼不顧前面那些倒霉者的教訓，居然願意一個跟一個地去「以身試法」。這真是政術上的一大奇蹟。荒謬，但卻得到了預期的成功。

但還有一件「人心大快」的事。「開國」以後北平物價暴漲，糧價領先，於是國府時代坐過特刑庭、有「糧老虎之稱的王振廷重入囹圄，因為「糧價大漲完全是他操縱的」。王結果判徒刑若干年，財產全部充公（一個不小的數目）。但糧價還在洶湧上騰呀！數日之後，「人民政府」不得不說了：這是由於察北鼠疫，察綏糧食無法運平，水旱天災，國軍封鎖以及（最重要的）最近剛有大批人民券出籠所致。王振廷就在政治魔術師手下被犧牲了。

文化城的沒落

文化首都已經死去，現在只剩下一具軀殼了。

中共入城後，原有的報紙除新民報外相繼被封。今日報紙計有人民日報，光明報，工人日報和新民報四家，消息全是新華社的，社論短評也全是新華社的，只編排標題上分出來是四家報紙而已。共黨理論中，報紙是「教育人民」的日課而不是報導新聞的東西，因此每篇文章，每段消息，必得有它積極的「教育」作用。對它雖無不利，但不關痛癢的東西是不能佔去篇幅的。即使是勝利的消息，在勝利未完全決定前也是不許刊登的；打下廣州以後足足沉寂一月，才突然發布「解放貴陽」，就是一例。那麼登些什麼呢？某地某工廠增產百分之幾成了顯條新聞，各團體各單位的評白皮書內同樣幾句話耗了整整一月的廣大篇幅。

中共的新聞政策當然得學習蘇聯，據中共自己說，蘇報在一月以前就把每天的版面都規定了。

大學教授和中學教員的待遇比國府時代為高，不過救災購債及其他有形無形的苛雜盤剝下來，所餘也不算太多了，除了校中一般性的學習會外，中學教員得參加本行的研究會，大學教授要在「教學相長」的美名下接受學生對他的思想鬥爭。生活威脅，羣衆包圍，教授們不得不把自己過去在學術上的見解地位和尊嚴全部拋掉，他們必須向學生「學習」。不說話的自由沒有了，講授和研究的自由更是沒有了。在中共授意下，哲學系教授組織了宗奉辯證唯物論的「新哲學會」，生物系和農學院的教授組織了宗奉後天獲得性可以遺傳說的「米邱林學會」，奉謬論為綸音，俯首帖耳。賀麟主持的西洋哲學名著編譯委員會早就被解散了。

中學教員更簡單，國文歷史幾乎一律不用舊人，形成教員失業教員缺乏的矛盾現象。新課本，新教師，新風氣，中學孩子的思想很快地就定於一尊，小學生則比中學生更快。於是對於共產主義的狂熱情形，中學勝過大學，小學勝過中學，後來居上，愈小愈癡。

作家和藝術家們不少被邀參加中共召開的全國文代會，似乎仍被中共看重。然而他們再也沒有作品問世了。文代會一開完，他們的名字就從報紙上面消失。北平藝專會有一次美展，會中知名之士的作品只有徐悲鳴一幅畫，描繪布拉格「和平大會」上聽到南京「解放」時互相擁抱親吻的狂熱鏡頭。其他展覽品大半出自工農兵和小學生之手。「意識正確」，「力量充沛」，雖然只能叫做塗鴉，卻贏得了普遍的喝彩。

東安市場的書商們，對於文哲史諸學和社會科學的書籍再也不買進了，除非這是共產主義體系下的著作或是你願意以比廢紙價略高的價格出售。書商們對於這類過去的「存貨」，無不頭痛之至。

中共的統治不推翻，中國文化前途是黯澹的。

百業萬稅

中共的政權由農村進入了都市，中共龐大開支的主要負擔也就由農村轉移到都市。今日北平的捐稅之重是空前的。在萬稅聲中，在強迫營業的法令下，工商百業多從凋敝走向坐以待斃了。

不知那一位市民居然有膽量向毛澤東上書，指明捐稅遠比國府時代為重，失業人數也遠比國府時代為多，要求毛在人民日報上公開答覆。毛沒答覆，但親自把這信交給「北平各界人民代表會議」（由中共欽定的代表組成）。各代表討論後，說「這是不合事實的」。這種呼聲當然不會有任何結果；中共不是不知道，但為了它的利益它不得不這樣做。中共要人民把「部分利益服從全體利益，暫時利益服從永久利益」，而它正是「全體利益」和「永久利益」的「保證」和「象徵」，那麼為中共而作一切犧牲自是「應該」的了。

北平市民爲此而作的犧牲有多大呢？以涮羊肉馳名的東來順民國三十七年下年度的營業稅由中共追收了，人民幣一百八十多萬，約合港幣六千多，一次交出，不得像對國府稅局那樣拖延。至於營業不振等情，著無庸議。這只是「舊欠」，「正稅」還在後面呢。王府井賣照相器材的中國商行經理打算把老本賠光，因爲捐稅奇重，生意冷落，吃閒飯的夥計又不得辭退，申請歇業更是不准，只有賠光一條路。私營工廠命運也差不多，工資按小米算，出品價格不許跟着物價指數跑；賠本可以，閉廠不行。財經委員會一位幹部告訴記者，這都是提防資本家把資本從生產部門裡提出，作安享餘年不勞而食的打算。因此，這實在是繁榮工商業的辦法。

資本家如此，販夫走卒是窮人，總該翻身了罷？是的，他們當了主人，得負起「主人的責任」了。於是趕車人的有稅，賣燒餅炸糕烤白薯的有稅，連街頭擦皮鞋的小孩每季也得獻上小米百斤。不然沒有執照，不得營業。

眞正無產階級的職工也有許多變相的賦稅。「自動減薪」，其一；「自動取消獎金」，其二；「自動要求延長工時」，其三；「自動去作不歸他作的工作，其四。在這些自動中，不知蘊涵了多少血淚。平漢路北段工人在作完一天工作後願「自動」去養路，每人負責八十碼。因爲勞累不堪，有不少「自動」到請城裏的親友前來代勞，使得中共當局也不能不承認這是一個須得「糾正」的「偏向」。

現在北平人的生活程度普遍降低，購買力當然大減；而購買力的低減反過來又助長了工商業的凋敝情形，構成一個惡性的循環。東安市場現在是上午十時開市，晚上八時就收了。新貨奇貴，舊貨奇賤。東長安街以南空地上擺販如林，顧客滙成了人流，一般商店卻門可羅雀，這是鐵幕中國經濟現象上惡毒的矛盾。

中共幹部與「民主人士」

中共幹部以吃苦耐勞著名，入城後似已漸漸改變，有「金玉其中，敗絮其外」之譏了。今天坐轎車住洋房包廂看戲的幾乎全是穿灰布制服的幹部。不過這還不能算是直正腐化，中共的整風和批評依然是夠厲害的。

「新幹」們的享受可完全不同。

中共用一個逼字，一片美麗的希望和少數公給制的支出，就把社會上大部分游離的知識分子網羅起來，成爲新幹部，替它賣命去。北平的華北大學，軍政大學，革命大學都成萬地吸進新生，這些「大學」是連小學同等學力都可以進去的。半年畢業就成爲「接管人才」，省時省錢，使得去年暑假投考正式大學的考生大爲減少。

但新幹也有新幹的苦惱。大學畢業生分發去鄉下教小學，老幹一切荒謬的命令都得服從，論事不論時的工作往往從清晨弄到半夜，膳食雖壞卻不許自已來辦以求改進，於是健康普遍地壞下去了。「學習」方面是希望你只讀小冊子，不看「大部頭」（馬列主要著作）的，於是心靈也隨健康以俱萎。但他們也再不能有別的想法了。

和這些下級幹部們成爲鮮明對比的是所謂「民主人士」。他們不耕而食，不織而衣，不「革命」而成功，住的是北京飯店六國飯店，吃的是大魚大肉的「特灶」，代步的是小汽車，而「工作」只是開會，參觀和講演。這享受不但「民主人士」自己如此，兒子女兒如此，兒子女兒的朋友也如此。記者知道李達女兒的一個朋友就是在北京飯店享過福的。

但民主人士的前途一點也不樂觀，中共要員如薄一波艾思奇都有過「只現在利用他們」的鮮明表示。功利主義者往往是最恩義的。

民衆的傳說

北平老百姓對於中共起初是無所謂的，幾百年來他們不知遇見過多少次統治者的更迭興衰了。對於任何政權，他們都會安之若素。但漸漸有嘲諷的話頭出現了：「言論自由封報館，人民解放開路條」「白米白麵反饑餓，哨着窩頭扭秧歌。」

然後是發思古之幽情。「前清那時候多好！」「日本人在這兒生活總算安定。」「就是國民黨治下都勉強可以活下去！」

終於廣泛傳開了一個極荒謬的故事：某一大雷雨之夜故宮地面震出一個深不見底的大洞。縋人下探，過石門進入一間石室。室內坐着一個白髮龍鍾的老婦，地上躺着一隻貓一隻豬，都是奄奄一息的樣子。另有許多大缸，除最後兩口外，全盛滿了蛆蟲。據說老婦人請求來人替她拯救那兩隻畜牲，來人愛莫能助。問到那些大缸的用處時，老婦不答，繇他出來，石門閉了。他縋上地面說出經過後，解釋如下：豬貓就是朱毛。老婦就是蘇聯。缸裡的蛆蟲是遭刼者。死難的人再滿兩缸，刼數就將過去。

傳說的眞實性是絕不可考的，我們所要注意的是這傳說能夠廣泛流行的原因——這正是一貫道所以產生的原因。

北平的人民沉鬱而憤怒

中共的政權是建立在浮沙上面的。它用一塊鐵板壓緊浮沙作基石，它用千千萬萬透過鐵板的僞足來抓緊浮沙，企圖生根。這樣能維持長久麼？只要一點輕微的震撼，浮沙終會把它吞掉！

曼谷航信

最近接到「自由中國」二卷一至四期各一百本，當即分別以十份贈送此間僑領及推銷人，作爲「廣告」之用，其餘的託一報攤代售（並遵照來示在中文報上刊登廣告（附上廣告原文），計每本收銀三銖（每銖值港幣二角八分），不及二日已被搶購一空了。按此間多數空華僑俱對共黨不滿，因爲共黨統治下的祖國，其橫征暴斂，草菅人命，種種虐政，以及民不聊生，叛亂蠭起的消息，不斷傳來，大家已經認識了共黨的猙獰面目。「自由中國」所載文字俱爲不可多得的材料，自可鼓勵人們反共抗俄的勇氣，博得一般華僑的熱烈稱讚。現在他們得此如獲至寶，轉相傳閱，並紛紛囑弟飛函大量採辦。見字後，請將創刊號至最近一期各寄兩百份，使愛好讀者不致向隅。由現狀觀之，此間銷路達一千份當無問題。以後每期最好能將紙型寄來此間翻印，似更快捷。專此順祝

社中列位先生撰安

弟言川上。三月十六日

香港自由人士看陳內閣

香港通信・三月二十二日

本刊特約通信記者　邢自珍

（自由中國香港航訊）在記者沒有報導香港自由人士，對於陳辭修內閣的觀感前，似乎有把「香港自由人士」一詞，加以詮釋的必要。這個名詞，確實有些含混。「正統派」的宣傳家往往說那些傢伙是「投機分子」，住在香港是看風轉舵，如果眞愛自由民主爲什麼不去台灣？香港的自由人士又常常被人看做「第三方面」，或「第三勢力」，這大概是這塊地上還有一些殖民地的自由，報紙雜誌上還可以談談這個問題，批露批露這一類的消息。有幾家雜誌，簡直很像第三勢力的代言人，拼命鼓吹第三勢力，這當然不得不引起有關方面的注意了。香港自由人士所以會被人認爲第三方面的原因，或許也就在此吧？

對於某類事物，或某一群人，並不會有過仔細的分析，就冒冒然給它來個命名，這好像是近幾十年來某些「宣傳家」的拿手好戲。這些宣傳家們愛用這套手法處理問題，是有意，還是無心我們不得而知，好像是在若有若無；亦有亦無之間。如果說是有意，那就是因爲這樣一來，給某方先加上一個帽子，問題在實際上就容易處理了，可是帶着有色的眼鏡去看東西，總不可能是千眞萬確的。照理講，一個宣傳家絕不希望自己是個睜眼瞎，閉着眼睛重複的背誦教條，因爲這樣，對他的宣傳不僅無益，甚至有害。從這一點看，宣傳家愛給別人帶帽子，又是無心了。不管怎樣，這恐怕與東方「自以爲是」的專制傳統，或布爾希維克氣質，有些源淵。老實說，近廿年來的宣傳家，是很少不崇拜史太林，希特勒的。

話太扯遠了，就此打住。我在這裏就要介紹的自由人士，既不是「投機份子」，好像也不能代表「第三勢力」。他們，只是一群無官無職，還比較有生命力，有智慧的人而已。這裏面有老有少，有男有女。不單指某一黨派，也不單指某一社團。凡是他們的看法，與本文所報導的相同，那些人便是本文所指謂的自由人士。

我們中國人有句老話：「愛之愈深，責之愈切」，那也就是說，一個人對一件事或另一個人在很喜愛的時候，遇到對方有不好的地方，總愛自動的去加以責備的。這種責備求全的程度，常與愛他的深淺成正比例。可是，一旦到了「愛莫能助」或「忠言逆耳」的景況，他也就只好不說了。我可以很老實的說，一個月前的香港自由人士，他們對台灣的態度，大概是這樣的。他們並不是不愛台灣，而是事實常暗示他們是「愛莫能助」的；他們不是不想說話，而是感到說了等於不說，徒徒浪費精力，或招惹是非。偶然，他們有機會碰在一起，也只是吃飯渴酒，抽煙了事。談到「國家大事」，他們似乎總不大起勁。若干自命很有辦法的宣傳家，組織家對他們的所表現嘗試的勇氣，驚人的天才，雖不一致，但結果是失敗，却並無不同。

陳辭修組閣的消息傳來後，他們突然「騷動」起來了。張三李四，爭相傳告。電話信札，川流不息，眞是說來奇怪。

「陳辭修卽被提名組閣」這是某立委從台北拍來的電報，全文僅僅幾個字，除去收發報人的地址姓名。從這九個字裏，我們不難想像到某立委對於陳辭修組閣的興趣與重視了。不到十二小時，這個消息不脛而走的傳遍了香港，起碼所謂自由份子是無人不曉了。大家熱烈的談着，不再像過去那樣只是「哼……」，如果有人談起台灣問題；或政府改組一類的消息。談儘管談；高興儘管高興，這並不表示他們把陳將軍看做「神」，或是什麼「英才天挺」的「領袖」，願意無條件的服從，無條件的擁護。這批自由人士態度的轉變，只不過是說明一件事，那就是陳辭修還有資格讓他們寄予一點最後的希望。

內閣名單發表以後，確會令他們相當失望。前些日子的熱烈情緒又冷下去了。好像共同的結論是：「還不是洗牌」，洗來洗去總是那幾張。正如某英文報所說：Mr. Chang goes,— Mr. Lee Comas? 雖是新閣，並無新人。能負起新的使命嗎？他們的新希望好像又要幻滅了。特別新閣中有幾位部長大人，實在是「惡名在外」。不過，他們對於陳將軍個人的希望尙無幻滅的徵兆。他們相信只要陳的舵把的穩，新閣還是有希望的。

陳將軍治台的政績是有口皆碑的，用不着記者多述，這是香港自由人士對他的態度好轉的基因。與其說他們看重他的政績，毋寧說他們饒有興趣的，是能造成那種政績的開明路綫與民主精神。「人民至上，民生第一」不完全是口號了。陳將軍去歲在某次記者招待會中，大聲忠告那些「口號反共專家」，勿再向自由主義者進攻。「反共」要眞的反共，不能空喊口號的。這是多麼勇敢，開明，正確的風格！那一席談話裏，充滿了智慧，反共的人，怎麼，竟能反對自由呢？

最近這半個月來，陳先生的表示確不負衆望。首先在軍事上有了大的變革；陸海空三軍參謀首長聯合機構成立了，空軍總司令兼參謀總長，國內聞名的戰略家郭寄嶠副之，這一措施是霽知的。也是恰合時宜的。同時，派孫立人代替了顧祝同所兼代的陸軍總司令。其實，如果眞是爲國家作想的話，早就應該如此做了。

現在，香港的自由人士。對台灣的估價，已慢慢的增高了。他們相信這不過是陳內閣新政的起始。要做的還多哩！他們並無意爲陳先生上萬言書，條分褸析的提出具體的國是意見。因爲，那些他們相信陳先生的智慧是可以解決的。目前他們最担心的，也是最盼陳先生牢記的：他現在是爲中華民國國民政府的官吏，是在爲人民服務，應向人民效忠。也就是陳先生自已說過的，「人民至上」。他們希望陳先生能永遠是屬於人民的。不以陳先生個人的威望，智能，只要不忘「人民至上」，始終爲人民效忠，他們相信陳先生有資格與自由的勝利同垂不朽的。

臺北通訊

武漢近況的一角

念皋

這篇通訊是××君轉來的他剛剛從武昌到香港的，念皋先生的來信。而念皋先生最近還要從香港回武昌。因此信中有些字句不得不略未删改，爲的是免得有累他的安全。基於同一的理由，讀者當能想到念皋是原作者的化名。——編者

××兄：久未函候，至念。家中情況誠不堪言；人在武漢時更不敢言，今乘來港之便，將武漢情形詳述如後，惟事已如此，實莫可奈何，吾兄聞之幸勿過分難過，蓋弟欲不言實不忍：欲有言而又惴惴不安也。

目前國內經濟情形很壞，幣制根本毫無，發行的紙幣完全靠直稅及公債回籠，故物價的上漲只是方式上與法幣及金圓券不同，而本質上實有過之無不及，國民黨的統治當然也談不上有法治基礎，不過總還有相當尊重個人自由的空氣，種種亂政總還有礙住了臉提不出來的時候，例如法幣及金圓券的濫發，當時的政府總還是有氣無力地賣出一兩頓最多會到五頓的黃金來收回通貨。現在不同了！共產黨的人民票完全是無本錢生意，發出鈔票，買進了物資，最後再以重稅及公債把人民票收回去！××兄！你想想人民怎能受得了！以武昌說，許多商店如福康、志大、華美、錦章、豐、上海兄弟商店及程裕泰兄弟球鞋公司等等，均受不了，先後關門了！我們店中去年盤存，只賸得三成多一點，這樣繼續下去，最多維持到今年端午節是無論如何維持不下去了！我們是如此，別家商店自然也不能例外。

除了重稅與公債的重壓，店員的翻身胡鬧，更是致命傷，店員都輪流調訓，每期二個月，教材完全是挑撥煽惑，例如青工班—即學徒訓練班，第一課便是：「資方是剝削者，喝了工人的血，來養活自已，工人勞心勞力換來的利益都給剝奪，所以我們工人必須打倒他們，但是不能用暴力，因爲我們目前還需要他們的資本，我們要監視資方，不許資方逃避，已逃避了的我們要設法引誘他們回來，讓他們拿出資本來辦企業，最後清算他們，於是工人便是企業的主人了」。學徒多是十四歲或十五歲的小孩，他們懂得什麼？什麼是他們的理智?!什麼是他們可以負責的行爲?!經過以恨爲出發點的調訓後，回到店裏那有不趾高氣揚的！老闆與學徒爭執，無論是芝蔴大的事，學徒動輒認爲是侮辱，於是弄到店員工會，報紙上及時加以宣染，連篇登載，大事攻擊，例如萬象的老闆被判徒刑就是因爲與學徒爭執的結果！店員工會更任意發動加薪，倡議縮短工作時間，爭取五花八門的福利，教商店如何應付得了！這都是就事實的一面說，至於共黨政府方面的口號却眞好聽，例如什麼勞資兩利啊！繁榮經濟啊！保護工商業啊！都是不一而足，明明與事實是全然不同，而叫囂的黨徒却像煞有介事，一切不知廉恥的行徑，眞是歎爲觀止！

我們店中派認了六千分公債，再四請求減少，結果反變成了八千分公債，最後區幹還警告說：「再請求便派認一萬六千分公債」。天哪！怎麼得了啊！簡直是要人死啊！一分公債多少呢？他們的算法是每分公債折合六斤米、四尺細布、十三斤炭、二斤半麵粉的批發價，兩這批發價又是按上海市價百分之四十五，天津市價百分之二十，漢口廣州及重慶市價各百分之十及西安市價百分之五的十天市價平均計算，並且每十天平均一次，本句市價每分公債折合人民票三萬一千三百元，約合銀元一元二角，我們店中須繳多少？×兄！請你自己算算吧！並且這不過是第一期公債，第二期馬上就要跟着來了！奈何！奈何！我們是如此，別人呢?!據我所知道的計：賀衡夫（現任共黨中南軍政委員）認了三萬分，程子菊魯壽安各認十萬分，劉有餘認了六萬分，這是就大戶說，至於小戶到賣油條的拉車的也得各認一分公債，眞是一點紗泥也不漏！

談到稅的徵收，用的手段更不成話了，稅是以米計算，原因是爲了保値，人民票的保値責任要人民來負擔，人民票的貶値責任是誰負呢?!天理良心到那裡去了？米價又是天天亂漲一跳便是三四倍，稅款當然也跟着增加，以前在國民黨統治下，我們可以延期繳納，現在是怎樣也不敢了！老百姓好像是甘蔗，榨完了汁也就完了，共黨公開宜稱本年國內人口將有四分之一會餓死，這種話出諸當政者，教我們說什麼好呢！武漢自殺者日多，滾滾長江流不盡，陽邏冲積的浮屍每月達千具以上，母子數口邊柰而下者日有數起，生活確實太難，精神[illegible]實太不能忍受，×兄！你只怕還不知道吧？沈擊年爲了派稅問題，曾慘遭疲勞訊問，他是深夜十二時被傳去問話，面對着強烈的燈光，眼睛都張不開，問話的人們坐在燈後，根本看不見他們是人是鬼，刻板的問題，輪流着由幾個人來問，被訊的人若果入於睡境，便是冷水一杯，澆向臉上，這裡繼續到第二天下午五時，七十二歲的老翁怎生受得了?!結果稅是認[illegible]大堆，錢去了沒得法，精神的損[illegible]彌補?!我家的×叔，也受了這[illegible]問，不過時間稍短些，[illegible]已是臥床四日，不說一句話，[illegible]粒飯，精神唐頹達於極點，他[illegible]等死，沉靜得已無所謂痛苦了，[illegible]香港來應籌款已來應芝待××叔所[illegible]奈何！他這專押和買一些示意[illegible]請天不應抵吃或，屆時在漢[illegible]，今求請我飯性只，很當正[illegible]請求迴可能性只帕我少，雖[illegible]個年頭誰肯買房子呢？們人[illegible]些房地產，得價之慘，令眞[illegible]信，原來値萬銀元的，竟賣[illegible]銀元，奈何！奈何！

我幾天就要回去，不能不回啊！家小是人貧，叫我跑到那裡去！我本想不做生意了，關門又不行，並且若果閒着過活，便會不時有共黨的區幹光臨，盤問你生活的金錢是那裡來的？若果沒有賣黃金生活費是誰接濟的？萬一得了一個國特名義，那才是吃不了兜着走呢！×兄：我感了報褻的老鴉了，你能諒解我憑增了你無數終巳無能爲力而又不能了的愁苦囑？說一句最痛心的話，你無論在台生活如何苦，在台設法渡過吧！即令台鬪有危險，作死在台灣的打算好了！回不得也！回不得也！×弟×妹在平，聽說他們早就是幹部，但是也養不了家，××叔在平也是不了啊！越爲越鳳，煩人太多，不說也罷！勿此敬頌旗祺

弟　念皋上三月、十六日。

文藝

風波

田麟

天空像一張絕大的圓幕，海面呈現出異樣的平靜；海鷗們在空中畫着不規則的弧形。一隻輪船，雖然裡面包裝着一些人世的辛酸苦澀，却總算是暫時駛離了人生口岸，投到專屬於大自然的懷抱裡，去過上幾天舒展的日子。

伯昕鵠立在船頭，凝眺着，沉思着。這浩瀚無邊的自然，祇在他的俯仰之間。海風迎面撲過來，將他蓬亂的頭髮盡情地爬梳抖播。他一動也不動，心裡感到一點鬆弛，一點寧靜，一點迷惘，一點孤寂。

誰也不知道這個頎長的青年站在船頭已經多久了，誰也不知道他爲什麼這樣孤寂。雖說是風平浪靜，陽光溫煦，但已是冬天，船頭上風大，總有些浸骨的寒意。有人想：也許他是一個詩人，一個畫家，也許他太貪戀海上的景色了。

然而他的心情却是冗雜而沉重的，像是頭頂上那一團團凝重的灰色雲塊，也像是眼面前那永遠激盪着的海波。

他站立了許久，許久……。

漸漸地，天色陰暗下來，海上的浪頭高漲起來，風吹得緊了。忽然，一個浪頭打向船側，甲板上濺滿了水，伯昕微微一驚之下，才發覺自己的衣裳全弄濕了，也才發覺兩腿已經酸痛，船頭的寒冷有些抵不住。

回到艙裡，適才那一點迷濛的，高懸的，與海天一樣混沌的意識失落在人聲和暖氣之中，消散了，却反倒清明了；而沉重之處則愈加沉重。

他打開箱子，取出兩件衣服來換。目光落到箱內一角，一個藍色封面的册頁顯露出來，他不由得驚悸了一下——原來那是他一年以來用盡心力仔細珍藏着的一本日記，裡面記載着這一年間生活的全部。在驚悸之中，他更鬆了一口氣：多麼幸運，這本日記居然能够始終親密地跟隨着他，居然逃脫了隨時可能被檢查發覺的危險！這似乎比他自己今天之能够脫離鐵幕還要値得慶幸。他輕輕地將牠取出來，隨手翻開了一頁，祇見上面記着這樣一段話：

昨夜和小劉那一段長談，使我一直在驚惶惱悶之中。更深不能成寐，夢中猶見血跡斑斑的荒唐故事——天哪！難道這一代人民眞的非得遭受這無比的浩刼不可？

天氣異常悶熱，從早晨起，整日幾乎都是微風不動，更令人心緒不寧。胡亂上了兩堂課，也不知道那些教授們扯了些什麼。下午想睡睡午覺，無論怎樣都睡不着。

老董之流，成天不可一世的樣子，儼然一付暴發戶統治者的面孔。今天又到處拍人家的肩膀，還掏出腰包請楊玉他們吃花生米；不知又要玩些什麼花樣。上星期討論會上他們極力鬥爭陳夫子，弄得人家簡直下不來台，還逼得他發表那篇肉麻的「自白書」。今天怕該是季老頭子要倒楣了。據說這是爲了徹底清除「反動」思想的毒素，堅强革命陣營——哼！這樣搞法，總要把文化全搞光，人民全逼死才算完事！

小劉簡直是懦夫！你苦惱，你憤恨，爲什麼還要屈服？你把你在東北見到的慘象暴露出來，你把你心裡的聲音喊出來，喊出來！讓千千萬萬被蹂躪的靈魂在你的吶喊中出出這口怨氣！你還想跳火車自殺？你一點子也沒有這個勇氣！這正合了他們成天掉在嘴裡的那句話；小資產階級的動搖性，永遠是幫閒，幫閒！

然而，談何容易？這是一種如何樣的統治！這是一種何等樣子的氣息！這幾天我煩燥極了，楊玉和古月天天勸着我，就心着我會要出事。我想想，他們的話也有些道理；我太感情衝動了。但是，我又有什麼法子抑制得住這一股火熱的，暴跳的感情？

眞的！我有一種不安的預感，這幾天之內，總歸是要出一點什麼事的。

……

× × ×

不錯！過不了幾天，大學一個學系裡鬧出了一場風波。

小劉本來已是一個準共產黨員，「解放」之後熱情高極，便請求得准許到「民主聖地」的東北去觀光一次；結果帶回來的是一片幻滅的苦痛。他在歸途的火車上，簡直就想跳下去讓車輪把他碾成肉醬；但終是胆怯，做不了。於是滿肚皮悶氣，回到學校裡祇想找人傾訴。起先，他想找拉他進黨團的老董他們談談，誰知還沒有說上兩句話，就被他們一套「大原則與小原則」，「部份與全體」，「現在與將來」的大帽子給頂回去，反倒教訓了他一大頓。小劉也祇得覺住。後來，他找到伯昕，楊玉和古月他們。這幾個傢伙，自然和老董他們不同，幾月以來眼面前的現象，也已經够他們受的了。關在遠遠一角的小房間裡，小劉不經意地在乾柴上澆了一桶油。

楊玉和古月比較理智些，慎重些，時時勸着伯昕，總算把他的一股火氣壓下一點，沒有讓他亂來。然而在這種氣壓之下，在老董之流顢頇拔扈頤指氣使的情景中，火苗是滿天飛舞，澆了油的乾柴，隨時都可能被火頭接上，燃燒起來。

那一天，伯昕在日記上記着老董請楊玉他們吃花生米，總是又是要玩什麼花樣。果然不錯，「他們」是打算清算季老頭子一下，要讓他學學陳夫子，也來上那麼一個「自白書」，自已打打自己的嘴巴。別的人都不成問題，就是楊玉這幾個人須得事先疏通，好讓他們當場也完全跟着「他們」的「原則」說話，或者不必開口。楊玉他們這幾個月以來也學得一些乖，一切都裝着一副態度來應付，也算是近乎習慣了。至於伯昕呢？他們雖然也知道他和楊玉等相當接近，但以前在「學運」中是一個熱烈的工作者，已經是「前進分子」，自然更沒有問題。他們並不曉得伯昕在這幾個月中心情有過何等樣子的急劇的變化。

和每天照例的功課一樣，下午的討論會開始了。敎授們比學生還不敢隨便缺席。

首先，一個矮個子發炮了，他很

溫和地問到關於馬克斯和黑格爾的問題。季老先生起來支吾含糊地解答了幾句，以爲可以交賬，誰知道問題愈來愈多，使他應付不了，才感到情勢相當嚴重，話說得愈來愈無條理。於是，矛盾和漏洞被抓住了，帽子也一堆堆地送上來：

「這完全是形而上學繞灣子的遁詞！」

「把馬克斯的哲學看做是舊式唯心論的新解釋，這是侮辱了唯物辯證法的革命性！」

「請問季先生，你這種理論是站在什麼階級立場的？」

「………」

其他的教授看到這種情形，誰敢來替他解這個圍？那幾位「前進教授」也都跟着打打邊鼓。隨後一個學生站起來，要他「坦白」過去的歷史，要他承認自己以前完全是替「統治階級」說話的國民黨「御用學者」。季老頭子臉上紅一陣白一陣，額頭上掉着雨點大的汗珠，簡直無法招架。在萬分窘迫之中，老董站起來，裝作替他解圍的樣子，要求大家不要逼得太緊，請他事後寫一封公開信，在報紙上發表，以作答覆。

伯昕心頭不住地跳動，他看見季老頭子那種尷尬而怕事的樣子，怒氣直往上衝。古月在他身後暗暗捏了他一把。這時，不知道是否由於興尚未盡，「他們」又把目標轉移到小劉身上了。「他們」說小劉這幾天太「鬧情緒」，「背着小資產階級的包袱不放」，「脫離階級立場」，「懷疑革命」等等。

小劉曾經被伯昕笑他沒有勇氣，心裡已是老大不痛快，現在經他們這一挑，更是無名火起，那種「革命」「包袱」等等字眼，早已聽慣了，用爛了，絲毫不能引起正面的刺激作用。而他這次在東北親眼見到的則是千眞萬確的事實，再也不容掩飾，不容欺騙。他站起身來，用驚人的聲調，打斷了他們的叫囂，慷慨陳詞地說述着他在東北的一段經歷。全場空氣肅然緊張起來。

他說：「過去，我們聽到許多關於東北的傳說，我們老是充耳不聞，老說是國民黨中央社的造謠污蔑。誰知道這些竟然全部都是事實呢？」

他說：「就在我們狂歡慶祝的時候，東北，還有許多其他地方的同胞們在過着何等煎熬的苦日子！」

他說：「我們要問問革命的代價究竟是什麼？」

他說：「我們天天嚷着改造意識，搞通思想；可是那些血肉的事實爲什麼不去改造一下，搞通一下呢？」

他說：「階級立場總應該是與廣大人民的實際利益相符合的。」

小劉愈說愈激昂，一直到掉下淚來，激動得說不下去了。每個人的心裏都好像被一個鐵鈎子緊緊地扣住。窗子外面擠滿了人頭。

等到老董他們想着要起來答辯，這邊伯昕又跳起來，揚着脖子，瞪着眼睛，像山洪爆發似的演說着。他把這幾個月眼前所見到的都講出來，把心頭積鬱着的悶氣都一古腦兒倒出來。說着說着，不禁揮起拳頭怒擊着桌子。

於是，一場激烈的爭辯開始了，一個明顯的陣勢擺開了。這一邊是伯昕、小劉、楊玉、古月四個人，那一邊是老董他們七八張嘴。你來我往針鋒相對，各人都不讓着。教授們都祇有默默聽着的份，做不得聲。

在引用各種漂亮的名詞上，在搬弄馬列主義和新民主主義經典的本領上，誰也不比誰弱。因此，除開老董他們是有黨團藉的身份這一點之外，究竟那一邊算是正宗，分辨起來是很困難的。

這是一件很尋常的事：理論之爭往往會轉移到個人相互之間的攻擊。老董他們往常很習慣於搬出「無原則的懷疑主義」「布爾喬亞意識毒素」等等的大帽子便將事情壓下去的辦法，可是這一回不靈；伯昕這幾個傢伙的勁頭太大，「宗派主義」「主觀主義」「關門主義」「一手遮天主義」等帽子也毫不客氣地飛過來。

當然，這樣子下去是不會有結局的。但是根據「指導原則」，却不能夠弄得不歡而散；惟一的辦法，便是留待明天再繼續討論。

散會下來，每個人心裏都打了一個重結。

晚飯後，伯昕和小劉到楊玉古月他們房裡去商量辦法，準備明天如何應付，如何再向「他們」發動攻擊。

「咱們今天未免太衝動一點！」古月心情靜下來，總覺得有些不好。

「哼！你就是個怕事鬼！」伯昕餘怒未息地說：「你們看看，不到半年，一個堂堂學府被他們擾成個什麼樣子？現在越來越囂張了。今天季老頭子受的罪誰都看得清清楚楚！一不做二不休，咱們既然已經鬧開，就得趁着這股勁頭，非把他們的氣焰壓下去不可！」

伯昕轉過頭來，瞧着小劉說：「小劉！你怕不怕？」

「怕？這簡直是侮辱！大不了一

十四行

吳蟄

是一個溽熱淩人的夜晚，
蝌蚪底低空擠着星群。
正如那些作鬼臉說謊話的惡人，
陪襯看蚊蠅對季節的頌讚。

我們默默地對坐；冰冷，灯籃，
可是誰鉗制了我們底嘴唇？
讓火熱句語，希冀，灸灼着年青的心，
懷疑那罪惡竟將把價值翻顚。

但堅强的人決不去曲迎權力，
炮烙上的刑者底仇恨最分明。
我們，你望着我，我望着你；
沉默，堅忍，教育着復仇的英雄；
更殷切地，虔誠地祈求狂風暴雨
捲起我們！捲起我們底生命！

——一九四九年夏鐵幕內有感

條命送掉，反正我早就活不下去！」

話說到這裡，一個嚴重的局勢好像愈挪愈近了。

楊玉年紀大些，也比別人都穩重老練些。他知道，這樣下去將會有不幸的事件發生。所以，他心裡早就盤算好了一套辦法，祇是想着如何說出來才能讓他們同意。

「伯昕，小劉，我問你們，」楊玉輕輕的說：「你們到底是想祇出口氣，不管生命糟蹋不是？」

「誰願意輕易犧牲？但是我們現在有什麼辦法？氣在肚子裏越鬱越多，怎樣受得了？」

楊玉便開始緩緩地談着。他說，從歷史的方向上看，這是一股逆流，不久便將會被主流沖掉。他說，中國的問題，要放到整個世界局勢上去看，世界有辦法，中國也就有希望。他說，我們不能把現在看做一個階段上的定局，而認爲一切都無法挽救。他說，我們自己要能夠忍得住痛苦，受得起磨鍊，最後，他再把話題引回到當前的問題上來。

他說：「這也不是什麼新鮮的道理，我們大家早都知道，早都談過的。可是，你們就不能夠記住，時常爲了眼前的煩惱而忘記了遠處。比如今天的事情，雖然不能算太失策，但是牠背後却純是一股盲目天眞的情緒在衝動。要是再不能適可而止，依舊任着性子鬧下去，後果是不堪想像的。大不了是一條命！爲什麼想得這樣淺？爲什麼把一條命看得這樣不值錢？」

伯昕感到有點慚愧，低下頭來，小劉心裏熱度一消，反倒徬徨恐懼起來：

「怎麼辦呢？今天我說得太兇了！他們會不會暗暗把我捕去，送到：…………？」

「沒種！又害怕了！我問你：你的骨頭總共有幾兩重？」伯昕沒等他說完，就打斷他的話，鄙夷着說。

「好了、不要再吵了，咱們商量明天討論會上的事。」古月說着，便主張明天大家「坦白」一下，承認錯誤，說是各人回頭仔細想了一想，覺得實在是「鬧情緒」，「思想」沒有「搞通」。

「這不是硬要自己打自己的嘴，服服帖帖地向他們低頭？我就是願意幹，也裝不像！」伯昕說。

楊玉也以爲不妥，轉變太快，不免使他們起疑。他主張把一切原因都扯到個人身上去。讓人家以爲他們之所以鬧得這樣兇，完全是由於對老董等幾個人包辦作風的不滿。於是大家決定明天如何發言，如何承認關於大原則上的錯誤觀點，更如何繼續攻擊老董等個人的作風。

一夜非常平靜地過去。

第二天早晨起來，伯昕到操場去做運動，看見牆上貼滿了紅綠標語，幾個月以來門庭冷落的「民主牆」，今天居然熱鬧了，他不知道是什麼事，跑過去一看，祇見標語上寫着「提高警覺！」「學校裡發現了托派分子！」「不要中了托匪的奸計！」等等，到處都是「托派」的字眼，却沒有說出什麼事來，他心裡有些狐疑。問了幾個在一旁觀看的人，也問不出所以然。趕忙又回到宿舍去，找到楊玉和古月，迎面便問他們：

「你們知道民主牆上貼了標語嗎？」

「已經知道。」古月說。

「究竟怎麼回事呢？」

「哼！要這種手段！」楊玉說道：「還不是爲了昨天的事，故意擺出打草驚蛇的勢子，好警告後來者！」

「他們眞的又栽汚我們是托派？」

「沒有關係！不要管他！」

這一天，討論會上老董他們非常謙虛，非常安靜，一切等待伯昕等的進攻，絲毫不作辯駁，絲毫不作反擊，最後，他們一個個都完全承認錯誤。這使伯昕他們覺得驚異。

自此以後，老董等的作風也收斂了許多。這使伯昕他們更莫明其妙。一星期之後，「新民主主義青年團」團員的人數激增。全城各學校都知道××大學××系有托派反動分子。伯昕他們到這時才眞正明白共產黨的厲害和可怕了。然而他們已經完全陷於孤獨。沒有人願意接近他們，沒有人敢理會他們。兩個月以後的一天，小劉突然失蹤。而「他們」宣佈說小劉因爲是黨員，「黨」調他到南方工作去了。這是伯昕這本日記上最後的一頁：

天天耽心着的事終於來到——小劉失蹤了！誰能信那些陰謀的謊話？

古月暗暗地哭了一場。哭什麼？我們那裡還有剩餘的眼淚？我們該有多少憤恨和慚愧！迫害一層層地壓在我們頭上，而我們做了些什麼事呀？我們還配不上受這樣的迫害！

這裡還有什麼留戀的？去！去！找一個地方去！做一份反抗的工作去！反正待着也一樣危險，不如闖着危險走吧！

× × × ×

伯昕這樣翻看着日記，整個的靈魂都在隨着目光而激動。一串串鮮明的畫面，從字迹中跳出來，連續地在眼前浮現。他想着楊玉和古月，不知道他們能否逃脫得了；他想着小劉，不知道他現在是不是尙在人間，或是在一個不爲世人所知的黑屋子裡熬着苦刑；他想着學校裡那許許多多在威脅的空氣下不敢和他們相近的胆小而善良的面孔；他想着在農村在都市挺在生死邊沿上的千千萬萬生靈；他想着一大堆一大堆的死屍……

他的心頭愈加沉重，他的頭腦暈沉沉地，他的胸口像是被兩塊厚重的木板緊緊壓住，他直覺得要嘔吐，……

……船，在驚風駭浪中顚簸地前進。

中篇連載

荻村傳

（一）

陳紀瀅

一、義和團餘孽

秋天，荻村經過三晝夜大屠殺之後，血淋淋的人的殘肢斷骸和牲畜的屍體，紛然雜陳在街心牆角。牛頭銜接一個無頭的人屍，一只人的胳膊接成了一只狗的腿，馬尾上拴着一個死嬰，一西騾子和一個女人被同一枝紅纓槍，穿透着胸膛。廟宇內的大樑上懸着自盡的挂屍，水井內塡滿了自殺的浮屍。燒焦了的樹枝上飄揚着撕成一絲一條的紅紅綠綠的女人衣褲。血，染紅了黃土地；糞，堆滿了各條街，沒有聲音，只有紅的顏色，腥臭的氣味，織成了恐怖和死寂。唯一的一點生動，還是那被火燒燬了的房屋餘燼。冉冉地冒着最後一縷白烟。

約摸有半天的功夫，再聽不見「殺呀！」「殺死這群奉教的！」「打死洋鬼子！」的種種惡濁聲音之後，閃在大寺內閻王爺，判官，小鬼泥胎後面和神案下的那些白鬍鬚老頭兒，東大辮子的大姑娘，裹小脚的女人們，一個一個地都顯露出來。那些躲到外村去避難的男女老幼，也成群結夥的，背着包袱，蓬頭散髮，惶惶忙忙的帶着飢餓的面色，蹣跚地返回。

剎那間的寂靜後，隨着來的乃是一片哭聲，喊叫。個人找個人家的沒逃走和躲藏的人。兒子發現娘被殺死了，爹發現自己的女兒跳井自殺了。姑娘發現她的爹娘雙雙懸樑自盡了。誰家丟失牲口，誰家的房被燒，誰家的米倉被刼奪，誰家的假牆被拆開。哭的，喊的，喧鬧起來。

晚上，在燈籠火把下，撈屍，埋葬的工作展開。掃街，洗地，整理門柵，撲滅餘火，讓空怖消蝕在悲痛裡，把不幸付託給命運之神。

在村莊南頭一條街上的屍堆裏，發現了一個受傷却未死的半裝小子（在這一帶，稱呼將成年而未成年的男子叫做「半裝」或「小半裝」，稱呼年輕的男人爲「小子」），蠕蠕地動着，光着臂，赤着脚，穿半截紫花布褲；腰間結着一條紅布帶，頭上裹着紅布包頭，手裏還握着一枝只半邊有紅纓的木柄鐵頭槍。他的傷處一部在頭，一部在腿，頭上的血染污了他的紅包頭和全臉，腿上的血還不住的泪泪地滴，看不清他的臉，看不出他是誰，只見他僵臥在地上，兩眼双閉，緊緊地握住那枝禿了毛的槍，嘴口的血，隨着呼吸向外流吐。

「這他媽的，不是一個義和團嗎？」綽號叫「黑心鬼」的說。

「眞他媽的，可不是一個紅燈照嗎？」綽號叫「大粗腿」的說。

「揍死他！揍死他！拿他給咱們全村的人償命！」

「別介！別介！揍死他，太便宜他了。先看看他還有氣兒沒有？」

吵吵嚷嚷，人圍了一層又一層，打着燈籠火把，東一句西一句。

當膽壯的，綽號叫「扣兒蘑菇」的俯下身去，湊近他的臉要扳動他時，冷不防這個閤眼閉嘴的紅包頭半裝，突然能立起來，睜大了那冒着火光的半眼，舞起那枝禿纓槍，準備就要刺人。圍着看熱鬧的人如見僵屍復活，早嚇跑遠了。他們驚魂稍定，在遼遠的短牆後，老樹旁，廟門裏，又舒出頭來，露出燈光，大家一齊衝着這個紅色頭半裝小子看去。

他手握着禿纓槍，身上暴露着那粗壯的筋骨，兩隻牛眼還不住向四處掃射，嘴裏吐着和唾沫混合的血，但他似乎立不穩，而且顯見非常疲乏，一切都是强振精神的動作。

大粗腿躲在老樹旁，瞪了許久，他看出門道，他招呼扣兒蘑菇說：

「你看出來了沒有？他剛才是裝死，我看他是王八躍蹦有前勁沒後勁，瞎子磨刀快啦。」

「這個小子到這會兒還他媽的逞强，不是耗子啄猫兒的鼻，要我死嗎？」扣兒蘑菇扒着那堵短牆，蹺着脚兒，剛剛露出腦袋，回答大粗腿的話。

躲在暗處的完蛋蛋兒，黑心鬼，小淌氣兒，歪歪桃兒，拐子蓮兒，大脚蘭兒，這班男男女女，指手劃脚，一會兒探出頭，一會兒又縮回來，鬼頭鬼腦地探探縮縮。他們既不敢迎上前去和紅包頭半裝小子打一仗，又不肯回家料理他們的殘破的家事去。

果然，沒抽袋煙的功夫，紅包頭半裝小子跌倒在地上。

有了剛才的經驗，誰也不敢再貿然湊近他。還是由扣兒蘑菇領頭，每人抄起一樁傢什，棍子，棒子，鐵鍬，扁担，糞鏟，當中還有幾個會拳術的，也從家裏把藏起來的刀、槍、三節鞭，流星等等，一古腦兒都拿出來，好像捉强盜似的，大家躡步層層包圍上去。

這時僵臥在地上的他，呼吸短促，混身痙攣，手裏的禿纓槍握得也鬆了。當這群人要捉他的時候，只聽見他第一次一吁一喘地說出：

「先殺……天主教呵，後殺……洋鬼子兒……」但微弱的聲音，已顯不出他是一個强壯的半裝。他雖然還想掙扎，到底因爲沒有氣力而被捉了。他的禿纓槍先被繳了，双手倒背剪起來，一直把他擡到張舉人家的藥舖裡去。

三天三夜大屠殺之後，被活捉了一個半裝義和團員。村裡的人民的警惕恐怖，死亡仇恨，好像已取得了代價。天亮了，大家才去睡覺。

第二天張舉人家的藥舖裡擠滿了四街的人。雖然是年青小夥子也拖着長長的辮子，老先生帶着老花眼鏡，穿着長統靴子，幾位有功名的人更衣帽整齊，道貌岸然，不過每人都有一副悲苦的表情。

張舉人是荻村功名最高的人，還沒有放缺，他雖然不是村正，但照傳統的規矩，村裏的事情無論大小，必須請教他的。而他家的藥舖又是多年村中議事的地方。村正陳三爺和村副郝秀才向張學人報告這次反亂本村共死男人一百〇五名，女六十七名；騾三十二匹，牛四十五頭，馬十四，狗無數，房屋被焚二百餘間，糧米、衣帛、鷄猪，被掠無算。是明末闖王亂後第一次浩刧。接着便要審問這個帶傷的俘虜。事先，張舉人對衆人說：

「我們捉住的這個義和團員現在還睡在裏面，給他數了藥，送給他幾碗水，幾個餅子以後，他已經精神了許多。」

他又說：「衆同鄉要知道，義和團是皇上許可打洋人的民團，這次他們起事，主要是替咱們大清朝振國威，爲中國爭口氣，本村雖不幸受害甚重，但我們必須遵守古聖先賢之言，要以德報怨。爲做一份善良百姓，我們不可違背皇上旨意，擅自殺人。何況他是否曾殺人，我們還沒有證據，他又年青，並且受了傷。」張學人說完，遂唏噓不止。

後來，這個紅包頭的牛裝小子不但沒有被殺死，也沒有被送到縣衙門裏去，反倒讓他居住在齊村，一方面是因爲聽從了張學人的話，一方面也是這個村莊的人太怕事，寧肯自己受了害，誰也不肯再惹是非。

紅包頭牛裝小子姓什麼？叫什麼？什麼地方的人？怎樣會當了義和團？這是當時誰也沒有弄得十分清楚的。看他的年齡膂力，至少有十七八歲，以這麼大小的年齡，除非他是白痴或者患了精神病，他應有記憶，可是不幸的是從他的自白當中只知道他的名字叫常順。

「常順！你姓什麼？」「你姓常嗎？」

「我不知道。」

「常順！你有爹嗎？你有娘嗎？」

「我沒有爹，也沒有娘？」

「你是怎麼生出來的？」

「我是石頭縫兒爆出來的。」

「誰說的？」

「莊上老人們告訴我的。」

「你今年多大歲數啦？」

「我不知道。我沒有爹，又沒有娘，我怎麼會知道？」

「你沒問一問石頭嗎？」

「可說呃，我那一天衝着我們莊上廟台前的大石頭磕了十個響頭，他也不理我。莊上老人們說我北眞龍天子小十歲，誰知道呢？」

「你的莊子叫什麼名字？」

「我不知道。村南有八棵大柳樹，村西有一片棗樹，樹東有一座關帝廟，村北有一個水窪子。」

「你怎麼加入義和團的？」

「我不知道。」

「誰給你的槍？」

「他們。」

「他們是誰？」

「那些人們。」

「你認識他們嗎？」

「不，他們打我們莊上過，拉過我走的。」

「誰給你包的頭？繫的腰帶？」

「也是他們。」

「他們教你什麼？」

「他們教我唱『先殺天主教啊，後殺洋鬼子兒！』教我見人就殺。」

「你殺了多少人？」

「我一個人也沒有殺，我不敢殺人。我要殺過一個人，敢對老天爺罵誓：天打霹靂轟！操他親娘祖奶奶的！」

「你的傷怎麼來的？」

「我跟他們跑了幾個村子，我不敢殺人，到前邊村時，他們叫我這回可要殺個人給他們瞧瞧，再不殺人他們就要打死我，我漲了漲膽量，我看見一個老頭兒正在抱着包袱逃跑，我想這回可得着啦，我撐起我那枝紅纓槍，衝着那老頭兒背後就是那麼一刺，你猜怎麼咧？那老頭兒回頭一手攢住我的槍纓，從我手中奪過去，拿起槍柄，就是那麼一掠，你猜怎麼咧？打到我頭上，就把我的腦袋打傷啦。那老頭兒撒鴨子就跑，我的槍纓也只剩下一毛兒。到你們這村裏，他們罵我『你娘的，原來是個蠢種！』你猜怎麼咧？他朝我的腿肚上就是那麼一槍，噗的一下，鮮血就冒出來，我也就倒下了。他娘的，可疼死我了。我敢對老天爺罵誓，我要殺過一個人，天打霹靂轟，操他親娘祖奶奶的。」

扣兒蘑菇，大粗腿，完蛋蛋兒，黑心鬼，小淘氣兒，和荻村出名的女光棍歪桃兒，拐子蓮兒，大脚蘭兒都聽得明白。他們的總評是：

「呵！原來這傢伙是個大傻子！草包！混球兒一個！屎且加三級！」

以後荻村和附近三里五鄉的人們都稱呼他「傻常順兒」，小孩們欺負他傻，故意把「順」字改爲「孫」字，有時也叫他「傻常孫兒」。照這一帶的民間用語，凡名詞後面都加上「兒」字，但這「兒」字並不能單獨成音，譬如「傻常順兒」，「順兒」合起來只是一個音。

村正副遵照張學人的意旨，給常順兒撿了幾件夾衣服，給他弄了一束穀草，敷了些破傷葯，把他暫時按排在街當中的關爺廟內。並告訴常順兒：「這是你的運氣，也是本村多是積德之家，本上天好生之德，留你這條狗命。否則，在這亂世把你殺了，也不會償命；把你送進衙門去，一定會坐監；把你驅逐出境，必定流爲賊寇。等你傷好病癒，腦筋清醒清醒，也好回你的家去。」

張學人特別囑咐扣兒蘑菇在這幾天特別照呼一下常順兒，給他撿些喫食。

二、荻村風土人物誌

荻村以村北一塊廣潤的葦濠著名，這個濠坑產葦子，村人通常把收成好了的葦子叫做荻子，它的功用是建築房屋或織成蓆，鄉下人用它曬晾菜蔬食物。荻村的荻子特別茂盛，每年產量除了供本村用外，還可以外銷。這塊濠的主人就是張學人。

荻村是屬於保定南部的一個縣城。這個村裏的人有活一輩子不知什麼是河，什麼是山。村南是沙灘，並且鄰村就叫河西，可是誰也不會做個夢，這裡會有過河，因爲實際的那有名的滹沱河、唐河、大清河都在百里以外。在以前，如果有人說他曾到一百里的遠方看見過一條有水的河，或者他用考據方法，說明以先的唐河河牀就是村南的一片沙灘，在村人聽來那簡直是說胡話，是一種欺騙。從他們的遠祖傳說中，沒有人去過那麼遼遠的地方，沙灘就是沙灘，是土裡長出來的沙子，什麼河牀不河牀？誰相信這些沒影子的鬼話？關於山更稀罕了，他們不知聽誰說世界上眞有山，是平地長起來，又高又大，又長的石土堆子，高到和雲彩齊，長到幾千里。他們認爲這眞是世界上最偉大的東西了，但都沒有看見過，他們常常於薄暮之後，登在房頂上往北看，偶而天晴，看見雲邊上烏雲一片，尖尖的山峯，好像萬里長蛇陣，他們便欣喜若狂，認爲看見山了。他們相信皇上，唯有皇上是金口玉言，村東裡有一口苦水井，據說劉秀走國，打這兒過，劉秀要喝甜水，這口苦水井立刻變甜了。他們相信鬼神，大寺裡的閻王爺，判官，小鬼最有權威。老天爺是他們隨時賭咒起誓的最高法官。他們崇拜英雄與名人。尤其是關公、岳飛、諸葛亮。劉伯溫、甚至於黃天霸、竇爾敦這班人物，都是他們敬佩不止的。他們把縣知事和皇帝一樣看重，他們有活一輩子沒有見過縣大老爺的，有一個人曾在城裏縣衙大堂口看見縣大老爺路過，引為一生無上光榮，連他的子孫都也會把這件事，流傳幾代歸功於祖先的陰德。

荻村的可誇耀處是村子大，人口衆，財主多，房舍好。有五條大街，有三爿藥舖，兩爿雜貨店，兩家炸菓舖，兩家棧房，一起吹鼓班，一個剃頭匠，三個油醋挑，一家燒鍋，其餘紮紙、屠宰、槓房、泥瓦作、星相醫卜，無不應有盡有，最稱得起榮耀的，要算功名人輩出，自進士、賜進士、舉人，秀才，甚至於捐班監生，掐指算算，統共也有三十名之多，在本縣也算得起人傑地靈了。

另外還有一個特點，因為村子大，人口衆多，稍微有點名氣的人物都有一個綽號，這種綽號的由來，當然也不簡單，不是每個人說要一個就有人送給他的，必須要根據他那種特點，天長日久，積年累月，他能才得着，並且漸漸會把他的眞名實姓掩蓋，甚至於他的親友也會忘記他的姓名是甚麼。但這綽號並不像水滸傳那班傳奇人物的有聲有色，自己常常拿來賣字號。荻村的所謂名人的綽號並不是他自己情願叫的，但既經叫開之後，他也無法再來否認。他自己雖然不賣弄，但別人隨時會替他宣揚。這種綽號可以延續六七代，往往他的會孫玄孫還要替他們的祖先承受這些不名譽的稱呼。話又說囘，眞正的大戶人家有錢有勢的，永遠沒有人敢給他們起綽號。好人也沒有綽號的。可見綽號的得來含有多少複雜的背景。

黑心鬼，做事毒辣，使昧心錢，做昧心事，又狠又毒，快三十歲了，還沒生兒子。大粗腿擔着挑子一次在街上罵他：

「黑心鬼！你的臉黑，心黑，手脚都黑；你黑吧，你黑得落了絕後！」

「混賬，大粗腿：我不欠你一根芝蔴糖錢，我沒有白喫過你的一把花生豆。你他娘的，罵我？你兩條腿快腫成房樑那麼粗了，還要貧嘴？」

「算了把？你們這兩個活王八！一個黑心，一個粗腿，若不是老天爺可憐見的，你們倆早該被義和拳千刀萬剮咧，還吵什麼包子？」大脚蘭兒蹦蹦地走過來。黑心鬼一聽，便給堵囘去：

「還有你說的，劉媒婆大脚蘭兒？你平日不幹好事，專拉皮條，兩頭騙人。別的女人是三寸金蓮，你是三寸橫着量。等着吧，你死後少不得拔了你的母狗舌頭，剝了你的駱駝鴨子！」

「呸！我們蘭兒大娘，專做好事，下輩子要升天呢。」拐子蓮兒提着一籃子燒餅菓子，一拐一拐地湊到一塊，幫大脚蘭兒說話。大粗腿露着他那大黃牙，猪肚子臉，忙趕向前，衝着拐子蓮兒罵：

「嘿嘿！你是不是要大脚蘭兒給你妹妹歪歪桃兒找個漢子啊？我看，住在關爺廟裡的那個傻傢伙就很對勁兒。你去問問歪歪桃兒，她若樂意，我大粗腿頂大脚蘭兒的生意。哈！哈！」

拐子蓮兒一聽，糟蹋她妹子，怒氣冲冲，放下籃子，就去揚起拳來打大粗腿，大粗腿也放下挑子來迎，正要撕打的時候，突然來了一隻老黃狗叨了拐子蓮兒籃子裡的燒餅菓子，闖倒了大粗腿的糖菓挑，老黃狗跑遠了，籃子挑子都翻了身。他們都是小本生意，哪經得這個損失，先是大粗腿和拐子蓮兒扭成一團，後來又加」大脚蘭兒幫着打，三個人在泥土地上翻過來，扭過去。

黑心鬼知道事情鬧大了。他不勸架，忙喊叫起來。不一會兒，完蛋蛋兒，小淘氣兒和許多婦人孩子都跑來了。完蛋蛋兒和黑心鬼用力拉開打在一團的三個人，大粗腿因為腿腫爬了半天才起來，大脚蘭兒的褲腿也散開了，拐子蓮兒不但腿瘸立不起，束的髻也披散成長髮鬼。在地上跪球半天才起立。這時小淘氣也把扣兒蘑菇找了來。

「好！大夥兒都到廟台上去評理！」扣兒蘑菇說。

完蛋蛋兒跟在這群人後面，自言自語：「我從來不和人鬥。常言道的好，鷄不跟狗鬥，男不跟女鬥。我玩蛋蛋兒活到四十多歲了，兩隻手從來沒做過缺德的事，除了到夜晚用它偷點東西外，我沒舉手打過人。而且我的活路都在躲着人，誰有功夫青天白日用手打架呢？」

扣兒蘑菇站在廟台中間，如同一隻小杌墩，又好像武大郎站在那兒，他笑瞇瞇的兩隻小眼，轂轆轂轆的，靜聽當事人的互控，再加上黑心鬼的證人。扣兒蘑菇已然是三十多歲的人了，人矮，心不小，他機警，有信用，說了算數，於是他便成為荻村第三流的霸王，常常為人排難解紛，而且張舉人，這村一正副部依靠他。

憑扣兒蘑菇的智慧，公平審判一場紛爭的結果：大粗腿不應該和拐子蓮兒還嘴，須負禍首之責。所有拐子蓮兒的損失，大粗腿負責包賠。大脚蘭兒不應該罵大粗腿和黑心鬼，應向雙方賠罪。黑心鬼兒架不勸，有袖手旁觀的嫌疑，應該受申斥，並罰他把落在地上的糖菓給大粗腿收拾起來。把弄髒了的燒餅菓子送給傻常順去喫。這場官司處理得公平不公平，荻村沒有人計較，當事人也不敢計較。

當小淘氣跟隨黑心鬼把沾包了泥土的燒餅送到關爺廟送給傻常順兒吃的時候，他高興地，又不禁唱起來：

「先殺天主教啊，後殺洋鬼子兒！」

（未完）

一個選擇了自由的蘇俄飛行員（上）

W.L. White 原作
林茂心 譯

這裏記載着一個年青的蘇聯飛行員，怎樣離開了自己的國土，放棄了蘇聯國民的資格，寧願生活在另一個陌生的地方。原文由主角口述，W.L. WHITE 記錄。令人看了，對今日最大的人道問題，有一線新的亮光——去跟蘇維埃式的思想抗爭。

——編者

一

如果你想明瞭爲什麼凡西利，科托夫僅僅爲了一個女孩子而離開蘇俄，你就應該知道那些日子的情形。當時，革命才開始不久，凡西利和那女孩子都還年輕。他倆曾一同夢想一些美麗的事情。那是小孩子天真的想法，也是革命的想法。

凡西利生於一九一四年，正是俄國人所謂第一次帝國主義戰爭爆發的時候。當列寧和托洛斯基得勢的時候，他只有三歲，所以沒有一點印象。他的父親是紡織廠的熟練工人，曾經熱烈地擁護一九一七年的革命。

在學校裏的那幾年，可以說是凡西利在蘇聯生活中最愉快的日子了。尤其是一九二四至一九二八年，在列寧的新經濟政策之下，允許農夫及小本商人自由做買賣。那時科托夫家裏，可以得到豐富的糧食和很好的衣服。

學校裏小學生心目中最重要的，莫過於少年先鋒團。他們的領袖是一個年紀較大已經加入共黨的女性。她首先叫孩子們忘記宗教信仰。一大班小孩，就與奮地家家戶戶去搜查牆上掛的偶像；如果發現一張宗教性的圖畫，立刻警告那一家的小朋友：一個月以內不把圖畫丟去，就要開除團籍，不准再參加先鋒團。在他們的眼光看來這是最可怕的處罰，因爲一切有趣的活動，都是由先鋒團產生的。有一次，一個男孩子秘密地掛着小十字架，被他們發現，凡西利和他鬧一場以後，回家問他自己的父親，到底宗教是怎麼一回事。他的父親叫他別想這些蠢事，他的母親却難受地說：「我仍然信仰宗教，不過，也許你們新的一代可以離開宗教生活。」

有少數同學，因爲家庭教育的原故，對這剷除宗教的運動，非常怨恨，始終不肯參加先鋒團。這一群頑固的，被別的孩子唾棄鄙視。雖然他們仍舊繼續求學，甚至入大學，但是他們將永遠沒有資格加入共產黨，其餘的卻相反地熱望能升爲正式黨員。

凡西利十四歲那年，班上多了一個美麗的女孩子。她有棕色的鬈髮，白析的皮膚，一雙圓圓的灰色眼珠，老望着他笑。她的母親是波蘭人，所以她有高高的鼻子，輪廓非常美，身材較一般俄國婦女細長。她的父親是一個薪金很高的工程師。這女孩子叫高莉亞。

高莉亞的功課很好，常常偷遞條子給那些答不出問題的同學。她自己卻從來不要人家幫她。老師問她什麼難題，她會很爽快地回答。同學都很喜歡她。她的文學很好，尤其擅長寫詩。先生常常把她的詩唸出來給大家聽，她總是不好意思地低頭望着地板。

因爲高莉亞是全班最漂亮的女同學，不久，全班的男同學都寫紙條給她，凡西利也寫了好些短信，不過因爲他的家境和高莉亞的身份相差太遠，似乎不配和她講戀愛，所以總不具名。一天，高莉亞和他談起那些信，她說：「都是些無聊的東西，其中只有一個寫得很有意義，可是他偏不肯具名。」她說着，將他所寫的信拿出來，會意地向她笑。以後，凡西利常常寫信給高莉亞，她也樂於回信。兩人常在下課後，秘密地一塊兒散步，在莫斯科的街上，假裝各自看櫥窗裏的貨品。

有一天，他倆散步的時候，凡西利忽然說：「高莉亞，我愛你。」說完，臉漲得緋紅，不知如何是好。高莉亞紅着臉，很久不回答。凡西利追問：「你呢？」好久她才說：「我也一樣。」她擡起頭來看着他笑，眼裏含着晶瑩的淚珠。

一年以後，凡西利的父親死了；他不得不離開學校，到工廠做工來養活他的母親。那年政府開始清算，將農人的田收歸國有。一百個被逐出的農夫，被派到凡西利工作的那間工廠。他們住在兩間大房裏，陰暗骯髒，充滿煤煙。這一群鄉下人對工作很勉强，也從來不跟城裏的工人交談，因爲那些工人是和搶奪他們土地的共黨站在一邊的。

一九三〇年的某一天，凡西利看見一長列苦着臉的人民，被兵士押着進了囚車。這些人是地主，將要送到西伯利亞的勞工營去。他的老師曾經告訴他，這些地主使莫斯科缺乏雞蛋牛油麵包等食品。所以，他一點不同情這些人，認爲他們是應當受苦的。

二

一九三三年，凡西利一生最大的夢想得以實現——他可以進大學了。他的大姊嫁了一個薪金很高的工程師，可以幫助維持凡西利母親和妹妹的生活。他晚上仍舊到工廠上夜班，政府每月付給他六十五盧布的津貼（足夠每天飽吃一餐），住宿舍和書本又免費。這樣，他進了莫斯科工學院。

進大學的第三年，他和亞歷西却爾諾夫成了好朋友。亞歷西的父親是重工業供應部的工程師。他的母親是著名的鋼琴家。兩位老人都是在沙皇時代受教育的。他們住四個大房間的住宅，地上舖着波斯地氈，用的是華麗的傢俱，還有兩個女傭。

在亞歷西的朋友中，一個是孱弱的妮娜，他的女朋友。一個是奧克姍娜——藍眼睛，黑頭髮的游泳冠軍。一個是天才詩人耶撒，能背誦很多名詩人的詩。凡西利很快的成爲這智慧的一群中的一份子。亞歷西引導他到一個新天地中。他們談論莎士比亞、歌德、狄更斯和巴爾塞克的著作。他們討論當時俄國的現狀形勢。這對凡西利，無異是强有力的酒，加添了他的活力。他覺得他似乎站在高山的頂上，整個俄國都清楚地展開在他面前。

凡西利提到他工廠裏那些永遠沒有笑容的農夫。亞歷西的父親，這時剛從烏拉斯新設的工廠回來。他告訴凡西利：幾千名被送去做工的農夫，住在行軍營裏。他們沒有絨氈蓋，有時點一會兒沒，有烟囪的舊式火爐，在西伯利亞可怕的嚴寒中過活，吃的只是湯和麵包。

耶撒也開口了：他在假期中回烏克蘭的家鄉去，聽到許多關於老百姓怎樣在一九三三年大饑荒時受苦的慘狀。那次荒災是由於旱災和徵產所引起的。那年冬天，人民吃的是樹葉和甜菜根的渣。最嚴重的時候在耶撒的本村裏，每天有三四十人死去。政府把他們埋在大坑裏。亞歷西和他的朋友公開的談論這一類的事，凡西利覺得這是蘇聯愛國志士在講本國不愉快的事，而想找尋一條路去改良現狀。

有一次談話之後，亞歷西要和凡西利單獨談談。到了亞歷西家裡，亞歷西似乎神經過敏地非常不鎮定。

「我想我很了解你，可以公開向你說，」他開始說了。「我實在不贊同現在發生的事。那毀滅了無數村莊的清算，還只是一部份小事。我們的報紙不斷告訴我們，蘇維埃聯邦已經由單純的農業國進步到一個偉大的工業國。但是，事實上，我們是生活在一個悲劇裏面！這些改變來得太快太激烈了，無辜的人民也忍受得太可怕。這些根本是不必需的。」

「我的父親，曾經盡力使政府明白這一點。但是他不是共產黨員，他們認爲爸爸只不過是一個舊式不前進的工程師，不能了解革命期間急速的進步。他們承認他們的做法使人民受到極大的損失。不過，他們把人民的鮮血，看得比外國的海水還要賤，好像和他們沒有關係。」

亞歷西停了一會。凡西利默默的坐着——這是他在蘇聯第一次聽到的最悲痛的話。亞歷西接着說：「現在，我們想知道，到底你是僅僅願意聽到這些，還是願意好好幹一點事？」

凡西利這才明白亞歷西要他參加一個秘密的地下組織。他猜想耶撒，妮娜，奧克娜娜，和另外幾個同學一定包括在內。他沒有講話，最後才說：「讓我考慮考慮。」

以前凡西利雖然也會警覺到很多錯誤的事情，但是，他一直沒有想到，這種制度可能改善或應該改善。那一席談話，不停地在他腦海盤旋。他想找一個有決斷力而可以信任的人，幫助他決定這個問題。他決定找他的姊夫。姊夫雖然是共產黨員，卻是很近情理的人。他的姊夫知道了這件事以後，非常恐怖，同時也崇拜那幾個勇敢的青年。他要求凡西利告訴他這些人的名字，凡西利拒絕了。

由於不願引起麻煩，又非常害怕那連累一家的恐怖結局，凡西利總是遠避亞歷西，暗示他們他不加入他們的工作。

布克哈林的事，在大學裏又引起了激烈的討論。布克哈林曾經是列寧的親近人物，也是政治局的一份子。在他對共黨的一篇反辯演說中，認爲既然所有敵對階級都已消滅，社會主義也在俄國實行，獨裁是不需要了。他主張應該實行民主，將政權交還人民。

這篇答辯演說在一九三四年，使全俄重新生出希望。尤其是一般智識份子，他們想：「是的，階級制度已經廢除了，爲什麼除了共產黨以外沒有別的政黨呢？爲什麼不設反對黨候選人？爲什麼不採用其他政黨的政策？這些不都是正當的步驟？」

這時史太林一派人發言，指出這一類思想是「反馬克斯」「反列寧」主義的，也就是反動派；佈克哈林的觀念只不過是中等階級自由主義的微弱回聲罷了。

一九三六年舉行大規模肅清運動。大捕捉開始，使整個莫斯科陷入極端恐怖的氣氛中。所有的社交活動停止了。如果你請了幾位朋友聚餐，誰說得定他們會不會因此被捕呢？人民甚至怕提起史太林的名字，因爲他們也許會被誤會。凡西利工廠裏的一個工人，閒談中說了一句毫無惡意的話——「現在史太林的權威，比以前的沙皇還大呢！」——就被判入勞動營五年。

有一天早上，亞歷西，耶撒，妮娜，奧克娜娜和另外四個同學不會來上課。不久，議會宣佈這八個人是人民的公敵，陰謀結黨聯合西方的資本家。四天以後，凡西利接到通知，要他次日去情報局報到。

起先，審訊員（一個瘦小，黃臉，紅眼的人）依慣例審問一些關於凡西利的身世和家庭的話。凡西利知道他早已調查得很清楚了。隨後他問凡西利最好的朋友是那幾個？平時談論些什麼？

「他們平時沒有反對蘇聯制度的言論麼？」

「沒有。」

「你認識耶撒嗎？」

「認識。」

審訊員一面吸煙，一面開了抽屜，翻出一張報告。

「四月三日下午六點鐘，你們一個女同學唱着催眠歌，哄她那六個月的嬰兒入睡，你和耶撒都在場。耶撒向那母親說：『別用這種中等階級溫柔的方法！告訴他是一個蘇聯國民，他就自動知道，應該像我們成人一樣，把嘴巴封起來！』你還記得這件事嗎？」

「不記得了。」

一小時以後，在街上，凡西利仰望天空，暗自發誓以後決不再講這一類笑話，也不敢再聽這些。他第一次明白，同學們平日的閒談戲語，完全一字不差地被人記錄下來了。（一直到後來，他才知道，報告這些的是一個高大蠢笨的同學，常常需要凡西利幫他做功課的那一個。）

三四三

給讀者的報告

本刊第二卷第四期，曾登載本社二月三日舉行的第一次座談會紀錄。那次座談會的題目，是屬於一般性的：我們爲何而戰？如何而戰？在那個題目下，我們已得到一個共同的結論，即在反共抗俄鬥爭中，政治民主的促進是必要的，個人自由的保障是必要的，經濟平等的逐步實現是必要的；我們爲此而戰，也必須如此才能作戰。現在，本社又於三月十六日舉行第二次座談會，題目是根據上述的結論而擬定的，即：在維護人民自由與政治民主之原則下，中國對經濟措施應採取何種辦法以實現經濟社會化，或經濟平等。我們打算將原則或輪廓式的圖案確定了以後，下次再來討論當前的現實的經濟問題。

經濟問題所牽涉的範圍特別廣泛，而與每個人的利害關係也特別密切。因之一涉及經濟問題時，無論理論方面或政策方面，從來總有些不能融洽的爭論。儘管如此，歷史的進化總是有一個大趨勢的，只要不是成見太深私心太重的人，對於這種趨勢總不能不予承認。在我們這次座談會中，各人視察的角度，立論的出發點，容有若干出入之處，但是，提高人民經濟生活水準，并促其接近平等，這一點，則爲大家所一致同意的。所可惜者，因爲座談會的時間限制，關於這方面較爲周詳較爲具體的結論，似乎還有待於獲致。但在討論過程中有一點是值得特別提出，請大家注意的：

有人說，共黨的經濟政策是鬥光主義，而我們政府數年來的經濟政策是吃光主義。吃光主義最具體的表現，就是國營事業。從純經濟理論家說，在一個理想的民主自由國家，國營事業應否存在，或應否有一個確定的限制，已經是一個引起爭辯的問題。至於說到我國國營事業的功罪，則無須用經濟理論來批評。即是說，縱令在理論上國營事業爲中國所必須，而數年來國營事業的作風和其後果，已足够我們抨擊了。有人說，國民政府是被國營事業拖垮的，有人說，中華民國以內國營事業自成一個王國。關於這一類的譴責，聽起來似乎有點過火，但證之於事實，我們實在找不出充足的理由來反駁它。歷年來國營事業——尤其是四行兩局，浪費公帑，形同分贓的員工待遇，以及一年來集體投降，竊獻資產等等，在我們這次座談會中曾引起多數人的扼腕、憤慨。這一點，雖然不是經濟政策本身的問題，至少也是實施任何經濟政策以前所應痛切革除的怪現象。我們特地把這一點在這個報告中提出，希望政府當局切實注意，也希望輿論界予以嚴厲的督責。

本期所刊載的文字，除座談會紀錄以外，台大教授王鄭二先生的文章，足供讀者參考。文藝欄中陳紀瀅先生的荻村傳，據陳先生自己說是多年的腹稿，今日始爲本刊着筆。全文約六七萬字，本刊將陸續刊出，以饗愛好文藝的讀者。

在銷路方面，又有可告慰於本刊作者和關心本刊的讀者的，就是海外銷路已大大擴展，尤以暹邏方面，據最近來信，那裏的華僑對本刊特別歡迎。前次寄去的百餘本，一到即搶購一空。據說，每期一千份銷售量決無問題。本社現已決定仿香港辦法打紙型寄去重印。我們讀到上一期「海外孤兒流乾了辛酸的眼淚」那篇曼谷通訊，已深深地感到同情的辛酸。今後我們將要特別努力，使本刊成爲自由中國所有同胞——海外的和國內的——情感交流的媒介，并藉此發動自由中國的潛在力量，以達成我們理想中自由中國的建立。

自由中國 半月刊 第二卷第七期（總第十號）

中華民國三十九年四月一日

發行人　胡　適

主　編　『自由中國』編輯委員會

出版者　自由中國社
社址：臺北市金山街一巷二號
電話：六八八五號

經售處
臺灣　中國書報發行所（臺北市館前街八五號）
香港　香港時報社（高士打道六四號）
曼谷　楊五報攤（曼谷西舞臺戲院傍楊五報攤）
馬尼剌　大中華日報社（馬尼剌貝揶威賚街五二三號）

印刷者　台北印製廠
廠址：臺北市民族路六四三號
電話：三三一六號

本刊售價

一、新臺幣　二元
二、銀元券　五角
三、港幣　五角
四、暹幣　四銖
五、美金　二角

自由中國

香港航空版

發行人 胡適

第二卷 第八期

要目

中華民國三十九年四月十六日出版
社址：臺北市金山街一巷二號

社論

自由中國和聯合國的生命

最近月餘以來，蘇俄集團的國家拒絕出席聯合國的各種會議，於是聯合國的書秘長賴伊和英國出席聯合國代表桑氏，曾三番二次要用不正當的手段將中國國民政府的代表驅出聯合國外。凡稍明白道理的會員國的代表，都同情我們政府的代表，所以賴伊和桑氏的陰謀到現在都沒有成功。但在這個正義往往受屈於暴力的世界中，我們難保蘇俄終不能達到奸邪的目的，因此，我們不能不促愛護聯合國的人士深切注意。

蘇俄的拒絕出席聯合國，雖然是蘇俄和民主國家冷戰的一項節目，也是蘇俄不看重聯合國的一種表示。據我們的觀察，蘇俄從來沒有把聯合國的宗旨和原則放在心上。實在說起來，聯合國的存在，是蘇俄帝國主義的一大打擊；所以自聯合國成立以來，有可以便於私圖的地方，蘇俄沒有不儘量利用，而對於世界和平和弱小民族眞正有利益的建議，只要是稍有礙於蘇俄的，蘇俄便不惜使用否決權來打消牠。因爲蘇俄對於聯合國沒有絲毫愛護的心思，所以不惜把聯合國當作一種冷戰的工具。

反之，我們中國的國民政府，則從聯合國萌芽的時候以至現在，對聯合國的主張，沒有一天不竭力擁護，對聯合國的憲章，沒有一條不誠心遵守。我們中華民國，如果能夠自由發展，是一個愛和平愛正義並且「善與人同」的民族。國民政府對聯合國的態度，實在是眞正足以表示中華民族的自由意志的。我們政府的缺點固然很多，而這種正大光明的行爲，則可以和世界任何前進的文明國家相比而沒有一點遜色。這是凡是稍有政治學識的中國人所引以自豪的。

聯合國並不是一個理想的世界政府；她沒有充足的權力可以判斷曲直而戡定禍亂。她的組織，她的效能，全靠各會員國的能夠遵守她的憲章。去年十一月間英美兩國向聯大政治委員會所提出「和平要義」的建議案，蘇聯集團的國家都積極的或消極的表示反對。蘇聯非特表示看不起聯合國的憲章，並且表示明目張膽的爲非作歹了。

所以從聯合國的觀點講，像中華民國這樣的會員國，多一個便多一分力量，便多一點生氣；像蘇俄這樣的會員國，有一個便可以害到全體。我們可以說：中華民國是聯合國一副正常的器官，蘇俄則是聯合國的癌腫。聯合國沒有蘇俄，可以很順利的發展；聯合國如果要取消中華民國的會員資格，可以說是自殘肢體，若不死亡，亦必成爲廢物。

這話不是替我們現在的自由中國自高身價，乃是有歷史的根據的。現在聯合國，和一九三一年以後的國際聯盟處於同樣的境地。那時的國際聯盟，因爲不能制裁日本的侵略中國和意大利的侵略阿比西尼亞，便凌遲以至於無形解散。現在的聯合國，若使賴伊的辦法和英國代表的陰謀得以成功，則是助長蘇俄煽動他國內鬨和損害他國獨立的陰謀。這種事情，比起當年國際聯盟的不能制裁日本和意大利還要壞得多；因爲國聯的不能制裁日意，不過是無能罷了，而聯合國如果讓蘇俄以橫行霸道屏斥中華民國的代表，便成爲一個「唯力是視」的交易所，還有那個主持正義的國家要信賴她呢！所以我們可以說：自由中國如果在聯合國中失敗，便是聯合國生命的結束。

我們知道，聯合國不至因爲中華民國的退出而便宣告死亡。但是，如果聯合國用一種不正當的方法而把現在中華民國的代表驅出會外，則蘇俄代表定必欣然回到會場，並且可能和貪小利而忘大義的英國代表朋比爲奸竟把中共的代表拉進去。這樣一來，美國能不能容忍呢？不能容忍，聯合國勢必至於坍臺；如果容忍下去，聯合國的情形，必一天不如一天。因爲聯合國中有一蘇聯，已足使眞正愛好世界和平的會員國頭痛，若再加上只配做蘇俄應聲蟲的中共代表，那聯合國還能做得成什麼正經的事情？並且蘇俄受到這次的鼓勵，當再設法從速介紹「越共代表」「菲共代表」等等進入聯合國了。到了那時，聯合國還能維持原來的宗旨和原則麼？還有什麼生命可言麼？

英國代表不惜犧牲聯合國憲章的尊嚴，以求討好於中共；利令智昏，實爲可鄙。至於賴伊，更不像樣。新近美國參議員諾蘭謂「賴伊已摧毀他的不偏不倚的秘書長地位」。我們以爲，賴伊最大的過失，在忘却聯合國組織眞正的功用——在正義的基礎上，建立永久和平的原則。至於摧毀他自已的地位，倒是小事。

去年十二月一日聯合國全體會議表決「和平要義」以前，蘇俄外長維辛斯基對大會說：「西方國家建議蘇聯改變其外交政策，實是錯誤的。蘇聯的主義已在世界六分之一的地區贏得勝利；只有這一地區內發出的力量才可以保障世界的和平。然而西方國家却要我們放棄我們的政策，豈不是想入非非！」這眞是一段老實話！維辛斯基所謂政策，當然就是「採取行動以破壞他國自由獨立和完整」以及「煽動他國內亂」等等。他所謂世界的和平，當然就是說「全世界的人民，都俯首帖耳，聽命於克里姆林宮主人的前面而沒有任何反抗」。蘇聯決不肯放棄以陰謀和武力併吞世界的計劃，也決不能和別國誠心合作：乃是一件不可隱諱的事實。蘇聯的共產帝國主義一天存在，世界決不能得到眞正的和平。

我們現在的反共抗俄，一方面固然爲了中華民族的自由和平生存，一方面也是爲了世界的永久和平。世界上愛好和平擁護聯合國的國家，若不急起和我們通力合作，以振救世界的危機，則將來的結果，不是現代文明完全毀滅於可怕的戰爭，便是愛好自由的人民臣服於蘇俄。

時事述評

人性的存亡

自上月二十九日蔣總統號召拯救大陸災胞以來，國內外的反應，既普遍，又熱烈。這個運動的成效如何，我們雖未可預測，但這個運動的本身，已足够說明一個事象：當今兩個世界——極權主義的與反極權主義的——的分野，就在於「人類愛」這個天性之存亡。

在共黨極權統治下，「人類愛」是要被鐮刀斧頭從天性中强制閹割的。「中國革命成功，必須死亡二萬萬人以上」，這是毛澤東和中共其他首領曾經毫不掩飾地一再說過的；「中共與蘇俄首領在莫斯科會議，可能擬訂計劃，將中國人口減少一萬萬」，這是華盛頓合衆社電本年二月一日所報道的。二萬萬或一萬萬這麼多的人口死亡，自然不能一味地假手於直接屠殺，所以除淸算鬥爭以外，人造的飢饉成爲必要的手段。目前大陸災胞所面臨的，不是局部的天災，也不是一般的所謂人禍，而是一個有計劃的，大規模的「飢餓政策」。（飢餓可成爲政策，是共黨極權主義者破天荒的天才發現！）明乎此，我們才可以理解：大陸上儘管餓莩徧野，而食糧反要大量地不斷運往蘇俄。

今天，我們在這個反共世界裏，從事拯救大陸災胞運動，并不是基於其他任何理由，而只是發乎我們天性中的「人類愛」，發乎「人皆有之」的惻隱之心。我們動於這個天性來從事救災運動的時候，我們不僅以己溺己飢之懷，體恤到我國大陸上災胞的飢餓苦痛，而更深感痛切的，是共黨極權統治下的那個世界，「人類愛」這個天性，正被視爲反革命的毒素，不祇是不許流露、發揮，且將被其强制閹割！

皮球可不再踢了！

去年八月美國發表對華關係白皮書。此後，在朝的民主黨和在野的共和黨，在對華政策上，爭執得不可開交。尤其是最近幾個月的情勢，緊張到艾奇遜的國務卿職位也發生了問題。在這幾月當中，我們自由中國的人民，有時聽到一點有利的喜訊，就很天眞地興奮起來；有時看到一篇官方聲明或記者招待會的答問，又不免喪氣。美援、美援，時而似乎熱騰騰，時而又似冷冰冰。

我們平心而論，美國民主黨人也好，共和黨人也好，除掉共中眞有所謂共黨間諜分子或其同路人以外，在其對華政策的見解方面，總應該都是以美國自身利益爲出發點的，不過有的看得遠些大些，有的看得近些小些。這一點差異，本不難辯出一個眞理來。所可惜者，個人的主觀和偏見不免夾雜於其間，循至政策之爭，流於意氣用事。在這個夾縫中，我們中國就成了一隻皮球，被他們踢來踢去，踢得目眩頭昏。

現在，杜魯門總統已於本月六日任命共和黨的外交政策領袖杜勒斯爲艾奇遜國務卿的顧問，同時還有其他的共和黨人亦將在國務院和聯合國總部中任職。這正是美政府企圖恢復兩黨外交政策，以終止目前白熱化的對華政策上的爭執。這一任命，誠如諸蘭所說，「是一項建設性的步驟」。我們自由中國人民，對於這項建設性的步驟，特別感到喜悅，不是別的，爲的是「皮球可不再踢了」！至於美援的前途如何，這是他們兩黨的智慧所要解答的問題，我們絲毫不存奢望，我們目前所要專心致力的，是如何確保海南臺灣，如何進攻大陸。我們相信，終有一天，美國政府會覺得「美援」即是「援美」。

把握住迴轉中的人心

最近香港報紙和香港來信，都報道港九兩地電影院的新聞片成了很好的民意測驗的資料。觀衆從新聞片中，一看到蔣總統和陳院長時，則掌聲雷動，數分鐘不絕於耳；一看到史太林和毛澤東時，則議論紛紛，聲響嘈雜，報紙評論和私人通信，都說這是人心大迴轉。

是的，人心已是大迴轉了。人心迴轉還不止表現於這一方面。香港的共黨報紙——文匯與大公，以前發行過一萬餘份，現在已不及以前的十分之一：向以「靠攏」姿態著稱的星島日報。近來對於共黨措施，也時時給以冷嘲熱諷；以前私人談話中，到處流露着袒共的情緒，現在則被反共的氣氛所壓倒。……這些事態的呈現，正說明黑暗的極權統治，決不是追逐光明愛好自由的人類所心服。過去一般善良人們，對共黨懷嚮往之情，寄一「解放」之望者，是由於我們政府中豪門黨閥貪官汚吏的罪惡，增强了共黨誘惑的力量。軍事的潰敗，原因在此，青年投共，原因在此，學者專家之潔身自好者，也多甘心留在共區，其原因亦大半在此。現在，無情的現實，粉碎了他們天眞的期待。向前望既是黑漆一團，自然會回過頭來想想。這就是近來人心的大迴轉。

人心是可以迴轉的。這句話，我們的政府和一切反共政黨——尤其是國民黨的當局，應該時時緊記。今天，人心迴轉到反共的陣營，自然是反共前途中有利的因素，可是我們的政府和反共政黨的當局，理應想念到人心迴轉的過程，以及這個過程中迴轉者內心的苦痛。哀矜勿喜吧！不要自視爲「先知先覺」，得意忘形。戒愼恐懼吧！不要再蹈覆轍，陷於萬劫不復之深淵。人心在迴轉，把握住迴轉中的人心！

共產黨的吸引力

傅斯年

我有時候想，現在討論馬克斯主義，無論說得如何精彩，都與現在的問題不相干，就是把蘇聯的一切邏輯分解的淸淸楚楚原形畢現，也不必一定濟事，因爲共產黨之有吸引力，是一個顯然的事實。一切學說，一切策略，對方無論把他如何分解得體無完膚，他如果仍舊有吸引力，是不大會受這些批評影響的。所以我們現在要硏究一下，他何以有這樣的吸引力，他的吸引力是什麼？

他何以有這樣的吸引力？我回答這個問題說：他是人類有歷史以來最大的騙子，他對於騙術一道，眞正算是徹底了，「科學化」，又徹底實行了。騙術是一套什麼？這是我的第二個答案，我們最先要討論的是他拿什麼來騙人？

他騙人的第一個寶貝是「階級鬥爭」。所謂「階級鬥爭」，古代文學中雖然沒有這個名詞，却也有這個理會。譬如在柏拉圖的共和國中，我們可以看到作者是知道每個階級有他不同的意識的，而這個意識在政治上頗有作用，但是把階級鬥爭拿出來作爲歷史演進的最大原則，是馬克斯的事。馬克斯把這個道理發揮得最動人的，是他的「共產黨宣言」，馬克斯的其他學說，大部分早已沒有任何影響了，有些根本是學院的繁瑣哲學，而他判斷世界的將來，他從他的辨證唯物論推測世界的將來，更是完全錯誤了。他極其看不起俄國，結果，俄國先拿他作天使降凡。他以爲無產階級專政是要在工業最前進的國家中出來的，結果，最前進的國家，對於共產主義的抵抗力最大。所以若不是他那個階級鬥爭的學說同他那個最排他的組織力量，他也要和十九世紀那些大社會學家一樣的被人放在學院的書架上了。只有他這個階級鬥爭之說，到現在是一個很大的政治動力。

有人問，階級鬥爭是不是一個客觀的事實？我想，回答這個問題之前，有幾句話要先解釋，如果你說階級鬥爭不是一個客觀的事實嗎？現在世界上正表演着這樣階級鬥爭；如果你說它是一個客觀的事實嗎？歷史上大多的時代並不如此，至少不像現在的表演法。我想，這件東西的「眞實性」，「客觀性」，也和以下的幾件事一樣。

猶太國的天使降凡之一次一次的來，中世教會之十字軍戰爭，伊思蘭教初期加利夫之軍事上的所向無敵，讓達克（Jeanne d. Arc）之呼喚，都是有很大的號召力，被號召的人，都認爲那號召是客觀的事實。我想階級鬥爭的眞實性，也是這個樣子。人類在某一個時代，有某一個時代含育的意識，一旦有人把這個意識提出來號召，被他號召的人便以爲眞實在此，以爲是向着眞理走，不知道向火坑跳。現在這個時代貴賤之差，貧富之差，人們心中當然感覺到，統治民族與被統治民族之差，人們心中尤要感覺到。有人說，這是現存的階級制度，我們作階級鬥爭吧！大家便聽了以爲眞理了，不知道這只是一種時代的病徵。如果說他不是事實，當然有一部分的事實，而事實並不是那樣說法；如果說他是事實，那末自古以來「左道壞人」都是事實了。

我們治歷史的人，知道這個階級鬥爭是一個粗魯而騙人的說法。人類從來有階級，所以心理上存着一個階級的意識，這是普遍的事實。歷史上也常有階級鬥爭，大規模的，具體化的。不過這個階級鬥爭的結果也不一樣，一種是由階級鬥爭演進爲階級妥協，羅馬在共和國時代一層一層的發展，是走階級妥協的一條線，大英帝國的發展也是如此，這是幸運的一個方式。一種是鬥爭到底，你死我活，結果多半是把外國人勾引來爲止，我們的大明朝就是這樣了結的。我們從歷史學的看法，用階級鬥爭來解釋事實，既不如馬克斯主義所說之普遍，又不是一個方式，也不是一樣結果，所以我們這樣比較客觀的史學家，是不容易上共產黨的當的。不過，我們這個客觀的說法沒有號召力，因爲我們不相信邪教，同時，馬克斯主義者，從恩格魯斯以下，根本不承認有所謂客觀。

我們從宗教說法的「眞實性」一個角度去看階級鬥爭，便知所謂階級鬥爭在今天雖然有强大的號召力，這個號召力依舊是引誘人的號召力，並沒有「唯物論」的眞實性，因爲歷史不如此演進。

上文中我說過階級鬥爭有時取一個你死我活的態度，有時取一個互相讓步的態度，在歷史上是不走一個路線的。現在我說，階級意識在政治上所發揮的形態，也是五花八門的，並不一定走階級鬥爭之路，尤其不走布爾希維克所說階級鬥爭。譬如說，下一層階級對於上一層階級的態度，可以向他鬥爭，也可以是向他摹倣。例如下層階級的人，的家庭，想轉到中一層階級來，中一層階級想轉到上一層階級來，這樣「鬥爭」，事實上是高抬身價。我們姑且把這種高抬身價的辦法叫做摹倣。這摹倣的方式，在經濟走發展過程的國家中很容易表現的。譬如春秋戰國時代的「士」一個階級，本來是從下一層爬上來，後來走上了「從大夫之後」的一條路，便參加了上一層階級。又如中國歷史上以科舉出身的人，加到貴族的社會中，也是這樣。又如英國中產階級中以錢財或技能把地位爬高的，常常想弄到一個 Sir 的官銜，也是這樣心理，這實在舉不勝舉。舉一個當今的例，毛澤東總應該是向中國的帝王作階級鬥爭了吧：然而請看他沁園春詞，秦皇、漢武、宋祖、唐宗，說了一大串，最後「風流韻事，還看今朝」，這簡直是由羨慕而摹倣了。這在毛澤東也是有本的，斯太林本來早就可以摹倣沙皇。被列寧打倒的沙皇，其中最要不得的幾個，如「恐怖的遺凡」，「大」彼得，斯太林又把他們重新當作民族英雄，偉大的蘇維埃祖國的創造者，弄得歷史教科書上說的天花亂墜，歌謠電影一齊成了主材。這個，也不必一定說是毛澤東有心要摹倣斯太林，世界上許多參加革命隊伍的人，事實上也就是野心最大的人，拿破崙是法蘭西的革命出產的第一名戰將，結果是廢了民國，作了皇帝。若說我們古人，如劉邦，原是一個保甲長，革了秦朝的命，作了皇帝，便一切摹倣秦朝。又如朱元璋，原是一個乞丐游僧，革了元朝的命，便一切摹倣元朝，包括他死之前把一切老婆都殺了的辦法（這辦法一直傳到明英宗時代才廢止）。所以革命而得到政權的人，我們看他的行事，究竟是爲人民而革命呢，或者是爲他自己的野心而革命呢，在很多人上，實在太難說了。

我們認清這一點，階級鬥爭是一種說法，發揮自己的野心是一種事實。那末對於共產黨這個階級鬥爭的號召，還是小心一點吧！

我們與其在此地討論階級鬥爭，不如在此地分解階級意識，這個可以幫助我們了解共產黨如何推銷他的狗皮膏藥。

人的意識，人的境界，和下意識境界，是非常複雜的。伏洛一的心理學，給我們開拓了一個很廣大的心理了解。人本是從下一層的動物出來，所以下一層動物的許多行爲，也常常是人類行爲的因素。文明人又是從野蠻人出來，所以文明人的行爲又包含很多野蠻人的因素。若在一個人的上意識之下看出他的下意識來，很多冠冕的人頗不像樣。例如柏拉圖，說他自己如果把他所想的都作出來，一定很壞，便是一個例子。野蠻人在未受社會的科學的陶冶之先，是在廣大的天地，無情的場合中，孤軍奮鬥的，所以食色之外，是抱着一切爲敵的意識，文明的演進，曾經把這些事情昇華了不少，但仍舊是人類心理上一個重要的動力。所謂階級鬥爭，就是一個恨字，就是一個原人的恨心，共產黨加上一套天花亂墜的說法罷了。恨，本來不一定就是壞事，恨不爲善人，恨不爲國家效死，這樣的恨，孟子如果要講到這裡，一定說要「大恨」不要讓小恨，但人類多數的恨是小恨，不是大恨。共產黨非常了解人類有這些小恨，所以想盡方法，充分利用，我舉幾個例：

（一）中國人恨外國人。中國人要恨外國人，照這一百多年的歷史，這是很自然的，但我們要知道，我們一方面愛我們的民族，一方面也要愛世界的文化，我們決不應該取義和團的道路，在今天也不應該取國粹的道路。然而共產黨偏偏拿義和團的道路對付俄國和他的屬邦以外的西洋人，尤其是美國人，同時又把蘇聯當作大師傅，這眞是騙人之極了。

（二）無錢的恨有錢的。這是很應該的。但這個單純的恨，不是解決中國經濟問題的一個辦法。即如中國有錢的人有美金十萬爲，把他一齊宰了，每人平均得二塊二毛多錢，解決不了中國經濟問題，何況共產黨的有錢定義在鄉村一直降落到有一、二十畝𠈐的，把他們解決了，他們自己本來已竟不能生活，反遭清算，這當然解決不了民生，然而共產黨這樣作法，是很有他的道理的，他只有用這個作法，才能在每一個鄉村製造出他的「亡命性」幹部，這種「亡命性」幹部，是會爲他死的，但決不是建設中國新秩序的。

（三）老百姓恨官吏委員。這在中國也大有道理，官僚是爲人民服務嗎？委員有腦筋嗎？可以作榜樣嗎？如其不然，當然免不了一恨，但共產黨發揮這一層恨，也是爲的奪取政權，不是爲達到人民福利。

（四）一種職業中的不行者恨同職業的行者。這個我看見多了，在教育界，在科學界，學術落伍的人，品行不端的人，最怕人看他不起的人（別人看他不起頗有道理），便是共產黨吸引的第一個對象。以我個人的經驗而論，共產黨對這些人的活動是很有成效的，在一種職業中，在一個團體中，專找他的「下狗」（Underdogs），以他的不平之氣來替共產黨効力。西洋人有一種通俗的見解，父親是貴族，大兒子襲爵，二兒子作教會的僧官，三兒子便是無神論了。這一種的鬪爭，最上層的社會裡也有的，最上層的家庭中也有的。

（五）薪水少的恨薪水多的，不出名的恨出名的。談到薪水，大家也就差不多了，但委任階級總免不了羨慕荐任階級，也或者要恨到簡任官，這樣人自然也不一定多，但也不是沒有的。只要一個人自卑心理過甚，「下狗」意識過强，便容易招致共產主義性之傷風。

（六）鄉下人恨城裡人。城裡人下鄉，總覺得不舒服，鄉下人進城，總怕人見笑，怕人見笑而且又性情强悍的人，便要養成一種怪心理，這又是共產黨的好資料。

（七）兒子恨父親。我現在說兒子恨父親，頗有心理的根據，或者有人見笑吧！然而熟讀伏洛一的書或左傳的人應該不覺得奇怪。魏晉之間的阮籍，是一個絕頂聰明的人，有一天，他聽到一個人殺母親，大吃一驚說：「殺父可也，乃至殺母乎？」當時人聽到他這個說法大譁，他只好解說：「天下惟禽獸只知有其母，不知有其父，殺父則禽獸耳，殺母乃禽獸之不若」。孟子總算一個聖人吧，他也說：「父子之間不責善，責善則離，離則不祥莫大焉。」孟子說這話，是確切認定父子之間有心理上的矛盾的。不是孔子也在那裡說「遠其子」嗎？孟子是中國的最大心理學家，又是性善論者，還說到這一層（我相信孟子這話的道理，所以我和我的兒子維持着最友誼的關係），所以現在許多小資產階級，小知識階級的兒子，很容易跟着共產黨走，這固然由于青年人的好刺激性，有浪漫主義的天性（浪漫主義是共產黨最反對的，但共產黨却利用青年的浪漫主義騙他墜入魔術中）。此外，弟弟之恨哥哥、小姑之恨嫂子，家庭中之恨多矣。我不是說人類的心理在家庭中沒有愛，我是說，愛之外，還有這些

（7）

下意識的心理，所以父子兄弟間的關係，在文明社會中並不是一個直線形。

（八）青年人恨老年人。這個，在歷史上，在現在，都是尋常的。匈奴人和中國四圍的野蠻人，常常「貴壯賤老」，現在的美國人下一代看不起上一代。（參看The American People, By Geoffrey Gorer ）都是很好的例子。

以上的例子，千變萬化，各種各樣，舉不勝舉，說不勝說。了解心理的，知道我並不是在此地瞎說，善讀大小說家的作品的，更當知道我這話有據。世界共產主義自己雖是一個變態心理，但對於別人的心理却很肯用工夫推求，不憑主觀，他就憑藉這個心理了解，發揮人的下意識，揭起了暴亂的高潮。他把這種的動力，偏偏不叫心理煽動，偏偏叫做階級鬭爭，這是騙人的，但正也是有效的。

天眞的美國人，只了解他們國人的心理，不了解別的國人的心理，所以雖然出了世界極出名的大心理學家很多，從Wm. James到J. B. watson，却對付共產黨手足無所措。五年前，幾個美國官員在重慶和我討論美國何以有共產黨，我說了這一套，他們似懂不懂的，其中之一現在便是對華政策執行者之一人，這樣他當然不了解中國共產黨如何滋長。

所以共產主義在中國，在殖民地，次殖民地，乃至在美國，所以能劇烈迅速推銷他的假牌貨色者，因爲是一個心理鬭爭，由心理了解而造成的心理鬭爭，由心理鬭爭而作成的政治鬭爭，這並不是一個階級鬭爭。照馬克斯的解釋，階級鬭爭必發生在無產階級，現在並不如此。照這階級鬭爭的含義，應該是階級與階級之間鬭爭，現在却是一個階級中少數人向多數鬭爭，一個家庭中，一個機關中，亦復如此。可見階級鬭爭是一種說法而已，心理鬭爭乃是他眞正的武器。（未完）

來函照登

敬啓者：

貴刊第二卷第七期「座談會」記錄，關於本人部份應更正的一點，是：宮崎寅藏的著述，應改爲宮崎民藏的著作。本人是說宮崎寅藏兒子的著作，不是說由寅藏叔叔的著作。民藏與寅藏是兄弟，這位明治期土地改革家會著一本書，叫做「土地均享——人類之大權」，依寅藏兒子的說法，中山先生於一九〇五年間在日，關於平均地權思想，是受民藏的影響，眞否如此，應由國民黨史家去考證。此致

自由中國社

鄭學稼啓四、五

（接第一〇頁「立法院能控制行政院麼？」）

則行政院院長必須去職。但是投同意票之前，如能利用政黨組織，聯繫三分之一强之同黨立委，則同意必不成問題，并不因新立法院之成立即去職。惟在每屆立法院，已經行使同意權之後，如認行政院施政不當，能否隨時迫令行政院院長辭職？依現行憲法，立法院不能行使不信任投票權，亦不能運用附討論的質詢以迫使行政院院長辭職。總統雖在立法院同意後，有任命行政院院長之權，但罷免行政院院長權，并不當然包括在內，我國五五憲草，規定總統對於行政首長有罷免之權。（五五憲草第五十六條），現行憲法，既無明文，決不能硬作如此解釋。再依憲法第卅七條：「總統依法公佈法律，發布命令，須經行政院院長之副署，或行政院院長及有關部會首長之副署」。總統發布命令，既須行政院院長副署，則有關罷免己身之命令，當然不願意負署，無行政院長副署之總統罷免令，自屬無效。再憲法第五十五條：「行政院院長由總統提名，經立法院同意任命之」。第五十七條，又明定行政院向立法院負責。根據以上三條憲法的基本精神，總統似不能單獨運用罷免行政院院長之權，總之，現行憲法，既變更五五憲草中的總統地位，又不徹底的採取責任內閣制。行政院地位鞏固，權力龐大。立法院力量脆弱，欲作有效的控制，誠戛戛乎其難哉！

我們知道，民主政治，必須尊重民意。所謂尊重民意，就是說：一切黨派及其政策，必須以民意爲依歸。多數民意贊同的黨派，才能執政。多數民意贊同的政策，才能施行。因此，執政的黨，爲尊重民意起見，必須讓民意有自由選擇的機會，如何乃能讓民意有自由選擇的機會？作者認爲眞正的責任內閣制，是值得徹底採取的。我們與其違背遺教，而採用今日不倫不類之憲法，毋寧徹底的採用責任內閣制之爲宜。在眞正的責任內閣制之下，內閣與議會，相持不下時，兩方都自以爲是代表民意的，兩方都不願諉卸其應負的責任。故如議會以爲內閣的政策已失去了議會的信任，換言之，就是間接的失去了人民的信任，卽應投不信任票，迫令內閣辭職。反之，如內閣自信所施行的政策，是正確的，有利的，足以代表民意的，那就毅然，斷然，將議會解散，舉行大選，以決民意之向背。如民意屬於議會，新議會成立，對內閣仍有多數不信任，則內閣只有辭去，無可如何。爲此堅强相互控制，才能實現眞正的民意政治，才能眞正的走上民主憲政的道路。況責任內閣制，富有彈性。人民的意志，不僅在平時，可以充分表現；卽在非常的，嚴重的，存亡絕續的戰時，尤可以充分的表現出來。如當國家危急震撼之際，挽救敗亡，扭轉危局，非雄才偉略，大氣磅礴，膽識兼有，堅苦卓絕者，不克有濟。否則，才有不勝，因循貽誤，則人民可立卽表示不信任，易任賢能，以圖補救。至行政立法，大多融洽一體，不相掣肘，政府行動敏捷，行政效率增加，尤其餘事。——（完）

立法院能控制行政院麼？

張慶楨

（一）

歐美民主國家，號稱三權，立法、行政、與司法，雖分屬於三機關，但以立法之地位，最爲重要，誠以立法機關，通過預算，制定法規，司法所適用，行政所執行，無不出之於立法機關。設立法機關，不制定法案，不通過預算，則行政執行，無所根據；司法判案，無所憑藉。故立法機關之地位，實較優越於其他各機關。美國憲法第一條第一項：「本憲法所授與之立法權，均屬於由參議院與衆議院組成之合衆國國會」。法國憲法第一條：「立法權屬於參議院及衆議院」。美法參衆兩院，爲人民行使主權之最高機關，故應首列第一條，以示正本清源之意。惟各國立法機關，是否能控制其行政機關？是否均較强於其他機關？要視其憲法上之所規定，以爲轉移，不能一概而論。

在採取合議制的國家，如瑞士，其行政機關，是絕對受議會控制的，是絕對不能與議會對抗的。瑞士的最高行政機關，是聯邦委員會，聯邦委員會的委員七人，都是由議會選舉出來的，都是由上下兩院舉行聯合會議選舉出來的。其本身是一個執行議會政策的機關，不但沒有英國內閣的解散權而與議會對抗；且亦沒有法國內閣的比較獨立的地位，以決定國家的重要政策。在聯邦議會，舉行會議的期間，聯邦委員會的委員們，雖不能參加議會的表決，却可以隨時出席議會，參加討論，所有聯邦議會所決定的政策，他們都應當儘量的採納施行，所有議會通過的法律案，他們只得遵照執行，不得移請覆議。尤其是不能因與議會政見不合，而解散議會。凡此種種，俱表示立法機關，是絕對控制行政機關的，行政機關是絕對不能與議會對抗的，只是立法機關一個附屬的執行機關而已。

在採用責任內閣制的國家如英國，其議會對於內閣，操縱左右，指揮監督，權威之大，無與比倫。英爲憲政之母，各國憲政，無不引爲圭臬，國父在五權憲法講演中說過：「英國憲法，好像三權分立一樣；但是，後來因爲政黨發達，漸漸變化，到了現在，并不是三權政治，實在是一權政治。英國現在的政治制度，是國會獨裁」，誠爲正確之論。一般人都以爲英國的憲法是三權，但究其實際，祇能謂之兩權。英國的最高行政權，可以說，是集中於議會。議會在形式上，僅有立法決策之權，而無執行行政之權。惟內閣由議會產生，國務總理乃議會多數黨之領袖；內閣閣員是上下兩院的議會議員，都得出席於議會，參加討論表決。所以，他們所負責實施的法案，都是他們自己的提案，他們所負責動用的款項，都是他們自己核定的。假如，下院多數議員，不信任內閣時，則舉行不信任投票，或拒絕政府所提出的法律案，或預算案，而迫令內閣辭職。雖內閣有權解散下院，訴諸選民。然下院解散，新議會成立後，而內閣仍不得多數之信任，則內閣除辭職外，別無他途。立法控制行政，堅强有效，毫無疑義。

法國亦採用責任內閣制的國家，其與英國主要不同之點，厥在多黨政治之詭譎風雲，變幻靡常，使人民主權的運用，空虛薄弱，內閣地位，動搖不定，改組頻仍，壽命短促。再加之以政府的解散權，等於虛設(法國總統解散權，自一八七七年，總統麥克馬宏(Mac-Mahon)行使一次，因未得一般國民贊同反促成總統退位，故此後，此種解散權等於虛設)使多黨政治之弊害，更加劇烈。內閣對於議會方面的攻擊，既不能以訴諸選民的方式，抵抗牽制，則議會中任何政黨，都得推翻內閣，或阻礙其行政計劃。於是，議會中的政治黨團，滋長繁榮，離合不定，縱橫捭闔，驕橫恣肆，左右政治主張，操縱內閣命運，政府改組頻繁，施政方針，亦隨之變幻不定。

法國內閣，不僅向下院負責，對上院亦負有一般政策的責任，如上院有權對內閣提出附討論的質詢 In erpellation，舉行行政事務的調査，否決政府的財政提案。至於下院，政府除向其負一般政策責任外，常設委員會對於內閣的法律案，得任意修改刪削；尤其是預算委員會，對於內閣有關財政提案，任意核減，往往釀成倒閣風潮，內閣負責對象分裂，地位搖擺不穩，立法控制行政，無有逾於此者。

在採用總統制的國家如美國，其行政與立法，各保持平等對立之地位，分離獨立，互相制衡。總統負實際政治責任，閣僚由總統自由任免，只對總統負責，與國會之信任與否無關；總統由人民選舉，亦祇對人民負責，而不對國會負責，其行政權集中於總統，在憲法規定範圍之內，自由行使，無須顧及國會的贊同與否；總統及國務員，均不能兼任議員，出席議會，參加討論。總統任期四年，國務員僅對總統負責，在總統任期之內，決不因政策爲國會所反對而即去職，蓋國會既無權投不信任票，總統亦無權解散議會，訴諸選民。雖然，總統之行政權，亦有須徵議會同意而後始能行使者；如總統須得上院之同意，始得締結條約，始得任命大使，公使，法官，及官吏等。反之，議會的立法權，依憲法規定，亦有須受總統之限制者：總統對於議會所通過之法律案，得要求覆議，覆議時如兩院無三 分之二以上之多數維持原案時，則原案勢必撤

銷。這種分權與制衡作用，充分表現立法與行政，分離對立，不能控制

（二）

世界上民主政治，大多是三權分立，互相制衡。總理不以三權分治爲滿足，創制了五權制的民主政治，發明了政權與治權的學理。這是他在政治學說上最大的貢獻。他在民權主義演講中說過：「政是衆人之事，治是管理衆人之事，現在分開權與能，所造成的政治機器，就是像物質的機器一樣。其中有機器本體的力量，有管理機器的力量，現在用新發明，來造新國家，就要把這兩種力量，分別清楚。要怎樣才可以分別清楚呢？根本上，還是要從政治的意義來研究。政是衆人之事，集合衆人之事的大力量，便叫做政權。政權就可以說是民權，治權是管理衆人之事，集合管理衆人之事的大力量，便叫做治權，治權就可以說是政府權。所以政治之中，包含有兩種力量：一個是政權，一個是治權。這兩個力量，一個是管理政府的力量，一個是政府自身的力量」。（民權主義第六講），他又說：「我們現在分開權與能，說人民是工程師，政府是機器，在一方面要政府的機器是萬能，無論什麼事都可以做；又在他一方面，要人民的工程師，也有大力量，可以管理萬能的機器。那麼，在人民和政府的兩方，彼此要有一些甚麼的大權，才可以彼此平衡呢？在人民一方面的大權，剛才已經講過了，是要有四個權。這四個權是：選舉權，罷免權，創制權，複決權。在政府一方面的，是要有五個權。這五個權是：行政權，立法權，司法權，考試權，監察權。用人民四個政權，來管理政府的五個治權，那才算是一個完全的民權政治機關！有了這樣政府機關，人民和政府的力量，才可以彼此平衡」！他又說：「關於民權一方面的方法，世界上有了一些什麼最新式的發明呢？第一個是選舉權。現在世界上所謂先進的民權國家，普遍的只實行這一個民權；專行這一個民權在政治之中是不是够用呢？專行這一個民權，好比是最初的舊機器。只有把機器推到前進的力，沒有拉回來的力。現在新式的方法，除了選舉權之外，第二個就是罷免權。人民有了這個權，便有拉回來的力。這兩個權，是管理官吏的。人民有了這兩個權，對于政府中的一切官吏，一面可以放出去，一面又可以調回來，來去都可以從人民的自由。這好比是新式的機器，一推一拉，都可以由機器的自動。國家除了官吏之外，還有甚麼重要東西呢？其次的就是法律。所謂有了治人，還要有治法。人民要有什麼權，才可以管理法律呢？如果大家看到了一種法律，以爲是很有利於人民的，便要有一種權自己決定出來，交到政府去執行。關於這種權叫做創制權，這就有三個民權。若是大家看到了從前的舊法律以爲是很不利於人民的，便要有一種權自己去修改。修改好了之後便要政府執行修改的新法律，廢止從前的舊法律，關於這種權叫做複決權，這就是第四個民權。人民有了這四個權，才算是充分的民權，能够實行這四個權，才算是徹底的直接民權。從前沒有充分民權的時候，人民選舉了官吏議員之後，便不能够再問，這種民權，是間接民權。間接民權就是代議政體。用代議士去管理政府，不能直接去管理政府。要人民能够直接管理政府，便要人民能够實行這四個民權。人民能够實行這四個民權，才叫做全民政治。」根據以上所引的話，我們可以知道，政權屬諸人民，治權屬諸政府。要政府有能，必須授予大權。惟恐政府濫用職權，或不執行職權。故在人民方面，除有選舉權之外，再有罷免權，推拉自如，靈活運用。至言法律，根據五權憲法，立法院有立法權，一切法律，經立法院三讀通過後，由總統頒佈施行。惟國民大會，對於沒有制定的法律，而認爲必要時，亦可直接創制。但以後時事推移，情勢變遷，如人民以爲不合當前需要，又可推翻前法，從事修正，送政府執行，這就叫做複決權。人民有此四權，對於政府的法律和人事，能收能放，民權才能充分發揮，政府才能不致爲惡，做到一個理想的民主政治。所以，五權政治的最基本的特點，就是國民大會，以極大的權限，授與政府，使其權力集中，萬能有效，而其自身，則僅保有選舉，罷免，創制和複決四種政權，以爲控制政府之工具，不但符合政權與治權運用之原理，亦深合世界各國行政權日益擴大與强化之趨勢。

依據國父五權學說：立法與監察兩院，同爲治權機關，故立法權與監察權，應屬於治權範圍之內。惟英法等國則不然，議會代表人民行使政權，立監兩權，屬於政權範圍。平情言之，確定政權事項與治權事項，不應單從其職權本身研究，而應以其行使的機關爲標準。凡由政權機關行使者，爲政權。凡由治權機關行使者爲治權，同一職權，屬於政權機關時，就是政權。及至改屬於治權機關時，則又變成治權了。例如英國議會，是一個政權機關，議會的立法權，當然是一種政權。但當議會運用委任立法方式，將某種事項的立法權，委由政府行使，則又變成政府的治權了。再如五權制下的立法院，是一個治權機關，其制定法律之權，當然是一種治權。但當國民大會舉行會議時。或運用複決權，否決立法院所已制定的法律案，或運用創制權，通過應由立法院制定的同一內容之法律案，則此種立法權，就變成國民大會之政權了。總之，關於政權與治權性質確定問題，應以我國所採行的政治制度爲準繩，不應着眼於職權本身。

依五五憲草第五十六條：「行」政院設院長副院長各一人，政務委員若干人，由總統任免之」。第五十九條：行政院院長副院長政務委員各部部長，各委員會委員長，各對總統負其責任」。依此規定，行政院院長及各部會首長，都是總統之屬僚，而非代總統負責之內閣。總統權力之大，遠非美國總統所能比擬。蓋美國採用三權分立制，總統用人權，參議院有權牽制，關於財政權，

立法院能控制行政院麼？

衆議院有權干涉。故在行政立法兩方不能協調時，總統大權，往往有所阻礙。再依五五憲草第六十三條規定：司法院爲中央政府行使立法權之最高機關，對國民大會負其責任」。是立法院爲治權機關，非監督機關。換言之，依五五憲草，立法院與行政院地位平等，同爲中央政府之一部，非對於中央政府之監督機關，不發生控制問題。

（三）

我國現行憲法中的中央政治制度，與五權憲法的基本原則，大相逕庭。國父遺教，名存實亡；精神骨幹，破壞無餘。依現行憲法，總統不負實際政治責任，政治上的實際責任，由行政院向立法院負責。（憲法第五十七條），立法院純粹是一個政權機關。又總統副總統的選舉罷免權，由國民大會行使。（憲法第二十七條）行政院長由總統提名，經立法院同意任命之。（憲法第五十五條第一項）。再：司法院長副院長各一人，司法院大法官若干人；考試院院長副院長各一人，考試委員若干人，由總統提名，經監察院同意任命之。（憲法第七十九條第八十四條）實含有司法院及考試院向監察院負責之意。

在採用總統制的國家，立法行政，分離對立，互相制衡。總統不能解散議會，議會亦不能迫使總統辭職。此正與我憲法規定相同。惟在總統制國家，國務員是總統的僚屬，得自由任免。我憲法第四十一條規定：「總統依法任免文武官員」，不得自由任免。至一切政策，由行政院決定。（憲法第五十八條）。但在總統制國家，則一切政策，由總統決定。且總統行使權限時，不須國務員副署。而我國總統行使權限時，非經行政院院長，或行政院院長及有關部會首長之副署不可。（憲法第卅七條）故我國現行政制，決非總統制。

一般人都以爲我國現行政制，是責任內閣制，其理由有四：第一、我國總統任命行政院院長，須得立法院同意，與責任內閣元首任命國務總理，須得議會信任者相同。第二、「行政院副院長，各部會首長，及不管部會之政務委員，由行政院院長提請總統任命之」。此爲我憲法第五十六條所規定，正與英法等國之國務員，由國務總理提請元首任命之相同。第三、我憲法規定行政院有決定行政政策之權，與責任內閣制一切政策由內閣會議決定者相同。第四、在實行責任內閣制國家，其元首所頒佈之命令，以及其他可以發生法律效力之文書，均須內閣總理或有關之部副署。 我憲法第卅七條：「總統依法公佈法律，發佈命令，須經行政院院長之副署，或行政院院長及有關部會首長之副署」。兩相比較，毫無二致。但我國現行政制，與責任內閣制，不同之點亦有四：第一、依我憲法規定：「立法院立法委員，不得兼任官吏」。此與責任內閣制之國務員，俱須爲議會議員者不同。第二：責任內閣制，因國務員由議會議員兼任，故國務員均得出席議會，參加討論表決。而我行政院院長，及各部會首長，於立法院開會時，只得列席，陳述意見，不能參加討論表決。第三：在行責任內閣制國家，如衆院議員，多數不信任內閣時，則投不信任票，或拒絕政府所提出之預算案，或法律案，而迫令內閣辭職。同時，內閣如認衆院不能代表民意時，亦得呈請元首解散衆院，訴諸選民。而我國現行憲法中，行政院無呈請總統解散立法院之權，立法院亦無不信任投票權。第四：責任內閣制國家無移請議會覆議權，如議會與內閣發生衝突時，非內閣辭職，卽議會解散。而我憲法因行政院無解散立法院之權、故有對立法院之決議，得經總統之核可，移請立法院覆議之權。據上所言，可知中國非內閣制，亦非總統制，是介於總統制內閣制之間的一種混合制。

我國現行政治制度，雖在立法院的同意權，及行政院院長的副署權方面，保有責任內閣制的痕迹；但其基本精神，則完全不同。因在任何責任內閣制的政府體制之下，立法權總是較優於行政權的，亦就是行政院要整個的向立法院負責，立法院有全權控制行政院。 但現行憲法，立法院對於行政院的控制，脆弱空虛，并不堅強有效。其與行政院的關係，并不處於較高優越的地位。依現行憲法：行政院院長由總統提名，得立法院同意被任命之後，立法院對之，只能對抗箝制，不能斷然控制。憲法第五十七條第一項僅規定：「行政院有向立法院，提出施政方針及施政報告之責：立法委員在開會時，有向行政院院長及行政院各部會首長質詢之權」。如此而已。假如立法院對於行政院院長的施政方針，施政報告不滿意，或對於行政院的質詢答覆不滿意，亦只有忍耐一時，并不能運用不信任投票權，或附討論的質詢，以迫使行政院院長辭職，卽使立法院對於行政院之重要政策，不贊同時，亦只能以決議移請行政院變更之。關於法律案、預算案、條約案，雖得以決議予行政院以打擊，但行政院仍得將其決議，經總統之核可，移請立法院複議。複議時，如不獲出席立法委員三分之二維持原決議，則立法院亦無可奈何！退一步言之，卽使立法院得以出席立法委員三分之二維持原案，行政院院長仍可相忍爲國，逕予接受，不提辭職，徐圖抵制，立法院此時亦莫奈行政院何？尤有進者，苟從政黨組織，和實際政治方面而論，則行政院院長，只要能在立法院中聯繫三分之一强的立法委員，縱橫捭闔，操縱左右，那就可以爲所欲爲，無憂無患，再現行憲法，對於行政院院長的任期，無明文規定。亦是一個值得研究的問題。從目前的情形看，行政院院長隨着立法院的三年期滿而去職呢？還是隨着總統的六年期滿而去職呢？還是基於總統的信任與否而去留呢？還是基於立法院的信任與否而去留呢？就法理言之，行政院院長必須同時獲得總統與立法院兩方的信任而後可。卽行政院院長經總統提名，立法院同意之後，可以任職三年。迨至三年期滿，新立法院改選成立，仍須再度得其同意。然如不能獲得出席委員過半數之同意，

（下轉第七頁）

經濟社會化的政策性（下）

王師復

四

其次，我們要談到政策的全面性。據一般的分析，經濟政策概括生產分配與流通三大部門，細分之則有工業商業農林業礦業漁業財政金融社會等政策。這種分析是缺乏科學的根據，我們必須按照實際的要求加以重整，不過從之亦可看出其間的聯繫。

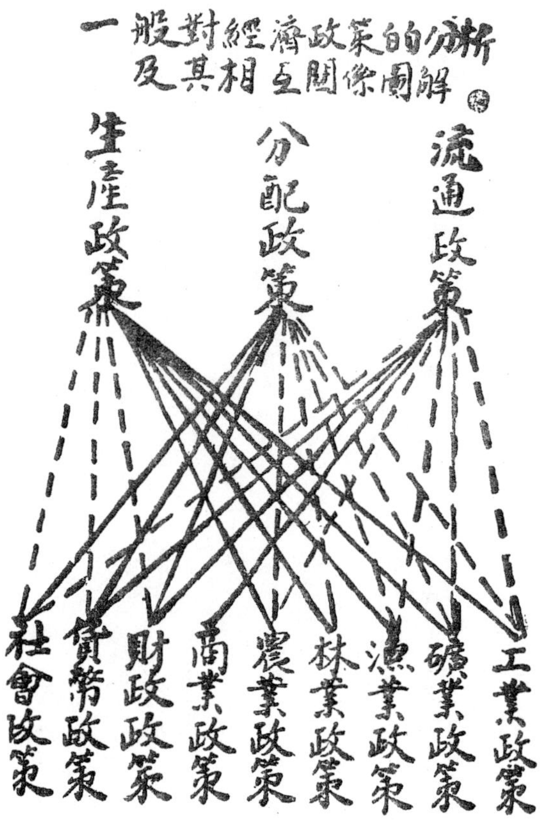

從個別上看，每一部門自身有其內在的密切聯繫。以生產言，在工業化場合，其內含可分爲原料（用R代表），生產工具及中間物品（Intermediate Products）——包括一切除原料及最後完成品外一切生產品（用P代表），與消費品（用C代表），P與C必藉R獲得原料，R與C必藉P獲得生產用的必需品，R與P必藉C獲到用以維持它們勞動力的資料。是故生產各種政策必須在其內的聯繫上決定其相應的變動。以分配政策言，在貨幣制度下，所謂分配主要爲購買力的分配。在這種場合，社會政策主要是關係到工資與社會保險的問題，貨幣政策主要是關係到貨幣單位價值的問題，財政政策主要是關係到賦稅公債薪俸等問題。欲求分配之平等，不但一般國民所得必須在貨幣價值之穩定下求其合理的解決，而且賦稅公債之擔負也必須在一般國民購買力之平衡下與以適當的處理。以流通言，外匯問題涉及貨幣政策，關稅問題又不能離開財政而獨立存在，同時貨幣政策與財政政策之實施也必須與商業政策相互解決。

從整個來看，生產流通與分配又構成一個更大的聯繫，撇開生產政策來談流通政策便不着邊際，貿易之放任與保護要看生產的狀況如何爲定，商品運輸之便利與否又取決於交通工業。生產數量及性質既決定了貿易，而作爲交換工具的貨幣也自必須依照生產狀況定其方針了。另一方面，生產品最後需要銷路，銷路愈多，生產愈增，故生產政策雖決定貿易，而貿易政策又反複影響生產。其次國民購買力量以貨幣爲代表，但貨幣之增加并不一定即爲購買力之增加，只有在物價穩定之前提下，貨幣數量才可以實際代表購買力。但物價之穩定與否，主要是以生產狀況爲轉移；這樣不但生產關係到國民所得，而且關係到財政上的收入，因爲財政收入與國民所得有其密切的關係。其次，物價又是流通過程的調節因素，而流通又與生產彼此統一，於是分配問題也不能與流通脫節。更進，生產需要資本，一方面，資本的供給決定於投資，而投資與儲蓄有其直接的關係，於是資本問題便牽涉到分配問題。他方，資本的供給主要是靠着銀行信用的，結果資本問題與流通政策也發生了密切的關係，從上述概括的說明，我們便可看出生產分配與流通三大政策也不是彼此獨立，而只是一個政策的各部門而已。

然而在上述的關係中，各種部門却存在着矛盾的性質。這種矛盾，在現代高度工業化經濟中尤爲顯著。從個別說，農業生產與工業生產之間具有某種此種性質。比如，工業利於本身製造品的輸出，而不利於農業生產品的輸出，因爲農產品輸出不但會提上工業原料價格，而且易引起「穀貴傷民」的趨勢。然農產品若不輸出，因國內市場有限，勢必減低農產品的價格，於是穀賤傷農了。以流通言，貿易政策的主要目的在求出超，出超結果，通貨膨脹，物價騰貴，因而引起入超，貴金屬流出。雖然一般以爲一國貴金屬可不致因入超而減少，蓋現代國外投資亦可坐收利息，但亦有相當限度，超出限度，難免引起恐慌。更進，一般財政之性質，量出爲入。在今日支出膨大程度一日千里，雖然在財富增加下，國民担負能力亦相應增加。但利用通貨支持預算，結果使物價上漲，支出額更被迫增加。國家財政担負勢必加大，而一般國民在物價高漲下，實際所得減少，担負能力反而削弱。

以整個言，生產愈多，消費反少，造成分配不均的狀態。在生產增大的場合，貨幣需要增加，貨幣愈多，生產更大，通貨膨漲，物價上騰。結果信用緊縮，生產停頓，貨幣所以造就於生產者最後反而破壞生產。從而可見性質相聯之生產分配與流通等政策，其所表現者則爲互相矛盾的發展。

以上係就一般的狀態來說的，統一的政策既要求統一經濟的建立，以完成經濟社會化的目的。因此其首要步驟應該着重以下兩點：

1 按照統一經濟的本質，重整經濟政策的內容。我們既知統一的意義是指通過流通及分配保持生產與消費的統一，故統一的經濟政策主要應分爲

a、生產政策　包括農工各種企業及與生產有關的原料生產工具與消費工具的生產與對外交換等。

b、金融財政政策　包括金融機構貨幣本位外匯以及國家收支等等問題的解決。

c、消費政策　包括消費品價格的規定，衣食住行各主要品與次要品標準之決定，并附帶涉及樂育的問題。

2、確立標準，調整各政策的內部及其相互間的連繫，使其有機構成的全面性將以合理地完成。這種標準的確立不是從各種政策的性質，而是從整個政策的結合方面着想，從此我們可分做以下幾方面來考察它：

a、政策的機能

b、政策的步驟

c、政策的效率

d、政策的機構

五

如果說全面性是計劃性的根據，則計劃性便是全面性的實現化。政策的計劃性爲社會幸福的保證，其重要已爲一般國家所注意。至其性質可從縱橫兩方面加以說明。

從橫的方面，按照一般的政策分類。則在生產方面，必須注意到生產資源的質量，機器的生產性，勞動移轉的調整，生產的不定因素，剩餘物資的利用，生產費的約節，生產機構的連繫等。在流通方面，必須注意從售價與成本的比量，現在與未來的輸出入的需要狀態，國外市場物價的變動，貨幣發行額與貸款問題，匯價問題，投資的管理等。在分配方面，必須注意到最低生活標準的規定，消費選擇的範圍，一般國民所得的標準，社會分別問題，財政收支的均衡等。

在縱的方面，我們必須注意在計劃逐步實施的過程中實際環境可能給與的困難與阻力。環境力量與計劃力量是對立而又統一的。而在這種複雜的關係中，計劃的力量一方面要適應環境，另一方面則爭取主導的地位，至其關係可如下圖

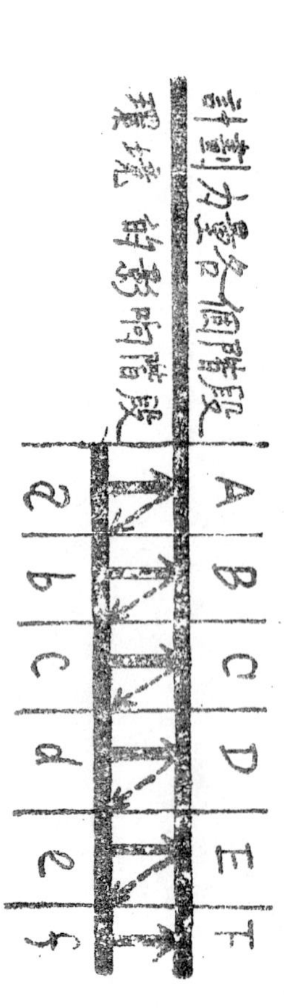

計劃力量各個階段ABCDEF
環境的影響階段abcdef

在圖中，ＡＢＣＤＥＦ代表計劃所發揮的力量ａｂｃｄｅｆ代表環境的影響。ａ的影響產生Ａ，Ａ的力量使ａ進入ｂ，ｂ又產生Ｂ，如是類推。從之可見每一階段，政策必須決定應付的戰略，使一切環境力量能够與計劃作相應的發展。計劃的確立要靠各種經濟與社會的基件。在目前，我們有着重統計調查的制度，但沒有適當的科學研究。譬如二億元發行額的確定卽其一例。雖然當時是參照日治時代的生產數量匯價變動等而定，但并未曾有詳細的比較。因此我們現在不能知道究竟這二億元的限額在現在的狀態下如果太多，究竟太多的程度

如何。以前的流通速率與現在的究竟如何，究竟現在游資大約是多少，因而必須收回多少才可使經濟恢復到安定的狀態。這一點不能確定，我們便不能用科學方法來考訂金融政策。因此第一步，我們必須改善我們的調查方法。

其次，上面說過，全面性的考察與調查應從政策的機能，步驟，效率與機構定其標準。那末在機能上，如何才能使生產盡量發揮其社會化作用？比如在社會化之下，各部門生產必須一致，然平衡生產量是不可能的，各種部門的產量往往受其自身技術及其他生產條件的限制。假定消費方面祇需要十件襯衫，我們不能要求襯衫生產祇產出十件，織布工業只產出爲生產十件襯衫所必需的布匹，紡織工業只產出爲生產十件襯衫必需的布匹所必要的棉紗，棉作業祇產出同量的棉花。而對其他工業也只要求其能生產相應的數量。那麼我們應該如何解決這種困難呢？再如在財政金融方面，在金融政策上，如使社會安定，必須使發行量與必需量相一致，但事實殊有種種困難。在發展的經濟之中，我們如何使流通量不多不少呢？財政固然要求收支平衡，然事實上，眞正的收支平衡是不會有的。在國營制度之下，財政上的主要收入爲企業利潤，然這種利潤額大小有視國內外市場的變動，而財政又是量出爲入。尤其是在軍事時期。在這種情勢下，我們應如何才能保證財政政策之能合於社會化？再以消費來說，社會化的意義在求實惠的普及與分配的均等。然這也不是容易辦到，比如工作性質不同，工作人員担負不同，如何才是均等？

其次在步驟上，政策應如何逐步達上社會化的境地。一般說來，第一應根據民生的需要，第二應適應物質環境，第三應權衡輕重，判明緩急；劃分段落，分期舉辦。然如何能够完全這三種目的，困難亦多。民生需求無限，而生產又受其本身條件的限制。適應環境也非容易。資源豐富而生產工具不足，自難百廢并舉。在資源不足場合，更不易調整。權衡輕重固爲必要，但輕有更輕，重有更重，毫厘之差，影響極大。

更進，在效率上，政策必須保證社會化的完成順利。今日大家講究科學管理，工作專業化。但專業化雖然只有一個標準。專門化不够，效能低而費用大。過分專業化也是一種浪費。每一時間，每一事業，都有可能變化，。如何務求每時每事專業化之能各得其立，也是一個難決而重大的問題。

最後，在機構上，政策務求一切組織與制度不違背社會化的原則。今天國營事業是政策的中心。惟國營不過是一種形式。如果因吸收私人資本使之變質，或因官僚化使之變質，都足以影響社會化的實現。我們應如何才能保持公營方式之能合於社會化的內容，也是不容易的事。

六

從上述我們可以看出計劃的完成尚須有賴某種原則。於是我們先來談政策的原則。第一須先了解原則的性質。簡單說來，在綜合方面，它是哲學的範疇，在分析方面，它是經濟科學的範疇。

哲學是整個生活的表現。生活是客觀與主觀的統一，哲學的對象也就是這個統一的存在。哲學不僅說明客觀如何，指導主觀如何去認識客觀，而且還會指示主觀對於客觀的影響過程。因此它還負有改造現實的責任；於是它便帶有價值判斷的機能了。唯其如此，所以它對政策的原則提出了正確的指標。科學的任務在分析事實，然而在認明分析過程中，它也帶有價值判斷的性質。比如科學告訴我們水的成分是H_2O，從另一方面說，沒有這種成分，水便不存在。因此科學雖對事物之當否不加判斷，但實際已指示了判斷的標準。經濟學是科學，它告訴我們有關經濟方面的事，同時還指示我們對經濟的正確認識。哲學在政策原則上不過是一種抽象的觀念，而經濟學則是要把這觀念納於更具體的模型之中。經濟政策的內容以經濟的概念爲轉移的。經濟的性質主要有兩種不同的解釋。第一是指人與物的關係，第二是指人與人的關係。屬於前者則注重財富的生產流通分配與消費等之技術與程序的因果關係。屬於後者則着重以上各部門的社會關係。從前一概念，則經濟政策應着重於技術的改善，從後一概念，則其內容應着重人事或社會關係上的調整。因此政策離開經濟科學便無從解決其內容，更無從建立其實施的原則。其次經濟學還指示政策原則，在特定概念所約制的特定範圍中，某種當爲的運動。

原則性質之爲哲學與科學的統一既如上述，但我們還必須知道這種統一本身就是如此的。哲學與科學雖是不同的範疇，具有不同的對象，但另一方面二者又是統一的。哲學把握全面，科學把握局部。但不從全面來看，無由正確的了解局部，不從局部把握，無由具體的了解全面。哲學求深入，科學求精密。深入而不精密，失之泛，精密而不深入，失之浮。哲學求同，科學求異。異中有同，離同而求異，失事之眞際。同中有異，離異而求同，失事之實際。爲了這個緣故，哲學與科學是相資相需的。因此當我們考察事物時，只有把握二者的統一才能達到正確的認識。而在我們談到政策時更必須具有這種統一的現象才能建立一個的指導原則。

社會的建立是人類合群的表現，社會的進化是以民生爲其中心。只有合群，民生無從產生，只有民生合群等於空中樓閣。從此社會化的實現不要求生產力之無窮增加，而在生產的社會關係之完整。人類對自然的搏鬥到現在已經把握足量的物質來維持他們相互的生存。所以現代社會不怕物質的不够，而怕人群關係之有無問題。人群不能合理調整無從利用其物質條件。因此經濟社會化的動機在於調整人事關係以達到物質生活的改善。在原始社會，人類靠集體方式維持其生存。在現代社會中，人群也靠全體的勞動來生產。分業愈發展，這種合體化的勞動關係便愈密切。然而在資本主義社會，人忽略了這種關係，所以發生經濟的問題。在中國現階段，人也只圖自身的利益，而忘記了社會以致天下大亂。社會形態不同，其弊源則一。唯其如此，所以才有經濟社會化的要求。因爲有社會化的要求，所以在政策的原則上必須從合羣出發以達到民生的得遂。合群是以社會爲前提的。因而合群的精神不在於奪取，而在於服務。人人爲我，我爲人人，然後才有群之可合。

從合群的傾向來說，人類社會從部落到國家，更從而建立了國際的關係。它是不斷從簡而繁，從微而顯，正像植物的繁殖，人種的播傳。從合群的性質來說，人之合群以其有貫聯之必然性故。從縱方面，人群的結合一脈相承。從橫方面，它是多方接觸。有此相承與接觸，所以社會才能發展而擴大。從合羣的運動來說，合羣是生命的表現，是活潑潑的，合羣不是均衡的關係。均衡的關係是死的。唯其如此，在人羣之中具有某種力的推動，某種主導的傾向。有此主導的力，有此主導力的轉移，所以人羣才能向多方面蔓延，向昇華發展。從合羣的機能來說，人類的合群是具有某種目的性的。合羣要求民生之解決維護與繁榮，隨時要求美滿，到了某種度之後，將要求更進。民生不是個人的問題，而是全社會的問題。社會貧困，個人不能富有，個人富有的結果便發生革命，因此合群的目的在求適當。從某一方面說，適當即爲平等，使個人適應整個社會。

綜合以上各方面的說明，我們在合羣的指標之下便產生以下幾種原則來：

1、生殖的原則
2、貫聯的原則
3、主導的原則
4、適當的原則

這四種原則表現於統一的經濟，因成而爲統一的政策的原則。有此原則，政策的計劃性便獲到指標來具體實現其全面性。

七

綜合以上各段的解釋，我的結論是

1、經濟社會化的政策是統一的政策。
2、統一的政策全有現實性，全面性，計劃性與原則性。
3、原則性包含有生殖，貫聯，主導與適當的特性。
4、計劃性在這種原則性的指導之下使全面性之具體化。
5、然上述的工作完成却以現實性爲其先決因素。

不過上述一切不過是我一時想到的一些概念而已。因此必須再加詳細的研究與討論。它祇是一種提案，不是決案，是雜感隨筆，不是有理論化的說明。但我却有一個定見，即今天談經濟社會化，不能再把它當做理想來希待了，我們應求其實現，而且從今天開始。

三月廿二日午夜

『自由中國』的宗旨

第一、我們要向全國國民宣傳自由與民主的真實價值，並且要督促政府（各級的政府），切實改革政治經濟，努力建立自由民主的社會。

第二、我們要支持並督促政府用種種力量抵抗共產黨鐵幕之下剝奪一切自由的極權政治，不讓他擴張他的勢力範圍。

第三、我們要盡我們的努力，援助淪陷區域的同胞，幫助他們早日恢復自由。

第四、我們的最後目標是要使整個中華民國成爲自由的中國。

學術界看布爾希維克主義

兼評介漢克遜著布爾希維克主義的政治理論

The Political Theory of Bolshevism ,By Hans Kelsen, University of California Press 1949. $1.00

費極光

中國今日的一大變局，從表象方面着想，是政治的，經濟的，和軍事的原因形成的；可是，如果深入一層觀察，那麼我們便不難發現這一大變局是中國文化體系崩解與世界二大文化體系當前發展的衝突相會合（Concur）所共同構成的結果。近百餘年來，淵源於西歐的文化，具形爲科學工業和政治民主，扣擊中國底門戶；於是，激起中國底反應，逐步究習科學和試行民主。但是，一九一七年十月革命以後，淵源於拜占廷的蘇俄文化異軍突起，這一文化，自三十年代開始，乘虛而入，在中國大陸與西方文化互爭雄長。因而，近三十年來中國成爲這兩大文化底角逐場所。經過第二次世界大戰底熬鍊和激盪，蘇俄文化昂揚膨脹。它底具體力量與中國土地上的黃巢主義結合，益之以腐愚集團之慷慨的援助與供應，遂構成一股巨大的暴力，起而排斥西方文化及其具體勢力。現在，無疑，西方文化及其勢力在中國大陸失勢，代之而興的是蘇俄文化及此文化所構成的實際勢力。

蘇俄目前在中國做些什麼呢？用歷史的名辭來說，就是『俄羅斯化（Russification）』。在帝俄時代，從亞里山大第三到尼古拉第二，爲了將被征服的民族與俄國一起組成一個强大的同質國家（Homogeneous nation）厲行俄羅斯化政策。他們迫使被征服的各民族放棄固有的語言，宗教，政治制度，生活方式；而强制他們學習俄國語文，信奉希臘正教，採用與俄國相同的政治制度；並且，除了俄羅斯民族主義以外，其他民族自己底民族主義一概在禁止消滅之列，今日蘇俄之對待中國，不正是『俄羅斯化』政策之重演嗎？所謂中蘇友好協會不正是推行『俄羅斯化』政策底機構嗎？蘇俄通過毛澤東之手，一方面着力洗淨西方文化在中國的任何痕跡；另一方面則以種種手段輸入蘇俄文化。她要根本從文化上將中國人變成蘇俄人；將中國由蘇俄文化底殖民地變成她同質的附庸。

這樣看來，中國當前的禍亂，根本歸結于一文化問題。既然如此，所以，要在反共抗俄鬥爭裡獲得勝利，决不能靠賭博。除了努力于射擊戰爭以外，我們還得有一種文化，而且這種文化所衍生出來的效應，足以抵抗蘇俄文化底侵襲。我們是否有這樣的文化呢？前面已經提到，中國固有的文化體系已經崩解；於今剩下的，只有失靈的祀孔儀式，和專門要別人奉行的說教而已。號稱『反共』二十餘年的政治組織，藉着什麼『理論』來對抗共黨『理論』呢？說來眞是可悲！除了一點點臨時的演講稿子以外，不是知識簡陋者粗製爛造的八股教條，便是祇有在炸藥之前才沒有人不贊成的一套頒製品。這些職業製造家幾十年來固然樂此不疲，可是人心早已厭倦了。那些『公文程式』，更進不了第一流學府之門。自己拿不出稍微像樣的東西給青年看，尤其是行事爲人不能配合宣傳，苦悶的青年們自己嘗試着尋找出路。在這樣的情形之下，反而責備青年『思想左傾』，有時甚至出以迫害手段。這是多麼需要超人的勇氣啊！

反共的言論進不了第一流的學府，這表示反共言論止于口號叫囂，而沒有取得最高的知識水準，不能眞正發生領導作用；更沒有在文化土壤裡生根。不能眞正發生領導作用，沒有在文化土壤裡生根，就不能凝聚成一普遍的觀念動力，不能凝聚成一普遍的觀念動力，那末物質力量就歸於無用，有時反而資敵。

可是，近來歐美思想界底情形日漸不同。第二次世界大戰以來，由于蘇俄底不但煎逼和擾亂，促起了歐美思想界普遍的醒覺。許多大學裡優秀的學人起來研究蘇俄與共黨問題。若干年來考茨基，依斯托曼（Eastman）等人零星散播的思想種子，現在逐漸由發芽而萌長。戰後這五年來歐美學人在這一方面的研究有了長足的進步。這種研究由民間而進入第一二流的高等學府。就作者所知，牛津大學，劍橋大學，加利弗尼亞大學，及耶魯大學，都有學者專究這一類底問題。有的大學並設立專門的機構（institute）以從事研究。（請特別注意：這些只是自由的學術研究而已，絕對不是出于命令。命令來了，思想家就嚇跑了；剩下的一定是八股教條底製造師。）這幾年來由此而產生的優秀著作不在少數。筆者現在介紹的漢克遜（Hans Kelsen）所著『布爾希維克主義底政治理論』便是其中之一。

假若反共不是爲了保護少數人底政治特權，經濟特權，以及永遠不受批評的特權，那麼它底積極目的，簡括地說，應須是爲了大多數人底『自由吃飯』。而要達到這一目的，必須通過反布爾希維克主義的走廊。共黨所堅持的布爾希維克主義恰好橫在大多數人自由吃飯的道路上，因此，反共之消極目的就是爲了反布爾希維克主義。大家既然爲反布爾希維克主義而犧牲奮鬥，那末明瞭布爾希維克主義是什麼一回事，當爲十分必要的事。漢克遜此書在這一方面給予我們很大的幫助。

聯合國憲章將蘇俄和西方國家聯合起來，置於一個相當中央化的國際組織之下。但是，這樣一來，就發生一個問題，就是，這兩種國家之間的合作，是否可能。因爲，這兩種國家各自底政治體制大不相同。誠然，這兩種國家之間的合作是世界和平底基本條件。不過，照漢克遜看來，有些人企圖掩飾雙方因政治體制大不相同而產生的困難。他們說這種差別並不根本重要。但是，這種掩飾是有害的。漢克遜在此致力把二者之間的差異明白指出。這樣，可以使人了解，問題底癥結究竟何在。

西方國家的政治體制，叫做民主，蘇俄底也叫民主。有些人甚至于以為蘇俄政治是一種比較好些和完備些的民主政治。因為它能保證社會安全。無疑，這是蘇俄與共黨宣傳所預期的反應。實在，蘇俄是處於布爾希維克主義統制之下。在這種統制之下，以無政府主義為理論，而以極權主義為實踐。所謂資本主義國家之政治形式的民主，和蘇俄之經濟實質的民主，這種口號，是錯誤的，民主與社會主義之間的關係是在生死攸關之中。蘇俄以革命和共黨獨裁的方式來建設社會主義。這種企圖遇到英國人民與之西敵。英國人民達到同樣的目標，但是所使用的手段不是革命與獨裁，而是進化和真正的民主。時至今日，民主底解釋，蘊涵着兩種不同的程序之間的決定。這一決定，為人類今後命運之所繫。

由於蘇俄及其分派世界各地的共黨宣傳機構之有計劃的長期宣傳的影響，許多人，甚至於一部分反共的人，以為共黨關於國家底理論是很進步的，或是富於理想性的。恩革斯和馬克思認為國家是資產階級壓榨無產階級底工具。等到無產階級革命勝利，消滅了資產階級以後，這個社會就成為無階級的社會。在無階級的社會裡，國家是不復被需要，而自形枯亡的。但是，在無產階級專政期間，為了鎮壓剝削階級底反動，並且消滅資產階級，作為鎮壓機構的國家，必須存在。

這樣，共黨就巧妙地把無政府主義的理想，和極權主義的實踐辯證地配合在一起。憑着這一辯證的配合，共黨使人民為了將來的美麗理想而接受目前現實的極權暴力特務統制之苦果，過着非人的生活。而支持這一辯證的配合的，是躲藏在背後的黑格爾底歷史哲學。漢克遜在這本書裡就把這個玄學鬼從暗中拉將出來，讓牠暴露原形於光天化日之下。

漢克遜說：『極其反對無政府主義而主張極端國權主義（etatism）的代表人物要算德國哲學家黑格爾。他對於歷史的解釋歸結到把國家神格化。依照黑格爾底哲學說來，一切存在的是合理性的（「實有的是合理性的」。）；但是國家乃「絕對的合理性者」。黑格爾說，個人只有通過國家才存在。「個人只有作為國家底一分子時才有他底真理、實際的存在和理論的形格。」「一個民族建設了一個國家時便是實際地現實了的（神聖的）精神，而且是直接實在的。因為它是地上的絕對權力。』這就是說：『國家是地面的上帝。』這種靈魂，一直活動流注在德國底政治血液裡；到了希特勒，極權狂熱化而為納粹主義，終於燒毀了德國；到了俄國，與沙皇主義，歐亞草原野蠻主義，馬基亞弗尼主義，馬克思主義匯合，使無產階級專政得到了理論的支持，對內實行史無前例的極權統制，對外實行了無止境的强權侵略。因此史大林有希特勒所有的一切壞處，又有希特勒所沒有的壞處。

從表面看來，馬克思似乎很反對黑格爾，好像他底思想與黑格爾底思想勢不兩立：馬克思及其門徒說他和他們底思想是『唯物的』；而黑格爾底思想是『唯心的』。顯然得很，即使這種分別是站得住的，至多只能表示馬克思底思想之填充資料磚石與黑格爾底不同而已。在思想底本質，格局，形式，由之而衍生的氣質，以及那『必然』之說，演繹意味的世界觀，等等方面，馬克思與黑格爾有什麼根本不同之處呢？他們是一邱之貉。二者底思想是同質的。因而，看似與黑格爾極端背反的馬克思及其門徒，特別易受黑格爾感染。他們特別喜好襲取黑格爾底學說；他底國家論，歷史哲學，和辯證法，他們與衆不同的，是藉打擊黑格爾來學習黑格爾，從反面攻擊黑格爾來攫取黑格爾底精華。所以，結果，體現起來，與納粹德國在精神上更相近的，不是別的國家，倒是蘇俄。就這一點說，德國是蘇俄底老前輩。無怪乎第二次世界大戰期間，希特勒以誇耀自矜的口氣對德國士兵說：『你們到蘇俄前線去看，一定覺得德國比蘇俄更接近社會主義！』

馬克思底國家論之知識的基礎，我們已經指出，是黑格爾底歷史哲學。而這種歷史哲學，則以辯證法表其特徵。黑氏歷史哲學底基本觀念為：理性統治世界。結果，理性支配世界歷史。世界歷史也是世界精神（World－Spirit）底意志之現實化。實在說來，這是一種歷史底神學。依此神學，我們不能就一個事件或一個方面來判斷它比別一個事件或別一個方面好些或壞些。而世界底歷史既依理性底支配而發展，所以都是合理性的。既然都是合理性的，於是執行之的領袖底一舉一動都是正確的。『領袖無失論』於焉成立！在辨證過程中，一切演變既以合理性為歸依，於是現象的『矛盾』自然消失於『統一』。所以，蘇俄和德是正確的，抗德也正確的。總之，在這一『辨證』之下，無往而不利，無往而不通，更無往而不是！

除了與希特勒納粹主義同出一源的國家論以外，布爾希維克主義者又有他們獨創的新民主理論。毛澤東底所謂『新民主主義』和『人民民主專政』底妙論，不過是蘇俄新民主理論底中國翻版而已，毫無『新』義可言。

馬克思和恩革斯對於無產階級國家裏的政治形式底問題給予相當明白的解答。一八四八年發表的共黨宣言裏說：『勞工階級革命底第一步，是將無產大衆提升到統治階級底地位，並且建立民主。』恩革斯說：『如果有任何確切無疑的事體，那就是我們底黨和勞工階級只有在民主共和形式之下才能得到權力。這種形式，的確，是無產階級獨裁底特殊形式。法國大革命已經表示過這種形式了。』由此，我們必須注意：所謂『新民主』與『無產階級獨裁底特殊形式』是同義語。從此可知，共產黨人言談之間所用的『民主』一詞，與西方國家所謂的『民主』一詞，在字面雖然完全一樣，但意義截然不同。不過，在馬克思與恩格斯底著作中，並沒有說，無產階級獨裁所形成的民主，就是一黨專政。無產階級獨裁，與一黨專政，並非一回事，二者之間還有着相當的距離。可是，今日的蘇俄，在理論上和實際上將二者等一起來；而且更進一步，將一人專政與一黨專政等一起來。結果就是：無產階級專政變成一黨專政；一黨專政變成一人專政。這一個人又滿腦袋是沙皇底靈魂。於是乎，蘇俄革了一場命，血流千里，殺人盈野，又革出一個沙皇來了！

列寧說：『民主也者，就是國家承認少數服從多數，即是，一種組織：這種組織以一個階級有計劃地使用暴力對抗另一階級，一部分人口有計劃地使用暴力對抗另一部分人口。』列寧所謂的『民主』，原來如此！其中充滿『暴力』，『對抗』，等等血腥字樣。其與傳統的『民主』之本義，相去不知其幾千萬里！依據列寧對於『民主』的這一界說，無產階級專政當然是『眞正的民主』了。因爲無產階級專政，正是一個階級有計劃地壓迫另一階級。秧歌王朝毛澤東所謂的『人民民主專政』不正是這種『民主』麼？

在事實上，蘇俄底所謂無產階級獨裁，僅能爲少數分子所樹立；而且就『民主』這個名詞之通常的意義說來，很難說是能作爲這種獨裁底政治形式。這種事實也可以說明列寧所謂的民主是無產階級國家底政治形式之說，爲什麼是這樣混含多義而且自相矛盾。托洛斯基則比較直率。他說：『階級革命底眞正核心與其民主的骸殼發生了不可調和的衝突。』列寧則不得不從新解釋民主概念。結果，依他說來，由從事剝削的資本家把持的民主是假民主；由無產階級管理生產工具造成經濟平等後所形成的民主才是眞民主。但是，蘇俄底『無產階級』又被誰管理着呢？依列寧所說，是被『有組織的和有階級意識的少數』。這樣的『少數』不用說，自然是共產黨了。這樣的『少數』又被誰所領導呢？列寧說得很清楚：『現在我們要回頭討論，在許久以前就已經決定過了的一個問題。這個問題被中央執行委員會所贊成而且解釋清楚了。——即是蘇維埃社會主義的民主與一人獨裁並非不一致；一個階級底意志有時最適當地被一個獨裁者所實現。這個獨裁者有時做得好，而且大家往往比較地需要他。』一切獨裁者，即使反對列寧本人，一定不反對他這話。

但是，列寧們這樣明白表示無產階級獨裁在實際上就是共產黨獨裁，照史大林看來，究竟有些不便之處。史大林得勢以後，就設法删除列寧這種說法。於是，像列寧之『解釋』馬克思底言論一樣，他對於列寧底言論又來一套新『解釋』，他說：『（a）列寧並沒有以爲「共黨獨裁」這一公式是無可非難的和精確的……。（b）在少許情形之下，當列寧與政敵論爭時，列寧不得不說到共產黨獨裁。他往往指着「一個黨獨裁」而言，即是，指着我們共產黨單獨掌握政權，而不與其他政黨共享政權而言。復次，他常常說得很明白，在與勞工階級的關係上共產黨獨裁，其意義是共產黨居於領導地位。（c）……（d）列寧沒有把「一黨獨裁」列爲本黨底基本任務。（e）有些同志把，或者試行把，一黨「獨裁」與無產階級專政視爲一物，因而，終於把「領袖獨裁」與無產階級專政視爲一物。這些人是誤解了列寧主義底觀點，而且是在政治上短視。他們破壞了階級底先鋒與階級之間的正當關係。』還好，史大林總算識相，不敢公然承認『一黨專政』，而想種種方法掩飾。共黨並沒有將暴力和恐怖加諸整個勞工階級，這倒是事實。但是，我們不能由此就否認另一種事實，即是，共黨將暴力和恐怖加諸那不隨着共黨政治路線一齊走的勞工階級之中的一切個體分子。這種事實，與排斥一切其他黨派這一事實，合起來看，充分證明了蘇俄所施行的是否『一黨專政』了。

一九三六年蘇俄政府製定的『史大林憲法』，將一黨專政底面貌掩蔽起來。在這種憲法裏，删除了一九一八與一九二四年憲法中給予公民政治權力的種種限制取消了。蘇聯與共黨矜誇這部憲法是世界最民主的憲法。誠然，這部憲法滿足一切極端的民主要求；可惜，却保留了一條例外：沒有政黨組織與活動之自由。只有一個政黨，共產黨，才被允許合法活動。沒有候選人不得到共黨同意而能當選的。這還談什麼『民主』呢？似乎這種『民主』學生，在我們底東方，並不只一個！

共產黨有反對並破壞一切道德倫理價值的勇氣，但是，獨於民主是一例外。他們不敢正面反對民主，祇敢從側面以種種方法來曲解，使得民主底原義與實質取消於無形之間。列寧們爲什麼不敢正面反對民主呢？因爲，民主底理念，蘊涵着要求自由。要求自由，是人類底天性。任何暴力革命不能把它摧毀的。可是，在世界其他地方，竟有人公然反對要求自由。這是土司與祭司合作底結晶。視列寧們則又等而下之了！

筆者在前面所表述的，只是漢克遜原著底粗枝大葉而已，除了這些粗枝大葉以外，原著中的精彩之論幾乎處處可見。這些精彩之論，不獨表示漢克遜對於布爾希維克主義之研究用力彌勤，並且觀察之深刻和透澈遠非一般泛泛的政論家所可比擬。而其論斷與分析之間表現了相當深度的現代思想技術的訓練，這尤其值得欣喜。如果我們能普泛地將現代思想技術的訓練引用於分析或思辯政治問題及其理論，那末一定可能開拓新的天地，新的境界，獲得新的結果，並且發生大大的澄清作用，進而爲政治思想找出一條正路。

當前，赤焰一天一天地向世界各地蔓延，火頭已經燒遍了東南亞，形將蔓延於印度洋岸。領導世界的西歐文化正面臨嚴重的考驗。歐美學人，身臨此境，焦思苦慮，成績日進。稍假時日，必定蔚爲有反共實際效應的文化思想。所以，反共思想進入國際最高學府，意義殊爲重大。我們今日反共抗俄，爲自由與文化而奮鬥，如將『反共理論』停止於令人見着就頭痛的八股教條和口號標語之上，必定提不起大家底精神。我們要充實『思想武裝』，必須與國際反共思潮聯繫起來，息息相通，朝夕交流。這樣，像漢克遜之流的著作，不可不讀。筆者拙於介紹；這本著作最好有人譯成中文，以饗讀者。

我們要在什麼時候反攻和怎樣反攻？

趙虛吾

現在的臺灣，不是政客官僚的逋逃藪，也不是豪門鉅戶的安樂窩，更不是詩人和幻想家認爲可以避秦的世外桃源。臺灣，在未來的世界大戰中，乃是十分重要的戰略基地，而在現階段的中國，則爲反共抗俄反攻大陸的前進跳板，這已是不甘心醉生夢死的人們，耳熟能詳洞若觀火的事了。

不過反攻、反攻、反攻，一年以來，還始終是一種呼聲，尚未能見諸行動。多少人的心頭，都被「？」號所充滿，似乎感覺到煩悶徬徨和困惑，有點透不過氣來，大家都在焦慮的等待一個問題的解答，就是：我們究竟要在什麼時反攻和怎樣反攻？

關於反攻的時間問題，如何選擇和確定，當然是軍政當局職責以內的事，非局外人所能越俎代庖。但人民本於「天下興亡、匹夫有責」之義，提供意見，藉備參考，總歸是有益無損的，我們以爲。

我們對於反攻時間的看法，就原則來講，認爲只能早，不能遲，只能提前，不能落後，其理由是這樣的：

一、我不反攻，敵必來攻，反攻者「制人」，待敵來攻，則「制於人」，與其待制於人，何如先發制人？過去大陸上的剿共戰爭，都是「挨打」的戰爭，例外是很少見的。現在提早反攻，即是變「挨打」爲打人，換言之，也就是戰略搬場。共黨能以延安貧瘠之一隅，奄有大陸，我們就不能以天下聞名的臺灣寶島，反攻大陸嗎？

二、拖延反攻的時間，絕對無益於我而有利於敵，其故有五：

（一）我不提早反攻，當然是爲了充實準備，但我能準備，敵亦能準備，正如所謂「我能往敵亦能往」的道理是一樣的。可是就動員人力財力物力的準備來講，敵以一個月的時間，可以動員一省，則以一年的時間，即可動員十餘省。而在我，一個月的時間，可以動員臺灣，一年的時間，也還是只能動員臺灣，因爲海中不會湧現出另一個臺灣，一月爲然，一年亦猶然也。

（二）敵之弱點在無海空軍，而敵之優點，則有共產祖國積極的外援，我則與此恰成其反。拖延反攻的時間，敵因借助外援，可能化無爲有，而我則因日漸消耗，可能化有爲無。

（三）國際關係，瞬息萬變。自克姆林宮發動和平攻勢，艾契遜提出七項要求以來，歐洲冷戰的局勢，弛緩成分多於緊張成分。希望變冷戰爲熱戰，不是夢想，也是妄想。在冷戰局勢持續，雙方利取其大、害取其小的原則之下，蘇無放棄敵僞之理，而美有犧牲中國之可能。艾契遜最近兩次演說，對於自由中國的態度，還都是極其模糊曖昧的。而另一方面，却不斷透過大陸人民向敵僞送秋波，對於安理會的中國代表席次問題，且公開宣佈不擬運用否決權。如此，假如我們再不即時反攻，萬一代表問題，在英國策動美國默認情勢之下，發生突變，必將慘重的影響到我們反攻的心理和士氣，其後果實在是不堪設想的。

（四）「夜長夢多」，這話是不錯的。但由此就寄託遐想於匪黨內部的變化，則未免僥倖心理過重。須知在我們這方面，不生不死局面的拖長，也不一定就能保險人人都能公忠體國，個個都能安危同仗。派系和意見未盡調和，只有在一致對外的行動上求統一，才是抵消對立和矛盾的長策。時間的拖延，敵僞在其鐵幕主人嚴密的監視之下，倒未必能有變化，但在我們這方面，因爲人人都有太多的自由，反不能一概而論，這是不可不加以注意的。

（五）金門登步兩次大捷，是我們反共戰爭中反敗爲勝的轉捩點，士氣的高揚，未有盛於此時者。三月一日 總統復職，接著陳內閣成立，中外視聽一新，民心的振奮，亦爲前此所未有。在我們尚不能擁有原子武器之先，敵我制勝的憑藉，誰都不能否認還是以民心士氣的昂揚低落爲轉移。而這種心這種氣，敵我平衡的時候少，互爲消長的時候多，正當士氣民心最爲可用之時而不用，揆諸剝復盈虛的 自然法則，當然在我們會成爲損失，而在敵人反成爲收穫了。

三、歷史上沒有小朝廷可以長久存在的前例。東漢初之隴蜀，晉初之蜀吳，隋初之陳，宋初之江南吳越後蜀，明初之夏，清初鄭氏子孫之臺灣，皆可證明此一斷案之不誣。今日臺灣之局，不生即死，不復興即消滅。凡昌言恃險固守之計者，非爲苟且貪生之懦夫，即爲坐以待斃之妄人。然則與其固守而必亡，何如及早反攻之可轉危爲安化亡爲存耶？

根據以上所說，我們必須提早反攻，可以說再無懷疑之餘地。那末次一問題，當然就要討論我們應當怎樣反攻了。

怎樣反攻的問題，涵義至爲廣泛，譬如何處首先登陸，開闢幾個戰場，以及其他有關戰略戰術問題，都是怎樣反攻問題以內的最重要問題。但這些都不是本文所要討論和所能討論的。本文所要論及的，則僅以在反攻的時間允許之下，如何作到幾點一般性的切要準備爲限。以此回答我們要怎樣反攻的問題，就是：我們要在有了緊急而切要的準備之後再反攻。

什麼是我們所認爲緊急而切要的準備呢？大抵不外以下三個項目：

第一、我們必須準備好有優良品質的工作幹部。

「徒法不足以自行」這句話，實在比「幹部決定一切」的說法，還要來得鞭辟入裏。所以反攻大陸，不先準備下優良的各部門工作幹部，則能反攻也未必就能勝利，能勝利一次，也未必就能有繼續不斷的勝利。而初步勝利的終止，也就是最後失敗的開端。我們如此立言，並非向壁虛構，以圖危言聳聽。抗戰勝利後的「刼收」活劇，殷鑑不遠，記憶猶新。共黨造亂到今日的地步，能說與刼收時期的「失盡人心」毫無關係嗎？

不過優良幹部的儲備，其事雖不甚難，但若當事者缺乏革故更新的決心，也還是無法着手的。我們認爲眞正優良幹部的產生，與設班立團粗製濫造的成法，是背道而馳的事。陶養人才，不同於燒製磚瓦。只要有窰有火，即可燒製磚瓦，而且還能使所出之貨，品質劃一，功用相等。但對於培植人才，也想經過三兩個月一年半載的班團訓練，就希望造就出大批忠貞不二的幹部，責之以貧賤不移富貴不淫威武不屈，這是把最善變的活人，看成可以團塑爲圓爲方的土坯，其不會有所成就，自屬理有固然。

我們傳統的陶冶人才的理想，講究「百年樹人」，意思是說非先有善良的社會風氣，人才無所從出。這理想現在說起來，自不免過於迂濶，且不合反攻之實用。但反攻需要人才，需要幹部，倉卒之間，我們究竟應當何所取才呢？

爲解決這一問題，先要認淸以下幾個要點：

（一）人性有三品，惟上智與下愚不移，介乎上下之間的普通人，可與爲善，也可與爲惡。如何使這種數量最多的普通人，多能爲善而不爲惡，不在語言文字之教與訓，而在賞罰激勸之必行。

（二）幾十年的新式學校教育，所造就的人才，早已超過舊式的農業社會所能容納的限度。所以我們當前的問題，是如何使過剩的知識分子，免於失業，而不是眞正的感覺「才難」，才叠牀架屋的訓練幹部。

（三）現在到處可見的貪汚無能現象，並非中國人的本質太差，而是由中國人事制度太差，甚至是由於全無人事制度之所致。我們所多餘的是汗牛充棟的人事法規，大半是爲有用人之權者文飾其任用私人的手法而設，剩下一點支微末節，則供辦人事者掉弄槍花之所需，於是我們的人事，銓選以關係爲主，考核以私意爲斷，賞罪以愛憎爲歸，這樣所造成的最後結果，便優劣是非功過的顚倒與混淆，而貪汚無能的惡譏，遂亦與我們政府如形影之難離矣。

明白了以上幾個要點，則配合反攻的幹部，到處皆是，實在可以取之不盡用之不竭的。不過要使每一個幹部，都具有優良的品質，則非先舉行一次徹底的甄別考試，而後再認眞實施一套健全的人事制度不爲功，甄別考試是給現任及志願担任公教人員的人的一種考試。就其所思所學所業所行各方面，加以周密的調查及考驗。根據調查考驗的結果，從新調整或分配其工作。雖然調查考驗的結果，未必就能百分之百可以信賴，但在比較上，沈埋的屈抑的賢而能者，總會有一些被發現的機會，僥倖的濫竽充數的頑劣不肖者，總會有一些被陶汰的可能。如此，政府以優劣是非功過爲用人標準之用心，可以大白於天下，然後再繩之以必行的法令，鼇之以健全的制度，而謂善者猶不知勉，不善者猶不知勸，士氣人心猶不爲之奮發興起者，吾不信也。司馬溫公謂「裴矩佞於隋而忠於唐」，豈獨裴矩一人爲然，在靑天白日的光耀照臨之下，頑廉懦立，莫不皆然，這是可以斷言的。果然能够這樣作，求忠貞的反攻幹部，大可俯拾卽是，其事實不太難，所難者惟在當局有無當機立斷的決心而已。

第二、我們必須儲備可以賑濟四千萬饑民的糧食。

我們知道現在大陸上的饑民，已逾四千萬。我們這次反攻，不單單是爲了「伐罪」，更重要的却是爲了「弔民」。弔民這件事，不是專憑「口惠」所能收效的，冠冕堂皇的文告標語，也照樣的一無用處。拯救饑民的唯一仙丹妙藥，就是糧食。我們這次反攻，必須要做到大軍所到之處，就是賑糧所到之處，而後才能穩操勝算，一往無前。古代「簞食壺漿，以迎王師」的佳話，現在却要倒轉過來而爲「簞食壺漿，以勞饑民」。

共黨造亂叛國，幾個月以前，他們的得意之作，就是製造饑民。可是自今以往，他們的日就敗亡，也就正是自食其所製造饑民的苦果。不過假如我們反攻之師，沒有糧食的儲備，則所以爲共黨之苦果者，也就會一變而成爲我們沈重的包袱。這包袱不但能够阻塞了我們的反攻之路，而且還可能拖垮了我們勝利之果的。回想敵我隔江對峙的時候，所有饑民和專會吃飯不能作事的人羣，他們都大量的仼我們這方面驅逐，好藉以增加我們的困難、消耗我們的糧食。我們雖明知其然，但也只好無可如何的逆來順受。這是我們吃大虧的所在處，然也正是共黨之所以爲共黨，我之所以爲我的所在處。我們這次重返大陸，大陸饑民已十百倍於往昔，證以共黨一貫善於使用的惡毒手段，這也大有可能就是共黨故意構成以饑民爲骨幹的防禦工事。如此，我們必須要有充足的糧食儲備，爲了弔民，爲了衝破共黨的饑民防線，都是非這樣作不可的。

我們所應儲備的粮食，照四千萬饑民計算，四千萬擔這樣一個數目，並不爲多，但已超過臺灣年產量之總合。所以我們糧食來源，只能購之於外，不能求之於內，以免動搖根本。而購糧需要外匯，四千萬擔之數，又豈是我們的財力所能勝任？不過爲了反攻，爲了勝利，不能辦的事情也要辦，天下沒有不能克服的困難，能與不能，一切全靠人爲。

我們以爲四千萬擔糧食，不妨分十期籌足，每期四百萬擔。以臺灣人口而論，平均每兩人分任一擔，貧富有無酌爲增減，其事卽輕而易舉。而且登陸之後，四千萬饑民亦絕無同時蠭擁而至之理，則分期籌儲，分批運賑，亦屬事所當然。再則我們反攻而勝，國際關係，一定可以翻然改觀，救濟饑民的責任，那時不僅是中國的，而且是國際的。美國爲糧食過剩國家，而指定撥給自由中國及「一般地區」尚未動用的援款，提出一部份，就拿牠作爲購進過剩的美糧之用，等於水到渠成，絕不會再有留難的餘地。而反攻儲糧問題，遂可全盤迎刄而解。如此說來，問題的關鍵，第一當然就是反攻，其次則在我們肯否先籌儲第一期的四百萬擔，以樹立自助人助之始基耳。

第三、我們必須準備好收復失地以後的施政方針和辦法。

抗戰勝利的接收工作，醜態百出，諸惡皆備，騰笑中外，至今言之，猶有餘痛。古人有言「前事不忘，後事之師」，我們知道抗戰接收工作的失敗，一方面由於幹部的不健全，前文已經論及，一方面卽由於接收的方針和辦法，事先沒有能够作通盤的準備，所以才弄得臨事束手舉措乖方的境地。這次反攻大陸，撫念舊日的創傷，自無覆轍重蹈之理，關於接收失地以後的施政方針和辦法，自應卽早有所準備。

不過經過共黨盤據的地區，無論時間的久暫，其所遭受的破壞，廣泛到政治社會經濟文化的任何部門，都是極其徹底的。因此我們的接收準備，也必須廣泛的注意到每一個事象和每一個問題。爲達成此一目的，一個周諮博訪斟酌設計的接收準備委員會，實有卽刻成立之必要。針對共黨的破壞，製訂復興的詳細辦法，絕非一二人之智慮所能爲役。所以本文在這裏所要提供的意見，完全是個人的管窺蠡測，指出幾個最重要的問題，聊供各方參考而已。

一、關於土地問題。收復失地之後，最先發生也是最難處理的問題，就是土地問題。解決土地問題的最高原則，當然不外國父平均地權的遺教。至於實施方法，則應力避「道以多歧亡羊」的重營雜沓現象。三十五年政府公佈的土地法，實不失爲目前解決我們七地問題的唯一良法。政府應明白宣佈此項法令爲收復失地必須徹底實施的法令，各地不得擅自訂定個別或過或不及的臨時措施。

二、關於人心問題。接收人心重於接收共黨的產業物資。前者抗戰接收之失敗，大半卽係違反此一原則而行之結果。五花八門的接收人員，爲了一廠一屋一倉一庫之得失，彼此眼紅心黑，唯恐不爲我有。大家旣都集中心力於此，自然不會再有心情管什麼人心不人心。我們必須認識共黨的物資，均係由人民搜刮而來，卽應一一還之於民。產業之原爲民有及應屬民營者，如一般輕工業，亦應還之於民。或售之於民。以示大軍所向，原爲弔民伐罪而來，非爲五子登科而至。蕭何入咸陽，收秦圖籍而已，曹彬破蜀下江南，囊中惟圖書衣衾。蕭曹的接收遺意，雖爲千古示範可也。

三、關於僞幣問題。禁止僞幣流通或過分貶值使用僞幣，都是萬萬不可採用的策略。因爲僞幣雖僞，拿在人民手中，却是由血汗所換來的財富。廢止或使之貶値，表面上雖爲膺懲設匪應有之義，骨子裏却苦害了我們的人民。我們覺得以我們所儲備的糧食，收燬人民所有的僞幣，是再好不過的辦法。當然在執行的時候，要有周密的規定，以防未收復鐵幕區的套購。

四、關於施政問題。這一問題牽涉的方面太多，非短文所能盡。但就大體言之，以推行地方自治爲目標，以組訓民衆爲手段，能做到還政於民，則人民所受共黨的桎梏自無待剷除，而已歸於無有矣。

總而言之，有備則無患，時去不再來。反攻大陸旣是臺灣軍民上下義無反顧的任務，就應當挺起胸膛循着必能致勝的路線前進。這路線的距離絕對不能太長，但也不能短到一點準備機會也沒有。拋掉一切不急之務，免得「議論未定，兵已渡河」，我們集中心力完成如前述的幾項準備，多則半年，少則三兩個月，應無不舉之理，或者到那時候，還不致讓敵人早着先鞭，則幸甚矣！

自由中國 通訊

美國必須採取强硬態度

—白宮顧問群中對美蘇關係的看法—

芝加哥通信．三月二十四日

本刊特約通信記者 林慰君

據國際新聞社華盛頓負責人William K. Hutchinson氏三月十二日發表,他在訪問了杜魯門總統一些高級顧問之後，發現白宮裡有一少部份人士，是積極主張對俄採取强硬主義的。這樣的論調和主張，出自白宮的顧問口中,尚屬少見。他的看法頗有獨到之處，故特翻譯如下，以饗國內讀者：

一部份白宮顧問相信美蘇戰爭是不可避免的。而且事實上蘇聯對於美國早已發動了無形的戰爭。

一位杜魯門總統顧問群中地位很高的人，主張如下：

「我們已經在打仗，問題是我們甚麼時候才承認這個戰爭的事實，和怎樣來承認。除非我們對蘇俄整個的屈服，不然，一個實彈射擊的戰爭，是終於不可避免的。」

據這位顧問說，蘇俄對西方國家的戰爭是有着種種不同的方式的。比如在中國，蘇俄所採的是射擊的戰爭。他又說：

「爲了對抗美國，蘇俄在世界各處盡量利用游擊戰，第五縱隊，科學家和工會，來作爲對美的戰爭手段。尤其是他們吸收我們的科學家一層，最值得我們注意。因爲今天科學是戰爭中最要緊的一件東西。」

記者問他射擊戰爭何時會由蘇俄發動，他說：

「蘇俄將盡可能避免運用大量的軍隊，但那是不能避免的，除非我們屈服。蘇俄將在對她自己有利的條件之下，來發動這個戰爭。」

該發言人確信他對於蘇聯的估價極爲正確。他解釋道：

「共產的聖經是辯證法唯物論。史大林和他的黨羽，整天在宣傳共產主義和資本主義不能併存，彼此之間的矛盾和衝突是不能避免的。

因此，我們必須强硬起來，根據過去的事實經驗,每次我們一强硬,我們便佔上鋒。每一次軟弱，便得失敗。過去對俄的妥協主義總是失敗的。我們對俄的容忍，也總是屢試屢敗。」

記者又問美國目前應採取何種態度，他作了以下的建議：

「必須强硬。假使我們今天告訴蘇俄除非她立刻改變作風，我們就要向她開戰了，他們會立刻停止他們現在的作風而另俟良機的。假使我們對她說：『你們趕快滾出德國去，不然你們就得放棄十座最好的城市以饗我們的原子彈。』他們會立刻滾出德國去。

「他們只認識武力，最鄙棄外交。共產主義政府的領導者根本不懂外交，他們只承認武力和暴力。假使我們以外交手法和他們週旋,實爲可笑。我們現在應從事一個避免失敗的戰爭。我們必須盡量避免全盤的失敗。」

記者又問美國現在應當怎樣做法，他說：

「我們應當盡量從事國防建設。但是我們還得用幾十億來從事宣傳工作，俾使世界人士得以明瞭在共產黨統制之下，個人的自由是怎樣的被剝削，在自由經濟制度之下，是怎樣的快樂安逸。我們必須告訴世界；共產主義國家與自由經濟國家對待工人是怎樣不同，工資的差別是多大。我們必須證明共產國家怎樣把工人當做奴隸，而自由經濟國家的工人是如何享受。我們必須用各種武器來與共產主義鬥爭，而且得用史達林攻擊美國的武器，來反攻他們。」

談到美蘇戰爭將在怎樣的方式之下開始，據少數顧問們的推測，將不出下述的幾種料想：

（一）由保加利亞或其他蘇俄奴隸國家來發動射擊，由此將西方列强捲入旋渦。

（二）由蘇俄重演一類似珍珠港的事件，將載有原子彈的一二十艘船隻，駛入美國海港根據地。

（三）由蘇俄派遣大量空軍到美國的北部，東北，西北，中部等各工業集中區，投擲原子彈。

（四）由共軍進佔西歐，將大量陸軍進駐德國西部。

（五）由於美國對蘇之下哀的美敦書，令其軍隊退出某國，並以原子彈相威脅。

（六）由於蘇俄國內反動力量的加强，致使他們全體出動而與西方民主國家宣戰，借此機會握緊政權。

戰爭是有多種不同的開端的，日俄戰爭，肇端於中國拳匪之亂以後，日本致俄的哀的美敦書，令其撤出滿洲。世界第一次大戰則開始於奧大利大公爵非第南Ferdinand之遭暗殺。而德國潛水艇之無限制戰爭，卻將美國捲入旋渦。世界第二次大戰，由德國軍隊不顧英法之反對而進佔波蘭。美國則由於日本之攻擊珍珠港而參戰。假使第三次大戰來臨，牠的開端方式將不出以上所學的舊例。」

鳳山通信

新軍，新在那裡？

余西蘭

今天的自由中國，有一支强有力的受過優良訓練常打勝仗的台灣新軍，幾乎是舉世皆知無人不曉的事情了。

究竟是新在那裡呢？一種進步的事業，必須要有一個英明的領導者。我們對新軍的最高指揮官孫立人將軍所領導下的新軍，應該付以最大的信任。我們要堅信新軍必可打勝仗，必可挽救危局，一些微的懷疑或悲觀都不可存在。勇敢的新軍將士，此一時一刻正是爲保衛台灣在火線上衝鋒肉搏，擊殺敵人。我們在後方的人若無病呻吟地抱着個失敗主義，試問那還成個什麼樣子，那兒還有一些些骨氣？

我現在且把新軍所以爲新的地方列舉於後。對新軍有了眞正的認識，則對「新軍必可保衛台灣」的信念自然能够堅定不搖。

（一）新的兵員　無疑的許多學識極好，身體健壯的青年，如今都投在新軍的陣營中了。

他們原都在學校裏用功唸書，在家庭中度着快樂生活的。讀書的人在我們祖國就人口來說，因爲佔少數的緣故，一向被視爲珍寶；但他們愛這個祖國勝過愛身家。祖國危難的日子來臨了，保衛祖國的責任人人有份的；他們是祖國的中堅，是祖國希望的寄託，更不能坐視；不能眼見大好的祖國河山，被無恥叛徒出賣於陰險的蘇俄帝國主義者！祖國是愛國青年們的，萬萬不能在我們手中爲蘇俄帝國主義所吞噬！於是激于大義，他們便毅然決然地投進了新軍的懷抱！

以他們曾從學校得到的學識，再加上今日新軍的完好訓練，一個個都變爲文武兼才的勇士了。講文，他們可以寫詩作畫，開音樂演奏會，辦琳瑯滿目的藝術展覽；論武，他們懂得了各種火器的使用，可以在馬上射擊，能帶槍游泳，三鎗一個洞，都是呱呱叫的神槍手。他們其中有的是專科大學生，中學生更普遍。政治理論，國際情勢，在他們不止懂得透徹，而且常要熱烈的開會討論，並常把他們的意思用文字發表。他們之間有精通一至幾國外文或語言的；是戰士，也是學者，是學生，也是教師。小部份知識程度較低的同志們，在一面受訓一面學習中，都有了長足的進步。

中上學生和社會知識青年的巨數投效，使新軍的素質大爲提高。有粗深的根，才發出茂盛的枝葉；有基石穩固的牆，才才有不怕暴風雨襲擊的房屋。

（二）新的訓練　新軍的能打勝仗，全是靠訓練的嚴格和有方而養成的。「訓練重於作戰」這句話在新軍中已確切做到。

孫立人將軍帶兵的長處，就在他精於訓練；他這長處造成了今日的光輝地位。沒有一個人可以不受訓練而能進到新軍中來的。這並非說「受訓」是到新軍來的敲門磚。新軍根本不是任人來鑽求官祿的地方；新軍確確實實是個培養反共武力以拯救祖國的所在。

新軍中的訓練工作從無間斷，更不停止。新軍不祇是訓練士兵怎樣去打槍開炮，而要訓練他們個個都可單獨作戰。在士兵們會用槍打仗以外，還要訓練他們從心理上，從思想上，從精神上去戰勝敵人。新軍的訓練大要包括在「德智體」三育的原則內，所不同的是她新的訓練方法：

（甲）德——即良心訓練　人人開口，各憑良心說話；這現象，這運動在新軍中早經顯著地實施了起來。只要話說得對，所持的理由正當，誰都可以在良心檢討會上毫無顧忌的提出；不管所要指摘，要批評的對象是士兵，或爲官長，是私事或團體，都又不客氣地坦直的述說出來。是合理的，立刻可以得到公衆的支持和擁護。誰在良心評判之後還不自新，還不改過，公衆便可以制裁他處罰他。新軍的每個連排單位，都組織有「立功會」；是好人都被推戴，是壞人都受懲戒。這樣，大家更愛團體，團體隨之更趨嚴密。以往部隊中那些只有官長打官腔，士兵或下屬受屈不敢宣說，或想開小差企圖破壞軍紀等的不良風氣，在新軍中已一掃而空了！

（乙）智——即政治訓練　新軍士兵的素質雖然一般地高，但正因如此便不免看法不同，或生紛歧的主張及思想。這是必要加以扶掖並導入正軌的。新軍的政治訓練便針對這情形而訂定了科目與進度。不止於清單上列得好聽：在政治研究會上，大家都踴躍地發表意思。爲了追求眞理，不惜爭得面紅耳赤；但各人的思考都儘量避免着空洞，虛泛，而務必深入，切合實際。對政治對時局觀察有見解有心得的人，不管他是官是兵，立刻可被推爲這種訓練的指導者；此外，新軍中還有各種學術座談會或讀書小組會，在會中每人被鼓勵着勇於發言，並錄下筆記。這種會通常是一週或十日輪流召開一次。因爲上進是人人所喜的，都切望懂得更多更廣的知識，以充實自己，所以這類的集會對士兵的智能大有了增益，而且都是自動地不倦地在探討着。

（三）體——即體育訓練　關於新軍的體育訓練，想大家多已知之甚詳甚熟。看見新軍的官兵，你便知道了力是什麼，熱是什麼。他們一個個都有着結實的肌肉和飽滿的精神，一個個都有着令人一見就不禁羨慕的體魄。

在新軍中是人人必受訓練的。一次不够，再來一次；訓練了這樣，再學那樣。受過了訓，在新軍中才確定了你是個有力的份子，也可以奠下你在新軍中的身份和發展。新軍中沒有沒受過訓練的人。

（三）新的作風　新軍的新作風是值得我們深爲景仰並效法的。孫立人將軍所訂定的六戒信條，便足以說明新軍新作風的所在：

（甲）戒賭　以往軍隊中的賭風特熾；大官大賭，小兵小賭。新軍卻沒有這種現象。新軍中的份子優秀，多爲心地純潔有向上心的青年，都潔身自好，疾惡如仇。新軍一天到晚課操緊張；卽令有閒暇，新軍中也有設備完全的俱樂部或福利社，官兵儘可在那裏喝茶下棋、唱歌看書以作消遣。

（乙）戒嫖　有人說當軍人的沒有一個不會嫖，這句話在新軍中便用不通。新軍官兵們的出身與所受的敎育原都很好，具有着高尚的品格。有的見了女人還不免臉紅，有的則早就正當地有過愛人或被愛的輝煌羅曼史。就算想找愛人，也得合於條件，不是隨便可以的。自己讀過的書或不算多，起碼的性知識卻已具着；雖然壞女人常多誘惑，潔身自好的同志們都是恥於問津的。

（丙）戒貪　新軍中的官兵是經過選拔徵考而來的，對於貪汚的習慣，深惡痛絕。新軍的工作和生活極有規律，每一件事都必多數通過而後行，並組有各類小單位分管，監視。大家都有履行規律的常識和凡事開誠的習慣，而本身所得的服裝糧餉既够溫飽零用，所以貪汚的想法也無由產生。新軍中人人深悉祖國在極度窮困中，尚且全力支持新軍，誰還泯滅了良知，來做這種有辱人格，有辱團體的卑鄙勾當。

（四）戒虛僞　「好人出頭」是新軍的座右銘。這所說的好人，第一便是不虛僞，該說的話就說，做壞了事就改良；隱過飾非的行爲在公衆理直氣壯的批駁下，反而是更形狼狽。新軍中這些年輕小伙子，出言耿直！通行在部隊間的同志愛、和坦白的情感，驅走了任何虛僞的想念。

（五）戒驕惰　驕傲和懶惰兩物，是最易使人跌倒，拖人落伍；但它們在新軍中卻不能立足。先說驕傲：新軍中有學問者很多，又是各具所長，常是互相研習，互相指教。自稱博學的人，一定是個草包；而愈有修養，愈有學問者，愈不爲自己張揚。因此新軍中風起雲湧的研究和學習的風氣克服了這弱點。至於懶惰：新軍中緊張的操課不容許誰想懶惰。新軍的生活是着重紀律，着重一致的，人人都爲操課忙碌，誰願去閑坐躲避，就算長官不處罰，自己的良心也必過不去。

（六）不擾民　今日新軍所到之處，確是做到了「秋毫無犯」這一點。新軍能打勝仗；打過勝仗，新軍有好規矩，有好軍紀；幾乎是婦孺咸知的。新軍中的「愛民會」，更促進了軍民之間感情的融洽。他們絕不擅動百姓的物件，還常爲百姓服務：或扶老濟弱，或解囊相助。關於新軍怎樣愛護民衆的故事，已不勝枚舉。他們都認爲這並不是一件了不得的榮譽的事。而是份內應該做的；助人是快樂的，何況他們的衣食全出於百姓之賜，而他們自己也有着父母兄弟，妻室兒女呢！

新軍所以表現如此新作風，我們覺得一方面因與嚴格的訓練有關，而另一方面也實因爲新軍同志知識程度頗高，認識清楚，又因他們都是年輕有志氣有血性的人。他們極知軍隊與民衆間不能稍有離隔，也深悉自己所以遠別高堂抛下書本，一身萬里地來新軍中的目標就是爲了救國救民。

他們沒有一天忘記過祖國的危難。祖國是如何迫切需要救她愛她的青年人來爲她支持並獻身的。如今能在新軍中直接參加戰鬥，而參加的又是自由祖國的保衛戰，抉擇戰，這正是這些青年們引爲光榮的，發展抱負的大好機會。他們要親筆，來在祖國的艱苦奮鬥史上寫下最輝煌燦爛感世的一頁。這種志向，這種理想，是多麼令我們同聲讚歎！新軍的新便在這裡！

新軍，新軍新在那裡：我說了這些話，不是誇張，不作渲染。實在，新軍的新的事實是比我在這裡所說的要多還要深。

我們若愛祖國，便要愛新軍；我們若重視臺灣的前途，也要重視新軍的前途。若說今日的臺灣是我們的祖國反共抗俄的根據地，那末、新軍就是支援這反共抗俄之戰的主力部隊。我們要群策群力，迫不待緩的，一切用去支援新軍，一切用去支援前線！

我們相信民衆與新軍和我們精銳的海空軍合作的神威下，總反攻以光復大陸國土的日子，已經不在遠了！

清華園的苦悶

香港通訊・四月五日

本刊特約通訊記者 梁守中

有着水木清華之譽的清華園，與北大同爲中國教育界撐天二柱的清華大學，現在靜靜地躺在秧歌王朝的「天子脚底下」（毛澤東就住在北平西郊的香山，去清華不遠），默然無語。勝利以後北平易手以前「學生運動」中的「革命熱情」底刺激沒有了，「解放」，「天亮」時的盲目的興奮沒有了，剩下的是苦悶、煩躁、傍徨、困惑。

正如紀德專家現任南下工作團團長的盛澄華教授所引，毛澤東講知識分子的那副對聯是挖苦入骨的：「牆上蘆葦，頭重脚輕根底淺；山中竹筍，嘴尖皮厚腹中空。」清華學生對流寇式的中共根底的了解的確太淺了，太頭重脚輕了！腹內對中共本質和作風的知識也的確太空了！對於他們用盡力量迎來的「光明」，他們只有睜大了失望的眼睛無可奈何地看着。

清華學生可以作爲近年來熱烈傾向中共的，愚昧然而有着純潔熱情的知識青年底典型。

從「反飢餓反內戰」起，清華學生反抗政府的表現一直是最强烈的，强烈到引起附近民衆的公憤，組織清共委員會來對付他們，强烈到在西郊駐紮的青年軍以爲「清華學生個個都是共產黨」，甚至强烈到他們的行動幾乎超過了中共地下黨團員控制的程度。

前年冬天，林彪軍隊一次澈夜的戰鬥使清華成爲「人民解放的第一個大學」（接管大員錢俊瑞語），清華比城裡的人早開眼幾十天，總算不負苦心了。於是，全校動員組織入城宣傳隊，一月後跟着共軍的屁股進城，扭秧歌扭掉了大半個寒假。那種興奮簡直是空前的，比「民主堡壘」的北大還要來得厲害。

波峰既過，接着的是情緒上信仰上一片並不顯著但卻相當普遍的退潮。盲目的激動的人必得吃下自己手植的後悔苦果。

清華學生茫然不解了，隨「解放」以俱來的奇怪地竟都是些並不使他們覺得解放的事。他們大膽地提出許多別的大學生不太敢提的問題，但結果只被稱爲「包袱」（共黨用語，指不正確的意識習慣）奇重，思想愈來愈「搞不通」。他們對那些搞不通的事最後只有容忍。

這類事件的第一炮是銷路最廣，新聞最多，而且立場並不反動的世界日報底被封閉；這據說是「應人民的要求」。人民爲什麼會要求封他們最愛讀的報紙呢？「解放區」難道眞的沒有新聞自由麼，清華學生提出這來要錢俊瑞解答。錢氏答了：「現在的反動報紙將一律封閉，世界日報是反動的。至於以後，我可以保證，各色各樣的報紙，各種不同的言論，新民主主義下的新聞自由，呵，雨後春筍一般呀……」這保證並沒有解決問題。一年過去了，春筍只有四根（中共的人民日報，「民盟」（形式上是如此）的光明報，總工會的工人日報，新民報）；而且，沒有言論，沒有新聞，只有中共統一發布的公報式文字。天眞的清華人爲之大惑不解。

大惑不解的事多着呢。旅大問題，東北的機器，蘇軍的暴行，黨團的進入學校公開活動，公費的大量減削，政治課的强迫學習，生活各部門的一律集體，「民主人士」豬一般地享福的生活，稅捐的奇蹟，失業的增加，自然科學的「階級性」，「國民黨認爲對的就是錯的，國民黨認爲錯的就是對的。」（錢俊瑞語）等等，等等。光未然會經爲這班清華傻瓜一條條地仔細教誨，結果只有使他們的腦筋更加混亂。

政治課程的學習討論中，問題更多了：我們小資產階級既是人民民主專政裡四個朋友之一，可以存在，爲什麼思想一定要改成無產階級的思想，一定要以無產階級的好惡爲好惡呢？全國普遍饑饉，糧食卻朝蘇聯運；我們固然應該愛蘇聯，和它友好，但爲什麼不也愛愛我們自己，和自己友好呢？蒙古可以獨立，西藏爲什麼不可以呢？違反馬列主義的黨派既然都是反動，那麼允許存在的民盟民革等黨派當然都是與中共主張相同的了；既然主張相同，何不乾脆併入中共，省得多此一舉呢？……

這些問題都解決了，因爲清華人不願再問下去了。

他們也異常榮幸地能够在清華園內親自聽到艾思奇大師的哲學宏論。眞是思奇呀，艾大師的思想是那麼稀奇古怪——「A等於A，是A就不是非A，這就是說地球將永不變化了：……因此，形式邏輯是絕對荒謬的！形式邏輯只是亞里士多德底荒謬的形而上學！」

金岳霖先生居然接着講了幾句人不敢言的話：「艾先生今天把形式邏輯駁得體無完膚，我是學形式邏輯的，本來應該和艾先生鬥爭一番纔對。不過，好像可以不必了。我覺得艾先生講得眞好，艾先生每句話的形式都合乎形式邏輯！」

儘管如此，辯證唯物論仍然是聖經。每系都組織了學習會，教授講師助教學生一律參加。很多自以爲已經懂得這「新哲學」的學生在學習以後都糊塗起來了。辯證唯物論是最合乎科學的，爲什麼物理學教授和化學教授所提出的那麼多問題好像都無法解答呢？對了，這是哲學，應該從哲學上來解答。可是，怪了，清華哲學系爲什麼却要關起門來討論這個宇宙眞理，謝絕旁聽，不給人解答呢？

清華園裏的可憐蟲愈來愈困惑。

可憐蟲們對於好些教授的印象也得隨客觀環境的變遷加以修改了。使人印象變得最快的是馮友蘭先生，因爲他自己就變得最快。馮先生，中國正統儒道哲學和西洋批評的實在論的傳人，青年行爲修養的導師，要建立新理學的講人生境界的好學深思之士，一夜之間，勿然把過去思想全部推翻了。他開始講唯物論，發表文章說：「一個時代需要一個時代的哲學，一個政權需要一個政權的哲學。」（大意）使人遺憾的是那時一般學者還沒有喪失沉默的自由。在實際行爲上，馮先生當了清華校委會主席，提出清查梅貽琦校長對美國一筆贈款處理情形的主張，而梅校長並無可議的處理是馮先生早就知道了的。

馮先生的校委會主席沒作多久就奉命移交給物理系主任葉企孫。文學院長一職也終於被迫辭掉，甚至中共叫北平學人組織的新哲學會裡都沒有他的名字。馮先生的遭遇與被迫辭去史學系主任職的雷海宗先生大體相同，但與雷先生的始終沉默比起來，馮先生不免讓學生們略覺遺憾。

印象的修改當然不止馮先生。不學無術的吳晗跑一趟解放區，穿着棉軍服回來以後，就由教授而史學系主任而文學院長，步步高陞，最後直登北平市副市長的寶座，離開清華園，把那那套起家的史學行頭全部丟掉了。學而優則仕，清華學生對於「民主教授」的動機開始感到懷疑。這懷疑在批准李廣田由中共預備黨員轉爲正式黨員的批評討論大會上終於得到了解答。在這會裏，大家知道了李廣田會與鄉間太太離婚，與現在太太結婚，然後又以清華中文系副教授的身分和系裡兩個女生同時鬧戀愛。大家聽到了李太太的控訴：「李先生在外面爭取民主，回到家裡卻非常法西斯。」大家也聽到了李對於他那種「往上爬」心理的自白：「我作了中學教員，想作大學講師；作了講師，想作教授；作了教授，想作民主教授……」這一來人們纔恍然大悟，「民主教授」之可貴蓋在比普通教授高一籌，猶如教授比講師高一籌一樣。李廣田於是輕輕把中文系主任一職取去。

但學生們並不太理會這些，他們自己的苦惱已經够多了。全校原來有「體育膳團」，「衞生膳團」，「營養膳團」，「清寒膳團」等各具特點，滿足同學不同需要的膳團，現在統統取消，併成一個了；這是爲了「集體」，爲了「增加了解，增加聯繫」。於是，失去了選擇的自由，失去了辦理良窳的比較，交等於營養膳團的錢，吃比清寒膳團還壞的伙食。不滿的人頂多只是不滿，因爲誰也不敢有「小圈子主義」的行動。

易手以後抱着滿腔「爲人民服務」的熱誠，拋棄了原來學業去哈爾濱上外國語專學俄文的同學，幾個月後陸續溜回來，最後乾脆大批地被遣送返校了。溜回來的由於不滿那平均一天學一個單字的進程，大學生和初小學生混合編制的辦法，多得無聊，荒謬得可怕的政治課，更由於不能忍受那種「要免掉痛苦只有取消理性」的空氣，一個個自動開溜。送回來的也並不對那裏滿意，不過還想咬牙苦撑；然而他們的見解學識都比「幹部」們高得多，幹部感到棘手，於是也請你們回去，省得引起麻煩。

最使清華人不滿，終於引起小小風波的是中共黨校華北大學借清華校舍的事。華北大學叫清華讓兩座樓出來，徵求學生會同意，學生會先作主答允了，回過頭來再叫同學追認。華北大學底黎明起床大鑼大鼓的生活可決非清華老倌們受得了的，老倌們火啦：爲什麼不先徵求意見就答應？爲什麼不表決？我們反對！學生會强姦民意，理事們都該滾蛋，最初幾張抗議書出來時，學生會還想祭起「搗亂分子」，「職業學生」，「挑撥感情破壞團結」等等老法寶，然而抗議愈來愈厲害，愈來愈普遍，理事們只得承認「錯誤」。但接着的是：既已答應，房子無論如何總得讓出來！這事後來因華北大學自己收回成命而取消（怕從石家莊搬來北平以後，環境不如鄉村簡單，幹部們「搞通思想」要增加困難）。不過，大家總已嘗到「民主集中制」的滋味了。

因了中共黨團的活躍和黨團作事的好些不合理，如用挑撥離間包圍孤立假借名義等手段來對付同學之類，使許多「新同志」大爲不滿，不滿的人立刻自己就被團剿起來——正義感只是拿來對付敵人的，對同志不能有正義感式的義憤。哦，正義感還要看人囘話，略有是非之心的清華哥兒們，當然是愈來愈「搞不通」了。

搞不通的人普遍消沉下去。

清華人有這麼一句話：「我們需要革命，但不需要這樣的革命！」由於對過去國府治續的壞印象依然很深，他們多半絕望了。他們無所適從，找不到出路。

也許這不僅是清華園裏的苦悶，而是鐵幕中國裏許多當初親共助共的知識青年們共同的心靈上的鬱結。

徵稿簡則

一、本刊歡迎：

（1）凡能給人以早日恢復自由中國的希望，和鼓勵人以反共的勇氣的文章。

（2）介紹鐵幕後各國和中國鐵幕區極權專制的殘暴事實的通訊和特寫。

（3）介紹世界各國反共的言論，書籍與事實的文字。

（4）研究打擊極權主義有效對策的文章。

（5）提出擊敗共黨後，建立政治民主、經濟平等的理想社會輪廓的文章。

（6）其他反極權的論文、談話、小說、木刻、照片等。

二、翻譯稿件請附原文或註明其出處。

三、賜稿務望膳寫清晰，並加標點。

四、凡附足郵票的稿件，不刊載即退回。

五、稿件發表後，每千字致稿酬新臺幣十五元至卅元。

六、來稿本刊有刪改權，若不願受此限制，請先說明。

七、惠稿經本社刊載，版權即歸本刊所有，非經同意不得轉讓。

八、來稿請寄臺臺北市金山街一巷二號本社。

文藝

山東忠義軍馬」時期的辛棄疾

杜呈祥

在北宋末年和南宋初年淪陷於金人鐵蹄之下的北方人民，經常對金人採取着反抗的行爲。他們的武裝力量有所謂「太行山忠義」和「河北忠義」等，成爲金人腹中的一枚鐵針，甚可說是一柄利劍！他們在平時，是以一種「盜賊」的姿態存在着，每逢宋朝有收復中原的軍事行動時，他們便起來策應！

在所謂「忠義軍馬」之中，山東的忠義軍馬，尤其顯得出色！辛棄疾（公元一一四〇——一二八〇年）是這些山東忠義軍馬中，最出色的一個人物！

當宋高宗紹興三十一年（公元一一六一年）金主亮南侵的時候，山東以義旗聚衆抗金的首領，有開趙、明椿、劉異、李機、李仔、鄭雲、王世隆，和耿京等。

耿京的根據地，是山東的東平府（今泰安縣）。最初他因爲深恨金人的暴歛橫征，弄得民不聊生，一共只糾合了七個同志，便開始起義，等到聚集了幾十個人之後，便攻取萊蕪縣，遂有衆百餘。後來有萊州人賈瑞又以數十人歸京，耿京的勢力更大，遂據東平府，稱天平軍節度使，節制山東河北忠義軍馬。辛棄疾在金主亮南侵之後，也聚了兩千人，並加入了耿京的集團，耿京的勢力更形龐大。最後，他竟有兵二十五萬。耿京和賈瑞一般人，大都是草澤英雄，並無極明確的政治主張和遠大計劃，有了辛棄疾這樣一個富有民族思想並且是文武全才的人參加進去，這不嘗是給耿京的集團增加了一個政治顧問。他爲了造成耿京所統領的忠義軍馬的國家化，便極力敦勸耿京決策南向，後來，耿京終於採納了他的建議。

辛棄疾更在各方面替耿京招集了更多的人馬。有一個名叫義端的和尚，喜歡談兵，和辛棄疾素有來往，當辛棄疾投到耿京的集團的時候，義端也聚集了一千多人，辛棄疾爲了增加耿京的實力，便勸說義端也歸屬耿京。不料義端竟是一個反覆無常的投機分子，他忽然在一個晚上，竊印逃走了，耿京大怒，想把介紹義端來歸的辛棄疾殺掉，辛棄疾便向耿京請求道：

「請給我三天的期限，讓我去捉拿義端和尚，如果拿不到，我情願就死！」

辛棄疾揣想義端和尚必然是向金國的元帥報告虛實去了，他連忙追上，把義端和尚拿獲。義端和尚自知萬無生理，但向他哀求道：

「我認得你的眞相，你是一個青兕！你的力量能夠殺人！千萬請饒恕了我！」

辛棄疾一言不發，斬掉義端和尚，把他的首級帶回，獻給了耿京。

耿京愈加看重了這員小將，那時辛棄疾還只有二十二歲。

到了明年（公元一一六二年宋高宗紹興三十二年）的正月，耿京決定派人到南宋去報告他們的活動情形。耿京最先是派諸軍都提領賈瑞作他的代表，賈瑞便向耿京建議：

「我到了朝廷之後，如果逢到宰相以下有所詢問，我恐怕對答不出來，最好派一個文士和我一道去！」

耿京便以「權掌書記」的名義給了辛棄疾，並且派他和賈瑞一同從楚州向建康（今南京）出發，去見從臨安到建康勞軍的宋高宗。

他們在一一六二年的正月十六日到達建康，宋高宗即日召見，聽取他們的報告。到了二十二日，宋高宗便下詔投耿京「天平軍節度使知東平府兼節制京東河北路忠義軍馬」，原來是「權天平軍節度掌書記」的辛棄疾，補「右承務郎」，諸軍都提領賈瑞，補「敦武郎」，耿京賈瑞並賜金帶，將吏補官者二百人。於是辛棄疾和賈瑞便和京東招討使李寶所派的統制官王世隆一同攜帶着朝廷所頒發的官誥節鉞北返了。

耿京的集團，並不是一個有嚴密組織和森嚴紀律的正式部隊，而是一個分子複雜，政治水準不很高的烏合組織。所以時常發生內部的紛擾和逃亡現象，就在辛棄疾和賈瑞從建康回歸山東途中，耿京的部隊中發生了叛亂，並由兩個叛將張安國和邵進殺掉了耿京，投降金國。

辛棄疾到了山東，眼看到耿京已經被殺，他的二十多萬大軍，已大部瓦解。他回想到耿京的一片聚義熱誠，眼看到目前的失敗慘象，他感覺到無限的淒涼，尤其深恨殺死耿京的兩個叛將張安國和邵進！他感覺到他們兩個人是叛將，是漢奸，更是殺死耿京的凶犯，爲了替耿京報仇，爲了申張民族正氣，爲了執行國法，都要把張安國和邵進殺死才好。

辛棄疾從山東又折返海州。他和王世隆等計議道：

「我受了主帥（按：指耿京）的派遣去謁見皇帝，因而受了官職，不想主帥被殺，我怎樣回去報告皇帝呢？」

他便約集了統制王世隆和忠義人馬金福等，一共五十餘騎，徑趨金人的大營，去捉拿漢奸張安國，這眞是一種神勇的動作！

當他們到達金營的時候，張安國正和金國的將官們酣飲，辛棄疾一行闖進帳去，正如從天而降，張安國等看了，猝不及防，並且早已曉得辛棄疾的威名，眞嚇得目瞪口呆，無力反抗，辛棄疾便率領了同去的敢死隊，把張安國綑縛在馬背上跑回來了！

金國的將官，在辛棄疾離開金營之後，才來得及派人追趕，但是已經追趕不上了。

辛棄疾一行，押解着漢奸張安國，直到建康向宋高宗獻俘。宋高宗看了，萬分高興，便下詔，斬張安國於市。

辛棄疾有了這一次的神勇表演，便名滿南北！宋高宗改派他充任江陰僉判！從此以後，他就在南宋服官了

辛棄疾縛虜南歸的神勇故事，是一個極著名的民族故事！在這個故事裡面，包括有辛棄疾個人和王世隆等的膽量、武技，主要的是他們的不怕死的民族精神。辛棄疾對他自己從山東奉表南歸和活捉張安國的事情，到晚年還常常回想到。

中篇連載

荻村傳（二）

陳紀瀅

三 初遇

荻村的關爺廟位於村西頭十字街的西北角。東南角是一座觀音廟，東北角是一座巫道廟。祇有西南角沒有廟，而是黑心鬼的宅子，嚇！兩扇黑漆大門，高臺階，左右石獅子把着門，門洞頂上有八個獸頭呲牙裂嘴，雄視着四方兩扇門上刻有「傳家有道惟存厚，處世無奇但率眞」的對聯，橫楣是「福祿禎祥」。門口雖然缺少了兩枝旗杆，却在進門處有一道粉皮映壁，嵌着一個大大的黑「福」字。關爺廟緊對着黑心鬼的大門，當中祇隔着一條車道，論高度，廟頂僅有黑心鬼家的大門的一半，論門臉，多年粉飾過的紅油漆早已一塊塊地斑剝脫落，原來的對聯已找不出一個完整的字，祇有小孩子們用粉筆畫的烏龜，小人，兎子，女人，夾雜着「王八旦」，「混帳東西」等罵人字眼。論廟內深度，一大步從門檻邁進去就到了關公塑像香案前，這裡面既容不下赤兎馬，又無法把那柄青龍偃月刀塑得長一點，祇可以看見被烟火熏了多年的，面如「黑」棗的關夫子，飄着那越法黑了的五綹美髯，一邊有小黑白臉的關平捧着印，一邊有滿面虯髯，擺着骨架的周倉，擱着那柄不合長度的寶刀。這實在委曲了我們的關夫子。在香案右側的地上便是傻常順兒的下榻之處，一抱乾草就是他的濕牀和被褥，因爲空地太小，他如果橫着睡，兩隻腿必須和上身成L形，腿部須依靠在周倉的後胯股上；豎着睡則阻擋了進口，連香案也須移開。除了每年五月十三，傳說中的關公生日稍有香火外，這個廟是極冷落的。

反之斜對面的觀音廟則比較高大，觀音菩薩滿面笑容，頭頂金冠，足踏蓮盆，雕樑畫棟，門壁輝煌，每逢初一、十五香火不斷，信女如雲。因爲村人根據塑像的面容，誤認觀音大士是個女性，所以善男並不許和菩薩接近，也因此這個廟修得才比較新鮮。任何廟可以住「倒臥」，惟有觀音廟不容許窮人玷污一點佛土。巫道廟是人死後拈紙人的所在，據說人死後必須先在這個廟報到，喪家在人死後第一夜率領親族到這廟招魂，，用一張燒紙向廟內的泥胎一貼，就立刻黏上，這表示魂確已來報到了。這個廟小得很，陰慘慘的，永遠住一兩個「倒臥」。論建築關爺廟是比上不足，比下有餘的。

這三個廟在荻村的十字街鼎足而立，論大小比東頭大寺差得多，論重要除了節日以外，平常時間沒有街中那個評理廟臺有功用。但自從關爺廟住上了傻常順兒以後，這個十字街口忽熱鬧起來，除了扣兒蘑菇，完蛋蛋兒一類人物常常光顧外，村正副居然也偶而到關爺廟門打個照面。

經過短時期的休養，常順兒的傷完全好了，他的本來面目也完全顯露出來，上額極圓下顎極尖的一副臉，兩條掃帚眉，旣黑且粗，兩隻牛眼，圓而突出，蹋陷的鼻樑，像一道溝渠。兩隻牛鼻孔，大而且圓。腦後邊束着尺八長的辮子，有時候他把這辮子繞着前額，盤成一圓圈。再往下看，那隻老虎嘴，可眞够大的，一口可吃個豆包兒。上下嘴唇厚得嚇人。兩隻貓耳朶，不但小，而且捲弄成一團。兩隻胳膊，手掌，腳片和全身肌肉骨格則非常結實，胸間寬大，青筋暴露，手掌和腳掌的繭已積成厚皮隆起着。他的鼻孔裏永遠淌着鼻涕，嘴裏也不住地流着吐沫，眼角裏也永遠藏着眼屎，一說話先露出他的兩板黃牙。有時候他還有點結巴，着了急，兩隻牛眼如同打急閃不住地擠，鼻翅也不停地向上扇動。他走起路來，兩隻腳一齊向外撇，兩隻胳膊也同時向外搖擺。

不久，他和荻村的一切事物都漸漸熟了。有一天，他向扣兒蘑菇說關老爺會向他託夢，告訴他不可再走動，靠賣力氣喫飯，四十年後大富大貴，住最好的房子，穿最好的衣裳。扣兒蘑菇一聽，就罵他：

「你他娘的！別做夢了，關老爺會給你託夢？你也沒有撒泡尿，照你自己，你配不配？讓你不要再走，要你靠賣力氣喫飯是對的。四十年後你他娘的大富大貴，住好房，穿好衣？別他媽的胡思亂想了。憑你，會大富大貴？眞是癩蛤蟆想喫天鵝肉，除非老爺兒從西出來。你會有那麼大的壽數？」

傻常順兒被他這一褒貶，兩只牛眼不住地打閃，吐沫更流得多了，一直滴到扣兒蘑菇代他斂的藍粗布褂子襟上。他連忙叫：

「扣爺！扣爺！是眞的呃，關老爺說我給他掃香桌，做伴，他很戴見我呃。」

「常順兒！你他娘的傻蛋！關老爺會戴見你這麼一個膿包。好啦，好啦，等四十年後，天蹋了，地陷了，你再大富大貴吧。你他娘的總得立刻找個活做，要不介，餓死你個狗雜種，我他媽的可再也顧不了你了。」扣兒蘑菇又瞧不起他，又懊怒地罵他。

按照荻村和這一帶的風俗，種一兩頃地的大地主則僱長工三四名，有地少的僱用二三名或一名，再少的則是自耕。自耕戶有時因爲農忙，需要時常僱短工。像傻常順兒這種材料，大地主是不會僱他的，人家有的是長工短工，誰要像他這麼骯髒邋遢的東西？太小戶也不用他，嫌他喫得太多，他一人有莊稼漢三人的飯量，誰僱得起他這個大肚子草包？於是他傭工的對象多半是那班中產之家，有的是粗糧食，不怕喫。僱別的短工工價貴，又挑剔飲食好壞，活路若是髒再費氣力，有的短工也不喜許，自己又不樂意做，遇有這種工作總會一定是落在傻常順身上。在鄉間，像這種性質的工作有剷除豬圈裏的糞，牛棚馬圈的糞，抗磚挖土合泥等等。

傻常順兒的第一次傭工的主人是黑心鬼家。他從關爺廟的大門檻內一步邁出廟門口，又一步邁到街心，再兩步就到了黑心鬼家的臺階上。在他的眼界裡，黑心鬼家的黑漆大門是大財主家的象徵，兩只石獅子是大財主家的威風，他雖然和黑心鬼家住在對門，要不是他被僱，他還沒有緣分踏進這黑漆大門一步。他被招呼進去，過了映壁牆，抬頭一看，一個嶄新青磚小四合房，在上房後身，是一個猪圈。傻常順兒脫去藍布短褂，盤盤辮子，跳進猪圈抄起糞臿，一臿一臿，不到半天功夫把一圈糞剷除淨盡，樂得黑心鬼笑瞇瞇的翹起大拇指說：

「常順兒！眞够勁來，跟我來喫飯，窩窩頭，高粱米麵餅子，雜麵湯，你放開量喫吧。」他隨後把飯食拿出來讓傻常順兒喫，他兩三口喫一個窩窩頭，餅子，一個一個他喫下了十幾個，又喝了六七碗湯。照荻村的短工工價，一工是二十文錢，黑心鬼因爲無限量供給飯食，他拍拍傻常順兒的肩膀，說：

「常順兒！我一向待人寬厚，別人給我除糞喫不了這些窩窩頭，我讓你儘量喫。你飯量大，工錢就要少，給你五文錢去花吧。」然後他從口袋裏掏出那五文大清銅錢，一數再數，惟恐怕多給了一文。傻呆呆的常順兒第一次在荻村喫了一頓飽飯，而又得了幾文錢，從內心裏喜歡，咧着那口大牙，傻笑着，衝着黑心鬼，表示他無言的感謝。黑心鬼要僱別人的時候，需要供兩頓飯食，得給二十文錢，並且不能光喫窩窩頭，多少要帶點白麵，不然一圈糞要起一天半。傻常順兒雖然喫得多一點，可是做活兒快，要錢少，不挑鼻子剔眼，不說話。

由於黑心鬼的宣傳，傻常順兒能幹活兒的大名不久就傳遍荻村，於是除了幾個大戶人家因爲長工多，餘下中小戶人家，從此以後都樂意僱傻常順兒替他們做短工，他就從此成了荻村公共僱用的打短的工人。他有時給人家做了一天短工，他不要錢，人家給他半升糧食或一件破衣服來代替工資，或者乾脆不給他錢，多管地一頓飯喫，他都無可無不可。他遇見這種情形，主人家問他：

「常順兒！你要錢，還是要喫的東西？」

他往往回答說：「什麼都好，我常順兒祗要有飯喫就行。若不是荻村人見我可憐，我早就見了閻王爺。」於是主人隨意而行，皆大歡喜。

從此之後，傻常順靠自己的氣力，和一股順服的莊稼漢的脾氣使荻村無論男女老幼都樂意使用他。他從此也不再需要扣兒蘑菇爲他向富人斂食和衣裳了。

常順兒住在關爺廟裏，轉眼已到冬天。北方天寒，農事閒，一向冷落的關爺廟因爲他的關係，忽然熱鬧起來。當晴朗的太陽光照射在關爺廟前時，一羣羣的小孩子們早圍繞着傻常順兒坐在門檻曬煖。常順兒穿起一件藍粗布邊大襟臃腫的短棉襖，一條紫花粗布的棉褲，腰間結着一縷黑褡布。頭戴一只兩塊瓦的赭色毡帽，腳穿單粗布襪，兩道臉的黑皂布夾鞋，腿腕上還用黑布帶子紮褲管。小孩子們穿紅戴綠，臉被風吹裂得像紫茄子，脖子上長的黑泥延長到耳後，長禿瘡疙疸的，紅眼圈的，前額上長着膿疱的，束小辮子的，剃盤子棵的，應有盡有，都成了傻常順兒日常接觸的好朋友。

「常孫兒！你喊我老爺！」一個愛佔便宜的禿瘡頭說。

常順兒一聽是罵他，趕忙接着「你喊我老爺」的嗑兒。大聲還腔一唉」，表示他自己接受了「老爺」的稱呼，佔了禿瘡頭的便宜，但立刻又有小孩子們喊叫起來：

「常順兒！」「常孫兒！」「你管我們叫老爺！」

「唉」！「唉」！「唉」！常順兒忙答應。

「孫兒！」「孫兒！」

「唉！」「唉！」「唉！」他傻呆呆地也忙答應。

於是引起小孩子們一陣咭咭呱呱地歡笑。

小孩子們因爲他好欺，幾個人先拉住他的手，然後把他的毡帽搶過去，揪起他辮子，使勁向門扇。一磕一䃌，磕得那門扇咕咚咕咚的亂響。常順兒力氣雖大，他架不住這群孩子們的糾纏。

一會兒，小孩子們又要他給他們唱歌，常順兒就答應他們，先唱：

「先殺天主教呵，後殺洋鬼子兒……」

「不好，不好！」一個小紅眼圈的喊着，又說：「再唱這個怪腔，我要衝你身上撒尿了呵！」

「好，你再聽。」於是他又唱起來：

「大清國，太平初，十七八的姑娘要丈夫，哎喲，媽媽娘兒好胡塗。哎喲，媽媽娘兒好胡塗。」

「好，再來一個。」小孩子們又呼哨着。

「正月裏，正月正，做伙的厮輩去上工；上工先擔兩擔水，喫完了飯打掃牛棚。

哎喲，喫完了飯打掃牛棚。」歌兒唱過兩枝以後，小孩子覺得文的不好玩，還是武的好，大家要他來「老牛背察官」，由常順兒一個人墩在地下，一個人做察官抱住他的脖子全身吊在他的背上，照規矩他只背起一人，然後背到另一方，換一個「察官」來，原先的「察官」即做「老牛」，但他們成心要耍他，讓他做固定老牛，大家輪流做「察官」，於是背了一趟又一趟，背到末了，大家一齊上來，故意把他拌倒，讓他來個前喫屎，大家爭着揪住他的辮子，一齊喊：

「常孫兒，管我們叫老爺，不叫不讓你起來。」

常順兒跌倒在地又被他們揪住辮子，祇好連着叫了幾聲「老爺」，這群孩子們才一鬨而散。

常順兒自地上爬起，嘴臉和衣裳滿沾了黃泥土，看了看，那群孩子們早已沒有影子，他想來想去，被一群孩子欺負，眞是倒灶，他想不出是什麼道理，半晌之後，靈機頓開，他揪起自己的尺八長的辮子來，看了又看，對着辮子罵道：

「他媽的！都是怪你！你爲什麼被他們揪住，讓我的腦袋碰了幾個大疱，讓我的嘴喫了這許多土？都是怪你，他媽的！」隨後，狠狠地把辮尖子咬了一口，以洩心中餘恨。不提防這一咬，引起他的胃口反觸，「窪」的一聲，全部喫的飯食都嘔吐出來。

夜晚，常順兒躺在乾草上，兩只牛眼睛，轉了又轉，一會兒瞪一瞪關公的臉，一會兒又看看關平捧的印，兩條腿又敲敲周倉的屁股，他一面想，一面還懷疑：「我是否算是被欺負？」「我若是一個一個的和他們鬪，他們一定敵不住我。」「我若是不和他們玩，誰跟我來玩？」想來想去，他參悟了，並得到結論：我不是被欺，我是容讓他們。以後我要和他們單獨鬪，我還得繼續和他們玩耍。」但是這種結論剛剛在他的腦子裡沉下，忽而他又想起：「不對，不對，這總得怪我長着一只容易被人揪住的辮子，要不介，我不會受他們欺侮的。」他想到此處，一挺身坐起來，又揪起自己的辮子，把他拖在左掌內，右手攢滿拳頭狠勁地衝着左掌捶了一拳，並且不住地罵：

「以後你要是再給我丟人，我他媽的要揍死你。」

這一夜，他思想起伏，把自黑心鬼家做短工起，以至做過短工的每一家，都想了一遍，誰家給他喫的什麼飯食，誰家給了他多少錢，幾件衣服，誰家待他好，誰家待他壞。還有哪天歪歪桃兒會和他說過一句話，拐子蓮兒非要賣給他一個燒餅，張學人家的狗怎樣萬害，完蛋蛋怎樣罵他屎且加三級，胡思亂想，胡東胡西。他最後他還是把哪天關公和他託夢的話想起來：

「四十年後，你要大富大貴，住最好的房，穿最好的衣裳。」他又想起扣兒蘑菇怎樣罵他的話，他想：扣爺這樣瞧不起我，等着看吧，我相信關老爺是神，他老人家的話是靈驗的，不會騙我。他懷着命運的希望，鼾睡了。

傻常順兒，到荻村以後，雖然充當了全村的短工，但幾個大戶人家，始終還沒僱用過他。不但不僱用他，甚至於大戶人家的長工平常都不屑給他說話，他一過大戶人家的門口，看家的狗會像一窩蜂似地追趕咬他。他的褲腿被狗咬的傷口，慢慢一塊塊的雪白棉絮都露出來。他常常以沒能夠給大戶人家做過工爲不體面，但同時他又死恨大戶人家的狗。他覺得張學人家的狗比張學人還厲害。他從此立志要給張學人家做點活，並且要怎樣能使張學人家的狗不咬人。他想這件事情還是向扣爺請教，他跑到扣兒蘑菇的府上，說明了他的意思，扣譏誚他說：

「你他媽的，喫了喝了，沒事做，整天胡做夢。你想想，學人家長工短工大小有一二十個，哪點事輪到你的身上？學人家的糞也是乾淨的，他們怕你拿糞當飯喫了哩。你他媽的，原來好，胡思亂想，知道你這樣鬧亂的那天，把你的狗命結果了也就省事了。」

他被扣爺一頓臭罵之後，帶着一鼻涕，結結巴巴，自己嘴裡咕哩咕嚕一陣，還不甘心，又跑到大粗腿家。那裏，不久以前還打過架的大腳蘭兒，拐子蓮兒，小淘氣兒，完蛋蛋兒正在圍着一張桌子擲骰子，大粗腿正在做莊，他一見傻常順兒進來，拉住他的手，搜搜他的口袋，叮琅叮琅的響，好像有不少錢，於是就硬拉着他代他做莊，一面催着大家多下注，一面就提着常順兒的手捏那三顆骰子，珠琅琅一響，三顆骰子從常順兒的手裏，就滑到碗內，正是兩個六點，一點麼，大家拍着巴掌喊叫：

「常順兒！眼兒坑！賠錢！賠錢！」

傻常順兒還不知道是怎麼回事，什麼叫做「眼兒坑」，爲什麼「眼兒坑」就輪了？他正在遲疑的時候，大腳蘭兒，小淘氣兒都舒出手去掏他的口袋，連口袋底布都翻出來，數一數他的錢共有三十文，剛好賠注。常順兒一見自己的錢被掏去，不免也有點着急，他指着骰子點說：

「你們欺欺欺負我傻，可可可不行，爲什麼兩個六六，一個么么么就非輪輪不成？」

大粗腿接過來說：「這是你他媽的運氣，活該你輸錢，你爲什麼不擲個豹子？三個六不就贏了嗎？我們荻村村裏從來不欺負外鄉人，要欺負你，早就把你狗雜種宰了。乖乖地認輸吧。」

他運在街上幾個小孩子不敢得罪，這群光棍人物，他怎敢得罪？於是他揚着額，睜着兩只牛眼，流着吐沫，一聲也不再響。大粗腿問他：還撈不撈？我們還給你機會。他搖搖頭，小淘氣兒給他講情：「饒了他吧。他輪三十文錢，還得做六天工哩，何苦呢。」

他們的賭局也隨後結束。傻常順兒一進門就遇上霉事，心裏怪不舒服，然而他想到若是能夠給張學人家做點活，那怕是半天工，或者是一跳進他家的猪圈馬棚裏去了就出來，一輩子也沒白活。剛才雖是遭了扣爺一頓斥責，可是他想：一個人想給別人做點活，又不要他的錢，甚至於連俪都不喫他的，還有什麼不行？眞的，張學人家的糞也是香的嗎？靠不住，也許，財主家的什麼東西也是好的。

他終於把他的心思托供出來。常順兒心目中的荻村村裏的男女謀士們，一聽了他的企望，有的恥笑他，有的奚落他，有的故意捉弄他：

「常順兒！你媽的爲什麼這樣賤骨頭？你給學人家做了活，是不是可以增你兎蒬子的壽數？」大粗腿說。

「像你這種人，石頭縫怎麼爆你來？望來就賤。我聽人說關老爺會向你託夢，說你日後要大富大貴，眞你媽的笑話，你也不數一數你有幾根肋骨？關老爺會給你託夢，你會大富大貴？」大腳蘭兒說。

「好傻東西，你眞是望鄉台上打蹺蹺，不覺孽的鬼。你想給學人家做活，除非你先給他家長工短工每人先磕三個響頭，還得看他們答應不答應呢。你要想不讓學人家的狗不咬你，可以，常言道的好，肉包子打狗，一去不回頭。將就點，我的燒餅菓子也有效，拿錢來。」這是拐子蓮兒的聲音。

這些話，傻常順兒都記在心頭。他蹣跚地回到關爺廟內，睡到草舖上，回想扣兒蘑菇說的話和這群男女光棍們所說所做的事。他想：「如果給張學人家的伙計們磕一百個頭能換得給他家做點活也合算。他們罵我賤骨頭，我是賤嗎？我不信，他們才賤，他們一百個賤，一千個賤，一萬個賤！我罵了他們，我出了氣，他們贏了我的錢，其實還不是他們荻村村的錢？」

第二天，張學人家的夥計們從傳言中知道了傻常順兒寧願磕一百個響頭，不要一文錢，也要替他們做點活的時候，一個掌班的長工叫小淘氣兒去喊他，說掌班的決計答應他替他們做半天活，但必須先讓他給夥計們每人磕三個響頭。

常順兒自然毫不猶豫，隨着小淘氣兒去了，他還買了幾串燒餅菓子。當他在大街上行走的時候，所有知道這件事的大人小孩，男男女女都尾隨着要看這一幕戲要怎樣演出。

他被領去的地方是張學人家的牲口棚裏，這是餵養騾馬的所在。有十幾匹肥壯高大的騾馬拴在槽上，正在吻吻地喫草，另在一邊有一條太火炕，一舖舖的被褥，一二十個壯漢，叼着旱烟袋，露着不同的面容，他們在等候傻常順兒的光臨。（未完）

一個選擇了自由的俄國飛行員（下）

W.L. White 原作
林茂心譯

三

一九三八年凡西利科托夫畢業了。他的成績列入A等，派入空軍任工程師。因爲已經領到飛機駕駛執照，所以他就在莫斯科附近的飛機製造廠檢驗組工作。他得到一千二百盧布一月的優厚薪金，三個月以後，還升任組長，管理十個工程師。十個工程師裏面，有一個是凡西利的老朋友波利斯，在大學時曾同房間住了三年之久。波利斯的父親在一九一七年革命以前，是一個富地主的代理人。

一天晚上，波利斯激動地跑去見凡西利。

「今天晚上，我在情報局坐了一個鐘頭。那邊的人問我：我們這一組的人，對政府有什麽感想。我告訴他我們都是革命的孩子，對政府沒有絲毫反感，大家過得很快活。」波利斯於是形容當時的情形。

「你的上司凡西利，科托夫也一樣想嗎？」

「科托夫！」波利斯大吃一驚；「我和他自幼是朋友，確實知道他絕對不會有問題的。」

「那當然。不過以後每兩個星期，你要到這裏來報告你們一羣的一切談話，尤其是科托夫可能思想有錯誤。他現在的任務最重要，我們不願意冒險。」

「但是，科托夫是我最好的朋友，我怎麽可能密告他呢！不，我不能這樣做。」

波利斯直瞪着情報局職員，那人也報復地望他一眼。

「如果是在別的國家或是在沙皇時代，要你供給情報，是一件卑鄙下流的事，因爲你是爲政府搜集情報危害人民。在我們的蘇聯，政府就是人民，你幫助人民政府找出敵人，就等於幫助你的國家，你的家庭和所有人民。我們要知道科托夫和反革命者有沒有接觸。」

波利斯沈默了好久。

「爲什麽單要我做呢？」

「因爲，」那人回答。「到現在爲止，你仍然是我們信任的人。雖然你的家庭不屬於勞働階級，你也能加入俄國最重要的飛機生產工作。我們得到報告：你的母親仍舊迷信宗教，每年都拒絕購買她應買的公債券。不過，你知道……」說着，他向波利斯瞧了一眼；「我們這裏的人都是很公道的，這些事沒有什麽要緊。甚至，像在革命以前，你父親幫助中產階級剝削人民，我們也寬容他。我們的工作，是要留心一些巧合的事情。最近，你父親工作的那家工廠食堂裏，發現食物含毒，竟有兩百個工人病倒了，其中三個已經死去……」

「但是，」波利斯急急分辯，「這些是由於不小心呀！廚子將壞的肉給他們吃。」

「是的，我們並不會將這許多巧事連繫在一起。以後對於你給我們的報告，我們也要同樣慎重，對於你的朋友科托夫也將同樣寬容。現在，我給你兩天時間作決定。」

聽到這裏，科托夫忍不住要插口了。

「聽着，波利斯，你沒有權利將你和你一家的生命當兒戲！你不得不接受這一件工作！」

波利斯搖着頭，誠懇地說：

「凡西利，我決不做任何危害你的事。」

「你根本不需要危害我。我們可以坐在一起商量報告裏應該寫些什麽。你可以把一些無關緊要的，日常生活常有的小錯誤報上去，以免他們和你爲難。你不擔任這件工作，他們派別人擔任，那更糟了。我寧願你做這件事。」

波利斯木然坐着，眼望着地板；好久，他才起身。

「謝謝你，」他感動地說，「我實在非常，非常感激你。」

四

在美國，穿得很漂亮的女人走過，是很普通的事。在蘇聯，卻很少有這樣的人。偶然有一個，大家都會轉身仔細看她，一面猜度她到底是誰。

這種衣飾華貴的女人，可能是外交使節的夫人，可能是克里姆林宮高級官員的夫人，可能是蘇維埃的作家或女伶；這幾種人支着高得難以置信的薪金。平民常常特地站在大戲院門口，看這些貴太太們進出。

還有少數女人在蘇聯，不但穿得非常講究，並且長得像女明星那麽美。如果你一直住在大城市，你就會看出她們的祕密。在莫斯科，往往在一些最侈奢的場所看到這樣一個可愛的女郎；第一天和一個男人一起看戲，過幾天同另一個男人一起吃飯，再過幾天卻跟另一個挽着手散步。

當然，聰明人絕不會喜歡碰上這樣的女人，雖然她長得那麽媚人。這種女人是爲情報局工作的，用來偵探有嫌疑的官員和陌生外國人的祕密。

一天，凡西利被派去列寧格勒檢驗發動機。在路上，他看見前面一個穿着最高貴最時髦服裝的貴婦，和一個穿得同樣高貴的人一同走。他立刻覺得這女郎的模樣不可思議的熟悉。轉彎的時候，他不覺追上去叫：

「高莉亞！是你！你好嗎？」

「凡西利，你怎麽會在列寧格勒？」

「我在這兒有一點事。你呢？」

「我也有事。」

「你住在那兒？」這時，凡西利才發覺她還沒有把他介紹給和她一起走的那個人。

「我住在歐洲飯店。」她回答。

「我可以打電話給你嗎？」

那一對已經開始過馬路了。高莉亞回過頭來叫：「當然歡迎！」

第二天，打電話過去。飯店裏沒有高莉亞這個人。凡西利決定親自去打聽。

湊巧，他剛到歐洲飯店，就看見高莉亞從升降機裡走出來。她似乎大吃一驚，但是很快的笑着問他：

「爲什麼不打電話給我？我現在要赴一個約會，已經遲了。」

「他們告訴我你沒有在這兒登記。」

「哦，我忘了告訴你、我用了另外一個名字。」

「妳結婚了嗎？」

「是的，我曾經結過婚。」

「那麼，妳離婚了嗎？」

「說來話長……」她用單調的聲音回答。

「明天晚上，我們一塊兒吃飯好嗎？」

「好呀，在哪兒？」

第二天下午，高莉亞並沒有在約定的餐室出現。

五

一九四一年六月廿二日，和蘇聯簽訂協約不久的「納粹」，竟突然向她的新朋友蘇聯進攻起來了。他們的軍隊掃過蘇俄的前線，三個月中，深入俄國，幾萬人被俘。

凡西利的工廠，派他駕一架新型轟炸機到烏克蘭前線去，試驗效力如何。雖然他是文官，他決定最好是負眞正戰爭任務的飛行，結果可以精確一點。有一次在歸途中，新飛機失事，凡西利胸部也受了傷。他很快復原之後，將這轟炸機的缺點報告上去，隨後他又被派研究並試驗新型飛機。

在一個陰鬱的秋天，凡西利因公務到被圍攻的莫斯科去。政府還沒有遷都以前，早已命令一切工人和非戰鬥人員撤離莫斯科，工廠也停工了。可是，這時還有許多人對德國軍隊的逼近，一點也不在乎。德國軍隊的砲火，可以在屋頂上看見。城裏一片漆黑，只有保安警察檢查通行證時的電筒，是唯一的點綴。

在這一片黑暗中，凡西利忽然聽見隱約的爵士音樂——彷彿在最悲痛最嚴肅的葬禮中所奏的音樂。這是戰前一家戲院的門前，門縫裡透出一絲亮光。推開門，裏面是燈光很亮的大廳，充滿了快樂的氣氛。

樂隊瘋狂地奏着，許多貴人在跳舞——在這俄國歷史上最黑暗的時候，還有許多人脫下制服尋求快樂，任何愛國的俄國青年，都會冒火。

站着看了一會，凡西利自己想：爲什麼做大傻瓜呢？整天緊張地工作，也應該有一點娛樂。他的皮軍裝和軍靴雖然不適合跳舞，他也不管，買了票子走進去。

樂隊開始奏樂，凡西利站住張望着尋找舞伴。他的眼光被一個特別美麗文雅的側影吸引住了——穿着紫玫瑰色絲質的裙子，柔軟的頭髮披在肩上，十足西方時髦的式樣。那是高莉亞！當凡西利穿過舞池，向高莉亞走去的時候，他記起上次在列寧格勒兩次碰見她，和她那種神祕的樣子。她現在到底幹些什麼呢？

「啊，凡西利！我看見的是你的幽靈麼？好一個英俊的影子！我們倆還沒有在一塊兒跳過舞呢！這一回是我最後一次跳舞了。來罷，我今晚工作得非常累，現在才換到一點自由時間。」

跳舞的時候，她是那麼輕巧；苗條的身子，溫柔地，信任地倚着凡西利，柔軟的秀髮，貼着他的臉。舞會終了，他伴送她回去。

她住在著名的住宅區，一所很好的公寓裏。進了屋子，凡西利很快的環視那間清潔的房間，但是並不會發現烟斗，剃刀之類男人用品。高莉亞點了燭，拿出飲料來，兩人坐着，談到分別後凡西利的生活情形和戰事。

突然高莉亞說：

「別再提這些了，讓我們回想幾年以前美麗的日子。如果沒有那些不愉快的事情發生，我們倆該多麼幸福。那些日子是屬於我們的。同時，今晚也是我們的，我們不應該輕輕地放過它。」

她慢慢地站起來，默默望着他。後來，抱着凡西利的頭，瘋狂地吻他一陣。忽然，她向後退了幾步，睜着眼，釘住凡西利的眼睛沉思。

如果她只不過是一個漂亮的陌生女人，在一個戰爭逼近的都市，和一個空軍在一起，那是很簡單的事，一點也不希奇。可是凡西利不能忍耐了。以前高莉亞是非常坦白的。現在……

「高莉亞，告訴我罷！到底是怎麼一回事？」

她很快地站起來，倒了一杯伏加酒。

「你是怎樣的人哪，」她轉過頭去，不讓凡西利見到她的臉。「一個女孩子跟你接吻，你卻談起哲學來。」

「你不是別的女孩子，你是『高莉亞』！在我知道你一切的經歷以前，什麼都不想做。」

她一直沒有看他，倒在牀上，雙手捧着前額，眼瞪着天花板。臘燭熄了，她仍舊不動。在黑暗中，她靜靜地躺了很久。

她又回復到多年前小高莉亞的樣子，但是，她陷在極大的苦痛中，甚至不能够告訴凡西利。最後，在一片漆黑中，她開始很慢的一個字一個字的訴說她的遭遇。

六

一九三六年，我還在莫斯科大學讀書的時候，我寫了一個劇本，他們認爲很好，學校的劇團就準備排演了。（雖然我心中只愛上你，可是，你離開我，我還是過得很好。）

一天晚上，父親沒囘來，當然我們知道那是怎麼一囘事。母親和我對坐着，誰也沒有勇氣說出那是什麼事。淸晨三點鐘，我才强勸母親去睡。三點半鐘，父親囘來了，臉色是那樣可怕。

可是四點鐘，來了兩個陌生人。他們命令我們好好坐着別動，馬上開始搜查。什麼東西都翻過，還仔細看信件。他們檢出一大堆文件之後，告訴父親還有五分鐘的時間。

你還記得母親吧。她歇斯的里地，一會嚎哭，一會尖叫，問父親到底因爲什麼事，要受到這樣慘厲的遭遇。

我不能再看下去了，囘到自己房裏。父親跟着進來，關上門，跪了下來，把我拉到他身邊。

「我的寶貝，」他說：「我不知道能不能再活着囘來看你們。我求你，好好照顧你的母親，帶領她，看護她，保護她，別讓她受餓。記着，永遠記着！」

剛說完，兩個警察進來，把父親帶走了。我和母親當然非常痛苦。

第二天早上，我去見校長，告訴他昨晚的事，請他設法給我一點工作做，使我能够一面繼續念書，一面可以維持生活。

校長說：「我們不要你做事。同時，你必須立刻離開學校。」

「爲什麼呢？」

「因爲妳的父親是人民的仇敵。」他說着，眼睛望着辦公桌。

「那完全是誤會，並且，我自己本人根本沒有錯。」

「不管怎樣，你一定要離開這裏，不准再來。」校長說話，仍舊沒有看我。

那天晚上，警察又來了，限我們三天以內搬家。

「叫我們搬到那裏去呢！」母親急了。

「莫斯科城以外的任何地方。」

第二天我到情報局去，在審訊員面前坐下，竟哭了起來。我訴說關於父親被捕的事，又告訴他我在學校的情形，告訴他我最近寫的一個劇本裏，每一句話，都是爲偉大的「五年計劃」而寫的。當我講完之後，審訊員笑了，舒服地穩靠着椅背坐着。

「你大概忘記階級鬬爭了？」他說，「那也是五年計劃的一部份呀！我們有許多人喜歡寫作，其中還有不少天才作家。我們要身世淸白的人寫作。教授們更不願浪費時間教你們這一種人。」

「那麼，父親到底犯了什麼罪呢？」

他聽了馬上沉下臉說：「不是你的事！」

我一囘家，母親說有人打電話給我，要我下星期二再到情報局見那個人。我們還得到許可繼續住兩星期。我眞不知道到底變的什麼把戲。爲什麼突然准許我們留在莫斯科，爲什麼要我再去見他？

星期二，我走進那情報局員的辦公室，他要我把自幼到大的經歷完全告訴他。這有什麼難呢？我告訴他我的童年情況，學校生活——還告訴他我曾經愛上你——還有在大學裏親近的朋友，所做的工作和將來的願望。

「如果妳講的是眞話，妳一定是一個愛國的蘇維埃女青年了。」

於是他仔細端詳我的臉，叫我轉身。

「妳長得很好。」他說。他的語氣像一個訓練馬的騎師批評一匹馬那樣，使我覺得很討厭。

「妳一定哭過了。妳本來必定比現在好看。三天以後再來看我，把你的照片帶來。」

我囘家去，在半路上，恍然猜到他的用意。起先我決定拒絕。但是，拒絕以後，可能發生些什麼呢？也許我們會被送到遙遠的小村裏去。

第三次去見他的時候，他詳細研究我的照片。

「對了，我的眼光沒錯！妳的的確確是一個非常漂亮的女孩子。同時，你的臉是那麼坦白，這更恰當。妳肯爲我們工作麼？」

我早就猜到他會問我這件事，不過我慢吞吞地囘答：

「我從來沒想到加入情報局工作。」

他鬆鬆身子，望着我，眼睛那麼一眨。

「我記起第一次妳來的情形。妳不是很愛國麼？爲着革命，什麼都該做！」

「難道我不能用其他方式表現我的愛國心？」

「我們參加情報局的人、爲着革命犧牲一切。如果妳是熱心愛國，沒有受你父親的影響，你就應該參加這件工作。兩天以內再來答覆我。」

我那時候想自殺，但是一看到母親，我就想：我死了，母親怎麼活下去？我記得父親臨走的囑咐，只得打消這個念頭。以後的事，你也許猜到……

「在列寧格勒，妳說妳結了婚？」凡西利低沈地問。

「是的。」

「誰呢？」

「也是一個情報員。我認爲我們不應該結婚的，但是他不肯聽。他知道我幹的是什麼工作，可是他說他太愛我了——這是眞話。

痛苦的是，他有一顆誠懇良善的心，根本不願意幹這種工作。結婚不久，他看着我出去跟別的男人一起，他就難受。同時，你知道，」她搖頭苦笑：「我的任務，當然不止陪他們吃飯看戲。」

「他現在在那裏呢？」凡西利問。

「他死了。」她說着，將頭埋在双手裏。

「起先，他的工作成績漸漸差了，以後，竟說一些不滿現實的話。有人報告上去，就把他槍決了。」

「那麼，妳現在做些什麼工作呢？」高莉亞聽了，重新痛苦地掩住臉。最後才說：

「已經有許多人爲了我的緣故被殺……」

過了好久，高莉亞坐起來說：

「你現在已經聽到，從前曾經跟你一同夢想的——希望發掘出人類心底裏的祕密，作爲鼓吹革命文藝的資料——那一個女學生現在的命運了。現在你明白了，我要你走，親愛的凡西利，永遠別再回來！」

窗外，天剛破曉。黑夜裏下了雪，蓋住了馬路，蓋住了屋頂，蓋住了克里姆林宮的牆和整個他們熱愛過的莫斯科——像一條柔軟的白毛氈，遮蓋了每一件醜惡的東西。

七

德軍進攻的大浪，衝破了莫斯科防線，也戰勝了俄羅斯最可怕的冬天。凡西利的工廠停了工，因爲德國軍隊似乎即將攻入蘇俄的首都。

凡西利帶着母親和妹妹搬到克貝塞夫去。危險時期過去以後，工廠復工了，他們又搬回莫斯科。那時工廠還沒有恢復正常生產，凡西利就被派到轟炸機隊任隊長。受了短期訓練以後，他被派在最前線工作。

有一次，凡西利的飛機被德國戰鬪機群打壞跳傘降落以後，他和其他工作人員都在德軍佔領區內，得親蘇人物的救助而脫險。他設法回隊報到，但是等待了幾個星期，直等到情報局調查清楚，沒有叛國行爲，才讓他歸隊。

爲了希望早一點派到工作，他自己直接到空軍總部去。在那兒，意外地碰到了波樸夫，他大學裏的老同學。波樸夫以前並不出風頭，是一個蠢學生，常常需要凡西利代做功課。現在他却是上校官銜，主持全區的情報工作。

這是很奇怪的事，在他們同班同學中，沒有一個得到這麼高的職位。遠在一九三六年，班上最聰明的學生，是亞歷西和耶撒，波樸夫對他們只有暗暗妒嫉的份兒，這些智慧者都失踪了。相反地，波樸夫却當了上校。

那天晚上，他們倆在波樸夫房裏喝酒談天，談到老同學和大學裏的事。喝了四杯伏加酒以後，波樸夫醉了。凡西利決定冒一冒險。

「你還記得亞歷西他們幾個嗎？一九三六年他們被捕以後怎樣了？」他問。

「哈哈，我老是想，你要過多久才問這個問題。這些『聰明的』！你都認識他們，而且跟他們太好了。一九三五年，你曾經到亞歷西的避暑別墅去做過三次客人。（別着急，這是很久以前的事了。）在你眼中，亞歷西是一個智慧的可愛的孩子。可是，他實在是一個暗探。」說時，波樸夫的拳頭，重重的擊着桌子。「他是我們的仇敵，那狗東西！他想恢復人民革命前他們富裕的狀況。爲了這目的，他父親組織了一個很大的團體，要利用人民幫助他！你也許把那老叛徒當作一個可敬愛的老者；你不想想，他們爲什麼跟你來往？你是他們最瞧不起的勞働階級裏的一份子。小傻瓜，他們不過要利用你罷了。還有，那『可愛的』女鋼琴家！雖然我沒身份沒資格被邀到他家去聽演奏，可是我却知道得很清楚她能彈得多好或她彈的什麼曲子！這漂亮的女罪犯也是他們組織裏的人。」

凡西利像受到打擊般地呆坐着，看着那一個咬牙切齒，燃燒着妒火的人。波樸夫醉得很厲害，所以凡西利接着問：

「這幾個人在一九一七年革命以前是過着比較好的生活，可是，耶撒呢？他原本是南方村莊的。」

「噢，耶撒，好一個玲琍聰明的詩人！他爲『受苦』的人民寫的好詩哪！」

「後來他們怎樣了？」

「那我當然可以告訴你。亞歷西和他的父親立即被槍決。對於耶撒，我們竟十分寬容，他只被判入勞工營十年；我自己也不明白爲什麼，也許因爲他的家庭是屬於勞工階級的。

戰事發生以後，我們給勞工營的囚犯一個機會參加志願軍，送他們到最危險的戰區，生還的，戰事結束後可以恢復自由。不過，十個裏至少有九個戰死。耶撒沒有出來。這個心腸偉大溫柔的傢伙，現在在哥姆穆南邊的濠溝裏消瘦腐爛着。」

「奧克娜娜呢？」

「你還掛記這些女孩子？是的，誰會忘記可愛的奧克娜娜呢！她得到多少游泳冠軍；許判員只看她那迷人的身體却不看她游泳技術。我們審問的時候，她第一個嚇倒，口供寫滿了好幾本簿子。其餘的緘默了好幾天。」

「你記得妮娜麼？」

「當然記得，她是亞歷西的愛人。她却完全相反。她，瘦小軟弱，一陣微風就可以把她吹倒，可是却給我們最大的麻煩。幾個星期過去了，她還是堅決不吐露。我在窗幕後偷看，希望她和我們站在同一條戰線上。當然，我們終於得到她的口供。她實在是很好的。現在她不知道在那兒，也和我沒什麼關係。」

波樸夫搖搖擺擺地向前走了一步，指着凡西利說：

「你呢？現在你是很了不起的空軍軍官了，佩着許多勳章！可是我能這樣做掉你。」他一面說，一面石手一揑一扭，做個手勢。「我很可以殺你，因爲你那次對情報局的人撒了一個小小的謊話——你說你只不過跟這幾個叛徒認識。我，一個要你幫忙做化學物理問題的笨學生，卻知道得很清楚。爲什麼我沒揭穿這件事呢？不是因爲我要救一個小小的技術員，而是因爲你並不是他們眞正的同黨。你是站在我們一邊的，現在好好的跟我們在一起吧，我們還有許多工作要做呢！」

第二天早上，波樸夫一定會把晚上的事忘記得一乾二淨，所以凡西利問下去：

「告訴我，以後我們的戰略怎樣？」

「以後的情形嗎？我們要向華沙方面推進，那邊有許多大城市，有許多聰明人，比大學裏那幾個聰明得多。還有很多鋼琴，不過不是給亞歷西的母親那種人彈的。」

波樸夫閉起眼睛，腦袋在肩膀上東滾西滾。

「他們將要彈我們的革命進行曲。許多—許多—好—的—鋼—琴—」他的聲音越來越模糊，頭向前一衝，重重的撞在桌子上。

凡西利幫助這位老同學脫了衣服，抱他上牀。

八

大戰將結束時，蘇俄軍隊向西推動。千萬蘇聯軍人第一次看到另一種生活——羅馬尼亞清潔的白色建築，布加勒斯特貴族化的店舖酒家，匈牙利的穀倉和維也納那一種憂鬱的嬌飾的美。凡西利也隨空軍一起向西移動。

在這些中產階級的國家裏，他看到許多新鮮的事物，增加不少見識。可是，他沒有自由把心裏所想的說出來。勝利以後，數萬名蘇聯國民雜居在沒有國際地位的歐洲人裏面；其中有些是戰俘，有的是德軍進攻時總退卻退到西方的平民。這些蘇聯人民決定不再回祖國去。他們在祖國的時候會受到粗暴的待遇——像清算、拘捕、被送到西伯利亞冰凍的荒野角落裏的勞工營等等。

爲了應付這一班怨恨憤怒的人，莫斯科在各地分佈了遣送人民回國的機構。凡西利被派到巴黎工作。這機構的首腦是維克赫拉夫將軍。他穿上空軍的制服，卻不懂航空知識。他是情報局的，只不過藉此掩飾他的任務而已。三十八歲，矮個子，生着濃濃的頭髮和一雙烱烱尖銳的眼睛，吃飯時和他的心腹另設一桌。

根據雅爾達協定，在各地的蘇聯人民，不論願意與否，必須遣回蘇聯。可是，原來在維拉塞夫將軍部下穿德軍制服的兵士、在蘇聯制度下喘不過氣來而隨德軍移動的、被德軍俘虜奴役的、投降德國的、都不肯回老家。維克赫拉夫對這些人講得很漂亮：蘇聯政府對他們戰時的困苦很欽佩很體諒，現在勝利了，決定赦免他們，歡迎他們回去。實際上，如果他們再度淪入政府手中，他們將被送到更可怕的勞工營裏。

在法國，幾千名蘇聯軍人換上平民服裝，找到職業，在那裏安居。不少蘇俄女性和法國人結了婚，還生了孩子。可是法國的新政府，對維克赫拉夫的任何要求，完全服從。蘇俄少女常常在婚姻註冊所將結婚時被抓去，送進了「還鄉營」，遣送返國，法國政府卻毫無反應。有一個人甚至告訴凡西利：「我們很容易逮捕巴黎市長本人，如果有維克赫拉夫的命令。」

更進一步，維克赫拉夫派了許多祕密情報員分散在維拉塞夫的軍隊中，這些情報員本來就是混在這一個部隊裏的。他們說史太林對以往一切決不追究，誘他們說出曾經參加這一部隊的人名。爲了生命，大家都說出來，所以維克赫拉夫差不多得到一張完全的名單。

凡西利不單因爲自已親身經歷的事，發生反感，更受到另一位飛行員尼古拉的影響。尼古拉也是派到法國和凡西利擔任同樣工作的。

有一次尼古拉奉命駕駛專機到中立的瑞士去接維克赫拉夫，在那邊，有大批企圖逃避回國的人民。戰後大概有五萬名蘇俄人逃到瑞士。瑞士也不要他們，因爲瑞士懼怕佔領大半個歐洲的紅軍，瑞士政府對維克赫拉夫的同志非常優待。

這許多人中，維克赫拉夫特別指定要抓一個漂亮的戰鬥機駕駛員。這位駕駛員只有二十歲，駕駛技術非常精熟。勝利以後，他駕駛着戰鬥機在美軍佔領區降落，聲言他願意到美國去度過他的一生。可是美軍警告他必須在兩小時以內離開，否則送他到蘇軍佔領區去。這青年於是飛到中立的瑞士，並且相信在那邊他可以受到保護——革命以前很多俄國政治犯，像列寧，都曾經逃到瑞士平安地居住。

維克赫拉夫對瑞士人發怒，認爲一切中立的法律全是廢話，他們非得交出偷盜蘇聯公物的罪犯不可！那位駕駛員受審的時候，還不知道瑞士已經向維克赫拉夫低頭了。

× × ×

維克赫拉夫坐在辦公桌前，尼古拉也在場。那位年青人很懼怕，但是勉强鎭定。

「聽着，少尉，你在瑞士做什麼？」

「我要在這裏居住。」那孩子盡力堅定地回答。

「蘇聯有什麼不好呢？」

「沒什麼，不過我愛住這兒。」

「爲什麼要說謊？」

「好罷，告訴你，我實在不能忍受了！」

「你不能忍受」，維克赫拉夫嘲笑他：「你這不要臉的小賊子，偷了飛機，想換瑞士的錢！哼，那是我們蘇聯工人製造的飛機。好，你明天清早就回家去。」

「什麼？」那孩子的臉，頓時蒼白得可怕。

「就是剛才講的話。」於是維克赫拉夫站起來，向那駕駛員走去。

「可是，你不能這樣做！」那孩子叫了起來。「我已經居留在這裏了。列寧從前也在這裏平安居住，沙皇的警察都沒權抓他！」

「好，」維克赫拉夫陰險地說，一面向他走去：「那麼，你是『列寧第二』了？」於是一拳打過去。那孩子的門牙，發出如打碎茶杯一般的聲音。

頭撞在牆上，人跟着倒下來。

過一會，他慢慢爬起來，站穩了，沒有一點懼怕，勇敢地望着維克赫拉夫。

「六星期以前，我是一個蘇維埃空軍駕駛員，爲着我的祖國戰鬪。一扳動機鈕，我就能够叫十顆子彈穿過你的心。現在，你可以隨便對待像這樣的人。很好。不過你要知道所有有正義感的蘇聯人民對你們情報局的感想。你，一個暗探，竟穿着全套空軍制服站在那兒。那是我們的空軍的。多少正義的人曾經穿着空軍制服爲國殉難。我爲什麼要脫離空軍？我曾經不顧一切在空中作戰，我的兩位哥哥，已經爲保衛國家壯烈犧牲了。可是爲什麼我要走？就是爲了像你一般的豬！」他一面說一面抵抗。

「當你走過俄國的街道，每一個人心中冒着憎恨的濃烟。總有一天，這憎恨的大火會燒起來！你殺了我，我不在乎，因爲俄羅斯所有活着的人民，都像我一樣恨你，等待那一天！」

那年青人想向維克赫拉夫撞去，卻被別人抱住。他們將他推倒在地上猛踢。

尼古拉退出了那間辦公房。在走廊中，他燃着一支烟拼命吸。

× × ×

尼古拉說：「我覺得他似乎是我的親弟弟，在替我講話，替我反抗，替我打架。如果我再留在那間房裏，我一定不能自制，跳上前去扭斷維克赫拉夫的頭頸。」

九

幾天以後，尼古拉和凡西利突然接到通知，要他們立即到機場報到，乘運輸機回蘇聯佔領區。

「爲什麼呢？難道我們在西方的任務完了嗎？」

「誰知道呢！」

「可是，爲什麼不叫我們自己駕駛原來那架飛機回去呢？」

傍晚時分，他們起飛了。起先飛得很好。後來，凡西利發覺地面的霧很厚，像牛奶倒在草原上。忽然，他看見右邊的發動機冒烟，顯然油箱出了毛病。同時，機身失去平衡。

凡西利急忙跑去告訴駕駛員。那駕駛員不耐煩地說，他已經準備撞腹降落。他順手遞一杯伏加酒給凡西利，凡西利才知道他有點兒醉了。

「我不是傻瓜，」凡西利說，一面想到地面的霧。「爲什麼不讓願意求生的跳傘呢？」

「隨便他們自己，」那駕駛員生氣地說。「我決意要降落，你怕死就快跳傘吧。」

當凡西利和尼古拉的降落傘張開的時候，離地面只有五百公尺了。另外一個少校也準備跳傘。其餘的遲疑一會，決定等在飛機裏。

凡西利着地的時候，解下降落傘，在濃霧中看見東面一英里以外，有黑煙升起。尼古拉也沒有受傷。少校的傘會經張開，卻看不到他在那裏。

他們向黑烟找去，在樹叢中攀緣而行，找到了燒壞的飛機，旁邊是燻焦的屍體。

顯然，飛機的失事並沒有人聽見，也沒有人發覺。兩個人呆着望那些死屍，屁古拉想說話又說不出。結果，凡西利提議放槍示敬。

一小時以後，天漸漸黑了。他們順着一條村路，走到一個小鎭的餐室。老闆對這兩個穿蘇聯軍服的人並不感到奇怪。付了錢，他們就被引到一個房間裏。

尼古拉倒了兩杯酒，放下酒瓶，注視凡西利。

「現在，我們是因公務失踪了。」——他們心裏正想着同樣的事：如果他們願意的話，就可以留在西方而不影響在蘇俄的家屬的安全。

尼古拉宣佈他的意思：他的姑母在十月革命以後就離開聖彼得堡，現在在布魯塞爾。他想設法找她，和她一同住在比利時。

他倆依照俄國風俗握手接吻以後，尼古拉走了。

室內只有凡西利一個人，孤單地在外國，孤單地在世界上，面臨着他自己的取捨。

幾個鐘頭過去了；酒瓶空了，烟頭堆得高高，證明這件事多難決定。

在他心中，幾星期以來，實在願意生活在自由國家裏。現在他有了這個機會，但是每一個他所愛的俄國人的臉，卻出現在他眼前，似乎招呼他回去。

他將一切有關蘇維埃聯邦的事分開兩邊，一邊好的，一邊壞的。蘇維埃革命，蘇維埃政治，他曾經爲它受傷，高莉亞在多年以前曾經爲它寫故事，高聲歌頌。一個國家，除了人民的快樂幸福以外，還什麼更要緊的呢？除了蘇聯青年，歷史上還有什麼人這樣信任他們的領袖？

可是，蘇聯人民得到什麼權利？得到什麼報酬？

天快亮的時候，他突然想起那天晚上在莫斯科的情形：

德軍大砲在屋頂飛舞，一切東西似乎都是空虛。高莉亞，那熱望着、等待着革命帶給人們幸福的女孩子說了最後幾句話：

「現在你明白了，我要你走，親愛的凡西利，永遠別回來！」

從那天起，在他眼中，整個蘇聯都變了樣。

凡西利停止吸烟。天將破曉，要走的話，他們發現飛機失事的時候，他可以走得很遠了。

× × ×

現在，他脫險被營救以後，平安地住在自由的美國已經三年了。他和以前一樣辛勤地工作，來維持自己的生活，精神上的束縛卻得以解放。唯一的希望是有一天能成爲自由國家的國民。(完)

第二卷　第八期　本刊已呈臺灣省政府新聞處備案。並申請內政部登記中。

給讀者的報告

年來美國國會害着恐惧共黨的病證，乃特設聯邦調查局，其查得確實有證據而免職的，僅一商務部中就有二十餘人，還有二百餘人正在調查中。自國務卿艾其遜的老友希斯被捕以至判處徒刑，已足令人驚訝；最近參議員麥加賽竟指控拉鐵摩爾爲蘇聯的間諜首領，傑塞普爲其同路人，且謂國務院中藏有共產黨員百餘名，大有風聲鶴唳，草木皆兵之概！這究竟是怎麼一回事？我們遠隔重洋，無從查考，對於這些事只好學艾其遜的態度——等待局勢澄清吧。

可是杜尼斯之受任國務院外交顧問，却是一件值得重視的事體。年來美國的兩黨外交政策對歐洲久經密切合作，而對遠東——尤其是對華——却容走極端，共和黨一向主張積極援華，但是杜魯門、馬歇爾、艾其遜以及民主黨要員，則力排軍部的建議而欲將台灣一筆勾消，惟恐得罪中共，不惜削弱國防。現在杜尼斯之新任命大概是欲集合兩黨的幹練人才以建立健全的遠東政策吧。兄弟鬩於牆，外禦其侮，古有明訓，安內才可攘外，美國要對付這個强敵，內部團結合作，繼承故羅總統的辦法，才是明智之舉。惟外交當局是不是眞正覺悟了呢！

觀艾其遜最近所謂全面外交，對共黨的面目雖認識得比較清楚，但其全文的調子仍不免使亞洲各國當局猶豫而逡巡。艾其遜以爲唯能自助的國家美國才予以援助，說來何等漂亮好聽！但是怎麼樣的國家才認爲能自助者？如果與共黨兵連禍結，則財政經濟必然每下愈況，那時候，會不會被認爲不能自助，而爲美國所勾消呢？我們希望民主國家的領導者，已知惟有實力始能阻止蘇俄的侵略，則對亞洲各國應標出明白確定的政策，使反共抗俄的鬭士獲得鼓勵，而後在亞洲的冷戰中才有全盤勝利的可能。

本刊素以獨立自主團結禦侮勗勉國人，美國的事情，我們還是靜觀吧！我們必須埋頭苦幹，盡我們最大的能力，以確保現有的島嶼，以擊破人民所揚棄的傀儡政權，而攻佔整全的大陸，拯救我們同胞於水深火熱之中。我們在反攻未開始之前，我們更要節衣縮食，救助大陸同胞。否則我們反攻未到來之先，而同胞早已飢餓而死了。

不是嗎？蘇俄的飛機已出現於長江以南的天空，乍浦及上海已經有兩次空戰。悲觀失望者流又惴惴然惟恐我們的空軍優勢快要消失，而台灣及其他島嶼都要大受轟炸了。其實蘇俄的飛機是要用糧食換來的，以今日大陸糧食之僅少，究竟能換多少架飛機？所以中共要造成空軍優勢並非最短期間所能辦到。今日全國民衆咸抱「及汝偕亡」的決心，到處揭竿起義的時候，正是我們反攻的絕好時機，有了俄機的出現，只有警惕我們時不我與，催促我們從速反攻而已，何必大驚小怪？何況蘇俄決不會拿頭等頂好的飛機供給中共呢！

東南亞方面，據新聞報導，七十萬共軍已在中越邊境集中完畢，一聲令下，便要侵入越南。如果這個報導不錯，七十萬的數字加上胡志明的軍隊便有將近百萬的人馬，比之法越聯軍有六倍之多，衆寡已是懸殊，勝敗不難預卜。艾其遜的大聲疾呼，能不能阻止在弦上的箭鏃呢？東京麥克亞瑟總部忽作神秘的演習，是不是與此有關呢？在西方則東柏林的青年準備於五月廿八日衝進西柏林區作示威遊行，美國駐柏林的軍部聲明，絕對不許其衝入，而東柏林方面依然毫不示弱，着着準備，此洪流和隄防的衝擊，究竟誰佔上風呢？

共黨何以能迷惑青年？本期傅先生所給的答案特別精到透闢，望當局於此對症下藥！捷克的喬治教授，特爲本刊撰文，闡明共黨在亞洲的活動，因迻譯需時，將於下期刊出，特此預告。

自由中國 半月刊 第二卷第八期（總第十一號）

中華民國三十九年四月十六日

發行人　胡　適

主編　『自由中國』編輯委員會

出版者　自由中國社
社址：臺北市金山街一巷二號
電話：六　八　八　五　號

經售處
臺灣　中國書報發行所（臺北市館前街八五號）
香港　香港時報社（高士打道六四號）
曼谷　楊五報攤（曼谷西舞臺戲院傍楊五報攤）
馬尼剌　大中華日報社（馬尼剌貝挪威賓街五二二號）

印刷者　台北印製廠
廠址：臺北市民族路六四三號
電話：三　三　一　六　號

本刊售價

一、新臺幣　二　元
二、銀元券　五　角
三、港　幣　五　角
四、暹　幣　四　銖
五、美　金　二　角

自由中國

台港航空版

發行人 胡適

第二卷 第九期

要目

中華民國三十九年五月一日出版

社址：臺北市金山街一巷二號

社論

把握、把握、把握住人心

在本刊前一期的時事述評中，我們向政府呼籲過「把握住迴轉中的人心」。那裏，因限於篇幅，言簡而意未賅。我們覺得，這個問題實在太重要了，雖再說十遍百遍也不會是多餘的。

最近幾月來，人心迴轉這個事實，不斷地有各方面的報道。尤其是接近淪陷區的香港和定海等處，所見所聞特別多。本文不想在這方面多假篇幅來湊熱鬧，而是想督促人心趨向的我們政府，趕緊做幾件一新耳目的事，來迎接人心、把握人心。時機不可稍縱，稍縱卽逝！

行動基於認識。要政府做出一新耳目而可以把握人心的事件，必須政府當局對於今昔人心向背之所以然，首先有個澈底的認識。談認識，似乎每個人都有一大套，政府中人也不例外，談起來都可談得個痛快淋漓。可是我們聽其言，觀其行，總覺得所謂認識也者，都不是從深深反省中得來 換句話說，認識與認識者本人似乎沒有關係，而只是騰諸口說，一吐自己的私憤而已。這是個時代的大悲哀。現在、我們要求政府當局對於人心問題求認識，是要他們從反省中去求。有了從反省中得來的認識，才有堅强的决心和勇氣去做出一新耳目而可把握人心的事體來。這是本文所要首先提出的一個要點。

把握人心的事，要做的太多了。這裏只就最扼要而又爲多年來被國人指責、迄未認眞做到的、財政和軍紀兩方面來說：

現在是戰時，戰時的財政措施，除一般的原則以外，應特別注意兩點：（一）、簡單而迅速；（二）、有利於戰爭的本身，至少也不要防害戰爭的進行。

關於第一點，用不着多加解釋，戰時着重於公債的籌募，就是這個原則的應用，我們這裏所要特別申述的只是第二點。談到這裏，我們政府首先應該反省反省：一個世界性的共黨造亂，爲甚麼偏偏在我們中國只要一兩年的功夫，就鬧到這個地步？分析起來，直接的原因很多，而主要的原因——也就是其他一切原因所由來，只有一個。卽，抗戰後期和復員初期，政府財政經濟措施和其當局者利用職權的勾當，剝奪了大多數國民的經濟生活，養肥了少數的特權階級。因此，一般國民和軍公教人員，一方面受生活壓迫，一方面內心不平，於是人心向背之局大定，而國民政府也就逼得撤退大陸了。今天、我們的政府應該從反省中認識這一段財政經濟的罪惡史，并進而不放鬆這段罪惡史的造成者和其間的獲利者。我們認爲，這是今日考慮財政問題時的一個竅。打通這個竅，就可符合我們上述的第二個原則——有利於戰事的進行。其具體辦法，我們在本刊二卷六期社論中建議過，即請行政院以一紙命令，首先强制征用或征借寓居國外的「名公巨卿」的資產之一部。如不應征，卽弔銷其護照，取消其國籍，公佈其姓名於國人之前，以明示今日的政府不僅不維護特權階級的既得利益，而且已給那些無國家觀念的特權階級以最嚴厲的處分。如此，財政上雖不能直接有所得，而人心則可把握住。今後，捐也好、稅也好、公債攤派也好，大家也就樂於輸將了。這個措施雖然不能視爲財政政策，而確是今日實施任何財政政策的一個竅。這個竅不打通，其他的任何財政政策恐均無法順利推行，我們也不在這裡預先作任何其他建議。

其次，說到軍風紀。這是直接影響人心的另一個主要因素。我們都知道，在共黨統治下，時日稍久，人民卽陷於求生不得，求死不能的苦境，可是有一件事是任何人所承認的，即共軍初到一個地方，其所表現的軍風紀實在是良好。過去大陸上國軍的失敗，也失敗在敵我兩方軍紀的比較上，當時人心的向背，也特別受了這種比較的影響。一年以來，以台灣爲基地的政府軍隊，經當局積極整訓後，軍風紀的進步確有可觀。然而我們在台北市的見聞，還免不了有些不愉快的情事。而最常見的是破壞交通秩序：例如軍車在市區行駛，常因超速度而闖禍；公路上軍人中途攔車；火車上軍人從窗口爬進爬出；市區公共汽車上軍人辱罵乃至毆打收票員等等。此外在公共場所中，總不免有些軍人從行動或語言方面給人們以不快之感。這些事情似乎是小事，亦可想見帶兵官平昔管訓指責之未盡週。照理，軍人生活應該不能輕易離開軍營。然而我們在臺北市上隨處可以看見三五成群的軍人，穿着軍服，弔兒郎當地蹴來蹴去。這實在是有失現代國家軍人們所應保有的尊嚴。現在，我們是以臺灣爲自由中國的復興基地。台灣人民在日治時代已養成尊重軍人的習慣，我們决不能讓國軍過去在大陸上的壞風氣帶到台灣來，使臺灣人民對於軍人發生輕蔑或嫉惡的心理。同時更要利用台灣這個尊重軍人的環境，好好地樹立起優良的軍風紀，爲將來反攻大陸時給人民以安慰。這不僅是把握今日人心的一個要着，也是做一個現代國家所具備的條件。當然，改善軍風紀與改善軍隊待遇有關。關於後者，不是這裡所可詳論，惟政府必須以最大的努力促其實現。

以上兩點，是我們認爲今日政府爲迎接人心把握人心所應趕緊做到的事件，也是一新耳目的事件。此外要做的事多得很，較重要的，經濟方面，如澈底肅清走私，整頓公營事業；政治方面，如整肅官常，根絕貪污；社會方面，如有效地推行節約，轉移風氣等等，均要相關當局和各級政府機關努力去做。

共產黨統治大陸一年，人心轉變了背向。我們政府應該知道，今日人心之趨向政府，得力於共黨者多，得力於我們政府自身之努力者少。現在正是我們政府以新作風新政績來迎接人心把握人心的時機。時機不可稍縱，稍縱卽逝！

時事述評

經財的破綻，軍政的污點

走私

兩月前臺灣省政府爲要澈底取締走私，有關當局曾經發表過若干次談話，召開過若干次會議，也公佈過若干項決議和法規。時間過了兩月，雷聲消失了，大家所希望的雨點從未下來！

走私的情形，據深悉內幕的人講，規模之龐大，背景之複雜，辦法之神通，足以嚇得「時代的笨瓜」們瞠目咋舌。不相信嗎？今天的臺北市場上確可買到貼有共黨華東區稅票的白錫包紙烟。這、只是辦法神通的事例中之一個事例而已。

紙煙跌價了，我們文化工作者薰出了更多的靈感來。因此，我們想到：私貨大量湧進、大量傾銷，職業的和非職業的私梟們發了財，而與私梟有關的人也分霑餘潤，同時一部份人的物質享受也可更舒服一點；可是國家外滙、海關稅收、和正當的國民經濟事業與商業道德，却大受損害。這不能不說是國家經濟財政的一個大破綻吧！

這個破綻之不容存在，政府已經明示決心。我們在承認政府「已有決心」的前提下，要來解釋走私之風爲何還不稍戢，那末、我們只好說：不是執行的軍政機關低能，就是執行的軍政人員貪污受賄，或者兩者兼而有之。

低能與貪污，是我們政府多年來被國內外指責的一個大污點。這個污點能不能洗淨？我們將從走私這個問題來看政府的事實答覆。（平）

×　×　×

「秘密」不能當作禮品

本月十八日香港時報臺北專電：「外長葉公超上次出席立法院秘密會議報告駐日代表團問題時，因內中牽涉問題頗多，會與立委相約，應絕對保守秘密。不料內中關於該團動用賠償物資委員會美鈔五萬元事，涉及前主任委員朱家驊。朱氏聞訊後特致函葉公超提出質詢。葉以此函轉致立法院，並詢以何故洩漏，致各委員主張澈底查究，最後決議向朱家驊查詢該項消息的來源」。

這件事在查究淸白以前，我們不能斷定責任誰屬，立法委員呢，還是立院職員？假定屬於後者，對於政府的影響尙不甚大；假定屬於前者，則我們不得不有話說：

健全的民主政治，一方面要求行政當局向人民代表機關負其政治上的責任，另一方面也要求人民代表機關具有行政當局可以向其負責的條件。我國自現行憲法實施以來，這兩方面都表現得不够。而這次事件又證明後一方面更是欠缺，這次會議既經主席宣佈爲秘密會議，而前來報告的葉外長還要申明請立委們絕對保守秘密，我們會外人已覺得他這個申明是多餘的，甚至可說是不禮貌的。我們所以如此覺得，是由於我們認爲每個立委對自己的責任都應該明瞭的，可是事實的發展，否定了我們的估價！今後行政當局，對於立院的質詢如果敷衍了事或保留重要關鍵，立委們將何以對他責備呢？這不僅是立法院的不幸，也是我國憲政前途之不幸。

就這次所洩漏的消息來說，其本身或許不是甚麼了不得的秘密。儘管各此，我們還要申說兩點：第一、會議既經依法宣佈爲秘密會議，則會中的任何一點，與會人都有保守秘密的責任，不能憑個人主觀地判定秘密性的大小或有無，而有所洩漏。這是議會政治的常識，作爲人民代表的立委應該知道。第二、這次消息的洩漏，是洩漏給這個消息的關係人。因此我們可以想像洩漏者當不是無意中的疏忽。本來，政治上的人事關係，是免不了若干恩怨的。尤其在中國的現實政治中，人的因素比制度的效力來得大。拉關係，攀交情，成了要政治的一般手法。這種風氣的轉移，有待於若干傑出之士，自然不能希望於庸俗者流；可是我們擔任公職的人，無論政府官吏也好，人民代表也好，總應該有個公私觀念的起碼條件。（平）

是「中國通」，還是「通」中共？

近一個月以來，拉鐵摩爾已經是舉世皆知的人物了，他是美國人心目中的「中國通」，並且又曾做過 蔣總統抗戰時的政治顧問，這就是他對中國的論著所以爲美國朝野所重視的原因。

一九四五年，拉鐵摩爾的「亞洲的決策」出版，會風行世界一時（據說杜魯門在戰後對亞洲的政策多依據此書）。在講到戰後對中國的政策時，他說「美國應與蘇聯共同合作，把在中國居於第二大黨的共產黨扶植起來，以促成民主的協調。」於是杜魯門就把馬歇爾調來硬讓政府和中共談判，結果用時間來培養共產黨的壯大。

一九四八年的末尾，正是我們軍事節節失利而需要美援最急切的時候，那時美國朝野很有些人主張緊急援華，於是這位「中國通」「蔣委員長的政治顧問」又有針對中國局勢的著作發表了——「論中國的危急與美國」。在那裡面，他開頭就說美國再要援助中國就是「利用中國的青年去做砲灰」。他破壞 蔣總統的名譽說：「在中國輿論中他是一個外國政府的政策的標誌，而非中國人民的種種熱望的象徵」。更荒謬的是他在後面寫道：「今日中國的要人是老百姓，中國老百姓向來喜歡和平，但現在他們却拿起槍桿來了，這就是他們之所以會成爲要人的原因。在內戰中國民黨所以吃敗仗，因爲他們想控制農民。中共得勝的原因，是他們讓農民得到他們所要的。中共到一個地方，他們就把土地分給農民，當他們的軍隊需要離開時，他們對農民說：「槍在這裏，組織起來，保衛你們自己的土地」，結果整個農村都在備戰中，國民黨的軍隊若回來，他們就對之作殊死戰。他們的武裝政治組織，是不會受任何人指揮的，中共也不能例外。」

荒謬得使人難以置信的字句，在紙面上跳躍，眞是，天曉得，中國的農民那輩子做過「要人」。但是美國人相信了，于是不援助我們。

半年以後，一九四九年四月拉鐵摩爾的關于亞洲的第十部著作—「亞洲局勢」出版了，在這本書中：他主張美國應放棄遠東的所有國家。他說：「在亞洲與我們在政治上友善的每一個政府，均是極端惡劣的政府，包括中國、菲律賓、南韓政府」。他對英國承認「共黨政權」加以讚許，他說：「否則，亞洲與歐洲均將相信英國的利益與政策是受制于美國的」。

誠如諾蘭日前在參議院演說：「幸虧政府還沒有完全聽拉鐵摩爾的話，把南韓、日本、菲律賓全都放棄了」。不然也許第三次世界大戰，已經早就爆發啦！

而在上月（四月）十五日拉鐵摩爾在霍浦金斯大學的一篇演講，更會使正爲世界作反赤色暴力前哨戰的人聽了爲之髮指，他除了闡揚「美國不應支持中國舊政府的殘餘」之外，更極盡攻訐之能事說：「由于國民政府的轟炸與封鎖，已造成一種局勢，使蘇聯以救助者之姿態進入中國」。

我們不能斷定拉鐵摩爾是否一個共產黨員，但以他在中國住有一二十年的歷史，對中國有「相當」瞭解，而竟有如此偏激且又不合事實的言論出現，使我們中國人實在不能僅認爲「遺憾」！因爲這已經超過了不通的「中國通」，而成爲十足的「通中共」了。（燕）

血汗與幸福

中華婦女反共抗俄聯合會成立的一天（本月十七日），該會領導者蔣總統夫人發表了「今日中華婦女的主要使命」一文。文中第一段就說到：「吾人生存的幸福，必須以吾人的血汗去爭取，去保障，決無不勞而獲的道理」。

血汗、幸福、把兩者聯在一起，出之於口，筆之於書，在我們婦女界已經是很少聞見的，如果我們姊妹們在蔣夫人以身作則的領導下，更進一步由語言文字深深地滲透到理念中，普遍地體現到行爲上，那更是了不起了！

我們都知道，蔣夫人在抗戰期間，爲國家貢獻過辛勞，也爲個人博得了榮譽。有一個時期，在國際視聽中心的華盛頓，她會被譽爲世界上第一位夫人。可是最近兩三年來，隨着國運的逆轉，國際間無情的反應也反應到蔣夫人的周遭。炎涼世態，莫可如何；然國家與其個人的休戚和榮辱，爲甚麼竟會這樣地相關？以蔣夫人的智慧，她所能領悟到的當比我們所能說出的要中肯得多。

人、可能終生不犯法律上的罪（Crime），但照宗教的說法，任何人或多或少總不免有些天國的罪（Sin）。蔣夫人是個虔誠的基督教徒，當會相信這個說法。她這次從美國優越的物質環境回到艱苦戰鬥中的台灣來，大有痛飲苦杯，爲人我贖罪的精神。她回臺後爲慰勞戰士和傷兵，除發起義肢運動外，會到過敵人砲火射程以內的金門戰地，也坐過顚震不堪的火車環行臺灣全島。這些旅程和工作，以蔣夫人的地位和平昔生活來說，確是肯冒險，肯吃苦的。現在又爲着集中並加强自由中國婦女界反共抗俄的力量，發起中華婦女聯合會的組織，而以「血汗」和「幸福」來號召了！

人生幸福的內容，不外乎眞、善、美。我們固不反對香水和口紅給我們婦女的附着美，但我們所特別尊重和珍重的，正是在公而忘私的前提下，以血汗來涵潤的人格美。（平）

×　×　×

清除臭腐

夏令快要到來了，看見臺北的衛生狀況眞令我們發愁。此地的蒼蠅，蚊子在最寒冷的時期還要擾人清夢，天氣稍爲暖和一點，便要成群結隊，聲響如雷，如果眞到夏天，豈不成了它們的世界，使我們無處安身了嗎？要將明溝改成暗溝，自然要花上大量的經費，並非今天的財政所能爲力，可是加强人事的管理都不能做到嗎？到處的垃圾無人過問，弄得臭氣薰天，是誰之過？聽說日治時代有巡廻制度，即是，各房屋的前後左右的清潔均歸處戶自理，警局每天派員巡查，見有不清潔的地方，即責罰該處戶，輕則申斥，重則罰金。接收以後巡查制度沒有了，巡查員不來了，遂致日久玩生，任各處戶「自由」起來了，便弄成現在骯髒的情形。這不是市政當局的玩忽嗎？不是管理人員的不負責任嗎？

本來公共衛生要達到完滿的程度，積極方面非從教育着手不爲功。中小學的教員先生，對於學生們必須隨時隨地加以詳盡而懇切的說明，使他們有深切的觀念。同時社會上亦應以文字及圖畫等等爲工具，使人人深知公共衛生爲自己一身生死及疾病之所關。這樣，學校教育和社會教育的工夫做得到家，成了一般社會的風氣以後，則管理人員自可事半而功倍。我們今天這些工作還不夠積極，不夠深入，那麼管理人員的消極工作自非加倍努力不可。我們希望市政當局一方加强管理的工作，他方擴大積極的宣傳，以淸除臭腐，而改善公共衛生。（漸）

×　×　×

亞洲當赤禍之衝

喬治教授原作
聶華苓譯

喬治教授（Prof. T. George），原籍南斯拉夫，今為比國人。一虔誠之天主教徒，第二次歐戰前為羅馬宣道大學（University of Propaganda Fide）經濟學教授，對各種社會科學，都有精深的研究。歐戰爆發返南斯拉夫，參加遊擊隊，反抗納粹侵略。後率其部隊參加蘇聯紅軍作戰。及歐戰將結束時，蘇聯發動肅軍運動，喬治教授就在捷克被捕入獄，備受苦刑。後經其友人法國駐捷大使設法援救出獄，旋在比、法、德以及其他歐洲各國到處演講暴露共黨真相。直到一九四七年以參加在加拿大孟德利舉行的國際青年工人大會到美洲，即在美洲各國演講反共。及一九四八年到中國在京平滬各大都市展開反共演講。同年復赴美國、日本、印度、緬甸、泰國等處演講，於本年初來台灣。本文係專為本刊而作，說明亞洲何以容易受到共禍的侵入。——編者

世界共產主義已集中注意力和行動於亞洲，這是門外漢也能明白的事實。柏林的大小封鎖、所謂狄托主義、以及蘇聯在聯合國的故意阻礙議程和拒絕出席等事實，都只是一種牽制戰術。共產黨是以高速度向亞洲發動眞正有效的進攻。

國際共產主義的中心綱領是異常機警，現實且有機動力。它集中行動於亞洲具有許多客觀的理由：

（一）我們看一張中國式的世界地圖時，比美國式的或歐洲式的現實得多，我們可以發現下列的事實：澳洲約有七百萬人口，幾乎是一片空無人煙的大陸；非洲面積廣大，但也人口稀少，祇有一億人口；南美洲也是地廣人稀，約有一億人口；一望無垠的加拿大實際上也是人口稀少的，祇有一千四百萬人口。

地球上世界人口集中區域有三：美國有一億五千萬，歐洲將近有四億五千萬，但幾乎有一半已爲世界共產主義所統治，所剩下的只是歐亞大陸西部的一個小半島。所以世界人口眞正的最大的集中區域爲東亞（這區域包括中國、印度、東南亞、日本、印尼）；那裏是眞正人類集中的焦點，將近有十億人口，佔世界人口的一半。

因此，亞洲是世界上最大的人類潛力的容器，誰得到亞洲，誰就會最後得到全世界。

在現代歷史中，國際共產主義首先警覺到這個非常重要的事實。

（二）自有歷史以來，廣大的民衆，農民、工人以及小僱員們所組成的群衆都被動地爲少數帝王和封建的、政治的、軍事的、智識階級的、商業的、工業的領袖們領導着，直到最近，這些人們才自動地出現在歷史的舞臺上。他們漸漸地意識到他們個人的人格的尊嚴以及個人的和集體的人權。我們現在已經有了科學的雙刃的方法，可以喚醒和動員這些群衆，使他們確定方向走向一個目標，其進展的速度可以在三四年中完成過去幾世紀努力的效果。因此現世界眞正的中心，並不在那些據有最大的工廠、最高的摩天樓，最多的資本、最好的軍事設備和技術設備、最美麗古老的城市的地區中，却是在歷史上新因素的會合點，就是無量群衆集合的地區。誰擁有了這廣大的群衆，便可運用新革命運動的活躍方法，運用大量民衆自願或强迫的工作，運用完善而科學化的潛伏、滲透、怠工、地下和游擊的活動等，實際有無限制的可能性建立他自己的實力（例如從毀壞中建設起道路、鐵道、運河、工業中心等），或者也可以一種驚人的效率，甚至不需戰爭而擊毀敵人的實力。

因此，人口最多而擁有充實的潛在力量的是亞洲，誰喚醒了他們而團結並動員了他們，誰就最後掌握了世界。

（三）亞洲仍維持着半封建的、社會、政治與經濟的結構，在那裏，廣大的農民仍然是爲別人工作，以他們的捐稅所維持的，不是供給他們福利的共有的社會組織，而是地主們的私人享受；在那裏，工人們的待遇多半是菲薄的，並且，他們眞正獨立的工會是沒有保護的，他們最容易變成唯利是圖忽視人類經濟的國內外資本家的犧牲品；在那裏，人類的基本享受完全集中在城市裏，鄉村廣大的區域甚至不能得到現代化機器的一點兒好處；他們還像幾世紀前一樣，光、運輸、道路、耕作、灌溉等仍然是千百萬人民日常迫切的問題。在亞洲，這許多問題交織着，成了一個急迫而膨脹的癥結，因此亞洲不僅是一塊革命已醞釀成熟的沃土，並且已迫切地强烈地需要一個社會革命。世界共產主義完全意識到這事實，且已有步驟地無情地利用這塊革命的沃土，沒有停止，也沒有猶豫。共產主義並沒有帶來眞正的社會革命，却是堅決地狡猾地利用社會革命的缺

乏。

（四）白種人在亞洲的殖民政策過去到現在一貫犯着可怕的錯誤。他們過去的殖民政策若要尋一個近乎人性的理由，祇有一個，那就是，將一部份人類的進步的文明和技術帶給另一部份的人類，由於各種環境，這一部份的人類是沒有機會得到的。不幸，白種人的殖民政策幾乎完全忘却了這種人類要素，他們政治、軍事或經濟的殖民政策，僅知貪婪地追求本身的利益。他們的興趣祇集中在亞洲國家的原料、農場和賤價的人力，而漠視了廣大民衆的文化、經濟與社會的生活。亞洲民族希望社會和政治的完全獨立，更希望在世界國家林中得到完全的平等地位，這些深切而合理的希望，白種人始終置之不加理睬。直等到第二次世界大戰爲環境所迫，更有許多地方爲長期反殖民戰爭所迫，白種人的殖民政策才勉强退出了亞洲，但到現在，還沒有完全退清。白種人的殖民地政策迷惑於他們優越感的偏見，變成了他們自已偏見的犧牲品，迄今未已。幾世紀以來，白種人在技術的發明上佔着優勢，忘却了他們從古老的文明中所繼承的一切，忘却了他們自已純粹的技術文明是如何膚淺，竟幼稚地武斷了自已的優越。因此，在亞洲各民族和國家中，它激起了一種正當而强烈的忿怒情緒。同時白種人又低估了亞洲民族的優良特性，故意忽略了這些特性的發展，不知把亞洲各民族在自由平等的合作下帶到一個眞正自由的新世界。所以，白種人的殖民政策在每一國境內被剝削的無產階級以外，在世界民族中又造成了一個種族的無產階級。

國際共產主義完全意識到這個種族無產階級的問題，而且現正盡量的利用它。

（五）亞洲的許多智識份子因此變成很容易接受共產主義，亞洲就成了共產主義發展的沃土。這些知識份子大半都祇有菲薄的收入，他們感到自已所處的現實環境和時代的新思潮已有了鴻溝之隔，他們易於轉變的原因不僅是這些社會與經濟的因素，還有更深的理智因素。他們感到古代有勢力的哲學與宗教制度已不再能應付人類的新問題，而這些新問題的解答在亞洲尤感迫切。於是，許多智識份子想在歐美找到解答，然而他們在那裏發現除了技術外，（技術僅僅是一種方法而不是解答，）只剩了混亂蕪雜的主知論或者是簡單的經驗實用主義。主知論祇是一知半解地故弄玄虛，拘泥於字句和體系，而不着重眞理；實用主義則在繁複的擬似科學的僞裝下，供短暫的時尙和利益之用而已。

面對着共產主義，只有基督教對於人類、家庭、科學、社會、經濟、國際生活、永恆等有一個完全一貫的見地，然而，甚至於基督教在亞洲也未表現它社會學說和社會實施的優良性。

共產主義藉這種智識的眞空而獲利很大。以它那集權的、虛妄的、但很精確地建立的綜合體，以它那根據虛妄的但費盡苦心的邏輯，以它那有步驟的，有韌性的、精密的但巧妙的辯證法，毫不困難地侵入了許多智識份子的腦中。這些智識份子正缺少一個有價值的有關整個人類問題的綜合看法，同時正尋求劇烈的變遷和豪邁的行動。

共產主義是一種思想，一種集權的世界觀，一種社會革命，僅藉物質力量或任何消極的行動消極的宣傳是不能與之作有效的鬭爭的。能勝過它的是另外一種更合眞理的思想，是另外一種更正當更有人性更正確的世界觀，是另外一種更深遠同時更公正更有人性的社會革命。

惟有如此，亞洲和歐美的智識份子才能不受馬克斯辯證唯物論的擬似科學，和馬克斯主義抽象的革命主義所煽惑。

共產黨集中注意於亞洲的這些原因，實都發源於亞洲本身。還有許多原因發源於世界的一般情勢，戰後盎格魯撒克遜態度的特殊心性，以及他們對於世界共產主義和亞洲共產主義的政略。關於這些，我們當另作一文討論之。

關於「統一思想」底問題

殷海光

反對『統一思想』；但贊成齊一意志。

第二次世界大戰摧毀了世界底舊秩序。但是，戰爭却沒有創建世界底新秩序。世界新秩序之創建根本是戰後在嘗試中進行的創作。在這一創作底途程之中，過去的一切傳統都不足作爲完全的依據。一切價値標準，道德判斷，主義學說，統統必須從新估價，甚至於根本變革，而尋求新的答案。例如，就經濟問題來說，戰後世界許多國家，面臨着這個根本問題：究竟是走社會主義的道路？還是回頭走資本主義的道路？抑或覓致新的蹊徑？特別在英國，以這種問題爲核心，而表現爲工黨與保守黨之間的政爭。從放大鏡的眼光看來，目前世界以美蘇爲主導力量而展演出來的對立局勢，就是各自企圖創建戰後世界新秩序的鬥爭。這一鬥爭如得合理解決，人類底前程可望進入佳境。否則，演變所及，難免積漸而成空前的浩刼。無論最後怎樣解決，在目前的相激相盪之中，這個世界，在實踐方面或思想方面，幾於處處充滿了『矛盾』。

處於世界『矛盾』裡的中國也充滿了『矛盾』。一方面高唱『自由民主』，同時另一方面又强調『統一思想』，便是『矛盾』之一。

『統一思想』和『統制思想』二者是同質名詞（Homogeneous Terms）。在自由民主的氣氛之下，『統制思想』一詞顯得一幅邋遢相，說出來刺耳，實在不能出口。於是，許多人不說『統制思想』，而說『統一思想』。其實，透過字面看實質，『統一思想』和『統制思想』，根本是一邱之貉，都是同一來路的貨色。假如一定要區別二者，那末我們至多只能說：『統制思想』是手段，『統一思想』是目的，但是，這種名詞上的區分，有什麼意思(Significance)呢？

無論是『統制思想』也好，『統一思想』也好，從歷史的過去，一直到現在，只有政教合一的專制政府，或任何形式與根源的獨裁政治，或極權政治，才講『統一思想』或『統制思想』；絕對沒有民主政治而講『統一思想』的。至少，『非統一思想』，是民主政治之所以叫作民主政治底界定性質（Defining Property），缺少這一界定性質的政治是否可以叫作『民主政治』，實在大成問題。

羅馬帝國，拜占廷帝國，俄國基輔王朝，以及歐洲中世紀底統制，都屬政教合一的型模。在這一類底統制之下，很少思想自由可言。教義被當作唯一無二的『眞理』。這唯一無二的『眞理』，除了僧侶傳播以外，更藉政治權力來强制人民接受。一切不合教義的思想學說，一概在嚴厲清除之列。這樣的作風，演變下去，結果，本來是善的宗教，却變成惡的工具。它更扼殺着人智底正常發展，羅素說：『登山寶訓底原則是可嘉尙的。但是，這些原則對於一般人天性上的影響，和宗教家所預期的，非常之不同。那些追隨耶穌基督的人並未學着愛他們底仇敵，或者把左臉給人打。恰恰相反，他們學着審訊和行刑，將人類智慧置於無知的和無可忍受的祭司階層底桎梏之下，貶抑藝術底價値並且壓抑科學達千年之久。』伽俐略因着贊同與聖經相反的哥白尼地球繞日之說而受教會迫害。布魯諾更因『思想問題』而慘遭焚斃。這類底事例，實在不勝枚擧。

這類中古黑暗的情形，並未隨現代科學之昌明而完全消逝。恰恰相反，思想統制，自與現代技術結合後，在許多國度裏，更趨於嚴厲與精密。納粹德國便是一例。但是，就統制思想而言，納粹比之布爾希維克，直若小巫之見大巫。俄國布爾希維克黨人是靠思想上的宣傳煽動打得天下的。靠思想上的宣傳煽動打得天下的，一定要統制思想。這幾乎是社會動力的必至結果。愈是知識高深和愈是富於思想的人，愈能體驗到統制思想之殘酷與可怕。統制思想，是殺人不見血的利器。羅素嘗擧一例。他說，他曾經在彼得格勒遇見一個詩人，名叫布洛克（Alexander Block ）。布爾希維克黨人讓他去當美學教授。不過，布黨堅持他必須以『馬克思派的見解』爲依據。他對於這道諭令不知所措。他不知道怎樣將關於韻律的理論和馬克思主義連絡起來。結果，這位『不合時宜』的詩人，硬是死於窮困。

蘇俄是統制思想最澈底的國家。在蘇俄，不獨人民底食糧由政府配給，而且思想也由政府配給。所以，蘇俄人民底『思想』較世界任何國家爲『統一』。馬列主義的新拜物教是蘇俄二億人民思想唯一的泉源。史太林則是這一新拜物教底大教長。他底一言一念都是教條準則。全俄人民底一言一念必須絕對以他爲模範。在蘇俄斯大林不僅是政治領袖，而且是『科學大師』。一九四九年十二月，蘇俄科學院爲慶祝這位『科學大師』底七十壽辰，組織了一次會議。大會第一天聽取了如下的幾個報告：『哥列科夫：斯大林與歷史科學。……列昂捷夫：斯大林——社會主義政治經濟學的創始人。……李森科：斯大林對唯物主義生物學的發展所起的作用。』最後一天還有『斯大林時代的蘇維埃化學』。一面對這些奇妙的發明，尤其是『斯大林』與每一奇妙發明之不可分的奇妙關係，我只感到走入正常人智慧所不能了解的一個奇妙世界！

然而，毛澤東及其黨徒正在努力學習這些常人智慧所不能了解的東西，把中國造成一個奇妙的世界。

中國共產黨，正像俄國布爾希維克黨一樣，視『統制思想』爲重要的政治工作；以『統一思想』爲共產世界之理想境界。在鐵幕中國，『研究學問』必須根據『辯證法唯物論』。人民要以共產黨底思想路線爲思想路線。而共產黨人必須『以毛主席的思想爲思想』。結果，全國人民必須以『毛主席』一人底思想爲思想。共產黨有一位理論專家艾思奇。這位專家天天著書立說，尤其好談『哲學』。他說『一塊雲頭加上一塊雲頭』還是等於一塊雲頭。從那些大作看來，這位專家底程度確乎比高中畢業生爲高。在共產軍事迅速勝利，進據北平以後，這位專家底學問也忽然跟着好將起來，據說他一躍而爲堂堂北平大學教授，成爲當代『哲學大師』。他天天講授辯證唯物論，一講就是兩三小時。『自動』歸依受業的大都是『學習思想』的教授者流。至於中小學以及各地各處底小艾思奇，多於牛毛。這些牛毛們正在雷厲風行地爲共黨進行『統一思想』底工作。

『統一思想』工作底核心，就是『施教（Indoctrination）』。這個名詞底翻譯很不達意。現在我想不出更好的譯法，只得暫用。什麼叫做『施教』呢？爲了達到既定的某種政治目的，藉着强制的或非强制的方法，使一般人民在心靈上接受作爲這一政治目的之基礎的某些說教，這種程序，叫做『施教』。在此，我們可以看出幾點：一，政治目的是既定不移的，施教必須以這一既定目的爲前題，然後再回到這一目的。或者，施教底內容是作爲這一政治目的之基礎的某些說教。你接受了某些說教，你就必須接受依據這種說教的政治領導。馬列主義就是這一類底說教。當然，這類底說教不止馬列主義而已。二，『施教』時採用的手段可以是非强制的，也可以是强制的。究竟採用那一種，要看是否奪得政權或者是否擁有武力而定：大抵在野時或武力不能到達時，便採用非强制辦法，例如，共黨在未得勢以前的宣傳便是。在奪得政權或力足用武時，便採用强制辦法。摩罕默得傳教，一手拿古蘭經，一手執寶劍。三，既然要向別人『施教』，或用自己一黨底黨義爲天下之大法，以改造別人底思想，當然就是認爲別人是受教者，別人底思想都『不正確』。既然如此，就是不承認別人與我平等，就是不許別人有思想自由了。既然如此，那就是不承認各人有他自己底目的，而只把人當做政治工具。既然如此，還有什麼民主可言呢？

也許有人反駁道：『請你不要一概而論。你剛才所說的，是指不合眞理的說教而言，至於合乎眞理的主義，人人應該接受。反對的人當然應該制裁。我們只應該有信仰眞理的自由；不應該有反對眞理的自由。』啊喲喲！蘇俄共產黨何曾不是一天到晚說他們底主義是『絕對的眞理』！抱持這種態度的人眞是個活布爾希維克。這種人如果一朝有權在手，便會天天要抓人坐牢，殺人如麻的。他們忘記了，孫中山先生當年鼓吹革命，北上的時候，青年歡欣若狂。沒有一兵一卒來保護他，大家竪起耳朵聽他演說。美術而與權貴結合，立刻變成俗不堪耐的東西。『眞理』一旦站在刀槍背後，便變成怕人的東西。這樣的『眞理』，還是少提爲妙吧！

根據以上所陳述的種種，我們立刻可以判斷：『自由民主』與『統一思想』二者是根本互不相容的東西。要講『自由民主』就不能主張『統一思想』；要主張『統一思想』就不能講『自由民主』。世界上也沒有什麼民主的憲法可作『統一思想』之張本。一隻脚向前，一隻脚向後，走起路來怪彆拗的。

然而，現在有些人一方面高唱『自由民主』，同時又强調『統一思想』。這是一個嚴重的『矛盾』。這一『矛盾』植根是很深遠的。

中國是一個政教合一具有相當根底的國家。漢代統一天下以後，孔孟思想便屬於『一尊』地位。近代孔孟底權威固然墜失，可是大陸性的統一『思想』要求不必隨之而俱去。常常有人企圖建立『道統』以教化萬民。『道統』底內容也許各殊，但其企圖被定爲『一尊』則一。這種心理根底容易導向企圖『統一思想』之途。布爾希維克主義之流入中國，也是使握有政治權力的人趨向『統一思想』的重要原因之一，我在前面已經說過，布爾希維克黨人最着重統制思想。這一流毒，早於三十年代深入中國南方革命陣營，而與殘存隱伏的專制主義合流，以致固結不解。中國幾十年來，打來打去，盡是有槍桿者底天下，沒有老百姓底份。有槍桿者很習慣地以管兵隊的頭腦管民。他們要『統一』兵隊底『思想』，因而也要『統一』人民底『思想』。

這樣看來，目前某些人之主張『統一思想』之發生的原因，是上述原因的繼續。上述原因，以及與之相聯的許多原因，是助長中國紛亂的原因。這是一筆爛賬，這一筆爛賬上所掛的是中國底舊階段。我們可以確切無疑地說，中國今後有無希望，內在方面底根本關鍵，在這一舊階段之是否延續下去。如果延續下去，那末必定難逃於天演公理之外。如果要中國有新的希望，這一舊階段必須結束。這一舊階段愈結束得早愈好；愈死亡得乾淨愈好。講『統一思想』，根本是過去舊辦法底復現。無論『統一思想』本身有無何種效用，這一辦法之重被提出，所徵象的至少至少不是進步。這種現象，我叫它作『回歸現象』。如果一群人老是在憶念過去的光榮裏過渡人世的光陰，而且祗知從過去的行動裏抽取辦法，而想不出新原則應付新局面，那末，用生物學的名詞來說，就是『反應不靈』了。假若過去的辦法是對的，何以搞了那麼多年，總是要憑權勢『統一思想』，結果却越搞越糟呢？

也許有人說：『你所說的雖合民主原則，但是，目前共黨窮兇極惡，兵凶戰危，爲了應付這一緊急狀態，必須廓清紛歧的思想，要廓清紛歧的思想，當然必須把思想統一起來。這也是迫不得已之舉。』

作這種想法的人很不少。在作這種想法的許多人中，至少有一部分不是着眼於藉『統一思想』維持權勢，而是爲了反共抗俄底需要。這一部分人底動機是純潔的，可惜他們還沒有把問題底焦點弄清楚。人類腦袋裏的東西複雜得很。我們固然可以說思想是在腦袋裏（有一派心理學家不承認這種說法）；但是，在腦袋裏的東西並非都是思想。情感和意志，也與腦袋有關。現在反共抗俄底問題，與其說是一個思想問題，不如說是一個意志問題，俄國洋人驅策中國共產黨奴辱中國人民，實行恐怖統制，天天清算鬪爭，迫害得大家都失去自由，都活不成命。爲了自由，爲了活命，我們才從事反共抗俄。所以，反共抗俄，主要地是爲着爭取自由，爲了爭取生存，總括一句，是生存意志（Will to Live）底表現。凡屬有生存意志的中國人都應須與妨害生存的俄國洋人，及其爪牙共產黨鬪爭。如果你沒有這種意志，那末你遭受清算鬪爭便活該了。

我們將反共抗俄看作是一種生存意志的表現，不獨易於爲大衆接受，而且所牽涉的問題簡單。幹宣傳的先生們，至多只需告訴大衆，蘇俄與共產黨底花言巧語是怎樣怎樣虛僞，他們底本來面目是如何如何毒惡。在他們統制之下休想自由活命。大家集中精力說明這一點。人人都是愛自由活命的。祇要不濫造謠言，說得盡情盡理，便無人不信。既然聽信，自然都會爲齊一意志，爲了保衛自由生活而反共抗俄。

至於所謂『思想問題』，那就非常複雜了；弄得不高明，大家都非常討厭；卽使礙於權勢，口頭不作表示，肚皮裡也不以爲然。祇要大家具有反共抗俄底意志就夠了，你管人家底思想幹嗎？俗話說：『人上一百，種種色色』。各人有各人底信仰，思想千變萬化，又那裏管得了？漫說『統一思想』辦不到，卽使辦得到，豈是一期一夕所可獲致？俄國布爾希維克黨人於一九一七年奪取政權後卽從事『統一思想』，三十餘年於玆，才有今日的成績。布黨藉嚴密封鎖電訊交通形成一個鐵幕，構成一個思想眞空，另一方面藉組織，宣傳、敎育、以及特務諸種力量推展馬列主義的新拜物教。這樣，才造成今日的『思想統一』，布黨費時幾何？費力又幾何？主張『統一思想』的先生們，度德量力，有這些時間嗎？有這些心理工程（psycbo engeering）底技能嗎？

退一百步說，今日的情勢，迫使我們不獨需要『齊一意志』，而且更要進一步『統一思想』。假定這一要求是必要的，那末至低限度，主張『統一思想』的一羣人本身底『思想』應須是『統一』的。否則，『不能正己，何能正人？』主張『統一思想』的先生們自身底『思想』是否『統一』了呢？關于這一點，說來眞是抱歉。事實是淸淸楚楚擺在大家眼前的。中國近若干年來有一種組織，在三十年代，思想和宣傳上幾乎完全跟着他們後來拿流血來反對的某一組織後面『學習』：口調激烈非常，前進非常，左傾非常。等到反對這一組織以後，一部分人士馬上又跑回『孔家店』裏去找『哲學基礎』；禮義廉恥之聲，不絕於耳：口調保守非常，右傾非常。在同一組織關聯之中，左的左到整日價拿『馬列主義』和『唯物辯證法』來解釋什麼主義：右的又右到拿『大學中庸』來裝璜什麼主義。在同一組織關聯之中，你摭拾柏革森，杜里舒底一些名詞，混和陰陽之說，來創造什麼論；我又自製什麼『心物綜合論』；他又偏說『物心綜合論』。在同一組織關聯之中，衆說紛紛，百家爭鳴，莫衷一是：已經夠『民主』的了，幾十年來一直如此，現在忽然要『統一』別人底『思想』，叫人何所適從呢？

復次，無論『統一思想』或『統制思想』，除了上述必須的鐵幕眞空和恐怖手段以外，還需高度的知識。因爲，『統一思想』，除了消極的防制有害政治目的之一切意識形態底傳播與發展以外，還須積極啓廸灌輸有利政治目的的說教。前者可藉鐵幕眞空和恐怖手段來實現；後者則不能。『腦袋忌眞空』。你造成眞空後，不把他底腦袋塡滿，他自己就會『胡思亂想』起來。『胡思亂想』，就不『統一』了。如果要積極啓廸灌輸有利於政治目的的說教，那末就須藉助於一個在禁制思想區域以內的最好知識水準。實施底辦法，像蘇俄一樣，就是動員那一區域以內被組織了的最高知識分子。他們從政治，經濟、科學、哲學、文學、藝術、等等角度來反射或襯托或證明那一『主義』。無論蘇俄這種作法應然或不應然，至少，由於她徵集了較優秀的上層知識分子，他們僅僅在知識水準上就高出一般人之上，因而在知識上起了籠罩作用。『知識權力』。無論那些知識底內容或性質如何，被『徵集』的人既然因在知識程度上高出一般國民而起了籠罩作用，於是一般人民就懾伏於知識權力底下，蘇俄底實際政治目的就達到了。可想像地，在蘇俄，沒有幾個人有反駁馬列國敎和辯證唯物論這套玩意底知識能力。中古時代，僧侶階層裏的湯穆斯亞奎阿（Thomus Aquinas）和聖安哲門（St Anselm），都是學養優越出衆的人物。他們底學養，在保護人民對敎權的信仰上，曾起了很大的作用。目前，主張『統一思想』的人，是否中華民國知識層裡面眞正能起領導作用的人物呢？

卽使有優秀知識分子。但這優秀分子一旦套入某一組織之中，立卽如虎入樊籠，銳氣消磨，動彈不得，混身的才智無由抒發；因而所吐露出來的東西，不是無是無非的不由衷之言，便是四平八穩可白可黑之論。在這樣的情況之下，要『統一思想』，效果如何，頭腦稍微冷靜的人立卽可下判斷。

依據上面的分析，在反共抗俄底過程中，祇須齊一意志，不需『統一思想』。何況主張『統一思想』的許多人自身底『思想』根本就不會『統一』呢？何況揭開權勢就沒有人相信那一套呢？在當前的情況之下，要『統一思想』，實施起來，正如許多其他措施一樣，必至毫無實效。不特毫無實效而已，而且惹人心頭厭煩。自由民主，已成這一時代的巨流，決非任何權勢所可永久阻抑。嚮往自由民主的人，在實際上自然喜歡思想自由。在這種潮流之中，少數人主張『統一思想』，徒徒使人感覺此處並末距離自由更近。此時中華民族正臨暴風雨之夜。反共抗俄的堅貞分子眞可謂風雨同舟，操舟的水手對待同舟的人，是應該同舟共濟呢？還是應該利用最後一把槳來強使同舟之人就我之範？

第二次世界大戰留給人類一個破碎的世界，世界底新秩序亟待創建。在創建世界新秩序底過程中，二股巨力相激相盪，並且分化着世界政治制度，經濟發展，和思想形態。一邊是民主。一邊是極權。這兩邊是『互相矛盾』的。這一『矛盾』激起戰後的巨浪。夾在巨浪裏的中國，應該走向那一方呢？如果，把舵的人稍不小心，不認定一股洪流順着駛去，這隻小舟難免於狂風巨浪之吞沒。『極權』與『民主』底『矛盾』是『統一』不來的。假如骨子裏想極權，而表面裝民主，那末一定加倍地吃力。痲面婦人擦粉總見不得太陽。高唱反共抗俄的人應該在一切方面都表現得與被反對者不同。蘇俄與共黨統制思想；反共抗俄者就不能主張統制思想。凡屬有識見而以民族國家爲重的水手，都應高瞻遠矚，把這隻危難中的方舟向自由的樂土航去。

論自由與國家(上)

林一新

讀盧騷的社約論

一

勃萊薩克曾說：『社約論(The social contract)是所有書中最多人說及，而最少人讀過的一書。』這句話至少是我們中國人的寫照。讀過這本書而能够理解這本書的人，自然更少。中國人對於一切主要的作品大都如此，而以對於盧騷這本著作爲甚。

本文祇論盧騷在『社約論』中所提出的根本觀念，卽關於自由和國家的根本觀念。

二

盧騷首先是站在個人自決的觀點上，而否認一切不合法的權力。他拿來作爲討論的出發點是怎樣解除人類目前所受的束縛。他說：『人是生而自由的，但到處都受着束縛。』怎樣解除這個束縛，是他所要解答的問題。

人與人之間需要建立合法的關係；所謂合法的關係卽是權利和義務之間的關係。唯有這種合法關係建立之後，方能消除加於人類的種種束縛。束縛的關係是一方面提高權力，他方面必須服從，强力成了權利，而服從成爲義務。但這種權利和義務的關係是不合法的。而且是無意義的。這時人們係受强力而服從，不是依義務而服從，那是不得已的。同時强力如果產生權利，苟有更大的權力便可奪取其權利而代之了；人們一到不必服從時，便可不服從，這是義務嗎？

其次還有一說，以爲人民願意把自已自由出讓，爲人奴隸而服從他人。但爲什麽呢？强力的統治者並不給與人民以任何代價。有人也許要說：因爲統治者會替人民保證社會的安寧，但是『在牢獄中的人也有安寧』，幽禁於西勞斯(Gylops)巖穴中的希臘人，雖等待着被吞噬，也住得很安寧呀！』做奴隸是痛苦的，沒有人爲着痛苦而出讓自由，而且卽使能出讓個人本身的自由，亦不能把它的子女的自由也出讓了；若說奴隸是由於戰爭中不得不形成的，那末依然是『强者產生權利』的說法，由前面的解釋，已經知道是不能成立的了。

人與人的關係必定是義務和權利的關係。眞正的合法的義務和權利的關係，必爲相互的。這便是一種契約的關係。强力所以不能產生權利，服從所以不能成爲義務，卽因那是單方面的，而不是相互的。奴隸的關係也是如此。契約是要雙方遵守的，但是一個人決不能對一個人或一個民族說：『我和你訂個契約，完全以你爲犧牲，並完全爲我的利益，我將隨我高興而遵守它，你亦應隨我的高興而遵守它。』這是完全沒有意義的。

盧騷上述的議論，是根據一個重要的觀點。他說：『人的最大原則是保持自已的生存，他的最大關心是照料他自已。』這是人的本性。在『最原始的社會，唯一自然的社會便是家庭。但兒子依附父親，只限於需要他保護的時候，一旦沒有這種需要，兒子便不再服從父親；父親也不再照料兒子。』彼此變爲獨立的。如果他們依然結合在一起，已是依據着契約。以後到了大的政治社會成立時，統治者相當於父親，人民相當於兒子，他們之結合更是以獨立的地位，訂立相互的契約。

人人都是爲着保持自已的生存，及照料自已計，而和他人訂契約。故在契約關係中必有權利的取得；而爲着取得這種生存的權利，也有付出義務的必要。這方是合法的權利與義務的關係，也是獨立自由而不必服從他人的關係。

這種獨立自由的關係，卽是來自人性。人能够爲着保持自已並照料自已而生活，便有自由權。盧騷不斷的詰問：服從是爲着什麽呢？『放棄自由便是放棄做人，便是放棄做人的義務和權利；對於放棄一切的人不能有補償的，這種放棄是與人性相違的。』『天生的奴隸是沒有的，假如有天生的奴隸，那是因爲它是反乎自然而做奴隸。最初的奴隸是以强力迫成的，而怯懦則使他們繼續爲奴隸。』重覆說一句：『人是生而自由的。』

三

以上的論述，在否認對於他人强力的服從上，是有非常的價值。每人都有他自決自存的起點。這個起點卽是個人自由的起點。這說法對於去除人壓迫人的制度，確是極犀利的武器。『人生而自由的』這句話也確是人類企求解放的先聲。人壓迫人的制度，不僅在盧騷的時代，而且直至現在，還依然是存在着。爭取人人自由的起點，是盧騷思想中以及他的全人格的生活中最偉大的結晶和產物。

盧騷在說明個人生存自決或自由的原則中，已把它的『社會契約說』提出來了。社會契約之形成，卽是基於個人生存自決的自由原則之上。由於個人保持生存及照料自已的需要，才和他人訂立契約，形成義務和權利的關係。由於個人生存及照料自已的必要而與其他所有的人訂立契約，便是社會契約。這時社會契約之成立，不違反個人生存自決，故是合理的。

爲什麽個人生存自決，要與人們結合社會契約的關係呢？關於社會契約的起原，盧騷的推論如下：『我認定人們曾達到這麽的地步：在自然的狀態下，危及他的生存的阻力，比個人爲維持生存而作的努力，還要厲害。』『但因人們不能創造新的力，只能結合及引導原有的力，故他們除了結成足以克制阻力的力，使受一原動力發動而一致動作外，再沒有別的自存方法。』『這種衆力之結合，要好多人合在一起纔能辦到。』

這個推論是對上述原則的補充，由此一個社會契約之發生和形成的全部理論便建立起來了。人人必具生存自決的原則，社會契約或社會是依這個個人自決原則而形成的。個人或個人自決的存在是先天的，而社會和社會契約的形成是後天的。

此時盧騷面臨着一個比前複雜的問題，即在這契約關係中，個人與個人，個人與社會之間應有怎樣的關係？這個問題在盧騷着重於否認强力和奴役服從及發揚個人自決自存的重要性時還未會出現；但說到了形成社會契約，這個問題便等待解決。顯然盧騷曾爲了這個問題而苦心焦思過的。

盧騷確定個人生存自決或自由的原則是不容動搖的。但在社會契約建立之後，社會是否會碍及個人，因而破壞自決自由的原則呢？困難即在於社會契約關係建立之後，如何仍能保持這個原則。他說：『各人的力和自由既然是他自己求生存的唯一工具，那他怎能把他們提供出來，同時又不致碍及他自己，不致忽略對他自己的關心呢？』所以『問題是在找出一種團結，能以社會的全力保護每個分子的生命財產，同時每個分子一方面與全體相結合，一方面仍然可以只服從自己；並且仍然和從前一樣自由。』在這裡，可以看見盧騷是多麼重視個人自由，它是神聖不可侵犯的，是永久的原則。我們所要的社會契約關係，必須以不妨碍這個個人自由原則爲前提，並且還須有利於這個原則。個人雖和社會全體相聯絡，但仍是服從他自己，而有同樣的自由。盧騷不但在否認强力和奴役服從方面，而且在肯定正面的社會組織方面，都貫澈他的個人自決或個人自由主義的原則。

四

這種社會契約或社會組織是否可能？依照社約成立的原則，它應是可能的。個人爲着生存自決或自由而參加社會契約，則社會契約便不能也不會違背這個原則。社會契約之前提，已包含它的結果。社會契約之諸條款，正確地解釋起來，可歸納爲一條，即是：每個份子連同他的權利都完全讓與於社會。一則，『因爲每個份子都把自己全讓與社會，則大家條件都相同，故無人能定出條件，以損人利己。』『再則，該讓與是沒有保留的，故團結是儘可能的完善，沒有一個人得再要求什麼。』『總之，每個人都把自己讓與任何人，他對於每個份子，都可以取得相同於自己所許與他人的權利，所以，他獲得相當於他所喪失的一切，並獲得更多的力量，以保護他所有的一切。』所以，這就是個人自決或自由原則之應用，不過多經過『社會』這一個環節而已。個人把他的所有讓與社會，又得到全部所有；個人服從社會的指揮，祇是服從他自己，但經過了『社會』及『服從社會』這一環節，能得更多的力量，保護他的一切。

盧騷把社會契約的要點，簡述如下：『我們每個人都把自身和一切權利交給公共，受公意(General Will)之最高指揮，我們對於每個份子都作爲全體之不可分的部分看待。』這樣，把個人結成精神的集體，並由此得到統一性，共同性，及其生命和意志。這個集體即是我們普通所說的『社會』，盧騷把它稱之爲共和國 (Republic) 或政治社會 (Body Politic)。從被動方面說，稱爲國家(State)，從主動方面說，稱爲主權(Sovereign)。

這裡已把個人和社會的關係弄明白了。個人和社會是一致的，即社會不妨碍個人的自由，反而爲個人自決或自由實現之手段。確言之，個人之自由，必須建立在更廣泛的『公意』之上，方有保障。這便是所規定的個人和社會（公共，公意）的關係，也是個人自由和國家之關係的公式。

五

爲要對於這個公式有更完全的認識起見，盧騷還有幾個進一步的說明。這些說明也是重要的。除了『個人和社會』的關係爲我們已知之外，他在這些說明中，又解釋『個人和個人』之間的關係。

因爲盧騷在他自己的理論公式中，曾遭遇一個困難，即以上的立論都是假定各個人都能奉行社會契約。但事實上不儘是如此。盧騷也看見並考慮到這種情形。現在他所要進一步說明的，就是考慮到這種情形而加以提出的。由這裡出發，他討論個人與個人間的關係。

第一，他指出主權體本身是不受約束的，主權體是國家，也即是社會。後者如從主動方面說，便是主權。主權是一個身份。參加契約的個人是主權體的一個個體，其本身即是主權體，其情形與個人和他自己訂約一樣。自己和自己訂約，是不受任何其他的約束的。主權體受主權體自身的約束，是一句無意義的話。主權體不至爲害於其自身，所以主權體也不至爲害其各份子。爲害其中的一份子，即是爲害主權體自身。這無非即是說明個人與社會之一致處；但個人從主動方面說，固即是主權體自身，從被動說，它是主權體之一部分，正確言之，是國家之一份子。每個人都有這雙重的資格。而其區別是很大的。在個人爲主權體或國家之一份子時，他們都要受主權體或國家的約束。這裡盧騷看到了：除了主權體能設法使各個人對社會盡忠，否則也不能保證各個人對於公共利益或公意履行義務。盧騷看到了：『各個個人，做了個人，每有其特有的意志，和公共意志相反或相異。他私人所指示的，也許與公共利益所指示的，完全不同。』『他自己之絕對的和自然獨立的存在，也許使他把他該替公家做的事，看爲原無義務的善事。』『以爲他不做這事而使他人所蒙受的損失，不及他做這事使自己所受的煩累。』這樣，它『只想享受公民的權利，而不盡國民的義務。』結果，一個人便妨害了他個人，政治社會的契約，也要隨之而毀滅。所以，在這裡，盧騷在社約裡，加上了一個條款：「任何人如不遵守公共的意志，得由全體迫其遵守之。」『有了這個條款，其餘條款都能生效。』

第二，他指出社會的自由與個人的自由之不同。個人的自由是只受制於個人的自由，這種個人的自由是要無限發展的，結果會破壞社會契約上的義務和權利的關係，那時人類依然是處於自然狀態下，但當社會契約建立後，即由自然的狀態過渡到國家的（即有政治組織的社會的）狀態；人在後一狀態下所享受的自由是社會的自由，即受制於社會的自由。這時『行爲是以正義代替了本能，而取得原來缺乏的道德性。只有義務的觀念代替衝動，權利的觀念代替情慾的時候，才會使一向只顧自己的人們，覺得必須依別的原則去行爲；必須在依從本能的傾向以前，加以理智的考慮。』『人們在社約上所喪失的是自然的自由，和隨意所欲的無限權利；而所獲得的是社會的自由及其保有物的所有權。』『必須把自然的自由即受制於個人權力的自由，和社會的自由即受制於公共意志的自由，加以區別，再把權力之結果或「先佔者權利」與依正當權利而得到的所有權加以區別。』這種社會的自由符合於公共利益，即符合於正義，故亦爲『道德的自由』。在這種社會的和道德的自由之下，社約並不毀去自然的平等，且以道德的及法律的平等，代替自然所加以人們體智上的不平等，使人們雖在體力智力方面不平等，而依契約法權，大家一律平等。

第三，他指明『主權』之不能讓渡，不能分割的性質，及主權者之限制。主權不過是公共意志的運用，不能讓渡；主權是一個集體，也不能讓渡。再則，主權是一個完整的事物，如公共意志一樣。把主權分成立法權和行政權；或行政權，司法權，外交權等，都是錯誤。這些祇是主權的應用，不是主權的部分。主權體是公共意志的代表，是不可分的。其三，主權者即統治者不是主權體本身，祇是主權體執行主權的工具，並且主權者在另一方面說，也是一個個人及國家的一份子，它要受制於國家。所以『主權者』只能依主權體的命令，而不能以『主權者』當作主權體本身；否則，『主權者』便要以『主權體』之名，發展其私人或個人的無限慾求了。所以，『主權者』應受一定的限制。以上對於主權體，主權，主權者的說明，都是要把主權體和統治者區別出來。主權體是一個抽象的集體，爲公共意志之所寄，它是不可讓渡的，所以不能由統治者來代表；它是不可分制的，所以不能由部分即個人代全體。主權者和主權體是有區別的，故也不能以統治者代表集權的主權體。

上面三項的說明，無非都是說明個人和個人又和社會是有衝突的，但應加以防止。防止個人的無限發展，方能保障社會契約的實行，方能保障個人與社會之一致。

六

盧騷在他的理論發展中不可克服的困難，即在這個地方。不錯，社會的和道德的自由才是眞正的自由，並且，只要防止個人的無限發展，便可保證社會契約的實行。但是，這種情形怎樣和個人自決或自由的原則相適合呢？社會契約之成立與實行，是假定個人爲着自己的生存或照料自己而必須結成社會的，所以，個人爲着自己的生存自由而與所結成的社會相一致。社會之成立及其與個人之一致，係以保證個人之生存自由爲前提的。但個人生存自由本身，同時就已包含着無限發展的傾向，這種無限發展的傾向，又會侵害其他的個人，即侵害並破壞了社會。個人爲着自己的生存自由，有與社會相一致的可能；也有與社會不相一致的可能。相一致的可能是由人的本性中產生，不相一致的可能，也是由人的本性中產生，盧騷怎樣能以人性之一面的可能性，推論社會契約之建立和實行呢？在他的著作中這個困難始終不會克服，也不能克服。

個人爲着自己生存自由而產生與社會不相一致的可能性，不是例外存在的；而是和相一致的可能性一樣，也是出於人性。假使是例外存在的，祇是少數個人發生的現象，則可由全體壓抑之，防止之，使之就範，否則，每個人都存在並發展後一可能性，則全體只落爲一個空虛的抽象了。

事實上，盧騷所說的全體，即是一個空虛的抽象。依盧騷所說，全體即是主權體，也即是訂立契約的政治社會。這個契約社會是假定其中的份子都是相一致的，彼此都把全部獻出，條件相等，無人能定出更多的條件。所以這個社會或主權體在其開始時，便是無衝突的社會。也即是在這個意義上，這個社會是統一性的，是有共同性的。同時，主權體也才是不可讓渡的，不可分割的，其中各份子都是不可分離的部分。它祇爲一個公共意志的表現。所以盧騷所說的統一性和共同性，實際上祇是同一性而已。統一性是在諸種差異中之一致，同一性是一個本身的重覆，其中各份子不僅是不可分離的，而且等於無物。任何存在的事物都是諸種差異的統一，所以同一便也是不存在的空虛。

盧騷對於契約社會之形成，是假定都只與社會相一致，並以此爲前提；否則，社會契約便不能遵守，契約社會因而破壞。在這個假定下，社會是絕對無衝突的社會，故爲完整，爲統一。這種絕對無衝突的社會實便是同一性的社會，但是同一性的社會，便是社會之否定。在推理上是不可能的，它必祇是抽象的空虛。

但它在事實上也是不存在的。盧騷的假定是與事實不符合。每個個人有與社會一致的地方，也有不一致的地方，其發現在現實上即有其不衝突的地方，也有衝突的地方。社會即是衝突而又一致的組織。它之達到一致，不是直接的，而是經過衝突的。所以在它的一致之中，又包含着衝突。社會不是像盧騷說的，是無衝突的平面，而是包含着無數衝突的立體。

盧騷的契約社會，既然是無衝突的集體，所以如果個人進行無限的發展，便要被棄置於社會之外。但是無衝突的集體是一個抽象的空虛，所以它是沒有力量去制裁，壓抑，或棄置他們。如果我們承認社會是一個衝突的集體，則防止個人無限發展的方法，祇能在社會內部得到，即由社會內部的衝突中去解決。在內部互相衝突的力量中，可以發生互相防止的力量。這個力量才是眞實的。由這種力量的互相防止中，才能產生出一致的結果。

七

盧騷的基本錯處，是在於他之堅持個人自決或個人自由爲無上原則。個人之所以參加社會，所以要結成社會，是爲着自己的生存，保證自己的自由，因此，個人的自由是先天的，社會的結合是後來的事。在此種情形下，社會的成分是很薄弱的。依個人自由的需要而形成的社會是不健全的。這裏已首先包含着個人不顧社會的趨勢。實際上，個人的存在，須在個人以外的其他個人的存在中方能觀認的。在推理上說，我要在『非我』身上方能觀認的。個人和我之存在是以個人以外之其他個人或非我的存在爲前提。說到個人或『我』的時候，已把個人對他人，我對『非我』的關係包含在內了，並以這個『關係』測量『我』之爲『我』的性質。推而廣之，說到『我』時，已包含社會的成分在內及其與它的關係在內，且以這個成分和關係爲前提。

故社會是個人賴以認識賴以存在的原則，換言之，個人和社會有其先天的關係，而非個人爲着自己而後來參加和結成社會的。切斷和社會的關係，個人是不可思議的，祇是無物而已。

個人自由也是一樣。個人自由包含對他人的關係在內。個人對他人在某種關係中是自由，在另一種關係中是不自由。推而廣之，個人自由包含他對社會的關係在內。切斷對社會的關係，個人自由（或不自由）即不復認識。說爲着個人自由而參加並結成社會，是一句無意義的話。要確定個人自由之爲無限的發展還是爲合法的發展，也是以個人對他人對社會之具有先天關係爲標準。沒有這個標準，便無所謂無限的自由，或合法的自由。盧騷以預先沒有對社會關係的個人自由，作爲社會結成的原則，自然不能保證其在社會內的發展傾向。社會契約說之失敗在這裏，盧騷不能克服的困難，也在這裏。

須知社會是個人賴以生存的原則，所以個人方和社會結了不解之緣，由此在個人與個人的衝突中，才能求出彼此的一致。因爲我們說到個人或『我』時，已包含着其對他人對社會的關係，即已包含社會成分在內，故個人對社會言，是個人的成分，但其自身也是社會的一成分。因此，個人內部實兼具個人的和社會的兩個成分。就前者說，其對他人對社會是衝突的；就後者說，其對他人對社會是一致的。

征服個人間的衝突而化爲一致的可能性也在這裏。如果個人和社會沒有先天的關係，拿社會的或如盧騷所說拿全體的力量從外面壓迫個人的無限發展，藉以消滅衝突是不可能的。只有個人內部也包含着社會的成分，使個人知道社會的死亡即是個人內部成分的死亡，亦即是他個人的死亡，使他知道個人係依靠他人和社會而發現其自身；『我』要在『他我』或『大我』之中方能成其爲『眞我』之時，才能化衝突爲一致。使他知道社會生活乃是個人生活所必須生活於其中，以之爲目的，與他本人的眞我親切至不可分別。社會是個人生活的目的，不是個人生活的手段；個人爲社會所征服，但個人也因社會而發現而生活。

社會祇由外面來制裁個人的發展，不論經過『壓迫』的懲罰，道德，和理智的方法，都是沒有用處的。唯有是生根於個人的內部，方能收效。要知『個人之犯罪實在是對於自己的一種冒犯，而他結局所受的懲罰，並不是一種外力所施，而乃是他自己所造成的業報。當殺到對方時，兇殺者自以爲剷除敵人，擴大自我，而其實他和對方本是一體，當他打擊他人時，適所以打擊自己。他自己的眞生命乃非他所能殺掉的：這是不死的，要從他的墳墓中翻身起來成一個可怕的鬼魂——一個可怕的鬼魂——一個克里滕列士脫（ Clytemnestra ）喚起優明里底斯（ Eumenides ）來反對他；一個般哥（ Banquo ）的鬼魂，死後不能消滅，但是在宴會上坐下時，並不是來赴宴，而乃是來撲殺馬克白（ Macbeth ）的魔鬼。』（註：見E. Caid:Hegel ）

要征服個人與社會或個人中兩個成分的衝突，必須從其內部自動的達到。由此所造成社會的或社會與個人及個人與個人的一致，就是彼此的統一性，但它不是同一性。因爲這個統一性是由社會與個人，個人與個人，及個人中的兩個成分的差異中產生出來的。由於彼此的差異，才互相發現其眞正的自身是存在於他以外並與他相異的對方之中，並彼此是互相寄托而有不可分的關係。互相差異是衝突；互相寄托是一致。社會是互相衝突而一致的集體，這是它的統一性，不是同一性。

八

盧騷所要堅持的個人自決或自由的原則，其理論和實際的淵源是很遠的，牠可以追溯到十六世紀歐洲宗教改革和更早的文藝復興時代。當個人受着暴虐的枷鎖時，愈要除去這個壓迫，便愈要否認自我或個人以外的一切。『自由觀念之在宗教改革時，包含一種內心生活與外表生活之對立，良心與外界權威之對立，和個人一切思想行爲之自決與個人被外界一切事物限制和影響之對立。路德之推翻以上帝與個人間的媒介自居的教會，他不僅把人從教會的羈絆解放出來，而且其實把人從任何外面的權威，甚至從一切眞理之外界的教訓或表現解放出來，因爲自由原則，當初雖僅應用於宗教，於人生之中心眞理方面，必不免擴充其道途於外在環境，而影響生活中的別的部分。若果上帝的眞知是從精神的內證得來，那末除此方法以外，沒有別的眞理可以究竟接受。若果唯一令我們服從的天理，是從內心的靈音表現出來，而此種靈音，就是我們良心的呼聲，那末沒有合法的規則或權威，可以僅僅是外來的。我們不能承認任何命令爲公正，若果服從此命令時，我們不是服從眞我。所以路德可以說是發動一個解放人類的戰爭，此戰爭不至將一切生疏在外之物，將一切不是形成人的內心生命的一部分之物與之解除關係，甚至於斥之爲無意義非眞實不止。』

（引同上書）

故這是一種片面的自由觀念。一切年代，一切地區，只要有暴虐出現，就會產生這種觀念。但是這種觀念發展的結果，勢必使每個人都不接受任何的拘束，都不承認任何的社會秩序。

盧騷所堅持的個人自決或自由，就是這種片面的自由觀念。十八世紀的法國也是一個暴虐的時代，這使他不能不主張同一的觀念，而承受自路德以來的思想。

但是，盧騷雖有此種重要的錯處，他的廣闊心胸，畢竟使他看到其中的缺點。所以他又努力將個人的自由過渡到社會的自由。把人從自然的狀態過渡到國家的狀態，而從此在個人與個人間求共通的成分。這便是盧騷偉大的地方，是他比以前的個人自由主義特出的地方。他力主把受制於社會的自由與受制於個人的自由，嚴格地分別。這暗示我們以過去的片面的自由觀念，必須修改，我們所追求的是與社會不能分離的自由；可是由於盧騷之始終不願放棄個人自決的原則，反以人人之具有個人自決的原則作爲個人與個人之共通成分，而不以那超出於個人而又深入於個人之中的原則爲個人與個人間的合一基礎，所以，又使他陷入不可克服的矛盾。

九

在否認外界暴虐的權威時，個人自決即自由的原則，確是極大的力量，由這個力量所發動的戰爭，確是一個偉大解放人類的戰爭。但這祇對否認外界暴虐權威說是對的，祇是一方面的。在這一方面說來，只有從個人自決而判定的，才是眞理；訴諸個人自決的心才是良心。根據這個眞理這個良心而規定人與人之關係時，必定是平等的，自由的。這種平等自由就成了社會的新原則，這也即是所有開明運動所留給人類並至今膾炙於人口的傳統。

但當人們經過了一番革命的洗刷，破除那些似在外面的關係之後，『個人自決』呈現了另一作用。這時個人變爲孤獨的個人。由『個人自決』中，人人都得發洩其卑劣性——一切由卑劣性所產生出來之貪婪與私慾的力量，從一方面，由個人自決可以發生解放人類的力量，並否認暴虐的權威；在另一方面，同一的個人自決也可以形成人慾的世界，那些依據個人自決所產生的平等自由的新原則，結果對於實際的人慾世界，祇是一個抽象空洞的名詞。十六世紀的自然宗教和十八世紀的人權宣言，固然宣告個人之神聖，但同時無異也承認人爲僅爲一種動物，一種嗜欲，與感覺的主體。

『個人自決』在社會中實際是不存在的，既然個人自決，就不能想像人對人，人對社會的關係，就沒有絲毫限制。既然確認個人自決，就不知道德社會爲何物，因爲說到道德，社會，就必包含人與人，人對社會的關係。以個人自決爲原則的平等、自由等新道德原則，祇是一種口頭的道德，無法控制人之卑劣性。

盧騷的『集權體』，『公共意志』，以至於『社會自由』，因此也和這『平等』『自由』一樣，都是在實際世界的彼岸，都是空洞口頭的觀念，對於實際世界是無益的。

在實際世界中，罪惡與道德是同在的。在實際世界中絕沒有自決的個人，因而沒有依個人自決原則而產生的平等自由的純道德的社會。在實際世界中，個人都是依他人依社會而存在，其眞正的道德是在於個人忘却其自身，不斷的傾向於他人於社會，由此以獲得眞正個人之存在。眞正的道德不在於個人自決的原則上，而在忘却個人的原則上，即不在於『自我』的原則上而在於『忘我』的原則上。『忘我』是對於『個人自決』之克服，由此克服而得『眞我』。『忘我』即於對『個人自決』之克服，即對於罪惡之克服，由此才發生眞道德，而溶個人與社會於一體。善是從罪中來的，確言之，由罪之克服中來的，沒有一個純善的世界，也沒有純惡的世界。善是一致，惡是衝突。一致是從衝突中來的，即從衝突之克服中來的。

『個人自決』經過了革命的洗刷之後，沒有留下新建設的材料，只留下自然人無羈絆的自由衝突，只留下一個空洞無用的『純善』。

十

提倡『忘我』的精神，就是我們研究所得到的主要結論。今日又是新舊交替的時代。『個人自決』的原則和思想，又要發生其一面的積極的革命的作用。但切不可以爲這個原則有支配的作用。我們對於已成壓迫與風俗習慣之解放，應更促進我們明瞭人類的信仰與希望的永久基石。我們不應徒作一偏之談，而應當兼顧時代中之正與負的全部運動。特別在舊的已經破毀而新的尙未建立之時，這種個人自決的原則，尤易泛濫，及緊接而生破壞一切秩序之報復的無政府運動。我們不要把破壞的無政府運動當作眞正的自由運動，也不要把已經燒毀的磚木與新的棟樑混而不清。我們對於時代之正反兩方面，都要予以同情和了解，才能集全時代於一身而推進人類。

事實上，現在破壞的無政府運動已假自由之名在多處激動，『忘我』精神之提倡，適所以糾正『個人自決』的精神，及判別時代之是非。使個人不自認爲孤立的個人，而自覺其爲生命所寄托的國家（即社會）的公民。離開國家，無人格之可言，也無自由之可言。

盧騷之着重於否定的和片面的自由學說，有其偉大同情人生的所在，但他的偉大也不能掩蓋它的錯處。盧騷的研究使我們感受其高尚熱烈之情感，知道更以嚴肅的精神，來探討人類及我們國家之未來。

致聯合國祕書長賴伊函

王德箴

立法委員王德箴先生，於今年三月三十日，為聯合國之中國代表問題，特致函聯合國秘書長賴伊，斥其建議之不當，更將此函譯成中文（原函是用英文寫的），送交本社發表。本社同人深佩此函足以代表自由中國的真正民意，特為刊出以伸正義。——編者——

「賴伊秘書長閣下：余謹以中國民選立法委員之資格，對閣下在聯合國祕書長職位之努力，致其欽佩。惟於閣下建議安理會將中國代表席讓與中共人員一事，則不能不表示駭異。閣下爲此建議之主要理由，由於信任中共已實際統治中國與大部份中國人民，並由於自信容許中共代表出席後可以避免蘇聯屢次退席之困擾。此實大謬不然者。

閣下須知中共雖已憑其武力攫取大陸，但中共之政治設施，不但未獲得人民之信服，并已激起人民日益普遍劇烈之反抗。例如當中央飛機轟炸上海時，人民報之以喝采歡迎，認爲炸死猶愈於中共暴力宰制之慘苦；當中共向人民橫征暴斂時，千萬人民設法逃出魔掌，轉輾奔避於臺灣、定海、海南島，或香港九龍澳門各地，認爲縱死於道路，猶勝於偷生在中共鐵幕窒息之下；閣下尙能解釋爲中共確已統治中國，並得人民之信服乎？湖南、廣西、廣東、四川、青海、新疆各地，民衆反抗中共之游擊隊，日益擴大，即中共軍隊中倒戈助民之運動亦正在醞釀，如中央軍在最近登陸松門之役中，據俘虜供稱，中共士兵之暗藏中央軍符號以備乘機反正者，大有人在。倘以此種事實質諸閣下，閣下更何以自圓其說耶？艾契遜近在加里福尼亞濱德中，曾公開說明中共並不爲中國人民所愛戴，余信閣下亦已接獲各種情報，述及中共勢力正日趨衰頹，決難統治中國大陸者。

閣下如認爲惟有作此取悅蘇聯之建議，始能解決蘇聯退席之問題，則尤願閣下提高警覺，應知蘇聯之要求決無止境，更易中國代表必不能保證蘇聯以後在其他問題上不再採取退席行爲，設蘇聯鑒於此次要求更易中國代表之技倆得售，今後愈益濫用其否決權或退席行爲時，今後蘇聯與中共兩大暴力在聯合國中聯合發動其擾亂行爲時，閣下何以善其後？閣下嘗謂「爲聯合國集體利益而作此建議」，余意閣下之導演如得完成，則其所得者決非爲閣下所幻想之喜劇，必將爲遷就蘇聯一國利益，而至犧牲聯合國集體利益」之最大悲劇，願閣下能明察及之。

姑捨以上兩點不深談，願再就中共統治區域四億人民承受之痛苦，訴諸閣下之同情心。前羅斯福總統所主張之四大自由，本爲組織聯合國之四大原則，而在中共區域中此四大自由實無存在。且事實昭示，在此區域中之人民，不僅無言論自由，並無不言論之自由，不僅無信仰自由，並無不信仰之自由，不僅無不虞匱乏之自由，並祇有在搜括政策中忍受餓死殺害之自由，不僅無免於恐懼之自由，並祇有在恐怖政策中患精神病之自由，人民之一言一動，一飲一食，祇能接受中共政府之規定，絕不許違反中共政府之意旨。今日中國之黑暗，與人民之災難實已超越歐洲人所熟知之中古黑暗時代，亞洲人所熟知之原始野蠻時代，以富於同情心，閣下尙能容許如此黑暗野蠻之中共政府代表，步入文明莊嚴之聯合國中任令如虎附翼，愈益吞噬人類乎？何況中共政府之一言一動，亦悉受蘇聯之控制，自始即不能獨立行使其主權，本爲保障各國領土完整主權獨立之聯合國，倘容許傀儡組織如中共政權者加入其代表，不但無益於國際問題之解決，並有損於聯合國之光榮，誠不明閣下何爲作此建議也！

最後，余願提醒閣下，人類之智慧與閣下之職務，厥在設法永久消滅世界和平進程中之障礙，而不在暫時逃避目前之難關，倘閣下之建議祇求逃避目前之難關，則結果必然招致更多更大之障礙，此則決非聯合國各會員國所希望於閣下者。今日承認中共政府者，在五十九會員國中，尙祇十五國，即此十五國中，多數尙未與之交換外交使節，此亦可見各會員國眞正意志與希望之所在，並足以證明於此時考慮予中共以聯合國中之代表席，未免過早，而閣下建議顯然不合於多數會員國之希望矣。倘閣下無意犧牲聯合國而向蘇聯投降，則甚願閣下放棄此種不友誼不合聯合國憲章精神之建議，並願閣下一如既往之嚴守中立，而讓正義之力量自由發展」。

徵稿簡則

一、本刊歡迎：

(1)凡能給人以早日恢復自由中國的希望，和鼓勵人以反共的勇氣的文章。

(2)介紹鐵幕後各國和中國鐵幕區極權專制的殘暴事實的通訊和特寫文字。

(3)介紹世界各國反共的言論，書籍與事實的文章。

(4)研究打擊極權主義有效對策的文章。

(5)提出擊敗共黨後，建立政治民主、經濟平等的理想社會輪廓的文章。

(6)其他反極權的論文、談話、小說、木刻、照片等。

二、翻譯稿件請附原文，或註明其出處。

三、賜稿務望繕寫清晰，並加標點。

四、凡附足郵票的稿件，不刊載即退回。

五、稿件發表後，每千字致稿酬新臺幣十五元至卅元。

六、來稿本刊有刪改權，若不願受此限制，請先說明。

七、惠稿經本社刊載，版權即本刊所有，非經同意不得轉讓。

八、來稿請寄臺北市金山街一巷二號本社。

與李普曼先生論美國外交政策

李中直

與全世界二十幾萬萬人的命運息息相關的美國外交政策，其構成的主要動力來自總統（包括國務卿在內），國會和反映公衆意見（有時也不一定）的輿論。在這個國度裏，一個新聞記者影響於他國家的外交政策，往往會大於一位國會議員或一位政府的部長，這種事例在美國實在多不勝數，即如當今紐約前鋒論壇報「今日與明日」一欄的主編李普曼先生，就是最顯著的一個。凡是稍留心近二十年來美國外交政策或美國輿論的人，都會發現這位久享「名政論家」之榮的美國無冕皇帝的不平凡。遠的不談，就以這次大戰後美國所推行的外交政策而論，杜魯門主義，馬歇爾計劃、北大西洋公約和第四點計劃等是衆所周知的美國在外交上的重大措施。但上述從美國外交家的袖口裏所打出去的四張王牌，其中半數—馬歇爾計劃和北大西洋公約—就是出於他的手筆，其影響之大，可以想見。因此像他這樣的人發表關於美國外交政策的意見，我們乃不能不特別重視。

凡是讀過李氏名著「合衆國的外交政策」一書的人，都不會忘記充滿了該書篇章的「美國的利益」那一句術語。誠然，一個國家的行爲是應該顧及到她自己的利益，而外交政策尤應該以自己國家的正當利益爲前提。但甚麼是「美國的利益」呢？要回答這個問題，必須追溯到美國立國的基本原則上去。這個「基本原則」在一七七六年七月四日發表的「獨立宣言」上已有詳細的說明。具體一點說就是：民主、自由、平等、正義和公正。李氏自己在「冷戰—美國外交政策的研究」一文中也曾經說過下面的一段話：「我們將再度實行偉大的美國傳統，扶植他國獨立，不論對他國如何有利，不再利用他們作爲我們勢力的衛星；不論用意如何良善，不再以他國作爲我們政策的工具。」在本文中，筆者就以承認上述前提的立場，試行和李氏就着與人類前途變成相關的美國外交政策加以討論。

一

近幾年來在公開討論和幕後策動美國外交政策的人物中成爲李普曼氏對手的，喬治．肯南（George F. Kennan）先生，在一九四七年七月號的「外交季刊」上曾經發表過一篇有關美國外交政策的重要論文，那篇題名「蘇維埃行爲的根源」的論文據李氏說：它「已不僅是另一篇有關蘇聯政體和應付方法的報告，而是一種舉措，表明國務院已經決策，並且準備將該院設計時所根據的各種推測、詁計和論斷，向美國人民，向整個世界，並且向克里姆林宮，予以公佈。」肯氏在該文中所揭示出來的是一種「堅忍的圍堵政策」，這種政策的不健全，凡是對於外交策略較有研究的在當時都可以看得出來，如此自然逃不過李普曼先生的慧眼。所以在這篇文章發表後不久，李氏便寫文評擊，如剝繭抽絲般地把這位美國國務院的政策設計局長剝得體無完膚。接着李氏自己提出來了一套辦法，其要點是：建立大西洋聯盟，推進歐洲的統一，簽定以達到三個非歐洲國家的軍隊撤出歐洲爲條件的對德和約（馬歇爾計劃既然出於他的手筆，自然他不會不隨時予以强調。）等，而對於老羅斯福總統早就預言的這將成爲二十世紀世界重心的太平洋，却並沒有提出任何積極的，或且體的方案。雖則他也說了不「停止對華的關注，予俄國以行動的自由。」但在這句話的裏層，却毫無內容。試看他說：美國的對華路綫應該是「解除美國在亞洲的約束」，而根據這個原則所歸結到最後的且體方案，則是「放棄」不管。原因是：美國「沒有力量，沒有權勢，沒有方法，沒有學識。」然而「放棄不管」的後果如何，李氏在那篇文章中却沒有說明。智者千慮必有一失，李氏在批評喬治．肯南的洋洋大文中，字裏行間充滿着勝人一籌的氣味，可是像亞洲這樣擁有十幾萬萬人口的地區，却處之以不管了之的態度，至於不管是否能了，不管的後果如何，却毫不介意。這種充滿了漏洞的政策，若是出自別人還情有可原，而出自當今美國手屈一指的專欄作家之手，總不能不說是一個令人相當遺憾的過失。好在這種充滿着的漏洞到了今年（一九五〇）一月中旬又被這位名政論家筆尖一揮而「補」起來了。李氏在今年一月十六日評論艾契遜同月十二日在華盛頓全國記者俱樂部所發表有關亞洲外交政策的演說時說：「事實上顯示他（筆者按：「他」指艾契遜）正以其聰明及以極敏銳的眼光行事，他已將蘇聯孤立。」而艾契遜是採取甚麼步驟將蘇聯孤立的呢？李氏爲他詮釋說：「艾契遜先生對於這種糾紛的認識，堅持說嚴重的地區不在台灣亦不在海南島，而在長期糾紛的中蘇邊界，凡此各點在本身上卽爲對華政策。」本來中蘇邊境的糾紛已存在了數世紀的漫長時光，李氏斷定：此後中蘇邊境的糾紛仍將無情地繼續下去。其原因在「他們已經認淸：斯大林共產主義根本是承襲帝俄的一項新工具。」

由於斯大林僅是繼承了沙皇的衣缽與共產主義成了風馬牛不相及的帝國主義者，所以李氏遂認定：毛澤東所統治的中國日後「必如狄托的南斯拉夫—一個獨立的國家，且爲莫斯科的敵對或競爭者。」基於上述的觀點，李氏乃認爲：現在在中國的南部並無有效的事情可爲，而北部始爲有決定性的問題所在。所以他主張放棄對國民政府的援助，而將注意力自中國的南部移到北部。且體一點說：就是靜待毛澤東變成另一個狄托。但李氏馬上又告訴他的讀者：「我們不必以緊張的心情，靜等着一種消息說毛澤東已反抗斯大林」，他要美國人耐心地等待，「因爲自然事物的發展係緩進者」。

上述李氏批評喬治•肯南和讚美或銓釋艾契遜的兩篇文章，大體可以畫出他所推薦的美國外交政策的輪廓。我們儘可據此對他所推薦的政策加以考驗和批評。

二

外交是一種最現實的東西，它最忌「意願的推想」（Wishful Thinkng）。李氏在批評喬治•肯南的那篇文章中劈頭就說：「我們必須打從一件使人不安的事實開始。任何人重讀×君的原作，都會發現×君的結論是建築在一種樂觀的希望上。」是的，可是我們假如把這裏的「×君」易爲李普曼先生的大名，則這一段話仍不失爲正確。因爲任何人讀了李氏的那兩篇文章後，都可能立刻發生下面的幾個問題：

毛澤東是不是會變成另一個狄托？

假定第一個問題回答是肯定的，那麼兩個狄托在本質上和對世界的影響上是不是大體相近？否則的話，其對世界的民主自由與和平是不是會在斯大林主義被剷除後，而構成一個新的威脅？

假定第一個問題回答是否定的，那麼民主國家將何以善其後？

今天李普曼先生若是能夠給世人證明：毛澤東一定會變成另一個狄托；中國共產黨與共產主義並無關連，他們充其量也不過是一些農民改革者，其對民主世界決不會構成一個新的威脅。那麼至少美國人站在「美國的利益」的立場對李氏所推薦的外交政策還可能同意。無奈李氏的政策偏偏是建立在一個充滿着「意願的推思」的基礎上，雖然他也會指陳了若干對他的論斷有利的跡象，來說明他政策的健全性；而另一方面我們也可以托出更多的客觀事物，來指出他政策的危險性。在決定一項重大的外交政策之前，假定不能證明或至少舉出較有力的論證來，足以表示它具有高度的可靠性，則無論如何這種行爲都不能不說是輕率的。現在讓我們首先對上面的幾個問題，加以考驗和解答。

毛澤東會不會變成另一個狄托是一個極其複雜的問題。李氏在批評喬治•肯南一文時說：「×君根本忽略了一件事實：他根本沒有提到蘇聯是俄羅斯帝國的繼承人，斯大林不但是馬克斯和列寧的後裔，也是彼得大帝和大俄羅斯帝國沙皇的子孫。」不過在這裏他還承認斯大林是馬克斯和列寧的後裔，可是到了今年一月評論到艾契遜的演說時，他却已不承認斯大林政權與馬克斯主義有絲毫關連，而乾脆指它爲純化了的沙皇帝國主義了。由於李氏過份强調後者的緣故，所以他才得出毛澤東必將變成另一個狄托的結論。這實在是昧於事實眞象的說法。今天凡是平心靜氣研究過蘇維埃政權性質的人，都會承認斯大林主義是馬克斯主義的變種。因爲它承受了部分透過列寧而來的馬加維里主義和沙皇的侵略傳統，遂使他鮮明地顯露了帝國主義的色彩。但斯大林式的帝國主義所以有別於歷史上其他種種不同類型的帝國主義者，那是因爲它或多或少還涵蘊着馬克斯共產主義的成分，這就是我們爲甚麼不得不稱它爲「赤色」帝國主義的緣故。自然李普曼先生也會說：不問斯大林政權是否含有共產主義的成分，但因了它强烈地表現着沙皇帝國主義的姿態，乃使一個和克里姆林宮原有牽連的狄托元帥與斯大林翻了臉。以此類推，毛澤東政權的客觀條件和狄托政權的客觀條件是迴然不同的：首先馬克斯主義在南斯拉夫共產黨徒的意識裏並沒有深厚的根底，狄托本人雖曾長時期的在莫斯科逗留過，而共產黨的力量在南斯拉夫萌芽還是一九四一年被希特勒的納粹軍隊佔領以後的事。當時狄托自莫斯科遣反他的國土，從事反納粹工作。其力量在南斯拉夫的發展完全是透過民族主義的形式，而在該國居主要地位的塞爾維亞人，其熾烈民族主義的情緒更是盡人皆知。狄托的「人民陣線」政權從發生壓發展、成長、壯大到建立一個完整的政權，祇是在一個在短促的時間內。在其從事政權建立的過程當中，我們若是說他曾從俄國方面得到了援助和鼓勵，那麼這種援助和鼓勵還沒有從民主國家得到的多。在一九四五年納粹的征服者，從南斯拉夫的土地上被趕走了以後，斯大林的壓力就接踵而來，這自然不是狄托和他的黨徒以及全體南斯拉夫人民所能忍受的。所以當狄托一怒和斯大林翻臉的時候，全國從共產黨到人民陣線，到全國民衆，能夠上下相和，聲氣一致，使南斯拉夫轉瞬復歸於一個獨立自主的國家。試問上述狄托所承受的客觀條件是毛澤東可能具備的嗎？假定不能夠的話，那麼他的能否抄襲狄托，就應當另作別論了。

盡人皆知，在狄托政權之下沒有像李立三等這樣巨大的反對力量存在，更沒有像以臺灣爲中心的遍佈全國揭竿而起的聲勢浩大的游擊隊，更沒有數逹百萬具有精良配備的反抗它的陸海空軍。我們姑假定毛澤東本人和他的親信在主觀的情感上眞的要和斯大林分道揚鑣，我們且替他設想一下，若是他眞的這樣做了，他將遭受怎樣的命運：首先李立三們要在斯大林的指使下以東北、外蒙古和新疆爲根據地向他挑戰，這是可以斷言的。當着中國共產黨徒自相火拼的時候，反共的中國人民情緒和聲勢必將更高揚而浩大，在這種情形之下，毛澤東勢必落得腹背受敵，內外遭到夾攻。我想奉行着東西馬加維里主義」（毛澤東嗜讀「道德經」和「資治通鑑」）的毛澤東決不會變成了駝鳥，整天把頭揷在土裏，昏天昏地，自樂其樂，百事不管。否則，他決不肯把幾十年的努力，準備毀於一旦，一切不顧，昂然向着狄托趕去；而況他在主觀的情緒上是不是需要這樣做又是另一個問題呢？無論如何李普曼先生也應該承認：毛澤東的是否會變成另一個狄托，至少在今天還是一個無法猜透的謎。當共產黨政權在中國沒有被剷除或者毛澤東正式的和斯大林翻臉以前，任何人也不敢肯定地說毛澤東一定如何如何。幾個無關緊要的人可以作猜謎語或押寶式的一賭毛澤東未來的動向，可是一個國家的外交政策，就決不能像押寶似的建立在一個不可知的基礎上，其成敗勝負如何，完全聽命運之神的安排。

三

退一百步說，縱或李普曼先生基於一些不可思議的方法之助，而眞的能夠斷定毛澤東日後必然將變成另一個狄托。但緊接着下一個問題又來了：兩個狄托在本質上和對世界和平的影響上是否大體相近？否則的話，其對世界的民主、自由與和平是不是會在斯大林主義被剷除以後，而形成一個新的威脅？在李氏看來，毛澤東一旦變成了另一個狄托，他只可被用來作爲孤立斯大林的工具，至若對「美國的利益」和世界的民主自由與和平是不會發生威脅作用的。這或者就是李氏所以一切不顧寤寐盼望中國出現狄托的原因所在。在這裏我們有着和李氏較前節所談「毛澤東會不會變成另一個狄托」的問題差異更大的見解。我想李普曼先生無論如何也應該承認：今天嚴重地威脅着「美國的利益」和世界的民主、自由與和平的，絕不單單是沙皇的侵略傳統，而滲透在各國人民思想和意識裡的共產主義是較沙皇的侵略傳統更可怕的另一因素。自然李普曼先生也會說：單單共產主義並不可怕，唯有共產主義和沙皇的侵略傳統結合在一起，才能夠構成民主社會的敵人。而中國共產黨在患着美國流行感冒症的李普曼先生看來，也不過是一些落後的農民改革者，與馬克斯主義根本上是風馬牛不相及的東西，所以只要毛澤東一旦掙脫了斯大林的羈絆，那是不足爲患的。因此我們要弄清楚：假定毛澤東變成了另一個狄托是不是會對世界構成一個新的威脅的問題，應該先從檢討中國共產黨是不是共產主義者的問題着手。

毛澤東在他的自傳裡曾經說他自從讀了兩本馬克斯的著作後，他的思想就一直沒有動搖過；而中共的第二號首領劉少奇更是成長於馬列主義的字紙堆中。試看毛澤東說：「世界上的知識歸納起來只有兩種：一種是階級鬥爭的知識；一種是生產鬥爭的知識。前者是社會科學，後者是自然科學，社會科學和自然科學的總結是哲學——辯證唯物論。」這不完全是馬克斯主義信徒的口吻嗎？其實毛澤東們並不就說說了事，在這許多地方他們確是說了就做，絲毫不爽。幾十年來他們一直推行着徹底的階級鬥爭，這種鬥爭的滋味只是美國人，特別是整日坐在寫字臺前舞文弄墨的李普曼先生沒有嚐過罷了。中共的首領們常說：「沒有鬥爭，就沒有共產黨」。那意思是說：共產黨永遠結伴着鬥爭，鬥爭一旦停止，共產黨就要壽終正寢。他們是徹底地發揮了馬克斯和恩格斯的鬥爭哲學。馬克斯主義的重要部分除了階級鬥爭外，無產階級專政和社會革命兩點，毛澤東們更是力行不輟。所謂「人民民主專政」不過是一面騙人的幌子，實質上還是「無產階級」的專政，共產黨的專政，毛澤東一個人的獨裁。在社會革命一點上毛澤東們表現的更是徹底：凡是共產黨力量所及之處，必用盡最大的努力摧毀一切舊有的次序；凡是它能控制的地區，一切的一切向着徹底集體化的道路走去，個人絕無絲毫活動的自由。我想李普曼先生不應該不知道下面的另一事實：今天澳洲、菲列賓、印尼、日本和除了俄國以外的環繞着中國的各地區內，土共的猖獗都是直接間接從中共得鼓勵或援助。這一事實說明了：他們不但要在中國進行馬克斯主義的社會革命；他們還要發動馬克斯所付託給他們的「世界革命」。請問李普曼先生像這種性質的暴力集團，你還能說它不是共產黨嗎？假定李氏承認了這一前提，那麼另一個問題——「另一個狄托」是不是會對世界構成一個新的威脅的問題，就顯而易見了。這裡我們先借用李氏已經默認了的喬治．肯南先生的論證：「他們的主義教導他們認爲外界都是敵對的，而顛覆國外政治勢力，也是他們的最後義務。」由於共產黨在中國一直强調着資本主義和社會主義根本對立的原始共產理論，所以俄國共產黨領袖的另一說法自然會被中共領袖人物採用：「資本主義的包圍一日存在，即一日有被干涉的危險，以及因這種危險產生的後果。」根據這種理論，任何共產主義的國家，都將變成他們積極鬥爭和「世界革命」的對象。在此李氏或者會說：中共的這種世界革命的觀念，只有在斯大林政權沒有崩潰以前才能存在，假定斯大林主義一旦被剷除，則中國共產黨必將鑒於他們的失敗而發現此路不通。若李氏眞作此想，那他就自相矛盾了。因爲我們不能一方面說斯大林是與共產主義毫不相干的帝國主義者；一方面又把斯大林的失敗看作共產主義的失敗。既然如此，中國共產黨就不會因了斯大林政權的崩潰而氣餒。因爲他們既然是把斯大林看作赤裸裸的帝國主義者才和他分道揚鑣，則斯大林的失敗在他們看來那只是帝國主義的失敗，與共產主義毫不相干。因此斯大林政權的崩潰，充其量也不過是把「世界革命」的司令台自莫斯科轉移到北平，而共產黨對民主世界的威脅仍如夜之繼日絲毫不爽。假定這一論證李氏無法答辯的時候，我眞是想像不到他究竟是爲了甚麼會爲「反共」推許這種適足以「縱共」的外交政策。

四

在前面的兩節中，我們祇是就共產主義，或共產黨可能如何如何一方面來考慮問題，但共產黨並沒有佔領了整個的中國，或中國人的一切。截至目前爲止，非共產黨的中國政府還完整地治理着擁有幾近一千萬人口的台灣，此外在香港澳門和南洋各屬總共約近一千五百萬的華僑中，絕大多數都是反共的。更重要的是長江以南，乃至淮河以南，約當全國總人口三分之二的廣大地區中，到處燃燒着反共的怒火，在過去一年的鍛鍊中，他們已經長成堅强的爲自由而戰的隊伍了。這類軍隊單以廣東廣西兩省而論，就有五十萬人。在上述的廣大地區中，共產黨們雖然不斷地發動「圍剿」，然其結果只是愈「剿」愈多，剿不勝剿。我們有充分的理由相信：祇要反共的中國人民能夠得到民主國家的援助——乃至僅是精神和道義的，則共產黨就永遠不能完全征服中國。但反過來說，假定此後民主國家的行動，特別是美國的行動，果眞走上了像李氏所喝彩的：美國的防線是自阿拉斯峽、經日本、琉球到菲列賓的一線，而在此防線以南的地區則聽其自生自滅。那麼中國人民反共的力量就有被暫時壓下去的可能。今天中國强大反共力量的存在並將繼續存在，這是事實；而李普曼先生所祈禱並且深信不疑的「毛澤東將變成另一個狄托」，無論如何這一點在目前看來總不能不說是玄想。捨實在而趨玄想在詩人則可；但若談外交政策，只一味的向着玄想低頭，那實在不能不說是千古奇談。

五

我們談世界問題，絕不能不處處關連着世界上可能發生的重大事件。第一次大戰剛剛結束，另一次世界戰爭的陰影即刻又遮了過來。我們固然不歌頌戰爭，或祈禱它的早日降臨，但我們主觀的心緒是一回事，客觀事物的發展又是另一回事。其間雖不無相互推進或減退的作用，但打仗至少是兩方面的，若一方面處心積慮，步步進逼，則無論對方採取如何的措施，戰爭終難避免。今天貫穿着全世界的冷戰，就是李普曼先生也不能不承認它有隨時轉化爲熱戰的可能。因此，我們今天考慮任何世界性的重大問題，都不能不設想到它在可能爆發的戰爭中可能引起的後果。自然，果眞天如人願（李普曼先生之願），在戰爭爆發以前毛澤東調轉了方向，在戰爭期中他至少保持中立或參加民主集團一方面對蘇作戰，如此，對斯大林無論如何不能不說是一個嚴重的打擊。但如前面所述，這實在太靠不住了。因此，這一問題若是朝反面一想，則問題之嚴重，實在不可思議。列寧早在二十年前就會說過：「從莫斯科到歐洲最近的路是經過印度」，而斯大林也在三十年前說過一句和上述列寧異曲同工的話，他說：「發自東方的攻擊，西方最難應付。」今天世界的軍事形勢，就着西方國家一方面來說，可謂相當不利，其不利的程度就是美國最出色的軍事評論記者伊利奧特少校也都承認：假定戰爭一旦爆發，蘇聯集團有很快席捲全部亞歐大陸的可能。而李曼先生自己在不久以前爲文討論有關民主國家戰略的一篇文章上，更會經預測：在未來的大戰中，蘇聯的重要地區無論遭受到如何嚴重的破壞，他們也決不會投降。共產黨人一定會到處發動游擊戰，來困擾民主國家。他們會把游擊戰帶到歐洲，亞洲和非洲的每一個角落。讀者諸君：我們若要是把上述列寧，斯大林，伊利奧特和李氏自己的話加在一起；另一方面我們再看，當大戰爆發的時候，中國人民的反共力量又因民主國家的「守株」靜待狄托，被毀殆盡，而被等待的狄托這時候偏偏還是斯大林帳前的驍將，請想這是一幅多麼悲慘可怕的圖畫？

好在帶有半孤立主義色彩的李普曼先生，其所推薦的外交政策，在鑄造美國外交政策的市場上還不能獨佔。從若干跡象上來看，一個積極性的兩洋外交政策不久將可能在華盛頓出現。比如共和黨的外交權威杜爾斯氏的被杜魯門總統任命爲艾契遜的高級顧問，就是一個很好的說明。最後我引一述杜魯門就職演說中的一段話來結束本文：

凡要生活於無恐懼自由的人們，都是我們的同志，甚至於今天生活在恐怖統治之下的人們，也在幫助我們。

凡要避免虛假的宣傳壓迫的人們，都是我們的同志。」

凡要經濟安全的人們，都是我們的同志。」

凡要言論自由，宗教自由，追求自己生活理想的自由的人們，都是我們的同志。

千百萬追求正義的人們，都是我們的聯盟。」

一九五〇、四、二十四、

（上接（28）頁）的人很多胸前都掛上個五角的紅星章，自鳴前進，洋洋得意。中共控制下的大公報每天銷行額達到二萬五千份以上，文滙報銷行額達到一萬五千份以上，簡直不可一世。可是經過這幾個月的時間考驗，中共的暴政把老百姓打醒了。大量的人從大陸逃到香港，他們對中共具體而眞實的報導使香港的人涼了半截。金門登步松門各處的捷報；台灣的穩定鞏固，國軍士氣的高漲，都使人們對政府重新估價寄予信心。到現在，紅星章和五星旗在香港已經難得看見了，反而一般商民漁民和鄉下居民很多在過年時都又掛出了青天白日旗。連香港的報販子都是他們的反共的。他們一直拒絕代售中共的「南方日報」。大公報和文滙報銷路慘跌，很多報攤上根本沒有了他們的縱影。現在這兩個報總共銷行數目每天還不到一萬份！趕不上幾月前的四分之一。相對地反共的報紙銷路激增，種類也多不勝數。主要的有工商日報及晚報、星島日報及晚報、香港時報、華僑日報、華聲報、中聲報、呼聲報、針報、成報、內幕觀察報等。其總銷行數據筆者估計至少超過共黨報紙二十倍。從讀報人數的消長也可看出人心的大勢。此外在雜誌方面，反共刊物陣容也極堅强。主要的有自由陣線、前途、民主評論、再生、最近還有一個刊物「新生中國」卽將出刊。台灣方面刊物在香港銷路也很廣大。人民的眼睛是雪亮的！

不安定的和平

香港現在是處於和平狀態，但也處於不安定狀態（緊靠着中共誰能安定呢？）。赤色的統治在大陸展開恐怖政策、飢餓政策、魔手越勒越緊。大陸上只要能走的人都在設法逃命來香港。現在由內地逃來的難民正以每天一萬人的驚人數量向香港九龍湧入。香港人口已由一百五十萬增加到二百萬。據估計到六月底時要超過二百五十萬。有人主張限制難民入境，但是爲了顧及中共的態度，還沒有實行。現在香港房荒嚴重，外加咄咄逼人的水荒，應當能使人不想來受罪找麻煩了，但人們不在乎，他們要的是空氣——自由的空氣。連蟄居在小小的破木屋裡以擺小攤或作苦工爲生的難民們都感到一種自由安全的恬適。人是怕威脅迫害的，在這裡他們有身體的保障；人是要說話的，在這裡他們可以盡情放膽地說。雖然生活很苦，他們也不願回去——那邊更苦呀！香港的和平，雖然是不安定的和平。但是想到大陸的恐怖和飢饉，他們就心滿意足了！

三九、四、二十、

自由中國通訊

「解放」區中所謂教育！

金煜

「……共產主義的理論和共產黨統治下的現實，把每一個知識份子的心，給攪成支離滅裂了！」

（本刊浙南通信）「解放」初期，最興高彩烈的，就是中學生了。那些喫爸爸的，穿媽媽的年青小夥子，聽說「解放軍」進了城，眞個好像平步登天，簡直使他們沒法鎮住自己的感情。

浙江省立溫州中學，在這沒有一所專科以上的學校的小商埠，可算得是最高學府的了。勝利之後，每一個學校里都有着或多或少共產黨徒所派遣的職業學生，一面拉攏那些意志薄弱的青年們參軍，入夥，一面煽動風潮，領導罷課，想盡方法不讓善良的學生們能够安心讀書。溫州中學，當然也逃不了他們的毒手。據溫中的一位工友說，五月六日晚上，高中部的一部份學生，攪漿糊，寫標語，鬧了一夜沒有睡覺。第二天東方尚未發白，便成群結隊上街貼標語了。後來一打聽，永嘉縣立中學，私立建國高商，甌海中學，建華中學和永嘉縣立簡易師範，這六個中等以上學校，情形都一樣，像預先約好了似的。這顯然是那些職業學生早已得到通知，而預先佈置了的。

土共一進了城，五月七日以后，平日潛伏着的匪特學生，個個都暴露了身份，有些成績既壞又不肯認眞讀書的學生，平日間同學所瞧不起的，也有許多出人意外的竟是「前進份子」，到了這時，大家也只得括目相視了。而他們呢，居然以「前進份子」自居，由鬼鬼祟祟轉變爲耀武揚威了。教職員中，匪特雖不多，但有些自以爲與匪徒中某些人有淵源，或係同學，或係親戚，竟也自以爲可充「前進份子」，平日因資歷或學識關係不敢說話的，現在也以全校的領導者自居，在校長室或教務處跑進跑出，像煞有介事起來了。如溫州中學的化學教員曹維明，建國高商的金家麟——一個是自稱爲民主同盟的尾巴，一個是生在盤剝重利致富之家，一度投身土匪而又自首了的投機份子——那種不可一世的氣燄，眞令人有不勝今昔之感。但五月九日新兵團反正，率部衝城而出的那天夜里，這批「前進份子」那種驚惶失措，豕突鼠竄的可憐相，眞够人好瞧的了。

溫州「解放」到學期結束，本來還有兩個月的時間，「軍管會」文教部命令各中學的校長一樣要把學校維持下去，繼續上課到暑假開始。但學生們忙着開會，忙着宣傳，忙着遊行，忙着扭秧歐舞和鬬爭自己的老師，還有什麼閒情逸致顧到功課呢？至於那些做教員的窮書生，在省會淪陷前會得到薪水改發銀圓的好消息，早已空着米缸，伸長頸子正夢想着白花花的銀元會源源滾來。但「解放」衝破了他們甜蜜的夢，銀圓是愈滾愈遠了。

現在「軍管會」既然要他們繼續上課，他們回頭看看自己空着的米缸，再望那些張得挺大的小嘴巴在嗷嗷待哺，於是鼓着勇氣去催促校長去向「軍管會」交涉，設法要那些滾遠了的銀圓再滾回來。六位中學校長聯袂晉謁文教部長胡景瑊，三家私立學校當場被剔了出去，剩下三個公立學校，到學期考試前好容易每人滾了銀圓一雙，折爲人民幣三千元，上自校長，下至校工，一律平等。

老師們在向軍管會索薪的時候，衆高足以匪特的學生領頭，也在進行着對老師的鬥爭了。第一個被鬥爭的，是永嘉縣立中學的公民教員兼訓導主任的陳季瑜。那天永中正在開校務委員會，文教部派來兩名武裝同志，從會議席上像押解强盜一般，把陳老師當場押走了。那是五月中旬的事，一直到十月下旬，已經是第二個學期開學一個多月之后，一天傍晚，給改爲溫州市市立中學了的永中，以學生聯合會的名義出了一張布告，大意說：「前永中訓導主任陳季瑜，假借「反動政府」勢力，壓迫學生，不許閱讀前進書報，經軍管會逮捕，經過五個多月之學習，自知錯誤，本晚七時由軍管會押解來校，向各位同學坦白悔過。」到了七點鐘，這位囚犯老師，被四個武裝匪徒押上講台，由兩個匪兵拿着上了刺刀的長鎗，鎗頭朝地挺立在他的背後，而他則面臨着五個月前叫他爲「老師」的少年們，敍述自己的罪狀。本來經過這場坦白之後是准許他恢復自由的，結果因爲一部份學生仍認爲那天晚上的坦白，還不够坦白，又被繼續關上半個多月。

陳季瑜被捕隔不上幾天，共軍的二十一軍到了，這倒轉換了好幾個中學教員的厄運。照文教部里所列中學教員的黑名單，據學生透露的消息，原初有着靠十名的人數，因陳季瑜名列榜首，所以先被下手。接着還有溫中訓育主任方宗苞，永中前後兩任校長葉杷及陳驍等。因二十一軍政治部對此事不表贊同，纔被阻止下來的。

暑假一開始，省立溫州中學的金嶸軒校長，首先以年老多病爲理由，向軍管會的文教部要求准他辭職，但所得的答復是：「靜候命令」。到暑假快完了的時候，這位老先生又舊事重提了一次，這次的答復是：省立學校的校長要由省政府教育廳來決定，我們不能回答你。這樣一拖，已經拖到了本來早應該開學的時候了。但中學裡新學期要怎樣做，還是沒有消息。這時，浙南日報上突然發表了全市小學校長的名單，只有一個私立三希小學的校長王曉梅是民主同盟沒有更動外，其他的小學校長都換了新人。隔上兩天，兩個公立中等學校的校長和教務主任也在浙南日報上公布了。溫州中學校長仍是金嶸軒，教務主任魏忠；永嘉縣立中學改爲「溫州市立中學」，校長沈練之，教務主任汪遠濰；前縣立簡易師範取消，學生給併入市立中學。再隔上一天，私立中學的校長和教務主任也發表了：甌海中學校長照舊，仍爲谷暘，教務主任是一個新人，名字記不起來了，是金家麟一流人物；建國高商校長徐光灥，教務主任金家麟；建華中學的校長和教務主任都換了新人，但也記不起他們的姓名了。這裏你得注意一件事情、各中學的校長和教務主任都得由軍管會委派。校長大概都是教育界上有聲望的舊人，與他們之間找不到什麼淵源：除溫中和甌中沒有變動外，如市中的沈練之是研究西洋史的，會任暨南大學教授，前學期任溫中高中部主任；建國高商的徐光灥就是上學期該校的教務主任。至於所發表的教務主任，如金家麟，魏忠等，可就不同了，縱使不是正式黨徒，至少是接近他們的，顯然用以監視校長。

這裏的中學校長，等於是一個傀儡。聘請教職員，須由教務主任造成名册　送軍管會核准，再由校長發聘書。第一次送上去的名册，各中學都只批准了三分之一；第二次又另外造册送去，又批准了幾個；第三次，第四次，還是名額不足，結果由文教部介紹人來，纔得湊齊了。學校行政，有一個校務委員會，以校長及教務主任爲當然委員，再由教職員代表四人，學生代表二人，校工代表二人組織而成，一切學校裏的事情，都要由這個會議來決定，方可付之實施。校長，同學校的鈐記一樣，不過對外的一個標記罷了。

接着各中學招生開始了。這情形卻慘極了。公立學校私立學校是分作兩批，聯合招收新生的。歷年以來，每屆學期更替，投考溫州中學的，總在二千名以上，就是縣立中學，也有一千多名的考生。這次，兩校合併的考生，僅有七百名罷了。至於私立學校，那就更可憐了。甌中的新生名額一百五十名，全部考生僅八十名；建國高商及建華中學名額各一百名，但一處僅十二三名，另一處則僅有七名投考。在私立中學的招生委員會的最后一次會議席上，建國高商和建華中學爲了向甌中提議公平攤派學生，雙方弄得不歡而散。這淪陷后的第一個學期，三個私立學校，甌中還能勉强過去外，共黨對私立學校是取的聽其自生自滅主義，事實上毋寧說是欲速其滅的，不會有一個錢津貼你；所以其他兩處已是苟延殘喘而已。

中學生們當溫州「新解放」時那種狂熱的情緒，所換得的是什麼呢？他們所贏得的代價，就是他們自己的失學。新學期開始註册前，「軍管會」通過學校當局要他們家長繳的學雜費的數字，比「反動政府」時代的數字有加無減，而依新環境下的經濟狀況爲比率，不啻幾十倍，幾百倍。而且公費和獎學金全被取消了，不管普通中學和師範學校，一視同仁。這些來自大小商家，大小地主，富農，貧農，公務員或工人之家的學生們，因了家中被清算，被鬥爭，爲了獻糧，失業和脫離生產，使他們怎麼也無法繼續學業，迫得他們低頭離開學校的大門，結束了一生中最寶貴的學生生活。甌海中學曾舉行了一次「下學期是否繼續求學」的測驗，每級中肯定地在「繼」字之下加圈的，只有三五個人而已。每個學生面臨着這鐵的現實，目睹那些匪徒們借他們學校裏設盛筵以宴請來自山鄉僻壤的所謂農民代表，婦女代表，一餐之饌足够他們全校一月的伙食而有餘。而那些藍衣的土包子，襯衫用具也由襤褸而整齊，而考究，居然有穿上皮鞋，掛上自來水筆和手錶的。這班青年學生純潔的腦海中，畫上了老大一個「？」號。背地裏也有偷偷地吐出一句兩句不平之鳴的。但開討論會的時候，在每級的生活報上或自我批評的時候，他們還非得附和着去讚揚馬列主義不可，還非得喊「毛主席萬歲」，「史太林萬歲」不可。少年先鋒隊還得參加，青年團也得加入，在各種小組研究會裏要積極的發言，還要皺着眉頭去硬咬那些不容易消化的「唯物史觀」或「辯證法」。否則，更要被人家說他「不前進」。

請你不要笑這些年輕的小夥子，連有些老師們，還戴上了遠視的老眼鏡，把書本挪開一尺多遠近，在讀毛澤東的「新民主主義」哪。而師母卻對着米缸掉眼淚！

而那些知識青年，家中被清算，被鬥爭，爸爸出亡了，哥哥失業了，在家產蕩然，家破人亡的情形下，卻迫得他脫離生產去參軍，參政。他們這心理的矛盾，是正常呢，還是失常呢？共產主義的理論和共產黨統治下的現實，把每一個知識份子的心，給攪成支離滅裂了！

飢餓的大陸

香港通訊・四月二十日

本刊特約通訊記者　祁自珍

香港通訊

太陽下去了，黑暗逼近人間！每天傍晚，廣九車站照例地會擠出一批衣衫襤褸，面有菜色的人群，他們是來自鐵幕中國的後面。那些蒼白的面孔，疲乏，飢餓的神態，會告訴人們一些什麼呢？那是不難想像的。

「紙包不住火」，鐵幕不能不有漏洞，儘管鐵幕的主人不願讓幕外人知悉，拼命的在製造謊言，包辦輿論，從報紙，雜誌，廣播，甚至教科書，音樂，戲劇，都在爲「新中國」服役，讚揚「新中國」的偉大勝利與進步。其實，一切都是徒勞。大陸上的飢荒，本是在去冬已萬分嚴重了，可是鐵幕中國的主人翁，咬緊牙關，怎樣也不肯承認。直到開春以後，形勢愈來愈惡劣，他們不能再抵賴了，二月廿七日，所謂「副總理」董必武才發表了一篇談話，公開承認飢荒確有其事。據他說，災民有七百萬。飢荒蔓延的地區有蘇北，皖北，平原，河北，察哈爾等省。他的談話是在什麼「中央救災委員會」上發表的。「救災會」一成立，飢民就有七百萬，可見救災會似乎已成立的太晚了。「副總理」既已承認有了災民，而且堂堂皇皇的成立了救災會，接着人民政府還訂了許多「有效」的救災辦法。種種事實證明，「新中國」在鬧飢餓是千眞萬確了。這些消息，當然不再是少數「國特」「反動派」製造的謠言了。（記者按，在港出版的中共尾巴報紙「大公」與「文匯」，天天罵港報若干消息是造謠，因爲那些消息不是毛記新華社的專利品）

飢荒的區域有多大呢？飢民有多少呢？這是一個不易答覆的難題。不過，據記者所獲的資料統計，無論如何七百萬是不止的，五個地區也只是自欺欺人的報導。這裡，我可以引一節三月廿七日星島日報的新聞，作一個概括的說明：

「據今日英文星期報載北京來之教會人士談：北京附近之農村，飢荒情形甚爲嚴重，已有食草根及樹皮充飢者。華北方面有十一個省份陷於飢荒，其嚴重程度正不亞於一八七八年，餓斃一千五百萬人之大飢荒。山東省政府承認災情嚴重，倘本月份內不能接得外間接濟，有三百萬人有餓斃之虞。據彼個人估計，現時已有三千萬以上之人民，未知小麥，大麥，白米爲何物，比較幸運之農民則僅獲蘿蔔，大豆，或蕃薯作食糧。惟此種僅有之食糧食完後，仍將以草根樹皮充飢。河北省若飢荒更趨嚴重，將有二千萬人遭遇死亡。」

星島日報是一個「親共」的報紙，似乎不可能在造謠，和「新中國」搗蛋。後面記者所引用的資料，除毛記新華社發表的而外，多取之於星島。鐵幕主人所認爲「右傾」或「反動」」的報紙，雜誌，材料一概不取，最多只是參考。依據這些資料，飢民的數字，已越過七百萬大關了。計開：（一）皖北宿縣專區：三百五十萬（星島日報三月九日通訊版）（二）安慶專區一百一十萬（星島三月十五日通訊版）（三）巢湖專區七十萬（同前）（四）皖南七十五萬（新華社蕪湖廿一日電）（五）蘇北二百萬（已斷炊）（新華社上海卅日電）上述五區，僅限於安徽大部及蘇北一部，即已有八百萬之多。（山東的三百萬，以及平原，河北，察哈爾等區未列入）經新華社承認有飢荒存在，而未有詳細數字報導的地區尚有：山西，河南，湖南，湖北，蘇南，浙東，贛南，廣東，廣西等區。如果把這些飢荒區都算在一起，外電所估計的四千萬，未嘗不在情理之中。

我們中國雖是一個農業國家，因爲生產工具與方法落後的關係，加以近幾十年來內亂不已，豐收之年，糧食尚可勉強維持。有些地區如廣東，福建，上海等地，經常是仰賴洋米的。至於，華北各省，鬧水旱災本是常事，並不稀奇。可是這次飢荒鬧得却很古怪，即是，一向號稱糧食倉庫蘇，皖，湘，等地也大鬧其飢荒。鐵幕中國統治者，一直是把這次飢荒的責任推在「反動派蔣介石統治」的頭上，否則，不說是水災，便說是旱災。這些話，除去他們自己會相信外，」誰也不會相信的。不僅是中國人民本身知道，即是稍具常識的外籍人士也會知道，國民政府廿年的統治，對長江中下流蘇，浙，皖，贛各省人民的好處，遠較其他各省爲多。復員以後，這一帶的元氣始終未受大的損傷。這些地區鬧災荒與蔣介石的統治會有關係嗎？這裡有兩則來自江南的通訊，告訴我們，誰給江南的人民帶來了饑餓。

（一）「南京通訊：過去只有窮人才愁柴愁米，現在則中人之家無不挨餓，窮人則簡直沒有資格愁米，他們只求能够吃點任何足以活命的東西便滿足了。……據徐州來客談，由徐州過宿縣，一路上只見田野中不少男的女的老的少的，在挖

根根菜和胡蔥。快傍晚了，村中也沒有炊烟，中人之家吃的是豆餅和胡蔥。吃麥角吃糠皮的多得很。」（星島日報三月九日）

（二）「蘇南通訊：記者作了迭次農家專訪，得悉農家的食糧，都普遍發生嚴重問題：現在已斷炊之家不知有多少了。農夫整年辛勤耕種，結果弄得自己飯都沒吃，有史以來，在富庶的江南區也許很難見得。造成了江南農村糧荒如此嚴重的原因在那裏呢？記者由農村訪問歸來後，結合原因可分下列四種：一、江南「解放」後，農村首先負起借粮的担子，借粮的多寡，是視各家所儲存之粮而定。二、新麥登場時，政府就實行夏征，每畝征收麥子十七斤；秋穀登場後，政府又開始征收田糧，每畝除征收稻四十二斤外，在田超過十三畝五分的農家又要負担累進。累進是分等級的，如田畝超過卅畝，即要負担四級累進。四級累進除每畝照例完去稻四十二斤田糧外，每畝還要納累進稻四十斤。（三、四略）（星島日報三月十七日）

中共對於農民的搜括，如果僅止於此，今日的飢荒尚不可能如此嚴重。原來此外人民還有許多担負。據大陸最近的來人談：秧歌王朝雖罵國民政府反動，但是國民政府時代所規定的各種稅收，並未因「反動」而遭「整肅」。」人民過去的欠稅一律要照補，據說有追到民國廿年的稅。除掉田糧，賦稅而外，還有許多更可怕的負担，有些說來簡直離奇。老百姓養雞生蛋居然也有稅，稅率是百分之廿五。四隻雞蛋，有一隻該送給「人民政府」。甚至中共部隊所燒的柴草也要人民負担。如果誰繳不出柴草，可拿一斗米抵一担柴，無怪乎人民的米越來越少了。

「支前運動」是「人民政府」向「富農」「資本家」「小資產階級」突擊搜括的利器，也許一次「支前」，就可以讓你傾家蕩產。另一種搜括的辦法，是發行勝利折實公債，直鬧得鐵幕內各大都市人民，家破人亡的根源。公營事業儘量的加價，也是「人民政府」對「人民」的恩寵。據某些外籍人士的估計，國民總收益的百分之八十以上，已經進收「人民政府」的倉庫。都市裏面是出在一些剩餘的原料與商品上，鄉村裡自然是完全拿糧食來支付了。入不敷出的家庭，是無法查考的。這樣怎能不鬧飢荒，弄得號稱天堂的江南地區，人民也斷炊呢？

丟開「天堂」不算，我們再看看號稱「糧倉」的湖南。四月六日星島日報第八版，有一篇長沙通訊，它告訴我們糧倉地區的農民多已「眞正無隔宿之糧」了。去年大水，前年歉收，情形本來已够嚴重了，可是因爲「解放」之後，人民政府當局，展開征糧工作，對這地區徵收數字又特別的高，地主相率逃亡，自耕農榨得乾乾的」，於是「迫而走上搶刼，暴動之一途。」那篇通訊的作者也說：「眞是椿意想不到的事。」「人民政府」怎樣的在搜括呢？據該文稱：「對地主和富農的征糧數字多是超過收獲量三四倍以上，他們的理由是地主以前剝削了佃農，現在應該拿出來，富農除本年所收外，以前餘積的也就該拿出來貢獻國家。還有他們征糧並不是按收獲量計算的，完全是硬性的攤派，評議會議所攤派的，必得如數繳納。佃農有存糧的，便要他們買進地主的田地，而地主由售價所得的穀子，便又還進了政府的倉庫。報紙上雖常宣稱：嚴禁幹部亂打亂捕，糾正他們的偏向。實際上你不能如數繳足公糧，什麼刑罰都搬出來了，起初一般人總以爲這是個別現象，但各地多是如此」。……桂楊縣共有卅萬人，每年全縣約產谷四十萬石，國民黨時代每年征糧數字最高十萬石，平常實際上能征到五六萬石已算不錯，但目前分配該縣廿七萬石，超過國民黨時代四五倍左右。賸下十三萬石，每個人平均分不到五斗谷子。」（記者按：桂陽縣去年既無水災又無旱災，該處飢荒純係征糧的結果）因此，暴動，搶糧是常有的事，該文並且舉出不少的實例。

從這些通訊裏，我們就不難明白，今日中國大陸上嚴重的飢荒是誰造成的。一方面人民普遍的挨餓，一方面是「人民政府」擁有大批的糧倉。最近「人民政府」不是在報上一次次公布，他們已撥出若干萬斤的糧食作「救濟」災民嗎？他們的糧食是那裏來的，還不是搶自人民的？他們搶了人民的糧食，現在又拿那些人民的糧食來救濟人民，「在麥收前每人每日發給四兩糧」。（新華社三月卅日上海電）僅僅這四兩糧，還不是隨便能讓人民拿走的，「勞動者」或「半勞動者」一律是「以工代賑」。換句話說，「人民政府」只要一天出四兩粮食的代價，就可以換得一天的勞工。這樣便宜的價格，不僅善於剝削勞工的「資本主義國家」找不着，恐怕比蘇聯集中營裡的勞工還要便宜，據說那裡是一磅麵包，兩杯白水。中國人的勞工，本是世界上最賤的，有什麼稀罕!?儘管如此，中國的農民如果不是在極端的飢餓威脅下，他們仍然是不願把他們的勞力這樣廉價拍賣的。靠着這種廉價的勞力，「人民政府」可以向世界各國誇耀了，向主子報功了，在一年以內，「人民政府」修復了多少河堤，建設了多少道路，增加了多少生產。不特此也，「人民政府」還知道從收購人民生產品方面，達到榨取的目的。同樣的理由，這種榨取如果不是在飢餓的壓迫下，人民也是不能接受的。我們雖不敢說，「人民政府」是故意要製造人民的飢餓，然則事實證明，在那種窮搜很括的政策下，（征糧、借糧、支前、公債，苛捐雜稅，公營事業拼命加價等）人民是不可能不餓肚皮的。飢荒的局面形成了，「人民政府」恰好借此儘量壓低勞動價格，迫使人民爲「建設新中國」而勞動。因爲只有「人民政府」可以給你食糧，你不替「人民政府」做工，就活不了。這種窮兇極惡，陰很無恥，絕滅人性的政策，本不自中國始，早在三十年前，蘇聯已預先演習過了。這是秧歌王朝的統治者從他們的「祖國」「學習」來的。既可收剝削的實惠，何樂而不爲？新華社不斷發出「人民政府」努力救災的報導。我在這裏要隨便引用一段，來揭穿這個「救災鐵幕」：「新華社蕪湖廿一日電：（皖南）

行署和蕪湖當塗，池州兩專區負責幹部則親自帶領工作隊分赴各災區協同當地人民政府將貸糧發給災民，大力組織全勞動力和半勞動力上堤修墟，幫助他們從事捕魚、挖藕、挖荸薺、砍柴、燒炭等生產活動。目前已有十五萬方堤修堰。蕪湖最近並組織了三千災民赴繁昌保大墟修堤。其他各地修橋修路亦多僱用災民，進行以工代賑。現各地正深入災區發動災民廣泛參加修堤復墟，使六十餘萬斤補助修堤糧，全數用到災民身上。皖南貿易總公司，供銷合作總社，亦積極推銷生產和收購食糧扶助災民生產自救。皖南供銷合作總社已向山東、青島輸出，該區所產掃帚枝三十六萬斤，向南京、蚌埠、合肥等地輸出大量的樹枝，換回食米、油、鹽等物品供給災民。該社並正繼續收購當塗、蕪湖、宣城等縣魚產和木炭，組織外銷」。

從這段報導裏，我們不難推知下列幾件事，那是出於新華社記者想像之外，而且是鐵幕主人極不願意的：（一）假以工代賑的美名，廉價收買勞動力和半勞動力從事復堤修墟。所謂半勞動力即指未成齡的兒童與婦女。按濫用童婦作工，在現代民主國家，本在禁止之列，且為一般人公認為不人道的舉動，「人民政府」的傳聲筒，竟然如此大吹，眞是可憐。（二）所謂「皖南貿易總公司積極推銷生產，收購食糧，幫助災民生產自救云云，實則上就是官僚資本乘機與民爭利，請問人民自已不知道他們的生產品、可以賣錢嗎？可是，在大飢荒威脅下，人民的購買力，自然是減低的。因此，官僚資本有機可乘了。他們於是就拿不值一文的人民券自皖南人民手中，購買其生產品，取得這些產品後，又去山東、青島換山東人民的物資，回來再賣給皖南人民，作妙手空空式的榨取。這就是幫助人民「生產自救」。（三）所謂幫助人民從事捕魚、挖藕、挖荸薺、砍柴、燒炭云云，我們不知道，那些「幹部」是否都是剛由蘇聯回國的專家；還是他們攜有蘇聯購送的新式機器？或者皖南人民都是些原始人，到現在還不知道如何去捕魚、挖藕、砍柴、燒炭？而要「幹部」去幫忙。這豈不是個大笑話？我眞不知道，拍發這一電報的先生是自欺還是欺人，是自娛還是娛人？

兩個月來，新華社雖一再發布各地災荒業已渡過的報導，在欺騙人民，欺騙國際人士；而另一方面，卻又發佈一些證實前者是謠言的消息，自已在打自已的嘴巴，四月二號那天，香港大公報頭條新聞的標題第二行初號大字是：「各地災民基本上已能够渡荒」，這句話究竟有幾分掩飾作用，恐怕只有編者自已知道。這且不管，接着第二條新聞是初號字的四欄題：「政務院發布節糧決定」下面的一號附題是：「全國改食九二米及八一麵」。為什麼要節糧呢？為什麼要食九二米及八一麵呢？電文裏又不打自招的說出來了，為的是克服災荒。新華社的原文是這樣說的：（此係「人民政府政務院」頒布的辦法全文）

「去年水旱成災，造成某些地方糧食不足。（記者按這兩句大有文章，值得玩味。）為了克服此種困難，除從糧食富庶的地區調運糧食到災區和城市以外，並切實改變糧食加工辦法，製作標準米麵，定名九二米，八一麵。望全國各級人民政府，各人民團體普遍提倡人人吃標準米，吃標準麵，節約可能節約的糧食以減少糧食供應的困難。我國人民習慣，鄉村向來樸素自持，多吃元熟米和普通粉，而城市則喜吃二機至以三機精白米和頭等麵粉，浪費甚大。約略計算：如果全國各地方各城市一律不製精白米和頭等麵粉，人人只吃九二米和八一麵，則全國全年至少可節約糧食八億市斤。這樣就會給我們國家以幫助，對今年某些缺糧的困難有所改善，對渡過今年華北各地的春荒和江南各地的夏荒將起一定的作用。必須指出：這樣做，並不是限制人們的口糧額和口糧中所含的營養成份，恰恰相反，九二米和八一麵所含營養成份維生素，較之精米精麵為多，食用起來，對身體健康好處極大。這也說明：吃精米，精麵的習慣，不但是一種浪費，而且是最不合衛生的習慣。為此特作如下各項決定。：（下略）

這一段報導不僅告訴我們鐵幕內的飢荒，並未渡過；而且說明了「人民政府」又在向人民撒天謊。其實，只要「毛皇帝」說一句話；要人民吃什麼，人民還不吃什麼？誰敢反抗？何況人民現在「已沒有資格愁米了」。何能有豆餅、菜根，充飢的已算是幸運的了，還談得什麼精米、元熟米；頭等麵、八一麵呢？「人民政府」公布這項辦法，與其說是為了節糧救災，還不如說節糧媚主來得乾脆痛快。據鐵幕來人談，他們是時常親眼看見，大批列車運糧北上的。並且還有些不知死活的飢民，搶過糧車，鬧出慘劇。要人民吃九二米，八一麵也不要緊，就是老老實實的說，要把糧食省下來運往蘇聯，人民又敢怎樣，何必還假猩猩的借一套營養學來說服人民呢？究竟九二米與八一麵的營養是否比機米和白麵的維生素多呢？我不得而知。不過我們似乎很少看到過營養學家願意吃粗麵。我也好像在醫學雜誌上看到過這一類文章，說某些東西生吃比熟吃要營養得多，可是我卻很少看到有人把那些東西拿來生吃。甚至，都些文章的著作人，也沒有人敢保證他是生吃的。同樣的理由，我很懷疑這項辦法的起草人，是否已在吃九二米或八一麵？為了達成政治上的某種目的，不惜假借科學分析，偽造統計數字，指鹿為馬顛倒是非，這本是布爾希維克的「看家本領」。秧歌王朝現在既已施展出看家本領，他們的窘況我們已不難想見了。

一九五〇年三月六日九龍

香港通訊

東北變色的鐵證

馬存坤

中國多難，東北，這塊夾在過去的日本和蘇聯之間底中國阿爾薩斯勞運更多難，遠的不說，單就近二十年來，她第一次被鯨吞於日本帝國主義者之口，咀嚼了十四年，由此而導發第二次大戰，總算經過全國軍民八年餘浴血苦鬥，把已塗上的黑色抹除了，但不旋踵，由於中共的稱兵叛亂，蘇軍的潛移暗交，這塊亞洲的肥肉，中國的生命綫，又自國府統治之下塗上了赤色。

現在怎樣呢？她又被淺紅色的叛徒們拱手奉讓於其主子，變成道地底血腥底殷赤了。

何以言之？筆者將舉四事以爲證明：

第一個證據是東北與蘇聯單獨締結底「易貨協定」，時間是一九四九年十月。

稍徵有一點政治與國際外交常識底人，俱知任何國家內某一地方絕不能對外單獨締結條約，因爲此舉與主權衝突，單一國固無論，即聯邦國家乃至邦聯國家在國際外交史上，她的一邦還找不出對外單獨締約的例子，惟一的例外，就是這個國家根本無主權可言，她是外國的附庸，那麼，她主子有宗主權要如何便如何，如此，又何必來一個什麼協定，以自欺欺人？

第二個證明是中共一九五〇年發行兩億份所謂「人民勝利折實公債」，「如所週知」，凡自淪陷區逃出的人，稍爲注意時事，皆知中共這個兩億份公債底發行，是彌補牠一九五〇年概算赤字的五項重要收入之一，中共爲了迫債，用盡了軟硬兼施的威嚇利誘手法，不知實施過若干生殺予奪的魔手，把店家逼的關店，廠家逼的連廠奉獻，人民逼的逃亡，上梁山，中共當局不是不知道由迫債而製造的逃亡、混亂、憤怒、反抗。對自己統治底不利，但不獨不寬弘、改變。且變本加厲愈迫愈緊，爲什麼？爲了意圖「渡過一九五〇年財政經濟瀕於破產崩潰的難關」，這是不得已；可是大家的注意，從中共公佈的配銷公債地區上去找，我們卽可發現一個奇蹟，就是東北九省一分公債也未攤。

東北比西北著名的省分如陝甘寧青新等省還窮？不是！東北人民對「解放」事業有特別功勳，故予豁免？不是！東北另有什麼債發行？（中共官方會一度有此解釋）但關內公債自去年十一月發行，迄今半年，東北並未見有任何公債發行的消息，又不是！那麼東北已經非中共所能控制，另有主人在？對了！

所以「窮慘黨」共窮如孤魂野鬼，共慘如久飢的豺狼，其餓如鷹虎，雖關內人民已經骨瘦如柴，鳩形菜色仍然要敲骨吸髓，極盡空前壓榨之能事，而獨對肥胖的東北，不敢取一杯羹者，原因是東北已成其主子的禁臠。

第三個證明：毛澤東赴莫斯科朝覲劃諾，後面還帶了兩三個代表團，其中之一，就是東北也有代表團隨行，這是說謊總機關新華社都公佈過底消息，有人懷疑毛澤東不是「中華人民共和國中央人民政府」底「主席」，理由頗近似而實非，「毛竹筒」確是中央人民政府主席，一點不冒牌，但中華人民共和國的地圖上不獨有東北那麼一塊冒牌在上，中央人民政府並不能代表「東北人民政府」，所以東北代表團，以其謂爲「隨同」毛澤東前往朝聖，不如說這位湘鄉鄉巴老會未見過洋水洋玩意的「土包子」，是「陪同」東北代表團前往，因爲克里姆林宮禁衛森嚴，主子深閉而神秘，不輕見客，沒有比較接近的佞幸乾兒輩引見，還怕碰釘。

另一個陪同前往的新疆代表團，將新疆拱手奉獻，已見於最近的中外各報紀載，（其實是多餘）可爲旁證。東北代表團的任務如何？此行結果如何？是毋庸等待底！假使誰要等待，只有等待將來發掘克里姆林宮主人埋藏底秘密文件，再行證驗吧。

第四個證明：華北、華東、華南、西南這些「大行政區」，都設「軍政委員會」，爲各該區的最高分治機關（華北區於中央人民政府成立後撤銷），獨有東北區，是九省合併的一個「人民政府」，東北是「老解放區」「革命秩序」建立了，所以不需要軍政委員會？那麼延安，陝甘寧邊區，晉冀察邊區……等老區豈能例外？否，否！東北的人民政府和東歐的保羅匈捷波等人民政府同其性質，依樣畫葫蘆，追踪外蒙的自治獨立向外靠攏去也。

克里姆林宮主人的魔術手法是高明的，當歐洲的外圍「安全感」（這是善良的美英民主學者們常用的對蘇向外侵略的諒解術語）比較滿足之後，在亞洲，除了一個外蒙古是業已建立之外，最可慮的來自太平洋的可能「侵略」如何呢？於是，如法泡製，不論中華人民共和國會不會成南斯拉夫，不論毛澤東如何忠實，不可能變爲狄托，先將自己孕育而成的四十五歲高崗，安排在這個阿爾薩斯勞連上，並且把他從中國的地圖上先割下來，不是更嚴密而安全嗎？

明乎此，就知道東北的大鼻子爲什麼那樣多，東北的「建設」爲何能「突飛猛晉」，東北的大豆高粱爲什麼源源自「長春鐵路」運出，將來也就是明後年，東北的下一代爲什麼儘多麗服賓髮兒了。

香港通訊

有人說：國民政府是被公營事業拖垮的！

張志楷

編輯先生：

共產黨之統治中國已經贏得人民的公憤了。我們在香港的人看得比別處的人更加清楚，故憤怒也越發厲害。可是僅僅憤怒有甚麼用處？參加游擊隊嗎？不但年老力衰，而且從來沒有受過軍事的訓練，恐不能幫助我們的健兒做夜行晝伏的工作。其實要完全靠游擊隊來打倒中共政權，也是不很容易的事。所以現在還是希望臺灣的政府能够奮發有爲，臥薪嘗胆，埋頭苦幹，糾正既往的錯誤，樹立將來的規模，始能反攻大陸，擊破共黨。現在的行政當局雖然力謀改進，也算有些成績，但是據我所知，其中尙多腐敗的地方，應該亟謀改進。現就公營事業中的金融機構來說吧！今日的情況能說比過去更好了嗎？愛之也深，故不覺言之也切。讀到貴刊二卷七期座談會所謂「吃光主義」「集體投降」等等，撩起我鬱積已久的情緒，和到港後耳聞目覩的現況，欲借貴刊的一角來發表，不知能獲得允許否？我這裡要聲明一句，我無攻擊任何私人的意思。覆巢之下，豈有完卵，今日還能互相攻訐麼？我憑良知來說話，希望當局徹底覺悟而翻然改正！

我在香港最常聽見的就是中央信託局的要員（局長副局長階級）在港臺之間飛來飛去的消息，這半年間已經聽過好幾次了。這些人們來去如此頻繁，似乎是忙到不得開交的樣子，究竟有何貴幹？我自己心裡想想，廣州淪陷以後，中央信託局還有甚麼業務好做？爲甚麼如此繁忙？自己一個人想來想去，想不出所以然來。只好請教幾個比我更知道內幕情形的熟朋友，問他們所以來來去去的理由。果然給我問出一篇大道理來。

以下是我的朋友們的話：

『你以爲那批信託局的要員們飛來飛去，因爲業務繁忙嗎？哈！哈！其實却因爲閒得無聊。他們橫豎台北也有公館，香港也有公館，一樣佈置得堂皇漂亮，一樣生活得舒服暢快，已然無公可辦，何不換一換環境，樂得身心淸爽，百病消除呢？

『我說到這裏，我應該補註一句，便於大家更容易明瞭：就是他們在香港的公館房子，都是公家出錢租的，或頂的，現在都變成自己的，因爲早已過在自己名戶下。聽說香港分局這種情形甚多。他們家眷都住在香港，偶而來台一行，也不過是玩玩日月潭與阿里山的，聽說某要員夫人一出飛機場就趕辦出境證！

『我還要補述一句，就是香港分局的人員，上上下下連工友都拿了遣散費，現在紛紛來台報到，局中居然准其復職，名曰「資遣留用」。聞說現任局長副局長也都在香港領過鉅額遣散費的！故港局已遣散而來台之職員，局長等也不能不准其復職啊！

『你適才不是說信託局目前無事可做麼？事實確應該如此！說也奇怪，表面上還是極其繁忙的樣子。臺北信義路的招待所（這是屬於總局的，台北分局另有招待所），門前車水馬龍，熱鬧非常，三日一小宴，五日一大宴，聽差們確實是忙得「不亦樂乎」。鄙人一度忝陪末座，酒飯眞是豐富之至。聽說局長副局長交際費自本年一月至四月中旬已花去五萬新臺幣，其豪濶可想而知。

『關於信義路的招待所，我還想補白幾句，使你這個鄉下佬更加明白。當初信義路租的房子，一共有四棟，原是一所極其普通的住宅，該局以爲不够舒適，乃大加整修，翻地面，舖水泥，築球場（籃球、網球一應俱全），購傢俱，一共花了十餘萬，豪華不足，舒適有餘，若比起過去南京與上海的場面，當然是望塵莫及了。

『該局遷台後發表的職員，連過去在內，已有一百三十餘人之多，而且多屬高級的，大多是副主任以上的。若連分局及辦事處計算，共有三百餘人。

『你以爲該局沒有業務可做嗎？錯了，它的業務多着哩——省營的某某公司因爲虧累太甚，無法繼續經營，省政府乃商請信託局易貨處接辦。該處負責人一經接洽，便慨然應允，返局舉行會議，將此展開業務的好消息公佈出來，並研討接管的各項問題，不料該處某副理竟提異議，他以爲這個公司是一定虧本的，既然虧本，我們就不應該接辦，如爲連絡省府起見，不妨酌予貸款，還可保存資金。該處負責人認爲已經答應人家，個人信用要緊，即使虧本也必須接辦，同時令派某副理主持其事，該副理拒不受命，下文如何，容再探告。……』

我聽了這些話，當時氣得頭腦發昏，說不出話來。以後冷靜下來，再想一想，以爲這些話總不免有點誇張，乃多方探詢，追求究竟，現在已經知道，這些都是確確鑿鑿的事實，一點沒有誇張的。唉，我眞不知道偏促於台灣一隅的政府，還有甚麼偉大的金融政策，到今日還是四行兩局整整齊齊，每一機構都組織得異常龐大，辦事人員有增無已，領了疏散費的人們，又可來臺報到。而且上自主管，下至聽差，其待遇都特別優厚，個個吃得腦滿腸肥，各級文武官吏皆望塵莫及。就拿信託局來說，現在有何種業務必須歸該局經營，而不能由其他機構兼理的？即使有之，也怕少得可憐吧。那麼，何不索性將該局取消，歸併到中央銀行去，把現有的人員儘量裁減，留極少數以辦理必要的業務呢？最近陳院長上台以後，將行政院的人員極力緊縮，剩下的不及千人，眞是大刀濶斧，敢作敢爲了。如果能够容納我的提議，則於國家財政裨益當有倍蓰者。大家知道行政院大多數的人員都是只領薪俸的照現在的實際情形，只是辛辛苦苦吃碗飯罷了。信託局職員的待遇，比起行政院來相差都有三倍，這裏裁減一個便與那裏裁減三個相當，且還可減少其他的浪費。爲甚麼陳院長的刀斧不從這裏下手？難道時局至於今日，還要多所顧慮嗎？老實說，我看到中央信託局，這樣「至死還不覺悟」的情形，我眞非常爲國民政府悲觀啊！

又據報載中央合作金庫，在撤退後仍存於香港的數十萬美元，被該金庫總經理壽勉成，一聲不響，擅行拿到海外去，現在政府不知此公到那裡去了，正在調查中云。這批管理金融機構的人，平日揮霍慣了，到今日，只好緊緊握住最後一筆款項，一溜烟跑到海外去作寓公，自己打算下半世的生活要緊，國家事，管他娘？十年來我所看到的合作社，大多數都是有名無實的，訂好章程，塡好幾張表格，憑點人事關係，做些聯絡工夫，便可得上峯批准，居然成立了。倘若檢查其內容，只有經手幾個人可以得到好處，並沒有民衆和他們合作，也沒有甚麼生產不生產消費不消費。我在鄉間有一次急需款項，無法籌集，乃走到某銀行去接洽押借款。我問那經理人員，現在拿不動產的證件來抵押借款要幾分利息呢？他說，談不到利息，現在上峯命令是不許可的。我覺得很奇怪，問他爲甚麼緣故。他說，比方你拿田業來抵押吧，你的田在甚麼地方，肥瘠如何，照那個地方的時價值得幾何等等，都是非經派人切實調查無從知悉的，我們人手不够，無法調查，所以不敢借出去。我又問他，你們銀行裡事實上是有借貸的，我要怎樣的辦法才可借錢到手。他却不慌不忙，教給我一個好辦法，卽是，要我去組織一個合作社，按照他們所定的手續，便可借得大筆款項云云。我又氣憤又好笑，離開了某銀行的大門碰到幾個朋友卽將這些問答告訴他們，以洩心中不平之氣。不料我那班朋友却高興起來，慫慂我照着手續去辦。我以爲驢頭不對馬嘴，茫然不解所謂，乃據理反駁道：第一，我需款急迫，三五天以內便要有錢到手，照他們的手續至少需時一月以上，委實是緩不濟急；第二，我不會辦合作社，也沒有時間去做這些玩意。我的朋友的答覆更出乎意料之外。他們說：你以爲借到錢眞眞要辦合作社嗎？在某地掛出一個招牌便可敷衍公事了。我們拿到錢還愁沒有辦法嗎？不能另尋出路嗎？頑固性雖然阻止了我玩合作社的把戲，好奇心却驅使我去調查實情，始知所謂合作社也者，原來如此！聽說農貸方面的情形也差不多。打開窗子說亮話，卽是那批有勢力，有面子的人們，可借合作社或農貸的招牌，向銀行借得低利的貸款，乃以高利率轉借他人，一轉手間便可獲得厚利罷了。但在中央機關的簿子上，則整整齊齊，某某合作社一切手續都極其完備，儘可在報紙上公布，全國有合作社幾萬乃至幾十萬所，豈不可笑？現在看見總經理的此次行動，則平日的自欺欺人，危急時只爲自已打算，只是一套手法之二面而已。像這種損公以利私的人物，過去的國民政府底下實在是太多了，今日的台灣究竟還有多少？如果不能徹底肅淸，則對共黨的鬪爭恐沒有勝利的希望。痛定思痛，徹底改正，今日正是時候了。

又如中國銀行的專門業務是辦理外國滙兌的，海外的通都大邑都有分行，組織龐大，氣派十足。但是現在台灣的外滙是嚴格管制的，對外貿易又非常簡單，則中國銀行的專業還有甚麼？何不早日結束，以節省浪費？聽說單單紐約分行的保證金就有美金三百萬元之多，如果將各大埠的分行完全裁撤，則美金千萬元便可到手，究何所顧慮而不行？今日靠攏投降者，已經出現了，其全部財產都交給敵人去了，還不趕早結束，等待何時？難道要統統交給中央才心甘情願嗎？聞說交通銀行在菲律賓的馬尼拉亦設有分行，目前旣無商可經、無業可營、亦應早日結束，以裕國庫，決不可作爲避難所啊！國民政府天天希望美援，其實國民政府過去所屬國營事業的外匯與物資也不知送了多少與共黨了。還有許多是自己分掉的，郵匯局在香港的幹法就是其中一個例子。此事人所共知，不知交通部當局查了沒有？「亡羊補牢，尚未爲晚」。如果在台的政府人員和公營事業人員趕快的打窮算盤過窮日子還來得及哩！否則，闊大少沒有幾天好過的！

臺灣生產事業，據說有百分之八十是公家經營的，其中有國營，有省營，也有中央政府和省政府合辦的。前在臺灣新生報上看見吳主席決心整理的消息，現在也不見有顯著的整理的事實。最近討論公營事業的文章常在報章雜誌上可以看到，貴刊二卷七期座談會上某君發言，直謂國民政府在大陸上實爲公營事業拖垮，我想，現在是應該整理的時候了。我是外行家，不能起草一個詳細方案，但原則上則公營事業沒有任它長期虧本的埋由，而勝利以後我們的公營事業的弊病皆在此。做生意是一定要講生意經的，公營也應該和私營一樣，要遵守工商的法規，要繳納稅捐，然後精密地計算其成本，知悉其盈虧。如果是要虧本的，馬上便要更易其人員或改變其辦法，甚則把它賣給私人去經營或完全關閉，斷不能勉强維持，聽任其長期虧本。因爲長期虧本則必須從別種稅收或增發通貨以爲彌補，這根本不合經濟的原理。且政府雖然虧本而管理人員却受到特別優厚的待遇，豈善於虧本者要獲得嘉獎嗎？我們以爲管理人員對盈虧應負完全責任，盈利者應該獎賞，虧本者應該懲罰，像過去一樣只有獎而無懲是不行的。話又說回來了，要人負責，必須授人以權，再不能多方掣肘，使有才者不得盡其才，庸愚者適足爲藉口。今專就價格來講，幾年來的事實，公營事業之加價無一次不是領導物價上漲的，故官吏與人民都從這一點着眼，往往壓抑到極低的價格，而不顧營業之虧本。固然獨估性的事業，如果政府不規定其價格，往往獲得暴利，而使人民受其害，如最近禁洋報紙入口，而台灣所出的印書紙，由三十餘元一躍而至九十餘元。（到過一百餘元）故規定價格須計及其成本，而加以合理的利潤，當然不能太高，也不能太低，太高則病民，太低則病國，兩方都不是合理的。我們以爲只要是合理的價格，必不會領導物價上漲，縱使一時上漲，亦必不久而平復，不應謬謬過慮，而置公營事業長期虧本於不顧。這一層尤於鐵路爲甚。

總之在今日的局面下，公營事業也吧，金融機構也吧，再不能任其「吃光」，必須徹底整理一番而後可。共產黨的政策壹是以黨的利益爲依歸，不顧人民的死活，到處弄得民怨沸騰，但其核心的力量却並未有削弱的跡象。我們要和共產黨鬥爭，自不應學他們那種慘無人道的辦法，然若我們的金融機構及公營事業病民病國，只有利於少數人者，怎能够增强鬥爭的力量呢？陳院長和吳主席都是極賢明的長官，聽說也已注意及此，我們希望趕快實行整理，使國計民生兩有裨益，經濟上奠定不敗的基礎，然後軍事上的勝利才有確實的把握。

三十九年四月十五日於香港

香港通訊

動蕩中的香港

黎庶

中共的鬼胎

被譽爲「東方之珠」的香港毗連逼處在鐵幕的邊緣已經半年多了。在這段期間香港起了些複雜的變化。現在香港是民主國家在遠東的前哨。毛澤東周恩來之流對它心懷鬼胎，另眼看待，美國英國對它更是注視關懷，嚴密守護。這裏是遠東第一個國際貿易市場·是各國間諜人員薈萃鬥智的地方，同時也是愛好自由的人們的樂園。由中共統治下向外逃亡的人們，不論用「水遁」或「土遁」，第一目的地總是香港。若干萬人靠了它才脫離中共的魔手，若干萬人經過這裏而踏進自由中國。這塊講法治的地方上，自由倒還充分。報紙是五花八門，甚麼樣全有，不論左派右派前派後派，都可以自由地大放厥辭。這兒的老百姓要看甚麼就看甚麼，愛說甚麼就說甚麼，沒有誰來强迫他們去開會學習，作應聲蟲；所以香港實在是觀測人心趨向的理想場所。

中共對香港的態度是個矛盾的統一。在政治立場上，他們當然認爲「英帝」是在要打倒之列，香港自應列爲「革命」目標。並且這顆「東方之珠」緊靠在中共臥榻之側閃閃發光，共產黨當然看得眼紅。會不會有一天老毛怒從心上起惡向胆邊生，毛手毛脚地來上一下？香港的人相信至少在三次大戰之前他不敢，也不會作這魯莽嘗試。沒有史大林的大命叫他發動大戰，他絕不能惹起這樣嚴重的衝突。所以中共到現在還沒有表現出以武力攫取香港的意向，在邊界只駐了一團人設防就可看出。並且他還有其矛盾的另一方面，那就是他現在經濟需要上對香港的依賴性。事實上香港對中共是好處遠過於害處。他現在對國際的交通幾乎全部被國軍封鎖了；唯一能交通的蘇聯這靠山却也是個窮措大，對他幫不了忙，而且又刻薄自私得可怕，對中共只是榨取而不供養。中共要把在國內壓榨來的貨物賣脫，除香港外別無運銷場；中共要採買急需的物資，也只有在香港買。現在由香港購進大批汽油機器汽車，甚至準備渡海進攻用的小型船隻。中共早就在港設立他們貿易局的辦事處專們採購軍用物資和經濟必需物資。香港實際上是他們向外面世界呼吸的唯一孔道，中共需要香港，依賴香港，比英國還要厲害。一個沉在水中的大象是不肯把露出的鼻子尖拉到水裏去的。毛澤東那一幫人心裏自然也明白他們對香港現在只能眼紅一番，爲了他們「偉大的盟邦」不爭氣，他們需要保持香港現在的地位。但和香港關係太密切了又怕主子駡他偸人，懷疑他有狄托主義的親帝傾向。所以又不得不使勁板起一副六親不認絕不領情的猙獰面孔，好像說：「誰希罕跟你們這些帝國主義資本主義的混蛋來往！」這還不够，還得發動一套僞裝的政治攻勢，一方面掩飾得像些，對國內國外好有交代，另一方面用這政治壓力威脅英國在聯合國和其他方面多給他們方便。

大英帝國的困惱

英國在反共陣線上無疑是最主要國家之一。她是共產國際的死敵，在基本立場上絕對沒有和共黨國家妥協的餘地。但是在二次世界大戰以後，英國一直是國困民窮，在遠東的經濟利益實在捨不得放棄。所以她迫切需要保持中國大陸的資產，并希望同大陸大量作買賣，多賺兩文貼補一下。在這政治立場和經濟利益的矛盾下，英國終於很現實地很委屈地很不要臉地拋棄了并肩作戰的老朋友而承認中共。可是她雖然靦顏向毛澤東低頭，她的態度也還是政治立場和經濟利益的矛盾統一。英國人現在正是家道中落，對半世積斂剩下的一點孳財格外珍惜，惟恐再有人搶，所以不得不對中共獻媚讓步。但中共假如想對香港作問鼎之舉，即使是問問好玩也是不行。香港政府對中共很認眞地回答了一個：「鼎之輕重未可問也！」前些時工會在共產黨的指使下鬧罷工，藉口說物價高漲，工人生活無法維持，請求每人每月增加九十元港幣的津貼。其實香港物價根本沒怎麼漲，并且無論如何香港工人的生活比目前大陸上工人的生活總還好得多。國內物價亂漲一氣，工人還受命「自動減薪」「自動獻工」呢！香港政府當然肚裏有數，知道這政治攻勢的作用。於是在打前鋒的電車工潮正在遵古炮製得心應手的時候，香港當局派了大隊彪形大漢給他們當頭一棒。這些整齊漂亮的警察除了木棒籐牌以外還大量使用催淚彈，弄得這些無產階級鬥士狼狽不堪，「如喪史大林」。接着當局封鎖了他們的職工會，并把電車職工會的正主席遞解出境。這堆工潮碰了個大硬釘子也就很識時務地知難而退。中共這次政治攻勢也算告一段落。不過英國當然也不便太得罪了中共——他還有二十億美元財產抓在中共手裡呢。所以英國人使用了一套雙邊政策，一方面對工潮堅決鎭壓，并把全國二十多萬常備軍調了四萬五千人到香港九龍這一塊彈丸之地來，此外還募了幾千義勇軍幫助防守。海軍也很强，航空母艦就有兩艘經常駐港。空軍擁有飛機至少數百架。并且在邊界修築工事，戒備森嚴。新界的軍隊時常檢閱校操實彈演習。這都表示嚴陣以待的姿態，如果中共來攻香港，英國紳士就要大拼老命。但雙邊政策的另一方面則又甚爲嫵媚。承認政權是明送秋波，此外還儘量暗送秋波。對廣九路直通車的事英國人屢次提出要求。兩航產業的官司，英國政府拖了又拖，審了又審，但早就成竹在胸，終於乖巧地借花獻佛判給了中共。甚至在國際上受中共利用替他們活動出席聯合國。但是這雙邊政策的反響却頗不合埋想，因爲民主國家注重他不要臉，不顧大體的討好賣乖，對英國大表不滿。中共對英國的承認到現在還沒正式接受，拖着不肯建立外交關係。英國商人高聲叫苦，英國政府也暗歎出醜不值得，白送許多秋波而中共仍是「郎心似鐵」。

人民的覺悟

前面已說過，香港這「民主的櫥窗」最適於觀測人心的向背。在廣州易手之後，香港幾乎被「靠攏」的浪潮淹沒。街上來來往往（下轉(19)頁）

中篇連載

荻村傳（三）

陳紀瀅

當他引進這間牲口棚內的時候，他驚奇這個棚子的偉大，是不是天下唯一的大棚子？他想：張舉人家做牲口棚已然是這麼寬大，他家的住宅還要多麼大呀！比比自己住的關爺廟不知寬敞了幾十倍，若是自己能當張舉人家一名工人，能住在這麼一個房子裏，豈不是中了關老爺的話嗎？他再看一看那十幾匹馬騾，跳跳攢攢，向他吼吼地亂叫，他頓然覺得張舉人家的一切都是這麼有虎威，眞使他羨慕不止。他見了掌班的正在叨着旱烟袋，笑瞇瞇的，好像在傳喚他，於是他上前去，恭恭敬敬，首先作了一個深深的揖，然後聽他的吩咐。

「常順兒！來吧，跪在地上你給夥計們每人磕三個頭吧，不然他們不會讓你搶活做」。這時棚外已擁擠左一層右一層的人群，一陣笑聲，一陣呼哨，咭咭呱呱的。當常順兒跪在地上，頭皮貼近磚地，「咚咚」地磕了幾十個響頭的時候，笑聲更加響亮起來。突然有人報告舉人來了，掌班的聽到，把傻常順兒連忙拉起，趕快推出門外，那些看熱鬧的人也疾忙逃避，幾隻大黑狗叨着菓子，仍然亂撲人，一直把這群人趕走。

傻常順兒第一次想給張舉人家做工，這樣滑稽地結束。

四　選婢

張舉人終於在宣統二年放了缺—東三省卜奎知縣。報喜的報子把這喜訊呈獻給張舉人時，不但張舉人和他的闔府對皇上的恩德感激得涕泗縱橫，全荻村立刻也引起狂歡，無論男女老幼，都爲這件光榮事激動，門口擺起香案，燒着大把香，替張舉人感謝皇恩浩蕩。村裡人都擁擠到他家的門口，燃放爆竹，敲鑼打鼓，爲張舉人陞官祝賀。

傻常順兒，大粗腿，大腳蘭兒，拐子蓮兒，完蛋蛋兒，小淘氣兒也都擠在人羣中看熱鬧。傻常順兒對於張舉人家的大門口，本來是常川經過的，平素他對於這個坐北朝南的宅子，早就內心裡感到神祕，尤其門口一流五大間的廈間門，一排十根既高且粗的圓柱腳，八級漢白玉的石階，黃銅門環，青石對獅，感覺有無限的羨慕。他常聽人說：衙門口向南開。像張舉人家這種式派，一定非做官不可，他看着那十根柱腳越法顯得又圓又粗，石階門環越法顯得光亮，那一對青石獅，從歪脖，前腿和捲毛的尾尖，今天變得更雄赳赳，更虎式的簡直變活了。他心裡想：怪不得人家說，人都是有星象的。張舉人今天陞了官，他家門口的一切東西都也像變了樣。是不是我的眼睛花了？爲什麼廈間門頂上好像冒着一縷一縷的青煙？爲什麼我住的關爺廟頂上從來沒有這種景象？

大腳蘭兒看傻常順兒呆頭呆腦的樣兒，不知他愣着脖子在想什麼，「啪」的一聲，一把掌打着傻常順兒的後腦勺，他回過脖子來一看，忙說：

「蘭大娘！你也來了，我託你的事怎麼樣咧？你看張老爺今天這麼大喜事，我的喜事什麼時候辦哪？」

大腳蘭兒一聽，馬上罵他：

「啐！啐！你這傻王八，瞧瞧你這德行，來到我們荻村村裏六七年啦，你他娘的還是流鼻涕，淌吐沫水，一點出息也沒有；你，房無一間，地無一隴，憑你猴兒仔子那麼豬八戒模樣兒，能娶媳婦兒嗎？人家圖你什麼？你還是撒泡尿兒照照你那鬼像吧。」

大粗腿一聽大腳蘭兒在罵傻常順兒，他也湊到跟前來打碴兒，他向着大腳蘭兒說：

「大腳蘭兒，你說什麼？？傻子想求你說媒？他媽的看上誰啦？噢！怪不得他頭幾天跑到歪歪桃兒家門前，轉來轉去，莫非他媽的想上了她啦？咗！咗！咗！給你一百個咗！你他媽的，別妄想了。」他一面衝着傻常順兒，一面喊拐子蓮兒。

拐子蓮兒也趕忙近進來，對着他們三個人說：

「別拿我妹妹取笑啦，按長像，按材料，妹妹也不會嫁傻常順兒。同村的算卦先生頭些日子還爲妹妹算命，說她過了驚蟄就交好運，要遇見貴人；不過有一點，她的婚姻遲。我這兩天正要找你呢，蘭兒大娘！你看她十七大八啦，也應該找個婆家啦，雖然命中註定婚姻遲，我想照咱們村的風俗，十七八歲不能不算婚遲了呢。

傻常順兒一聽見拐子蓮兒的話，立刻傻呆呆地哀求着說：

「蓮兒姐！他們罵我傻，我知道我沒別人那麼俏，不過我的心眼好。要是我有福氣，桃妹妹能嫁我，我一定好好伺侯她。給他買翠花，買花兒洋布，買羊肚兒手巾。我把賍的活價，統統交給她，做她的體己。要說瞎話，天打霹靂轟，八輩祖宗倒血霉。」

大粗腿一看傻常順兒眞個道出內心話，忙罵：

「傻小子！你眞存心啦，好，小子？你先蓋好房，置下田地，我包給你說個媳婦兒！」

這時，黑心鬼，扣兒蘑菇，陳三爺，郝秀才和全村的頭頭腦腦，出頭露面的士紳們，有的靴帽整齊，有的穿着嶄新的衣服，都從張舉人家內院走出大門，隨後張舉人頭戴棒捶翎紅穗帽，官袍官掛，雪白的粉底長統緞靴，脖子上圍着一串朝珠，邁着方步，笑容滿面，如同戲臺出場一樣，被這羣士紳們導引至他的門口，他正預備向瞻仰丰采爲他道賀的同鄉們致謝，傻常順兒從人簇中擠上前去，衝着張舉人，爬下就礚頭，並大聲喊着：

「張老爺！你陞官啦，我常順兒這裡向你道喜，願張老爺步步高陞，大吉大利。我常順兒願給你老人家牽馬墜鐙，做一個隨身的奴婢！」說完後，又是作揖，又是叩頭，引的張舉人也瞠目結舌，不知怎麼好。

扣兒蘑菇見傻常順兒這樣鬧騰，心裡也不住地詫異，想不到他會這一套，雖然有點不太官冕，但別人還不及他，一面他也很高興他說：

「常順兒！你這兩句話張老爺聽見了，你起來吧。」張舉人見傻常順兒這樣恭順有禮，猛然憶起義和團鬧事的那年，他被救活收留的經過，心內也不禁喜悅他有今天。

張舉人向同鄉們說了許多道謝自謙的話，然後轉身又回到內宅去了。荻村村內的人們因爲本村有了知縣，從此之後不但自己覺得光榮，並特別覺得有了仗恃。因爲本縣知縣也親來張舉人的府上來道喜，這是荻村有史以來首頁光榮史。

幾天以後，扣兒蘑菇從張舉人府上傳出舉人不久要上任了，要挑選一個梅香丫頭跟去，張夫人屬意歪歪桃兒。這一消息傳出，驚動了荻村的老幼婦女，尤其是和歪歪桃兒年齡相彷的一些姑娘們，對她立刻興起羨慕，妬嫉。她們都聚攏在歪歪桃兒家裡，坐在炕沿上，把歪歪桃兒左相右看，弄的她双頰泛着桃紅，羞羞答答的。

原來歪歪桃兒是拐子蓮兒的妹妹，父母都不在了，今年十八歲，奶名小桃兒，因爲束着一條墨黑大辮子，前額兒覆着一綹流海，長的又十分標緻，所以被人給起了一個歪歪桃兒的綽號。瓜子臉兒，兩條彎彎柳葉眉，大眼睛，很長眼毛，兩顆酒窩，櫻桃小嘴，兩排很整齊的小白牙。在當時認爲最缺憾的兩只脚是旗下板，走起路來，不那麼風擺柳似的嬝娜多姿，而是飄灑雄壯。但因此她做活比別人更俐落灑脫，別人一走動就是脚疼，還耐不住辛苦，她行。一手好針線，還會織花刺綉，活是活，快是快。未曾說話先露出兩個酒窩，兩眼藏着內心的感情。

雖然生長在窮家，眞是麗質天生，美女出在農家。可惜的是沒有唸過書，不能識文斷字。而她眉眉眼眼的聰明比那大家閨秀還顯智慧。平常日子給大家主做做針線，趕趕活，張舉人的太太也讓她做過活，很嘉愛她。所以這次要挑選她去，她自然歡喜接受。

「小桃姐！這回可有福了，你看跟舉人夫人上任，到關東去喫好的，穿好的，將來再讓舉人收做二房，不也是一品姨太太嗎？」一個好多嘴的姑娘，嫉妬地說。

「別那麼說，你想去還去不上呢。人家桃姐造化好，前些日子，蓮兒姐不是說過過了驚蟄，桃兒姐就交好運，可不是嗎？剛剛過了驚蟄，舉人就陞了官，桃兒姐就被選中跟去上任。這全是桃兒姐有這麼好命，像咱們爲什麼不讓舉人太太看中了呢？不怪自已命薄，說東道西，我不贊成。」一個認命的姑娘這麼反駁。

「我看桃兒妹一切都很標緻，祇是那兩只旗下板不大順眼吧。這樣，去南闖北，只怕會被人恥笑吧。依我說，不如趕快把脚裹起來，免得到了外邊讓人家說大脚的。」一個比小桃兒年長的一個姑娘這麼替她擔心。

「你去吧，聽人說張舉人說來：東三省是旗人地方，那塊女人們都不裹脚。這回要帶小桃兒去的原故，她是個旗下板也是個最大原因呢。」

東一句，西一句，歪歪桃兒聽了有的順耳，有的不啻刺她的心，使她又歡欣又羞慚。還是她姐姐拐子蓮兒走進房裡來，才拿言語把這羣人趕走。

「好啦，好啦，你們姐兒們從小一塊玩，這回分別不知那年才見面，大家一塊熟糊熟糊吧。桃兒妹這兩天還得趕趕活計，頭走前，再向你們辭行吧。」

張舉人陞官，歪歪挑兒伴隨上任充梅香丫頭，這兩件事都給傻常順兒憑添了很大刺激。

他在張舉人喜訊報來的那一天夜裡，躺在關爺廟幾乎一夜興奮得沒有安睡。他想：荻村村眞是了不起，會出了官兒，我常順兒也見過官兒了，以後我可以跑到外村去吹虎。我看那天舉人對我很注意，我以後一定學好，也許我的將來會落在舉人身上。但隨後他又想到：我給他們除糞他們還不要我，他們會叫我給他牽馬墜鐙嗎？他想到此處，「媽的！那羣兎仔子們，擋着我，我不能饒他們，騎驢看本，走着瞧！」

後來他又聽說歪歪桃兒的事，他又思忖着：怪不得拐子蓮兒那天說那種話，原來有根。他又想：歪歪桃兒雖我祇見過他一面，眞够撇斜。我常順兒爲什麼竟忘不了她？做夢也是她，心裡惦記的也是她。媽的，我是不是，讓妖怪附了體，爲什麼關老爺的黑漆，棗紅大臉忽然變成了歪歪桃兒的粉紅，蘋菓的小臉？爲什麼周倉的一撮毛像是歪歪桃兒的那綹流海？一會兒她好像藏在關平的後身，一會兒又像躲在香案下面。眞奇怪，莫非鬧鬼？他漲大了膽，把兩只牛眼擦了又擦，看了又看，在黝暗無光的廟裡，什麼也瞧不見，突然有隻耗子從他的腿上一跑，把他倒吓了一跳。「他媽的，眞鬧起鬼來了，歪歪桃兒你有本勢，把我的魂都勾引跑好了。哼！我非娶你不介，你別看你跟官兒下關東，我常順兒在這兒等你，你總會回來。」

張舉人上任離村的前夕，傻常順兒懷着癡心偷偷摸摸徘徊在歪歪桃兒家的門口，想用他的一片愚誠換得她對於他一點印象。他在門口蹀躞了半天，裡面一點聲音也沒有，他正要敲門時，忽然門縫一閃，見完蛋蛋兒鬼鬼祟祟挾着一包東西出來，他倆瞅了一眼，完蛋蛋兒就跑遠了。傻常順兒心高膽怯，在門口又探望了一會，連歪歪桃兒的一個影子也不見，正在失望的時候，忽然聽見拐子蓮兒的喊叫：

「有賊了，有賊了！誰偷了桃兒妹的衣裳首飾了！」

霎時，隔壁鄰居都出來，大夥兒一看見傻常順兒正在門口巴望，馬上把他用繩子捆起來。

「好兎仔子！你學會偷東西了，哈！哈！」

「狗雜種傻常順兒！你他娘的，半夜三更在人家門口幹甚麼？」大夥兒都在罵他。

「我沒偷東西，我沒偷！我看見完蛋蛋兒剛出去。」他反駁。

這時完蛋蛋兒從遼遠喘吁吁地跑來，他佯作不知——

「怎麼回事？怎麼回事？」

「人家拐子蓮兒的妹妹，新做出外穿的衣裳，新打的鐲子不知那個三隻手的傢伙給人家偷跑了。傻常順說是你呢。」

「呸：傻子！我完蛋蛋兒不會這麼不開眼，偷人家官兒帶走出外梅香的東西。捉姦要双，捉賊要贓。走哇，你們到我家去搜，你們也到常順兒廟裡去搜。」

當大夥兒分頭去兩處搜尋後，在關爺廟內搜出一包衣裳，紫紅緞小褲襖，一双綉衣鞋，一付包金鐲子。

「嚇！有的，傻小子，作起賊來了。」

這時張舉人家的長短工爲了護衞他們主人的梅香，於是也跑來打賊。在衆怒之下，傻常順兒有口難辯，於是他被這羣人推倒在地上，用棍子棒子，拳頭，巴掌，狠狠地捶打。在一面痛打，一面張舉人家那班長工還不住地叫着他的名字：

「嘿！嘿！儍小子，還偷不偷？」一個長工說。

「再揍他，使勁揍他，揍他個半死不活！讓他盤纏好人！」完蛋蛋兒得意的樣子。儍常順兒被毒打得動彈不了，嘴裡不住地喊：「寃枉呀！寃枉！」

這時，扣兒蘑菇才從家裡來。小淘氣兒，大粗腿，黑心鬼，大脚蘭兒都來了。

扣兒蘑菇問明白了怎麼回事之後，他又問大夥兒的意見：「你們相信是常順兒偷的嗎？」

大夥兒大眼瞪小眼，誰也不敢哼一聲，儍常順兒倒臥在地上，不住地喊：「我寃枉呀！我寃枉呀！扣爺公斷！」扣兒蘑菇左思右想，憑他平素對常順兒的認識，他看完蛋蛋兒在漆黑的樹旁手足不安，他已料到八成，又看小淘氣兒嘴裡咕噥咕噥，很氣不平的樣子，他想其中一定有故，他遂叫喚小淘氣兒，說：

「小淘氣兒！你一向好說直話，心眼好，你說！你說！」

小淘氣兒，一個十四五歲的莊稼孩子，因爲小時候好哭，他娘管他叫小淘氣兒，於是村中人便也這樣叫他。他很機靈，好說直話，好打抱不平，對於村中大事小情愛打聽，也留心。那天夜裡，他打關爺廟前路過，喊了兩聲儍常順兒沒人答碴，他看見完蛋蛋兒從廟裡匆匆地跑出來，不提防和他撞了個頭，他就很納悶，完蛋蛋兒爲什麼深更半夜，在儍常順兒不在家時，來幹什麼？他尾隨着他，不想完蛋蛋兒躍着蹶跑的很快，他繞道回家去了一趟，趕到時，儍常順兒已被打得鏌姥似的了。現在扣兒蘑菇既問他，他也沒思索，說：

「我剛才看見完蛋蛋兒從關爺廟出來。我保證常順兒從來沒偷過人的東西，別寃枉好人。」

扣兒蘑菇一聽，又把拐子蓮兒招呼過來問了一陣。拐子蓮兒也覺得儍常順兒平素不是手頭不穩的人，可是怎麼在他廟裡搜出贓來？她思索不出來，他說：

「你們看着辦吧。反正東西已經找回來了。」

扣兒蘑菇氣得什麼似的，小鼻子小嘴不住地奴上奴下，他決定了主意，上前去一手抓住完蛋蛋兒的衣襟，對他怒聲冲冲的說：

「你他娘的，趕快招了吧。」

祇見完蛋蛋兒混身發抖，兩條腿不住的顫巍、不一刻，他就跪在地上了。

這時，儍常順兒又在喊叫：「我寃枉呀！」

原來打他的那些人，你瞧我，我瞧你，呆呆地望着扣兒蘑菇的臉。又望望跪在地下低頭的完蛋蛋兒。

當儍常順兒在廟內睡了一夜，又睜開他那兩只疲乏的牛眼時，天已發亮，閤村送張舉人赴任的爆竹聲已乒乓乒乓響了許久，他揉一揉眼，弓一弓身，看見怒髮冲冠的周倉和笑迷迷的關平正在擎着大刀捧着印衝着他好像在斥責他，耻笑他。他越想越有氣，轉過臉來，對着門外，狠狠地罵了一聲：「他媽的！」

五　革新

當大清國的龍旗從曆書上消逝了已兩年以後，荻村的老百姓們才曉得天下變了，朝代換了。象徵漢滿蒙回藏的紅黃藍白黑的五色旗，才開始在曆書上，教科書上被發現。村中人自老至小都惶惑不安，他們以爲一個國家如果沒有皇帝，那還成什麼體統？陳三爺那秀才自從得着這種消息以後，更坐臥不寧，一直有兩三個月之久，他們倆不住地向老百姓們宣告：『「不要慌，皇帝遲早還會來的。咱們黃帝子孫沒有皇帝怎麼會成事？中國人有什麼資格實行民國？」

不久，集上突然出現了巡警，拿着鐵剪趕着人們剪辮子，並且黏貼告示，從今以後任何人不許再蓄髮。馬上引起鄉村人的激動，他們都覺着一個人的頭髮本是父母所生，怎好把牠剪掉？一個人若沒有辮子，那同廟裡的和尚有什麼差別？大清國的臣民怎麼能聽從這種妖魔外道？違背天意的辦法？他們一律拒絕剪髮，爲了躲避巡警的眼睛，他們把門關起來，藏在家裡不露面。

又不久，告示又貼出來了，女人不許再纏足，趕快把已纏過的脚放開。老太婆們，小媳婦們都是纖纖小脚裹慣了，而且唯有小脚才被人讚賞，放開嗎，不但不舒服，還要被人耻笑。誰肯找這個麻煩？

慢慢又告示，改用陽曆，取消陰曆。

這兩件事又給荻村全體人民評論的材料，他們說：

「這就是民國嗎？剪掉了辮子，不纏足，改用陽曆，就會把洋人打跑了嗎？看不透！唉！國之將亡也，必出妖孽，這都是妖魔外道。」

於是，男人背後仍然拖着一條豬尾巴，女人照舊還是裹小脚，陽曆祇有學堂裡的先生們要過陽曆年時再掀起曆本來查用。人民在舊曆年貼用的對聯仍然是「世代簪纓」「皇恩浩蕩」歌頌朝廷的字句。大清國的滅亡和民國的創立，給荻村人民的波動，祇是一剎那間的新鮮告示。「皇帝」，「大清國」嵌在人民腦殼中已然很久，誰信那沒有朝廷的命令呢？（未完）

以俄制俄

Wallace Carroll 原著
遠思 譯

——當納粹領悟到這教訓時已經過晚。從他們的秘密記載裏，我們知道曾有無數蘇聯人民參加攻擊他們自己的政府。德國的錯誤給我們提示了比炸彈更好的東西以制蘇俄。——

華來士卡若爾（Wallace Carroll）是一個著名的心理戰專家。他是一個新聞記者，曾經在歐洲主持戰爭新聞活動有三年之久，並曾著「說服或滅亡」(Persuade or Perish)一書，被廣大的讀者羣認爲是關於宣傳和冷戰最有權威的一部著作，他是國防部和國務院對此問題的顧問。在這裏，他分析德國在俄國失敗的癥結，同時提供了一個計劃，如何防止戰爭或者是戰爭若爆發如何幫助我們獲勝，堪稱偉見卓識，美國可由此重新考慮美國的戰略計劃。

在上次大戰中有一章未寫的歷史是我們必須毫不遲疑地知道的。我們知道俄軍如何在史太林格勒制止了德軍，但是首先德軍如何能到達史太林格勒呢？他們如何抵禦了俄國的勢力和人力而推進了一千餘里呢？

對於這些問題，在德國的軍事檔案處可以找到回答：有千百萬俄國人熱誠地幫助德軍。

這個事實早已爲國務院的蘇聯專家和少數美國官吏所知道。現在在軍隊中警覺到這一點和德人的心理錯誤的人也漸多，德人的心理錯誤犧牲了無數俄國人的支援。這種警覺對於美國的軍事思想和計劃是一個新的刺激。事實上，那些過份信任原子彈的美國戰略家們可能因此而覺悟。因爲德國在俄國的經驗已經很簡單的告訴我們：蘇聯人民是抗俄戰爭中決定勝負的因素。說得更簡單一點：以俄制俄。

三次大戰若不幸爆發，美國可以在蘇聯的領土上擲下原子彈殺害無數的蘇聯人民。但是我們能否喚醒那無數的蘇聯人民，在這決定勝負的關頭，策動他們反抗史太林政權呢？

現在我們知道我們能夠造出一個工具來達到這目的——這工具不像原子彈可以被蘇聯所抄襲運用來對付我們。製造這工具，美國必須勇敢地即時行動，盡少量的遵循美國一貫的軍事思想。在抗俄戰爭中原子彈失效的地方，這工具可以成功。我們可以給這工具一個實際的名稱爲「心理離間」(Psychological Fission)。

「心理離間」遠超過我們已經知道的心理戰爭。因爲「心理離間」是利用所有的戰爭武器，一致地運用軍事的、政治的、宣傳的技巧，來解放所有存在於蘇聯國內的分裂的力量，這些力量的存在爲德國侵略時所發現。

當德國進攻俄國時，德國的參謀本部便擬定了一個心理戰計劃。這計劃的主要目的是分裂史太林政府和蘇聯人民。但這計劃的失敗處是對於兩個具體問題沒有立下確定的政策——假若我們對蘇作戰，我們也要遭遇這兩個問題。

蘇聯是由許多民族組合而成。約有兩百民族，其中最多數爲大俄羅斯人。大俄羅斯的統治素爲少數民族所憎恨。在這些少數民族中連四千萬烏克蘭人在內，有許多希望獨立或自治。

這種情形使任何一個與蘇作戰的國家感到進退維谷，一方面可以激發烏克蘭以及其他少數民族的國家觀念——唯一的危險是犧牲了更有力量的大俄羅斯人。但另一方面，若與大俄羅斯人最後妥協，可能引起少數民族的不信任，其中有許多民族在蘇聯的邊界握有戰略地位。

德國參謀本部的宣傳計劃決定在剛開始進攻時，對於這問題保持沉默。

對於農民問題也是同樣的情形。德國從蘇聯得來的軍事情報確實地報導集體農場普遍地不得民心。但這些集體農場可以供給一個侵略者和給史太林同樣的利益，因爲集體農場是從農民處榨取食物和原料的有效工具。所以德國的心理戰士們被警告不要揭起破壞集體農場的希望。

這兩個否定的決定便產生了致命的後果。

然而，當德國在一九四一年六月二十二日的清晨發動攻勢時，他們早期的成功甚至於超過了一般心理戰計劃家的希望。這裏有蘇聯俘虜的數字——這些數字不是從宣傳方面得來的，而是由外國軍隊部(Foreign Armies-Department)得知的：六月二十九日到七月七日，俘虜三十二萬；七月十六日，斯摩稜斯克戰役，(Smolensk)俘虜三十萬；八月五日到八月八日，烏滿(Uman)戰役，俘虜十萬零三千；九月二十四日，基輔(Kiev)戰役，俘虜六十六萬五千；十月十八日，布利安斯克及(

Bryansk）及維亞滋麻（Vyazma）戰役，俘虜六十六萬五千。當蘇軍正在他們自己的國土上抵禦一個外來的侵略時，竟有二百多萬人的大投降發生，這是值得注意的事實。

當德軍每天以四十里的速度向斯摩稜斯克推進時，令他們驚奇的是他們竟被視爲解放者，受到蘇聯人民熱烈的歡迎，並與他們合作。在波羅的海沿海諸國及烏克蘭甚至於在白俄羅斯，農民們向德軍獻出麵包和鹽，這是他們傳統的習俗。集體制度在這些廣大的農業區域裏激起了最深的反史太林情緒。根據德國的記載和一些德國人的證明，蘇聯農民認爲集體農場是罪大惡極，預料德國人將結束這種可恨的制度。早在七月三十日——德軍進攻八日以後——德國外事局便得到了一個由前線來的報告：「俘虜們都尖刻地咀咒集體制度，他們說在那種制度之下，既不能生存又不能死亡。」

在烏克蘭，國家觀念更進一步地激增了反對史太林政權的情緒，雖然這種政權本身的性質往往是引起他們不滿的最大泉源。

德軍的前線機構未接到上方的命令，便接受了蘇聯人民的合作。起初，烏克蘭人、波羅的海人、白俄羅斯人——甚至於大俄羅斯人——都被用爲軍中廚房的幫手，供應前線的運貨馬車夫，或者是軍事工廠中的修理工人。後來一些志願者——顯然地是虔誠的志願者——也被任用在德國的軍事機構中，並且享受和德人同樣的待遇，有薪俸、食物和服裝。德國的傷亡漸漸增加，德軍不斷地從總部和後勤機構中被遣送到前線去，於是他們的位置便被俄國人所代替。漸漸地，俄國志願者也被允許去前線充當彈藥和機槍的搬運工人，他們的服務成績如此優良，以致於德國的許多部隊自然地完全由蘇聯志願軍組合而成。

因此，在最初，很顯明的有一個很好的機會安置在德人面前。然而，德軍最高指揮部八月二十四日的報告說：「蘇聯農民排斥每一個他們所認爲是代表集體農場制度的人……因此我們可以將這些農民組織起來，對於我們是有用的。假若不如此實行的話，有一個大的危機是這些農民將成爲共黨宣傳的犧牲品，轉而支援游擊運動。」

雖然蘇聯的宣傳盡量抵毀德人，但蘇聯的士兵、農民、市民，特別是那些少數民族的人民却熱烈地歡迎德國人，認爲他們是拯救他們脫離一個可恨政權的解放者。

但納粹如何錯過如此良機呢？回答是希特勒處處都大大失策——對於紅軍、農民和少數民族都處置失當。希特勒在一九四一年確信他能以純粹的軍事方法擊敗史太林，於是對蘇不採取心理戰，僅僅信賴武力。

根據希特勒的計劃，德軍將很快地推進到「A A線」，從北方的亞爾千日爾（Archangel）一直到南方的阿斯特拉罕（Astrakhan）。當德軍到達了「A A線」，蘇聯便無法有組織的抵抗，於是便無須和蘇聯政權的剩餘力量講和。三個德國機械化部隊足可戒備這條「A A線」，可使新歐洲（New Europe）免於亞洲的侵擾。

歐俄的大黑土帶和幾個出產最豐富的工業中心地將形成德國殖民地的一部份，而那些近乎人類的當地人民將成爲德國君主們的奴隸。從礦場、森林、農場中，食物同原料將源源運回德國，使「千年帝國」（Thousand-Year Reich）不需要海外的輸入品而獨立。將克里米亞的居民驅逐出境，以德國人代之，變爲一個「德意志的直布羅陀」（German Gibraltar）。整個被征服的土地將變成希特勒所愛稱的「德意志的印度」（German India）。

爲了要實現這個夢想，希特勒不惜採用殘暴。他拒絕接受蘇聯人民的幫助，唯恐戰爭結束時他們要提出服務的代價。他命令將蘇聯的俘虜——甚至於許多熱切地要幫助德人——驅逐到波蘭的獸欄裏去，並將他們餓死。派定烏克蘭的第一批勞工有百分之八十是志願工人，熱切地要幫助這些「解放軍」。但他們被擠塞在貨車中運往德國，沒有食物，也沒有衛生設備，一些受盡了折磨還活着的人便被囚在鐵絲網內，所得的食物僅能使他們活着，强迫他們掛着「第二等民族」的標記。當這種消息傳到了烏克蘭，志願者都停止了，所有精幹的男女都逃入了林中。

也有一些有力的德國人極力要改變希特勒的政策。納粹黨的「哲學家」羅遜柏（Aefr ed Rosenbarg）便是其中之一。曾有名無實地主管德國在蘇聯的佔領區。他的意思是分化蘇聯，在大俄羅斯和歐洲之間建立一「交通遮斷線」（Sanitary Cordon）——這條線由愛沙尼亞、拉脫維亞、立陶宛、白俄羅斯、烏克蘭、塔他爾（Tatary）以及其他在德國統治之下的自治單位組合而成。但是羅遜柏腦筋不淸楚行動無效。

德國外事局和德軍反對希特勒的計劃比較有效。曾任德國駐蘇大使的修倫柏（Friedrich Von der Schulenbery）擬有一個具體計劃，使德國的侵略轉變爲蘇聯的內戰，在這內戰中，蘇聯人民自己便會推翻史太林。他建議：（一）宣佈德國對蘇沒有領土要求權；（二）允許被佔領區的人民建立他們自己的地方政府；（三）承認這些政府爲同盟，並鼓勵他們在一個反蘇的政府之下團結一致。所有的民族都有民族自決，幫助他們連大俄羅斯也在內建立獨立國，並贊成這些新獨立國組織聯邦。

修倫柏的觀念比羅遜柏的更令希特勒厭惡，於是下令外事局不準染指蘇聯事件。但是修倫柏的計劃得到了德軍中許多官吏的支援。因爲他們確信只有藉蘇聯人民的幫助才能擊潰史太林。

蘇軍得知了那些投降者的遭遇，只有拼命保衞莫斯科和列寧格勒。農民們的迷夢粉碎了，人們都紛紛逃走，游擊隊蜂起。

一九四二年春天，德軍將領們警覺到如果不安撫這些騷動的蘇聯人民，並安挿大批蘇聯志願兵到德軍中去，將有大亂發生。雖然德軍中已有二十萬蘇聯志願軍，但德人對他們同胞的虐待已暗傷了他們的士氣。在一九四一年十二月和一九四二年元月中，希特勒已下令從蘇聯少數民族中組織軍隊，德軍將領們却更進一步地要求停止虐待蘇聯俘虜。這要求實現了一部份。少數民族的俘虜可以得到和德軍一樣的配給物，但大俄羅斯的俘虜們仍受着野蠻的虐待。後來德軍又遣派人員去獄中徵募志願軍，這工作做得相當成功，但顯然地有許多俘虜特別是大俄羅斯人，不過是爲了要擺脫監獄枷鎖而參加的，後來證明他們並不是可靠的志願軍。

當年夏季，希特勒又下令停止組織志願軍。德國的參謀本部乃命令在東戰線的每一個師必須包括百分之十到十五的蘇聯志願軍，德軍的傷亡都以蘇聯的志願軍來彌補。當德軍向史太林格勒推進時，德軍中已有五十萬蘇聯人。

同時，德軍將領們決定試驗一個勇敢的計劃，這計劃又與希特勒的政策大相違背。試驗區爲北高加索中新被佔領的區域。在哥斯特林中將（Lieut. General Ernst Kostring）和希勒博士（Dr. Otto Schiller）兩人領導之下，農民們擬定了一個土地法，規定根據合作的基礎，漸漸恢復土地私有。於是在那一區中，沒有游擊運動，也沒有怠工，農民按時繳付德軍的徵糧。

在其他許多區域中，也試驗着同樣的計劃，但不知是否成功，也許已經過遲了。

此外還有更大胆的計劃——在一個著名的紅軍將領之下，組織「蘇聯解放軍」（Russian Army of Liberation）。或者時已過晚，但最初的試驗使德軍將領們充滿了新的希望。

一直到現在，烏拉索夫中將（Lieut. General Andrei Vlassov）仍舊是第二次大戰中最神秘的人物。他於一九〇〇年出生於高爾基地方，（Gorki）據說他父親是一個相當富裕的農民，一九二九年，史太林實行農場制度時，曾遭清算。烏拉索夫從小便具有宗教性質。一九一七年內戰爆發後，加入了紅軍，立刻表現得很有希望。

一九三八年，當蘇聯大清黨結束時，烏拉索夫是一個上校，曾被派來華一年任蔣介石的軍事顧問。回國後，便統師基輔軍區的九十九步兵師。一九四〇年秋天，在他領導下的這一師因紀律嚴明領導有方而受勳。

當德軍於一九四一年秋大舉進攻莫斯科時，烏拉索夫爲少將，帶領第二十軍，在莫斯科的西北阻住了德軍並予以反攻。於是便被提升爲中將，史太林親自爲之授勳。一九四二年春天，他和他所帶領的第二進攻軍（2nd Assault Army）在列寧格勒東被圍於倭羅克夫（Volkhov）。他的頑强抵抗令德人也讚嘆不已。他一直藏在林中，後來全軍覆沒，一九四二年八月方始投降。

沒有任何其他被俘蘇聯將領會給德國人如此的印象。德國外事局的一個蘇聯專家會如此寫：「我相信我們得到烏拉索夫是命運在此緊要關頭給我們的賜予。他可以使整個戰爭過程轉變有利於我們。」第二個報告說：「烏拉索夫將軍痛恨布爾雪維克制度和史太林。」又有一備忘錄敍述道：「他愛慕政治榮譽，永也不能成爲一個傭奴，而也永遠不願領導傭奴。」

曾經和烏拉索夫交談過的德人對於他的軍事政治觀點作如下的描述：雖然他一直是忠於史太林政權的，但他確信推翻史太林，建立另一種形式的政府是可能的。他所需要的是一個民主的政府，所謂「民主的」，他的解釋是共和政體和議會制度，這種制度爲一九一七年二月革命時所建立，後爲布爾雪維克主義者所推翻。爲了要達到這目的，他準備和德國人聯盟反抗史太林，他認爲這種聯盟沒有任何危險，因爲只要德國人在蘇聯停留一天，他們必須依賴蘇聯的支持。烏拉索夫堅決表示唯有藉蘇聯人民的幫助才能擊敗史太林。他甚至提出他和他的支持者願接受一種自治領地位或保護國地位。他煞費苦心地阿諛希特勒爲「天才領袖」，但他也率直地反對德國人在佔領區中的暴行。

一九四二年秋天，當德軍逼近史太林格勒時，德國宣傳人員散發傳單，內容是烏拉索夫對紅軍的講話。許多蘇軍因此逃跑。於是德國參謀本部立刻決定利用烏拉索夫的名望，展開一個大規模的宣傳運動。

但是羅遜柏力加反對，因爲烏拉索夫是大俄羅斯人，羅遜柏最不信任大俄羅斯人。烏拉索夫極力緩和羅遜柏，幾個月的時光過去了。在烏拉索夫給德國官吏的報告中，許給少數民族民族自決，並指明在未來的和平解決時，他願放棄烏克蘭和高加索。

最後羅遜柏也安心了。一九四三年，以烏拉索夫爲號召的大規模宣傳運動重新展開。但那時德軍在史太林格勒已慘遭失敗，大勢已去，烏拉索夫爭取蘇聯人民的黃金時代已經錯過。

在一九四三年三月，烏拉索夫被允許發動一個比較精密的宣傳運動，以他所擬定的「斯摩稜斯克宣言」（Smolensk Manifesto）爲基礎，反蘇並且反帝國主義，痛責史太林和英美財閥。宣言內稱：「在希特勒領導下的德國所追求的目的，是在歐洲建立新秩序（New Order），既不是布爾雪維克主義，也不是帝國主義」。裏面並列述烏拉索夫的目標爲：廢除集體農場，將土地移讓給農民；恢復私人貿易；停止强迫勞工和恐佈；宗敎自由，言論自由，集會自由。

在德軍佔領區內，人民熱情激盪。烏拉索夫並對蘇聯志願軍和人民演講，據聽過他演講的德國官吏講，在每一個地方，烏拉索夫的人格感召了所有的聽衆。德軍中的蘇聯人立刻增加到八十萬。其中多少是虔誠的志願軍，多少是被迫入伍的，無從得知。

後來，希特勒禁止「斯摩稜斯克宣言」在佔領區內發散，並下令不准實行烏拉索夫的計劃。不久烏拉索夫也被監禁。

直到盟軍扣擊德國的東西門戶時，烏拉索夫才重新出頭露面。一九四四年十一月十四日，他在布拉格（Prague）鄭重宣佈成立「蘇聯人民解放委員會」（Committee for the liberation of the Peoples of Russia）。自任該會主席，和五十個文武官員、智識份子、工人、農民等共同簽名發表了一個宣言，共有十四點。第一點保證「蘇聯人民解放委員會」尊重蘇聯各民族的平等，以及他們對於國家發展，民族自決和國家獨立的權利。其他各點包括：廢除集體農場，土地移歸農民，個人得由勞力再建立私人財產，恢復私有企業。

但是僅有少部份少數民族的人民信任這宣言，許多烏克蘭和高加索的逃亡者認爲這宣言爲大俄羅斯發展野心的工具。

在紅軍的後方，强有力的烏克蘭的武力躍起，爲自由而反抗蘇聯。在戰前，烏克蘭就有地下力量存在，一九四一年和一九四二年德國的暴行激起了這些地下力量的反感，但他們既不親蘇，也不完全反德，他們的口號是「我們反抗任何壓迫，不論它來自何方。」

主要的地下組織，爲烏克蘭國家主義者同盟（Union of Ukrainian Nationalists）簡稱OUN和烏克蘭反抗軍（Ukrainian Insurrection Army）簡稱UPA。這支軍隊曾加入德軍得到許多軍事經驗，當德軍撤退時，他們便繼而在前進的蘇軍的後方反抗蘇聯。

根據在烏克蘭的德國情報官員報告，在西烏克蘭加利西亞（Galicia）紅軍僅能控制幾個主要城市，公路和鐵路，其他的地域完全受OUN和UPA的控制。加利西亞是烏克蘭國家主義的搖籃。一九四四年，在這區域內的某地曾有一些分離主義者舉行會議。大多數的少數民族都有代表參加。他們曾經向德軍表示，假若德國保證在史太林失敗之後，允許烏克蘭獨立，待德軍再打回烏克蘭時，OUN和UPA決不抵抗。

希特勒在一九四五年五月遭受最後的失敗後，這些烏克蘭的力量仍然十分活躍。蘇聯一九四七年在烏克蘭的肅清運動可能有一部份原因歸於此。去年夏天，據一些未經證實的報告稱，蘇聯有幾個師正忙於應付烏克蘭的游擊隊。

在戰爭快結束時，烏拉索夫投降美國，希望受到西方盟國的歡迎而獲得抗俄的後盾。德國投降以後，根據雅爾達條約，在各國交換人民時，他被移交給蘇聯。

從此，不再聽到關於烏拉索夫的情形。直到一九四六年八月二日，蘇聯的報紙突然有一條赤裸裸的新聞：烏拉索夫和他的同伴已被處死刑。在戰前，蘇聯政府對於異己者是大加宣染地宣佈他們的消息，但對烏拉索夫却如此沉默，這是堪注意的。據由蘇聯逃出的人稱，烏拉索夫的委員會的人仍然活躍，而烏拉索夫的名字還新鮮地存在人們的記憶中。

直到現在，蘇聯政府對於烏拉索夫的同志們以及逃往國外在西方保護下的蘇聯人們的控制從未鬆懈。

有了德國的前車之鑑，美國的新戰略可以大要的有了一個輪廓。

很簡單的，爭取蘇聯人民比激憤蘇聯人民容易打倒蘇聯的獨裁。德蘇戰爭已明示有成千萬的蘇聯人民願意幫助一個外力來反抗蘇聯政權。但也明示了若這外力經視他們的幫助虐待他們，這些人民將轉而幫助這政權來抵抗。

令人驚奇的是在近三、四年來，美國的軍事思想多根據於一個謬見，這謬見便是希特勒的笨行和暴行的根源——僅能藉諸武力才能擊潰蘇聯。希特勒信賴武力鑄成他輕視蘇聯人民的幫助的大錯，同樣地，信賴原子彈將引我們幹出同等的傻事。

假若戰爭不幸來臨，我們需要蘇聯的幫助來打擊蘇維埃政權，我們決不能讓原子彈指揮我們的戰略，必須讓戰略指揮原子彈的運用。

避免與蘇作戰較實際的方法就是實現杜魯門主義，馬歇爾計劃，大西洋條約以及軍事援助計劃。平時，我們不採取明顯的行動喚起蘇聯人民反抗他們的政府，但在戰時，我們必須盡力動員他們反抗他們的統治者。換言之，若蘇聯一旦訴諸戰爭，我們的遠大政策和戰略所要求的是一個有限目標的戰爭，不是總體戰，不是無條件投降的戰爭，也不是將這個名爲「蘇聯」的國家徹底毀滅。我們更不要佔領任何部份蘇聯的領土，或者是模仿美國來改造它。我們的目標是挫敗蘇聯外在的勢力，解放能破壞蘇維埃政權的內在力量。加強我們自己的防備以抵抗未來的侵略，然後讓蘇聯人民自行決定他們的將來。

對於這樣一個有限目標的戰爭，我們需要些什麼呢？

（一）我們的空軍，必須準備隨時將美國政府所要傳達給蘇聯人民的消息，遞送到蘇聯的任何部份，必須準備當戰爭一開始時——並不是兩年以後——便向蘇聯投下傳單，將美政府和人民的保證與諸言告訴蘇聯人民。我們的空軍不但能投原子彈，並且能投下反蘇人員和游擊領袖們到任何蘇維埃的小村裏去。

（二）我們必須在戰爭剛開始時，便準備答覆千百萬農民的要求。我們必須告訴他們：「土地是爲農民的。」

（三）我們必須在戰爭剛開始時便有一個清晰的計劃，來迎合大俄羅斯人與那些少數民族相互衝突的希望。我們的建議應具有彈性，但其具體的程度必須能夠表示我們的誠意。

（四）我們必須有一個心理戰的計劃，暗中破壞在中歐的紅軍或是其他地方與我軍交戰的紅軍的力量。我們必須爭取像烏拉索夫一樣的反蘇人物，現在便訓練技術人員發掘蘇聯士兵的心理弱點，使他們對於蘇聯政府比無用還糟糕。

（五）我們必須以一種空前偉大的規模來支援游擊戰。發展游擊隊以前所未使用過的武器。訓練一批人考慮和計劃游擊戰。

（六）我們必須建立一個組織包括老百姓和軍人的領袖們，專從事計劃，使「心理離間」的力量對蘇聯發生效果。

空軍的優越是這一切的基礎。假若戰爭來臨，我們的空軍將是蘇聯人民與我們之間唯一可靠的傳達工具。因此，如何運用我們的空軍將大大地決定蘇聯人民或變成我們的盟友，抑或是莫斯科的保衛者。

若我們記住了這一點，便不再會想到我們的空軍只不過是原子彈的遞送使童，那麼原子彈將在我們的戰略計劃中取得適當的位置。原子彈將不再指揮我們的政策和戰略，而成爲實現我們的政策和戰略的工具之一。

假若不得已必須使用原子彈，那麼使用的方法必須使受難的人們怨恨他們的統治者而不怨恨我們，使他們覺得這災禍是他們的統治者帶給他們的。這問題必須在今日考慮出來——不要等到我們過於熱心的空軍們臨準了莫斯科、基輔、列寧格勒和巴庫以後。

這些是我們研究了德國的記載所得的教訓。可不要誤會對蘇聯的戰爭是容易的。雖然如希特勒所證明的，對蘇聯的戰爭是艱難的，但也沒有一個捷徑來擊敗蘇聯。

準備採用「心理離間」便是警告蘇維埃的領袖們，若他們一旦訴諸武力，我們將不會重踏希特勒的覆轍。我們將以他們認爲比原子彈更危險的武器來打擊他們——這種武器的成功處是單獨的武力永也不能達到的。

譯自一九五〇年元月三十號生活雜誌

給讀者的報告

海南戰事我們又告失敗，中共要進兵越南，侵略東南亞，已經毫無阻碍了，如果蘇聯海軍以此爲基地，則香港在海陸包圍夾攻之中，毫無防守的可能了。記得日本人進兵海南，卽爲發動南進之先聲，卒席卷印度支那半島及南洋群島以去，其時中國大陸大部分在我們政府手中，而其進展之速猶且如此。現在共黨已奄有整個大陸，又伸足於海南，情形還不更嚴重嗎？不知西方國家對此作何觀察。就中國戰局而論，對防衛台灣軍事上的影響尙小，而對民心之影響實大。希望當局檢討失敗的理由，切勿重蹈覆轍，我們要守的土地今日已爲數無多了。

美國飛機在拉脫維亞（？）上空被俄機擊落。而猙獰的蘇俄却以「惡人先告狀」的方式對美國提出抗議。說者謂三十年前這是宣戰的理由；如果我們不健忘，當記得一九一七年德國潛艇擊沉美國商船的故事。由此可見蘇俄此次行動實在試探美國有無一戰的決心，以及備戰的程度如何罷了。拿威爾遜總統的激昂的演說和艾其遜的和緩的談話兩相比較起來，誠令人有今昔之感。然而兩大壁壘的冷戰已經首次開火了，大規模的武裝衝突雖不會馬上來臨，而劍拔弩張的形勢則已愈趨明朗，此星星之火會不會燎原呢？

亞洲人民何以極易接受共產主義？共產黨何以集中到亞洲來發展？本期喬治教授特爲本刊撰文以答覆這個問題。他指摘西方强國殖民政策的錯誤，毫不寬假，尤其是歸因於有力的世界觀之缺乏，造成思想上眞空，特爲精到。中國和印度先哲的世界觀支配了東方的人心數千年，至近百年來乃爲批評打倒的對象，耶蘇教則信衆尙少，植根未深，還不能蔚成大力；故一遇共黨之宣傳，思想界乃望風而披靡。因此之故，共產主義乃能燃起青年心中的狂熱，而博得一時的成功。

自由主義成就了偉大的文明。而假自由之名也行了許多的罪惡，故闡明自由之眞義，一方可擊破共黨的獨裁，同時也可糾正我們陣營中的錯誤行動。本期林先生以盧騷的社約論爲對象，以洞察其中的問題，可使讀者增加認識自由之深度。

本期通訊所占篇幅獨多，內容也特別豐富，尤以論金融機構公營事業一篇爲切中時弊之言。本刊素不作惡意的批評，卽對現在各機構的主管人員亦無所愛憎，惟望其撙節開支，降低生活，以達到福國利民的目的而已。現在已到危急存亡的關頭了，我們雖不能度着延安的生活，也不要和一般民衆距離太遠，以招來不平之怨氣。故特將該通訊登出，俾各主管人員有所警惕，尤望政府重視此根本問題，及早整理。

本刊邇來力謀海外銷售，以爭取各地僑胞擁護自由中國。惟經費有限，而郵資價昻，故仍未能大量推銷。最近二卷六期航寄紐約百餘本（五期以前係平寄），頃接到紐約航信，說銷路甚佳，一日之內搶購一空，今後希望航寄多册前來云云。海外僑胞之向背，實爲前途勝敗大關鍵之所在，徵之往事，歷歷不爽。幾年來政府未曾特予注意，致令海外宣傳爲共黨所獨佔，殊屬失策。本刊今後自當竭盡綿薄，以圖挽回旣失之人心。故暹邏已發行航空版，卽新加坡、印尼等地已經託人推銷，頗有成績，檀香由及越南亦已將少量寄去，試行銷售。

自由中國 半月刊 第二卷第九期（總第十二號）

中華民國三十九年四月十六日

發行人　胡　適

主編　『自由中國』編輯委員會

出版者　自由中國社　社址：臺北市金山街一巷二號　電話：六八八五號

經售處

臺灣　中國書報發行所（臺北市館前街八五號）

香港　香港時報社（高士打道六四號）

曼谷　楊五報攤（曼谷西舞臺戲院傍楊五報攤）

美國　紐約美洲日報社　紐約正氣日報社

馬尼剌　中非文敎出版社（馬尼剌紐變瓦街四五四號三〇三室）

印刷者　臺北印製廠　廠址：臺北市民族路六四三號　電話：三三一六號

本刊售價

一、新臺幣	二元
二、銀元	五角
三、非幣	二角
四、港幣	五角
五、暹幣	四銖
六、美金	二角

本刊經中華郵政登記認爲第一類新聞紙類

歡迎直接訂閱。平寄郵費免收

自由中國

香港航空版

發行人 胡適

第二卷 第十期

要目

中華民國三十九年五月十六日出版

社址：臺北市金山街一巷二號

社論

我們現在已臨一毫不可鬆懈的時候了！

從海南淪陷於共黨手中以後，我們在防禦台灣、定海、金門和其他島嶼的工作上固然可以說是較爲有利的形勢，但在我們的責任心上，應當看作我們困難的增加。因戰略上的不得不然，我們令海南三百萬同胞被罩在鐵幕裏邊；他們將來的怎樣衝破鐵幕，自然是我們——自由中國的人民——所應當日夜替他想法而時時刻刻加以幫助的。

我們要保全自由中國，要驅逐蘇俄殘暴的壓力出了中華民國的領土以外，要拯救四萬五千萬同胞脫離赤燄而重行得到安全而合理的生活，非上下一致，勠力同心，臥薪嘗膽，必難有成功。我們政府的首腦　勵精圖治，固中外所同見；我們陸海空三軍的壯士，忠貞的氣概，亦明並日月。我們不能說我們的政府中和軍隊中沒有一個敗類，但就大體而言，在這個艱難困苦的國家裏面，有這樣引導我們向光明正大的道路邁進的政府，有這樣刻苦耐勞以擁護自由保衞國家的將士，——尤其是他們當中的知識青年們，——我們如果平心想一想，實在不能多事苛責了。（我們間有對政治或軍事上應該說的話，本刊都已隨時隨事率直的說過了；非特過去這樣，將來還要這樣。）

我們要監督我們軍政中人，我們應當預先毫不 氣的檢討自己。我們應該知道：在這個反共抗俄的大事業上，不應當叫政府和軍隊獨負責任。從大陸國土全部失守之後，現在我們又不能不放棄海南；憂時愛國的君子，固然知道警惕，而一部分人士，則酣嬉如故。一個國家，在這樣的時候，有這樣的國民，決不是好現象。這是値得憂慮的。我們且先把這種現象的原因略作推論。

許多人對當前戰事漠不關心的主要原因，在於不知道共黨統治下實在的害處。現在台灣和香港各報紙詳載共區裏面種種慘無人道的虐政，差不多都是事實的敍述，而有些人則視爲反共者故意的宣傳。這種自作聰明的懷疑，從古以來不知道誤了多少人。我們謹以最誠懇的態度，敬告這班懷疑派的同胞：現在大陸國土上共黨的虐政，是極權政治必有的現象。現在我們政府在臺灣正在除舊布新，自力更生，所以盤踞大陸上的共黨尚稍有所顧忌。否則，殘暴必且百倍於現在！我們同胞若能明瞭這層道理，立即投袂而起，各盡所能，以發揮反共抗俄的力量，還不至於太晚。在名義上這是救國，在實際上這是救自己。若使再事袖手旁觀，將來自己定必受共黨的禍害。「天作孽，猶可違；自作孽，不可活。」現在若還不竭力擁護政府以反共抗俄，眞所謂「自作孽」！

還有些人則以爲反共抗俄，政府已定爲國策，我們做國民的，士農工商，各守各的崗位便可以了；所以更沒有什麼積極的動作。這亦是錯誤的。我們的政府，一向保持愛民的作風，所以就是在戰爭期間，亦不肯稍强人民以所難。新近政府發行的愛國公債，在政府寬仁爲懷，不用强迫方法，自然是對的；而在國民這方面，眞正沒有錢的，當然沒法子，但許多有錢的人，亦千方百計，設法躲避：那實在是極可鄙笑的行爲！這個極需要的愛國公債，認購不能滿額，而菜場上的魚肉，戲院和電影院的座位，無論任何高價，購者都爭先恐後；這還說得過去麽！我們並不是說在反共抗俄期間，我們不能有任何享受，任何娛樂；但在「有錢出錢，有力出力」的時候，自奉極奢侈而對國家的急需則一毛不拔，眞可以說是沒有心肝的人。我們相信，許多人犯了這個錯誤，亦並不是故意這樣做，只不過因爲沒有這個自覺心罷了；如一旦覺悟，定能痛改前非而毀家產以抒國難的。

當十年以前，英法軍隊爲希特勒軍隊敗於歐洲大陸的時候，英國全國的人民齊心協力從事於海岸的防守，以阻止德軍的强渡英吉利海峽。那種舍已爲公的精神，眞是我們現在的好榜樣。不過我們還須想到：共產黨的兇惡，比希特勒要勝過十倍，所以我們現在上下合作的努力，亦應當比當日英國國民加强十倍。

我們現在這個反共抗俄的大任務，是有史以來人類最光榮的事情。歷史上的戰爭，很少値得我們稱道的；一八六一至一八六五年的南北美戰爭，勉强可以說是「義戰」。而我們這次反共抗俄的戰爭，從人類文化史上的意義講，比南北美的戰爭不知道要正大得多。南北美戰爭的好題目是免黑人於奴隸制度的束縛，而我們這個戰爭的目的，小言之則要免去全中華民國良善人民的永爲蘇俄的奴役，大言之則可以防止蘇俄凶燄的瀰漫全世界。無論在質上在量上，都不是解放黑奴所可比擬的。

但南北美戰爭中，北方亦不是以僥倖得勝的。當戰爭進行兩三年的時候，在林肯後面的，則爲「失敗主義者，奸細，革職的將軍，討厭的黨棍，和狐疑而疲倦的人民」；在他的前面的，則爲「不起勁的將軍和垂頭喪氣的軍隊」。我們現使那時的林肯總統，沒有那様堅定的意志，定必不能得到最後的勝利。我們現在國家的毅力，雖然不下於當日的林肯，而我們人民的意志，似乎比起當日美國北方諸州人民的意志還要薄弱。但我們的任務，實在要比打倒奴隸制度要艱難得多。我們希望我們自由中國的同胞，明瞭反共抗俄戰爭意義的偉大，工作的艱鉅，終日乾乾協助政府以完成人類歷史上最光榮的任務。我們鬆懈片刻，我們大陸上四萬五千萬同胞便多受片刻的災難！

時事述評

前線第一　第一前線

「前線第一，第一前線」，到了今天，應該不再是一句口號了，——如果口號只是喊喊而已的話。

「前線第一，第一前綫」，是我們今日一切行爲的準則，是我們今日一切想念的前提。

在前線浴血苦戰的陸海空軍官兵，整天在鎗林砲雨中過着戰鬥生活，口號的聲響，無論多高，也不會進到他們的耳；只有擺在眼前的事實，才會激勵他們的心。

八年抗戰，四年戡亂，「前線第一，第一前線」的口號，已經喊過了十二年。莫說前線官兵聽不進耳，即偶爾聽到了，內心的反映不是慰奮，而是憤怒。爲甚麼？事實給了他們相反的例證！

抗戰算是抗到勝利了，戡亂却戡出大禍來。這其間，若干高級軍事將領確是罪不容誅，可是我們的戰時生活，對得起前線一般下級官兵嗎？在戰時首都的重慶，會流行過兩句諷刺語：

「前方有啥吃啥，後方吃啥有啥」；

「前方吃緊，後方緊吃」。

時間過去了好幾年，這兩句話還不失爲時代素描；空間由重慶轉到了臺北，這兩句話還不失爲首都寫照。如果我們在這裏來一句適當的古文調兒，只好說：嗟乎！嗟乎！

我們相信，自共黨極權政治統治大陸以來，我們自由中國的三軍將士，已經堅定了反共抗俄的決心，因此，再也不怕共黨的挑撥離間而重演大陸上潰降或解體的醜劇了；可是我們幸能安居於自由中國區域的人，問着自已的良心，能不時時想念這塊自由中國土地的防衛者——前線官兵嗎？

「前線第一，第一前線」。口號可不必空喊，事實要擺在人前。我們在臺灣的人們，請各人從自已的公私生活，嚴格檢討一下，澈底改變一番。本刊希望能夠從下一期起，把後方爲着前線而表現出來的若干事實，報道給前線的官兵。

（震）

我們曾經捏了一把汗

據本月二日中央日報載：「最近一部分工商界人士（包括部分的參議員），以市場頭寸不够爲理由，要求省府在二億元限額外，增加通貨……省負責當局……決不同意，除非參議會有把握能避免此等現象（指物價波動，人民生活受威脅而言），或將予以考慮」。又據本月七日該報載，財政廳長任顯羣對記者表示決不增加發行，但在答復記者詢問的對話中，任廳長又轉了一個不大不小的彎來講：「像本省目前情形，每月增加五百萬到一千萬，決不會有影響」。

我們看到這兩段消息以後，眞有點摸不着財政當局的眞意所在。中國做官的人講話，每每會轉彎抹角，也每每會把責任外推。我們雖不能即以彼例此，然也不能不有此疑懼，我們曾爲此捏了一把汗。

現據本月九日中央日報，財政廳長已經鄭重聲明：「省府仍然堅持不增加發行的決策，無意變更。」至此，我們才覺得放心。但鑒於這個問題的關係太大，目前雖然已祛除了我們的疑懼，但爲着堅定財政當局不增加發行的決意，仍然把我們當時憂懼的心情寫出來。

本來，通貨數量並不是在任何情形之下都須要一成不變的。可是在目前應該被當局特別特別重視的，是人民的貨幣心理。這裡，我們要請財政當局除囘想抗戰時期的通貨膨脹史以外，最好還把 Fisher 的 The Purchasing Power of money和Anderson 的The Social mind Theory of money 兩書，對照起來仔細讀一讀。

以現有的二億發行量，每月增加五百萬至一千萬，不會有影響，這種看法，我們決不能同意。五百萬至一千萬，即就機械的數量觀念來想，已經是現有發行量的四十分之一至二十分之一了。再加之社會心理作用對於總發行額所促進的流通速率，我們眞不知二億大關一過，其影響的惡劣會到如何程度！二億元與二億零零零零零零零一元，在數字之差誠然是微乎其微，但在今日的社會心理上，是會發生驚人影響的啊！通貨膨脹決不能開始。一開始卽無法使其中止的。般鑑不遠，過去失敗之原因、是軍事與財政互爲因果。軍事固然影響了財政經濟，而通貨膨脹確也大大的影響了軍事。物價日漲的結果，使軍人生活日陷於絕境。最後連吃飯都不能，打仗焉得不敗。

那時顢頇無能的財政當局，利用印刷機固然對付了戰時財政問題。可是其結果如何？不僅是正當的工商業被通貨膨脹摧毀，民心、士氣、和政府官常，也一古腦被它淹沒得乾乾淨淨。所以我們始終認爲當時的財政當局是今日中共的第一號功臣。今天，自由中國所僅保有的臺灣，再也不能爲大陸之續了！這決不是危言聳聽，但我們希望，事實證明我們這番話是多餘的。（平）

× × ×

胡佛與賴伊

我們把美國前總統胡佛先生和聯合國祕書長賴伊相提並論，似乎有點對不起胡佛先生。然而我們所以如此者，正和一個戲劇作家編寫劇本一樣，把一個代表正義光明的紅花臉和一個代表汚濁黑暗的白花臉同時搬出場來，使益顯其各自的特質。

根據一九四五年舊金山會議的決議而組成的聯合國，依其憲章精神，誠不失爲一個理想境界的國際組織。可是由於憲章條文第二十七條第三項之規定，使蘇俄得以濫用否決權，以致聯合國在所有重大問題上，一無成就；而另一方面，蘇俄則藉此成爲「進入了大廳的强盜」（胡佛先生語），侵害或刼掠了他人權益和領土時，反可譸張爲幻，在人前大放厥詞。尤其在中共武力統治中國大陸以後，蘇俄這種作風，更是變本加厲。

事實發展到今天，已顯示聯合國的存在，實際上只是有利於蘇俄，而國際道義之表現於聯合國者，其力量已日趨微弱。在這個當兒，身爲聯合國秘書長的賴伊不去爲維護聯合國的精神而努力，反要屈服於蘇俄强權政治之下，以圖鞏固自己職位，到處游說，想把中國代表排出聯合國之外。這簡直是聯合國中的一個 Quisling。

而另一方面，則有胡佛先生爲着恢復聯合國所以創立的目的，於上月廿七日建議改組聯合國，不容蘇俄及其附庸國參加。這一個强烈的對照，恰像舞臺上的白花臉正在鬼鬼祟祟，弄手弄脚的時候，紅花臉踏步登場，大吼一聲，吼得前者自慚形穢，啞口無言（賴伊在赴歐途中，聽到胡佛先生的建議，拒作評論），同時對於一般觀衆，也大有振聾啓聵之效。

胡佛先生的建議，基於種種理由，恐難望其卽日實現，但認清了現實而又沒有負着實際外交責任的美國人士，如民主黨參議員喬治，則已說出由衷之言：「這是我們終須走上的一條路」。（平）

× × ×

關於防諜

最近幾個月，政府在臺北破獲了幾件很大的間諜陰謀案子。有的屬於軍事政治方面，有的屬於經濟金融方面。這些案件發生在自由中國反共抗俄的最後基地，是不幸；能夠及時破獲，又是不幸中之大幸。

共產黨是靠滲透陰謀起家的。大陸淪陷以前，他們滲透工作的普遍和深入，確是驚人。我們今天爲確保臺灣，除其他各方面的努力以外，反滲透的防諜和緝諜工作，自然也要特別加强。關於這個問題，我們想從兩方面講幾句話：

一、防諜和緝諜工作，其本身是一種智慧鬬爭。執行人員除必要的智能以外，還需要有很好的道德修養。據說，做這種工作的人員，有其職務上的嚴格紀律，也有其職務上的一套倫理觀念。但我們總覺得：職務上的紀律也好，職務上的倫理也好，總應該不脫離國家法律和一般社會道德的範疇。過去在大陸上，執行這項工作的人員，每爲社會所詬病，原因或許就在這裡。政府遷臺以後，防諜緝諜的工作，比較過去嚴格得多，工作效率也好得多，而社會方面的指摘也比較少得多，這顯然是個進步。但我們仍希望主持和執行這種工作的人員，時時刻刻不要疏忽了國家法律和一般的社會道德標準。

二、共產黨的滲透工作是無孔不入，無微不至的。我們軍政方面的警覺性，比較地提高了。而最難提防的是經濟方面。因爲每個人都不免要爲自己的經濟利益打算。有了錢，就想多生點利，這是經濟考慮的當然。共產黨無所不利用，他也可以利用這一點來進行他的經濟陰謀。據報載，最近破獲的這次大規模套滙案件，就與共黨的經濟陰謀有關。我們雖未詳悉案情的內容，但我們很相信這是可能的，同時我們也敢於斷定：與這次案件有關的人犯，以及放黑市利息因而受累的人們，大多數只是爲的賺點錢，說不上與共黨有何政治關係。可是，因爲有了多賺錢的打算，就在不知不覺中被共黨利用了。到頭來，賠了本，還不免要吃牢獄的苦頭。奉勸有錢的人，不要再在自以爲聰明的事情上做傻瓜。有了錢，老老實實地存到健全的銀行裏去，或做點正當的生產事業。臺灣的經濟穩定了，個人的經濟生活才有保障。（葆）

一隻雞一塊菜地

政治的最終目的，是在提高國民生活水準。所以美國人競選時，每每提出這樣的口號：「每個車房兩輛車 Two cars in every garage」「每個湯罐一隻雞 A chicken in every pot」！

我們中國人的生活水準，自然比不上美國人，可是由於政府的幫助，要每家至少養一隻雞，每家種一塊菜地，在今日的臺灣，不見得就做不到。

據報載，臺灣省財農兩廳現正計劃實施「一家一雞」「一家一塊菜地」的辦法，我們願見其早日實行，早日收到效果。抗戰初期，豫南內鄉數縣，曾由地方人士提倡，推行過「一家一株葡萄兩隻白兎（安哥拉種）」的運動。經過三五年的時間，在西安可以吃到豫南的葡萄酒，在重慶可以買到豫南的兎毛絨線。而豫南的農村經濟和治安，也大有起色。這是一個可資鼓勵的很好事例。

中國的政治，向來是不重實際的。中央政府只是常常擬訂難於實行的大計劃，而地方政府則從未顧及人民的實際生活。政治與人民脫節，由來已久了。今天，臺灣省政府計劃這個「一家一雞」「一家一塊菜地」的辦法，這或者是政府注意民間「小事」的開始吧！這個計劃，其重要性自然比不上三七五減租，更不能與遠大的經濟建設方案中的農業工化相提並論，但在今日這樣的一個客觀環境下，一點一滴的生產增加，也是值得努力去爭取的。（平）

第三次大戰何時爆發？

——從最近三篇美國論著推想第三次世界大戰——

龍倦飛

一

第三次世界大戰如果眞個發生，當然是以美蘇兩國爲主角。主角的演出必先有其準備與布置。蘇聯在其鐵幕封鎖與輿論窒息之下，除了偶然聽到其獨裁者或獨裁者的代言人關於未來大戰的三言兩語外，沒有可靠的公開資料，也沒有自由的專家言論可資評述，祇好置諸不議。美國係言論自由的國家，其專家學者得以公開其主張，並得對政府的措施任意批評，甚至軍事措施，除應特別保守秘密者外，亦不憚揭發無遺。因此，就其發表之言論與資料，而推論以美國爲主角之一的第三次大戰可能性，較諸僅由我國人的憑空測度，或作一相情願的期望，似乎更爲着實。縱然這些言論，有僅憑個人的意見者，有代表政府者，也有代表反對黨者；然其或適合人民心理，或針對美國時病，就其敍述，可反映美國民意，就其主張，也可代表專家或政府的見解。美國是民主國家，戰爭大事自然以民意爲依歸，而專家與政府的見解也能影響民意，故從這些言論來推論第三次大戰主角之一的美國今後所採政策，因而斷定大戰之是否來臨，雖不中，或不遠。我所據以推論的三篇論著是：

（一）美國卡尼基研究所所長布斯博士Dr. Vannevar Bush於一九四九年十一月出版的『現代武器與自由人』一書；

（二）美國國務院參事坎南氏George F. Kennan於一九五〇年三月在美國讀者文摘刊布『對俄戰爭是不可避免嗎？』一文；

（三）美國生活雜誌於一九五〇年三月十三日（國際版）刊布『戰事可能來臨；我們將有準備嗎？』一篇社論。

現先就上開論著分別摘述其大旨。

二

『現代武器與自由人』之作者布斯博士，不祇是美國科學界權威，而且在第二次大戰時由政府聘爲科學研究與發展署署長，不斷與三萬名科學家工程師及技術家聯繫，並監督曼赫頓計劃，負責製成第一顆原子彈，故其對於新武器的發明與製造瞭如指掌，其新著現代武器與自由人一書分爲前後二部；前部敍述今後可能用以作戰的新武器與其抵禦的方法，因屬技術方面，姑勿置論。後部討論第三次大戰之有無可能與其如何避免。歸納其意見，有左列各點：

（一）沒有一種武器是絕對的。原子彈在最近的將來固然是極端重要，但仍未具有如許大威力，足使其他一切作戰方法因而失效；此外如一切具有放射性能的毒物以及微生物氣體等，一方面固然發展較前更厲害，他方面則防禦的方法也有進步，因此任何國家沒有一舉制勝的可能。

（二）先發制人當然是開始獲致勝利之道。但美國由於自由的傳統，斷不能在有利於美國的時候自行發動戰爭。

（三）蘇聯則不受美國所受的拘束，如果在她認爲有發動戰爭的必要，她定然來一次規模遠過於珍珠港的突然進攻，想使美國在有充分時間起而抵抗以前先被癱瘓了。她定將密遣大隊潛艇出海，並於美國沿海各大城市附近，以商船或其他工具預植原子彈，一聲發動，則除以無線電爆發密植各地的原子彈外，同時潛艇火箭與轟炸機大量配合，全面進攻，使美國沿海各大城市均受重大損害。

（四）美國明知有此危險，仍不能先行動手襲擊俄國。至其對付來自俄國的襲擊，祇有組織一個高度效率的情報網，俾予美國以事前的警告。

（五）多年以來，頗有人歸咎於民主政制之耗費，而認爲開明的獨裁效率較高。布斯博士則堅認民主終久爲制勝的要素；其理由一爲民主富於批評性，上下交流，可資以改進一切；二則今後戰爭爲應用科學的戰爭，而民主的思想自由最適於創意與創作，故於科學的發明與戰鬥力的加强均大有助。

（六）美國的廣大工業化，與其無量數青年之適應於工業化，在上次大戰與今後大戰均將爲美國最後勝利之源。

（七）布斯博士認爲『美國能使其民主政制進行順利，這戰爭或不易實現』：其意蓋謂美國如能整飭內政，充實國力，則以其工業化的潛在力，或可使蘇聯望而生畏，不敢發動戰爭。

（八）戰爭來臨，初無定期；平時如製造或積聚許多容易毀損或失效的武器，其所費金錢多半等於喪失。但可分裂的物質毀損較遲緩，且易保藏；故爲着準備在頗久的將來發生戰事，似以保持此項武器爲宜；此於不得已而作戰，而非自願發動戰爭的民主國尤爲重要。

（九）現世界將不像從前，會因偶發之事而惹起公開的大戰。今後大戰之起，祇因美國的潛在敵人感覺其所有力量加上突襲的因素足以制勝一切；而且覺得失此機會後局勢將不利於彼。

三

坎南氏的論文，於其發表時，由讀者文摘聲明由於此文關係之重要，特放棄版權，准許任何人將此文引述複印及利用。此舉在重視版權的美國，殊爲罕見之例；由此可知其對此文之重視。文中設有五個問題，由著者分別解答。這五個問題是：（一）俄人是否計劃對美作戰？（二）俄國對於原子武器的發展有無影響此局勢？（三）戰爭是否可能？（四）在此種情況中，美國對付共產主義危機的政策重點應何在？（五）在此未來的時代中，美國的安全確將繫於何處？現就坎氏對各該問題的意見摘述於左：

（甲）關於第一問題，坎氏認爲列寧原主張『蘇聯與帝國主義各國長久並存，是不可想像的事。一方面或他方面最後必須分個勝敗；而在最後關頭來臨以前，蘇聯與布爾喬亞國家間一連串可怕的衝突是不可避免的』。他認爲這仍是共產黨人所奉行的主義。但現今的史達林主義則不需要戰爭，而認爲『資本主義終久將因其自身的重壓力而傾覆，這就是由於共產黨人深信其含有的內在矛盾』。坎氏以爲史達林主義沒有主張蘇聯直接以武力推翻資本主義之必要，除了這些主義外，俄國的傳統也不可漠視。盡人皆知俄國之變更共產主義較之共產主義變更俄國者爲多。俄國在其長期的擴張歷史中，都是很狡獪而愼重地擴張，寧稍候時日而不肯冒險。此外還有幾個次要的理由：（一）俄人由於其領土的廣大與地理的特質，頗具鄉土性；且由於技術與經濟的落後，不敢遠出侵略，寧就鄰近地區逐漸蠶食。東歐各衛星國已够龐大，不易消化，一時或不敢直接向遠方伸張；（二）由於其內部的關係，蘇聯當局是否敢於此時發動世界大戰；（三）除恢復戰事之創傷外，蘇聯政府正積極企圖達成工業國家的計劃；至少尚需數年始能完成若干基本的建設。第二次大戰已使此項建設退後十年；再一次的大戰對此計劃將更有嚴重的打擊。總之，蘇聯領袖深信美國的傾覆爲不可免，彼等將盡其所能以加速美國的崩潰；但不願以共產主義的堡壘作最大的冒險。

（乙）關於第二問題，坎氏的意見有數點：（一）俄人縱知如何製造原子彈，惟製造程序複雜，需費鉅，原料亦不易得，卽能製成，然少數之原子彈不能制勝一個具有龐大工業力量的國家，而大量製造亦不易達成；（二）使用原子彈須防報復；（三）從前戰事總望能利己損人，實際上亦未嘗不能達此期望；今旣有原子彈，不論最後勝利誰屬，雙方均不免重大損失；（四）俄人不願因原子戰爭而犧牲其實業與文化的基礎。

（丙）關於第三問題，坎氏認爲戰爭是有可能；其理由有三：（一）縱然雙方都不需要戰爭，戰爭却可起於偶然的意外事件。威望之感與敏銳的神經環繞着散布各地的雙方武裝隊伍，很易使國與國間偶然發生戰爭。例如美國與俄國駐在德與的軍隊，常常可能成爲意外的危險。（二）俄人或誤認別國會攻擊她，特別是極權的政府最易獲得不實的情報，因其龐大的特務機構爲着鞏固地位，不能不杜撰出謠言，以表成績，而其中眞僞甚至獨裁者的本身，因與外界隔離，亦無從辨別。（三）對於國際事件的分析，往往難免錯誤。也沒有人能免於愚拙，錯誤與愚拙往往使成爲戰爭的原因。

（丁）關於第四問題，則坎氏主張堅決排除關於未來戰爭的一切失敗主義，並儘可能積極解決一切國際糾紛，而不訴諸戰爭（凡未能解決者姑予忍耐）。過去數月間進展的事件已使許多美國人焦慮軍事攻擊美國領土的可能性；但這還不是威脅美國安全的惟一方法。如果俄國共黨不藉戰爭方式，而使歐亞兩洲非共黨國家悉數屈伏於他們勢力之下，則美國的安全將受巧妙的，或者是同樣的危險的中傷，比諸原子彈直接襲擊美國領土尤爲厲害，因爲世界均勢已經轉而對抗美國了。坎氏以爲第二次大戰結束以來，像這種的政治擴張，已成爲眞正的蘇維亞計劃。在此時期內蘇聯從沒有以直接的武力佔據方寸土地，則因她另有更容易，更不費錢與更少冒險的方法。所以蘇聯縱有原子武器也不會變更這種策略。最後坎氏主張（一）繼續冷戰；（二）對於努力抵抗俄國共黨壓迫者，繼續保持援助的態度；（三）因爲一個民主國的措施有其限度，故美國同情於各地反共的政策不能保證其必能收效，其結果仍視受共黨壓迫的人民之自發力量與美國政策的交互作用；（四）以上措施未必能滿足缺乏耐性而亟圖見效者的期望，但彼等須知美國除上述辦法外，祇有兩途可走：一是回復孤立與武裝中立，二是實行作戰。前者將使世界之其他部分益惡化，後者則不是民主國家所能採作目標。最後坎氏認爲與蘇聯領袖謀致全部的協議，不能認爲一種代替的辦法；因爲世界共產主義之行動性斷不會接受此類協議的約束。諸言對於俄人的意義，與對於美國人完全是另一回事。

（戊）關於第五個問題，坎氏建議四項辦法：（一）爲着美國的安全，縱然不能保證軍事侵略之絕不可能，至少也要使其可能性大減。因此，正如老羅斯福一度所說，要使企圖對美國侵略者，感覺太耗費與太冒險，而不敢輕於嘗試；故美國必須繼續保持其在軍事上的準備。（二）美國的安全繫於其盟國對俄共壓力具有軍事上的安全感；爲達此目的，美國必須對其盟國矢言願以實力援助。（三）美國的安全繫於內政的整飭，對一切的社會問題善爲處理，使友人增加信心，敵人不敢覬覦。這些問題不祇是關於物質上的繁榮，其爲外界所更關懷者乃是美國能否應付其社會上與精神上的緊張狀態。（四）美國的安全繫於美國繼續以公正的精神與對他人的善意，以助成世界的和平合作。

四

生活雜誌最近的社論，與向來美國的一般言論不同，强調戰爭之可能發生，蘇聯作戰的準備之積極，與美國面對的嚴重危機。文中分爲下列幾個段落：（一）美蘇實力的比較；（二）美國將如何被進攻；（三）美國如何始可避免襲擊；（四）美國陸海空軍怎樣薄弱；（五）生活雜誌社對此局勢的主張。

該社論首先指出美國國防部部長詹遜氏最近一再聲言美國軍事準備的充足，可以應付局勢而無虞。但其助手空軍部長施明頓氏則於較早兩星期前，於蘇聯與中共簽約之後聲言：『蘇聯現已擁有最大的陸軍空軍與潛艇隊；如果她決定對美國境內任何部分作原子彈的襲擊……美國對此襲擊將無確實的抵抗力』。兩種聲言均來自政府負軍事責任的大員，且來自約莫相同的時候，孰是孰非，不可不就事實加以研究。

（一）關於美蘇兩國實力的比較，據生活雜誌頗翔實的調查估計，有如左表所示：

	美國	蘇聯	附註
國家收入	三三〇,〇〇〇,〇〇〇,〇〇〇美元	六五,〇〇〇,〇〇〇,〇〇〇美元	
軍費佔收入百分比	六	二五	
現有戰鬥機	三,五〇〇	九,〇〇〇	美國海軍戰鬥機五五〇〇教練機三〇〇〇未括入
現有運輸機	五,六〇〇	八,〇〇〇	
每年生產新機	一,二〇〇	七,〇〇〇	
陸軍人數	六四〇,〇〇〇	二,六〇〇,〇〇〇	
步兵及空運師	九師	一二五師	
裝甲師	一師	三〇師	
潛艇	七四	二七〇	
海面軍艦	一六四	三二七	美國蛾球式巡洋艦未括入

（二）關於美國將如何被蘇聯進攻一問題，據該社的觀察，蘇聯年耗如此龐大的軍費，動員如此的人力。其衛星國連同中國共產區域的軍隊，且較蘇聯軍隊的人數加倍。爲蘇聯在國外活動的人數也較希特勒的第五縱隊爲多。又如上表所示，蘇聯不僅現有的軍事力量較美國爲大，甚至每年生產的新飛機亦以七千對一千二百之數壓倒美國，自從日俄戰爭後，俄國已不再成爲海軍强國，然其現在擁有的潛艇隊且較德國在第二次大戰開始時遠爲强大。美國縱然擁有遠較蘇聯强大的海面艦隊，但用以對抗潛艇的驅逐艦則頗短缺。美國前此恃爲安全保障之原子武器，今已不再爲美國專有。

蘇聯作此龐大的軍事準備與負担，究爲何事，不難想見。一旦蘇聯對美國進攻，自必首先利用原子彈，以美國城市與工業中心爲其目標。而在防衛方面，則美國的雷達網尚未完成其設備；故美國境內從西雅圖以至波士頓都有受原子彈聯繫轟炸之可能；假使戰事發動之初，蘇聯軍隊即已佔領西歐及中東，則其對於美國此種攻勢將益强烈。

但是美國軍事專家大多數認爲蘇聯縱已有種種準備與潛在力，然至少在兩年以內尚不敢自信，而遽行發動戰爭。在此兩年之內，美國如能決心努力，加速軍事上的準備，也不難迎頭趕上，獲致優勝，藉此減弱俄人的自信，並減輕世界的危機。

（三）關於美國如何始能避免襲擊一問題，該文强調雷達網設備的必要。她以爲雷達與原子武器一度嘗爲美英方面專有之武器者，現均爲蘇聯所利用。現在蘇聯沿海一帶，自海參崴起，北至北極，西至慕爾曼士克，都已佈有雷達網。美國更應大量裝設，俾於敵機突襲時早有發覺，得以及時抵禦。

（四）關於陸海空軍之薄弱情形，該文强調美國目前的預算實不足與蘇聯在軍備上相競。以美國的潛在力，苟能洞悉危機，大增預算，從各方面擴張軍備，皆有可爲；例如轟炸機一項，美國的構造較佳，可惜數量不足；又如俄國可能於一九五二年增加其潛艇數至四倍，較彼時美國可能具有的驅逐艦爲二與一之比；因此美國對於陸海空軍三方面皆應齊頭並進，加緊增產，而根本上有賴於一個決心。

（五）最後生活雜誌表明其對此局勢的主張，大致謂：『在擁有原子武器的國家間發生戰爭，實際是人類社會的毀滅；因此確有避免戰爭，控制原子武器，與形成永久和平之必要。但與此必要適相反者，則有一九五〇年之單純事實，就是自由世界的敵人已毫不猶豫決定毀滅自由世界。這個敵人是不肯讓步與不能成立和平的。史達林派思想的構成者與領導者一而再、再而三宣告：「蘇維亞共產主義的目標在使共產主義在全世界獲得勝利」。他們的制度係以此目標爲基礎，故此目標已形成不可避免的必要性；於是放棄此目標就不免使其制度崩潰，使他們自身毀滅。

『對於蘇維亞共產主義是不能構成妥協與協議的。不祇是蘇維亞共產黨人拒絕履行任何協議；而且他們會利用妥協與協議去毀滅對其妥協與協議之人。任何妥協，任何協議，一與共產黨人有關，便成爲彼等所繼續醖釀的戰事中更進一級的階段。

『覩於蘇聯在原子時代初年的每一行動與態度，我們不能不作如下的結論，那就是：「凡可爲共產黨人接受之任何有關原子能的協議，將爲彼等所利用，一如利用其他協議者然，即藉此把共產主義征服全世界的勝利更推進一步。」

『蘇聯將於何時及在何種情勢才從不正式的戰爭，進而發動正式的戰爭，那是不能預料的。但是這樣的正式戰爭，雖難預料其發生之時局，却是無時不可能發生的。

『生活雜誌發表美蘇兩國的軍事力量比較表，一方面固欲促起美國人對於整軍的注意，但也不是說擴充軍備便可絕對安全。這種比較之目的有幾項。第一是僅僅擴充軍事防衛固不足以言安全，但如誤估或漠視軍備，則斷然是死亡之道。第二是美國國防的必要程度顯然爲美國總統國防部長以及各參謀長所低估，而當此有調整政策之必要時，不得不提請其特別注意。政府對於國防必要費用的估計大體爲美國國會及一般人民與報界所歡迎；大家的期望祇想聽任戰後的經濟鬆一口氣，以恢復其繁榮；而對於龐大的國防費，不免有些吝惜，並且有些人對於此項參與世界衝突的舉措不免懷有嫌惡態度。但大多數人還沒有知道美國業已陷入眞正戰爭之中，而這個爲着生存的戰爭，將會深深砍入國民的經濟內，而從其中抽取出來的，遠較目前所以自動支付的爲多。

『美國政府的當局，雖已明知蘇聯的侵略野心，仍不免懷有妥協的期望。例如國務卿艾其遜於本年二月八日在一次鄭重考慮的發言中，指責蘇維亞制度「與基於和平的世界局勢不相容」，而結論則謂祇有基於力量的事實而成立的協議才有些意義。這一次發言總算比向來所說的有進步了。但後來艾氏說到「如何達成和平」，則似仍假定（正如彼常常所假定者）在某一點可能與蘇維亞共產主義妥協，縱然未必達成正式的協議。又總統杜魯門上月與紐約時報記者的談話，一面說幾年以前他已放棄了對蘇聯達成協議的希望，又謂一九四八年他會想派審判長文生氏前往莫斯科，與史達林謀解決各問題；而且他仍想在某一時期進行此事。他又對時報記者說：「俄人的眞患仍由於對美國懷有恐懼與卑劣感的複雜心理」。其實，杜氏不僅仍懷妥協之念，而且還不明白眞正可畏者乃是蘇維亞共黨呢』。到現在仍有人主張對史達林再作一度的談判。談判固未嘗不可實現，但千萬不可假定兩世界的和平相處是可由此達成的……自從雅爾達及波次坦會議後，官方與公衆對蘇聯眞面目已有相當的認識。政治家固應多方學習；我們人人也應學習；但現在已經沒有可以從容學習的時間了。

『關於蘇聯，有兩點值得外人特別注意。一則蘇聯的目標固然如此頑强，其態度也常常表現頑强，但蘇聯却有一種特性，就是能隨變更的境況而有所變更。二則蘇聯深信他們的最後進攻須在反共力量腐敗與薄弱，而共產力量强大，勝利確有把握之時。史達林再三昭示其信徒，必須等候……等候……候至世界局勢業已成熟，蘇聯確能獲勝之時。

『但是期望共產黨的目標弛緩或變更，實比怠惰更惡劣。期望達成任何永久的協議，期望勢力的均衡，以及期望目標與情況妥協，使自由世界與共產世界和平相處，那也比怠惰更惡劣，但期望相互消滅的景象沉沒，因而影響蘇聯的指導思想，却不能算是怠惰。期望實力的轉變使敵人重新估計是否值得，是否進攻的時機已成熟，這也不能算是怠惰。期望相互消滅的景色滲入共產世界的人類心中，正如其滲入自由世界的人類心中一般，也不能算是怠惰。期望由這種對眞相的認識而發生的壓力，會强制蘇聯轉變態度，以達成最後武器的管制，也不能算是怠惰。注視這種轉變——但不要信賴牠，也不要誤認爲目標上的根本轉變，祇是常常注視，一有機會卽把握着牠——這才是西方政治家的任務。

『我們曾說過，自由世界必須認識其敵人。但僅僅認識敵人還不夠。自由世界尤須認識自己。她必須認識——而且永久不要忘記——她的自由與力量乃合而爲一的。沒有自由便不能有力量；沒有力量，也不能保持自由。沒有保障自由的意志，便不會有自由的力量。』

五

上所引述的三種論著，其作者背景性質各不相同。布斯博士是一位科學專家，戰時雖會任職於政府，然係以專家主持專門技術，似未參入政治方面；其所持論自然出自專家的立場，坎南氏任職於國務院二十三年，是一位老牌的事務官，在國務院中主持其計劃機構，是歐洲冷戰計劃的負責人，也是歐洲復興計劃創意者之一，其論著的立場，不用說是代表美國國務院的。生活雜誌是美國言論界的　威，就其流行之廣，足見其代表廣大的民衆，而其立論亦常處於反對黨的立場。因此，此三篇論著可分別代表中立人士及政府派與反政府派的意見。

著者現在略仿坎南氏一文的體例，列舉關於第三次大戰的幾個問題，歸納三文的意見而殿以著者的意見。我所擬的問題計有三個：（一）第三次大戰是否會發生？（二）第三次大戰如何避免？（三）第三次大戰何時發生？

（一）第三次大戰是否會發生？

關於此一問題，布斯博士認爲（一）第三次大戰不會是偶發之事；（二）第三次大戰之起，祇有當蘇聯感覺其所有力量加上突襲的因素，可以制勝一切之時，而且覺得失此機會今後局勢將不利於蘇聯之時；（三）美國由於其自由之傳統，斷斷不會發動第三次大戰。

坎南氏則認爲第三次大戰（一）可能起於偶發；（二）可能起於蘇聯誤認他國將對彼進攻；（三）可能起於蘇聯對國際局勢之分析錯誤；（四）美國當力避訴諸武力，當然不會發動戰爭。

生活雜誌認爲（一）蘇聯就其政策與準備而言，定然發動第三次大戰；（二）對於蘇聯任何的妥協與協議祇有把戰爭推進一步；（三）美國亦不致有發動戰爭之可能。

著者按，關於美國方面發動戰爭一項，三篇論著一致認爲不可能。布斯博士於其强調今後戰事先下手爲强，並推想美國有遭遇突襲的嚴重損害之可能，仍認爲美國斷斷不能在有利於本國的時候自行發動戰爭。此不僅美國人士的公開言論如此，即就事理衡斷，兵凶戰危，善良之國民，尤其是安居樂業之國民，殆無不欲避免。故發動戰爭者，或爲具有野心之霸主，或爲經濟局促藉此打開出路的國民。至因恐懼侵略，而從事於預防的戰爭，則歷史上極鮮其例，且恐懼侵略者，大都企圖自保，不外整軍經武，藉武力以止戈，亦鮮有先行襲擊其潛在的敵人，以消泯侵略於未萌者，尤其甚者，在此原子武器時代，戰爭一起，勝敗兩方同受重大損害；在第二次大戰創痕猶新之際，除具有野心之霸主，不惜犧牲人民，以謀一已功利者外，對於發動戰爭斷無不特別慎重者。再則民主國家除防衛國境之戰或負有國際義務之參戰外，非經議會通過將不能發動戰爭。以今後戰事之慘烈危險，欲在議會通過主動的戰爭案，殊非易事；且今後發動戰事必須以突擊開始，其在事前應如何保守秘密，始不致轉爲敵人所乘。以美國社會之複雜，第五縱隊人數之多，案經議會討論，無論如何保守秘密，必不能毫無洩漏；因此縱能通過議會，恐未及先發制人已爲敵人所制矣。

或謂依照北大西洋公約之規定，締約國與蘇聯或其衛星國之間發生戰事，美國得依其所負國際間的義務可以逕行參戰，無待議會之通過。此在理論固然；但在事實上，除北大西洋締約各國因受蘇聯侵略而作戰外，此類國家亦皆係立憲之國，無論不敢輕向蘇聯啓釁，即欲主動對蘇作戰，亦必須通過議會，其困難與美國大致相等，未及主動，已先受蘇聯之蹂躪。比較上可能實現者，則爲此等國家對蘇聯衛星國之作戰，先由副角開演，再由主角參加。然而蘇聯對於主義雖極堅持，對於局勢之應付却最善變。彼時如果蘇聯作戰之準備已周，恐不待北大西洋任何締約國對其衛星國開始作戰，便已藉此口實，一面助其衛星國打擊擬發動戰爭之國，一面突襲美國，而指責其爲戎首。是則美國本欲藉此爭取主動者，適足爲蘇聯主動襲擊美國的導火線耳。又如彼時蘇聯作戰準備尚未完成，自必另換一副面孔，矢言爲世界和平之護法：彼時形存實亡之聯合國與其安理會正可爲蘇聯所利用，將美國倚爲主動作戰之機會無形取消。故欲美國以外之北大西洋公約國發動戰事，除適逢其會，實際上仍由蘇聯發動外，亦等於不可能。

於是發動戰事祇有蘇聯方面才有其可能。關於此一問題，除生活雜誌肯定蘇聯就其政策與準備而言定然發動第三次大戰外，布斯博士則謂有兩種可能將使蘇聯發動戰事，一是當蘇聯感覺其所有力量加上突襲的因素可以制勝一切之時，二是蘇聯覺得失此機會今後局勢將不利於彼之時；坎南氏亦謂蘇聯之誤認他國將攻彼，或蘇聯對國際局勢分析錯誤時，均會發動戰事。總之，無論爲肯定的，或是附條件的，假使第三次大戰有發生的可能，則其發動者斷然爲蘇聯，而非美國，亦非與美國締結大西洋公約之其他各國，似乎已是不爭之論。

此外還有一種可能，則自從中國共產黨占領中國大陸後，美國迭經鄭重聲明，共黨勢力如繼續南進，超過中國境界，美國將不能袖手；同時美國對於東南亞之軍事援助，已由言詞而漸進於事實，加以與美國關係密切之英法二國的遠東屬土，以及美英均有關係之暹羅，與美國關係特深之菲列濱，皆有受共黨威脅之可虞。以共黨之進取無止境，今後東南亞之局勢自不免日趨惡化，美國除以物資軍械援助外，是否將更進一步。苟無更進一步之軍事援助，則以東南亞之民族應付蘇聯所指揮之中共，其居於劣勢，自不待蓍。美國既聲言不能袖手，事實上亦不容其袖手，故於物資軍械之外，或不能不加入人力。縱使美國避免直接介入，然最後不得已之時是否日本志願兵參加東南亞防衛之傳言會變爲事實。設不得已而有是舉，則蘇聯是否亦可以袖手，而備令各地之土共與中共應付；設應付之力不足，蘇聯能否就此罷手。如不甘罷手，蘇聯不免也直接介入。此一方面之介入愈多，彼一方面之介入勢必隨而增加；歸根到底，是否將會在此一方面一觸即發，似亦未嘗無可能。

這樣便涉入大戰由於偶發的問題了。生活雜誌社論對此問題未曾提及；而希斯博士與坎南氏對此之見解適相反，布斯博士謂第三次大戰不會像從前一般是偶發的事。坎南氏則謂第三次大戰可能起於偶發，其所舉例則爲駐在德奧境內之美蘇兩國軍隊，而今後不免還加上在東南亞各地美蘇兩方有關係之志願兵，縱然不見得是兩方的正式軍隊，著者則以爲大戰之由於偶發，向來例子極多，今後仍未必能全免。固然今後的戰禍百倍慘烈，可能使敵對的雙方特別審愼考慮，不敢意氣用事。但所謂偶發，並非指事前毫無芥蒂，僅因一時誤會而竟然發動大戰，實則美蘇兩方久已冷戰，而且雙方無不作軍事準備，亦未嘗諱言戰事，此正如雙方儲備大量火藥，祇須安置導火線，一觸即發，所謂偶發事件祇是導火線，而大戰之因固早已下種，且經長期培植，其未爆發，或因一方依其制度未能發動，他方則或恐準備未周，遲遲有待，及遇偶發之事，如彼此僵持，雙方面子難下，且因接觸極近，雙方均可互諉戎首之責，於是星星之火，便成燎原矣。

基於上述種種，我敢斷言，第三次大戰倘不作有效的矯止，終久難免爆發；如果第三次大戰真個發生，則除由於蘇聯在其認爲適當之時突然發動外，將以偶發事件作爲導火線而發動。

（二）第三次大戰如何避免？

布斯博士提出避免大戰的方法、爲整飭內政，充實國力，使蘇聯望而生畏，不敢發動戰爭。其對於軍備一項，因戰事之起不知在何時，爲恐製造或積聚的許多武器，將因歷時過久而致毀損失效，故主張多備原子武器，因其不易毀損失效，且易保藏之故。

坎南氏對此問題之主張概括爲數點：（一）儘可能以外交方式積極解決一切國際的糾紛，凡未能解決者姑予忍耐；（二）繼續冷戰，但不可訴諸戰爭；（三）對於爲抵抗俄國共黨壓迫而努力者，繼續保持援助的態度；（四）美國應繼續保持其在軍事上的準備，使蘇聯有所顧忌；（五）美國須對其盟國矢言願以實力援助；（六）對美國國內一切社會問題善爲處理；（七）繼續以公正的精神，待人的善意，助成世界的和平合作。

生活雜誌對此問題之主張，簡單明瞭，就是積極擴充軍備，加强防備，務使在武力上足以抵抗蘇聯而有餘，因此需費雖多，在所不惜，尤絕對不可有對蘇妥協與協議之望；該誌强調稱惟有美國軍備力量大大加强以後，始可望蘇聯變更其發動戰爭之政策。一言以蔽之，該誌是堅決認定『沒有力量便不能保持自由的。』

總括言之，布斯博士之主張在從社會與工業方面加强國力，並酌量加强一部分的軍備；坎南氏表面上外交內政與軍備並重，實際上則以運用外交爲重心，其他僅爲協助外交之具。生活雜誌則千言萬語，無不集中於加强全面軍備。

我以爲布斯博士之重視工業，實以深信今後之戰爲應用科學之戰，平時工業之基礎堅强，戰時卽可將平時工業轉變爲戰時工業，此在第二次大戰中成績業已卓著；因此在一方面認爲第三次大戰之發動尙無定期，與其耗鉅資於軍備，而由於日新月異之不斷發明，將來可能因失效而等於作廢，不如積極發展平時之工業，並研究新武器之發明，一旦有事，尙可如第二次大戰時利用平時工業之基礎與平時研究之發明，並因美國擁有無量數適於工業生產的青年，在彼時一面作戰，一面加緊製造新武器，終久美國仍可藉其工業基礎而致勝。此種見解，表面上似甚周備。可是他忘記了第二次大戰與第三次大戰的情勢大不相同。一則第二次大戰爆發後兩年美國始介入，此兩年間美國沒有受攻擊之危險，而有準備參戰之意識，得以從容使其平時工業轉變爲戰時工業；然而大規模之軍需生產仍在珍珠港事故後若干時間才達成。至於第三次大戰如果發生，美國居於主角地位，一開始便須介入，而且定必首先受攻擊，斷不能如第二次大戰期內，有兩年以上的從容準備。二則第二次大戰期內最初兩年，美國固不至被進攻，卽在珍珠港事故以後，由於彼時的武器力量，敵人方面尙不能侵擾與破壞美國的工業，故美國仍可繼續加緊製造；今則武器的力量已大大伸强，如火箭，如長程轟炸機，如原子武器等，無一不可侵擾與破壞美國的工業，而且正如布斯博士於所著書中推論者，一開始卽可以突襲的方式，致美國一部分，甚至大部分工業於麻痺。彼時蘇聯以平時製成積聚的大量新武器來應付美國在局部工業被麻痺後臨時趕緊增產的新武器，成敗利鈍，盡人可知，故布斯博士的見解，雖可適用於第二次大戰，却絕對不適用於第三次大戰。

至於坎南氏弭戰的方法，雖似面面顧到，實卽除主張積極解決國內問題，那是當然之事外，其對於軍事之準備，並沒有建議作充分的措施。而其主張的外交重心，則誠如生活社論所强調陳述，不僅毫無效果，勢必遷延自誤。至其對於援外一項，祇言繼續保持，並無積極建議，則其所主張者充其量不外維持現狀。故坎氏之論，祇可說是美國目前政策的辨護，初不見有何新穎適時的主張。本來國家的政策如果妥善，儘可百數十年不變。不過就數年來美國政策實施之結果，祇有使世界之危機益深，美國之國本益危，事實具在，無可諱言。平心而論，美國近年的政策，不能認爲大錯誤，祇是分量不够，而他方面的勢力膨脹過速。譬如中藥之甘草，西藥之重炭酸鈉，絕非不良之藥，而且沒有一種病不可使用，但對於急劇惡化性之病，僅僅投以此等效力微薄之藥，病勢惡化，固非此等藥物之過，但因此而遷延時間，卽其毒也。

生活雜誌以積極加强軍備爲弭戰之道，並强調美國的危險，敵人之凶暴，以警惕其國人，並打破向來苟安自大之心理。雖其主旨在警惕，故於蘇聯之力量備極渲染，而對其弱點未予置論，或不免有使孤立派人士發生恐俄心理，轉而主張不介入，以期幸免戰禍；然就大體而論，的是切中時病的良藥。不過著者對於該誌的建議，還有一點補充意見。那就是善戰者當拒敵於遼遠之外圍，古今中外，原無二致。美國最近數年，爲鞏固其歐洲的外圍，故對於希臘土耳其實行軍事援助，對於西歐其他各國，則藉馬歇爾計劃，以助其經濟復興，以阻共黨勢力的滋長，其後復有北大西洋公約之訂定，無異攻守同盟，是其對於歐洲局勢已作相當的注意與致力，故歐洲局勢亦不如初時之急遽惡化。但其對於亞洲方面，則狃於歐洲第一之成見，久經漠視，致共黨得乘隙進展，迄於今日，幾已瀰漫而不可收拾，然仍遲遲未作大刀濶斧之措施。至其對於我國，則大戰結束以後，美國曾予我國以相當援助，現在美國因國民政府失敗，一切歸咎於我國。平心而論，我國民政府固不能辭其咎，然造成此一局面之咎，美國亦何能悉數卸清？以中美兩國傳統之友誼，益以太平洋戰事發生後雙方比肩作戰之情誼，朋友有過，督責固無不可。若因一時之失望，而至聽其死亡，坐視不救；或則一面予以涓滴之惠，一面盡情破壞其信用，並以一手掩盡自己之責任，似亦非所以盡朋友之道。我國目前之局勢，實造因於我國最崇敬的朋友故羅斯福總統在雅爾達會議中一着之錯誤，以致前門之虎方以慘重之犧牲與極大之努力，才抗拒出去，而後門之狼已基於一着之錯誤，乘機進入我國之戶庭，以後一連串之演出，實以此開其端。我國爲顧全中美友誼之故，於不惜一切犧牲爲維護主權而對日作戰結束之後，痛心隱忍接受一位友邦領袖未經我國同意，遝行代我決定若干有礙我國主權之條件，而我國從未發表任何怨言。其後馬歇爾將軍銜命來華，致力於我國國共合作之斡旋，在此斡旋期內，國民黨之措施固未嘗沒有錯誤，但共產黨根本上不願妥協，則爲不可掩之事實。及至國共破裂，馬氏以使命失敗而返國，對於國民黨之誤會殊深，加以國民政府之不爭氣；於是天下之罪歸諸一黨，原有援助逐漸減少。尤其是當國民政府在最嚴重之關頭，一面對於黨爭劇烈後姑允援助之軍援靳而不與，一面更發表所謂白皮書，痛詆國民政府，使其渙散之人心士氣益為沮喪。或者謂美國鑑於我國國民政府之失敗，故以諍友之義出此，以期警惕改善。殊不知白皮書之發表，不遲不早，適當國民政府之生死關頭，而夙為國民政府至友之美國未能支持鼓勵，轉有是舉，言之者固可藉此卸清責任，受之者所蒙間接之影響殆不可以計量。我為此言，非欲與美國算舊帳，亦非有不滿於美國。我之為此，祇想說明肉身的人從不能無錯誤，祇有錯多錯少的區別，與夫能否知過必改而已。我一方面期望國民政府痛自檢討　力改前此之錯誤；同時也望美國一面反省往事，究竟中國局勢至此，美國能否全免責任，一面瞻望前途，假使以前種種譬如昨日死的話，國民政府抗共的意志與其力量，台灣之地位與其關係，比諸東南亞許多地區孰輕孰重，如果美國對於東南亞堅持援助其抗共的政策，是否也應加重援助國民政府與其臺灣基地的成分。此不僅於我國之存亡攸關，且為美國之安危所繫。以美國人不念舊惡之精神，對於前此敵對之日本，尚可化敵為友，難道對於向來友誼甚篤之我國，縱因其政府一時不免錯誤，而且這錯誤不是一方面的，於其最後掙扎之際，而其掙扎之結果也與美國防共的前途不無關係，美國是否可以恕置不顧嗎？

再概括一述我對此問題的結論，就是要避免第三次大戰，美國一方面固須如生活社論的主張，不要存妥協的希冀，而積極全面擴充其軍備，另一方面則盡力鞏固其外圍，不僅在歐洲，而且在亞洲，特別是東南亞與自由中國最後的堡壘並重。

「自由中國」的宗旨

第一、我們要向全國國民宣傳自由與民主的真實價值，並且要督促政府（各級的政府），切實改革政治經濟，努力建立自由民主的社會。

第二、我們要支持並督促政府用種種力量抵抗共產黨鐵幕之下剝奪一切自由的極權政治，不讓他擴張他的勢力範圍。

第三、我們要盡我們的努力，援助淪陷區域的同胞，幫助他們早日恢復自由。

第四、我們的最後目標是要使整個中華民國成為自由的中國。

（三）第三次大戰何時發生？

布斯博士認為第三次大戰之發生會在頗久的將來，並指出大戰之起當在美國之潛在敵人感覺其所有力量加上突襲的因素足以制勝一切，而且覺得失此機會今後局勢將不利於彼之時。

坎南氏雖未預測大戰可能發生之時期，然一則曰『俄國在其長期擴張歷史中，都是狡獪而慎重地擴張，寧稍候時日而不肯冒險』；再則曰『蘇聯政府正積極謀達成工業國家的計劃，至少還需數年始能完成若干基本的建設。』

生活社論則謂『正式戰爭雖難預料其發生之時日，卻是無時不可能發生的』；同時牠又說：『蘇聯深信他們的最後進攻須在反共力量腐敗與薄弱，而共產黨力量強大，勝利確有把握之時，史達林再三昭示其信徒，必須等候……等候……候至世界局勢業已成熟，蘇聯確能獲勝之時。』

這三篇論著，各有各的主張；但對於第三次大戰何時發生一問題，卻有共同見解，那就是須在蘇聯自信能操必勝之時，縱然對此一時日，有估計太遠者，亦有估計稍近者，然皆在不可確知之時日，則無二致。惟生活社論同時亦強調大戰是無時不可發生的。

著者對於此一問題的見解大致與生活社論相似，而仍有些區別。我認為大戰之起因有二，誠如本文五段（一）最後一節結論所示，一是計劃的發動，一是偶然的發動。如果屬於計劃的發動，則蘇聯必須熟權利害，於確信能操必勝之時始發動，最速亦當以年計。如果屬於偶然的發動，則正如生活社論所稱，無時不可發動。

★ ★ ★

此文寫得太長了，然至少還有一個問題未觸及，那就是對於第三次大戰勝負誰屬的推測，且待有工夫再寫罷。

（三十九年四月二十七日脫稿）

怎樣發揚我們的力量！

余家菊

力量的大小，不是絕對的，而是隨所負任務的難易，而異其感覺的。我國民的當前任務，其艱鉅實為亘古所未有；在此艱鉅的任務之下，當然要感覺力量的不足，而且也應該有力量不足的感覺。我們的力量為什麼不足，其原因所在，正不必分析；好在有些原因，如八年抗戰民力凋弊，生活艱窘，人心疲輭等，已是大家同感，力量不足的認定，是顯然合於事實的。我們的問題，其重點毋寧說應當放在「怎樣發揚我們的力量」上。

要了解怎樣才能發揚力量，須當先明白力量是怎樣產生的。力量的來源，或者不止一種，而就人間的力量說來，在人事上最具有決定性，持久性乃至掀動性的力量，當莫過於吾人的願力。吾人的願力，對於吾人的言論行動乃至思想，支配轉移，決定吾人發揮力量的途徑；所發揮的力量，其強弱厚薄，又受決定於吾人願力所具純一眞實的程度；願力愈純一眞實則所發出的力量即愈為雄偉壯大。至於吾人的力量是否能匯合大衆的力量以成為一個集體的力量，則一方面須看吾人的願望是否正大光明且是造福衆人的，其造福衆人的意趣愈眞純，則所能掀動的人數便愈多；在另一方面，又須看聽衆的意識與吾人所表示的願望是否接近，愈接近，則吾人願望所影響的人數便愈多。所以要發揚力量，第一要有一種願力，第二要有一種眞純的願力，第三要有一種正大光明的願力，第四要有一種人心同然的願力。我們要擔當艱鉅，我們要發動大願，要發動眞願，要發動大衆所願發的願！放下一切藐小的、淺陋的、偏私的企圖！

× × × × ×

有人說：力量來自知識。有名的「知識即權力」說，便是其代表。我國學人，大喊國民的大病在「愚」，亦即是此意。知識能轉變成為力量，這是無可否認的；我們亦不會主張我國國民無所需於知識的發展。不過我們必須注意：第一、就一般物界的知識而言，知識這東西是中立的，冷然的。知識是否發生作用乃致其作用的方向是正是負，知識的本身都不具決定性，而決定於人類的願望。第二、須當注意：就一般人事知識而言，知識所呈現的相貌形狀，實受制限於吾人主觀的願望；換言之，即主觀的願望制限對於客觀的認識。便是受有嚴格訓練的學者，能竭力保持客觀態度與冷靜頭腦，對於研究的進程，毋意毋必；對於結論的呈現，不迎不拒；而其習性的偏倚，多少尚不免制限其認識之性質與範圍。至於不具嚴格訓練的人們，其所執持的所謂知識都是由主觀情感轉變而來，賦與主觀情感以客觀知識的形相而已。第三、須當注意：眞知識是由自己製造出來的。至於道聽塗說的知識，除非經過情感的融化後，是不生作用的。說到自己製造知識，談何容易！用謹嚴的程序，靠自己的力量，去製造一種知識，是十分困難的；欲其出品好而且多，更是難上又難。勢不免粗製濫造，假貨劣貨，充斥市面，紛紛用知識的名義裝飾其偏僻的邪見妄見。第四、知識的製造，須由各人親自下手，所謂獨立判斷是也。判斷獨立是知識的必具條件。所以求知必須問之於自心以決定其是非。而自心的判斷，又難求各人間的一致。結果便是公說公有理，婆說婆有理，公婆間無法建立公共的是非標準，而陷於理智上的無政府主義。彼亦一是非，此亦一是非；由於各行其是，遂即無所謂是。理智的無政府主義一變而成理智的虛無主義。既無所謂是非，便將得過且過，而歸於麻木癱瘓，更不用說渙散瓦解了！所以知識即權力的說法，是有條件的。知識必須在公衆的偉大願力之下，才能轉變而成偉大的權力！

× × × × ×

有人說：組織即是力量。要發揚力量，當加強組織。個體脆弱；集體堅強。一個指頭，不能破紙；五個指頭，合成拳頭，可以傷牛。此一說法，是人間常識，無可非議。不過須當考察，組織如何才能形成，乃至組織何故而有瓦解。所謂組織，是說：融合多數個體以結成一個總體。在多數個體之間，必須具有一種黏力；無黏力，就是散沙。在總體既成立之後，必須具有一種推動力；無推動力，就是死物。衆多個人，各有其意志，各有其性情，各有其習慣，各有其動向，怎樣才能加強其結合，整齊其行動；各人的看法，至不齊一。在結合既成，步調可一之後，又怎樣才能充實其動力，使得發為適當的動作以應付實際的需要；乃至發為恒久的動作，以應付長期的需要；各人的看法，亦至不齊一。由此至不齊一的看法，遂成為種種的政治哲學。欲將此種看法，一一加以檢討，非此篇所能負荷。

在此等不同的看法之中，我們且談談外在的紀律論和心理建設論。從來的紀律論者，都主張用上級的賞罰來管制下級的行動並加以策進。其中的「前進份子」則進而運用同級乃至下級的管制和鞭策。他們的黏合力與推動力都安置在各個體的外面，所以稱為外在紀律論。他們的基礎，是建立在人們趨利避害好譽惡譏的基礎之上。作用不能說小。但是一到賞不為人所欣求，罰又有法可逃，外在的紀律便無法維持。心理建設論者，主張在衆人的心目中，建立一種共同的願望；藉此願望，以黏合各個份子，並在各份子的心意上，一律發生推動的作用。這樣，其黏合是內在的，所以牢固。其推動是自發的，所以機動而恒久。但是內在的規律難免敗壞於「自己寬恕」之心情；自發的推動亦難免鬆懈於「自己放假」之傾向。所以內在規律要有外在紀律以資夾持。此法治與名教之所以永不能廢。外在紀律必須取得各份子心情上的共鳴；此輿論啓發等心理建設工作之所以不容止息。紀律必須與大衆願望相一致。組織必須以大衆的願力為基礎。常見一校之內，對於某些學生，校長掛牌記過或除名，同學（甚或若干教員）則開筵慶慰。校長與學生各在一個願望之下，互相對立，紀律到此，已絲毫不具正面的作用。

組織欲發生力量，必定不可使各份子感覺被人家當作工具用了！應使大家發生平等的「同伍感」或「同志感」。所謂平等者，並非權力平等之謂——任何組織，其間份子都有權力上的差別！乃是說每一份子都是爲共同的願望而各盡其最善的努力。有此共同的願望又有此共同的「同志感」，再加以外在的紀律，組織才能發揮其應有的作用；而且必須如此，組織才能形成！

× × × × ×

有人說：手段即是力量。一切以成功最高目標。爲成功故，不惜採取任何手段。成功的秘訣，即在不惜採取任何手段。手段不辭毒辣，不辭狡譎。如乘隙抵瑕，如離間挑撥，如造謠歪曲，如甘辭誘騙，如放野火——凡是對方的弱點，一律儘量利用。人世就是戰場，凡戰場上用得着的術略，都當儘量運用，而且巧妙運用之。戰國時代，鬥力又鬥智。善鬥者成功，不善鬥者歸於淘汰。此種作風，在歷史上曾有人獲得一時的成功，在眼前亦復有人着着走向成功。我們雖然不顧其成功，但是幾乎苦於無法證明其必將失敗。然而略一涉思，證明其必將失敗，實無困難。第一是衆怒難犯。舉凡利用人類弱點，如乘人之危或出人不備，都是世人最爲畏懼而又最爲憎惡的作法。待到怨恨一深，則群起而環攻者，正不必限於身受其害的人。既經成爲衆矢之的，縱有大智，禍患之來，定將無從防範。第二，天道好還，施之於人者，人即以其道還治其身。將來之所受，即是今日之所施。世人最會學樣，既經做出榜樣，便必然有人學樣。況且用陰狠險毒的心腸做出的榜樣，怨憤之下何愁無人加倍奉還。第三，尚有一最大的威脅，即：罪惡是不可隔絕的，而且是後來居上的。有人認爲階級之間無道德，階級之內當講親愛。他們在集團以內，自有其一套規則，祇用以對內；而對外則另有一套狠毒的方法，則祇准用以對外。對內對外，兩相違反，似乎是最聰明的辦法。不知法子有兩種，人祇是一個；狠毒的方法，起初用以對外，及至用慣成性，喜歡用時，樂意用時，內外的界限就難於限制自己了。前此用以害人的，至此便將用以自相殘害了。「野火燒不盡，祇在自燒時！」況且「其父殺人，其子必且行刼！」後來居上，又是必然之勢。所以用險譎手段以發揚力量，終是同歸於盡的辦法，有遠見的人決不採取。

× × × × ×

在此等發揚力量的方法之中，我們認爲建立共同「願望」以產生共同「願力」藉以奠立確實基礎之一法，到底是一切的根本。不過願望的建立，有時是立基於利害之上，有時是立基於憤恨之上，有時是立基於仁愛之上。立基於利害之上，依生物學看，自利本出於保己本能，原無可厚非。祇是自利是反社會性的。在自利觀念下的結合難得堅固，廣大而恒久。憤恨亦是生物的力量所有的來源之一，在憤恨的時候，全部力量都集合起來以求達到報復的企圖。其高等的表現，則爲長期的「臥薪嘗膽」，乃至於「復九世之仇」。不過在高度的憤恨之下，精力容易涸竭，理智容易錯亂，步調容易狂躁。最好是將共同的願望建立在仁愛之上，使願力來自仁愛。有仁愛即有力量。孔子說：「仁者必有勇」。仁愛的力量最堅强，最持久，而又最純淨。最普遍的證明，便是慈母的行徑。此毋須遠徵博引，人人目前都有例證。

慈母之愛，可使弱女子發生大無畏的行動。例如子女遭遇危險或陷火窟或墮河流，一個弱女子每能奮不顧身，自跳火坑以相救護，或親身從井以救人。絲毫不覺其危險，亦復絲毫不計其結果，更復不會問及其自身之報酬。然而猶可謂係發生於危急之際，非常情況引發非常行動，不可望於常時。如是請再看孤苦孀居的慈母。稚子成群，內無相依之叔伯，外無關護之戚黨，其貧苦孀婦每賴紡織所入或針線所入以養活諸兒，積年累月，不稍懈怠，其在家有薄產者，則土劣垂涎，戚族敲詐，忍辱周旋，以待諸兒之成立，其間含淚飲泣，辛酸之量，難以數計。凡此長久期間，從容扎掙，絕無退失，其力量皆來自慈愛。若國民能依仁愛心而發起共同的願望，其所發生的力量，必足以使一切暴力冰銷於熱力之前。可惜現代的人，多震迷於暴力的成就之下，而對於仁愛的大力不生信賴！

今年大陸災荒嚴重，呻吟於飢餓中者以數千萬聞；無法生活而牽連自殺者，到處隨時皆有。　蔣總統聞此情況，惻然心傷，號召救濟大陸災胞；仁聲所至，海內外踴躍響應。仁愛力量之偉大，又獲一明證。顧其間有人懷疑：實際效果難如預期；甚或認爲：祇可作爲一種政略；是則對於仁愛之本質，皆未能透澈了解。殺伐時代，仁愛本難言！

殺伐時代，最需要仁愛，而仁愛又最不受人信用。忿戾之氣充塞宇宙；以爪還爪，以牙還牙，來者不是，去者有餘。循環報復有增無已。此需要仁愛是消釋忿戾，停止殺機，乃仁愛功用的一種。在殺伐時代，刼掠陵虐，隨處皆是；馴良百姓憔悴愁苦，無復生趣。唯有仁愛，能解民倒懸，出民水火。此其功用的第二種。在殺伐時代，人人心中，都懷戒懼，恐受人魚肉，被人陷害。人與人間，不起信心。由是社會瓦解，集團無力。唯有仁愛，表現「我爲人人」，不求人人爲我」；用到他的心情作服務的活動。由是互信增大，向心力加强，而社會始堪提絜而有所負荷。此其功用的第三種。在殺伐時代，對立陣營；仇怨嫉恨，彼此相視以罪惡滔天，互欲滅此朝食。不惜鑄成鐵幕，倒亂眞相；製造仇恨，迷惑人民，以鼓勵殺氣；加深殘酷，廣事毒虐，以鼓動恚恨。而人民則祇自歎「我生不辰」而已。唯有仁愛，能銳意救民，予人以得活的希望。對方陣營內的人民皆寄得救的希望於我方，我方爲敵方人民所嚮往，如得出鐵幕者即多不願再行歸去是。即此便足保證仁愛的成功，所謂「仁者無敵」是也。此其功用的第四種，餘姑從略。

視仁愛爲迂闊的人們，誤認仁者不施懲罰，每致姑息養奸。其實仁者並非不施懲罰，祇是不濫施而已，其施行懲罰以必要的程度爲限而已。假如結束第二次大戰的原子彈，不投向廣島，而投向東京，則日本人的命運將更爲慘悽。幸而當時原子彈是握在人道主義者手中！

× × × × ×

上面所論，說明欲發揚我們的力量，必須建立共同的願望，養成共同的願力，實踐同胞愛，人類愛，不分畛域，不分敵我，不分圈內圈外，一律以同等心積極愛護；對於犯有罪行者，用仁愛心，施以棒喝；使其不復爲害國中，絲毫無意報復！

哀聯合國

徐鍾珮

聯合國秘書長賴伊，爲打開聯合國的僵局，籲請會員國承認中共，理由是：只要中國政府的代表團在聯合國一天，蘇聯代表就會掉頭便去，不肯開會，使聯合國會務擱淺，無從商討世界大事。而且，賴伊先生又認爲中共現在已能統治了中國大多數人民和大部份土地。

蘇聯代表的法寶是退席，凡事不如他意時，就祭起這項法寶來，第一次公開拿出這法寶時是在伊朗的控蘇案裡，伊朗代表在聯合國的安全理事會裡，控訴蘇聯，說它陳兵邊境，威脅和平。伊朗代表滿心眼信賴聯合國，自覺理直氣壯的侃侃而談，英國特別爲它撐腰，美法國也憤憤不平，蘇聯却率領它大小嘍囉，鼻子裏哼了一聲，要聯合國別多管這閒事，在安全理事會決定受理這案件時，蘇聯代表葛羅米柯，不慌不忙的除下眼鏡，挾起公事包，率領蘇聯代表團退席——這是蘇聯第一次用這法寶，葛羅米柯爲此也一舉成名。

但是這齣戲雖是演來有聲有色，到頭來却還是無疾而終。伊朗情勢並沒有因安全理事會的「受理」而好轉，所謂受理，也只是不了了之，伊朗只得到了所謂「道義上的支持」。

聯合國大會初試未捷，以後就成了清議機關，代表們各試身手，東方攻擊西方，西方攻擊東方，西方人數多些，有時莫洛托夫和維辛斯基，舌戰群儒，只管磨牙而不圖實際。大戰結束後，邱吉爾形容史達林是希特勒，史達林也形容邱吉爾是希特勒，希特勒使邱史由冤家成爲朋友，而今希特勒已倒，雙方重由朋友回到冤家，却依然不能忘情希特勒，口口聲聲以希特勒形容對方。在聯合國裏，又把希特勒踢開，新發明了「戰爭販子」，東方罵西方是戰爭販子，西方反脣相譏「你才是戰爭販子」——似乎兩面決不願另出新花樣責難，你罵我什麼，我也同樣以此回敬。

在這些舌劍脣槍裏，蘇聯又祭起另一法寶——否決。什麼事不如我的意，來一個否決，好在它忝爲五强，有合法的否決權。顧維鈞大使說得好：「現在都認爲蘇聯在聯合國大會裡的合作，全因中國代表團的資格問題而起，其實在這問題未發生前，蘇聯代表團就會使用過三十三次否決權。」

蘇聯代表的專說：「NO」，已成了大家笑談資料，所以上次美國選舉總統時，消息傳到英國，說是美國的黑人拳擊家魯易士也要參加競選，英國記者就會開玩笑似的說：一旦魯易士當選，國際問題就簡單得多，那個代表再敢搖頭說不，他可以拔出拳頭就揍。

聯合國大會既無法解決實際問題，身價頓低，記得當年有一幅漫畫，畫的蘇聯代表葛羅米柯戴了一頂强權政治的帽子進聯合國大會會場，貝文和貝爾納斯在旁，雙手一攤說：「請你把這帽子放在衣帽間裏」。蘇聯代表戴强權帽子進場，固然不對，但英國人自己也未見得肯放棄這頂帽子，記否聯合國討論英國殖民地問題，約翰牛一聲怒吼：「這是內政問題，聯合國你別多事」。於是聯合國又只得雙手一拱，無爲而治，從「和平解決政治糾紛」的主旨，轉變爲「討論會」「演說競賽會」和「辯論會」的綜合，報紙上也從頭條消息降爲二條三條。

聯合國大會職員，薪金甚豐，就是秘書長一職，人稱是世界上最濶的差使，四萬美金一年，還不要納所得稅，其他人員也是除正俸外，有津貼，兩年回家一行，可領來往旅費，尤其是外加外交官的特權。有人譏諷聯合國，說他們職員一事不做却坐領好萊塢式的薪水。

儘管聯合國表現得這樣差勁，中國人却依然對這國際機構抱有尊敬和信心，依然訓令中國在聯合大會的首席代表蔣廷黻向聯合國控告蘇聯，呼籲各國不承認中共，蘇聯的代表邁立克，總是惡聲惡氣的說：「你這蔣廷黻不能代表什麼人」。結果政治委員會以四十七票對五票，通過了美菲墨澳巴（巴基斯坦）王國的聯合決議，主張對中國採取不干涉政策，由中國人民自行取決，因此控訴等於白訴，這位聯合國似乎以「不痴不聾，不能作阿翁」爲原則。蔣廷黻即席慷慨陳辭：「有人說自由中國完了，不，自由中國並沒有完。假若聯大不僅公開宣佈中國完了，還要說中國問題也完了，那眞是令人不解，聯大如果這樣做，那只好關門大吉」！

只好關門大吉！不禁令我念起聯合國大會第一次在倫敦開幕車水馬龍的盛況，倫敦人夜半起床，在聯合國門口排隊等發旁聽證，未領着旁聽證的人，擠在門口爭看和平使者風采，希望他們眞能和平解決糾紛，使第二次世界大戰成爲最後一次可怖的回憶。

那時希望漲到最高潮，握手言歡，天下果然是一家，開會時，還巴巴的全場起立，默念這首先建議創立這國際機構的偉人羅斯福總統，大家悼念他未能看到世界各國的歡然濟濟一堂。

在這歡笑聲裡，也有人提起爲什麼五强要有否決權，爲什麼從未動過侵略邪念的中立國，如瑞士瑞典等，却摒棄於這國際大家庭以外，但當時陽光曾照，這些也似乎只是黝黯一角的小枝節。

聯合國的致命傷是現實政治的走在聯合國主旨之先。聯合國常可因現實政治，把自己的宗旨一脚踢開。聯合國本來也是做做好萊塢，實行明星制。五大明星掛頭牌、安全理事會的會員國（除五强外）是二牌，其餘只是配角，因此臺柱的想法，就能影響全會，而臺柱本身的打算，仍以自己國家的利害爲先，譬如蘇聯，不愛聽人家控訴它時就可昂然邁步退席。

聯合國在現實政治的激流裡，處處委曲求全。而現實的政治，又往往和理論脫節，甚且和理論背道而馳。因之聯合國也不能緊守自己宗旨，常是隨波逐流，跟看大明星亂轉。反共專家邱吉爾出在英國，鐵幕一詞，還是他在美國富爾頓演說時所創，在馬來亞，也正在聲勢洶洶的剿共，然而英國却首先承認中共，說來還振振有辭，「鑽到裡面去看，比外面看得眞切」，全忘了自己所說的鐵幕是何意義。

英國旣向現實低頭，美國也舉棋不定，混混沌沌的看不淸現實，法國自己給現實弄昏了頭，聯合國顯得惶惶無主。蘇聯看淸這點，就用退席和否決權兩法寶來處處挾制聯合國，處處使聯合國向它低頭，終至連這四萬美金一年闊差使的秘書長賴伊，也誤把依順現實爲聯合國宗旨，自以爲不順應現實，會辜負了全球對他付託之重。

國際政治會議爲現實政治把持，原不爲奇。記得在法國開和平會議時，我就惶惑不解。匈牙利大駡捷克，說它虐待了捷匈邊境上的少數民族，而細查舊帳，匈牙利是戰敗國，捷克是戰勝國，戰敗國所以能如此拔扈，全因爲後面有克里姆林宮撑腰（那時捷克還未入鐵幕）。和會雖是淸算第二次世界大戰，而大戰結束到和會召開間，局勢又有了變化，國際陣容分明，無論爲勝爲敗，各挑一條陣線。因此在這和會裡，應該最淸楚的勝敗國家界線，却反不及東西方集團的界線明顯，現實的國際局勢混亂了和會中應有的是非曲直，和會還是遷就了現有的國際局面，失去了它應有的目標和對象，敗國向勝國挑釁，尤其是翻轉了歷史的紀錄。

和會如此，聯合國也如此，現實政治操縱了聯合國，影響了聯合國，廢棄了聯合國應有的宗旨和立場。

當年的國際聯盟——也可以說是聯合國大會前身——就是因爲太過遷就現實政治，鬧得身敗名裂。那時節，中國爲東北事件向國聯控訴日本，國聯遠處中立國瑞士的日內瓦，嗅不到火藥氣息，一笑置之。而今的史家，却又是旁證博引，說明第二次世界大戰，源於東北事件，可哀的是，史家不是政治家。

聯合國旣成立，國聯正式舉行葬禮，在悲悲切切的追悼會裡，國聯的主席漢勃洛致詞：「而今這火炬已移交到新生的聯合國大會手裡，國聯所交給聯合國大國的，非特是一筆偌大家財，而且是二十五年來累積的寶貴經驗」。

這寶貴經驗中，有悲有喜，有辛酸。有消失的崇高理想，有漸行漸遠的美麗希望，有一連串對現實的投降——包括寬宥墨索里尼的霍爾賴代爾協定，犧牲捷克的慕尼黑會議，和縱容日本的東九省事件。

但是國聯的易簀遺言，並沒有使聯合國警惕，聯合國成了國聯眞正的孝子順孫，一步一步踏着它先父的足跡前進，聯合國只是接受了國聯的一筆偌大家財，却慷慨的拒絕了它「二十五年來累積的寶貴經驗」。

中國問題是聯合國最大也可以說是最後的測驗。但看形勢，也會成爲聯合國最低一次的低頭。記得我會寫過：「火炬執在聯合國手裡，所以擔心的倒不一定是外界的風風雨雨，而是怕執火炬的人，就近把它吹熄」。賴伊的歐洲之行，就是在運動各國遷就蘇聯，打開僵局，所以今後卽令聯合國裡的蘇聯代表能欣然重歸，會議必然已經變質。舊瓶雖在，而酒味全非。不幸，我無知的預言，今日竟成了讖語，哀哉！

一九五〇年四月廿七日

拉斯基教授之死

陳恩成

（拉斯基教授遺像）

「我真的沒有想到：在我生命史中有任何值得傳述的地方；祇是，我是忠實而熱誠的，希望在我逝世之前看到一個善良的世界。」

——拉斯基

一、不值得傳述的傳述

英國工黨的領袖之一，在一九四五年大選時榮任該黨執行委員會主席的拉斯基教授 Harold Joseph Laski，在三月廿四日病逝，享年五十六歲。

報導拉斯基病逝的電訊，在臺灣所能看到，或在香港出版的英文南華早報或中國郵報上所能讀到的，都只是比上一段消息還要簡略的記載，由美國合衆社拍發（而英國的路透社對此似乎不感興趣），並沒有把拉斯基曾任工黨主席的一點「光榮」史實加以連帶表揚。這是耐人尋味的一個現象。

記者對於拉斯基的學說並不贊同；但對於他悲天憫人，苦心救世，堅忍奮鬪的精神，却尚有些欽佩。現代的英國，無論從文化，政治，或經濟，各方面看來都是在衰老沒落的邊緣掙扎，在國際上負有名望的學者或政治家也實在太少了；拉斯基教授還算够得上是英國的一個馳名國際的學者——企圖由學者踏入政治圈內，以實施其學說，發展其抱負的一個文化戰士（或可說也是一個「革命志士」）。憑着這一個特質，拉斯基似乎應該得到世人的重視，雖然並非一定得到世人的同情欽佩。

可是，出人意料之外，拉斯基的死不祇遭受一般人的冷淡，並且連現在英國執政的工黨人物們，對他的生或死也很漠視。這就有値得研究的地方了。

從合衆社于三月廿五日發表拉氏的死訊到現在，記者經常注意國內外輿論界或文化界對于他的追念或批評；然而可能得到的，都同樣的是異常冷淡，或漠視。好像世人對於他的苦學力行，堅忍奮鬪的史實，已不給與積極的批評，甚或厭惡與憎恨，乃給予消極的冷淡與遺忘。

記者對於拉斯基教授之死，在過去三星期中，從有限的範圍中得到的反應上看來，這裡可以扼要的介紹一下：

就臺北而論，對於拉斯基教授之死，最敏捷，但也最尖刻的批評，是臺灣廣播電臺，「自由中國之聲」（The Voice of Free China），三月廿六日的英語時評廣播。聽說那篇稿是一個研究法律和政治經濟的某教授寫的，對於拉氏本人尚多忠恕而公正的評語；但對於英國工黨的政府與其政策，都連帶的加上嚴正而尖刻的評擊。那篇廣播詞語並且運用到幽默的作風，從探究拉斯基的病象，以及致死的原因，講到工黨政府的危機，順便把外相貝文，作戰部長史特拉奇，衞生部長畢范等人，也加以尖刻的諷刺，而對於首相艾德理却加上一個嚴正的警告。這篇廣播，聽起來尚不討厭。

其次，對於拉斯基之死報導頗詳，但並未在正面加以批評，而祇從叙事上隱含譏議的，是美國四月三日出版的時代週刊（Time），標題是「歷史的矛盾」（History's Rerenge 直譯該是「歷史上的仇恨」）。它扼要的叙述拉氏的生平與其學說，志趣，和死後的遺憾，它講到他的友人和政敵；但對於艾德理或畢范之流，所謂「政治上的同路人們」，却竟是隻字不提。這篇紀事寫得異常精妙，確實從文藝的技術上，用最平淡的筆法表現出最深刻的旨趣，反映出名符其實的「歷史上重大的矛盾」，和英國社會以至拉斯基個人史實上重大的「仇恨」，並且寓有「報仇洩恨」的諷刺。

本文篇首引述的一句話，是拉斯基生前對于一個傳記作家講的很平淡的「自我批評」。他自己認爲畢生沒有任何値得記述的事業；他祇是一個忠實而熱誠的志士，希望從堅苦奮鬪中實現他的理想，希望在逝世之前看得見一個善良的世界（ decent world ）之建立。

儘管他讀過了很多的書，觀察到豐富的世界實況，特別是資本主義的美國，共產主義的蘇俄，和實驗着社會主義的英國，從哲學的觀點探求政治經濟的改造；並且加入政黨的實際工作，滿以爲由此可以達成他的願望。然而，最不幸的是：他所採用的方法，和他所抱負的基本學說和基本信仰，不論自動的或被動的，實質上都具有根本的矛盾。他內心的仁慈，與他所認爲「同路人」的性格，和所實施的政策或手段，又在本體上具有很大的差別。從實際的考驗上，看看憑着他自已的，或他的同路人的方法，實在達不到他們預期之目的；然而他却忍受着一切病苦，不惜一切犧牲，繼續的埋頭苦幹——有些場合竟似被拉着鼻子瞎跑，跑向政黨失敗，國家沒落，世界慘亂，人類沉淪的深淵。這一切矛盾，失望，和痛苦，災禍，不祇是拉氏個人的絕大仇恨，也是英吉利民族的絕大仇恨，並且也是人類歷史上的絕大仇恨！

拉斯基敎授是敏感的，思想前進，酷愛自由，而行爲「反動」的。因爲他一度會主張暴力爭政，並至少有一個時期默認工黨的集權專政，看看面臨到失敗沒落的深淵，苦悶已到極點，他的「心病」是無可救的。既已自知無可救藥——至少是他個人如此，連同的是英國的工黨以至蘇俄的共產黨也如此——所以他預料到，縱使他會努力宣傳社會主義，在他的一生中實在沒有値得世人傳述的地方；如果有，那祇是他悲天憫人，熱誠救世，明知「不可爲而爲之」的仁人志士的一片苦心。

因此，拉斯基雖說沒有可以傳述的言行，也許還有値得傳述的志節。

二、尖刻的諷刺

臺灣廣播電台，三月廿六日對於拉斯基之死而作的英語廣播，大意是：在合衆社報導拉氏死訊之前，世人對他似已久認爲是一個在英國「被遺忘了的人物」。五十六歲並不是人生應享的高壽。換言之，正是政治生命上壯盛有爲的時期，拉斯基不該死得那麼「年青」；並且，特別在工黨繼續執政期間，他更似乎不應默默無聞的撒手而去。

拉斯基不該早死而遽爾早死的原因是什麼呢？或者是「心碎」了吧？合衆社的報導是那麼簡略，不祇沒有說到他的死因，並且沒有提到他的病。在他所參與的工黨力主「嚴肅」生活的施政下，英國人民個個都要加强「束緊褲帶」，忍飢掙扎，拉斯基該已受够了肉體上的痛苦。更値英國內外交困，威望日墜之際，每一個英國人民都陷入到要「束緊頸帶」的邊緣，這對於敏感的拉氏，該是一個値得焦慮的問題。然而，不幸的是：以他曾任工黨主席的地位，他似已智盡能竭，沒有方法解決這個嚴重的問題。

更進一步來說，臺灣廣播電台發了一個似癡非癡的詢問，「拉斯基對於英國的工黨還能幹些什麼勾當呢？」

正如有些人傳說，艾德理 Clement Attlee 首相既不過是工黨的一個溫和的虛有其名的領袖，英國政策的訂立也許並不符合他的志向——特別是有關遠東的外交政策。可是，他究竟又能幹些什麼呢？假如不是外相貝文（ Ernest Bevin ），或副首相摩里遜（ Herbert Morrison ），在那裡縱橫捭闔，那就該是新近登台，被控爲曾做共產黨徒，或最低限度親共的作戰部長史特拉奇（ John Strachey ），在幕後做了主要的決策人物。再不然，是那經常驕傲，工黨中最誇漂亮的發動主角，賦有烈焰一般的辯才，連任衛生部長的畢范（ Aneurin Bevan ），也許是他做了外交政策上無形的獨裁人物。

雖則忽略了英國工黨中具有很大權力的財相克利浦斯 Sir Stafford Cripps，世人要問的祇是着重這一點：如果在過去四年中，在工黨執政期間，只有上述諸人可以操縱政柄；那麼，在一九四五年榮任工黨執委會主席，領導工黨競選，獲致重大勝利，壓倒一世之雄的保守黨領袖邱吉爾，而驕視英美政壇的拉斯基，究意在英國政局上有沒有發言的餘地呢？如果他眞的也會低聲細語，正如那會經睥睨一世的英倫雄獅，現在在遠東方面祇能低聲下氣，仰人鼻息，拉斯基的言論無論如何也該讓世人知道一些啦。

可是，竟是那麼可憐的，當英倫獅子的吼聲，在成功湖畔和遠東方面，既已萎縮到祇有微弱的呻吟之際，拉斯基也祇有保持緘默，垂頭喪氣。直到現在，他既已嘗够了英國政治的恥辱，再也無法忍受下去，並且，也許是受盡了衛生部長畢范努力推行的「公醫制度」的實惠，拉氏連年健康愈趨衰劣；加上財相力倡「束緊褲帶」，精神和肉體兩俱陷入痛苦的深淵。這個慘酷的現實畢竟是和拉斯基生平抱負的美滿希望，作了一個絕大的諷刺，給予他一個難堪的打擊；他的心碎了，他寧願選擇了「早些的死」，以求解脫，並藉以促使艾德理諸人早些覺悟。

三、絕大的矛盾

拉斯基心裡該還有一個致命之傷。他的父親原是孟徹斯特城的一個棉業資本家，更是擁護個人主義的，自由黨的一個領袖。拉斯基所受的教育是自由主義的教育，他的傳統思想是「反對政府干涉」的，放任主義的自由思想。不料後來他「中年出家」，通過社會主義的研究，一直前進到極端反對政府的「無政府主義」領域；再後來，因爲受到費邊社（ Fabian Society ）的韋勃兄妹（ Sidney and Beatrice Webb ）的社會主義之薰陶，在倫敦經濟學院任敎的時期，他加入了英國的工黨。他仍然認定國家本體之可怕，而反對任何形態的政府集權。他既反對資本主義，同時又反對共產主義。因此，企圖在資本主義和共產主義兩大極端中間，找尋一個出路，他發現到「只有運用社會主義的政權纔能打倒資本主義，而舖築一條通到眞正自由社會的道路」。

然而，冷酷的現實給予拉斯基的猛擊是：他所參加領導的，所謂實行社會主義的英國工黨，既不能打倒資本主義，並且在厲謀打倒個人資本主義，而實現重要產業與資源國家化之際，不祇沒有增加人民的自由，沒有解決人民的痛苦，反而祇有減失國家與人民的自由，加深國家與人民的危難！並且在力爭「自由社會」的實現上，在力爭政府權力之減輕上，他祇見英國工黨政府處處加强權力，事事加强管制，人人都要做政府的奴隸；而天天的生活，在衣，食，住，行，樂，育的任何方面，都要遵守政府的法令嚴密規定的配給，管制，排隊　呆候一點點政府給與的「恩惠」，守株待兎似的呆候「天國之降臨」。看看是人人都悶住嘴吧，縛着手脚，面臨着無窮無盡的漫漫長夜！而整個英國，在國內的經濟上時時要依靠美國的貸欵或經濟援助，在國際的政治上時時受到蘇俄的暴力威脅，疆土日削，威望日墮，隨時有國亡家破的危險。這就是英國社會主義在實施中的效果，也是拉斯基心目中極大的矛盾，現實上絕大的悲劇！

英國的工黨政府既謀打倒資本主義，却又依靠資本主義的美國；甚至要依靠不脫資本主義形態的加拿大與澳洲等自治屬邦，施捨救濟，以維持水準很低的經濟生活。它的另一出路，也許在艾德禮之流看來，認到工黨的社會主義觀念可能和共產黨的並駕同趨，那麼就該和共產主義的蘇俄靠攏，希望得到一點油水——甚至不惜低聲下氣，和蘇俄卵翼的北平傀儡組織請求携手。艾德理也許在處處碰壁之際，難免事事卑躬屈節，幹這一套把戲。這對於正義感尙頗强烈的拉斯基，簡直是無法忍受的悲哀，和恥辱與憤恨交織的慘痛。

可是，儘管拉氏生平運用歷史學者或哲學家的絕大涵養，去忍受一切現實給與的刺激和痛苦，究竟也該有一個最高的限度。英國工黨的失敗與其所招致的災禍，還是繼續不停，面臨着莫測高深的危谷。並且艾德理諸人，又自二月大選前後，顯然減失民心，在下院裡僅僅得到極脆弱的優勢，稍一疎慢，工黨政府也要垮台，而國會必須重行改選。這在具有學者與政治家風度的拉斯基看來，自然是一切訴諸國民公意，靜待國民裁判。自己的政黨把國事弄糟了，原該退避賢路，讓多數國民擁護的反對黨登臺幹去，這是民主主義下政黨政治應守的定律。在大選中，英國工黨如果失敗，對於工黨並沒有特殊嚴重的恥辱。拉氏對於這一點也許尙能忍受。然而不幸的是：偏偏畢范與克利浦斯之流比較左傾的工黨人物，在基本觀念上原已抱有更强烈的鬪爭意識和運用極權的趨向，在上屆執政期間，驕恣自喜，還謀繼續的跋扈專政，那裡願意承認失敗而悄然下臺呢？這一種局勢，是拉斯基與畢范之流的中間，一個無法妥協的絕大矛盾。

四、幻滅的希望

如果工黨人物眞的具有本領，可以挽救英國內外政局的危亡，拉氏最低限度也許還抱有一個從失敗中爭取成功的希望。可是最後的，並且是最大的不幸是：由於工黨人物再度執政以來，在遠東方面，幾已無異對中共傀儡政權全部投降，乞憐求宥；在成功湖畔，英國的代表們爲着討好蘇俄，不惜卑鄙無恥的商請安理會的埃及和古巴等三國代表，請予協助中共傀儡攫奪聯合國各機構的代表席位。結果他們是碰了一鼻子的灰，並且是醜聲四播。這在素以煤礦工人出身，心裏本來和臉上同樣漆黑，不知人間羞恥的艾德禮和畢范之流看來，倒也恬然自得。這就是英國工黨本身無可挽救的危機，無可挽救的恥辱與慘敗。憑着這類人物來主持國政，更是絕對的沒有挽救英國，挽救世局的希望。

在拉斯基看來，連上述的一點希望也幻滅了之後，他該自承他的左傾的社會主義，他素所抱持的政治理想，早已和他所與共事的工黨人物之人格破產，同時陷入了無可如何的境地。他既不能挽救英國和世界的危機，甚至不能挽救工黨的慘敗，拉斯基的生存便是多餘的，受人輕視，遺忘；甚至連他自己也認爲是沒有甚麼可以値得稱道的了。

在飽嘗了英工黨內政外交失敗的痛苦，到了絕望的邊緣之際，拉斯基早已由昔年的雄辯滔滔，轉入緘口不言的慘境。身體的健康本來久已不良，年來更加上精神的慢性自殺。在神傷心碎之際，他再也沒有方法可以挽救自己，所以他就不能不永辭了這千瘡百孔的英國，羽化而登仙了。

拉斯基企圖宣揚社會主義，實施工黨政策，以達到救世的理想，既已無從實現；他退一步，祇希望在死亡之前看到一個善良的世界之建立。然而結果仍是：由失望而絕望，在精神的慢性自殺中，在滿目瘡痍的英國日就衰敗之際，他的心眼裏再也容受不了這歷史的最大矛盾，史實上最大的恥辱與仇恨。他的心碎了，抱着很大的遺憾，拉斯基教授便永辭了英國，永辭了人世。在他咽斷了最後一口氣之前，他還不知道所謂「善良的世界」究應如何才能建立！於是，拉斯基祇好在縹緲的天國裡，找尋他理想的自由社會！

從常識看辯證唯物論（上）

岳中石

辯證唯物論是共產主義理論中很主要的一部份。它是馬列主義的宇宙觀，更重要的，它是共產黨暴力革命的理論基礎，同時也是這班魔王迷惑一般人用來給自己爲目的不擇手段的罪行作掩飾强解的有力工具。他們認爲這是一切事物發展的最高法則，是客觀絕對眞理（例外是不能有的）。據他們說，它是最合科學的；一般人也多以爲它是比較合於常識的。好了，現在就讓我們用常識的眼光，不採任何既定的觀點，來看看它是否合於常識和科學，是否能通過一個正常人理智的考驗。這裡不用提出深奧的學理，也不作不同理論的建立，我們只是比較仔細地靜觀一下。

講辯證唯物論的專書頗不少，但據辯證唯物論者的意見，如要對它精華要點作鳥瞰式的檢閱，只須看蘇聯共產黨中央黨史委員會編著中央委員會審定的「聯共（布）黨史簡明教程」第四章第二節「論辯證唯論與歷史唯物論」也就夠了。這節一共不過三十頁，其中講辯證唯物論本身的雖只有十頁左右，但「這便是馬克思主義的辯證法的基本要點之簡單的說明」和「馬克思主義的哲學唯物論的特點底簡短的說明」（見該節本文），鐵幕中國各大學「政治學習」的第一本教材就是這節書的單行本，要仔細「學習」半年以上。可見這一節「聖經」的重要性了。下面我們來看看這套「獨斷論」顯著的問題。

（一）「了解」必定靠觀察周圍現象嗎？

本節講辯證法第一個基本特點時說：「辯證法認爲：如果把自然界中的現象以其孤立的形態來看，離開其周圍的現象來看，那麼沒有一個自然現象可以了解的，因爲在自然界中任何部門的現象，如果在其周圍條件之外脫離其周圍條件來觀察，那麼都可以變爲毫無意義的東西；相反地，如果從他和其周圍現象之不可分割的聯結上，從他對其周圍現象的依存上來觀察，那麼任何現象都可了解都可解釋。」我們不否認在許多情形下，觀察某一現象的周圍現象能幫助了解該現象。但是不是離開了周圍現象來看，就「沒有一個自然現象可以了解」，成爲「毫無意義」呢？即如一個衰老動物的無疾而終，這自然現象與其周圍現象有甚麼「不可分割」的聯結，有甚麼「依存」的關係呢？我們只要觀察到這動物因內部機能停止而死亡，縱然是以其孤立形態來看，我們對這現象一樣可以「了解」，它對我們決不致「毫無意義」。反過來說，假如要了解任一自然現象必須從其與周圍現象的聯結依存上來觀察，那麼很顯然地，我們對其周圍現象勢必先要有一個了解，先要知道其意義。這樣就產生了兩個問題。一，由求了解其周圍現象，又必須觀察了解這些周圍現象底周圍現象；而要這樣做，又不得不觀察了解這些周圍現象底周圍現象底周圍現象。如此推廣開去可至無窮，也就等於說：「要了解一自然現象，必須觀察了解全宇宙的所有現象，否則此現象變成毫無意義，不能被了解。」這使對任何自然現象的了解在事實上成爲不可能。二，要觀察了解一自然現象底周圍現象既必先觀察了解其周圍現象底周圍現象，但最初那個自然現象即是其任一周圍現象底周圍現象之一。結果是：「要了解甲現象必須觀察了解其周圍的乙丙丁等現象，但要了解乙丙丁等現象又須觀察了解甲現象。」這使對任何自然現象的了解在理論上成爲不可能。逃避這問題唯一的方法就是說：「對周圍現象只須觀察其與原現象的聯結和依存關係，不必對它們了解或知道其意義。」但對周圍現象既不了解又不知其意義，如何能談甚麼「他和其周圍現象之不可分割的聯結」和「他對其周圍現象的依存」呢？

（二）請獨裁一下吧！

本節講辯證法另一個基本特點時說：「辯證法認爲：發展的過程不應該了解爲轉圈子的運動，爲過去了的事物的簡單的重複；而應該了解爲前進的運動，爲向上昂漲線的運動……爲從簡單到複雜，從低級到高級的發展。」不錯，聽來很動人。但有沒有例外呢？當然不能有，否則還能算一切發展最高法則，宇宙間客觀絕對眞理嗎？然而問題又出來了。比如本節馬上就引用的水化汽或結冰的例子。自有地球以來冰化水，水化汽，汽凝水，水結冰，這個路線的發展不知重複過多少次。這不是「轉圈子的運動，過去了的事物的簡單的重複」嗎？又如我們把水燒熱再放涼，再燒再涼，這發展豈不也成了轉圈子，簡單的重複，並不前進昂漲嗎？自然現象中這類例子是數不清的了，即如社會生活中，不少人生經驗豐富的人發現一個發展公式：貧賤生勤儉，勤儉生富貴，富貴生驕奢，驕奢又生貧賤。小部份家庭的發展過程似乎大體上是這樣轉圈子的運動和過去了的事物的簡單重複。並且誰也不能否認，「水溫度增加化爲汽」是一個發展過程，「汽溫度降低凝成水」也是一個發展過程。那麼這兩個發展究竟那一個是「前進的運動，向上昂漲線的運動，從簡單到複雜，從低級到高級的發展」呢？如說二者之一是合於這「發展的最高法則」，另一個發展豈不是後退的運動，向下垂縮線的運動，從複雜到簡單，從高級到低級的發展了麼？難道這是客觀絕對眞理的「例外」麼？（可惜這種例外多不勝數！）這個問題恐怕不得不請「英明偉大的史達林同志」以天才哲學家的身份來獨裁一下了。

（三）發展何以是前進的？

撇開上面的問題不談，就算我們承認一切發展過程都是前進的運動，向上昂漲線的運動，從簡單到複雜，從低級到高級的發展，但是爲甚麽會這樣呢？一切事物的發展是有目的的嗎？如果說有目的，就落到「唯心論」（辯證唯物論者所用的意義）的說法，這當然是辯證唯物論者所不能接受的。假如發展並無目的，而是盲目的機械的，則盲目機械的運動而竟能向上昂漲前進，從簡單到複雜，從低級到高級，其解釋何在？對這極爲重要的問題辯證唯論者的態度很簡單：根本避而不談。這倒是很聰明的辦法，但是不是尋求眞理的辦法呢？

（四）科學的態度

本節講辯證法第三個基本特點時說：「辯證法觀察發展的過程不當作簡單的上昇的過程，數量變化不引起質量變化的過程，而看做這樣的發展，在這裡從小小的隱秘的數量的變化轉變到公開的變化，根本的變化，在這裡，質量變化的到來不是偶然的，而是規律性的，是看不見的逐漸的數量變化底積累的結果。」稍爲仔細看看就可發見這段所用的幾個描述詞都是很不謹嚴很不明確的。「隱秘」和「公開」只是相對的，比較的。水化汽固像很大方公開，但冷水成熟水也也並不就隱秘。我們可以用溫度計測知，更可以觸覺感知，甚至可用視覺辨出(不到一百度的水也發出一部分水汽)。再如中共哲學理論家常舉的例子說：抗戰形勢最初是敵强我弱，但我們力量逐漸增加，量變到了某一點時我們力量超過了敵人，抗戰形勢卽發生質變成爲敵弱我强。在這發展中質變顯然也並不是公開的。還有所謂「根本的變化」含義也不淸。水化成汽對其化學組成並無變化，這是根本的變化嗎？恩格斯顯然認爲是的。那麽水起化學變化要算更根本的變化；所含原子如被擊破而產生別的物質要算更更根本的變化；如用科學方法把它由物質變成能量要算更更更根本的變化了。我們不能說因爲水變成汽就不是「水」（常識意義）了，故這是根本的變化。這是以人爲的名稱定變化的根本與否。同樣我也可說冷水變成熱水就不是「冷水」了，故也是根本的變化。這是不科學的，再如所說質變的到來不是逐漸的而是「迅速的，突然的，從一種狀態到另一種狀態的跳躍式的轉變。」這也不盡然。還是以燒水爲例，水受熱成汽只是其分子運動速度加快到某程度時的表現。以個體分子而論，無所謂液體狀態或氣體狀態。它受熱增速只有量變沒有質變。所以此處討論必是以很多水分子的整體爲對象——比如說一壺水。但常識就可以告訴我們，一壺水達到一百度後全部變成水汽還是需要頗長時間的，並不是「迅速的，突然的，跳躍式的」搖身一變，滿壺昇天。還有下面說質變的到來「不是偶然的，而是規律性的」。可是這規律性何在呢？恩格斯自己也說：「每種液體都有在一定的氣壓下『特有』的沸點與冰點。」何況氣壓不同時就是同一液體其沸體冰點又隨而不同，可見所謂質變的規律性要受種種客觀條件的限制。馬克斯以爲資本主義社會發展到高度階段就要革命，質變成社會主義社會。可是帝俄的資本主義並未發展到高度，却質變爲蘇聯；美國資本主義發展到今日空前高度，質變仍未到來。這更可見客觀條件的影響之大，所謂「質變的規律性」實際上是很有問題的。最後要指出所謂「看不見的」逐漸的數量變化，這說法也是不謹嚴也就是不科學的。量變與質變不應以視覺來分別，何況量變不一定看不見而質變也不一定看得見。上面這段所談多是較不重要的枝節問題，但也可看出辯證唯物論態度之不謹嚴與思想之疎漏。

（五）量變與質變

本節講辯證法第三基本特點時說：「在說明辯證法發展之特點是從數量的變化到質量的變化之轉變時，恩格斯說：『在物理學上……每種變化都是數量變化到質量的轉變——某種固有物體的數量變化或其所有的某種運動形式的數量變化底結果。例如：水的溫度起初對於他的液體狀態是沒有甚麽意義的；但是在增高或減低水之溫度到某一時機則水的凝結狀態變化了，水或化爲汽或結爲冰……運動的數量之增減（變化）喚起某種物體之質量的變化。』」我們先要了解，只要變化主體所具各性質之一（不論是否爲我們所特定注意）發生變化，這事物就是起了「質量的變化」。那麽是不是一切發展都是量變引起質變呢？

要弄淸楚這問題，先得探索一下事物的性質是怎樣觀察判定的。不難發現，我們對事物性質的觀察判定基本上要隨我們對此對象的「資格」的決定爲轉移。爲方便起見，卽以標準狀態下的水爲例。如果我們把這對象只當作一種「物質」（物理學上意義，非辯證唯物論定義下意義）來觀察，則其具有性質只是物質的通性，如佔空間，有重量，含熱（溫度不定），由電子質子構成，以原子或分子狀態存在等。在這資格下，對象只在變爲非物質時才有質的變化。如果把這對象當作一種「化合物」觀察，則其性質除物質通性外，還有：分子構造爲氫二氧一，分子量爲十八，比重爲一，大氣壓下沸點一百度冰點零度，有分子運動（速度不定）等等。在這資格下，如無化學變化也無質量變化。如果我們把這對象當作與冰及汽有別的日常所謂「水」來觀察（如恩格斯所爲），則其性質除前兩組中適用者外還有：液體狀態，溫度由零至一百度，密度由一至p，分子運動速度由Q至R等等。但我們還可以再進一步把它當作「標準狀態下的水」來看（這是爲說明便利，事實上只是當作某一點質量狀態下的對象來看），則其性質除前三組中適用者外還有：溫度爲攝氏四度，密度爲一，分子運動速度爲某定數等等。這樣分析了性質的「層次」之後，很容易看出在水化汽這發展中，變化的「主體」如作爲一種物質或一種化合物，則並未發生質的變化；如作爲某一質量狀態下的「主體」（如標準狀態下），則量變質變是同時發生的。任一性質發生量變對象卽進到一新的質量狀態。在這裡量變與質變是不可分離的。我們根據甚麼權利只把水當作與冰和汽有別的主體來觀察呢？這裡還可以再拿恩格斯另一個例證來作反證。本節引他的話道：「化學可以稱爲論物體在數量組織部份變化的影響之下發生質量變化的科學……以氧氣爲例，則如果分子中不是兩個而是三個原子，那麼我們將得到臭氧，這與普通的氧氣香味性能均異的物體。」可是請問氧氣變成臭氧是由小小的隱秘的逐漸的量變底積累引起跳躍式的質變嗎？是先從兩個原子變到二又四分之一，然後兩個半，積累到三個原子時，臭氧才迅速突然地出現嗎？如果不是這樣，如果分子內原子的增減是以整數爲單位，那麼由氧氣變爲臭氧豈不是質量同變的變化嗎？難道因爲辯證法是「對象的最本質的矛盾之研究」，所以其最本質的理論就該充滿了「矛盾」嗎？

（六）發展與內部矛盾的發現

本節講辯證法的第四基本特點時說：「自然的現象都固有着內部矛盾，因爲所有他們都有自己的正反兩方面，自己的過去與將來，自己的衰亡方面與發展方面，而這些對立的鬪爭，新與舊之間的鬪爭，衰亡與生長之間的鬪爭，消滅與發展之間的鬪爭組成了發展過程底內部的內容。」又說：「發展是產生於內部矛盾的發現上，是產生於根據這些矛盾而來的對立力量之衝突以克服這些矛盾。」我們還是以水化汽爲例。這平凡的自然現象中的固有內部矛盾大概應該說是水的「跨進氣態傾向」和「保留液態傾向」的矛盾。顯然地在我們加熱燒水時，氣態傾向是反方面，將來方面，發展方面，新的生長的一方面。照辯證唯物論說，它與「衰亡的」液態傾向對立鬪爭，發展就產生在這矛盾的「發現」上。而且「舊的死亡與新的生長是發展的規律」。那麼好了，內部矛盾既已發現，對立力量既已開始鬪爭，這兩條件既能產生發展，而且發展中氣態傾向一定生長，那麼我們何必多費柴火再來燒它？可是如果你眞想精簡節約而停止加熱的話，馬上矛盾情況大爲改觀。氣態傾向一變而爲正的，過去的，舊的，衰亡的一方面，原來舊的衰亡的液態傾向並沒照「發展的規律」而死亡，簡單地說：水冷了。這是怎麼回事呢？很簡單，辯證唯物論的敎條又錯了，發展並不一定是對立的鬪爭。水化汽這發展並不產生於「根據內部矛盾而來的對立力量之衝突以克服這些矛盾」；三歲小孩都能了解，這發展主要產生於外界供給的熱量，有熱量供應，氣態傾向就生長，否則它就衰亡。發展不一定有所謂前進昂漲低級高級，矛盾底兩方面的所謂新舊正反生長衰亡也不是絕對的。

（七）「客觀絕對眞理」

辯證唯物論若認爲他們所宣佈的這一套運動規律發展法則是客觀的絕對的眞理。就是說，它有普遍性必然性永久性。（本節也說：「永遠運動着」「永遠是某種東西產生着」「整個自然界……在永遠地產生與消滅中，在不停的運動與變化中。」）這種主觀的絕對的自信是獨斷論者的一種意志表現，可惜並非科學態度。我們要問：這套運動法則是怎樣得來的？回答自然只能是：「由觀察自然現象社會現象歸納所得。」既是歸納得來的，有甚麼可以保證它有普遍性呢？退一步說，卽使截至目前爲止它是有普遍性，但有甚麼理由可以保證它有必然性，在將來它「永遠」運行不廢保持其眞理地位呢？學例來說，「凡人皆有死」這規律截至目前爲止確有普遍性，可是這歸納得來的規律能算絕對眞理嗎？誰能保證將來的人類永遠必然要死？並且就以世界的運動變化來說，愛因斯坦相對論裡面就有一個重要理論，證明在若干年後宇宙間一切能量將要達到一平衡狀態，那時一切運動與變化就停止發生。辯證唯物論者是否已經提出反對理由證明這理論的錯誤呢？如果沒有，那麼憑甚麼可以斷言世界永遠運動而且永遠按辯證法這套法則而運動呢？所謂最科學的哲學就是這樣抹殺科學，這樣主觀獨斷的嗎？

以上就是我們用常識的眼光合理的推論考察辯證法而發現的困難問題。這些問題加上其他本文沒有談到的問題就構成了辯證法的致命傷。本節說：「不難了解，將辯證法的論點擴展於社會生活之研究上，社會歷史之研究上有怎樣重大的意義；將這些論點應用於社會歷史上，應用於無產階級的實際行動上有怎樣重大的意義。」這意義的確很重大。謬誤的辯證法使共產主義者對社會生活及歷史的研究和他們的實際行動都成爲錯誤的。基本理論的不正確是共產黨成爲歷史上最大逆流的主因之一。

自由中國通訊

愛國華僑走向何處去？

——從胡文虎與中共間的糾紛說起——

本刊特約通訊記者　祁自珍

香港通訊．五月五日

正像其他若干實業界的巨子一樣，胡文虎曾對中共存有很大的幻想。爲了愛祖國，愛同胞，也是爲了自己的事業，胡文虎曾向中共送過秋波，說是願意回國辦一點「社會福利」工作。可是中共「竟置之不理」，不獨不理，而且還拿「抗納稅款不購公債」的大帽子做借口，在三月廿四日查封了虎標永安堂廣州分行大厦，帶走三個管事先生，萬金油老闆和「人民政府」的翻臉，就從此開始了。儘管如此，胡文虎依然未能即時放棄他對中共的幻想，顯然是因爲受了中共宣傳的蒙蔽，不明白共產黨對「資本家」是絕對鐵面無私的。四月初，胡文虎派人如數奉上了中共所要的八億元（人民券）欠稅，不過一口咬定這是「捐款」，因爲廣州永安堂賠本，有賬可查，何來「所得稅」可繳？說到公債，胡文虎也表示可以商量。那時，胡文虎正在星嘉坡一帶視察業務，一切由他的兒子胡好在港處理，但都是奉胡氏之命行事的。

八億元送到後，被捕去的三位店員是釋放了，中共對胡文虎的「秋波」並無意理睬。香港大公報刊載廣州專電，斥胡文虎想走「中間路綫」，不肯「一邊倒」，不知「愛祖國」？並且把星島日報改稱「藥商報」，說是「造謠」報紙。四月廿六日胡氏由星嘉坡返港，廿八日星島日報上突然刊出胡氏一篇嚴正的談話，重申星系報紙（原有星島日報，星洲日報共八家，分布星嘉坡，檳城、汕頭、廈門、廣州、香港、福州、曼谷等地）立場，堅持「不偏不倚，不受任何津貼，不畏強禦，不阿權貴，爲民衆作喉舌」。在這篇談話裏，雖然也涉及對國民政府的態度，不過只是陪襯。無疑的，這一談話是對「人民政府」而發。胡氏的話說得很硬，字裏行間却不免有些傷感，好像表示他並無意與中共翻臉，一切都是出於被動。隔了一天，虎標永安堂又有一個聲明，辯正廣州稅務局所發表的永安堂繳款八億元的經過。如果，就生意經來講，這種聲明根本是多餘的，並且爆炸性太大。一個買賣人怎敢得罪稅官？這顯然是胡老闆在對中共作自衞的反擊了。

胡文虎和中共眞的鬧翻了！這件事本不值得大驚小怪，幻想的破滅只是時間問題。海外僑胞公開宣布和中共「絕交」的第一人，雖然是胡文虎；實際上放棄「靠攏人民」念頭的，早已大有人在。我們相信，此後將會有更多的僑商向胡氏看齊。這一事件，如果我們只把它看做欠稅與抗債，未免有些淺薄。這不僅說明了僑商睿智的自覺；同時，它告訴我們擅於作僞而貪婪的中共，是怎樣的無可奈何。就目前大陸的經濟情況來說，「人民政府」顯然是歡迎僑商回國投資的。毛澤東一手抓住了陳家庚，一手又抓住了司徒美堂，胡文虎要自投羅網，北京當局自然求之不得。不過，爲了解除當前的財政危機，中共不得不向人民拚命壓搾。因此就糊裡糊塗的向廣州永安堂要十億元所得稅，支前公債還不在內。這點錢胡文虎好像並不大在乎，不過這種霸王作風却有點受不了。不根據賬簿收入，而徵收所得稅的政府，在世界上似乎還少見，在這裡，胡文虎認識了「人民政府」的眞面目。中共尾巴報紙在港胡言亂語，造謠漫罵，是胡文虎憤慨處，也是胡文虎恐懼處。廣州市「人民政府」當局言而無信，出爾反爾，讓虎標老闆不得不「表示遺憾」，以致接二連三的發表了爆炸性的申明。整個事件的經過大概是這樣的：

廣州「解放」（十月十五日）不久，胡文虎即曾托人向葉劍英疏通，願意捐出一部款子，作爲社會福利事業，表示一點愛國家愛同胞的微意，胡氏並且親自寫過兩封信給葉，可是沒有接到任何回音。葉劍英不給胡文虎回音，並不是他忘記了這隻肥羊，而是認爲他的態度不够明朗；只有購買支前公債，才能眞是效忠「人民政府」可靠的保證。同時，葉劍英所希望的數目，比虎標老闆願意捐獻的要大得多。從去年底到今年初春，永安堂購債問題，一直是個膠着狀態。三月初，廣州方面，特別派了李漢冲、羅翼群兩位「靠攏人員」來港，遊說胡文虎。虎標老闆並不糊塗，依然堅持過去的主張，出錢做捐款則可，買公債談不到。表面上的理由是永安堂年來虧折甚多，無力購買，骨子裏面是胡氏不願輕易「靠攏」，因爲購買支前公債，無異表示自己向中共「一邊倒」。廣州永安堂的查封，早在這裏下了種子。

胡文虎既敢不痛痛快快的向「人民靠攏」，「人民政府」當然得給點顏色他看看了。不買公債理由似乎不够充分，必須再加上一個抗稅的帽子。於是，先讓稅務局派定廣州永安堂應繳納一九四九年下半年所得稅十億元。廣州是十月十五日才「解放」的，永安堂過去又沒有欠稅，十億元從何而來呢？這不顯然是在向虎標老闆挑戰嗎？廣州市「人民政府」的當局，早就想好了，永安堂能如數繳納，政府可多一筆收入；否則，正是動手「殺鷄嚇猴」的好機會。胡文虎對於這種「黑稅」當然是不願繳納的，於是在三月廿四日那天，永安堂大厦上出現了一張查封的布告，原文如下：

「查本市虎標永安堂對於市稅務局評定一九四九年下半年度工商業所得稅，應納稅額一十億元，除已繳兩億元外，尚欠八億元，時已逾月餘，屢催迄未清繳，顯屬有意抗稅；此次推銷公債，又不購買；經商業界公債推銷委員會正式通知參加評議，又置之不理，本府特依法予以查封，並限於一週內將舊欠稅款，依數繳清，和立即派人參加公債評議，進行認購，否則決予嚴懲不貸。希各週知，此佈」。

這張布告的意義，是政治重於經濟的。它的對象並不只永安堂一家，而是許多不願認購公債的良民。永安堂被封的第三天（三月廿七日）星島日報刊出一篇胡好（胡文虎之子，永安堂總經理）的談話，說明廣行永安堂查封眞象，大發牢騷，痛責廣州市人民政府攤派稅款，不民主，不公平。對於不購公債一事，也加以否認。談話的末段，還指出「支前司令部」強佔永安堂大厦的無賴事實。其時，老胡正在星洲視察業務，接到報告以後，一面電胡好在港籌款匯穗，補足那八萬元。一面託人向廣州市「人民政府」當局表示，這是「捐款」，不是「稅款」。他的理由，是永安堂在一九四九年下半年根本沒賺到錢，那能繳納如此巨額的稅款，四月六號，胡好曾有一信給廣州市「人民政府」「副市長」朱光，寫得很恭敬：

「關於穗行未繳之八億元，現派員携款晉省繳納，敬祈轉飭賜收，至該八億元爲捐款性質，亦早經陳明，家父昨由星洲來函云：余已答允先捐出八億元，絕對非是繳納稅款，稅款問題，可依據賬簿解決」。

對於胡文虎所持態度，中共顯然不能滿意，朱光一面答應永安堂代表，承認這八億元是捐款；一面却在報紙上刊載永安堂遵令照納稅款的新聞，作爲對欠稅和不購公債商人冷戰的武器。同時，香港兩家尾巴報紙（大公，文匯）不斷的譏罵胡文虎，這些當然也不是虎標老闆所能忍受的。四月廿八日，胡氏回到香港才兩天，星島日報上便出現了他長達三千字的談話，標題是重申星系報紙立場，其實是借題發揮，公開宣布與中共翻臉。首先，他表示星系報紙，今後仍將堅守「不偏不倚，不受任何津貼，不畏强禦，不阿權貴，爲民衆作喉舌」的宗旨，絕對不渝。並且舉出實例說：

「儘管國共兩方都對我的報紙不滿，我的辦報宗旨是不能改變的，幾十年來，我花了不知多少血汗掙來的金錢去辦報，都是爲着海外無數苦難華僑的需要，爲着要替人民說話，要報導眞正的民意，任何壓迫都不能屈服或遷就。所以禁自由他去禁，我還是辦我的報」。

這段話裏，雖然是國共兩方並例，事實上，重心是放在中共一邊的，下面的一段，才是他眞正要說的話。提到永安堂被封的事，他眞是感慨萬千。這裏他告訴我們中共怎樣的看他不起？中共怎樣的讓他失望？使他忿恨？他說：

「余爲一中國人，自幼至老，幾於無時無刻不希望祖國能早日臻於富强之境，由於希望之殷切，則愛國家之念亦因而愈强。國家民族不能强盛，人民亦爲人所不齒。幾十年來，我在東南亞各國都有生意經營，我不慣向人巴結，我的事業是個人赤手空拳奮鬥得來的，所以也無須向人巴結。我過去一切言行，自問與人無忤，而經商之餘，盡我良心素志，做些社會福利工作，爲貧苦人士盡其個人力量所及的幫助，也不算是什麼慈善事業。可是各國政府對我的事業都有法律保障，和『俾面』（給面子的意思），想不到這次，廣州共產政府竟有如此措施。在廣州戰事甫平時，我曾向廣州共黨政府表示，願盡個人力量，辦些小部份救濟工作。我是一個華僑，對於內地同胞苦難最低限度也應該有同情的權利，但廣州方面對我提議的信，竟置之不覆，瞧我不起也就算了。本來，我過去并無要求祖國政府幫過一點忙，我更說不到希望任何一點私人利益。我們華僑返回祖國做生意，祇要獲得法律的保障，已經很滿意，不過想不到連店舖也要封閉。本來廣州永安堂在兩年前已因金融動盪，虧折不堪，便告停止經營，將三四五各層樓房，出賃與人做寫字樓。預備待共黨佔領平安後再行重行恢復。又詎料共軍入市，即佔住該行樓房，作爲支前司令部。生意固然不能做，而廣州共產政府竟謂我廣州分行應繳納十億元的所得稅，這鉅大的稅額，不知是從何根據算起？還說我抗稅，消息公佈，騰播全世界，使我名譽爲之掃地。自問過去以至現在愛國不敢後人，時至今日，國家所予我們作爲海外華僑一份子的竟是如此待遇，試問誰不感覺灰心和失望。所以我今後也只好在海外和僑胞們團結在一起，做些生產教育文化的工作便算」。

這篇談話發表僅兩天，永安堂又有一篇聲明，辯正廣州市「人民政府稅務局」假公告。向中共要證人。該公告稱：「永安堂藥行欠繳之八億元稅款已清繳，並照罰滯納金一億六千萬元」。廣州稅務局的假公告，顯然是用以欺騙一般商民，以儆效尤的。永安堂主人看到了這個消息，立刻將事實經過公布，戳穿中共的宣傳把戲。聲明的結尾說：

「穗稅務局竟公佈謂本堂分行已繳八億元欠稅，並照罰滯納金一億六千萬元，當與事實不符。且本堂匯款至廣州二次，第一次爲三億五千萬元，第二次爲四億六千萬元，總計不過八億一千萬元，除交捐款八億元外，更何來有另繳罰滯納金一億六千萬。是則該稅務局所公佈本堂已繳罰金，實不知爲何人所繳，最好希望該局提出證明。朱光副市長在與本堂派員數次洽辦時，均已表示祇交八億元便可解決，永安堂以捐款性質出之亦可。今該局公布，竟仍謂爲繳納欠稅及另繳罰金，前後反覆如是，殊覺遺憾之至」。

永安堂這篇聲明，不啻是向中共下絕交書。胡文虎對中共的謠言攻勢，實在忍受不下了。胡氏的這一反擊，不僅對於廣州人民政府的威信是一個重大打擊，即中共整個對付華僑的騙局，亦必因此而粉碎。中共當然是不會就此放手，饒了虎標老闆的。衆信永安堂與「人民政府」的「冷戰」，仍將繼續發展。値茲秧歌王朝如日中天，赤色恐怖瀰漫東南亞的當兒，永安堂的主人敢這樣說，我們不得不替他担心；同時，我們也不得不向他致敬。

美國通訊

給祖國的一封公開信

林慰君

在這匪患猖獗存亡關頭的今日，美援對於我國的復興，無疑的是一個重要的關鍵，（雖然我認爲我們不應當太依賴牠）然而爭取美援，不是只靠一位大使便能成功的。我們的大使無論如何能幹，他不過只有一張嘴，一個舌頭，你想他有多大的力量，能使美國全國的人民來和我們表同情？他一個人或他的一些助手們，所接觸的，只是美國政府的一些官僚政客，而這一批官僚政客，又都是民主黨，他們對於中國是有偏見和成見的，只憑我們這少數的外交官和美國少數官僚政客的交涉，怎能影響得了全美國人民的視聽？國民政府如果仍然是只依靠外交來爭取美援，我相信成功的機會恐怕仍然是很渺茫的。過去的經驗，還不够我們覺悟嗎？宋美齡女士上次來美，毫無結果，這正是一個最好的例子。我認爲這並不是她個人的失敗，而是我們政府政策上的失敗。政府認爲蔣夫人是萬能，因此以爲派她來美，便能順利達成任務，豈知她即有天大的本領，也不過只是孤另另的一個人！她深居簡出的在美國住了許多日子，不用說反對援華的人，在報上亂攻擊亂批評她，即使那些同情她想援助她的報紙雜誌，甚至都沒有機會接近她。你們想這樣的政策，怎麼會能不失敗？

凡是略有知識的中國人，今天總該承認，國民黨的失敗，有的地方是咎由自取的。而其中最大的錯誤，就是不組織群衆，不在政治上下功夫。國內的大陸雖然失掉了，然而還有臺灣這一個孤島，我想在今日這個生死關頭的局面之下，當局總應有所覺悟，而從事一些組織宣傳和訓練的工作了吧！然而我們如果要保守臺灣和反攻大陸，是要積極爭取美援的。爭取美援最要緊的步驟，是先要求得美國全體人民的同情，要獲得美國人民的同情，必須由全體在美的華人共同來宣傳來工作。而在美的十數萬華人，等於一盤散沙，政府沒有組織宣傳和指導，他們怎能起來爲祖國而效勞？

我不知所謂「僑務委員會」這個機關是否仍然存在，如果尚有這個機關，牠的任務是甚麼？我來美已經一年多了，在這兒所看到的華人情形，眞是令人非常痛心！爲了愛國情緒的激昂，我不得不責備政府，這正是愛之深責之切的表示，我想祖國同胞當不至以忠言逆耳而嫌我多事！

現在我把在美華人的情形，簡單的報告一下：

我所謂「華人」而不說「華僑」者，是因爲在美國的中國人裏，包括有華僑，留學生，入了美國籍的各界人士，以及工人等等。

一、華僑——自然，在美華人之中，佔最大多數的是華僑。這些工人中，有百萬富翁，也有小洗衣店和小飯館老板，然而不管他們今日的地位如何，他們百分之九十九是苦工出身，在國內時，多半是沒受過教育的，因此，這般人根本沒有政治常識。他們腦子裡，對於祖國的印象，只是廣東的一些破碎的鄉村和一些封建的不合理的思想。中國的偉大，孔孟的學術，以及共產黨是怎麼回事，他們的腦子裏根本弄不清楚。他們的子孫，在美國出生了，入了美國這些最新式的學校，受了最新式的教育，而所聽到他們父母對於中國種種傳說，不但不會增加對於祖國的敬仰與愛護，而且反倒會增加厭惡與反感，以爲中國人到現在還是那麼迷信，不講衞生，和沒知識！至於要他們辨別國民黨與共產黨孰是孰非，則更談不到了！

華僑對於國內政治雖然沒有正確的認識，然而愛國的心理則非常堅强，他們切盼祖國能够一旦興盛，以洗過去久作弱國國民的恥辱。因此，在抗戰期間，他們曾對國內匯寄大批捐款，以協助抗戰。這不能不說是他們的可愛處！他們對於國內情形之不瞭解，豈是他們本身的錯誤？我不怪他們，只怪政府沒有好好的宣傳，沒有好好的努力工作，沒有好好的組織他們利用他們。

然而現在有一部份華僑是被共產黨眞正的「利用」了！在美國東西兩個重要海口都市——紐約和舊金山——都已有了親共的華文報紙和雜誌出現了。去年雙十節時，在那兩個大都市的「中國街」裏，有些商店竟掛起中共的紅色旗子來了！此外，舊金山的一部華僑，並組織了一個新的甚麼政黨，於毛澤東在北平登基的時候，曾去電慶賀，並表示擁護。他們而且得到毛氏的回電「備加嘉獎」！

二、留學生——自從國民政府由京撤退後，大概只忙於戰事，而顧不及海外的學生了，因此這批可憐的孩子，就都成了沒有人管的喪家之犬！國內的匯款常常斷絕，他們只好自尋出路。有辦法的，自已到中國飯館，洗衣店，去作伙計，擦地板，或熨衣服，沒辦法的，則只好當寶度日，縮緊腰帶，整天發愁。美國的勞工法裏，不許外國學生作正式的工人，因此他們只好私自到中國舖子去做事，如被美國政府查出，還是不答應的。一個學生的護照，如果不念書，是要限期離境的，因此他們又得硬着頭皮用功念書，又得偷偷摸摸去作事。這種滋味，說來容易，不是身臨其境的人，恐怕不會體會得出其中的痛苦！據我所知，一位某大學的經濟碩士，竟給飯館擦地板，以圖數十元的薪水，這還是最倖運的！其餘找不到地板擦的，還多得很呢？

一般同學在生活逼迫之下，意志

稍微薄弱的，竟被共產黨收買了！自然，在中國學生之中，早就有少數共產黨份子在裏面混雜着，趁這機會，他們乃大加活躍。尤其他們與美國學生裏的共黨份子聯合起來，今天一個討論會，明天一個批評會，把中共組織下的中國大陸，宣傳得有聲有色，把臺灣的國民政府，辱罵得狗血噴頭。就這樣，有些年青而不理智的同學，竟倒入共產黨的懷抱了！

三、其他各界華人——有的人是投機，看到共產黨在國內得勢，於是立刻也轉變態度了。有的對共產黨根本不認識，而只是誤信了他們的宣傳，以爲他們眞是爲中國人民所歡迎所擁護，因而也就馬馬虎虎的盲從了。所有的是「爲愛國不擇手段」，他們明明並不贊成共產黨，然而爲了一片愛國心，爲了切盼祖國的富强，乃抱着：「不管他是甚麼政府，只要能把中國搞强，我就贊成」的心理，於是不擇手段的也傾向左邊去了。

這幾種人雖然都有他們的錯誤，然而政府怎能怪他們？大使館，領事館以及黨部，根本對中國人沒有作過一點宣傳教育和政治訓練的工作，等於政府放棄了這些海外的人民，怎能怪他們對於祖國沒有深切的瞭解與認識？

我認爲政府如果不想爭取美援，不想反攻大陸，自然一切都不用說，如果仍想反攻大陸爭取美援的話，那麼便不應當放棄在美國的十幾萬人民。因爲在美國的這些華僑，留學生，以及自食其力的工人等等．他們朝夕與美國人相處，正是我們最好的宣傳工作者。相反的，這些人如果被共產黨所利用，則對於我們的害處眞大極了。

比如我常常遇到美國朋友告訴我，他會聽到許多中國人宣傳共產黨如何如何偉大而且有些學生竟請求美國政府不要援華……這些話，都是出自中國人之口，在美國人眼裡，當然認爲中國的「民意」了！但是請問，我們能承認這是我們中國的眞正民意嗚？我們雖然有能幹的大使和能說的蔣夫人，然而他們一兩個人的嘴，敵不過共產黨無數外圍學生和政治工作人員的虛僞宣傳，在美國人民耳裏所聽的，多半是一些顚倒事實，黑白不分的假話，而我們竟沒那麼多人去代爲辯駁，這是多麼痛心的一件事！我認爲中國政府目前雖然正在忙於訓練新兵防守臺灣，然而也不應當放棄在美國的這一部份人民，我們之中有許多是願爲祖國效勞的。況且有許多在美國出生的人民，他們有資格競選，無論國會議員，市長，省長或總統，他們都可以參加競選，祖國如果能把在美的人民好好的給以政治宣傳，教育，組織與訓練，對於我們的利益，將是無限的！

看到日本這個戰敗國的人民，我眞覺得慚愧！在美國，他們第二代第三代子孫，差不多完全能說日本話，而且能保守一些日本固有的道德與習慣。他們的人數比中國人多，然而共黨的義務宣傳，則完全聽不見。筆者的意思，至少第一條應把在國內的反共刊物，如自由中國等，在美國大量的贈送，大量的銷售，使華僑們知道在國內尙有許多知識份子在反共，亦可使我們精神爲之一振，我希望國內人士對此多多注意。三月卅一日於芝加哥

（上接第28頁荻村傳）

當拐子蓮兒憤怒地把車帘掀開，她穿着一身紅雲間繡花半截袂襖，鬢邊插着一枝粉紅綾英，髻上帶着許多玲瓏的簪飾，她瞪着兩只水伶眼，鼓着那滿塗胭脂的腮，衝着那羣看熱鬧的人們，罵：

「看吧，看吧，」你們不認識姑奶奶嗎？你們的姑奶奶可不再和你開玩笑了，咱們大家都要體面一點，長順兒！你說是不是？」

「嘿……嘿……」還是常順兒的笑聲。

「噢！噢！你們看見了沒有？她就是那個賣燒餅菓子的拐子蓮兒，今天她斗起來了，向我們硬充姑奶奶！哈……哈……天，眞是變了。」

「你媽的，只許你們變，不許我們變？常順兒！是不是？」

「嘿……嘿……」常順兒照舊這樣答。

也是活該出事，煙村派來大鬧荻村廟會的幾百土棍流氓們，在這天夜裡就把荻村戲臺附近要路口緊緊把住，荻村人見勢不好，也立刻有了準備。差不多的女眷都跑回家去躲藏，偏偏我們的拐子蓮兒要充有派勢，要賣弄她的榮耀，她穩坐在車前，裝模裝樣，說是她在看戲，實際她是在看人。煙村人就把她坐的車圍繞起來，起初他們拿她尋開心，以後就動起手來扯她的衣裳。荻村人以先也是取笑拐子蓮兒的，但見煙村人這種舉動，立刻激起他們的一致對外的義憤，於是先小爭吵，後大爭吵，最後動起武來。

兩村參加械鬪的人共有一千多，棍子，棒子，扁擔，搶刀，和各種民間武器都搬弄出來。在曠野荒郊亂打一陣。到底因爲荻村人多，而且距離近，補充容易，煙村人狼狽敗逃。

這一場械鬪的結果，荻村方面拐子蓮兒慘被打死，連衣裳都被扒光。煙村傻常順兒失蹤，還有其他死傷。煙村方面，死傷的更重，双方都向縣衙門遞上了訴狀。（未完）

中篇連載

荻村傳 (四)

陳紀瀅

傻常順兒自從那年被完蛋蛋兒栽贓被打，幸經扣爺的明斷，寃屈大白，他搬到扣兒蘑菇家的牲口棚來住，一方面是扣需要他替他[illegible]驢，早晚替他打掃場院，一面他仍替別家做短工。

改朝換代的事對於傻常順兒更爲茫然，扣兒　菇對他說：「常順兒，你知道不知道現在是民國咧？」「什麼叫民國呀？」他問。「民國就是不要皇上，由一個勢力大的官兒替皇上做事。」「他若是死了呢？」他問。「死了，再由另一個勢力大的官兒做。聽說現在皇上改叫甚麼大總統，這個大總統叫什麼袁士凱呢。」「不好，不好，大總統不如皇上好聽。」他又說。

但後來，傻常順兒忽然覺得民國好了，因爲民國人民可以不束辮子，他那根豬尾巴多少年來不知爲牠挨了多少打，這一回可好了，他想了半天說，「原來民國就是爲我改的，民國就是使我以後不再挨打。有理！有理！」

當荻村人民仍然以保護父母遺留給他們一絲一髮爲榮時，傻常順兒竟不稟告扣爺，私自跑到集上，讓巡警給他把那條豬尾巴自腦勺後從根一剪剪斷。他提着那條剪下來的辮子，如同做了一件偷盜事一樣，一溜烟跑回扣爺的牲口棚，他躺在火炕上提着他那尺八長的紅繩小辮，提高了一看，提低了又一看，端詳上、端詳下，半晌之後，他「嗚」的一聲哭起來，膿鼻涕水好不悲痛，來到荻村第一次的哭聲。「嗚」「嗚」哭了一會兒，他又坐起來，放下辮子，用左手摸摸後腦勺，用右手摸摸辮根，轉過來摸，掉過去摸，摸來摸去，他「噗」的一聲又笑了，呲着黃牙，笑眼中包着淚水，兩只貓耳朵一掀一掀。

「好了，好了，我多少年的寃枉，今天完了，完了。誰再敢欺負我？欺負我？」他自言自語，摸着光頭，站立在火炕上快樂得跳起來，槽裡的老毛驢見他這樣亂跳，也「嗚哇」「嗚哇」叫起，好像是爲他的喜怒哀樂伴奏。

慢慢，各種洋貨湧進荻村來。「取燈兒」改叫「洋火」，「洋油」，「洋燈」，「洋傘」，「洋錢」，「洋鐵」「洋畫」，「洋紙」，「洋線」，「洋布」，「洋碱」，「洋白麵」，「洋粉」，「洋鏡」，一切外來的東西都加上了個「洋」字。起初，村裡人對於這些洋貨都抱一種不信任態度，唯恐上了洋當。賣布的推車，吱吱拗，吱吱拗，推進村內，賣布的搖起那卜啣鼓的時候，男女老幼便把這布車團繞起來。打開包袱，俄國印，巴斯緞，德國緞，印度綢，洋縐，各色洋布，花花朵朵，應有盡有。他們拿起來用手摸一摸，對着太陽照一照，然後哼唉一陣，不敢買。但天長日久之後，他們覺得洋貨實在不錯，精巧，美觀，細緻，便宜，於是開始試試看。「洋火」嗞喇一聲就着火，「洋油燈」點起來是亮，「洋白麵」喫起來好喫。他們驚嘆「洋鬼子」眞是有本勢，「洋玩藝」是好玩。於是他們把仇視，輕視和不信任的態度慢慢又變爲羨慕，喜愛和敬重。

但話又說回來，對於「洋貨」態度是變了，對於「洋人」和一切「洋規矩」，他們仍然持保留態度。他們覺着「洋鬼子」心眼多，但「洋鬼子」似乎又很愚蠢。當「洋鬼子」站在廟台上傳道時，他們簡直沒一個人是聽，而是看「洋鬼子」的頭髮多麼黃，眼珠多麼藍，鼻子多麼高，自頭頂至腳下，端詳了又端詳，看了又看。最後散給他們那一張一張的小畫片時，他們又如獲至寶似的留起來。他們見「洋鬼子」給人治病，好的很快，而且不要錢。又見「洋鬼子」給他們米喫，免費教他們的子孫上學。他們心裡想：這是不是又讓我們奉教？可不來這個。將來再來一次義和團還了得？領米拿錢都可以，奉教不幹。「洋鬼子」心眼多，咱們比他還得多，喫虧的事兒咱們不幹，你「洋鬼子」是不是傻瓜？

張舉人自從做了卜奎知縣以後，「舉人」二字變爲「官兒」，荻村人民一說「官兒家」便指的張舉人家。「官兒」果然每年從關外寄回家不少銀子錢來。而且不幾年以後，歪歪桃兒眞的正式被張舉人納爲愛妾。連帶着受榮華的便是拐子蓮兒。

拐子蓮兒修下了好妹妹，說起來跟官兒同輩，而且妹妹又經常不斷捎錢以外，關東的好東西，起初是洋布，手巾，襪子，關東胭脂，頭簪一類的東西，慢慢，皮襖，人參，鹿茸也寄來了。拐子蓮兒看着這些東西，眞是有點眼暈，她做夢也沒夢想今日，想想自己親生的父母活了一輩子也沒有看見過這麼多這麼好的東西，倒輪到自己享用；又想想，自己把妹妹從小帶大，把個小姑娘梳洗成出衆的人材，可也不容易。思前想後又是歡喜，又是感傷，哭一陣，笑一陣，自己坐在炕頭上，歷着一包包的好東西。「我不能給官兒家去人，我不能給妹妹失面子，我得莊重起來，不能再和大腳蘭兒，大粗腿這班人往來。」他這樣想。

當村中人看見官兒家又是蓋新房，換新車，買騾添馬，置田購地，油飾莊宅，整理墳塋以後，大家都異口同聲地說：「到底是做官兒好！」

傻常順兒，他眼看着官宅家一天比一天潤綽起來，他心裡早就動，他又聽說官兒已然娶歪歪桃兒爲妾，他心裏着實有點不舒服，他想：怪不得人家說歪歪桃兒跟着上任，就是給張舉人當姨太太呀。張舉人比她大二三十歲，也不配呀？喚，我知道了，就是因爲張舉人是官兒，官兒什麼事都行！我，我，我他媽不能做官兒還說，還說什麼？但爲什麼人家說的都驗了，關老爺說的怎麼不驗？哦！我記起了，四十年後，我要大富大貴，喫好的，穿好的，住好房子，已經十年了，連一點苗信也沒有，難道神不如人嗎？我不能永遠受騙下去！不能再忍下去！

他煩悶，心裡有說不出的不痛快。當天夜裡，他打着一只燈籠，踉踉蹌蹌，走出了扣兒蘑菇家的牲口棚。麥熟天，村裡人忙了一天，早睡了，街上沒一個人，他頭上冒着汗漿，天上沒有一顆星，他用手把頭上的汗一抹，望望天，「他媽的！天，永遠這麼黑！」樹梢上的毛頭鷹望見燈亮，突然「嗚嗚」了兩聲，他听了立刻打了一個寒噤。心裡想毛頭鷹是不祥之物，今天我心裡不愉快，牠媽的也來和我鬪趣，他俯身檢起一個坷垃，望樹上「嗖」的一聲擲了出去，那知毛頭鷹又「嗚嗚」了兩聲，動也沒動。「他娘的！毛頭鷹也來欺負我了。」這回他不檢坷垃投牠，揚着頭，狠狠地衝着那樹梢，罵：

「等我得勢，殺盡你們這些兒禿梟！」

他走到那曾做他住宅多年的關老爺廟前，他想起自從離開廟搬到扣爺家來住以後，也曾按時按節，燒香化紙，總算禮貌不缺，可是爲什麼沒靈驗？撐起燈來照一照，門敞開着，還是他們爺兒三！他自從搬出廟以後，時時就覺着這個廟太小，太令人瞧不起，很懊悔自己爲什麼竟在那裡邊委曲了好幾年？夜裡看這個廟更差。「連他媽的狗窩都不如，我在這裡邊住過？」他這樣罵。他走進去，把燈籠放在香爐上，跐一跐地下，原來他睡覺的那片地，已堆滿了小孩屎，廟頂已有一個大窟窿，東掃掃，西望望，看了又看，他的氣不知從那裡來的，爬上香案去，看準了周倉，用手把周倉的虬髯用力一撮一撮地拔下，把周倉拔了個光嘴，露出白石灰來。又望了望關爺和關平的臉，他縮回手，跳下香桌，左手取起燈籠，又把燈籠往往提了提，用右手指着周倉說：

「都是你，我惹不起關老爺，我拔你這黑王八的翫子？看你給我說情不說情？」

他邁出了廟門檻，順着路又踉蹌的向回走着，腦子裡沉浮着許多亂想。但心裡好像愉快多了。一面走一面恍恍惚惚的，到了家，剛剛關起牲口棚門，要躺下睡覺，那匹老毛驢突然向他吼叫了一聲。他忽然覺着自己有點頭痛，「不好，不好，得罪了周倉，鬍子拔不得，拔不得，還得給他補一綹，他拿起自己剪下的那根辮子，邁開大步，又回到關爺廟，從地下檢起了那些拔掉的鬍子，弄了塊泥巴，又重新給周倉把鬍子補起來，又加了一綹。把個周倉打扮成虬髯之外，頦下又外加一綹長毛。他又替廟把門關起。這回睡到炕上，他心裡才踏實了，老毛驢又是一聲吼，他立刻啐了牠一聲：

「都是你，狗雜種。你吼，架不住我不敲你。」

張舉人家有兩輛大車，兩輛轎車，大車是用做拉運粗糙東西的，如糞土磚瓦，轎車專門爲走親講禮用的。張舉人家的轎車可眞够誇耀的，硬松木車箱，紮擅木轅條，脚幭，紅棗木車輪，桃木車尾。兩只高而窄的車輪滿鑲着青銅釘，車瓦擦得永遠是那麼澈亮。這車附帶着不同季節的車圍。冬天，藍呢圍身，紅呢圍裙，古銅呢壽字車頂，藍呢嵌玻璃門帘。車箱裏舖的是厚鴨絨墊，鴨絨靠枕。夏天，藍布圍身，湖色圍裙，綠綢卍字車頂，黑紗門帘，另在車廂兩旁，支起燕飛小虎子，飄揚飄揚的。車箱裏舖的鑲高麗草的厚墊，涼蓆靠枕。配上一匹又高又大，肥肥碩碩，墨黑鬃毛，四歲口的騾子爲轅。拉外套的是一匹棗紅色小川馬駒，脖套上帶着響鈴。騾馬所佩帶的皮鞍轡籠頭都鑲着青銅鋼。套，繩，轡又光又亮。掌鞭的衣裳服飾也隨着季節更換。掌鞭的爲了表示官兒家的僕人身份，不能和常人一樣，冷天總是一件藍布袍，黑褡布，猴頭帽子，皂布双臉白底夾鞋，白粗布一道縫的襪子，肥統黑褲，紮一付黑布腿帶，懷裡永遠揣着一只長嘴錫酒壺。夏天，白羊肚兒手巾包頭，對襟門小白褂，紫腿紫花布褲，皂布鞋，白布襪。手裡擎着那杆一丈多長，綴着紅纓穗，絲繩裏桃木柄的長鞭，故意打個尖銳的響聲把轡繩一拉，駕韂的騾子立刻頭向上揚，那拉套的小馬反把頭一低，晄朗晄朗跑起來。駕轅的騾子要大，拉套的馬要小；騾子要跑的快而穩，馬要顚得好看，騾子要揚頭，馬要低頭。只有這個派頭才够講究。唯有這個派頭才被鄉下人瞧得起。

要說張舉人家這套車馬，不但荻村沒有第二家，就是附近百八十里路內也沒得比。人家的騾子比洋馬還要高，是從口外買來的，荻村村的人看見過洋人騎的洋馬是很高的；人家的馬是眞正四川馬，四川馬永遠不會長得高，唯有小馬才襯着大騾好看，這是濶家門祖輩傳流的一種規矩。而掌鞭的，要是攤上這一套車馬，也就等於都市內的一個司機能駕駛一部最流線型的汽車時那樣被人重視。無論到那裡去都有人恭敬他，羨慕他，給他方便，譬如到一二十里外的鄉村去串親，路過別的村，掌鞭的一進村，就從車上跳下，故意拿鞭子先打兩聲尖響，馬格外顯得起動，鈴聲響得格外清脆，車輪轉動聲音也格外鏗鏘，於是村中人聞聲而出，站在門口、廟臺、房頂、看這輛車的過路。掌鞭的這時更會把爲轅騾子操縱得很好，昂着頭，跑着小碎步，看起來好像很快，實際是反倒慢了點，他好接受看的人的誇獎。平常在鄉村，小孩子們遇到牛車和普通車都不躲路，像這種車，無不用人指揮，早就躲得遠遠的了。無論認識不認識，看的人都願意和掌鞭的打個招呼，最順口的話是「歇一會吧」，掌鞭的受了這份尊榮，也必得回答一聲「不介啦，等會見吧」，他滿面帶着笑容，內心藏着無限榮耀，趕着這輛車在這村中人眼前經過，到了親戚家裡，那份光榮更了不起，差不多閤村的人都要來欣賞這套車馬，掌鞭的更要享受親戚家的好款待，喫了，喝足了，還得裝滿一壺揣回去。除此之外，還有說不盡的禮遇。

回頭我們再看看傻常順兒所認爲的扣府。那匹老驢，論個頭不大也不算小，足有六尺高，一身灰毛，脊背上有幾撮黑點，長耳長臉，只是因爲太老了，混身灰毛脫得一塊塊的光，露着嶙嶙的瘦骨，脖項上的鬃毛長而散亂，尾巴也禿得只剩下一根小刷巴。所幸這是一匹忠實的老驢，爲扣家的三十畝田耕了十五年，牠還沒瘸腿，僅是走不快了。扣家也只有一輛柳木板車，運土拉糞是牠，到了冬天，也是牠，沒有四季的車圍，去親講禮也萬不得已，借一只蒲欄兒，按在車廂就得。老驢拉起這輛車來，既沒有美麗的鞍轡也沒有什麼好看的姿式，誰還注意牠！並且牠永遠比人走得慢。不過自從傻常順兒爲人做完了短工，有時替扣家趕趕車以後，倒是有人注意了。這比唐吉訶德和他那匹馬還好看。常順兒把那枝長不滿三尺長的禿鞭，永遠用荷槍的姿式將右手托住鞭柄，把鞭杆緊緊靠在右肩上，他的左手並不拉着轡繩，是一甩一甩的往前攏，脖頸挺得僵直，兩只牛眼也並不踄着那匹驢，要不是他走路永遠是八字一齊向外撇，那就活像兵士開步走。那匹老驢也從不管常順兒命令不命令，反正是一個速度，老是順着車徑蠕蠕在前進，儍長順兒雖然是年青力壯，但因爲天生的那兩隻外弛脚，和老驢的速度也差不多。

荻村的小孩子們每逢見他趕着驢車，不是一齊爬上車去，騎在老驢背上，就是奪過他捎着的那枝禿鞭，替他狠狠地抽打老驢的頭，老驢實在忍受不了，躍着蹶向上踢，把車上的東西顚出來。再不然他們就把車徑挖一個深坑使他誤車，或者墊幾塊石頭使車翻了。長順兒爲了能保持這把鞭子，他往往是受了氣不告訴扣爺知道。在他來到荻村十年光景，能夠熬得給扣府趕車，他心裡雖還不滿足，但眞也是一件不容易的事。

五械鬥

袁士凱改洪憲和張勳復辟所給荻村村民的記憶，遠不及一場水災更爲深刻了。

民國六年，中國北方各省普遍遭受水災。當滹沱河在荻村縣城以南，河堤開口，洪水泛濫，冲毀了許多村莊，淹死了無數人民。洪流直瀰漫到離荻村村南五里路的地方，源頭忽然轉了方向。一方面因爲村南是一片沙灘，另外因爲荻村地勢較高，荻村雖然受了霪雨災害，但因此倖免了這場水災。這件事發生以後，村裡的人才相信眞是有河神一說，因爲他們看見了。

事過以後，全荻村的人都相信老天爺有眼睛，同時他們多少相信這也是沾了官兒的光。他們認爲官兒能避一切災難的。於是有人提議總得唱一臺謝神戲，村正副陳三爺郝秀才都答應了，尤其是張舉人家的五姪爺，人稱張五爺的，堅決主張非唱不可。誰敢再說個不字？荻村東鄰三里遠的煙村是一個比較窮苦的村落，和荻村相比簡直差得多，不但沒有功名人，村子也不大，所以一向被荻村人瞧不起。這兩個村子，一村人是自卑，一村人是驕傲，因此在多少年來，無形中在他們中間築上了一道鴻溝，遇事就是荻村人佔先，煙村人喫虧，自從張舉人陞官以後，這種情形越變得顯著。這一次荻村沒被淹，而煙村被淹了，煙村人民除了自認倒霉以外，他們內心裡也着實覺得不舒服，他們怨恨老天爺，爲什麼苦的越苦，甜的越甜？而老天爺爲什麼這樣偏心眼？他們又懷疑是否荻村人民故意把水引到煙村去的。這種懷恨怨艾正沒處發洩，又見荻村要大唱其戲，他們覺得荻村人民眞是幸災樂禍，向他們示威，開他們的玩笑。於是煙村的光棍們邀集了幾百個莊稼漢秘密聚議準備大鬧荻村廟會，報復多年仇恨。

荻村唱謝神戲，實際也不是全村人樂意的，北頭和西頭的人民就有許多閒話：「年頭不好，吃的喝的都弄不來，還唱什麼戲？」但南頭和東頭的人民說啦：「不唱戲，萬一大水冲來怎麼樣？你們敢保來年嗎？再說張五爺的意思非唱不可、咱們還有什麼說的？」北頭人和西頭人一聽有人舉出張五爺來誰也不敢再開腔。因爲張五爺年青氣盛，是太上村正副，無論誰也得畏懼他三分，因爲他說得出，做得出。自從張舉人陞官以後，他就像承襲了他伯父的基業，穩坐家中，做荻村的太上村正副。

謝神的戲臺搭在荻村村東也就是煙村的村西，離荻村十字街約有一里路，離煙村西頭也不過二里多路。兩村中間，都是農田，可是因爲今年澇了，沒收成，又剛好過了秋，所以一片光地，兩村相望，十分清晰。

拐子蓮兒爲了藉這臺戲表示她的身份，向村人誇耀：自己特地琢磨了好幾天。往常她提着籃子賣燒餅菓子，一天從早到晚，穿街過巷，另外加上挺着脖子吆喝，當然是靠走路；她整天和村內村外一羣土棍流氓，琉璃球兒嘎雜種，胡說廝混，從來沒覺着有什麼難爲情，誰不認識她？誰能想到她會有發跡的一天？如今她變成張舉人姨太太的姐姐，當然要講求身份，要顧全體面。她已經許久大門不出，二門不邁，在家裡裝深閨秀女。往常她隨口罵人，嬉皮笑臉，撒村，現在她學了一套文雅，不輕言笑，就是笑，也是那麼抽抽縮縮的。雖然她是將近四十歲的人了，除了瘸腿以外，長得還算有風韻，和歪歪桃兒一樣有一副瓜子臉，兩道漆黑濃眉，兩只水伶伶的眼，鼓鼻樑，只是有一張大嘴叉。腦後束着一個抓髻。

無論如何，因爲她粗野慣了，就是勉強學會了一套假斯文，但時間久了，仍然要露馬腳，擠眉弄眼，吐舌，撅嘴，常常不由得就露了出來。她琢磨着這次在戲臺地下，可不能和往年一樣，往年她仍是穿着那件油漬衣裳，在人簇中賣燒餅菓子，和那羣狐男狗女們罵着玩，今年與往年不同，一定要擺出濶人親戚的派頭。於是她請求扣兒蘑菇借給她車子到臺前去看戲，扣兒蘑菇一向瞧不起她，但近來對於她也不敢隨便辱罵了，聽說她要乘車去看戲，這在本村有史以來，除了張舉人家看戲乘車以外，還沒有第二家。

「嚇，蓮兒，眞行！可又爲什麼不去坐官兒家的車呢？」

這倒把拐子蓮弄得臉一紅一赤。因爲自己雖然和官兒家成了親戚，但到底還隔着一層，何況妹妹又是姨太太，這在官兒家人們眼目中總不免還有點輕視，不能認做是貼緊親戚呢。

「扣大哥！我不能給人家老是添麻煩。我不是擺什麼架子，我怕和村中人太熟了，他們要取笑我。咱們不能不莊重一點。」

當儍常順兒穿着一套長短不齊，極不四稱的長衣短褂擎着那只禿鞭，撇着兩只臭腳，搖擺着左手，一甩一甩的，嘻皮笑臉，趕着一輛蒲欅車，那匹老驢一顚一蹎，也呆呆地向村東前行的時候，張舉人家的轎車套着那匹墨黑高騾和褭紅小馬駒，正由那個最傲的掌鞭洛康，驅馳在前面。那轎車的威風濶氣，若在平常必然招引村中人駐足旁觀，可是今天卻大爲減色，儍常順兒所趕的蒲欅車反吸引了觀衆。只見儍常順兒也打破了以往習慣，兩只眼一會兒向車廂裡斜一眼，一會兒發出「嘿……嘿……」的儍笑聲。坐在車廂裏的拐子蓮兒塗了滿臉猴兒屁股似的胭脂和石灰似的白粉，一會兒從車帘裡露一下，一會兒又縮囘去。

「哈！哈！那不是拐子蓮兒嗎？」一羣看熱鬧的人嚷着。

「常順兒！你拉的誰家的新媳婦？」

「嘿……嘿……」常順兒仍是儍笑。

「我們要看新媳婦，舒出腳來！」又是一羣人的呼哨。下轉第(25)頁

包袱

喻嘉濱

（一）

瑞新允修經過了多日的航程，終於來到這「東方民主的櫥窗」——香港了；像冒險的航海家望見海面飄來了花草莖葉，他們有着一種發現前途希望的歡欣；眼前的，也是即將逝去的一片驚濤駭浪，反而成了幫助他們奮勇前進的一種磨鍊與鼓勵。

香港，這黃金口岸，是想帶來珍寶而換回享受嗎？是想用一粒錢幣的種子而收穫十倍的財富嗎？不，他們所有的，只是隨身的破行囊裝載着一顆奔向自由的心。

瑞新，一個結實的小伙子，端正的鼻子就像他的爲人，唸生物系，立志在醫學方面作深刻的研究。允修，個子較小，有着寬廣的額和一對明銳的大眼，讀哲學，對人生的至善的理想，有更多的發掘意念。當對日抗戰最艱苦的時期，他們會熱情的投向民族解放的戰鬥洪流，復員返校後，也會爲了國內的民主統一竭力呼籲，在若干次學生運動中，以明辨是非的態度，作理智的批評。可是，當共產黨乘着國內不滿現實的心理空虛，以裏脅農民起家，以巧妙的宣傳，抓着知識份子偏浮的熱情的擁護，而建立起決歌王朝後，憑着他們良心的認識，理性的判斷，確認共產黨的理論與作風，將是對人類文化的一種支解與阻絕；因而決心不顧一切逃出樊籠，走向新的地方，準備爲自由中國的理想而獻身盡力。

船已快到岸了，這港灣的一片山光水色，和數天以前離開的那個鐵幕港口差不多，不過，一個是代表新的希望的臨近，一個是代表舊的惡夢的遠離；允修倚立在船頭的欄干旁，上船啓行前的痛苦回憶，慢慢的又在心頭湧現了……

在北方文化古城的某大學的宿舍裏，電燈像一豆螢火，在「解放」的魔法下，放出「精簡節約」的黃光；允修痙攣的倒臥在牀上，對古城進入「黑暗時代」以來的一切無理專制，感到無限的悲憤，出走的意志早已決定，一切都已準備好了，只等待兩天後的船期的到來；在這最後兩天裏，會不會發生意外的變化呢？這是一層憂慮。此地的窒息氣氛雖已無可留戀，但對於多年來浸潤在自己生活中的那些人和物，也未始不惹動一些兒臨別的牽念。複雜的思潮，忐忑的起伏着。

這時，允修的同學，達仁進來了。達仁是允修從初中直到大學的同窗摯友，十年來都親密的生活在一起；達仁是聰明、能幹、熱情、喜歡新奇的事物，而缺乏理智；現在，一片狂熱，已經是一個標準的新民主主義青年團的團員了。自從達仁轉變過後，他們之間的友誼就抹上了一層陰影，每次談論，總是爭得面紅耳赤，不歡而散；達仁之所以仍然常來看望允修，與其說是爲了友情，不如說是爲了工作，爲了說教。

允修看見達仁進來，趕快收拾起剛才的紛亂思緒，唯恐露出破綻，裝着若無其事地招呼着達仁。

閒談一會後，達仁的說教又開始了，他用熱情的態度，雄辯的語調，向勸說允修，希望允修把思想搞通，向「人民」看齊；但談論的結果，和以前的很多次一樣，達仁的理由不但沒有把允修說服，反而被允修詰駁出了許多漏洞；達仁見着說服不成，變得非常激動，簡直是要絕交的樣子，但十年感情的靭絲，終於繫住了他，最後仍能安靜下來，把希望寄託在下一次的會面：「唉，你這種小資產階級的包袱始終丟不掉，希望你再仔細的想一想，我相信在眞理的面前，我們的距離，總有一天會接近的，好吧，過兩天再來看你。」

允修握着手送達仁走了，一直望着他的影子消失在鬧市的人叢中。「過兩天……過兩天我已投向自由的海洋了！」允修想着多年的至友，爲了見解的距離，在遠行的當兒，不敢訴說一句別語，心裏感到一陣難過：「我相信這距離終有一天會消失的，這包袱也會丟掉的，但是，不是由於我的屈從，而是由於達仁自發的覺悟。」

「嗚嗚……」在汽笛聲中船靠了岸，允修提着箱子，瑞新抗着被包，隨着人潮，走出了九龍碼頭。

（二）

瑞新和允修準備到一個老同學張伯中家裏去暫住，張是瑞新的同系級同學，八個月前就已來到香港了。按着門牌號數找去，原來張家就在靠海邊街道的一座小樓上，敲門進去，一陣驚喜，打破了小樓的沉寂。

「啊，兩月前接到你們的信，說是可能來，但以後就一直沒有消息，爲甚麼不預先把船期告訴我？」伯中興奮的以右手握着瑞新，左手扶在允修的肩上。

「鐵幕嚴密，軍機洩漏了，還走得成嗎？」允修笑得那麼幽默。

「怎樣出來的？」伯中緊接着問

「眞是一言難盡，反正我們這次撞關是够冒險也够徼倖的。」瑞新的回答感慨而朗爽。

在片刻的休息後，一杯茶，一支煙，友情的溫暖已消除了旅途的勞頓，而繼續剛才的談話。

伯中：「我離開後，古城變得怎樣了？」

瑞新：「古城自「定都」以後，除了眞正老百姓的心以外，從外表看，差不多是「國際」化了，到處是史毛的畫像，到處是蘇聯的「技術人員」和「文化人」，到處是俄文市招和俄文補習學校。生活水準普遍低落，中共用重稅、徵糧、減薪、購債等方法，使財富大部集中在自己手裏，以貧窮與飢餓迫使人民就範，幹部們對民衆的組訓控制是無微不至，在一切生活都要「集體化」之下，反抗的意識和行動一時頗難發生；但是自棄凋弊，文化僵死，人民都沉默的怨恨着。」

伯中：「那邊的老朋友們近況如何？」

瑞新：「一般地說來，多數都變成了「馬恩列史毛教」的狂熱信徒，在一個巨變的時代裏，每一個人都是容易空虛而激動的；每天聽到那種證道似的宣傳，魔術似的群衆歡呼，時刻被巧妙地「指導」着的小組討論與自我批評；人雖然是萬物之靈，但總有生物的弱點，在「交替反應」之下，也就以習知爲眞理，由催眠而接受了；而共產黨的牧師們，比穆罕默德左手執可蘭經右手執劍的傳道術還厲害，他們左手拿着辯證唯物論，右手拿着「生存空氣」，如果不接受他們的絕對經典，那麼也休想得到一點「生存空氣」，卽是說：除了對你的職業飯碗的封鎖以外，還給你精神威脅，使你處處遇着的都是些冷漠的面孔，鄙責的眼光。因此之故，只好以吶喊來爭取生存和前途。而那些獨醒之士，在未能出走以前，只有潛伏着種子，忍受着煎熬了。」

伯中：「我想知道一些故人們的個別情形。」

瑞新噴出了一個烟圈，想從那灰色的迷霧中搜尋幾個面影：「羅强很早就有組織關係，你大概是知道的。他現在在天津作文教方面不大不小的一個主管，天天翻印教條，自從和小玲的感情破裂後，更加積極了，雖然健康很差，可是狂熱得特別有勁，其實他對共產主義並不十分了解，只不過是泡妞兒大敗後的反動，他把這個作爲彌補他心靈上的創痕的一貼膏藥。夏雲興致更好，現在一時興起居然要作「人民的特務」了。傳德和元山到「民主聖地」東北去了一趟，回來後牢騷甚多，脾氣暴燥，曾經被上級申斥爲「鬧情緒」。成志那一桌八人都進了外國語專門學校，他們打的如意算盤，準備作新民主國家的外交官，想不到學了最吃香的俄文，只不過派下東北礦坑作大鼻子的隨從翻譯罷了。最可憐的是永村，他被派回家對他的當工程師的老同胞作思想鬥爭後，眼睛總現着浮腫，時常在無人的時候，用牙齒咬着嘴唇，這幾位老兄可說前進份子各種典型的代表。」

一連笑聲過後，伯中繼續着問：「達仁近況如何，你走之前去看過他沒有？」

允修臉上的笑容立刻收斂起來，眼睛向上望着，使得寬平的額上現出了幾條縐紋，無可奈何地觸動了痛苦的回憶，然後緩慢而低沉的吐說道：達仁眞是個好人，忠實誠懇，理想很高，可惜像着了魔似的相信着那一套美麗的謊言，他自認爲找着了理想，以無比的熱情在工作着，我行前本想去看看他，作個象徵式的道別，但爲了怕引起麻煩，硬着心腸沒有去，剛好他又來向我講道，（他照例三五天來向我宣傳一番，這也是共產黨厲害的作風之一。）對他那一套我差不多聽膩了，他總說我：「丟不掉小資產階級的包袱。」我看他才眞是被一個可怕的包袱的理智壓着了，當他認清了共產主義的盧山眞面目後，一定會徹底覺醒……」

談話一直繼續到晚飯上來的時候，夜香港已經萬家燈火了。

（三）

時間很快的過去，瑞新允修到香港已經半年了，他們都已找到了有益於自由中國的理想工作；雖然生活苦一點，可是心情却有着無比的愉快；現在正是南國春暖花開的時節，而北方還正冰霜未解呢。

瑞新有事過海去了，允修獨自坐在臨海的窗前，晚霞將海波染成片片金鱗；整天工作的疲勞，在片刻的凝默裏，得到了輕快與舒暢；月亮漸漸的升起，像是一盞理想的燈。又該是檢討過去，策劃明天的時候了。

「砰砰……」門外有了幾聲剝啄。

「誰？」

「張先生的信。」接着，一封帶着水漬與縐摺的，像是經過疲倦的長途的旅人似的信，從門縫中塞了進來。

允修拾起來一看，感到非常驚異：「怎麼，好像達仁的字跡，寄自C埠。」允修急忙地拆開信封，裏面一張便條似的小紙，寫着簡短的幾行：

「二哥：

母親的病愈鬧愈兇了，看樣子很危險，我以前的診斷有錯誤，我想到你們那裏來找個醫生。

三弟仁　二月四日」

允修的心中起了一陣激動，一陣狂喜，這簡直是一聲晴天霹靂，使他目瞪口呆，眼睛發出異樣的光輝，牙齒緊咬下唇，像失去了知覺似的：……半晌，他有些清醒了，縐了縐眉頭，心中有些兒狐疑：「這事來得太突兀了，在那種紅色的狂潮中，達仁眞的會清醒覺悟嗎？」當他懷疑的的眼光再度接觸到那張信紙時，達仁的熟習的字跡，雖然隱晦但含意却非常明白的語句，都給他一種眞實的保證；「恐怕是發生了什麼事情，恐怕那邊的情形愈來愈不像話了！」他雖然極力從興奮中保持鎮靜，但不能拒却這意外的狂喜，這狂喜像一股宇宙的大力，使允修覺得充實而强壯，幾乎要承受不住而盼望着別人來分担一部份。

門開啓了，瑞新結實的身體閃了進來。

「喂，一個驚人的消息！」允修盼望到了接担的人。

「甚麼新聞？」瑞新頗不在意的問。

「達仁的信，他要來了！」

瑞新以驚疑的眼光，一把抓過那張小小的紙條，眼睛盯在那短短的幾行字上，像餓虎眈視着巨爪下的小雞。

「二月四日發出的，快兩個月才到。」

「郵遞的過程太迂遠了。」

「也可說是理性覺醒的過程太迂遠了吧！但終於到了。」

（四）

從另一封短簡中，瑞新允修得知達仁所搭乘的到港的船名——這消息是用一個特別的方法傳達的。從郵船公司那裏問過了輪船抵埠的大概日期後，瑞新允修天天迫切的盼望着，每日總要向船公司問兩次電話：

「喂，太古公司嗎？××輪甚麼時候抵步？」

「明天早上六點，泊B十二碼頭。」

瑞新允修整夜睡不着覺，時間像一條蜒蜿的蛇，那麼施施地爬行着，恨不得有一根鞭子，驅趕着它像流矢般的颶射過去。

次日五時，瑞新允修匆匆的起了林，來不及盥洗就出門向碼頭迎去，像尚未拭去夜露的向日葵迎向初升的朝陽。

碼頭上的燈光還照射着，只有幾個港務工人在清掃地面，天已漸漸的亮了。

遠遠地一條船影，衝破了黑暗，隨着漸曉的曙色，慢慢地近了。

六點二十分，船靠了岸。

在一片雜亂的人叢中，允修、瑞新東張西望的尋找着，忽然，在船尾的小吊橋處，允修發現了那個熟稔的面孔。

「喂，達仁！」允修高叫着。

「啊，允修，瑞新，你們都來了！」達仁心中起了無限感激。

跑上前去，還隔着一層欄干，伸出手來緊緊地握着。

允修瑞新看見達仁比以前消瘦些了，眉目之間多了一點蒼老的顏色，好像洗去了浮光的畫像，反而顯得渾厚樸質。

在達仁眼裏的允修瑞新，依然和從前差不多，只是笑容更朗爽，令人有一種生氣蓬勃，活力充沛的感覺，好像永遠生活在希望中的一樣。

對這重逢的歡欣，大家都不知道該怎樣去迎接好；每個人心裏都有很多話語，過度的興奮，反而使得有些悼亂，竟不知從那裏談起。

允修想到這幾乎變成陌路，甚或敵人的老朋友，大家又重聚在一起了，眞有無限感慨，由於達仁的徹底覺悟，他感到爭取自由必定成功的信念更爲堅定，以前和達仁的那些爭辯，終於勝利了，這不但是理性戰勝了情感，而且是理性與感情的諧和。

達仁在這當兒，似乎覺得有些夢幻，這個在數月以前曾被自己斥爲頑固的友人，現在忽然變成了一個堅強的自由意志的化身，今天，仍然這麼熱情的迎接着自己；心裏的情緒，是感謝，是欽佩，是慚愧，眞有點無法清理。在這緊緊的握手裏，他感覺彼此之間是從來未有的了解與接近。

「快跳出這欄干，我們之間已沒有距離了！」允修笑道。

「請你們替我接下這個！」達仁把一個深紅色的旅行袋交給瑞新。

「甚麼？紅色的包袱？」瑞新，允修一齊聲問道。

「是的，紅色的包袱，小資產階級的包袱，我要把它放下了！」

「哈哈！」三個人同時交換了一次會心的笑。

（五）

一個夜晚，在張伯中的家裏，達仁允修瑞新四人，圍坐在一張小桌旁，作飯後的閒談，煦和的風，夾着繁華的暮春的餘氛，空氣是濃郁而醇厚。

「這一年來生活變化的巨大，使我感覺好像經歷了一個世紀。」達仁詳躺在籐椅上，臉頰清瘦的表情卻十分興奮，像一個久病初癒的人，向親密的探訪者，述說着病魔以來的心情：

「一年以前，因爲對現實感到不滿，滿腔熱情無處寄託，於是對馬列主義的思想，懷着一種新的憧憬；在中共的軍事勝利的熱潮中，我，最大多數的青年也如此，瘋狂的接受它的一切，正如一個剛打開卷子的眞空瓶吸入空氣一樣；我用感情去迎接它，而沒有用理智去過濾；在一片歡呼聲中，我最感到從未有過的滿足，我感到人生最高的意義找到了；眞正理想的人的生活——經濟上的平等，政治上的民主，精神上的自由，立即可以實現了。可是，當熱潮減退，理智恢復的時候，我發覺完全落了空。不但得不到理想的「生活」，甚至最大多數人的「生存」，都受到危害了。

「我開始用理智去探索馬列主義理論的核心。我發覺它是一種絕對的，排他的，機械的教條。它把一切文化，藝術，科學，都限定在一個自以爲是的模型裏，它否認人類文化賴以進展的原動力——人的個性發展，與精神活動的自由。僅此一點，也就足以僵死文化進展的生機了，何況它還蔓生着那麼多的錯誤的觸鬚。

「就算我們暫時不要精神文化，而只求衣暖食飽吧，這一點也被它以一種史無前例的獨佔方式，「合法」的剝削手段，使得已經夠可憐的物質生活再行下降，甚至使千千萬萬人睜着眼睛被餓死。我們付出這種血肉模糊的代價，理想在那裏？」

達仁說得有些激動，兩頰現出紅色。

「舉個實例來說：蘇聯生物學家發表的米邱林「學說」，主張後天獲得性可以遺傳，這種唯物論支配下的强姦眞理，對於文化科學，是個多麼駭人聽聞的揑造！而從饑餓的中國把糧食大車大車的運往蘇聯，是我親眼看見的，據馬列主義的解釋，這也是：「部份利益服從全體利益」，「暫時利益服從永久利益」，恐怕這所謂的「永久利益」，就是在中國的土地上，以四億餓殍的骷髏，建造一座新的白骨的萬里長城，來作爲馬列主義的不朽的紀念碑。

「假如認爲，這不過是達到理想的過程中方法上的不當，可是當我們提出改善的意見時，馬上就被申斥爲「犯了原則性的錯誤」，「小資產階級的包袱丟不掉」：在那種被「指導着的，集體化的，多數的壓迫之下，凡與所謂「大前提」不同的意見，都被窒息了。

「是的，我以前就是因爲有小資產階級的，善良的，易於衝動的熱情，所以我相信了一次美麗的謊言；現在，我眞要丟掉這小資產階級的情感的包袱，而憑恃理性去認識事物了！」

滔滔不絕的述說下去，伯中，瑞新，允修，一直讓達仁滔滔不絕的述說下去，因爲他們了解：達仁心中的鬱積，是一種被騙者的憤怒，嘗悟者的悔恨，振作者的奮發！被包袱久壓在肩的人，一旦放下，能不讓他輕快的透口氣嗎？在這自由的世界，能不讓他盡情的傾吐嗎？

夜色愈來愈深沉，在一陣沉默裏，隱約聽見海浪打在岸上的嘯吼聲。

「其實，中華民族也太老大了！」平時說話較少的伯中，徐徐的吐出低沈而安詳的語句，像是爲這興奮而疲勞的一天，作個結束：

「這一次紅色的疾病，來得那麼猛烈，那樣浩盛；我們古老的因循苟且，自私，貪婪，頹廢，狂放，自暴自棄等等積漸以來的劣根性，受了這一次巨大的刺激，等於起了一次清血作用，而產生一種抗毒素與青春素，等到這次疾病過去以後，中華民族的生機，一定會給人類文化帶來一個堅實的貢獻。」

……………

次日清晨，清道夫的鈴聲，伴着燦爛的陽光來到小樓前；從拉圾桶裏帶走人類遺棄的破腐，送到那澄藍的海的深處。

「啊！一雙深紅色的旅行袋。」清道夫喃喃地自語着，是驚訝，是歎息。

「顏色倒是很好看的，可惜已經發霉了！」

從參議員麥加賽提交美國國會的文件中看拉鐵摩爾輩的眞面目

美國國會紀錄
遠思節譯

關於拉鐵摩爾案，我有幾件有趣文件，還有一個證人，他的姓名我已提交聯邦調查局；司法部對於他的眞實已公開表示信任。

這人將作證如下：

拉鐵摩爾許多年來便是一個共產黨員；在共產黨中地位很高，他的工作是認識黨員，以便區別受過訓練的共產黨和未受過訓練的共黨忠實同志。他並有關於爲黨作重要工作的重要共產黨員的情報。

他在他的供詞中說：「一九三六年春天，我在莫斯科認識拉鐵摩爾，當時很顯然的他正和卡特（E. C. Carter）聽取蘇維埃政府對於太平洋學會的指示。我請求此時不發表我的姓名，但可以將我所說的提交聯邦調查局。」

這供詞指出拉鐵摩爾和約翰，瑟維斯（John S. Service）以及阿美瑞西亞案（Amerasia Case）有密切關係。

瑟維斯現爲國務院外交官，正在加爾各答幫助決定我們政府對印度的重要政策。他是國務院中擬定對遠東政策十二位高級人員之一。他的背景是很顯明的。

他與費爾德（Frederick Vanderbilt Field）是至友和同僚，費爾德是阿美瑞西亞編輯部總編輯。

一九四五年六月六日聯邦調查局經過了數月辛勤的精密的調査後，逮捕了阿美瑞西亞的編輯若飛（Philip J. Jaffe）副編輯米契爾(Kate Louise Mitchell）海軍後備隊上尉羅斯（Andrew Roth）和國務院官員拉森（Emanuel Sigurd Larsen）瑟維斯（Serviee）。他們因被控與偷竊國務院的文件有關而被捕。

拉森會作一冗長的報告稱瑟維斯爲國務院中中國部門親蘇人物的主要份子。他們與若飛和羅斯有密切接觸，他們的見地反應在阿美瑞西亞雜誌上。瑟維斯曾爲史迪威的政治顧問，曾隨一極祕密的軍事代表團去延安。從延安歸後，史迪威便要求蔣介石允許他武裝三十萬共軍。蔣介石拒絕了，認爲這是蘇聯的部分陰謀企圖建立共軍以控制中國。正在此時，瑟維斯向國務院上第四十號報告，計劃取消對蔣的支持以便共產黨接收。

根據聯邦調查局的調査，阿美瑞西亞爲一群活動熱情的共產黨或共黨同路人的中心。而拉鐵摩爾前曾爲阿美瑞西亞的編輯，費爾德是此雜誌的主要負責人。

當蔣介石對日作戰時，國務院遣瑟維斯到中國。很顯然的他的工作並不是使中國共產化。然而奇怪的是，他對國務院的正式報告却慫恿我們破壞我們的盟友蔣介石，並稱共產主義是中國的唯一希望。

當瑟維斯，羅斯等被逮捕的前夜，胡弗（J. Edgar Hoover）在拉鐵摩爾家中。他說他被介紹給瑟維斯同羅斯，並稱羅斯、拉鐵摩爾和瑟維斯曾在一塊花很長的時間討論某些文件或文稿。

拉鐵摩爾曾於一九四三年六月十五日有一信給政府中他的上司，在那封信裡面他指導收信人剷除戰時情報局（OWI）中的忠於國民政府的中國人。於是他發出訓令從紐約新華日報另行徵聘人員以代之。他承認新華日報與共產黨有關，但稱這些共產黨並不以莫斯科爲轉移。

那時中共在重慶的機關報也叫新華日報。現在自中共佔領中國大陸後，許多重要城市都設有新華日報。

拉鐵摩爾的這封信是給紐約戰時情報局的巴奈斯（Joseph Barnes）。

信中曾提到保留一位齊博士和邱鴻（譯音），他說齊博士是忠於他的，而邱鴻是忠於齊博士的。齊博士來美以前是山西法學院院長和山西教育廳廳長。來美後任紐約中國日報（中共報紙）編輯，後任職戰時情報局。他的兒子便是現預備來美任共黨聯合國代表的齊肇鼎（譯音）。齊肇鼎在一九三四年十二月太平洋季刊（Pacific Affairs）曾爲其至友拉鐵摩爾寫過一篇文章。當時拉鐵摩爾是該刊編輯。

拉鐵摩爾寫這封信的時期，正當蔣介石是我們在太平洋最需要的盟友；戰爭進行對我們不太順利而我們與蔣介石正全力合作的時候。

有一位前任紅軍將領表示若被召喚他願出席作證。他說當他在莫斯科紅軍服務時，曾與一蘇聯高級情報人員有密切連繫，這位高級情報人員曾告訴他說由於太平洋學會（The Institute of Pacific Relations）他們的情報工作有很大的成就。由於在美國的共產黨，太平洋學會已爲蘇聯情報接收過來。關於這方面，他特別提到拉鐵摩爾和另外一個人，此人會與拉鐵摩爾在戰時情報局中共事過一些時候，供詞中稱此人爲蘇聯的情報人員。

我這裡還有另外一個供詞，作此供詞的人現在中國。當拉鐵摩爾在中國擔任天津一家報紙和北平另一家報紙的編輯。

他說拉鐵摩爾是中國學生親蘇學潮的領導人，他指出拉鐵摩爾對於亞細亞雜誌（Magazine Asia）的關係和控制，後來這雜誌變爲阿美瑞西亞。阿美瑞西亞的一個編輯曾被逮捕，而判定的罪狀是共謀從國務院、陸軍部和海軍部偷竊秘密文件。

我會與阿特麗（Freda Utley）討論過拉鐵摩爾，她以前是英國共產黨的一員。她說蘇聯政府曾經支付給太平學會一大筆款項。關於拉鐵摩爾的意見是當她在一九三六年在莫斯科遇見他的時候，他還不是一個共產黨，但在一九四〇年，當她在巴勒底莫爾（Baltimore）認識他的時候，他已決定與美國和自由的敵人同流合汚，因爲他確信共產黨必定勝利。

太平洋季刊是代表十個會的刊物，傑賽普（Jessup）是代表美國會議（American Council）而爲該刊編輯。最近被宣判共謀罪竊取國務院　陸軍部和海軍部文件的若飛，他曾在一九三七年十月十二日的新群衆（Th New Masses）發表過一篇文章「中國共產黨告訴我」，在那篇文章中他會詳細地敍述過他和俾遜（T. A. Bisson）、拉鐵摩爾去中國的情形，會敍及他們在延安的中共外交局逗留和被斯味德雷小姐（Miss Agnes Smedley）迎接的情形。斯味德雷會被麥師情報局稱爲在中國二十年來爲蘇聯最熱烈的工作人員。

政府對華的錯誤政策所依據的以及在白皮書中所反映的原則和見解，我們都可以在拉鐵摩爾的書中找到。凡是涉及中共的他的見解都被國務院採納。拉鐵摩爾稱中共爲「民主主義者」「自由的土地改革者」「不受莫斯科指揮的進步份子」或者是與蘇聯「分離的」，每天我們可以聽到一個新名詞。

傑賽普博士會任美國會議的副主席和研究顧問委員會（Research Advisory Committee）主席。在他的主持之下，美國會議發行的半月刊遠東觀察（Far East Survey）掀起反蔣運動，並曾表示中國的共產黨僅僅是土地改革者，不是共產黨。

傑賽普利用俾遜的筆桿發動反蔣運動，在他的雜誌中完全遵循共產黨的路綫，從費爾德領取經費。費爾德會公開宣稱：「我是美國最重要的共產黨員。」

傑塞普是一個完完全全的笨伯，甚至於他不知道他受了拉鐵摩爾的利　。

後來國家緊急會議改名爲民權國家緊急會議（National Emergency Conference for Democratic Rights）被下院撥款委員會（House Committee on Appropriation）和非美活動特別委員會（Special Committee on Un-American Activities）引證爲共黨前哨組織。

我認爲傑賽普僅僅是跟隨拉鐵摩爾路線——這條路綫濕暖了史達林每一條心紋。

海爾多、漢生（Haldore Hanson）被國務院任命爲技術合作設計部（Technical Cooperation Projects Staff）主席，他現在正在發展第四點計劃（Point 4 Program）。而拉鐵摩爾現正在阿富汗研究並建議如何將我們的第四點計劃應用在那區域。因此、我們又發現拉鐵摩爾是一個主要的設計者。他現正幫助漢生設計在還未陷入共產黨控制之下的東方的第四點計劃。

漢生會在他的著作「人類的努力」（Human Endeavor）中譴責國民政府中的右翼人士不應抵制毛澤東的民主革命。並攻擊在漢口的軍事當局不應拘捕共產黨青年團的領導人。當中日戰爭爆發時，漢生是北平一個共產黨雜誌的編輯。

漢生於一九三八年九月卽傾向中共，常在太平洋季刊投稿。太平洋季刊是太平洋學會的官方刊物，主要負責人爲費爾德，是衆所公認的共產黨員。他也常爲阿美瑞西亞寫文章。若飛爲該雜誌的事務編輯。他會被捕宣判非法持有幾百件國務院、海軍部、陸軍部的秘密文件。

他相信中國共產黨代表一切偉大優良的東西，在他的書中，我們可以察覺一個事實，就是他堅信中共領袖是偉大優良的。整個亞洲可因共產化而獲利。

他稱讚毛澤東爲一個社會的幻想者，一個天才，比他當時的時代進步五十年，稱讚朱德是將領中的巨擘，有林肯的謙遜，有格蘭第（Grant）將軍的倔强，有李將軍（E Lee）的仁慈。

他很坦白的說明凡是不完全站在共黨那一邊的人，共黨都不能忍受。他很明白的告訴我們，他不伹是在共黨那一方的，並且他還是中共領袖的英雄崇拜者。

漢生是一個有使命的人——赤化世界——他的精力和才智使他由北平一個左傾雜誌貧窮工作者一躍而爲國務院外交政策設計人之一，而且根據國務院的第四十號宣告，他將主要地負責支配在他所決定的區域中幾億美元的運用。

果眞艾其遜使此人主持第四點計劃，將給共產主義吞噬世界的速度一巨大的動力。

艾其遜現在使漢生所處的地位可以幾億或幾十億美元幫助共產黨解決世界其他地區中一些可怕的問題。顯然地這些地區就是越南和印度。

亞洲共產國際於一九四九年五月會決定共黨在遠東的目標爲：

一、(一)佔領中國；(二)佔領海南島(三)佔領臺灣

二、滲入並佔領越南和緬甸。

三、滲入並擾亂印度、巴基斯坦和菲律濱。

四、滲入並擾亂日本，使日本脫離美國。

關於宣傳方面：

(a)日本只有與中國通商才能生存。

(b)美國納稅人不能支付以維持八千八百萬日本人。

(c)維持日本與菲律濱之間之分裂。

(d)維持日本與澳洲之間的分裂。

(e)不提一九三一年至一九四五年日本在中國的行爲。

(f)以所有的代價阻止太平洋同盟。

(g)使尼赫魯不參加太平洋同盟。

(h)獻媚阿富汗。

(i)新疆民族自決。

(j)滲入並擾亂伊朗，使親蘇人員充任各部首長。

拉鐵摩爾路線實地百分之百際依循着這條路線。自然，最重要的並不是拉鐵摩爾是否依循那條路線，而是國務院是否眞的跟隨那條路線。

我們發現國務卿自己也承認，甚至於他同他遠東事務的高級顧問還未認清遠東共黨的目的。我可以確告他，拉鐵摩爾知道什麼是共產黨的目的。

艾其遜在去年元月十二日在全國新聞記者俱樂部（National Press Club）關於遠東政策會作過重要的演講，在這演講中他主要的意思是民主已在中國產生。拉鐵摩爾在他一篇文章「亞洲征服亞洲」中表示是中國征服了中國，艾其遜也相信是中國征服了中國。

蘇聯外交部的頭腦和鋼鐵一樣的尖銳，而美國國務院左翼人們的頭腦與凝結的牛奶一般柔和。事實上，在全亞洲唯一戰鬥的力量是蔣介石的軍隊。

左翼的知識份子現在眞正從事準備世界的悲劇，美國的參議院應該盡他立法的職務斬金截鐵地爲美國立下一個眞正的外交政策。

——一九五〇年三月三十日國會紀錄——

給讀者的報告

共產黨這個問題，到了今天，誰都知道是一個世界性的問題。因此，自由中國區的人也好，共黨統治下的人也好，都是時刻關心着世界的局勢。第三次大戰會不會發生？如發生，會在何時發生？這樣的問題，我們可以到處聽見有人提出。也許甲是希望大戰早日來臨，而乙是希望大戰永不發生，但大家總想從客觀事實的發展中，找出這樣問題的答案來，從客觀事實找出的答案才是有價值的答案。

現在，本刊在這一期上面，登出了龍倦飛先生解答這個問題的一篇文章——「第三次大戰何時爆發？」這裏特為讀者鄭重介紹。龍倦飛是一位勤於學而又富於分析頭腦的作者之筆名，他的本名是任何人都耳熟的。這篇文章，是他最近讀了三本新近出版的美國專家的名著以後，才寫成的。論斷的依據，都是些翔實的資料，因為徵引的資料，特別豐富，所以全文長達萬字以上，本刊為讓讀者痛快起見，特為破例地把這篇長文一次登完。據作者來函說，這篇文章，尚未把本題的意思充分寫完，不久擬再續一篇。

此外的幾篇文章，和文藝，通訊，都有其精采或獨到處，而其作者多是大家所熟悉的，而這裏的篇幅，也不容我們一一介紹。

這裏還要特別向讀者報告的：本刊自增闢「自由中國通訊欄」以來，除本刊特約通訊以外，自動以通訊方式投稿者，特別踴躍。我們接到這些稿件時，除對投稿者重視本刊的盛意，深為感激以外，對於稿件本身的選擇，是毫不寬假的。本刊有個一貫的主張，即，論事不論人，尤其不以攻訐個人的陰私為能事。如因某事而涉及某人時，也是本着責善之意。死老虎，我們不打；而其人格卑汚，卑汚到成為黃色新聞中的人物時，我們也不願有其姓名留在本刊的字裏行間。這是我們選擇稿件的標準之一。許多讀者來函，或口頭表示，對於本刊通訊欄特別愛好，今後我們更希望讀者們幫助我們這一欄更充實更活躍起來，依據我們在這裏所說的標準，給我們多多投稿，給我們多多批評。

從第二卷第八期起，本刊又有了「時事述評」一欄。這也是若干讀者希望我們增闢的。這一欄增闢以來，也博得不少的好評。我們希望在一欄中，督促政府多做點改革的工作，同時也希望引起社會上對於若干問題的共鳴。

上一期（第二卷第九期）林一新先生「論自由與國家」一文，已經一次全文登完。題目下面的「（上）」，校對時疏忽，未及刪去，特向讀者道歉。

本刊海外發行，日有增加，曼谷航空版發行後情形甚好，巴達維亞，棉蘭，舊金山等地均有擴充，在海外銷售數量，幾等於在國內銷售之數，可見人心趨向，大多數僑胞都是絕對反共的。

×　×　×

自由中國 半月刊 第二卷第十期
（"Free China"）（總第十三號）
中華民國三十九年五月十六日

發行人　胡　適
主　編　「自由中國」編輯委員會
出版者　自由中國社
社址：臺北市金山街一巷二號
電話　六八八五號

航空版
香　港　香港時報社（高士打道六四號）
曼　谷　楊五報攤（曼谷西舞臺戲院旁楊五報攤）

經售處
臺　灣　中國書報發行所（臺北市館前街八五號）
美　國　紐約美洲日報社
　　　　紐約正氣日報社
馬尼剌　中菲文教出版社（馬尼剌紐愛瓦街四五四號三〇三室）
印　尼　巴達維亞星期日報（瓜哇巴達維亞紅溪十九號）
　　　　棉蘭紫華圖書公司（蘇門答臘棉蘭廣東街七十五號）

印刷者　臺北印製廠
廠址：臺北市民族路六四三號
電話：三三一六號

本刊售價

一、新臺幣二元
二、銀元五角
三、菲幣三角五分
四、港幣五角
五、暹幣四銖
六、美金二角

本刊經中華郵政登記認為第一類新聞紙類

自由中國

香港航空版

發行人　胡適

第二卷　第十一期

要目

中華民國三十九年六月一日出版
社址：臺北市金山街一巷二號

社論

今日的臺灣十年前的英倫

自海南舟山於四月下旬及五月中旬相繼撤退後，臺灣本身確已增強了防衞的力量。然就敵我的態勢來看，今日的臺灣與整整十年前敦克爾撤退後的英倫，處境相若。那時——一九四〇年五月間，納粹的武力在西歐節節進展，切斷了英法比聯軍的聯絡和呼應，到了五月二十二日英軍在歐陸僅僅保有敦克爾一個基地。接着，比利時於二十七日向德軍投降，使這個僅有的基地暴露於敵軍之前，英軍乃於二十八日開始作歷史上有名的敦克爾撤退。

舟山撤退，其經過和場面，與當時的敦克爾雖不盡同，可是撤退得順利和澈底，同樣顯得戰略上的成功。我們對於舟山撤退的反應，振奮確多於惋惜，問題只在今後的作法。

敦克爾撤退後，大英帝國的命運，正和我們中華民國今日的命運一樣，臨到了存亡續絕，間不容髮的關頭。然當時英國政府和英倫本島的人民，發揮了最高度的衞國精神，澈底地動員了所有的人力和物力，同時咬緊牙關，熬過了將近一年日夜不停的大轟炸。這種忠勇精神，這種沉毅氣魄，卒使英倫海峽，成爲扼拒敵人的天塹。一年後國際戰局轉變，英國也解脫了獨立苦撑的困境，向勝利之途邁進。這一段富有教訓意義的史實，是我們今日退守臺灣的政府和全體軍民所應取得的。

最近幾月來，由於蔣總統的復職，行政院的改組　軍政方面確已有了進步。尤其軍事方面，裁汰了若干落伍腐化的高級將領，軍紀士氣已不同於往昔；現在，雖還有不少尚待改進的地方，但比較說來，軍事方面確比政治方面的表現來得好。

當蔣總統復職，陳院長受命組閣的時候，我們曾經誠懇地表示過若干願望（請參閱本刊二卷六期社論），并且這樣說過：「這些願望，當然有待於一個強有力的行政首長使之一一實現，就這方面說，陳先生的腕力應該是足够的。」可是行政院改組以來，我們對於陳院長的人事安排和行政措施，總覺的不太够勁，說得乾脆一點，陳先生做了院長以後，其作風反比任省主席時期來得妥協。我們承認，政治是離不開現實的。但在人民迫切期待新政的今天，而當政者仍不免要向惡劣的現實求妥協，其將何以一新耳目而振奮人心呢？我們看：財政上的辦法，三月以來和三月以前比較，有甚麼顯著的轉變？除掉坐吃老本以外，是否做到要國內外有錢的人出錢呢？愛國公債勸募的成績，對於這個問題給了我們一個諷刺性的答復！我們再看：最關重要的軍隊待遇問題，三月以來和三月以前比較，是否已經改善了很多呢？這個問題自然又涉及上述的財政問題，可是在財政收入的現狀下，政府是否已經盡了最大努力，在公平原則下，作過通盤調整呢？軍事第一，保衞臺灣第一，政府應不顧一切而向這方面努力，使軍人生活要比後方人民好。裁員減政，節省公帑，行政院本身確已做了多少，但行政院以外的機構，陳院長爲甚麼不能大刀闊斧去幹呢？與行政院平行的機構，我們這裏且不談，國營金融機關是隸屬行政院的，爲甚麼還讓他們以優厚的薪俸養肥許多無事可作的閒員，爲甚麼還讓他們維持堂皇的場面盡情浪費公帑？難道這些機構眞正成了一般人所說的「經濟王國」，行政院不敢過問嗎？還有，國家銀行在海外多少總有點資金，其他公營事業（包括國營以外的所謂公產），在海外總不免有點「一家私」，時至今日，政府總應該澈底清查一番，把那些沒有業務的場面，即加結束或縮小；爲着「百年大計」的積蓄，也應提用於一時。我們應知道：沒有今天，就沒有將來。

再就人力動員來說，我們到現在還沒有看到政府有何重大的實施或計劃。內地來臺的人，大部份是些不事實際生產的坐食階級，他們有的是靠已往的儲蓄而生活，有的是靠某種名義時常向政府要求救濟性的津貼，還有編餘軍官，流亡學生以及機關裁減的員工，政府除掉發給遣散費或支付救濟性津貼以外，也未積極計劃到他們就業的機會。我們常常想到，在戰時的今天，應該是事浮於人，決不應該人浮於事。問題是由於政府有關機關．只知在衙門內辦等因奉此，而沒有想到衙門外的實際情形。舉例來說，「增加生產」，是政府所經常標榜的。可是臺灣有的是公地，政府爲甚麼不開闢許多農場，菜圃，或養猪養雞的場所，有計劃地分配給上述的那些人去利用，而停一切於法無據的救濟性支出呢？再說內地來臺的中等以上家庭婦女，比起台籍婦女來，是太悠閒了。婦女聯合會所發起的縫衣勞軍運動，本是値得稱讚的一件事，惟其範圍太窄，而成效有限，政府爲甚麼不可利用保甲制度，不分貴賤貧富，把她們全體動員起來，有計劃地分配她們所可勝任的工作呢？這樣動員起來，也可減少她們在交際和娛樂場所的許多浪費。

總而言之，今日的臺灣，尤其是臺北市，太不像一個反共抗俄的最後基地。刻苦奮鬪的戰時氣氛，一點也沒有。街頭巷尾，到處洋溢着黃色樂歌，戲院酒館門前，經常有小型汽車排列；商店玻窗內，陳滿了用外滙換來的華麗服料和化粧用品……這一切一切，固然說明社會風氣的泄泄沓沓，同時也說明我們的政治沒有做到戰時應有的措施。我們如果把今日的臺灣，尤其是臺北市，和十年前的英倫比較比較，我們該可深深警惕，急起直追地痛革一番吧！時間不太從容，我們要準備在今後的歲月中，接受最艱險的熬煉，進而克服最大的難關。

「今日的臺灣，十年前的英倫」，我們希望這個文題，給大家一個覺醒，而不成爲相反的寫照。

時事述評

軍人魂　文人氣節

二十多年來，我們不知道讀過蔣總統多少講演詞和文告，就中說出國人所要說的話，而且說得最明快，最痛切，而感人最深的，莫過於抗戰前夕的廬山講演和最近在革命實踐研究院所講的「軍人魂」。

軍人魂！中華民族的軍人魂，在大陸上曾隨楊軍長幹才，廖師長定藩以俱逝。可是，中華民族畢竟不會淪亡，大陸全陷後，中華民族的軍人魂，在驚濤駭浪的島嶼中，又復來歸附體了。金門大捷，海南苦戰，舟山撤守，在這三大節目中，軍人魂的表現足够精采。我們不僅沒有看見一個降將，也沒聽說一個逃兵，這是戰鬥精神的奮發。我們不僅看見軍民合作得水乳交融，而且看到舟山民衆跟着軍隊撤退，這是軍紀的進步。陸軍如此，海空軍也莫不皆然。所以蔣總統和陳院長曾經一再宣稱：保衛臺灣，軍事上決無問題。這句話，想爲陸海空軍各級戰友所引以爲榮，同時我們相信，陸海空軍亦當更有以副國家寄託之重任。

蔣總統「軍人魂」的講詞，是對軍人而發的，所以對於當前的國難，除自身引咎外，不得不特別責備軍人。其實，當代政府的和民間的文人，有誰對這次國難不負罪責呢？只是因地位不同，罪責或多或少而已。現在已經投靠到共黨那邊的文人，政府大員，人民代表，教授名流，和一般社會領袖等等，我們已不值得加以筆誅。但在今天，看到中華民族軍人魂的來歸，我們文化工作者，很慚愧地還覺得需要大聲疾呼，來一度「文人氣節」的召喚。（平）

香蕉共和國的碧瑤會議

去年七月間，中國國民黨蔣總裁和非律賓季里諾總統洽談的亞洲反共聯盟，醞釀到了本月廿六日開幕的碧瑤會議，已經完全變質了。變質的原因，一由於中共的武力嚇破了季里諾的胆，一由於聯合國的氣氛迷糊了羅慕洛的眼睛。由「反共」變到「非共」，由「團結互助以對付共產主義之威脅」，變到「僅限於文化經濟同盟」。儘管字面上有斟酌，實質上也有變更，但在史達林和毛澤東看來，總覺得「項莊舞劍，意在沛公」。可是今天這個沛公，他是不會從後門偷偷溜走的。示弱而又「不安分」的後果，恐怕只是加速大難的到臨。

在唯物辯證法的腦筋中，宇宙一切事物或力量，只是一正一反的對立，斷無所謂中間的第三者。所以「非共」也好，反共也好，總是共字號的敵人。共字號是要憑藉暴力來消滅敵人統一世界的，而他眼中的敵人，却自動地解除了精神上的武裝，這將是一幕自我導演的大悲劇。

碧瑤會議包括東南亞印、巴、錫、泰、菲、澳、和印尼七國。東南亞的「非共」實力，據報載，連同英法派遣軍在內總數不超過三十萬人，僅及臺灣及其衞星島嶼上陸軍人數之一半。中共佔領了中國大陸以後，尚不敢貿然大舉南侵者，實由於臺灣勢力的牽制。否則到了今天，菲律賓的政府軍，不僅要在碧瑤市區以南加以警戒而已。

羅慕洛本年四月間在阿里那諸大學演說時，曾說到菲律賓有變成「香蕉共和國」的可能。當時我們很同情他這個憂慮。但是很奇怪的，他有了這樣一個憂慮而不去力圖挽救，反而剝去這隻香蕉的皮，讓它發出香味來刺激在旁的垂涎者。（平）

荒謬絕倫的託管說

作爲聯合國秘書長的賴伊，爲着蘇俄在聯合國退席的問題，數月來到處奔走游說，想把中華民國的代表排斥於聯合國以外，以討好蘇俄。這種企圖，早經世界的公正輿論加以斥責。近據外電紛傳，這個賴伊現又極力提倡臺灣託管之說。混帳！混帳！豈有此理！

臺灣是中華民國的領土，也是中華民國首都所在地，中華民國是聯合國的會員國，也是聯合國常任理事國。僅爲聯合國行政首長的賴伊，不僅敢於違背聯合國憲章所蘊含的精神，運動各國排斥中國代表於先，而且還敢違背聯合國憲章明白規定的條文，倡導臺灣託管之說於後。國際間如果還有所謂法律，世界上如果還有以維護法律遵嚴爲職責的國家，這樣一個聯合國秘書長，非趕緊轟走不可。

國際託管的領土應該是怎樣的領土，在聯合國憲章第十二章中不僅有第七十七條的積極規定，而且還有第七十八條的消極規定。第七十八條條文：

「凡領土已成爲聯合國之會員國者，不適用託管制度，聯合國會員國間之關係，應基於尊重主權平權之原則」。

這條條文，我們沒有理由可以假想是被賴伊忘記了，如他眞的忘記了，那末，他就是一個法律上無行爲能力的人。無行爲能力的人，可以任國際公職嗎？如果賴伊知道這條條文，而又敢於倡導臺灣託管之說，這不僅是對中華民國的絕大侮辱，而且是想把尚未死去的聯合國加以活埋。中華民國的人民現正瞪大眼睛，注視這個消息的發展。我們不僅爲的是我國主權的獨立，同時也爲的是國際公法的尊嚴。（平）

打落牙齒和血吞！

「世態炎涼，人情冷落」，這兩句話本是形容人與人間交往，只顧利害而忘却道義，可是事情一到國際關係的場合裡，這兩句話更表現得形態畢露了。國與國間的打交道，都是建築在「重利害而缺乏情感，講現實而罔顧道義」的原則上進行，但禍根就種在這裡，等到覺悟來時已是大禍臨頭噬臍莫及了。碧瑤會議本是蔣總統與季里諾總統所唱導，我們今日竟不克參加，他們以唱導反共而發起此會議，今日連「反共」二字都不敢提，這種無骨格的作風，我國固不屑與之爲伍，但他們這樣藏頭縮尾怕得罪共產黨的態度，令人感慨萬千。據說這是美國國務院幹的把戲，爲着要拉攏印度來參加，不惜變更會議之性質，而排斥中國南韓及越南於會外，因爲這三國是反共的，而印度不欲參加反共集團。我不想多溯過去，印度的獨立可說是蔣總統一手促成，中國因此大大的得罪了英國，而尼赫魯今日這一連串的作爲，總有一天會自食其果的。國際關係也只是錦上添花，那裡有雪中送炭，我們又何必多所見怪。

我們這次的失敗，一切咎由自取，不必怨天尤人，我們在最黑暗的時候，尤不要自餒，更毋須悲觀。西諺有云：「災難者，膽略之試金石」。培尼士更說得好：「人處患難之境，如香草之受壓榨，愈壓榨而芬芳愈烈」。今日是中華民國存亡絕續的時候，也是我們受災難最嚴重的時候，我們在這孤島的同胞，大家要一致奮起，戮力同心，咬緊牙關，保衛台灣。我們都要以待罪之身，臥薪嘗膽，寧爲玉碎，不爲瓦全。我們要以打落牙齒和血吞的精神，含辱忍垢，復仇雪恥，我們只有埋頭苦幹，以事實來表現，不必和任何人去計較，老實說，今日友邦給我們的恥辱，正不比敵人給我們的小，只要台灣能保守一年二年：……，那時他們又會像抗日的時候刮目相看，讚譽不絕。

台灣不僅是自由中國最後的根據地，也是大陸同胞晝夜期待我們去解救他們的唯一基地，更是擋住赤禍洪水向西太平洋橫流的海上堡壘。我們今日一切的一切，應該以保守台灣爲第一，凡與此不相干的工作不要做，與此有違背的事情更不要做，凡足以削弱保衛台灣力量的行爲，不論是公是私，又不論是說話和文字，更是絕對的不要做。全體上下，男女老幼，應該集中這個目標，努力邁進，政府每計劃一事應該想到是否合於這個目標，人民日常生活也應該細想是否對於目標有無貢獻。我們要萬衆一心，心向此的，朝夕以之，生死以之，確保台灣，反攻大陸!!!

（震）

異哉，請求增發通貨！

最近數月來政府堅持不增發通貨政策，已收金融穩定之效，物價雖有上漲，大都屬於供求關係或其他普通因素，且其上漲亦屬緩慢而不急劇。一般嘗夠了通貨膨脹滋味的人民，暫時得此小康之局，莫不受其實惠。可是投機取巧的商人却因拆息過高而負担無力，於是倒閉的商店接二連三，一片淡風吹遍了各行業，而愁眉苦臉者又奔走呼號起來了。其實這批商人咎由自取，於政府之通貨政策何干？不料請求增發通貨的聲浪却一天響亮過一天，一若惟恐金融之不亂者，這是甚麼道理呢？

聽說此次請求增發通貨者，以公營事業爲主力，我才恍然大悟起來。幾年來多數公營事業都是靠銀行的貸款，獲得款項後即以購買物資，待過一二個月通貨膨脹了，物價之上漲必有三、四倍乃至十倍之多，而要付的利息至多亦不過二、倍而已，以此而坐獲厚利。故其所購買的物資，只求其能急劇上漲者，往往和該公營事業毫不相干的東西，都被囤積起來。嚴格而論，他們並不是「營事業」，眼中只有鈔票之增多罷了。這幾個月來物價上漲極慢，有些則並不上漲，但是貸款的利息又不能不付，故私營的商號只好關門大吉，而公營事業也因此而大大吃虧，不能不請求政府設法了。好比一個抽鴉片的人，最初抽抽鴉片可以振起精神，但上了癮以後，一旦沒得抽，便要眼鼻流水，四肢無力，故不惜千方百計以求之。奉告主持公營事業諸公，鴉片雖然上了癮，也只有痛下決心，早日戒絕，不宜長此沉迷下去：而且國家危急至此，還要出此拙劣的手法，恐怕是飲鴆止渴哩！現在金融穩定的時期，正是考驗眞本領的時候，經營事業者應力謀減少成本，推廣銷路，以謀事業之盈利。在政府方面則以其盈虧爲成績考核之根據，凡虧本的都應撤換其主管人員，斷無再加以救濟的理由。

須知公營事業也是生意，做生意當然以賺錢爲第一，這一種最平凡的眞理幾乎爲我國在朝諸公所遺忘了，乃有種種離奇怪誕的現象發生出來。現在各公營事業減輕成本的辦法是最簡單不過的，即裁減冗員和降低待遇，這是老百姓無人不知的。不論那一種事業，其人員數目都有日治時代的三四倍之多，而產品則較日治時代爲少，那有不虧本的理由？而且其待遇之優厚爲普通公務員羨慕的對象，往往一個工人的待遇都比荐任人員爲優厚，爲什麼堅持而不降低？如果是私營事業，則經理先生早已實行這兩種辦法了，還要我們來評論嗎？只因是公營事業，虧本時可以請求政府救濟，故有特而無恐，這不是獎勵虧本嗎？現在是改弦更張的時候了，趕快實行吧！

（漸）

×　×　×

蘇俄的國策和動向

羅家倫

若是要了解一個國家的國策，必須先要懂得構成他國策的因素，或是歷史、地理、政治、社會的形態，民族特性的表現，以及其他有關的成分。把他的背景和本質弄清楚了，則觀察他的一切行動，都可以知道其來龍去脈，不因為他偶然有和善的表示而樂觀，也不因他露出猙獰的面目而恐怖。報紙的消息，雖有瞬息間的變幻，但我們心中的判斷則可有把握的平衡，譬如醫生治傷寒症一般，若是診斷出了病根，則病人每天熱度的高低，面色的紅白，不特不能妨害醫生治療的進行，而且更足以證明他脈案的正確。這個原理，不但研究蘇俄的國策和動向時適用，就是研究任何國家的國策和動向時也同樣的適用。

簡單而概括的說，蘇俄是一個大陸的國家，北靠冰山雪塊不能航行的北冰洋，東西兩頭接近的海洋很少，南邊大部份接近的是沙漠高原和荒寒地帶，中間有的是廣大的平原，所以在地理上蘇俄是富於統一性，而且易於對外封鎖，更增進了他的神秘性。其人口以斯拉夫族為主體，他是開化最晚的民族。當歐洲條頓和拉丁民族已經進入文化很高的階段，他還停滯在野蠻的狀態。不但在公元十八世紀是如此，就是在今天還有許多部份不是大異於往昔。在歷史上當十五世紀的中葉及其後，他還是一個不與海洋連接的莫斯科大公國，土地範圍有限。十六世紀纔開始與英國通商。十七世紀開始（一六一三年）邁客·羅馬諾夫（Michael Romancv）纔加冕建立了最初也是最後的羅馬諾夫皇朝。雖然他的家庭早已抓了統治權約兩世紀。到一六三七年開始有一批探險家經西伯利亞達到太平洋岸。他內部的封建制度和農奴制度，到二十世紀的初葉，並未根本廢除，一九〇六年第一個有名無實的國會開幕，而沙皇獨裁暴政的傳統，依然存在。他的工業化運動，到十九世紀最末期，才見萌芽，比英國後一百多年。一般國民教育的低落，達於極點，有許多部份，還在過原始時代的生活。因為大部氣候的酷寒，生活的艱苦，出門則與自然搏鬥，在家則感心情鬱結，又因傳統政治的壓迫和疑懼，於是造成了他陰險，狠鷙、恐怖、猜疑的民族特性。再加上他野蠻時代儲蓄下來的生力，尤其是體力，一旦發為行動，於是易走極端，格外殘忍而可怕。歷史上每逢一個野蠻民族，，到了半開化的階段，必定盡力向外膨脹，若是接受了一些更新的方法來應用，則更要徹底的凶狠，而附近的鄰國，往往先受其害，這件歷史的教訓，是大家不該忘記的。

明白這段簡要的敘述以後，我們可以講蘇俄的國策和動向了。蘇俄在國策上，雖在隨時隨地，有不同的運用，但其根本的一貫的國策，却祇有以下幾項，我在逐項討論的時候，有時還要補充說明其背景。因為蘇俄的國策，不問其藉口什麼主義，不是從天而下，乃是總承斯拉夫民族的歷史和環境而來的。他的動向則又跟着他的國策而來。

第一是出海口和海岸線的國策。蘇俄的地形像一隻張翅的老鷹，撲在亞洲和歐洲的背上。這老鷹祇有翅膀尖上，帶着一點水。在近代國家霸權上看來，這是一個很大的缺陷。俄羅斯人的海權相思病，已經害了許多年了。自從他有和他國爭霸的意識以來，即存此念。大彼得（一六八九——一七二五）即位後的表現，還要怎樣清楚？現在讓我把他東西兩方分別來講。（甲）在西方的較南部，則大彼得一即位卽南侵亞速海與黑海口，以求進入地中海內。但因為被土耳其與法國所扼，終將亞速海退出（一七一一）。以後幾乎每一個黑海沿岸和巴爾幹半島的戰爭，都與俄羅斯出地中海有關。如克里米戰爭（一八五三——五六），第一次巴爾幹戰爭（一九一二），第二次巴爾幹戰爭（一九一三），直接間接都含有俄國的企圖，是尤為顯著的。到現在美國極力援助土爾其和希臘，也還是為阻止蘇俄出地中海問題。斯達林現在這樣恨南斯拉夫的狄托，雖有其他原因，而因狄托脫離了蘇俄的控制，使蘇俄不能利用南斯拉夫靠亞得利亞海（此海實際與地中海為一體）的海岸，並妨礙了蘇俄侵略希臘，也是其中一個重要的原因。（乙）在西方的較北部，則大彼得在一七〇〇年即與瑞典爭波羅的海霸權，雖然一時失敗，却把京城從莫斯科搬到新建的聖彼得堡去，以表示他海上發展的決心。到一七二一年，居然以條約取得波羅的海的窗戶愛沙尼亞（Estonia）等地，在第一次世界大戰後，波羅的海沿岸的拉特維亞（Latvia）立陶宛（Lithuania）與愛沙尼亞三小國相繼獨立。在希特勒[illegible]盛的時代，波羅的海，幾乎成為德意志的內湖。於是當第二次世界大戰，德國正忙於對付英法的時候，斯達林以順手牽羊的辦法，不聲不響的滅了這三國。希特勒當時無可奈何忍了一口氣，可是不久這口氣發作了，這就是德蘇戰爭中的一個重要原因。德國失敗了，蘇俄在這三國的統治權，自然愈加鞏固，可是美國始終不會承認這件併吞的事實，到今天還有該三國的駐美公使，照例的受華盛頓政府接待。最近美機在波羅的海旁拉特維亞的上空，被蘇機擊下，美國抗議中除認為他的飛機，是在公海上被擊落外，從他方面表示不認拉特維亞上面現為蘇俄的領空，正是為了這個道理。

說到俄羅斯東邊的海口，可注意的就是也正當大彼得即位的那年，他便向東侵略，被康熙大帝（這乃是西方學者給他的稱呼）以武力與威力所阻，乃於一六八九年訂立了尼布楚條約（Treatyof Nerehinsk請注意這個年代）。當十九世紀中葉，帝俄設法逐漸向東推進。於一八五八年他趁中國與英法聯軍作戰的時候，欺騙清廷，說是他可以作調人，於是詐取了愛暉條約，盡奪了黑龍江以東，所謂濱海省的大片地方，侵入了松花江流域。祇隔了兩年，（一八六〇年）就開始建設海參崴這太平洋上的海口。可是海參崴太北了，帝俄要更向南方一些的不凍港。於是天然條件優良，又可以控制渤海灣的旅順大連遂於一八九八年被他先以强力佔領而後再逼迫租借，作為重要的軍港和商港。十九世紀末年和二十世紀初年，西伯利亞鐵路次第完成，所謂北滿鐵路也開始建築。俄羅斯東進的雄心，正在蓬蓬勃勃，不料一九〇四到〇五年被日本戰敗，終致不能不把旅順大連和他在東北的許多權益，雙手轉讓日本，而他自己則仍向北退到海參崴去。他不但對於這件事懷恨，而且對於這塊地垂涎。這次又趁第二次世界大戰將要結束，美國高估日本繼續作戰實力的時候，在雅爾達會議逼得要旅順大連和中長鐵路。結果羅斯福和邱吉爾答應了，我國祗得在被勸告的情形之下，大致照他們協議的原則，和蘇俄訂立了三十年的友好同盟條約。不意就在我國批准該約之時，蘇俄外長莫洛托夫居然正式發表談話，說是「我們應當慶祝今天我們已把俄羅斯人在東方損失的既得權益收回了」。在當年同盟國表面上仍維持濃厚的友好空氣的時候，他悍然的說出這樣的話來，克姆林宮的大人物眞不愧為大彼得和若干沙皇的繼承者！現在蘇俄假手中共不但把渤海灣控制，而且把我們的東海南海的海岸線一齊控制了。太平洋的西岸已經落到他掌握之中。再進一步他更要藉越南的胡志明以進東京灣，藉滇緬路的交通和緬共以進孟加拉灣和印度洋，以囊括東南亞。列寧曾經說過「共產主義在亞洲發展最短的路線是從北京到加爾各答」。這是一句不可忘記的名言。斯達林現在一定洋洋得意的領會道：「水哉！水哉！我要的是水也！」

第二是爭取資源，尤其是爭取軍事資源的國策。近代國家的實力，建築在重工業上。而重工業的資源，也就是國防軍備的資源。以前各國最眼紅的煤鐵，自從得了第一次和第二次世界戰爭的經驗以後，大家的目光更照射到石油。為了石油戰可以專寫一部外交關係史。我不說其他的資源不重要，我祗說現在這三種資源最吃香。蘇俄的資源蘊藏，想來一定是很豐富。但是現在各國爭霸的惡習慣是：第一愈佔得多愈好，第二先用人家的，不得已時再用自己的。在西方蘇俄有的是高加索豐富的石油。然而伊朗北部亞索爾拜將（Azerbaijar）的事實部落的叛變；以及蘇俄年來暗中接濟猶太人在巴勒斯坦建國以對付亞拉伯民族的事實，除了其他的原因而外，石油的動機頗顯然的在內中活躍。（現在新移到以色列國的猶太人，大多數是最近由蘇俄在中南歐鐵幕國家內訓練過而資遣來的，但是美國政客為了國內選舉要爭取猶太票起見，仍然毫不懷疑的立刻承認以色列國。美蘇現在的外交處處都衝突，祗有在巴勒斯坦問題上倒是合作的異乎尋常，這造成了世界上一個最大的諷刺）。要講蘇俄在東歐近東中東所從事的資源爭奪戰，則此處縱欲寫一輪廓也不可能。其登峯造極的一幕，就是希特勒犧牲了一百多萬軍隊進攻高加索，斯達林犧牲了兩三百萬軍隊防衛高加索，主要的還是為巴庫的石油。

讓我轉移到東方，尤其是轉移到關係我們中國前途命運的事實方面來講罷。中國幸運得很，有豐富的煤鐵和石油，可是也不幸運得很，中國最大部份的煤鐵集中在東北和華北，而幾乎是全部的石油集中在西北的祁連山和天山一條長線上——從甘肅的武威、張掖，青海的興和，到酒泉的玉門油礦，更從新疆天山北路迪化附近的沙灣，小拐，到烏蘇油礦，以及天山南路庫車，和阿克蘇一帶的油礦。蘇俄要向東發展在太平洋上和美國爭霸，就不能不統制中國，要統制中國則不能不先統制中國電工業和軍事的資源。俄羅斯兩百年來，尤其是十九世紀中葉以來，對於東北的野心，是昭然若揭的。他抓住東北華北的煤鐵，就是抓住中國工業化和國防軍的命脈。何況東北的煤礦的貝頁岩之中，可以產生相當數量的汽油，日本經營得已有成規。這些資源，他可以就地利用縮短他軍事的補給線。（他如東北的大量糧食及其他物資自不必細說），我們政府在民國三十四年不惜重大犧牲和蘇俄訂立三十年的友好同盟條約，放遠一點說，乃是要買三十年的和平，從事建國的，更具體而實際一點來說，仍是要保全東北，使中國能有一個工業化的原動力。所以在條約上規定得淸淸白白，要蘇俄負責將整個的東北交還給國民政府。那知道沒有人格的國家及其代表，白紙上簽黑字也是不算的，不但把價值二十億美元的工業設備拆走了，而且把其餘的土地，交給中共買馬招兵，我們當然吃虧上當了，可是這個無信義的國家的猙獰面目，卻更多一番暴露在世界前面。

說明我們西北被蘇俄壓迫和侵略的情形，自有充分的材料，可以寫一部痛史。帝俄從一八六四年夏季，沙皇亞力山大第二卽開始積極侵略中央亞細亞。一八六五年攻佔烏孜別克族的塔什干，一八六八年攻佔曾作蒙古首都名震西洋歷史的薩馬爾干，經過三十年堅强的抵抗，土爾克曼族（與新疆維吾爾同為一族）也在人屠殺之下，被俄國征服了。帝俄的侵佔伊犂，正是這時候的事。他是料定中國政府無力收復新疆的。不料左宗棠在一八七五至七八年間堅決而奮勇的經營，居然重行底定新疆。清廷竟能罷斥喪權辱國的崇厚，代以精明强幹的曾紀澤，與左宗棠內呼外應，於一八八一年在聖彼得堡簽定條約，收復伊犂。到蘇俄革命之後，他的軍力，又乘中國內亂，無暇西顧的時候，利用當地軍人的勾結，侵入新疆。在民國二十到三十年之間，新疆簡直是蘇俄的屬國。三十年卽一九四一年六月，德國進攻蘇俄以後，後者無暇東顧，盛世才乃得於三十二年實行歸附中央。到三十三年蘇俄軍事情形略略好轉一點，新疆的東北部承化，卽阿爾泰山邊區境內立刻發生了所謂哈薩克部落變亂問題。這是邊界那邊的人製造的，明眼人誰不看見。羅斯福立刻注意這件事，他怕為了邊境的衝突，引起了中俄間重大的問題，於是派副總統華萊士來訪中國，有意經蘇俄先到新疆，再來重慶。那時候我和王世杰先生同到迪化去接他。（當時我担任新疆監察使的任務。）蘇俄做得太笨拙卻是太明顯了。華萊士飛機一到，所謂叛變進攻，立即停止。華萊士一離中國，則邊境上小型的衝突又起。華萊士重要的任務是來改善中俄關係的。因為蘇俄最不能容先親共而後反共的人，所以華萊士主張調換盛世才以緩和蘇俄。不料華萊士這個草包，隨便說話，事機不密，蘇俄的特工人員，又重作搗亂性的勾結，中間鬧出一幕插曲，幾乎送了許多位中央派去的高級官員的性命，此處不必詳說。最後盛世才還是幡然覺悟決定回到中央任職，而新疆各族同胞，也都傾心內向，新疆內在的矛盾，可以算是平順的解決。照常理說，蘇俄也該滿意了。可是新疆為中華民國的一部份，這件事斷絕蘇俄侵略的野心，是他不能容許的。而當時派去主持軍政的人員，缺乏近代知識，所用的方法早嫌陳舊，更用了若干不足以擔任邊疆繁劇的官僚，擔任重要的使命。如伊寧告警，警察局長紛紛密電告急的時候，吳忠信主席派民政廳長鄧翔海去觀察情形，就地應付，乃鄧翔海到了伊寧之後，天天聽歌赴宴，置警察局長報告於不理。正式來電報告省主席說是絕對無事，一切不確。不料鄧翔海退囘迪化，而伊寧大規模的事變已起，新式武裝的叛軍數千人，樹起僞「東土爾其斯坦共和國」的旗幟，盡忠的官兵一齊死戰，連內地去的民衆，一共犧牲了一萬人以上。邊吏昏痛至此，眞可痛哭。這不但是蘇俄導演的一幕侵略拿手好戲，在我們則是慘痛的悲劇，而且演出的主角，如阿合買提江等都是蘇聯籍人。詎料以後中央還鑄成了一個更大的大錯，就是派言大而誇，浮而不實的張治中去西北，付以主持西北，斷送新疆的大權。他和伊寧簽訂的所謂「和平條款」，正是一個片面遵行，最不平等的條約。而他以最巧妙的騙術，騙得中央居然「團團轉」。到三十七年秋天，他與當時蘇俄駐華大使羅申勾結，由蘇俄提出三個協定，一個是航空協定，一個是商務協定，最後而最重要的就是經濟協定，要將新疆所有的有色礦產與蘇俄合作開採，事實上就是由蘇俄壟斷開採五十年。這條約幸而張治中沒有騙到中央的許可簽字，後來讓他的新朝聖主毛澤東在莫斯科去完成，可是蘇俄眞正的狐狸尾巴露出來了！這老狐狸的主要目的，就是要倫新疆和整個西北區域的油吃。蘇俄並不專信毛澤東，而要新疆所謂「東土爾其斯坦」的叛徒也派代表到莫斯科去。現在的新疆，早已受蘇俄更直接的統治，而不屬於毛澤東的集團了。蘇俄一方面控制了新疆，一方面控制了外蒙，則河西走廊中祁連山下的石油礦，不屬於他的掌握屬誰？他控制了中國全部的石油，那將來中國的飛機軍艦、坦克、炮車、用油的商船、工廠、以及任何的快速動力，不仰求蘇俄的餘滴求誰？中國不做他的附庸國做誰的？我在這段文章裏，補充的說了許多關於帝俄到蘇俄侵略新疆的故實，不是我有意扯得太開，正是我要證明他對於新疆歷年來的處心積慮，是他一貫的國策，現在因爲侵奪石油資源而更不惜撕破面皮了！

第三是南下以爭取溫暖地帶的國策。這個國策可以說是寒帶民族生活要求上的自然趨勢，以致不知不覺的形成爲國策。當然在酷寒地帶的人，生活很苦，在西伯亞就有好些地方，終年見不到蔬菜的面。「積雪沒脛，堅冰在鬚」，這樣的生活，終究有些不很好過。所以北方野蠻民族的南下，無論在中西歷史上都是普遍的現象。在英國史上如公元五世紀時北方盎格魯撒克遜民族的侵入，八世紀時丹麥人的進犯。在歐洲大陸的歷史上所謂野蠻人的侵入，乃是指在西北部斯干第拉維亞（Scandinav.ia）半島和德意志的愛爾伯河（Elba）一帶的日爾曼人，移向西南而言。這種野蠻人的侵入，於公元前即已開始，到第四第五世紀時，幾有狂瀾洶湧之勢。而第五世紀（四四五—四五三）匈奴英勇的征服者亞鐵拉（Attila）的進犯，眞是勢如破竹。就是俄羅斯人當年也怕瑞典人和芬蘭人。而俄羅斯人（指斯拉夫族）自己則不斷的滲透和侵入到東南歐巴爾幹半島一帶。分佈在今天的捷克，南斯拉夫，羅馬尼亞這些國家。在中國歷史上則匈奴之患，始於戰國之時，並與西漢相終始。衛靑、霍去病偉大的武功，爲中國爭取了河西走廊，撫匈奴的側背，却不曾根絕匈奴的禍害。一直到東漢和帝時候，竇憲擊破匈奴，追他過金微山（即今阿爾太山），纔使中國再[illegible]沒有匈奴的入寇。而被我們擊破的匈奴，逃到裏海沿岸去休養生息，轉向攻入歐洲，促進了野蠻人侵入的運動。有人說，北方野蠻人南侵的運動，很少有溫帶民族抵抗得住的，但西漢和東漢討伐匈奴各大戰役的成功，竟造成了中外歷史上光榮的前例。以後契丹女眞之患，以及蒙古的統一中原，自然也是當時野蠻人的侵入，不過因爲他們人數有限，文化程度過低，不久就被我們偉大的文化鎔爐，一齊陶冶在一塊兒了。現在蘇俄斯拉夫民族南犯的原因，正和當年匈奴要「南下而牧馬」的原因一樣。我們中華民族現在正對着歷史上新的匈奴之禍！可是現在的匈奴接受了西洋文明中最新殺人的利器，組織和管理的技術，文化的程度也遠比當年的匈奴高，人口比匈奴衆，同化希望更是不大。他們現在已經以軍政顧問，技術員工等等名義，開始如潮水般湧進來了。於東北尤其是成千成萬的來，要追蹤日本殖民東北的先例。祇是當年日本人不慣東北的寒冷，雖受其政府的鼓勵，仍不願去居留。但俄羅斯人却正和他們相反；素來就住慣了更寒而極苦的地方。來到東北華北止如到了天堂樂土一樣，所以將來蘇俄的移民，是會不招而致的。他們倒南下有所了，但是我們向來居住在溫帶的中華民族，又到那兒去呢？要就是如他們的希望，把我們的人口減少一半，要就是我們讓他們趕到海底去罷！所以這個新匈奴之禍，我們全民族爲生存計，必須團結起來，誓死抵抗的。

第四是以共產主義爲掩護而實行大斯拉夫主義（Pan-Slavism）的國策。一個民族要爲他自己發展，要追求自己民族的光榮，也是在人情之常。可是一個新開化的野蠻民族的野心，是無限度也是無止境的。以祖國和民族的光榮來號召，最能收穫鼓舞人心的效果，這是歷史上習見的事實。誰無鄉土之情？誰無族類之感？因爲這是大家感覺得到的，是大家在情緒上會發生反應的。無論蘇俄當年宣傳全世界的無產階級應當怎樣的親愛，世界革命更是怎樣的偉大。但是蘇俄的老百姓與中國乃至澳洲的無產階級，素昧平生，有什麼親愛的好感？（幾個代表在開會時的詞令，甚至於表情，是另一回事。）那空中樓閣的世界革命，對蘇俄的老百姓又有什麼關係？若是不能激發他們的領導慾，更不能使他們有動於中。蘇俄遇到實際的危險以前這一套虛僞的宣傳，一齊崩潰了，於是不能不現原形，赤裸裸的另來一套。如俄文中（Rodina）（譯作母國）和（Otechestvo）（譯作父國）兩個名詞，在一九三四年以前，誰敢應用。若是用到他們的話，那不是帶反革命的嫌疑，至少也是『感情衝動的布爾喬亞』（這也是一個有罪惡性的頭銜），可是到一九三四年這兩個名詞已經開始盛行了。以前在蘇俄被稱爲『愛國者』是侮辱，而現在『蘇聯愛國者』却是光榮的頭銜。第二次世界大戰中蘇俄的對德戰爭，由官方規定的正式稱呼，就是『偉大愛國戰爭』！要他自己的老百姓愛國，却不要人家的老百姓愛國！

當他使俄以前，蔣廷黻先生到過蘇俄一次，做過一個很敏銳的觀察。他告訴我說，有一次蘇俄派了一位招待他的女招待員帶他去參觀博物館。他看見博物館裏，對於大彼得及歷代沙皇遺物的陳列，發生一種異樣的興趣。出門的時候，門口擺」一本本子，是爲了請參觀者題字的。他於是題了一句「蘇聯不久將繼承大彼得的光榮」。（他告訴我的原文，我不大記得淸了，大意是如此）。當時那女招待員感覺到恐慌，要請他改。她說廷黻所寫的這句話，顯要使她受到麻煩的。廷黻笑笑道：「這話是客人寫的，不當使你受到麻煩，而且高級的人看了一定心裏會喜歡。果然不等到德蘇戰爭發生，大彼得的電影，已經由蘇俄國家製片廠製就遍地放演，大彼得又是蘇俄偉大的民族英雄了！豈但大彼得，就是俄羅斯歷史上最殘暴的暴君，「恐怖的伊凡」（Ivan The Terrible 533—84），也抬出來做偉大的民族英雄了！「早晚市價不同」，沒有地方像在蘇俄這樣厲害。可是這不是偶然的。乃是深藏在下意識裏的願望。

還有大斯拉夫主義（或譯泛斯拉夫主義）這個名詞，本是沙皇時代的遺產，於十九世紀初葉，俄羅斯曾拼命以此號召東南歐的，尤其是巴爾幹半島的斯拉夫族及其支系的人，來入朝歸附。可是現在蘇俄對南斯拉夫，捷克等處的宣傳品中，仍然保持這種論調。這與日本當年想併吞中國時所倡的同種同文之說一樣。極權侵略的國家，原無二致的。大斯拉夫主義現在還是蘇俄向東南歐進攻或是凝結的國策的一部份。可是他向中國侵入，這個口號是不適用的了。因爲中國人口之中，根本沒有斯拉夫族。所以他有關這方面的對華宣傳，可以分爲兩部份。一部份是對在新疆和西北一帶的人口的。他一定普泛的先用少數民族自決的口號，來先分解他們，要他們與中國本部脫離。同時用蘇俄在中央亞細亞同樣或類似的民族中經聯共徹底訓練過的黨員，來勾引他們。因爲新疆號稱十四民族之中，有五個族在蘇俄，而且在離我們的邊界不遠的地方，有他們的同宗或遠親。他們人口集中之地區成立了五個所謂共和國，就是土爾克曼尼亞（Turkmenia），其人口與新疆維吾爾族相類，在新此族人數最多，約二百四十萬；烏孜別克斯坦（Uzbekistan）與新疆烏孜別克族同宗，但在新人數不過數萬；塔吉克斯坦（Tadzhikstan）與新疆塔吉克族同宗，在新人數不過數萬，哈薩克斯坦（Kazaakhstan）在新哈族約三十餘萬，多係被蘇俄殘殺驅逐而來；柯爾吉斯坦(Kirghistan)即唐時所稱戞戞斯族）在新亦不過數萬人，多在南疆疏附一帶。（斯坦原意，就是地方）。這蘇俄五個共和國的人民生活，都頗痛苦，遠不如斯拉夫族白俄羅斯人的享受。但是不問他們苦到如何，由他們中間派出來的宣傳人員，總說得天花亂墜，以甜言來作香餌。卅三年我在新疆的時候，就看見哈克薩文的小冊子，印得非常精緻，新疆無處可印，則其來源可知。其中的措詞，都是挑撥引誘的話。這種的陰謀我願意特別揭穿，希望內地與邊疆同胞，密切注意。至於又一部份蘇俄對我們東北和中原人口的宣傳，自然又和對新疆的一套完全不同。除了中蘇兩大民族必須親善互助的論調而外，更是以共產主義的高調，來作烟幕。

以大斯拉夫主義做骨格，外面披上一件國際共產主義的大衣，這公式也不是斯達林首先發明的。當十八世紀末葉，法蘭西大革命也是以自由平等博愛的口號作國際性的號召，使歐洲各國的人民，尤其是青年，莫不歡忻如狂。拿破崙率領進攻日耳曼、意大利、西班牙的軍隊，大家都稱爲「解放軍」。但曾幾何時，暴露出來的眞情是怎樣？現代和以往的人所玩的把戲，自有技巧不同，可是這種歷史的教訓，是不能不珍重的！

第五是擴充戰略地帶，實行「戰於境內不若戰於境外」的國策。這是蓄意採取侵略行動的野心家所必須遵循的道路，也是兵家公認的戰略，遠的不說，近代拿破崙如此，威廉第二如此，希特勒如此，從蘇俄現在一切的布置來觀察，斯達林已經走上了這條國策的路上許久了。在這原子武器的時代，那個都不願意把自己國家的生命財產，來首當燬滅之衝。於是那些不由自主的國家倒霉了！（甲）蘇俄在歐洲的軍事部署，在北頭是以芬蘭和波羅的海一帶的據點，來控制北海和北大西洋，拊英法的肩臂，阻礙美國與北大西洋聯盟各國之軍事聯繫，而以波蘭，東德意志，捷克爲盾牌，爲橋頭堡壘，掩護他歐洲戰場上的主力。在東南歐則以羅馬尼亞，保加利亞，匈牙利爲前鋒，侵入土爾其，希臘以入地中海。這方面南斯拉夫的狄托是他刺手的一根荊棘，所以他總想早一點拔掉去。他自己可以不費很大的氣力，取得伊朗，伊拉克進入波斯灣，以威脅巴基斯坦和印度。在歐洲他與許多衛星國，大都已聯成一片。所以形成了一個內線作戰的局勢，對他可以節省力量而把握主動。他希望在美國援軍未到之前，早把許多國家各個擊破。將來結果如何，且看北大西洋聯盟統帥部的對策，我且不作預言。（乙）蘇俄在亞洲的軍事局面，因爲最近他假手中共把我們的大陸佔領了，自然得到極大的軍事便利。我們這一塊偉大領土上的人力物力以及陸海空軍尤其是空軍，可用的據點，眞是太多。他的力量事實上已經達到東南亞。北部的南韓，處境危在且夕。日本的情形，我既不知道詳盡，也不願多說。以東南亞各國的軍力而論，則印度與巴基斯坦兩國在一九四七年八月分家獨立的時候，合起來陸軍不過三十萬人，兩年來雖加擴充，亦復有限，而且爲了爭克什米爾這塊土地，兩方相持而抵住的，約五個師左右。空軍有限得很，海軍還要靠英國。錫蘭陸軍不到一個師。緬甸獨立時祇有一個師，現在增加不會很多，而且緬共擁有軍隊，克倫族的叛變，也有相當武力，聲勢頗大。緬甸政府的有效統制權，一月間一位印度外交家告訴我，說是不出仰光二十英里。暹羅不能過十五萬人。越南所依靠的約十萬到十二萬的法國軍隊，但歐洲軍隊在殖民地上作戰是一件很吃虧的事。印尼正式獨立以前，可以說是祇有游擊隊，而無整齊裝備的師，荷蘭駐軍在年初尚約八萬人，印尼是要求他們陸續撤囘的，菲律賓不過有兩三師的正規軍。除了歐洲部隊以外（也並不是歐洲堅强的部隊）合起東南亞各獨立國的正式部隊來，人數還抵不上臺灣和金門的部隊。而且其中有些部隊的戰鬭力與戰鬭經驗，比我們的相差尚遠。所以我們不可妄自菲薄，我們現在還是亞洲最堅强的反共抗俄的堡壘。這種事實，可惜以前有些存着成見的外國政府不會看清；我們相信事實終究事實，不久他們也就要洗一洗眼睛了。祇要我們有表現，各國的同情和援助，應當會來。目前蘇俄對中共進一步的指導，自然還不得而知。爲中共自身計，可能先進攻臺灣。但是自舟山撤守以後，我們的兵力集中。中共是否値得冒這個大險，冒了這個大險以後其結果又將如何，是値得中共本身鄭重考慮的。中共一定要收復西藏，以安慰他黨徒要求前進的虛榮。中共若想得了西藏以後，用西藏爲根據地向印度進兵，在地形上是不可能，而且不必，因爲有的是其他更便於使用的地方。不過若是中共進兵西藏，印度和東南亞却一定會受了一個猛烈的刺激，可能因此而大澈大悟。西藏也可能爲一個蘇聯向南推進的空軍據點，但我看這還是不重要。可是掉轉頭來說，若是西藏做了他國的空軍根據地，則也可能使蘇俄在烏拉山以東的工業，受到較近一點的威脅。（新疆在空軍戰略上的重要件，則大不相同。新疆和河西都是最宜於訓練空軍和長駐空軍的地方；）祇要玉門或烏蘇油礦有提煉飛機汽油的規模設備，則停幾千架大飛機在西北，以襲擊蘇俄烏拉山以東的工業，並非難事。蘇俄一定要向我們分割新疆和統治新疆，這也是另一個重大的原因。）故爲蘇俄勢力直接迅速達到東南亞計，則不如指導中共直接間接的一路由廣西邊境接濟越南的胡志明，一路由滇緬接濟緬共和克倫族。並用不着直接派兵，祇要用滲透和化裝的方法參加，再加上一些兵器和經濟的接濟就够了。何必要大吹大擂的吵醒杜魯門總統使他知道蘇共或中共進兵侵略到中國範圍以外去了呢？越南和緬甸都是不堪一擊的。這兩個蟹鉗一夾，則暹羅和馬來亞都摟到懷中去了。這時候印度共產黨的作用可就大了。印度儲蓄着製造共產黨人的原料，也可能都要變爲成品了。這一着蘇俄一定會指導中共執行的，這也是很省力的一着。祇是執行次序的先後，現在頗難說定，恐怕克里姆林宮中裏面也還沒有商量好。最可惜的這些以愛好自由相號召的民主國家正如諸葛亮「出師表」上所批評的「劉繇、王朗、各據州郡，論安言計，動引聖人。羣疑滿腹，衆難塞胷。今歲不征，明年不戰，使孫策坐大，遂覇江東也」。「坐大」二字，形容得最好。現在還不是蘇俄和中共眞有什麼了不得的厲害，祇是這班現代的劉繇王朗把他們養得坐大便了！我認爲就科學工業和技術而論，民主國家的力量，遠超過蘇俄。蘇俄雖然也能造原子彈，可是原子彈和其他的新武器，至今還是民主國家的王牌。可是蘇俄也有一張王牌，就是滲透和潛伏在民主國家各級社會裡的第五縱隊——共產黨員。各民主國家若不及早注意，祇知道說風涼話而以一時的成敗論人，則恐怕有一天悔之晚矣！

綜括以上五大段的叙述，分析和推論，我們應當明白蘇俄的基本國策和動向。

我所根據的祇是客觀的事實和平衡的理智，而不作感情的和偏見的論斷。我可以就此結束本論了。可是我如果不略略分析一下馬克斯主義與斯達林主義的分別，和這種變態與變質的共產主義爲什麼會實現於今日的蘇俄，則我們還是不會認淸楚今日蘇俄及共政治本身的性質。

馬克斯認爲共產主義要在高度工業化的國家裏纔能實行，爲什麼一九一七年俄羅斯革命以後，竟有以馬克斯主義爲號召的共產政府產生呢？爲什麼後來又改稱爲馬列主義，到現在簡直成爲斯達林主義呢？這個關鍵不「搞通」，可枉費了崇拜或反對蘇俄的舉動了！

馬克斯說共產主義要在高度工業化的國家纔能實行，是不錯的。可是馬克斯倒底不聰明，不知道下列的方法，事實以及理論。

第一、馬克斯不懂得什麼是飢餓政策，和這個大政策的妙用。飢餓政策有兩方面的運用。一方面是利用天災甚至於製造飢饉來給被統治者一個下馬威。兩個辦法在蘇俄至少大規模的實行過兩次，第一次是一九二一年到二二年的大飢荒，這正是十月革命後沒收土地以致無人耕種的結果。餓死的祇少幾百萬人。第二次是一九三二年到三三年的大飢荒，大家不要忘記這正是一九二八年第一個五年計劃開始後的第四年、因爲新經濟政策已經結束，集體農場正雷厲風行的推進，於是農人又不願耕田，而鬧成這個大災，又死了幾百萬人。這次大災，蘇俄諱莫如深，不要外國的救濟。可見毛澤東這次拒絕外國運糧到大陸上救災的主張，正可以表現他的家學淵源。這兩次大災以後，一般人民對於蘇俄政府能咬緊牙根，任人倒斃的決心認淸楚了，此後要活的人自然一切就範。至於另一方面則不但以飢餓來支配人的工作，並且以飢餓來管束人的思想。於是弄到一般人不特無身體的自由，而且無精神的自由，老是讓他們奴役下去。他們知道人心是一個活動的東西，無法可以管得他住，於是肚子吃飽了的他們，不禁計從心來，從管住人家的肚子來管住人家的心。人家的心要作怪了，立刻把他餓得「一佛出世，一佛超生」，於是低聲下氣的要一口飯吃罷，心也不亂想了。這纔是政治管理的妙法，發明這妙法的人纔是眞正的「思想統制者！」

第二、馬克斯不知道的是秘密警察制度。偵探情報工作的起源，由來已久，以前用在國際外交和軍事方面，以及國內的罪犯偵察和公安維持方面，所設特務，本來是國家的一種常設機構，並不奇怪更不是不名譽的工作。蘇俄共產黨主持人的天才，就是把這種制度普遍化，構成一個大網，不但籠罩着全國人的行動，而且籠罩全國人的心靈；使人人對於秘密警察，不但「念茲在茲」，而且有「瞻之在前，忽焉在後」的感覺。蘇俄這種組織最初簡名爲G.P.U.（中國譯音爲「格別烏」）後來改稱爲N.K.V.D.名義上是直接屬與內政部的，實際上是共產黨中央政治局主持的生殺利器。他厲害的地方，就是他能打破人家父子、兄弟、朋友、以及夫婦的關係，强迫一方做對方的報告者。蘇俄以前駐中國的大使之中，其夫人就有是指派的，弄到丈夫去接妻子，結果是由飛機上下來的妻子，丈夫並不認識，但是不能不接吻擁抱，一同回去，親到男女的關係，不但「同床異夢」，而且簡直是「枕席之間，有戈矛焉」。這日子如何過法？孔子說：「三人行必有我師焉」。蘇俄人說，「三人行，必有一報告我者焉！」「善哉！善哉！善男子！善女人！」馬克斯祇知道唯物史觀，却不知道更進步的「唯機械史觀。」人是用不着感情、戀愛、理想、智慧的，人並且不可以做在靜止狀態中的物，人應當做老是被推動的機械。在共產黨組織與秘密警察聯合控制之下機械是不能不動了，可是這種人人自危的心理，可以產生眞正的國泰民安嗎？

第三、馬克斯不懂得蘇聯式的新陳代謝制度，新陳代謝本來是國家社會的組織在用人行政上應當發揮的機能。我們中國在這方面有時太嫌不够。可是蘇俄發揮得却太殘酷了。他們被淘汰下來的不是能得到冷淸淸的生活，而是被迫上陰森森的死路。蘇俄的清黨，就是血淋淋的例子。斯達林於一九二六年完全擊破托羅斯基之後，大權在握，有「順我者生逆我者死」的氣概。一九二九年就開始向聯共中衆望所歸的布哈林進攻，先開除他的黨籍。一九三三年的大清黨開除黨籍的一百萬人，死者不知確數。一九三四年底第二次大清黨，次年聯共元勳齊羅維夫(Zinoviev)加美勒夫(Kamenev)等定叛國罪，一九三六年再加重判罪，十六個要人被殺，其餘的不在話下。這清黨繼續了兩年左右。一九三七年第三次大清黨。一月間元勳拉德克(Radek)等被殺。六月間著名戰略家杜克且夫斯基元帥(Tukhaschevsky)和七個將軍，被秘密而迅速的解決了。一九三八年三月再淸黨，於是布哈林等因重行判决死罪而被殺。許多元勳，部長、大使、元帥、將軍被殺的罪狀，幾乎千篇一律的是自認外國間諜。請問地位到了元勳、部長、大使元帥、將軍的人，都會做外國的間諜，這個國家還成什麼國家？無怪外國報上有過一張卡通畫，畫斯達林自己拿一面鏡子在照，看見裏面的影子，長嘆一聲道：「十月革命的人，現在祇剩我一個了！」

第四、馬克斯不懂現代宣傳的方法和工具。這不能怪馬克斯不聰明，祇因爲他那時還沒有。現代的宣傳的工具，是一切「聲光電化」的產品，更利用了一切心理學，尤其是廣告心理學上的方法，來發揮他們的效能。這種的配合之巧，眞教人被麻醉了而不自覺。他最大的手段便是積非成是。凡是一句他要你聽進去的話，或是要你相信的事，無論你在什麼地方翻開報紙來，走進電影院，打開收音機（若是你不開收音機，則街上的喇叭也會傳送到你耳邊來），老是這句話，這份事。你聽了看了幾十遍，就是極離奇的你也認爲很平常的了。「指鹿爲馬」在蘇俄不是一件新鮮的事。我有一個學生在莫斯科十幾年，他回國時給一本剪報給我看。裏面有一張美國環球公司造的大卡車的照片，這車子是由租借法案送給蘇俄的。蘇俄在上面添了幾個大字，說這大卡車是蘇聯第幾秘密工廠所造。照的時候，卻忘記了把這卡車上環球公司承造的原牌子取下，一齊照進去了。這本剪報裏還有一張從蘇俄「眞理報」上剪下來的英美時髦女子皮鞋的照片。這是一雙前有大洞後無跟的女鞋，我們可以稱爲空前絕後的鞋子。這不足爲奇，可奇怪的是下面解釋。這解釋是：「你看！他們資本主義國家窮到什麼樣子，連給女子做皮鞋的材料都沒有了！」莫斯科有兩大報，一叫「眞理報」。一叫「消息報」。無怪有人說，「眞理報上沒有消息，消息報上沒有眞理」！可是在新聞被封鎖到非常嚴密的狀態之下，老百姓也就祇得相信上

第五、馬克斯不知道新起的「莫斯科爲宇宙中心論」。這學說在政治學上等於哥白尼學說在天文學上同樣的新奇和重要。馬克斯祇說過共產主義的國家間之歸係是一律平等合作的，他不曾有過這種智慧，去發現共產主義國家之閒必須有一個星系裏面的主座，而其餘的都是繞着他，拱衛着他的衛星。衛星這個名詞，非常的適當，因爲他和衛士一樣，總是環繞着主座行動，永遠不能脫離他運行的軌跡；也正如太陽系裏的九大行星一樣，老是環繞着太陽。所有的衛星國家必須認他爲主座而運行。誰敢越出軌道，便是要擾亂這種美麗的安定，釀成天翻地覆的大亂。南斯拉夫的狄托要越軌，所以罪不容誅：斯達林深信莫斯科是世界上所有共產國家的中心，若是莫斯科完了，世界上的共產國家都完了。於是他更深信，許多他的黨徒包括寫「親愛的鋼」的郭沫若，也都深信，他是世界上最有和最大的共產主義的保護之神。若是他完了，世界上的產國家也就完了。這種思想裏面，我認爲很有眞理。斯達林儼然，並且久矣，以世界共產國家的保護之神自居；這本來是假的，如心理學上所謂「故意造成的相信」（Make-belief）。現在卻已經到了「久假而不歸，烏知其非有也」的程度了。「臣罪當誅，天王聖明」的心理，正是這樣造成的。可是有一位歐洲朋友曾經很深刻很幽默並且很諷刺的對我說道：「可能有一天，世界上的國家都實行共產，若是有這天的話，他們一定聯合起來，首先打倒蘇聯！」狄托的脫軌乃是這種颱風的預報，所以斯達林一定要消滅狄托，正如訓練猴子變把戲的人殺雞給猴子看一樣。

第六、因爲馬克斯從來沒有想到共產主義的國家會先在俄羅斯成立，所以他不會注意到該處正有適合於實行變質的共產主義的歷史條件，這個慘酷的歷史條件，就是俄羅斯在政治上從來沒有過民主，沒有過自由。千百年的暴君統治，貴族欺淩，地主壓迫，使他們習慣了專制底下的生活。譬如恐怖的伊凡，大彼得、保羅第一、三代的亞歷山大、兩代的尼古拉斯，這一串的君主，誰會感覺到殺人的血腥。經過這長期的壓迫之後，「習慣成自然」這句話，不幸的可以安上。而「饑者易爲食，渴者易爲飲」的道理，也可以適用到相當的時期。蘇俄政府嚴格的封鎖政策，使老百姓不與外界接觸，無法與他國的政治、社會、經濟，以及一般的生活水準發生比較的作用，自然奏了不少愚民的效果。我不曾在上面說過，蘇俄在地理上是易於隔離外界，適宜封鎖的國家嗎？何況他有嚴密的祕密警察網籠罩在上面。可是從德國和歐洲他處作過戰而回到蘇俄本國的退伍兵，因爲在外國見了一下世面，識破了政府的宣傳，在回國退伍以後，爲政府惹了許多麻煩和不安，弄得政府傷了不少的腦筋，採取了許多隔離和防範的嚴厲政策。這也可以說是「先變之兆」了。

從上面這些馬克斯不知道和不會注意的各點來講，我們更可以認清蘇俄共產政權的本質，和馬克斯主義蛻變的情形。所以蘇俄在一九二四年列寧死後，立刻全國改稱馬克斯主義爲「馬列主義」；而現在，特別是在第二次世界大戰以後，蘇俄擴大了「神化斯達林信仰運動」（Stalin-Warship Movement）把斯達林捧爲全知全能的神，於是不等他駕返天國，已經大喊「斯達林主義」了。而所謂「斯達林主義」乃是經斯達林元帥欽定後的馬列主義，以共產主義爲幌子，大斯拉夫主義爲骨幹，莫斯科爲宇宙中心論爲核心，再加上馬克斯不會懂得那一套辦法，於是堂哉皇哉，成爲人類獨裁侵略史上的奇觀！

去年斯達林元帥七十大慶，毛澤東不僅親自去朝聖，去高呼，而且去學習——學習偉大的斯達林主義。豈祇「向蘇聯學習」的口號，震破了在中共區域內人們的耳鼓，就是「神化斯達林崇拜運動」也在大陸上展開了。不看看一般無恥的頌聖讚美詩嗎？「有其父必有其子」「知其徒先知其師」。要知道中共政治的演出，可先仔細看看蘇俄已經扮演過的劇本如何？無論蘇俄的「宣卷」或是爲蘇俄的「宣卷」員把蘇俄政治經濟的成就，說得怎樣的天花亂墜，祇是有兩個根本困難問題，他們無法解答，既然努力解答，也無法自圖其說的。第一個是蘇俄既已成爲非常幸福的天堂，爲什麼這個天堂裡不讓人自由去參觀，把這天堂裡的福音自由的向外報導？讓人家因相信而做效，豈不大佳（至於那種像牽牛一樣，穿了鼻子引去參觀的動作，不能算是參觀）。他們的回答是防止間諜活動。難道天堂裏的人民，還會受間諜煽動嗎？第二個是你們既然辦得這樣盡美盡善，人民又這樣擁護你們，自然都是很滿意而忠實的。爲什麼你們不讓這些滿意而忠實的人民，自由的出國去看看不必把他們鎖在鐵幕後面？他們的回答是：「不見可欲，其心不亂」。可見在鐵幕之內的人，出來之後，還可以看見可欲的東西，足以亂其心曲。「生，人之所欲也，所欲有甚於生者」！恐怕蘇俄人民心理之中也會有這種所欲罷！若是老是堅持「不見可欲，其心不亂」的原理，那斯達林更可以和我們中國宋儒媲美了！總之一箇當政三十年的黨和政府，到今天還不能相信他們自己的人民，實行徹底的蔽塞聰明的愚民政策，以殘暴的手段來鉗制人民的自由，這種政府的德政，也就可以想見了。

這種的政治，我們應當學習嗎？這種的鄰國，我們應當做他的衛星嗎？這種的政魔，我們應當頌爲聖明而服從其領導嗎？

所以我們當前的問題，不是中國國民黨與共產黨的問題，乃是爲中國與蘇俄的問題；中國人的生命幸福操在中國人手上，還是操在蘇俄人或是蘇俄的奴役手上的問題；中華民族的命運和前途，由中華民族自己來打算來決定，還是由斯拉夫人爲他們的利害來打算來決定的問題。這幾個根本問題，我們每個有血氣的中國人都應當深切認識。祇有根據確切的事實，才能發生眞正的深信，祇有眞正的深信，纔能發生道德的勇氣和果敢的行動。

民國卅九年五月廿六日（完）

中共怎樣「清算」農村

許冠三

如果毛澤東的寶座是四隻脚的話，那麼三隻脚就是中國農民血汗骨灰的結晶，廿年來的農民運動把毛澤東擁進了北京城。遠在廿年前，他已經看準了這一着，要想在中國奪取政權，少不了要發動農民，掌握農民。兩千年來歷史的指示，誰失去農民，誰就會垮臺。靠住潛在無窮的「大力」，中共不僅在軍事上敢於使用人海戰術，而且能在經濟，政治各方面作同樣的措施。這是毛澤東最雄厚的「資本」。

毛澤東如何才掌握住這批「資本」的呢？中國的農民雖多，潛在力雖無窮大，可是要把他們組織起來加以適當的運用，却不是一件容易的事。毛澤東竊取了中國歷代農民運動的教訓，參照蘇俄革命的經驗，並依據馬克思的教條，想出了一套辦法，那就是所謂「土地改革」政策。土地對於農民是最具有誘惑力的，廣大的中國農民群衆有百分之八十以上是無地或少地的，毛澤東對他們說：「無地的要你們有地，少地的要你們增多。」就在這個口號的誘惑下，千千萬萬的農民動起來了，迷迷糊糊的被驅上人海戰術的戰場，爲毛澤東打下了江山。

「無地的有地，少地的增多。」毛澤東開的支票是兌現了，但這並不是爲農民的幸福，而是爲中共的政權。只有在爲平分土地而掀起的清算鬥爭過程中，布爾希維克的政權才能在農村中建立起來。這一過程爲期或長或短，當視實際情況轉移，但分地的步驟與方法却是一致的，不論任何地區。依照馬克思的教條，中共先把鄉村的人分做五等：（一）地主（二）富農（三）中農（四）貧農（五）僱農，「然後以貧僱爲骨幹，團結中農，中立富農」，開始鬥爭地主，清算惡霸。此後，鬥爭的目標便慢慢向下移動，直到中農也被清算無餘，土改全部完成。於是清算的目標就該輪到全體農民，而不再是地主，富農，因爲他們早已在鬥爭中消滅。另一方面清算者已不是無地或少地的僱貧農，而是全國唯一的大地主毛澤東了。現在，我們有一個流行的觀念，以爲共產黨人是講教條主義的，不錯，任何國籍的共產黨員都是把馬克思，列寧奉做教主的，把他們的教條看做聖經的，但他們並不是「機械的」教條主義者，他們確能把握住現實，在實踐中緊守教條。下面我們要談談中國共產黨怎樣在農村中實踐馬克思階級鬥爭的教條。事實證明，他們做得很巧妙，很成功。他們靈活的運用了馬克思的階級觀念，把農村中的人分做五個階級：

（一）地主：佔有多量土地，自己不勞動，專靠剝削農民地租的，便是地主。（經清算，鬥爭分地而破產後，仍不勞動，其生活狀況還高於中農的，仍視爲地主。如勞動過一年，勞動收入超過總收入已三分之一者，視爲富農。勞動過五年者，視爲中農）軍閥，官僚，土豪，劣紳，惡霸，「國特」，放高利貸者，一律視同地主。

（二）佔有多量的土地，耕畜農具，自己參加主要勞動，同時削剝農民的僱傭勞動，就是富農。但出租土地或僱用長工的人也不一定全按地主富農處理。如孤寡廢疾喪失勞動力者，這些人的小塊土地，是可以允許出租的。還有如醫生，小學教員，工人，他們家裏有少量土地，因自己從事其他職業，而不能兼顧耕種，雖出租其土地或僱人耕種，僅够維持其生活者，也不能算爲地主或富農。

（三）佔有土地，耕畜，農具，自己勞動，不剝削其他農民，或只輕微剝削的，就是中農。

（四）佔有少量土地，農具等，同時又出賣一部份勞動力的，就是貧農。

（五）不佔有土地耕畜農具，出賣自己勞動力的，就是僱農。

富農與中農的區別很含混，他們處理得也很愼重。凡剝削收入不超過總收入百分之十五到廿五的中農，仍不算富農。如僱人看牛，攔羊請零工，月工，甚至個把長工，或有少數土地出租、或放少量的債。剝削部份超過百分之廿五而且連續三年者，才算富農。富農如已停止剝削三年，即可改變成份視爲中農。如有人是地主，富農出身，但參加「解放軍」工作堅決勇敢，又無包庇地主，富農，破壞土地改革行爲的，也可改變成份，按一般農民看待。（參看一九三三年中共中央兩文件：「怎樣分析階級」「土地鬥爭中一些問題」。任弼時：「土地改革中幾個問題」）

中共把階級劃分清楚後，算是完成了他們清算農村的第一項準備工作。直到他們認爲時機成熟，才開始動刀。照例的，劊子手是貧農團，中共的幹部不過是幕後的牽線人，專施「發縱指使」。根據中共當局的指示，清算的程序是不能紊亂的，從減租減息，合理負担的運動開始，直到土地平分完結爲止，大致可分做四個階段：

（一）鬥爭（新解放區）：初期他們鬥爭的對象，還輪不到普通地主。鬥爭的中心並不在經濟，而在政治，這一階段被鬥爭的主要對象是：「大地主，豪紳，惡霸，地主武裝，保甲制度、特務分子」。這一時期的經濟上要求，只限於「減租減息，酌量調劑種籽食糧的社會政策，和合理負担的財政政策」，這時「既不分土地，也不分浮財」。其目的是在「聯合或中立一切可能聯合或中立的社會力量，幫助人民解放軍消滅一切國民黨武裝力量，及打擊政治上最反動的惡霸勢力」。等到上述目的完成後，他們才發動貧僱農聯合中農，對一部份地主或富農鬥爭，以促部份的土地關係的改變，並不沒收土地。這些首當其衝的地主富農，多數是一般人痛恨的。清算的初期對善良的或土地較少的地主和富農的態度，是一派的溫和，僞善。（參看一九四八，五，廿五，「中共中央對土地改革工作和整黨工作的指示」）

（二）沒收（半老解放區）在以少數大地主，惡霸爲中心的：鬥爭結束後，接着就該輪到小地主與富農了。事實上，這時地主富農仍佔有大量的土地財產，貧僱農仍然是人多地少。在中共看來過去土地關係及階級情況的少許變動是沒有多大意義的，所以幹部們應該徹底執行「平分土地消滅封建制度的方針。平分的重點，應放在沒收地主土地財產及徵收富農多餘的土地財產上面」。這時，一般的地主與富農雖已覺醒，但中共握有廣大的貧僱農與中農在手，要想反抗已不可能。

（三）調劑（老解放區）：經過上述兩階段後，土改工作只能說是完成了二分之一。他們認爲這時「封建制度尚有殘餘，農民各階層佔有土地的平均數相差較大」。地主，富農，以及工作幹部仍佔有較多較好的土地，新富農（因土改而富有的貧僱農）尚不多。中農大概僅佔百分之廿到四十，貧僱農約有百分之五十到七十，中農所有土地的平均數超過貧僱農一倍，在這種情況下，全面平分已不再需要，只是實行「較大範圍的調劑」。地主，富農，大都已破產，平分的主要對象自然是中農，或新富農，新中農。原則上說：在抽取他們土地時，應求得原主人的同意，而且被抽取的土地不得超過土地持有人土地總額的四分之一。事實上，執行起來，十之八九是有「偏向」的。一向被看做朋友的「中農」，也不得不拿來做平分的對象了。

這一期土改工作，往往又與整黨工作同時進行。就一般的情況說，這時再有餘地不分的地主，富農，或新富農，新中農，其中多數是幹部的家庭或親屬。若干出身地主，富農的幹部，往往是爲保全家產而參加「解放事業」的，必須在這時加以肅清，整頓。至於，出身貧僱農，因利用職權而升入新富農，新中農階層，也不免在整肅之列。

（四）抽補（最老解放區）：這是土改工作的最後一步。主要的任務在求土地質量的平衡，及浮財（生產工具和生活資料）的均分。因爲這時中農已佔百分之八十左右，貧農僅有百分之二十左右，其中尚有很多是下降的地主，富農。同時中農與貧農之間的土地差額已甚微，握有較多較好土地的人，多已是特殊人物。到此爲止，土改工作，可說已大功告成。據中共所發表的統計，華北各省每人平均可分得三畝左右之地。這較十年前一般估計的數字爲高，大概是因爲十年離亂，人口銳減的緣故。

在全部土改過程中，中共一直是以貧農團爲骨幹，作爲鬥爭的工具。在理論上，一再强調「團結中農」，「中農讓步」，中共中央歷次對土改工作的指示，都特別重視對中農的態度。他們知道中農是農村的中堅，大部份是最優秀最勤奮的農民。如果得罪了中農，摧毀了中農，不獨會影響到農業生產，並且很可能把中農擠到地主，富農那邊去，組成一個反土改的聯合陣綫。中農自耕自食，土改對他並無多大好處，何況在最後還有被清算的危險呢？執行土改工作的，在初期是貧農團；但進入第三期後，多由農會或農民代表會執行。其時，農會已爲三分之二以上的貧僱農和新富農，新中農把持；破產的地主與富農連參加農會的資格也沒有，除非貧農小組予以特許。

聯絡多數，中立次多數，孤立少數，打擊少數，本是共產黨人的拿手好戲。這一策略，中共在清算中國農村過程中，運用得相當成功。事實已經給我們說明，中共要清算的並不只是地主，富農，中農，而是整個農村。土改政策，並不是目的，只是一種手段。他們是要利用土改達成兩項目的：（一）在鬥爭中掌握農村，建立並鞏固政權。（二）消滅「封建制度，解放生產力」，好讓人人皆能成爲標準的農奴，埋頭生產。中國農民，十有八九是天眞純樸的，他們在過去只知地主，富農可恨；認爲只有平分土地是消除憤恨，解決生活壓迫的捷徑。直到現在，支前，借糧，征糧，公債齊來，所有糧食被榨一空，大家才恍然大悟，有了土地，生活未必有保障。他們覺悟了，可是已經晚了，而且付出的代價已無法估計了。

據鐵幕中國農村的來人談，以及中外各報的報導，農民自己保留的食糧不及總收入百分之十，其餘百分之九十多被中共榨去，這是目前大陸上糧荒最大的成因。比如，在江淮地區的農民，在土改前如係佃農，一家有兩個壯丁，一個半勞動力，一條好牛，就可以種三十畝田，每畝出產以一百五十斤計，可得谷四千五百斤，除去二分之一給地主（按一般地租約在百分之四十至六十之間，有些人口密度較高的富庶區，僅在百分之卅五左右，副產品尙不出租，實出百分之五十者已是最高租額）可得二千二百斤。其中再除去二百至四百斤雜（田賦係地主負擔）可淨得一千八百斤到二千斤。可是現在呢？按每口分地三畝計算，僅可得十畝地，總收獲量爲一千五百斤，除去百分之九十給「人民政府」，自己僅可淨得一百五十斤。這個例子當中所列擧的數字，雖未必精確，但是以說明農民因中共的剝削，而窮困飢餓尤過於往昔，自屬無疑。正如若干理想的改革一樣，土地改革本是一件好事，可是做來不得其人，不得其法，造禍勢必無窮。在暴力極權者統治下，一切好的政策都可能變成統治者剝削，壓榨的工具。

過去十年，中共清算農村的概略，已如上述。這一清算工作，目前並未終止。因爲小農經濟並不能滿足他們壓榨的慾望。不久的將來，我們會親見成千成萬的農民，將被集體驅入大規模的農場，與現代化的機械爲伍，爲中共統治者服役。

勞動制度論

汪洪法

勞動是人的力作，是一自然的事實，一方爲人的生理上的原則所支配，他方爲其心理上的原則所支配。但是人係在社會中生活，故勞動又是一社會的事實，爲社會的原則所支配。就其爲自然的事實而論，即平常所謂勞動行程，是人與自然間的關係。在勞動行程中，只要有勞動，勞動的目的物，勞動工具三條件便於事已足了。所謂勞動即是勞動者將體內的潛勢力變爲現勢力，而將天然物質改變。所謂勞動的目的物是天然的東西供給人們去勞動的。所謂勞動工具是勞動者與勞動目的物中間介在的物件，勞動者利用物之力學的，物理的，化學的性質去支配他物，變其形態，使合自己目的而使用的器具。使用勞動器具是人類勞動的特質，或謂人是能製作工具的動物，即此之故。這勞動行程是改變自然以順應人類的欲望、是人類生活上永久的自然條件，不因生活程度與狀態而異，不因社會之文野而別。故在勞動行程中，勞動者與他人之關係是毫不顧慮的。

即在社會生活中，勞動者若爲自己而勞動，其出產品全歸自己所有，由自己支配的話，則勞動報酬當然不成問題，勞動時間也沒有多大限制，一切條件均由自己裁量，和他人沒有什麼關係。

然若勞動者爲他人而勞動、則勞動不單是勞動行程，且爲一社會行程，於是有勞動制度。因爲爲他人勞動，則勞動者難免受他人的指揮與監督。即勞動者不是獨立自主的人，而存立於他人的權力下。於是所謂勞動的社會方面，便爲一從屬關係。勞動制度是決定此從屬關係的一切。勞動制度所包括的諸條件，可大別爲四種：第一勞動種類的決定，第二勞動條件的決定，第三勞動報酬的決定，第四勞動期限的決定。

若勞動者所從屬者統稱爲資本主，則在勞動者與資本主的關係上，有兩個特有的現象。第一勞動者的勞動，早非已有，而爲資本主所有，勞動者必須在資本主的監督下工作。於是勞動能否依所定順序進行，生產工具能否因目的應用，原料是否浪費，器具的耗損是否超出限度等，皆有關於資本主的得失，故資本主自爲主宰監督。第二爲勞動結果的生產物，悉歸資本主所有，而生產上直接的當事者（勞動者）對之無何等權利。即勞動者一旦踏足資本主的生產單位，則傾其勞力的使用，歸資本主所有。在資本主方面說，勞動行程，不外是其買入的一物與他物（即勞動與勞動工具）間的製作行程，故其行程結果製作的物品，全歸彼所有。據此說明，則勞動制度，一面是購買勞動的商品條件，他面是買入商品的利用條件。

構成勞動制度的第一條件，是勞動種類的決定。本來今日勞動者被雇時，得自己選擇出勞動的種類，但一經被雇後，便須在其約束範圍內承雇主之命，從事一切工作，固然當其決定時，曾考慮到勞動的適否，才能及熟練等，此外則專依雇主的意志而決定。

第二、是勞動條件的決定，所謂勞動條件，是指勞動的場所，勞動時間，勞動者間的工作關係，指導監督者與勞動者的關係等。即今日的勞動者被雇時，有申述自己願望的自由，但事實不外聽命於雇主的規定。如不然則不能被雇，勞動者的意志，殆不能行。

第三、是勞動報酬的決定，勞動報酬即工資額，是在雇主與勞動者的社會關係上決定的。縱同樣支付工資，其支付方法如何，每不相同，即工資制度的如何規定，是有深加考慮的必要。

第四、是勞動期限的決定。所謂勞動期限，即今日所稱雇傭契約的期間。如幾時間的約定，如何解除其約定等，在同盟罷工等場合，是有重大關係。

自昔及今，爲他人而勞動方式的變遷，乃有種種的勞動制度，茲舉其要者約爲三種。即第一非自由勞動制度，第二自由勞動制度（或契約勞動制度），第三協約勞動制度。

第一、非自由勞動制度，是勞動者全無自由或有僅少自由的制度。其一切的勞動關係與勞動條件，任由使用主專斷決定。在此時代習慣勢力甚大。一旦規定之事，多能嚴格的實行，但因此習慣經固定後，便不容易變更，故很多場合，不能如使用主的希望，行使其更苛酷的手段。

奴隸制度即是非自由勞動制度的初型，此時代的勞動者全不自由，奴隸的待遇，殆與獸類相同，勞動的條件，全與獸類同樣的處理，任主人隨意的決定。所謂勞動的報酬與期限全無一定，都是無代價無定時的任意勞動。

但奴隸爲主人的所有物，且奴隸的獲得或以代價購買，或依戰爭捕獲。對其勞動雖不付工資，但必須供其衣食住的費用。若因過分無理的使用而死亡或因疾病不堪勞動時，終爲主人的損失，不像今日的雇主可因其疾病而解雇其工人，即工人死亡亦毫無損失。就奴隸制度言，主奴關係尚不如吾人想像的殘酷，惟奴隸制度，是使不承認其人格的人民從事勞動，是一種勞動掠奪的最初形態。在主人看來，可說是無上的良好勞動制度。但其勞動能率則極低，特別是勞動心的作用全無。如欲提高能率，影響勞動心的作用，則爲極不經濟，極有損失的制度。在工業上言，僅能製作粗品，在農業上言，僅能營極粗放的穀物耕作。且當其勞動時，尚須多數人監督，對於器具及精巧的機械，奴隸亦不知使用。

至人類經濟生活進步，此能率低下的奴隸制度，自行廢止，乃有所謂農奴的半奴隸制度出現。此半奴隸制度繼續數百年，經過種種變遷，遂達到自由勞動制度時代。

第二、自由勞動制度，是勞動者得到完全自由，在法律上，成爲對等權利者的制度。查此制度的確立，是在十八世紀末至十九世紀初，十九世紀以後，此自由勞動制度，逐漸普及，至今成爲文明國的一般原則。此制度的內容，是承認勞動者完全人格的自由，在法律上勞動者與雇主爲完全對等的權利者，不是上下主從的關係，乃是法律上的契約關係。即雇主與勞動者的結合，是因雙方的自由意志而成立。即關於勞動種類的選定，勞動條件，工資制度，勞動期限，皆依契約決定。

但經濟上的實際情形，所謂對等契約，在今日尚不過是一種形式，實際決未進到完全的對等關係。即勞動者雖有人格的自由，在法律上與雇主有完全的對等權。但因有產與無產的懸隔，實際尚未收對等之效，因之勞動者對於雇主時起抗爭，終於發生所謂勞動問題，所謂勞動問題，決不僅限於勞動者所得額及勞動時間等問題。

且所謂勞動，不外是勞動力的使用，所謂勞動力終屬於人的本身，即有身體，理性，感情三者的人，纔能勞動，所以勞動是歸着人本身的使用。因之勞動與其他商品不同，縱把勞動看作商品，但此商品亦與賣者的人格不可分離。其次勞動者貢獻其勞務時，必自赴其勞務場所，在勞務時間內必自居其處。至於其他商品的出賣者，不一定自赴其場所，賣出的物品爲買者使用時，亦無自居買者家中的必要。可是勞動者出賣勞力時，則必處於買者的權力下而受其拘束，即勞動條件，必須遵守雇主的規定。且勞動的種類，工資的支付方法及勞動期間，都由雇主決定。

復次，勞動者是毫無畜積的貧窮者，必須工資維持生活，縱不願接受雇主任意決定的勞動條件等，事實上不能中止出賣其勞力。固然在法律上，若他不願接受雇主所定的條件而不締結契約，並沒有強制其接受的義務，但實際上則不能不甘心接受，以使其自身與家族免於飢寒。又其他商品因此處行市不良，則可持往他處出賣，或因市價過低，儲貨待沽，但貧困的勞動者，除勞動外，則別無收入。如欲遷居則因旅費，搬遷費等的使用及兒童轉學等問題，極難照辦，最後不得已仍須賤價出賣勞力。因之，當締結勞動契約時，雇主常爲強者，勞動者常爲弱者，名雖對等自由，實不外一種強制或壓迫。故今日雖名爲自由勞動制度時代，實質上依然是非自由制度。此爲勞動問題發生的第一原因，對於勞動能率的增進亦有極大的妨礙。

今欲解決勞動問題，必以實現眞的自由勞動制度爲第一，且爲提高勞動能率，亦須如此。但這不是變更今日法律上原則的意思，其要點是在如何實際的執行其原則。現在何故未能執行法律上的原則呢？究其原因，是由於勞動不能離開勞動者的人格，勞動者多因貧窮，沒有與雇主對等的力量。此點在勞動者的個人與雇主相對的期間，始終是不變的。有人欲以國家的力量抑壓雇主，但關於勞動條件，已爲各國所實行的社會政策勞動保護立法等，處理其事。如就締結契約的方面掣肘雇主，是打破今日民法的原則，甚難辦到。社會主義者亦有主張撤廢契約自由的人，但此實類矯角殺牛，不足效法。蓋今日的弊害，不是因契約自由的原則而起的，只因此原則有名無實，致發生此弊害。故欲嚴守契約自由的原則使生實效，則可停止以各個勞動者對待優勢的雇主，即關於契約的締結，履行及其解除，以使勞動者協同辦理爲第一急務。因爲以個人論，勞動者勢弱，若多數勞動者團結，則將獲得與雇主對等的力量。因爲雇主常是一人雇傭幾十，幾百，幾千的勞動者，其一人的雇主僅爲全體對手方的幾十分之一，幾百分之一，幾千分之一，如此所謂強者壓迫弱者的弊害，大可除去。如英國的勞動組合，其社員經常積聚的資金，使組合集有莫大資產，故當同盟罷工時，因其保有資產，能堅持長久，使社員無飢餓之憂，進而能充分的主張自己的權利。

勞動者的結團，種類甚多，其主要者則爲勞動組合，此種組合弊害亦多，但公平的觀察，其功實能償其過。即擁護勞動者的權利，使其地位向上，因而提高勞動能率。但今日只依勞動結團尚不能充分的解決問題，蓋勞動者縱得與雇主對等的力量，但在與雇主間未圓滿協議時，不外訴諸實力，即依同盟罷工爭取之，換言之，是發生所謂勞動紛爭。今爲根絕同盟罷工，則以設立勞動紛爭仲裁調停機關爲最有力最有效的方法。這些機關可在紛爭醞釀時期預爲處置，以防患於未然。

第三協約勞動制度，防止勞動紛爭於未然的方法，是所謂勞動協約。此協約勞動制度，是新近的產物。惟勞動協約不是打破契約的原則，而是將勞動者與雇主的關係，認爲契約關係，使各個勞動者儘可能居於對等地位和雇主締結契約，且由勞動團體斟酌情形預定契約的範圍，此即所謂協約。此種協約恰似在國際貿易上國與國間締結通商條約，決定輸出入的關稅協定一樣，由勞動者團體與雇主團體相互協議，關於勞動條件的各種情形，大體預定其範圍，各勞動者在此協約範圍內與雇主間各締結其個別協約。不論雇主的實力如何強大，不能將其條件降低到其協約的最低限度以下，又不論勞動者如何強求，亦不能將其條件提高到最高限度以上，一概在協約範圍內相互折衝。此種協約，在簽定期限內爲有效，待其有效期限終了，復依雙方協議，重結新協約，但在有效期限內不許妄事變更，故在其間不能有同盟罷工一類情事發生，除有特別事故外，至少須守此原則。即大體上因有協約，只要不出其範圍，勞動團體誓言不實行同盟罷工，因之在雇主方面亦甚安心。

惟此協約制度，亦有缺點。第一，協約期限終了締結新協約時，雇主團體與勞動者團體，意志能圓滿的一致，固無問題。若不能一致則起紛爭，且其紛爭甚或較從前的範圍更大。第二，萬一雇主，或勞動者忽視協約時，法律上無何等制裁，即法律經承協約爲契約，故其間難免發生疑義。第三，因經濟界的情形發生激變時，例如世界戰爭非短時期可以停止，苟長期墨守前定的契約，實際上頗多妨碍。第四，規定的技術上也有種種困難問題，即限於一地方的協約，抑總括全國的協約，或就各廠家分別締結協約，抑以產業性質締結協約等問題。其次中央委員會設於何處，期限如何，如何規定制裁等均屬煩難問題。第五重大情事，係屬勞動介紹的問題。因雇主與勞動者共同組織大的團體，故依其運用如何，有獨占的左右勞動市場者，亦有關於勞動的介紹，僅爲圖雇主自身的方便者，亦有勞動者方面的任意作爲者。此在同盟罷工時，關係極爲重大。勞動者方面勢力強大時，在同盟罷工的場所與業務上，竟有能完全阻止其雇用新勞動者的行爲。反之，雇主勢力強大者，則可依新勞動者的供給，縱遇同盟罷工時，亦不發生困難。此外紛議調停機關，亦爲重要問題。若此種機關充分的具備，則可減少勞資間很多的紛爭。

如此，關於協約的實行，雖多有未解決的問題，且困難亦多，但此協約制度的實行，在歐洲各國，卻呈長足進步之勢。因之各國的公法或私法中，關於協約上設有的若干規定，亦漸爲法律上所承認。

史大林對民族主義之苦鬥

羅鴻詔

一

共產主義是國際的，絕不受國家和民族的限制，故各國抱持共產主義的人們，老早就有「第一國際」的組織，以後又有「第二國際」，至一九一九年「第三國際」成立，乃發展至最高峯。列寧始終堅持國際主義，十月革命以前及其後並無兩樣。因爲在他眼中看來，舊俄羅斯是極可厭惡的東西，即俄民族的傳統也沒有可以稱道的地方，故俄國的民族意識並不應提倡，乃是要改造的對象。而且一般地說，民族並沒有本質的價値，只是暫時的手段，最後一切國家都應該泯滅，卽民族的國家亦不能例外。政權到手以後，雖仍標榜民族自決，民族平等的主張，但要撇立國際蘇維埃共和國，則民族主義是不能允許的。故俄國的憲法上只名爲「蘇維埃聯邦」，將「俄羅斯」這個名詞除去。可見在革命初期，國際主義的色彩特別濃厚，而俄羅斯民族主義乃黯然而無光。

可是俄國這個國家內，民族是最複雜的，莫斯科當局雖以國際主義爲標榜，而各民族裡頭的民族主義還有濃厚的色彩。比方在十月革命後，亞爾美尼亞的伊利凡大學的課程表內，亞爾美尼亞的歷史，言語，文學每週占六十小時，而馬克斯主義的各種科目只占十三小時。當時莫斯科當局評之爲：「脫離社會主義而復歸於資產階級的民族主義」，那些人都是「地方的排外主義者。」

列寧死後情形爲之一變。史大林執政，把主張「永久革命」的托洛斯基放逐於國外，而「一國社會主義」的口號乃代替了世界革命，尤其是實施第一次五年計劃，集中於「社會主義建設」以後，民族主義又復抬起頭來。「五年計劃要在四年內完成」，「不但要追及，而且要超過美國」，「國家的自給自足」等等都變爲當前的目標，於是國際主義對民族主義的論爭，勝利都歸於後者了。高爾基說：「新俄國的建設者的新俄羅斯人是我所歡欣，所誇耀的，這正是世界得未曾有的人們。」

一九三一年日本佔領中國的東北，一九三三年希特勒掌握德國政權，大有東西夾攻之勢，其時俄國只兢兢於自保，再不能用攻勢戰略了。於是史大林乃以外國的威脅爲藉口，而加强其獨裁的權力，積極擴張龐大的軍備，加入國際聯盟，在各國建立人民陣線之外，大大鼓吹俄羅斯民族意識，由黨和政府積極宣傳，和革命初期列寧在世時迥然兩樣。

世界革命的觀念雖沒有完全放棄，但因急於防衛祖國而束之高閣了。幾次的清黨對托派的剷除不遺餘力，共產黨內的左翼，國際派，再不出現於黨及政府機關之內，第三國際也是蘇俄對外政策的一種手段，使許多外國的亡命者失望了。從前被輕蔑的詞類如愛國心，祖國等等又復出現於報章雜誌之中，革命領袖的肖像也和以前俄國民族英雄的肖像平列起來了，至一九三九年一月的紅軍宣誓，而此發展乃登峯而造極。以前蘇維埃的新兵宣誓是「爲着一切工人階級解放這個偉大目的起見，而爲一切行爲，思一切思想」，「爲蘇聯，爲社會主義，爲人民同胞而戰」，現在的宣誓却是「到最後一息，爲同胞，爲祖國，爲工人農民而獻身」了。

此外蘇俄之政治的知識的發展上，其最顯著的特徵則以表現之最多樣的形態而强化及讚美俄國要素漸漸成長起來。如烏克蘭，白俄羅斯，亞爾美尼亞之中小學，皆强迫以俄語教授，而各地高級官吏之多次被肅清，都與他們的分離主義及民族主義有關。有一個委員會，要將俄文字母改爲拉丁字母者，設立已有數年，至一九三七年乃宣布解散，由革命初期起高唱入雲的拉丁化至是再聽不見了。亞爾美尼亞等邦直至一九二八年尚無俄文報紙，爾後則一天多過一天了。

文學方面，則民族的敍事詩也可供民族感情强化之用，例如波加狄里（The Bogatyri'）是俄羅斯民謠中傳說的英雄，從前在歌舞劇的作品中受盡輕蔑，而一九三六年十一月政府認爲他是「俄人性格中之有英雄的特徵者」，並將輕蔑他的歌舞劇禁止公演。其他俄羅斯的古典文學多被認爲民族的天才偉大之證據。故普式金的崇拜亦應運而興。革命初期馬克斯主義者的文藝批評家，以普式金爲具有貴族社會的意識形態者，其作品在今日的時代中毫無實際的意義；一九三七年此詩人死後百年紀念時，其作品乃以六十六國語言翻譯，出版二千七百萬部云。

對俄國歷史的態度，其轉變尤爲急激。革命後十五年間馬克斯主義的史學家波克羅夫斯基（Pokrovsky）乃是史學界的權威，黨和政府均認爲「我們時代的最優秀的世界學者」，其「俄羅斯小史」出版於一九二〇年代，博得列寧的極力讚美，一九三二年他死後猶獲得政府的褒揚。然自一九三六年以來其學派皆受貶黜，固守其觀念者均被認爲犯罪而受罰，斥之爲「憑抽象的社會學理論而虛構歷史事件的反歷史者，沾染着國際左派的作風，而於俄羅斯歷程中的民族的動機，並無任何着眼者」。因爲波克羅夫斯基也和列寧一樣，對俄羅斯的過去深惡痛絕，現在要歌頌俄羅斯的過去了；他自然應受貶斥了。

歷史的解釋—史觀—也因此而有所改變。「我們愛我們的國土，故必須知悉其光榮的歷史」。這是一九三七年所有學校均採用，而且得到獎金的歷史教科書中的新標語。爾後歷史事件的解釋也不專憑階級鬥爭的見地，而用國家，民族紛爭，民族的願望和野心等等傳統觀念去解釋，歷史過程中的連續觀念（卽不是飛躍）也强調起來了。國家和黨的宣傳機關全部如演說，新聞，廣播，電影，展覽會及其他一切，無不集中於讚美俄國之過去。十七世紀和波蘭對抗時的指導者，彌寧和波查爾斯基，以前認爲反革命者，現在則變爲新蘇維埃的聖者。一八一二年擊敗拿破侖之役，當然是英雄事業；第一次世界大戰，革命初期都歸咎於沙皇政府，現在却以此歸咎爲錯誤了。

一九四一年希特勒的大軍進攻蘇俄，直逼莫斯科城下，民族主義更是紅運當頭，恐怖的伊凡及彼得大帝乃由被攻擊的對象，搖身一變，變爲民族的英雄。一九四五年大戰結束後，其鼓吹民族主義更加過火。如謂蒸汽機的發明者不是瓦特，乃是俄人波爾左諾夫（一七三〇—一七六六）；電燈發明者不是安迪生，乃是俄人羅地金；無線電的發明者不是馬哥尼，乃是俄人波薄夫——諸如此類的瞎吹，不惜揑造歷史事實以欺騙其國人，而表明其民族之優秀，其鼓吹民族主義簡直是瘋狂。

二

這麼說來，史大林及其黨徒是眞眞的民族主義者嗎？其實他心目中只有政權，只有征服全世界而自爲統治者，這是他唯一的目的，其他都是達到此目的的手段，儘可因時因地因事而制宜，不必拘拘於一格，故他們對於民族主義有種種運用的手法。

第一、從時間上看，史大林對民族主義凡三變：（1）十月革命以前採取不大關心的態度；（2）、一九一八以後則以扶植弱小民族自決爲號召，利用民族主義以達到他自己的目的；（3）、在俄國內部則壓抑國際主義而鼓吹民族主義的傾向逐漸增强，最後乃至於熱狂。

一九一三年史大林發表「馬克斯主義與民族問題」一文，以爲「民族的鬥爭是資產階級互相間的鬥爭」，如東歐各國的鬥爭，「資產階級乃是主要的角色」。這些小國的資產階級要和支配民族的資產階級爭奪市場，「因此，他們的希望就是保障『自己的』，『本地的』市場。市場就是資產階級所由學得民族主義的第一個學校」。至於工人和農民參加這鬥爭的程度因各地環境而不同，但據史大林的意見，都是陪角，都是被動的。

十月革命以後，莫斯科當局希望各國的革命起來，對於弱小民族不能專用階級鬥爭爲號召，以分散其革命的力量，故鼓舞其民族主義以反對帝國主義。民族與階級之不同，共產黨亦不能否認；無論那一個民族內部也有經濟的階級存在。先進的資本主義國家裏，有資產階級與無產階級的對立，固不消說得；卽在落後的民族中，也有貧富之不齊，卽有兩種階級之對立。但是由民族主義者看來，則以整個民族之不受他族壓迫乃是主要的問題，而階級間的對立實爲次要。十月革命以前史大林對民族運動不大關心，亦正在此。革命後雖仍堅持無產階級的世界革命，他方又要利用弱小民族，乃想出一套理論來，以爲弱小民族和無產階級在被人壓迫一點全然相同，儘可結成同盟，以反對共同的敵人——帝國主義。他在一九一八年十月革命一週年紀念論文中說：「十月革命的偉大的世界意義，最重要的有下列三點：第一、它擴大了民族問題的範圍，把它從反對民族壓迫的局部問題變爲被壓迫民族，各殖民地及半殖民地從帝國主義下解放的一個整個問題；第二、它給這一解放開闢了廣大的可能性和眞正的道路，而大大促進了西方和東方被壓迫民族的解放事業，把它們吸收到勝利的反帝國主義的共同軌道上來；第三、因此，它在社會主義的西方和被奴役的東方之間，建築了一條新的反對世界帝國主義的革命戰線」。可見他對民族主義的態度已和以前不同了。一九二五年在「再論民族問題」一文中，與南斯拉夫的舍米契討論，更是自己明白承認了兩種不同的態度。其理由是「自那時候起，國際形勢已經根本改變了，」所以在「某一歷史環境下是正確的話，在另一歷史環境下是不正確的。」還是以歷史階段的理論來掩飾其前後之不符。其實國際形勢卽使有改變，弱小民族之反支配民族

『自由中國』的宗旨

第一、我們要向全國國民宣傳自由與民主的眞實價值，並且要督促政府（各級的政府），切實改革政治經濟，努力建立自由民主的社會。

第二、我們要支持並督促政府用種種力量抵抗共產黨鐵幕之下剝奪一切自由的極權政治，不讓他擴張他的勢力範圍。

第三、我們要盡我們的努力，援助淪陷區域的同胞，幫助他們早日恢復自由。

第四、我們的最後目標是要使整個中華民國成爲自由的中國。

的鬥爭，並沒有因此而根本改變。如果十月革命前的民族鬥爭是以資產階級爲主要角色的話，則至一九二五年也依然如故，並沒有多大的變化。前後的變化只是俄共而已。從前俄共尚未取得政權，只想聯合世界上的無產階級以打倒資產階級，已認定民族的鬥爭是「資產階級互相間的鬥爭」，則儘可袖手旁觀，由他們去鬪罷了。革命後俄共已經將政權拿到手，要以莫斯科爲中心來進行世界革命了，民族主義已是鬪爭之有力的武器，再不能任其自行發展，而必思有以利用之，故另外採用一套理論，以吸收民族主義者以爲已用。可見他們始終以俄國共產黨的利益爲依歸，而民族主義只是一種工具而已。

至於俄國內部之鼓吹民族主義，已詳述於第一節了。

第二、從空間上看，蘇俄對現在各地的民族主義，也有三種不同的辦法。（一）對西方列強英法美意等國，則極力強調階級鬥爭，絕不提倡民族主義；（二）對鐵幕外的弱小民族，則宣揚民族主義，以排斥外力爲號召；（三）對鐵幕內的弱小民族，則有計劃地逐步消滅其民族意識，而強迫其崇拜蘇俄。

英法二國的民族主義之成立，遠較他國爲早，都已有幾百年的歷史，深中於人心，牢不可破。美國之立國雖不及二百年，然其國勢蒸蒸日上，而兩次參加世界大戰，更加強其民族團結的觀念。德意志和意大利則先有民族而後成立統一的國家，雖統一的時期未久，而民族主義的力量甚強。蘇俄想拿馬列主義的法寶來統一世界，對這些國家必先擊破其民族主義而後可。故據階級鬥爭的理論，強調全世界無產階級的聯合，且描述社會主義之美麗遠景，來吸收各國的工人以爲已用。尤以主張反對一切壓迫，打破一切傳統的束縛，使青年憧憬於「解放」之境界；覺得這些現實的壓迫和束縛都是無理的，而將青年拉入自已陣營中。於是各國的許多工人和青年皆樂爲其所用，事事服從莫斯科的指示，處處遵循黨的路線，而與本國的社會秩序爲敵。這麼一來，階級對立可以形成，分化作用日漸加強，則民族的團結必日趨弛緩而終於解體了。

其次蘇俄對鐵幕外的國家，如現在的越南和從前的中國等等，則極力鼓吹其民族主義，煽動其排外的熱情，「反對帝國主義」的口號，因此而響徹雲霄。對內則主張聯合陣線，資產階級不但不打倒，而且可以聯合起來，共同驅逐外國的勢力。毛澤東的「新民主主義」便是此種政策下的產品。

至於蘇俄對其附庸國家，則懼其民族主義的力量強大起來，反而產生反俄帝的心理來。南斯拉夫公開地與共產黨國際情報局，敵對起來之後，莫斯科雖用了很大的壓力，至今還不生效果，便是一個危險的信號。現在的中國已經淪入鐵幕，也同東歐各國一樣，民族主義之分離傾向乃是要消滅的對象了。傳聞中共要拆卸長城，說者已謂其意在消滅民族的象徵。中國歷史教科書已經改編，我們雖然還沒有讀過，但其着重點必在消滅民族意識無疑。上面說過，俄國自己的拉丁化已於一九三七年廢止，然而中共則至今還要加強拉丁化，其最後目的則在廢除漢字，使中國的過去不復留存於活人的心中，而後中華民族的意識可以消滅而無餘。總之蘇俄共產黨對鐵幕內的國家的政策必爲逐漸消滅其民族主義，使之解除精神上對抗的武器無疑。

第三、從思想上看，史大林及其黨徒雖尊馬列主義爲聖經，骨子裏却是步希特勒的後塵，欲以俄羅斯民族征服全世界。由史大林所發表的文章觀之，只有民族問題並無民族主義。他的主義只有一個，即是馬列主義，如果民族主義可以成立，則有了兩個主義，這兩個主義如何調和，豈不是又成問題了嗎？故在理論上，共產黨以爲馬列主義，是普遍的眞理，唯一的眞理，爲任何人所應該信奉的。如果有一個人不相信它，則凡屬共產黨徒都有強迫那一個人信奉的義務，應該用盡一切方法去使它信奉。如果最後還不相信，則殺掉他也是很正當的。在政治上，全世界要組織一個政治合同體，同受一個最高命令的支配，而此發號施令的機構便是共產黨。如果有一個集團敢來反對，就要把那一集團擊破，使之完全屈服而後已。這就是共產黨所謂世界革命的目的，現在正在現實此目的的途中。

於是民族主義乃成爲問題。因爲反對共黨的集團必然是有力的民族，而且由第一次及第二次大戰的實際情形觀之，各國的無產階級都各爲其民族國家而戰，不能互相聯合以打倒資產階級。故實現馬列主義的世界革命的目的，對於民族主義必須想出一個好辦法來處理。史大林憑其多年的實踐，乃造出「核心」的原則，以遂其征服世界的雄圖。在俄國內部共黨當然是少數，但他認定此少數爲核心，事事以共黨的利益爲依歸，便可控制多數的群衆。在全世界中俄國民族也只是少數，但何嘗不可以此少數爲核心，事事以俄國的利益爲依歸，以謀長駕遠馭呢？這樣一來，俄羅斯的民族主義便可與世界革命合而爲一，而作多方的肆應了。故對俄國民衆當然要激發其愛國的熱情，而爲共黨効忠，即對全世界的人們也竭力宣傳蘇俄爲無產階級的祖國，而使其發生向心的力量。這樣，他自以爲面面俱圓，頭頭是道，民族問題也就完全解決了。

其實自己要講民族主義，要讚美過去的歷史，同時又不許他人講民族主義，且要消滅其歷史及民族意識，除非用暴力脅迫，如此的矛盾統一實在是無法實現的。故近年來鐵幕內的國家中，高級要員被清算者絡繹不絕，只是憑借暴力以拔盡其根株罷了。至於西方強國的無產階級，不受共黨支配者與日俱增，正是民族主義潛力之表現。他們雖然不滿於國內的資產階級，但是怎能够和陌生的俄國無產階級聯合起來？爲甚麼不以自己的祖國爲祖國，而以蘇俄爲祖國？故不有足够的武力來鎮壓，則鐵幕內的國家必然分離，不有足够的武力來征服，則西方各國必不肯俯首聽命。這便是戰事結束後，蘇聯還要維持龐大的武力，而且繼續擴張不已的理由。但是希特勒已經覆亡了，史大林對俄國內部之控制，遠遜於希特勒，而欲專憑武力以擊破其最大的敵人——各國的民族主義，何能免於覆亡的命運呢？

十月革命後俄共在表面上完全勝利，對內的控制力一天強似一天，對外又能擊敗希特勒，而威脅全世界。但照我們第一節的分析，在俄國內部共產主義日漸衰退，民族主義逐步抬頭，最後史大林只好承認現在的制度是社會主義，而將共產主義推到世界革命成功以後去，而民族主義則如日中天，受着瘋狂的鼓吹，換句話說，共產主義已被民族主義打敗了。民族主義一經超過限度，憑武力以謀擴張，則必然走向征服他國之途，這不是沙皇的舊路線嗎？史大林執政二十餘年，被俄國的歷史潛移默化，完全變成了新沙皇，而與全世界的民族主義爲敵，結局也只有跟沙皇一樣，最後必然發見強大武力不足恃，祕密警察無能爲，而自己的命乃被他人革掉。

蘇俄帝國所望於「歐洲內亂」者

黃賽婉

「內亂」通常的解釋就是兩個敵對的政黨，在同一個國家的國民之間，實行武力鬥爭之謂。這個定義適用於西班牙的內戰，也適用於——在某個程度之下——希臘的內戰。但是目前在歐洲和全世界底赤化的共產黨本部命令之下，內戰也快要改變它的本來面目了。爲了達成目的，煽動內戰的人們，開始又否定武力和軍事的鬭爭，而去採取一種武力鬥爭以外的新的戰術了。這種戰術，可以用「策動國內怠工」六個字來代表，同時我們更可以見到一種新的轉變在出現。

蘇俄計劃支配世界

戰後首先惹人注目的：

一、希特拉的「第三帝國」崩潰以後，在歐洲所發生的一連串事件，證實除了蘇俄以外，歐洲各國共產黨，它們如果沒有紅軍的幫忙，絕對不能掌握政權的論斷。現在歐洲各國國民大多數都是非共產主義者，共產黨萎縮到不要說掌握政權，就是連共產黨員佔最多數的國家，國會的得票率，也僅達百分之三十左右，鐵幕以西的國家，更無論了。

二、蘇俄和史太林的獨裁政治，絕對沒有放棄支配世界的計劃；不但如此，蘇俄對那些認爲如果實施直接干涉，可能會導入對美戰爭的各國，更採取一種非常巧妙的新式戰術，以期達到它底野望。

期待西歐的解體

史太林和共產黨政治局的戰略，目的在西歐各國的解體，是很明顯的。蘇俄鑑於一旦戰爭爆發的時候，大西洋沿岸各國所佔的重要性，它就對如何使這些國家永遠維持脆弱的狀態，下着最大的苦心和努力。蘇俄熱心地妨害美國的對歐援助，理由也在於此。因爲這種美援的目的是在提高西歐各國的生活水準，對西歐各國人民保障安定的生活——對共產主義是一服最良好的解毒劑——的緣故。一九四七年十月六日，與發表重建共產黨情報局同時公佈的日丹諾夫報告書，也就是針對馬歇爾援歐計劃的「宣戰布告」，是舉世周知的事實。

爲了使西歐無秩序的狀態繼續下去，政治局和共產黨情報局決定了各國共產黨合作上的原則，強力地推行着它們的政策。蘇俄共產黨一方面變形爲全體主義色彩更濃厚的專制政權，同時把所有的獨立份子驅逐盡了的共產黨情報局，也完完全全成爲蘇俄帝國底一個最忠實外交政策的工具和執行人。

地下的新特權階級

治莫奴氏所著「共產主義的社會學」一書裏面寫着：蘇俄在開始弱化的各國內，散播着無秩序的種子，「準備」在那些國家裡面造成一種「內亂狀態」…它又說：各國共產黨的鬥士，經過一番愼重的選擇以後，開始在蘇俄的新式「戰爭學校」裏面接受教育，滿肚子給裝上了融合政戰兩略的內戰新形態理論，變成一個所謂地下戰爭裏面的「參謀本部的特權者」以後，被分發到全世界的每一個角落去工作。所以在各共產主義國家裏面，掌握着實權的，與其說是那些風頭勁健的政治家們，毋寧說是這些「共產黨的參謀本部人員」好些。萊蒙，阿倫氏的著書裏面也寫着：共產黨是替蘇俄帝國主義者開路的先鋒，永遠陰謀家的代表人」，也不是沒有理由的。各國共產黨的首腦和它們的機關報，無論在甚麼時候，甚麼地方，都在服從着蘇俄外交政策命令底鐵的事實，例子是不勝枚舉的。

最近的法國有它的適例

最近在法國發生的事件，是一個表示這種「內戰」新形態的最好例子。在工人們要求發給獎金三千法郎的糾紛掩飾之下，由共產黨的CGT（勞働總同盟）領導舉行的運輸怠工運動，無疑地是有雙重目的的。菲加羅報批評得很透澈：

一、妨害美國的武器在法國起岸和保管，這意味着美國對歐洲特別是西歐防衛中心法國底援助的阻止。

二、使越南法軍不能獲得他們最需要的援助；換言之，使莫斯科的計劃能順利在遠東完成，因爲越南在遠東是一隻能够對抗共產主義底壓力的有力的棋子的緣故。

菲加羅報又說：

——共產黨的工作，完全是一種光天化日之下的背叛和謀反行爲，他們正想用盡一切手段，把歐洲置於蘇俄底勢力之下，因爲這樣，蘇俄就可以像波羅的海諸國和波蘭一樣，任意去宰割它了。

魯門特報也說：

——這種行爲和活動，曾經給與政府當局以重大的打擊；最近法國政府的閣議席上，歐里與總統也曾經特別提出這個問題來討論。

上述各種事實的教訓，西歐各國都是已經很清楚的，那末，怎樣才能够防止蘇俄把賸下來的自由歐洲赤化呢？這裏能够成功的條件祇有兩個：

一、一掃違反國家底利益去行動的人們。

二、爲了實現西歐的聯盟，對經濟的復興和軍事保障體制的組織，下最大的努力。

同時更需要以最堅强的意志去實行它。

三五，五，九，

從常識看辯證唯物論（下）

岳中石

（八）物質客觀存在？

聯共黨史第四章第二節「論辯證唯物論與歷史唯物論」說：「馬克斯的哲學的唯物論底出發點是：世界按其自然之本質說是物質的。」一個理論是否應當用其結論作出發點，姑且不論。它說世界按其「自然之本質」說是物質的，幷沒有淸楚地說世界按其本質說是物質的。後面引恩格斯的說話：「一切哲學的最高問題是思想對存在，精神對自然的關係。」可見辯證唯物論者對精神與自然的對立是有强烈注意的；而且在其理論中也常把物質、存在、自然攪在一起談，差不多當作同義字來用。所以「世界按其自然之本質說是物質的」這話實際上無異於「世界按其物質之本質說是物質的。」就其對立一方也可說「世界按其精神之本質說是精神的。」這都只是同語反覆，和沒說一樣。

本節後面說：「馬克思主義的哲學的唯物論底出發點是：物質、自然、存在乃是客觀的眞實性，他在意識之外，離開意識而存在的；物質是最初的，因爲他是感覺，想象，意識底來源，而意識是第二次的，派生的，因爲他是物質的反映，存在的反映。」首先我們要特別注意，意識並不是物質存在的反映，它是沒有具體內容的「認識主體」。物質和意識的關係不是客觀存在和其反映的關係，而是被認識對象和認識主體的關係。辯證唯物論者利用名詞的混淆，有意地把作爲認識主體的意識與人類社會生活中的「社會意識」混爲一談。硬說兩個都是存在的反映，受客觀存在的決定。其實這兩個是截然不同，風馬牛不相及的。「社會意識」有其具體內容：社會思想，社會理論，政治觀點，政治制度。（見本節）只有高度發展的人類才具備社會意識。嬰兒和亞於人的高級動物根本沒那麼一宗事，但他們却絕對有作爲認識主體的這「意識」。社會意識只是一個人具體思想的一部分而已。把辯證唯物論這種迷惑的烟幕揭去後，再來看它的「出發點」有無問題。對任何「認識」來說，主體與對象本來都是必要的。但在沒有任何物質東西作認識對象時，意識還是存在，因爲它可以把自已作認識對象而覺察到本身的存在，或者說它可不藉感官幫助而「直感」到自身存在。但物質的東西呢？如無任何認識主體能去認知它，誰知道它存在不存在呢？實際是：在一切認識主體不存在時，物質存在與否這問題根本不發生，它無所謂存在也無所謂不存在。在邏輯上說，任何認識成爲可能，必須先有認識主體。也就是說意識在邏輯上是先於物質的。我們認識到宇宙在有地球以前早就存在，這還是我們的意識和思維根據某些原理推論所得的結論。我們深信卽使一切認識主體都消滅了，物質世界仍會存在，但這也是我們的意識與思維的推論。事實上到那情形時，沒有任何認識主體能去認識這物質世界，它存在與否的問題又沒有了。所謂物質離開意識的客觀存在，如果是在意識未存在以前，或在意識已消滅以後，根本是毫無意義的。

（九）唯一真正的世界？

本節引恩格斯的話說：「物體的可感覺的世界（我們自已亦屬於這個世界）乃是唯一的眞正的世界。」首先的疑問自然是：何以知之？假定我們承認物體的世界乃是唯一可感覺的世界吧！但有甚麼可以保證宇宙萬有都是可感覺的？感覺器官顯然是爲適應生存需要而演化來的，不是特爲認識宇宙萬有底全部而生成的，我們有甚麼資格能說絕無不可感覺的世界？或說不可感覺的世界不是眞正的？色盲的人感覺世界上只有灰色，沒有色彩，幸而有不色盲的人發現「眞正的世界」裡還有他不能感覺的這東西存在。如因爲「我們自已亦屬於這世界」就斷言這世界是唯一眞正的世界，其愚昧好比古代中國人沒有「感覺」到外國的存在，便認自已所屬的國家爲天下唯一國家一樣。此外辯證唯物論說：意識思維精神是物質的「產物」（不是物質的附性或作用），總還承認宇宙間是有這些東西存在的。這些旣非物體的又不可感覺的東西如何能屬於這「唯一的眞正的世界」呢？

上面我們是把「唯一的眞正的世界」這說法了解爲只此一家別無分號的唯我獨存的世界。在這了解下，恩格斯這論點當然是毫無論證的決斷。但唯物論始終是把物質自然和存在幷爲一談的。其所謂存在只限於狹義的物質性的存在。（例如本節說：思想對存在的關係。又說：存在離開意識而存在。他們顯然沒把思想和意識算爲一種存在。但就廣義說，誰能否認意識和思想的存在呢？）假如所謂「眞正的世界」意思說「眞實存在的世界」，同時「存在」是指狹義的物質性的存在，則這論點又成了同語反覆，只不過說「物體的可感覺的世界乃是唯一有物質性的存在底世界」。恩格斯這論點究竟是毫無論證的決斷還是毫無決斷的論證（同語反覆），這問題留給辯證唯物論者自己去研究吧。

（十）思維的物質

本節引恩格斯的話說：「不能夠將思維與思維的物質分離開來。物質是一切變化的主體。」思維這名詞含義很籠統。這裡是指思維能力呢，思維活動呢，還是具體的思維結果呢？如就現在科學家的假定來說思維能力和思維活動不能脫離腦子而存在，這是可以的，因爲科學家只說這是假定，不見得是眞理。但就以此爲眞理的辯證唯物論者而言，他就得告訴我們爲什麼「思維的物質」能產生思維，思維能力和活動是如何由腦細胞的活動產生和控制的。辯證唯物論者（如列寧）把這問題推諉給「將來的科學家」，那麼，這如何能作爲公理式的論據呢？此外就常識看，具體的思維結果（個別的思想）更是可以與所謂「思維的物質」分離開來。比如「天生萬物以養人，人無一德以報天，殺殺殺殺殺殺殺。」這是「農民革命英雄」張献忠的具體思維結果。到今日張英雄的「思維的物質」早不知化成什麼東西，而這具體思想却離開它流傳下來爲我們鑒賞。（這並不是我們自己的思想，而是被作爲認識對象，通過感官的媒介，並經過我們思維活動而被了解認識——任何認識活動必須多少經過思維，否則就會視而不見，聽而不聞。）雖然可以鑒賞，它可仍不是物質。還有所說「物質是一切變化的主體。」這也不見得。例如一個人看破紅塵一變而爲出世的思想。在這變化裡，物質的腦子無質變也無量變，仍是一貫地活動。變化主體是他的人生觀，他的思想。用個比喻來說明。新式的炒糖炒栗子的方法用電機使鍋內鐵鏟不停地攪動炒栗子；如果潑一杯汽油到鍋裡，栗子就起變化燃燒成黑炭；但機器仍舊炒下去，並未變化。可見並不是一切變化的主體都是物質。

（十一）想騙過去嗎？

本節說：「馬克斯主義的哲學的唯物論底出發點是：世界及其規律是完全可以認識的；爲經驗及實際所考驗過的我們的智識是可靠的智識，有客觀眞理的意義。世界上沒有不可認識之物，而且這種物件將來亦會被科學及實踐的力量所發現和認識的，在批評康德及其他唯心論者關於世界不可認識性及不可認識的『自在之物』的論點，而堅持唯物論關於我們智識的可靠性的論點時，恩格斯寫道：『這種及一切其他哲學上的謬誤底最堅決的駁斥乃是實踐，乃是試驗與工業。假如我們可以自己製造他，從他的條件中喚起他，並且要他替我們服務時，那麼我們就能夠證明我們對自然界某個現象底認識是正確的，那麼康德的不可捉摸的「自在之物」也就完了。組成動物與植物肢體的化學物，在有機化學還不能製造時，好似「自在之物」，到我們能製造時，「自在之物」便成了我們之物。』」恩格斯對康德「自在之物」論點的這段批評只有兩個可能性：一個是他對康德學說一竅不通，完全了解錯誤，而列寧史達林等也一樣沒看懂。另一個可能就是他們雖了解康德原意，但無法辯駁，而又頑固地要「堅持唯物論關於我們智識的可靠性的論點」，於是不得不公然昧了良心歪曲康德學說原意，來欺騙哲學常識不够的人，使他們接受唯物論。如果是頭一個可能，那實在是可笑可憐。但要說馬恩列斯四把大鬍子沒有一個看懂了康德「自在之物」這明顯論點的意義，眞是不可相信的奇蹟。所以可以說眞正的可能是第二個：他們企圖矇騙我們。這才是可鄙可恨！

康德「自在之物」（或譯「物自身」）的論點，據筆者淺陋的常識所知，大意如下：我們對物體的認識內容以感覺的材料爲基礎。對一件物體我們得到顏色、聲音、氣息、味道、硬度、溫度等等感覺。我們所能夠認識的也僅只是通過這堆感覺材料所接觸的對象。但是此物體不能證明爲這堆不同性質的感覺底總和。這只是物體的「現象界」。在可認知的現象界後面，一定要有一個實體，個別的感覺就附麗在它上面。這實體命名爲「物自身」。它在理論上是絕不可能被認知的，因爲認知內容都源於感覺界，止於現象界。就推理上說，這自在之物必是存在的，但我們不可能經驗到它的存在，當然也不可能用經驗來否證它的存在。（這不能說它「無所謂存在不存在」，因爲認識主體已存在，故它存在與否的問題已發生。）我們可以很明顯地看出，康德所謂自在之物是絕對「不可」認識的，不是可認識而「尙未」認識的，它與甚麼實踐、試驗、工業、製造、喚起、服務、和有機化學等等根本絕不相干。「組成動物與植物肢體的化學物」絲毫也不「好似自在之物」。曲解對方來矇騙群衆大概是共產主義者的家傳法寶吧。至於所引這段所說：「爲經驗及實際所考驗過的我們的智識是可靠的智識，有客觀眞理的意義。」這顯然是錯誤的。這種知識是由過去事物中歸納所得，世界不是一成不變的，這相對的知識對將來無法保證其可靠性，更談不上客觀眞理的意義。例如十幾年前的人們可得一條爲多年經驗和實際考驗過的知識：五歲的女孩子是不能生育的。可是秘魯一個五歲的女孩子證明」這知識幷不可靠。一百年前的人們可得一條爲經驗和實際考驗過的知識：由地面升到天空的任何無生物一定循拋物線運動落回地面，不能作長期不規則運動。可是這經過幾千年考驗的知識也幷不可靠。憑甚麼能斷言我們「現在」的知識就是可靠而有客觀眞理的意義呢？辯證唯物論者似乎只顧自己主觀理論應當怎樣主張，而不肯分神觀察一下客觀事實。

（十二）科學與宿命論

本節說：「列寧責備……馬赫派爲宿命論者，同時堅持唯物論的著名論點，即我們對於自然界的規律底科學認識是可靠的。科學的規律乃是客觀眞理。這時列寧寫道：『現代宿命論完全沒有推翻科學；他祇推翻了科學的「過度奢望」，即奢望爲客觀眞理，假如客觀眞理是存在的（唯物論者是這樣想的），假如祇有反映外界世界於人的「經驗」中的自然科學能夠給我們以客觀眞理，那麼便無條件地推翻了一切宿命論。』」這裏是一個稀罕的莫明其妙的奇觀：辯證唯物論的大師們先告訴我們科學的規律是客觀眞理，接着承認宿命論已推翻了科學底奢望爲客觀眞理，緊跟着又說科學能給我們客觀眞理。這樣矛盾不通，算甚麼東西呢？本節馬上說了：「這便是馬克斯主義的哲學唯物論的特點底簡短的說明。」

其實，如果所謂「宿命論」的主要意義是在於否定人類的主動力，誇張人類的被役性；則充滿了「必然」「唯一」等等字眼的辨證唯物論應該是最合資格的宿命論；可惜列寧之流向不反觀自己。

（十三）哲學的大用和暴力革命

由以上所提出的辯證唯物論底一部份困難，可看出它事實上是不合常識不合科學不合理性的毛病百出的東西。但這就是共產黨實際行動的理論根據。用了這樣一套「哲學理論」作掩護，他們便可把自己錯誤而有罪惡性的行爲向信徒和同情者解釋。事實上他們是爲了自己的行爲才找出這套理論，而不是以求眞理的態度得到這套理論後再根據它來行動。他們不假思索地「將辯證唯物論的論點擴展於社會生活之研究上」。但實際上自然現象的規律和社會現象的規律有沒有出入呢？依辯證唯物論者說，自然界按物質運動規律自己發展，并無目的。但人類却有自己的意志和目的。我們能觀察，思維，了解，能把握事物發展的原則；假如這原則不符合我們追求幸福的意願，我們還能主動地控制這原則，不必一定作它的奴隸。我們是自覺的發展。

但共產黨不管這套。他們只是拿「宇宙觀」來給自己煽惑的主張作糖衣，增加它的煽惑力；給自己惡毒的行爲作解釋，掩飾它的惡毒。本節宣稱：「一切決定於條件，地點與時間。」一脚把所有價值標準踢翻。他們今天喊和平，明天喊鬥爭，壓榨百姓，濫殺無辜，都是對的，因爲這是條件地點時間決定的，你不能「從『永恆的正義』或任何其他預定觀念的觀點上去判斷它。」這是逃避罪名的狡猾手段。可是事實上「永恆的正義」是有的。根據人類最基本的意願，我們可以說「永恆的正義」就是：凡能使人類獲得更多幸福和智慧的制度或運動就是善的。而千百年來人類以血淚換來的痛苦教訓告訴我們，惟有在自由，平等，民主的社會裡我們才能有機會充分追求幸福和智慧。在今天這永恆的正義所揭示的具體判斷標準就是：「有眞正的自由平等和民主才是好社會。」拿甚麼發展規律來辯護是不行的。

共產黨主張流血的暴力革命，這最要緊的革命理論當然也要找哲學理論基礎。本節說：「假如緩慢的數量變化底轉變爲迅速的突然的質量變化是發展的規律，那麼，很明白的，被壓迫階級所完成的革命的變革乃是完全自然的與不可避免的現象。這就是說：從資本主義到社會主義的轉變和工人階級從資本主義壓迫下的解放不經過緩慢的數量變化，經過改良的道路來完成的，祇能經過資本主義制度之質量的變化，經過革命的道路來完成。」這裡的推論根本荒謬。即使我們承認量變引起質變的說法，它也是說由緩慢的量變到某一聯接點時質變自然產生。而本節却自我矛盾地說資本主義到社會主義的轉變「不經過緩慢的變化」，「祇能經過資本主義制度的質量變化」。這顯然背叛了他們自己的哲學，說質變不必先經量變。如果就辯證法來說，反而改良主義倒比暴力革命合於其運動法則；將資本主義社會逐步有計劃地改良（量變），到某一聯接點，社會的本質大半成爲社會主義時，卽起了質變而成社會主義社會。辯證法所說的質變并不一定是激烈的變化。由原始共產社會到奴隸社會，再到封建社會，再到資本主義社會，這整個演進事實上都是量變與質變同時不斷發生，全體聯成一氣。研究歷史的人把它粗略地劃分爲幾個階級，但各階段間都找不出代表質變的迅速突然的暴力流血革命的事實。何以共產黨偏要主張由資本主義社會演進到社會主義社會時非革他一命不可呢？難道不殺死幾千萬無辜覺得不够味嗎？現在英國工黨政府的作法就是想經過改良的道路漸進到社會主義社會。事實證明這條路相當可能走得通。共產黨堅持要流血革命，主要因爲這樣才可以在各國建立極權專制政體，一律臣服於莫斯科，以滿足其統治世界奴役人類的野心。

（十四）接受它的挑戰！

共產黨已從一個在歐洲徘徊的幽靈成長爲一個睥睨一世的巨靈。像山洪暴發一樣，它把無數人捲入洪波之下，他們無力掙扎，連呼救的聲音都被窒塞住。但也有無數人如癡如醉地投進還血腥的狂流，興奮地嚷着向前推進。在它的極權恐怖統制之下，沒有民主，沒有平等，更沒有自由。文化被全面地扼殺。雖然情形如此之慘，雖然共產黨的理論是荒謬矛盾經不起理性考驗的，但這大批的教徒却絕不覺悟，他們一心跟着馬列主義的教條走，熱情地喊史達林萬歲，他們的確以爲他們的統制能給人民主平等和自由！爲甚麼呢？就因爲他們的理性已不復存在，他們已不能作理性的思考與判斷。這正是共產主義所主張和希望的。本節就明目張胆地說：「無產階級政黨的實際行動不應該根據於『理性』『全部的道德』等等的要求之上，而應該根據於社會發展的規律上，根據於這些規律的研究上。」這殘暴的巨靈公開向人類的理性和道德宣戰，要人類淪爲沒有理性和道德的動物，只服從它所頒布的這些荒謬的「發展規律」。全世界的人呵！如果你還想繼續做一個眞正的人，還希望保有理性和道德，在自由平等民主的社會下生活，讓我們大家聯合起來，接受它的挑戰，消滅這空前巨大的逆流！

自由中國通訊

亡矣大陸！百萬俄虜入中原！

香港通訊・五月廿二日

本刊特約通訊記者　馬存坤

原屬苦難中國人的意中事，誰不知道史太林手法如是之速，大陸亡得如是之快且慘！

這篇報道，未計文字工拙，筆者當親冒險難和幾位有心者合作調查搜集的實錄，雖然第二狄托的幻想破滅，但仍不妨告訴民主之首的美國朝野們，世界人士們，當然也得告知關在鐵幕以外自由中國的鬪士們，寇深矣！百萬俄虜入中原！

（一）東北九省市區

一、哈爾濱市：　原有俄都之稱，未易手前全市三十萬人中，俄人即居其半，當林彪軍力未膨脹時，軍事、政治、經濟、教育、鐵路、工礦等俄籍專家們，像蒼蝇一樣附羶於哈市，頭兒是現任僞匪大使的羅申，另有一位秘密將軍，馬林柯夫，經常出沒其間，隨着林彪軍事進展，下長春，佔瀋陽，整個東北到手，更進而率兵入關，專家們尾之而來，而哈市俄人未減反增，接近二十萬大關了，與此相反的是中國人被逐與減少。

二、松江省：　省位牡丹江市，佳有俄人八千餘，大多是中長、圖佳、鐵路的「專」、「顧」，當中亦有二千多是政治、教育，工礦人才，更有一千多農民，指導移殖過來的集體農場工作。

三、合江省：　以佳木斯市爲中心，有俄人萬二千餘，分佈在中共空軍訓練基地，圖佳綏佳兩路，鶴立崗煤礦，集體農場，托兒所，教育水利工礦等部門。

四、嫩江省：　萬一千餘，以省會齊齊哈爾爲中心，這批專家除經營洮齊，齊北兩路外，其餘分散在政經教工礦農場等機構。

五、黑龍江省：　兩萬餘，以省會北安市爲中心，除大量分佈在北黑，齊北、濱北、綏佳等鐵路外，集中在漢河、佛山、奇乾，呼瑪等金礦區有萬餘人，窮小子爭來中國寫新淘金記了。

六、興安省：　省會海拉爾有俄人萬餘，這個和蘇聯相鄰的省份又靠近蒙古，所以萬餘人中除中長鐵路的指揮者千餘名外，對蒙古工作的政治專家約有四五千，俄農亦有四千餘。

七、吉林：　因爲森林蔽天，寶藏豐富，俄人以省會永吉爲中心，全省約六萬餘名，中長，吉長、吉海、吉敦等鐵路有萬餘，小豐滿這個全國最大的發電廠有二千餘，其他大部爲森林、礦產、政經殖民等專家，亦有俄農，不下四五萬人，這個號稱「樹海窩」的森林財富，正由「老毛子」大量採伐搬運。

八、遼北：　南滿平原，土地肥沃，農產極富，東北有名的「大豆高粱」，這兒是主要的產地，苦寒帶的窮小子那能不垂涎三尺，因此，這兒五萬餘老毛子中，除中長四洮等路和少量工礦教育經濟專家外，大部份爲農業與殖民者，慢慢會代替我們山東移民群的。

九、遼寧：　這是東北九省之王，省會瀋陽更爲軍事政治交通文化經濟的中心，除了俄人十三萬餘，散佈在「東北人民政府」者二萬餘，鞍山製鋼廠六七千，皇姑製車廠撫順煤礦等大小工廠學校一萬伍千餘，北寧、中長、安奉、瀋海，打通等鐵路外，因爲瀋陽在軍事地位上的重要，在市南七條八條九條等處更駐有俄軍十餘萬，「保護」着東北人民政府。

十、安東：　和北韓僅僅一衣帶水「鴨綠江」之隔，蘇聯不是早說「已自北韓撤兵」了嗎？兵到何處去也？告訴你，這兒鴨綠江畔駐有大軍十五萬，叫金日成也不可能作狄托第二，當然有戰略價值的地方，爲能不「防備」來自東南方的突襲，又何嘗不進可攻呢？安東全省有水利，鐵路工礦農業指導者「專家」三萬餘。

十一、旅順大連兩市：　因爲鐵幕低垂，警備與檢查森嚴，詳數無從得知，但大連於勝利後卽爲俄人所據，我國政府未能接收，旅順是軍港，更不在話下，估計旅大兩市居民三分二爲俄人不會大錯的。

十二、一個小結：　東北九省幾市俄人共五十三萬餘；旅大兩市未詳；俄軍駐東北者遞三十萬，這是本年三月所獲的數字，三月以後，現已「史毛同命」而中蘇接壤，俄人俄軍之來東北事實上等於在蘇聯國土內活動，其數字祇有增加，絕無減少，可以斷言。就這數字已是與曹阿瞞「八十三萬人馬下江南」後先輝映了。

（二）華北五省及平津

十三、赤都北平：　雖然毛澤東俯首帖耳，史太林仍爲防杜發生巨測，南斯拉夫故事不致重演起見，對這個小朝廷自應絲絲入扣，就是吾人所知，北平「國際友人」的顧問專家們共有三萬餘，計僞中央院部會署局行四十餘單位中，配有俄人二萬餘（每一重要機關俄人幾佔四分一），軍委會中五六千名，分配於各野戰軍各兵團，控制著軍事大權，連各貿易部門如花紗布、食糧、煤鐵、蛋品、百貨、烟酒茶等總公司中亦有四千餘；以資搜刮物資北連訓練部門如華大，軍政大學，汽車學校，公安幹校，司法交通稅務鹽務等學院有七百人，爲的造就奴才，市政部門千人，公安部門五百，各工廠七百，各鐵路及鐵道兵團四千餘人，這些部門中，除史太林直接控制著共匪軍事大權，搜刮物資，製造奴才外，公安部門中的顧專人員，當然就是ＧＰＵ的延伸，同時再造就一批ＧＰＵ的忠實走狗，這批走狗出世，大陸人民，將更無嘸類！這批赤都的貴客，不，主子，大部是單身漢，不似在東北之多攜脊屬，因此，共匪幹部們忙上加忙，叉多一項招待主子的「性慾」的差事。

十四、天津：　兩萬餘，除市政貿易

工廠鐵路部門外，大部爲造船與水利人員。

十五、河北：五千餘，除省府各部門外，大部散在於石家莊市政，紡紗、平漢，石德北寧等鐵路，井陘煤礦，唐山，開灤礦務局等部門。

十六、山西：以太原爲中心，有三千餘，分佈於省府，同蒲鐵路，及其支綫，富家灘煤礦，運城之天然鹽池及各工廠等。

十七、山東：俄人萬餘，散佈於青島，膠濟，津浦路，省府及礦區。

十八、河南：俄人四千、活躍於開封之省府，黃河水利，焦作煤礦，隴海鐵路。

十九、察哈爾：以張家口爲基點，總計萬二千餘，計省府兩千餘，平綏路千五百，牧畜指導團四千餘，其他經營皮毛貿易等生涯，「猪黍」「羊毛」一概遭殃，前次北平僞府宣佈察北發生鼠疫，斷絕交通，作用之一，就是掩護這批「防疫家」門的把戲。

以上華北五省兩市共八四〇〇〇人。

（三）西北與東南

筆者到港，早報道鐵幕內鐵路交通，均已由俄人代爲修復，並且指出蘇聯可以自東歐本土及西伯利亞調兵到中國任何通鐵路地區，呼籲中外注意，現正證實北自滿洲里南迄廣州灣，東起上海，西至新疆，俄兵如入無人之境了。

最近我們獲知俄兵源源南下，京滬一帶除所謂政治經濟技術等各種專家外，俄軍有二萬五千人，武漢廣州，海南屬於林彪治下的「中南區」俄人與俄軍更多，不下四萬人，海南之戰，報載曾有俄人二名被俘，這不過多一個證明而已。

現在陳毅饒漱石粟裕的「三野」正向「解放」海南的「四野」學習，要進攻舟山金門台灣，顧問專家們不請自來，遠在今年一月，南京中央門笆斗山一帶，上海的浦東，楊樹浦，十六舖，吳淞等區，早分別到有俄軍高射炮兵團各一團，現在不獨顧問專家大批湧到，也不獨空軍和地勤人員，陸軍也來了，海軍也有滲雜其間，準備對海島之戰。

西北，自玉門油礦和整個新疆斷送，從中央亞西亞的塞爾喀波爾，和阿拉木圖進入孝子所奉獻的新疆省，眞比我們由西北高原去還便當千百倍，因此，不獨五萬大兵進駐，後前還跟隨着拖兒帶女的移民群，關山迢隔，道途險阻，移民多少，尚未得知，但與日俱增則爲必然的事實，何況豐富的礦源，廣袤的原野，一方面可以高屋建瓴俯瞰中東與印度，他方面何嘗非避免遠程轟炸機攜帶原子彈襲擊的世外桃源，史太林對新疆的經營，必加速追踪於東北之後，用是又不能不爲我們塞上英雄，邊圍義士如堯樂博士烏斯滿，李祖棠馬平林等爲男兒所率領的反共抗俄部隊，活躍於天山南北，馳騁於雪地冰天者担憂，不知還能倔强挺立幾時?!

（四）寄語

從上面俄虜入據中土的數量之鉅，及其分佈於政治、經濟、軍事、文化、敎育、交通、工礦，農商等各部門之深且廣，再參看公佈的「史毛同命」條約，所謂「中華人民共和國」，事實上已併入USSR的版圖了，所以俄軍才不惜爲其子孫賣命。史太林的作風，到底乾脆，朗爽！不是嗎？最近乘「哥登將軍」號自上海澈退抵馬尼拉的合衆社上海分社經理吉爾哈特和其他外僑（事實上被軟禁的「間諜」們）一樣，都證明「蘇聯軍事力量，摻入中國內戰」。天眞（無知吧）的美國人到現在還以自由中國的反共抗俄爲「內戰」，眞是「其愚不可及也」。話得說同來，被敵視軟禁的「美帝間諜」們，也還能獲知一鱗半爪的事實，聽到一聲半嚮的噴射機怪聲，已够難得。最少，美國紳士們，不會否定「蘇聯軍事力量滲入中國內戰」是望救的（？）中國人自己「造謠」。

等着瞧吧！史太林的「安全感」是以地球爲界線的，有這麼一天，這種「內戰」會移殖到西歐，非洲，南北美的。

自助自救吧！自由中國的兒女們！北望中原，蠻烟遍地，胡騎縱橫，故國殘缺，自由中國的「臣子恨，何時滅」

我們要立志：「壯志飢餐胡虜肉，笑談渴飲匈奴血」，我們更要「乘長風破萬里浪」，捨舟登陸，換「駕長車，踏破賀蘭山缺」！縱馬中原，驅殲俄虜，完成「待從頭收拾舊山河」的偉業！然後飲馬於貝加爾湖，踏雪於莫斯科！

台灣省雜誌協會成立宣言

當此反共抗俄鬥爭已進入決戰階段，我們雜誌界工作同人，深感文化戰鬥的使命是更加艱巨，我們自身的責任也是更加重大了。因此，我們認爲：今後奮鬥的方向，除了各就其本身崗位，繼續提供最善最大的努力之外，更必須團結共同的力量，建立合作的整體，以期通過集體的威力，能够發揮更大的作用，產生更好的效果；而憑藉我們筆和紙的武器，來强化反共抗俄的精神堡壘，鞏固自由中國的思想陣地。

現在，臺灣省雜誌協會的組成，就正是實現了這個團結一致，共同奮鬥的積極目標。今後我們必將群策群力，一心一德，竭盡所能服役於反共抗俄的歷史任務，貢獻於復興民族的神聖事業，而在文化戰鬥的崗位上，挽救當前的危亡，爭取祖國的新生。

今天自由中國的處境雖則還是十分險惡，但歷史的教訓已經啓示我們：自由終必戰勝極權，人性終必戰勝獸性。因此，我們堅信：共匪的思想魔術就終必爲人類的文化價值所完全否定，共匪的虛僞宣傳也終必爲眞理的精神力量所澈底粉碎。而這，便正是我們當前的根本戰鬥任務；我們樂於接受這樣的任務，我們也一定能够達成這樣的任務。

所以，在本會的工作範圍之內，我們更將本着互助合作的精神，共謀本身業務的聯繫與發展。於此，我們熱望政府給予我們可能的協助，社會賜予我們應有的支持，使我們能够更加勝任愉快的做好我們的工作，而有所貢獻於整個反共抗俄鬥爭的勝利完成。

香港通訊

共黨如何歡迎「民主人士」

李安

「牆頭草，兩邊倒，東倒西歪風裡飄，到後來落過臭名聲，弄得自己一糰糟。撕破兩面光，撕破兩面光，快站穩人民立場，再莫動搖，再莫動搖！」是匪區一只應時的短歌！

前面一首短歌，是共匪歡迎李濟琛等奔匪投靠時所唱的。當年——民三十七年冬底——在冰天雪地的瀋陽市火車站，擁滿了秧歌隊，姊妹團，兒童團……幾千人的歌聲，搖撼着叛逆們的靈魂。短短的歌詞，鎮壓住了狼子的野心。李逆等在拍照的時候，終於把頭低下去了。他們抱的那顆早被利慾薰黑了的心，和在香港紅燈綠酒中烘托出來的一縷幻想，隨着那場鬼哭神嚎般的歌聲，由丹田深處，衝破天靈蓋，直沖九霄雲外去了。

瀋陽的匪東北局，在所謂「民主人士」甫下火車的三十分鐘後，接着就請他們參加民衆歡迎大會，歡迎會歷時九個鐘頭！會場是假座中蘇大戲院。會上共有四十幾位民衆代表致詞。他們的開場白總少不了這樣幾句話：「我們共產黨一向坦白，有話就說，而且直說。咱們不會小資產階級那一套吞吞吐吐，似是而非的騙人把戲，萬一咱們說錯了話，還請各位民主人士們了解，原諒……」。個個致詞的內容，幾乎完全相同。像流水般的背誦着：「咱們要拿過去的革命史實，作爲將來建立共圖解放事業的基礎。咱們要勇敢的，堅定的，永遠站在無產階級的立場，坦白承認過去的一切錯誤和罪惡。咱們要放棄個人的優越感和正統觀念，徹底作到『誠心誠意爲人民』的標底。咱們要以人民的意志爲意志，人民的利害爲利害，個人的意志，利益……可以放棄，犧牲。人民的意見和要求，一定要不折不扣的作到並使他們滿意……」。當然這一群受着疲勞審詢的所謂「民主人士」，也分別被迫似的作一次應聲虫，以表明態度。感覺如何？祇有他們自己曉得！

叛徒們經過這次歡迎會的考驗之後，已領略到投靠的滋味，暗自決定了未來的前途，但他們每個人中間像隔上了一層無形的隔膜 誰也不敢再說眞話，更沒有互相頃談的機會。上了梁山的好漢，就不能不當强盜了。

爲了更深刻，更熱烈的歡迎「民主人士」，匪命各學校、機關，部隊，工廠，社團……普遍展開了檢討會。總題目是「民主人士李濟琛等五十一人北來動機暨對革命前途影響如何？」總題之下，分了百餘小題目，其中重要而較有趣者如：「李濟琛等其人其事。民主人士中有無投機份子？他們是來共襄革命嗎？抑是來分享果實？他們何以在這個時候北來？民主人士中若有與本黨有血債者，如何清算？對民主人士的訓練工作如何實施？民主人士與美帝國主義培植豢養的『反對派』有無關係？民主人士中若發現有反動份子，甚或特務份子混跡其間，當採如何對策？民主人士是在本黨享有特權的特殊階級嗎？若是，爲什麼？必要時可否對民主人士展開鬥爭？民主人士的革命與反革命的成份份量如何？民主人士北來算是革命功績嗎？抑是贖罪的行動？……」這一大規模的檢討會跟每天最少四小時共舉行兩個星期不間斷的討論。每天各團體討論所得的結果，限當日層轉東北局，編併在東北各匪報上刊載。在每一會場開會前後，規定唱一次「牆頭草，兩面倒……」

在普遍展開檢討會的期間，一群所謂「民主人士」被邀赴各機關，學校，工廠，鄉村……作旅行參觀。他們所到之處，所見所聞者，都是他們的切身問題。有一次李逆被一位操廣東口音的中學教員問道：「李先生當年在虎門黃埔間的海船上屠殺本黨同志究竟有多少？外傳有兩千多人，不會有那樣多吧？……」把個李濟琛問得面如土色，額邊流汗——當時東北的天氣室外零下三七度多，有水汀的室內也在零上四度左右——屹屹不能作答。嚇得一位陪同參觀的匪幹——也許是圈套——解圍道：「這一問題事隔多年，李先生一時無法答復，等李光生回去書面作答，在報紙上公佈，今天不再討論，也不再個別解答……」匪幹回頭繼向李逆道：「李先生，就這樣吧？唉，他們實在太熱烈了！」李逆如芒刺背的急忙答道：「好好，熱烈熱烈！」可是第三天匪報刊出一段消息說：「民主人士請求在未學習有心得之前，暫不再赴各地參觀……」從那時起匪報紙上很長一段時間，不會提道「民主人士」，但「牆頭草，兩面倒……」的歌聲卻到處時有所聞。三九、五、二十二。

×××

所望於軍政當局者

李文燦

編輯先生：

我從未間斷地讀了貴刊十二期，發現這本刊物不僅學術意味濃厚，并眞的在督促着政府，向革新的大道邁進，這是很令人興奮的。頃讀二卷九期社論內有涉及我們軍人的部份，我竟爲此失眠一夜，怎麼樣也忍耐不着，非要說幾句話不可。下面就是我的意見：

（一）軍隊和一切軍事機構一律撤出市區（必要維持治安的憲警除外），如是，可以減少很多無謂的紛擾，且無形中消除了許多意想不到的靡費。軍人駐在郊外，朝夕與大自然接近，可以保持純潔的健全體魄，又可免被物質引誘，而消失士氣。

（二）各級將領以及各級帶兵官、幕僚、應多做份內的事，少到城市裏去「走動」、「活動」！把你們的心力用在如何把士兵教養好，如何把業務處理好的上面。虛心研討，加强防務，把這神聖的基地守住。最近，朋友告訴我，一位現任師長，對部屬訓話：「我回到海岸就感覺無限愉快，無限希望，無限溫暖；我一到台北一看，就萬念俱灰」！按此語的寓意，大約是海岸的士兵，駐自建草棚，或宿在潮濕的碉堡內，吃六角錢一天菜金，竟無怨言，尤能奮發操練、構工、不眠不休的守護着海面。而台北則是流線型汽車，奇裝艷服比賽，靡靡之音，充斥人耳。

（三）希望陳院長再拿出勇氣，對肇禍的軍車一定嚴懲，對無票乘車的官兵，一律拘辦，并追究責任。對散兵游勇一律捕送海岸做工。

（四）筆者上週去海岸視察工事，偶與一捕漁歸來的漁父閒談：我問他，日本軍人好，還是我們好，他以極親切的口吻答覆我：「你們是祖國的軍人！」（由台籍江參謀替我傳譯）！這種强烈的民族意識，而今依然深印在被日人統制達五十一年的台灣同胞的心坎裡，能不令人感動而自愧嗎？當局爲何不能利用這優良的形勢，把少數敗類消除，而樹立新的軍風紀！

筆者是一個粗通文字的軍人，寫不出高深理論與美麗的文章，如貴刊認爲我這番話有點道理，即煩賜予刊出。匆草。順祝

撰安！

第××師參謀李文燦上

五月五日

華府來鴻

隔重洋遠眺羣醜有感五首

張文

編者先生：今日方偶得見到「自由中國」，閱之快慰無似。今僅將近日發洩之作錄呈指教。如能在貴刊賜一角地發表，感激不盡！

一、寄張奚若

奚若先生愛自由，從來再不肯低頭！
知今跟着毛孩子，舞蹈山呼賀沐猴！

二、寄王芸生

（王芸生在民國廿四五年間曾作「招魂」一文以招媚日記者之魂）

季鸞故去胡霖死，廖化如今碩果存；
寄語北方休自誤，靈幡猶在欲招魂！

三、詠史並寄陶孟和

（聞其曾謂「自由只是有閑階級的奢侈品，」）

曾聞義不帝强秦，爲是權專可殺生！
豈待儒坑書燬後，方知義士是田横？
咸陽宮中鹿爲馬，秦人半死長城下！
有閑階級賣靈魂，無產平民付代價！

四、詠史並寄吳研因

（吳本爲國民政府教育部國民教育司司長，現爲北平僞政府國民教育司長，近曾在海內外共黨報紙發表「致留美同學朱文華書」）

也曾海誓證山盟，無奈委身作下陳，
千古艱難惟一死，傷心不及息夫人！
五代紛更似置棋，朱衣換却着牛衣；
獨剩當朝長樂老，官銜如舊笑嘻嘻。

五、詠史並寄毛澤東

讀史曾知石敬塘，翻身行見美名揚，
如今重演兒皇帝，粉墨登基又一場。

即請

撰安

張文謹上 於華盛頓 卅九、五、六、

文藝

聞鷄起舞

（歷史短篇）

王平陵

胡虜的鐵蹄，勾結喪心病狂的漢奸國賊，擾亂中國大陸，像驟發的洪水一般，勢將由黃河流域，泛濫到大江南北，無量數受盡苦難的老百姓，都扶老攜幼，拖男帶女，駕着笨重的牛車，肩挑簡單的行李，緊緊跟隨靖亂的政府，被迫南遷，領導復興祖國的晉元帝便在全國英雄豪傑的協助，以及廣大老百姓的擁護下，在建康奠定了號召全國軍民共赴國難的中樞。

北胡人劉曜、石虎所統率的兵馬，生長在北方的蠻區，粗獷，暴悍，殘酷成性，如笨頭笨腦的野熊，還不脫部落時代的蠻風，從未受過文化的洗禮，他們祇知道靠攻侵掠奪，爕滅地上的繁物爲職業，專於製造災難，饑荒、殺害無辜的生命，爲無上的愉快，在中國大陸凡經過胡騎蹂躪的地帶，好比千百萬蝗蟲降臨，把原野的稻禾，在一刹那的時間內，就啃嚼得精光，又彷彿散佈『黑死病菌』的魔鬼，到處橫行，不願意在他們的淫威下還有一個人類能够平安地活下去，一望無際的平原，祇剩有殘破的斷牆頹壁，人煙絕跡的荒村，就是年年春天的燕子歸來，也找不到梁上的舊居，祇好把自己的家搭在冷落的枯樹上了。這時，整個的中國大陸，惟有江南一塊乾淨土；然貪而無厭的敵寇，還是死不放心，決不肯讓無量數可憐的老百姓得到片刻的喘息，依舊跟蹤前侵，順流南下，在逼近新都的週圍，攏下天羅地網的陣勢。

作爲復興基地的建康，在王導、謝安這一群佐命立功者的澈底團結，精誠合作，已有足够的力量抵禦來自各方的襲擊；但他們仍不滿足，渴望年青的志士英雄們迅速投奔祖國的懷抱，組成十萬青年十萬軍，消滅頑寇，拯救老百姓的苦難。因爲從國都汴梁由於戰略關係，忽忽棄守，大部分智勇兼備，熱心愛國的英雄們，都被困在胡虜控制的陷區，尙未南來，這在領導靖亂復國的晉元帝和王謝這些高級的忠貞幹部，自然是說不出的焦急和憂慮；於是，他們便在新都近郊五十里，建造一個『新亭』，迎接北方南下，決心共赴國難的英雄們。

暮春三月天，素稱繁華的江南，要不是籠罩着無情的戰火，正是『雜花生樹，群鶯亂飛』的時候；可是，像這般怡情適性的樂事，再也挑不起人們的遊興了，無量數顚沛流離的難民群，誰也不顧被壓伏在敵寇的暴政下，失去生活的自由，做奴役的牛馬，都在暖洋洋的春風中，向着自由的中國，不惜吃盡千辛萬苦，像潮水似的湧過來。一時的中原物望，素爲政府倚重的庾亮、桓彝，也帶了他們的眷屬，忍耐着跋山越嶺，遠涉江河的勞苦，投奔祖國的懷抱。王導、謝安知道這個興奮的好消息，卽伴隨他們的子侄輩，歡宴南來的人士於『新亭』。在中原喪亂，大陸淪陷，多時不見了，彼此急需明白別後的情況。謝安首先說了幾句慷慨激昂的迎賓詞：『……中國是禮義文物之邦，怎能忍受野獸來踐蹈，我們一定要號召全國的志士們，肅清洪水，消滅野獸，把牠們的屍骨做肥料，把牠們的污血，灌溉我們荒蕪的田疇。諸位老朋友，你們帶來的，是充沛的力量，無比的信心，我們的下一代都已成長了，我們就要發揮蓬蓬勃勃的新生力量，打回大陸去！』說着，他便介紹自己的小弟弟謝石，侄兒謝玄，及王導的侄兒王羲之，給南來客認識。庾亮、桓彝看到這一群年青小伙子，說不出的驚異。酒行數巡，謝安瞥見一位年富力强，氣概不凡的年青人， 高高的個子，端方的面孔，寬額、濶嘴、濃而黑的眉毛，壓不住炯炯發光的大眼睛，鼻骨高聳，正配合左右隆起的顴骨，頭髮粗硬，像針刺似的豎起，鋼硬的臂膀，有力地叉在腰際，正站在桓彝的身旁，默察江南的形勢。謝安眼不轉睛地盯住他，覺得他的外表，比到自己的子侄輩謝玄、謝石，還要英俊雄偉，便笑嘻嘻地問桓彝：『桓兄！這位年青的小弟弟，是？』

『噢！溫兒！趕快向謝伯伯，王伯伯敬一個禮。』

桓溫先向自己的伯父望一望，他看那些鬍子滿握的老頭子把國家事搞得一敗塗地，現在祇會哭泣，毫無辦法，又是那麼胆小如鼠，貪生怕死，絲毫不肯犧牲個人的利益，來挽回國家的患難，預存着十分鄙視的念頭，以爲志在復國的王導、謝安，也是一邱之貉；但又不能違拗伯父的命令，就桀驁不馴地跑過去，隨隨便便行一個禮；然王謝却非常重視他，立即起身，對這位年青的新英雄同樣回一個禮。謝安特別愛他，歡喜他，馬上要謝玄、謝石和他做朋友。

桓溫自以爲了不起，有點瞧不起深沉有智慮的謝石，個子矮小，身體瘦弱的謝玄，更瞧不起文質彬彬的王羲之。他張開大嘴，天眞爛漫地提議：『各位伯父在這裏，我願意和謝家的小弟弟比一比武藝，究竟誰比誰高强？』

王導第一個贊同桓溫的提議：『好！好！孩子們！獻一點本領給我們看看吧』！又回頭問自己的侄兒王羲之：『羲兒！你祇會寫字，做文章，作詩，你也能參加比武嗎？』說着，喝一杯酒，拊掌大笑起來。

王羲之不願示弱，侃侃地回答：『伯父：項羽說過，劍一人敵，不足學，要學萬人敵，我不願和小弟弟們爭一技的短長。』

謝安極愛王羲之的瀟洒風度，才氣縱橫的樣子，也笑嘻嘻地說：『羲之！來！你把今天歡宴桓庾兩位老伯伯的盛會記下來，留一個永久的紀念。』說時，指一指庾亮，繼續說下去：『這位庾元規伯伯，是當代的大詩人，又是包羅萬象的大政治家，你要向他敬一個禮。』

庾亮也早知道王羲之的大名，想不到他是這樣年青有爲，才兼文武，當王羲之向他敬禮時，連連歡謝：『不敢！不敢！』在言辭之間，深含着後生可畏的意義。

桓謝兩家的小弟弟們開始作友誼的比賽。桓溫個子高偉，膂力絕倫，獅子一般的大聲音，壓倒四座，舞刀玩劍，謝家的小弟弟不是他的敵手。

忽然，半空中一隻巨鷹，振翮翱翔，謝玄瞥見了，歡呼地叫起來：『桓家哥哥！我們來比箭吧！』

「好！比箭！就來比箭！」桓溫滿不在乎，自信必操勝算似地回答。

謝石不動聲色，現出莊重的神氣說：『我們要在箭頭上寫下自己的名字，同時發射，誰射中了鷹的頭，就是第一名。』大家又瘋狂地歡呼，贊成謝家弟弟的好辦法。

參加新亭歡宴的南來客，都把視線注射在三位小弟弟的箭頭上，又抬起頭來瞻望翱翔在天空的巨鷹。

桓謝的小弟弟們正在練手勢，試眼力，彎硬弓，昂：昂：昂：箭頭飛離了弓弦，半空中立即失去那隻巨鷹的影子。謝安高興極了，趕忙跑出去，親自把那隻擊落的巨鷹找出來，發現射中頭部的，是自己的弟弟謝石，中腹的是侄兒謝玄，桓家小弟弟的箭頭，却巧射在巨鷹的屁股上，他們都是在高空三十尺的距離同時射中的；可是，早有評定等級的標準，第一名當然是謝石。桓溫不服輸，要求再來比賽，焦灼地等候第二隻巨鷹的出現，面紅耳赤，睜開火紅的眼睛，不服氣而又怪難爲情地站在伯父桓彝的背後。

這時，雄才大略的王導謝安，看到青年們這樣勇敢有爲，武藝精深，都是壓倒一切，氣吞河嶽的新英雄，遠不像大陸作戰時期那些昏愚無恥的降兵敗將，那些貪生怕死的奴才狗種，那些沒出息的『銀樣蠟槍頭，』心裏充滿着喜悅，和光明遠大的希望，他們堅决地相信。『打敗仗』這一個辱祖辱宗，騰笑天下後世的臭名詞，已在晉室中興的字典裏，完全抹去，從此以後，祇要廣開賢路，到最下層去起用埋沒的眞才，盡可能地找尋天下的新英雄，拼命訓練他們的一代，必能在最短的幾年內，盡殲胡虜，恢復大陸，救老百姓於十八層黑暗地獄，重覩太平盛世的！

年紀比他大幾歲的王羲之，爲他們斟上一杯酒，略盡慰勞的微意，一面高高興興說：『諸位年青的小弟弟們！你們明天斫胡虜的頭，也要同今天射殺這隻巨鷹一樣。』

大家正在興高彩烈的時候，庾元規老先生默默地欣賞江南暮春的風景，忽然感從中來，喟然浩嘆說：『風景不殊，舉目有河山之異！』說完，熱淚涔涔而下。

這兩句充滿着感傷氣氛的獨語，激動得大哭起來，哭得像淚人兒似的。祇有溫文爾雅，深藏若虛的謝安，足智多謀，老成持重的王導，處之泰然，仍舊和那些勇敢的小弟弟們在一塊兒玩，有談有笑，毫無憂慮。桓彝從旁察探王謝的內心，似已於下一代的剛勁，健壯，精誠團結，對國運的中興得到牢固的信念；那種偉大的雍容却敵的氣度，使得一顆脆弱的心，也增加百倍的勇氣。當大家作『楚囚對泣』的時候，大着聲音說：『朋友們！江左已出了管夷吾，從此以後，我們不必像小兒女似地哭哭啼啼了。』

但那些人以爲整個的中國，祇留剩江南一角，躭心自己的生命財產失去保障，他們的號哭聲還是鼇天價響。

桓溫沉痛地喝乾王羲之的酒，實在聽不慣那些老頭子的哭聲，便豪爽地回答王羲之：『羲之！這時候要我們流汗，流血，大家流淚有什麼用呢』

那些流淚的老頭子，眼巴巴地說：『小弟弟！我們不中用了，一切的希望，都在你們身上了。』

『各位老伯伯！不必哭，哭是無用的！祇要你們肯把兵權交給我，我敢對天起誓，我一定掃滅胡虜，送你們重還汴京去！』桓溫理直氣壯地說，吐出自己的抱負。

謝安拍拍姪兒謝玄的肩背婉婉轉轉說：『玄兒！你看桓哥哥說的話，多麼有志氣！有膽量。』

謝玄點點頭，在他俊秀聰敏的面頰上露出和靄可親的笑容，也運用婉轉的聲音回答他的伯父：『伯父！我同桓哥哥的意見完全不同，復國是大事，中興是偉業，要上下一心，拼命出力，發動全國的老百姓，大家來苦鬥，才能看見光明的前途，衝出黑暗的重圍，萬萬不能靠一兩個人。』

是喲！是喲！我們要趕快號召全國年青的志士們，青年們，英雄們，都來擔當愛國的工作，參加中興的任務，玄兒的話，說得對極了！』王導一本正經地說了這些話，又面對在座的客人說：『寇兵已經壓境了，我們已經逃無可逃了，建康縱有長江天險，但我能至，寇亦能至，並不是我們的萬里長城啊！』

在座的人，聽到王導的話，都說不出的感動。接着，庾元規先生便當場朗誦他的感懷詩，提高大家的警覺性。意在諷勸當政的王謝，務必要從速捉住機會，拿出切切實實的辦法來，動員一切的力量，革新所有的庶政，針對着『復興圖强，還我河山』的國策，迎頭趕上去。

王導、謝安『新亭』宴會歸來，南下客在新亭的對泣，加强深刻的印象，便開誠心，佈公道，明賞罰，判是非，爲志在中興的晉元帝，從各方面起用有才力有胆識的新英雄，共肩中興的大業。

這以後，天下的群雄，都風起雲湧，紛紛都來響應了。一向家住京口的祖士稚，預料偏至一隅的江南，如果不力圖振作的話，未必能偏安，很早就散發家財，招收一般亡命的志士，日夜訓練，決心保衛自己的家鄉。到晉室南渡，王謝渴求天下賢才時，第一個帶領自己訓練的志士，從京口駕舟上駛，搖往建康去，投奔王謝組織的新軍。

祖士雅在船上，目覩浩瀚的大江，滾滾向東流，江上的雄風，敞開豪爽的胸懷，手按着腰際的長劍，意氣颯颯，現於眉梢，在他聳起的兩隻堅硬的鐵肩，彷彿無論怎樣笨重的担子，都能挑得起似的，正因爲他是敢作敢爲，勇往直前的年青人，那江上浩濶的浪濤，兩岸錦繡的田野，繁盛的農村。就是一幅美麗的圖畫，愛國愛民的念頭，更油然而生，同時，他已知道在朝廷支持國家大事的王導謝安，又是那麼熱情充沛，愛才如命，專以鼓舞後進，提拔年青的一代爲職志，愈益增加同仇敵愾，犧牲報國的勇氣。當他率領着大批的青年軍舟泛中流，在洶湧的浪濤上破浪前進時，不自覺地擊楫高歌？

『祖逖不能澄清中原，
有如此江！』

船上的青年軍，壓不住激越的熱情，都奮發不可一世的英雄氣慨，大聲唱和：

『恨胡虜亂華兮，
哀斯民之憔悴！
怎忍見家國淪亡，
河山破碎！
倘不能澄清中原，
偷生何爲！』

嘹亮的歌聲，洋溢在蒼穹和原野，海樣深的家仇國恨，從每一個青年軍的心坎，爆出熾烈的火燄，巴不得馬上跑到最前線，斫殺一個痛快。比及經過瓜步，天色向晚了，一抹斜陽，在碧綠的江浪上，塗瀉美麗的餘暉，泛作金黃色，他們雖然急於趕到建康，拜會他們愛戴的領袖，願意分担興亡的重任，但大塹的大江，在晚上是無法前進的。祖士雅因想起自己的老友劉越石駐兵在瓜步，便泊舟江岸，率領着青年的英雄們，在劉越石的軍營裏，停泊一宵。

劉越石眞想不到年青的祖士雅，更加年青了，他們一見面，什麼家常的絮語，酬應的客套，一句都沒有說，彼此祇互問：『當胡虜繼續前侵時，預備怎麼樣？』

他們沉默了片刻，不約而同地互答：『拼！拼！拼到底！』他們從心底湧起一股歡悅的泉，笑得合不攏嘴売。祖士雅就忙着介紹一群同來的志士；劉越石也把他苦心準備的工作，以及麾下的好漢們，一面介紹，一面報告，彼此都放寬了心，就抵掌縱談規復中原的大計，一致主張馳檄荊州的陶士行，當王師直指夏口時，興兵夾擊；同時邀請聲震遠邇，韜略卓絕的溫太眞，從速仗劍前來，參襄戎機，他們都是心折有素，肝胆相照的朋友。

祖士雅吩咐志士們吃飽了飯，安營落寨後，他和劉越石同睡在一起；但滿腹的心事，困擾着他，無論如何睡不着。他常聽人家說，晉元帝眞是勵精圖治的領袖，不過，寄天下之重的王、謝、桓、庾，雖是一時上選，惟專於任用自己的親屬子侄，是不可諱言的缺點，是不是會阻礙賢路呢？他們的親屬子侄，也同他們一樣，都是一時的上選嗎？是不是會妬功嫉能，把嚴肅的救國大事，僅僅在外表上粉飾一下，專在不切實際的口頭——，盡到宣傳和表現的能事呢？像這些重要的問題，他在未會見王、謝、桓、庾之前，是無從解釋的。

喔：喔：喔：：雞叫了，營門外吹着提心弔胆的號角，他一夜沒有合過眼，便振衣而起，在屋子裡舞起寶劍來。那並未睡熟，枕戈待旦的劉越石，跟着霍然而起，和祖士雅對舞起來，他們愈舞愈興奮，一直對舞到東方微明，太陽上升。

天亮了，劉越石爲要知道新都的新氣象，也同坐祖士雅的船，上溯建康去。

建康的情景，眞的煥然一新了，隨處都充滿着蓬勃的朝氣，熱烈的愛國的情緒，晉元帝、王、謝、桓、庾以及一切的屬僚，無不公忠體國，上下一心，力圖建樹復興的宏規。他們的子侄輩，像王羲之、桓溫、謝玄、謝石……在平時並沒有在朝廷佔有一官半職，而他們的確是蓋世的英才，祇有遇到最困難的關頭，除了他們，無人敢於嘗試的工作，才由這一群年青人出去担當而已……這種種，在祖士雅劉越石既到了建康以後，完全明白了。他們親眼看見這樣賢德的領導，那麼清明的政治，都自願爲祖國效死，自願追隨王謝桓庾之後，在復興的大業上，決不保留自己的天才與能力。風聲所播，匝月之間，十萬雄糾糾，氣昂昂，爲國犧牲的青年軍，便齊集在新都的都門，聽候抗戰中樞的派遣。

（完）

中篇連載

荻村傳（五）

陳紀瀅

傻常順兒並沒有失蹤，是被煙村人捉去了，他被打了個鼻青臉腫，混頭是小山丘似的疙疸，一塊紫，一塊紅。那身極不四稱的長褂短衫，從背後的領襟一直到底，恰好被撕破一條直縫，脊背開了花，煙村人就在他的露在外面的脊背上用墨筆寫了兩個字「兒手」。那件短衫的下擺，被撕成一條一條的，兩隻袖子也塗滿了血。他的兩手被倒背剪綑綁着，推推搡搡，便押進城裡衙門，鋃鐺入獄。

煙村人敢來挑釁，傷害許多人，而且竟敢打死拐子蓮兒，捉去傻常順兒，他們認爲這是荻村有史以來的奇恥大辱，比義和團的災禍，可以嚴重多了。這種仇恨要不報，連揪着辮子撞門扇，騎在脖脛上讓他喫土的，那班傻常順兒的「好朋友」都以爲不可。扣兒蘑菇的那口禿驢被打瘸了一隻腿，蒲檳車散了架，要不是經他央求多人爲他搶救，恐怕連車身也不見了。扣既懊悔又生氣，他想：這明擺着是煙村人欺負我，我爲什麼不和他們拼命？

張五爺年青氣盛，這些年來正想找點事來出出風頭，遇到這個機會，他豈肯放過。他在他家厦門前召集了全村頭頭腦腦的人物，連看熱鬧的，足有千八百人，他當衆宣佈：

「這次仇我們不能不報，我已打電報給卜奎，明天我到衙門去，先告他們一狀，說他們嘯衆滋事，調戲良家婦女，殺害村民，誤陷百姓，看縣官怎麼辦？同時我們得有準備，萬一縣官不給作主，我們可不能忍受下去，我們要血洗煙村。出了事，有我來擋！」

「張五爺說的對，我們要血洗煙村，把煙村的狗男女殺光！」扣兒蘑菇提高了嗓門，在人叢中發出了憤怒。

陳三爺郝秀才一面聽着，一面撫摸着小鬍，呻吟無話。

大腳蘭兒、大粗腿、完蛋蛋兒、小淘氣兒之流唧唧噥噥，也露着不平，不過他們覺着這事已然鬧大了，要打官司，他們都不能上堂講話；要打架，他們胳膊不大，力氣不粗。不過有人要是給他們撐腰，他們可以拍拍胸脯，舒舒大拇指，充充英雄，要是沒有給他們出主意，遇事做情，他們也不過是要要貧嘴，鬪鬪趣兒，在他們幾個人中，比比高低。如今他們眼見平素常來往的拐子蓮兒被打死了，還是那麼慘，雖然他們認爲拐子蓮兒是樂極生悲，咎由自取，可是連傻常順兒都因衛護她而下獄，他們若是不能替她報仇，那眞是對不起死去的她。何況她又是官兒的親戚，「又有張五爺做主，還怕甚麼？」

於是他們四人，走到張五爺面前，由大腳蘭領首，說：

「五爺！我們幾個人素常日裡和蓮兒姘處得不錯，她死得這麼慘，都是煙村狗雜種們的毒計，我們不能饒他們。有你做主，要打官司我們先去擊鼓喊寃，要打架，我們先去罵名叫陣，反正不能讓蓮兒白白死了。明年大水，淹死他們煙村活王八們。」說完，她「嗚」的一聲哭了，又是「寃家呀！好人呀！」又是「狗雜種呀！王八呀！」一面哭，一面述道着，一把鼻涕，一把淚。引逗的衆人也有的掉下了眼淚，大粗腿，完蛋蛋兒，小淘氣兒也附和着說：「蘭大娘說的對！」

縣官看了兩村的訴狀，又聽了荻村張舉人家的五姪少的當面陳訴，不用說張舉人必也用電報請求他多方關照，他早已決定了處理這個案件的態度。

他說烟村村正嗣趙楞、李錘二人不能約束鄉民，且有教唆嫌疑，判處十年徒刑。打死拐子蓮兒的兇手烟村有名的流氓馬二棍子判死刑。其餘兩村傷亡數額，各相抵消，互不追究。由烟村負責厚殮拐子蓮兒，賠償傻常順兒和扣兒蘑菇的衣物車輛損失，並且烟村肇事人等跪請傻常順兒出獄門，套大車大馬送他回荻村。嗣後烟村人永遠不許進入荻村，如有故犯，可格殺勿論。

烟村人民起先是以報仇的心理，賭着氣，大家齊心協力去滋事，並沒有慮到後果；既惹出了事，又看見官兒不替他們做情，幾個領頭的又被拘押判死，於是只得照縣官的命令行事。

當傻常順兒出獄的一天，小淘氣兒，拿着烟村賠償的一套簇新藍的衫褂，跟着荻村去城內接駕的張五爺、陳三爺、郝秀才、扣兒蘑菇、大腳蘭兒，大粗腿，完蛋蛋兒和男男女女包括了荻村所有的人物，爲了一村公仇，去迎接這代表勝利的傻常順兒凱旋。

小淘氣兒隔着那四方孔的獄門把一套新衫新褂遞給他，並且告訴他一切情形，他手捧着衣裳，哭了。小淘氣兒安慰他：「你他媽哭什麼？今天又不是把你出斬，是你出頭露面的日子，別讓烟村人恥笑。有寃屈，回家訴」。「不介，氣兒小哥！我看我還是呆在這裏吧，監獄除了黑暗陰溼，不能自由外，其餘和外邊也差不了許多。我他媽的不出去，讓烟村人給我送一輩子飯喫，我看，誰合算？」

扣兒蘑菇也趕來，聽見他的話，忙罵他：

「傻乖乖！你他媽的別說傻話了吧。趕忙換衣裳，烟村人和車已經在衙門口等着你哩。」

他一見扣，又驚反喜，眼裏擒着淚珠，說：

「扣爺！我對不起你，咱們的驢和車呢？」

這時，烟村一批穿長袍馬褂的代表跟着一群短打扮的莊稼漢，一個個哭喪着臉，木呆呆地走到獄門外，獄卒打開門，把傻常順兒叫來，他們一見他並沒有換上新衣裳，反倒赤着膀子出來，正在奇怪，只見他把脊背一扭，露出「兇手」二字，他怒冲冲地對烟村人說：「先給老爺我把背上的字擦掉！」烟村只得照辦，然後他才換上新衣裳走了出來。烟村這批人衝着他，毗眉瞪眼，怒目相覷，跪在地上，有一個人，高聲喊着：

「我烟村無知人民，誤陷荻村善良常順君，遵縣官的命令，特跪請恕饒。得啦，你請出門登車吧。」

常順兒穿着一身簇新衫褂，滿面

怒容，兩眼上望，一搖一擺在兩行跪地的烟村人中間走出衙門口來。他又一一向荻村人士作了揖，然後端，在五匹馬拉的一輛大車內，大模大樣，兩只牛眼裡冒着火星，鼻子沒消腫還顯青，兩只貓耳一掀一掀，似得意又生氣，似生氣又得意。縣官怕兩村人民在半路上出事，又派了幾十名馬快，騎馬荷槍，一路鎮壓。常順兒不明白這是什麼意思，只當是來保護他。又見烟村人低頭喪氣，在車前引路，荻村人喜眉笑臉，連張五爺也步行在車後尾隨。

他心想：莫非我從此要發跡了？又看看這一套車馬，縱然還不比上張舉人家的闊氣，總算把烟村最好的好馬都湊合在一起了。天，也晴朗，曠野一片平靜。只可恨前邊烟村人的神色太掃興，好像是送殯行列。他越看越覺喪氣，不禁罵了一聲：

「你們這羣鬼！永遠別抬頭！」

到了荻村村邊，傻常順兒跳下車來，和烟村人車馬作了一個無言的告別，又回到了扣兒蘑菇的牲口棚。

荻村和烟村從此更加深了仇恨，人民不相往來，不得通婚。荻村人民可以路過烟村去串親，但烟村人民需要穿過荻村時，則須繞道。荻村人民雖招惹一場殺傷，但畢竟獲得了勝利；烟村人民越想報仇解恨，但仇恨越積越多。

歪歪桃兒自從接得她姐姐慘死的消息以後，眞是哭了個死去活來，恨不得立刻回到荻村爲她姐姐報仇，張夫人一再解勸，又知道官司打贏了，而且得到了厚殮，一切身後的事，又由張五爺替她按排得妥妥帖帖，才放了心。她盼望有一日回到荻村，讓烟村人知道知道她的厲害。

村民，陸續下關東，在卜奎，哈爾濱，吉林，奉天都有成群結夥的荻村人民，這些人民操着不同的職業，春去冬歸，像季候鳥一樣來來往往。出去的，是空手一個人，帶回來的，除了東西以外，是白花花的所謂洋錢。置園買地，修蓋莊院，荻村越來越興旺，人民越來越富足。

民國九年旱災侵襲了北方各省，荻村自不例外。麥收沒有，秋收也只有一成。他的隣村烟村，河西，兩村，妻家營人民都喫樹葉，草根，棉花子，豆餅的時候，荻村人民則拿他們富裕的銀錢去到天津買由東三省運來的平糶糧。

有一天，傻常順兒又爲黑心鬼家去起糞，起完了糞，黑心鬼又記起十幾年前，他第一次到他家來起糞時的情景，他說：

「常順兒！當初你給我起一圈糞，我給你五文大清錢，管你吃飽飯。現在我要給你五十個銅子了，你看你的工價漲了多少倍？我還管你吃飯嗎？這個年月，糧米多貴，你是吃飯哪？你是要錢？隨你挑吧。」黑心鬼的財迷心黑是誰也知道的，傻常順兒十幾年來體驗了很多，他恨他，但又不敢得罪他。他又聽人說，上次煙村人鬧事，他一直縮頭縮尾，不哼一聲，怪不得始終沒看見他，他想來想去，黑心鬼終不是東西，這種人祇知道佔便宜不喫虧，我就讓他佔便宜到底，看他以後怎樣？「好吧，我旣不要錢，也不喫你的飯。」

「那可不行，我不是巧使喚人的人，你必得喫飯，不喫飯我下次怎好再求你。」於是隨手端出一小缽樹葉混合穀糠湯來。

「吃吧！常順兒！年頭不濟，將就點，煙村人連穀糠也吃不上。」傻常順兒不見則已，見便覺怒火不知從何而起，接過那缽子湯來，向地上一灑。

「得，黑大爹，算我喫了。」扭頭就走出來。

「常順兒！常順兒！你他媽的什麼時候養成這麼大的牛脾氣？」黑心鬼急忙招呼他。

「我、我、我他媽的牛脾氣是今兒格、你、你、你養、養、養成的。」

六、兵

煙村和其他村的人民們正在賣兒鬻女，以求渡過荒年時，平漢路的戰事像拉鋸似地陪襯着這艱苦的歲月。

在荻村人的記憶中，除了長毛造反，義和團外，一直還沒看過民國的兵。兵在荻村人的想像中，是可怕可厭而最不講理的粗人，因爲從他們祖輩傳流下來的名言是：好男不當兵，好鐵不打釘。這個村莊，也從來沒有逃兵路過，祇是從許多「洋畫片」中看見過兵是怎樣一種打扮，他們常常拿「黑鬼子槓洋槍」來象徵兵的兇惡。但他們對於督軍和司令帶的那頂低垂着像包谷穗似的英雄膽式帽子則特別欣賞。那張民國名人肖像貼在宅堂裡雖然沒有什麼供奉，却招惹了內心的崇拜。孫文、袁士凱、黎元洪、黃興、段祺瑞、曹錕、吳佩孚、閻錫山、馮玉祥、張作霖、王懷慶、王士珍、王寵惠、顧維鈞、顏惠慶、王正廷等等都是這一張肖像上的人物。

有一年夏天，全村的人晌午以後，驚惶起來，大人孩子都嚷着：「兵來了！兵來了！已過了煙村！到了咱們村東！」接着大門小戶都嚴嚴關閉起來。街上沒有一個行人，一切都寂靜下來，狗不叫，鷄不啼，槐樹上的「知了」也停止了斷續的高鳴。噼噼啪啪的槍聲，越響越近，敲門聲，辱罵聲！村人屏息着聽得很淸楚，但誰也不敢答應，幾個小戶人家因爲牆短門不嚴密，被逃兵闖進去把衣服，用具，鷄，牲口都搶光。有什麼拿什麼，見什麼要什麼，最後，還把幾個大秫秸垜給燒起火來。臨走，又是一陣噼噼啪啪的槍聲。

又一次，另一枝逃兵，用槍把將張舉人、陳三爺、郝秀才等幾家的大門撬開，搶了衣服還牽走了幾匹騾馬。又有一次，燒了幾家的房子還帶走了幾個年青婦女，以後便永遠失了下落。以後有無數次的燒殺，姦淫，擄掠，有各種不同派系和同一派系的軍隊，輪回砍殺，互拼，特別因爲荻村富足，馳名臨交通大道，荻村也就無一次倖免，遭受得更比較厲害。

天災人禍帶給農民的是貧困、疾病、恐怖、殘暴、愚盲。農民們天天在這災禍夾縫中偷生，但他們還是相信，這世界不會永遠這樣亂下去，不久就有好日子過。

陳三爺、郝秀才，荻村兩位鄉長，他們一向崇拜古舊，一切都是舊的好，他們時常懷念古代堯舜之世，甚至於淸朝都是他們提起來津津有味，永遠說不完的太平盛世。起先，他們還盼望着皇帝有重新復位的希望，袁士凱改洪憲，張勳復辟，曾經給他們的心田上增添了一線光明，可是一剎那間便成了過眼雲烟。宣統被馮玉祥再趕出了北京城，使他們希望皇上再來的迷夢破滅。陳三爺因年老氣衰，又有嗜好，不久便死去。

郝秀才一向是個樂天派，禿頂，兩撇小鬍，雖然應名做村副實際上最怕麻煩，最不樂意多事，陳三爺死了，他就聯合鄉親們推舉張五爺任村正，把一切閒雜瑣事都推給他管。張五爺年青好動，正合他的希望，郝秀才剛想從此不管閒事，度他的餘年，不料到有一天村內忽然潰退下來了一枝滿口「媽拿巴子，」後腦勺長得平平的軍隊進了村莊，闖進他的家。

「你這老山貨，快把你藏的洋錢拿出來！把你的姑娘媳婦交給我們！慢了一點，就媽拿巴子槍斃你這龜犢子！」一個驕橫的大兵怪聲怪氣地說。

「諸位官長！我的兒子媳婦都到關東去啦，我的老伴早已死啦。我是孤零仃一個人，我哪有姑娘和洋錢呢？」

「老山貨，滑頭，吊起來揍他！」又有一個叫喚着。

「何必呢，讓他吃一個黑棗就去他媽的，算了。」原先那個兵說。

隨後就「啪」一槍，衝着郝秀才的後腦射過去，可憐郝秀才，正是秀才遇見兵，有理說不清，就這樣結果了性命。

直軍、奉軍、山西軍、和曹錕、吳佩孚、馮玉祥、閻錫山、鹿鍾麟、張之江、岳維竣、孫岳、蕭耀南、陳嘉模、張作霖、張景惠、吳大舌頭、張福來都成了荻村人民所最熟悉的軍隊和人名。他們最崇拜吳佩孚，管他叫吳小鬼兒，說他用兵如神，能捏會算，是諸葛亮託生的。他們起初聽說馮玉祥是個好人，但後來倒了吳佩孚的戈，他們就恨起他來，管他叫倒戈將軍，又聽說他把宣統逼出皇宮，他們一提起馮玉祥來都搖頭。對於張作霖，他們瞧不起，因爲知道他是綠林出身的。總之，他們有多年遭兵災的痛苦經驗，對於這些構成兵災的大人物們都有一致的淸楚的批評。但究竟爲了什麼打仗，他們也不盡瞭然。反正打好了，他們村莊過逃兵；打敗了也過逃兵。在他們的眼目中，兵好像總是與逃字連結在一起的。

忘記了，不知是那年，祇有一次，荻村過了一天兵，這枝兵竟出乎意料，以外的是整隊來的，沒放槍，沒敲民宅，沒搶東西，並且官長還和和氣氣的，這一次荻村人可認爲世界快變了，他們也就敞開門戶，自動地給軍隊燒茶送飯，都聚攏在街心圍繞着休息在道旁的兵，問長問短，指手劃腳。

但祇有這一次，以後再來的仍舊是燒、殺、搶、牽。

縣長第一次向全縣徵兵徵伕徵車徵草是第一次直奉之戰。荻村，村子大，人多，民富，要出五個兵，三十個伕，二十輛大車，四十匹騾子，一萬斤乾草。算一算，光是車騾草三項就値銀洋六千多元，五個兵三十個伕怎麼籌劃？張五爺帶着二路紳士扣兒蘑菇，黑心鬼和新升爲地保的大粗腿進了幾趟縣城要求豁減徵額，縣長毫不鬆口。新縣長是吳玉帥的部下，是軍人，任何情面都不喫。張五爺又明知道他的伯父張舉人做的是東三省的官兒，按形勢地位都與直方反對，這個啞吧虧非喫不可，於是他把心一狠照命令行事，把各種價目規定定下來：

「每個兵一百元，每個伕五十元，每輛車一百元，每匹騾一百元，草每百斤五角，共需八千五十元，徵足一萬元，餘下的錢做下次徵用的準備金。闔府共有土地一千畝，每畝地攤十元，限期繳納，逾期送縣。」

地保大粗腿把這輝煌嚴峻的命令，篩着破鑼，從淸晨到黑夜，不住地敲打呼喊，使每個村民顫抖着心弦計算他們應納的銀錢數額。村民把儘可能折變了的東西換成錢繳付，然而張五爺應該納的一千多元，錢却勻給全村人民攤付了，誰敢查？誰敢問？

錢繳足了，但兵和伕子還是沒有人應徵，張五爺一氣，馬上召集全村人等開會，他問：

「兵和伕子的價錢都規定好了，爲什麼沒人應徵？再沒人報名，我要指派了。」這時村民你瞅我，我瞅你，誰也不肯報名。

黑心鬼早有了主意，他說：「五爺，我看當兵當伕子總得規定幾個條件，年紀要青，沒有家累，並且是本村閒人。」

「那麼，誰合乎這些條件，傻常順兒，他不算老，又沒家少業。完蛋蛋兒游手好閒，小淘氣兒年青力壯，再有東頭張拴子，北頭地狗子都合條件，讓他們五個當兵是了。三十個伕子好在是把草和車送到由山海關就回來，讓村裡人抽籤決定好了」。他又補充說明。

「好！對！黑心鬼的話有理！」扣兒蘑菇明知道這是誰的詭計，但他不便駁他，只得附合。而張五爺更補上了一句：

「傻常順兒沒家少業，應得的一百元錢，交給扣兒蘑菇保管，幾時回來再給他。」

事情就還樣決定了。

但當天夜裡，完蛋蛋的媳婦，小淘氣兒的娘，張拴子的爹，地狗子的奶奶都跑到黑心鬼家的門口，哭着喊着，打着鬧着，非要黑心鬼另行挑人不可。

完蛋蛋兒媳婦哭着說：「俺家他爹，怎麼能離開家呀？全家四五口人全靠他兩隻手活着呢呀！這不是活活送死去麼？」

小淘氣兒的娘哭着說：「俺家氣兒是周家門唯一的根兒，要有三長兩短，周家不落了絕後麼？俺家氣兒從來是熱心腸，村中事跑前跑後，再說也沒少給他黑大爹幫忙，爲什麼這樣害他！」

張拴子的爹是一個屠夫，他大聲吼着：「黑心鬼！你這混賬王八旦，拴子平常老實把爺的，那天得罪了你？你要是讓他去當兵，我就要宰了你！」

地狗子的奶奶是個巫婆，她說：「俺家狗子沒有爹，獨桃一枝，大仙說他是有星象的，你要是叫他去當兵，大仙不會饒你，小心讓天狗喫了你！」

黑鬼聽了他們的咒罵，把他的黑圓臉往下一拉，成了黑長臉，急的滿嘴吐沫星子，說：

「你們怎能一門怪我？這五個兵誰去當是張老五早定規好的，我不過是替他說一下罷咧，你們有勁爲什麼不去和老五施展？我黑心鬼永遠不被你們諒解！這個年頭太壞，好人總是受寃枉。再說咧，一百塊白花花洋錢夠你們你們一年吃花不淸，你們的兒子孫子男人的狗命不値這麼多的錢？不去，好，明天送衙門　看你們怎麼樣？如今縣長可不像往常，動不動就槍斃人，你們看，是死着去，還是活着來？聽說這回伕打不了好久，民兵還要放回來的。放着洋錢不既，我是沒有兒子，要有，我一定讓他先去。」

（未完）

教會與共產主義之在中國

（待續）

雷震遠 著
芬 譯

（一）共產黨成功之理由

自從一九一二年國民黨担負起重建中國的艱巨任務，在卅五年之中，他們會做了不少事，但離理想還遠。我們並不想在這裡褒揚或貶責中國國民黨，他正像其他的政黨一樣，有他的長處也有他的短處，只有一點要說明的，就是他對於人權和自由的尊重，使他的工作效率遠不如共產黨。尤其從一九二一年起，共黨就開始搗亂，一九二七年正式剿共，一九三一年日本開始用武力侵略；一九三七年抗日戰爭開始。這些環境都阻撓中國之重建。經濟困窘，待遇菲薄，一般沒有操守的公務員不得不別尋辦法，於是貪汚聚斂的風氣日甚。爲了應付龐大的開支，爲了維持戰爭，政府不得不大量發行鈔票，因之通貨澎漲，社會改革不能如理想之快。一部份管理財政的人擅用職權　破壞政府信用。因之人民瞞怨。此外，蔣介石委員長當時只注意到軍事第一，未免疎忽了思想戰。

共產黨向來擅長宣傳，就很巧妙地把政府這些弱點擴大渲染起來。只做反宣傳是容易得多：他們只要在輿論上破壞政府的信用就够了；一談到建設，他們立刻躱到「竹幕」後面，并且無須計較民衆的意見。

他們的宣傳先以知識份子爲目標。在中國，知識份子的影響，比在歐洲大，老百姓是跟着他們走的。所以他們先在各大學工作，因爲只有這些大學生才能眞正影響政治。在所有的大學裏，共黨份子煽惑那些對共黨組織毫無經驗而對國民政府的缺點認識很淸的大學生。由共區派到各大學的，都是些幹練可靠的，奉命來做滲透工作的戰鬥者。第一步，他們先以誇張來使人相信他們的人數比實際多。因此在北京大學，共黨學生有十九種不同的壁報，而國民黨方面只有一種；實際上，那只是一組將近卅個職業學生的作品，他們把全部時間都用在宣傳上。

他們把共產主義宣傳爲進步的，理想的，革新的主義；他們的政府是廉潔的；在他們的新社會秩序中，一切都是平等的，自由的，實行共產主義是拯救中國，保障人民幸福的唯一途徑。反過來凡是中立的或反共的人，都是「不進步的，落伍的，帝國主義的，國民黨的，資本主義的，自私的……」，在這種氣氛之中，沒有一個學生敢表示他不是左傾思想的，因爲那樣他立刻會被列爲「守舊分子」而被排擠出學生團體。

共產黨不管在校內或校外，從不放過滋擾生事的機會，并且加以利用。他們鼓動一些非共黨的學生去主持各種集會或游行，而眞正的共黨却隱在後面；警察當局拘捕學生的時候，很少捕到眞正的共黨份子。這些非共黨的學生被送入監獄，當他們被釋放時，人家把他們視爲凱旋者，稱他們是爲正義而被難的「英雄」，於是自然而然的他們會去入黨，或者更放開手去參加一切政治活動了。

甚至一些中學校也成了共黨宣傳的目標。因爲他們年紀越輕，思想越單純，而共黨對他們也越有把握。

他們又用種種方法滲入政府機關。他們對於這種工作是訓練有素的，很難被發現。在北京失陷之前，他們曾組織一個團體，專事宣傳以離間蔣介石總統與傳作義的感情。

共黨對他們從自由區擄去的囚犯都很優待，幷給他們旅費，很殷勤的送他們還鄉。他們之所以如此，就是爲要這些囚犯——多半是些頭腦簡單的人——回到自由區去替他們作宣傳。

共黨有一個大優點，就是一切活動皆有組織。在他們的組織之中沒有個人存在；一切指示都來自上級，下面的人員應盲目的遵從。這些指示都是有規律的印成編了號碼的本子分發給黨員，這樣如果有人將這種本子給了黨外的人，立刻就會被發現，因而立刻被處死。但這些本子在剛印出來時雖然很寶貴，很快就會失却價値，因爲這些指示是時時變更的。

他們每到一個新的地區，所有黨員都表現得很有禮貌，很和氣，很寬大。他們大體都能獲得民衆的信任，直到他們現出眞面目來爲止。他們會做一兩樁聳人聽聞，合乎共產及平等原則，有利於民衆中一些活動份子的改革。但是在他們能確實把握環境之前，决不做任何正式行動。今夏在北平，聖體行列（譯者按：是一種宗教典禮後的遊行）仍能自由的出來游行。這件事使大家對共軍改變了觀念，覺得他們是很寬大的；雖然實際上在別的地方，例如在學校，他們會給了許多困難。

共產黨之成功還有另一個理由，就是他們在全世界的輿論面前表現自己是中國的土地改革者，而不是馬克斯主義的共產黨。大家明知對於這種表現應如何看法；但是這種宣傳使他們保有足够多的中立者來給他們機會去實現他們的計劃。

（二）在共產制度之下

詳細研究共黨佔領一個地區後的設施是太長了，我們這裡只講幾點來幫助我們明瞭中國教會是在怎樣一種氣氛之中生活着。

共黨對付民衆正和對付敎會的策略一樣，是不斷變更的：他們很懂得怎樣將他們的設施去適應當地的環境。無論是笑着臉做，或以嚴刑來做——通常多半是二者并用的——其目的和結果總是一樣的：就是消除一切反對力量，完全掌握民衆。拿中國一句俗語來說：毛澤東和他的左右都是「殺人不貶眼的」，他們明知這不是好事，但他們必須用這種方法來製造階級鬥爭和恐怖氣氛。

（甲）階級鬥爭：

中國共產黨主要的統治方法是基於階級鬥爭的，中國和蘇聯一樣是個農業國，百分之九十的人民是農民。工人只集中在上海、漢口、太原、瀋陽、天津幾個大都市裏；約佔全民的百分之一，差不多五百萬人。在廣大的農民中，本來沒有階級存在，所以共黨必須製造階級來挑起他們之間的仇恨。

共黨把農民分爲五類——照他們的想法，就等於五種不同的階級：大地主、小地主、自耕農、佃農和僱農。這些階級的區分並沒有一定的標準，在每個村莊裏，擁有田地最多的就被稱爲「大地主」，其餘的按照比例類推。很可能甲地的「大地主」如果在乙地，只不過是「小地主」，他們的區分完全是比較的。

那些佃農和僱農被選爲組織的基層，從那裏面找出基本幹部來和其他的階級鬥爭。他們之所謂鬥爭，就是把上層階級的田地拿來分給下層階級；凡是不願自動拿出來的，就要以壓力和血來强取。他們有四種方法來達到這目的：

（甲）翻身會——把每個家庭中或農村中的僱工組織起來，叫他們去做舊主人的主人；就是使他們的地位對換一下，反僕爲主。

（乙）復仇會——准許窮人去向富人復仇；當然富人是不可以向窮人復仇的。

（丙）清算會——共黨要清算你本人和你祖先的一切賬目。如果其中有過任何不公允的事件，無論是本人做的或是祖先做的，都要連同複利賠償。普通無論那一個人，總可以在他的過去中找到一兩件不公允的小事，眞實的也罷，假造的也罷，一清算之下，最富的人也會被清算破了產。

（丁）貧苦農團——是由村中的貧苦農民和僱農們所組成，他們統治其他的農民，而他們自己是受共黨中央政府政治部直接指揮的。

他們不但在不同的階級中引起鬥爭，並且還用許多其他的方法來引起同一階級中的鬥爭，例如舉發隱匿資財，土地分配和捐稅分配等。

（甲）舉發隱匿資財——中國農民常常把他們想收藏的財富埋在地下。於是共黨就去掘他們的地，并用種種方法逼他們說出隱匿的地方來，同時還要搜尋他們可能隱藏在他們的好友或住在自由區的熟人手裡的財產。共黨會用各種酷刑，各種方法迫他們說出隱藏的地方來，許多上層階級的人爲不肯完全說出這些藏金的地方而送了命。但是下層階級的人也不能避免被鬥爭；因爲不久很可能鬥爭又輪到他們的頭上，把他們新得的田地奪去，甚至把他們的財產和生命一齊奪走。就是共黨基本幹部本身也同樣可能要經過這階段。因爲共黨的首領認爲只有在這些不斷的鬥爭中才能確實把握民衆，驅使他們走過一切必經的階段，甚至他們自己的黨員也包括在內。

（乙）土地分配——這也是用來分解民衆的。許多外國人，甚至中國人，談到這種土地改革時，根本未明瞭共黨的土地改革究竟是什麼？他們實際的目的是把土地分配給所有的黨員，是把富人的財產拿來給政府，是藉此來對外宣傳說他們重視了民衆福利。他們之所謂改革并不是改良耕種法，因爲共產黨并未變換耕種的方法，也未運用任何農業機器，更未改良播種或畜牧的方法；他們只把土地的所有權加以改訂，使得黨能從中取得最大的利益而已。爲了達到這種目的他們分幾個步驟進行；

最初他們給每個男人女人和小孩子三畝地，一切捐稅都免征：這三畝地的出產是被假定爲每人每年所需的食糧。共黨也准許你有比三畝更多的地，但多出來的都要上稅。

第二步：他們公佈三畝以外的田地之出產，百分之六十五應歸工人。這捐稅加上原來應納的稅，無形中就把所有的盈利都征盡了。

第三步：譬如第四畝的捐稅是一元，第五畝就是兩元，第六畝是四元，如此類推，常使得許多地主哀求人家白拿走他們的田地。

最後一步就是禁止擁有三畝以上的田地。多出來的都應充公，由公家耕種。這些公地的生產只能爲公家或紅軍用。這些步驟會經毫不留情地施行到許多共黨老幹部的頭上，他們都是剛因新得的財富而生活稍能安定的。因此有許多人厭倦了這種作法，情願去死或者逃往自由區，都不願再被黨驅使。毛澤東知道自己做得太過了，會向這些舊日的部下道歉，并退還沒收的財物。但很多人仍拒絕接受，情願去死。毛只好以另一種說法，重回到他的第三步驟：

他宣佈只有工作者才能有田地；凡是自己不耕田的不應享有田中的產物。凡是自己耕種不了的田地，都應充公。

（丙）捐稅分配——這是另一種鬥爭方法。共黨從不沒收任何工廠或大的商店。他只向他們徵極重的稅，不能償付的時候，就只好向共黨銀行借錢。這不但使共黨奪去這些事業的一切利潤，因之等於無形奪走了主權，并且他們還經常派一個使人無法擺脫的特殊人員（指導員）去監視。那些擁有企業的人，多半很重視他們的財產，情願把現錢全送出去，爲了希望有一天能重新恢復他們的工廠或商店。

（乙）恐怖氣氛：

共產黨的統治，以階級鬥爭爲基礎，靠恐怖氣氛來鞏固，使人不敢違反他們的法則。爲了使他們的幹部不想幹也得不斷向前幹，共黨中每年都要舉行一次或多次的清黨運動，這樣使得一切被認爲可能有危險性的份子都被清除。

從一九四八年春季起，中共實行一種新的監視方法，叫做「三查政風」。這三種查是查你的階級，你的思想，和你的工作精神。黨中特別注意你本人和你的三代祖先是屬於那層階級的。如果在你的三代祖先之中有人是屬於資產階級的，這人就永不能成爲共黨的基本幹部。思想的考查是非常精密的：「你是否以共黨的觀點來評判一切事物？」「你是否一個投機份子，只爲避免危難而做共黨？」「你是否一個右傾的人？只在共黨統治之下裝左傾份子？」諸如此類的疑問，每個共黨份子都須一一解釋消除。你對於共黨組織的忠實精神也是時刻被注意的：「你會否眞給黨做了事？」「你是否把自己整個獻給了你的工作？」

這三查對於所有的人都可能是生或死的問題。三查之後人家給你一個裁判，判決你有罪或者無罪，好或壞，生或死。這些裁判雖只在考查之後才決定，但實際上那些負責裁判的幹部早就事先有了預定。當然在考查的過程中總可以找到一點小事來控告那些黨裏希望淸除的人；人家可以按照需要來擴大或減輕這件小事，他們常常是這樣做：

先叫你公開地坦白。你要從最小的時候說起，把一切做過的事都坦白出來。要在公衆面前承認你過去的錯誤；即使你完全無辜的話，也要找幾點錯誤來承認。坦白的內容如何幷沒有很大關係，因爲他們都是按照預先的決定，或者向你施行『寬大』，或者宣佈你有罪。

坦白終了之後，如果是他們想淸除的人，他們就宣佈他是『頑固』，就是說：思想腐舊，無用。於是就被「鎭壓」。爲消滅一個人，共黨有無數的方法；在千百之中，我們可以舉一兩個例子：「坐摩托車」，就是把被犧牲者的手和脚綑住，繫在一隻馬或驢的腿上，然後鞭打這馬或驢，使牠們飛跑，直到把人拖死爲止。「坐飛機」，就是好幾個人把那被犧牲者高高舉起，越高越好，然後用力摔下來，直到摔死爲止，「砸核桃」，是用大塊石頭將人的頭打碎。「審查良心」，就是把心挖出來。還有許多人是被活埋的。活埋人的坑多半挖成斜坡底，使被埋的人頭朝下，脚朝上，這樣就無論如何也不會掙脫出來了。

在共黨統治之下所最難忍受的是精神上的痛苦。不斷的疑難問題，時刻須防的不測之禍，使人的神經永遠緊張，此外還有普遍的恐怖氣氛。

以上是在華北共產制度下生活過的人，所實際經驗到的，有關中國共產黨[illegible]一點點。（未完）

給讀者的報告

臺灣的雜誌先後繼起，有如雨後的春筍，反共抗俄的思想陣線一天天擴大與加深，使民衆認識共黨的眞面目，再不受其技巧的宣傳之欺騙，的確是特別可喜的現象。惟過去各自爲政，毫無聯絡，未免有美中不足之感。我們各雜誌社的負責人，有見於此，用特組織「臺灣省雜誌協會」，以收群策群力之效，經數月的籌備，卒於五月二十一日在臺北市中山紀念堂召開成立大會。群英咸集，濟濟一堂，硏討共同的方針，策劃將來的發展，情形極爲融洽云。

舟山撤退，又給海內外一個大刺激。我們親眼看見舟山歸來將士的人們，都有一種深刻的印像，他們個個精神煥發，充滿鬥志，是絕對不容懷疑的。至於政府的戰略之是非，國內外當然免不了有許多說話，我們鄭重告訴讀者諸君：政府此次的撤退命令並不是臨時倉卒的行爲，乃是經過多方考慮，權衡利害得失，才出此最後的決定，必有其充分的理由，我們不應加以非議。但是現在我們除金門一點外，只剩下臺灣一個孤島了，退此一步卽無死所，蔣先生已公告天下願與臺灣共存亡：凡屬現役軍人，均須無忝職守，如果將軍有必死之心，兵士無偷生之念，則敵軍來攻，自必被殲盡無餘，卽反攻大陸亦非難事，至於平素不守紀律，貪汚腐敗的事實是不會發生了。

碧瑤會議開幕了，由反共而變爲非共，由非共而變爲不提共產黨字樣，且屬次聲明並非軍事性質的聯盟，只爲文化方面的結合——這便是「齊一變至於魯，魯一變至於道」嗎？可惜季里諾總統始終還是請羅慕洛將軍主持，並不會選派一個文人來担任，難道菲律賓人民之中，只有這位將軍才懂得文化嗎？一方磨拳擦掌喊打喊殺，一方從容討論文化交流，這流氓和紳士的對照委實是各有千秋，我們作冷眼旁觀，也煞是好看！

最近法外長許曼建議，法德二國煤鐵合營，以杜絕根本的爭端，確立永久的合作，這眞是撥雲霧而見靑天的高明辦法。聽說邱吉爾也主張英國要加入去，以爲西歐大聯合的基礎。大家知道，近代的文明首推英法德，如果在二十世紀初年三强能够密切合作，則支配全世界綽綽有餘，誰敢反抗？可惜兩次大戰力量互相抵消，乃讓俄美兩個後起國家橫行濶步。亡羊補牢猶未爲晚，英法德當局是否有眞正的覺悟呢？

王平陵先生爲文壇宿將，本期特爲本刊撰「聞鷄起舞」一文，以表氣吞胡羯之慷慨。我們的渡海輪船遠優於古人渡江之楫，唯望有志靑年猛着祖鞭耳。又比利時的雷震遠神父「教會與共產主義之在中國」一文，積壓多時，至今日始能和讀者見面，不勝歉仄。其報導之眞切，使人一讀而知共黨殘酷惡毒之眞面目與所謂信仰自由之眞相，以及內地的傳道士艱苦支撑的情形。

自由中國 半月刊 第二卷第十一期
（"Free China"）（總第十四號）
中華民國三十九年六月一日
發行人 胡適
主編 『自由中國』編輯委員會
出版者 自由中國社
社址：臺北市金山街一巷二號
電話：六八八五號

航空版
香港 香港時報社（高士打道六四號）
暹邏總代理處（曼谷攀多社十二號）

經售處
臺灣 中國書報發行所（臺北市館前街八五號）
美國 紐約民氣日報社
舊金山國民日報社
馬尼剌 中菲文教出版社（馬尼剌紐變瓦街四五四號三〇三室）
印尼 巴達維亞星期日報（瓜哇巴達維亞紅溪丁九號）
棉蘭繁華圖書公司（蘇門答臘棉蘭廣東街七十五號）
西貢 中原文化印刷公司
新加坡 中興日報社（新加坡羅敏申律一一〇號）

印刷者 臺北印製廠
廠址：臺北市民族路六四三號
電話：三三一六號

本刊經中華郵政登記認為第一類新聞紙類

自由中國

香港航空版

發行人 胡適

第二卷 第十二期

要目

中華民國三十九年六月十六日出版
社址：臺北市金山街一巷二號

社論

向日本人民進一言

要在歷史上找一個奮發自强的民族，最好的例子，莫過於日本。日本和英美各國交通，到現在還不滿一百年。從明治（一八六八年起）維新以後，不到三十年，便成爲世界上强國之一；在科學和工業上，亦漸能追踪歐美先進各國。這種勃然而興的現象，尋根溯源的人，固然有種種說法。但我們以爲最重要的原因，是日本人民有從善服義和實事求是的精神。因爲有這種精神，所以能夠以一個小國一躍而成爲大國。

不幸自第一次大戰以後，日本一部分軍閥，誤解達爾文生存競爭的學說，迷醉於黷武主義，欲圖侵佔中國以廣疆土。當時不是沒有明智的人，反對這種企圖；如死於二二六事件的高橋藏相，深謀遠慮，實可謂國家的寶龜。但曲高和寡，本身且不免爲軍閥所殘殺。結果，中國固然蒙受這班軍閥的禍害，而日本自身亦一敗塗地。

這個失敗，已不是那班野心的軍閥所能預料，亦是大多數日本人民所不願意有的。但是從稍有歷史眼光的人看起來，這個失敗，非特是日本國家的幸運，亦且是日本人民的幸運；只看日本人民怎樣自處罷了。

我們說這句話，決不是戲言，也不是詭辯。中國最著名的一部小說西遊記中的紅孩兒，本是一個妖怪。因爲往西天取經的唐僧玄奘的肉，在當時西方路上妖怪的心目中，是成仙得道的妙品，所以紅孩兒也想吃唐僧的肉。後來被唐僧的徒弟孫行者請了觀音菩薩來，把紅孩兒收伏了，變成善財童子。這個善財童子，「受了菩薩的正果，與天地同壽，日月同庚。」我們試用這個故事做比喻：軍閥專權時代的日本，乃是魔孽迷心要吃唐僧肉時候的紅孩兒；目下的日本，可以說是被觀音菩薩收伏的紅孩兒。如果能受了菩薩的正果，豈不是最大的幸運！

怎麼才是「受了菩薩的正果」呢？最簡單明瞭的答案是：「用全身的力量，做正派的事情。」一個民族，能夠表現他的力量　以阻止世界上的橫暴，以維護世界的和平，便是做了正派的事情。

而日本現在，適有做這樣事情的機會。

目前世界的混亂，純粹是由蘇俄要宰制天下而起的。世界上如有一個國家不服從蘇俄的指麾，蘇俄定要弄他的陰謀詭計，一直使這個國家投降蘇俄爲止。我們生存在現在的世界上，如果不願意做蘇俄的奴隸，如果要每個民族自由決定自己的生活方式，非把蘇俄的共產帝國主義掃除淨盡不可。因此，一個具有生活智慧的民族，沒有不反共的。

本月七日日本內閣書記官長岡崎勝男在新聞記者招待會中說：「日本在冷戰中，已完全投効西方民主國家以對付共產黨。外間有建議日本採取中立政策的，政府不予以考慮。因爲在分裂爲兩大陣營的世界裏，日本無法中立。」岡崎君這個聲明，如果可以說是吉田茂政府的政策，那眞是一個正大光明的國策。能夠照這樣做去，自然是日本人民的幸福。

但政府的決策，需要人民的支持。在我們中國，現在的蔣總統，於二十多年前，便見到共產黨的害處了；但終因當時人民不領會蔣總統的卓識，以致今日四億以上的同胞，顚連困苦於共產黨的虐政下。我們有這樣慘痛的經驗，所以不得不憑我們的經驗以忠告於我們最有希望的鄰邦裏的人民，使他們不要蹈中國人民的覆轍

最近日本參衆兩院的選擧，自由黨獲得勝利。這可以看出日本大多數的人民都擁護政府投効西方民主國家以對付共產黨的國策了。但我們還希望日本全國人民，在這種大國策中，超越黨派，超越一切政見的異同，作一致的主張，使史達林陰謀詭計，不致爲害於日本。若在這種緊要關頭，稍有猶豫，則養癰遺患，將來必有無窮的後悔。從前中國一部分人士，妄信共產主義的能夠迅速的革除社會上和政治上的一切壞習慣，而不悟蘇俄的陰謀，所以一般人民對於共產黨，沒有深惡痛絕的決心，而共產黨的勢力，遂得蔓延於全國。到了現在，稍有知識的人士，除去假借共產黨勢力以剝削人民的以外，差不多沒有不怨恨共產黨的。從居住香港的中國人民的輿論，便可以得到眞正的中國民意了。可惜這班知識份子，覺悟得太晚。但日本的人民，正可引以爲殷鑒！

美國的執政者，對蘇俄的奸險，近來雖然逐漸了解，但因對中國國民政府積有偏見，所以在東亞方面，仍一味優柔寡斷。這樣下去，蘇俄必更得志，而世界的危險狀態，亦必一天比一天厲害。除去美國，英國差可以抗俄，但英國自私的國策，非至身受共禍時必不肯出頭。英美以外，世界上可以阻止共禍的國家，便要算到日本了。中國雖有意志堅定的元首，但一般人民在政治上的修養，不及日本的人民，且大陸國土淪陷，資源盡失，所以在反共抗俄的任務上，遭遇到種種的困難。這種時候，日本人民若見義勇爲，與自由中國協力同心「用全身的力量，做正派的事情，」則非特日本自身，可永爲世界上一個光榮的自由的國家，即人類的文明，亦可因以保全。這樣，才可以不負自明治維新以來日本全國上下勵精圖治的苦心。

而日本現在，適有做這樣事情的機會！

時事評述

節能補虧 約以養源

確保臺灣，今日最重要的，無疑的，是財政問題。在今日也可以說是財政重於軍事。軍事絕無問題，不要說能够確保臺灣，如果餉械能有如數接濟的話，一定可以馬上反攻大陸。合東南亞各國陸海空軍的力量也不能與我們等量齊觀，事實俱在，絕非自詡，時到今日也用不着我們誇耀的。

財政也並非特別危險，我們如能上下一心，我們是絕對有辦法的。用不着疑懼，也不必恐慌，只要大家有決心去做。

辦法何在？仍不外主辦財政的兩句最普通的老生常談：就是「開源」和「節流」。

開源的方法甚多，如增進生產，暢運貨流，增加美援，開闢新稅，乃至愛國公債，節約儲蓄等等，政府本在做，美國也在援。今後請政府做得更澈底，毋使有錢人漏網，請美國援得更積極，不要鷄零狗碎的幹！但是地方不大，開源是有限度，今後須用「節流」以濟其窮。

「節流」在公家方面就是裁員減政，節省開支，今日政府機關已竭力在做，雖未完全盡如人意。惟事業機關則大有可節之處，今後要從這一方面下手。事業機關一面要增加生產，同時必須節約，節約可以減低成本，間接等於增產。

講到節約，我們老百姓的責任也不在小。我們不要把節約看做是消極的，在物資貧乏之國家，節約乃是補苴罅漏的唯一妙法。我們今後的一切要取法英國，不能專學美國。美國是天賦獨厚，浪費一點不要緊，而英國在戰時則以節約爲號召，渡過難關。戰事結束到了今日，英國人還是少吃少喝，捆緊褲帶，衣僅蔽體，好的衣料賣給外國以換取外匯。儘管英國人今天還在倒霉，但能這樣茹苦含辛，其前途仍是光明的。反觀我們則如何，不由說得，我們節約做得不够，十分不够。

節約乃是免去不必要之消耗，不使物資枯竭，可以多撐持幾天。我們今後要忍受熬煎，要苦撐待攻。國際上是錦上添花，也可以說是自助者他助，只要你能撐得住，外國人一定來幫忙，不要愁看他們今日是與我們的敵人打交道！美國人更不必說了。

節約不僅是減少消費，增加物資，也就是精神鼓勵，臥薪嘗膽。節約不僅要以大處着想，連小處細處都要想到，如用水用電，一物之微都不可浪費。中國的傳統文化是講節約，以節約爲美德，所謂儉以養廉，儉者德之共也，侈者惡之大也。司馬光有曰：「儉、德之共也。侈則多欲：君子則貪慕富貴，枉道速禍；小人則多求妄用，敗家喪身。是以居官必賄，居鄉必盜。故曰：侈，惡之大也」。天下之事，常成於困約，而敗於奢侈，人能咬得菜根，百事可做。我們今日是什麼時候，大家還不朝乾夕惕以節約爲當前人人一致努力的目標嗎?!

（震）

要來的歡迎 要走的請便

最近半年來，由於共黨極權統治的日加厲害，大陸上有大批的人，爲着生活，也爲着自由，輾轉跋涉、含苦茹辛，從鐵幕裏、魔掌中、逃了出來，經香港、以臺灣爲目的地。

大陸淪陷前，這些人沒有離開，各有各的牽絆，現實的，或意念的。可是、一年來、或數月來、熊熊赤焰、把他們各種各樣的牽絆，灼化得一乾二淨！他們始而留、終而逃。留時的心境不同，逃時的動機却是一樣：爲生活，也爲自由；兩者都不可得，只有逃。逃死了、也要死在自由空氣下。

他們當中有的是年壯力强的青年。他們逃，自然有消極方面的「避」，同時更有積極方面的「趨」：趨向光明，趨向自由，趨向人之所以爲人的生活途徑。「趨」、是需要精力的，青年人有的是精力；「趨」的持續、是需要決心的，經過了苦難的青年，有的是持續其「趨」的決心。精力、到那裏去發揮呢？決心，到何處去實現呢？曰：臺灣！

臺灣、有人說它是中華民族爲自由而戰的一個最後堡壘，也有人說它是中華民族爲自由而戰的一個反攻基地。把它看做最後堡壘的人，少不了有惴惴自危的份子；把它看做反攻基地的人，個個都有「滅此而後朝食」的氣概。今天、那些時時打聽出境手續，刻刻關心國外生活的人們，都屬於前者；而那些逃出大陸蹲在香港而以臺灣爲目的地的人們，大都屬於後者。爲着清除內部的障礙，吸收外部的新生力，軍政當局，對於臺灣出入境管制政策，應該重新檢討了。

我們主張，臺灣門戶應該敞開，要來的，歡迎；要走的、請便。

我們也知道，共匪的滲透工作是到家的。大陸逃出的人羣中當然也少不了他們的化身。防諜是重要的。但是，防諜是技術問題，開門是原則。我們應該在開門的原則下，精研防諜的技術，却不該以技術問題拋棄了原則。我們希望有關當局，在這方面多用點智慧和思考。如果開門的原則確定了，防諜的技術有把握了。我們更要進一步要求軍政當局，對於那些來到自由中國而又想有所貢獻於反共抗俄大業的人們——尤其是青年，應該如何分配他們的工作，須作一縝密的籌劃和準備。這確是一件麻煩的事體。怕麻煩、只好關門最省事，但及於整個大陸的人心影響是怎樣呢？眼前有成千成萬的熱血青年，忠貞志士，蹲在躍向自由的跳板上(香港)而不得一跳，他們的情緒如何?!我們想想

（平）

蘇俄開始嚴密控制東德

東西兩大壁壘的對立，在今天的冷戰中以爭取德國爲主要的目標，柏林的五月危機雖然過去了，而兩方的針鋒相對，却越來越尖刻，毫無鬆弛和緩的迹象。最近蘇俄的兩個舉動，似乎逸出常軌，值得特別重視。

第一個是蘇俄聲明，德國的俘虜業經遣送完畢。據西德官方估計則尚有一百五十萬的戰俘仍留在蘇俄，那麼這一百五十萬人那裡去了？照蘇俄政府慣用的說法，當然這是西德當局無恥的謊言，神聖的勞工祖國決沒有虐待戰俘，而使之失蹤或死亡的事情。但是德國的人民會相信誰呢？沒有歸來的戰俘各有其家屬存在，母要其子，妻要其夫，這些家屬已看不見親人的肉體（物質），肯相信史大林的一紙文告（觀念）嗎？家屬之外又還有其鄰人及親戚朋友，都是心內明白的，故一個未歸的戰俘可牽涉到數十人乃至數百人。如果有一百五十萬人之多，則知道事實的可以有幾千萬人了。故除了瘋狂的共產黨徒外，最大多數的德國人民是不會相信史大林的聲明的。那麼他這個聲明意義何在？

第二個是東德與波蘭成立協定，以奧得河及尼塞河爲兩國的邊界。此邊界是蘇聯政府提議的，其他國家只承認其爲臨時邊界，至於正式邊界則待盟國對德和約中始能決定。故此次東德和波蘭的協定完全是奉蘇俄的意旨而行事，自不消說。德國民衆對此喪失領土的條約能不起反感嗎？東德政府能不因此而損失其威望嗎？這些問題的答案當然是肯定的。本來這邊界是事實上存在的，如果盟國對德和約不成立，當然要照樣維持，不會變更。現在對德和約的締結在短時期內並無希望，假使蘇俄不强迫它們兩國去成立協定，則邊界依然如故，而又不會招來德人之反感及東德政府之損失威望，豈不兩全其美？爲甚麼蘇俄計不出此，而必須發如此的命令呢？

兩個問題，我們可以總括爲一個答案，即是蘇俄嚴密控制東德之開端。蘇俄對東歐諸國之控制，自信已有把握了，最難馴服的波蘭，自派羅科索夫斯基爲其國防部長以後，也怕沒有造反之可能了，現在當然輪到東德頭上。戰俘及邊界兩國問題都要激起德國民衆之反感的，必須在今天有一個明朗的決定，以測驗東德之反應如何。如果有反動分子或動搖分子出現，則加以無情的肅清；如果服服貼貼地接受，並無反抗的情事發生，則以後一步一步的工作便可繼續下去。尤其是邊界問題要使東德當局爲難，更可藉此以判定德共內部之效忠蘇俄的程度。同時他方德共因此已不能獲得多數人民的愛戴，唯有依靠蘇俄的力量以擁護其政權，則以後一切只好唯命是從了。這是蘇俄最近對其附庸國的一貫的手法，只求各國共黨之效忠，不恤其民衆的憤怒，而且要使各國共黨與其民衆日益分離，然後可以嚴密控制，而無背叛的可能。（漸）

英國不應阻撓西歐煤鐵合營

自從五月九日法國外長舒曼氏宣佈了他的西歐煤鐵合營計劃後，感受蘇聯原子陰影威脅最利害的西歐各國的人民，甚至南歐的義大利也算在裏邊，無不滿懷熱望，個個睜大了眼睛，呼喚這個天使的胎兒，早日降凡。其對舒曼計劃嚮往的熱烈程度可由下列一連串的反應中見之：

法新社邦城當天晚上電傳：西德總理愛德諾發表聲明說：「我已經等待這一類的聲明二十五年了，這一措施無疑地將消弭兩國間任何可能的衝突。」

舒曼外長宣佈其計劃的翌晨，意外長史福撒陳述他的意見說：「義大利已經準備立即同意德法經濟組織，並予以無限制地合作。」

布魯舍爾九日法新社電：舒曼西歐煤鐵合營計劃，今日受到此間普遍頌揚。

倫敦十日聯合社電說：美國國務卿艾契遜毫無保留地贊同舒曼計劃。

上述西歐各國對舒曼計劃的反應，僅僅得之於一些片斷的電訊，然而即僅從這些片斷的電訊中，我們已經可以明白地看到今日西歐人民的意願所在了。

可是人類智慧的發展，往往趕不上歷史前進的需求。一個多月來，英國政府對舒曼計劃所表示的態度就是一例。據倫敦本月七日法新社電傳：英國官方今日否認英國刻正起草一項對抗舒曼歐洲煤鐵合營計劃的計劃之說。我們根據常識判斷：英國既然鄭重否認，一定是傳聞甚熾。無風不能起浪，換句話說這種傳說必有其根據。若是這種根據屬實，那眞是人類的不幸，更是大英帝國的悲哀。

歐羅巴洲本來是一塊完整的自然地理環境，而不幸這一塊完整的自然環境，被星羅棋佈的民族國家底政治區劃弄得分崩離析，各自爲謀。生長在這個區域的野心家每尋隙挑逗，製造糾紛。以致數百年來歐洲大陸總是戰爭頻仍，擾攘不安，其混亂的程度遠較同一時期內世界其他角落爲甚。一個半世紀來，歐洲歷史上雖然也曾產生了一些傑出的人物，起來從事歐洲的統一工作，但不幸地是從拿破倫、威廉第二到希特勒，一脈相傳下來，都是犯了一個共通的毛病，那便是：在動機上不以全歐人民的幸福爲前提；在手段上則是使用武力解決。其結果是愈弄愈亂，而西歐人民則不勝戰亂之苦。經百多年來血的教訓，今天歐洲人民，咸認統一之道，首先應該是經濟的，其後是政治的，萬不可使用武力，一意孤行。所以邱吉爾的「歐洲統一運動」才能如火如荼，所以舒曼的「歐洲經濟統一計劃」才能有如是的良好反應。更重要的是今天西歐人民復面臨着一個滲透和直擊的可怕威脅——蘇聯的第五縱隊和原子彈。西歐人民若不團結自救，則只有滅亡。我們東方人看着尚且如此，而一再承受這種慘痛教訓的英國紳士，何竟愚蠢至此？（白）

論立法權的運用

薩孟武

民主政治是法治政治，行政權的發動須在法律的範圍內，以法律爲根據，立法權的發動須在憲法的範圍內，以憲法爲根據。

行政權須受法律的節制，所以(1)法律是什麼，必須明確規定。換句話說，一種法規須有一定要件，才可以稱爲法律。憲法第一七〇條說：「法律謂經立法院通過，總統公布之法律」，所以法規不是由立法院制定，且由總統公佈者，不是法律（註），這叫做法律的公證（Beurkundung）。（2）法律的效力乃在行政命令之上，即行政機關發布的命令不得抵觸法律。憲法第一七二條說：「命令與法律抵觸者無效」，這叫做法律的優越（Vorrang）。（3）法律對於某幾種事項，又得禁止行政權任意發動。例如憲法第四十六條說：「總統副總統之選舉，以法律定之」，即總統副總統之選舉必須用法律規定，不得用命令規定，這叫做法律的保留（Vorbehalt）。

（註）合憲法第三十七條看來，法律之要件有三，（1）立法院通過，（2）總統公布，（3）行政院院長之副署，或行政院院長及有關部會首長之副署。三者缺少其一，法律均視爲不存在。

立法權須受憲法的節制。國家之有成文憲法者，憲法與法律有明顯的區別（公證），法律不得抵觸憲法（優越），而憲法對於某幾種事項又得禁止立法機關制定法律（保留）。美國憲法禁止國會制定法律以剝奪人民的信教自由言論自由出版自由集會自由以及請願的權利，就是其例。

行政權應受節制，衆所共知，本篇只述立法權應該如何受節制的問題。

在民主國，行使立法權者，均是民意機關。民主政治是民意政治，世人因民意是最高的，遂謂民意機關是最高的；又因民意機關是最高的，遂謂立法機關是最高的，至少在立法方面，是最高的。固然，在不成文憲法的國家，法律與憲法沒有區別，如英國者，其議會也許可以說是最高的，所謂 Parliamentary Sovereignty，就是表示英國議會的最高性。英國議會何以最高呢？

（1）議會是唯一的立法機關，議會之外，沒有一個機關能夠行使平等的立法權，則議會之上當然更沒有一個機關能夠行使優越的立法權了，所以議會制定的法律乃有最高的效力。德國威瑪憲法以國民爲最高立法機關，議會制定的法律，國民可用複決，以廢除之；議會不制定的法律，國民可用創制，以成立之。即議會之外，尚有一個立法機關。英國與德國不同，人民選舉議員之後，議會在其任期之中，有絕對的立法權，縱是人民也不得干涉。所以盧梭才說：「英國人民都以爲自己享盡了一切自由，其實，大錯特錯，他們惟於選舉議員之時，才有自由，議員選出之後，他們又變成了奴隸」。

（2）議會有無限制的立法權，即對於任何事項，或對於任何人物，均得制定法律以拘束之。換句話說，不管政治問題或宗教問題，不管對於君主或對於人民，議會都得行使立法權。皇位的繼承，由議會制定法律以決定之（Act of Settlement），議會的任期由議會制定法律以延長之（例如女皇 Anne 時代之 Septennial Act 改議會任期三年爲七年），犯罪的行爲由議會通過法律以赦免之(Act of Indemnity），甚而至於國家的根本法——憲法，議會也可依普通立法手續，以修改之。所以De Lolme才說：「英國議會除不能變女爲男或變男爲女之外，任何事件都得爲之」（Parliament Can do Everything but make a woman a man, and a man a woman）。

（3）議會制定的法律有絕對的效力，即法律一經議會制定，不問內容如何，任何機關都不得宣告其無效。美國法院得以違憲理由，拒絕適用法律，而使該項法律等於取消，英國不然，議會制定的法律縱是惡法，一切機關也須絕對服從。不過前後兩法律發生抵觸之時，依「後法推翻前法」（Lex Posterior Derogat Priori）的原則，前法須因之改變。法院只能在這個限度之內，決定前法那一部分有效，那一部分無效，絕對不能審查法律是否合法，而限制議會的立法權。

吾國立法院是否和英國議會一樣呢？吾國立法院的立法權是否和英國議會的立法權一樣呢？

（1）立法院之外尙有一個國民大會，憲法由它修改，立法院制定的法律，它可用複決，使其失效，立法院不制定的法律，它可用創制，使其成立。即不但立法院之外，尙有一個立法機關，而這個立法機關且居於立法院之上，有改變立法院立法之權。這和德國以人民爲最高立法機關者相似，而與英國之以議會爲唯一的立法機關者不同。

（2）立法院的立法權不是無限制的，而須受憲法的拘束，例如人民的「自由權利，除爲防止妨礙他人自由，避免緊急危難，維持社會秩序，或增進公共利益所必要者外，不得以法律限制之」（憲法第二十三條）。即有了上述四種目的之一，立法院才得制定法律，以限制人民的自由，而其限制又以達到四種目的所必要者爲限。沒有這四種目的之一，或有了，而其所限制者若超出「必要」的範圍外，這種法律都可以視爲違憲而無效。這和英國議會之有無限制的立法權者又不相同。

（3）立法院制定的法律沒有絕對的效力，倘若牴觸憲法，司法院可以宣告其無效（憲法第一七一條）。固然列國憲法也有用明文規定法律不得牴觸憲法者，而究其實，各國大率採用比利時制度。「解釋法律爲立法權之事」（比利時一八三一年憲法第二十八條）。因此，議會制定一種違憲的法律，事實上雖是違憲，法律上仍是有效。吾國則學美國之制，使司法院解釋法律，倘若認爲違憲，便可宣布無效。在這一點上，立法院的立法權當然和英國議會的立法權不同。

其實，二十世紀的憲法因鑒法國議會政治之弊，均有不信任代議制度之意，所以雖然設置議會，而議會的立法權却不是「最高」的。議員之罷免，人民之直接立法（創制與複決），總統之提請覆議，法院之審查法律內容，這些制度都是用以牽制議會的立法權的，尤其是每區選舉人可以罷免其所選出的議員，又使議員與人民的代表關係變更了性質，恢復到中世紀的 Mandat imperatif。

法人 Abbe Sieyes分國家權力爲兩種，一種叫做制定憲法的權力（Pouvoir Constituant），另一種叫做憲法創設的權力（Pouvoir Constitues），立法行政司法是憲法創設的權力，國民是制定憲法的權力。立法權既是憲法創設的權力之一，則其發動自宜局限於憲法所指定的範圍內，而以憲法爲根據。在這個大前提之下，便成立了三個原則。

（一）憲法有明文規定的，法律不得違反，這是自明之理。所謂「不得違反」，不但謂憲法所容許者，法律不得禁止，憲法所禁止者，法律不得容許；且謂法律所容許或所禁止之範圍應與憲法所容許或所禁止之範圍一致。舉例言之，「監察委員不得兼任其他公職或執行業務」（憲法第一〇三條），這是憲法明文規定的。倘法律只禁止監察委員兼任官吏，而容許其爲大學教授或執行律師會計師工程師的業務，則失之過寬；反之，「立法委員不得兼任官吏」，也是憲法明文規定的，倘法律除禁止其爲官吏之外，又禁止其兼任官吏以外的公職，或執行律師會計師工程師的業務，則失之過嚴。過寬與過嚴均與憲法所禁止或所容許之範圍不一致，縱令事實上有必要（？），法律上還是違憲。換句說話，事實上若有必要，應先修改憲法，憲法條文若未修改，任何民主國家的民意機關都不敢顯明的作違反憲法的決議。

（二）憲法所容許者，又常限定其所容許的範圍。明白言之：憲法若明文規定某種機關有某種職權者，一方固然承認這種職權屬於這一個機關，但是同時又常常限定這一個機關只有這種職權，法律不得把較多的職權，授給這一個機關。德國威瑪憲法第四十九條：「聯邦總統有行使特赦之權」，因此，大赦固不必說，即行使減刑復權之權也不屬於總統。意國一八四八年憲法第八條，一國皇行使特赦減刑之權」，刑事訴訟法第八三〇條：「國皇宣告大赦」，憲法限定國皇行使特赦減刑之權，法律又容許國皇宣告大赦。法律明明違憲！其所以尙有效力者，實因意國憲法沒有規定修改手續，因之，遂變成柔性憲法，憲法條文可由議會制定矛盾的法律而生變化。這種變化在剛性憲法的國家不會有，而且不許有的。

行政機關如是，立法機關亦然，關此，有一個重要問題，即立法院的提案權問題，應特別提出討論。世人對此，有三種不同的見解。

（1）立法委員得提出任何法案，類似施政方針的法案，固不必說，甚至於涉及監察權問題的議案，例如糾舉彈劾之類，立法委員也可以提出。作此主張者，乃以憲法第六十三條最後一句：「立法院有議決……國家其他重要事項之權」爲根據。惟由我們看來，在分權制度之下，各院各有專司，立法院固然有議決國家其他重要事項之權，然而這個重要事項必屬於「立法」範圍而後可，離開立法，則爲越權。舉例言之，立法院可以修改刑法民法，而不能審判民刑案件。同樣，立法院可以制定彈劾法，而不能彈劾任何官員，可以制定糾舉法，而不能糾舉任何官員，可以批評政府的施政方針，予以改正，而不能自己提出施政方針。如果不然，則分權主義勢將破壞，這不是民主政治，而是立法院的獨裁政治。

（2）立法委員只得提出法律案。按法律有兩種意義，一是實質的意義，凡是法規都可以稱爲法律；二是形式的意義，凡由議會制定者才可以稱爲法律。在實質的意義，法律的形式不限於議會制度，所以政府的命令，倘其內容帶有「法律」的性質者，也可以視爲法律。在形式的意義，法律的內容不限於法規，所以議會通過的宣戰案，大赦案，甚而至於彈劾案，也可以視爲法律。民主國所謂法律均指其形式的意義。即凡由議會通過者均稱爲法律，吾國制度不甚明瞭。據憲法第一七〇條：「本憲法所稱之法律謂經立法院通過，總統公布之法律」，法律必經立法院通過，固與民主國的法律必經議會通過者相同（形式的意義）。但若完全視爲形式的意義，何以憲法第六十三條又把預算案、戒嚴案、大赦案、宣戰案、媾和案、條約案與法律案並列。憲法所謂「法律案」不包括預算案……條約案在內，事之至明。反之，若單純視爲實質的意義，而謂憲法所謂法律只指立法院通過的「法規」，則憲法第一七一條「法律與憲法牴觸者無效」，又將作何解釋。難道預算可以牴觸憲法麼？條約可以牴觸憲法麼？要之，「法律」二字，就憲法第六十三條說，似單指立法院通過的法規，就憲法第一七一條說，似宜包括立法院的一切決議。其謂立法院只得提出法律案者，大率根據憲法第六十三條，把「法律」限定爲實質的意義，卽「法規」。

但是憲法第六十三條只云「立法院有議決……之權」，不云「立法院有提出……之權」，其以立法院有提出法律案之權，又根據什麼呢？立法院組織法第十五條「立法委員提出法律案，須有三十人以上連署」。憲法第六十三條既把法律案與其他法案區別，同時立法院組織法又只說到法律案，則他們以爲立法院只得提出法律案，固有相當理由。不過由我們看來，憲法是國家的根本法，憲法所容許者，法律不得禁止，憲法所禁止者，法律不得容許。換句話說，立法院組織法第十五條不能爲最高的根據，最高的根據應求之憲法。憲法關於立法院的職權，只有第六十三條之規定，其條文如次。

立法院有議決法律案、預算案、戒嚴案、大赦案、宣戰案、媾和案、條約案及國家其他重要事項之權。

本條容許立法院有議決法律案之權，又容許立法院有議決戒嚴案……條約案之權，都是「議決」，倘議決二字可以包括提出，則立法院組織法第十五條只許立法院提出法律案者，失之過狹。反之議決二字若不包括提出，則雖是法律案，也無提出之權，因之，立法院組織法第十五條只許立法院提出法律案者，又失之過寬。過狹與過寬，均是違憲。

（3）任何法案都不得提出。憲法第六十三條：「立法院有議決法律案、預算案、戒嚴案、大赦案、宣戰案、媾和案、條約案及國家其他重要事項之權」，是接承憲法第五十八條第二項而說的。第五十八條第二項之條文如次。

行政院院長各部會首長須將提出於立法院之法律案、預算案、戒嚴案、大赦案、宣戰案、媾和案、條約案及其他重要事項……提出於行政院會議議決之。

合這兩條看來，，提案權似專屬於行政院，而立法院只有議決權了。固然最適宜行使提案權者莫如行政機關。行政機關知道國家需要那一種法律，既知各種法律之目的，又知各種法律之結果。但是知之者未必就是好之者，故爲預防行政機關之怠慢或惡意，列國憲法多用明文規定議會議員有提案權。

吾國憲法只云「議決」，不云「提出」，那末，在法理上，立法院有沒有提案權呢？關於這個問題，縱在外國，也會發生過論爭。發生論爭便可證明「議決」二字未必就能包括「提出」。一派以爲議決有「通過」，「否決」及「修改」三種，故凡承認議會有議決權者，亦必承認議會有修改權。修改無異提案，因之，凡承認議會有修改權者，又必承認議會有提案權。卽議決權包括修改權，修改權又包括提案權。其承認議會有議決權，而不承認議會有提案權者，憲法須有明文規定，否則應解釋爲議會有提案權。奧國一九三四年憲法只許聯邦議會（Bundestag）有議決權（第五十一條），故乃明文規定提案權屬於政府（第五十一條第六十一條），又明文規定聯邦議會對於政府提出的法案，只能通過或否決，不得修改（第六十二條第三項）。吾國憲法如何呢？憲法沒有提到提案權，第五十八條第二項不過說明行政院要提出法律案……條約案，須先經行政院會議議決而已。而據第七十條：「立法院對於行政院所提預算案，不得爲增加支出之提案」，則除預算案之外，立法院固可以提出也。另一派則謂：修改固然可以視爲提案，但修改乃有一種限界，卽不能離開原案，而須受原案的拘束。原案要徵收累進的所得稅，修正案不能改之爲免除人民的兵役義務，這是自明之理，無庸我們說明。眞正的提案乃與原案無關，在原案的範圍外，提出獨立的法案。所以議決權雖然包括修改權，而修改權卻未必可以包括眞正的提案權。考之各國制度，凡承認議會有提案權者，憲法必有明文規定，其例之多，眞所謂「擧不勝擧」(註)。何況法理上尙有一個原則，凡條文承認某某事件者，往往排斥其未承認之事件。憲法第六十三條承認立法院有議決法律案……條約案之權，而學理上，議決權又不能包括眞正的提案權，則解釋憲法，以立法院沒有提案權，確有理由。

(註)普魯士一九二〇年憲法第二十九條第一項云：「議會依本憲法的規定，議決法律」（Der Landtag beschliesst uber die Gesetze nach Massgabe dieser Verfassung），有「議決法律」(Gesetz zu beschliessen)，而「提出法案」(Gesetzesvorlage zu einbringen)之言，照條文說，議會應該沒有提案權。但其議事規則第三十二條又說：「議員的動議（Antrag）至少須有十五人連署」，而以「議會將議決」（Der Landtag wolle Beschliessen）爲其弁文（Eingangsformal）。這種形式値得我們注意。

上述三種見解，以第三種最爲合理。因爲憲法條文之中，找不出「立法院提出法案」之文字，倘謂憲法第六十三條所謂「議決」可以包括「提案」，難道戒嚴、宣戰、條約等案，也可以由立法院提出麼？或謂立法院「代表人民行使立法權」(第六十二條)，立法權包括提案權與議決權，所以立法院有提案權，自無問題。如果斯言不錯，則上述奧國一九三四年憲法之聯邦議會只有議決權，將不能視爲立法機關了。「立法」的手續最重要者是議決，不是提案。威瑪憲法之參議院(Reichssat)及全國經濟委員會（Reichswirtschaftsrat）有提案權，而無議決權，故非立法機關。徵之各國制度，提案權大率已由立法機關移屬於行政機關。比方英國，議會討論法案之時，須先討論政府提案（Government Bill），其通過的機會多，每星期中只有星期五一天才討論議員提案(Private member's bill)，其通過的機會少。其他各國亦莫不重視政府提案，而忽視議員提案。立法院沒有提案權固不妨害其爲立法機關。更進一步說之，立法院的權限與立法委員的權限是要分別的。議決權爲立法院之權限，提案權爲立法委員之權限。所以各國憲法之關於提案權也，多不曰議會提出法案，而曰議員提出法案。法國新憲法第十四條說：「內閣總理及兩院議員皆得提出法案」，威瑪憲法第六十八條亦說：「法案由內閣或由議會「中」（Aus der Mitte des Reichstags）提出之，法律由議會議決之」。事實如彼，制度如此，立法委員的權限與立法院的權限絕對不宜混同。

（三）憲法沒有明文規定者應照憲法的根本精神或各國的共通慣例，加以解釋。有人告我：立法院在廣州開會時，李代總統提出某君爲行政院院長，未被通過，越數日，有再行提出同一的人之言。其實，就各國的慣例說，議會若有限定一定期間爲會期，則在同一會期之內，議會的議決一經確定之後，不得再行提出討論。換句話說，議會否決的法案，在同一會期之內，不得再行提出，這叫做一事不再議的原則（Vote asquis），所以節省不必要的討論時間，而爲各國所採用，與此關聯而應提出討論者，尚有總統提請覆議之權，憲法關於提請覆議，規定如次：

立法院對於行政院之重要政策不贊同時，得以決議移請行政院變更之。行政院對於立法院之決議，得經總統之核可，移請立法院覆議。覆議時，如經出席立法委員三分之二維持原決議，行政院院長應即接受該決議或辭職。

行政院對於立法院決議之法律案、預算案、條約案，如認爲窒礙難行時，得經總統之核可，於該決議案送達行政院十日內，移請立法院覆議。覆議時，如經出席立法委員三分之二維持原案，行政院院長應即接受該決議或辭職。

依各國制度，總統只能對議會通過的法案，提請覆議，不能對議會否決的法案，提請覆議。換句話說，否認權（即提請覆議之權），只能消極的防止議會通過政府反對的議案，不能積極的强迫議會通過政府需要的法案。何以故呢？民主政治是「全體討論，多數決定」（La deliberation a tous, la decision a la majorite）的政治，但是多數人所決定者未必就是合理。現代憲法都有保護少數者權利的制度，憲法可由少數者的反對，而不能修改，法院的審查權，以數名之法官，而得拒絕適用議會通過的法律；總統的否認權，以一人之意思，而得拒絕公布議會通過的法律，這些制度都是出於保護少數者權利之意，但是我們須知各國制度不過給予少數者以消極的妨礙力，使少數者既得的權利或少數者所擁護的既存制度可以仍舊存在，并沒有給予少數者以積極的建設力，使他們能够得到未得的權利，或建立他們認爲有利而未存在的制度。君主國的元首雖有絕對的否認權（Absolute Veto Power），而對於多數人的決議，也只有妨礙的作用，并不能强迫議會通過少數者贊成的法律。捷克（一九二〇年憲法第四十六條）與立陶宛（一九二二年憲法第一〇五條），其總統可把議會否決的法案提交人民複決，這不是以少數壓倒多數，而是要用更大的多數壓倒多數。要之，否認權的効用在於維持現狀，不在於改造現狀；所以議會通過者可以提請覆議，議會否決者不得提請覆議。要是議會否決者，可以提請覆議，覆議時，非有出席議員三分之二以上仍舊否決，該法案視爲通過，那便是三分之一的議員有積極的建設力了。這不是單單維持現狀，保護者少數既得的權利，而是改造現狀，使少數者能够得到未得的權利。

吾國的覆議制度又如何呢？重要政策由行政院提出，預算案條約案也是由行政院提出。立法院照原案通過，當然不會發生覆議之事。覆議所以發生，只有兩個場合，一是否決，二是修正。否決不宜提請覆議，已述於上。修正可以提請覆議，覆議時，出席立法委員三分之二維持修正案，固無問題。倘不能得到三分之二，亦不過修正案不能成立而已。修正案之不成立，未必就是原案之成立。要是原案可以成立，其不合理實與議會所否決的可由覆議而得成立者相同。

以上是對立法權的發動，提出數個問題，加以討論。總之，我們以爲立法權不是最高的，立法權之發動須以憲法爲根據。本篇所言，或有偏見，希望讀者指正。

「自由中國」的宗旨

第一、我們要向全國國民宣傳自由與民主的真實價值，並且要督促政府（各級的政府），切實改革政治經濟，努力建立自由民主的社會。

第二、我們要支持並督促政府用種種力量抵抗共產黨鐵幕之下剝奪一切自由的極權政治，不讓他擴張他的勢力範圍。

第三、我們要盡我們的努力，援助淪陷區域的同胞，幫助他們早日恢復自由。

第四、我們的最後目標是要使整個中華民國成爲自由的中國。

辯證法是玄學底論理學

劉百閔

馬克思雖自稱他的主義爲科學底社會主義，然而它是含有玄學性質的東西。他雖自稱他所採取的哲學觀點爲唯物主義，但因其所用的方法是辯證法之故，自然地，它也是觀念論底東西。馬克思雖然批評費爾巴哈，說他的唯物主義完全不能擺脫黑格爾的影響，但是他自己也並沒有擺脫黑格爾的影響，他的唯物辯證法依然是黑格爾辯證法的販賣，決不是科學底東西。所以、我要在這裏說明辯證法是玄學底論理學，決不是科學底論理學。

首先，我們試一述黑格爾玄學大要：

思維與存在底關係，應該怎樣解釋？這就是許多哲學家底共通的根本問題。思維與存在底對立，也可說是精神與物質底對立，主觀與容觀底對立：由于怎樣解決這種對立，而哲學分爲二大學派：

康德解釋這種思維與存在底對立，把思維稱爲理性，把存在稱爲事物的本體：但是，他以爲，存在是不可知的，只有思維的形式底研究，才是他的哲學底主要的部份。

但是康德底前或後，思維與存在底關係，依然是許多哲學家底主要的問題：主張思維是根本，存在是第二的學者，被稱爲觀念論者；主張存在是根本，思維是第二的學者，被稱爲唯物論者。馬克思把這個對立看作是觀念論與唯物論底對立：並且，如果依這標準來比較黑格爾與馬克思，則黑格爾毋寧是屬于觀念論者，馬克思是屬于唯物論者，這是很明白的。

一切的觀念論者，無不從思維出發，而到達存在。柏拉圖把對感覺的思維底不變性，加以發展，終于承認了理念底實在。笛卡兒以其在「我想所以我存在」這個題目中所表現底思維爲前提，承認自己、承認神，也承認了自然。康德以思維的形式卽理性的分析爲基礎，證明了科學的普遍妥當性。這樣地，思維一直是最廣義的觀念論者底出發點。

黑格爾也是一個觀念論者，而從思維的分析出發的。這便是他的處女作「精神現象論」底內容。這著作，爲我們開示了我們對世界所作思維底種種的態度。依據黑格爾所說，在人類意識內的出發點，是意識底第一內容，卽感性底存在。從這感性底存在出發，經過知覺及悟性底的順序，人類終于達到了以自我爲對象。其第一的表現，是自意識。從這自意識，人類由于凝視自我，而達到理性。這理性，經過（A）理性，（B）精神，（C）宗教這三個階段，終于達到（D）絕對的知識。在這個絕對的知織底階段上，思維同時就是存在了。

在這思維的分析底著作「精神現象論」之後，他著述了論理學。這著作是他的有名的辯證論。這辯證論，是思維的發展形式。它不但是思維的發展形式，實際上也是萬有底發展形式。因此，這著作不是單純的論理學，同時也是形而上學。它不僅是絕對卽神底發展形式，同時也是自然底發展法則。

所以，黑格爾的自然哲學，是把自然認作一個體系的；在這點上，有它的特徵。像牛頓或笛卡兒那樣，自然科學家把自然作爲全體看底時候，認自然是一個機械；反之，黑格爾則把它看作一個論理的體系。因此，他的自然哲學不是科學底自然觀，而是玄學底自然觀。原來黑格爾是汎神論地去看萬有的，其結果，他認爲自然也是遵循一種法則而展開的，並且這法則不是自然科學底因果法則，而是基于辯證法底論理法則。總之，他的目的，是在把自然看作論理底一大體系。

這裏，我們必須研究一下黑格爾的論理學，卽辯證法（Dialektik）。這論理學和普通科學底論理學不同，而是一種玄學底論理學。那末，黑格爾哲學，爲什麼它是玄學的？又爲什麼它不是科學的？關于這個問題，我們必須在此加以特別玩味。

他的論理學是由三部份成立的。就是：（一）存在，（二）本質，（三）概念。而且他是從存在論開始的。祇要研究一下這個存在論，我們在大體上就可以窺見辯證法是什麼？他論述存在時，首先研究純粹的存在（Reines Sein）是什麼。結果，他到達了這樣的結論，說純粹的存在是和「無」同一的。其理由是，一切的事物都不過是存在的變化。它是具有內容的存在。例如說，這張紙白，或這隻爐圓，這個人在跑，這些都是存在底變化；如果從其具體的存在取去了內容，卽是說，如果從這張紙白，取去了紙白；從這隻爐圓，取去了爐圓；從人在跑，取去了人跑；所餘下的便是純粹的「存在」，而這個無內容卽無規定的「存在」，便是「無」。

因此，黑格爾達到了這樣的結論，說有卽是無。換句話說，所謂純粹存在，在黑格爾看來，等于是任何規定都沒有。這樣，如果以純粹的存在爲肯定，則無便是其否定，是「有」而同時是「無」，這事卽是說某種變化，而變化卽是生成，亦就是否定的否定。總之，黑格爾是依着肯定，否定，否定的否定，這三個階段而建立他的論理的。他把這論理底三個階段，稱爲正提說（Thesis）

反提說(Antithesis)合提說(Synthesis)。

這個論理學，如果作爲玄學，是很有趣的，但不能稱爲科學底。他說有同時就是無，所以和我們平常使用的形式論理學底原理相反，在形式論理學中，說「同一的原理」，「矛盾的原理」，和「排中的原理」。同一原理，以「A是A」這種形式來表現。矛盾原理，以「A不是A」這種形式來表現。而排中原理，則以「某物是A，或是非A，總之必是二者中之一，那裏沒有第三者」，這種形式來表現的。

這三個原理，其妥當性(Gültgkeit)是很明白的，從古代希臘起，直至今日止，祇要是人類存在期間，思維一直是遵循着這原理的。可是黑格爾的論理，與這個排中原理相矛盾。因爲排中原理是說「某物是A，或是非A，總之是二者中之一，那裏沒有第三者」，和這相反，在黑格爾辯證法中，第三者是可以有的。

他是藉這樣的玄學底論理把自然組織爲一個體系的。而且把辯證法認作自然界底發展的法則的。

黑格爾認爲，說明自然的原理，是超越自然以上的思維。自然是有目的的，而思維就是自然的最高目的。所以，自然科學不能不是把自然與思維結合起來的東西，自然不能不是使思維滿足的東西，在黑格爾看來，有科學底思維與非科學底思維之分。從來稱爲哲學的，在他認爲是科學底思維；從來稱爲數學的經驗的自然科學，在他認爲是非科學底思維。黑格爾于是說自然科學底方法，有三種：(一)經驗的方法，(二)數學的方法，(三)思辯的方法。黑格爾決不是排斥經驗的方法與數學的方法，祇是他認爲這二種方法是不完全的，它們不過形成第三種方法——即思辯的方法底導言而已。這所謂形成完全的自然科學底思辯的方法，便是辯證法底意思。總之，黑格爾底所謂自然科學，是依辯證法使自然成爲體系化的。

這樣，黑格爾先想定了自然科學，並且認爲它是優越于今日的經驗的數學的科學的東西，其結果，他對于自然科學，便變成了滲入以有害的獨斷的要素。這獨斷的思辯的方法在萬有之中探求某種意義(Sinn)，是「我這樣看」，「這樣看沒有什麼不可」之類底僅僅是主觀的判斷，却缺乏一切人都能認爲眞理的那種客觀性。亦就是說，在其所謂意義中，沒有普遍妥當性(Allgemeingültigkeit)。

這種玄學底方法，最顯著的例，是馬克思主義，馬克思雖自稱他的主義爲科學底社會主義，然而却是玄學意味很濃的東西，他雖然自稱他的哲學爲唯物主義，但因其所用的方法是辯證法之故，它也是觀念論。馬克思雖然批評費爾巴哈說他們主義完全不能擺脫黑格爾的影響，但是馬克思自己也並沒有能擺脫黑格爾的影響。他的唯物辯證法，依然是黑格爾的辯證法底販賣，決不能成爲科學的東西。辯證法是黑格爾的玄學底論理，決不是科學底性質的東西。他的所謂肯定，否定，否定的否定，這種論理，不是能够科學地說明實在的。這不過完全是黑格爾的主觀的觀察方法。說是一粒麥(肯定)落下以後腐爛了，(否定)，又說它長出三十粒麥之後麥稈枯爛了，(否定的否定)，這樣對麥的看法，完全是馬克思恩格斯的獨特的看法，決不是科學的看法。如果科學地看麥，則無論是一粒麥，無論是從它所生的芽，無論是三十粒麥，都是完全同一種的小麥，那裏有什麼肯定，否定，和否定的否定?所以馬克思主義是玄學而不是科學，辯證法是哲學底論理，而不是科學底論理。

馬克思說人類的歷史是階級鬭爭底歷史，的確，如果從分配的方面看時，歷史上屢次發生了貧富之爭，這種屢次發生的鬪爭，不管是革命或政變，羅馬的貴族與平民之爭，法國革命的中產人民(第三階級)對貴族與僧侶(第一階級與第二階級)之爭，以及勞動階級(第四階級)對中產人民之爭，如果要目之爲階級鬥爭，都沒有什麼不可。近世的勞資之爭，以及蘇聯的革命，都的確是階級鬭爭。但是，這是關于分配的爭執，同時，這是人類社會的非正常的現象。假使從生產的方面去看時，則社會決不是鬥爭，而是調和的。兩隻漁船相爭，便不能捕魚，和這同樣，也決不能生產：縱令關于分配發生爭執，可是在生產的過程中，還是調和的。這樣，人類亦可以說是階級調和的歷史，可是，馬克思稱之爲階級鬥爭的歷史、這是過分偏重分配的獨斷的見解。

總之，馬克思底思辯的方法，是以玄學的論理——即辯證法爲其依據，所以，他的主義亦自是玄學底而不是科學底，這是一定的歸結，無法逃避的。

公營企業的民主化

——改進公營企業最有效方式——

羅敦偉

（一）民主化的兩個途徑

臺灣公營企業大家都叫整頓，省政府而且每週舉行座談，加以檢討。可是大家感到公營企業固然有進步，而似乎進步還未達到理想。並且討論復討論，老是這些人，同時這些討論的人員，又各有專司，至少不能够經常與各種公營企業相接觸；當然其效果必定與時間成反比例，即是日久玩生，此種由上而下之指導，也就因時間而把效果冲淡了。所以眞正要整理臺灣公營企業，照我們研究，最好是實行『公營企業的民主化』。

企業民主化，要分兩個途徑去展開，一個是組織上的，即是一般企業組織的民主化。一個是管理上的，即是企業管理的民主化。如果臺灣的公營企業能够走上這兩條路，我可以保證公營企業一定大有進步。而且可以獲得國際的信譽，對於外援的爭取，也一定有今天還估計不到的效果。

（二）企業組織的民主化

各先進國家，企業發展，各企業的股票完全證券化，其持有人朝夕不同，多數股東對於企業之控制，固不可能，即董事會在法律上所謂對股東負責，也幾乎成爲具文。可是正如在民主國家，儘管不見得選民都具有政治興趣，祇行使民權，控制政府，可是仍然不能由一人獨裁，一定要有議會對人民負責一樣，各先進國家的企業組織，最主要的還是董事會。據 Hoagland 將二百個美國大企業加以研究，這些企業包括一〇六個工業，五十二個公用事業，十二個鐵道企業，並且其總財產約爲美國除銀行以外之半數。其中眞正爲股東所控制的很少，以數量言只有百分之二十三，以財產言祇有百分之十四的公司，是由股東控制的。而控制於董事會的，以數量言有百分之四十四，以財產言有百分之五十八。Hoagland 是就一九三〇年搜集的資料研究的，一九四一年，美國史丹佛商學院 The Graduate School of the Stanford University 出版的『美國之企業組織與管理』一書，顯然董事會之控制，更加擴大。這本書，是蜚聲美國卅一家大企業的研究報告。據該院院長 J.Hugh Jackson 的說明，這卅一家公司，每家公司的資產爲自將近一億美元到九億美元不等，總共資產爲八十億美元。平均每家約二億六千美元。每家雇工自五千人至七萬人不等。總共雇工約八十五萬人，平均每家二萬七千人。依其事業分類，計建築器材四家，化學材料五家，食品二家，機器設備九家，非鐵金屬二家，煉油工業四家，橡膠二家，煉銅及銅料製品三家。他並且說『除此三十一家公司以外，要再尋覓一家管理更好、效率更高的公司，似甚困難』。由此可見這本報告的價值。據他們的研究，各企業的『信託作用 Trusteeship Function，即係代表，保護，與增進股東的利益，決定企業的基本政策，和一般途徑，估計整個工作結果的內容，在一般方式上保護公司資產而使爲最有效的運用，這是董事會的獨佔領域』。至於公司的總經理，或者總管理之類，應在董事會決定的基本政策之下，進行其工作，他們報告中間說：『總管理或行政職掌是在董事會所樹立的基本政策與所授予的權力範圍以內，積極從事整個企業之計劃，指導，配合與控制』。並且照該書的研究，在各種企業之中，董事會的職掌多至二十二種。除基本政策和目標之樹立以外，所有公司之制度，財務，利潤之處理，流動基金之存放，人事配備，員工福利等都是董事會的職權。在美國企業組織上這種民主化的組織，是一個特點，所以他們的產業能够發達，而因爲每一個公司都有可以付託的董事會，不是由二三人或一二人上下其手，股票有信用，社會投資也才能够發達。臺灣今天的公營企業不僅缺少民主的組織，而且按照本國的法律，照組織上簡直是違反法令規定的，公司法上明明規定公司成立的文件，一定要有健全的董事會。而臺灣各公營企業董事會的活動，一律在停止狀態之下。因此公司的業務，祇由一二人處理。而過去在董事會執行職務期間，也不過是半休止狀態，因爲董事會本身上既不健全，同時董事也多數爲官吏所兼任，事實上也『無暇及此』。所以各公營企業的業務都不容易推進，甚至如臺糖即蒙受重大的損失，大家一定曉得臺糖明年將減產一半以上，此一半以上的減產原因，固然是由於收購價格太低之類，而爲什麼收購價格不及早提高，要坐令減產。這個即完全因爲沒有健全董事會的緣故，如果有健全的董事會，總管理處一定會把這件事態向董事會報告，董事會自然會向省政府及資源委員會提出救濟的方索。因爲僅僅由一位總經理負責，他每天處理一般業務過忙，同時在平價高潮之中，又不能提高糖價。此一『太忙』與『不敢』之微，即使臺糖陷入瀕臨破產的險境，要是私人企業，即根本跨了臺。而公營企業，這一舉措之損失，超過全省的鈔票發生額，教訓總算太嚴重了吧。可是至今還沒有看見董事會的恢復，豈不奇怪。

我特別提起大家注意這個產業民主化問題，即是希望各公營企業在組織上不僅應該馬上恢復董事會的職權，而且應該把董事會健全起來，董事會中間至少有幾位董事，能够經常工作。董事會更能眞眞切切的控制公司的行動。不過也祇此而已，並不希望董事長與總經理不分，或者董事長兼任總經理，那種把受託職掌或者說信託作用與行政職掌 General Management or Administrative Function 混淆不清，是最不適宜的。

(三)管理上的民主化

一個健全的企業管理，並不止於從業人員消極上不營私舞弊，而其最重要的條件，即每一個從業員對事業之發展要具有高度的責任感。每一個從業人員如果能够把業務的榮枯視同本身的利害，那末，業務如果再沒有進步，是不可能的。所以企業管理上的民主化，應該分兩個途徑去發展，一個是制度化與合法化的途徑，另一個即是興趣化與情感化的途徑，所謂制度化與合法化，即是企業的管理制度十分的健全，而各種行動的法規章程之類，也十分完備，由前一種說，各種企業，稍微規模大的應該有健全的工作組織Operating Organization，可以採三種形式：一、職掌分工的組織制度Functional Plan、產品分部的組織制度Product-Division Plan，三、區域的組織制度Regional Plan，同時還有健全的幕僚組織。由是而有各種控制方法，對政策的執行，工作的進度，樞要職員的資格，工作；成本、工資、薪金各種支出，服務部門，產品種類，對外關係，研究與發展工作，種種全面都能够適當的控制起來，又能按分層負責，分部負責的精神，切實做到人盡其力，各負其責。管理充分有了民主基礎，必然可以達到民主化的效果。台灣各公營企業是不是具有民主的基礎，我不能說，讓大家去研究。現在更進一步貢獻，即是公司首長須要民主風度。所謂民主風度，至少有三點很重要，一點是要肯聽下級職員或者工人的話，尊重一般職工的意見，一點即是要有機會與實際工作的員工保持接觸。再有一點，即是公司當局應該關心職工的生活。

「怎樣探求職工的意見，使公司知道他們對公司與其主管人員的態度，觀感的反應」，這的確是英美一般開明的企業家，所認為的企業管理上一個重要的課題。台灣肥料公司總經理湯元吉先生在他所寫「工廠管理一得」中間，解釋這個課題最明白。他說：

> 他們感覺員工情緒和工作效率關係的密切，因此無時無刻不在設法使員工和公司接近，使員工對公司的事業發生興趣，使他們能直接間接地向公司提出建設性的意見。他們對於員工與公司管理方面關係這樣重視，無形中激發了員工的工作興趣，提高了員工的工作效率。

要達到上述的目的，英美企業組織，大半定期的或無定期的仿「民意測驗」之例，舉行「員工意見測驗」。湯先生在肥料公司也曾仿照美國的Standard Register Company的辦法，舉行員工意見測驗。結果也非常圓滿。肥料公司能够在艱難期間，生產量超過日治時代最高記錄，與夫獲得當局的信賴及友邦的同情，大量發展業務，當然不是偶然的。可是台灣其他的公營企業，是不是也注意到這個上面，筆者還沒有十分知道。

至於該公司最高當局與一般員工的接觸，似乎在台灣公營企業中間還少有人道及，在下述史丹佛大學商學院的研究中間，他們特別重視公司最高首長與實地工作人員之接觸，他說：

> 不論各種正式的控制制度如何，公司最高首長應經常從事實地觀察並親自與實地工作人員接觸，最高首長如能藉本研究所倡導之方法，擺脫管理上之瑣細，自可有較多之時間，從事此種接觸，藉此一新其認識與觀點，隨時察覺管理上之需要與管理方法之良否，並且激發公司中從業人員的精神與效率。

他們在研究中間並且說：「我們所訪問的幾位傑出的公司首長，都採取這種訪問的方法，週期的巡視各重要工作部門和各分支機構。此外，許多公司對於熟悉其他公司的內容，要與各該管理優良的公司首長時相過從，互相觀摩，也同樣予以重視」。誠然，如果一位公營企業的首長，能够擺脫一般不必要的時間浪費，而從事實地視察，並且與各級工作人員不斷接觸，當然在工作效率上與業務改進上有特別良好的效果。

再有一點，即是員工生活的問題。在當前物價不斷波動，而工資不容易隨時調整的情況之下，公司方面對員工的生活，應該特別留意。這一點民主風度，是公營企業首長所必須具有的。台灣公營企業中間注意這件事的，據筆者所知道的有兩家，一家是台北菸廠，他們的廠長任先志先生一下辦公廳、游泳、球賽都與工人混在一起，同時多多雇用工人眷屬，有祖孫父子男女老幼三代同在該廠工作的，因工廠即是他們的家」可以防止跳廠。因為他們規定一個人跳廠或辭工，必須全家辭工。所以工廠很安定，工作效率也很好，一個即是台灣肥料公司。他們設有工友生活指導委員會，並且印有「工友生活指導須知」，一切考慮都十分詳細。

管理上的民主化，不是一個簡單的課題，上面只就三點加以討論。台灣的公營企業假定能做到這三點，我相信在生產上一定更有顯著的進步。

(四)

台灣的公營企業，除開少數以外，一般的都比內地公營企業在管理和組織方面都比較良好。不過我以為橫在各公營企業前面的兩個問題。第一即是逢着比較大的困難的問題，得不到解決。因為比較大的困難問題，總是多方面的。而台灣各方面的意見，說沒有的時候，分明藏着絕大的危機，也大家一聲不響，一經把問題揭開，則你一個意見，我一個意見。閙到莫衷一是為止。問題仿佛是公開討論了一陣子，而結果等於零。主要的，即是各方面利害不同，瞭解不一致。凡屬一個人對於平日毫不關心的事，忽然熱烈的提出意見，總是越熱烈也就越難題，何況又夾着若干利害觀念。所以如此，為改進公營企業唯一的辦法，即是實踐公營企業的民主化，組織一個健全的董事會，由董事會來負責解決。董事長最好比較「專」一點，是時間專一點，不可以任用那些在政治上負責任的大員兼任。而董事長，也希望有半數是比較內行，也不可以全體董事都是忙人。寧肯支付一點薪金任用幾個專任的董事。切不可以有名無實的董事一大堆，這是實踐公營企業民主化的第一步，第二步談到各種技術，那末，是各公營企業最高首長及高級人員的人選問題，我對於人事問題，沒有意見，不過這裏可以摘錄史丹佛大學商學院報告中的一段文字作參考，他們說：

> ……認識重要職任上不稱職的人員，將使公司所付之鉅大代價無法補償，故堅決主張組織中職務之適當發揮為第一要義，而將不稱職人員予以公正之免職。某君常云「寧可給予雙倍的薪金，讓一個執行首長去垂釣之樂，而不容不稱職人員濫竽於樞要職位。」

他們如此重視不能職的樞要人員，確有理由，在我們台灣公營企業方面或者也有一顧的價值。那是另外一個問題。而就管理上說，我個人以為與其不懂而高唱科學管理，不如先自民主化着手來得容易而有效果。

最低限度上，與其三日一會，七日一談的研究公營企業的改進，不如先把各公營企業的民主組織，董事會健全起來，責成他們切實研究之有效。既有健全的組織，又個別的負起責任，筆者可以保證必定可以有大的效果。再逐步的推進組織上的和管理上的產業民主化。台灣公營企業一定將有驚人的進步，而配合友邦的援助，必然的已更有光明的遠景。

卅九年五月十二日

論集體主義

蕭輝楷

一、共產主義和法西斯主義的挑戰

英國哲學家羅素寫過一本敍述近百餘年（自維納公會起）來西洋文化思想及社會結構發展的書，叫做自由與組織（Freedom and Organization），他用自由發展和組織運用這兩條思想上的大線索，把百餘年來錯綜複雜頭緒紛繁的歷史大事件適當地貫串起來，這是他的卓見。他看到了百餘年來人類是依循這兩條道路前進的。前進中有徘徊，有困惑，有矛盾，但也收穫了輝煌的成就。

第一次大戰以後，世界舞台上出現了代表同一瘋狂精神的兩型國家，它們以全面組織有機運用的「新社會」和「新秩序」爲號召，向散漫的，人自爲謀，充滿了矛盾的西方文化和西方社會挑戰，他們要用組織來代替自由，他們動員了無比的力量，造成了第二次大戰和即將來到的人類另一次浩刼。他們就是第一次大戰後政治上的孿生怪胎：俄國的共產主義與德義的法西斯主義。

第二次大戰由法西斯國家與共產國家間的攜手而爆發，再由西方民主國家與共產國家奇異聯盟的進攻而結束。法西斯國家在氣燄薰天之後倒下來了，西方國家的勝利卻是可疑的。德國至今還被佔領管制，法西斯主義是否因黷武失敗（它並沒遇上思想的戰鬥）而消滅，尚不可考；可是我們從蘇俄輕易取得東德青年的熱情，從五十萬德國青年五月底的瘋狂示威遊行裏，實大可看出法西斯精神在共產主義中借屍還魂的現象。今天，在這個蘇俄急速擴展，赤潮瀰漫全球的「失眠的世界」上，西方文化西方社會和十年前一樣地惴慄不安——西方國家的確沒有贏得二次大戰的勝利。

西方理想又面臨新的考驗，人類又處在慘酷鬥爭的前夕了。這是人類前途文化前途的不生就死的鬥爭，我們必須打贏這場仗。軍事是政治的延長、政治是文化的體現。知己知彼，我們要了解敵人新的文化理想的優點，相反地，也即是我們自己缺點的所在。

二、「社會主義」的本質

共產主義與法西斯主義都是以社會主義、整體主義和感性主義爲號召的。一個自稱「科學的社會主義」，一個自稱「國家社會主義」；一個强調「集體主義」，一個强調「全體主義」；一個堅持「無產階級」的獨裁，一個標榜「全民政治」。他們同樣注重文學藝術的宣傳性，運用情緒的感染昂揚，仇恨的煽動，經濟生活的全面把持和大規模的特務控制。它們都要使權力高度集中，把整個國家社會鎔鑄成一部具體的機器，取消個人的尊嚴。它們之相異實還不及其相同。這個同，我們可用對「社會主義」的了解來加以把握。

時人對於社會主義的定義似乎不脫下述的範圍：「國家政府全面或部分地控制社會的經濟活動——生產工具的持有，貨品的生產、運輸、消費、交換和財富分配。」這是筆者不敢苟同的。

社會主義從聖西門歐文起，固然因了企圖解決社會上經濟病象而興，但他們所從以出發的精神則是亞里士多德「人是政治動物」和邊沁、詹穆士·穆勒「求最大多數人的最大幸福」這兩種思想的結合，是一種認社會先於個人，凡事均得以社會全體的利害爲考慮對象的思想方式。這種思想假定每個人必得也只能是社會的一分子，社會是有機的組合，個體分子的各種幸福只能在社會全體的健全狀態下實現。因此，每一個體的幸福必得求之於整個社會各方面的集體安排。到了社會組織更趨嚴密的今天，人類生活的各方面，文化的各部門，經濟、政治、社會、科學、藝術、哲學、宗教、道德、無不彼此糾結錯綜，形成整個嚴密有機無法分頭解決的網的時候，從解決經濟問題出發，更不能不涉及整個社會整個文化底新的有機而全面的調整。這纔是社會主義本質的見解和主張。必須運用這種了解，我們纔能懂得共產主義和法西斯主義要控制一切人一切行爲的理論根據。也必須運用這種解釋，社會主義與個人主義或自由主義底本質上的對立纔得形成，今天世界每一角落都分割成兩個世界的原因纔會發現。這是人性中兩個傾向的衝突，這是自由與組織兩種文化精神的矛盾。

三、今日世界的組織趨勢

我們要正視問題。

自從法西斯主義與共產主義的可怕性質暴露以後，愛自由有遠見的人們對它們的弊病都能有嚴正的認識。這些認識足够構成反抗它們的理由，但如要和它們實地鬥爭，卻嫌半身不遂。對一個敵人必須要有全面的優劣並陳正反都備的了解，纔能够佈置與他決戰。這兩種新型極權主義的眞正優點何在，一般人至今似還泰半茫然。而且，由於共黨的對自己全稱肯定對敵人全稱否定的宣傳語法普遍而且深入地使用以後，反抗它們的人也不自覺地給它們來個全稱否定。這是不科學，不認眞，不解決問題的態度。

這兩種主義不是福音，但我們不能否認它們在創立期必然有其理想性，而在成長過程中發揮出的幾乎史無前例的力量更是必然有其原因的。我們必須承認馬克思指出了當年放任經濟的病根。我們必需承認他在社會和歷史的了解上，確會激發了人們一些新的靈感。我們也必須承認希特勒的逐漸得勢既非由於興登堡之流的腐敗無能也非武裝革命結果；他在發動二次世界大戰以前數年中的確把德國弄得既富且强，儘管這件富强外衣上沾滿了無辜者的鮮血。我們總還記得，墨索里尼居然替貧弱破爛的義大利撐起一個在歐洲耀武揚威的紙老虎場面。我們總不會否認下述這兩個事實：羅斯福的新政對消除美國當年經濟恐慌和重造繁榮有不可磨滅的功勞；英國工黨直到現在還沒有被過半數選民的自由意志所遺棄。這些都告訴我們：即使正統的西方民主國家，都感覺不能不變，不能不接受組織的，社會動態須加更多人力控制的趨勢了。因此，我們大可不必對社會主義集體主義這類名詞頭痛，不必像香港某雜誌在反共之外還妄想把「任何社會主義」都斬盡殺絕。我們不能死戀骸骨，不能走回頭路，同時不能不解決當前這一嚴重的共產主義問題。我們必須對共黨力量的來源加以認識，使我們的反共理由更加充分。這樣，我們應該把集體主義（社會主義的骨幹）與個人主義（西方民主主義的骨幹）這兩個主張的根荄挖掘出來，看看它們誰最合於人的天性。

我們思考的結果是集體主義與個人主義雖然相反卻同出一源，它們都來自人性—它們分別出自人性裡面的群性和個性。而且，它們都有深厚的思想背景。

四、中國的羣己思想

中國和西洋思想史上，我們都可以明白看出重全體和重個人兩種傾向的分野來。不過因爲時代重點和思想發展的關係，說法不大一樣罷了。

先說中國。中國除了先秦百子爭鳴，和東漢以後輸入佛學，滲進印度思想以外，學術界一直只在儒道兩家中間打滾。秦漢以後，統治者標榜儒術，實際採用法家的辦法；墨家則在中下層社會的幫會制度裏生了根。這四家「顯學」，幾乎概括中國思想的全部。我們來看，墨法二家無疑地是着重集體的。墨家尚同（齊一意志）尚賢（注重領袖）兼愛（愛無差等）非樂、節用、薄葬（以爲一人的享受將損及天下財富，這是個人利益服從全體的高度表現）。墨家本身就是一個富有幫會精神和高度紀律性的團體，兼愛非攻，摩頂放踵，更是集體宗教精神的深刻表現。故荀子批評墨家說：「墨子有見於齊，無見於畸」。法家特別注重社會底嚴酷的紀律性，要把整個社會組織成一個生產體和戰鬥體，要把人民納入嚴刑峻法以供無情地驅策，一歸於君主的獨裁。因此主張「國弱民强，國强民弱」，「使民以法禁而不以廉止」，「君上之於民也有難則用其死，安平則盡其力」，「明君操權而上重，一政而國治」，「法者，王之本也：刑者，愛之自也。」在法的運用上，不是今日所謂法治，而是「民從吏，吏從君，君從法。」直到秦始皇的焚書坑儒，叫民「以吏爲師」，無一非這體系的發展。另一顯學的道家，則是注重個體，注重自由的。他們講大鵬斥鷃，各適其性；鶴膝鳧足，不能截續。講一因自然，毋以人賊天，因此，「無物不然，無物不可」，故不「弊弊焉以天下爲事」，其烏托邦則是「民老死不相往來」。道家以爲各適其性，就是說每一人每一物的個性自由發展的結果，則天下不治而自治。楊朱的不拔一毛說實爲道家思想預先鋪下了一條便道。

介於全體主義與個人主義之間的是儒家，儒家講自我修養，窮則獨善其身，不待文王而後興，講性近習遠，萬物皆備於我，人皆可以爲堯舜。然後由小及大，由修身齊家而至於治國平天下。這都是從個人出發的。然而構成儒家思想中心的仁義道德，無一非就人的社會性而言；人倫位分，如「君君臣臣父父子子」，如名分本分身分，在其位則謀其政，不患無位，患所以位，也無一不是就人的社會關係之嚴格化合理化而言。儒家的企圖是把社會用仁義道德倫常位分組成一個健全的有機體，儒家主張的忠恕之道，人心有同然，更是企圖齊一個性的集體主義者所必需假定的。儒家在知識和位分之外，對於人性中的感性求同方面也特別注意，因此教人以詩書禮樂：詩言志，書稽古，禮別異，樂合同，打算以禮樂易天下，這與今日的集體主義者所爲也是非常相像的。

我們由上可知中國在先秦就有群與分，組織與自由的思想衝突，而且衝突得很劇烈。孟子：「楊朱墨翟之言盈天下。天下之言，不歸於楊，則歸於墨。」「楊子爲我，拔一毛以利天下不爲也。（其實下面還有一句故意給孟子漏掉的話：「悉天下奉一身，不取也。」）墨子兼愛，摩頂放踵，利天下爲之。」孟子說的就是上述的衝突。儒家對這兩種傾向試圖來一個調和，結果把中國數千年弄成一個既不高度發揚群性又不高度發揚個性的宗法社會，小組織使眞正的群性模糊也使個性窒息。宗法制度一被推翻，儒家思想的實踐便失去了憑藉。對於這兩個思想在西洋的拚死糾纏（這糾纏已傳入今日中國），更非儒家所能爲力。

五、西洋思想之回溯

從希臘起，傾向個人和傾向群體這兩個思想在西洋思想史上就一直糾結着發展下來，成爲永遠對壘的主角。思想家們或專重一面，或周旋二者之間。同一個人在哲學上和社會思想倫理見解上可能分別採取這兩種主張，在思想出發點和結論中也可能分別納進集體主義與個人主義。社會政治現象的與當代思想不侔固不足爲奇，同一時代各種表現所代表精神的紛歧錯雜和衝突更是累見不鮮。這兩大傾向植根如此之深，源流如此之長，糾結着的宗教，民族、階級、社會傳統與科學進步等因素又如此之繁而且重，要把這兩條軌跡從思想史裏梳爬出來實是一件令人眩惑的工作。我們只能芟繁存簡，勉强作一些分期。從大體看，西洋史也確是這兩種思想消長剝復，更迭代謝的局面。

希臘時期直到羅馬帝政建立與基督教教會制度的形成，可看作古典的個人主義時代。政治上，希臘城邦制有雅典式的民主雛型，也有斯巴達式的集權主義；有亞歷山大的世界帝國，也有共和羅馬的平民政治。但這期大體上是代表個人主義的，爲重理智分析的希臘精神底表現。思想上，從贊成小國寡民全民參政的普遍思想起。到哲人學派，個人主義發展到頂端，哲人派主張「人爲一切的尺度」，道德就是個人自由底無限發展。這學說激起了偉大的集體主義思潮。柏拉圖繼蘇拉格底而駁斥哲人，把良知正義道德等在一個「共同的宇宙」內重新肯定，並進而建立他的「理想國」：最嚴格的社會計劃和安排，全面性強制的分工，共妻共產，廢棄民主傳統而主張權力高度集中的哲學王政治。亞里士多德沒有接受這些，但他提出了「人爲政治動物」的卓見。人不是個體，而爲具社會性的，在各種關係中纔能實現的存在。他因此主張家國先於個人，相信最佳政治將由一人專制而產生，只要他絕頂聰明，德行優越，以全體福利爲原則。他不贊成平民政治，因爲平民（貧民）同樣自私且不可能優越。

這三個大哲學家仍抵抗不了時代的主流。到希臘末年，伊壁鳩魯派主張個人的樂利，斯多噶派主張社會的大同，但又以爲德行不是公民對國家的關係，而爲靈魂向上帝直接負責。他們的學說予個人主義以新的姿態和理論。

然後是中古集體思想的抬頭，這時期自羅馬帝政和教會的確立以迄文藝復興時代。基督教成爲羅馬國教以後，注重人我之間情緒調和與全體得救的希伯來精神和羅馬人的組織天才滙合，產生了羅馬教會與教皇，政治和宗教都有長期的定於一尊的統一。嗣後羅馬帝國瓦解，黑暗時代來臨，教權却仍繼長增高，壓倒了世俗的君主，控制了大部分人民的精神生活。這時期哲學成了神學的使婢，定於一尊，產生整齊玲瓏，主張思想體系與現實事物間準確排比關係的煩瑣哲學。但政治上，日耳曼新國家却願保持帝王與封建貴族的分權，對絕對權力不感興趣。甚至宗教上也有與教皇相異的聖芳濟僧團和想創立新宗教的菲德烈二世，保留着個人主義的暗流。再歷教會分裂，和解運動，文藝復興，終於發生了宗教改革，破毀基督教帝國的一統，帶來了人的發現與個性的解放。

文藝復興到一八四八共產黨宣言的問世，是個人主義自下起元，剝極而復的時期。蒙丹要求大的有結果的無秩序，馬加維里的君主論破除了傳統的道德自制，民族國家運動把教皇和皇帝分別代表上帝的權力理論摧毀。這些都打破了中世紀以來的集體精神。這時，哲學上出現主觀主義，自笛卡爾「我思故我在」開始，歷巴克萊的觀念印象實在說，菲希特的主觀唯心論直到叔本華「宇宙爲我的觀念與意志」與尼采權力意志的主張，都是自我中心的發揚。雖然這時期也有主張「上帝」「自然」的斯賓諾莎，主張「靈子」的萊布尼茲，和主張「先驗主體」「物自身」的康德。政治上有了無政府主義和一度實行排斥一切法律強調聖靈啓示的再洗禮主義。宗教上則主張回到聖經，靈魂與上帝直接關聯，不須任何權威作中介；人的個性於是大大解放。

社會思想上，這期可說是最混亂。這是一個個人主義的鼎盛時期，然而到處都有集體主義的漸趨壯大的幽靈，名家的思想往往流於矛盾而不自覺。霍布士開始主張：「人最初是自我中心的，自私自利的，喜歡快樂的。」他由此開創社會契約說，以爲授權國王解除衝突本出諸自由意志，但霍氏竟因此發展到加强專制的結論。以後再歷陸克，重農學派到盧梭，都是天賦人權，人生而自由，自由結合的社會契約說的發揚。然後是相反的說法：孟德斯鳩與休謨都主張社會的組成由於人的本能而非契約。此說引起了主張由國家管制工商業以求强盛的重商主義。到了亞當斯密，重商主義被自由放任主義再度推翻，人們認識了自由對於進步的重要。德國方面，康德主張「人不能與同類共利，也不能無同類而生活」。簡單道出個性與群性的矛盾來。他建立動機道德說來支持意志自由論，主張自我負責，但作爲他倫理學根基的知識論又證明了一個超個體又與個體相溶的先驗意識。菲希特創造了他的大我哲學，發揮了理想的國家社會主義。最後，黑格爾充分發揮國家觀念，認爲人只有在成爲國家一份子時，纔有地位和倫理關係。道德不在實現內在自我，而在依照國家秩序而生活。這種思想與邊沁和穆勒代表的樂利主義結合起來，就成功社會主義思想。從聖西門、傅立葉、蒲魯東、歐文直到馬克思，形成了今日的共產主義，也催生了以後的法西斯主義。雖然當社會主義初萌芽時，個人主義放任主義正如日中天，斯賓塞，蘇孟勒還在大加發揮，主張一切利益都得歸返到個人。美國的獨立，作爲美國立國原則的哲菲孫底「獨立宣言」也因了這重重影響而出現。

自共產黨成立起，經爲國際組織濫觴的維也納會議，四國同盟，經軍國主義爭霸的第一次世界大戰，俄國十月革命到義德法西斯政權的興亡，到今天這個「失眠的世界」，是新型集體主義的出現期。這期裏面，哲學上有辯證唯物論，德國全體主義和黑格爾學派等集體主義的出現，經濟上的自由放任漸因獨佔而死亡，全世界多多少少都在向集體之途走去（見本文第三節）。

兩千多年來個人主義與集體主義的爭雄絕非機械循環而爲發展式的遞進，因爲它們形成了互不相下的糾結，自由主義者企圖用社會契約群己權界的學說來把糾結矛盾解開，他們沒有成功。因此遂有以爲這二者不可能調和的看法，英國批評家安諾德（Matthew Arnold）說：希臘主義叫我們作理智的自由的探討，所以給了我們「光明」。猶太主義或希伯來主義教我們覓取情緒生活的寧靜，所以給了我們「甘美」。但很不幸的是，光明與甘美似乎從沒有能同時存在過。安氏這話可看作對我們的問題而發。

羅素也有同樣的意見。他在他的「西洋哲學史」序上寫道：「主張紀律的人，提倡一些新的或舊的教條，因此，必多少反對科學，因爲他們的教條是不能在經驗上證明的。他們照例宣稱，幸福並非目的，只有尊嚴，英雄主義才可貴。他們對於人性不合理部分有一種同情，因爲他們覺得理性是與社會的集體矛盾的。自由派除無政府主義外，大抵是科學的，樂利論的，唯理的，反對猛烈熱情，而與深刻宗教形式對敵的。此種衝突，在希臘哲學以前卽已存在，在希臘哲學初期更爲明顯。這以各種不同形式持續到現在，而且無疑還要繼續若干年。」

筆者認爲他們的了解是正確的，但還嫌沒有抓住這兩個主義的更根本所在——集體主義不僅注重紀律和甘美而已。筆者對他們以爲短期不能解決的意見更表懷疑。演變迄今，這二者已不再亂作一團，而是壁壘分明、性質圓熟、不可能並存也無法單方面取消了。這樣，新的綜合是有望的。

六、人性中羣的傾向

現在我們再從人性上，人的心理上來看「集體主義」和這幾千年重羣學說的根源。

從人的嚴格定義邏輯地說來，人必是社會的動物。亞里士多德把這叫做「政治的」，黑格爾把這叫做「我必在非我中始能實現」。「我」不是一個抽象的名詞，我必是甲的兒子乙的父親丙的配偶丁的兄弟戊的朋友己的上司庚的下屬辛的同事……我必是某地的居民，某國的公民，某個機關學校社團的一個身分固定的分子，我必有一個與旁人發生關係的職業，必有一些與旁人發生關係的娛樂，我的大部分知識必靠與旁人交流得來，我的情感也必靠與旁人接觸纔得發生（對自然之物不生情感。莊子：「雖有忮心，不怨飄瓦。」）。靠了這些（儒家叫做分），我構成了我的家庭，社交，職業、娛樂、知識、情感、道德的種種生活，這樣纔纔成了我，構成了我這個「人」。這些如果剝削淨盡，如果一下變成了荒島上的魯賓孫，「我」立刻成了一個自然界裏與禽獸相去不遠的簡單的生物，大部分「人的生活」立刻消失。特別重要的，我絕對失去了道德的生活，而道德生活正是人之所以爲人的最特殊最鮮明之處。所以，人的定義本身就包含了群性和組織性。

再就心理學立場試爲分析。第一、我們都有怕孤獨的天性，都有合群的本能要求，都有讓旁人了解、向旁人傾訴、求旁人同情（求友聲）的意願。這正是我們不爲了功利互助而仍要結交朋友的原因。第二、人與人之間除了小異，都必有大同之處，這正是生理學心理學和語言文字能够成立的理由。第三、心理學把人的心理活動大別爲知情意三種，這三種裏面都有群的和個的兩類分別。且一般說來，個體的知情意總以群體（理想的）的知情意爲是非正誤的標準。就知說，我們有客觀的知　即是基於人的畢同理性而成立的知，這就是人所謂眞理（眞理必爲判斷，就必需作爲判斷主體的人的理性）康德叫它做先驗意識的所下的判斷，個體的知必以此爲尺度。就情說，我們有超個體而爲普遍意識的「人情」或「人情之常」，個體的情感總在時時刻刻求和它相合。凡是絕對不合人情的常被稱爲「不是人」，爲人所共棄。就意說，我們有國家的、民族的、公共的意志，凡是絕對可能化爲公意的個人意志亦必爲當代所不容，將來所不諒。因此，在人性的求「對」求「是」傾向下，人的各種心理活動都必有意無意的訴諸於群，訴諸群的知情意。當然，我們也有陽春白雪曲高和寡不合時宜與世相遺詛咒社會而不失其爲對爲是的例子，但縱把並不眞對眞是的例子都算上，這種個體仍必有訴諸於群的心理傾向。只要他自以爲對，他必認爲他可將群衆說服（即由與群的亦即人的共同出發點和共同推理方法而得到與群不同的結論。如果他對，他必以爲是群的結論與其出發點自相矛盾或違背了相同的推理方法。這樣，他實是與群相同，僅先得群之所同而已。）或者將來會佔在多數的一面（把說服群衆的時間延長）；或者遙遠的廣大地區內更大的群會贊成他（把群的空間擴張）；或者，到最後，他必得假定每個標準的人（就他的見解說）必會同情他，而現實的群可憐地有着某種蒙蔽，達不到眞正的人的標準。任何人絕沒有「我認爲標準的合理的人會反對我，但我仍然對。」的想法，因爲這樣他取消了判斷是非的標準，他把對錯只適用於他個人，這種「對」是毫無意義的廢話。總之，我們可得結論說：人的心理活動無不假定群體，無不與群息息相關。

最後更明顯的，自從脫離洪荒時代以來，人的物質生活就不能離群而獨力解決。即使僅在小說上存在的魯賓孫，也少不了要利用以前群替他造成的種種工具，這誰也不能否認。

總括起來，無論就邏輯意義、心理活動、物質生活那一方面說來，人性裏都必然蘊涵一個强烈的群的傾向。我們可以不必像哲學家那樣把群體看作實在而個體只是虛幻，我們知道除了部分就沒有全體，除了樹就沒有林，除了個別的心底累積齊一就沒有公心。然而一個完全的「我」必是在不可分離的社會中，在社會關係的圓滿中纔可能實現的。這樣想下去，很容易得到「大我」和「生命擴張」的識度。求發展，求擴充自己也是人性的本然，這本然造成了人類史上的殉身精神，宗教情緒，和捨棄生命適以完成生命的說法。正是靠了這種本然，集體主義者得到了大量的殉道幹部。

七、集體主義的誘惑

共產主義與法西斯主義對於青年的吸力何在？

人是有群性的，這對於活力充沛的青年來說尤其强烈；人是有擴充小我生命的傾向的，這在熱情且充溢理想的青年來說尤其厲害。群性表現在那裏？表現在思想見解相同互證爲眞理的人群中；表現在自我與旁人息息相關，充分了解，各方面打成一片，彼此都付予也取得絕大熱情的生活裏；表現在一個有機運用，高度紀律性、計劃性，矛盾完全消除，一切絕對配合，有理想有原則有具體目的的安排下；表現在無數人們與我意志齊一，爲我的眞正同類，而且因爲我掌握了全面眞理，過去未來的「理想的人」都必站在我這一邊的精神狀態內；最後，最直接的，它在情緒（所謂感情生活）的煽動激揚（俗所謂「起鬨」「提勁」「群衆心理」）尤其是衆暴寡式的仇恨燃燒中，最容易作病態的瘋狂的顯現。

集體主義者本着他們主義上群性組織性方面的理想性，本着對於文化和生活各部門全面組合、計劃運用、集中發揮的先天本質，再加上一些滿足人們求群傾向的高度現代化心理學社會學經濟學上的技巧，他們吸去了青年。

⊕共產主義和法西斯主義從理論到整套辦法，都是基於上述人類群性的了解出來的。因此，他們標榜集體，全體，人民，全民，標榜獨家的社會主義。他們要動員群衆，用生活資料的控制和集體催眠（各種學習），思想上的習慣反應來取消個性，使每個意識都「標準化」，標準化到連談話和文字的風格都大體一致的程度（見愛德孟、斯狄芬著「如此蘇聯」及各地共黨報紙文字風格的齊一）。他們主張「生活的廣度（見識多）深度（閱歷多）密度（對廣大人民生出眞正情感，化爲他們中的一員）」，來加强知識分子的群性。他們强調「感性生活」，强調情緒的價値（與上並見於潮等著「方生未死之間」），爲的是感情最易感染說服人（文學比哲學科學更易爲人所接受），最易使分殊溶於一元（筍子：「樂以合同」），不像理性的必然蘊涵懷疑，不易統一。他們一次集會遊行動輒數萬人數十萬人，數十萬人要呼同一的口號，幾十種不同的語言要唱同一首歌（如「國際歌」）。他們要在上下五十年縱橫九萬里中努力搜索同情者，並使同情者儘可能齊一步調。他們用盡量開會一切集體來努力削弱人的私生活，加强人與人之間的關照聯繫，把全社會的一切部門的動作都隸於一個安排之下（一切服從政治一切都有階級性）；要取消任何組織無紀律的現象」，取消一切內在的矛盾，使社會組織絕對嚴密，每一個體都溶入集體之中，每一個體大大小小的各種問題都交給集體，納進全社會的計劃推動裏面來解決。這樣龐大機構的操縱者當然容易變成寡頭，流於獨裁，但獨裁者和他的徒衆必然認爲他的行爲見解都符合人類的公心，順乎眞正的人性（因爲個性已經大部取消）。這樣，獨裁和權力的嗜好及濫用問題，在他們都不存在。於是，我們看到了共產黨員在群性得到培養發揮下的如許獻身精神，堅信自己是代表眞正人類意志的狂熱態度。我們看到了這麼一個崇高理想，宗教精神，文化體系，幫會制度，現代技術，蠻族野性，和最高仁愛（對於同志說）構成的奇妙有機結合。

過去社會對於正當的群性要求似乎沒有提供什麼。除了一些偉大思想家的個別感召和宗教團體以外，人們很難獲得類乎一個法西斯或共產黨員底群的感覺：人們很難感到是生活在一個與自己息息相關、同生共死、心靈交溶、情感一致、而且掌握了眞理、向一個偉大理想勝利進軍的人類社會裏面，思想家是散漫而且意見紛歧的，宗教團體是部分人的，它們都缺乏生活各部門的配合調和，找不到「偉大的」共鳴——總之，它們都不給人一個「站在人類中間」的活生生的實感。相反地，在我們習知的社會裏，到處是矛盾，競爭，差不多的人都成了自私自利積不相能壁壘森嚴的孤立的個體，同情心常經不起考驗。人社會就得與人鬬：鬬智，鬬力，鬬口，鬬財，飯碗碰飯碗，筆桿碰筆桿，於是黨同伐異，聯甲倒乙，到頭來幾乎只剩下孤零零自己一個。每人隨時得警覺別人加給自己的侵害，隨時爲患得患失而苦腦。儘管有家庭、社團、國家、民族、但外禦其侮以後仍得兄弟鬩牆——乃至連這個「外禦其侮」都不一定。人們都可能覺得自己是生活在荒漠裏面的。除了這些，在各學科多種紛歧說法裏面找不到最後的眞理，因爲誰也說服不了誰；在生活上找不到人性（群一方面的），因爲大家的各種趣味和見解是如此懸殊。

這是人類自古已然，經了主張放任兼容自由競爭個人神聖的近代文明而愈烈的普通情態，沒有嚐過異味的人原可安於吃慣了的糟糠，但等到一個强調感性、大衆、集體，强調同志愛和人類愛，强調統一安排有機秩序的大浪潮捲來以後，人們往往就在驚奇之後感到某種輸快而痛恨過去的不得滿足了。這是若干青年喜歡中共的根源；至於消滅不平等，消滅剝削和消滅壓迫這些人人皆知的漂亮口號，其實是餘事。這樣，共區中本來反共甚至受過共黨迫害的若干青年，都在一段時間以後把思想欣然「搞通」。等到發現這是一個大騙局，一種最危險的制度時，已經遲了。同時，舊社會還是那個老樣子，連共黨所予浮面的群性和組織的滿足都得不到，於是徬徨苦惱感到沒有出路，乃至已離開共黨又要想法回去，如「失去的上帝」(The God That Failed)一書中作者的心境。集體主義的誘惑竟如此可怕！

八、我們反對瘋狂集體主義

儘管我們對於群性和人底集體的要求有了上述認識，我們的反共理由仍是一點沒有減弱，反而更加鮮明。我們知道與群性相對的，有個性的自由的傾向，這傾向同樣有它不可抹煞無法取代的價値。自由是人生的目標，「集體的自由」絕不可能給予人性全部的滿足，因爲人性除了大的相同，畢竟還有無法也不應該取消的小異，有個體的尊嚴，有不能强與人同的地方。爲群性而犧牲個性，是挖肉補瘡的病態的辦法；爲現實的具體利益而把人性和思想都嚴密地定於一尊，犧牲掉將來賡續改造的可能，更是殺鷄取卵吃穀種的傻得可怕的辦法。因此我們認識了集體主義的理想性和可欲性之後，仍將堅持反對共產主義，猶如以前的反對法西斯主義一般：我們要反對取消一切個性一切自由思想自由生活的瘋狂集體主義。瘋狂集體主義的更本質的名稱就是暴政與極權。

而且，就集體主義的理想性來說，它和今日的極權主義至少也有兩點不同的地方：第一，極權主義者唯利是視，鄙視道德和正義，不承認事物有客觀的是非美醜善惡，不要眞誠和負責任的說話，以撒謊爲當然，以混淆黑白指鹿爲馬和隨時取消以前的自己所說一切爲應該的事，這個就必然毁滅了群性賴以依存的人類的公心，客觀的知情意的標準。第二，極權主義者的同志愛誠然瘋狂地無所保留，超過了人間的普通溫暖，但這只是對同志，即對領袖無條件擁護服從的奴才而發。假如奴才一旦想保留點自主，丟不掉自己的理性，那麼他所遭遇到的冷酷無情將使任何「舊社會」自愧弗如。就群性的理想性來說，這更是絕不可通——羣性是目的而非手段，不是用來爲某人或某種主張服務的。

就算沒有這些，我們知道今天的人類智慧還不可能求得絕對的最後眞理，爲了不斷向眞理接迎，推陳出新，思想上學術上的「集體」必然是罪大惡極。我們必得容忍且歡迎「異端邪說」「反動言論」的不斷出現，要保護思想言論研究和學術交換的自由。我們也知道，今日人類還沒有理由保證它會產生（而且連續地產生）極權主義所必須假定的優良統治者，那種永遠獻身社會，永無絲毫自私意念而知識能力又永遠蓋過大衆的聖王。這樣，我們就得保存民主與反對黨的制度，用大多數自由意志的選擇權利來監督統治者並使新的更好的統治者能夠和平地產生。我們知道，經驗行爲不是邏輯推論，任何現在受苦以求將來享樂的事都不見得必然，因此我們不能無條件地「暫時利益服從永久利益」；除了部分就沒有全體，因此我們也不能盲目地「部分利益服從全體利益」，不能作徒利於少數人意志權力的可悲的奉獻。我們知道自己總是最善於照顧自己的人，因此我們要保護私生活的合理自由，反對一切由別人代我「安排」，反對削平腦袋似的取消個性的「改造」。我們知道，團體生活與經濟生活對生存和自由意志的重要性，因此對於學習自由，擇業自由，集會集社自由必須爭取，對產業的公有國營必須加以更周密地研究。我們知道人事萬殊，判斷參差，賢愚不齊，就得要求縝密周詳的法律，反對只有「原則」的自由不負責的的處理。因了這些每條都有絕頂重要性的理由，我們必須堅決反共。不但反抗共產黨，更重要的是反抗共產主義；不但反抗以蘇俄爲中心的共產主義，而且要反抗狄托式自主的共產主義。

九、保留生機，加強活力

人性中的群性與個性似乎是自相矛盾的。這問題從過去思想史上演變到今天，已有一種新的有機的文化綜合底必要，一種不剝削人生不阻礙進步不作結自縶然而又能發揮有機性能組織功用的新的文化形態。這是當代人類的沉重課題。爲了對共黨思想上的策反並鞏固我們的陣營，我們必需考慮這個基於人類天性的群的，統一的，集體的，感性的趨向。它與個性的矛盾如不解決，作爲思想體系的共產主義是無法徹底消滅的。

問題總會解決，因爲人性本身是統一的。今天的解決方法與發展涉及日新月異的文化。所有部門底高度成就和關聯，本文不擬討論，但願提供一些適合現實的催生之道，以爲本文的結束。

問題的解決之本當然是文化。我們不需要文化的定於一尊，但在不妨礙新的生發和個人特殊興趣的前提下，正如英美集中科學家來研究原子彈，學術研究與文化進展應根據今天人類的智慧成果來加以適度的計劃調配和安排，使精力不浪費，使研究不偏枯，使各部門方向和成果大致都能積極配合起來，並從而引發更多的新事物，新境界，新體系以達到這一問題的徹底解決。

問題表現的主要癥結無疑是經濟思想與經濟制度的懸殊。我們不需要絕對管制，但經濟上的無政府狀態必須糾正。今天全世界的經濟活動處處都已有機關聯，我們更不能自亂步調。商品的生產運輸交換分配和國民收入，都必須在民主前提下有一個計劃性全面性長遠性的調度安排。我們不需要爲了部分階層部分地區淺見私利而請命掣肘乃至自相攻訐的「民意」。我們的民主是建立在「一切爲全體」這一個了解上的。

問題也出現在政治思想與政治制度的岐異上。我們不需要暴君式的權力集中。然而爲了建設更好的社會，所有的力量必須系統發揚，計劃運用，消滅一切的矛盾和浪費。這並不妨礙民主；英美戰時體制，就是好例。

爲了這些，我們這個散漫的社會必須要有羣性底心理建設，喚醒並幫助每個人群性的發揚。共產黨能把一個自私自利的人「改造」過來，我們當然不應氣餒。我們要有計劃地全面地運用文學藝術教育宣傳和生活上各種組織來造成一個偉大的社會風氣，說服社會上每一個游離份子，特別是妄自尊大白眼加人的知識分子。我們希望大家都能養成一切爲全民的心理習慣，認識個體與全體的有機關係，瞭解人我相愛的意義並對社會上每一同類都生出熱情來，而把那些舊的「包袱」，那些與別人矛盾競爭，一切從自己想起，自高自大，懷才不遇，鄙視旁人，建立小圈子，廣樹奧援，對公衆事務不竭智盡力，缺乏情感的種種心理病態，習慣累積統統連根拔除。這樣，我們才有吸引人才並與共黨鬪爭的資格。這靠說教是沒用的，我們必須先樹立起個體對於整體的眞實情感來。全體不可見，當求之於與全體相關的各種團體的結合，求之於陌生個體間的互相傾誠相愛；了解不可恃，可以求之於情緒上合理的浸潤感染。有人也許懷疑這是對文藝和個人自由的強姦。但是，我們不爲了宣傳某些僵化的，有排他性的教條，不爲了把白的說成黑的，那麼文藝：在言志上說，人類的心聲，載道上說，靈魂的課本的文藝，爲什麼不可以有計劃地運用呢？我們不爲了剝奪人類的基本自由（相反地正是爲了保衛它），不祈求某一種特殊權威的建立，那麼，團體生活的加强搞好，爲甚麼需要反對呢？這種集體頂多只侵害了懶懶散散瞧人不順眼自求孤高的自由，不妨礙個人正事和興趣，這種集體應是值得提倡的。

自由權利（除生活上興趣上若干自由而外）與民主制度不是人類社會的目的，只是爲了達到最後目的，人類理想的境界而採用的一種保障進步的手段。民主是消極的，它對於文化和社會推動都沒有肯定什麼。因此，在民主主義之下，我們依然看到各種「主義」的出現。我們需要與共黨作思想鬥爭，須得催生更新更好的文化體系來，對於人性中的羣性也就不能不加以注意，從理論上，從實際生活裏去體察研究。

功乎？罪乎？

——從監察院的糾彈案說到國家行局的調整

夏道平

監察院三十九年度大會，提出了好幾件驚心怵目的糾彈案——吳煥章案、劉航琛案、端木傑案、胡宗南案、壽勉成案以及四行兩局案。如果我們把這些案件的記述，彙訂成册，即可命名爲「中國赤禍成因錄」之一部。也就是說，如果沒有這些其來也漸的案情，中國大陸不會糟到今天這個地步，大陸人民不會陷到像今天這樣水深火熱的慘境，同時，這個反共抗俄最後基地的台灣，也不會像今天這樣：精神尚欠充沛，物資亦感艱難。今天，退駐臺灣的中央政府，在主觀的努力上，確確實實是在勵精圖治地幹，而其威信也漸在恢復和增高；監察院於此時提出這些案件，要求政府究辦或糾正，正是代表人民行使職權，就政治意義說，就法律意義說，這些案件的提出，只是個「應該」，本無所謂功罪的問題。但這篇文章竟以「功乎？罪乎？」爲題，爲甚麼？

大陸淪陷，政府遷臺後，我們從公私場所、報紙雜誌、到處可以聽到或看到檢討功罪的話。有的着眼於這方面，有的着眼於那方面，說話的人各有立場，也各有其利害關係，因之我們所聽到的所謂功罪，不一定都是公是公非。就中我們常常聽到的，是說「民意機關把國事鬧糟了」。這種說法，也頗能引起一般人的同感。事實是瞞不過人的，就各個人來說，作爲人民代表的立監委和國大代表，誠有若干人智識和道德都不够，因而憑藉其政治地位，做出了一些寡廉鮮恥污辱憲政的勾當來。這誠然是罪惡，而這部份人也誠然是「中國赤禍成因錄」裏面不可少的份子。不過，如果籠籠統統地說民意機關把國事鬧糟了，這却不是一個合理的說法，至少不是一個公允的說法，講民主，必得有民意機關；民意機關的背後，還得有人民的輿論在。凡是民意機關的「鬧」，而又有輿論支持的，大都是人民的要求。這種「鬧」，若鬧得有結果，我們人民自然是深自慶幸，但並不因此就向民意機關慶「功」；民意機關正是以督責政府接納人民要求爲職責的。反之，若和過去一樣，只有「鬧」，沒有結果，或只是一個敷衍了事的結果，那末，政府的污點既已外揚，同時更證明政府沒有改革的決心或能力，因而貶損了政府的威信，增多了敵方有力的宣傳資料，這確是一大罪過。可是這個罪，不在民意機關，而罪在政府。

我們認爲：監察院在南京時代所提出的關於黃金外滙的糾彈案（案由原文及其提出的年月日，因手頭無可查資料，不能詳舉），確給政府的打擊不小；但我們相信：那個案件，如果政府認眞地毫不循情地嚴厲究辦一下，也確可挽救當時日趨離叛的士氣和人心。因此，我們深深感覺到：監察院基於人民的要求而提出的重大案件，其影響不是正的（很好的），就是負的（很壞的），斷不會等於零。其關鍵就在政府的辦或不辦。但是，事理雖然如此，而案件的提出和公開，畢竟是出自監察院，於是有些人也就不免對於監察院有所謂功罪的評判了。這種只憑直觀不究事理的評判，自然不對；可是不對的事，畢竟存在。所以這篇文章特以「功乎？罪乎？」爲題，儘管這個題目不能包括此文的全部內容，但筆者仍然用它。一以澄清若干人的模糊觀念，一以警覺政府對於監察院糾彈案予以重視。同時，也希望監察院再也不要以案件提出就算了事，除監察法第十七條第二十一條所賦予的權責以外，監察院，尤其是各案的提案委員要特別發揮政治上的責任感，務使已提出已公開的糾彈各案，有一個應有的下落。因爲我們都知道：重大的糾彈案公開了以後，有結果或無結果，其影響太大了。作春秋以誅亂臣賊子的孔子，因其地位僅足以立言傳世，故在其作完春秋後，大可以舒一口氣，悠然自得地說一句「知我者其惟春秋乎，罪我者其惟春秋乎！」至於負有實際政治責任的監察委員，却不能在糾彈案提出幷公開以後，也抱這種態度而不問後果。賢明的監察委員除執行法律上的職權外，尤應發揮政治上的責任感。

就這次監察院提出的糾彈各案來看，每一件都關係重大，都是政府所應徹底究辦的。但在這裡，我們要特別詳論的，是四行兩局和中合庫案。我們認爲：吳、劉、端木、胡等四案，都是「人」的問題，而四行兩局一庫案，除「人」的問題以外，最重要的，還包括着整個國家金融機構的惡劣傳統的問題。這個傳統，就是把國家財產視爲個人或集團的家私；把國家銀行的社會功能變成自我發財和積殖政治資本的機構。（關於前者，中國銀行常務董事宋漢章繳納出國愛國公債銀元十萬元，由中國銀行支付，是一個例子；關於後者，如果中央社把四行兩局糾正案全部發佈而不略去「關於業務部份」的話，我們當可找出有力的證據。）至於違法開支，浪費公帑，都是這個惡劣傳統的必然結果，值不得大驚小怪。

時代的要求，已使我們國家的經濟政策，不得不走上非資本主義的途徑，無論叫做民生主義也好，社會主義也好，至少，經濟命脈的金融機關，總得由國家掌握其樞紐。可是像今天這樣有上述惡劣傳統的國家行局，如果還讓其繼續維持下去。我們很就心將來收復大陸以後，建國工作，又會敗壞在這方面。因此，我們不得不特別重視政府對於這個四行兩局一庫案的處理。

一個問題的提出，必須具備兩個條件：第一、這個問題有解決的必要；第二、這個問題有解決的可能。關於解決國家行局這個問題，就其「必要」方面說，我們已說够了，不必再講。說到「可能」，今天正是徹底澈清惡劣傳統的好機會。這種又可分兩方面說：

第一、就業務言，國家行局中任何一行一局，到了今天，隨着大陸淪陷，固有的業務統統都完了。就中央銀行是銀行的銀行；一個國家，本應該有這樣一個銀行負起英國英倫銀行或美國聯邦準備銀行那樣的任務。理論上是如此，體制上也應該如此。可是事實發展到了今天，中央銀行的兩大基本任務——發行鈔票和經理國庫，也都由台灣銀行在執行。至於其他管制外匯，調節金融等任務，更談不上，中央銀行只是一個虛名而已（下文再說）。這個現象的形成，是由於今日中央政府所能實際統治的地區，大體上等於台灣一省的省境，而台灣銀行所發行的台幣，事實上也成爲國幣了。中央銀行的業務，空虛得如此，而其他國家行局，也因台灣省原有的金融機構和物資調節機構的存在，其應肴的業務，也可說等於零。這雖是暫時的現象，但我們正可趁着這個「暫時」的因利乘便，把國家行局問題，從軀殼到靈魂，一古腦兒加以解決。爲着將來收復大陸，重建銀行體系，一切的準備工作，均須從頭做起。

第二、就人事關係說，今天的陳內閣是一個最可能徹底解決國家行局的內閣。大家都知道，陳院長與任何一個國家行局都沒有一點私人經濟關係，也沒有與任何一個政治圈內的金融鉅子有何不可分解的政治因緣。因此，陳院長大可以站在超然的地位，以建國的百年大計爲前提，拿出爽朗堅決的手腕，徹頭徹尾來解決這個國家行局問題。

本月八日行政院公佈了「調整國營事業機構方案」。就中關於國家行局方面的，則爲：中央銀行，中國銀行，交通銀行，及中央信託局四個機構保留；中國農民銀行及郵政儲金匯業局保留名義，裁撤機構；中央合作金庫裁撤。同時對於調整的原則和要旨，都有所說明。

讀到這個方案，在大體上，我們不能不承認今日的政府已在着手解決國家行局這個問題，而深致敬佩，但我們也不得不認爲這個方案還不夠勁。

從原則方面說，方案上只是講到「杜除浪費，增進功能」。這八個字，分量太輕。國營工礦，交通，貿易等事業機構，非本文記述的範圍，我們且不管。只以金融事業的國家行局說，浪費和低能，只是些惡劣現象的一部份，而不是病根。病根在於上述的那個惡劣傳統。但在方案的原則項下，沒有觸及。因爲沒有觸及這個病根，所以辦法上也就有問題。

就辦法講，予以保留的四個機構，照理都應該裁撤，至多只可把中央銀行保留名義，以維持體制。中央銀行在今天，事實上是一點業務也沒有了。調整方案中，說是「因業務需要，予以保留」，至於究竟是甚麼業務，則沒有列舉，只在說明項下，輕輕帶一句「除由中央銀行經理國庫：：」，其實國庫業務，是由臺灣銀行在代理執行，中央銀行只有經理之名，按期接受台灣銀行之報告而已。至於中國，交通，中信局，不僅應該裁撤，而且不應該保留名義。方案的說明項下，說是「中國，交通兩行之總管理處，對於其海外行處，負指揮監督之責，自應繼續設置」。我們眞不明白，那些海外行處，到今天還有甚麼業務？有人說，那些海外行處的人員，不過擁住國家的資產，靜看國內的風色而已。如果眞是這樣，爲甚麼不把這些海外行處一律撤銷，而反要以海外行處之存在爲理由，而保留總行呢？

保留中信局的理由，據說明，是由於該局尚有易貨、購料、保險、儲運等業務。其實這些業務，大可由臺灣省現存的有關機構來辦，而事實上這些業務已有一大部份或全部是由那些機構在辦。即新辦的軍人保險業務，也可由台灣保險公司辦理，用不着藉此理由來保留中信局這個機構。

中合庫算是裁撤了，但中農及儲匯局則裁撤機構，保留名義。爲甚麼要保留名義呢？我們也看不出有何理由。最「妙」的是方案的說明項下關於中農部份的說明：中農和中國、交通一樣，「均有商股，匪方現正圖謀刼持，倘不維持其法律地位，率予變更，恐反爲匪方所藉口」，這番解釋，眞令我們讀者啼笑皆非。我們的政府，好像還認爲「法律地位」，尚可在匪方發生一點拘束力。我們眞不知如何說法才好！至於說「該行專業農業金融：暫予保留名義，俟收復大陸重新厘訂金融體系，再決定改組辦法」，這也不能視爲保留名義的充足理由。將來收復大陸重訂金融體系，應該是重訂整個的金融體系，而不是指該行的內部改組。農業金融業務，應否有一個專設機構，是值得詳細研討的問題。中農名義的保留，毫無必要。至於儲匯局，自始即沒有成立之必要。其業務是分割郵局和一般銀行的業務，而其本身談不上有何專業。名義的保留，更不應該。如果以「尚有在美存款關係」爲理由，而保留名義，也不能令人滿意。在美存款如有發生問題的可能，政府應該及時設法提取，不一定非保留郵匯局名義不可。也許有人說，機構裁撤了，保留一個名義，有何關係？反正將來是要重新改組的。可是我們不能同意這種想法。我們認爲，名義保留，可能發生靈魂附體的作用。他日即令改組，惡劣的傳統又會持續下來。問題依然存在，今天的作爲等於白費。我們勉强主張保留中央銀行一行的名義，是從體制方面着想，如果不重視這個體制觀念，中央銀行名義的保留也不是太必要的。

以上我們已就「調整國營事業機構方案」中關於國家行局部份的內容，加以檢討并申述我們的意見。這裏還要補充幾點：

這次監察院提出的四行兩局糾正案，本應該分做糾正和糾舉兩部份。行局負責人的「違法開支」「浪費公帑」，應該和壽勉成案一樣，屬於糾舉案。乃至彈劾案部份。政府對於這部份的案情，必須徹底究辦一番。多年來我們常聽舉一句怪話——「貪污而不違法」。我們讀到這次監察院四行兩局糾正案中所列說的事實，了解了這句怪話之所由來。可是一個勵精圖治的政府，在痛革積弊的決心下，總不應讓那些巧立名目，濫列開支的手法掩飾他們的貪污罪行吧！舉個例說，宋漢章所應繳的公債款項，本應該出自他的私囊。但是他的私囊并不虧損，而勸募機關的收款記錄上卻收的是宋漢章的錢，而事實這錢是由中國銀行支付的。宋漢章這種行爲，是不是等於在納債的過程中，公開地盜去了中國銀行的錢納入私囊呢？這僅是違法開支呢？還是刑法上的貪污罪行呢？再說，中信局在港購買房屋和在臺租頂房屋，均以住用人名義訂立契約，這種化公爲私的辦法，究竟是僅僅浪費公帑呢？還是公開的朋比貪污呢？像這一類的案情，政府如果要切實肅清貪污，是不能輕易放過的。放過這筆案子其事小；「貪污而不違法」的辦法如果因此而流行，則其事大！

最後，我們還得提及的，我們雖然指出國家行局的惡劣傳統，我們雖然論及國家行局人員事實上的貪污，但我們并不是說國家行局全體的各級的從業員都有罪責。我們常與行局中若干朋友交往，從私人談話中，發現他們也和我們局外人一樣地有公是公非的憤慨。即就高級的負責人說，也有人秉正不阿，并有自我整頓的志願，但終被惡劣的傳統所扞格，徒喚奈何而已。待遇高、享受好、究不能淹沒每個人的良知。

三九、六、九、於臺北

自由中國通訊

古城春色

——金門通訊

方亦文

春天依舊照着大自然的季節循環，準時降臨到這成爲秋歌王朝新京的古城，融融春風吹化了北海水面的浮冰，然而吹不去壓積在「北京人」心中的沉鬱和寒冷。按講：春天應該是五色繽紛的，可是在今年紅潮却淹沒了一切，血色的紅旗紅星紅色畫像還有……遮盡了鵝黃嫩綠粉白姹紫，往常人家都說紅色表示熱烈興奮，我却以爲用它象徵殘酷和死亡似乎更適當。

這已經是「解放」後第二個春天了，不過氣候總歸有自己的「發展規律」，沒有因爲「新時代」有任何改造，今年北平的春天和往常一樣，來得突然，表現得繁茂燦爛，但是短暫，可惜對於這些自以爲唯物的共產教徒，春天沒法給他們一種天賦的靈意同美感，你不能從遍貼牆頭的標語裏發現大自然所賦予的繁茂生機，你也無法就穿着列寧服滿街溜躂的女幹部身上找到綺麗春意。然而共產黨徒實在是懂得一年之計在於春的，並且多多少少也體會些春天的誘惑，可不是嗎？好多運動正在開展，怕莫也是有點關係吧，「人民政府婚姻法」也趁了這「豔陽天春光好」的當兒被討論被公佈。

照「毛主席」的說法，今年是「有困難，有辦法，有希望」的年頭，辦法是否行得通？希望是否盼得到？我們不得而知，但是困難倒是每一個人所身經體受的，照共產黨的常用文法，困難是和生活緊緊結合了的。

當然構成人們心中最大陰影的不外是因普遍災荒而起的飢饉問題，不過在這天子脚下的「北京」城裡，糧荒是以另一種姿態出現的。一般人早已經降低生活水準來適應環境，但是像今天這樣儉樸的風氣下，大家都在爲開門七件事發愁。依據糧食界人士估計：從去年起已經有百分之八十的人在吃雜糧，從前銷路不旺的高粱米篏麵都行銷起來。到今年自然更差勁了，在過舊曆年的時候，能夠用白麵包餃子的人沒幾家。入春以來，貿易公司的糧食似乎沒有減少，但是每個平糶處前排隊的人更長了，排上大半天不過爲了要買便宜幾百塊錢一斤的糧食。一般學校裏的伙食水準再度降低，高粱米飯已經難得吃飽。據說有些同學向着毛澤東像祈禱，說他們已經三月不知肉味，但願今後不要不知油味不知菜味。在郊區情形就顯得嚴重得多，才搞過土改的農民，除去得了一些破爛的農具和茅屋之外，所獲的只是一塊不勝負擔的土地。共產黨正在北平忙着宣傳九二米八一麵的營養價值，其實這對於北平人未免多餘，他們的維他命也許已經過多，問題是如何「改造」他們的消化系統。

不錯，共產黨是有辦法的，他們就憑了自己的那一套辦法來解決困難。他們的辦法實在很簡單，無非是把政府的困難改變成人民的困難而已。甚麼統一財經工作，甚麼「勸募」「愛國公債」，甚麼展開救災運動，花樣繁多，然而其目的不外乎讓他們能隨心所欲地搜括一番，而後還能加上許多「熱烈捐獻」「一致擁護」之類的字眼以供宣傳。事實上這些「鬥爭」都是艱難而慘烈，尤其所謂購債，早已是令人談虎色變的事。一般商民都在埋怨不知道那一輩子欠下了這筆「孽債」。當報紙上購債「熱烈開展」之際，「謠言」却在說王府井某大商店店主因逼債自殺；要不然就說前門某字號的老板急得發瘋。在新聞不自由的環境之下，這些消息無法證實也不見否認，於是「謠言」便自由了。

最鬧得有聲有色的該是生產救災運動。流亡難民、失業三輪車夫、乞丐、四犯、以及其他身份不明的人，都送到東北和察綏開荒。據說東北土改早已完成，生產早已恢復，而今竟然有那麼多荒地可開，「人民政府」有如許資本貼補，不能不謂奇蹟。在北平市內各學校機關中都展開春耕和其他的生產運動。不成問題的搞得最起勁的是那些「民主青年」「革命先鋒」的團員們。這班赤色浪人在秧歌扭膩之後，來一陣鋤頭舞倒是別有風趣。這樣一來，羅道莊的農業大學事屬本行不說，連素來公園化的淸華燕京也田園化起來，男同學扛起鋤頭赤脚下田，女同學端了臉盆舀水灌溉，背襯着紅牆綠瓦的宮殿式建築，好一幅傳神的春耕圖。從前燕大陸志韋校長是反對這樣搞的，現在該換了腦筋吧！這樣搞實在是很淘神的，在本來就忙得不可開交的「政治學習」、「業務學習」、「黨團活動」之間，再挿入一項生產勞動，任憑是怎樣天才的人都會窮於應付的，據一個同學的透露，她是靠情書減產來貢獻剩餘勞動的。啊！多麼殘酷的剝削者。

無論是購債增產，顯見得對目前的災未來的禍是沒有多少作用的，那末希望在那裏呢？馬克斯在天之靈大概庇佑不了毛澤東穩居大位，唯一靠得住的靠山自然就只有「永恆的太陽」斯太林元帥了。然而大鼻子幷救不了中共，中國所最豐富的便是人，偏偏蘇聯人所從事的便是把斯拉夫血統的俄羅斯人，伴着他們的哲學思想生活習慣語文風俗向中國灌輸，而輔以各種形式的政治經濟方面的侵略。

每當「解放區的天是晴朗的天」的時候，北平的天空常常響起軋軋機聲，有人指着盤旋高空音響特別的飛機，是俄國人的噴氣機，這話要確於證實很不容易，不過衆所親睹的事，大批「盟邦技術人員」由北方到達這裏，又轉向西北東南滲入。北平的特種外僑越來越多，穿嶄新的服飾，出入各公共塲所，美琪樓上的舞廳又復活了，正在做着這批貴賓的生意。在這春光明媚的季節中，在中山公園北海故宮天壇可以看到三五成群「盟邦」人士在欣賞中國的文化和藝術，甚至於遠在郊外的頤和園和其他勝蹟也少不了他們的踪跡，三三兩兩坐着汽車拿着開麥拉帶了頗有嬌媚之態由外語學校專門訓練出來的女翻譯員，給園景平添幾分豔意，這許是古城春色的特寫鏡頭罷。

春天能給這苦難的城市些甚麼呢？中山公園的芍藥牡丹依舊含苞吐豔，頤和園的玉蘭花仍然如雪似錦，但這些都吸引不了大家的興趣了。春天對於他們不再象徵一個新希望的開始，只表示一個更艱困生活的起頭。長夜漫漫何時旦？我只有祈求上帝保佑他們！

卅九年五月廿二日

金門通信

一封戰友的囘信

嚴聲華

編輯先生：

不久以前敝校同學爲了厲行勞軍，鼓舞前方士氣，曾大量撰寫慰勞信，分寄各地戰友。昨天接到金門前綫一位戰友的囘信，文字流暢，熱情充溢。字裏行間充滿着反共抗俄的決心和必勝的信念。我們認爲戰友們這種反共抗俄的決心和信念有讓後方同胞知道的必要，我們更認爲後方同胞有進一步支援前綫的必要，和無可推諉的義務。因此，謹將嚴星華戰友的囘信奉上，希望能借最具權威的貴刊之一角發表，並希望藉此鋪下一座廣寬的軍民合作的橋樑。

順祝

撰安

省立台中師範學生十三人同啓

景裕、春華、茂雲、纘昇、麗虹、永燈、石柱、添德、連權、諸位兄弟姊妹們：瓊琦、彩緞、艷球、瓊珪、

上月廿二日前後所寄來的信，都先後收到了。謝謝你們對我們的友愛，眞使我們又感激又慚愧！感激諸位寶貴友愛的熱情和慰藉，慚愧的是我們河山喪失，小島偏安，神州淪沉，我人民盡在水深火熱之中，而且後方同胞對我們精神，物質種種慰勞，使我們格外難過……

我們用什麼來表示我們的誠意呢！如何報答諸位期望熱情的心呢！我們的戰友都說：準備打一個大勝仗，我送上十隻八隻登陸艇所裝的匪俘和武器到台灣，去報答諸位的深情和全國同胞的期望。這是各級戰友的意志。

我在此特地轉告諸位，並致謝忱。

在金門的情形，諸位在報紙上，我在談論中，想必一定知道的很詳細。我在這裏就以「軍民之間」、「匪我之間」、「官兵之間」一切生活狀況，作一個簡略的報告：

1. 過去革命的失敗原因固然很多，可是軍民不能合作，也是主要原因之一。現在我們重新革命就非講軍民合作不可。「愛民」被列爲工作中心之一。我們來自大陸各個不同的角落裏，言語隔膜，習慣各異。我們依照這種情形，訂定愛民辦法：①見面笑②滿缸水③門前清。上面這三項辦法，經全體戰友會通過實行（門前清是指清潔而言）。現在這裏的百姓，經過短期說明和聯絡，樹立了軍民一家的良好風習。

2. 匪軍呢！金門之敗，登步島之敗，還沒有驚醒他們的迷夢，還要將我國民革命軍「趕盡殺絕」，並揚言「血洗台灣」，把我們的家庭清算鬪爭。大門上釘上「反動之家」，「台灣匪眷」的木牌子。侮辱我們，欺壓我們。兄弟姊妹們！共匪的這種暴行，豈是中華男兒，黃帝子孫，所能忍受嗎？再看共匪在大陸將糧食搜刮乾淨，盡運往蘇聯，不顧人民死活。共產黨人說：「糧食在我們手裏，人民沒有吃，當然要來找人民政府，參軍不成問題。」兄弟姊妹們，匪軍這辦法够多麼毒辣，多麼陰險！我們豈能袖手旁觀，忍耐下去嗎？寫到這裏，我的熱淚不禁奪眶而出，悲憤交加。我想只要團結起來，消滅共匪，匪區人民必定群起助我。兄弟姊妹們！國家的存亡已經是千鈞一髮了！我們只有團結起來，向着同一目標，來爲這救亡圖存的偉大工作而努力。

3. 十二兵團在金門培育了革命的新生力量，這就是官兵之間改變領導新作風。司令官訓示我們：①洗刷軍閥習氣，②召回革命軍魂，③消滅內在敵人④充實戰鬪力量。這是我們工作重心所在，現在官兵一致，生活一致，勞逸一致，目標一致，思想一致，言行一致。

生活方面：有經理委員會，有戰友任委會，紀律委員會，愛民會，互助會，學習研究會，生活討論會，評判會，保密組，防諜組，火線喊話組等，由連營幹事指導，分門別類負責。評判會上，任何人有批評他人之權利，任何人也應有接受他人批評之雅量，此所謂「有過則改，無過則勉」之意也。副食，官兵每人種菜一百顆。我們的蔬菜，長得又肥又大，委實可愛。諸位兄弟姊妹們，如果你們能來金門觀光的話，我一定用自種的蔬菜來招待你們，或許比台灣別有風味呢！居住在自製的堡壘內，不怕風雨，空氣又好，風景宜人。睡在床上又可以看見我們的飛機轟炸匪軍。海浪波濤，魚兒海狗互相競美看浪花。這在教堂，都市裏是不容易欣賞着。你們能來嗎？我在這裏歡迎你們，期待你們天外飛來！

寫至此，聞悉匪××軍，及「參軍」學生××人，近又企圖進犯本島。戰友們莫不善形于色，磨拳擦掌準備給匪一個迎頭痛擊。我敢斷言：匪不來便罷，如在太歲爺頭上動土，太歲爺自有打虎除奸的辦法。共匪如果不是傻瓜，決不會來太歲爺前賣弄，如果硬要來，也不過是填海送禮而已。

親愛的兄弟姊妹們，我們也很想知道復興基地的一切情形。你們能時常給我們連絡和指示嗎？我們是這樣企盼着，想不會使我們失望吧！拉雜的寫了一大堆。我們只會用槍桿，筆桿讓諸位所長，我們丘八還是在後面跟隨吧！

末了，我向諸位校長及各同學深致謝意，以後再談，即頌

快樂。並候

學安！

小金門海波部隊永定大隊杰部

嚴星華敬上　三九·四·十九。

台北通訊

到臺灣後的觀感

劉志英

共匪在大陸上，每當攫得一個地方的時候，他們欺騙人民的一貫技術，就是高唱「美麗」的口號，和亂簽不兌現的支票，如什麼：「窮人翻身」，「耕者有其田」，「每個人有工作有飯吃」等等不負責的高調，到處亂吹一陣，但是人民的眼睛是雪亮的，過不多久，共匪的狐狸尾巴就會原形畢現。事實擺在面前，窮人不但沒有「翻身」，而且很快地把肚皮都餓的翻過來了。耕者雖然有其田，可是收穫一百斤糧食要獻給共匪六十五斤以上，自己辛苦種得糧食，而不能吃飽自己的肚子。況且農村的匪幹，動不動就亂打亂殺，人人朝不保夕，逃命且恐不及，那個還有心思種田呢？至於說「每個人有工作有飯吃」，更是等於沒有說一樣，不但知識份子和勞動大衆沒處去找生活，就是處於「領導階級」地位的各項技術工人，也成千整萬的失了業，更免不了饑寒之厄。

共黨總算是「聰明」的，他們也看清了人心的向背，他們也不是不怕這數萬萬人民抱着與匪偕亡的心所發出的那不可遏止的反抗狂流，所以共匪在他們的西洋景被戳穿之後，隨又發出了「打下臺灣來一切才有辦法」的狂妄呼聲。

我們都很知道共匪在數月以來，無時不在積極準備，幾乎把所有的力量全部都放在進犯臺灣的上面，復以得到赤俄之助，不但有了飛機兵艦和很多的重武器，並有數萬武裝俄人和技術人員公然參戰，致使共匪如虎添翼，凶焰益張，而其欲圖一試進犯之期，爲勢當亦不遠。但臺灣方面是如何應付這局面呢？筆者新自大陸逃出，甫於半月前來臺，根据十幾天來觀察的結果，除了深知政府對於確保臺灣的信心非常堅定和我們的戰友都抱着與守地共存亡的決心外，其他的一切，在表面上看起來，似乎仍舊守着那「以不變應萬變」的教條，還是「鎮定」非常，絲毫看不出有一些戰爭的氣氛，眞使從匪區逃出來的人們有點茫然不解。

以曾留在淪陷區的人們的經驗來說，筆者很瞭解現在臺灣的一般人的心理，我敢大胆地說一句，有很多人現在還抱着「有奶便是娘」的主義，總以爲共匪也是我們中國人，他們來了，不見得就會將所有的人誅盡殺絕，祇要有錢就可以吃飯，祇要有一技之長，就不怕沒有工作做，這種如意算盤，在大陸的人們可說都曾經這樣打過，但是結果如何呢？可以說百分之百的打錯了主意。

筆者謹以沉痛的心情向臺灣各界人士鄭重地提出警告，我可以肯定的說，共匪不能攫得臺灣則已，假如這反共抗俄的最後基地一旦淪於匪手，那時，不但一些有錢有勢的人必然要遭到生命財產均不能保的悲慘命運，就是其他一切的人們，也絕對逃不了「清算鬥爭」的惡果，共匪在大陸上固然到處唱出了「寛大」的口號，不論它的眞實性如何，但這種口號，在臺灣的人是無「福」聽到的了。何以言之呢？首先我們要了解共匪對於在臺灣的人的看法，共匪說：「到臺灣去的人，不是有錢就是國民黨反動派」。有錢而逃出匪區，不能任其宰割，這是爲匪所最恨的一種人，不要說爲他們俘獲後不容其生存，就是現在回到大陸將全部財產「貢獻」給他們，也還不能「將功贖罪」會饒過你這條命呢。至於國民黨「反動派」的「罪名」輕重，筆者也不必多加解釋了，好在大家都明白這種人是如何的爲匪所「深惡痛絕」的。總而言之，共匪對於在臺灣的人，視之如「眼中釘」，必去之而後快，所以臺灣萬一不守，倖而能免共匪毒手的可說將無幾人，請看匪軍中流行的「打下定海城，鷄犬不留情，打下臺灣島，一個逃不了。」幾句兇惡瘋狂的吠聲，就曉得共匪對在臺灣的人將施用什麼惡毒的手段了。舟山我軍自動撤守後，共匪到處濫殺人民慘無人道，共匪逞其獸性的目的，已達其半，其餘一半，則將要施之於臺灣人的頭上了。

如上所說，在臺灣的人是應如何提高警覺以全力支持政府來築成堅強的反共抗俄的堡壘呀，然而，這種意志到現在還祇是爲少數人所具有，大多數的人則仍漠不關心，尤其是一部份有錢有勢的人，不但沒有敵愾同仇救國救己的決心，反而下意識地在爲個人作着自私的打算——逃命！保財。逃到那裏去呢？是這些人內心的第一個問題。這個問題，任何人也不便爲其作答，因爲這些人既有錢又有勢，他們要逃到那裏是無人能加以阻止的，不過筆者要提醒你們一句：要逃就得逃遠一點，像香港九龍這些地方，不去也罷，共匪早說了「港九是我們的」，所以港九的安全性，還比不上臺灣呢，假如你們想要逃到別的國家去呢，也請想着先把改入別國國籍的手續辦妥，否則將來像白俄和猶太人一樣的到處做着無國籍的流浪者，那也是一件不很「體面」的事啊，況且共匪一旦在國際上取得地位，他們可能「請」你們回來淸算一番呢。至於「保財」的問題，倒還容易解答，每一個從匪區逃出來的人都能很明白地告訴你們，祇要你們聽到大陸上某一個有錢的人倖免被共匪淸算的話，那你就不妨再從事打算做這渺茫而美麗的夢吧！

臺灣能否保守，無疑的關係着國家民族的存亡，我們在這生死關頭中的唯一出路，就是與共匪打到底，我們在與共匪周旋期間，固然希望世界上有正義的國家，與我以各方面的援助和支持，但我們不能存依賴之心，更不可時時都在希冀第三次世界大戰之爆發，因爲如此，既不能堅定自力更生的自信心，反足以招致友好國家之鄙視。少數抱着動搖觀念和疑懼心理的人，他們總以爲一個小島的臺灣怎能敵得住共匪在大陸上所發動的强大攻勢呢？這話說起來也似乎不無理由，眞的，共匪在席捲大陸後，實力當然增加了許多，再得赤俄之助，更平添了不少威勢。在我們今天未得外援純靠自己力量的情勢下，與共匪作戰，誠然有很多缺點，不過要拿第二次世界大戰時英國危急的情形比較起來，我們現在的處境，似還稍勝一籌，因爲共匪的實力無論如何强大，終猶難與當時的德國同日而語，況且我們目前還有數十萬精銳的戰友，和實力相當雄厚的海空軍，而今日士氣之盛，更爲從來所未有的現象。假如所有臺灣的人都能像　總統一樣抱着不成功便成仁的决心，把個人的一切都貢獻給政府，群策群力，共存共亡，以爭取世界上站在我們同一陣線者之同情，以發揚中華民族爲正義而不畏犧牲的精神，到那時，恐外援將不求自至，而大陸上數萬萬備受共匪摧殘壓迫的同胞，自亦隨之揭竿而起，則共匪之滅亡指日可待。要是我們不此之圖，而祇想走其他途徑的話，則噬臍莫及，不但國家民族不保，卽個人之生命財產又何能倖存？「皮之不存毛將焉附」，有智之士亦可以知所警惕矣。

前線拚命打仗，後方拚命享受，這是我們從前士氣所以不振而致一蹶不起的主要原因，所以現在這種現象要仍是不變的話，則不必侈談保守台灣，更說不上打回大陸。今天士氣旺盛，固然是值得重視的好現象，不過還得由一切的人把全力拿出來支持和鼓勵他們，才能使這數十萬戰友們的戰鬥力持續下去，我們看，共匪是一個出賣國家民族的集團，他們不惜使大陸上數萬萬同胞陷於飢餓死亡的絕境，用盡了一切壓榨搜刮的手段，把人民的血液來作支持匪兵的力量，而在眞的民主政府指導之下且以復興祖國拯救大陸同胞爲己任的我們，難道不可以自動地把所有力量獻出來支援前線嗎？我們應該毫不猶預地回答說：可以！

我們要是覺得台灣必須確保，一切的人們必須拿出全力支援前線的話，我們就得實際去作，在大難當前共匪圖以全力進犯的今天，僅僅創造一些新名詞，唱幾句漂亮的口號，或者你們成立一個什麼會，我們組織一個什麼社，東來一個宣言，西來一個呼籲，就以爲可將士氣振發，可將共匪擊滅，這無異於癡人說夢，那是不行的。但是我們究竟應該怎樣做呢？其實說起來很容易，做起來也不難，祇問我們肯做不肯做，祇看我們能不能憑着良心去做？我們每個人祇要能明白爲什麼今天非這樣的去做不可時，一定沒有辦不到的事。我現在提出以下的幾個問題來，請各界讀者試就個人的環境和職業的區別來問問自己能不能做到所應做的事？

一、一般的人將自己的生活水準降低一點，把所省下的錢，拿來買公債，或作爲勞軍捐款，這事可以做得到嗎？我以爲你們的生活水準無論如何降低，總還不至於像大陸上同胞們那樣以豆腐渣黃豆餅穀糠麥苗草根來充飢的慘狀吧！

二、工廠商店拿出一部份貨品去慰勞前線浴血殺敵的將士，或舉行義賣幾天，將所得的貨價全部購買公債，這事你們做得到嗎？我以爲你們這樣做了，不見得就像匪區那些工商業關了門還得繳公債而被迫得棄業逃亡那樣的嚴重景象吧！

三、公敎人員，尤其是國營事業的工作者，你們自動地請減一點薪水或少拿一點特津，以減輕國庫的開支，這事可以做得到嗎？我以爲你們如這樣做了，也不會立刻就到像淪陷區的大學敎授吃靑菜豆腐專家和技術人員吃高粱米那樣的地步吧！要與那無數的失業已久之公敎人員早已成爲飢寒交迫的人們比起來，你們無論如何，總還是處在天上人間呀！

四、太太小姐們，請妳們每月少坐幾次汽車，少看幾次電影，少買一點化粧品，把節省下的錢，拿去買公債，買獎券，把節省下的時間，去爲戰友們多縫製幾套衣服，這事可以做得到嗎？我想妳們如這樣做了，要比起匪區的人們有衣不敢穿，有錢不敢用，有車不敢坐。總還是高貴萬分了。

五、文化界的先生們，請你們暫時不要引經據典，談風話月了，請你們劃出一點時間來，寫上幾個對反共抗俄發生作用的劇本，或在你們的刊物上多刊登一些鍼砭時事振發士氣的文字，並大量捐贈書報給前方的戰友們閱讀，這事你們做得到嗎？我想我們這樣的做了，比起大陸上一些報紙雜誌被共匪接收的接收，勒令停刊的停刊，記者被捕的被捕，作苦工的作苦工那種情形來，你們是多麼的幸福啊！

六、靑年學子們，請你們在讀書之餘，來替政府做一些宣傳和勸導監察的工作，你們如能儘量發揮自己的力量，其功績是無可比擬的，請問這事你們可以做得到嗎？我想你們决不願意像匪區的學生們那樣有書不能讀，逼得去入什麼「軍大」充當赤俄未來的炮灰吧！

七、廣播事業的經營者，請你們從此不再播送靡靡的亡國之音，很希望你們捐贈幾具收音機給戰友們，再播送些匪區同胞遭受災難的情形，和共匪殘暴酷虐出賣國家民族的一切罪惡，使戰友們知道何所爲而戰，以收振作士氣之效，這事你們能做得到嗎？我想你們如肯這樣做的話，你們的聽戶一定可以增加，你們爲顧主（商店）作宣傳，一定可以收到更大的實效。而且你們所需播送的資料，也不愁缺乏，因爲凡是從大陸上逃出來的人，都很願意供給你們一切的資料，就是讓他們權充義務廣播員，也一定不會受其拒絕的。

八、人民選出來的委員先生們，請你們少開幾次會，以減輕國庫的負擔，這恐怕是全體人民想向你們提出的最低請求，假如你們眞能不負選民的期望時，最好還是把「坐而言」變爲「起而行」。你們要是肯「脫下官衣換戰袍」，到隊伍中去「立法」和「監察」一下，把以前那些吃空額，剋軍餉等等的不良軍紀，嚴厲的整頓整頓，我想你們的這種力量，將比平添十萬生力軍到前線的作用還要大呢。但不知你們肯不肯這樣做？至於一些「爲旅費、來開會、會開畢、回轉去。」在港澳作寓公的先生們，他們要走，就讓他們走吧，否則身留心不留，勉强的事，終不是生意經啊！不過他們走了，總希望不要再來了，來了就是要錢，我想政府也有點吃不消吧！

九、還有一些財勢兩全在台灣作寓公的人們，你們拿出幾分之幾的財產來幫助政府，大概後半世的生活，也還不至於發生什麼問題，而且你們所出的錢，並不是毫無代價的，你們保兵險、保壽險，不是也還得出點保費嗎？我們要能打回大陸，你們還怕沒有用武之地嗎？假如還是「善財難捨」，那就請你們等着共匪第二次的淸算好了。

十、至於神聖的農工和勞動大衆，你們的生活已經是很艱苦的了，但你們有良心和體力，你們能够多生產一點糧食，就是爲國家多增加一分力量，你們能够自動地延長工作時間多製造一點出品，就是爲政府多爭得一分活力，你們如能爲政府義務勞動一些時，就如同爲整個民族出了血汗，我想這些事，不用問你們，而你們一定是能够做到的。

確保台灣，打回大陸，不能再是一句空洞的口號了，也不能再把這副重大的擔子放在某一部份人的肩上了，今天的局勢，不是我們勝利，就是我們滅亡，不甘於受共匪殘害和做赤俄奴隸的人們，趕快地起來幹吧！

遙望祖國有感四首

張　文

華府來鴻

編輯先生：

接奉復示，並承賜贈貴刊，感何如之！近二年來，深感精神爭鬥，武裝頭腦之重要。故對貴刊實有極大之期望。近月研讀蘇聯史籍，對於了解共產黨之一套，頗多幫助。惜乎工作太忙，少暇執筆。否則，甚願多爲貴刊效力。「國家興亡，匹夫有責。」苟於國族人民有益，願爲馬前小卒也。

目前只得寫些不像樣的打油詩湊數。此亦不過看見人家幹得起勁，不禁要在旁邊作作啦啦隊而已。見笑見笑！

說起「打油」，不免又來幾首。謹付郵奉上。卽祝

撰安

弟張　文敬上

三十九、五、二十五。

讀劉大白詩有感

唐人

是非功過本難言，時雨時晴亦等閑！

如罪浮雲能蔽日，何來人力可回天？

梟雄竟而稱民主，黎庶無由策瓦全！

愚父移山自常事，每從滄海種桑田。

附劉氏原作

雲心每妬天無垢，風力常敎水不平。

着眼是非功罪外，英雄畢竟誤蒼生！

寄張治中

張皇失

狐媚工讒震兩京，善觀風色是將軍。

到頭尾巴終須露，不作蘇卿作李陵！

和張皇失兄

木子

僕僕風塵走二京，無聲無臭賣三軍。

未經矢盡援窮戰，泉下相逢愧李陵！

寄邵力子

老張

舉世皆知和事老，蠻貊之邦混一飽。

「篤敬」「忠信」全忘了，落得兩頭不討好。

文藝

養鷄場在臺北

陳定山

貴族式的里昂

里昂，他是一種法國種，紅冠白羽最漂亮的種雞。據日本人在台灣養雞紀錄的報告，他一年竟能下種蛋三百三十五枚。去年，農學會售出種蛋，每枚從台幣三角陡漲至六角，於是到台灣來的人，都想到養雞事業了。

一隻里昂雞一月下蛋三十枚，價值十八元，家蓄百雞，不是月收一千八百金？古人云：「奴橘千頭，富可敵國。」於是就有朋友來邀我合作養雞場。

我覺得在台灣閒住，當然不是一個事情。五畝之家，必蓄雞豚。養雞，當然無傷大雅。我尤愛他的紅冠白羽，昂昂然的氣慨。這一群負着傳種的，比到王羲之養鵝，更來得有趣。因此，我答應了他，我們同去參觀了木柵的農業試驗場。台大的畜牧場，可是問題接着來了，原來他並不像養土雞的那樣簡單。他需要寬廣的園庭，玻璃的房子，定時的餵食，雞醫學上的看護與治療。但是我們並不灰心，我們預算要種成三百個種雞，需要四間玻璃雞房，預算是三千元（現在該要八千元了），二畝寬的空地，年租是一千元。五十個種雞，每只六元是三百元，儘飼食料每月是一百元，孵卵箱的設備是六百元，人工開支一切不算，這開辦費是五千元。

我們很快的設備起來，我們選擇了台大附近的房子和雞場，我們再向臺大，和農會去請求種雞，於是第一個難題就來了。

他們不肯賣種鷄，纔下地三天，每隻就要六元，可是公母不分，而且里昂鷄，事先得說明，照公式，雄的要多於雌的，而且現在這才下地的，我們還要自己養，留着也不賣，你們，還得定，大概，明年三個月裡可以交給你五十隻。而且「綠豆紅」「蘆花」「里昂」鼎雞的給你，反正里昂，占百分之八十，「蘆花」「綠豆」都比「里昂」好養，只是下蛋力沒里昂強罷了。

哎呀，第一個難題就開始了。我們不能閒着，鷄房，三個月等鷄種呀！我們費盡唇舌，從「農會」和「臺大」分到十五個鷄，三十個蛋兩隻大火鷄，這，我們回家去，開始養鷄孵蛋。

這十五隻白小姐，不過和拳頭一樣大。他怕冷，他不孵在鷄房裏養；他需要溫室，臺北雖在亞熱帶，民三八的冬天卻特別氣帶轉變，這溫室更需要熱度。我們用火油箱，墊着稻草，上面鉛絲網，覆着小小的薄被，裏面裝着電燈，掛着寒暑表，看着寒暑表來調劑他的熱度。這那裏是養鷄，簡直開鷄醫院了。預算開辦費，於是就超出了一千元。

孵卵方面，比較簡單，那二隻母火鷄居然盡了極大的能力，他一隻可以伏十五蛋，所以三十個蛋，伏過二十一天，一個一個小雞已自啄殼而出，我們歡喜看他啄殼的情形，他先在裏面吱吱的叫，用小嘴啄那殼，一下子裂縫了，他將縫啄開得很齊，和一條線一樣，將殼分做兩半，他一彈，鑽進了母鷄的腋下，而我們將他從鷄腋下，取進了溫室，數一數得二十八個，有兩個沒孵出，後來才知道選孵蛋，要先向電燈照過，裏面有一絲血筋的，即是經過雄鷄媾的。俗語叫做「踏過的」。否則就稱爲「退蛋」，沒有用，孵不出小鷄。

這群小東西出世，不到三天，死亡律可就可觀了。他不能和大的小鷄在一起，因爲鷄性好擠，又好踏。大擠小，還好，一踏准死。他不能像土雞一樣，隨便的地上亂走，他更需要溫室，他每天需要八小時一次的平均餵食。你得從重慶北路去買配就的餵料，你得時刻檢看懸掛着的寒暑表，而減少你溫箱裏的電泡，或增加。人、已經超過了人類母愛的飼養責任，而小雞還繼續地在死亡。他不是無病，而終，他得着兩種病，一種是「腫腿」，一種是「腸紅」，小雞腫了腿，那才是怪樣，他終日垂頭，若有所思，愈下垂愈頹喪的樣子，終至死亡，那是先天的，並不傳染。「腸紅」就可怕了，他和小兒的痘症差不多，一個下紅，立刻傳染，於是我們的小雞開始了第二個難題，那就是雞的醫學顧問。

臺大教授戈福江先生，他指示了我們不少專門學識：雞有雞的藥，他須要在預防，雞在需要打針，打針對於腸紅有特效的治驗。鷄，更須要看着他拉屎，一拉屎，就得要換新稻草染，因爲群鷄每在啄食病屎而得到了傳染。所以養鷄家，常會因一隻鷄在外面啄食回來，而使同伴全體得了傳染病死亡，就是這個意思。

十五隻小鷄，三十枚種蛋，結果保存了小性命淨得十二頭，八匹小公鷄，四隻才眞是母的，他要再過六十天纔會下蛋。後來，我們又繼續得到了常識，原來，一隻里昂鷄每年下三百三十五個蛋，那是非常特殊的一隻里昂鷄，不是每隻里昂多如此，最好的，每月平均可有十五個，那就是對你最盡責任的了。

我對着六千元的設備，二十多天晝夜所耗費的精神，而所造成的四羽母結晶品，計算他每月下蛋的能力，實在有點兒失望。但是我們並不消失了勇氣，我們想用超級的方法，來成功我們的養鷄場，我們想用金錢的力量，去併吞一個已經成功，而將近失敗的養鷄場，使我們可以省了不少辛苦，而得到很多的大母鷄，專賣種蛋，給人家去求幸苦罷。

機會來了，由於一位鷄學專家的介紹。在羅斯福路三段的一條陋巷裏找到一位養鷄家，他養着三十多個里昂鷄，全是母的，祇四隻公的，他沒有我們那樣的玻璃鷄房，和寬廣的庭園，他只用火油箱架着白鴿籠，一隻一隻耋上去，靠着扶梯，鷄要上下，須得走扶梯，以前有五十隻，因爲貴族式的里昂鷄，住不慣五層樓，淘汰的結果，淨騰三十二隻，廿八隻專管生蛋，每月平均可得五百個，我們問他要賣多少錢，他說不多，便宜得很，我們用五百個蛋賣三百塊錢來估計，我這許多鷄，只要賣三千元。我們不由地現出苦笑，照我們那樣犧牲的精神來估計呢，三千元也不算大。可是……可是……可是後來我們還發現了他這羣白天使，裡面包含着三隻病鷄，呀！怪道他要全部出售呢。後來我們間接地聽見他這一羣雞，用一千元的廉價，賣給一個不是養鷄家的養鷄場，而使他全場遭了瘟。

我們並不從此灰心，我們仍從孵卵來找尋養鷄的出路。我們了解到上次的鷄病，不是由孵卵而發生，而實在是從六元錢一隻的種鷄帶過來的。我們由是又到木柵去選蛋，我們雇用更多的土母鷄和火鷄孵卵。火油箱用完了，寫字檯的抽斗都抽出來做孵卵房，我們完成了孵卵工作，我們育成很多的小鷄，我們居然到了成功的階段，我們現在已經擁有大、小、公、母、「里昂」，「芦花」，「萊豆紅」「名古屋」不同式不同種的鷄，一共有了三百羽。每一度生育，都替他們計着帳。

原來，母鷄的體溫，正和人造的電溫箱，同一高度。他們一樣他伏孵二十天，小鷄在第二十一天出殼。母鷄在伏時期，威權是很大的，公鷄必須要聽他的話，任你遠在隔院天井裏遊戲，只要母鷄一叫，他立刻需要跑囘來，陪伴她，她不要他了，他得很聽話的離開。但在伏期中，鷄是絕對不交媾的，萬一這雄鷄犯了急色病，一踏母鷄，那母鷄就要血崩死。原來他在伏期中體溫和血壓都極高，對於雖鷄也有不利。包天笑在某筆記裡說有一隻公鷄伴着兩個太太，在孵卵期中都需要他工作，那是錯的。老先生不是養鷄家，所以不懂鷄的生理學。

小鷄下地，十五天內很難辨出他的公、母。据說惟木柵農事試驗場的一位劉主任，他是權威，他一下地就看得出公和母。所以從木柵賣出來的小鷄，比較靠得住，但他也不能老留着母鷄在家裏呀，我們也是如此。我們到了二十天便得選擇着小公鷄到市場裏去賣，每一隻賣六塊錢，而給他的餵食人工，却不止六塊錢。

現在，這三百個鷄的餵養費，每月至少要六百元，加在生財設備的折舊，就得該一千元。下地的鷄是雄鷄多於雌鷄，小鷄多於大鷄。經常一百個鷄在生蛋，平均每個鷄實得十二個，月得種蛋一千二百個，每個賣六塊錢，利息相當優厚，但是第三個難題，又到了目前。

在我們成功的時期，所有臺北的非養鷄家的養鷄場也成功了。每一農場擁有三百鷄，他們更不需要再向外面買種蛋，他各場生下來的蛋又賣給誰去呢？在承平時，鷄蛋出口是一宗大企業，現在却僅僅賣給東門町，太平町小菜場，一天能够納化多少？於是各鷄場多只得自孵小鷄，据說僅僅木柵一處，已經容納了數千小鷄，我們的不久，鷄數也得驟增，一切玻璃房，園庭，孵卵箱，都得重新設備。這一筆設備費，將超過於原先的數倍，或竟至十倍。鷄呀！鷄滿之患！傷殺了在臺灣養鷄家的腦筋。而到臺北來的人，還在欣然企慕這一事業！我所以寫一點經過的困難，和目前困難的交織，供獻給新興的養鷄家。

印尼來鴻

一位僑胞理髮師對自由中國的嚮往

下面刊載的這封信是一位旅居印尼的僑胞，來乙先生寄來的。四月二十九日來乙先生曾有一封信寄來，商洽訂閱本刊。本刊接信後，除當即寄贈雜誌兩冊外，並馳函告以寄信至香港訂閱本刊航空版（其時本刊在印尼尚無分銷處）。這是來乙先生接到本刊信後的來信，字裏行間充滿着念祖國愛民族的眞情和熱淚。任何人讀之，均將感動不已。來乙先生旅居南洋三十餘年，刻在印尼操理髮業務。其間雖不斷受共黨的報刊宣傳，但其結果仍然是站在反共抗俄的一邊。從此可以證明共黨的心勞日拙，絕大多數的中國人仍將在國家民族的呼喚下與自由民主為友。

為了存眞起見，來乙先生來信的一句、一字、一標點、一符號，本刊概不更動，一仍其舊。現在介紹讀者諸君給來乙先生見面。——編者

自由中國執事先生鈞鑒：四月二十九日飛函（指本刊復函）五月十二夜十一點得收。十三日午又收來貴刊二冊，貴刊裏面燕君先生寫作（半世紀來誰擁有世界上最偉大的陸海空君）？弟輪閱十數囘。函示從香港代理處訂閱，敝處印尼政府三月二十日，宣佈新財政政策，將紙幣截割為二斷，一斷存買印尼公債，一段行使商場，又數天久，耶加達Djakanta逮捕逃走黑市外匯聞名大商三十餘名，聞說中國領事交涉他就承認共產政府。第二次又宣佈逃走外匯者快來自首，弟看中國人在印尼地方，雖有萬萬之財產不能寄歸祖國，或帶囘家，只將吃於此，和死於此，如將自然死都罷（此語似指人的自然老病而死——編者），恐怕將被他槍殺而死，今洒水埠Saeraleaja新聞紙天天登載，白天，晚上，穿軍服的搶刼商店，各國領事有上書印尼政府鳴喊，維持治安，為何若此。是中國不亡于日本要亡于蘇聯，外人不怕中國，隨便愛擒就擒愛殺即殺。

這次共產之成功在於宣傳，弟自十餘歲在星加坡（Singapore）早見共產刊物，「先鋒」「響導」『農工旬刊』等，自有了民國三十九年以來，皆是戰爭，人民困苦至于極點，而又得共產說溫情之話，人民何不擁護呢？弟來南洋三十餘年亦是因中國戰爭不欲歸國。

敝埠有一代理書局，裏面有香港書報，雜誌、新加坡畫報、雜誌、上海「世界知識」皆是共產刊物，為何正大光明之刊物沒有一本，這不是共產之利害宣傳嗎？如數年前街場被炸，各人遷去山項、日本投降，各人從山項遷囘商場，而共產之刊物早來了，各人傳閱，弟雖不得閱，而從外面觀之，料必是共產刊物，因為紙張美觀潔白，後接閱果是共產刊物不錯，日本投降山項囘街場共產刊物早有了，這不是他宣傳利害嗎？書局代理老板說，此書報是從耶加達書局得政府外匯寄來，又有些共產刊物亦是自送來，售共產之書報，比別種書得利厚，作商人一定找得利厚之生意做，不如別種刊物，先款後閱，為什麼共產不勝利呢？弟極欲閱貴刊，每天亦將有十位朋友來理髮有欲閱者，只因印尼政府外匯不準（准）出口，弟處沒有辦法了，只望　先生有什麼辦法寄來；是所企望。遠禱　中國不亡

理髮工人來乙謹啓

卅九年五月廿九日

中篇連載

荻村傳 (六)

陳紀瀅

黑心鬼兒一陣，輭一陣，連哄帶騙，連張拴子的屠夫爹，也洩了氣。

傻常順兒自和那年煙村人大鬧荻村廟會因爲庇護拐子蓮兒，結果拐子蓮兒被毒拳打死，自己被他們痛打之後，還捉進衙門去，幸而那時候的縣官對於荻村另眼看待，他總算是衣錦榮歸，然而回到荻村以後，還得住在扣家，還得給扣家餵驢，還得給村中當短工。扣家的車雖然煙村賠了一輛新的，但那匹禿驢越來越老，而且一直瘸了一隻腿。有幾次張拴子的爹要買他去殺了賣肉，扣兒蘑菇不肯，他說禿驢跟他業了一輩子，他不忍讓人把他殺了，於是又老又禿的驢也就做了常順兒的長年伴侶。他高興時，對禿驢發笑，撫摹牠；不高興時，便對禿驢生氣，鞭打牠，而最毒狠的辦法是不餵牠，往往使禿驢餓得僅能發出微弱的哀鳴。

扣兒蘑菇自從煙村械鬪事件以後，內心雖有說不出的苦衷，但總以爲傻常順兒是一個容易惹事的傢伙，但又不好意思把他攆走。這次村中挑兵，張五爺看出他的意思，於是把常順兒列爲第一名，黑心鬼正記着上次那點小過階，爲了報復一下，不惜替張五爺當狗腿子，做了他的傳聲筒。五個兵別人都有人替央求不去，祇有傻常順兒沒有爲他說一句話，他回到牲口棚去，躺在炕上，尋思扣爺爲什麼這樣心狠？連替我說說情都不肯？並且把我應得的錢還要繳給他？哼！是了，我知道了，看我對起他，對不起了？人生在世，全憑良心活着，我常順兒就是良心好，我去當兵，我替扣爺賺一筆錢。

當他們要被村中送往縣城轉往山海關的前夕，他到扣爺上房屋，噗通跪在地上，說：

「扣爺！扣奶奶我、我、常順兒要、要、要走了，這些年來，我、我累了你，你們，常順兒是個苦：苦：苦命孩子，從小、沒爹！爹；沒、沒娘，你們老、老公倆、就是我、我、我親身父母，再造、再造恩人。」結結巴巴，說着說着，他又哭了。

扣奶奶搭過碴來：「常順兒，你扣爹待你不錯，若不是他管着村中一點事，這回你去當兵，他不也替你央求嗎？這回他就不能那麼辦。去吧，也許你升個一官半職的，你可別忘了我們老孀倆，我們沒兒子，還指着你哩。你的身價錢，我們替你保存着，你放心吧。」

扣兒蘑菇在一邊也抹眼淚。

「扣爺，你老別、別難過、我樂、樂意去，我打了、打了勝仗回來，再、再好好孝順，孝順你。」

傻常順兒、小淘氣兒、完蛋蛋兒、張拴子、地狗子，一共五個兵，隨着三十個伕子趕着的四十匹騾拉的二十輛大車，一萬斤乾草，由荻村管事人黑心鬼、扣兒蘑菇、大粗腿三個人押着，浩浩蕩蕩，從村中向縣城出發交差，縣長傳下口令來，對荻村兵差辦理迅速，着實誇獎了一番。

縣府驗收兵差人員也囫圇接受了荻村這份官差。沒幾天，徵調齊備，縣長把全縣應徵調的兵、伕、車、牲口、草都押送到天津，又轉送到山海關前綫。

傻常順兒不知怎地，覺着出了荻村，好像出了一口冤氣。起初，他對於派差，十分氣憤，村中人雖說是黑心鬼奉張老五的命令辦理，但也有說是扣兒蘑菇不樂意再要他住在他家，編個法兒把他除滅掉，這些閒話他是聽見過的，他聽了生氣，氣得肚子一鼓鼓的，他心中怨恨扣爺心太狠，爲什麼必要挑他去當兵？可是他又回憶到臨別時，扣爺和扣奶奶竟不住地抹眼淚，那種憐惜勁兒，扣爺終究是扣爺，不會錯！

一路上，青山綠水，花花草草，眞開了眼。「以先我怕兵，現在人怕我。」他想。雖然他還穿着那過夏天的紫花粗布短衣褲，還沒有摸到槍把子的邊兒，在常順兒想像中，不久就會穿起那二尺半的灰軍裝，手裡握着一枝擦得亮晶晶的快槍，那時節是多麼威風凜凜呀！

他又想起那年義和團怎樣交給他那枝紅纓槍，怎樣教他殺人，怎樣教他唱歌，自己又是怎樣膽怯，如今又是另一世界，自己的膽量好像大了許多，以先拿起紅纓槍來刺人，手就打哆嗦，假使這一回能有一枝快槍，他媽的！打死個把人，絕不會再行哆嗦，只是還不會放槍。他一路上胡思亂想。

在距離山海關前線還有四五十里的一個村莊內，他們便被分派了職務。傻常順兒和小淘氣兒、張拴子分派在一個連裡當伙伕，完蛋蛋兒、地狗子派在另一村莊的連裡送彈藥，其餘伕子車騾都另有按派。

這時，直奉兩軍還在對峙狀態，前線有暫時的平息。

傻常順兒一心一意想做個持槍的兵，却不料叫他當伙伕，他不懂什麼叫伙伕，他向連長請示，連長怒氣說：

「你奶奶的，伙伕就是讓你燒火做飯！你懂了沒有？」

「我、我、只會吃飯、不會做飯。」他傻里傻氣地說。

連長和全連弟兄們都笑他，小淘

氣兒把他的歷史和他的爲人報告給連長，連長才明白了，連長是個山東老粗，一開口總帶髒字，他對常順兒說：

「你奶奶的，你想拿槍打仗？槍聲一響，吓不出你的苦膽算俺白說，要不是俺吳玉帥，張作霖早就打過來了。你要想練槍，你得先學開步走，俺當兵時，光學開步走學了半年，我看你那兩隻秧歌脚，連開步走也不準學會哩。張拴子、小淘氣兒還差不多。」

傻常順兒聽了連長的話非常沮喪，他心想：莫非當一場兵連槍都拿不上嗎？無論如何，我總得學會放槍，於是他常在幫助小淘氣兒、張拴子做完飯以後，背着連排長的面，求弟兄們教他放槍，他看人家端起槍把，拉開栓，推上子彈冉上栓，把槍舉平，向前瞄準，然後把機鈕一搬，「啪」的一聲，那顆子彈從槍膛裡射出去了。他「嘿、嘿、」一笑，「眞有趣兒」，他說。可是他拿過槍來，力氣雖大，拉不開栓，好容易把拴拉開了，他不敢上子彈，上完了子彈，不敢搬機鈕，一個老兵故意調理他，在他身後，替他把機鈕一搬，子彈是打出去了，然而他冷不防被子彈的後射力打倒了。

「媽的，這玩藝兒還有後勁兒，怪事！」他說。

一天，他竟學會了放槍，同時勾起他許多亂想。

他想：自己到荻村住，轉眼二十多年了，也是三十出頭的人咧，誰他媽的待我好？數來數去，還不是扣爺麼？小淘氣兒處處向着我，我得知情。人，誰他媽的不是肉做的？人總得有良心，我常順兒雖傻，但不可不知好歹，頭上青天有眼睛，離地三尺有神靈，槍子兒有眼兒，善有善報，惡有惡報，報與不報，只爭時辰到不到。像黑心鬼這兎仔子，他要是得好死，那是老天爺沒眼睛。媽的，量小非君子，無毒不丈夫，有朝一日，我常順兒得志，必不饒他，誰讓他石心財黑，淨他媽的欺貧老實人？還有完蛋蛋兒也不是個好東西，他壞透了厲，一向搗我的麻煩，常常給我栽贓，害迫我，二十幾年了，他算和我黑狗狐貍貓總不對頭，老天爺要是公平，這回就該給他一個報應。不，不，我得向老天爺訴明：不是我背地裡詛咒人，我常順兒是天下第一等大好人，你老人家是知道的，瞞了誰也瞞不了你，我這些年是好是歹，在你老人家的秤戥兒上有分量，誰給我窩昂氣受，你老人家看得也明白，罰不罰，任憑你，反正我常順兒頭上頂的是你，心裡惦計的是你，時時刻刻沒忘的是你。話已說明，一切你看着辦吧。

前線戰事爆發了，直軍佔了優勢，前鋒一直衝出山海關。這一連因此也就留守原地，沒能參加作戰。

連長失掉了升官發財機會，懊喪，悔恨，無處發洩，找碴兒出氣。碰巧瞥見傻常順兒偷偷摸摸在練習打靶，頓然觸怒他，立刻召集全連弟兄訓話，問誰的槍交他使用？一個非戰鬥兵爲什麼亂放槍？張得勝從隊裡「啪」一個敬禮，「報告連長！是我的槍！傻常順兒常常用弟兄們的槍練習打靶。」「你奶奶的！槍是你的命，你肯捨命，好，頂起這塊磚頭來，讓他來打靶！把磚頭打掉！」連長隨手拾起一塊磚頭。

「報告連長！我錯了，但我樂意受別的處罰。」張得勝行着敬禮，耵着連長。傻常順兒見惹了禍，不知道連長是捉弄他還是捉弄誰，他忙跪下哀求饒命，並且說他的練習完全是好意。連長那裡肯聽？說：

「你奶奶的，你知道不知道你犯了規？你既不肯，好，你頂起這塊磚頭來，讓張得勝在五十碼以外向你打靶，把磚頭打掉！」「頂起這塊磚頭來！快！張得勝站開！」連長怒氣不息的樣兒。

小淘氣兒一聽，分明是要常順兒的命，無論如何，試不得，他拉着張拴子也忙跪在地上，替他向連長求情。連長毫不動容，說誰要再講情，就同樣受罰。

全連弟兄們平常日子都和傻常順兒處得不錯，萬一張得勝失手把他打死，雖然在殺條人命和殺條狗差不多少的時候，算不了什麼，但終歸彼此已有了感情，總覺不得勁兒。於是兩個排長和幾個班長先向連長替他說情，跟着別的弟兄們也替他講好話，連長見大家都爲他求饒，眨了眨眼，給兩個排長咬了一下耳朵，又悄言悄語和張得勝咕嚕了幾句話，兩個排長和張得勝立刻滿面浮笑，而後連長又怒氣冲冲地對跪在地上的傻常順兒和小淘氣兒，張拴子說：

「你奶奶的，你們這些老百姓不懂軍隊規矩，犯了規，又要求情。不行！」「傻常順兒既然敢放槍，我得試試你的膽量。趕快站開！張得勝瞄準點！」

於是，兩個排長把傻常順兒拉起來，把他拉到五十碼的遠方，告訴他：「你儘管把磚頭頂起，把身子挺直，不要害怕，張得勝是個神槍手，絕對射不着你！記住了沒有？把身子挺直！把身子挺直！」兩個排長一面叮嚀，一面退回原位。

傻常順兒穿著那件二尺半的灰軍裝，慘白的臉，無神的眼，頂着那半塊紅磚，一動也不敢動，心中默想：這回可完了，張得勝和我交情雖不錯，可是萬一他心慌手失，我豈不做了無名之鬼？實指望當兵可以升官發財，報答扣爺的恩情，又誰知我的命運竟這樣薄，挨他們的槍斃。完了，完了！他忽然覺着全身癱軟，骨頭節似乎都拆散了，排長叫他把身子挺直，怎麼挺也挺不起？媽的，死就死吧，二十年後豈不又是一條好漢？挺，挺！但爲什麼挺不動？怪事！怪事！

正當他畏怕和漲膽矛盾地交織在他的下意識的時候，他忽然聽見連長大聲喊他：

「傻常順兒！挺直身子，不要動！要放槍了！」

小淘氣兒在旁，急得直冒汗珠，大喊：「連長！連長！」

突然，一聲光銳的槍響，傻常順兒也突然倒下了。

隨着呱呱的笑聲，洋溢在草場上。全連弟兄們都趨到傻常順兒那裡去。又是一陣呱呱的笑聲。

傻常順兒聽到槍響，就像有一顆子彈打中了自己的腦袋，自己便死過去，靈魂便悠悠飄盪在空中，不住地喊叫「寃枉呀！寃枉呀！」自己的魂兒好像又回到了荻村，扣爺見他滿頭血漬，混身腥臭，還說「你既已死了，何必還回來找麻煩？趕快去託生吧！咱們爺兒們來生再見！」隨後，又一陣咭咭呱呱的笑聲。

他正在納悶，忽然覺着有人用巴掌來搧他的臉，「怎麼？我還知道疼？」他想。

「別他奶奶的裝孫子了！誰打死

你咧？那槍是向天空放的，你這傻傢伙就奶奶的這麼一個耗子膽，可笑死俺咧！」連長一面打他，一面還笑着。

當他慢慢神智清醒，睜開眼，看見一個個正在大眼瞪小眼，不住地圍着他笑時，他叫小淘氣兒：

「氣兒小哥？怎麼回事？我沒死嗎？」

「你他媽的太狗熊了，連長是和你開玩笑，你怎麼一下子就嚇死啦？」小淘氣兒說。

「啊？啊？啊？我眞沒死？」他摸了摸自己的腦袋，發覺竟然還是個肉葫蘆，眨了一下半眼，他高興地一躍就起，衝着連長爬下就磕頭，還說着：

「連長！連長！你是我的恩人，我永遠忘不了你！」

張拴子，二十多歲，有一顆特別大的頭，兩只豹突眼，胳膊粗，力氣壯，自幼兒幫忙他的爹張一刀宰豬，吹豬腿別人非六七口氣不能把豬肚吹圓，他能一口氣把個豬肚吹得鼓鼓的，等豬放在湯鍋裏，他又能在喫袋烟的功夫把混身豬毛刨淨，祇是殺豬時，向豬脖子「㓰」的那一刀不如他爹俐落。他平常不大愛講話，但心眼狠，和人打起架來，時常用刨豬毛的姿式和人摶鬪。這一次，他被派當兵，他爹講情不下，自己抱着委曲到前線來，心眼兒裏實在不慰帖，既來了，滿望能當一個拿槍的兵，以便開小差，却不料當了一名伙伕，每天煮大鍋飯，把小米子煮生了，挨罵；煮糗了，也是挨罵；做的飯不够吃，挨揍；臁下，也是挨揍。三個伙事兵，自己挑大樑，再加上時常還爲傻常順兒賠不是。他想：他媽的太不合算！兵營裡的規矩這樣不公道，實在不痛快，不如找機會開小差，還是回家去殺豬比較爽快些。

張拴子思索已定，地狗子恰巧也從另村來看他，張拴子告知他的心事。又偷偷和小淘氣兒商議，小淘氣兒說千萬不可。又和傻常順兒商議，他說：「我他媽沒主意。以前我還想殺人，升個官兒，發點小財，打出關外去，尋找歪桃兒，出出我多年的晦氣，如今，怕是完了，完了，我他媽不明白：爲什麼到處讓人閉氣？在軍隊裡，怎麼和在荻村一樣有人欺負我？我爲什麼連個拿槍的兵當不上？當不上，我爲什麼不開小差？不能，不能，開小差要遭槍斃！我怕死，我還沒活够。我不被槍斃，就得不開小差。可是，可是，我還是沒主意。你說對不對，拴子？」

「常順兒！你他媽永遠是個胡塗蛋，你要是不依我，我死也得抓個墊背的！」張拴子狠狠地用吹豬腿的嘴啐了他一口吐沫。

這天夜裡，張拴子把來時的一套紫花粗布褲褂，幾塊錢的兵餉，幾斤煮飯剋扣的小米子，統統打成一個包裹，從乾草鋪的地舖上，把睡朦朧中的傻常順兒，一把拉起，常順兒正在做怕夢，在夢中說他開小差不成，被捉回來，連長命令一個弟兄要拉出去槍斃，就在這時，他立起來，跟着這個弟兄往外走着，一面還啼哭着：「我，我，我冤枉！那是張拴子要拉我走。」

「對！常順兒，是我，是我張拴子拉你走，歪歪桃兒在村外等着看你呢。」

「醒一醒！」張拴子悄悄地湊近他的耳，邊說邊走。

踉踉蹌蹌，不一會兒，穿過樹林，繞過一塊墳地，在那裡地狗子猴子似的在柏樹下一片石碑台上蹲着。傻常順兒這時才神智稍醒，他看見是地狗子，他問張拴子：

「你不是說歪桃兒來了嗎？」

「呸！呸！你還做夢！現在我告訴你，我們要蹓，不許你嚷，你要是不蹓，我們一齊回去報告，說你記上次打靶的仇，拉我們開小差，看你走不走？」

「我，我，走？不走？氣小弟呢？」

「呸！他？我們還不屑叫他！」

於是張拴子背起包裹拉着傻常順兒，後面跟着地狗子，邁開大步，從漫田漫野，如同盜賊帶着贓物一樣，偷偷摸摸，蹣跚地逃跑。急得傻常順兒口裡直叫「我，我，我」，張拴子也不住急燥地罵他「你，你，你怎麼樣！」在傻常順兒的記憶中，從來還沒有一跑過這麼快的路，兩隻外弛腳，一撇一撇，被張拴子像牽羊似的拉着，一觔斗裂砌，地狗子看他走得慢一點，還不住地用腳踢他的屁股。並且嚷着：

「要不向你，我們還不拉你一塊開蹓呢。你總說小淘氣兒待你好，他可是讓你一輩子在軍隊受罪呢。」

「嘿…嘿…嘿…」常順兒漫然答應。

他們一口氣跑出了十幾里路以外，雖然是深秋天氣，夜裡已然很涼爽，但他們還是出了混身臭汗，喘吁吁的。他們坐在一個村邊路旁一顆大槐樹下，張拴子，地狗子拉傻常順兒蹲在地上休息休息，他倆划起火來吸着烟捲兒，解除驚悸和辛勞。他倆又換起了便裝，叫常順兒把軍裝上身翻開穿起，領章，帽子，符號都丟掉，褰腿鬆開。他們改裝已畢，預備趁天亮以前，再走二三十里路。

猛然間，村犬狂叫，火把熠耀，噼啪噼啪的槍聲響了來，在黑影中看見一隊兵趕來了，他三個心慌無智，撒腿便逃，那知越逃後面追得越緊，槍聲越響，槍彈嗖嗖地在他們頭頂掠過。最後，他三個倒底被活活捉住。

原來地狗子開小差，完蛋蛋兒怕受牽連，先來了個報告，沒想到爲捉一個地狗子，倒捉住了一對牛。三問兩問，地狗子不到天亮便在本連就地正法。張拴子和傻常順兒則解送原隊法辦。

經過幾度訊問，證實張拴子是主犯，傻常順兒是脅從。傻常順兒被責打一百軍棍之後，禁閉一個月。小淘氣兒知情不報，禁閉十天。張拴子槍斃示衆，以儆效尤。當張拴子被綁到臨時刑場要施行槍斃的時候，張拴子瞪大了豹突眼，鼓起那張橛橛嘴，罵道：

「我張拴子是好漢，好漢做事好漢當！這一輩子是你們的，下一輩是我們的！二十年後，我要不把你們這群專門欺壓老百姓們的狗雜種，一個個像宰豬似的宰了，算我今天白死。」

隨後「嘣」「嘣」兩槍，張拴子結果了。（未完）

教會與共產主義之在中國（續完）

雷震遠著
芬　譯

(三)在共黨統治下的中國教會

(甲)共產黨的態度：

共黨對教會的態度也和前面所講的一樣，起初是很寬大的，漸漸地他們就開始攻擊；但總是以很曲折的方式。我們在華北所得的經驗，就可以說明他們的手段。

是在他們佔領了第二年，才開始他們對教會首次的攻擊。這是以學校爲目標的。這些學校都會獲得政府的許可，并且具備一切合法的證件。但不久就證明這一切手續都是無用的。

按照共黨的原則，在戰時，各地中國兒童，都應以絕對一律的方式來教育。要實施政府所訂的課程，已經把孩子們整天的工夫都佔用了，不可能再在課堂上向他們講經。如果佔用孩子課外的時間，又會使他們過分疲勞或妨礙戰時國家對他們的要求。爲了使一般執教人員的思想行動一致，所有的教員都要受十五天公民訓練。在這種訓練之後，共黨會告訴我們：我們的教員都是無能的，實在不能把教育中國兒童的重責交給他們，政府不久將給我們派些更好的教員來。過些時，新教員果然來了，但他們的目的是來培養小共產黨。於是一些天主教的學校都自動關了門。許多查經班也不得不同樣停止，因爲孩子們都被編爲共產黨青年團，沒有絲毫自由再來上這些課。儘管我們還是合法的教員！

然後共黨再向教堂攻擊，他們的策略就是專在教堂有祭禮的時候到教堂來開會。幾個月後，我們不得不放棄教堂，而到教徒們家裏去做彌撒。等我們一離開，教堂就被貼滿了抗日標語，結果是這地區陷入日軍手裏的時候，這些教堂一定被焚毀。這樣，共黨一方面達到了他們的目的，一方面又可以把所有的罪惡都推到日軍身上；其實日軍正是替他們做了事。

第三步攻擊是以教士爲目標了。在土地分配中，一些教士們所有的田地是那末少，如果重行分配的話，他們都應該再多得些。共黨當然不能接受這種情形，於是他們就說：主教、神父、教士、修女，一律都是「寄生虫」，因爲他們既不結婚，又使民衆把時間都虛費在許多祈禱上。然而爲了表示「寬大」，暫不把他們消滅，只沒收他們的田地，并强迫他們作苦工。只有教會所養的孤女是被視爲有用的，但以後她們將被强迫嫁給共產黨。爲了求生存，神父們只好去做苦工。

在有些地區，共黨又用別種方法來達到同樣的目的。他們先以學校爲目標，因爲學校代表一部份思想的中心，而一切思想都是應該集中統治在他們手裏的。有些地方他們藉口學校當局和教員都無能，把他們完全更換；在另些地方，他們去煽動學生搗亂，藉此給他們理由來干涉校政。在天津，一個很大的教會中學裏，教員和學生應該聯合起來選舉校務委員會和教務委員會；教育主管機構派了代表來主持這選舉，他們決定從教士當中選舉校務委員，而經一些大半是非教徒或異教徒的教員和學生們中間選舉教務委員。於是教務委員會全被共黨把持，因而等於把持了全校；而主持校務委員會的教士們就只有去負籌校款的責任了。共黨或者强迫學校用他們的新課本，那些課本都是宣傳共產主義的；或者要求校方給很大數目的捐獻；或者毀壞教員們個人的信譽；其手段不一而足。

然後他們再進一步取消一切宗教的集會，如果可能的話，連宗教的建築也設法取消；他們會假說有別的用途，或者直接予以拆毀。他們突然侵入教堂是一件很普遍的事。在湖北，有一天，正值復活節祭禮開始的時候，他們突然跑進教堂來；說是主教未經許可召集了這集會，必須處罰他，逼他去掃城裏的大街。主教只得服從這種命令。但是後來，在下午三點的時候，他終於召集了比早晨更多更嚴肅的群衆來完成了這天的彌撒禮。

至於教士，共黨是認爲應該消滅的。而爲達到這目的，第一先取消他們的食糧來源。教士們是不肯離開他們教區的，於是就不得不去做苦工來生活。共黨會以種種恐怖氣氛來恫嚇他們，也讓他們像共區一切其他的人民一樣去受審，也叫他們當衆坦白，也叫他們受處罰。如果他們反抗，立刻就會被禁止自由行動，被禁止和教區人民見面；凡是去看他的信徒，都會遭受忌恨和煩擾，雖然在表面上共黨是藉口其他的理由來搗亂，但人們心理都明白眞因何在。如果這樣之後，那些教士們仍不聽話，共黨還有別的方法：他們會利用特殊婦女隊，在白天晚上的任何時間來包圍他，幾天不斷的來訪問他，接着就散佈出許多故意製造的流言。即使那些教士們能忍受不斷加强的苦惱與打擊，遇到最後這種方法，也不得不走了。實際共黨對於中國籍的教士還可以用他們最簡單的消滅法（就是說秘密處死），對於外國教士就此較困難些。

希望從這種政體中得到眞誠的，可信靠的妥協，是絕對不可能的。教會和共產主義是根本對立的，共黨們知道得很淸楚。他們有時只爲政策的緣故表示接近教會，暫時緩和他們的壓迫。如果在一些新佔領的大城市中，他們對教會顯得很寬大，那不過是因爲時機尙未成熟；他們知道此時開始與教會爲難，將會引起民衆的反感，而他們此刻對民衆尙未能完全把握。在屠殺羔羊以前，必須先用心磨銳刀子。

他們的攻擊很少是從正面來的，幾乎總是由側面，而且是最料想不到的；他們只求能達到摧毀一切反對他們的力量的目的，完全不擇手段。

（乙）教會的態度：

沒有教堂，沒有學校，沒有工作，沒有錢，沒有集會的可能，不斷地受煩擾，死亡擺在眼前，在這種情形之下的中國教會是否將因此而滅亡呢？

神父們不得不爲生活而做苦工，因之也更接近民衆。甚至一些異教徒都感覺到，在這種一切都崩潰，一切都瓦解的時候，只有一塊地是穩固的，就是基督教；只有一種他們還不認識的希望，使得一些教徒們具有信心去忍受一切痛苦，甚至死亡。當然教徒們已逃走了很多，樹已被砍去了枝條，但是大部份還比任何時都出色地支持着。往往未必是那些平時最神氣的人最能抵抗困難，倒是一些在平時顯得很平凡的人，到了教堂的支柱崩潰時，成了眞正的英雄。這些信徒和教士們受苦的光榮例子很多，我只能就個人所知記述一二。

有一個初入修道院的學生名叫趙保羅，他是個虛弱而有點病象的孩子，彷彿不很能耐苦。在我看來他似乎很難學完他的修道課程而做司鐸；但他居然作了司鐸而且開始秘密傳教。在他不幸被捕的時候，他的工作正發展得非常好。共黨把他監禁起來，經過多次審問之後，他們要他放棄司鐸的職務（他們以爲用壓力就可以使教士放棄教職，重新成爲非教徒）。趙保羅堅拒到底。他被關在監裏幾年，人幾乎發了臭，但他始終不肯放棄他的教職。這個虛弱的小教士，居然能夠抵抗住共匪的壓迫，一天又一天的始終不屈服。在他監牢的深處，也許他的貢獻比他能在外自由活動時還更多。

另一位教士叫周約翰，相反的，他是個很快樂的，肥肥壯壯的人。他也是秘密的傳教士。被共黨拘捕之後，被繫在一隻驢子的脚上，驢子被他們趕得飛跑，直到大家以爲他被拖死爲止。他被棄置在道旁，整個兒脊背和背的下部都已磨掉；但他並沒有死。教徒們終於找到了他，用心調護了好幾個月。當他重新能走路的時候，他偷偷跑去見他的主教，他說：

「主教啊，我現在眞想離開我的教區，我太怕共產黨了。」

他那年老而慈祥的主敎，本身也沒被監視着，也曾受盡折磨，幷且時時有死的威脅，他慈祥地看着他，回答說：「我也是，我也害怕！」

「主敎，我想逃往自由區去，我太怕留在這裏了。」

他的主敎很和靄的向他說「隨便你願意怎樣做就怎樣做好了，我不勉强你。但上帝是希望你留在此地的。試想一想，你走後，將要有多少靈魂因此失去認識上帝的機會呢？按照上帝給你的啓示，選擇你應循的途徑吧！」

「主教啊，我實在太害怕！」

但是這位周教士終於留了下來；他重又秘密傳教。但願上帝保佑他完成他司鐸的職務。

我還可以敍述一位年老的中國主教，被人從教區中驅逐出來，住在一個小廟裏，幫人在田間做工，掙扎着過活。他所睡的土床上有一塊磚是可以拿開的，他把聖經藏在裏面，每天虔誠的背誦着；他又把整套做彌撒禮所應用的東西很愼密的藏着。雖然他不能公開傳教，但他本人始終留住在那些危險的地方。

還有多少殉教者我們不能一一列擧。教會處在這種不人道的，盡力想摧毀他的，政體之下，多年來，受盡折磨，而仍能堅持到底，這眞顯示給我們一種光明的未來。中國的教會，從痛苦中磨鍊出來，更淸楚了自己的人格，她已淸除掉所有可以損壞她信譽的不妥份子，在一般異教徒的眼裏，她已變得更富天主教精神，更富中國精神，更高尙，更尊貴。而我們這些被上帝從苦痛中撤退出來的中外教士們，我們的任務不是僅僅在旁讚嘆，而是準備我們自己，使我們在日後可以重新回去的時候，能够給中國人民以更多的供獻。細心研究吧，趕快準備吧，不要丟掉一分鐘。上帝不會准許爲他受苦的中國教會覆滅的。

讀我這本書的教徒們，你們的祈禱將不能到達上帝跟前，如果你們沒有提到這些爲他在中國受苦的信徒；我們要與他們同負堅苦，我們要以他們的勝利爲勝利，我們和他們不原是一體的嗎！

雷震遠先生的這篇文章，本來打算摘要在本刊二卷六期登出，後因鑒於此文大部分頗有一讀的價值，遂將全文譯出。原文全篇共分四段。首段敍述一些過去人所共知的事實，因篇幅關係，從略。又因本刊稿件過分擁擠，所以一直延至現在才能刊出，此點還望讀者鑒諒——編者。

美國國務院內幕之一

氫原子彈的煙幕

Richard L. Stokes原作　李卿之節譯

本文作者史托克 R. L. stokes 五月三日代表天主教報系，參加美記者訪華團來到了台灣。譯者與他是文字交，初次晤面暢談竟日，知道他對國務院的黑幕知曉甚多，美國的一些中國友人如周以德、柯爾伯（『直言』月刊的發行人）都時常和他交換資料。本文原載美國『信號』（The Sign）四月號。以後他還有專稿源源寄來，以使自由中國的人士瞭解，對臺灣的袖手旁觀政策只是少數國務院中人的主張，現在已經受到了整個美國輿論的攻擊。

史從事新聞事業已三十五年，最初與國務院接觸是爲『聖路易快報』（St. Louis Post Lispatch）專門駐華盛頓採訪國務院新聞。——譯者。

有時一個政府在自己的愚蠢或欺詐被人民知曉了以後，會爲了自救而設法轉移人民的注意力。最常用的辦法是發出一國家遭到了威脅」的警報。正在中國之被國務院負責與希斯被判刑二事，使美國輿論大譁之際，人類最高級武器——氫原子彈——的消息，震蕩至全國的每一角落。到底是巧合，還是有意的計劃呢？

遠在二十多年以前，物理學家就斷定在由氫轉變爲氦之際，可以放出大量的原子能來。關鍵是要造出與太陽上面一樣的奇高濕度。直到第一枚鈈炸彈在新墨西哥州爆炸以前，始終無法造成這種「信管」。但是那個爆炸的一剎那，地上有了高至二千萬度的太陽熱。氫原子彈可以說是自一九四五年七月十六日便已存在了。

但是氫原子彈的正式宣佈，是在四年個月又兩星期以後。前六天，希斯以等於間諜叛逆的罪名被判處了五年徒刑。

一九五〇年一月卅一日杜魯門總統宣告，他已命令原子能委員會「繼續有關各種原子能武器之工作，超級原子彈——或稱氫原子彈——亦在其內」。此項命令的理由，官方解釋說，是爲抵抗任何可能侵略者的國家防衛，與「吾人和平安全計劃之全面目的」。

從原子彈出生到此命令之發表的當中五年裏，蘇聯連續地作出了許多侵略行爲。其中每一件皆是傷損美國的防衛，或傷損全球的平靜與安全。這些事件包括：以共產黨寡頭政權奴役了歐洲的一半；在東方西方，赤色力量的陰謀顛覆合法政府；在東歐與中國東北的大規模搶掠；以固定的政策持續破壞協定，封鎖柏林；以各種方式（僅僅除了正式的交仗）向美國作戰；發動殘忍的攻勢，努力撲滅基督教。

氫原子彈的念頭，在這些挑釁行爲，與其他不勝數的挑釁行爲下，平安的酣睡着……。一九四九年九月廿三日，杜魯門透露出來蘇聯已有一次原子爆炸的消息，而未作任何針對的警告。(這本是氫原子彈公諸於世的最合理時機，事實並未如此作。)美國原來預算可保持原子彈的專有至一九五二，感謝美國在大戰以前以後與大戰中間，對克里姆林宮在美國間諜機構的故意容忍，專利提早放棄了兩年。

一直到去年，共產黨帝國主義的進展所威脅的對象，只不過是基督教的文明與自由的世界而已。對於哈利·S·杜魯門的政治命運並無嚴重影響。

但是去年發生了兩件事，使他一九五二（包括一九五〇在內）的競選戰爭，會從杜魯門有把握的內政戰場，轉移到他力量極爲薄弱的外交陣地上去。這兩件事一是一九四九年七月八日，希斯受審訊時，十二名聯邦陪審員中，有八名認爲他有罪；一是九月廿一日，在北平宣佈了共黨「中華人民共和國」的成立。

到一九四九年底，中國大陸已告淪陷，中國與美國友善政權的被打擊之殘存者，從大陸退到了臺灣。此項災禍影響至巨，頗能使美國在另一次世界大戰中被擊倒的。

本來此事並不會使杜魯門總統憂慮到個人前程的。不幸有人證明了，毫無疑問地，美國軍事之錯誤與美國外交之陰謀，皆是中國大災禍的決定性因素。被牽涉其中甚深的，有杜魯門內閣中兩任的國務卿：馬歇爾與艾其遜。

杜魯門政權受此打擊還在踉蹌之際，一月廿一日希斯的二次審訊後被判徒刑，又是當頭一棒。希斯之重要性不在其本人，而是代表着維斯福·杜魯門朝廷中思想的乖違。

美國在遠東勢力的崩潰，使政府負責人慌張失策。證據是那本對華白皮書的無善惡是非原則的洗刷；白皮書裏可恥地隱瞞了事實證據，扭屈歪解了許多引證的文件。

政府負責人因希斯事件而起的慌亂，有許多要人起去保護希斯慰問希斯爲證據。其中爲首的有總統杜魯門、國務卿艾其遜、羅斯福夫人，與兩位大法官：福蘭克夫特(Felix Frankfurter)、李德(Stanley F. Reed)。

政客的嚴重過錯被人發見以後，他要辦的第一件事，就是使大家轉注到另一件完全不相關的事件上。

希斯在一月廿五日判刑的。絕對可靠的多種證明，證明了詹伯斯(Whittaker Chambers)的供狀：自一九三七至一九三八，希斯遞交給詹四十七件與軍火有關的政府文件，以轉交給一名蘇俄間諜。(詹伯斯已脫離共產黨，譯者按，控訴國務院高級官員的希斯曾任蘇俄間諜。)

三天以後(廿八日)民主黨的幹員、負責嚴密控制國會外交委員會的參議員康納利(Tom Connally他卽是該委員會主席，)在新聞發佈中要求政府製造氫原子彈，以保障和平與安全。

卅日，華盛頓電訊傳出，「最高級國會權威正向杜魯門施其最大壓力」，要求製造氫原子彈。

又過了廿四小時，在一月卅一日，總統「遵從了人民意志的要求」，公佈了發給原子能委員會的命令。

中國與希斯，至少在目前，後退到無人注意的地位了。但是這樣的問題，是不可能常久遮蓋的。

例如希斯事件，有許多新發現出來了，幫助我們證明，在最高當局中有一項計劃，要使這位靑年外交官不受法律的懲罰。

要人權貴企圖援救希斯的熱烈與吃力，使許多人猜疑，權要此舉若不是爲了報答希斯對他們的貢獻，爲了履踐他們負他的義務，便是爲了防止希斯洩露更多的秘密。

下面的簡載主要是根據FBI(聯邦調查局)和衆議院反美活動調查小組的紀錄。此案最大的功績，要歸於加州議員聶可遜(Richard Mnixlon)的堅毅與幹練。

一九三九年九月，助理國務卿貝爾樂(Adolf A. Berle, Jr.)曾告訴總統羅斯福、法官福蘭克夫特與艾其遜，說前共產黨間諜詹伯斯控告希斯是共產黨員，並且是一名蘇聯間諜。貝爾樂的意見被屏棄一旁，貝本人也被趕出了外交的生涯。

一九四五年一月裏，羅斯福將動身赴雅爾達之前，「曼哈丹計劃」的指揮官葛柔富將軍(Leslie R. Groves)向總統報告說，這個防衛最嚴密的軍事秘密，原子能研究組織裏，充滿了蘇俄間諜與美國的助犯。這同一報告，也呈給了方入白宮的杜魯門總統。兩人皆是置之不理。

一九四五年十一月，聯邦調查局長胡佛(J. Edgar Hoover)冒着很大的危險花費了很大的代價，編寫了一篇報告給白宮與國務院，報告大戰中蘇聯間諜在美國的活動。報告中舉出參加一共黨間諜團體的，有一百名以上的美國科學家、軍官、國務院官員、政府職員與商業家。誰也沒有爲間諜罪而被捕。許多聯邦調查局的工作人員，因爲氣憤政客的保護間諜與叛逆而辭職不幹了。

國務院一直阻撓逮捕蘇聯密探與美籍情報供給者的企圖，永遠不肯批准進行逮捕此等人的申請。

一九四八年八月五日，在希斯初次被反美活動調查小組傳訊時，杜魯門總統以其職位的力量出而袒護希斯，誣賴此次調査是發自共和黨所控制之國會，爲該年競選下的毒藥。

表現了袒護希斯的目的以後，杜魯門在同日下令，所有政府各機關。不得向任何國會小組委員會等，供給有關政府人員的「忠心」問題的資料。這一來，反美調查小組就不能再得到有關機構的幫助和紀錄了：聯邦調查局、國務院，原子能委員會都在其中。

一九四八年十一月十八日，該小組將希斯手寫和以其私人打字機所打的文件，(裡面有數十件自國務院機密件抄錄的簡略)，移交給司法部。這都是希斯手交給詹伯斯資料的一部分，而詹伯斯該時是蘇聯間諜網的傳遞人。

然而司法部在兩星期以後宣告不受理希斯案，因爲證據不足。於是詹伯斯提出了新證據：五卷縮小攝影的底片，所拍攝的是從國務院與度量衡標準局盜出的文件。

有此新證據，反美活動調查小組才能迫使司法部受理此案。結果在一九四八年十二月十五日，希斯被控。

副國務卿威爾斯與助理國務卿庇由里孚義(John E. Peurifoy)都出庭證明，這許多種文件如果有一件落入外國間諜手裏，外國政府就可能譯解了美國的電報密碼，截獲在希特勒斯大林友好條約簽定前的嚴重時期裏，美國與外國政府間的機密電訊。

詹伯斯指出他所屬的間諜圈子裏十五個美國人。其中有四個供職國務院，兩個在財政部，兩個在標準局，兩個在電船公司，一個在CIO(勞工團體聯合會)的法律事務部，一個在 Aberdeen 兵工實驗所，一個在Piccoting兵工實驗所，一個在雷明頓．蘭德公司(打字機製造廠，戰時改爲兵公廠)，一個在依里諾鋼鐵公司。

被起訴的只有希斯一人。國務院職員華德雷(Julian Wadleigh)，財政部次長懷德(H.D.white)被控以後不久死去了。司法部檔案裏存有懷德親筆所寫的八張文件，是他交給詹伯斯的。

我們再看中國事件。杜魯門求助於氫原子彈以前，關於中美關係也有許多發現公佈於世，使他非常不安。其中最有力量的，是同年一月七、十四、廿一日『星期六晚刊』連載，亞爾索浦(Joseph Alsop)寫的『我們爲什麼失敗在中國』。

現在我們已無疑問，確知中國今日遭遇到的禍患，根源是敵史蒂威爾中將的被選派爲中印緬戰區的司令官。此事是參謀總長馬歇爾的一重要人事委派，也是錯誤重大的唯一一件。

因爲他憎恨蔣，史蒂威爾轉而與中共全面合作。許多有同樣心理的駐華美國外交官員，立刻便起來支援他。如果史蒂威爾不受限制，大戰終結時他一會使中共掌握了政權的。但是在一九四四年十月，蔣委員長迫使史氏離開了中國。此舉破壞了史的前程。對於自居有識人之才的馬歇爾，也等於打了一個耳光。

四個月以後，馬歇爾赴雅爾達時，心中對蔣不會有什麼好感的。無論此話是正是誤，馬歇爾促使羅斯福總統接受了以後使蘇聯佔據東北，使中國淪陷的條件。

出席雅爾達會議，任美三軍參謀長聯合會主席的是海軍特級上將李沓(Fleet Admiral William D. Leahy)，羅斯福總統的參軍。李氏不相信蘇聯對日作戰有軍事上的必要，他說：「但陸軍相信的。羅斯福和陸軍站在了一邊」。

希斯到場時，軍事的「史蒂威爾主義」與外交的「史蒂威爾主義」便合一了。希斯是出席此會議國務院代表中，唯一的「遠東專家」。大概他被派出席雅爾達會議，是爲了保障中共的權益。

現在已經證明了，當時國務院中佔優勢的，是以艾其遜爲首的親蘇派，希斯是第二領袖。反對派開始被整肅掉了。反對派是以貝爾樂爲首，認爲蘇聯並未百分之百的合作，而應在美國力量還强時對蘇攤牌。

從雅爾達回國後，馬歇爾玩了一個很巧妙的手法，以使他的老友重返中國。他建議派被調至冲繩島的史蒂威爾主持在中國北部的登陸反攻（連雲港。譯者。），指揮在該處的中共軍隊，借給以美式裝備。由於接史之職務的魏德邁將軍的强硬抗議，這項計劃方才打消。

駐華大使赫爾利將數名公開計劃摧毀中國政府的大使館官員，給驅逐回國了。這些人並未被黜，而增强了艾其遜派的陣營。

一九四五年八月艾其遜晉升爲副國務卿，長久地代理了國務卿職務。以此職位，他負責指導杜魯門將派往中國企圖停止其內戰的一個使團。

馬歇爾被派爲此使團首長。他解除了國民政府軍隊的武裝，使蘇聯能充分裝備中共部隊，因而判定了中國人民的命運。中國人民唯一的重要罪過，只是過分地信任了美國。

艾其遜自一九四九年一月任國務卿後，繼續了「史蒂威爾主義」。證據是他將駐華的親共人員擢升至院中重要職位，證據是他的對華白皮書，證據是他企圖承認懷着敵意的北平政權。

杜魯門决定召用氫原子彈烟幕時，中國與希斯兩事件已經發展到了如此地步。轉換談話目標此其時矣。

說氫原子彈之公告是烟幕，我們有具體的證明。原子能委員會接到的命令，並沒有說要造氫原子彈，而只是「繼續其工作」。况且，政府有關部門，並未向國會請款來維持這龐大昂貴的工作。

（完）

第二卷　第十二期　內政部雜誌登記證臺內警台誌字第四六號

給讀者的報告

三外長倫敦會議以後，西方的團結已有進步，以堅定的立場阻止蘇俄的擴張，已有一致的意見了。如果法德及其他數國的煤鐵合營計劃又告成功，則不論英國加入與否，西歐的大聯合可奠定穩固的基礎，以對抗蘇俄。他方蘇俄之控制東歐亦有顯著的進步，這半年來共控制波蘭已日超緊密，今後必以東德爲對象。竊謂東德控制完成之日，必爲柏林危機再發之時，如果我們的推測爲不謬，則此時此日不會超出二年以外。

在東方蘇俄以友人幫助的姿態出現，以謀逐步控制中國，亦與西方無殊。「蒙古人民共和國」早已爲其囊中物，「東北人民政府」也不是毛記政權權力之所及，最近鐵幕低垂，消息之外傳者少，然由本刊馬存坤君兩次通訊觀之，則東北亦僅次於外蒙古而已。內蒙古的自治政府也怕和東北差不多。新青甘寗則尚有强烈的反抗，東土耳其斯坦共和國的招牌還不敢掛出來，但由史毛所訂的協定觀之，新疆的經濟權力完全在俄人手中了，如果囘漢同胞的抵抗一經消滅，則軍事、政治、文化各方面必然均被俄人嚴密控制無疑。其次便要輪到華北，待黃河流域完成其全面的控制，則蘇俄儘有發動第三次大戰之可能。賴伊妄想結束冷戰，我們以爲冷戰之結束卽是熱戰之來臨，和平女神唯有愁眉深鎖而已。

返觀我們內部，則臺灣之軍事部署已經完成，士氣之旺盛實爲數年來所僅見。可是要做到「與民守之，效死而民弗去」的程度，則政治、經濟，文化各方面的配合尙嫌不足。最近公營事業之整理固然是大快人心的舉動，但是實施後的成績如何，多數人還抱着保留態度。幾百年的官僚作風，百年來的買辦習氣，要在短期間洗滌淨盡，我們實不敢過存奢望。惟經此次改革以後，必須表示出逐漸進步的成績來，然後我們的公營事業才有光明的前途。本期夏道平先生文章，指出「國家行局的惡劣傳統——把國家財產視爲個人或集團的家私；把國家銀行的社會功能，變作自我發財和積殖改治資本的機構，」是非常中肯的。政治方面亦復如此，組織民衆的工作雖然艱難，我們也希望有逐漸的進步，卅八年以後臺省民衆對政府已有了信任之心，而組訓工作似尙未達預期成績。文化方面之根本培養尤爲用力不足。凡此都待多方努力，使政府與民衆融成一片，則此莒，卽墨二城之固守，便是收復全齊之張本了。

憲法之頒佈雖有三年，而加何遵行憲法以立法治規模，尙少人研究。本期薩孟武先生「論立法權的運用」一文，就憲法條文以研究其內容實爲今日的要務。如立法委員有無提案權之問題，乃是亟需獲得定論的，否則立法委員容或陷於越權而不自知，怎能够成功法治的國家呢？劉百閔先生「辯證法是玄學的論理學」一文，表明黑格爾的辯證法只是到達絕對的塗徑，完全是玄學的把戲，馬克斯剽竊其老師的法門而加以改頭換面，乃自命爲科學的，豈不是天大的笑話？必破邪而後能顯正，戳穿馬克斯的故弄玄虛，使人們不入於迷途，正是劉先生用力之所在。

本刊售價

一、新臺幣二元
二、銀元五角
三、菲幣三角五分
四、港幣一元
五、暹幣四銖
六、美金二角

歡迎直接訂閱：平寄郵費免收

自由中國 半月刊 第二卷第十二期
("Free China")（總第十五號）
中華民國三十九年六月十六日

發行人　胡適
主編　『自由中國』編輯委員會
出版者　自由中國社
社址：臺北市金山街一巷二號
電話：六八八五號

航空版
香港總代理處　香港時報社（高士打道六四號）
暹邏代理處（曼谷攀多社十二號）

經售處
臺灣　中國書報發行所（臺北市館前街八五號）
美國　紐約民氣日報社　舊金山國民日報社
馬尼剌　中菲文教出版社（馬尼剌紐變瓦街四五四號三〇三室）
印尼　巴達維亞星期日報（瓜哇巴達維亞紅溪十九號）　棉蘭繁華圖書公司（蘇門答臘棉蘭廣東街七十五號）
西貢　中原文化印刷公司
新加坡　中興日報社（新加坡羅敏申律一一〇號）

印刷者　臺北印製廠
廠址：臺北市民族路六四三號
電話：三三一六號

四二一四

本刊經中華郵政登記認為第一類新聞紙類
臺灣郵政管理局新聞紙類登記執照第二〇四號

內政部雜誌登記證臺內警臺字第四六號

給讀者的報告

由於印刷傳遞和社會各方面的急速進步，近年來世界各國的報紙雜誌發生了一個新的趨勢，這趨勢是報紙的雜誌化和雜誌的圖書化，而近代雜誌的合訂本則是後者圖書化的一個綜合，本刊希望能達到這個綜合的標準。

本刊自去年十一月二十日創刊到今年的今天（七月一日）整整七個月的時間，共出刊十五期。其分配是第一卷三期，第二卷十二期。這種不規則的分卷，完全是由於年度的關係。去年十一月二十日創刊，在那一個年度裏只能出足三期，而今年——一九五〇是這個世紀後一半的開始，人類的歷史又翻到了嶄新的一頁，因此本刊的面卷也須隨着時代的進展而更新。以致本刊的分卷永遠遺留下一個「不規則」的痕跡。但自第二卷以後，將規律地以十二期爲一卷，今年七月一日改爲三卷一期。

本刊在創刊的時候，就曾具體地揭櫫了「自由中國」的四大宗旨，諒讀者必甚熟諗。在那四大宗旨裏面既有所肯定，也有所否定。更原則性一點說：我們肯定了自由和民主，否定了極權暴力，特別是共產主義者的暴力集團。而我們的編輯方針就建築在上述的基本原則上。譬如以撰稿人的陣容來說，無分黨派、宗教信仰、學術派別、國籍種族或膚色，祇要其言之成理持之有故而合於上述的原則者，本刊一概採用；這一事實經過，自有本刊各期可供覆按，無容贅述。雖則如此，然而本刊七個半月來在編輯上的成就，同人等仍不能感到滿意。今後望讀者多多賜教，而本刊同人必自責自勉，使「自由中國」期期有所改進，以副讀者殷殷之望。

經營一個現代雜誌，發行工作與編輯工作同樣重要。而發行工作的好壞可依據下面的幾點要求加以考驗：傳遞是否迅速；分布的區域是否廣寬；散布的密度是否够大。七個多月來由於本刊發行部同人的不斷努力和改進，對上述的幾點要求都得了相當滿意的答覆：就傳遞上來說，我們曾經盡可能地選擇快速的交通工具，而在傳遞的技術上也曾盡量地作合理的安排：就分布的區域來說，在歐美的通都大邑和東南亞的窮鄉僻壤裏都可以找到本刊；就密度上來說，臺灣、香港和曼谷三個地方是本刊銷行最大的地區，臺灣版及香港曼谷兩個航空版每期發行一萬份左右。本刊刻正計劃發行「紐約航空版」，一旦實現，則發行數字必可大大地增加。

回想去年十一月本刊初出問世的時候，一部分國人及盟邦人士對反共抗俄戰爭的本質咸缺乏正確的認識，觀念意識糢糊不淸，更無由同仇敵愾。但半年後的今天，無論是在臺灣還是大陸，國內還是國外，與半年前相較情勢已大見好轉。這種情勢的好轉，本刊固不敢居功，但本社同人却可引爲欣慰。

自由中國 合訂本第一集

中華民國三十九年六月二十日

發行人 胡 適

主編 『自由中國』編輯委員會

出版社 自由中國社

社址：臺北市金山街一巷二號

電話：六八八五號

航空版

香港 香港時報社（香港高士打道六四號）

暹羅總代理處 曼谷攀多社十二號

經售處

臺灣 中國書報發行所（臺北市館前街八五號）

美國 紐約民氣日報社

舊金山國民日報社

馬尼刺 中菲文教出版社（馬尼刺紐愛瓦街四五四號三〇三室）

印尼 巴達維亞星期日報（爪哇巴達維亞紅溪十九號）

棉蘭繁華圖書公司（蘇門答臘棉蘭慶東街七十五號）

西貢 中原文化印刷公司

新加坡 中興日報社（新加坡羅敏申律一一〇號）

印刷者 臺北印製廠

廠址：臺北市民族路六四三號

電話：三三一六號

本刊經中華郵政登記認爲第一類新聞紙類

臺灣郵政管理局新聞紙類登記執照第二〇四號

自由中國

第一集

第一卷第一期至第二卷第十二期

1949.11-1950.06

數位重製・印刷　秀威資訊科技股份有限公司
http://www.showwe.com.tw
114 台北市內湖區瑞光路 76 巷 65 號 1 樓
電話：+886-2-2796-3638
傳真：+886-2-2796-1377
劃撥帳號　19563868　戶名：秀威資訊科技股份有限公司
讀者服務信箱：service@showwe.com.tw
網路訂購　秀威網路書店：https://store.showwe.tw
網路訂購：order@showwe.com.tw

2013 年 9 月
全套精裝印製工本費：新台幣 50,000 元（不分售）

Printed in Taiwan

本期刊僅收精裝印製工本費，僅供學術研究參考使用